D1747839

Uwe Thaysen (Hrsg.)

Der Zentrale Runde Tisch der DDR

Band IV: Identitätsfindung?

Der Zentrale Runde Tisch der DDR

*Wortprotokoll und Dokumente
Band IV: Identitätsfindung?*

Bearbeitet, mit einem einleitenden Essay versehen und herausgegeben von Uwe Thaysen

Westdeutscher Verlag

Die Deutsche Bibliothek – CIP-Einheitsaufnahme
Ein Titeldatensatz für diese Publikation ist bei
Der Deutschen Bibliothek erhältlich

Dieses Werk wurde gefördert durch den Deutschen Bundestag
und das Bundesministerium des Innern.

Alle Rechte vorbehalten
© Westdeutscher Verlag GmbH, Wiesbaden 2000

Der Westdeutsche Verlag ist ein Unternehmen der Bertelsmann Fachinformation GmbH.

Das Werk einschließlich aller seiner Teile ist urheberrechtlich geschützt.
Jede Verwertung außerhalb der engen Grenzen des Urheberrechtsgesetzes
ist ohne Zustimmung des Verlags unzulässig und strafbar. Das gilt insbesondere für Vervielfältigungen, Übersetzungen, Mikroverfilmungen und
die Einspeicherung und Verarbeitung in elektronischen Systemen.

www.westdeutschervlg.de

Höchste inhaltliche und technische Qualität unserer Produkte ist unser Ziel. Bei der Produktion und Verbreitung unserer Bücher wollen wir die Umwelt schonen: Dieses Buch ist auf säurefreiem und chlorfrei gebleichtem Papier gedruckt. Die Einschweißfolie besteht aus Polyäthylen und damit aus organischen Grundstoffen, die weder bei der Herstellung noch bei der Verbrennung Schadstoffe freisetzen.

Umschlaggestaltung: Horst Dieter Bürkle, Darmstadt
Druck und buchbinderische Verarbeitung: Lengericher Handelsdruckerei, Lengerich
Printed in Germany

Inhaltsverzeichnis

Band IV: Neuer Machtkampf

14.–16. Sitzung (26. Februar – 12. März 1990)

14. Sitzung 877

Berlin, Residenz Schloß Niederschönhausen, Mittwoch, den 26. Februar 1990

TOP 1: Begrüßung und Vorstellung der Tagesordnung 877

    Vorlage 14/0   **Tagesordnung**
                     [Dokument 14/1, Anlagenband] 877

TOP 2: Kulturpolitik 877

    Vorlage 14/1   **Positionspapier** des Runden Tisches zur Lage der Kultur in der DDR sowie zu erforderlichen Maßnahmen 877

                    – **Bericht** Kulturminister Dietmar Keller: Zur Kulturpolitik der Regierung 879

                    – **Anlage 1** der Vorlage 14/1 Schutzbund der Künstlerverbände: Beschluß der Volkskammer über staatliche Pflichten zum Schutz und zur Förderung von Kultur und Kunst
                       [Dokument 14/2, Anlagenband] 881

                    – **Anlage 2** der Vorlage 14/1: Arbeitspapier des Verbandes Bildender Künstler Berlin für die Kulturkommission des Runden Tisches: Überlegungen zum gesellschaftlichen Selbstverständnis der Künstler und zu ihrer Position innerhalb der Kulturpolitik des Staates
                     [Dokument 14/3, Anlagenband] 881

    Vorlage 14/2   **Antrag** PDS: Gefährdung der Kinderkultur 882

    Vorlage 14/3   **Antrag** PDS: Forderungen zur Arbeitskultur in der DDR
                   [Dokument 14/4, Anlagenband] 883

    Vorlage 14/4   **Antrag** PDS: Erhaltung der Kultureinrichtungen und -betriebe 883

    Vorlage 14/32   **Antrag** DJ: Schutz des nationalen Filmkulturgutes
                   [Dokument 14/5, Anlagenband] 891

    Vorlage 14/29   **Antrag** LDP: Zur sozialen Sicherstellung von Kunst- und Kulturschaffenden – Empfehlung des Runden Tisches an die Regierung
                   [Dokument 14/6, Anlagenband] 897

    Vorlage 14/30   **Antrag** LDP: Zum Schutz und zur Förderung von Kultur und Kunst – Empfehlung des Runden Tisches an die Regierung
                   [Dokument 14/7, Anlagenband] 897

                    – **Stellungnahme** Christoph Funke, Mitglied des Vorstandes des Verbandes der Theaterschaffenden: Zur staatlichen Kulturförderung 897

    Vorlage 14/34   **Antrag** IFM: Zur Kulturpolitik, insbesondere Bildung eines Sachverständigenrates sowie Offenlegung des Haushaltsplanes 1990 898

    Vorlage 14/42   **Antrag** GP: Erarbeitung einer Analyse des Zustandes der kommunalen Infrastruktur durch das Ministerium für Kultur
                   [Dokument 14/8, Anlagenband] 905

    Vorlage 14/38   **Antrag** GP: Sicherung der kulturellen Entwicklung durch den Staat
                   [Dokument 14/9, Anlagenband] 905

    Vorlage 14/39   **Antrag** GP: Einrichtung eines solidarischen Kulturfonds
                   [Dokument 14/10, Anlagenband] 906

    Vorlage 14/40   **Antrag** GP: Zur verwaltungsrechtlichen Ausgestaltung des Verfassungsgrundsatzes auf allen Ebenen
                 [Dokument 14/11, Anlagenband] 907

Vorlage 14/24 **Antrag** PDS: Schaffung der Voraussetzungen für die Umsetzung des Konzeptes „Haus der Begegnung – Kulturelles Zentrum für geistig behinderte Menschen und Andere" durch die Regierung
[Dokument 14/12, Anlagenband] 907

Vorlage 14/28 **Standpunkt** VdgB: Zur weiteren Entwicklung von Kultur und Kunst
[Dokument 14/13, Anlagenband] 907

Vorlage 14/31 **Antrag** CDU: Beauftragung der Regierung Modrow zur Förderung von Kultur und Kunst
[Dokument 14/14, Anlagenband] 908

Vorlage 14/41 **Antrag** GP: Einrichtung einer Untersuchungskommission „Bestandsaufnahme des Zustandes der nationalen Kultur'
[Dokument 14/15, Anlagenband] 910

Vorlage 14/26 **Antrag** Sorbischer Runder Tisch: Subventionierung der sorbischen Kultur und Kunst in der bisherigen Höhe über zentralen Fonds der Regierung
[Dokument 14/16, Anlagenband] 910

– **Stellungnahme** des Runden Tisches: Zur Rechtssicherheit von Eigentümern und Nutzern volkseigener bzw. in staatlicher Verwaltung stehender Wohn-, Erholungs- und Gewerbegrundstücke (Information 14/5) 913

TOP 3: **Informationen aus der Prioritätengruppe** 915

TOP 4: **Appell der stellvertretenden Vorsitzenden der Wahlkommission der DDR, Dr. Juliane Jürk, an alle Parteien und Vereinigungen, die sich zur Wahl stellen** 915

TOP 5: **Kulturpolitik (Fortsetzung)** 916

Vorlage 14/44 **Antrag** DJ: Bildung einer AG „Wissenschaft'
[Dokument 14/19, Anlagenband] 916

Vorlage 14/35 **Antrag** IFM: Schaffung eines „Hauses der Begegnung – kulturelles Zentrum für geistig behinderte Menschen und andere'
[Dokument 14/17, Anlagenband] 916

Vorlage 14/36 **Antrag** DJ, IFM, GL, GP, PDS, DA: Vorschlag der Initiativgruppe der Berliner Theaterschaffenden
[Dokument 14/18, Anlagenband] 917

– **Standpunkt** PDS: Zur Einberufung eines Runden Tisches „Wissenschaft" (Information 14/8)
[Dokument 14/20, Anlagenband] 919

TOP 6: **Militärreform** 920

Vorlage 14/5 **Positionen** des Runden Tisches zur Militärreform in der DDR (entspricht Vorlage 14/25) . 920

Vorlage 14/25 **Positionen** des Runden Tisches zur Militärreform in der DDR (entspricht Vorlage 14/5) .. 921

– **Bericht** Verteidigungsminister Admiral Heinz Hoffmann: Probleme der NVA und Militärreform 922

Vorlage 14/46 **Standpunkt** NF, IFM: Zur gemeinsamen deutschen Armee 927

Vorlage 14/9 **Antrag** PDS: Zum Entwurf des Wehrdienstgesetzes
[Dokument 14/21, Anlagenband] 930

– **Antrag** PDS: Änderungsanträge zur Vorlage 14/25 930

Vorlage 14/7 **Antrag** FDGB: Unterstützung der Militärreform 931

Vorlage 14/6 **Antrag** FDGB: Programm zur Arbeitsplatzbeschaffung und sozialen Sicherstellung für Zivilbeschäftigte der NVA
[Dokument 14/22, Anlagenband] 932

– **Stellungnahme** Oberstleutnant Dr. Eckhard Nickel, Verband der Berufssoldaten 932

– **Standpunkte** des Runden Tisches „Militärreform" [???]: Zur Rolle und zum Auftrag deutscher Streitkräfte im Prozeß des Zusammenwirkens der beiden deutschen Staaten (Information 14/4)
[Dokument 14/23, Anlagenband] 934

– **Maßnahmen** des Runden Tisches „Militärreform" [???]: Zur beruflichen Vorbereitung und sozialen Sicherstellung von Berufssoldaten, die im Ergebnis von Truppenreduzie-

rungen und Abrüstungsmaßnahmen aus dem aktiven Wehrdienst zu entlassen sind (Information 14/3)
[Dokument 14/24, Anlagenband] 934

– **Stellungnahme** PDS zur Militärreform (Information 14/9)
[Dokument 14/25, Anlagenband] 934

Lücke in der Tonbandaufnahme

– **Rückfragen** und Stellungnahmen zur Militärreform, insbesondere zu der Information 14/4 und zu der Vorlage 14/25 934

Vorlage 14/10 **Erklärung** GP vom 19. 2. 1990: Entmilitarisierung Jetzt!
[Dokument 14/26, Anlagenband] 942

Vorlage 14/53 **Antrag** VL: Zur Entmilitarisierung
[Dokument 14/27, Anlagenband] 942

Vorlage 14/8 **Antrag** DBD: Volkseigene Grundstücke der NVA in volkswirtschaftliche Nutzung überführen
[Dokument 14/28, Anlagenband] 943

Vorlage 14/46 **Antrag** NF, IFM: Zu deutsch-deutschen Beratungen über eine gemeinsame deutsche Armee 944

TOP 7: **Ökologie** 944

Vorlage 14/13 **Antrag** GL, GP, UFV, VL, NF: Einrichtung von „Grünen Häusern" in allen Bezirksstädten und ökologischen Schwerpunktbereichen
[Dokument 14/29, Anlagenband] 944

Vorlage 14/16 **Empfehlung** PDS: Schaffung eines gemeinsamen Umweltbildungzentrums Deutsche Demokratische Republik – Bundesrepublik Deutschland in Berlin
[Dokument 14/30, Anlagenband] 944

Vorlage 14/17 **Antrag** PDS: Veränderung der Smogordnung vom 2. 11. 1989
[Dokument 14/31, Anlagenband] 944

Vorlage 14/18 **Antrag** PDS: Zur Übergabe des Hygieneinstituts des ehemaligen MfS/AfNS an das neuzubildende Ökologieinstitut der Akademie der Wissenschaften
[Dokument 14/32, Anlagenband] 944

Vorlage 14/19 **Antrag** PDS: Erhaltung Kulturlandschaft der Lausitz durch neue Energiepolitik (mitteleuropäische Energiekooperation)
[Dokument 14/33, Anlagenband] 945

Vorlage 14/43 **Antrag** GP, GL: Vom Todesstreifen zum Lebensraum
[Dokument 14/34, Anlagenband] 945

Vorlage 14/14 **Antrag** AG „Ökologischer Umbau": Ergänzung zur Vorlage 10/3 (gemäß Beschluß des Runden Tisches vom 29. 1. 1990) AG „Ökologischer Umbau'
[Dokument 14/35, Anlagenband] 946

– **Antrag** PDS: Auftrag an die Regierung gesondertes Sozialprogramm aufzustellen 948

Vorlage 14/12 **Antrag** AG „Ökologischer Umbau": Errichtung eines Umweltamtes 949

Vorlage 14/11 **Antrag** PDS: Altlastsanierung der Folgen des Uran- und Erzbergbaues in der Sächsischen Schweiz, im Erzgebirge und Ost-Thüringen (Raum Gera)
[Dokument 14/36, Anlagenband] 950

Vorlage 14/15 **Antrag** GL, NF, VL, UFV, IFM, GP: Förderung der Sekundärrohstoffwirtschaft 951

TOP 8: **Weiteres Programm des Runden Tisches** 953

Vorlage 14/21 **Antrag** AG „Recht", AG „Strafrecht": Sicherung der Arbeitsfähigkeit der Gerichte und Gewährleistung einer unabhängigen Rechtsprechung
[Dokument 15/22, Anlagenband] 953

Vorlage 14/45 **Antrag** UFV: Zweimal wöchentliche Tagung des Zentralen Runden Tisches
[Dokument 14/37, Anlagenband] 954

Vorlage 14/48 **Antrag** NF: Zweimal wöchentlich Zusammentreten des Zentralen Runden Tisches
[Dokument 14/38, Anlagenband] 954

	Antrag IFM: Fortgang der Arbeit des Runden Tisches bis zur Konstitution einer neuen Regierung	956
TOP 9:	**Künftige Rechtsform volkseigener Betriebe**	958
Vorlage 14/23	**Antrag** AG „Wirtschaft": Umwandlung der Rechtsform der volkseigenen Betriebe	958
Vorlage 14/54	**Antrag** SPD: Forderungen an die Regierung im Zusammenhang mit dem Gesetzesentwurf zur Privatisierung staatlichen Eigentums [Dokument 14/39, Anlagenband]	958
Vorlage 14/33	**Antrag** DJ: Errichtung einer „Treuhandgesellschaft" (Holding) sowie Ernennung einer Kommission für die Errichtung dieser Treuhandstelle [Dokument 14/41, Anlagenband]	958
	– **Aufruf** SPD: Zur Mitarbeit aller Parteien und der Regierung an der Vorbereitung der Privatisierung des staatlichen Eigentums (Information 14/54) [Dokument 14/40, Anlagenband]	959
Vorlage 14/51	**Antrag** NF: Einsatz von sachkompetenten und demokratisch bestätigten Leitern in Wirtschaft und Verwaltung (in die 16. Sitzung vertagt) [Dokument 16/1, Anlagenband]	961
TOP 10:	**Freistellung der Kandidat/Innen für das zu wählende Parlament (S. 240)**	961
Vorlage 14/52	**Antrag** SPD, VL: Freistellung der Kandidaten/Innen für das zu wählende Parlament von ihrer Tätigkeit bis zum Wahltag [Dokument 14/41, Anlagenband]	961

15. Sitzung ... 963

Berlin, Residenz Schloß Niederschönhausen, Montag, den 5. März. 1990

TOP 1: Begrüßung durch den Gastgeber ... 963

    Vorlage 15/0   **Tagesordnung**
[Dokument 15/1, Anlagenband] ... 963

TOP 2: Gleichstellung von Frauen und Männern – Sozialcharta ... 963

    Vorlage 15/5   **Grundlinie und Standpunkte** für eine Sozialcharta ... 964

    Vorlage 15/6   **Antrag** Initiativgruppe Interessenverband Kindheit
[Dokument 15/2, Anlagenband] ... 968

    Vorlage 15/6a   **Einzelantrag** UFV innerhalb des Pakets der Sozialcharta
[Dokument 15/3, Anlagenband] ... 968

    Vorlage o.N.   **Antrag** des Zentralausschusses der Volkssolidarität auf Ergänzung der Vorlage 15/5
[Dokument 15/4, Anlagenband] ... 968

        – **Antrag** SPD: Änderungsantrag zur Vorlage 15/5 ... 968

        – **Antrag** SPD: Änderungsantrag zur Vorlage 15/5 ... 968

        – **Antrag** IFM: Ergänzungsantrag zur Vorlage 15/5 ... 969

    Vorlage [???]   **Antrag** NDPD: Ergänzung zur Rechtssicherheit bei Wohnungen und Grundstücken
[Dokument 15/5, Anlagenband] ... 970

    Vorlage [???]   Antrag PDS zur Sicherung des Rechts auf Wohnraum
[Dokument 15/6, Anlagenband] ... 970

        – **Antrag** Initiativgruppe Interessenverband Kindheit ... 971

    Vorlage 15/5a   **Antrag** UFV, IFM, FDGB, GP: Zur Einbringung der Sozialcharta in die Verhandlungen mit der BRD ... 974

        – **Antrag** DJ: Offener Brief Siedlerschutz
[Dokument 15/7, Anlagenband] ... 974

    Vorlage [???]   **Antrag** PDS, UFV: Berücksichtigung der Behinderten
[Dokument 15/8, Anlagenband] ... 974

    Vorlage [???]   **Antrag** SPD: Medizinische Grundbetreuung
[Dokument 15/9, Anlagenband] ... 974

    Vorlage 15/1   **Positionspapier** Arbeitsgruppe „Gleichstellungsfragen": Zu Grundzügen der Gleichstellung von Frau und Mann
[Dokument 15/10, Anlagenband] ... 975

    Vorlage 15/1   **Ergänzung** zur Vorlage 15/1 Arbeitsgruppe „Gleichstellungsfragen": III. Selbstbestimmung ... 977

        – **Information** UFV zur Vorlage 15/2 betr. die Geschlechterfrage und die Voraussetzungen zu ihrer Lösung in der DDR (Information 15/1)
[Dokument 15/11, Anlagenband] ... 978

    Vorlage 15/2   **Antrag** UFV, AG „Gleichstellungsfragen" und AG „Sozialpolitik": Zur Einrichtung eines Ministeriums für die Gleichstellung von Frauen und Männern ... 978

    Vorlage 15/3   **Antrag** AG „Gleichstellungsfragen": Einrichtung einer Kommission zur Sicherung der Kinderbetreuungseinrichtungen
[Dokument 15/12, Anlagenband] ... 988

    Vorlage 15/4   **Antrag** VL für Initiative „Streitfall Kind", Kommission „Recht" und UFV: Durchsetzung von Rechten des Kindes ... 990

    Vorlage 15/14   **Antrag** CDU: Schaffung eines Ministeriums für Familie und Soziales ... 992

    Vorlage 15/13   **Antrag** VL: Zur geschlechtsunabhängigen Lehrstellenvergabe ... 995

TOP 3: Bericht AG „Ökologischer Umbau": Über den Stand der Arbeiten ... 997

TOP 4:	Erklärung der Vorsitzenden der Wahlkommission der DDR, Petra Bläss, zur Vorbereitung der Volkskammerwahl am 18. März 1990	998
	– **Appell** Petra Bläss: Zur Vorbereitung der Volkskammerwahl am 18. März 1990	998
	– **Appell** Runder Tisch: Zu fairem Wahlkampf	999
TOP 5:	**Bildung, Erziehung und Jugend**	999
	Vorlage o. N. **Bericht** Wilfried Poßner, StS und Leiter des Amtes für Jugend und Sport: Ausgewählte Zahlen und Fakten zur Lage der Kinder und Jugendlichen in der DDR [Dokument 15/13, Anlagenband]	1000
	Vorlage 15/7 **Positionspapier** der AG „Bildung, Erziehung und Jugend" insbesondere zur Bildungspolitik	1000
	– **Bericht** Hans-Heinz Emons, Minister für Bildung, über den Standpunkt der Regierung zum Thema „Bildung, Erziehung und Jugend"	1001
	– **Bericht** Wilfried Poßner, StS und Leiter des Amtes für Jugend und Sport, zur Lage der Kinder und Jugendlichen in der DDR	1002
	– **Antrag** VL: Änderungsantrag zur Vorlage 15/7	1006
	– **Antrag** VL: Änderungsantrag zur Vorlage 15/7	1006
	– **Antrag** VL: Änderungsantrag zur Vorlage 15/7	1007
	– **Antrag** PDS: Änderungsantrag zur Vorlage 15/7	1009
	– **Antrag** CDU: Ergänzungsantrag zur Vorlage 15/7	1010
	– **Antrag** DBD: Ergänzungsantrag zur Vorlage 15/7	1012
	– **Antrag** NDPD: Ergänzungsantrag zur Vorlage 15/7	1012
	– **Erklärung** Katholische Laienbewegung: Zur Bildung in der DDR (Information 15/7)	1016
	– **Thesen** Runder Tisch der Jugend zur künftigen Jugendarbeit (Information 15/5)	1019
	– **Antrag** DJ: Ergänzungsvorschlag zur Vorlage 15/7	1020
	Vorlage 15/8 **13 Einzelanträge** AG „Bildung, Erziehung und Jugend' [Dokument 15/14, Anlagenband]	1200
	– **Antrag 1** DJ (Einbringer): Zur Stellung des Kindes als Rechtssubjekt [Dokument 15/14, Anlagenband]	1022
	– **Antrag 2** IFM (Einbringer): Zu psychologischen und sozialpädagogischen Hilfen für Kinder, Eltern, Lehrer und Erzieher [Dokument 15/14, Anlagenband]	1022
	– **Antrag 3:** Zur Demokratisierung des Bildungswesens [Dokument 15/14, Anlagenband]	1022
	– **Antrag 4:** Zur Rehabilitierung und Wiedereinstellung von Pädagogen und anderen Mitarbeitern in der Volksbildung [Dokument 15/14, Anlagenband]	1022
	– **Antrag 5** NDPD (Einbringer): Zur Einstellung von Mitarbeitern des MfS und der NVA, die keine zivile pädagogische Ausbildung haben, als Pädagogen [Dokument 15/14, Anlagenband]	1022
	– **Antrag 6:** Zum Planstellenbestand im Hoch- und Fachhochschulbereich [Dokument 15/14, Anlagenband]	1022
	– **Antrag 7:** Zu Direktbewerbungen von Pädagogen [Dokument 15/14, Anlagenband]	1022
	– **Antrag 8** Kinderbewegung und UFV (Einbringer): Zur Einrichtung eines Kinderkulturfonds; zu außerschulischen Bildungs-, Betreuungs- und Sporteinrichtungen [Dokument 15/14, Anlagenband]	1022
	– **Antrag 9** NF (Einbringer): Zur Anerkennung der UNESCO-Charta der Rechte der Lehrer [Dokument 15/14, Anlagenband]	1022

		– **Antrag 10** FDGB (Einbringer): Zum Fortbestand der „Häuser des Lehrers" [Dokument 15/14, Anlagenband]	1022

– **Antrag 10** FDGB (Einbringer): Zum Fortbestand der „Häuser des Lehrers"
[Dokument 15/14, Anlagenband] 1022

– **Antrag 11** NF (Einbringer): Zur Erhaltung subventionierter Schulspeisung
[Dokument 15/14, Anlagenband] 1022

– **Antrag 12** FDGB (Einbringer): Zur Sicherung des polytechnischen Unterrichts
[Dokument 15/14, Anlagenband] 1022

– **Antrag 13** NF (Einbringer): Zur sofortigen Offenlegung des Finanzhaushalts im Bereich Bildung
[Dokument 15/14, Anlagenband] 1022

Vorlage 15/9 **Antrag** Runder Tisch der Jugend: Die Regierung soll sich zur Wahrung aller Rechte der Kinder und Jugendlichen bekennen sowie zur Bereitstellung von finanziellen Mitteln aus dem Staatshaushalt für die Tätigkeit der Kinder- und Jugendverbände
[Dokument 15/15, Anlagenband] 1024

– **Antrag** LDP: Änderungsantrag zum Antrag 12 der Vorlage 15/8 1031

– **Antrag** DJ: Appell gegen Verlegung von Kleinkindern 1035

Vorlage 15/4 **Antrag** VL für Initiative „Streitfall Kind", Kommission Recht und UFV: Zur Durchsetzung von Rechten des Kindes (geänderte Fass.)
[Dokument 15/16, Anlagenband] 1035

– **Antrag** SPD: Änderungsantrag zur Vorlage 15/4 1035

TOP 6: Fragen der Justiz 1036

Vorlage 15/10 **Regierungsentwurf** des Richtergesetzes
[Dokument 15/17, Anlagenband] 1036

Vorlage 15/12a **Änderungsvorlage** des Ministerrates: Zum Entwurf des 6 STÄG (MR-Vorlage vom 18. 1. 1990, VK 1. Lesung 5. 2. 1990)
[Dokument 15/18, Anlagenband] 1036

– **Entwurf** eines Gesetzes zur Änderung und Ergänzung des Strafgesetzbuches der Strafprozeßordnung, des Einführungsgesetzes zum Strafgesetzbuch und zur Strafprozeßordnung sowie des Strafregistergesetzes (6. Strafrechtsänderungsgesetz vom ...)
[Dokument 15/18a, Anlagenband] 1036

Vorlage 15/11 **Entwurf** einer Verordnung (der Regierung vom 22. Februar 1990): Über die Tätigkeit und die Zulassung von Rechtsanwälten mit eigener Praxis
[Dokument 15/19, Anlagenband] 1036

– **Erklärung** DJ: Zum rechtsstaatlichen Schutz der Bürgerinnen und Bürger der DDR vor Gewalt (Information 15/8)
[Dokument 15/20, Anlagenband] 1036

– **Bericht** von StS Wolfgang Peller, Ministerium der Justiz, über den Entwurf der Verordnung über die Tätigkeit und die Zulassung von Rechtsanwälten 1036

Vorlage 14/21 **Antrag** AG „Recht" und AG „Strafrecht": Zur Sicherung der Arbeitsfähigkeit der Gerichte und Gewährleistung einer unabhängigen Rechtsprechung
[Dokument 15/21, Anlagenband] 1043

Vorlage 14/21 **Ergänzungsantrag** AG „Recht" und AG „Strafrecht": Zur Sicherung der Arbeitsfähigkeit der Gerichte und Gewährleistung einer unabhängigen Rechtsprechung 1044

– **Stellungnahme** des Generalstaatsanwalts Hans-Jürgen Joseph zu Fragen der Justiz, insbesondere zu Vorlage 14/21 1049

Vorlage 15/12a **Ergänzungsantrag 1** IFM: Zur Vorlage 15/12a, Amnestie politisch Inhaftierter 1050

– **Antrag** VL: Ergänzungsantrag zur Vorlage 14/21 1051

– **Bericht** (wessen [???]) über die Untersuchungskommission zur Aufdeckung von Amtsmißbrauch, Korruption und persönliche Bereicherung 1051

Vorlage 15/18 **Antrag** der Zeitweiligen Untersuchungsabteilung beim Ministerrat und der Unabhängigen Untersuchungskommission zur Aufdeckung von Amtsmißbrauch, Korruption und persönlicher Bereicherung 1051

– **Antrag** FDGB: Änderungsantrag zur Vorlage 15/18 1053

– **Antrag** DJ: Ergänzungsantrag zur Vorlage 15/18 1054

TOP 7: **Einzelanträge: Zur Weiterarbeit des Runden Tisches und zur Währungsunion** 1054

Vorlage 15/21   **Antrag** IFM, VL, GP: Zur Fortsetzung des Zentralen Runden Tisches bis zur Konstituierung der Neuen Regierung 1055

Vorlage 14/47   **Antrag** NF: Zu den Verhandlungen der „Expertenkommission" über eine Währungsunion   1058

16. Sitzung ... 1062

Berlin, Residenz Schloß Niederschönhausen, Montag, den 12. März 1990

TOP 1: Tagesordnung ... 1062

    Vorlage 16/0   **Tagesordnung** ... 1062

    Vorlage 16/2   **Antrag** Sitzungsleitung: Zum Schriftgut des Runden Tisches [Dokument 16/2, Anlagenband] ... 1062

TOP 2: Wirtschafts- und Verwaltungskader ... 1063

    Vorlage 15/15   **Antrag** AG „Wirtschaft": Zur wirtschaftlichen Entwicklung ... 1063

    Vorlage 14/51   **Antrag** NF: Zum Einsatz von sachkompetenten und demokratisch bestätigten Leitern [Dokument 16/1, Anlagenband] ... 1063

    Erw. V. 14/51   **Antrag** NF: Zum Einsatz von sachkompetenten und demokratisch bestätigten Leitern ... 1064

        – **Antrag** LDP: Ergänzungsantrag zur erweiterten Vorlage 14/51 ... 1065

        – **Antrag** DJ: Zur Präzisierung der erweiterten Vorlage 14/51 ... 1066

        – **Antrag** DJ: Änderungsantrag zur erweiterten Vorlage 14/51 ... 1066

        – **Antrag** VL: Änderungsantrag zur erweiterten Vorlage 14/51 ... 1066

        – **Antrag** FDGB: Ergänzungsantrag zur erweiterten Vorlage 14/51 ... 1066

        – **Antrag** GP: Ergänzungsantrag zur erweiterten Vorlage 14/51 ... 1067

        – **Antrag** UFV: Ergänzungsantrag zur erweiterten Vorlage 14/51 ... 1067

        – **Antrag** SPD: Ergänzungsantrag zur erweiterten Vorlage 14/51 ... 1069

        – **Anlage** zur erweiterten Vorlage 14/51: Auszug aus Beschluß des Ministerrates vom 1. 2. 1990 (12/3/90) sowie vom 21. 12. 89 ... 1069

        – **Antrag** IFM: Einräumung eines Vetorechts der betrieblichen Mitbestimmungsgremien . 1070

        – **Antrag** VL: Ergänzungsantrag zur erweiterten Vorlage 14/51 ... 1071

        – **Antrag** DJ: Ergänzungsantrag zur erweiterten Vorlage 14/5 ... 1074

        – **Antrag** NF: Ergänzungsantrag zur erweiterten Vorlage 14/5 ... 1075

        – **Antrag** GP: Ergänzungsantrag zur erweiterten Vorlage 14/5 ... 1077

        – **Ergebnis:** Zur Einführung einer sozialen Marktwirtschaft; Einsatz von sachkompetenten und demokratisch bestätigten Leitern (erweiterte Vorlage 14/51); Anlage zur erw. Vorlage 14/51: Auszug aus dem Beschluß des Ministerrates vom 1. 2. 1990 (12/3/90) sowie Auszug aus dem Beschluß des Ministerrates vom 21. 12. 1989(8/I.1/89) . 1077

TOP 3: Wohnsitz von Führungskräften der Parteien und Vereinigungen ... 1078

    Vorlage 15/16   **Antrag** SPD: Zur freien Wahl des Wohnsitzes ... 1078

TOP 4: Privatisierung von Volkseigentum ... 1079

    Vorlage 15/17   **Antrag** SPD: Zur Privatisierung der Volkswirtschaft [Dokument 16/3, Anlagenband] ... 1079

    Vorlage 16/7   **Antrag** DJ, SPD: Aufforderung an die Regierung, die Privatisierung des Volkseigentums zugunsten der Bürger voranzutreiben [Dokument 16/4, Anlagenband] ... 1079

    Vorlage 16/3   **Antrag** SPD, DJ: Zur Privatisierung des Volkseigentums [Dokument 16/5, Anlagenband] ... 1079

        – **Minderheitenvotum** DBD: Zur Ausnahmeregelung der Bodennutzung ... 1085

TOP 5: Soziales ... 1088

    Vorlage 15/19   **Antrag** UFV: Zur Neuprofilierung und Umstrukturierung der Ämter für Arbeit ... 1089

    Vorlage 16/5   **Antrag** AG „Sozialpolitik" (Einbringer FDGB): Zur Bildung einer Expertengruppe zum Sozialverbund ... 1089

TOP 6:	Privatisierung von Volkseigentum (Fortsetzung)	1089
	Vorlage 16/3 **Antrag** (neue Version) SPD, DJ; LDP: Zur Privatisierung des Volkseigentums	1091
	Vorlage 16/3 **Antrag** SPD, DJ; LDP: Zur Privatisierung des Volkseigentums	1095
TOP 7:	Gesichtspunkte für eine neue Verfassung	1096
	– **Stellungnahme** Gerd Poppe AG „Neue Verfassung", Minister o. G., IFM	1096
	Vorlage 16/1 **Antrag** AG „Neue Verfassung der DDR": Zur öffentlichen Diskussion des Verfassungsentwurfs des Runden Tisches und zum Volksentscheid über eine neue Verfassung der DDR am 17. Juni 1990	1097
	– **Bericht** Gerhard Weigt: Stand der Arbeit der AG „Neue Verfassung" zum Themenkreis „Menschenrechte und Grundfreiheiten"	1098
	Vorlage 16/1a **Ausarbeitung** einer Untergruppe der AG „Neue Verfassung": Die Grundrechte [Dokument 16/6, Anlagenband]	1098
	– **Bericht** Klaus Emmerich: Stand der Arbeit der AG „Neue Verfassung" zum Themenkreis „gesellschaftliche und politische Willensbildung"	1099
	Vorlage 16/1b **Ausarbeitung** einer Untergruppe der AG „Neue Verfassung": Gesellschaftliche und politische Willensbildung [Dokument 16/7, Anlagenband]	1099
	– **Bericht** Klaus Wolfram: Stand der Arbeit der AG „Neue Verfassung" zum Themenkreis „Eigentums- und Wirtschaftsordnung"	1100
	– **Bericht** Karl-Fr. Gruel: Stand der Arbeit der AG „Neue Verfassung" zum Themenkreis „Staatsgrundsätze, Staatsaufbau und Kommunalautonomie"	1101
	Vorlage 16/1c **Ausarbeitung** einer Untergruppe der AG „Neue Verfassung" zum Themenkreis „Staatsgrundsätze' [Dokument 16/8, Anlagenband]	1101
	– **Standpunkt** Sorbischer Runder Tisch: Zur Vereinigung Deutschlands (Information 16/9) [Dokument 16/9, Anlagenband]	1104
	Vorlage 16/6 **Antrag** FDGB: Zur Ergänzung und Änderung des Arbeitsgesetzbuches (AGB), zur Vorbereitung eines neuen AGB und zum Entwurf eines Betriebsverfassungsgesetzes	1106
	– **Antrag** LDP: Modifizierungsantrag zur Vorlage 16/1	1107
	– **Antrag** DJ: Zur Erweiterung der Verfassung hinsichtlich der jüdischen Mitbürger	1109
	– **Antrag** SPD: Zum weiteren Verfahren um eine neue Verfassung	1109
	– **Empfehlung** DJ: Zur Verankerung der besonderen Verpflichtung der Deutschen gegenüber dem jüdischen Volk in der neuen Verfassung der DDR (Information 16/11 zur Vorlage 16/1)	1112
TOP 8:	Auflösung des Amtes für Nationale Sicherheit	1113
	– **Bericht** der AG „Sicherheit" zur Auflösung des Amtes für Nationale Sicherheit. Berichterstatter: Werner Fischer, Sicherheitsbeauftragter des Runden Tisches und Regierungsbevollmächtigter zur Auflösung von MfS/AfNS	1113
	– **Anlage 1** zum Bericht von Werner Fischer: Übersicht der von der Arbeitsgruppe „Sicherheit" des Zentralen Runden Tisches gefaßten wichtigsten Beschlüsse und unterbreiteten Vorschläge [Dokument 16/10, Anlagenband]	1114
	– **Anlage 1a** zum Bericht von Werner Fischer: Bildung des Verbandes der Freidenker in der DDR (VdF) [Dokument 16/11, Anlagenband]	1114
	– **Anlage 2** zum Bericht von Werner Fischer: Übersicht der benötigten Planstellen und erforderlicher Einstellungen von Mitarbeitern des ehemaligen Amtes für Nationale Sicherheit zur Lösung übertragener neuer Aufgaben durch das Ministerium für Innere Angelegenheiten [Dokument 16/12, Anlagenband]	1116
	– **Anlage 3** zum Bericht von Werner Fischer: Vom VEB Ingenieurbetrieb für wissenschaftlichen Gerätebau zur Übernahme vorgesehene Objekte [Dokument 16/13, Anlagenband]	1116

	– **Antrag** NF: Auf Einsichtnahme der Bürger in ihre durch das MfS angelegten Akten	1120
	– **Antrag** NF: Die Volkskammer soll über den Umgang mit den Personendossiers befinden	1122
Vorlage 16[A]	**Antrag** NF: Zur Überprüfung der „neuen Politiker" durch eine Parlamentarische Untersuchungskommission	1124

TOP 9: **Eingliederung des Bereiches Kommerzielle Koordinierung (KoKo) in die Volkswirtschaft** 1125

– **Bericht** des Kommissarischen Leiters des Bereiches Kommerzielle Koordinierung, Prof. Gerstenberger: Zum Stand der Eingliederung des Bereiches KoKo und seiner Betriebe in die Volkswirtschaft
[Dokument 16/14, Anlagenband] 1125

TOP 10: **Abschlußerklärungen** 1130

– **Abschlußerklärung** der Regierung, Stellv. Des Vors. Des Ministerrates Dr. Peter Moreth 1130

Vorlage 16/9 **Abschlußerklärung** aller politischen Kräfte und Gruppierungen des Runden Tisches 1130

– **Schlußansprache** der Moderation, Oberkirchenrat Pfarrer Martin Ziegler
[Dokument 16/15, Anlagenband] 1132

TOP 11: **Amtsmißbrauch und Korruption im Bereich Kommerzielle Koordinierung** 1133

– **Bericht** des Leiters der Sonderkommission des Ministerrats, Willi Lindemann, über Ergebnisse der Untersuchung von Amtsmißbrauch und Korruption im Zusammenhang mit der Tätigkeit des Bereiches KoKo 1133

– **Antrag** SPD: Aushändigung der schriftlichen Ausarbeitung der beiden Berichte über KoKo an Teilnehmer des Runden Tisches 1140

– **Antrag** IFM: Frage der Rechtsträgerschaft der SED an bestimmten Gebäuden in die Zuständigkeit einer Kommission verweisen 1141

– **Antrag** GP: Zur Bildung eines Devisenfonds für die zukünftige Sanierung der Mülldeponien 1145

Vorlage 16/8 **Antrag** GP, GL, NF: Zur Verhinderung der Gründung der „Internationalen Beratungs- und Vertriebsgesellschaft mbH"
[Dokument 16/16, Anlagenband] 1147

[Beginn 9.00 Uhr]

TOP 1: Begrüßung und Eröffnung der Tagesordnung

Ducke (Moderator): Meine Damen und Herren, ich begrüße Sie zur 14. Sitzung des Runden Tisches heute am Rosenmontag. In anderen Gegenden würde man nicht Guten Morgen sagen, sondern Helau, und wir haben zwar Künstlerverbände da, aber keinen Karnevalsverein eingeladen. Trotzdem hoffe ich, daß wir eine gute Arbeitssitzung heute an diesem Tag haben werden.

Inmitten der Fülle von Ereignissen von Bewegungen, von Entwicklungen, inmitten eines rasenden Tempos scheint es mir, ist der **Runde Tisch** schon ein **Faktor der Stabilität** geworden und auch der Kontinuität. Wir haben immerhin die 14. Sitzung. Und fast ist man schon geneigt zu sagen, was ist denn noch zu erwarten vom Runden Tisch? Es läuft doch. Oder sagt da jemand gar schon wieder, es geht alles seinen Gang?

Sind die **Subjekte des Handelns** schon wieder aufgesogen in Programme, Parteien, Gruppierungen, vielleicht in anonyme Machtstrukturen?

Ich denke, daß der heutige Tag das Gegenteil zeigen möchte, daß der Mensch sich seine Welt schafft, er kultiviert Träger einer Wirklichkeit, die ohne ihn nicht denkbar wäre. Er ist Träger von Kultur. Ich begrüße deswegen an dieser Stelle schon den Minister für Kultur, Dr. Dietmar Keller, und werde dann, wenn wir den Tagesordnungspunkt aufrufen, noch die anderen Präsidenten der verschiedenen Akademien begrüßen.

Wir haben heute zur **Tagesordnung**, wenn Sie sich die einmal vorlegen, eine Mitteilung vom Fernsehen bekommen, daß im Interesse des Sandmännchens und der weiteren Programme spätestens um 19.00 Uhr die Übertragungen vom Runden Tisch eingestellt werden. Ich hoffe, daß dies doch viele Teilnehmer anregt, Selbstverpflichtungen abzugeben, daß wir vielleicht es doch schaffen, ein wenig früher Schluß zu machen mit der heutigen Sitzung. Aber ich wage nicht, eine Prognose zu geben, daß wir sagen könnten, wir könnten es vielleicht schon bis 18.00 Uhr schaffen. Aber vielleicht regt es doch an, daß wir uns das innerlich vornehmen.

Dann bitte ich wieder die Teilnehmer am Runden Tisch an den Sitzungen, die neu heute hier sind, daß sie uns umgehend, und das heißt gleich, ihren Namen nach hier vorne mitgeben mit ihrer politischen Gruppierung, daß wir sie dann hier in die Sitzordnung aufnehmen können.

Nun zur Tagesordnung. Als erster Hauptpunkt des heutigen Tages steht auf dem Programm **Kulturpolitik**. Dazu, ich habe es schon getan, begrüße ich Herrn Minister Dr. Dietmar Keller. Ich begrüße für den Schutzverband der Künstler der DDR Herrn Karl-Heinz Schäfer. Vielleicht können Sie sich für unsere Zuschauerinnen und Zuschauer, die ich auch noch herzlich begrüße, vorstellen, und auch die Hörerinnen und Hörer von „Radio DDR". Von der Akademie der Künste Herrn Heiner Caro, vom Verband der Unterhaltungskünstler Herrn Toni Krahl, vom Schriftstellerverband Max-Walter Schmidt [???], vom Verband der Film- und Fernsehschaffenden Herrn Hans Müncheberg [???], vom Verband bildender Künstler Claus Dietel, vom Verband der Komponisten und Musikwissenschaftler Hans-Jürgen Wenzel, vom Bund der Architekten Gerhard Krenz [???] und vom Theaterverband Peter Ensikat. Vielen Dank, meine Herren, daß Sie heute an den Runden Tisch zu dieser Thematik gekommen sind. Wir werden bald den Punkt Kulturpolitik eröffnen.

Zweitens steht drauf **Militärreform.** Wenn Sie sich notieren, die Gäste, Herr Minister Hoffmann, sind bestellt für 14.00 Uhr. Also, nach der Mittagspause das Thema Militärreform.

Unter 4. finden Sie das Stichwort **Ökologie.** Das soll heute keine Grundsatzdebatte zur Ökologie [werden], sondern unter diesem Stichwort werden gleichsam die Restposten, die Einzelfragen zu dieser Thematik aufgegriffen. Vielleicht schaffen wir das sogar noch vor der Mittagspause.

Einzelanträge liegen bisher vor und sind schon genehmigt. Unter 5.1 tragen Sie sich bitte hinein **Rechtsprechung.** Das ist die **Vorlage 14/21,** die Sie in Ihren Unterlagen schon finden.

Und unter 5.2 „eine **Holdinggesellschaft".** Auch dieser Antrag war hier schon auf dem Tisch, **[Vorlage] 14/23** ist das, der Vorschlag.

Alle anderen weiteren Einzelanträge werden in der Mittagspause von der **Prioritätengruppe** geprüft und dann gegebenenfalls aufgenommen. Ich bitte, daß eventuelle Einzelanträge jetzt noch im Arbeitssekretär abgegeben werden. Nur noch, die jetzt abgegeben werden, können dann Berücksichtigung finden.

Wenn Sie mit dieser Tagesordnung, wie sie vorgeschlagen ist, einverstanden sind, dann bitte ich Sie jetzt um das Handzeichen zur ersten Abstimmung. Wer mit der Tagesordnung einverstanden ist, hebe bitte die Hand. Ist jemand dagegen? – Das ist nicht der Fall. Enthält sich jemand der Stimme? – Auch nicht. Wir haben ein erstes Abstimmungsergebnis einstimmig geschafft, die Tagesordnung[1].

Ich rufe auf den Punkt 2, **Kulturpolitik** und bitte Sie, dazu die **Vorlagen 14/1** bis **14/4** und dann die **Informationen 14/1, 14/2** zur Hand zu nehmen. Darf ich den Einbringer vom Runden Tisch bitten, uns in die Vorlage einzuführen? Das ist Herr Stief, NDPD.

Bitte, Sie haben das Wort.

TOP 2: Kulturpolitik

Stief (NDPD): Meine Damen und Herren, als Einbringer fungieren für das **Positionspapier des Runden Tisches zur Lage der Kultur in der DDR sowie zu erforderlichen Maßnahmen** die National Demokratische Partei Deutschlands und der Unabhängige Frauenverband. Im Vorfeld des heutigen Beratungstages gab es eine Verständigung der Arbeitsgruppe „Kultur" zu diesen Problemen. Der Antrag beziehungsweise das Positionspapier wird also zugleich getragen durch das Neue Forum, dem FDGB, die Vereinigte Linke, PDS und dem Schutzverbund der Künstlerverbände.

[Vorlage 14/1, Positionspapier des Runden Tisches zur Lage der Kultur in der DDR sowie zu erforderlichen Maßnahmen]

1. Zur Lage

---

[1] Dokument 14/1, Anlagenband.

In wenigen Tagen finden in der DDR demokratische Wahlen statt. Es geht um Entscheidungen von großer Tragweite für die Menschen hierzulande und im anderen deutschen Staat, um europäische Zukunft in weltweitem Zusammenhang.

In den sich verändernden politischen und ökonomischen Strukturen in Deutschland dürfen unbestreitbare Werte unserer Gesellschaft nicht verloren gehen, die von Generationen geschaffen worden sind. Die Pflege von Kultur und Kunst gehören dazu. In dieser Überzeugung sind Künstler und Kulturschaffende im Bund mit Hunderttausenden auf die Straße gegangen, um eine neue solidarische, demokratische Gesellschaft auf den Weg zu bringen.

In den Programmen der Parteien fehlen bis zur Stunde weitgehend schlüssige Konzeptionen zur Bewahrung von Kultur und Kunst. Wie aber kann Demokratie gedeihen, wenn sie den Zugang zu den geistigen Reichtümern nicht ebenso eröffnet wie zu materiellem Wohlstand? Wenn Theater und Puppenbühnen geschlossen und Orchester verkleinert werden, wenn Kulturhäuser und Betriebsbibliotheken verschwinden und Kinos weiter verfallen, fährt der Zug der Zeit in eine falsche Richtung. Auch Jugendklubs, Diskotheken und Laienkunst gehören zur Alltagskultur, die den Lebenswert in unserem Lande mitbestimmt.

Der Staat hat eine Obhutspflicht für Kultur und Kunst, die nicht durch Marktwirtschaft außer Kraft gesetzt werden darf. Wir dürfen nicht zulassen, daß sich die Politik aus ihrer kulturellen Verantwortung zurückzieht und rufen die Bürgerinnen und Bürger auf, die Programme von Parteien und Bürgervereinigungen auch unter diesem Gesichtspunkt zu prüfen. Fordern wir Kultur!

2. Sofortmaßnahmen

Der Runde Tisch vertritt im Sinne auszulösender Sofortmaßnahmen folgende Standpunkte:

- Es kann nicht zugelassen werden, daß sich der Staat nach 40jähriger Wahrnehmung seiner Rechte aus der Verantwortung für Kultur und Kunst verabschiedet.

- Der Staat hat die strukturellen und materiellen Voraussetzungen dafür zu schaffen, daß sich das Individuum nach seinen Talenten und Bedürfnissen frei entfalten kann.

- Jeglicher Mißbrauch der Kultur und Kunst ist auszuschließen.

- Das uneingeschränkte Recht aller Bürgerinnen und Bürger auf freien Zugang zu Kultur und Kunst muß gesichert sein.

- Strukturelle und finanzielle Maßnahmen, die den Kulturbereich betreffen, bedürfen der vorherigen öffentlichen Diskussion.

- Die in den Kommunen bisher für Kultur und Kunst zur Verfügung stehenden Mittel dürfen nicht umverteilt werden.

- Die betrieblichen Mittel, die auf der Grundlage bisher bestehender Regelungen für Kultur und Bildung bereitzustellen sind, dürfen nicht verringert werden.

3. Weiterreichende Maßnahmen

Kultur- und Kunstentwicklung folgen einer anderen Logik als die Ökonomie. Deshalb widerspricht eine Ausrichtung der Kultur nach marktwirtschaftlichen Kriterien den Rechten der Bürgerinnen und Bürger auf freien Zugang zur Kultur- beziehungsweise zur Kunstausübung.

Deshalb fordert der Runde Tisch die verfassungsmäßige Festschreibung des Bekenntnisses der DDR zum Kulturstaatsgebot.

Der Runde Tisch fordert zur Untersetzung dieses Verfassungsgrundsatzes die sofortige Erarbeitung und Verabschiedung eines Kulturpflichtgesetzes durch eine Kommission, die sich aus Vertretern der Parteien und politischen Gruppierungen des Runden Tisches und der gemeinnützigen Kultur- und Kunstvereine beziehungsweise Verbände zusammensetzt.

Dieses Kulturpflichtgesetz muß nach Auffassung des Runden Tisches zu folgenden Problemen den rechtlichen Rahmen abgeben

- für ein Kulturfinanzierungsgesetz, das Festlegungen

  • über die finanziellen Verpflichtungen aller Wirtschaftseinheiten (Kulturabgabe oder Kultursteuer)

  • über die Verteilung der Gelder durch Staat, Länder, Kommunen und Wirtschaftseinheiten im Rahmen noch zu beschließender Kulturentwicklungspläne

  • über die Tarifautonomie der Gewerkschaft Kunst, Kultur und Medien (Honorarvereinbarungen, Rentenregelung, materielle Bedingungen der Kunstausübung und so weiter)

  • über die Sicherung der bestehenden kulturellen Einrichtungen

  enthält.

- für die verwaltungsrechtliche Ausgestaltung des Verfassungsgrundsatzes auf allen Ebenen
  das die Entstaatlichung der Kultur, die inhaltliche Ausgestaltung der Kulturhoheit der Länder und Kommunen (Verpflichtung zu Kulturentwicklungsplänen als Bestandteil ihrer Selbstverwaltung) bei gleichzeitiger Regelung der zentralen, staatlichen Aufgaben wie der Förderung und Entwicklung

  • der Nationalkultur

  • des auswärtigen Kulturaustausches

  • kultureller Projekte von nationaler Bedeutung (zum Beispiel Film)

  • von Minderheitenkulturen und -bedürfnissen wie avantgardistischen oder experimentellen Projekten

  • des künstlerischen Nachwuchses

  • der Kunst für Kinder

  sichert.
  In diesem gesetzlichen Rahmen sind Fragen der Entwicklung der kulturellen Infrastruktur, der Stadtgestaltung und Regionalentwicklung und der ästhetischen Kultur, insbesondere der Arbeitsplatz und -umweltgestaltung, zu regeln.

- für die demokratische Ausgestaltung

> Hier fordert der Runde Tisch die Schaffung eines gesetzlichen Rahmens für die Arbeit gesellschaftlicher Beiräte auf allen verwaltungsrechtlichen Ebenen zur Garantierung der demokratischen Mitbestimmungsrechte der [Bürgerinnen und] Bürger sowie der Kultur- und Kunstschaffenden an der inhaltlichen Ausgestaltung, der finanziellen Absicherung und der Kontrolle von Kultur- und Kunstentwicklung.
>
> Einreicher:
> –NDPD
> –Unabhängiger Frauenverband
> zugleich
> mitgetragen durch:– Neues Forum
> –FDGB
> –Vereinigte Linke
> –PDS
> –Schutzverbund der Künstlerverbände

Danke.

Ducke (Moderator): Danke, Herr Stief, für die Einbringung der **Vorlage 14/1**, das **Positionspapier**. Wir werden nach der Debatte darüber abzustimmen haben.

Aber nun würde ich erstens die Presse bitten, den verlängerten Pressetermin und Fototermin nun für beendet zu halten. Und ich bitte Herrn Minister Keller, die Stellungnahme der Regierung zum Thema Kulturpolitik uns vorzutragen. Bitte, Herr [Dietmar] Keller.

Keller (Minister für Kultur): Meine Damen und Herren, ich bin sehr dankbar dafür, daß die Möglichkeit besteht, daß sowohl ich am Runden Tisch einige Positionen zur **Kulturpolitik der Regierung** vortragen kann als daß sich der Runde Tisch mit kulturellen Fragen aus der Perspektive der Kultur in unserem Land beschäftigt. Gestatten Sie mir dazu einige Bemerkungen.

International anerkannt ist die Leistungsfähigkeit und die Ausstrahlungskraft unserer **künstlerischen Intelligenz** und zugleich aber belastet durch **Abwanderungsverluste** und durch Ausgrenzungen von Teilen der künstlerischen Intelligenz durch die Kulturpolitik vergangener Jahrzehnte.

International anerkannt ist ein **Kulturbetrieb**, der es ermöglicht hat, allen sozialen Klassen und Schichten an kultureller Arbeit teilzunehmen und die Möglichkeiten von Theater, Konzert, Museen, Literatur zu nutzen. Zugleich stellen wir eine **kulturelle Verödung** ganzer Regionen und Lücken in der **kulturellen Infrastruktur** fest.

Anerkannt in unserer **Kulturpolitik** sind soziale Geborgenheit, gesellschaftliches Gebrauchtwerden und ein umfassendes System gesellschaftlicher und staatlicher Subventionen und Fördermaßnahmen.

Zugleich belastet unsere Kulturpolitik, daß in den vergangenen Jahrzehnten die Kultur nach politischen und **ideologischen Gesichtspunkten verstaatlicht** wurde und zentralistisch verwaltet wurde.

Anerkannt ist, daß zumindest seit Beginn der siebziger Jahre Breite, Weite und Vielfalt in den künstlerischen Handschriften und Inhalten gefordert und unterstützt wurde, zugleich aber die Ausgrenzungen und **Verfolgungen von Andersdenkenden** erfolgte. Insofern ist die krisenhafte Situation, in die unser Land gekommen ist, auch begleitet von **krisenhaften Erscheinungen** in unserer kulturellen Landschaft. Sie wird vor allem durch drei Gesichtspunkte geprägt:

Erstens stellen wir einen gesellschaftlichen **Sinn- und Wertverlust** fest.

Zweitens sind entscheidende **Disproportionen** zwischen dem Niveau der **künstlerischen Kultur** auf der einen Seite und der politischen, **geistigen Kultur**, der Umweltkultur, der Städtebaukultur, der Freizeitkultur auf der anderen Seite entstanden.

Und drittens ist ein eklatanter Widerspruch zwischen der **Staatskultur** und der **Basiskultur** entstanden.

In diesen Tagen wird sehr viel gefragt, was bringt eigentlich die **DDR-Kultur** Spezifisches in einen **Prozeß der Vereinigung** der beiden deutschen Staaten ein? Die Antworten darauf sind vielfältiger Natur, und es ist ein ganzer Katalog dessen, was die **Spezifik** der Entwicklungen der letzten Jahrzehnte ausmacht und was in Grundpositionen erhaltenswert wäre.

Erstens: Ich denke dabei daran, daß der geistige und künstlerische Anschluß der Entwicklung in unserem Land auch bedingt durch die **Besetzung sowjetischer Besatzungszonen** an die künstlerischen Entwicklungsprozesse der zwanziger und dreißiger Jahre erfolgte, im Gegensatz zur Bundesrepublik Deutschland, wo ein sehr schneller Anschluß an Modernismen des anglo-amerikanischen Raumes erfolgte. Das hat zu einer sehr starken Position einer realistischen, auf die Menschen bezogenen Kunst in unserem Lande geführt.

Zweitens: Unsere Kulturentwicklung war durch **politische und ideologische Zwänge** sehr stark geprägt. Das hat dazu geführt, daß wir eine sehr starke politisierte, in die gesellschaftlichen Prozesse eingreifende Kunst in unserem Land haben. Wenn man sich die Kunst und Literatur unseres Landes der vergangenen Jahrzehnte anschaut, so finden wir eine ziemlich realistische Darstellung unseres Weges wieder, eine realistische Darstellung, die in der gesellschaftswissenschaftlichen Literatur nicht zu finden ist. Der Grad des politischen Engagements in Literatur und Kunst unterscheidet sich prinzipiell von der Entwicklung der Kunst und Literatur aus der Bundesrepublik Deutschland.

Drittens: Die **fehlende völkerrechtliche Anerkennung der DDR** bis Anfang der siebziger Jahre, die Politik der Alleinvertretungsanmaßung der BRD gegenüber der DDR, die Errichtung der Mauer, hat dazu geführt, daß die Kunstliteratur unseres Landes sich sehr stark auf die **inneren Probleme** des Landes orientiert hat. An der Kunst und Literatur unseres Landes ist die innere Befindlichkeit in hohem Maße abzulesen. Es sind die sozialen weltanschaulichen und politischen Probleme der Entwicklung der Menschen und der Entwicklung des Landes sehr stark ins Zentrum der Literatur und Kunst gerückt.

Wir stellen viertens fest, daß es eine **Reihe von Gebieten** gibt, die in unserem Land **gefördert** und **unterstützt** wurden, die sich unbedingt als erhaltens- und ausbaufähig und notwendig erweisen. Ich denke zum Beispiel an das System der Kinder- und Jugendtheater, an das wiederentdeckte Puppentheater, an die Kinder- und Jugendliteratur. Und ich denke auch an das umfangreiche System des politischen Kabaretts, nicht nur im professionellen Bereich, sondern auch im Amateurbereich. Ich denke an die sehr starke Konzentration auf die figurative Malerei, und ich denke an die Vorzüge des Ensemble- und Regietheaters in unserem Land. Das heißt, ohne [Bertolt] Brecht und [Walter] Felsenstein, ohne [Konrad] Wolf, [Heiner] Müller und [Volker] Braun, ohne – und [Wolfgang] Mattheuer würde der deutschen Nationalkultur eine nicht ersetzbare, austauschbare Seite fehlen.

Die Kunst unseres Landes ist ein alternativer gesellschaftlicher Versuch, Größe, Verdienst, Elend und Niederlage eines fünfundvierzigjährigen Weges eines Teils der deutschen Nation künstlerisch aufzuarbeiten. Daraus ergibt sich gegenwärtige und künftige Verantwortung.

Wir betrachten Kulturpolitik der Regierung nicht als ein isoliertes Politikfeld, sondern **Kulturpolitik als immanenten Bestandteil des gesamten politischen Handelns.** Regierungspolitik muß deshalb auf die Schaffung gesellschaftlicher und politischer Voraussetzungen gerichtet sein, daß die kulturellen Dimensionen in allen politischen, ökonomischen und sozialen Entscheidungen berücksichtigt werden, daß alle Bürger in allen Lebensbereichen ihre kulturellen Rechte auch verwirklichen können.

Die Beherrschung dieses Zusammenhangs ist eine entscheidende Bedingung und zugleich entscheidende Voraussetzung für die Entwicklung zum **Kulturstaat.**

Staatliche Kulturpolitik muß deshalb sichern, daß die Bedingungen der kulturellen Reproduktion der Gesellschaft umfassend gewährleistet werden. Wo Angebot und Nachfrage Befriedigung von Kunstbedürfnissen und auch wo der Markt versagt, und er tut dies bezogen auf die Kultur oft, ist es die Pflicht und die Verantwortung des Staates, durch eigenes Handeln konkret in die Entwicklung einzugreifen und Fehlentwicklungen beziehungsweise Disproportionen zu korrigieren. Das bezieht sich insbesondere

1. auf die Gewährleistungen der sozio-kulturellen Aktivitäten in den Kommunen,

2. auf die Sicherung der Arbeit der Theater- und Konzerthäuser, der Museen und Kulturzentren und so weiter,

3. auf die Förderung der Arbeit und des Schaffens der Künstler und der Kulturschaffenden einschließlich der Sicherung ihres Rechtes auf künstlerische Arbeit, und

4. auf die Stimulierung kultureller und künstlerischer Experimente.

Das heißt, **Kunst- und Künstlerförderung, Kulturförderung** und Förderung des Wirkens von Kulturschaffenden gehört zu den unverzichtbaren Aufgaben staatlicher Kulturpolitik.

Deshalb ist **staatliche Kulturfinanzierung** auch eine unverzichtbare Voraussetzung der kulturellen Entwicklung. Wir unterstützen die hier formulierte Forderung, ein **Kulturfinanzierungsgesetz** zu schaffen und auf der Grundlage eines Kulturfinanzierungsgesetzes ein **Kulturfinanzierungsprogramm** auszuarbeiten. Die durch die Wende ermöglichte politische und ideologische Freiheit der Entwicklung von Literatur und Kunst darf nicht durch ökonomische Fesseln neu eingeschränkt werden. An die Stelle der politischen Zensur darf nicht die **ökonomische Zensur** treten.

Wir alle wissen, daß künstlerisches Schaffen [und] Kulturproduktionen auch immer eine ökonomische Form haben. Wir wissen auch, daß Kultur und Kommerz keine Gegensätze sein müssen. Wir wissen auch, daß kulturelle Entwicklung sehr stark geprägt ist von sich verändernden Anforderungen und Bedürfnissen, von Angebot und Nachfrage und auch durch verschiedene Eigentumsformen wirkende **Marktmechanismen.**

Mit diesen Marktmechanismen verbinden sich bei vielen Menschen Angst, Verunsicherung und Bedrängnis. Dieser Angst müssen wir entgegenwirken. Wir müssen ihr deshalb entgegenwirken und darum entgegenwirken, daß Kunst nicht zur Ware degradiert, daß Bedürfnisse nicht manipuliert werden, daß nicht ein **Mehrheitsdiktat durch ökonomische Bedingungen** wieder die Kultur dirigiert oder daß Gruppen und Privatinteressen monopolisiert werden.

Das heißt, wir brauchen dringend ein **ökonomisch vertretbares, kulturelles System.** Das bisherige ökonomische System, das ausschließlich über den Staatshaushalt und die dem Ministerium für Kultur aus dem Staatshaushalt zur Verfügung stehenden Mittel die kulturelle Landschaft unseres Landes prägen kann, hat sich nicht bewährt.

Wir brauchen neue Vorstellungen. Wir brauchen ein umfangreicheres Wirken von ökonomischen Möglichkeiten zur Entwicklung eines umfangreichen geistig-kulturellen Lebens. Ich stimme den hier vorgetragenen Ansatzpunkten voll inhaltlich zu. Auch wir sind weiterhin für **staatliche Subventionierung** und **Förderung der Kunst und Literatur.** Aber sie müssen dringend ergänzt werden durch **Finanzierungsmodelle,** die in der ganzen Gesellschaft wirken.

Ich glaube, es gibt in westeuropäischen Ländern eine Reihe von Finanzierungsmodellen, wo Steuergesetzgebungen [existieren], die man sich anschauen kann und wo man das Produktive und Progressive für uns herausnehmen muß. Dazu gehört auch, daß für gesellschaftlich nützliche und geistig-kulturelles Leben fördernde Arbeit, **Steuererleichterungen** oder Steuererlaß für Wirtschaftseinheiten, für andere im Staat wirkende Institutionen erlassen werden sollen.

Wir brauchen **Fördermittel** dringend aus Wirtschaft und Industrie und wir brauchen Sponsoren, Stiftungen und Spenden.

Deshalb unterstützen wir, daß wir **ökonomische Lösungen** finden müssen, die Kultur und Kunst als produktivitätsfördernde Faktoren der Gesellschaft anerkennen und sie zugleich gesetzlich verankern. Wir müssen gegen die in unserer Gesellschaft wirkende **Restmittelprinzippolitik** bessere Argumente setzen und gesetzlich Grundlagen schaffen. Ich glaube, daß ein **Kulturpflichtgesetz** des Staates dafür eine wichtige Voraussetzung ist.

Und zweitens scheint mir dringend notwendig, die **staatliche und gesellschaftliche Kulturförderung** demokratisch durchschaubarer zu gestalten durch eine breitere Öffentlichkeit, durch die Ausschreibung von Wettbewerben, durch die Förderung von überregionalen Kultur- und Kunstprojekten, durch Freisetzung von Fördermitteln für freie und unabhängige Organisationen der Künstler, durch Freisetzung von Fördermitteln zur Unterstützung des kulturellen Lebens in den Kommunen und Verbänden und durch die besondere Unterstützung des künstlerischen Nachwuchses und der kulturellen Arbeit in der Jugend und unter den Kindern. Das würde einschließen, **staatliche Regulative für soziale Sicherheit** der Künstler auszuarbeiten. Das heißt, Sicherung von Mindesthonoraren und Altersversorgung, kulturförderndes Steuerrecht, Urheber- und Interpretenrecht, Erbrecht und Schutz von privatem Kunstgesetz.

Ich bedanke mich.

Ducke (Moderator): Vielen Dank, Herr Minister, für diese Position der Regierung. Jetzt ist meine Frage: Von den Verbänden der Künstler hatte der Schutzverband der Künstler der

DDR, Herr Schäfer, noch ein Positionspapier mit eingebracht. Am besten wäre es vielleicht, wenn wir das auch jetzt gleich hier zur Kenntnis bringen. Darf ich Sie dann bitten, Herr Schäfer? Dann würde ich gleich schon vorbereiten, daß wir, wenn nicht noch weitere Wortmeldungen von seiten der Künstlerverbände vorliegen, dann uns an die Vorlagen machen, um dann die Debatte mit den Wortmeldungen zu eröffnen. Jetzt bitte ich, zur Geschäftsordnung?
Bitte, Herr Stief.

Stief (NDPD): Ich hatte vergessen zu erwähnen, daß wir diesen Text des Schutzbundes der Künstlerverbände als **Anlage 1 [zur Vorlage 14/1²]** zu diesem Dokument [Vorlage 14/1] hinzugefügt haben und des weiteren noch eine Stellungnahme [**Anlage 2 zur Vorlage 14/1³**], ein **Arbeitspapier des Verbandes Bildender Künstler Berlin für die Kulturkommission des Runden Tisches.** Das gehört zum Gesamtkomplex.

Ducke (Moderator): Vielen Dank, Herr Stief, für die Erinnerung. Jetzt wissen wir, was wir in diesem Packen noch haben. Das ist vielleicht für Sie, Herr Schäfer, wichtig, daß wir den Text schriftlich haben und Sie die Anmerkung dazu machen.
Bitte schön.

Schäfer (Schutzbund der Künstlerverbände): Verehrte Vertreter des Runden Tisches, ich möchte dem Appell des Fernsehens folgen und mich so kurz wie möglich fassen. Ich verzichte auf die Verlesung des Positionspapieres. Ich denke, zur Sache ist von den beiden Vorrednern genügend gesagt worden. Ich möchte mich auf einen einzigen Sachverhalt beschränken und ich bitte mir nachzusehen, daß ich mit den Regularien des Runden Tisches nicht so vertraut bin.

Ich frage Sie, wir haben das als **Anlage 1 zur Vorlage 14/1** zugefügte Papier gemeinschaftlich mit vielen Parteien und Vereinigungen, die auch hier am Tische sitzen, erarbeitet. Ist es üblich, daß wir als Antragsteller hier auftreten oder sollen wir dazu nicht das Wort nehmen?

Es ist das Kernstück eigentlich der Arbeit, der Vorbereitung von drei Monaten, daß wir meinten, wir sollten Sie heute bitten, das, was hier gesagt wurde in der Kürze der Zeit, die uns noch verbleibt, Realitäten zu schaffen, in eine gesetzesähnliche Form zu bringen, die vergleichbar dem Medienbeschluß noch die Volkskammer passieren kann mit Ihrer Unterstützung, damit wir eine **Quasi-Gesetzlichkeit** haben für die Übergangszeit und uns in Kunst und Kultur nicht mehr den Bach heruntergeht, als das ohnehin schon der Fall ist.

Ducke (Moderator): Herr Schäfer, Sie haben eine konkrete Frage gestellt. Unsere Arbeitsgruppe „Kulturpolitik" hat das schon geschickt beantwortet, indem sie zu Ihrer **Vorlage [14/1]**, die ja hier am Runden Tisch eingebracht wird, dies als **Anlage [1]** beigefügt hat und daß damit sozusagen als Vorlage auch der Arbeitsgruppe vorliegt, so daß Sie jetzt nur die Erläuterungen zu geben brauchten und wir dann abstimmen. Und es ist ja auch mit eingegangen in die Arbeit der Arbeitsgruppen. Habe ich das richtig gesehen, Herr Stief?

Stief (NDPD): Völlig richtig.

Ducke (Moderator): Danke.
Bitte schön, Herr Schäfer.

---
² Dokument 14/2, Anlagenband.
³ Dokument 14/3, Anlagenband.

Schäfer (Schutzbund der Künstlerverbände): Gut. Dann bleibt wirklich wenig zu sagen. Ich würde nur noch einmal berichten. Dieses Papier ist entstanden in Zusammenarbeit aller Künstlerverbände und der Akademie der Künste, die sich in den Ereignissen nach dem November zum **Schutzverbund Künstler** der DDR zusammengeschlossen haben. Die Ursache und die Begründungen sind klar, die brauche ich nicht zu wiederholen.

Die Entstehung ist zurückzuführen auf eine Zusammenarbeit mit Parteien, mit gesellschaftlichen Gruppierungen. Es haben öffentliche Lesungen stattgefunden in vielen Formen. Es gibt auch Vorstellungen zum Teil vor Verbänden oder deren Vertretern aus der BRD. Wir haben festgestellt, daß dieses Papier eine große Konsensfähigkeit beinhaltet, weil da Gedanken festgeschrieben wurden, von denen wir meinen, sie könnten einen wesentlichen Beitrag liefern auch zu einer Mitnahme von Gedankengut in eine **Form von Staatlichkeit**. Sie gestatten, daß ich das so umschreibe, um das nicht in einzelnen Formeln und Fakten festzumachen.

Der Grundgedanke, den Minister Keller hier erwähnt hat und der auch von Herrn Stief in die Debatte eingeworfen wurde ist: Wir gehen davon aus, daß bei aller Beschädigung **Kunst und Kultur** dieses Landes wesentliche Werte geschaffen hat, die unverzichtbar sind für die Fortexistenz dieser Gesellschaft, in welcher Form auch immer sie sich staatlich formal entwickeln möge.

Wir bitten Sie, auf der Grundlage dieses Papieres zu erwägen, ob ein solcher Beschluß als Grundlage von Verhalten aller legislativen und exekutiven Organe in der Übergangszeit, bis wir eine neue **Kulturgesetzlichkeit** haben werden, tragfähige Basis sein könnte. Wir denken, Sie würden damit Kunst und Kultur einen großen Dienst erweisen. Betrachten Sie das als Bitte und als Appell. Viel mehr habe ich im Augenblick nicht zu sagen. Ich denke, wir sollten in der Diskussion sorgfältig über die einzelnen Punkte uns verständigen.
Danke.

Ducke (Moderator): Danke, Herr Schäfer, für die Erläuterungen zu diesem Positionspapier.

Ich denke, ich frage jetzt noch die Mitglieder der anderen Akademien, ob jetzt noch Wortmeldungen von ihnen da liegen oder ob sie sich dann in der Debatte zu Wort melden? Ja, gehe ich davon aus?
Danke schön.

Dann bitte ich vor der Eröffnung der Debatte noch, daß wir uns die Vorlagen anschauen, die als Beschlußvorlagen schon da sind.

Ich rufe auf die **Vorlage 14/2 [Gefährdung der Kinderkultur]**, Antrag der PDS; **[Vorlage] 14/3, [Antrag PDS: Forderungen zur Arbeitskultur in der DDR⁴]** wie? Aber, Forderung zur Arbeitskultur, auch PDS. Die Frage taucht hier auf, ob das hierhin gehört oder woanders verhandelt werden muß, [das] überlassen wir denen, und noch ein **PDS-Antrag, Vorlage 14/4 [Erhaltung der Kultureinrichtungen und -betriebe]**. Das sind die mir vorliegenden Vorlagen zu dem Thema **Kultur**. Ich weiß, daß noch welche in Arbeit sind. Aber das haben wir im Moment und würden die erst einmal einbringen. Hier ist eine Wortmeldung.
Bitte, Herr Minister Ullmann.

Ullmann (Minister o. G., DJ): Ich bitte um Klarstellung, wie es mit dem Antrag, der hier ohne Nummer vorliegt, aber meines Erachtens sehr wichtig ist, bestellt ist? Antrag [Vor-

---
⁴ Dokument 14/4, Anlagenband.

lage 14/36] an den Runden Tisch, **Vorschlag der Initiativgruppe der Berliner Theaterschaffenden**. Es bezieht sich auf die künftige **Nutzung des Palastes der Republik**.

Ducke (Moderator): Ja. Hier gibt es eine Information. Bitte?

Ziegler (Co-Moderator): Ja. Herr Minister, Sie haben das, wir haben das nicht. Und ein Antrag kann hier erst verhandelt werden, wenn er ordnungsgemäß im Arbeitssekretariat abgegeben und mit einer Nummer versehen ist.

Ducke (Moderator): Ja. Würden Sie da vielleicht das in – – Vielen Dank. Ich rufe auf **Vorlage 14/2**, Einbringer PDS. Wer meldet sich zu Wort?

Frau Tippel, bitte.

Frau Tippel (PDS):

[**Vorlage 14/2, Antrag PDS: Gefährdung der Kinderkultur**]

Antrag der PDS an den Runden Tisch

Die Gefährdungen, denen die Kulturlandschaft in ihrer Gesamtheit ausgesetzt ist, treffen besonders den Bereich der Kinderkultur.

Wir bitten Sie bei allen Veränderungen in unserer Theaterlandschaft zu bedenken.

1. Alle professionellen fünf Kinder- und Jugendtheater müssen ihre vollständige Selbständigkeit gegenüber den jeweils benachbarten Staatstheatern behalten beziehungsweise erlangen.
2. Es darf keine Schließung, keinen Finanz- oder Stellenabbau geben. Im Gegenteil, die Angleichung der Stellenpläne und des Lohngefüges an sogenannte Erwachsenentheater vergleichbarer Größenordnung sind die Voraussetzung für den Erhalt der Arbeitsfähigkeit.
3. Die professionellen Kindertheater sind schon traditionsgemäß über den engeren Rahmen ihrer Theaterarbeit hinaus als Kommunikationszentren angelegt. Die stärkere Betonung dieser Funktion ist eine Notwendigkeit. Wir erwarten die Unterstützung besonders solcher Projekte an den Kindertheatern, die als Modell dienen können.
4. Die Bausubstanz der fünf Theatergebäude ist mehr oder weniger stark gefährdet. Die Pläne zur Rekonstruktion der Häuser sind teilweise moralisch verschlissen und ökonomisch unter den neuen Bedingungen nicht abzusichern. Die Verschiebung baulicher Maßnahmen war kein Zufallsprodukt, sondern Ausdruck der relativ geringen Wertschätzung gegenüber den Kindertheatern in den Kommunen.
Wir gehen davon aus, daß ökonomisch unaufwendigere Projekte vorgelegt werden müssen. Die Bedürfnisse der jungen Zuschauer müssen diese Projekte prägen. Eine gemeinsame Studie zur Analyse der Ist-Situation und ein Vergleich mit dem internationalen Standard könnten erste Schritte sein.
5. Das Streben nach höherer Wirtschaftlichkeit wird auch im Kulturbereich zur Anwendung gebracht. Die gängigen Instrumente wie die Eigenerwirtschaftung von Mitteln, die administrative Erhöhung der Kartenpreise et cetera führen, wie internationale Erfahrungen belegen, weg vom Theater für Kinder.

Wir verlangen eine Preisgestaltung, die Kindertheater Kindern und Eltern aller sozialen Schichten weiterhin zugänglich macht.

6. Die Dezentralisierung, die stärkere Übergabe von Verantwortung an die Städte, ist sicher der richtige Weg für die Theaterentwicklung. Die fünf professionellen Kindertheater haben aber nicht nur regionale Aufgaben. Von daher und zugegebenermaßen auch, um einen besonderen Schutz zu gewährleisten, brauchen die Kindertheater den verantwortlichen Partner in der Regierung (im Ministerium für Kultur), der vor allem finanzielle Kompetenz behält.

Wie die Kindertheater sind in der DDR auch die Kinderschallplatte, das Kinderhörspiel und das Kinderbuch in ihrer Existenz gefährdet. Das Verschwinden dieser wichtigen Bestandteile der Kultur unseres Landes, die unverzichtbar zur kulturellen Identität der DDR gehören, muß verhindert werden.

Wir bitten die Teilnehmer am Runden Tisch, diese Gedanken und Forderungen zu unterstützen.

Ducke (Moderator): Danke schön, Frau Tippel, PDS, für die Einbringung dieses Antrages. Wir haben es ja so gemacht, daß wir dies jetzt erst einmal zur Kenntnis nehmen und dann in die Debatte einbringen.

Herr Ullmann zur Geschäftsordnung.

Ullmann (Minister o. G., DJ): Ich möchte doch um die Erwägung darüber bitten, wie wir jetzt vorgehen wollen. Meines Erachtens ist es nicht im Interesse dieser wichtigen Anträge und anderer, die noch da liegen, daß wir die jetzt erst alle durchgehen und dann in die Debatte [eintreten]. Das Papier, das hier vorgelegt und kommentiert worden ist, wirft ja ganz grundsätzliche Fragen auf. Und mir scheint angemessener zu sein, erst diese grundsätzlichen Fragen zu diskutieren und dann in die Einzelaussprache der Anträge einzutreten.

Ducke (Moderator): Ja, das war auch nicht so geplant. Es geht nur darum, Herr Ullmann, daß wir das letzte Mal die Erfahrung ganz gut gemacht haben, daß die Anträge häufig ja zur Grundsatzdebatte schon wichtig sind, so daß wir dies erst zur Kenntnis nehmen, was an Vorlagen schon da ist, weil ja viele auch für die Grundsatzdebatte notwendig sind. Damit wir dann nicht hinterher wieder aufräumen. Ich würde doch ganz gerne so verfahren.

Den zweiten Antrag, das ist nun meine Frage, der nicht so sehr hierher gehört, zur **Arbeitskultur**. Meine Frage, wir müßten den extra behandeln, oder? Denn Sie fordern hinten ein **Arbeitsumweltgesetz**. Das ist im Moment nicht Gegenstand der Kultur, oder wie ist das? Darf ich einmal die Antragsteller fragen zur Vorlage?

Das ist Herr Rump, PDS. Bitte.

Rump (PDS): Ja. Das Problem ist, daß es ja zwischen zwei Dingen liegt, diese Frage. Nun geht es der **Arbeitsumwelt** in der DDR bereits seit zehn Jahren so, daß sie in dieser Weise immer durch die Roste fällt, wie man sagt. Mich haben Kollegen darum gebeten, diese Frage hier einzubringen, weil die Arbeitsumwelt in unserem Land trotz eines Ministerratsbeschlusses, den es gegeben hat in den achtziger Jahren, sträflichst wie kaum ein anderes Gebiet vernachlässigt worden ist, und die Fakten hier drin belegen das.

Ducke (Moderator): Meine Frage ist die, Herr Rump, würde das heute mit zu diesen Einzelanträgen zum Thema **Ökologie** passen? Ich würde auch hier [die] Frage [der] Grünen Partei/Grünen Liga [stellen], ob wir das bei diesem Thema mit verhandeln könnten?

Herr Weiß, bitte.

Weiß (DJ): Pardon. Ich würde den Antrag der PDS unterstützen, das jetzt hier mit einzubringen.

Ducke (Moderator): Hier – – mit bei Kultur?

Weiß (DJ): Denn ich denke, es geht um **Alltagskultur,** und Kultur ist, wir haben – –

Ducke (Moderator): Danke, Herr Weiß. Ja, das war eine Unterstützung, daß wir dann [so fortfahren]. Dann würde ich Sie bitten, uns den Inhalt kundzutun vielleicht, weil er ein bißchen sehr lang ist, daß Sie nicht alles vorlesen, sondern uns nur die wichtigen Erläuterungen [vortragen], weil wir es ja alle schriftlich vorliegen haben.

Bitte schön, Herr Rump.

Rump (PDS): Ich versuche es zu machen. Auf Rückfragen werde ich dann antworten.

Ducke (Moderator): Das ist klar. Nur jetzt **[Vorlage 14/3]** einbringen, daß wir wissen, was für die Grundsatzdebatte wichtig ist.

Rump (PDS):

[Vorlage 14/3, Antrag PDS: Forderungen zur Arbeitskultur in der DDR]

[Die Kultur eines Volkes hat ihren Ausgangs- und Endpunkt in der Arbeit.] Entgegen den statistischen Erfolgsmeldungen von angeblich Hunderttausenden um- und neugestalteten Arbeitsplätzen in den vergangenen Jahren zeigen aktuelle Analysen, daß der größte Teil der Werktätigen unter unwürdigen Arbeitsbedingungen arbeiten muß. Die Situation ist dadurch gekennzeichnet, [daß]

– 37 Prozent der Werktätigen in materiellen Produktionsbereichen unter gesundheitsgefährdenden Bedingungen arbeiten,

– 90 Prozent aller Arbeitsplätze weisen Mängel in der maßlichen Gestaltung aus,

– {45} Prozent der Werktätigen müssen während ihrer Arbeit ermüdende Zwangshaltungen eingehen,

– 30 Prozent aller Industrie- und Büromöbel sind nicht funktionstüchtig und müßten sofort ersetzt werden. 60 Prozent der Ausstattungselemente von Arbeitsplätzen und Arbeitsräumen sind älter als 10 bis 15 Jahre

– Körperschutzmittel, Schallschutzelemente, Lüftungstechnik {und so weiter werden überhaupt nicht im erforderlichen Maße produziert in unserem Land}.

{Und das führt dazu, daß} die jahrzehntelange Vernachlässigung der Arbeitskultur einen Rückstand von etwa 30 Jahre gegenüber dem internationalen Standard {in West-Europa} geführt hat[5].

Aus diesem Grund bitten wir darum:

1. In Auswertung der international sehr erfolgreichen schwedischen Gesetzgebung, es geht um das schwedische Mitbestimmungs- und Arbeitsumweltgesetz, {ich könnte dazu etwas dann sagen,} sowie der entsprechenden BRD-Gesetzgebung (Arbeitsstättenverordnung u. a.), ist die Erarbeitung eines Arbeitsumweltgesetzes in Auftrag zu geben.
   Die entsprechenden Grundrechte der Werktätigen sind in der neuen Verfassung, dem Arbeitsgesetzbuch, einem Betriebsverfassungsgesetz und anderem zu verankern.

2. Ein Paket von Förderungsmaßnahmen auszuarbeiten. Kern dieser Förderungsmaßnahmen sollte in Anlehnung an den schwedischen „Arbeitsumweltfonds" {ich könnte auch dazu etwas sagen} und das bundesdeutsche Forschungs- und Entwicklungsprogramm „Menschen und Technik" die Bildung eines Förderungsfonds sein.[6]

Ducke (Moderator): Vielen Dank, Herr Rump. Ich bin auch belehrt worden, daß dieser Antrag ausdrücklich eine Forderung unterstützt, die vom Schutzverband der Künstler der DDR hier eingebracht wurde. Vielen Dank für die Erinnerung, damit wir den Ort wissen, wo diese qualifizierte Wortmeldung hinzusetzen ist.

Und jetzt darf ich aufrufen die **Vorlage 14/4.** Wir haben jetzt also eine Wortmeldung zum Kindertheater, zur Arbeitskultur. Und nun noch eine Wortmeldung, bitte, ebenfalls Antrag PDS. Wer bringt ihn ein? Herr Börner.

Börner (PDS): Und zwar beziehen wir uns auf die Vorlage des Schutzbundes der Künstlerverbände, in dem die Formulierung erwähnt wurde, daß **Anteile der Aufwendung für Kultur und Kunst** im Haushalt den durchschnittlichen Wert der letzten zehn Jahre nicht unterschreiten sollten. Wir sind der Auffassung, daß wir uns hier in dem Kreis am Runden Tisch doch auch für 1990 noch auf eine konkretere Aussage fixieren und beantragen deshalb, daß der Runde Tisch folgenden Antrag an den Ministerrat gibt:

[Vorlage 14/4, Antrag PDS: Erhaltung der Kultureinrichtungen und -betriebe

Als Minimalkonzept für die Erhaltung des vorhandenen Netzes der Kultureinrichtungen und Betriebe muß der Einsatz von 400 bis 450 Millionen Mark Rekonstruktions-, Ersatz- und Modernisierungsinvestitionen sowie 350 bis 400 Millionen Mark Werterhaltungs- und Instandhaltungsmittel als Reparaturaufwand pro Jahr für die staatlichen Kultureinrichtungen und volkseigenen Kulturbetriebe gewährleistet werden.

Zur Unterstützung von Schriftstellern und Künstlern sollten über den Kulturfonds für 1990 50 Millionen Mark zur Verfügung gestellt werden.

Ducke (Moderator): Danke. Der Antrag ist klar. Es geht hier, wenn ich es so richtig verstehe, um die **materielle Basis der**

---

[5] An dieser Stelle folgt in der schriftlichen Ausarbeitung eine Aufzählung bezüglich der Fördermaßnahmen. Der vollständige Text der Vorlage 14/3 ist im Dokument 14/4 im Anlagenband wiedergegeben.

[6] Dieser Vortrag wurde auch schriftlich zu Protokoll gegeben. Die in { } gesetzten Ausführungen wurden davon abweichend nur mündlich vorgetragen. Die in [ ] gesetzten Texte finden sich lediglich in der schriftlich zu Protokoll gegebenen Fassung.

Kultur. Die sollte gesichert sein. Das waren nun drei qualifizierte Wortmeldungen, die als Anträge schon vorliegen. Ich bitte Sie, diese zur Kenntnis zu nehmen.

Ich eröffne nun die Debatte zum Positionspapier sowohl des Runden Tisches, also mit den Anlagen, als auch zu den Darlegungen vom Kulturminister. Darf ich um Ihre Wortmeldungen bitten?

Herr Klein, Vereinigte Linke, bitte schön.

Klein (VL): Herr Minister, ich habe drei Fragen an Sie. Sie haben sich eindeutig für ein **Kulturpflichtgesetz** – –

Ducke (Moderator): Würden Sie bitte noch einmal hier sich melden? Das hatte ich übersehen.

Danke.

Klein (VL): – für ein Kulturpflichtgesetz ausgesprochen. Wir haben jetzt die Vorlage, die erarbeitet wurde, wenn ich das richtig verstanden habe, vor allen Dingen unter maßgeblicher Mitwirkung der Kulturschaffenden selbst. Viele fragen sich, warum ein solches Kulturpflichtgesetz, denn das liegt ja in dieser Dimension, erst jetzt in Angriff genommen wurde, das heißt, ob im Verantwortungsbereich Ihres Ministeriums nicht schon selbst früher darüber nachgedacht wurde, da die von den Künstlern hier nachdrücklich benannten Erscheinungen und auch nach Ihren Aussagen vorhandenen Erscheinungen schon lange anhalten.

Die zweite Frage, die ich habe: Wir gehen davon aus, daß ein Vertreter des Ministeriums für Kultur auch zugegen war, als die Vereinbarung des Ministers für Post- und Fernmeldewesen und des Informationsdienstes der Regierung über die Einführung von **Presseerzeugnissen** in der DDR unter Beteiligung von den Großverlagen „Bauer", „Burda", „Gruner + Jahr", „Springer-Verlag" abgeschlossen wurde.

Wir hatten das hier am Runden Tisch schon zweimal zum Gesprächsthema machen müssen. Ich möchte Sie fragen, wie Ihre Haltung zu diesem Vorgang ist? Hier am Runden Tisch ist konstatiert worden, daß es sich hier zumindest um einen **Verstoß** gegen den **Medienbeschluß der Volkskammer** handelt. Wir hätten gerne gewußt, wie Sie sich dazu positionieren, zumal ja doch wohl ein Vertreter Ihres Ministeriums zugegen war.

Die dritte Frage: Wie sieht es nach Ihren Informationen um die Sicherung der finanziellen und materiellen Bedingungen der **Kunsthochschulen** des Landes aus? Vielleicht könnten Sie in diesem Zusammenhang noch ein paar Informationen geben.

Und was ist Ihrer Meinung nach gegenwärtig nötig, um die Situationen an den Kunsthochschulen des Landes zu befestigen? Das war die letzte Frage.

Ducke (Moderator): Das waren die Fragen von Herrn Klein, Vereinigte Linke. Herr Minister, möchten Sie gleich darauf antworten? Es hat sich bewährt, daß wir, wenn so konkrete Fragen waren, gleich um Antwort bitten, sonst vergessen wir nämlich das alles, was gefragt wurde. Als Nächster hätte dann das Wort Herr Ullmann und dann Herr Meißner. Nur, damit Sie sich schon vorbereiten.

Bitte, Herr Minister.

Keller (Minister für Kultur): Zu Ihrer ersten Frage nach dem **Kulturpflichtgesetz**: Im Arbeitsplan des Ministerrats ist vorgesehen gewesen für April die Behandlung der Kulturkonzeptionen der Regierung Modrow mit dem Einbringen einer eigenständigen Vorlage in die Volkskammersitzung im April. Durch die Veränderung des Wahltermins sind eine Reihe von normalen Abläufen durcheinander gegangen.

Das Ministerium für Kultur war von Anbeginn beteiligt bei der Ausarbeitung des jetzt vorliegenden Kulturpflichtgesetzes, das unter Federführung des Kulturschutzverbundes ausgearbeitet wurde. Parallel dazu haben wir im Kollegium des Ministeriums für Kultur ein Arbeitsmaterial behandelt, staatliche Pflichten zur Kulturarbeit, die im Prinzip parallel zu dem laufen, was hier im Kulturpflichtgesetz formuliert worden ist.

Zweitens: Das Ministerium für Kultur wurde seitens des Ministerrats aufgefordert, einen Vertreter zu einer Beratung zu delegieren, in der über die Verwirklichung der KSZE-Akten zur Einfuhr von westlichen Publikationsmaterialien beraten wurde. Dazu wurde der Leiter des **Zentrums für kulturelle Auslandsarbeit** beauftragt, an diesen Beratungen teilzunehmen, der ohne Kenntnis des Ministeriums für Kultur und ohne Aufgabenstellungen dort ein Dokument unterschrieben hat. Wegen Verletzung der Dienstpflichten ist er von mir in der Dienstberatung mit einer Mißbilligung bedacht worden. Mir liegt auch eine schriftliche Stellungnahme seines Gesprächs mit Herrn **Weiß** vor, die ohne meine Kenntnis und ohne mein Wissen zustande gekommen ist. Ich werde Herrn Weiß dann anschließend diese Stellungnahme übergeben.

Drittens: Situation an den **künstlerischen Hochschulen:** Das ist ein Gebiet, das dem Ministerium für Kultur seit Jahren die größten Sorgen und Probleme bereitet. Der Ministerrat der DDR hat im Jahre 1987 ein Dokument beschlossen, „langfristige Entwicklung der künstlerischen Hoch- und Fachschulen bis zur Jahrhundertwende". Dieses Dokument weist inhaltliche Akzentuierungen auf, die in ihren Grundpositionen nach wie vor volle Gültigkeit haben. Es war aber festgelegt worden, daß diesem Dokument folgen muß ein Plan der materiell-technischen Sicherung der Arbeit der künstlerischen Hoch- und Fachschulen. Dieses Dokument, das ausgearbeitet vorliegt, ist dann folgend nicht im Ministerrat behandelt und beschlossen worden. Vor welchem Problem stehen wir?

Erstes Problem: Die **Kontingentierung der Studienplätze** sichert nicht die normale Reproduktion des künstlerischen Nachwuchses im Land. Wir haben zum gegenwärtigen Zeitpunkt etwa 800 **Vakanzen** im musikalischen Bereich. Es bestehen große Vakanzen im Bereich der darstellenden Kunst. Und was viel problematischer ist, es sind entscheidende **Disproportionen** zwischen **weiblichen und männlichen Studierenden** auf einigen Gebieten entstanden. Wir haben zum Beispiel einen absoluten Überhang von weiblich Studierenden an den Theaterhochschulen, während männlich Studierende dort in den letzten Jahren rückläufig gewesen sind, so daß eine Reihe von wichtigen Positionen in der Theaterlandschaft nicht besetzt werden können.

Schlußfolgerung erstens: Wir müssen diese Kontingentierung aufheben, damit eine normale Reproduktion des künstlerischen Nachwuchses zur Erhaltung der **kulturellen Infrastruktur** gesichert werden kann.

Zweitens: Ein Verdienst der Entwicklung der künstlerischen Hoch- und Fachschulen war, daß wir über viele Jahre die besten Künstler unseres Landes als **Hochschullehrer** verpflichtet haben. Das Problem besteht allerdings darin, daß die Arbeit als Hochschullehrer, wenn man sie ernst nimmt, den Zeitfonds so beansprucht, daß eigene künstlerische Arbeit nur sehr schwer möglich ist.

Die Bezahlung an den künstlerischen Hoch- und Fachschulen erfolgt nach den **Tarifen der Hochschullehrer-Vereinbarungen.** Danach verdient ein Hochschullehrer, wenn er 20 Jahre ordentlicher Professor ist, im Höchstfall 3 600,– Mark brutto. Das ist im Vergleich zu Honoraren, die ein Künstler erwerben kann beim Malen eines Bildes oder bei einem Konzert oder bei einem drei- bis viertägigen Gastspiel auf einer Bühne verschwindend gering.

Deshalb ist das Interesse von führenden Künstlern, an den künstlerischen Hochschulen zu arbeiten, rückläufig. Damit besteht die Gefahr, ohne das zu verallgemeinern, daß **künstlerisches Mittelmaß** die Ausbildungspraxis prägt. Wir brauchen Lösungen, daß führende Künstler, ohne ihre künstlerische Tätigkeit aufzugeben, auch weiterhin an den künstlerischen Hochschulen tätig sein müssen.

Drittens: Wir haben die größten Sorgen im Bereich der **materiellen Versorgung der Künstler.** Die Situation im Bereich der **Instrumentenversorgung** ist bekannt. Wir können im Prinzip sichern, daß Studenten, die im musikalischen Bereich ausgebildet werden, aus dem Kulturfonds der DDR wertvolle Instrumente für Wettbewerbe zur Verfügung gestellt bekommen. Wir können aber nicht die Instrumentenversorgung der Studenten selbst sichern.

Wer ein Instrument selbst erwerben muß als Student, geht, wenn eine normale soziale Grundlage zu Hause ist, zunächst einmal in einen großen Schuldenberg. Das hat auch Konsequenzen für den Entscheid, einen künstlerischen Beruf auszuwählen. Wir sind zum gegenwärtigen Zeitpunkt auch nicht in der Lage, im Bereich der bildenden angewandten Kunst, die Studenten genauso mit Künstlermaterialien zu versorgen, wie das durch den VEB Künstlerversorgung durch die Verbandsmitglieder in Ansätzen gesichert wird.

Viertens: Das Hauptproblem besteht in der **fehlenden Breite auf wichtigen Gebieten.** Die Anzahl der Musikschulen in der DDR ist im Vergleich zu anderen europäischen Ländern im letzten Drittel. Das heißt, wir schaffen es nicht, aus einer solchen breiten Entwicklung des künstlerischen Nachwuchses im Vorjugendalter, besonders im musikalischen Bereich im Jugendalter eine solche breite Basis heranzubilden, daß wir zu einer solchen **Immatrikulationspolitik** kommen, die es sichert, daß künstlerische Leistungsfähigkeit bei gleichzeitiger Erhaltung der Spielfähigkeit aller Ensembles gesichert werden kann.

Letztes Problem: Der Bauzustand unserer künstlerischen Hoch- und Fachschulen entspricht dem **Bauzustand** generell der **kulturellen Infrastruktur.** Wir haben nach dem Bewertungssystem 1966 einen Zustand, daß etwa der Zerstörungsgrad sich zwischen 40 und 80 Prozent bewegt, aber das ist der Zustand des Jahres 1966. Nach den damals beschlossenen Kriterien von 1966 [und] nach den Kriterien von heute wäre dieser Zustand prozentual bedeutenswert.

Ducke (Moderator): Danke, Herr Minister, für diese Antwort.

Ich muß mir erlauben, zur Debatte etwas Grundsätzliches zu sagen.

Erstens habe ich hier jetzt elf Wortmeldungen.

Zweitens: Zehn Vorlagen sind angekündigt, die, und weitere auch noch; zehn weitere Vorlagen sind angekündigt, die erst heute früh abgegeben wurden und deswegen natürlich auch noch nicht geschrieben sein können. Ich würde deswegen bitten, inwieweit die Wortmeldungen, die jetzt vorliegen, schon Bezug nehmen auf noch zu erwartende Vorlagen, weil das uns dann [die Arbeit] wirklich sehr erleichtern würde, weil man sich dann in Gedanken schon ein bißchen vorbereiten könnte. Darf ich mir diesen Hinweis erlauben?

Als nächster hat dann das Wort Herr Ullmann, dann Herr Meißner, Bauernpartei.

Ullmann (Minister o. G., DJ): Ich möchte zunächst Stellung nehmen zu dem Positionspapier des Runden Tisches, das ich im Ganzen lebhaft begrüße. Und ich bin dankbar, daß der Runde Tisch sich endlich diesem zentralen Thema zuwenden konnte. Freilich muß ich eine Klarstellung erbitten. Wir kommen aus einer Zeit her, in der im hohen Maße so verfahren worden ist, wie auf Seite 2 oben gesagt worden ist, der **Staat** hat eine **Obhutspflicht** für Kultur und Kunst. Diese Obhutspflicht [ist], wie mir scheint – und das stelle ich hier zur Debatte – eine sehr mißverständliche Formulierung. [Sie] ist in der Vergangenheit so wahrgenommen worden, daß die Kunst Schaden genommen hat durch eine **Ideologisierung** und **Politisierung,** die die Freiheit und Autonomie der Kunst weithin lahmlegen konnte. Der Unermüdlichkeit und Tapferkeit und Kompromißlosigkeit vieler Künstler ist es zu danken, daß trotzdem in diesem Lande immer wieder klassische Werke entstanden sind.

Ich möchte darum bitten, daß wir das von mir geteilte Anliegen, das hier in dem Positionspapier formuliert wird, klarer zum Ausdruck bringen, indem wir etwa sagen, daß der **Staat** eine **Garantiepflicht** hat für **Freiheit** und **Unabhängigkeit** von Kultur und Kunst. Der weitere Text geht ja in diese Richtung, denn es wird hier mit Recht darauf hingewiesen, daß Kultur und Kunst nicht durch **Marktwirtschaft** in eine andere **Diktatur** gebracht werden dürfen.

Ich würde eben aus dem gleichen Grunde auch vorziehen, auf Seite 3, wo unten in dem letzten Absatz nach dem zweiten Anstrich für die verwaltungsrechtliche Ausgestaltung von der Entstaatlichung der Kultur die Rede ist, lieber so etwas formulieren über die **Autonomie** und **Spontanität der Kultur.**

Nun ist in diesem Zusammenhang auch von der **Kulturhoheit der Länder** und **Kommunen** die Rede. Und das bringt mich nun, um der Aufforderung des Herrn Moderators zu genügen, auf einige Spezialprobleme, an deren Spitze ich die angekündigte Vorlage stellen möchte, auch von einem Künstlerverband eingereicht ein Programm für eine Neuprogrammierung des **Palastes der Republik.** Ich halte das für ein ganz wichtiges Thema, weil es sich hier um ein zentrales Gebäude handelt und weil dieser Vorschlag geeignet ist, auch mit hoher Symbolkraft eine ganz neue Richtung der Kulturpolitik nach außen zu dokumentieren.

Ich möchte auch die Bitte aussprechen, daß die Regierung jetzt schon aufgefordert wird, Aussagen, wenigstens Richtungsaussagen zu treffen, was für ganz bestimmte gesamtstaatliche Vorhaben zu gelten hat in der Zukunft, etwa hinsichtlich des Themas Hochschulen, die meines Erachtens eben nicht nur ein Thema der Kulturhoheit der Länder sind, was hier an Niveau und Standard gelten soll.

Dann zu dem Thema, was wird hinsichtlich der **Forschungs- und Gedenkstätten Weimar** festzulegen sein? Was sind hier für Kooperationsprojekte nötig?

Ferner sind mir Bestrebungen bekannt, von West-Berlin aus in Kontakt zu treten mit dem **Museum für deutsche Geschichte,** Unter den Linden. Ich denke, auch hier wäre es wichtig, einen Standpunkt und eine Konzeption für eine mögliche Zusammenarbeit zu formulieren.

Danke.

Ducke (Moderator): Danke. Das war die Stellungnahme von Herrn Ullmann.

Wenn ich jetzt richtig sehe, sind zwei Dinge, die wir die einbringende Arbeitsgruppe befragen müßten, nämlich inwieweit auf Seite 2 „Obhutspflicht", in „Garantiepflicht", und dann auf Seite 3 die Frage „Entstaatlichung" durch „Autonomie" oder ähnliches ersetzt werden kann. Ich frage die Antragsteller, ob sie sich damit einverstanden erklären können? Das macht dann die Debatte leichter.

Stief (NDPD): Das Einverständnis ist gegeben.

Ducke (Moderator): Sofort, ja. Herr Stief?

Stief (NDPD): Das Einverständnis ist gegeben sowohl auf Seite 2 oben, weil das wirklich die Lage so kennzeichnet, wie Herr Ullmann das gesagt hat, und auch auf Seite 3 unter dem letzten Anstrich, wenn ich richtig verstanden habe, daß die Autonomie und Spontanität der Kultur, wenn man den Satz dann weiterdenkt, den langen, sichert.

Ducke (Moderator): Herr Stief, Sie sind so nett, wenn wir dann darüber abstimmen, daß Sie uns auf diese Veränderungen noch einmal aufmerksam machen? Danke. Es hat sich noch zu Wort gemeldet Herr Schäfer vom Schutzbund der Künstler der DDR.
Bitte.

[Zwischenfrage]

Ducke (Moderator): Ich habe gesagt, die Arbeitsgruppe als solche, nicht die Einreicher waren jetzt gemeint.
Ach so, bitte schön, Frau Merkel.

Frau Merkel (UFV): Herr Ullmann, zu Ihrer Frage auf Seite 3 unten, zweiter Anstrich, da geht es ja darum, sozusagen das, was als **Verfassungsgrundsatz**, als **Kulturstaatspflicht** oder **Kulturgebot** in einer Verfassung zu verankern ist, durch ein Gesetz zu untersetzen. Und dieses Gesetz ist sozusagen auf drei Ebenen angelegt, einmal als **Finanzierungsgesetz**, dann die **verwaltungsrechtliche Ausgestaltung** und die **demokratische Ausgestaltung**.

Und ich denke, daß man in Gesetzen schlecht Spontanität festlegen kann, wie Sie das hier gefordert haben, Autonomie und **Spontanität** von Kultur, sondern daß in einem Gesetz die Rahmen, sozusagen die **gesetzlichen Rahmen**, in denen Kulturhandlungen möglich werden können oder so, formuliert werden sollten. Vielleicht ist das ein Mißverständnis. Und hier sind ja, sagen wir einmal, zwei Dinge angedeutet.

Auf der einen Seite das, womit Sie sich vielleicht auch anfreunden könnten, ist da mit dem Begriff **Entstaatlichung von Kultur** angesprochen, daß eben das, was Sie kritisiert haben, nämlich die **Obhutspflicht des Staates** für Kultur und Kunst nicht eben allein darin bestehen kann, daß der Staat sozusagen zentral über bestimmte Aufgaben entscheidet, so wie wir das heute wieder von Herrn Minister Keller gehört haben. Dazu hätte ich auch eine konträre Position zu einigen dieser Positionen, die Sie vorgetragen haben.

Ich denke, daß wir uns in vielen Dingen nicht in Übereinstimmung befinden, sondern daß es hier darum geht, bestimmte Aufgaben eben gerade aus der staatlichen Obhut herauszulösen, in die Kommunen und in die **Kulturhoheit der Kommunen** zu legen beziehungsweise in die Künstler, sozusagen in die **demokratische Ausübung von Kultur** selber. Also, vielleicht könnte sich ja Herr Ullmann das noch einmal angucken oder genauer sagen, was er damit gemeint hat.

Ducke (Moderator): Das war Frau Merkel, Unabhängiger Frauenverband. Bevor Herr Ullmann antwortet, vielleicht noch eine Hilfe zur Antwort. Es hat sich gemeldet Herr Schäfer vom Schutzbund der Künstler der DDR.
Bitte.

Schäfer (Schutzbund der Künstlerverbände): Nur eine sachliche Bemerkung. Es gibt eine Formulierung in unserem Papier, die vielleicht dieses Problem einvernehmlich lösen könnte. Wir sprechen davon, daß Kunst und Kultur, daß die Gewährleistung von Kunst und Kultur, die Gewährleistung, **Staatspflicht** ist, und wir setzen diesen Satz fort: Und die freie Teilhabe an ihren Schaffensprozessen und deren Ergebnissen Grundrecht aller Bürgerinnen und Bürger. Und ich glaube, nur in diesem Zusammenhang wird das eine runde Sache von beiden Seiten, Kultur für die Bürger und nicht für sich selbst.

Ducke (Moderator): Herr Schäfer bezieht sich auf die Anlage 1 zur **Vorlage 14/1**, den letzten Absatz, nur damit [das klar ist], so, und [er] schlägt dies vor als faktisch und nicht als Kompromiß, sondern als zur Änderung beitragend. Jetzt aber, das Wort hat Herr Ullmann.
Bitte.

Ullmann (Minister o. G., DJ): Also, ich fand das einleuchtend, was Frau Merkel gesagt hat, und würde darum in ihrem Sinne sagen, dann laßt uns doch sagen, **Autonomie der Kultur**. **Entstaatlichung** finde ich eben deswegen etwas problematisch, weil ja die Kunst zwar autonom sein soll, aber doch in einer Beziehung zu stehen hat zum Staat. Deswegen verlangen wir ja auch, daß er da Garantien gibt und ökonomische Unterstützung und so weiter. Oder wenn Ihnen das immer noch Schwierigkeiten macht, dann würde ich sagen, streichen wir die ersten Worte überhaupt und fangen an mit: „Die inhaltliche Ausgestaltung der Kulturhoheit der Länder und Kommunen" und so weiter. Dann kann der weitere Text so bleiben, wie er ist. So wäre mein Vorschlag.

Ducke (Moderator): Ja. Jetzt sind wir ein bißchen in Redaktionsarbeit gekommen. Ich würde bitten, ob uns dann die Arbeitsgruppe hilft. Aber Frau Merkel war direkt angefragt, deswegen hat sie jetzt noch einmal das Wort.
Bitte schön.

Frau Merkel (UFV): Das Problem, warum ich dennoch vielleicht darauf bestehen würde, zunächst von **Entstaatlichung von Kultur** zu sprechen, ist, daß wir es jetzt mit einer sehr stark **zentralisierten Kulturform** zu tun haben und daß Entstaatlichung im Grunde genommen den Prozeß angeben soll, der notwendig zu neuen Strukturen, zu neuen verwaltungsrechtlichen Ausgestaltungen der Kultur führen sollte.

Also, es soll sozusagen zu einer Einschränkung staatlicher Funktionen und Aufgaben kommen. Und das ist mit diesem Begriff hier angedeutet, weil zugleich Aufrechterhaltung bestimmter anderer Funktionen [damit gemeint ist], die aber genau festgeschrieben werden sollten und die wirklich nur solche Projekte und solche Dimensionen betreffen sollten, die eben nicht in der Kulturhoheit der Länder liegen können.

Aber zum Beispiel der Aspekt, den, um das vielleicht konkreter zu machen, also den Herr Keller angesprochen hat, zu sagen, also er würde weiterhin sozusagen seine **staatliche Pflicht** darin sehen, die sozio-kulturelle Entwicklung der **Kommunen** zu gewährleisten, denke ich, dann ist das etwas, was eben genau entstaatlicht werden sollte, was genau in die Hoheit der Kommunen hineingegeben werden sollte und nicht zentral vom Staat geregelt werden kann.

Ducke (Moderator): Sie streben auf eine Abstimmung hin. Nein, es ist der Antrag und es war die Frage an die Arbeitsgruppe, ob wir diese Änderung einbringen. Ich schlage vor, bevor wir abstimmen, wird ein Kompromißvorschlag erarbeitet. Es liegen ja schon einige Vorschläge vor und wir bitten dann bei diesem Passus, wenn wir darüber abstimmen, daß wir damit noch einmal zur Sprache kommen. Herr Minister Keller bittet um das Wort zu einigen konkreten Fragen noch von Herrn Ullmann.

Bitte, Herr Minister.

Keller (Minister für Kultur): Herr Minister Ullmann hatte drei konkrete Fragen gestellt. Zur ersten Frage, was ist sozusagen notierenswert?

Ducke (Moderator): Darf ich nur einmal zwischenfragen? Das kommt noch als Antrag, nicht?

Ullmann (Minister o. G., DJ): – Palast kommt.

Ducke (Moderator): Genau. Die anderen aber nicht?

Ullmann (Minister o. G., DJ). Bei mir nicht. Ich wollte es nur angesprochen haben.

Ducke (Moderator): Danke. Es wird der Antrag zum Palast dann kommen. Das könnten wir dann herausnehmen, wenn der Antrag da liegt. Oder wenn Sie jetzt schon eine Antwort dazu sagen?
Bitte.

Keller (Minister für Kultur): Zu dem ersten Problem, was ist das, was unbedingt notiert werden müßte, was fortgeschrieben werden muß zur **Erhaltung unserer Kultur?** Das Ministerium für Kultur hat ein umfangreiches Material, eine **Aktivitätenliste** ausgearbeitet, die wir in der Sitzung des Kollegiums des Ministeriums für Kultur am 12. 3. behandeln werden und die wir im Prinzip hinterlegen werden als Standpunkt der Regierung zu den Problemen, die unbedingt in der weiteren kulturellen Arbeit Berücksichtigung finden müssen.

Zweitens: [Zum] **Palast der Republik** bitte ich zu berücksichtigen, daß der Palast der Republik nicht dem Ministerium für Kultur unterstellt ist, sondern dem **Ministerrat** direkt unterstellt ist.

Und drittens: Das **Museum für deutsche Geschichte** untersteht nicht dem Ministerium für Kultur, sondern dem Ministerium für Bildung.

Ducke (Moderator): Danke. Wir werden das dann bei der Debatte über die Anträge zu berücksichtigen haben. Das Wort hat nun Herr Meißner, Deutsche Bauernpartei, und dann Herr Fischbeck.
Bitte.

Meißner (DBD): Die Demokratische Bauernpartei führt sich natürlich der Qualität und dem Erhalt der Kultur auf dem Lande besonders verpflichtet. Deshalb möchte ich an Herrn Minister Keller zwei Fragen stellen. Wir haben alamierende Anzeichen dafür, daß die Möglichkeiten für die kulturelle Betätigung ganz besonders für Jugendliche in, unseres Erachtens, unverantwortlicher Weise liquidiert werden. Der neugebildete **Landjugendverband** beispielsweise hielt es für notwendig, als eine seiner ersten Amtshandlungen gerade diese massenweise **Schließung von Jugendklubs** und anderen kulturellen Einrichtungen auf dem Lande zu beklagen und eine Änderung zu fordern.

Unsere erste Frage wäre also: Wie wird gewährleistet, daß die **kulturelle Infrastruktur** unseres Landes besonders in den Dörfern und kleinen Städten erhalten bleibt?

Die zweite Frage liegt auf einer ähnlichen Linie, aber auf einem etwas anderen Gebiet. Es gibt zahlreiche kulturhistorisch erhaltenswerte **Bauten** oder **Werke** bäuerlicher beziehungsweise **regional typischer Architektur,** die bereits rettungslos verloren sind. Und es ist absehbar, daß weitere typisch ländliche Bauwerke verfallen oder äußerlich so verändert werden, daß sie keine Bauwerke, keinen Denkmalswert mehr besitzen. Und wir meinen, daß über Planungsgruppen, die komplex alle gesellschaftlichen Interessen vertreten, dieser Entwicklung Einhalt geboten werden könnte und hätten gern Ihre Meinung dazu.

Ducke (Moderator): Danke, Herr Meißner, DBD.
Herr Minister, möchten Sie gleich dazu antworten?
Bitte. Das waren konkrete Fragen.

Keller (Minister für Kultur): Das Problem, das Herr Meißner anspricht, macht deutlich, daß es doch eine Reihe Widersprüche gibt zu dem, was Frau Merkel mich gefragt hat. Ich gehe davon aus, daß **Dezentralisierung** und **Entstaatlichung der kulturellen Arbeit** bedeutet, daß in den Kommunen die volle Verantwortung für die Entwicklung des kulturellen Lebens liegt. Das ist auch im Staatshaushalt des Ministeriums für Kultur so konkret festgelegt. Wir haben zum Beispiel im **Jahresplan 1989** einen **Haushaltsplan** in Höhe von 2,5 Milliarden Mark. Davon werden 2,1 Milliarden Mark in den **Kommunen** verwaltet, und dort wird [die] Entscheidung getroffen, was in den Kommunen mit diesem Geld gemacht werden kann. Nur 400 Millionen Mark verbleiben in der Hand des Ministeriums für Kultur, um im Prinzip zwei Aufgaben zu lösen:

Erstens: Die Arbeitsfähigkeit der 150 nachgeordneten Institutionen und Einrichtungen des Ministeriums für Kultur am Leben zu erhalten und zu befördern und

Zweitens: Entstehende Disproportionen auszugleichen.

Wenn ich von der **sozio-kulturellen Infrastruktur** sprach und die Verantwortung des Staates formulierte, dann besteht die **Verantwortung des Staates** nicht [darin] in Prozesse einzugreifen, sondern dort, wo aus Gründen, die nicht in Verantwortung der Kommunen liegen, Disproportionen entstanden sind, weiße Flecken entstanden sind, Verluste entstanden sind, als Staat helfend und korrigierend einzugreifen. All das, was Sie, Herr Meißner, benannt haben, kommt dem Ministerium für Kultur zum gegenwärtigen Zeitpunkt in Größenordnungen jeden Tag auf den Tisch.

Wir können als Ministerium für Kultur nur dafür Sorge tragen, daß solche Prozesse nicht in der Filmindustrie, im Verlagswesen, in den großen Prozessen, für die das Ministerium für Kultur unmittelbar selbständig Verantwortung trägt, reagieren, während alles das, was in den Bezirken, in den Städten und in den Kreisen und Gemeinden und Dörfern passiert, muß die örtlichen Volksvertretungen selbständig korrigiert werden, weil die Anzahl der Probleme, die jeden Tag auf den Tisch kommen, nicht zentralisiert entschieden werden dürfen und wir schon wieder in die Gefahr kommen, das, was wir gerade als **Dezentralisierung** und **Entstaatlichung** formuliert haben, uns als Kulturministerium wieder auf den Tisch ziehen.

Zweitens: Zu der Frage der **Denkmale:** Wir sind dafür, daß über die Denkmalpflege in der DDR neu nachgedacht werden muß. Wir halten die Entscheidung, daß die Denkmalpflege ausschließlich in Verantwortung des Ministeriums für Kultur liegt, nicht für eine richtige und glückliche Entscheidung, weil das Ministerium für Kultur höchstens ein Fachgutachten abgeben kann, ob ein auf der Denkmalliste stehendes Projekt abgerissen werden darf oder nicht.

Aber wir haben nicht die Kapazitäten als Ministerium für Kultur, zu organisieren, daß Denkmale erhalten bleiben. Deshalb glauben wir, daß es langfristig richtig wäre, daß beim Ministerrat ein **Amt für Denkmalpflege** installiert wird, in das auch alle die Ministerien und gesellschaftlichen Bereiche integriert werden, die zur Erhaltung der auf der Denkmalliste stehenden Projekte Verantwortung tragen.

Ducke (Moderator): Danke, Herr Minister.

Es hat jetzt das Wort Herr Fischbeck, Demokratie Jetzt; dann Herr Hammer, NDPD.

Fischbeck (DJ): Ich spreche jetzt als Wissenschaftler und Mitarbeiter der Akademie der Wissenschaften seit 1962. Wir sprechen hier heute über Kulturpolitik, das Wort **Wissenschaft** kommt nicht vor. Das ist eine Anfrage an den Begriff Kultur, für meine Begriffe gehört Wissenschaft nicht zu den unwesentlichsten Bestandteilen der menschlichen Kultur. Das ist jetzt keine Kritik daran, daß Wissenschaft hier nicht zur Sprache kommt. Ich möchte diese Bemerkung nur machen, um Alarm zu schlagen.

Die **Grundlagenforschung** in der DDR ist ruiniert worden in den vergangenen 40 Jahren. Ich bin auch und betrachte mich als einer der Opfer dieses Ruins. Es geht darum, die **Akademie der Wissenschaften**, die ins Wanken geraten ist, neu zu etablieren und zu stabilisieren. Diejenigen, die für diesen Ruin der Grundlagenforschung in der DDR verantwortlich sind, sind jetzt dabei, Konzepte zu entwickeln, die aber, soweit es an meine Ohren gedrungen ist, auch darauf hinauslaufen, daß die Degenerierung des Wissenschaftsbegriffes zum Hilfsmarkt der Industrie dazu führt, daß Grundlagenforschung wiederum nicht in dem Maße staatlicher Obhut anvertraut wird, ich gebrauche jetzt wirklich einmal dieses Wort, wie es notwendig wäre.

Ich möchte also Alarm schlagen und einen Antrag meines Freundes Dr. Walkt [???] ankündigen, der von der Prioritätengruppe aus rein technischen Gründen abgelehnt worden ist. Der geht dahin, eine **Arbeitsgruppe „Wissenschaft"** ins Leben zu rufen. Ich denke, daß eine einzige Sitzung in einer solchen Arbeitsgruppe, die vielleicht auch ganz wesentlich aus der Initiativgruppe Wissenschaft bei der Akademie bestehen könnte, genügen würde, um hier einen Werkposten zu setzen, einen Alarm zu schlagen, damit hier nicht Weichen gestellt werden, die verhängnisvoll für die weitere Entwicklung der Grundlagenforschung in der DDR wären.

Danke schön.

Ducke (Moderator): Danke, Herr Fischbeck für Ihre Wortmeldung. Ich glaube, das ist eine typische Meldung, die wir der Regierung mitzugeben haben.

Aber, Herr Minister, möchten Sie?

Keller (Minister für Kultur): Also, ich habe mir als Antwort nur einen Satz darauf [notiert]. Ich teile Ihre Sorge vollständig. Der **Stand der Kunst** und Kulturwissenschaften in unserem Land ist beängstigend.

Die Bemühungen des Ministeriums für Kultur, die Verantwortung für die Entwicklung der Kunst- und Kulturwissenschaften zumindest mitzutragen, indem an künstlerischen Hoch- und Fachschulen auf einzelnen Gebieten das **Promotionsrecht** vergeben werden kann und damit auch eine **selbständige Wissenschaftsentwicklung** vonstatten gehen kann, sind in den letzten Jahren immer abschlägig beschieden worden. Ich halte das für einen der Gründe, daß Kultur- und Kunstwissenschaften ausschließlich in Verantwortung des **Ministeriums für Bildung** liegen, daß wir einen Zustand erreicht haben, daß für bestimmte Entwicklungen der Kunst und Kultur zum gegenwärtigen Zeitpunkt kein eigener theoretischer Vorlauf vorliegt. Ich würde den Vorschlag, den Sie unterbreitet haben, sehr unterstützen.

Ducke (Moderator): Danke, Herr Minister.

Das Wort hat jetzt Herr Hammer, NDPD; dann Herr Balke, Grüne Partei.

Bitte, Herr Hammer.

Hammer (NDPD): Meine Damen und Herren, wie zu erwarten war, weitet sich das Problem aus in den unterschiedlichen Aspekten. Und mir scheint, das ist auch nicht weiter verwunderlich, da aus den verschiedenen Bereichen die Sorgen zusammengetragen werden und nun auf diesen, den Runden Tisch, gelegt werden.

Das Grundproblem, mit dem wir zu tun haben, ist doch, daß wir Zeit verschenkt haben und daß unter den Künstlern und Kulturschaffenden dieses Landes in dieser verschenkten Zeit zu viel Gelegenheit gegeben war, daß Unsicherheit wächst und die Frage nach der Stellung von Kultur und Kunst in einer künftigen Gestaltung eines Deutschland völlig ohne jegliche Perspektiven schien.

Ich muß darauf aufmerksam machen, und der Minister möge es mir verzeihen, daß der **Volkskammerausschuß für Kultur** am 19. Januar [1990] bereits mit dem Minister und dem **Schutzverbund der Künstler** das gleiche Problemfeld diskutiert hat und wir nun bis zum heutigen Zeitpunkt gebraucht haben, bis am Runden Tisch diese Fragen in Form von Vorlagen überhaupt zu einer konkreten Erarbeitung gekommen sind. Ich bedaure das außerordentlich, weil in der gegenwärtigen Zeit vier Wochen viel Zeit sind und nicht etwa wenig.

Das weitere, sich daran anschließende Problem scheint mir: Die Überlegungen, die der Schutzverbund der Künstlerverbände angestellt hat, ein **Minimalpapier** auszuarbeiten und die Bitte zu äußern, daß es am Runden Tisch beschlossen wird und dann der **Volkskammer als Beschlußfassung** noch übermittelt wird, gehen doch davon aus, Sicherungen zu schaffen für die Aktivitäten einer neuen Regierung, und nicht davon aus, jetzt die notwendigen Entscheidungen noch zu treffen. Mir scheint, das ist fast unmöglich für die ganzen Detailfragen, die sich auftun zum gegenwärtigen Zeitpunkt, Entscheidungsvorschläge auszudiskutieren.

Es kommen sofort bei diesen und jenen Vorschlägen doch auch Gegenstimmen. Und wir sind im gesamten Feld der Unsicherheiten und der unterschiedlichen Standpunkte schon wieder drin. Darum würde ich sehr empfehlen, daß wir uns konzentrieren auf die eingebrachten Vorlagen, vor allem auf den Entwurf des Schutzverbundes, weil er den Ausgangspunkt für eine mögliche **Beschlußfassung der Volkskammer** gibt, die einer künftigen Regierung eine gewisse Norm für die Entscheidungsfindung setzt.

Schließlich zwei Bemerkungen. Natürlich hat der Minister Recht, wenn er in der gegenwärtigen Diskussion darauf aufmerksam macht, daß das **Konfliktfeld** zwischen **Abbau zentraler Entscheidungen** und **Anrufung zentraler Entscheidungen** ihn im Augenblick fast unlösbar beschäftigt. Dennoch, solange wir die **Dezentralisierung** nicht wirksam haben, werden eine Reihe von grundsätzlichen Orientierungen des Ministeriums für Kultur unumgänglich.

Und solange wir beispielsweise im Augenblick die **Eigenverantwortung der Kommunen** noch nicht haben, wird es unumgänglich, daß die vom Ministerium für Kultur verwalteten und zur Verfügung gestellten finanziellen Mittel des Staates insgesamt mit Zweckbindung für die kulturellen Einrichtungen an die Kommunen gehen und nicht mit einer so allgemeinen Bezeichnung, daß die Kommunen ihrerseits entscheiden können, ob sie die Mittel für Kultur, Gesundheitswesen oder andere Fragen verwenden. Da liegt doch eins der Hauptproblemfelder und das muß sofort gesichert werden; denn mit dem ersten Quartal ist der gegenwärtige Haushaltsplan abgelaufen und die Betriebe, die auf kommunaler Ebene arbeiten, haben ihre Unsicherheiten aus diesem Punkt.

Darum mache ich darauf aufmerksam.

Und schließlich und endlich geht es um einen ähnlichen Aspekt bei dem eben angesprochenen Problem **Denkmalpflege**. Das ist ja alles richtig, daß das Kulturministerium in seinen Kapazitäten überfordert ist und so weiter, und so weiter. Aber wir können wohl kaum vom notwendigen Erhalt unserer Denkmale sprechen, wenn die **Denkmalspflegemittel** weiter in reduzierter Form angewandt werden, wie es mit dem letzten Staatshaushaltsplan auf eine sehr wenig schöne Art und Weise und gegen den Protest des Volkskammerausschusses für Kultur im Staatshaushaltsplan durchgesetzt worden ist. Ich mache darauf aufmerksam, daß hier unmittelbar wirkende Elemente jetzt noch geordnet werden müssen. Der Rest ist, glaube ich, einer neuen Regierung mit Fixierung von Grundsätzen zuzuleiten.

Herzlichen Dank.

Ducke (Moderator): Danke, Herr Hammer.

Sie haben die Zustimmung durch Nicken der Künstler hier gespürt und uns auf etwas Wesentliches aufmerksam gemacht, nämlich die Behandlung der Beschlußvorlage ist von der Arbeitsgemeinschaft als auch vom Schutzverbund in der Weise zu behandeln, wie wir die Beschlüsse zum **Mediengesetz** oder zu den **Medienfragen** hier am Runden Tisch behandelt haben, das heißt, es sollen nicht Gesetze gemacht werden, sondern bis zu Gesetzen sollen die notwendigen Schritte gangbar gemacht werden. Habe ich Sie so richtig verstanden? Vielen Dank. Sie sprechen also und Ihr Votum war, für diese Vorlage zu stimmen. Nur noch einmal, damit wir dann wissen, welches Gewicht Ihre Wortmeldung hat. Danke, Herr Hammer.

Es hat jetzt das Wort Herr Balke, Grüne Partei; dann Herr Weiß, Demokratie Jetzt.

Bitte, Herr Balke.

Balke (GP): Ja, also, wir haben zu dem Positionspapier, das im Prinzip unsere Zustimmung findet, Beschlußvorlagen vorbereitet, auf die ich im Grunde jetzt nicht eingehen möchte, denn es bedarf einer bestimmten Argumentation. Zu einem bestimmten Ansatz möchte ich etwas sagen. Das **Verfassungsgebot Kultur** halten wir für zwingend – – Wir meinen, daß das Verfassungsgebot Kultur ausgestaltet werden sollte mit einer Sicht von denjenigen – auf diejenigen, auf die es sich bezieht, und das ist – –

Ducke (Moderator): Herr Balke, könnten Sie uns sagen auf welchen Punkt der Vorlage Sie sich beziehen?

Balke (GP): Das Verfassungsgebot Kultur, das [sich] bezieht auf den Punkt – moment – –

Ducke (Moderator): Ja, es ist dann immer leichter – –

Balke (GP): Moment, pardon. Also, ich habe hier, kleinen Moment bitte. Also, wir hatten hier ein anderes Papier vorliegen. Das entspricht jetzt nicht dem, worauf ich eingehen wollte. Es geht um den Grundsatz. Also, wir sind für ein **Verfassungsgrundsatz Kultur** und wir meinen, also es ist eine Argumentation, die sich auf den Vorschlag bezieht, den wir einbringen werden.

Ducke (Moderator): Also, könnten wir dann vielleicht doch so machen, wenn die Vorlage vorliegt, daß Sie das dann mit einbringen.

Balke (GP): Ja ist in Ordnung, machen wir.

Ducke (Moderator): Denn es macht es jetzt ein bißchen schwierig. Sie verwiesen [darauf], daß eine Vorlage zum Thema Verfassungs[grundsatz] oder Kulturverankerung in Verfassung [vorliegt], ja. Habe ich Sie so richtig verstanden?

Balke (GP): Ja ist richtig. Wir haben dennoch etwas zu sagen zu dem Vortrag von Minister Keller.

Ich schließe mich dem Vortrag des NDPD Runden Tisch Mitgliedes an. Es geht uns darum, die Verantwortung des Ministeriums für Kultur, die **Nochverantwortung des Ministeriums für Kultur für die Kommunen** deutlich zu machen. Es kann nicht in die Kommunen delegiert werden, denn die bisherige Praxis war ja eben die, daß die Kommunen kein Geld hatten und nun haben sie ebenfalls nichts und sie haben nur die Möglichkeit zu streichen und bei Nichtwahrnehmung, Nichtbewußtsein für Kulturverantwortung wird natürlich zuerst bei Kultur gestrichen.

Es geht um folgendes: Am 22. Februar [1990] fand eine Konferenz statt, rettet die **kommunale Kultur**. Wir wurden nicht dazu eingeladen. Wir hätten es für notwendig erachtet hierzu eingeladen zu werden, weil [wir] meinen, daß eine Politik auch mit einer Bestandsanalyse von der Basis her gekoppelt werden muß, von dort her bestimmt werden muß.

Wir fordern deshalb vom Ministerium für Kultur jetzt eine **Bestandsanalyse** der kommunalen Kultur, eine sachliche Bestandsanalyse, das heißt des infrastrukturellen Netzes und eine personelle Analyse. Wir haben die Hinweise bekommen, daß der Abbau von Kulturarbeitern erfolgt und zwar von oben nach unten, statt von unten nach oben und wir halten das für sehr bedenklich, denn bisherige Leiter haben ja nicht ihre Kompetenz erwiesen.

Zweiter Punkt, **Regionalausschuß Kultur Berlin**. Dieser Regionalausschuß Kultur Berlin arbeitet ebenfalls von oben nach unten, wird nicht kontrolliert durch die Beteiligten. Wir sind zwingend dafür, daß die Kulturverbände, die sich in diesem Lande gebildet haben, daß die Künstlerverbände, daß die Gewerkschaften, daß freie Gruppen an der Arbeit des Regionalausschusses Kultur Berlin beteiligt werden, damit eine Kontrolle dieses Bürokratenapparates erfolgen kann.

Drittens fordern wir, das wollen wir im Angebot aufgreifen, das von dem SPD Abgeordneten Duwe gemacht wurde, zur Bildung eines **deutsch-deutschen Kulturfonds**. Wir fordern die Regierung auf ein finanzielles Konzept für eine solche Beteiligung vorzulegen, um Mittel zur Annäherung der deutschen Kulturen in Anschlag zu bringen.

Zu der **Initiative Palast der Republik**, die findet natürlich unsere Zustimmung. Wir weisen darauf hin, daß der Aspeststaub versuchst ist, das sollte man vielleicht bedenken, wenn man über den Palast der Republik hier und heute spricht. Das ist allerdings jetzt unbenommen davon. Wir finden, das ist eine gute Idee, aber die Anwort des Ministers Keller zeigt sehr deutlich wie begrenzt die Möglichkeiten des Ressorts Kultur in diesem Lande sind und wir meinen, daß wir von dieser Begrenztheit nicht ausgehen wollen. Wir fordern die Mitsprache der Verantwortlichen für Kultur auch in den anderen Ressorts. Das fordern wir zumindestens vom Runden Tisch, von der Grünen Partei.

Danke.

Ducke (Moderator): Danke, das waren grundsätzliche Bemerkungen, aber vielleicht auch eine konkrete Anfrage Herr Minister. Ich darf dann bitten, die Wortmeldungen, wir haben hier noch mindestens 10 oder wieviel [vor]liegen, so kurz wie möglich. Darf ich noch einmal das erwähnen. Meistens geschieht es ja nachher aber, bitte, Herr Minister.

Keller (Minister für Kultur): Ich bitte Sie um Verständnis dafür, daß Bestehen der Regelungen dieses Landes durch das Ministerium für Kultur auch in komplizierten Zeiten nicht durchbrochen werden können.

Von den 68 Theatern dieses Landes unterstehen dem **Ministerium für Kultur** vier Theater direkt alle anderen **64 Theater** unterstehen den **Kommunen**. Das ist mit Museen, mit Konzertsälen, mit **Bibliotheken**, mit **Kulturhäusern** und so weiter genauso.

Das heißt, das Ministerium für Kultur kann nicht in kommunale Verantwortungen eingreifen und dort Korrekturen vornehmen. Wenn irgendwo ein Kulturhaus geschlossen werden soll oder geschlossen wird, kann das Kulturministerium höchstens Protest erheben, die Massen mobilisieren, sich an die Räte der Bezirke oder Räte der Kreise wenden. Es kann aber solche kommunale Entscheidung nicht rückgängig machen.

Deshalb ist das Problem, vor dem wir jetzt stehen, daß wir in diese Beratung „rettet die kommunale Kultur!" alle diejenigen staatlichen und gesellschaftlichen Initiativen, die im kulturellen Bereich tätig sind, zusammengeholt haben, um sie darauf aufmerksam zu machen, daß sie vor Ort die gewählten Volksvertreterversammlungen auf diese Probleme aufmerksam machen müssen.

Zweitens, es ist keine Erfindung des Ministeriums für Kultur, daß der **Planteil nichtmaterieller Bereich** des Planjahres 1990 den Bezirken im Komplex übergeben worden ist, sondern das ist eine ausdrückliche Forderung der Bezirkstage und der Vorsitzenden der Räte der Bezirke zur eigenständigen **Wahrnahme der Verantwortung** an den Vorsitzenden des Ministerrats. Und diese Entscheidung ist auch nicht rückgängig zu machen. Sie ist nur durch die Wahrnahme der Verantwortung in den Bezirkstagen konkret zu realisieren.

Was Ihren letzteren Vorschlag betrifft, Herr Balke, so habe ich heute früh eine Einladung von Frau Ministerin [Dorothee] Wilms bekommen, daß am 9. März hier in Berlin die gemeinsame **Kulturkommission BRD/DDR** konstatiert wird. Ich würde den Vorschlag sehr gern unterbreiten, daß der Runde Tisch beschließt, wer als Vertreter des Runden Tisches in dieser Kulturkommission tätig wird.

Ducke (Moderator): Mit diesem konkreten Vorschlag bitte ich jetzt die Arbeitsgemeinschaft Kulturarbeit aufzugreifen und dann eventuell einen Vorschlag zu machen. Danke schön.

Das Wort hat nun Herr Weiß, Demokratie Jetzt; dann Herr Matschie, SPD.

Bitte, Herr Weiß.

Weiß (DJ): Meine Damen und Herren, ich muß gestehen, daß ich mich heute morgen sehr unwohl fühle, weil ich denke, durch diesen Raum weht an diesem Morgen der Hauch von gestern. Was wir hier zu hören bekommen haben und ich muß Sie da einschließen, insbesondere Ihren Vortrag Herr Minister Keller, aber leider auch, daß die Vorlage, das Positionspapier, das uns hier vorgelegen hat, das basiert auf einer **marxistischen Kulturtheorie,** die ich so schon vor 20 Jahren zu studieren das Vergnügen oder den Ärger hatte wie man das auch will.

Ich denke, mit dieser marxistischen Kulturtheorie, mit dieser marxistischen Kulturposition kommen wir nicht in die Zeit, die vor uns liegt. Es geht doch um ganz – um eine völlig neue Gestaltung unserer Kultur, wir brauchen eine **neue Alltagskultur.** Natürlich werden wir künftig ohne Subventionen nicht auskommen, aber es geht doch vor allem auch darum, neue **Formen der Kulturförderung** und neue **Formen der Finanzierung** von Kunst zu erschließen. Hierüber habe ich an diesem Morgen noch nichts gehört.

Wir müssen das private **Mäzenatentum** ausbauen, wir müssen Stiftungen schaffen, wir müssen gemeinnützige Vereine schaffen, die Kunst und Kultur finanzieren. Viele andere Modelle sind denkbar, wie zum Beispiel **Künstlerkolonien** oder **Kulturgenossenschaften.** Es muß darum gehen, daß die Künstler- und Kulturarbeiter in unserem Land künftig den Weg auch in die Welt offen haben.

Nicht berücksichtigt ist bei den bisherigen Überlegungen, daß wir ja wahrscheinlich noch in diesem Jahr eine ganz andere Verantwortung, eine ganz andere Verantwortlichkeit im Kulturbereich haben. Wenn wir die Länder schaffen, dann wird ja sicher auch die **Kulturhoheit an die Länder** gehen. Dann ist all das, worüber wir jetzt hier versuchen zu reden, weitgehend doch überflüssig. Warum denken wir nicht mit unseren Überlegungen hier an das, was wir ja wollen, wo wir uns ja mehrheitlich schon ausgesprochen haben und versuchen, unser Kulturkonzept da hineinzubauen?

Ich habe hier ein Papier vorliegen, aus Ihrem Ministerium, Herr Keller, über die Bildung eines **gesellschaftlichen Rates für Film und Video** und eines **Filmbüros der DDR.** Dieses Papier ist am Wochenende heftig auf dem Verband der Film- und Fernsehschaffenden diskutiert worden und auch dieses Papier, leider muß ich sagen, atmet diesen **Hauch von gestern.** Hier wird nur davon ausgegangen, daß Stützungen notwendig sind. Es wird gesprochen, daß 100 Millionen Mark aus dem Staatshaushalt notwendig sind, um unsere nationale Filmproduktion zu erhalten.

Natürlich werden auch weiterhin der Film, der Kinderfilm, der Dokumentarfilm aber auch der Spielfilm, der Experimentalfilm, der Animationsfilm weiterhin gestützt werden müssen. Aber das wird man doch nicht erreichen und man wird eine Neugestaltung unseres Filmwesens nicht dadurch erreichen, daß man neue **Administrationen** schafft, wie das hier in diesem Papier vorgesehen ist. Es soll ein Filmbüro im Ministerium für Kultur geschaffen werden und [es] soll ein Rat für Film und Video geschaffen [werden]. Die Aufgaben, die für diese Räte genannt sind, ich kann es jetzt hier nicht im einzelnen ausführen, wir sind ja um Kürze gebeten, aber die Aufgaben sind im Grunde genommen auch durch **gesellschaftliche Räte** wahrzunehmen. Zum Beispiel die Frage der Jugendprädikatisierung [???] und der freiwilligen **Filmselbstkontrolle.**

Auf einen Punkt aber muß ich aufmerksam machen und den muß ich auch zitieren, weil er im Widerspruch zu gel-

Kulturpolitik

tendem Recht steht. Das ist überhaupt nicht berücksichtigt – –

Ducke (Moderator): Sagen Sie, beziehen Sie sich jetzt auf die Vorlage oder das nur Ihnen vorliegende Papier?

Weiß (DJ): Nein, das ist ein nur mir vorliegendes Papier.

Ducke (Moderator): Aha, vielen Dank, dann brauchen wir nicht blättern. Das war alles.

Weiß (DJ): Sie brauchen nicht blättern.

Ducke (Moderator): Danke. Das war nur als Versuch, einer blättert für alle.

Weiß (DJ): Ja, ich muß auch blättern. Es geht um, hier steht drin, daß die Aufgabe dieses Bereiches, dieses neuzuschaffenden Bereiches, dieser neuzuschaffenden Administration die Bearbeitung der Anträge für Lizenzen zur Filmherstellung ist. Wir haben die **Lizenzpflicht** im **Bereich des Filmwesens** ja mit dem Beschluß der **Medien-, Informations- und Meinungsfreiheit** aufgehoben. Wie kann dann eine solche Forderung hier wieder hereinkommen? Das ist gegen geltendes Recht und Gesetz. Ich muß mich knappfassen.

Ducke (Moderator): Ja.

Weiß (DJ): Ich habe viele Vorlagen von Kollegen, meinen Freunden bekommen, wo es um den **Film** in der DDR geht. Es gibt erhebliche Beunruhigungen, weil ein **kultureller Abbau** zu beobachten ist und weil der Kinofilm und die Fernsehkunst da eingeschlossen sind. Es ist den Filmemachern, die am vergangenen Wochenende ihren Verbandskongreß hatten, klar, daß andere künstlerisch und ökonomisch effektive Produktionsformen zu schaffen sind, daß gleichzeitig aber auch die soziale Sicherhiet und die elementarsten Bedingungen für die künstlerische Arbeit gewährleistet sind.

Es werden Ihnen zwei Informationen zugehen. Das eine ist ein offener Brief an die politisch Verantwortlichen in beiden deutschen Staaten, der unterzeichnet ist von der **Arbeitsgruppe „Dokumentarfilm in der DDR"** und von der **Arbeitsgruppe „Dokumentarfilm in der Bundesrepublik"** und das andere ist eine Information, ein Brief, ein offener Brief an den Runden Tisch von den Regisseuren des **Defa-Filmspielstudios**.

Ich will, um die Geduld hier nicht zu strapazieren, nur die wichtigsten Punkte daraus vorlesen. Darin heißt es:

> Wir appellieren an die politisch Verantwortlichen, die in 40 Jahren gewachsene Filmkultur der DDR jetzt nicht der totalen Kommerzialisierung preiszugeben. Es sind, trotz notwendiger betriebswirtschaftlicher Sanierungsmaßnahmen der Erhalt bewährter Produktionsstrukturen auch für den 35 Millimeter Dokumentarfilm zu gewähren. Bei der Neuorganisation der Verleihsituation müssen die Belange einer unabhängigen Filmkultur durch Schaffung und Unterstützung entsprechender Einrichtungen bewahrt bleiben. Einer erneuten Monopolisierung der Kinosituation ist entgegenzusteuern. Die internationale Dokumentar- und Kurzfilmwoche sollte beibehalten werden.

Die Finanzierung dieses **Festivals** ist gegenwärtig gefährdet, das muß auch in Zukunft sichergestellt bleiben, aber da muß man eben auch an neue Formen herangehen, zum Beipiel an **Stiftungen** oder man könnte mit **Oberhausen** überlegen, ob man dieses Festival beispielsweise teilt und ein Jahr in Oberhausen und das andere Jahr in **Leipzig** durchführt. Im Brief, der Ihnen dann auch zugehen wird, der Regiseure der Defa-Studios für Spielfilme, wird eine ähnliche Sorge über die in Aussicht stehende **Kommerzialisierung der Filmproduktion** ausgesprochen. Die **Regisseure der Spielfilmstudios** schreiben:

> Wir sind uns der neuen Herausforderung bewußt unter anderen Bedingungen mit unseren Filmen in einem umfassenden internationalen Konkurrenz und Wettbewerb zu treten. Dabei soll der künstlerische Film nicht auf der Strecke bleiben.

Sie weisen darauf hin, daß auch international solche künstlerischen Filme nur mit Subventionen zu produzieren, zu vertreiben und zu schützen sind. Ich möchte Ihnen schließlich zu dieser Thematik einen Antrag, den **Antrag 14/32** vorlegen.

Ducke (Moderator): Würden Sie vielleicht, daß, wenn wir dann die Anträge vornehmen – – Oder haben wir den schon? Es liegt nämlich ein Geschäftsordnungsantrag vor, muß ich jetzt sagen. Bevor Sie etwas Neues bringen bin ich gezwungen, Sie sind ein bißchen – –

Weiß (DJ): Der Antrag liegt vor?

Ducke (Moderator): Der Antrag liegt vor, also jetzt letzte Möglichkeit, noch vor dem Geschäftsordnungsantrag, der Ihnen das Wort sicher entziehen wird, den **Antrag 14/32** vorzuziehen.

Bitte schön.

Weiß (DJ): Ich fasse mich auch kurz.

> **[Antrag 14/32, Antrag DJ: Schutz des nationalen Filmkulturgutes[7]]**
>
> Der Runde Tisch möge beschließen:
>
> Die Regierung der Deutschen Demoktratischen Republik wird beauftragt, sofortige Maßnahmen zum Schutz des nationalen Filmkulturgutes zu treffen. Insbesondere ist zu sichern, daß alle Rechte an Filmen, Filmausschnitten, Arbeitsfassungen und Rohschnitten von Filmen sowie an filmischen Dokumenten und Dokumentarmaterial nach Ablauf der Distributions- Vorführ- und Sendeverträge an die Produzenten zurückfallen beziehungsweise beim Fehlen solcher Verträge beim Produzenten verbleiben, unabhängig von der technischen Form der Konservierung.

Dann steht noch mehr drin, aber das erspare ich mir. Es geht hier um folgendes, Filme, die von den Defa-Studios in der Vergangenheit hergestellt worden sind und entsprechendes Material ist im Augenblick nicht ausreichend geschützt, es wird verhökert, es kann verwendet werden, wir erleben das beispielsweise bei den 10 Filmen, die jetzt an die Öffentlichkeit gekommen sind, da gibt es keinen ausreichenden **Rechtsschutz** mehr. Darum muß eine ganz schnelle soforti-

---
[7] Dokument 14/5, Anlagenband.

ge Hilfsmaßnahme getroffen werden. So, jetzt muß ich noch einmal nachgucken, es gibt – –

Ducke (Moderator): Aber Herr Weiß, jetzt muß ich den Geschäftsordnungsantrag aufrufen. Es haben sich auch hier [andere Teilnehmer] gemeldet, ich muß Sie bitten.

Weiß (DJ): Gut, ich wollte jetzt noch Stellung nehmen zu anderen Punkten, die hier angesprochen sind.

Ducke (Moderator): Zu welchen Punkten bitte Herr Weiß?

Weiß (DJ): Zur Vorlage der **PDS, 14/2**.

Ducke (Moderator): Nein zu Vorlagen hatten wir noch nichts.

Weiß (DJ): Haben wir noch nicht?

Ducke (Moderator): Ja.

Weiß (DJ): Dann möchte ich noch einen Gedanken hier einbringen, wenn ich das noch darf, Herr Vorsitzender.

Ducke (Moderator): Ja.

Weiß (DJ): Weil das auch ein sehr [wichtiger Aspekt ist]. Ich danke Ihnen. Es geht um folgendes, die Arbeits- und Lebens- und Studierbedingungen an der **Hochschule für Musik in Berlin** sind katastrophal. 500 Studenten, 150 Schüler der Spezialschule, 150 Dozenten, etwa 300 freie Mitarbeiter dieser Schule arbeiten unter unwürdigen, unter nicht mehr machbaren Bedingungen. Es gibt einen Wunsch, eine Vorstellung, diesen Studenten, diesen Schülern der Musikschule das **Nationalratsgebäude** zur Verfügung zu stellen. Dieses Gebäude wäre von seinem Ausmaß, von seiner Konstruktion her, geeignet, die Musikhochschule – eine wichtige Einrichtung für unser Land – auch unter dem Gesichtspunkt, daß wir einen Kulturaustausch wollen, zur Verfügung zu stellen. Ich würde diesen Antrag hier mündlich einbringen und um Ihre Befürwortung bitten.
Danke.

Ducke (Moderator): Danke. Ich würde hier dazu bitten, wir haben ja in der, ich betrachte das als eine Unterstützung der Vorlage, wo [es] um Verbesserung überhaupt der Lebenslagen ja insgesamt [geht], daß wir keine Details einbringen, denn sonst müssen wir dann für jeden etwas bringen. Betrachten Sie das als Unterstützung der Vorlage.
Aber jetzt, bevor ich Herrn Carow doch noch das Wort gebe, Ihr Geschäftsordnungsantrag, oder Frau Merkel hat es sich schon erledigt? Nein.

Frau Merkel (UFV): Also, ich bitte darum, daß hier, einerseits freut es mich, daß hier die Vielfältigkeit der Problemlagen in der Kultur von verschiedenen Seiten angesprochen wird. Ich denke aber, daß, wenn wir zu sehr ins Detail gehen und mit diesem Recht könnte das die Bildende Kunst genauso tun. Wir haben die **Architektur** und [den] **Städtebau** hier überhaupt noch nicht gehört. Wir haben hier niemanden zur **Soziokultur** gehört. Wir haben niemanden zur **ästhetischen Kultur** gehört und so weiter.

Ducke (Moderator): Das kommt ja noch.

Frau Merkel (UFV): Ich würde vorschlagen, daß hier nicht nur, also entweder es in kurzen Statements anzuhören, aber sich vielleicht dennoch darauf zu konzentrieren auf die Vorlage, die ja von vielen verschiedenen Leuten mitgetragen wird und die entschieden weitergeht, als die Vorlage zum Beschluß der Volkskammer, die von der **Arbeitsgruppe**

„**Kulturpolitik**" vorgelegt worden ist. [Man sollte] sich vielleicht darauf konzentrieren, denn sie enthält ja einen praktikablen Vorschlag zur Gründung einer Kommission gemeinsam mit den hier anwesenden Verbänden, gemeinsam mit der Gewerkschaft Kunst, die also eine solche **Gesetzesvorlage für die Volkskammer** ja vielleicht auch en détail vorbereiten könnte. Also, ich finde es nicht sinnvoll, daß jetzt hier bis ins letzte zu verhandeln, sondern [ich] würde vorschlagen, daß vielleicht nur noch die jetzt hier sprechen, die also konkrete Problemlagen kurz vortragen und ansonsten sich auf diesen weitestgehenden Antrag bitte beziehen.

Ducke (Moderator): Danke Frau Merkel für diese Unterstützung. Hat das Gehör gefunden bei allen, die sich noch zu Wort gemeldet haben? Das werden wir sehen, wird hier gesagt. Also, wir stellen das als Antrag in den Raum, daß jetzt Statements nicht wiederholen, was schon gesagt wurde, sondern Bezug nehmen auf diese Vorlage und aus einer spezifischen Sicht Für oder Gegen sprechen.
Vielen Dank. Jetzt aber, außer der Reihe, Herr Carow von der Akademie der Künste, bitte.

Carow (Ministerium für Kultur): Herr Weiß, ich bin ein wenig schockiert, weil ich mich gestern schon beim Kongeß der Film- und Fernsehschaffenden darüber gewundert habe, daß Sie so leichtfertig gesagt haben, man muß allerdings die **Subventionen** streichen. Und es ist auch, nachdem Sie gegangen sind, eine große Unsicherheit unter den Mitgliedern dieses Verbandes geäußert worden. Dieses Papier des Schutzverbandes, das Ihnen vorliegt, ist entstanden aus der Sorge, daß das was wir in diesem Lande an **Kulturförderungsmaßnahmen** hatten, den Berg herunterläuft.
Wir machen uns also Sorgen um unsere **Schauspielschule**, um unsere Filmakademie, um die Meisterschüler der Akademie der Künste, um alle Einrichtungen in diesem Lande, die uns den internationalen Ruf verschafft haben, daß wir die gründlichste und **beste künstlerische Ausbildung** haben und da ist es völlig unsinnig darüber zu reden, ob irgendwelche Papiere alten Strukturen oder ähnlichen entsprechen, sondern es geht darum, daß, was wir hier an Werten haben zu erhalten und möglichst zu einem **Kulturförderungsmodell** in diesem Lande zu kommen, das beispielgebend ist und das vielleicht bei einem **vereinigten Deutschland** für das ganze Deutschland zuständig ist.
Während der **Berlinale** sind sehr namhafte Kollegen aus der Bundesrepublik zu mir gekommen und haben immer wieder gesagt, was machen wir bloß, paßt auf, daß bei euch erhalten bleibt, was ihr habt. Wir haben gemeinsam die Hoffnung, daß wir, wenn diese Vereinigung da ist, auch schon in nächster Zukunft gemeinsame große Projekte mit viel Verantwortung über die deutsche Geschichte machen könnten und das bedarf der Förderung, denn der **bundesdeutsche Film** ist, was seine Lage betrifft, geradezu in einer trostlosen Situation unter Einfluß der amerikanischen Filme – – ist so groß, daß der bundesdeutsche Film erdrückt wird.
Das heißt also, das gemeinsame Wirken der deutschen Filmemacher zur **Emanzipation des deutschen Films** ist ungeheuer wichtig und dazu bedarf es stützende Maßnahmen. Alles was wir, das ist das wesentlichste und alle Sorgen, die gestern bei dem Kongreß der Film- und Fernsehschaffenden geäußert wurden, gingen genau darum und selbstverständlich ist es so, daß wir in diesen Strukturen, in denen wir gelebt und gearbeitet haben nicht weiter arbeiten wollen, daß wir unsere Arbeitsbedingungen, unsere Studios rekonstruieren, unsere **Arbeitsbedingungen** modernisieren und

vor allen Dingen ökonomisch wirksamer machen müssen. Darüber sind wir uns völlig im Klaren.

Aber wir wissen natürlich, daß beispielsweise künstlerischer Film und Filmkunst überhaupt in kleinen Ländern wie unserem ohne **Subvention** nicht existent sein können. Ein Spielfilm in der Deutschen Demokratischen Republik kann seine Kosten niemals einspielen bei dieser geringen Zahl an Einwohnern. Erst ein Land wie die **Sowjetunion** oder **USA** können ihre Eigenkosten mit ihrer Filmproduktion erwirtschaften. Das ist eine Tatsache und eine internationale Tatsache.

Ducke (Moderator): Danke Herr Carow. Ich verstehe Ihre Wortmeldung als ein Votum oder eine Gewichtung für diese Vorlage. Es hat jetzt noch das Wort Herr Schäfer vom Schutzverbund der Künstler der DDR. Bitte.

Schäfer (Schutzbund der Künstlerverbände): Ich möchte nur eine Information geben damit Sie wissen, worüber geredet wird. Wenn Herr Weiß den Antrag stellt, sich vorwiegend oder zu einem hohen Maße auf privates **Mäzenatentum** zu beziehen, Herr Weiß, dann müssen wir wissen, daß in der **reichen Bundesrepublik drei Prozent** aller Ausgaben für Kunst und Kultur **aus privaten Fonds** stammen. Mäzene drei Prozent. Also, ich bitte Sie herzlich, mit aller Verantwortung, solche Konzepte vorher zu untersuchen. Damit wir am Ende nicht etwas beschließen, was überhaupt keine Basis hat.

Ducke (Moderator): Danke, das war auch noch ein Wort zur Vorlage. Bitte Herr Diltel vom Verband bildender Künstler. Bitte.

Diltel (Ministerium für Kultur): Der Verband bildender Künstler hat den Schutzverbund initiiert. Der Schutzverbund hat diese Vorlage gemeinsam mit den anderen Verbänden und der Akademie der Künste ausgearbeitet. Wir waren eigentlich froh, etwas vorlegen zu können, das allen Parteien und Vereinigungen ihre Möglichkeiten offenläßt. Um was es uns geht ist **Kulturpflicht,** die bis zu den Kommunen einzufordern ist.

Herr Weiß, Sie sprachen von **Künstlerkolonien** und anderen Möglichkeiten künstlerischer Arbeit auch finanziert durch die Verbände, von den Verbänden durchführen zu können. Das ist richtig, dazu machen wir uns Gedanken. Wenn aber in den Kommunen, in den Ländern, im Staat die Möglichkeiten, über solche künstlerische Arbeit überhaupt etwas machen zu können, nicht mehr vorhanden sind, dann drehen sich diese Möglichkeiten im Kreise.

Ergänzt zu dem was Karl-Heinz Schäfer sagte, wir wissen von unserem Bruderverband in der Bundesrepublik 92 bis 95 Prozent unserer Berufskollegen können dort nicht davon leben, was sie an Hochschulen professionell studiert haben.

Und wenn das Wort von Bundeskanzler Kohl oder vom Bundespräsidenten von Weizsäcker, die DDR habe etwas einzubringen, zu analysieren wäre, dann ist es sicher auf die Kultur mitzubeziehen. Und wir dachten vor allem, die Parteien und Vereinigungen könnten sich ihre Vorstellungen machen in welcher Weise Kulturpflicht von ihnen zu besetzen ist. Wir haben das nicht verstanden als eine Interpretation **marxistischen Ideengehaltes.**

Ducke (Moderator): Danke Herr Diltel. Ich fühle mich berechtigt, die Reihe der hier vorliegenden Wortmeldungen zu unterbrechen, damit die Betroffenen, die Künstler selbst, hier zu Wort kommen und deswegen jetzt Herr Wenzel noch vom Verband der Komponisten und Musikwissenschaftler. Bitte schön.

Wenzel (Verband der Komponisten und Musikwissenschaftler): Also, in der Reihe der Künstlerverbände. Ich mache es ganz kurz. Der **Komponistenverband,** der sich eigentlich mit der Sektionssitzung in der Akademie im Februar anfing ein bißchen umzugestalten und dann verstärkt im Herbst, hat sich auf sehr demokratische Weise, glaube ich, zu diesem vorliegenden Papier geäußert.

In einem Rundschreiben von mir, bei Amtsübernahme, habe ich die Kollegen gebeten sich also zu Wort zu melden, ihre Vorstellungen den künftigen Verband betreffend. Es sind Hunderte Schreiben eingegangen, viele Telefonate und Gespräche, die im wesentlichen und zwar völlig unabhängig vom Vita des Einzelnen, von Herkunft, von Denkweisen, von Kompositionsweisen, sich äußern zur Gestaltung in wirklich sehr individueller Art, wobei ein großer Teil Übereinstimmung darin bestand, bestimmte Dinge, die das **Musikleben** insgesamt und aber auch die persönliche erworbene Freiheit des Schaffens [betreffen], außerordentlich behutsam und schützend zu handhaben und mit diesem Hintergrund war es einfach, im Schutzverbund an dieser Vorlage mitzuarbeiten und sie hier vor Ihnen zu vertreten und auch um Hilfe zu bitten.

Die Musik, zumal die neue, die **E-Musik** hat es natürlich ein bißchen schwierig. Es ist ein sehr finanzaufwendiges Unternehmen. Jede Note, die geschrieben wird, muß abgeschrieben werden, muß kopiert werden, muß von einem anderen Apparat, der ein Eigenleben führt, nämlich von den **Orchester- und Kammermusikvereinigungen** einstimmig gespielt werden.

Das ist ein außerordentlich schwieriger Prozeß und wenn man dann bedenkt, daß dieses Vorgehen von 1989 von der **Berlinale** an bis zum heutigen Tag, es laufen zur Zeit die **DDR-Musiktage,** zum Beispiel bei der Berlinale vorigen Jahres eine 86 prozentige Auslastung des **Schauspielhauses,** der **Staatsoper,** also aller Einrichtungen, 86 Prozent keine toten Säle, sondern wirklich besetzte Plätze, nachgewiesenermaßen, für neue Musik, also für neue ernste Musik, das gibt es wirklich in der Welt nicht.

Da liegen also Leistungen der Künstler vor und die Musik kann sich nun einmal nur in der Aufführung realisieren und nicht im Druck allein. Das ist nur als ein Beispiel genannt, daß es tatsächlich im Moment einen Trend gibt, die neue Musik anzunehmen und zwar anzunehmen in dem Sinne, daß sie diskutiert wird, daß sie als Gesprächsgegenstand existiert und das ist die Existenzgrundlage für die **Komponisten** und für deren Schaffen.

Ich bitte Sie herzlich in diesem Sinne diese Vorlage auch zu betrachten und wenn Sie Lust haben, kommen Sie in eines der Konzerte, es sind ja drei bis vier am Tage, die ständig sehr gut besucht sind. Neue E-Musik.

Ich danke Ihnen.

Ducke (Moderator): Danke, Herr Wenzel. Das war eine ganz neue Gewichtung einer Wortmeldung und für das Abstimmungsverhalten vielleicht bedeutsam. Es winken Konzertkarten.

Wenzel (Verband der Komponisten und Musikwissenschaftler): Ja.

Ducke (Moderator): Das war einmal ein Angebot. Vielen Dank, Herr Wenzel. Sie werden sich nicht retten können.

Das waren die Wortmeldungen, die noch einmal für diese Vorlage sprachen, da Herr Weiß mit seiner Wortmeldung das ausgelöst hat und er sich auch noch einmal zu Wort gemeldet hat, meine ich, doch vor der Pause und die kommt dann gewiß und dann Herr Matschie, Sie müssen nach der Pause [sprechen]. Herr Weiß nur das Sie vielleicht noch [etwas erwidern], aber kurz.

Weiß (DJ): Ganz kurz. Ich denke, Heiner Carow hat mich mißverstanden, wenn er sagt, daß ich mich gegen die **Streichung von Subventionen** generell ausgesprochen habe. Das habe ich nicht getan. Ich habe nur gesagt, wir können nicht in der Zukunft nur auf Subventionen bauen, sondern wir müssen uns Gedanken machen auf die Zukunft hin, auf andere Formen. Ich denke, das habe ich eindeutig gesagt und das möchte ich hier wiederholen.

Ducke (Moderator): Ja, danke schön. Ich glaube, das war ganz gut, daß da eine Richtigstellung war. Wir brauchen die Kontroverse hier nicht öffentlich. Es ist jetzt Gelegenheit einen Konsens zu finden in der Pause. 11.03 Uhr, 20 Minuten Pause, das langt für eine Zigarette, nicht für eine Zigarre. Das war nur ein Hinweis. Bitte 20 Minuten Pause zur Erholung.

[Pause]

Ducke (Moderator): Bitte beenden Sie die Verhandlungspause oder besser die Verhandlungen in der Pause.

Meine Damen und Herren, darf ich Sie wieder bitten Platz zu nehmen. Wir setzen die Verhandlungen fort. Vielleicht hilft es den Vertretern, wenn wir die Kameras bitten, einen Schwenk auf die besetzten Stühle zu machen, wie die Parteien mitverhandeln. Vielleicht hilt das beim nächsten Mal. [Das] war jetzt ein bißchen mehr dem Rosenmontag angepaßt. Nehmen Sie es als solches.

So, meine Damen und Herren, wir setzen die Verhandlungen fort. Mit 15 Wortmeldungen, die sich schon gemeldet haben. Ich darf einmal schnell die Namen verlesen, Herr Matschie, Herr Clemen, Fischbeck, Wolf, Templin, Merkel, Gutzeit, Lichtenhahn, Bartsch, Schulz, Vogler, Jordan, Eppelmann, Bohley, Rump.

Das sind die Wortmeldungen, die vorliegen und ich weise darauf hin, daß wir heute im Interesse einer kontinuierlichen Arbeit [vorsehen] - - Herr Mahling, Sie habe ich vergessen. Sie stehen aber darauf. Beim Vorlesen habe ich Sie vergessen. Ich bitte um Entschuldigung, Sie sind darauf. Allerdings Ihr Vorantrag liegt auch schon vor, also, na gut. Sonst rufe ich Sie dann auf, wenn die Vorlage kommt, [so] daß wir in jedem Falle vor der Mittagspause das Thema **Kulturpolitik** beenden.

Es sind immerhin, ich glaube, über 20 Anträge jetzt schon da. Ich bitte das bei den Wortmeldungen zu berücksichtigen, auch vielleicht bei der Formulierung mancher Anträge sich vor Allgemeinplätzen ein bißchen zu hüten.

Danke. Das Wort hat nun Herr Matschie, SPD. Bitte schön.

Matschie (SPD): Ich begrüße das Anliegen, das mit diesem Papier, mit diesem Positionspapier verbunden ist, den Schutz und die Bewahrung der Kultur, aber ich denke, daß dieses Positionspapier nicht ausreichend ist dafür. Ich denke, es gibt verstehbare Ängste bei den Künstlern, bei den Verbänden, in Theatern und anderen Kultureinrichtungen, aber ich denke auch, die Bewahrung von Kunst und Kultur kann ja nicht die Festschreibung eines Ist-Zustandes bedeuten und hier gebe ich Konrad Weiß recht, daß in diesem Papier **alte Vorstellungen** noch ziemlich starken Einfluß haben. Unter Sofortmaßnahmen stehen hier einige Stichpunkte, bei denen für mich nicht einsehbar ist, wie sie in Sofortmaßnahmen umzusetzen sind.

„Jeglicher Machtmißbrauch der Kultur und Kunst ist auszuschließen." Das ist ja richtig, aber welche Sofortmaßnahme soll dem entsprechen? Das könnte ja auf sehr verschiedene Weise geschehen. Das ist überhaupt nicht eindeutig hier.

Oder „der Staat hat die strukturellen und materiellen Voraussetzungen dafür zu schaffen, daß sich das Individium nach seinen Talenten und Bedürfnissen frei entfalten kann." Da kann es sehr viele unterschiedliche Konzepte dazu geben, die erst einmal diskutiert werden müssen. Da kann man nicht mit Sofortmaßnahmen reagieren an dieser Stelle.

Dann „die bisher für Kultur und Kunst zur Verfügung stehenden Mittel dürfen nicht umverteilt werden." Ich denke, Mittel müssen erhalten werden für Kunst und Kultur, aber es ist ja nicht gesagt, daß sie bis jetzt immer in der richtigen Weise verteilt worden sind. Hier wird sicher auch eine **Umverteilung** stattfinden müssen. Ich denke, das kann man jetzt nicht so festschreiben.

Ich denke, daß **Schutz und Förderung von Kultur und Kunst** vorwiegend **dezentral** geschehen muß in Zukunft, nämlich durch Länder und Kommunen und durch eine kluge **Steuerpolitik**.

Was mir auch fehlt in diesem Positionspapier sind Aussagen zur **internationalen Kultur-Entfaltung**. Ich denke, das kommt hier zu kurz. Es ist nur in einem [Punkt] angerissen. Wir gehen auf eine europäische Entwicklung zu und da ist die Bewahrung der eigenen Kultur das eine, aber die Öffnung und die Schaffung von Bedingungen für eine internationale Kulturentwicklung auch in unserem Gebiet das andere.

Ich plädiere dafür, daß dieses Papier noch einmal zurückverwiesen wird an die **Arbeitsgruppe „Kultur"** und wir die Einzelanträge, die vorliegen, aber diskutieren zu diesem Problem und dazu gegebenenfalls Beschlüsse fassen. Ich denke, es ist notwendig, Sofortmaßnahmen zu treffen um einen **Zusammenbruch kultureller Einrichtungen** in verschiedenen Bereichen zu verhindern.

Ducke (Moderator): Herr Matschie, darf ich Sie so verstehen, das ist jetzt ein konkreter Antrag der SPD abstimmen zu lassen, diesen Antrag nicht weiter zu diskutieren, sondern sofort in die Arbeitsgruppe [zu verweisen]. Gut, dann stimmen wir darüber ab.

Matschie (SPD): Das so nicht weiter zu diskutieren, sondern die Einzelanträge sind vorzu - -

Ducke (Moderator): Naja, die Vorwortmeldungen liegen. Dieser Antrag steht zur Abstimmung. Ich lasse jetzt darüber abstimmen, damit wir nicht - - Also, wir haben vorhin die Schwierigkeiten gehört, die für dieses Positionspapier [gelten]. Hier liegt jetzt, hier wird jetzt ein konkreter Antrag von der SPD eingebracht, sofort dieses Papier zu überweisen. Wir lassen damit keine [weiteren] Diskussionen [zu]; darüber abstimmen, ja? Habe ich Sie so verstanden? Wünscht noch jemand [das Wort]? Das müssen wir jetzt machen. Der Antrag steht. Es soll zurückgewiesen werden, Antrag SPD. Das Positionspapier in den Ausschuß und keine Diskussionen jetzt mehr dazu. Das ist ein konkreter Antrag. Dazu müssen wir jetzt sprechen. Konkret zu diesem Antrag.

Herr Ullmann zunächst.

Ullmann (Minister o. G., DJ): Ich möchte nur wissen, was das besagt hinsichtlich der eingebrachten Änderungsvorschläge.

Ducke (Moderator): Das bedeutet, daß diese Änderungsvorschläge auch zurückgehen. Ganz einfach.

Bitte, Herr Mäde, von Vereinigte Linke; dann Frau Bohley.

Mäde (VL): Ich halte dies nicht für besonders sinnvoll, weil ich sehe hier die Kette von Einzelanträgen, die zum Teil vielmehr ins Detail gehen, die auch Sachen betreffen, die wir hier überhaupt nicht mehr also ernsthaft, also, die überhaupt nicht mehr ernsthaft zur Disposition stehen.

Ducke (Moderator): Es würden so und soviele Anträge sofort wegfallen, wenn das Positionspapier [zurückgewiesen wird]. Wir würden die Einzelanträge dann überhaupt nicht besprechen.

Mäde (VL): Das meine ich eben.

Ducke (Moderator): Das wäre die harte Konsequenz, wenn das durchkommt. Wir müssen abstimmen lassen. Nur ich sage Ihnen, die Einzelanträge können nicht ohne das Positionspapier – – Danke Herr Mäde für diese Unterstützung.

Frau Bohley bitte noch dazu.

Frau Bohley (NF): Also. ich bin dagegen, daß dieses Papier vom Tisch kommt, weil damit wieder ein Problem verschoben wird, und es gibt hier nicht mehr viel Zeit. Dieses Papier ist ja entstanden aus einer besonderen Situation heraus und der erste Punkt zur Lage, der ist ja wirklich noch sehr freundlich inhaltlich. Da passieren ja ganz andere Sachen, daß Künstler plötzlich **Ateliermieten** von 1 000 Mark und mehr zahlen sollen, das geht auf den Weg der Katastrophe was die ganze kulturelle Lage in unserem Land anbelangt, und wir müssen uns darüber im Klaren sein, wenn sich die Zukunft bei uns so gestaltet, wie doch scheinbar etliche wollen – und zwar frei, frei, frei – dann wird sehr viel den Bach heruntergehen und vor allen Dinge die Dinge, die bisher untertützt worden sind. Wenn auch nicht in der richtigen Weise, das ist uns schon allen klar.

Wir sind also der Meinung, daß dieses Papier heute hier verabschiedet werden muß, denn es bedeutet ja, daß es einen Schritt weitergehen soll. Es soll diese **Kommission** gebildet werden und wir wollen versuchen Sicherheiten zu schaffen, damit eben noch das erhalten bleibt, was da ist. Dieses Papier ist also nicht konzipiert für eine Situation wie sie vielleicht in fünf Jahren sein soll, sondern es geht davon aus, was augenblicklich ist, und in dieses muß Bewegung hereinkommen. [Damit] das, was erhaltenswert ist, auch erhalten werden kann.

Ducke (Moderator): Danke, Frau Bohley, das war ein klares Votum, das Sie für die Verhandlung dieses Papieres sprechen. Ich weise auch noch einmal darauf hin, daß wir es in der Art machen wollten wie für die Beschlüsse zu **Medienpolitik**, wo es nicht um das Gesetz ging, sondern die Notwendigkeit. Will noch jemand dazu reden? Es hatte sich noch gemeldet Herr Schäfer, Herr Jordan, Herr Wolf. Habe ich jemanden vergessen? Herr Ullmann noch, ja.

Bitte, Herr Schäfer.

Schäfer (Schutzbund der Künstlerverbände): Gestatten Sie mir noch eine Bemerkung als Gast. Durch die Geschäftsordnung ist folgendes Problem damit verbunden. Wenn Sie die **Vorlage 14/1** zurückweisen würden, dann wäre auch die **Anlage 1** zurückgewiesen. Das hätte fatale Konsequenzen. Ich muß Frau Bohley Recht geben. Es liegt, wenn Sie mir das verzeihen, ein gewisser Widerspruch in Ihrer Argumentation. Sie stellen einmal fest, daß Sofortmaßnahmen zu treffen sind, und der Antrag, nun dieses Papier zurückzuziehen, weist eindeutig darauf hin, daß nichts mehr getroffen werden wird.

Ducke (Moderator): Danke, Herr Schäfer. Herr Jordan noch dazu; dann Herr Wolf und Herr Ullmann, wenn ich alles gesehen habe. Wir sprechen nur zu dem Antrag jetzt bitte, keine inhaltlichen Dinge, bitte.

Jordan (GP): Ja. Seitens der Grünen Partei setzen wir uns auch dafür ein, daß dieser Antrag hier weiter behandelt wird, daß dieser Antrag natürlich nicht das gesamte Gebiet der Kultur hier auf drei Seiten darstellen kann. Und für uns als Grüne ist es noch wichtig, daß auch etwas zur **städtebaulichen Kultur** mit eingebracht wird. Wir setzen uns ja bekanntlich für ein nationales Programm zur **Rettung unserer Altstädte** ein und möchten dies dann auch noch hier unter Sofortmaßnahmen einbringen.

Ducke (Moderator): Danke, Herr Jordan. Ich bin sicher, Sie haben dazu noch einen eigenen Antrag.

Herr Wolf, bitte.

Wolf (LDP): Die LDP ist klar dafür, daß diesem Antrag auf Absetzung nicht gefolgt wird. Das Positionspapier wirft wichtige grundsätzliche Fragen auf, macht Lösungsvorschläge, Tendenzen deutlich. Das alles wird ergänzt durch eine Vielfalt detaillierter weitergehender Anträge. Sicher ist damit das Ergebnis noch nicht feststehend, aber es muß heute getroffen werden, damit wir dann zusammen befinden können. Deshalb sind wir dafür, daß weiterverhandelt wird.

Ducke (Moderator): Danke schön, Herr Wolf.

Herr Ullmann noch; dann kommen wir zur Abstimmung.

Ullmann (Minister o. G., DJ): Ja. Ich möchte noch einen Gesichtspunkt hier in aller Erinnerung rufen. Es geht eben nicht nur um Sofortmaßnahmen und Einzelaussagen, sondern es geht hier um etwas, wofür der Runde Tisch in hohem Maße zuständig ist. Es geht nämlich um ein Verfassungsgebot, um das **Verfassungsgebot an den Staat, die Freiheit und Aktionsfähigkeit der Kunst** sicherzustellen. Und das ist ein Verfassungsgebot, für das der Runde Tisch sich stark machen muß.

Ducke (Moderator): Danke, Herr Ullmann.

Ich frage die Antragsteller: Bleiben Sie bei Ihrem Antrag? Sonst stimmen wir ab.

Bitte, Herr Gutzeit jetzt.

Gutzeit (SPD): Ich wollte auch noch einmal ganz kurz nach diesen Voten daraufhin Stellung nehmen. Das sieht so aus – –

Ducke (Moderator): Nein, es geht jetzt um den Antrag.

Gutzeit (SPD): – Um den Antrag, nur um den Antrag. Es sieht so aus, als [ob] wir damit dem **Verfassungsgebot zur Erhaltung von Kultur** und **Förderung der Kultur** widersprechen. So ist das nicht. Es sind aber hier sehr viel Detailfragen diskutiert worden, und ich denke, die müssen eingearbeitet werden. Und ob das nun eine Woche früher oder später ist, ich denke, ein porträtiertes Papier ist besser, als wenn wir hier eines nehmen, an dem noch [ein] Mangel festzustellen ist.

Ducke (Moderator): Danke, Herr Gutzeit.

Ich darf Sie nur darauf hinweisen, daß die Pläne für unsere nächsten beiden Sitzungen festliegen. Danke. Jetzt doch noch, Herr Clemen? Demokratischer Aufbruch. Zum Antrag?

Clemen (DA): Also, wir sind der Meinung, daß jeder Tag Verschleppung für die Kulturen der DDR ganz entscheidende Probleme mit sich bringt, und wir wären der Meinung, daß also unbedingt über den Antrag abgestimmt werden muß.

Ducke (Moderator): Na, muß nicht. Wenn die Antragsteller zurückziehen. Also meine Frage an die Antragsteller: Bleiben Sie bei Ihrem Antrag? Es ist ja eigentlich ein Geschäftsordnungsantrag, nicht? [Der] müßte Zweidrittelmehrheit kriegen. Danke. Nur zur Erinnerung.

Bitte, Herr Matschie, Sie bleiben – –

Matschie (SPD): Wir bleiben bei dem Antrag und geben noch dann zu bedenken, daß es nicht darum geht, damit alle anderen Einzelanträge zurückzuverweisen.

Ducke (Moderator): Die müssen dann, doch.

Matschie (SPD): Denn das sind zum Teil auch eigenständige Anträge. Ich kann das jetzt noch nicht überblicken, zu welchen Themen Sie Stellung nehmen. Aber ich denke, hier sind noch einige – beschließen können.

Ducke (Moderator): Aber da haben wir eben schon geordnet. Danke. Wir stellen den Antrag. Es liegt ein **Geschäftsordnungsantrag** vor, Absetzung der Debatte, **Zurückverweisen in den Ausschuß**. Wer für diesen Antrag, Abbruch der Debatte, Rückweisung des Positionspapier in den Ausschuß ist, den bitte ich um das Handzeichen. – Das sind 3 Stimmen dafür. Gegenstimmen? Oh ja. – – Enthaltungen? – Danke. Vielen Dank.

Also, ich bitte doch die Verbände und die Präsidenten der Verbände zur Kenntnis zu nehmen, in welch hohem Maß sich der Runde Tisch mit Ihrem Positionspapier identifiziert. Sie machen mich mit Recht aufmerksam, Herr Schäfer, und ich bedaure es jetzt eigentlich auch, daß wir aus Zeitgründen auf die Verlesung Ihrer **Anlage 1 [zur Vorlage 14/1]** verzichtet haben, weil wir meinten, das ist eigentlich klar und auch jedem dann zugänglich. Aber jetzt, die Abstimmung hat gebracht, daß wir weiter diskutieren können.

Ich rufe jetzt auf Herrn Clemen, dann Herrn Mahling.

Herr Clemen, Demokratischer Aufbruch, zum Positionspapier.

Clemen (DA): Ja. Ich möchte dazu Stellung nehmen. Unserer Meinung nach ist das Positionspapier noch nicht ausreichend, um jetzt wirklich **eklatante Fehlentwicklungen**, die aufgetreten sind, aufzuhalten und die Mängel zu begrenzen. Das heißt, wir sind für eine ganz schnelle Möglichkeit der Entscheidung von der **Schadensbegrenzung**. Es gibt entschiedene Fehlentwicklungen in den einzelnen Bezirken, daß zum Beispiel **Künstlerverbände** kein Geld mehr bekommen, daß Komponistenverbände zum Zeitpunkt Ende Januar zahlungsunfähig waren und so weiter.

Wir sind deswegen der Meinung, es sollte jetzt hier darüber abgestimmt werden, ob bis zum 18. März [1990] alle Zahlungen in voller Höhe weiter gestaltet [werden] müssen,

[so] daß kein **Besitzwechsel** irgendwelcher **kultureller Einrichtungen** stattfindet.

Ducke (Moderator): Herr Clemen, auf welchen Antrag beziehen Sie sich jetzt, auf welche Vorlage?

Clemen (DA): Ich beziehe mich jetzt auf die **Vorlage 14/1**.

Ducke (Moderator): Aha. Weil Sie jetzt einen Antrag formulieren, das können wir natürlich nicht abstimmen lassen, nicht. Ist klar?

Clemen (DA): Als Ergänzung dazu. Ja, ist klar. Natürlich. Als Ergänzung dazu würde ich das noch mit einbringen möchten, weil ich der Meinung bin, daß es – –

Ducke (Moderator): Danke. Zur Korrektur bitte, Herr Minister.

Keller (Minister für Kultur): Es ist eine Fehlinformation, daß die Künstlerverbände kein Geld bekommen haben. Alle Künstlerverbände haben für das erste Quartal bis 31. 3. die Mittel bekommen, die sie beim Finanzministerium beantragt haben.

Ducke (Moderator): Danke. Da brauchen wir nicht abzustimmen, das wäre ein bißchen schwierig.

Als nächster hat das Wort Herr Mahling, Vertreter der Sorben; dann Herr Fischbeck.

Mahling (Vertreter des Sorbischen Runden Tisches): Drei kleine Sachen.

Erstens: Zum Papier des Schutzbundes der Künstlerverbände, Punkt 3: „Kunst und Kultur der Deutschen Demokratischen Republik sind Bestandteil der deutschen Nationalkultur", [hier] ist nicht ganz klar formuliert, ob die **sorbische Kultur** hier auch als **deutsche Nationalkultur** verkauft wird oder ob das praktisch nicht ganz ausschließlich gemeint ist. Ist auch „Bestandteil"? Das ist mir hier nicht ganz klar geworden.

[Mein] zweiter Punkt bezieht sich auf das Positionspapier [**Vorlage 14/1**], Punkt 3, wo unten festgelegt wird, daß es weiterhin zentrale staatliche Aufgabe bleibt, Minderheitskulturen zu fördern. Hierzu möchte ich jetzt schon unseren Antrag einbringen, die [**Vorlage 14/]26**, wo das präzisiert wird in dem Sinne, daß die **staatliche Subventionierung der sorbischen Kultur** nicht gestrichen wird. Aber darauf kommen wir wohl dann noch einmal zurück.

Und dann ein dritter [Punkt] ist eine kleine Anfrage an das Positionspapier, Seite 3, dritter Absatz, nur eine formale Sache: „Der Runde Tisch fordert ... die sofortige Erarbeitung und Verabschiedung eines Kulturpflichtgesetzes durch eine Kommission." Hier ist der verfassungsrechtliche Aspekt [angesprochen]. Ich weiß nicht, ob eine **Kommission** ein **Gesetz** verabschieden kann.

Ducke (Moderator): Danke für den Hinweis. Erarbeitet wird es wohl müssen von einer Kommission, aber Verabschiedung ist falsch. Darf ich die Antrageinbringer bitten, das eventuell so dann zu korrigieren? Danke. Herr Fischbeck hat das Wort und ist nicht da. Herr Weigt, Sie sprechen für ihn?

Herr Weigt, Demokratie Jetzt, bitte.

Weigt (DJ): Es geht um einen Antrag, der hier noch nicht vorliegt, der – –

Ducke (Moderator): Ach, könnten wir dann im Interesse einfach oder ja, sagen Sie den – –

Weigt (DJ): Ich lese – –

Ducke (Moderator): Nein, sagen Sie uns nur das Anliegen, wir haben noch nicht alle Anträge vorgebracht.

Weigt (DJ): Ja, aha. Es geht hier um einen Antrag, eine **Arbeitsgruppe „Wissenschaft"** noch zu gründen.

Ducke (Moderator): Aha. Das war das, worauf uns vorhin Herr Fischbeck schon aufmerksam – –

Weigt (DJ): – Herr Fischbeck erwähnt hat.

Ducke (Moderator): Danke. Würden Sie dafür sorgen, daß der Antrag dann vorliegt? Dann mit – –

Weigt (DJ): Er ist im Sekretariat.

Ducke (Moderator): Wunderbar. Danke. Dann hat das Wort Herr Wolf und danach Herr Templin.

Herr Wolf, LDP.

Wolf (LDP): Wir begrüßen es auf das Nachdrücklichste, daß heute und zu diesem Zeitpunkt diese Thematik am Runden Tisch besprochen wird, weil wir meinen, daß es hier sowohl um die Aufarbeitung, um die dringende Aufarbeitung von Versäumnissen geht, aber in erster Linie um ein Hinüberbringen einer unverwechselbaren und doch sehr typisch entwickelten **DDR-Identität** in die neue Zeit und in ihre Anforderungen.

Deshalb hat die LDP auch zwei Vorlagen eingebracht, die Ihnen bereits vorliegen, **[Vorlage] 14/29 [Antrag LDP: Zur sozialen Sicherstellung von Kunst und Kulturschaffenden – Empfehlung des Runden Tisches an die Regierung**[8]**]** und **[Vorlage] 14/30 [Antrag LDP: Zum Schutz und zur Förderung von Kultur und Kunst – Empfehlung des Runden Tisches an die Regierung**[9]**]**. Da es sich hier um ein Thema handelt, was sehr viel **persönliche Identifikation**, Erfahrungen und Kenntnisse verlangt, darf ich hier kurz vorstellen, daß an meiner Seite Herr Christoph Funke, Mitglied des Vorstandes des Verbandes der Theaterschaffenden und stellvertretender Chefredakteur des „Morgen" teilnimmt, Herr Norbert Clemenz, Abteilungsleiter Kultur, und Dr. Wolfgang Denzler [???], Direktor des Buchverlags „Der Morgen".

Ich würde den Runden Tisch und die Moderatoren um Einverständnis bitten, daß unsere weiteren prinzipiellen Darlegungen mein Kollege Herr Christoph Funke vornimmt.

Ducke (Moderator): Ja. Darf ich vielleicht folgenden Vorschlag machen, Herr Wolf? Wir haben in der Zwischenzeit, wenn hier diese Wortmeldungen noch vorliegen zu den Anträgen, weil das hier jetzt eine Wortmeldung zu den Anträgen ist, versucht, die vorliegenden Vorlagen ein bißchen zu systematisieren, was grundsätzlich ist, und würden dann zusammen dazu aufrufen. Wären Sie damit einverstanden, daß wir dann zu den allgemeinen, zu den selbstverständlichen und zu Einzelanträgen [kommen]?

Herr Ziegler hat dankenswerterweise das hier übernommen, in der Zwischenzeit ein bißchen zu sortieren, damit wir nicht jetzt springen müssen. Wären Sie damit einverstanden, daß wir jetzt diese, ja, beinahe hätte ich gesagt, mündlichen Wortmeldungen zu Wort kommen lassen und dann zu den Vorlagen, ja? Sind Sie damit einverstanden? Ja.

---

[8] Dokument 14/6, Anlagenband.
[9] Dokument 14/7, Anlagenband.

Danke schön.

Dann hat jetzt das Wort Herr Templin, dann Frau Merkel. Herr Templin, Initiative Frieden [und] Menschenrechte.

Wolf (LDP): Zur Geschäftsordnung bitte.

Ducke (Moderator): Zur Geschäftsordnung.

Wolf (LDP): Da allerdings habe ich Sie jetzt mißverstanden. Mir ging es schon darum, daß unsere grundsätzlichen Darlegungen zum Positionspapier – –

Ducke (Moderator): Ja, die kommen dann, weil sie jetzt hier – wir haben sie nur sortiert. Sollen wir sie jetzt schon machen? Nein. Wir hätten die Bitte, daß wir dies, was hier vorliegt zu dem Grundsätzlichen, sind da auch, oder?

Ziegler (Co-Moderator): Ja. Herr Wolf meint doch, daß die Grundsätze zum Positionspapier jetzt gesagt werden, während die Einzelanträge nachher – –

Ducke (Moderator): Ach so, zum Positionspapier?

Wolf (LDP): Ja.

Ducke (Moderator): Ach, und ich dachte, Sie meinen **Vorlage 14/31**.

Wolf (LDP): Ich habe Sie jetzt so verstanden, daß bisher das Positionspapier zur Debatte stand. Wir haben uns ja nachdrücklich dafür eingesetzt, – –

Ducke (Moderator): Ich hatte das jetzt verstanden zur **Kulturpolitik, [Vorlage] 14/31**.

Wolf (LDP): – daß es weiter verhandelt wird, und deshalb würde ich das Wort gerne behalten, weil mir Herr Christoph Funke weiterhilft.

Ducke (Moderator): Einverstanden, Herr Wolf. Das war mein Mißverständnis, weil Sie auf die **Vorlage 14/31** hinwiesen Kulturpolitik, und die hätten wir dann zusammengefaßt.

Wolf (LDP): Es klärt sich gut wie bisher.

Ducke (Moderator): Bitte, Herr Funke, LDP.

Funke (Mitglied des Vorstandes des Verbands der Theaterschaffenden/Zur staatlichen Kulturförderung, LDP): Meine Damen und Herren, die künstlerischen Leistungen dieses Landes sind in der Welt anerkannt. Sie müssen nicht nur bewahrt, sondern auch in einer neuen Zeit schöpferisch ausgestaltet werden. Die LDP ist deshalb für die verfassungsrechtlich gesicherte **staatliche Kulturförderung**, weil allein eine solche verfassungsrechtlich gesicherte Kulturförderung den Erhalt von **Theatern, Orchestern** und **Museen,** die unbeschränkte Arbeit von Ensembles auf allen Kunstgebieten und die freie Arbeit aller Künstler dieses Landes gewährleisten kann.

Wenn wir nachdenken über das **Besondere von DDR-Kultur,** die wir hier in diese neue Zeit hinüberbringen wollen, darf ich vielleicht doch anmerken, daß eine wesentliche Besonderheit dieser Kultur und ihrer besten Leistungen, von denen hier die Rede ist, immer gewesen ist, daß **Kultur in der DDR** etwas bewirken wollte. Sie hat dem Individuum geholfen, seine Stellung, die souveräne Stellung in allen gesellschaftlichen Entwicklungen zu finden. Sie hat für Mündigkeit gewirkt und sie hat zur **Mündigkeit** geführt, was sich in den Ereignissen des Oktober und November des vergangenen Jahres deutlich gezeigt hat.

Kultur in diesem Lande hat sich immer begriffen als etwas, das nicht außerhalb **alltäglicher Lebensweisen** existiert, sondern diese alltägliche Lebensweise auszubauen versucht hat.

Ich bin deshalb dafür, daß wir diesen verfassungsrechtlich gesicherten **staatlichen Status der Kultur** mit allem Nachdruck hier verteidigen. Ich darf auf die Vorlagen, die die LDP eingebracht hat, hier verweisen, die dazu Wichtiges aussagen.

Und gestatten Sie mir noch eine Bemerkung zu Fragen der **Marktwirtschaft in der Kultur,** weil hier offensichtlich sehr unterschiedliche Auffassungen an diesem Runden Tisch bestehen. Marktwirtschaft wird uns offensichtlich nicht erspart bleiben, auch nicht auf dem Gebiet von Kunst und Kultur. Gerade deshalb braucht die Kultur das **Schutzdach,** für das wir uns bisher hier alle ausgesprochen haben. Aber unter diesem Schutzdach muß es natürlich auch **Wettbewerb** in anderer Weise als bisher, muß es auch eine entschiedenere Förderung von Leistungen geben, muß zugegangen werden auf Bedürfnisse des Publikums und müssen diese Bedürfnisse des Publikums auch entwickelt und beeinflußt werden.

Ich glaube, daß es darauf ankommt, auch neue **Formen von Kulturarbeit** auszuprobieren, daß es darum geht, den freien Gruppen bessere **Arbeitsmöglichkeiten** zu geben, daß wir auch private und genossenschaftliche Initiativen zumindest ja ausprobieren müssen, daß eine lebendige kulturpolitische und künstlerische Arbeit auf allen Gebieten ermöglicht werden muß. Dafür gilt es Erfahrungen zu sammeln und nicht von vornherein auch neue, wenn ich das einmal in Anführungsstrichen sagen darf, „**Wirtschaftsformen der Kultur**" auszuschließen.

Ich schließe mich hier schon geäußerten Meinungen an, daß solche Kulturformen wie Unterstützung durch **Sponsoren,** durch **Stiftungen,** durch andere Dinge auch bei uns in den Alltag Eingang finden müssen unter dem Schutzdach, ich wiederhole es, einer verfassungsrechtlich gesicherten, **staatlichen Kulturförderung.**

Ich stimme in diesem Zusammenhang auch dem Positionspapier, das hier vorgelegt worden ist, grundsätzlich zu, weil es versucht, in wesentlichen Dingen zusammenzufassen, worum es geht. Daß dieses Positionspapier in vielen einzelnen Fragen noch nicht aussagefähig ist, versteht sich meiner Meinung nach von selbst. Dazu sollte die Fülle der hier vorliegenden Anträge herangezogen werden, und sie sollten in den geistigen Fonds unserer **Kulturverteidigung** in diesem Land unbedingt eingehen.

Ich würde noch einen konkreten Vorschlag zum Positionspapier machen, daß wir auf der Seite 3 unter dem Punkt 3., Weiterreichende Maßnahmen, etwas anders formulieren, nämlich nicht sagen: „Deshalb widerspricht eine Ausrichtung der Kultur nach marktwirtschaftlichen Kriterien", sondern formulieren: „Deshalb dürfen marktwirtschaftliche Kriterien, wenn sie in der Kultur zur Anwendung kommen, die Rechte der Bürgerinnen und Bürger auf freien Zugang zur Kultur beziehungsweise zur Kunstausübung nicht beeinträchtigen."

Ich darf dann zum Schluß noch einmal hinweisen auf die beiden Anträge der LDP, die sich darauf beziehen, und wenigstens diesen Gedanken darf ich hier, um Zeit zu sparen, noch unterbringen, daß wir dafür sind, daß die Existenz eines Kulturministeriums, eines **Kultusministeriums der Republik** weiterhin notwendig ist auch nach dem 18. März [1990], zumindest bis zur vollen **Funktionstüchtigkeit der Länder.** Und daß die kulturelle Verantwortung der Länder oder Bezirke damit nicht aufgehoben ist, sich aber vorrangig auf die **kommunale Selbstbestimmung** und Selbstverwaltung des kulturellen Lebens bezieht und die gleichberechtigte Einsteuerung aller Bürgerinteressen durch demokratische Strukturen garantiert, daß aber das Ministerium für Kultur als ein solches Schutzdach bis zur vollen Souveränität der Länder und der Möglichkeit der Ausübung der Rechte dieser Länder auf kulturellem Gebiet bestehen bleibt.

Ich darf nur noch verweisen auf den **Antrag 14/29,** in dem Empfehlungen gegeben werden für die soziale Sicherstellung von Kunst- und Kulturschaffenden in diesem Land.

Danke schön.

Ducke (Moderator): Danke, Herr Funke.

Sie bezogen sich im ersten Teil auf **[die Vorlage] 14/30** mit dem Weiterbestehen des Ministeriums und dann die konkreten Vorlagen. Sie bringen mich jetzt auf die Idee, daß wir uns jetzt schon überlegen können, die Fülle der Einzelvorlagen dann in der Weise zu behandeln, daß wir sie gleichsam zu einem Paket, wie wir das neulich schon gemacht haben zu dem Positionspapier für die Regierung, daß wir das sozusagen als Anlagen beifügen, weil ja über jedes Detail hier gar nicht aus Sachinkompetenz gesprochen werden kann, aber das zumindest damit auch ein paar Pflöcke eingeschlagen werden für die Zukunft. Habe ich Sie so richtig verstanden?

Danke, Herr Funke. Vielleicht können wir das für die anderen Anträge auch mit überlegen.

Jetzt gehen wir aber erst in der Rednerliste weiter, und bitte wieder Kurzfassung. Herr Templin, dann Frau Merkel.

Bitte, Herr Templin, Initiative Frieden [und] Menschenrechte.

Templin (IFM): Wir möchten grundsätzliche Positionen der Initiative Frieden [und] Menschenrechte zum heute behandelten Thema hiermit auch als Ergänzung und Konkretisierung des Positionspapiers vorstellen. Der genaue Text ist in unserer **Vorlage 14/34** [enthalten]. Ich beziehe mich auf wesentliche Punkte dieser Vorlage, die aber einen unmittelbaren Zusammenhang zum Positionspapier hat.

> [Vorlage 14/34, Antrag IFM: Zur Kulturpolitik, insbesondere Bildung eines Sachverständigenrates sowie Offenlegung des Haushaltsplanes 1990]
>
> Es geht um eine grundsätzliche Forderung,
>
> - 1. daß das Kulturministerium seinen für 1990 beschlossenen Haushalt offenlegt. Daß darüber hinaus der Kulturminister verpflichtet wird, einen Sachverständigenrat zu bilden, der als beratendes und kontrollierendes Organ ihm zur Seite steht.
> {In anderen Einzelanträgen, in denen bestimmte Mittel zur Förderung von künstlerischen und kulturellen Schwerpunktprojekten gefordert werden, denke ich, wird ersichtlich, daß nur durch eine Offenlegung des Haushaltes der geplanten Mittel und der zur Bereitstellung auch geplanten Ressourcen deutlich wird, wie weit Einzelanträge mit geforderten Mitteln realistisch sind beziehungsweise woher zusätzliche Mittel dann herkommen sollten.}
> {Eine weitere Forderung ist,}
> - 2. daß die geltenden rechtlichen Bestimmungen zum Schutz und zur Förderung von Kunst und Kultur durch die dafür verantwortlichen Institutionen ein-

gehalten werden. {Es liest sich hier wie eine Binsenweisheit oder Forderung. Aber wir erleben ja tagtäglich jetzt die Praxis, daß schon alltäglich dagegen verstoßen wird.
In dieser Richtung auch die nächste Forderung,}
- 3. daß die bestehenden Fonds für 1990 auf allen Ebenen (öffentlichen und betrieblichen) weiter in Anspruch genommen werden [können],
- 4. daß den regionalen Runden Tischen empfohlen wird, auf ihrem Territorium einen Sachverständigenrat zu bilden und Punkt 3, also die Frage der Fonds, zu übernehmen.

[Begründung:]
{Diese Forderungen resultieren aus der Besorgnis, die hier auch schon mehrfach geäußert wurde, nämlich einem feststellbaren} Trend zur Kommerzialisierung von Kultur und Kunst weit über das hinaus, was in der BRD Praxis ist, {denn das Neue für uns ist ja, daß für} die DDR noch keine entsprechenden nichtkommerziellen Einrichtungen entwickelt sind {und existieren}.

{Im Gefolge kommt es zu} Existenzangst oder aus Gewinndenken schon jetzt zu Tatsachen, zum Beispiel der Bildung von GmbHs, wobei öffentliche Gelder und Einrichtungen zweckentfremdet kommerziell genutzt werden.

Zahlreiche Gerüchte über Verkauf oder Übernahme von Verlagen, Theatern, Museen, Kinos und anderen kulturellen Einrichtungen geben Anlaß zu der Sorge, daß in einem vermeintlich rechtsfreien Raum Tatsachen geschaffen werden sollen, die weniger dem Allgemeinwohl dienen als den materiellen Interessen Einzelner.

Der Bereich der Freizeitkultur und der Volkskunst sind durch die Tendenzen der Kommerzialisierung ebenso gefährdet wie durch die zunehmend mangelnde Bereitschaft oder Möglichkeiten der Finanzierung durch die Kommunen.

Betriebliche kulturelle Arbeit ist gefährdet oder wird eingestellt, weil Gewerkschaft, FDJ oder Betrieb nicht mehr über ausreichende Mittel verfügen.[10]

Gestatten Sie mir anschließend noch eine persönliche Anfrage oder Stellungnahme. Ich bin durch meine Ausbildung eng mit dem Bereich des Bibliothekswesens verbunden und habe es immer als ein gravierendes Problem empfunden, daß in der bisherigen administrativen Unterstellung die Bereiche **allgemeinbildende Bibliotheken** und **wissenschaftliche Bibliotheken** doch weit auseinander gezogen waren.

Meine konkrete Frage an den Minister oder einen der anderen geladenen Sachverständigen: Sind im Zuge der allgemeinen Restrukturierung Ihrer Bereiche auch diese Unterstellungsverhältnisse geändert? Gibt es wenigstens koordinierende Gremien oder beratende Runden in den Fragen des Bestandsaufbaus der Ausleihpraxis von Bibliotheken jeden Typs aber auch der Ausbildung bibliothekarischer Ka-

---

[10] Dieser Vortrag wurde schriftlich zu Protokoll gegeben. Die in { } gesetzten Ausführungen wurden davon abweichend nur mündlich vorgetragen. Die in [ ] gesetzten Texte finden sich lediglich in der schriftlich zu Protokoll gegebenen Fassung.

der, der Veränderung dieser Ausbildungsinhalte vor allem und der Ausbildungsziele, [in denen die] gemeinsam beraten werden? Gibt es Vorbereitungen dazu? Und wie ist, in ganz kurzen Worten charakterisiert, der Stand auf diesem Gebiet?
Denn ich denke, das gehört zentral mit zum Bereich von Kultur und auch Kunst, über den wir uns heute unterhalten.

Ducke (Moderator): Wir sind doch vom Grundsätzlichen wieder auch in Details gekommen. Aber der Herr Minister hat sich bereiterklärt, ganz kurz zu antworten zu den Sachfragen, damit dann das, ich bitte Sie, dann die **Vorlage 14/34** mit vorzunehmen, weil dann konkret jetzt schon etwas dazu gesagt werden kann, was wir uns dann sparen.
Bitte.

Keller (Minister für Kultur): Zu Ihren Fragen, Herr Templin.

Erstens: Das Ministerium für Kultur ist bereit, den **Haushaltsplan 1990** offenzulegen. Wir haben aber noch keinen Haushaltsplan. Der erste Entwurf wird in dieser Woche gemeinsam in der Wirtschaftskommission mit dem Ministerium für Kultur beraten. Sobald er bestätigt ist – in einer Fassung, daß er offiziell eingereicht werden kann – steht das Ministerium für Kultur zur Einsicht und zur Offenlegung bereit.

Zweitens: Sie haben zu Recht gesagt: „Gerüchte". Das Ministerium für Kultur hat bisher alles getan und wird es auch weiterhin tun, daß keine kulturellen Einrichtungen und Institutionen verkauft werden. Das betrifft Theater, Kinos, Museen, die Verlage, die Filmindustrie. Nichts von dem, was die nationale, kulturelle Entwicklung ausgemacht hat, wird zum **Verkauf oder Joint-ventures** zur Verfügung gestellt werden.

Drittens: Die **Unterstellungen der Bibliotheken** unter drei Ministerien, dem Ministerium für Kultur, dem Ministerium für Bildung und dem Ministerium für Wissenschaft und Technik hat dazu geführt, daß, obwohl wir einen einheitlichen **Bibliotheksrat** haben, das **Bibliothekswesen** in diesem Land nicht einheitlich geführt wird. Ich habe mich deshalb an die beiden Minister gewandt zur Bildung einer einheitlichen Arbeitsgruppe, damit das **Bibliothekswesen einheitlich geführt wird,** als eine dringendste Voraussetzung zur Sicherung der notwendigsten materiell-technischen Basis für das Bibliothekswesen in unserem Land.

Ducke (Moderator): Danke, Herr Minister, für die klaren Antworten, die ja dann für die Abstimmung von Wichtigkeit sind. Das Wort hat nun Frau Merkel, Unabhängiger Frauenverband; dann Herr Gutzeit, SPD.
Bitte, Frau Merkel.

Frau Merkel (UFV): Ich möchte vorschlagen, daß der Antrag von Wolfgang Templin, hier vorgetragen [durch die] IFM, mit in den **Sofortmaßnahmenkatalog** aufgenommen wird und unmittelbar in das Positionspapier eingeführt wird. Ich denke, daß darüber, also über die Inhalte, Einverständnis besteht, weil das die, sagen wir einmal, etwas pauschalen Aussagen dieses Sofortmaßnahmenkatalogs wesentlich konkretisiert.

Zweitens schlage ich vor, den Antrag des Demokratischen Aufbruchs auch mit einzuformulieren.

Ducke (Moderator): Können Sie uns gleich die Nummer sagen?

Frau Merkel (UFV): Der Betrag, nein, ich kann keine Nummer sagen, er hat ihn ja mündlich vorgetragen, keinen

Besitzwechsel in **Kunst** und solchen Einrichtungen vorzuführen. Der Herr Minister hat darauf geantwortet, daß das Verlage und so weiter betrifft. Es ist uns aber auch zu Ohren gekommen, daß Kulturhäuser der Betriebe, der Kommunen, Jugendklubs und so weiter privatisiert werden sollen. Ich denke, daß also dieser Antrag sich auch auf eine solche **Reprivatisierung kommunaler und betrieblicher Kultureinrichtungen** bezieht.

Deshalb schlage ich vor, also diesen Antrag ebenfalls mit in das Sofortmaßnahmenprogramm mit aufzunehmen.

Dann möchte ich kurz etwas sagen zu der Frage, Aufnahme das – also, [ob] das **Kulturministerium** wenigstens bis zum 18. März weiterbestehen sollte bis zur vollen Souveränität der Länder. Wenn Sie sich das Sofortmaßnahmenpapier genau ansehen, dann sind darin einige Maßnahmen enthalten, die auch nach dem 18. März und nach der Herstellung der **Kulturhoheit der Länder** im Grunde genommen darauf abzielen, ein Kulturministerium der DDR zu erhalten.

Wir wissen, daß es das in der Bundespublik nicht gibt, aber es gibt natürlich westeuropäische Erfahrung mit zentraler **staatlicher Kulturarbeit**, die ich denke, daß wir die also, auch die guten Erfahrungen, die wir in der DDR in bezug auf den staatlichen Kulturbereich gemacht haben, übernehmen sollten. Aber, daß es eben genau darum geht, die Aufgabenstellung der Kommunen und des Staates voneinander abzugrenzen, damit es eben gerade nicht zu einer Art Zensur- und **Obhutspflicht des Staates** kommt.

In diesem Sinne war also auch der Vorschlag, verwaltungsrechtlich ein **Kulturpflichtgesetz** für die verschiedenen Ebenen auszuarbeiten und damit die Aufgabenteilung und Aufgabenabgrenzung zwischen Staat und Kulturhoheit der Länder und Kommunen genau also sozusagen auseinanderzuhalten und zu differenzieren.

Ich schlage weiterhin vor, den Vorschlag des Ministers Keller aufzunehmen, daß der Runde Tisch oder der Kulturausschuß des Runden Tisches einen Vertreter oder eine Vertreterin für den **Regionalausschuß Berlin** benennt. Dies halte ich für wichtig, daß also vor allem vielleicht aus den Gruppierungen und Parteien, die in diesem Regionalausschuß nicht vertreten sind, also den neuen Gruppierungen und Parteien dort ein Vertreter anwesend ist.

Ich will Sie auch fragen, Herr Kulturminister, Sie haben ja einen **Beirat** im Ministerium für Kultur. Das wurde letztens diskutiert in der Arbeitsgruppe zur Vorbereitung dieses Tages hier, daß Sie wohl eingeladen hatten alle Vertreter, Vertreter aller Parteien und Gruppierungen. Sämtliche neuen Gruppierungen und Parteien bekräftigten, daß sie eine solche Einladung nicht erhalten haben zur Teilnahme an diesem Beirat.

Ich möchte das Interesse der politischen Gruppierungen und Parteien anmelden, an diesem Beirat aktiv mitzuwirken und teilzunehmen und würde Sie bitten, uns zu dem Termin, den Sie vorhin genannt haben, zur nächsten Beiratssitzung eine entsprechende **Einladung** zukommen zu lassen. Also, entweder ist die verloren gegangen oder sie ist nicht an uns ausgesprochen worden. Vielleicht kann man das auch klären.

Ich möchte weiterhin vorschlagen, daß das **Papier des Kulturschutzbundes,** das hier als **Anlage 1** aufgeführt ist, nicht zur Abstimmung gebracht wird, sondern in dem Sinne, wie das mit den anderen Anträgen passiert, als Paket zusammengeschnürt mit zur Diskussion gegeben wird, denn hier sind einige Passagen enthalten, die wir diskutiert hatten in der Arbeitsgruppe und die wir nicht so teilen. Das betrifft zum einen den Paragraphen 8, wo sozusagen die Interessensvertretungen der Kunst- und Kultur, als **Interessensvertretung der Kunst- und Kulturschaffenden** die **Verbände** angegeben werden.

Ich denke, daß Künstler in unserem Land, Kunst- und Kulturschaffende, nicht nur positive Erfahrungen mit den Verbänden gemacht haben und daß diese Art ständischer Verwaltung, ständischer Berufsvertretungen vielleicht auch nicht die angemessenste und modernste Form der Interessensvertretung der Kunst- und Kulturschaffenden ist, sondern daß wir vielleicht mindestens mit bedenken sollten, daß sich eine **Gewerkschaft Kunst, Medien und Kultur** gebildet hat und daß es vielleicht sinnvoll wäre, die **Tarifhoheit** über die Honorare, über die materiellen Bedingungen der Sicherstellung der Künstler und so weiter in die Hoheit dieser Gewerkschaft zu geben und nicht in die Hoheit der Verbände. Sondern ich denke, daß also auch die Verbände neu über ihre Aufgabenstellungen nachdenken müssen.

Dann hätte ich noch einen Einwurf zu Herrn Weiß, der hier gesagt hat oder dem Papier den Vorwurf gemacht hat, das wäre **uralte Kulturpolitik.** Ihr Vorschlag, Herr Weiß, **Mäzenatentum** einzuführen, ist der vielleicht noch uralter? Also, das überzeugt mich ja nun überhaupt nicht dahingehend, daß also hier es zu irgendwelchen neuen Formen kommen könnte oder sollte oder so, also den finde ich also nun auch nicht so, daß er mich vom Hocker reißen könnte.

Aber ich will noch generell etwas sagen zu der ganzen Frage, die ja hier immer wieder eine Rolle spielt, Mäzenatentum also marktwirtschaftliche Verwaltung von Kunst und Kultur oder **staatliche Förderung?**

Ich denke, daß es falsch ist, hieraus einen Widerspruch zu machen, sondern es wird immer in Gesellschaften einen Bereich, der marktwirtschaftlich organisiert ist und den man allgemein auch mit **Kulturindustrie** bezeichnet, geben. Man muß nur genau sehen, was man eigentlich unter Kulturindustrie versteht und wie man **öffentlich-rechtliche Einrichtungen** schafft, die also auch diese Kulturindustrie kontrollieren, daß sie sich also hier nicht über den Markt ausbreiten kann. Die europäischen Länder haben nämlich mit der Kulturindustrie auch ihre Erfahrungen gemacht, und ich denke, wir auch, nämlich mit einer zunehmenden **Amerikanisierung der Kulturen Europas.** Und ich denke, daß wir also diesen Aspekt hier mindestens mit bedenken sollten.

Die zweite Frage **Marktwirtschaft, Mäzenatentum, Sponsorenschaften** und so weiter, das bezieht sich auch noch einmal auf Herrn Weiß, die Erfahrungen mit einer solchen Form der Kunstförderung sind ja vielleicht auch nicht die besten und stellen für meine Begriffe nur eine andere **Form der Zensierung** und der Beeinflussung von Kunst und Kultur dar, als es die ideologische Zensierung durch den Staat gewesen ist.

Also, ich kann darin nicht sozusagen eine günstige Entwicklungs- und Förderungsbedingung für die freie Entfaltung von Kunst und Kultur entdecken. Wir werden so etwas brauchen, wir werden so etwas einführen, aber dies als sozusagen eine starke Streckung, einen starken Strang zu betonen, davor würde ich warnen, denn ich würde eher darauf hinzielen, zu versuchen, eine Art **Kulturabgabe**, also der Kommunen und der Betriebe oder so etwas zu erreichen und öffentlich-rechtliche Gremien zu schaffen, die also eine Verteilung und eine Förderung bestimmter Dinge also in dem Rahmen, wie wir das hier in dem Positionspapier vorgeschlagen haben, sichern.

Ducke (Moderator): Danke, Frau Merkel.

Das waren Stellungnahmen. Ich bin gebeten worden, daß zwei Antworten gegeben werden dürfen. Herr Minister Keller zur konkreten Anfrage, und dann Herr Schäfer vom Schutzbund.

Keller (Minister für Kultur): Ich bin sehr einverstanden, Frau Merkel, daß der Runde Tisch einen **Beauftragten** in den **Regionalausschuß Kultur** des Ministeriums für Kultur und der Senatsverwaltung Berlin-West delegiert. Ich hatte hier die Bitte geäußert, daß in die am 9. März sich konstituierende **deutsch-deutsche Kulturkommission** zwischen dem Ministerium für Kultur und der **Kultusministerkonferenz** der BRD, die zurückgeht auf das Festlegungsprotokoll des Treffens von Herrn Kohl und Herrn Modrow vom 19. Dezember [1989] ein Vertreter delegiert wird.

Ducke (Moderator): Danke, Herr Minister.
Herr Schäfer, bitte.

Schäfer (Schutzbund der Künstlerverbände): Ich versuche, wieder sachlich auf die hier geäußerten Bemerkungen einzugehen.

Frau Merkel, zur Information: Wir sehen natürlich die Verbände in der alten Form, wie sie existiert haben, auch nicht als unkorrigierbar an, um das einmal vorauszuschicken. Wenn wir hier von Verbänden sprechen, dann denken wir an **neue Verbände**, die sich herausbilden werden müssen, wie vieles in der Gesellschaft. Und wir gehen davon aus, und so ist diese Formulierung zu verstehen, daß sie dann diesen Anspruch auf staatliche Unterhaltung erfahren sollen, wenn sie sich als gesellschaftlich nützliche Vereinigung zur Förderung von Kunst- und Kultur erweisen. Also, wir verstehen das so, daß nicht der Verband a priori eine gemeinnützige Einrichtung ist, die bezahlt werden muß, sondern es müssen gesellschaftliche Gremien darüber befinden, welcher Verband sich wodurch gesellschaftlich nützlich gemacht hat. Und dann soll das geschehen.

Wir wollen das nur nicht ausschließen, weil auf der anderen Seite die Gefahr lauert, daß wir die Verbände in Abhängigkeit von privatem Kapital in einem zu großen Maße geben, daß sie nicht mehr gesellschaftlich wirksam werden, sondern sich interessenwirksam zeigen müssen. Es ist eine komplizierte Gratwanderung, wir sind uns dessen bewußt. Wir wollen das nicht falsch verstanden wissen.

Zu den **Gewerkschaften:** Wir werden als Verbände ein neues Bündnis mit den Gewerkschaften suchen und ich denke finden. Das ist in Vorbereitung. Keine Frage.

Ducke (Moderator): [Wir danken Ihnen Herr] Schäfer für die Informationen dazu.

Das Wort hat nun Herr Gutzeit, dann Herr Lichtenhahn. Herr Gutzeit, SPD. Darf ich vielleicht dazwischen fügen, ich hatte hier so still beschlossen, daß wir die Rednerliste jetzt abschließen. Wir haben ja dann noch die Fülle der Anträge, die da dazu kommen. Ich gehe davon aus, daß Sie mir zustimmen. Wir kommen sonst überhaupt nicht mehr zu den Anträgen, und das ist wichtiger, als noch Positionen der Parteien [zu hören], vor allem, wenn einzelne ja schon gesprochen haben. Bitte, Herr Gutzeit. Bringen Sie es bei Herrn Jordan mit ein.

Gutzeit (SPD): Wenn hier von der **Erhaltung des Erhaltungswerten** in der Kultur geredet wird, habe ich da meine Probleme. Wir haben 40 Jahre **Kulturpolitik** hinter uns. Sie war ideologisch klar geprägt, sie hat ganz bestimmte Leute und ganz bestimmte Strömungen klar privilegiert, andere ausgeschlossen und aus diesem Land herausgedrängt. Und wenn man das vor Augen hat, ist natürlich klar, daß es schwierig ist, jetzt Kulturpolitik, auch Erhaltung des Bisherigen, so einfach fortzusetzen. Denn was wir jetzt brauchen, sind Möglichkeiten für die, die über Jahrzehnte diskriminiert waren, die keine Möglichkeiten hatten.

Sicher gibt es jetzt Ängste, wenn an **Privilegien** herangegangen wird. Das ist verständlich. Aber wir wollen doch eine vielfältige Kultur, wir jedenfalls von der SPD wollen eine Kultur, die nicht staatlich dirigiert wird. Ich sehe hier bei dieser ganzen Frage Kulturpolitik immer, daß man fragt, was kann der Staat zahlen, was kann der tun. Ich glaube, es ist eher zu fragen, wie kann der Staat Voraussetzungen schaffen, daß innerhalb der Gesellschaft selbsttätig etwas getan werden kann, unzensiert und breit gestreut. Und daher noch einmal die Betonung, die **Kulturhoheit** wird später bei den **Ländern** liegen und nicht in der **Zentrale.**

Ducke (Moderator): Das war der Wunsch der SPD, damit keine Rückfragen noch kommen, Herr Gutzeit, nicht? Nicht, das wird so sein, sondern das wünschen wir uns. Wollen wir [das] vielleicht so [festhalten]?

Gutzeit (SPD): Das wünschen wir uns.

Ducke (Moderator): Ja, danke. Das war dann damit klar, damit nicht etwas dem Runden Tisch unterschoben wird, nicht. Frau Merkel, ja, jetzt habe ich mich einmal zum Sprecher gemacht. Danke. Das war Herr Gutzeit, SPD. Das Wort hat jetzt Herr Lichtenhahn, Vereinigte Linke und dann Herr Bartsch, habe ich das jetzt richtig [notiert]? Herr Carow, Sie wollten noch Herrn Gutzeit [etwas erwidern]? Wir sind heute sehr großzügig zu den Künstlern, merken Sie das?

Carow (Ministerium für Kultur): Herr Gutzeit, ich muß einfach nachfragen, was Sie meinen. Zutiefst, also zu verwerfende, ich interpretiere jetzt, wie ich es verstanden habe, **Kulturtradition** in diesem Lande. Also meinen Sie auch das Werk von Konrad Wolf, meinen Sie Anna Seghers, meinen Sie Bertolt Brecht, meinen Sie alles, was an Kulturwerten in diesen 40 Jahren entstanden ist, oder meinen Sie die perversen, verdrehten, sicher falsch geförderten Werke, die aber auch schon vergessen sind? Oder meinen Sie mich persönlich, wenn Sie von **Privilegien** sprechen, daß ich in Zukunft keine Filme mehr machen soll? Also, was meinen Sie genau?

Ducke (Moderator): Also, wir wollen keine Einzeldebatte, aber so eine konkrete Frage kann sicher auch konkret beantwortet werden.

Carow (Ministerium für Kultur): Ich meine nur, man muß das doch einmal genau sagen, was mit diesen Dingen gemeint ist: die Privilegien und ähnliches.

Ducke (Moderator): Danke, Herr Carow, für die Notwendigkeit zu präzisieren. Herr Gutzeit, präzisieren Sie?

Gutzeit (SPD): Ich wollte damit nicht sagen, daß in der DDR in den letzten 40 Jahren nicht auch hervorragende Werke hervorgebracht wurden. Das wollte ich keinesfalls bestreiten. Aber daß hier ganz klar gewisse Strömungen privilegiert wurden und andere herausgedrängt wurden, daß gewisse Bücher nicht gedruckt wurden, das ist doch nun nicht zu bestreiten. Und daß gewisse Bühnenstücke nicht aufgeführt wurden, das ist doch auch nicht zu bestreiten.

Ducke (Moderator): Ich glaube, Herr Gutzeit, es [geht] ja hier auch nicht um die **Bewältigung der Vergangenheit,**

sondern es geht darum, daß wir zu einem Positionspapier Stellung nehmen, das die Möglichkeit ja von Kultur, wenn ich es so richtig verstanden habe, bis eben auch weiter legitimiert, Gesetze Bestand haben oder geschaffen haben. Hat es sich ergeben?

Oder Herr Stief zur Geschäftsordnung, bitte.

Stief (NDPD): Ich möchte um folgendes bitten. Das, was hier auf dem Tisch liegt, das ist [das] **Positionspapier [Vorlage 14/1]**, es ist sicherlich nicht, was die Ausformulierung aller Notwendigkeiten betrifft, der Weisheit letzter Schluß. Es ist aber, und deshalb weise ich darauf hin, der möglicherweise letzte Versuch, so lange der Runde Tisch existiert, einer schon vor Wochen beantragten **Bildung einer Kulturkommission** nun endlich nachzukommen und heute zu einigen wichtigen Festlegungen zu kommen. Eine Analyse der bisherigen Kulturpolitik können wir uns doch hier wohl schenken, denn das Positionspapier, was auf dem Tisch liegt, ist ein Ergebnis einer umfangreichen Analyse. Und ich bitte, das wirklich einzukalkulieren.

Und ich möchte Herrn Dr. Ducke unterstützen, daß wir möglichst bald zur Abstimmung dieses Papieres kommen und alles andere, was an sehr Interessantem, diesen oder jenen Aspekt vertiefenden Zusatzanträgen, hinzugekommen ist, die ich als politische Willensbildung jeder Partei und Gruppierung zu Fragen der Kulturpolitik anerkenne und akzeptieren möchte, hinzuzufügen so, wie wir das bei dem **Modrow-Papier** gemacht haben und wie wir eigentlich gar nicht anders können, hier etwas redaktionell einzuarbeiten. Ich setze in Klammern: Ich kenne bis jetzt nur drei Anträge, die wirklich Formulierungsaspekte in dem Papier betreffen. Mehr kenne ich nicht. Das sollte hinzugefügt werden und wir uns möglichst bald über diese drei redaktionellen, substantiellen Anträge verständigen.

Ducke (Moderator): Herr Stief, ich betrachte das als Antrag zur Geschäftsordnung, daß wir die Debatte versachlichen, wieder zum Thema zurückkommen und uns jetzt schon einigen oder Sie bitten, daß Sie sich dann einigen, daß wir dies als ein Paket schnüren zu diesem Positionspapier mit seinen Anlagen. So ist es, danke. Das Wort hat Herr Lichtenhahn, Vereinigte Linke; dann Herr Bartsch, da habe ich jetzt vergessen, Herr Bartsch war CDU, Entschuldigung, ja, danke.

Herr Lichtenhahn [, bitte].

Lichtenhahn (VL): Ja. Mir geht es noch um einige konkrete Anfragen an den Herrn Minister. Ich denke, daß wir in erster Linie nach unseren Taten beurteilt werden und nicht nach unseren Statements, die wir abgeben. Es ist zu verzeichnen, oder bereits im Dezember ist in dem Schreiben des Schutzverbandes angeregt worden, einen **Stufenplan** zu verabschieden oder zu erarbeiten, nach dem die Verantwortung für Kunst und Kultur zu Teilen an die **Kommunen** übertragen wird. Nun möchte ich anfragen, gibt es in puncto dieses Stufenplans Überlegungen, gibt es schon konkrete Taten oder wird bisher alles dem Selbstlauf überlassen?

Des weiteren möchte ich darauf aufmerksam machen, daß viele kulturelle Einrichtungen im Land ihre Stimme erhoben haben, sich an das Ministerium gewandt haben, daß sie in der **Ausarbeitung neuer Gesetze** und so weiter mit einbezogen werden möchten, daß in dieser Beziehung von Ihrem Ministerium bisher keine Rückantworten kamen. Gut.

Ducke (Moderator): Danke. Das waren nun konkrete Rückfragen.

Darf ich Sie bitten, Herr Minister, dazu konkret?

Keller (Minister für Kultur): Das Ministerium für Kultur hat seit dem 1. Januar eine neue Struktur. Zu dieser Struktur gehört ein **Stellvertreterbereich Kommunale Kulturarbeit,** der all das in einem **Stufenprogramm** ausgearbeitet hat, was zur Entwicklung der kommunalen Kulturarbeit nötig ist, wobei wir sagen müssen, und das ist das Hauptproblem der Arbeit des Ministeriums für Kultur, daß wichtige rechtliche Grundlagen für die Arbeit der kommunalen Kulturarbeit nicht ausgearbeitet sind und wir erst in der letzten Woche eine eigene **Rechtsabteilung** aufgebaut haben, die jetzt arbeitsfähig wird.

Zweitens: Ich habe einen Posteingang als Minister pro Tag von 350 bis 450 Briefen. Wir versuchen im Ministerium für Kultur alles in den Abteilungen aufzuarbeiten. Es ist aber unmöglich, auf alle Briefe, alle Anträge und Wünsche eine persönliche konkrete, schriftliche Antwort zu geben.

Ducke (Moderator): Danke, Herr Minister.

Das Wort hat nun Herr Bartsch, CDU; dann Herr Schulz, Neues Forum.

Bartsch (CDU): Wir begrüßen es außerordentlich, daß wir hier die Gelegenheit haben, die Sorgen und Nöte der Künstler anzusprechen und daß wir die Chance haben, vorzudenken.

Zur Verständigung, Herr Minister Keller, Sie haben versucht, 45 Jahre Kulturpolitik, wenn auch kurz, zu bewerten. Auch mich bedrückte die Einseitigkeit dieser Bewertung. Ich meine, Sie schmücken die **SED-Kulturpolitik** mit falschem Glanze. Zu den Werten, die wir einbringen möchten in die Einheit aber auch in das europäische Haus, zählen solche Werte, die gerade in Kritik und im Widerspruch zu dieser Politik 40 Jahre lang hervorgebracht wurden. Wo sind **Defizite** angemahnt worden, wo [ist] **Werteverfall** angemahnt worden, wo waren Bilder, – – uns Freiräume zum Denken erzwungen worden. Ich meine, das gehört mit zu der anderen Seite dessen, was wir einzubringen haben. Immerhin [gibt es] Künstler, die dafür ja auch aus ihrem Lande selbst verjagt wurden. Das wollen wir nun alle nicht mit vergessen.

Wir meinen deshalb, daß die vornehmlichste Pflicht der Gesellschaft ist und bleibt, **Schutz und Forderungen von Kultur und Kunst.** Wir meinen auch, daß [es] so etwas wie eine **Obhutspflicht** gibt, aber die Gesellschaft in Gänze umfaßt, und wir meinen, daß es notwendig ist, daß die Prozesse, in die wir uns hinein begeben, ob wir wollen oder nicht, sich möglichst nicht hinter unserem Rücken vollziehen sollten, sondern daß wir wissentlich in diese Dinge hineingehen, daß wir mehr wissen wollen und müssen. Ich bin auch der Auffassung wie Minister Keller, wir brauchen neue Vorstellungen.

Insofern stimmen wir, vom Grundsätzlichen her mit der Vorlage zu – hier ist aber vieles noch zu präzisieren. Und ich verweise auf die Vorlage, die wir selbst eingebracht haben, **[Vorlage] 14/31**, wenn es eben darum geht, daß wir – aber wir behandeln es ja nachher im Block – Voraussetzungen und Wege zur behutsamen aber konsequenten **Entflechtung zentralistisch gebündelter Verantwortung** und Leitung von Kultur und Kunst für den Aufbau der **Kulturhoheit der Länder** schaffen. Und wie das vonstatten geht, darüber wissen wir doch wesentlich zu wenig. Wir wissen eben auch über das Wirken von **marktwirtschaftlichen Gesetzen.** Wir müßten hier auch wesentlich stärker differenzieren. Für

Verlage stellt sich das und für Galerien sicher anders dar, als für einen Bildhauer oder für einen Maler. Hier muß man wesentlich mehr differenzieren. Wir brauchen neue Vorstellungen, und wir gestatten uns, wenn wir zu unserer Vorlage kommen, die Hinweise zu geben, die wir meinen, zur Präzisierung beibringen zu sollen.

Ducke (Moderator): Danke, Herr Bartsch.

Das war die Stellungnahme von der CDU. Es hat jetzt das Wort Herr Schulz, Neues Forum; dann Herr Vogler, FDGB.

Schulz (NF): Also, ich verzichte eigentlich auf den Beitrag, den ich jetzt bringen wollte, weil hier an diesem Runden Tisch einige Äußerungen gefallen sind, auf die ich unmittelbar eingehen möchte.

Zunächst an Sie, Herr Bartsch, die **verfehlte Kulturpolitik der SED** war natürlich auch eine **verfehlte Kulturpolitik der CDU**. Ich appelliere da wirklich an Ihr Langzeitgedächtnis.

[Beifall]

Und die Kontroverse zwischen Herrn Carow/Herrn Gutzeit hat deutlich gemacht, daß wir hier vielleicht zu brav und zu zahm über eine verfehlte Kulturpolitik reden in dem Bewußtsein, als sei bereits alles aufgearbeitet worden.

Herr Keller, Sie sitzen hier nicht nur als neuer Kulturminister, sondern auch als ehemaliger **Stellvertreter von Herrn [Ernst] Hoffmann [SED- und Kulturfunktionär]**. Ich sage das in Kenntnis der Tatsache, daß Sie dort bestimmt zu den progressiven Kräften gegolten haben – das soll hier nicht als Ehrenrettung abgleiten, aber wir wollen differenziert herangehen und der Sache und den Personen auch gerecht [werden] – zu den progressiven Kräften, deren Ideenansätze nicht durch den **Beton einer Indoktrination** hindurchdringen konnten.

Aber es gilt, eben in dieser Kultur- und Kunstpolitik nicht nur Bewahrenswertes zu halten, sondern wir haben es mit **Deformation**, mit Unterdrückung, mit **Umfunktionierung von Kultur** in diesem Land zu tun gehabt. Davon sind viele verfemdete Künstler betroffen, deren Werke in den Schubladen liegen, Maler, Graphiker, Schriftsteller. Wir haben es auf der anderen Seite mit **Schönschreibern**, Schönfärbern, Kaisers Geburtstagsdichtern zu tun, und ich denke, das muß in diesem Land aufgearbeitet werden.

Mir fehlt die Förderung der bisher **verfemdeten Künstler**. Das kommt mir zu kurz in Ihrer Analyse. Und ich denke, daß wir gut beraten sind, wenn wir in die Langzeitmaßnahmen dieses Papiers den Passus aufnehmen, Aufarbeitung einer zum Teil verfehlten Kulturpolitik einschließlich der willkürlich und aus parteipolitischem Interesse geförderten Bereiche. Ich meine zum Beispiel eine **Subventionspolitik**, und Herr Keller, das wissen Sie besser als ich, die eines Federstrichs von Herrn [Kurt] Hager [Mitglied des Politbüros und Sekretär des ZK der SED] bedurft hat, um Subventionsmittel zu verteilen. Ich habe hier ein dickes Paket einer Eingabe, die skandalöse Vorgänge um die ehemalige **Hochschule für Schauspielkunst** betreffen. Ich denke, daß wir gut beraten sind, diese skandalösen Vorgänge aufzuarbeiten, und ich glaube auch, wir sollten uns Gedanken machen, wie dieser **aufgeblähte Kulturapparat**, dem Sie jetzt vorstehen, wie der entfilzt und gesundgeschrumpft werden kann. Ich glaube, auch darum geht es.

Ducke (Moderator): Danke. Das war Herr Schulz vom Neuen Forum mit einigen Anträgen, wo dann vielleicht gesagt werden kann von seiten der Einbringer, wieweit das nicht detailliert ist, sondern grundsätzlich mit drin steht. Danke.

Herr Vogler, FDGB; dann Herr Jordan, Grüne Partei. Und dann habe ich noch Frau Bohley, Herrn Rump und Herrn Balke, und dann kommen wir zu den Vorlagen.

Vogler (FDGB): Meine Damen und Herren, gestatten Sie, daß ich Ihre Aufmerksamkeit noch einmal darauf lenke, daß dieses Positionspapier, das wir mittragen, aus zwei Teilen besteht, der Erklärung zu grundsätzlichen Positionen als Prüfsteine für jede Partei, jede Organisation in diesem Lande und auch für die künftige Regierung, und aus einem ersten Teil, der vorhin schon mehrfach benannten **Sofortmaßnahmen**.

Wenn wir davon ausgehen, und das ist unsere Grundposition, daß, wie es in dem Punkt 9 des Antrages lautet: „Der gleichberechtigte Zugang aller sozialen Gruppen und Individuen zu Kunst und Kultur gesichert werden soll in diesem Lande", dann betrifft das natürlich in erster Linie auch die Sicherung dessen, was in der gegenwärtigen Position, die man beschreiben kann zwischen nicht mehr und noch nicht, vorhanden ist, ohne daß damit alte Strukturen übernommen werden sollen, aber so, daß verhindert wird, daß Möglichkeiten für künftige Entwicklungen ausgeschlossen werden.

Ich meine ganz konkret folgendes: Wenn wir, wie wir wissen, in den Klub- und Kulturhäusern großer Betriebe dieses Landes, Brandenburg, Premnitz, Weißwasser, beispielsweise schon Überlegungen antreffen, diese **Einrichtungen zu privatisieren** und als ersten Schritt zirkeln, die Tätigkeitsmöglichkeiten zu kündigen, wenn wir **betriebliche Trägerschaften** zum Beispiel im Halbleiterwerk in Frankfurt für eine dort bestehende seit Jahren existierende Theatergruppe kennen, wenn die Umformtechnik in Erfurt ihren Literaturzirkel heraussetzen will, die Deutsche Post ihr Tanztheater oder das Chemiekombinat in Böhlen plötzlich überlegt, ob es noch für den Chor Geld übrig hat oder nicht, dann sind das ernste Anzeichen für notwendige Sofortmaßnahmen, die so wie hier auf der Seite 2 vermerkt, noch auszulösen sind von den Standpunkten aus, die wir hier formuliert haben. Das sind ja keine Maßnahmen.

Oder wenn wir an die **Gewerkschaftsbibliotheken** denken, also Einrichtungen in unserem Lande, es gibt fast 1 500 davon, deren Zahl schon zurückgegangen ist, wo aus Mitteln des betrieblichen Kultur- und Sozialfonds immerhin im Laufe der Jahre eine jährliche Benutzungszahl von 13 1/2 Millionen Lesern zu erreichen ist.

Wenn diese Mittel nicht mehr zur Verfügung stehen plötzlich, weil Leiter autoritär entscheiden, daß sie, ohne mit der betrieblichen Gewerkschaftsleitung oder anderen Interessenvertretungen sich abzustimmen, keine Mittel mehr zur Verfügung stellen, dann ist das ein ganz ernstes Zeichen, und deshalb, um den Ruf des **Leselandes DDR** nicht ganz aufs Spiel zu setzen, [unsere Forderung].

Unsere Forderung an die gegenwärtige Regierung, und ich bitte sehr herzlich die hier anwesenden Vertreter, wenn Sie mit uns übereinstimmen in diesem Kulturverständnis, Ihre Kollegen im Ministerrat, die Industrieminister zu überzeugen, dann ist es unsere Forderung, daß die jetzt geltenden gesetzlichen Bestimmungen, insbesondere die Regelungen des **Arbeitsgesetzbuches** über die **Verwendung der Mittel des Kultur- und Sozialfonds**, strikt eingehalten werden, damit die Bedürfnisse der Kollegen gesichert, erhalten und ausgebaut werden. Ich glaube auch dieser Teil gehört zu der **Kulturlandschaft DDR,** von der heute schon so oft die Rede war.

Danke.

Ducke (Moderator): Danke, Herr Vogler, FDGB.

Das Wort hat Herr Jordan, Grüne Partei; dann Frau Bohley, Neues Forum.

Jordan (GP) Der auch von Herrn Minister Keller vorhin beschriebene kulturelle Niedergang ist nirgendwo so deutlich geworden wie beim **Zusammenbruch** unserer **historischen Altstädte,** auch beim Zusammenbruch von Schlössern, Beispielsweise in Mecklenburg. Dafür ist unter anderem auch das Kulturministerium verantwortlich. Denn immerhin waren diese **Denkmale** als Denkmale von nationaler und internationaler Bedeutung auf der zentralen Denkmalliste der DDR eingeordnet und sind auch laufend sicherlich vom Ministerium kontrolliert worden.

Unsere Anfrage ist jetzt, ob bereits im Ministerium eine **Untersuchungskommission** gebildet wurde, die die einzelnen Fehlentscheidungen der vergangenen 40 Jahre aufarbeitet. Sollte dies noch nicht geschehen sein, möchten wir dies hiermit beantragen. Wichtiger hingegen ist jedoch, Schritte einzuleiten, um das zu retten, was noch zu retten ist, an unseren historischen Altstädten. Gibt es dazu jetzt schon im Ministerium Konzepte, wir schlagen als Grüne Partei dazu ein **nationales Programm zur Rettung der Altstädte** vor, und wollen dieses auch als Punkt unter Sofortmaßnahmen hier in dieses zugrundeliegende Papier einfügen.

Zum Abschluß habe ich noch eine kleine Frage zu den Bibliotheken. Bekanntlich ein Relikt des Stalinismus konnten auch in der DDR nicht sämtliche Bücher einfach von Studenten [und] von Wissenschaftlern ausgeborgt werden. Es gab sogenannte „**Sekretierungsbestimmungen**". Sind durch ihr Ministerium „Sekretierungsbestimmungen" jetzt schon aufgehoben worden?

Ducke (Moderator): Danke, Herr Jordan, nur eine Rückfrage. Dies mit der **Altstadtsanierung** war das als Antrag noch mit formuliert? Ich frage nur damit wir – –, es liegt uns vor. Ich frage nur, ob dies hier vorliegt. Bei ihren Anträgen, weil ja einige drin waren.

Jordan (GP): Der Antrag kommt noch, der wird gerade geschrieben und zum anderen natürlich auch für die Sofortmaßnahmen.

Ducke (Moderator): Na gut, danke. Das waren einige konkrete [Hinweise], wir wollen uns jetzt keine Debatte erlauben. Nur einige Fragen, oder wir rufen den nächsten jetzt auf. Herr Minister – –

N. N. (Ministerium): Drei Antworten zu ihren drei Fragen.

Wenn es für notwendig erachtet wird, eine **Kommission zur Aufarbeitung der Fehler des Kulturministeriums** der vergangenen dreieinhalb Jahrzehnte zu machen, so würde ich doch vorschlagen festzulegen, daß das eine Kommission außerhalb des Ministeriums für Kultur macht.

Zweitens, es gibt eine Zusammenarbeit mit dem Ministerium für Bauwesen, dem Institut für Denkmalpflege und dem Bund der Architekten. Wir haben in der vorhergehenden Sitzung des Kollegiums des Ministeriums für Kultur uns zu Fragen der **Erhaltung der Altsubstanz der Städte** beschäftigt. Ich muß aber sagen, das Ministerium für Kultur trägt nur konkret Verantwortung für die Einrichtungen, die dem Ministerium für Kultur konkret unterstellt sind. Alles das, was auf der Denkmalliste ist, sowohl auf der **Denkmalliste der DDR,** als auf der Bezirks- und **Kreisdenkmalliste** und kommunal unterstellt ist, untersteht in vollständiger Verantwortung den **Kommunen.**

Wir sind nur zuständig, erstens für Analysen für Einschätzungen und für Anträge zu bearbeiten ob, was auf der Denkmalliste stehenbleibt, oder die Denkmalliste korrigiert wird. Und wir sind veranwortlich für die Projekte und Institutionen, die unmittelbar dem Kulturministerium unterstehen. Um das deutlich zu machen, wir tragen Verantwortung für die **Museumsinsel in Berlin,** wir tragen Verantwortung in Berlin für das **Deutsche Theater,** das **Berliner Ensembel,** die **Komische Oper** und die **Staatsoper.**

Zu ihrer dritten Frage. Mir ist nicht bekannt, daß in Allgemeinbibliotheken **sekretierte Literatur** vorhanden ist. Sekretierte Literatur ist ausschließlich in wissenschaftlichen Bibliotheken vorhanden, und die wissenschaftlichen Bibliotheken unterstehen dem Ministerium für Wissenschaft und Bildung bzw. Wissenschaft und Technik bzw. dem Ministerium für Bildung.

Ducke (Moderator): Danke, da einer der gemeldeten Redner zurückgezogen hat, Herr Eppelmann; nun Frau Bohley, Neues Forum; dann Herr Rump, PDS.

Bitte, Frau Bohley.

Bohley (NF): Ich wollte gern noch einmal darauf hinweisen, daß wir nicht das Kind mit dem Bade ausschütten dürfen. Wir dürfen also nicht, wenn wir gegen **Privilegien** sind, gegen **Subventionen** sein, das ist ein großer Unterschied. Ohne Subventionen läuft in der Kultur überhaupt nichts. Davon bin ich überzeugt und das zeigen ja auch die westlichen Länder, in denen Kunst und Kultur subventioniert werden. Ansonsten würde es in der Bundesrepublik keinen jungen Film zum Beispiel geben. Und ich denke, wer hier gegen Privilegien ist, der sollte also wie gesagt nicht gegen diese Subventionen sein.

Ich möchte gerne noch einmal etwas zu diesem Papier sagen. Ich habe große Befürchtungen, daß soviel – ja zu diesem Papier – daß wir soviel **Demokratie,** wie jetzt augenblicklich, wir sobald nicht wieder haben werden. Und nach dem 18. März werden diese ganzen Diskussionen hinter geschlossenen Türen laufen. Und deshalb bin ich so sehr daran interessiert, – daß so hilflos wie dieses Papier ist, – das ist Kultur.

Kultur ist unser Leben. Es müßte eigentlich so ein Ordner sein. Alle Kritik ist hier angebracht, aber es gibt auch **Positives** zu berichten. Ich habe in diesem Land studieren können. Und habe ein Stipendium gehabt und ich habe ein **Förderstipendium** bekommen. Und nicht nur ich, sondern das haben sehr viele Studenten bekommen. Und ich finde wir müssen das, was gut ist auch gut belassen. Und müssen das erhalten. Und ich bin dagegen aus reiner Parteienpolitik, die sich jetzt hier wieder andeutet, einfach alles wegzuwischen. Damit gehen wir in die Gefahr, daß wir wirklich morgen mit leeren Händen dastehen.

Wir müssen das irgendwo versuchen zu halten, was da ist. Und [wir] müssen wirklich **Kritik** anwenden, wo Kritik notwendig ist. Ich bin auch dafür, was Ina Merkel gesagt hat und unterstütze das, daß die Punkte der **Anlage 14/34** mit in das **Sofortprogramm** aufgenommen werden. Und daß wir heute beschließen zu diesen Änderungen des Papiers, daß diese **Kommission** zusammentritt und sich an die Arbeit macht. Und zwar noch vor dem 18. März. Damit zumindestens eine Empfehlung an die zukünftige Regierung da ist, wie wir uns Kultur in diesem Land vorstellen.

Ducke (Moderator): Danke, Frau Bohley.

Ich deute den Applaus auf den Inhalt ihrer Wortmeldung, aber auch darauf, daß sie sagten mehrere Ordner brauchten wir, und wir haben doch nur so wenig Vorlagen. Doch für die Kultur, das stimmt uns optimistisch. Danke.

Herr Rump, PDS, bitte; dann Herr Balke, Grüne Partei; Herr Mäde, Vereinigte Linke, hat sich durchgesetzt.

Rump (PDS): Nach meiner Vorrednerin ist es sicherlich schwierig jetzt noch Sinnvolles hinzuzufügen. Ich glaube ebenfalls es [ist] wichtig, daß wir es so machen. Es gibt sehr viel in den letzten 40 Jahren, was so nicht mit ja und nein und nicht mit schwarz und weiß einfach nur zu sehen [ist]. Es [gibt] sehr viele Künstler, die waren heute gefeierte Leute, hochsubventioniert, bitte auch privilegiert, und sie waren das morgen schon nicht mehr. Und sie waren es zum Teil zum gleichen Zeitpunkt. Das eine und das andere. Die einen Stücke waren in der Schublade. Die anderen waren da. Das kann jeder beschreiben, der selbst damit zu tun hatte. Mir ging es genauso.

Eine Bemerkung möchte ich noch machen zur Bemerkung des Ministers. Ich denke es ist verfänglich die 3 600,00,- DM des **Professorengehaltes** so zu verkünden, als sei dieses ein Standard für Künstler. Ich habe in vielen Jahren meines Lebens ein Viertel oder ein Drittel davon verdient, war ich denn Untermittelmaß? Ich frage, liegt es nicht vielleicht eher daran, diese geringe Bereitschaft zu solchen Arbeiten, daß die Art der **Kunsthochschulbildung,** – das Wort ist schon verfänglich – angenähert worden ist, immer mehr einer wissenschaftlichen Bildung, einer damit auch mit gewissen **Administrationen** verbundenen Tätigkeit, die immer weniger [den] Künstlern Lust gemacht hat, sich auf diesem Gebiet zu engagieren?

Ich weiß ja selbst das irgendwann in den siebziger Jahren, plötzlich der Lehrplan des **Literaturinstitutes,** an dem ich einstmals auch war, plötzlich noch woanders kontrolliert werden mußte, und nicht dem Kulturministerium allein zugänglich war.

Vielleicht ist die Überlegung, ob nicht **Kunst** in vielen Fällen viel verbundener mit **Produktion** direkt ist. Ich denke an **Bauhaus,** nur als Stichwort; vielleicht für künftige kulturbildende Stätten wichtiger als die reine schablonenhafte Übernahme von Prinzipien einer wissenschaftlichen Bildung. Vielleicht ist dann auch für viele Künstler interessanter, wenn sie zugleich lehren aber auch zugleich etwas davon lernen und zugleich produzieren können. Und da möchte ich doch einen Satz noch sagen zu Konrad Weiß. Tatsächlich, wir haben hier viel zu verteidigen und das Verteidigen bestimmt das Papier und deshalb bin ich auch dafür. Aber für die Zukunft ist das Nachdenken, über die Möglichkeiten zu produzieren, interessanter.

Für die Zukunft interessieren mich die Fragen des Genossenschaftlichen, von **Assoziationen von Künstlern.** Denn dafür haben [wir] keine Regelungen in diesem Land. Wir haben ja alles staatlich gemacht. Und wenn es staatlich nicht ging, weil kein Geld da war, dann war es eben auf der anderen Seite sehr schwer möglich, oder auch zumeist wohl gar nicht. Das heißt die Überlegung, über Steuerfragen usw. **Kunstassoziation,** Genossenschaften weiter fördern [zu] können, halte ich für wichtig, die nicht im Gegensatz zur **Kulturpflicht des Staates** steht.

Ducke (Moderator): Danke, Herr Rump, für den Ausblick.

Ich bin froh, daß Sie für die Kultur keine Zensuren verteilen an der Schule.

Herr Balke, Grüne Partei; dann Herr Mäde.

Balke (GP): Danke schön, es fällt mir jetzt schwer alles was ich sagen möchte auf den Punkt zu bringen. Es kommt sehr vieles zusammen.

Erstens: Zu den Sofortmaßnahmen gehört, das habe ich schon in der Replik auf Minister Keller gesagt, gehört für uns eine **Bestandsaufnahme** dazu. Analyse des sachlichen Zustandes der kommunalen Kultur, des personellen Zustandes, Bedarfsanalyse und ein Maßnahmeplan [sollte] Vorschläge enthalten für einen organischen Übergang an die Kommunen für Kulturarbeit. Das ist ein **Beschlußantrag,** der vorliegt, das ist die **[Vorlage] 14/42 [Antrag GP: Erarbeitung einer Analyse des Zustandes der kommunalen Infrastruktur durch das Ministerium für Kultur**[11]**].**

Zweitens: Wir haben drei Vorschläge zu dem von uns prinzipiell mitgetragenen Positionspapier des Runden Tisches. Ich möchte darauf zurückkommen, daß wir meinen, es nicht bei dem **Verfassungsgebot Kultur** belassen zu dürfen, also Staat, Kulturstaat, sondern wir sollten davon ausgehen, für wen Kultur da ist, und wir meinen, das könnte man so formulieren, „**kulturelle Grundbedürfnisse der Bürger**". Jeder Bürger hat ein Recht, so ist unser Vorschlag, auf selbtbestimmte Bildung, Arbeit, Erholung, Freizeitgestaltung, Sport, Kunstproduktion, Kunstgenuß als ein individuell und kollektiv zu verwirklichendes Recht in selbstgewählten Formen der Organisation.

Ducke (Moderator): Das ist der **Antrag [Vorlage] 14/38 [Antrag GP: Sicherung der kulturellen Entwicklung durch den Staat**[12]**],** der kommt dann noch.

Balke (GP): Den **Antrag 14/38** halte ich für das Herangehen für unbedingt erforderlich. Es geht nicht darum, die Künste und die Künstler zu sichern, ich schließe mich dem Vorredner Rump an. Es geht darum, etwas neues zu beginnen. Aber wir müssen natürlich auch sehen, daß etwas von den alten Strukturen doch recht produktiv sein konnte bzw. könnte man sie jetzt vielleicht produktiv machen.

Also sind wir ebenfalls für eine **zentrale Regelung** bestimmter Fragen. Künste, die sich beispielsweise nicht tragen, wir sind für etwas ähnliches wie ein **Ministerium für Kultur.** Und meinen aber, daß dennoch sehr viel nach unten delegiert werden muß. Zentrale staatliche Aufgaben sind sehr wohl zu trennen von denen, die auf verschiedenen regionalen, kommunalen Ebenen zu leisten sind. [Vorlage] 14/38 dieser Antrag beinhaltet das.

Wir meinen, daß zu den **zentralen staatlichen Aufgaben** unbedingt hervorzuheben ist, die **Förderung der Entwicklung der Kultur nationaler Minderheiten,** und da habe ich, muß ich meinen Kollegen, der nun nicht mehr da ist, Recht geben. Für uns ist es hervorzuheben. Wir meinen aber auch von Ausländern, das ist noch ein Punkt, den wir ganz wesentlich für hinzuzufügen halten.

Und dann meinen wir, es geht um die Betonung, das ist auch in der **Vorlage 14/38** enthalten, es geht um die Betonung der **kulturellen Rechte** der Kinder, der Frauen, der Alten und der Jugend. Als ein Grundsatz, der auf den verschiedenen Ebenen der Gesellschaft zu regeln ist.

---

[11] Dokument 14/8, Anlagenband.
[12] Dokument 14/9, Anlagenband.

Ducke (Moderator): Danke, wir werden ja über die Vorlagen dann noch abstimmen.

Balke (GP): Es gibt auch einen – –

Ducke (Moderator): Ja, die Vorlagen kommen noch.

Balke (GP): – Pardon, ich möchte noch auf etwas hinweisen, weil ich es für wesentlich halte. Es gibt noch einen konkreten Vorschlag, zwei konkrete Vorschläge für einen Solidarfonds. Einen **solidarischen Kulturfonds** der Künstler.

Ducke (Moderator): **[Vorlage] 14/39**[13] **[Beschlußantrag GP: Einrichtung eines solidarischen Kulturfonds]**, ja vielen Dank.

Bitte halten wir uns doch daran, daß wir die Vorlagen dann zusammen erarbeiten, Herr Balke, einverstanden? Danke, sonst haben nämlich die anderen ein bißchen das Nachsehen, die sich daran gehalten haben.

Jetzt Herr Mäde, Vereinigte Linke.

Mäde (VL): Die Vereinigte Linke unterstützt mit Nachdruck die Einbeziehung in den Sofortmaßnahmekatalog der **Vorlage 14/34**.

Das ist die erste Bemerkung. Die zweite Bemerkung, wir wollen uns mit diesem Entwurf des Positionspapiers, die Ausgangsposition für eine besondere Entwicklung im kulturellen Bereich der DDR erhalten. Insofern stimmt natürlich die Bemerkung, ja, das ist insbesondere wesentlich, da wir Rechnung tragen müssen, unserer eigenen **Kulturgeschichte** und unserer **politischen Geschichte** und daraus entsprechende Schußfolgerungen zu ziehen haben, wenn wir nicht andere Systeme einfach kopieren wollen in dieser Richtung.

Und dies gerade, weil der Minister so eben auf unsere Anfrage hin im Grunde genommen erklärt hat, seine Handlungsunfähigkeit erklärt hat, in Hinsicht auf die **Liquidierung kultureller Einrichtungen auf kommunaler Ebene**. Korrigieren Sie mich, wenn das falsch ist, aber dieser Eindruck ist bei uns erwachsen. Ich muß deswegen noch einmal nachfragen. Welche Möglichkeiten und Handhabung haben wir oder hat die Regierung der Deutschen Demokratischen Republik noch, diesen Prozeß zu stoppen?

Ducke (Moderator): Gut, dies war die letzte Anfrage an den Minister.

Keller (Minister für Kultur): Ich muß dabei bleiben, daß ich **keinerlei gesetzliche Grundlage** habe, eine Entscheidung, die in einer Kommune ist, die eine Institution betrifft, die nicht dem Ministerium für Kultur unterstellt [ist], zu korrigieren. Ich kann nur meinen Standpunkt dazu äußern. Ich kann die **Volksvertretung** auffordern, sich einen Standpunkt dazu zu bilden. Ich kann mich an den Betriebsdirektor wenden. Ich kann Massen mobilisieren, ich habe aber keine rechtliche Chance, eine den **Kommunen** oder eine der **Gewerkschaften** oder eine der Wirtschaft unterstehende kulturelle Einrichtung, die geschlossen wird, wieder ins Leben zu rufen. Um so wichtiger ist dieses Papier.

Ducke (Moderator): Danke, Herr Minister.

Jetzt haben wir also das Vergnügen – na, jetzt kommt noch etwas? Nein, das ist gut – danke – diesen Stapel der Vorlagen als Paket zu schnüren zu diesem Positionspapier. Ich schlage Ihnen folgendes vor. Herr Ziegler hat in der Zwischenzeit versucht, diese Vorlagen ein wenig zu ordnen. Er wird uns das jetzt vielleicht – nein? Danke. Das bezog sich nicht auf mich? Vielen Dank. Ich war jetzt schon erschüttert, Widerspruch zu kriegen – so daß wir dann über Details abstimmen können und zum Schluß über das Positionspapier. Sind Sie da mit diesem Vorgehen einverstanden?

Und das Ganze wickeln wir in 16 Minuten ab. Ja, um 13.00 Uhr ist Mittagspause. Und das geht einfach nicht anders. Wir können um 14.00 Uhr nicht die anderen mit den Themen warten lassen. Ich muß hier wirklich um Ihr Verständnis bitten. Und wir haben ja eigentlich auch genügend Vorarbeit geleistet. Darf ich Sie bitten, Herr Ziegler, ein wenig Licht in die Vorlagenstapel zu bringen?

Ziegler (Co-Moderator): Wir haben 19 oder 20 [Vorlagen], die ich jetzt nicht noch einmal nachzähle, [die] Anträge zu dem gesamten Komplex. Ich habe sie in drei Sparten einmal geordnet.

Es gibt einige, die vertreten noch einmal den Standpunkt zur **Kulturpolitik**. Das sind die **Vorlagen 14/28 [Standpunkt VdgB: Zur weiteren Entwicklung von Kultur und Kunst**[14]**]** vom **VdgB** und von der **CDU [Vorlage] 14/31 [Beauftragung der Regierung Modrow zur Förderung von Kultur und Kunst**[15]**]**. Das sind Erklärungen, die wahrscheinlich nicht einzeln abgestimmt werden müssen, sondern die hinzukommen zu dem, was da als Position vertreten wird.

Etwas schwieriger ist es bei der **Arbeitskultur, Vorlage 14/3 [Antrag PDS: Forderungen zur Arbeitskultur in der DDR**[16]**]**. Sie ist ja im wesentlichen das Ausrufungszeichen dafür, daß bei Kultur nicht zu eng gedacht werden kann. Wahrscheinlich kann es als eine wesentliche Ergänzung zum Positionspapier genommen werden.

Und nun komme ich zu einer zweiten Spalte. Da geht es um **soziale Sicherstellung** einmal von Kulturschaffenden und um die **Sicherstellung von Förderung der Kultur**. Ich zähle die Vorlagen auf und nenne ein Kurzstichwort. **[Vorlage] 14/4 [Antrag PDS: Erhaltung der Kultureinrichtungen und -betriebe]**, Erhaltung kultureller Einrichtung; **[Vorlage] 14/29 [Antrag LDP: Zur sozialen] Sicherstellung [von Kunst und] Kulturschaffenden [– Empfehlung des Runden Tisches an die Regierung**[17]**]**; **[Vorlage] 14/30, [Antrag LDP: Zum] Schutz und zur Förderung von Kultur und Kunst [– Empfehlung des Runden Tisches an die Regierung**[18]**]**; **[Vorlage] 14/32, [Antrag DJ:] Schutz der nationalen Filmkultur**[19]; **[Vorlage] 14/38, [Antrag GP:] Sicherung der kulturellen Entwicklung [durch den Staat**[20]**]** einmal in Kurzfassung, und **[Vorlage] 14/39, [Antrag GP: Einrichtung eines] Solidarkulturfonds**[21] [als] Stichwort.

Und nun kommt die größte Spalte. Da kann man bei einigen Anträgen auch sagen, ob man das nicht zunehmen kann zur Sicherung. Aber es ist ja immer schwierig. Einzelanträge mit Einzelproblemen. **[Vorlage] 14/2**, Sicherung Kindertheater [als] Stichwort; **[Vorlage] 14/26 [Antrag Sorbischer Runder Tisch: Subventionierung der sorbischen Kultur und Kunst in der bisherigen Höhe über zentralen Fonds**

---

[13] Dokument 14/10, Anlagenband.

[14] Dokument 14/13, Anlagenband.
[15] Dokument 14/14, Anlagenband.
[16] Dokument 14/4, Anlagenband.
[17] Dokument 14/6, Anlagenband.
[18] Dokument 14/7, Anlagenband.
[19] Dokument 14/5, Anlagenband.
[20] Dokument 14/9, Anlagenband.
[21] Dokument 14/10, Anlagenband.

der Regierung[22]] und 14/40 [Antrag GP: Zur verwaltungsrechtlichen Ausgestaltung des Verfassungsgrundsatzes auf allen Ebenen[23]] gehören eng zusammen. [Vorlage] 14/26, **Sorbische Kultur**; [Vorlage] 14/40, **Kultur von Minderheiten**, auch Ausländer. [Vorlage] 14/34 [Antrag IFM: Zur Kulturpolitik, insbesondere Bildung eines Sachverständigenrates sowie Offenlegung des Haushaltsplanes 1990], das war mehrfach angesprochen worden, **Sofortmaßnahmen**. Die könnten als Ergänzung, so war [es] ja beantragt, von [Vorlage] 14/1 genommen werden.

Dann gibt es drei Anträge, die inhaltlich auch eng zusammen gehören. [Vorlage] 14/36, [Antrag DJ, IFM, GL, GP, PDS, DA: Vorschlag der Initiativgruppe der Berliner Theaterschaffenden[24]] **Palast der Republik**, also was da passieren soll, und [Vorlage] 14/24 [Antrag PDS: Schaffung der Voraussetzungen für die Umsetzung des Konzepts „Haus der Begegnung – Kulturelles Zentrum für geistig behinderte Menschen und Andere" durch die Regierung[25]] und [Vorlage] 14/35[26]. Da geht es um **Kulturzentrum – Haus der Begegnung für Behinderte und Nichtbehinderte**. Das wird etwas differenziert.

Und schließlich geht es noch um zwei konkrete Dinge, [Vorlage] 14/42, [Antrag GP:] **Analyseauftrag der kommunalen Kulturpolitik**[27] [als] Stichwort, und schließlich [Vorlage] 14/41, [Antrag GP: Einrichtung einer Untersuchungskommission „Bestandsaufnahme des Zustandes der nationalen Kultur"[28]] **Städteverfall**, in Kurzfassung.

Und von Herrn Fischbeck angekündigt und von Herrn Dr. Weigt formuliert geht es dann in diesem Zusammenhang um einen Antrag, der das auf die Wissenschaft ausdehnt, nämlich Antrag zur **Wissenschaftsförderung**, [Vorlage] 14/44 [Antrag DJ: Bildung einer AG „Wissenschaft"[29]].

Ducke (Moderator): Ganz herzlichen Dank.
Jetzt haben wir wieder Ordnung in unseren Papieren, und ich schlage Ihnen vor, daß wir in der Weise vorgehen, daß ich jetzt aufrufe die allgemeinen Erklärungen **14/28, 14/31**. Sie liegen uns schriftlich vor.
Herr Lehmann, VdgB.

Gutzmer (VdgB): Ja, Gutzmer, VdgB.

Ducke (Moderator): Ja.

Gutzmer (VdgB): Es geht um das Papier [Vorlage] 14/28[30] Hier möchte ich eine Korrektur vornehmen, das mit in das Sofortprogramm aufzunehmen, und zwar nicht die Erklärung als das wesentliche anzusehen, den Standpunkt, sondern mit dem dritten Absatz beginnen. Deshalb schlagen wir dem Runden Tisch vor, und er möge beschließen, daß wir hier dazu kommen und so schnell wie möglich Maßnahmen noch für die Betriebe durchsetzen, daß die bestehenden Kultureinrichtungen auf dem Lande weiter von unseren Betrieben mit finanziert werden können. Dazu sind wir bereit. Aber wir [kennen] natürlich auch die Tendenzen, so ist es hier in der Vorlage ausgedrückt, daß es zu Maßnahmen zur Senkung dieser Subventionen kommt auf der einen Seite und die betrieblichen Bemühungen zur Senkung von Subventionen ebenfalls stehen.

Ich würde in diesem Papier hier zum Ausdruck bringen wollen und das unterstützen, daß die Betriebe befähigt werden, besonders auf dem Lande die **Kultureinrichtungen**, die bestehenden, weiterhin zu unterstützen.

Ducke (Moderator): Danke schön.
Es liegt ein Geschäftsordnungsantrag vor. Herr Matschie, SPD.

Matschie (SPD): Ich möchte folgenden Antrag zur Geschäftsordnung machen. Wir sind uns ziemlich einig gewesen, daß **Sofortmaßnahmen** unbedingt notwendig sind zum Schutz der Kultur. Ich sehe in diesem Positionspapier diese Sofortmaßnahmen nicht ausreichend und konkret benannt. Es gibt Probleme bei den weiterreichenden Maßnahmen in der Diskussion. Ich möchte vorschlagen, daß wir die **Vorlage 14/34** von der **Initiative Frieden und Menschenrechte** hier abstimmen. Ich denke, daß sie, diese Vorlage – –

Ducke (Moderator): Herr Matschie, bringen Sie uns nicht durcheinander.

Matschie (SPD): – alle notwendigen Sofortmaßnahmen enthält. Die können jetzt beschlossen werden und [ich] beantrage, das andere Papier jetzt nicht zu beschließen, sondern ein neues Papier zu bearbeiten, bei dem diese Einzelanträge berücksichtigt werden, und jetzt nur diese Sofortmaßnahmen.

Ducke (Moderator): Also Herr Matschie, ich verstehe jetzt nicht genau, was. Ihr Geschäftsordnungsantrag [beinhaltet das] Vorziehen [der **Vorlage**] 14/34?

Matschie (SPD): Die **Vorlage 14/34** als **Sofortmaßnahme** jetzt zu beschließen und das andere zurückzustellen.

Ducke (Moderator): Es sind viele Sofortmaßnahmen in den einzelnen Papieren erbeten.

Matschie (SPD): [Ich beantrage **Vorlage**] 14/1 zurückzuziehen und neu zu bearbeiten.

Ducke (Moderator): 14? Das hatten Sie schon einmal beschlossen. Das ist schon einmal abgelehnt worden.

Matschie (SPD): Ja, aber ich stelle jetzt das zur alternativen Abstimmung mit – –

Ducke (Moderator): Das hat nichts mit alternativ zu tun, es ist ein Grundsatzpapier zu Sofortmaßnahmen. Herr Templin, helfen Sie uns zur Tagesordnung?

Templin (IFM): Als Einbringer von [**Vorlage**] 14/34 möchte ich erklären, daß wir unsere Vorlage als Konkretisierung und Hinzufügung zu [**Vorlage**] 14/1 verstehen, nicht etwa als Alternative.

Ducke (Moderator): Ja. Ich danke Ihnen für die Hilfe.

[Beifall]

Ducke (Moderator): Also ich verstehe jetzt den – –, noch ein Geschäftsordnungsantrag? Herr Stief, bringen Sie Klarheit herein.

Stief (NDPD): Ich möchte gerne, daß unsere Sorgfalt beim Verfolgen aller Anträge etwas dadurch belohnt wird, daß wir so verbleiben, wie wir beschlossen haben, nämlich diese vier

---

[22] Dokument 14/16, Anlagenband.
[23] Dokument 14/11, Anlagenband.
[24] Dokument 14/18, Anlagenband.
[25] Dokument 14/12, Anlagenband.
[26] Dokument 14/17, Anlagenband.
[27] Dokument 14/8, Anlagenband.
[28] Dokument 14/15, Anlagenband.
[29] Dokument 14/19, Anlagenband.
[30] Dokument 14/13, Anlagenband.

Punkte in die Sofortmaßnahmen einzuordnen, jetzt zügig die ganzen Restpäckchen zu schnüren, ohne zusätzliche erneute Begründung. Sie haben alle ihre eigene Berechtigung.

Ducke (Moderator): Danke.

Stief (NDPD): Und es bedarf nach meinem Dafürhalten keiner weiteren Kommentare dazu.

Ducke (Moderator): Gut. Aber ich bin dann trotzdem verpflichtet, Herr Matschie, bleiben Sie noch dabei? Wir hatten schon einmal abgewiesen, daß der Vorschlag zurückgewiesen wird. Und alternativ gibt es nicht.

Matschie (SPD): Es war eben schon deutlich an der Stimmung, daß dieser Antrag nicht durchgeht. Dann ziehe ich ihn gleich zurück, dann brauchen wir nicht abzustimmen.

Ducke (Moderator): Na. Also, jetzt, wenn wir immer solche Stimmungsäußerungen deutlich kriegen. Herr Poppe noch dazu? Bitte.

Poppe (Minister o. G., IFM): Ja. Ich würde doch schon sagen, daß wir nicht einfach nur die Päckchen schnüren, sondern daß durchaus auch noch einige Kommentare notwendig sind für die Einzel[anträge].

Ducke (Moderator): Es sind acht Minuten noch, Herr Poppe, es tut mir leid.

Poppe (Minister o. G., IFM): Ja, aber ich habe die Befürchtung, wenn wir es jetzt als Päckchen schnüren, dann wird es bis zu den Wahlen nicht mehr bearbeitet. Und dann fällt es bei der neuen Regierung unter den Tisch, ohne daß wir hier über die konkreten Dinge, die in diesen Einzelanträgen drinstehen, beschlossen haben.

Ducke (Moderator): Ich glaube, wir reden hier aneinander vorbei, Herr Poppe. Es geht genau um die konkreten Dinge, und wir hätten schon längst abstimmen können über die **Vorlage 14/28**, daß die vom VdgB eingebrachten Passagen unter das Stichwort Ergänzung zu Sofortmaßnahmen kommen. Das war nämlich die Frage, die ansteht.

Ich möchte jetzt aufrufen [Vorlage] 14/28, die vier Anstriche als Ergänzung zum Positionspapier [Vorlage 14/1] zu **Sofortmaßnahmen**. So war doch Ihr Antrag? Wir hätten uns Zeit sparen können. Ich bitte um – –, Herr Weiß, bitte. Wieder einmal [zur] Geschäftsordnung?

Weiß (DJ): Ich muß um Verständnis bitten. Aber bevor wir hier etwas einfügen können, müssen wir doch, denke ich, über die **Vorlage 14/1** abstimmen. Wir können doch nicht – –

Ducke (Moderator): Nein. Erst wird dazugebracht und dann wird darüber beschlossen, ob wir diese Vorlage, so hatten wir es uns ausgemacht. Sonst stimmen wir. Wir müssen erst die Einzelanträge durchbringen.

Weiß (DJ): Aber dann besteht die Gefahr, daß man zu einzelnen Dingen, die jetzt hier eingebracht werden, ja eine andere Meinung haben kann, aber das Positionspapier ja so nicht mittragen [kann].

Ducke (Moderator): Das tut mir leid, das können Sie nur durch die Abstimmung deutlich machen. Also, wer ist dafür, daß wir dies in ein Positionspapier, sagen wir es einmal so ganz allgemein, das doch die Meinung des Runden Tisches widerspiegeln soll, mit einfügen, den bitte ich um das Handzeichen. [Vorlage] 14/28 zu Sofortmaßnahmen einzuordnen. Ich bitte um das Handzeichen, deutlich. – Das ist die Mehrheit. Gegenstimmen? – Es gibt keine Gegenstimme. Stimmenthaltungen? – 10 Stimmenthaltungen. Es wird eingeordnet. Danke.

Vorlage 14/31 [Antrag CDU: Beauftragung der Regierung Modrow zur Förderung von Kultur und Kunst[31]], Grundsatzpapier. Sind Sie einverstanden, daß das beigefügt wird dem Paket **Kulturpolitik**? So steht die Frage. Es liegt uns ja vor und war zu lesen. [Vorlage] 14/31, Vorlage CDU. Sie hatten das vorhin schon erwähnt, Herr Bartsch, ja. Gibt es noch Bemerkungen dazu? Das soll schon erlaubt sein.

Bartsch (CDU): Nein. In der gebotenen Kürze bin ich der Auffassung, daß – –

Ducke (Moderator): Aber Sie haben schon vorgetragen, ja. Bitte nicht.

Bartsch (CDU): Ja, eben.

Ducke (Moderator): Danke. Dann können wir darüber abstimmen. Wer dafür ist, daß dieses Papier, **Vorlage 14/31**, angefügt wird in das Paket Kulturpolitik, eingefügt wird, so muß man es wohl besser sagen, oder hineingepackt wird, angefügt wird, den bitte ich um das Handzeichen. Das müßten wir zählen. Hilft mir jemand? – Na, es ist die Mehrheit. Gegenstimmen? – Wer enthält, ah, es gibt 2 Gegenstimmen. Stimmenthaltungen? – 19 Stimmenthaltungen plus [2 Gegenstimmen], 21 wären das, damit ist das mit diesem Ergebnis angenommen.

Herr Stief?

Stief (NDPD): Ich darf noch einmal fragen: Stimmen wir jetzt ab über Ergänzungen zum Basispapier oder [geht es] um Hinzufügungen?

Ducke (Moderator): Um Hinzufügungen.

Stief (NDPD): Dann ist gut.

Ducke (Moderator): Danke. Hinzufügungen, nicht das Papier ergänzt, hinzufügen in das Paket, was dem Papier beigelegt wird, wenn nicht anders beschlossen ist wie hier zum Beispiel bei dem Stichwort Sofortmaßnahmen von [Vorlage] 14/28.

Frau Merkel, bitte.

Frau Merkel (UFV): Ich verstehe jetzt nicht, warum wir über die ganzen Hinweise, die also der Kulturkommission zugänglich gemacht werden sollen, abstimmen müssen.

Ducke (Moderator): Nicht abstimmen. Ob wir dieses Papier, die jeweilige Vorlage hinzufügen. So hatten wir es vorhin abgestimmt.

Frau Merkel (UFV): Nein. Mein Antrag vorhin lautete eigentlich anders. Der lautete, den Antrag, den die Arbeitsgruppe eingebracht hat, abzustimmen mit dem Vorschlag der Ergänzung von IFM.

Ducke (Moderator): Ja, es liegen viele Ergänzungen bitte vor.

Frau Merkel (UFV): Nein, Moment. Nur mit dieser Ergänzung abzustimmen und alle anderen zu einem Paket zu schnüren, das dieser Kommission zur Kenntnis gegeben wird. Ich weiß nicht, warum wir jetzt über jeden einzelnen Antrag abstimmen müssen.

---
[31] Dokument 14/14, Anlagenband.

Ducke (Moderator): Weil wir wissen wollen, was in dieses Paket, was zur Kenntnis gegeben wird, hineinkommt. Das ist [ein Paket vom] Runden Tisch.

Frau Merkel (UFV): Warum? Wollen Sie denn irgend etwas herausnehmen? Das ist für mich nicht begreifbar, warum irgendwelche Vorschläge herausfallen sollen.

Ducke (Moderator): Ja. Es wird nichts herausgenommen, wir müssen, Frau Merkel! Wenn wir sagen als Runder Tisch wird das Paket, dann stimmen wir darüber ab, wie bei den anderen auch. Sonst kommt irgendein Vorschlag, den wir nicht zur Kenntnis genommen haben, als Paket des Runden Tisches. Und das ist nicht legitim.
Danke. Herr Schulz noch dazu.

Schulz (NF): Zur Zeitersparnis, Herr Ducke, können wir das denn nicht in dem Sinne, wie Frau Merkel das vorgetragen hat, handhaben? Herr Ziegler hat uns ja die Anträge vorgestellt, er hat sie gebündelt. Wir könnten das doch als Gesamtpaket [behandeln].

Ducke (Moderator): Ich habe jetzt gerade das Bündel und Sie sehen, daß der Antragsteller gebeten [wird], das noch in das Papier einzuarbeiten. Darüber müssen wir abstimmen.

Schulz (NF): Aber wir werden dann, das ist Ihnen bewußt, nicht im Zeitplan bleiben können. Wir werden um 14.00 Uhr nicht die **Militärreform** [behandeln können].

Ducke (Moderator): Das müssen wir sehen. Es tut mir leid. Ich muß jetzt dies so machen. Jetzt kommen als nächstes die Einzelanträge. Da hilft alles nichts.

Schulz (NF): Dann würde ich den Antrag stellen, daß wir gemeinsam darüber abstimmen, ob wir das als komplettes Paket der **Vorlage 14/1** beifügen, oder ob wir jetzt einzeln über diese Vorlagen abstimmen wollen, daß sie beigefügt werden.

Ducke (Moderator): Das ist schwierig. Ist das das? Wer hilft uns dabei? Herr Clemen?

Clemen (DA): Ich hätte folgenden Vorschlag, daß wir über die Sofortmaßnahmen jetzt noch beraten und alles andere an weiterführenden Maßnahmen, was hier zu Ergänzungen kommt, dann an die Ausschüsse verweisen.

Ducke (Moderator): Ja. Das muß hier geordnet werden. Wer soll denn das jetzt wissen?
Herr Ziegler, bitte.

Ziegler (Co-Moderator): Ich wollte auch sagen, weil das vorhin auch ausführlich begründet worden ist, daß wir über [Vorlage] **14/34** gesondert abstimmen als direkte **Ergänzung der Sofortmaßnahmen** in [Vorlage] **14/1**. Aber die anderen Dinge, vielleicht bis auf die Wissenschaftsfrage, die extra ist, könnte man, wenn nicht von Einzelnen extra beantragt, insgesamt dazulegen und sagen, das sind wichtige Gesichtspunkte, und so verabschieden. Aber es kommt darauf an.

[Beifall]

Ducke (Moderator): Wir haben, das würde bedeuten, Herr Ullmann noch dazu?

Ullmann (Minister o. G., DJ): Ja. Also, das ist natürlich ein wunderbarer Vorschlag und im Interesse von uns allen. Nur hat er eben den Nachteil, daß es in einzelnen Papieren Dinge gibt, wogegen einer wie ich zum Beispiel erhebliche Bedenken hat.

Ducke (Moderator): Genau das war ja [das], was ich meinte. Aber jetzt gibt es noch so viele Wortmeldungen, aber nicht mehr dazu. Ich lasse – –, ja. Zur Geschäftsordnung.

Ziegler (Co-Moderator): Ich verstehe das ja, was Herr Ullmann gesagt hat, und hatte vorgeschlagen, das sollte nur bei den Anträgen sein, wo sich jemand zu Wort meldet und sagt, hier bitte ich um Einzelabstimmung. Dann wird sich das etwas reduzieren.

Ducke (Moderator): Deswegen müssen sie aber trotzdem aufgerufen werden. Gut. Also ich schlage jetzt folgendes vor.
Erstens: Wünscht jemand von den Antragstellern, außer [Vorlage] **14/34**, was schon oft erwähnt wurde, noch zu Sofortmaßnahmen hinzugezählt zu werden? Na, das habe ich geahnt.
Herr Poppe, bitte.

Poppe (Minister o. G., IFM): Ja, ich wünsche die gesonderte Abstimmung über die **Anträge 14/35**[32] und **14/36**[33] als Sofortmaßnahmen.

Ducke (Moderator): Wir hätten es uns schnell schenken können. Danke.
Herr Ullmann noch dazu.

Ullmann (Minister o. G., DJ): Ja, dasselbe.

Ducke (Moderator): Danke. Es war dann Herr Clemen.

Clemen (DA): Ich möchte gern noch folgendes einfügen. In Anbetracht der gegenwärtigen Umbruchtendenzen fordern wir, zunächst bis zum 18. März ein geltendes Verbot des Verkaufs und Rechts – –

Ducke (Moderator): Darf ich einmal fragen, das ist aber jetzt etwas ganz anderes.

Clemen (DA): Das möchte ich gerne dazu eingefügt haben, das hatte ich vorhin schon einmal angesprochen.

Ducke (Moderator): Es liegt aber nicht vor.
Herr Weigt, bitte.

Weigt (DJ): Ich bitte um die gesonderte Abstimmung von der **Vorlage 14/44** [Antrag DJ: Bildung einer AG „Wissenschaft"[34]].

Ducke (Moderator): Das ist klar, das war so auch klar. Vielen Dank. Gut. Noch weitere Sonderabstimmungen gewünscht?
Herr Börner, bitte.

Börner (PDS): Zu der **Vorlage 14/4** in Anbetracht der Verhandlungen, die wir zum **Staatshaushalt** planen.

Ducke (Moderator): [Vorlage] **14/4** zu Sofortmaßnahmen, ja? Noch einen Antrag? Leute, das ist doch jeder Antrag. Das hat uns doch jetzt wirklich Zeit gekostet. Wenn ich gleich hätte durchgezogen, das muß ich jetzt einmal wirklich sagen. Entweder machen wir ein Paket und nicht jeder jetzt eine Sofortmaßnahme noch daraus. Ich bitte einmal, meine Mißbilligung zu entschuldigen. So, bitte, Herr Jordan. Es geht um die Sofortmaßnahmen unter Punkt 2 des Positionspa-

---
[32] Dokument 14/17, Anlagenband.
[33] Dokument 14/18, Anlagenband.
[34] Dokument 14/19, Anlagenband.

piers. Wer wünscht, daß sein Antrag dort noch kommt? Das Bündel kommt ja.

Bitte, Herr Jordan.

Jordan (GP): Ich möchte noch einmal an den mündlichen Antrag erinnern zum **nationalen Programm zur Rettung der Altstädte,** daß das ja auch noch dort mit hineinkommt.

Ducke (Moderator): Liegt vor und soll [als] eine Sofortmaßnahme oder ins Bündel [aufgenommen werden]?

Jordan (GP): Unter Sofortmaßnahmen im Positionspapier.

Ducke (Moderator): Also, es tut mir leid. Jetzt hat uns irgend jemand durcheinandergebracht. Denn daß die Anträge dazu kommen, aber nicht unter dem Stichwort Sofortmaßnahmen – das sind alles Sofortmaßnahmen, ist ja klar.

Bitte, Herr Stief, helfen Sie uns einmal geschäftsordnungsmäßig?

Stief (NDPD): Also, ich hoffe, daß ich Unterstützung finde bei der Suche nach einem vernünftigen Weg. Ich bin persönlich nicht bereit, daß wir hier mit mehreren Einzelpersonen die Arbeit einer **Arbeitsgruppe „Kultur"** übernehmen. Das geht nicht. Erstens waren in der Vorbesprechung trotz Einladung einige Parteien nicht dabei. Das ist kein Vorwurf, das ist eine Feststellung. Und wenn das jetzt alles nachgefaßt wird, kommen wir hier nicht zu Stuhle. Ich habe bereits einige wichtige Dinge mitgeschrieben, nämlich die vier Punkte von der Grünen Partei, auch **Altstadtsanierung** lassen sich mühelos in Kurzfassung als Gedanke, ohne den ganzen Antrag hineinzunehmen, hineinformulieren. Wenn mir die Gelegenheit gegeben würde, meine jetzige Fassung des Papiers **14/1** vorzutragen und dann wirklich alles andere, es sei denn, es gibt zu dem einen oder anderen Aspekt wirklich, wie Herr Ullmann sagt, eine völlig entgegengesetzte Meinung, das kann man auch extra machen. Man kann sich über diesen Einzelaspekt wirklich gesondert verständigen. Wir müssen uns nicht alle damit belasten. Das wäre meine Bitte.

Ducke (Moderator): Herr Stief, das ist doch ein ordentlicher Geschäftsordnungsantrag. **Vorlage** des Papiers **14/1** in einer **Neufassung,** und ich bitte alle Antragsteller, darauf zu achten, ob sie unter den Sofortmaßnahmen drin sind. Und dann könnten wir das schaffen.

Herr Stief, bitte.

Stief (NDPD): Seite 1 bleibt unverändert.

Ducke (Moderator): Also, es geht um die **Vorlage 14/1** mit den Ergänzungen aus den vorliegenden Vorlagen.

Bitte schön.

Stief (NDPD): Seite 2 oben: Streichen des Begriffes „Obhutspflicht".

Und im Sinne von Herrn Ullmann Veränderung: „Der Staat hat eine Garantiepflicht für Freiheit und Unabhängigkeit von Kultur und Kunst." Dann geht das alles weiter.

Ducke (Moderator): Das war ja schon als Bitte an Sie geäußert. Vielen Dank, ja.

Stief (NDPD): Wir streichen diesen Aufruf: „Fordern wir Kultur!" In der letzten Zeile.

Ducke (Moderator): Ja. Letzte Zeile, erster Absatz, Seite 2.

Stief (NDPD): Dafür setzen wir fort im Sinne auch hier geäußerter Meinungen als neuen Satz: „Wir fordern, daß Fehlentwicklungen der alten Kulturpolitik bloßgelegt und aufgearbeitet werden."

Ducke (Moderator): Das ist sozusagen der letzte Satz des Absatzes eins.

Stief (NDPD): Der letzte Satz, bevor es zu den Sofortmaßnahmen geht. „Wir fordern, daß Fehlentwicklungen der alten Kulturpolitik bloßgelegt und aufgearbeitet werden." Damit haben wir nach meinem Dafürhalten in Kurzfassung all das erwischt, was hier diesen Bereich betrifft.

Dann würde ich vorschlagen, wir setzen an diese Sofortmaßnahmen unten dran den Kernsatz des **Antrages 14/41 [Antrag GP: Einrichtung einer Untersuchungskommission „Bestandsaufnahme des Zustandes der nationalen Kultur"**[35]**],** also nächster Anstrich nach „verringert werden": „Ein Programm zur Sicherung der Altstädte ist auszuarbeiten." Wenn mit dieser Kurzform mitgegangen werden kann, wäre es gut.

Ducke (Moderator): Danke. Warten Sie einmal, lassen Sie erst einmal das Ganze. Oder? Antragsteller?

Jordan (GP): Ja. Ich würde gern unsere Fassung vortragen und vorschlagen.

Ducke (Moderator): Bitte, es geht um einen Anstrich und um die Sache. Herr Jordan, ich muß Sie jetzt bitten.

Stief (NDPD): Herr Jordan, wir machen dann vielleicht noch eine redaktionelle – –

Ducke (Moderator): Das geht jetzt nicht um die Redaktionsarbeit, sondern um das Anliegen!

Danke.

Stief (NDPD): Dann kommt als nächstes, ich habe den Antrag von Herrn Mahling im Sinne, **[Vorlage] 14/26 [Antrag Sorbischer Runder Tisch: Subventionierung der sorbischen Kultur und Kunst in der bisherigen Höhe über zentralen Fonds der Regierung**[36]**].** Nächster Anstrich könnte sein: „Die sorbische Kultur und Kunst sind weiterhin mindestens in der bisherigen Höhe über einen zentralen Fonds durch die Regierung zu subventionieren." Das ist der letzte Satz dieses **Antrags 14/26** und trifft nach meinem Dafürhalten das, was er möchte.

Ein nächster Anstrich würde alles das, oder die nächsten vier Anstriche würden alles das enthalten, was den **Antrag 14/34** betrifft, die Sofortmaßnahmen könnten hier angefügt werden. Damit wäre nach meinem bisherigen Überblick alles das wesentliche erfaßt, was Sofortmaßnahmen betrifft.

Dann käme hinzu auf Seite 3 der Formulierungsänderungsantrag der LDP, nämlich, der erste Satz bleibt stehen und dann wird fortgesetzt: „Deshalb dürfen marktwirtschaftliche Kriterien, wenn sie in der Kultur zur Anwendung kommen, die Rechte der Bürgerinnen und Bürger auf freien Zugang zur Kunstausübung [nicht] beeinträchtigen." Alles andere wird gestrichen. Also hinter „Deshalb..." alles weg und dafür diese Formulierung.

Dann dritter Absatz [einige Worte] streichen, noch einmal ja? „Deshalb dürfen marktwirtschaftliche Kriterien, wenn sie in der Kultur zur Anwendung kommen, die Rechte der Bürgerinnen und Bürger auf freien Zugang zur Kunstausübung [nicht] beeinträchtigen." Formulierung LDP. Dritter

---

[35] Dokument 14/15, Anlagenband.
[36] Dokument 14/16, Anlagenband.

Absatz streichen die beiden Worte: „... und Verabschiedung", weil die Kommission das nicht tun kann.

Und dann bin ich noch etwas im Zweifel, wie wir das lösen, letzter Anstrich.

Zwischenfrage: Wo?

Ducke (Moderator): In welchem?

Stief (NDPD): Da ging es um **Entstaatlichung** oder um Beseitigung der staatlichen Lenkung, wie auch immer. Ich glaube, Herr Ullmann hatte den weitestgehenden Antrag gestellt, das zu streichen, überhaupt den ersten Teil des Satzes, weil auf Seite 2 ganz oben unter Garantiepflicht eigentlich dieses Prinzip erfüllt wird. Dann würde es unten enden, also [auf Seite 3] der unterstrichene Anstrich „... für [die] verwaltungsrechtliche Ausgestaltung [des Verfassungsgrundsatzes]: auf allen Ebenen, der die inhaltliche Ausgestaltung der Kulturhäuser" und so weiter. Dann kommt der ganze erste Halbsatz weg.

Ducke (Moderator): Und Sie beginnen bei?

Stief (NDPD): „Der die inhaltliche Ausgestaltung ...", da wäre der einzufügen, hinter dem Komma.

Ducke (Moderator): Ja, danke.

Stief (NDPD): Und alles andere könnte bleiben. Jedenfalls habe ich nichts mehr verfassen können, was wichtig wäre im Sinne der Veränderung dieses Papiers. Ich kann mir denken, was Herr Gutzeit möchte. Also wir möchten, die Einreicher, daß das Basispapier verabschiedet wird. Trotz aller Hilflosigkeit des Papiers – –

Ducke (Moderator): Meine Damen und Herren, danke Herr Stief, zunächst einmal folgendes: Wir hatten uns darüber verständigt, daß zu Sofortmaßnahmen Anträge hinzugezählt in das Papier kommen. Dies ist nun dankenswerterweise so gemacht worden, daß wir uns mit den Stichworten begnügen müssen. Es geht hier nicht um eine Redaktion und um eine Veröffentlichung, sondern daß unter den Anstrichen diese Dinge benannt werden, darum ging es, und auch die Änderungen, die ja vorgelegt und vorgetragen wurden, eingearbeitet werden in das Papier.

Deswegen nun meine Frage, ob Sie einverstanden sind, daß dieses, wie es jetzt vorgeschlagen ist, in das Papier eingefügt wird, unabhängig jetzt von Formulierungsvorschlägen. Das sind die vorliegenden Anträge oder entdeckt jemand noch mehr?

Herr Weiß, bitte.

Weiß (DJ): Ich kann mich mit diesem Verfahren wirklich nicht anfreunden. Jetzt sind hier dabei wesentliche Sofortmaßnahmen auch unter den Tisch gefallen. Zum Beispiel der **Antrag 14/32** ist nicht erwähnt. Hier sind Positionen noch drin, die man definieren müßte. Wenn hier steht, daß die **Nationalkultur** gefördert und entwickelt werden soll oder kulturelle Projekte von nationaler Bedeutung. Wer bestimmt das, was das ist? Ist das Werk von Herrn [Werner] Tübke in Frankenhausen ein solches oder andere? Also, ich denke, man kann mit diesem wichtigen Gegenstand nicht so umgehen, wie wir jetzt damit umgehen.

Ducke (Moderator): Herr Ziegler dazu zum Geschäftsordnungsantrag.

Ziegler (Co-Moderator): Herr Weiß, ich wollte eben doch bloß erinnern, daß jetzt abgestimmt wird über die Sofortmaßnahmen, die in dieses Papier genommen werden. Das andere fällt doch dadurch, die Einzelanträge, die nicht aufgenommen sind, fallen doch nicht weg, sie werden mehr mitgeliefert.

Ducke (Moderator): Ich darf einmal bitten, doch folgendes festzuhalten, Augenblick bitte, Herr Clemen.

Herr Mahling zur Geschäftsordnung, [bitte].

Mahling (Vertreter des Sorbischen Runden Tisches): Ich würde vorschlagen, daß wir jetzt ausgiebig lange darüber gesprochen haben und über das Papier [Vorlage] 14/1 in der Fassung von Herrn Stief abstimmen und dann anfügen daran die anderen und dann noch einmal abstimmen über dieses **Paket,** wo dann alle Anträge einzeln darin stehen, etwa mit der Formulierung: „Der Runde Tisch fordert die Regierung auf, die beiliegenden Anlagen noch vor der Wahl einer genauen Prüfung zu unterziehen." Und dann kommt Punkt, Punkt, Punkt, die ganzen Anlagen, und darüber abstimmen jetzt – –

Ducke (Moderator): Ach, vielen Dank, Herr Mahling. Ja, selbstverständlich. Augenblick bitte, Herr Mahling. Danke. Herr Schäfer.

Schäfer (Schutzbund der Künstlerverbände): Gestatten Sie mir eine Frage. Es ist für den Außenstehenden etwas schwierig, den Überblick zu halten. Ich muß den uns angeschlossenen Verbänden exakt Bericht erstatten, was jetzt hier beschlossen wurde. Helfen Sie mir. Ist mit dieser Beschlußlage auch die **[Vorlage] 14/1-Anlage** völlig aus dem Rennen oder ist sie drin? Bitte verstehen Sie mich recht, glauben Sie einfach, man darf es doch einmal in eigener Sache sagen. Die Künstlerverbände haben seit November vergangenen Jahres diese Sache initiiert. Wir möchten bitte darin bleiben, wenn Sie uns das gestatten.

Ducke (Moderator): Wissen Sie, Herr Schäfer, es geht nur darum, wenn das Papier 1 gestrichen wird, gibt es auch keine Anlage zum Papier 1, und das ist schlicht das Problem. Wir kämpfen jetzt nicht um Ihr Papier, sondern darum, daß sich Ihr Papier wodran hängen kann. Habe ich das jetzt ganz? Wunderbar.

Herr Ullmann bitte, und dann Herr Schulz.

Ullmann (Minister o. G., DJ): Also, ich möchte mich all denen anschließen, die [sich] für eine Verabschiedung von **[Vorlage] 14/1** in der veränderten Fassung aussprechen. Ich gebe aber hier zu Protokoll, daß ich Verständnis habe für die Vorbehalte von Konrad Weiß. Es gibt ja das Mittel des Minderheitenvotums, und ich mache darauf aufmerksam, das ist ein riesiger Komplex, wie einerseits staatliche Pflicht des Engagements, ich bin eben der Meinung, das kann nur die Gestalt haben, daß der Staat die **Freiheit der Kultur** sicherstellt und nichts anderes.

Wir haben überhaupt nicht besprochen wie diese Freiheit sichergestellt wird im Verhältnis zur **Kommerzialisierung,** um es einmal ganz summarisch auszudrücken. Hier hat ja die LDP einen klaren Vorstoß gemacht, der freilich nach meinem Dafürhalten eine Menge Bedenken gegen sich hat, die nicht ausdiskutiert sind. Das muß man einfach sagen. Aber darüber gibt es ganze Bibliotheken von Literatur, und es ist unmöglich, diese ganzen kunstphilosophischen und staatsrechtlichen und verfassungsrechtlichen Dinge hier auszudiskutieren.

Ducke (Moderator): Wenn Sie mir erlauben vor dem nächsten Geschäftsordnungsantrag, noch einmal vielleicht so zu differenzieren. Wir haben die Vorlage unserer Arbeitsgruppe „Kulturpolitik", an der alle mitgemacht haben. Wir haben Anträge auf Einfügungen in dieses Papier, die eben in der Weise von Herrn Stief uns noch einmal zur Kenntnis gebracht wurden. Darüber müssen wir abstimmen, ob wir das so wollen. Und wir haben ein Bündel von Einzelanträgen, die im Zusammenhang mit diesem Papier zu sehen sind. Natürlich verstehe ich auch, daß jeder die auch noch als **Sofortmaßnahme** hereinbringen will. Aber, danke.

Und darüber müssen wir auch abstimmen, was das Bündel beinhalten soll. Deswegen haben Sie gemerkt, Frau Merkel, als Sie vorhin sagten so pauschal. Das geht gar nicht so pauschal. Wir müssen, Sie merken die Widersprüche und die Stimmung. Ich lasse jetzt abstimmen, ob die Anträge, ob das so genehmigt ist, daß dies in das Papier hineinkommt, was wir eben gelesen haben. Aber ich habe noch drei Geschäftsordnungsanträge.

Herr Schulz, Herr Poppe.

Schulz (NF): Ich würde noch einen vermittelten Vorschlag hier machen, und zwar stimmen wir über das Papier [**Vorlage**] **14/1** ab in der Vorlage, die Herr Stief uns jetzt vorgestellt hat, also mit den Ergänzungen. Und um den Einwand, daß wir kein ungeprüftes Bündel mitgeben, [zu entkräften,] verweisen wir die Einzelanträge noch einmal in die Arbeitsgruppe „Kultur" zurück, wo die Antragsteller sich darüber klar werden in Form einer redaktionellen Bearbeitung, daß wir einen Nachtrag zum Positionspapier einreichen oder nachtragen.

Ducke (Moderator): Ja. Herr Schulz, also nur eins noch. Wir müssen erst abstimmen, ob die Einfügungen in das Papier gemacht werden. Und dann stimmen wir über das ganze Papier ab. Also, erst die Einfügungen als Einzelne, also insgesamter Block, und dann über das Papier. Und dann kommt jetzt Ihr konkreter Vorschlag, daß wir doch noch einmal die Einzelanträge in die Arbeitsgruppe „Kulturpolitik" hingeben, die daraus das Bündel schnürt. Habe ich Sie so richtig verstanden, Herr Schulz?

Danke für die Vermittlung.

Überlegungspause. Der nächste Geschäftsordnungsantrag. Herr Poppe, bitte.

Poppe (Minister o. G., IFM): Ja. Ich würde vorschlagen, nachdem wir nun also über diese grundsätzlichen Positionen vier Stunden geredet haben, daß wir die **Einzelanträge**, die wirklich akut sind und wo es um – – die keinen Aufschub dulden, weil nämlich ganz konkrete Objekte daran hängen, daß wir über die noch abstimmen, und sei es dann in zehn Minuten nach der Mittagspause. Diese Zeit sollte man sich noch nehmen. Wenn wir die nämlich jetzt an eine Arbeitsgruppe zurückgeben, dann sind sie vor den Wahlen nicht mehr zu realisieren.

Ducke (Moderator): Danke, Herr Poppe.

Aber nennen Sie uns dann nur die Nummern, dann geht das gut.

Poppe (Minister o. G., IFM): Ja, ich habe vorhin bereits gesagt [**Vorlage**] **14/35** und **14/36**.

Ducke (Moderator): Ist das jetzt schon darin mit unter Sofortmaßnahme?

Ziegler (Co-Moderator): Nein, [die] sind nicht darin.

Ducke (Moderator): Frage: Sie wünschen, daß das noch als Sofortmaßnahme hineinkommt?

Poppe (Minister o. G., IFM): [**Vorlage**] **14/35** und **14/36** kann in diesem Bündel nicht mit – –

Ducke (Moderator): Ja, ach danke, Herr Poppe, das ist jetzt das nächste. Jetzt laßt uns doch erst einmal dies machen, was wir mühsam [erarbeitet] haben. Wir haben einen Vorschlag, daß **Sofortmaßnahmen** als Ergänzung in das Papier eingetragen wurden. Da hat uns Herr Stief vorgelesen.

Poppe (Minister o. G., IFM): Ja, da ist es ja nicht darin enthalten, deshalb meinte ich.

Ducke (Moderator): In das Papier, nicht in das Bündel. Bitte, lassen Sie uns doch erst einmal über das Papier da abstimmen, ob Sie dafür sind, daß dies zu den **Sofortmaßnahmen** in das Papier gezählt wurde! Kann ich jetzt einmal die Abstimmungsfrage stellen? Wer dafür ist, daß die vom Herrn Stief vorgetragenen Ergänzungen zum Papier **14/1** in das Papier aufgenommen werden, den bitte ich um das Handzeichen. – Das ist die Mehrheit. Gott sei Dank. Gegenstimmen? – 1 Gegenstimme.

Danke.

Ja, jetzt hätten wir die Frage zu stellen, ob über das Papier, weil wir uns jetzt, glaube ich, einig sind, daß alles andere nur noch als Bündel dazu kommt, würde ich doch sagen, sollten wir jetzt über das Papier in dieser veränderten Fassung abstimmen und dann über die Einzelanträge zum Bündel dazu.

Herr Templin [zur] Geschäftsordnung.

Templin (IFM): Ich denke, unser Antrag ist richtig verstanden worden, daß die beiden Anträge, die konkrete Objekte beinhalten, in den Katalog der Sofortmaßnahmen aufgenommen werden sollen.

Ducke (Moderator): Nein, so war es leider nicht formuliert. Herr Poppe hatte ausdrücklich gesagt, in das Bündel, was dazu kommt. Da bitte ich Sie, darauf hinzuweisen.

Herr Poppe, habe ich Sie falsch verstanden?

Poppe (Minister o. G., IFM): Ich wollte die nicht als Bündel, sondern einzeln abstimmen lassen – –

Ducke (Moderator): Ja, aber wozu? Als Einzelabstimmung ist – –

Poppe (Minister o. G., IFM): – damit umgehend eine Entscheidung über diese beiden Anträge getroffen wird, damit dort entsprechende Konsequenzen daraus gezogen werden.

Ducke (Moderator): Sicher. Sehen Sie, Herr Templin, es war nicht der Antrag, sie in das Papier aufzunehmen, sondern dazu.

Poppe (Minister o. G., IFM): Moment. Wenn die einzige Möglichkeit, sie sofort zu behandeln, darin besteht, sie zu den Sofortmaßnahmen zu rechnen, dann beantragen wir das natürlich!

Ducke (Moderator): Das brauchte eigentlich nicht.

Frau Merkel, [bitte].

Frau Merkel (UFV): Ist denn das so ein Problem, jetzt also [**Vorlage**] **14/35** und [**Vorlage**] **14/36**, die bei Herrn Stief offenbar untergegangen sind, als Anstriche also hier mit in das Papier aufzunehmen? Ich denke, daß das in dem Sinne von Herrn Poppe ist.

Ducke (Moderator): Ja, wenn er das gleich gesagt hätte, wäre das [eine] Ergänzung gewesen. Herr Stief, sehen Sie diese Möglichkeit, das als Stichworte? Oder lassen wir dann das als Einzelpapier?

Stief (NDPD): Das sind zwei komplette Seiten.

Ducke (Moderator): Sind zwei komplette Seiten, [das] wird einzeln abgestimmt. Danke.

Somit hätten wir jetzt das Papier 14/1 in der vorgeschlagenen Ergänzung zur Abstimmung. Wollen wir das doch vielleicht jetzt vorziehen, damit nicht immer wieder die Widersprüche auftauchen, und dann über die Einzelanträge, die notwendig sind, ja? Ich rufe auf die **Vorlage 14/1** in der **veränderten Fassung**. Wir haben darüber abgestimmt, was noch mit hineinkommt. Jetzt steht das ganze Papier zur Abstimmung. Wer dafür ist, daß die **Vorlage 14/1** als – wie?, – daß die **Vorlage 14/1** als Meinung des Runden Tisches gilt, den bitte ich jetzt um das Handzeichen. – Das ist die Mehrheit. Gegenstimmen? – Es gibt 3 Gegenstimmen. Stimmenthaltungen? – Es gibt 5 Stimmenthaltungen. Damit ist die **Vorlage 14/1** angenommen, inclusive **Anhang Anlage 1 zu [Vorlage] 14/1**.

Herr Schäfer, war das?

Schäfer (Schutzbund der Künstlerverbände): – danke Ihnen.

[Beifall]

Ducke (Moderator): Alles. So, und jetzt, wenn Sie denken, wir sind schon fertig – aber ich frage jetzt natürlich trotzdem, wir möchten natürlich Sie nicht jetzt bitten, noch nach der Mittagspause dabei zu sein, es sind dann die **Einzelanträge**. Aber da es jetzt 13.20 Uhr gleich ist, wird die Küche nicht so lange warten können. Wir müssen doch diese Abstimmung auf später verschieben, wenn Einzelabstimmung verlangt wird, ja. Das wird verlangt. Also, Verschiebung auf nach der Mittagspause zu einem geeigneten Zeitpunkt. Jetzt [ist] Mittagspause bis 14.10 Uhr.

[Pause]

Ducke (Moderator): [Ich bitte Sie] Platz zu nehmen, daß wir die Verhandlungen nach der Mittagspause fortführen können. Werde ich auch im Foyer gehört? Ich muß noch um Verständnis bitten, daß wir noch so wenig hier sind. Die **Prioritätengruppe** tagt noch und dadurch verschiebt sich auch ein wenig noch der Anfang. [Wir sollten die Zeit] nutzen, uns noch ganz kurz [zu] verständigen, über das, was noch anliegt. Sie sehen hinter mir schon sitzen die Vertreter zum Tagesordnungspunkt 3, **Militärreform**. Wir haben aber noch aus dem vorhergehenden Tagesordnungspunkt einige Einzelanträge. Wenn ich das richtig sehe, sind das drei, die eigens abgestimmt werden, Initiative Frieden [und] Menschenrechte, **Haus der Behinderten**. Dann war noch die **[Vorlage] 14/44** zu **Wissenschaft** – und wo war noch das Haus?

N. N.: [In der **Vorlage**] 14/36.

Ducke (Moderator): [**Vorlage**] 14/36, danke. Das war **Haus der Begegnung**, nicht? Dies oder welches meinen Sie jetzt, Herr – Sagen Sie mir einmal das Stichwort schnell dazu? Nein, **Palast der Republik** hatte ich ja schon gesagt, ja. Ja, Haus der – dieses Haus hier. Sonst alles andere käme dazu. Oder liegt von jemandem noch vor? Haben wir da jemanden jetzt übersehen, der da noch [einen] Einzelantrag [hat]? Nein.

Dann gibt es einige Informationen, die wir vorziehen möchten, ehe wir dann zum nächsten Tagesordnungspunkt kommen, und die Prioritätengruppe entscheidet gerade noch über die nächsten Tagesordnungsanträge.

Soviel als Zwischenunterhaltung.

Ich eröffne die Sitzung nach Tisch, auch wenn uns die Prioritätengruppe noch fehlt. Aber da ja von jeder Partei und politischen Gruppierung ein Vertreter da ist, verlesen wir jetzt eine Richtigstellung zu Problemen, die von der letzten Sitzung gekommen sind. **Stellungnahme des Runden Tisches** zur **Rechtssicherheit von Eigentümern** und Nutzern volkseigener beziehungsweise **in staatlicher Verwaltung stehender Wohn-, Erholungs- und Gewerbegrundstücke**. Wir verlesen dieses jetzt, was erarbeitet wurde und eingebracht wird von der Nationaldemokratischen Partei Deutschlands. Darf ich Sie bitten, Herr Stief? Das ist ohne Vorlage. Es liegt aber in Ihren Papieren. Darf ich um Aufmerksamkeit bitten?

Stief (NDPD): Meine Damen und Herren, das ist eine Information, die ohne Nummernkennzeichnung ist. Sie hat hier und da die Nummer 14/5 bekommen.

Information: Es geht um eine Stellungnahme des Runden Tisches, wie Herr Dr. Ducke schon sagte, im Zusammenhang mit Irritationen zu den ganzen Eigentumsfragen, die nach der Beratung des Runden Tisches vom vergangenen Montag im Lande aufgetreten sind. Es ist deshalb erforderlich, dazu Stellung zu beziehen.

[Information 14/5, Stellungnahme des Runden Tisches: Zur Rechtssicherheit von Eigentümern und Nutzern volkseigener bzw. in staatlicher Verwaltung stehender Wohn-, Erholungs- und Gewerbegrundstücke]

Sich häufende Anfragen von Bürgern an den Runden Tisch veranlassen zu folgenden Feststellungen:

1. Die zur Zeit für die Bürger der DDR bestehenden Eigentums- und Nutzungsverhältnisse bezüglich der oben genannten Grundstücke sind durch das bestehende Rechtssystem der DDR, insbesondere die Verfassung, die staats- und verwaltungsrechtlichen Regelungen zum Grundstücksverkehr wie auch durch die entsprechenden Bestimmungen des Zivilgesetzbuches für Grundstücke aller Eigentumsformen gesetzlich geschützt.

Das Geltendmachen von Nutzungs- oder Herausgabeansprüchen ehemaliger Eigentümer beziehungsweise von Eigentümern derartiger Grundstücke, die nicht Bürger der DDR sind, ist deshalb grundsätzlich nicht möglich.

2. Die rechtlichen Grundlagen zur Verleihung von Nutzungsrechten an volkseigenen Grundstücken beziehungsweise der gesetzlich zulässige Verkauf volkseigener Eigenheime, Miteigentumsanteile beziehungsweise Gebäuden für Erholungszwecke bestehen unverändert weiter.

Deshalb schlägt der Runde Tisch der Regierung vor, die örtlichen Staatsorgane auf eine volle Ausschöpfung dieser gesetzlichen Möglichkeiten zu Gunsten der Wahrung berechtigter Interessen der Bürger unseres Landes zu orientieren.

3. Im Rahmen von unmittelbaren Maßnahmen der Wirtschaftsreform im Jahre 1990 {- ich verweise hier auf die Ausführungen von Frau Minister Luft -} ist auch der Erlaß weitergehender rechtlicher Regelungen bis zum 18. März 1990 vorgesehen, die sowohl den Verkauf volkseigener Gewerbeobjekte, die bisher von Bürgern auf der Grundlage staatlich genehmigter Nutzungsverträge genutzt werden als auch die Verleihung von Nutzungsrechten an volkseigenen Grundstücken zur Errichtung eigener Gewerbeobjekte betreffen.

4. Zur Wahrung der Rechtssicherheit aller Bürger, die berechtigte Nutzer nichtvolkseigener Grundstücke sind und auf diesen Grundstücken im Rahmen ihrer gesetzlichen Nutzungsbefugnis Bebauungen sowie andere wertsteigernde oder werterhaltende Maßnahmen des Um- und Ausbaues von Wohngebäuden durchgeführt haben, schlägt der Runde Tisch vor, den Wertumfang dieser Maßnahmen unverzüglich in private Miteigentumsanteile am Grundstück beziehungsweise Gebäude zu überführen und diese Miteigentumsanteile durch den Liegenschaftsdienst in den Grundbüchern rechtswirksam dokumentieren zu lassen.

5. Zur praktischen Durchsetzung dieses Vorschlages schlägt der Runde Tisch der Regierung den sofortigen Einsatz einer Expertenkommission vor.

Dazu bietet [die NDPD ihre sofortige aktive] Mitarbeit [durch Entsendung kompetenter Mitarbeiter des Parteivorstandes in eine derartige Kommission] an.[37]

Ich glaube, oder wir glauben, daß mit dieser Stellungnahme ein erheblicher Teil der Irritationen vom letzten Montag ausgeräumt ist. Das schließt natürlich ein, daß gegenwärtig an weiteren gesetzlichen Regelungen gearbeitet wird, die diese Problematik betreffen, die kompliziert genug ist.
Danke.

Ducke (Moderator): Danke, Herr Stief.
Wenn ich es richtig sehe, ist das eine Stellungnahme, die uns die rechtliche Grundlage in Erinnerung ruft. Nun haben Sie aber Vorschläge darin gemacht, der Runde Tisch schlägt vor. Wäre das natürlich da zu überlegen. Das wäre, wenn ich es konkret sehe, eine Expertenkommission und unter zweitens den Vorschlag. Müssen wir darüber abstimmen oder?

Stief (NDPD): Ich glaube, daß das nicht notwendig ist. Unter Expertenkommission kann man durchaus auch verstehen, daß die bestehende Arbeitsgruppe „Recht", die ohnehin seit Wochen arbeitet, mit einbezogen wird, angereichert um einige Experten, die ohnehin in der Regierung oder im bilateralen Verfahrungsaustausch zwischen beiden deutschen Staaten mit dieser Problematik befaßt sind. Es sollte nur noch einmal die Dringlichkeit dieses Problems verdeutlicht werden.

Ducke (Moderator): Danke. Gibt es Einwände gegen die in der Stellungnahme angeführten Feststellungen? Dann würden wir nämlich dies dann der Regierung übergeben.
Herr Brinksmeier, SPD.

---

[37] Dieser Vortrag wurde auch schriftlich zu Protokoll gegeben. Die in { } gesetzten Ausführungen wurden davon abweichend nur mündlich vorgetragen. Die in [ ] gesetzten Texte finden sich lediglich in der schriftlich zu Protokoll gegebenen Fassung.

Brinksmeier (SPD): Wir hätten einige Ergänzungen beziehungsweise noch Modifizierungen. Bei Punkt 1 müßte sicherlich noch dazu, daß vergessen wurde, daß man sagen muß, die **Verbrechen der Nazizeit** und die **Verbrechen** aus der Zeit des **SED-Regimes** bedürfen natürlich auch der **rechtlichen Regelung der Wiedergutmachung**. Wenn das so ankommen würde, daß dies hier mit abgedeckt würde und nicht mit angegangen werden soll, denke ich, wäre es auch falsch formuliert. Da denken wir, das müßte noch mit dazu.

Bei Punkt 2 wäre die Grundlage der gesetzlich zuverlässige Verkauf volkseigener Eigenheime. Da denke ich muß in der Analyse gesagt werden, daß diese volkseigenen Eigenheime meist in der Regel in **privilegierter Nutzung** standen. Da, denke ich, muß man im Einzelfall genau gucken. Das könnte eine Aufgabe sein für die Expertengruppe.

[Am] Ende von Punkt 2, denke ich, [ist] eine Ergänzung auch noch [notwendig]. Der Runde Tisch schlägt der Regierung vor, „... die örtlichen Staatsorgane auf eine volle Ausschöpfung dieser gesetzlichen Möglichkeiten zu Gunsten der Wahrung berechtigter gewerblicher Interessen der Bürger unseres Landes zu orientieren."

Ansonsten haben wir gehört, daß Sie anbieten, kompetente Mitarbeiter des Parteivorstandes mit zu entsenden. Wir werden dazu Kontakt miteinander aufnehmen mit den Gruppen von Leuten, die bei uns daran schon arbeiten.
Danke.

Ducke (Moderator): Danke, Herr Brinksmeier. Die Frage ist nur, mit diesen Ergänzungen, Herr Stief, ich muß Sie rückfragen, ist das drin? Sollte das dann in der Expertenkommission, was jetzt im Moment gekommen [ist], daß Sie das dort einbringen? Wäre das denkbar, daß wir jetzt nicht dies in die Vorlage [einfügen]? Herr Brinksmeier meint, es ist denkbar.

Stief (NDPD): Ich wäre damit einverstanden. Aber diese Einfügung, „gewerblicher", am Ende des vorletzten Absatzes, das halte ich für eine gute Präzisierung.

Ducke (Moderator): Das würde auch schon [ausreichen], ja? Danke. Also, wir würden davon ausgehen, daß dies in dieser Expertenkommission auch noch besprochen wird, Ihre Vorschläge.
Danke, Herr Brinksmeier. Es war noch eine Meldung. Herr Mäde, Vereinigte Linke.

Mäde (VL): Ja. Ich halte also das, ich habe die gegenteilige Auffassung von Herrn Stief, weil ich glaube, das ist eine Einschränkung, ja, die – –

Ducke (Moderator): Also „... gewerblich...". Sie sind jetzt, Sie sprechen zur Einfügung „gewerblich"?

Mäde (VL): Ich spreche dagegen, ja. Und die zweite Bemerkung ist, die ich mir nicht verkneifen kann, wenn man am letzten Runden Tisch unseren Antrag nicht mit 12 zu 12 Stimmen abgewiesen hätte, bräuchten wir heute eine solche Information nicht zu verfassen.

Ducke (Moderator): Herr Stief.

Stief (NDPD): Ich will nur auf folgenden Sachverhalt hinweisen. Nicht alle Bürger unseres Landes können diesen Marathon mitmachen, und die Betroffenen erhalten manchmal Informationen, die der Vollständigkeit entbehren. Die hier vollständig gegeben worden sind, aber draußen im Lande durchaus zu Irritationen führen. Und das ist die eigentliche Absicht, daß wir das wieder im Sinne des in der vergangenen Woche gestellten Antrages, der in sich durchaus richtig war, wieder in Ordnung bringen.

Ducke (Moderator): Danke, Herr Stief.

Ich schlage vor, daß wir doch die Stellungnahme in der vorgelegten Weise so zur Kenntnis nehmen, und alle Änderungswünsche an die **Arbeitsgruppe „Recht"** und die zu bildende Expertenkommission verweisen, damit wir jetzt nicht wieder Schwierigkeiten hineinbekommen aufgrund Ihrer Wortmeldung. War das so richtig? Damit wir hier keine – – Danke. Wir nehmen dies so zur Kenntnis, und ich habe die frohe Mitteilung zu machen, daß die **Prioritätengruppe** ihre Sitzung beendet hat. Wir haben in der Zwischenzeit die Stellungnahme bezüglich Eigentum hier verlesen. Wir haben also die Zeit gut genutzt. Wir haben schon die Gäste von der Armee begrüßt und sie den Fotoreportern ausgesetzt in der Zwischenzeit.

Und nun fahren wir fort in der Tagesordnung. Es liegen noch die Themenkomplexe Kultur vor, die Einzelanträge und das zu dem Bündel, und dann noch die Information, die wir nach dem Mittagessen immer geben wollten. Ich frage Herrn Ziegler: Sind Sie bereit für diese Information? Herr Ziegler hat das Wort.

TOP 3: Informationen aus der Prioritätengruppe

Ziegler (Co-Moderator): Aus der Prioritätengruppe habe ich Ihnen zunächst bekanntzugeben, daß drei Parteien sich an den Runden Tisch gewandt haben mit der Klage darüber, daß sie nicht in gleicher Weise wie andere Parteien mit Räumen, Telefon und dergleichen laut Ministerratsbeschluß bedacht worden sind wie diejenigen, die am Runden Tisch sitzen. Der Runde Tisch ist der Meinung, oder die Prioritätengruppe ist der Meinung, und ich hoffe, der Runde Tisch insgesamt auch, daß man natürlich nicht das Datum der Gründung der Partei zum Maßstab nehmen kann, ob nun eine Partei, die registriert wird und sich zur Wahl stellt, **Unterstützung** findet oder nicht, daß der Ministerratsbeschluß also für alle angewandt werden sollte. Und das gilt für die **Deutsche Forumspartei,** das gilt für die **Spartakist-Arbeiterpartei Deutschlands** und es gilt für die **Europa-Union.**

Die Prioritätengruppe war der Meinung, es genügt, wenn die Regierung da in dieser Weise daran erinnert wird und gebeten wird, ihren Beschluß auf alle Parteien in gleicher Weise anzuwenden, sofern sie registriert sind und sofern sie sich zur Wahl stellen.

Zweitens: Es wird darum gebeten vom Volkskammerpräsidenten, darauf hinzuweisen, daß ein **Gedankenaustausch** stattfinden soll mit **sowjetischen Parlamentariern,** und zwar am 6. März [1990], 09.00 bis 12.00 Uhr, hier im Konferenzgebäude, in dem wir jetzt sind, in Raum 216. Sie finden diese Einladung auch in Ihren Fächern. Bloß die Fächer müssen regelmäßig geleert werden, damit man es dann auch weiß. Und es wird gebeten, unmittelbar sich bei Herrn – wissenschaftlicher Mitarbeiter in der Abteilung Interparlamentarische Arbeit des Sekretariats der Volkskammer zu melden.

Und schließlich, es ist hier vom Büro des Präsidenten der Volkskammer darauf aufmerksam gemacht worden, daß die Parteien, die an der **Wahl** teilnehmen wollen, sich registrieren lassen müssen gemäß Paragraph 2, Absatz 4 des Parteiengesetzes. Es haben sich noch nicht alle diesem ordnungsgemäßen **Registrierungsverfahren** unterzogen.

Das wird jetzt ganz höchste Zeit, weil sonst also die Wahl nicht ordnungsgemäß durchgeführt werden kann. Dem Antrag auf Registrierung ist ein Programm und Statut sowie die Namen der Vorstandsmitglieder mitzuteilen an den Leiter der Rechtsstelle der Volkskammer. Es ist also eine dringende Bitte des Volkskammerpräsidenten.

Und schließlich als letztes, daß die Nationaldemokratische Partei Deutschlands bittet um die Möglichkeit, kurz eine Information noch abzugeben zur **Rechtssicherheit** von Eigentümern und Nutzern volkseigener – –

Ducke (Moderator): Das haben wir eben schon gemacht.

Ziegler (Co-Moderator): Ach, das ist passiert? Ich bitte um Entschuldigung, weil ich nicht da war. Danke schön.

Das waren die Informationen. Am Schluß des Tages hätte ich dann eine letzte Information noch zu geben, die aber erst am Schluß des Tages kommt.

TOP 4: Appell der stellvertretenden Vorsitzenden der Wahlkommission der DDR, Dr. Juliane Jürk, an alle Parteien und Vereinigungen, die sich zur Wahl stellen

Ducke (Moderator): Danke, Herr Ziegler. Ich frage Frau Jürk von DBD als stellvertretende Vorsitzende der Wahlkommission der DDR, die uns um eine Mitteilungsmöglichkeit gebeten hat. Und hier, wo jetzt zur Wahl gesprochen wurde – – und [zur] Registrierung. Frau Jürk, sind Sie parat?

Bitte schön.

Frau Jürk (DBD, Wahlkommission): Meine Damen und Herren, Sie wissen, daß sich am Donnerstag der letzten Woche die **Wahlkommission der DDR** konstituiert hat und auch die Wahlkommissionen der Wahlkreise. Gestatten Sie mir als stellvertretende Vorsitzende der Wahlkommission der DDR, mich an alle Parteien und politischen Vereinigungen zu wenden, die sich zur Wahl stellen, mit der Bitte, im Interesse einer ordnungsgemäßen Vorbereitung und Durchführung der Wahlen Ihre Pflichten aus dem jüngst beschlossenen **Wahlgesetz** ganz konsequent wahrzunehmen. Diese Bitte gründet sich auf folgende Erfahrungen der letzten Tage:

Zum einen entsenden verschiedene Parteien und politische Vereinigungen in die Wahlkommissionen nicht in jedem Fall die gesetzlich bestimmte Anzahl von Vertretern, das heißt, zum Teil werden zuwenig oder keine Vertreter beziehungsweise zuviel Vertreter entsandt. Das wirkt sich ungünstig auf die Arbeitsweise der Wahlkommissionen aus beziehungsweise widerspräche einer paritätischen Vertretung der Parteien und Vereinigungen in den Wahlkommissionen.

Lassen Sie mich deshalb die herzliche Bitte aussprechen, daß alle **Parteien** und politischen Vereinigungen, die sich an der Wahl beteiligen, gemäß dem Paragraph 16, Absatz 3 des Wahlgesetzes in die Wahlkommissionen der Wahlkreise jeweils zwei **Vertreter** entsenden. Das betrifft auch alle Parteien, die sich in den nächsten Stunden und Tagen für diese Wahl anmelden.

Zum anderen zeigt sich, daß die Gewinnung einer ausreichenden Anzahl Bürger für die cirka 22 000 **Wahlvorstände,** daß dies keine leichte Aufgabe ist. Die Gründe, die sicherlich in der jüngsten Vergangenheit zu suchen sind, müssen an diesem Tisch nicht erörtert werden. Da diese cirka 22 000 Wahlvorstände laut Wahlgesetz Paragraph 18, Absatz 1 schon bis zum 18. März [1990], also nächste Woche, gebildet werden müssen, sei mir die herzliche Bitte an alle Parteien und politischen Vereinigungen gestattet, daß Sie die **Wahlkommissionen der Wahlkreise** bei der Bildung der Wahlvorstände in den **Stimmbezirken,** insbesondere bei der Gewinnung der Bürger für die Wahlvorstände, unterstützen. Das entspricht dem Wahlgesetz Paragraph 18, Absatz 1.

Ich habe mich mit diesen Bitten deshalb an den Runden Tisch gewandt, weil er unter anderem auch die Vorschläge unterbreitet hat für die **Wahl des Vorsitzenden** beziehungsweise die stellvertretenden Vorsitzenden der Wahlkommission der DDR und damit seine Verantwortung und auch sein Interesse an einer ordnungsgemäßen Wahl bekundete.

Danke schön.

TOP 5: Kulturpolitik (Fortsetzung)

Ducke (Moderator): Danke, Frau Jürk. Das waren Sie als stellvertretende Vorsitzende der Wahlkommission. Wir sind wieder erinnert worden an die Aufgaben, die noch vor uns liegen. Bevor wir uns dem Thema **Militärreform** zuwenden, nun noch die Bündelung der letzten Anträge zum Thema **Kultur.** Wenn ich es richtig sehe, war gebeten worden um Einzelabstimmung über die **Vorlage 14/35, Haus der Begegnung – – Zentrum geistig behinderter Menschen;** dann [über die **Vorlage**] **14/36, Palast der Republik;** und [über die **Vorlage**] **14/44,** [**Antrag DJ: Bildung einer AG „Wissenschaft"**[38]] Gründung Wissenschaft. Über diese drei Anträge stimmen wir einzeln ab. Sind Sie damit einverstanden, und das wäre jetzt meine erste Frage, daß wir über alle anderen Anträge, die hier kamen, in der Weise verfahren, daß wir sie zusammenbündeln und als Anlage beifügen diesem Positionspapier, [über] das wir vorhin abgestimmt haben? Wer dafür ist, daß wir diese alle vorliegenden Anträge, außer den eben drei genannten, beifügen als Ergänzung und zur Überlegung sowohl der Kommission als auch der Regierung übergeben, den bitte ich um das Handzeichen. – Das ist der Fall. Die Mehrheit. Gegenstimmen? – Es gibt keine Gegenstimme. Stimmenthaltungen? – 5 Enthaltungen. Danke. Damit können wir so verfahren.

Ich rufe auf **Vorlage 14/35,** Initiative Frieden [und] Menschenrechte bringt sie ein. Darf ich Sie bitten, Herr Poppe?

Poppe (Minister o. G., IFM): Ja. Es geht um einen konkreten Vorschlag [**Vorlage 14/35**[39]] eines „**Hauses der Begegnung – – ein kulturelles Zentrum für geistig behinderte Menschen und Andere"** [zu schaffen]. Und wir haben deshalb um die Einzelabstimmung gebeten, weil die Zeit drängt, weil auch ganz konkrete Objekte damit verbunden sein könnten und damit das so schnell wie möglich jetzt ohne Verzug in die Wege geleitet werden kann.

---

[38] Dokument 14/19, Anlagenband.
[39] Dokument 14/17, Anlagenband.

Und ich würde folgenden Vorschlag machen, daß wir uns dem sozialen Problem, was mit den geistig behinderten Menschen in der DDR verbunden ist, dann widmen, wenn das Thema **Soziales** hier in einer der nächsten [Sitzungen] auf der Tagesordnung steht, daß dann Herr Erforth, der eine Vorlage oder beziehungsweise eine ausführliche Information gegeben hat, die auch in allen Fächern liegen müßte, dann noch einmal mit seinen konkreten Vorstellungen hier die Möglichkeit erhält, diese vorzutragen, wenn darüber hinaus auch entsprechende Anträge noch formuliert werden können beim nächsten Mal, und daß wir uns heute beschränken nur auf diesen konkreten Antrag des Hauses, was hier beantragt wird.

Ducke (Moderator): In der vorliegenden [Fassung]?
Danke, Herr Poppe.

Poppe (Minister o. G., IFM): Und dazu würde ich bitten, Herrn Erforth, noch einige Ausführungen jetzt zu machen.

Ducke (Moderator): Bitte schön, Herr Erforth, Initiative Frieden [und] Menschenrechte.

Erforth (IFM): Also ich bin, meine Name ist wie gesagt Klaus Erforth, ich bin Vater eines dreizehnjährigen geistig behinderten Jungen. Und wenn für manchen Formulierungen hier im Antrag als sehr hart erscheinen, dann sind sie von mir bewußt so gesetzt aus der Erfahrung dieser dreizehn Jahre mit diesem Jungen.

Ich bitte auch, daß Sie verstehen, daß ich ein bißchen aufgeregt bin, wenn ich zu diesem Thema hier spreche. Ich möchte Ihnen nur sagen, daß dieses Konzept, was ich ausgearbeitet habe – und [das], wie ich ja entnommen habe, in Ihren Briefkästen gelegen hat, aber möglicherweise noch nicht gelesen werden konnte – daß wir das dann beim nächsten Mal in vorbereiteter Weise [behandeln], wo ich dann zu Programm und ganz konkreten Dingen [spreche]. Nämlich es geht dabei um die Situation zweier Gebäude, die möglicherweise hier also zur Diskussion stehen könnten.

Das eine ist das ehemalige zentrale **Pionierhaus German Titow** [???] an der Parkaue, was ich mir angesehen habe, aber gleich sagen möchte, daß ich es eigentlich nicht als eine maximale Lösung sehe, weil es dann den Kindern, den anderen, den unbehinderten Kindern weggenommen werden würde, [ich] füge aber hinzu, daß in Lichtenberg ein **Kuratorium** eingerichtet wurde.

Wie mir von der CDU – und damit möchte ich gleich verbinden, daß ich auch betroffen und berührt bin schon von den Reaktionen auf dieses Projekt, zum Beispiel von der CDU, von der LDPD, von der PDS, vom Neuen Forum – – Und darin liegt jetzt keine Wertung in der Reihenfolge. Und daß dort ein solches Kuratorium eingerichtet wurde, was dann also mit den demokratischen Parteien und Initiativen entscheiden soll, welchem das zugeführt wird, ja.

Das andere Gebäude, was eben eine Maximallösung wäre, würde ich hier nur noch nennen, worum es eben geht, das ist das **Haus 18,** der sogenannte **Sozialtrakt** auf dem Gelände des ehemaligen **Ministeriums für Staatssicherheit** in der Normannen-/Ruschestraße. Ich möchte mich jetzt nicht weiter darüber dann auslassen und würde dann beim nächsten Mal über die ganzen konkreten Dinge und über das Konzept dann auch so kurz wie möglich aber doch ausführlicher sprechen wollen.

Ducke (Moderator): Danke, Herr Erforth. Es liegt jetzt also vor die **Vorlage 14/35,** ein **Haus der Begegnung** zu schaf-

Kulturpolitik (Fortsetzung)

fen. Ich glaube, das Anliegen haben wir verstanden, und wir wissen ja auch noch, daß die konkreten Dinge möglicherweise kommen. Sie haben das alle in Ihren Fächern liegen. Wer dieses Anliegen unterstützt, ich denke, wir können darüber abstimmen. Es war auch ein Antrag von der PDS, schon das Programm zu unterstützen. Es ist schon faktisch abgebündelt, mitgepackt. Darf ich dann vielleicht zur Abstimmung bitten? Wer für diesen Antrag ist, den bitte ich um das Handzeichen. – Dies ist die Mehrheit. Gegenstimmen? – Das ist nicht, keine Gegenstimme. Stimmenthaltungen? – Ebenfalls [keine]. Der Antrag ist einstimmig angenommen. Vielen Dank und vielen Dank für Ihre Reaktion dazu.

Es liegt jetzt vor uns die **Vorlage 14/36, Palast der Republik**[40]. Ich sage es nur ganz schnell. Es wird von mehreren Parteien getragen. Wer bringt den Antrag ein? Das ist Herr Ullmann.

Bitte.

Ullmann (Minister o. G., DJ): Ich will, damit es nicht so lange dauert, nicht den ganzen Text verlesen, sondern nur zwei, nein drei Kernsätze. Erster Absatz: „Der Runde Tisch fordert die Regierung der DDR auf, jede Nutzung, Vergabe oder Veräußerung des Palastes der Republik in Berlin und vergleichbare Einrichtungen in anderen Städten für kommerzielle oder repräsentative Zwecke zu unterlassen."

Und nun speziell: „Der Palast der Republik soll ein vom Staat subventioniertes Zentrum alternativer und experimenteller", da ist ein Druckfehler, das i ist zu streichen, „Kunstproduktion werden." Das ist der Kern des Vorschlages. Dazu gibt es Voraussetzungen, die erfüllt werden müssen. Die sind im nächsten Absatz aufgeführt. Ich unterstreiche nur die eine wichtige. „Die geplanten Subventionierungen sind zu erhalten."

Dann folgt die Begründung, [die] brauche ich nicht vorzulesen, sondern ich zitiere auch hier nur den letzten Satz und füge eine Bemerkung zu einer vorangegangenen Diskussion bei. Da spielte das Wort **Nationalkultur** eine Rolle. Ich glaube, daß das ein problematischer Begriff ist. Kultur ist niemandes spezielles Eigentum, auch nicht irgendeiner besonderen Nation, sondern Kultur ist eine Art, wie alle Menschen und Völker miteinander kommunizieren. Und darum dieser Schlußsatz: „Der umgestaltete Palast der Republik wird ein Teil der **europäischen Kulturmetropole Berlin**."

Ich bitte die Damen und Herren am Runden Tisch, diesem Antrag Ihre Zustimmung zu geben.

Ja, und noch eine kleine Korrektur einzufügen in der Begründung, der **Palast der Republik** ist in seiner äußeren Form und in seiner bisherigen inneren Bestimmung Ausdruck einer **fehlorientierten Poltik**. Also, das möchte ich doch eingeschränkt sehen. Weithin fehlorientierten Politik. Denn es hat im Palast der Republik und in den dort getätigten kulturellen Aktivitäten durchaus nicht nur Fehlorientierungen gegeben. Das ist zu summarisch.

Danke.

Ducke (Moderator): Ja. Danke, Herr Ullmann, für die Relation zu dem Thema, Stichwort Palast der Republik. Ich eröffne die Aussprache dazu. Das sind gleich so viele [Wortmeldungen]. Ich sah Herrn Börner zuerst, PDS; und dann sortiere ich.

Danke.

---

[40] Dokument 14/18, Anlagenband.

Börner (PDS): Wie hier in dem Antrag **[Vorlage 14/36]** zu lesen ist, unterstützen wir prinzipiell diesen Antrag inhaltlich und auch in der Herangehensweise, bis auf einen Punkt. Das muß ich jetzt korrigieren, weil wir heute früh sehr schnell diesen Antrag untersützt haben, aber nicht die exakte Formulierung hatten.

Wir sind dafür, daß der, wie im vierten Anstrich hier formuliert wurde, ein **Beirat** gebildet wird und daß über diesen Beirat auch über die inhaltlichen und personellen Konsequenzen im Haus entschieden wird. Ich halte die Formulierung im zweiten Anstrich, jetzt von vorherein zu sagen, **Leiter aller Kompetenzbereiche**, die sehr undifferenziert ist, jetzt nicht für glücklich. Ich würde also beantragen, diesen zweiten Anstrich jetzt erst einmal herauszunehmen und es über den Beirat zu machen.

Ducke (Moderator): Das ist eine konkrete Rückfrage jetzt, die wollen wir gleich dem – –

Ullmann (Minister o. G., DJ): Ich stimme gleich zu.

Ducke (Moderator): Sie stimmen sofort zu? Wir können also davon ausgehen, daß der Antragsteller von sich aus den zweiten Anstrich, ja, war das so richtig, gesondert behandelt beziehungsweise jetzt herausnimmt. Danke.

Das Wort hat jetzt Herr Clemenz von [der] LDP.

Clemenz (LDP): [Ich habe] nachdem dieser Anstrich gestrichen ist, nur noch zwei Bemerkungen **[zur Vorlage 14/36]**.

Erste Bemerkung: Wenn wir diesen Einrichtungen die **kommerzielle Nutzung** verbieten, würde nach der Diskussion heute morgen die Finanzierung von Kunst und Kultur in diesem Lande territorial noch schlechter aussehen als das ohnehin der Fall ist.

Zweitens: Was den **Palast der Republik** anbelangt, ich kann dann nicht einsehen, warum es ein subventioniertes Zentrum alternativer und experimenteller Kunstproduktion werden soll. Wenn an die europäische Kulturmetropole Berlin im letzten Teil gedacht ist, im letzten Satz gedacht ist, dann steht er doch für alle Formen von Kunstproduktionen offen und nicht nur für alternative und experimentelle. Danke.

Ducke (Moderator): Danke, Herr Clemenz, LDP.

Es hat das Wort Herr Balke, Grüne Partei. Habe ich jetzt jemanden übersehen? Würden Sie sich noch einmal melden? Herr Stief dann noch.

Balke (GP): Ja. Balke mein Name. Meine Frage ist, was soll aus der **Volkskammer** werden? Sind die Abgeordneten gewillt, das Haus zu verlassen wegen der **Asbeststaubverseuchung** oder ordnet sich das ein in das alternative Kulturkonzept?

Ducke (Moderator): Danke, Herr Balke.

Herr Stief, NDPD.

Stief (NDPD): Herr Balke, das war fast zu ahnen. Mein Hinweis bezieht sich auf die zweifellos oder eventuell notwendige, wie hier formuliert ist, Asbestsanierung, – klingt wie eine Warnung, und die ist nicht bewiesen, es sei denn es würde was beigebracht. Im Sinne der Seriosität dieses Papiers würde ich vorschlagen, daß man anfügt einen Satz. „Hierüber ist durch das **Zentralinstitut für Arbeitsmedizin** ein Gutachten zu erstellen oder könnte erstellt werden." Da haben wir das richtige Institut. Und das muß ja auch belegbar sein. Dann werden Ihnen sicherlich auch die Volkskammerabgeordneten die vorher gestellte Frage beantworten. Möglicherweise kurzfristig. Und werden da bleiben, ja.

Ducke (Moderator): Aha. Danke. Also das waren jetzt Wortmeldungen zu diesem Antrag. Ich sehe keine weiteren Wortmeldungen. Dann hat noch einmal das Wort der Einbringer. Herr Ullmann, bitte. Und dann stimmen wir ab.

Ullmann (Minister o. G., DJ): Ja, also, ich will einmal die Infragestellung, **alternativer** und **experimenteller Kunstproduktion** verteidigen. Ich denke, es steht einem Lande wie dem unseren an, so etwas zu haben. Partiell war das ja schon der Fall. Das ist auch der Hintergrund dieses Antrages. Das Theater im Palast hat eben an dieser Stelle ganz erhebliche Verdienste. Und das soll auf jeden Fall sichergestellt werden. Es soll aber ausgeweitet werden. Sie wissen, in Paris gibt es das Centre Pompidou, und ich denke, in unserem Lande könnte es ruhig etwas ähnliches geben, zumal das dann nicht nur der kleinen DDR zugute käme, sondern weit darüber hinaus. Und ich denke, das rechtfertigt hier die Zuspitzung des Antrages. Ich denke, daß man, auch wenn man es hier in dem Antrag so stehen hat, durchaus verhandlungsfähig ist für Kontakte mit anderen Kunstarten und Kunstsparten.

Ducke (Moderator): Ja, danke Herr Ullmann. Ich muß im Interesse der Zeit jetzt doch zur Abstimmung [aufrufen] und da gibt es noch ganz wesentlich eine Bemerkung. Herr Templin. Aber das ist dann die letzte Wortmeldung dazu. Bitte.

Templin (IFM): Ich denke, daß der Einwurf der Grünen Partei ja durchaus nicht nur scherzhaft gemeint war. Wir stehen drei Wochen vor den Wahlen, die endlich zu einem **Arbeiten im Parlament** führen sollen. Bisher ist die Frage, wo dieses Parlament denn arbeiten soll, nach meiner Kenntnis noch nicht diskutiert worden. Im jetzigen Gebäude der Volkskammer können Plenarsitzungen stattfinden. Es dient bestenfalls repräsentativen Zwecken. Dieser Teil des Palastes der Republik ist für ein arbeitendes Parlament mit allen nachgeordneten Einrichtungen, Büros völlig unzureichend.

Ich bitte dringend darum, bei der Abstimmung und Diskussion über das hier vorgelegte Projekt diesen Teil der Sache, der ja bald der entscheidende sein wird, nicht außer acht zu lassen.

Ducke (Moderator): Herr Templin, das bedeutet, sagen wir es einmal im Klartext: Die **Volkskammer** können wir vernachlässigen hier bei diesem Antrag.

Templin (IFM): Nein, ich bitte, wenn man über die künftige **Nutzung des Palastes der Republik** berät, nicht die bisherige Gliederung, ein Teil davon könnte etwa dem Parlament zur Verfügung stehen, der größere Teil bleibt kulturelles Gebäude wie bis jetzt, zugrundezulegen, das ist völlig illusorisch. Für die Volkskammer muß eine ganz andere Konzeption, auch baulich, herangezogen werden. Eine reale Möglichkeit wäre, den gegenüberliegenden **Ministerienbau** dafür zu nehmen, das **Außenministerium**.

Ducke (Moderator): Herr Ziegler kann dazu noch eine Information geben. Bitte.

Ziegler (Co-Moderator): Ich erinnere Sie an die Information, die der Präsident der Volkskammer dem Runden Tisch hat mitteilen lassen. Da steht drin, welche Gebäude in Aussicht genommen sind und wie die Arbeit mit den genügenden Räumen vorbereitet wird, und wenn, damit es vielleicht wieder in Erinnerung kommt, bringe ich in Erinnerung, daß die PDS bereit war, das **Gebäude des früheren Zentralkomitees** zur Verfügung zu stellen. Also wir müssen doch nicht immer wieder neue Dinge, die schon bekannt gegeben sind, hier zum Antrag oder zur Diskussion stellen.

Ducke (Moderator): Ja. Also jetzt geht es aber um das Gebäude, ja? Trotzdem bleibt der Antrag, Herr Ullmann? Der Antrag bleibt. Wir haben für und gegen gehört. Ich schreite zur Abstimmung. **Vorlage 14/36**, Umwandlung des Palastes der Republik in ein subventioniertes Zentrum alternativer [und] experimenteller Kunstproduktion. Wer für diesen Antrag ist, den bitte ich um das Handzeichen. – 26 dafür. Gegenstimmen? – Es gibt 1 Gegenstimme. Stimmenthaltungen? – Das ist dann der Rest. 8 Enthaltungen. Danke. Der Antrag ist angenommen.

Vorlage 14/44, Bildung einer Arbeitsgruppe „Wissenschaft" des Runden Tisches. Die Vorlage ist eingebracht. Wir erinnern uns, vorhin wurde das schon erwähnt. Gibt es dazu noch Wortmeldungen? Es geht um die – – einer Gruppe. Wir haben das gehört. Es gibt eine Meldung.

Herr Meißner, DBD.

Meißner (DBD): Wir stimmen diesem Antrag grundsätzlich zu, möchten ihn allerdings gerne erweitert wissen auf andere Akademien, beispielsweise auf die **Akademie für Landwirtschaftswissenschaften**. Ich würde deshalb den Vorschlag unterbreiten, diesen mittleren Satz herauszunehmen.

Ducke (Moderator): Können Sie uns ganz kurz helfen, den mittleren Satz, Sie meinen von „... die Initiativgruppe Wissenschaft" ab da?

Meißner (DBD): Ja, ja.

Ducke (Moderator): Bis [wohin]?

Meißner (DBD): Bis „... zu bringen" streichen.

Ducke (Moderator): Bis „zu bringen" ist zu streichen. Können sich die Antragsteller damit einverstanden erklären? Ja, merke ich. Gut. Sie kriegen eh das letzte Wort.

Es hat noch das Wort Herr Ziegler.

Ziegler (Co-Moderator): Ich möchte daran erinnern, daß die Prioritätengruppe abgelehnt hatte, eine **Arbeitsgruppe „Wissenschaft"** des Runden Tisches zu bilden. Und ich möchte im Interesse der Sache, die hier vertreten wird, eine Abänderung vorschlagen, nämlich daß empfohlen wird, einen **Runden Tisch „Wissenschaftsreform"** zu bilden, denn eine Arbeitsgruppe des Runden Tisches „Wissenschaft" kann nicht mehr wirksam werden. Aber wie der Runde Tisch des Sports und so weiter wirksam werden kann, könnte dies ein geeignetes Instrument werden.

Ducke (Moderator): Also das war fast so wie ein Joker, nein, jetzt gezogen. Was sagen die Antragsteller dazu? Wissen Sie, Sie müssen bedenken, wir sind noch zwei Wochen beisammen.

N. N.: Ja ja, vielleicht sollte ich ein bißchen begründen, ganz kurz, zwei Minuten.

Ducke (Moderator): Sind Sie gegen einen solchen Antrag Runder Tisch „Wissenschaft" statt Arbeitsgruppe „Runder Tisch", denn Arbeitsgruppe „Runder Tisch" stirbt dann zwei – –

N. N.: Vielleicht begründe ich noch einmal ganz kurz, und es kommt mir darauf an – –

Ducke (Moderator): Sagen Sie einmal, beantworten Sie doch nur einmal meine Frage. Sind Sie einverstanden, daß der Runde Tisch „Wissenschaft" gebildet werden könnte oder bestehen Sie auf eine Arbeitsgruppe „Runder Tisch"?

N. N.: Wo soll dieser Tisch gebildet werden? Das ist die Frage. Wenn er nur jetzt bei der Akademie gebildet ist, dann wirkt er nicht. Wenn er nur beim Ministerium für Wissenschaft und Technik gebildet wird, wirkt er nicht. Er muß praktisch außerhalb dieser Organisationen sein. Und deshalb war dieser Antrag vom Runden Tisch her dieser Arbeitsgruppe – –

Ducke (Moderator): Es ist richtig. Aber Sie haben verstanden, daß am Runden Tisch, wenn ich die Prioritätengruppe richtig interpretiere, keiner damit einverstanden ist, jetzt noch vor den letzten zwei Sitzungen eine Arbeitsgruppe zu bilden, wohl aber einen Runden Tisch. Deswegen meine Frage.

N. N.: Ja, ja.

Ducke (Moderator): Sehen Sie das Anliegen darin auch gewährleistet?

N. N.: Wenn er unabhängig sein kann sowohl vom Ministerium für Wissenschaft und Technik und von der Akademie der Wissenschaften und den Universitäten, daß er als **Extra-Gremium** dort der Regierung empfehlen kann, dann ja.

Ducke (Moderator): Danke. Das würde also bedeuten, daß wir doch hier eine „Initiativgruppe Wissenschaft" als Subjekt nehmen müssen. Oder?

N. N.: Ja, ja.

Ducke (Moderator): Meine Frage steht jetzt. Es ist ja ein konkreter Antrag, statt Arbeitsgruppe zu bilden einen **Runden Tisch der Wissenschaften.** Ich stelle diesen Antrag jetzt als den weitergehenden Antrag hier zur Debatte. Ist der Runde Tisch einverstanden, daß ein Runder Tisch „Wissenschaft" gebildet werden sollte? Den bitte ich um das Handzeichen. – Es ist die Mehrheit. Gegenstimmen? – Keiner. Stimmenthaltungen? – Einige Realisten? 4. Danke.

Damit wäre der Runde Tisch oder würde aufgefordert, würde der Antrag oder die Meinung des Runden Tisches lauten: Es soll ein **Runder Tisch „Wissenschaft"** gebildet werden.

Herr Weigt, noch ein Wort dazu?

Weigt (DJ): Ja, jetzt möchte ich fragen, wie das konkret geschehen soll. Wer jetzt angesprochen ist?

Ducke (Moderator): Das können Sie nicht den Runden Tisch fragen.

Weigt (DJ): Ja, das muß ja praktisch geschehen.

Ducke (Moderator): Ja, Herr Ziegler macht einen konkreten Vorschlag.

Ziegler (Co-Moderator): Also, ich möchte darauf hinweisen, daß von der **[Standpunkt] PDS** die **Information 14/8**[41] [Zur Einberufung eines Runden Tisches „Wissenschaft"] in dieser Richtung genau vorliegt. Und wenn Sie das wollen, dann müssen Sie schon eine Initiativgruppe zusammenbringen, wie andere das auch gemacht haben. Dies können wir Ihnen hier schlecht noch abnehmen, weil unsere Arbeitszeit zu Ende geht.

Ducke (Moderator): Ich glaube, das ist richtig. Hier war noch eine weitergehende [Wortmeldung].

Herr Templin bitte noch.

Templin (IFM): Ich denke, genau die **Information 14/8** der PDS zur **Einberufung eines Runden Tisches „Wissenschaft"** zeigt, wo ein Teil der Probleme zu suchen ist und ein anderer Teil eben nicht.

Wenn hier auf gravierende neue Probleme im Zusammenhang mit Wissenschaft hingewiesen wird, **Entwicklungspotential der Industrie** wird jetzt falsch gebraucht; es gibt neue **Ausgrenzung und Diskriminierung von Wissenschaftlern,** dann wird damit ein Teil der Probleme erfaßt. Der erheblichere Teil aber der gegenwärtigen Neubestimmungsversuche in der Wissenschaftspolitik besteht ja darin, und das ist auch der Sinn des Antrags von Herrn Weigt in seiner Begründung, daß nämlich die **alten Kader der Wissenschaftspolitik,** ehemalige **SED-[Mitglieder],** zum Teil jetzt größtenteils nicht mehr Parteimitglieder, krampfhaft versuchen, ihre beherrschenden Stellen in den entscheidenden Gremien von Wissenschaftspolitik beizubehalten.

Ducke (Moderator): Aber Herr Templin, wir sprechen jetzt nicht über diese Information, sondern über die Initiativgruppe zur Gründung eines Runden Tisches.

Templin (IFM): Ja, und uns geht es darum, daß diese Initiativgruppe von vornherein mit den richtigen **politischen Gewichtungen** getroffen wird, sonst kommt es nämlich wieder dazu, daß die alten Einflußgruppen versuchen, durch die Lokalisierung dieses Tisches und die Besetzung von vornherein Einfluß darauf zu nehmen. Ich denke, hier muß wissenschaftsstrategisch und wissenschaftspolitisch von vornherein von diesen gegenwärtig existenten Hauptgefahren ausgegangen werden, und auf die wollten wir mit der Einbringung die Öffentlichkeit aufmerksam machen.

Ducke (Moderator): Herr Ziegler bitte zunächst.

Ziegler (Co-Moderator): Dann möchte ich einen anderen Vorschlag noch machen, daß hier nicht beantragt wird die Einsetzung einer Arbeitsgruppe „Wissenschaft" des Runden Tisches, daß aber doch der Runde Tisch, indem er auch herumfragt, wer da mitmacht, eine Initiativgruppe hier einsetzt.

Ducke (Moderator): Ja, ich habe verstanden.

Ziegler (Co-Moderator): Und dann diese Befürchtung, daß das in die Hand eines Ministeriums oder einer Akademie kommt, dadurch etwas abgewandt wird, daß hier eine Initiativgruppe, die natürlich die anderen mit einbeziehen muß, in Gang gesetzt wird.

Ducke (Moderator): Danke. Ich verstehe den Antrag so, daß wir noch ergänzend zu diesem Runden Tisch abstimmen. Der Runde Tisch bildet eine Initiativgruppe oder ruft, meinetwegen, ja? So in der Richtung. Aber jetzt noch Herr Ullmann. Herr Weigt, Sie kriegen dann das Wort.

Herr Ullmann, bitte.

Ullmann (Minister o. G., DJ): Ja, also, ich bitte die verehrten Herren Moderatoren, mir meine Bemerkung nicht übel zu nehmen. Aber das Problem ist natürlich die Zusammensetzung dieses Runden Tisches, und die scheint mir das große Rätsel in der Angelegenheit zu sein. Und solange es dafür

---
[41] Dokument 14/20, Anlagenband.

keinen überzeugenden Vorschlag gibt, da ist schwer die Sache debattierbar und abstimmbar.

Ducke (Moderator): Sehr richtig. Aber darf ich darauf hinweisen, wir haben schon über einen **Grünen Tisch** abgestimmt, und da waren sich die Einbringer auch einig. Hier muß ich sagen, das ist die Frage des Antrag[stellers].
Herr Weigt, bitte.

Weigt (DJ): Ich möchte doch noch einmal auf die Dringlichkeit dieses Problems hinweisen von der technischen Seite, von der **Naturwissenschaft** her.

Ducke (Moderator): Sie kriegen gleich einen Geschäftsordnungsantrag.

Weigt (DJ): Ja.

Ducke (Moderator): Bitte nur, wer die Initiativgruppe – –. Wir haben beschlossen, einen Runden Tisch – – steht.

Weigt (DJ): Ja, aber dann ist das, was Herr Ullmann gesagt hat, [das] steht hier im Raum. Und das ist genau, dieser Weg ist noch nicht offen für die Bildung einer wirksamen Gruppe. Ich möchte das dennoch hier betonen. Die Betriebe und Kombinate haben inzwischen Verträge von über 100 Millionen Mark aufgekündigt. Das war vor einer Woche schon. Und das nimmt kein Ende. Die Wissenschaft steht in einer existentiellen Situation.

Ducke (Moderator): Sie brauchen uns nicht zu überzeugen, daß das notwendig ist. Das haben wir schon beschlossen.

Weigt (DJ): Ja, und aus diesem Grunde müssen wir eine Gruppierung finden, die auch wirklich eingreifen kann. Eine einfache Initiativgruppe ohne Kompetenzen, das sagt nichts.

Ducke (Moderator): Danke. Herr Stief, Geschäftsordnung.

Stief (NDPD): Ich wollte dazu sagen, das ist ein weitergehendes Problem. Es bezieht sich nicht nur auf die Akademie der Wissenschaften und andere Einrichtungen. Die gesamte **Grundlagenforschung** in der Industrie und so weiter ist davon betroffen. Bloß wir können nur alte Verfahrensweisen wieder anwenden. Wir haben bei der Arbeitsgruppe „Wirtschaft" zwei Einberufer gehabt. Sie haben sich ihre Interessenten aus diesen hier versammelten Parteien und Gruppierungen gesucht, die kompetent genug sind. Es gab Unterausschüsse. Das ist bei jedem Sachgebiet so gewesen. Und wenn das eingereicht wird, dann bitte ich doch um Eigeninitiative. Das kann doch hier nicht gemacht werden.

Ducke (Moderator): Danke, Herr Stief. Ich ende die Diskussion. Wir haben beschlossen einen Runden Tisch. Wir sehen, daß Sie Probleme damit haben – kein Problem damit? Wir bitten Sie, eventuell einen Antrag für eine Initiativgruppe uns das nächste Mal vorzulegen. Wir können hier nicht aus dem Handgelenk etwas machen, was die Bedenken, die hier geäußert wurden und die ja sehr glaubhaft sind, zerstreut. Wir beschließen diesen Tagesordnungspunkt.
Ich rufe nun auf – also **Vorlage 14/44** ist geändert in **Runden Tisch „Wissenschaft"**. Das ist beschlossene Sache. Ergänzungen müssen dann später eingebracht werden. Ich rufe nun auf und übergebe damit das Wort an Herrn Ziegler, den Tagesordnungspunkt 3, Militärreform und bitte die Vertreter der Regierung an den Tisch.

TOP 6: Militärreform

Ziegler (Moderator): Herr Minister, ich möchte Sie herzlich begrüßen und bitte als erstes um Entschuldigung, daß wir unseren Zeitplan nicht einhalten konnten. Sie haben es selbst miterlebt, welches die Gründe waren. Die Gründe sind ja auch ein reges Engagement und ein reges Interesse. Das steht auch hinter diesem Tagesordnungspunkt **Militärreform**, den wir aus diesem Interesse heraus auf die Tagesordnung gesetzt haben. Ich möchte nun zunächst dem Runden Tisch noch vorstellen, Sie sind bekannt Herr Minister Admiral [Heinz] Hoffmann.
Es ist mit Ihnen gekommen Generalleutnant Baarß. Wir begrüßen Sie. Es ist vom Verband der Berufssoldaten Oberstleutnant Dr. Nickel mit am Tisch. Und von der Militärpolitischen Hochschule Grünau [ist] Herr Oberst Maiwald [zugegen].
Wir begrüßen Sie herzlich und freuen uns, daß Sie uns mit Ihren Informationen und dann sicher auch zum Gespräch, zur Diskussion zur Verfügung stehen.
Ich möchte, ehe wir hineingehen in die Arbeit, nur noch sagen, daß Sie für diesen Tagesordnungspunkt vorläufig, ich bin vorsichtig nach der Flut neuer Anträge, die **Vorlagen 14/5 bis 14/10** hinzuziehen sollen. Die sollten Sie sich schon vornehmen. Wir werden dann weitersehen, was da kommt.
Eine letzte Vorbemerkung. Die **Unabhängige Volkspartei** hat darum gebeten, daß sie zu diesem Tagesordnungspunkt die Möglichkeit bekommt zu einem Diskussionsbeitrag. Ich frage schon gleich von vornherein, ob dagegen Widerspruch erhoben wird. Ich sehe keinen Widerspruch. Dann wird das zu gegebener Zeit möglich sein, daß der Vertreter der Unabhängigen Volkspartei auch sprechen kann.
Nun bitte ich Sie, Herr Minister, zunächst. – Nein, nein. Haben Sie denn eine Vorlage insgesamt dafür gemacht? Aha. Dann bitte ich die NDPD, doch zunächst ihre Vorlage einzubringen und dann den Vortrag von Herrn Minister Hoffmann.

Stief (NDPD): Sehr geehrter Herr Minister, meine Damen und Herren. Das vorliegende Material beruht auch auf Zuarbeiten parteiloser Armeeangehöriger. Ich möchte das voranstellen, weil das wichtig ist für die Meinungsfindung in diesem Zusammenhang.

[Vorlage 14/5=Vorlage 14/25, Einbringer NDPD:] Positionen des Runden Tisches zur Militärreform in der DDR

Platz, Rolle, Auftrag und Entwicklung der NVA sowie die Fragen und Probleme, die ihre Angehörigen bewegen, sind Bestandteil des demokratischen Prozesses in der DDR. Sie sind darüber hinaus eingebettet in die gesamteuropäischen Entwicklungsprozesse, zu denen die schrittweise Herbeiführung der Einheit Deutschlands gehört. Sie stehen in enger Verbindung mit den Dokumenten des KSZE-Prozesses und anderen internationalen Verträgen und Vereinbarungen.

1. Nach der Auffassung des Runden Tisches hat es der oberste Grundsatz der Militärpolitik der Deutschen Demokratischen Republik zu sein, alles zu tun, um den Frieden in Europa zu bewahren, die Zusammenarbeit mit allen Staaten zu fördern, das System der militäri-

schen Abschreckung zu überwinden und gemeinsam Sicherheit in Europa zu erreichen. Die DDR tritt für die Auflösung der Militärblöcke NATO und Warschauer Vertrag ein. Solange sie bestehen, wirkt die DDR mit ihren Bündnispartnern im Warschauer Vertrag zusammen.

Ziegler (Moderator): Herr Stief, ich bitte einmal um Entschuldigung. Es ist hier offensichtlich durch die Überfülle der Anträge im Büro etwas schiefgegangen. Es gibt eine Doppelvorlage. Die **Vorlage 14/25,** die Herr Stief jetzt verliest, ist schon zum Teil ausgeteilt worden unter der Nummer 14/5. Das ist dasselbe. Nur damit Sie jetzt nicht suchen, es wird dann **[Vorlage] 14/25** gerade noch einmal ausgeteilt.
  Herr Stief, ich bitte um Entschuldigung, aber die Unruhe kam daher, daß jeder suchte. Bitte fahren Sie fort.

Stief (NDPD): 2. Teil der demokratischen Veränderungen in unserem Lande ist die Militärreform der DDR.

Schulz (NF): Darf ich noch einmal ganz kurz unterbrechen.

Stief (NDPD): Ja.

Schulz (NF): Uns liegt weder die **Vorlage 14/5** noch **14/25** vor.

Stief (NDPD): Herr Schulz, ich kann es nicht ändern. Es ist aber ausgeteilt worden.

Schulz (NF): Es macht natürlich bloß die Diskussion etwas umständlich, wenn Sie jetzt eine Vorlage hier vortragen, die einen bestimmten Teil des Runden Tisches – –

Ziegler (Moderator): Herr Schulz, trotzdem wäre es ganz gut, wenn Sie sich zu Wort meldeten und nicht jeder hier jetzt in die Diskussion eingreift.

Schulz (NF): Herr Ziegler, ich entschuldige. Ich habe mich über zwei Minuten zu Wort gemeldet. Ich bin nicht beachtet worden.

Ziegler (Moderator): Oh, dann bitte ich um Entschuldigung. Aber Frau Scheffner [???], teilen Sie jetzt **[Vorlage] 14/25** aus. Dann müssen wir den Augenblick jetzt warten. Bitte helfen Sie beim Austeilen, damit jeder das jetzt mit vor Augen hat. Herr Stief, warten wir lieber. Das kommt dem Vortrag auch zugute, nicht? Frau Scheffner, könnten Sie dann auch diese Seite bitte bedenken. Nur die **[Vorlage] 14/25** jetzt.
  Herr Stief, fahren Sie dann bitte fort.

Stief (NDPD): Ich darf mir erlauben, bei Punkt 2 fortzufahren.

[Fortsetzung der Vorlage 14/25=14/5]

2. Teil der demokratischen Veränderungen in unserem Lande ist die Militärreform der DDR. Der vom Minister für Nationale Verteidigung einberufene „Runde Tisch zur Militärreform" ist mit einem Entwurf für einen Beschluß der Volkskammer über die „Militärpolitischen Leitsätze der Deutschen Demokratischen Republik" befaßt. Veröffentlich wurde der Entwurf des Wehrdienstgesetzes, unterbreitet von Experten des Ministeriums für Nationale Verteidigung in der Wochenzeitschrift „Volksarmee", Nummer 7/90. Der bisherige Verlauf der Militärreform wird in der Armee zum Teil sehr kontrovers beurteilt. Von vielen wird er als „von oben verordnet" empfunden. Die Armeeangehörigen fordern, daß sie sich selber stärker als Staatsbürger in Uniform einbringen können. Der Runde Tisch unterstützt das Verlangen der Armeeangehörigen, tritt für eine enge Verbindung von Volk und Armee ein und will somit zur Stabilität innerhalb der Armee beitragen.

3. Der Runde Tisch setzt sich für die Festschreibung der Ernennung eines Wehrdienstbeauftragten der Volkskammer in der Verfassung der DDR ein. An den Wehrdienstbeauftragten können sich alle Armeeangehörigen mit ihren Anliegen wenden. Er sollte auch Ansprechpartner für andere Bürger sein, die nach dem gegenwärtig gültigen Gesetz Wehrdienst bei den Grenztruppen der DDR und der Bereitschaftspolizei leisten.

4. Der Runde Tisch wendet sich gegen den Paragraphen 17 (Politische Betätigung) aus dem Entwurf des Wehrdienstgesetzes. Die dort formulierte Festlegung „Soldaten ist es nicht gestattet, Mitglied von politischen Parteien und Organisationen zu sein. Die vor dem Wehrdienst eingegangene Mitgliedschaft wird für die Zeit des Wehrdienstes ausgesetzt" widerspricht Grundsätzen der geltenden Verfassung und unserem Demokratieverständnis. Eine solche Festlegung gibt auch keine Garantie für die von den Autoren des Textes offenbar angestrebte politische Neutralität der Armeeangehörigen. Erfahrungen der deutschen Geschichte belegen dies.

5. Der Runde Tisch unterstützt den Vorschlag vieler Soldaten, ihnen die Teilnahme an politischen Veranstaltungen in Uniform zu gestatten. Der Runde Tisch tritt dafür ein, daß im Rahmen der staatspolitischen Bildung der Armeeangehörigen Vertreter aller demokratischen Parteien und Bewegungen die Möglichkeit haben, auf Wunsch von Armeeangehörigen über ihre politischen Ziele zu informieren.
Der Runde Tisch ist gegen das Wirken von Parteien und politischen Vereinigungen in der Armee. Armeeangehörige, die Mitglied einer Partei oder politischen Vereinigung sind, können sich in ihren territorialen Organisationen betätigen.

6. Der Runde Tisch tritt für die Verbesserung der Dienst- und Lebensbedingungen der Armeeangehörigen, für ihre soziale Sicherstellung im weiteren Prozeß der Abrüstung sowie bei der Versetzung in die Reserve bei Erreichen einer Altersgrenze ein. Die Wehrpflichtigen haben nach ihrer Dienstzeit Anspruch auf Wiederaufnahme ihres alten Arbeitsrechtsverhältnisses. Der Runde Tisch erwartet, daß die Nationale Volksarmee mit Berufssoldaten Dienstverträge abschließt, in denen auch Festlegungen zur langfristigen Vorbereitung auf eine zivile Tätigkeit nach Ablauf der aktiven Dienstzeit enthalten sind.

7. Der Runde Tisch begrüßt das Angebot des Verteidigungsministers, daß die neu geschaffene Verwaltung für staatspolitische Bildung und andere Bereiche des Ministeriums und der Nationalen Volksarmee – wie Logistik, Planung und wissenschaftliche Arbeit – ab sofort offen sind für die Mitarbeit von Mitgliedern aller demokratischen Parteien und politischen Vereinigungen der DDR. Der Runde Tisch tritt dafür ein, daß das Berufsunter-

offiziers-, das Fähnrichs-, das Offiziers- und Generalkorps offen sind für befähigte demokratische Bürger aus allen Schichten des Volkes, unabhängig von ihrer Mitgliedschaft in einer demokratischen politischen Partei oder Vereinigung, ihrem humanistischen, weltanschaulichen oder religiösen Bekenntnis.

Der Runde Tisch unterstützt demokratische Aktivitäten der Gewerkschaften der Armeeangehörigen und der Zivilbeschäftigten der NVA sowie des Verbandes der Berufssoldaten. Er fordert die Aufnahme entsprechender Festlegungen in die „Militärpolitischen Leitsätze der Deutschen Demokratischen Republik".

Der Runde Tisch unterstützt die Wahl von demokratischen Vertretungen der Armeeangehörigen in den Truppenteilen.

8. Der Runde Tisch nimmt Überlegungen in der Armee zur Kenntnis, daß bei Beibehaltung der Wehrpflicht und gleichzeitiger Reduzierung der Truppenstärke der Anteil von Berufssoldaten sowie der Soldaten und Unteroffiziere auf Zeit weiter erhöht und der Anteil der Wehrpflichtigen gemindert wird. Für die von Berufssoldaten vorgeschlagene Umgestaltung der Nationalen Volksarmee zu einer demokratischen Berufsarmee sind grundsätzliche konzeptionelle Überlegungen notwendig.

9. Der Runde Tisch vertritt die Ansicht, daß künftig das Ministerium für Nationale Verteidigung von einem zivilen Minister geführt wird, wie dies in anderen europäischen Ländern der Fall ist. Die rein militärischen Bereiche sollten in Kontinuität von demokratischen Militärs geleitet werden.

10. Die Traditionspflege in der NVA ist stärker als bisher aus dem nationalen Erbe zu entwickeln und weniger aus dem militärischen Bündnis der Staaten des Warschauer Vertrages. Die nationale Traditionspflege der NVA ist nicht auf die geschichtliche Rolle einzelner Klassen oder Schichten des deutschen Volkes zu beschränken, sondern muß die progressiven historischen Traditionen des ganzen Volkes reflektieren. Dazu gehört insbesondere der antifaschistische Widerstand auch außerhalb der Arbeiterbewegung, so die patriotische Aktion vom 20. Juli 1944. Der Runde Tisch erwartet, daß die Nationale Volksarmee alljährlich am 20. Juli mit einem militärischen Zeremoniell am Ehrenmal für die Opfer des Faschismus und Militarismus Unter den Linden die mutigen Patrioten von 1944 ehrt.

11. Teil der Militärreform müssen jetzt auch perspektivische Überlegungen sein, die sich mit dem europäischen und deutschen Einigungsprozeß sowie seinem Einfluß auf die militärischen Pakte verbinden. Der zukünftige deutsche Staat, der aus der schrittweisen Vereinigung von DDR und BRD hervorgeht, braucht, solange die Abrüstungen in Europa nicht vollendet sind, eine neue deutsche Nationalarmee, die sich in die europäischen Sicherheitsstrukturen einbringt, ihnen verpflichtet ist und sich an der weiteren weltweiten Abrüstung beteiligt.

Danke.

Ziegler (Moderator): Wir danken Ihnen für die Einbringung, Herr Stief. Diskutiert wird das nachher. Wir haben jetzt erst einmal diese Gesichtspunkte des Runden Tisches. Herr Minister, nun darf ich Sie bitte, Ihre Ausführungen – –

Hoffmann (Minister für Verteidigung): Verehrte Damen, meine Herren. Im Namen der Armeeangehörigen und Zivilbeschäftigten der Nationalen Volksarmee darf ich recht herzlich dafür danken, daß ich die Möglichkeit habe, hier am Runden Tisch Probleme der **Nationalen Volksarmee** und den Verlauf der Militärreform darzulegen. Die Lage in der Nationalen Volksarmee ist, genau wie in allen anderen gesellschaftlichen Bereichen, von den revolutionären Veränderungen geprägt, die sich gegenwärtig in der Deutschen Demokratischen Republik vollziehen. Die überwiegende Mehrzahl der Berufs- und Zeitkader wie auch der Soldaten im Grundverdienst und der Zivilbeschäftigten bejaht diese Entwicklung und nimmt aktiv an ihrer Gestaltung teil. Der eigenständige Beitrag der Nationalen Volksarmee in diesem revolutionären Prozeß besteht in der **Mitwirkung an der Militärreform**, das heißt an der Schaffung einer mehrheitlich getragenen verfassungstreuen, wirklichen Armee des Volkes und des Friedens, die von den demokratisch gewählten Organen gestaltet und kontrolliert wird und die als Mitglied des Warschauer Vertrages die Bündnisverpflichtungen zuverlässig erfüllt.

Die Ungewißheit über die weitere Entwicklung der Deutschen Demokratischen Republik und die Zukunft der Nationalen Volksarmee, die Vielzahl unterschiedlichster Meinungsäußerungen von Parteien und Bewegungen innerhalb und außerhalb des Landes über den Weg zur **deutschen Einheit** und das Schicksal der Angehörigen der Streitkräfte beeinflussen beträchtlich das Denken und Handeln der Armeeangehörigen aller Dienstgradgruppen bei der Erfüllung des **Verfassungsauftrages.**

Unsicherheit über die soziale Absicherung bei Verbleib in beziehungsweise nach dem Ausscheiden aus dem aktiven Dienst sowie Kündigungen der Arbeitsplätze für gegenwärtig aktiv dienende Soldaten und Unteroffiziere lösen große Besorgnisse aus. Vielfach drängen deshalb vor allem jüngere Berufskader und die den Verlust ihres Arbeitsplatzes befürchtenden Soldaten und Unteroffiziere auf vorzeitige **Entlassung aus dem aktiven Wehrdienst.** Verstärkt werden soziale Ängste schließlich dadurch, daß Ehepartner von Armeeangehörigen im Staatsapparat und im Dienstleistungsbereich arbeiten, wo ebenfalls weitere Entlassungen zu erwarten sind. Vor allem in kleinen Städten und Gemeinden mit einer hohen Konzentration von Armee-Einheiten und wenig Industrie häufen sich solche Befürchtungen.

Die Probleme wirken insgesamt destabilisierend auf Motivation und Leistungsbereitschaft und führen teilweise zu unrealistischen Forderungen, deren Verwirklichung die Führbarkeit ganzer Truppenteile und Einheiten in Frage stellen würde. Die **Einführung eines Zivildienstes** wird insgesamt als notwendige und richtige Entscheidung anerkannt. Jedoch wird die Festlegung über dessen zwölfmonatige Dauer von nicht wenigen Armeeangehörigen als nachteilig für die Soldaten bewertet verbunden mit der Besorgnis, daß dadurch die notwendige personelle Auffüllung der Nationalen Volksarmee gefährdet werden könnte.

Unvermindert werden spontane, oft unrealistische Forderungen von Einzelpersonen, Bürgerbewegungen, Parteien und staatlichen Organen zur **Übergabe von NVA-Liegenschaften** und Objekten, auch von Wohnraum, meist auf lokaler Ebene erhoben. Deren Erfüllung würde häufig die Funktionsfähigkeit der Armee und die Erfüllung der Bündnisverpflichtungen insgesamt beeinträchtigen. Selbstverständlich wird es im Zuge der weiteren Reduzierung unserer Streitkräfte und auch der Westgruppe der Streitkräfte der UdSSR zur Übergabe von Objekten und von Übungsgelände kommen. Aber das muß organisiert, planmäßig und in Übereinstimmung von volkswirtschaftlichen, ökologischen und Sicherheitsaspekten erfolgen.

Einer der wichtigsten Schritte der **Militärreform** bestand in der **Umwandlung des Charakters der Nationalen Volksarmee** und ihrer Führungsgliederung aus einem unmittelbar vom Zentralkomitee der SED geleiteten, dem Klassenauftrag verpflichteten Organ in eine wirkliche Volksarmee, die nur der **Verfassung** und der gewählten **Volksvertretung** verpflichtet und für alle Bürger, gleich welcher Weltanschauung und politischer Bindung, offen ist.

Als vorrangige Maßnahmen wurden bereits im Dezember 1989 die Rolle der Politorgane als leitende Parteiorgane abgeschafft, und die damaligen **Parteiorganisationen der SED in der Nationalen Volksarmee** stellten ihre Tätigkeit ein. Bis zum 15. Februar 1990 wurden die politische Hauptverwaltung und die Politorgane aller Ebenen aufgelöst. Die Einstellung jeglicher Tätigkeit des damaligen **Amtes für Nationale Sicherheit** in der Nationalen Volksarmee und die Auflösung der Verwaltung 2000 sind ebenfalls vollzogen worden. Zur Neuprofilierung des Charakters der Nationalen Volksarmee als ausschließlich **äußeres Schutzorgan** der DDR gehört auch die Trennung von solchen Bereichen des ehemaligen Systems der **Landesverteidigung** wie den Grenztruppen der Deutschen Demokratischen Republik, der **Zivilverteidigung** und der **Gesellschaft für Sport und Technik**. Die entsprechenden Prozesse sind eingeleitet, mit erheblichen Personalreduzierungen verbunden und sollten bis zum 31. Dezember 1990 abgeschlossen werden.

Weiterhin galt es, den Inhalt und die **Formen der militärischen Einzelleitung** weiter zu entwickeln und vielfältige Möglichkeiten des demokratischen Mitwirkens der Armeeangehörigen zu erschließen. Soldatensprecher und **demokratische Vertretungskörperschaften**, Vertrauensmänner für die einzelnen Dienstgradkategorien, gewählte Funktionäre des Verbandes der Berufssoldaten und der Gewerkschaften auf verschiedenen Führungsebenen u. a. treiben in zunehmendem Maße den **Demokratisierungsprozeß in der Armee** voran.

Als unmittelbare Aufgaben machten sich Sofortmaßnahmen zur **Verbesserung der Dienstarbeit** und **Lebensbedingungen** der Armeeangehörigen erforderlich. Dazu trugen Tausende von Wortmeldungen, Einzel- und Kollektivstellungnahmen sowie Vorschläge aus allen Teilstreitkräften und Führungsebenen bei. Allein in Straußberg trafen bisher mehr als 12 000 Beiträge ein. Dazu gehören auch zahlreiche Bekundungen des Unmuts über Bestimmungen in Gesetzesvorlagen und Vorschriftenentwürfen wie dem Paragraph 17 des Wehrdienstgesetzes. Insgesamt sollten die Zuschriften wie auch die anderen Stellungnahmen in der Truppe und in der Öffentlichkeit von einem beträchtlich gewachsenen Selbstbewußtsein und Demokratieverständnis der Armeeangehörigen und Zivilbeschäftigten - -

Langfristig werden im Rahmen der Militärreform der DDR folgende **Hauptaufgaben** in Angriff genommen.

1. Ausarbeitung einer neuen, ich verwende nun noch einmal den alten Begriff, **Militärdoktrin der DDR**, die von der Volkskammer beschlossen werden soll. Ein solches mit dem Runden Tisch beim Minister für Nationale Verteidigung gründlich beratenes und abgestimmtes Dokument,

„Militärpolitische Leitsätze der Deutschen Demokratischen Republik", so der im Konsens vorgeschlagene Titel, liegt im Entwurf vor. Diese Leitsätze sind auf **Kriegsverhinderung und Friedenssicherung** ausgerichtet. Sie gehen von den Sicherheitsinteressen der Bürger der Deutschen Demokratischen Republik aus und berücksichtigen die Bündnisverpflichtungen im Warschauer Vertrag. Danach sind die Streitkräfte der DDR Teil der in Europa bestehenden Sicherheitsstrukturen. Wir gehen davon aus, daß **beide deutsche Armeen** als Faktoren eine Entwicklung zur Sicherheitspartnerschaft, Rüstungsbegrenzung und Abrüstung noch über Jahre hinaus bei ständig zu verminderndem Bestand existieren werden.

2. Dementsprechend werden künftig die **Stärke und personelle Auffüllung, Bewaffnung** und **Ausrüstung, Struktur** und – sowie das **Führungssystem der Nationalen Volksarmee** gestaltet. Die vorgesehenen Strukturveränderungen und Reduzierungen stellen mögliche Ergebnisse der Wiener Verhandlungen, aber auch weitere einseitige Vorleistungen der Deutschen Demokratischen Republik in Rechnung.

3. Gilt es, die Militärreform durch ein **demokratisches Gesetzeswerk** rechtlich auszugestalten. Deshalb wurden, außer zum Zivildienst und zu neuen Dienstvorschriften, auch Gesetzesentwürfe zur Wehrpflicht und zum Wehrdienst erarbeitet. Hinsichtlich der Fragestellung nach einer Berufsarmee haben wir uns vorerst für die Beibehaltung der Wehrpflicht ausgesprochen, wobei jedoch ein stärkerer Anteil von Berufssoldaten und auch von Zeitsoldaten erbracht werden muß.

4. Im Interesse der grundlegenden geistigen Erneuerung der Nationalen Volksarmee wurde mit einer **staatsbürgerlichen Arbeit** in den Streitkräften begonnen. An ihrer inhaltlichen Profilierung und organisatorischen Ausgestaltung wird zur Zeit gearbeitet. Eine der künftigen Hauptaufgaben staatsbürgerlicher Arbeit wird in der Pflege von Kontakten mit allen politischen Parteien, Bewegungen, konfessionellen und kulturellen Institutionen unseres Landes und des jeweiligen Territoriums bestehen.

5. Zur Militärreform gehören auch **Veränderungen in der ökonomischen Sicherstellung der Streitkräfte** und die generelle **Einbeziehung der Ökologie** in die militärische Tätigkeit. Erhebliche Reduzierungen in den Verteidigungsausgaben, vorgesehen sind 18 Prozent, ergeben sich vor allem aus der Verringerung des materiell-technischen Bedarfs und der Investitionen.

An diesen Hauptaufgaben sind auch die seit Januar 1990 arbeitende Regierungskommission „Militärreform der DDR" und der **beim Minister für Nationale Verteidigung gebildete Runde Tisch** aus Vertretern der auch hier präsenten Parteien und politischen Vereinigungen maßgeblich beteiligt. Es muß jedoch auch festgestellt werden, daß der gegenwärtige Stand der **Militärreform** weder den Erfordernissen noch den Erwartungen unserer Armeeangehörigen und Zivilbeschäftigten entspricht. Dafür sind vor allem zwei Gründe zu nennen.

Erstens ging es bisher meistens um Sofortmaßnahmen, die weniger auf die weitreichenden Ziele der Militärreform gerichtet waren, als vielmehr auf die unmittelbaren Interessen der Armeeangehörigen und die Erfüllung ihrer Forderungen durch die Armeeführung.

Und zweitens bestand eine Unsicherheit bezüglich der künftigen Entwicklung des Landes und der durch die oberste Volksvertretung zu beschließenden **Orientierung der**

Sicherheit und Militärpolitik. Folglich steht die Militärreform auf der Grundlage der nach den Wahlen am 18. März 1990 notwendigen Grundsatzentscheidungen einer legitimierten Volksvertretung vor einer neuen Etappe und wird dann ihren vollen Sinn und das erforderliche Tempo erhalten.

Wir gehen dabei von den Standpunkten aus, die sowohl am Runden Tisch des Verteidigungsministers als auch jüngst durch Minister Dr. [Walter] Romberg und Minister [Rainer] Eppelmann zum sicherheitspolitischen Konzept, zu den Militärpolitischen Leitsätzen und zur künftigen Notwendigkeit von Streitkräften der DDR sowohl in den Medien als auch vor Armeeangehörigen dargelegt wurden.

In Erwartung der Ergebnisse der Wiener Verhandlungen soll die **Volksarmee** der Deutschen Demokratischen Republik vorbehaltlich der Zustimmung durch die neue Volkskammer bis zum Jahre 1995 auf eine **Personalstärke** von ca. 110 000 Mann reduziert werden. Der Defensivcharakter der neuen Volksarmee käme zum Ausdruck im Verzicht auf Panzerverbände und operativ-taktische Raketen mit einer Reichweite von 300 Kilometern in Verringerung der Anzahl von Gefechtstärke, von angriffsfähigen Verbänden und Truppenteilen, in der Verringerung der Zahl der Waffen und anderen Kampfmitteln zu Lande, zu Wasser und in der Luft. Für den Fall eines weiteren erfolgreichen Voranschreitens des KSZE-Prozesses wird auch der Übergang zu einer freiwilligen Armee, also einer **Berufsarmee**, mit einer Gesamtstärke von zirka 70 000 Mann vorbereitet, die dann jegliche Wehrpflicht im Frieden ausschließt. Beide Varianten werden so konzipiert, daß sie als Alternativen sofort oder hintereinander übergehend sogar schon bis zum Ende des Jahres 1993 eingenommen werden könnten.

Des weiteren werden konzeptionelle Vorbereitungen getroffen, die solche Aufgaben umfassen, die **Rüstungskontrolle** und – – Teilnahme an friedenserhaltenen Missionen der UNO, Überführung von Armeekadern in das zivile Leben sowie die Konversion von Militärtechnik, die aktive Teilnahme am politischen Dialog zur Schaffung systemübergreifender Sicherheitsstrukturen, die Entwicklung auf dem Wege zur **Einheit Deutschlands** und die Perspektive deutscher Streitkräfte und des Anteils der DDR an einem solchen künftigen Bundesheer.

Meine Damen und Herren, ich darf Ihnen versichern, die Angehörigen der Nationalen Volksarmee werden nach Kräften dazu beitragen, daß von deutschem Boden niemals mehr Krieg, sondern immer nur Frieden ausgeht. Mit diesem Ziel sind die Soldaten des Volkes bereit, – – im Lande teilzunehmen. Dazu müssen allerdings auch die erforderlichen Bedingungen gewährleistet sein. Als Minister für Nationale Verteidigung bitte ich Sie, die Vertreter des Runden Tisches dringlich, sorgen Sie mit uns gemeinsam dafür, daß sich der gegenwärtig abzeichnenden **Auflösung der Armee**, die ihrerseits zur **Instabilität der Lage** im Lande beiträgt, Einhalt geboten wird.

Lassen Sie es nicht zu, daß unseren Soldaten, die pflichtbewußt ihren Grunddienst versehen, wider Recht und Gesetz der Arbeitsplatz gekündigt wird, daß Forderungen nach Übergabe von Liegenschaften, oft mit **Drohungen** und **Verunglimpfungen** gepaart, geltend gemacht werden, ohne die Bündnisverpflichtungen sowie der Erfordernisse der Ausbildung zu beachten.

Helfen Sie uns, daß die erforderlichen Festlegungen über die soziale Sicherstellung und **Rechtssicherheit**, deren Fehlen zur Verunsicherung unserer Armeeangehörigen und Zivilbeschäftigten beiträgt, getroffen und verabschiedet werden, daß die Armee des Volkes nicht zum Objekt des Wahlkampfes wird und durch emotionale Aufrufe Reaktionen ausgelöst werden, die der Kontrolle entgleiten. Es ist bis heute dem verantwortungsbewußten Handeln, vor allem der Berufssoldaten zu danken, daß es zu keinen folgeschweren Ausschreitungen kam, daß die eigenen und die zusätzlich übernommenen Bestände an **Waffen** und Technik nicht in unbefugte Hände gerieten. Stehen wir gemeinsam dafür ein, daß diese Waffen nicht zum Risikopotential werden, sondern daß die Armee ihre Lebensfähigkeit und Funktionstüchtigkeit erhalten kann und ihre Reihen wieder gefestigt werden. Ich danke für die Aufmerksamkeit.

Ziegler (Moderator): Herr Minister, wir danken Ihnen für die Informationen, für die Stellungnahmen, die in Ihren Ausführungen auch enthalten waren, und wir haben auch gehört, was Sie an Erwartungen und Bitten an den Runden Tisch ausgesprochen haben. Ich frage, hatten Sie vor, daß Ihre Begleiter hier noch etwas vortragen? Oder?

Hoffmann (Minister für Verteidigung): Nein, die Begleiter wären bereit, auf Fragen mit zu antworten und den Minister zu unterstützen.

Ziegler (Moderator): Danke. Vielen Dank.

Dann möchten wir jetzt so verfahren, daß zunächst eine Runde sein soll zu Möglichkeiten der Rückfrage und der Aussprache zu den Ausführungen des Ministers. Dann werden wir über die **Vorlage 14/25** und die dort angesprochenen Dinge verhandeln. Sie werden gemerkt haben, daß einige Einzelanträge genau dort mit untergebracht werden können. Und drittes werden wir dann [über] das, was als Überhang bleibt in den Anträgen, verhandeln, sofern es nicht untergebracht wird. Also die erste Runde Aussprache zum Bericht des Ministers.

Herr Meißner, Demokratische Bauernpartei Deutschlands.

Meißner (DBD): Herr Minister, Sie haben angesprochen die **Ausgliederung der Grenztruppen** aus der Nationalen Volksarmee. Sie haben nicht gesagt, wie diese Ausgliederung erfolgen soll. Soll das eine **Grenzpolizei der DDR** werden, oder wie ist das gedacht? Das ist eine Nachfrage, die ich an Sie richte.

Meine zweite Frage schließt an an das, was Sie gesagt haben zur sozialen Sicherstellung der **Berufssoldaten** und der **Zivilangestellten** der Nationalen Volksarmee. Ich habe inzwischen die Maßnahmen zur Sicherstellung für Berufssoldaten auf den Tisch bekommen, aber ich habe noch nichts gefunden über die **soziale Sicherstellung der Zivilangestellten der Nationalen Volksarmee**.

Vielleicht könnten Sie dazu noch einige Ausführungen machen.

Ziegler (Moderator): Danke. Jetzt Herr Kreuzberg von der Grünen Liga.

Kreuzberg (GL): Herr Minister, ich habe mit Freude gehört, daß Sie die **Ökologie** in die militärischen Belange einbringen wollen. Wir würden gerne Konkreteres wissen, wie das aussehen soll.

Ziegler (Moderator): Herr Dr. Heyne, Grüne Partei.

Heyne (GP): Zwei Feststellungen, Herr Minister. Einerseits haben Sie den **Runden Tisch „Militärpolitik"** beziehungsweise **„Militärreform"** gelobt ob seiner Mitarbeit.

Meine Frage geht dahingehend, ob es nötig war, mit Ihren konzeptionellen Vorstellungen Mitte vergangener Woche in die Öffentlichkeit zu treten, ohne sich vorher mit dem Runden Tisch „Militärpolitik" konsolidiert zu haben.

Wir sind bisher davon ausgegangen, daß unsere sachliche Mitarbeit in diesem Gremium gefragt wurde, und daß wir eigentlich im Gegensatz zu von anderen Vermutungen getragenen Situationen hier in einem Miteinander stehen. Man muß sich jetzt doch die Frage stellen, ob wir nur als ein **demokratisches Feigenblatt** etwa dienen, daß also solche schwergewichtigen konzeptionellen Vorstellungen, wie sie von Ihnen oder von Ihren Herren in den vergangenen Tagen in die Presse gekommen sind, also ohne die Rückfragen zum Runden Tisch getroffen werden. Das [ist das] eine.

Das zweite ist, ob angesichts einer in der DDR und auch in der Bundesrepublik zunehmenden, eines zunehmenden Willens zur Entmilitarisierung beider deutscher Staaten – immerhin sind es in der Bundesrepublik 18 Prozent, die für eine **totale Entmilitarisierung** sind, in der DDR gibt es darüber keine klaren Aussagen, aber die Prozentzahlen dürften nicht viel niedriger liegen – ob also mit Ihren Vorstellungen die Frage der Entmilitarisierung als einer Initialzündung für den **europäischen Abrüstungsprozeß** vollkommen vom Tisch sind.

Ziegler (Moderator): Danke für den Beitrag.

Herr Börner, PDS. Ja, Herr Wendt, Sie sind aufgeschrieben, Sie sind nicht übersehen. Jetzt ist Herr Börner dran. Ich denke, wenn jetzt noch mehr Fragen kommen, müßten wir die Zwischenmöglichkeit zur Antwort geben. Ja, alles gesehen.

Jetzt Herr Börner, bitte.

Börner (PDS): Herr Minister, da wir davon ausgehen, daß die Militärreform in der DDR Ausgangspunkt dafür sein sollte oder auch ist, Auftrag, Funktion, Struktur der NVA neu zu bestimmen, möchte ich Sie fragen, ob Sie sich folgendes vorstellen könnten, und zwar

erstens, daß die **NVA** planmäßig und schrittweise reduziert wird und noch in diesem Jahrzehnt **aufgelöst** würde, und daß mit einer Reduzierung der Personalstärke um 50 Prozent umgehend begonnen werden könnte;

daß zweitens ab 1990 keine Einberufungen zur Ableistung des **Grundwehrdienstes** mehr stattfinden könnten und daß für die Übergangszeit bis zur vollständigen Auflösung der NVA der Wehrdienst nur noch auf der Basis der Freiwilligkeit geleistet werden könnte.

Und daß drittens ein sofortiger **Stopp** für die **Einstellung von Berufssoldaten** erfolgen und die militärische Aus- und Weiterbildung beendet werden könnte,

und ob viertens die **Umschulung** der militärischen Hoch- und Fachschulkader für eine **zivilberufliche Tätigkeit** unter Einbeziehung der Lehreinrichtung der NVA unverzüglich begonnen werden könnte.

Ziegler (Moderator): Eine Fülle von Fragen. Ich denke, eine Wortmeldung nehmen wir noch, und dann nehmen wir die zweite Runde. Herr Lietz noch vom Neuen Forum. Herr Minister, wollen Sie dann? Ich glaube, ich würde erst einmal antworten, nicht? Sonst wird es zu viel, nicht? Ja, also Herrn Lietz nehmen wir aber noch.

Lietz (NF): Herr Minister, Sie haben gesagt, daß die Einführung eines **Zivildienstes** als notwendige und richtige Entscheidung anerkannt wird. Es gibt ja seit etwa vier Jahren bei uns in der DDR die Praxis, daß das **Recht auf Wehrdienstverweigerung** zwar nicht de jure aber de facto anerkannt worden ist. Es ist also nicht zu Inhaftierungen in den letzten Jahren gekommen bei jungen Männern, die den Wehrdienst verweigert haben. Nun gibt es bei uns ja zwei Varianten, wie der Wehrdienst verweigert werden kann in der Praxis.

Die eine Variante ist die des **zivilen Friedendienstes,** so, wie sie jetzt gesetzlich geregelt ist. Und die andere Variante, die etwas radikalere, ist die, daß es eine ganze Gruppe von jungen Männern gibt, die den **Wehrdienst** grundsätzlich **ablehnen,** weil sie meinen, daß die Armee als Instrument in keiner Weise akzeptabel ist.

Meine Frage an Sie, wie wird jetzt mit dieser zweiten Gruppe in Zukunft verfahren werden, wo das **Zivilgesetz** eingeführt wird? Wird die Praxis dieselbe sein wie bisher, daß diese Gruppe de facto nicht behelligt wird, oder gibt es da rechtliche Bestimmungen, damit jetzt anders zu verfahren?

Und meine zweite Frage, und das würde sich [ein] bißchen anschließen an dem von der PDS eben Gesagten. Wäre es nicht möglich und sogar nötig, ab sofort dieses **Menschenrecht auf Wehrdienstverweigerung** grundsätzlich auch in unserer **Verfassung** zu verankern in dem Sinne, daß sowohl die eine als auch die andere Variante gesetzlich abgesichert ist?

Ziegler (Moderator): Herr Minister, ich denke, es sind so viele Fragen, daß Sie erst einmal Gelegenheit haben müßten zu antworten.

Hoffmann (Minister für Verteidigung): Ausgehend davon, daß die Nationale Volksarmee entsprechend der Verfassung nur die **äußere Sicherheit** zu gewährleisten hat, haben wir vorgeschlagen, die **Grenztruppen** der Deutschen Demokratischen Republik aus der Unterstellung der Nationalen Volksarmee herauszulösen.

Dazu ist zusammen mit dem Ministerium für Innere Angelegenheit ein Beschluß für die Regierung vorbereitet worden. Der Vorschlag läuft darauf hinaus, einen **Grenzschutz** der Deutschen Demokratischen Republik zu schaffen, der dem Ministerium für Innere Angelegenheiten unterstellt ist. Daran wird gegenwärtig also gearbeitet, und dieser Schritt soll bis zum Jahresende vollzogen werden.

Zur zweiten Frage. Bei den Maßnahmen der beruflichen Vorbereitung und der [sozialen Sicherstellung] ist der Punkt vier den **Zivilbeschäftigten** der Nationalen Volksarmee gewidmet, so daß die Zivilbeschäftigten bei der Überführung in einen zivilen Arbeitsprozeß mit berücksichtigt sind.

Die Nationale Volksarmee hat sich den Fragen in der **Ökologie** in vielfältiger Art und Weise zu stellen, einmal, weil die Gesetze der Deutschen Demokratischen Republik für die Nationale Volksarmee zutreffend sind, also hat sie diese Gesetze zu erfüllen. Zweitens sind wir dabei zu überprüfen, welche **Übungsplätze** die Nationale Volksarmee abgeben kann, um sie wieder einzuordnen in das allgemeine System der Ökologie.

Sperrgebiete wurden vom Umfang her erheblich reduziert. Die Jagd der Nationalen Volksarmee wurde herausgelöst und dem **staatlichen Forst** zugeordnet. Die Nationale Volksarmee ist bereit, an der Bekämpfung von Schäden in der Umwelt teilzunehmen, ja, und zwar mit allen Teilstreitkräften. Und ich denke daran, daß in der nächsten Zeit die Nationale Volksarmee auf dem Gebiet der Ökologie eine echte Aufgabe hat und daß Formationen der Nationalen Volksarmee in den Objekten direkt für Aufgaben im Rahmen der Erhaltung der Umwelt **Schadstoffbekämpfung** und so weiter und so fort eingesetzt werden können. Ich glaube, das ist eine echte Aufgabe.

Zur vierten Frage. Wir hatten alle Parteien und Bewegungen gebeten, in einem **Konsultativrat** mitzuarbeiten an den Problemen Militärreform der Deutschen Demokratischen Republik. Aus meiner persönlichen Sicht, so möchte ich das hier sagen, hat sich das sehr bewährt. Ich persönlich habe also dreimal einen derartigen Runden Tisch durchgeführt, und ich möchte die Arbeit als zunehmend konstruktiv betrachten, und es werden viele Erfahrungen eingebracht.

Natürlich hat sich das Ministerium für Nationale Verteidigung über Probleme der **Militärreform** hinaus auch noch anderen Problemen zuzuwenden. Und als ein solches Problem sehe ich die konzeptionellen Vorstellungen zum **Problemkreis „Vereinigung und Streitkräfte".** Also aus meiner Sicht war es notwendig, sich zum gegenwärtigen Zeitpunkt zu diesem Problemkreis zu äußern für die Bevölkerung der Deutschen Demokratischen Republik und vor allem für die Angehörigen der Nationalen Volksarmee. Aber ich würde das auch als wichtig betrachten für unsere Bündnispartner.

Ich kann dazu sagen, daß diese konzeptionellen Vorstellungen nicht endgültig sind. Sie bedürfen der weiteren Bearbeitung, und ich kann hier versichern, daß also morgen am Runden Tisch der Herr Generalmajor Daim diese konzeptionellen Vorstellungen noch einmal im vollen Umfang darlegt, da sie in der Presse also nur teilweise veröffentlicht worden sind, so daß auch hier noch einmal die Meinung eingeholt wird.

Zur nächsten Frage, **Entmilitarisierung.** Dazu möchte ich sagen, daß wir für [eine] Reduzierung der Streitkräfte bis auf ein Minimum sind. Jawohl, auch für die Entmilitarisierung. Aber ich muß dazu auch sagen, daß man Streitkräfte in einer Stärke, wie sie gegenwärtig in der Deutschen Demokratischen Republik [besteht], von heute auf morgen nicht abschaffen kann.

Ich möchte hier als Beispiel anführen, daß die einseitig verkündeten **Abrüstungsmaßnahmen** des vergangenen Jahres, es dreht sich dabei um 10 000 Armeeangehörige, um 600 Panzer und um 50 Flugzeuge, mit einem erheblichen Aufwand verbunden sind. Und die Verschrottung der Panzer, die gegenwärtig also vonstatten geht, es sind nur 600, ja, erfordert schon zwei Jahre. Also wir werden einen zusätzlichen Kräfteeinsatz notwendig haben, um das in zwei Jahren zu verwirklichen. Wenn wir ausgehen von der nächsten Etappe im Ergebnis der Wiener Verhandlungen, dann wäre es notwendig, noch einmal 1 200 Panzer zu verschrotten. Bei der Kapazität, die gegenwärtig zur Verfügung steht, würde das also vier Jahre erfordern.

Also ich möchte damit unterstreichen, es geht hier nicht nur um die **Reduzierung von Personalbestand,** sondern es geht um die **Vernichtung von Kampftechnik,** ja, sicherlich auch um die **Übergabe von Militärobjekten zur zivilen Nutzung.** Das erfordert Zeit. Und ich würde sagen, es geht auch um die Aufbereitung ehemaliger Übungsplätze und ihrer Aufforstung. Das alles erfordert sehr viel Zeit. Ob die Auflösung der Nationalen Volksarmee bis zum Jahre 2000 erfolgen muß oder kann, ich glaube, diese Entscheidung sollte nicht nur getroffen werden durch die Deutsche Demokratische Republik, sondern ich bin der Meinung, daß die Deutsche Demokratische Republik den **gesamteuropäischen Prozeß** aktiv zu unterstützen hat.

Und ich gehe davon aus, daß militärische Fragen, übergreifende Sicherheitsstrukturen im gesamteuropäischen Prozeß einen höheren Stellenwert erlangen. Und diesen Problemen und Aufgaben, die sich daraus für uns ergeben, sollte sich die Deutsche Demokratische Republik stellen.

Die nächste Frage ist, kann die Nationale Volksarmee damit leben, daß im Jahre 1990 keine **Einberufungen** durchgeführt werden? Damit kann die Nationale Volksarmee nicht leben. Das muß ich hier sagen. Dabei geht es gar nicht um die Durchführung von Ausbildung, sondern es beginnt schon mit der Bewachung und Sicherung der militärischen Objekte. Wenn wir keine Einberufung durchführen, dann können wir diese Aufgabe nicht mehr gewährleisten. Und ich muß das hier sagen, nachdem das Amt für Nationale Sicherheit aufgelöst ist und wir den Hauptteil der Bewaffnung und Ausrüstung dieses Amtes, der Kampfgruppen, der **GST [Gesellschaft für Sport und Technik]** und so weiter und so fort übernommen haben, sind unsere Lager und Objekte so voll mit **Kampftechnik,** daß ganz einfach eine zuverlässige Sicherheit gewährleistet werden muß. Deshalb – ohne Einberufung geht es nicht.

Wenn die Frage aufgeworfen wird, Ausbildung an den Lehreinrichtungen, gegenwärtig ist es so, daß **Ausbildung an Lehreinrichtungen** noch notwendig ist. Denn eine erneuerte Nationale Volksarmee benötigt vor allem junge Kader, und ich würde sagen nicht alte Männer. Und wenn wir einmal dazu kommen, daß wir eine **Freiwilligenarmee** schaffen, natürlich mit einem geringen Personalbestand, dann sind vor allem diese jungen **Kader** notwendig.

Zu Fragen der **Umschulung von Armeeangehörigen** kann ich sagen, daß wir also ganz intensiv an dieser Problematik arbeiten. Von mir ist ein Bevollmächtigter mit Arbeitsorganen eingesetzt, der mit zivilen Ministerien den Kontakt aufgenommen hat, besonders mit dem Ministerium für Arbeit und Löhne, da wir ehemalige Armeeangehörige und Zivilbeschäftigte nicht schlechthin umschulen können, sondern umschulen müssen für eine zivile Tätigkeit, die oft gefragt ist, damit sie also tatsächlich sichergestellt sind. Und ich glaube, daß wir diese Umschulung am 1. Mai 1990 an unseren Lehreinrichtungen mit Unterstützung des zivilen Sektors beginnen.

Zur **Wehrdienstverweigerung.** Die Frage, die hier gestellt worden ist, sie ist also kompliziert. Ich kann sie sicherlich nicht umfassend beantworten. Ich kann jetzt erst einmal nur so sagen, wer keinen Wehrdienst leisten will aus irgendwelchen Gründen, wird von uns verwiesen an das zuständige **Amt für Arbeit und Löhne,** und nun könnte ich sagen, damit sind wir die Sache los.

Ja, nun wissen wir auch, es gibt eine Bewegung der **Totalverweigerer.** Diesen müssen wir Rechnung tragen. Man muß gesetzliche Festlegungen überprüfen. Ich bin dazu gegenwärtig also nicht auskunftsbereit. Ich bin auch kein Jurist. Bis jetzt ist es so gewesen, daß dafür keiner inhaftiert oder bestraft worden ist, ja, also das kann ich erst einmal sagen. Und ich möchte hier auch sagen, daß vom Runden Tisch, der beim Minister für Nationale Verteidigung gebildet worden ist und der aktiv arbeitet, der Vorschlag unterbreitet wurde, das **Recht auf Wehrdienstverweigerung** in die **Verfassung** aufzunehmen. Und der Runde Tisch wird kontrollieren, daß dieser Vorschlag auch so weitergegeben wird.

Ziegler (Moderator): Herr Minister, erst einmal herzlichen Dank für diese Zwischenantworten. Wir haben jetzt auf der Rednerliste, nur, damit keine Beunruhigung entsteht, Frau

Schießl, Herrn Wendt, Herrn Ordnung, Herrn Heyne, Herrn Templin, Herrn Jordan und Herrn Klein. Ja. Und Herrn Schmidt von der [Unabhängigen Volkspartei] UVP, ja, ist klar.

Ich möchte darauf hinweisen, wir haben zwar spät damit angefangen, aber es ist jetzt 16.02 Uhr. Ich würde Ihnen vorschlagen, daß wir jetzt nicht Pause machen, sondern diesen Komplex erst weiter behandeln. Sonst wird das zu sehr auseinandergerissen. Sind Sie damit einverstanden? Danke.

Dann bitte ich Frau Schießl.

Frau Schießl (FDGB): Werter Herr Minister. Ich hatte in Vorbereitung auf die heutige Beratung mehrfach Gelegenheit, die entprechenden Papiere zu studieren. Ich habe mit Aufmerksamkeit heute Ihre Rede verfolgt. Eine Sache macht mich sehr betroffen. Ich habe das Gefühl, wir haben ein relativ klares, verständliches, politisches Konzept darüber, welchen Charakter unsere Armee künftig haben soll als eine **Armee des Volkes.**

Ich möchte da noch fragen, welches Konzept, und ich sage ganz bewußt dieses Wort **Konzept,** haben wir für die davon betroffenen Menschen? Das sind ja nicht bloß die Soldaten, Offiziere und Offiziersanwärter. Da sind ja viele Familienangehörige damit betroffen, und ich habe das Gefühl, daß also die Aussagen darüber noch zu vage sind. Ich möchte Sie also hiermit fragen, welche Vorstellungen gibt es längerfristig gesehen für den Einsatz, die **Eingliederung,** die **Entwicklung** und die **Umschulung** der betreffenden Armeeangehörigen?

Zweite Frage: Dem **FDGB** und seiner sich bildenden Gewerkschaftsorganisation der Armeeangehörigen kommen sehr viele Hinweise zu, in denen Beschwerde darüber geführt wird, daß die Soldaten und Offiziere und Offiziersanwärter nicht genügend einbezogen werden in die Überlegungen zur Militärreform. Meine Frage lautet: In welcher Form außerhalb des Runden Tisches finden Informationen, Diskussionen, Einbeziehung in Entscheidungen für Soldaten, Offiziere und Offiziersanwärter statt?

Dritte Frage zielt direkt auf die **Arbeit der Offiziersanwärter** hin. Das ist eine Frage, die mich persönlich sehr beschäftigt. Und ich möchte die Frage vielleicht so formulieren: Welche Vorstellungen gibt es über die weitere Entwicklung derjenigen, die bereits jetzt in der Ausbildung als Offiziersanwärter sind, die also teilweise noch darauf orientiert sind, **zivile Berufsabschlüsse** zu erhalten, in denen man später sowieso nie gearbeitet hätte, das war ja die frühere Fehlorientierung teilweise. Und das betrifft nun ganz besonders die Fragen nach denen, die also kostenaufwendigste Ausbildung machen im **fliegerischen Bereich** zum Beispiel.

Mir persönlich ist bekannt, daß dort vorerst alles noch oder vorwiegend alles noch beim alten bleibt, daß aber sowohl die Offiziersanwärter als auch die dort tätigen Fluglehrer natürlich auch Vorstellungen darüber wissen möchten, welche Zukunft ihnen bevorsteht, welche Möglichkeiten sie vielleicht auch schließen können, um im zivilen Bereich, in dem man ja Nachholbedarf auf diesem Gebiet beispielsweise hätte, wenn man nun einmal beide deutsche Staaten sehen könnte unter diesem Licht, welche Möglichkeiten für sie dort entstehen könnten.

Ziegler (Moderator): Danke, Frau Schießl.

Herr Wendt vom Neuen Forum.

Wendt (NF): Im Interesse der vorgerückten Zeit und auch wahrscheinlich zur Straffung der Gedanken möchte ich zwei Probleme vortragen. Das erste, damit möchte ich mich nicht direkt an den Herrn Minister wenden, sondern in Anknüpfung des Herrn von der Grünen Partei, daß wir vieles aus der Presse erfahren, gravierende Entscheidungen des Ministeriums für Nationale Verteidigung, obwohl der Herr Verteidigungsminister einschätzt, daß der **militärische Runde Tisch** zunehmend konstruktiv arbeitet, wir aber aus der Presse erfahren, ich möchte das nicht näher ausbauen, **Aufbau eines Bundesheeres.** In diesem Zusammenhang erlaube ich mir, zur **Vorlage 14/46** den Standpunkt des Neuen Forums sowie der Initiative für Frieden und Menschenrechte vorzuschlagen, worin es heißt:

> **[Vorlage 14/46, Standpunkt NF, IFM: Zur gemeinsamen deutschen Armee]**
>
> Der Runde Tisch möge beschließen:
>
> Die Medien berichteten, daß es Beratungen zwischen beiden deutschen Staaten auf hoher Ebene über eine gemeinsame deutsche Armee gibt.
>
> Der Runde Tisch fordert sofortige Information über deren Absicht und Inhalt.
>
> Der Runde Tisch stellt ausdrücklich fest, daß die Regierung der DDR keinerlei Mandat zu solchen Verhandlungen hat.

Das zum ersten Problemkomplex.

Zum zweiten. Mir gefiel es sehr gut, Herr Minister, und das ist ja auch im Konsens mit dem militärischen Runden Tisch in Grünau erfolgt, daß der Trend zur radikalen Abrüstung, an deren Ende die **Entmilitarisierung** steht, weiter fortgesetzt wird. Voriges Jahr waren es 10 000, Sie nannten jetzt eine Zahl, daß dort einmal 110 000 stehen sollen. Aber dann nimmt es mich umso mehr Wunder, daß Sie in Ihren Ausführungen das Wort **Angriffsfähigkeit** gebrauchten.

Wir haben doch, glaube ich, wohl den Konsens erreicht einer Angriffsunfähigkeit, und die **Verifikation der Angriffsunfähigkeit** haben Sie doch letztendlich zum Ausdruck gebracht, daß solche operativ-taktischen bishin zu strategischen Schlagwaffen, zum Beispiel operativ-taktische Raketen, die Panzertruppe mit weitaus ausgreifenden Operationsmöglichkeiten, daß diese reduziert werden. Sie sprechen aber weiterhin von einer Angriffsfähigkeit.

Nein. Das Neue Forum steht auf dem Standpunkt, und ich sage das abschließend, Verifikation der Angriffsunfähigkeit, sonst machen wir auch die Akzente der Entmilitarisierung nicht glaubhaft. Danke.

Ziegler (Moderator): Danke, Herr Wendt.

Herr Ordnung, CDU.

Ordnung (CDU): Herr Minister, Sie haben erneut unterstrichen hier, daß das **Militär** in erster Linie für die **äußere Sicherheit** unseres Landes verantwortlich ist. Die Militärreform ist eine Sache des inneren Zustandes der Armee, aber ich denke, daß man beides nicht voneinander trennen kann, und das Gespräch hier hat ja jetzt eben schon deutlich gemacht, daß man die Fragen der Militärreform nicht trennen kann von der Sicherheits- oder Bedrohungslage in Europa, wie sie sich etwa für die DDR ergäbe.

Die Frage also ist doch, was ist die **Perspektive der NVA,** oder wird diese Perspektive, wie manche Ihrer Äußerungen hätten interpretiert werden können, in erster Linie bestimmt von dem **Prozeß der Vereinigung** der beiden deutschen Staaten oder von der Notwendigkeit, den **Entmilitarisierungsprozeß**, und zwar nicht nur in den beiden deutschen Staaten oder in unserem Land, sondern in **Europa,** voranzubringen?

Wer die Gelegenheit hat, mit Ausländern zu reden oder auch ausländische Presseorgane zu verfolgen, ich war in der vergangenen Woche in den Niederlanden und bin da sehr massiv damit konfrontiert worden, der wird bemerken, daß das Tempo, in dem die beiden deutschen Staaten sich aufeinander zubewegen, doch erhebliche Beängstigungen und Sorgen unter unseren Nachbarn freisetzt.

Die englische Wochenschrift „Newsweek" bringt in ihrer letzten Ausgabe eine Titelserie oder einen Titelartikel unter der Überschrift „Die neue Supermacht – das vereinigte Deutschland". Und da wird nicht nur gesagt, daß die zu erwartende ökonomische Stärke dieses Landes die anderen europäischen Länder zu Zwergen macht, sondern da wird vor allem gesagt, daß die kombinierten Armeen der beiden Staaten einschließlich der Reservisten eine Zahl von 1,8 Millionen darstellen würden und daß das die **größte Militärmacht Europas** sei.

Ich kann diese Zahlen nicht nachprüfen. Sie stimmen sicher nicht. Aber die Tatsache stimmt. Und ich denke, angesichts unserer deutschen Geschichte haben wir allen Grund, mit den Besorgnissen unserer Nachbarn sehr sensibel umzugehen und deswegen also die Frage der Entmilitarisierung auch im Blick auf Militärreform sehr ernst zu nehmen. Dies wird ja alles noch dadurch, denke ich, bekräftigt, daß, wie uns die Analytiker und Experten sagen, eine moderne Industriegesellschaft kriegsuntauglich ist, daß also selbst beschränkte militärische Verteidigungsoperationen mit konventionellen Waffen den Kollaps einer solchen Gesellschaft herbeiführen könnten. Und in einer solchen Situation ist Militär eigentlich Anachronismus, und die Hauptfrage ist, wie es schrittweise abgebaut werden kann.

Es gibt ja diesen „Appell der 89" in unserem Land, der eine große Resonanz gefunden hat, von vielen Mitgliedern auch meiner Partei unterstützt wird, von den Kirchen aufgenommen worden ist, der sagt, wir sollten alles tun, daß die DDR bis zum Jahr 2000 entmilitarisiert ist.

Ich denke, dies müßte auch im Blick auf [die] **Militärreform** beachtet werden. Wie ist das Motiv, wie kann man also Soldaten motivieren? Ich bin also nicht gegen Militärreform, weil ich meine, also selbst, wenn wir dies als Ziel anvisieren, DDR entmilitarisiert bis 2000, dann haben wir ja noch neun Jahre vor uns, und über Nacht verschwinden die angesammelten Waffen und die Armee nicht, so daß also die Militärreform notwendig ist, aber eben im Kontext dieser europäischen Situation.

Ziegler (Moderator): Danke. Bitte Herr Heyne noch. Herr Templin ist dann als nächster dran.

Heyne (GP): Ja, das schließt sich gleich an das, was Carl Ordnung gesagt hat, aber auch noch einmal eine Replik auf das, was der Minister gesagt hat. Herr Minister, ich bitte Sie dringend, bleiben wir seriös im Umgang miteinander. Beschädigen wir nicht uns in einer Art und Weise, die beide Seiten nicht verdient haben. Wenn Sie hier sagen, wir haben bisher am **Runden Tisch „Militärpolitik"** oder **„Militärreform"** über die Militärreform gesprochen, und ansonsten war es jetzt ganz einfach Zeit, etwas zu den anderen Problemen zu sagen, so muß ich sagen – hier sitzen einige Kollegen, die ebenfalls am Runden Tisch sitzen – so stimmt dies nicht, denn wir sind an diesem Tisch auch zweimal nicht auseinandergegangen, um uns sehr grundlegend mit den sicherheitspolitischen Voraussetzungen und Rahmenbedingungen hier in Europa und für die DDR auseinanderzusetzen.

Also es sollte nicht der Eindruck entstehen, daß wir zu diesen Fragen auch im Vorfeld Ihrer Erklärung von der vergangenen Woche nichts gesagt haben, und ich meine, es hätte eben auch Zeit gehabt bis zu dem kommenden Dienstag, um dieses Konzept im Kreise der Experten, des **militärpolitischen Runden Tisches** zu beraten. Das ist das eine.

Das zweite, was mir Sorgen macht, ich sehe angesichts der brisanten politischen Situation und des von manchen Kräften beschleunigten Zusammenwachsens manchmal ein beschleunigtes Zusammenwachsen, was wirklich nicht mehr den Sachfragen gerecht wird, die Gefahr, daß hier mit Ihrem „Vorprellen" unter dem Stichwort **„Bundesheer"** eigentlich mehr Schaden angerichtet wurde als gut ist, denn denken wir daran, daß momentan auf der anderen Seite sehr deutlich darüber verhandelt wird und darüber gesprochen wird, daß ein gemeinsames Deutschland, ein **vereintes Deutschland der NATO** angehört, dann halte ich es als schlicht und einfach für unredlich, wenn wir also den Ansatz der Entmilitarisierung beziehungsweise den Ansatz des „Appells der 89" hier vom Tisch wischen und selbst von uns aus in die Offensive gehen mit einem Vorschlag zu einem **gemeinsamen Bundesheer** ohne genauer [zu] definieren, und ich habe kein Interview gesehen von Ihnen beziehungsweise Ihren Herren, wo dazu deutlich Stellung genommen wird.

Worin soll denn dieses gemeinsame Bundesheer eingebunden sein, bitte schön? Soll es denn nun wirklich mit knapp 600 000 Mann in der NATO eingebunden sein oder, wie Sie vorschlagen, mit 300 000 Mann. Meines Erachtens würde auch ein gemeinsames deutsches Heer mit 300 000 Mann keine Beruhigung für die Nachbarn in Ost und West darstellen. Also ich denke, das war ein Alleingang, der hier gemacht wurde, der die politische Diskussion, in der wir uns derzeit befinden, nicht unbedingt gefördert hat, sondern eigentlich bei unseren Nachbarn nur noch zusätzliche Ängste und Nöte hervorgerufen hat.

[Beifall]

Ziegler (Moderator): Ich bitte zunächst einmal, damit keine Verwechselungen da sind, immer zu sagen, welchen Runden Tisch Sie meinen. Sie meinen den **Runden Tisch „Militärreform"**. Daß er nicht verwechselt wird mit diesem hier, ja?

Heyne (GP): Wir haben nichts damit zu tun.

Ziegler (Moderator): Nein, wir verhandeln heute ja erstmalig über diese Fragen hier. Herr Templin, Initiative Frieden [und] Menschenrechte.

Templin (IFM): Ich kann mich bruchlos an meine unmittelbaren Vorredner anschließen. Wir kommen ja, wie auch unser Name als Initiative aussagt, aus dem Spektrum der Opposition, die seit den frühen und mittleren achtziger Jahren Position der unabhängigen Friedensbewegung in der DDR eingenommen hat. Wie damals die hier am Tisch vertretenen Generäle und das Offizierskorps der Nationalen Volksarmee zu diesen Positionen standen, ist bekannt.

Umso fataler ist es für mich, wenn heute zu Positionen, die nach wie vor elementar gut [für] die DDR und internationalen **Friedensbewegungen** sind, von seiten der gleichen Armeevertreter nicht etwa im Sinne einer Neubesinnung und der endlichen Konsequenz aus der bisherigen Geschichte der DDR eindeutige Positionen bezogen werden, sondern konzeptionelle Papiere auftauchen, die vor Widersprüchlichkeiten und konträren Konsequenzen nur so strotzen. Wenn ich auf der einen Seite die Notwendigkeit der zunächst weiteren **Einbindung** in die bestehenden **Militärblöcke** betone und sage, ich kann mich nicht ad hoc herauslösen, sondern es muß zu einer **Auflösung der Militärblöcke** insgesamt kommen, dann mit dem Konzept der **Entmilitarisierung** auch positiv umgehe, zwei Seiten später von einem **Bundesheer** gesprochen wird, hier in fataler Anlehnung an die sattsam bekannte Argumentationsweise westlicher Militärs davon gesprochen wird, unter eine bestimmte Präsenzstärke können wir nicht gehen, auch Abrüstung ist aufwendig, auch **Abrüstung** erfordert Mittel und Kräfte, die können wir nur stufenweise einsetzen, dann entdecke ich, und hier scheint mir der Kern der Argumentation zu liegen, den Versuch jetzt schon eines verdeckten Schulterschlusses zur **sozialen Besitzstandwahrung** vergangener Eliten der DDR.

Ich erlebe das auf allen Bereichen, ob das Wissenschaft, Wirtschaft ist, hier wieder die Armee, im Grunde genommen fühlt man sich ja dem Denken des Partners der Gegenseite irgendwo schon wieder so benachbart, daß man meint, die Leute, die als Pazifisten, die als konsequente Kriegsdienstgegner nach wie vor auftreten, darüber belehren zu können, wie man Armee eigentlich nicht abrüsten darf und wo die Grenzen einer konsequenten Abrüstung liegen müssen. Und da kann man die Argumente in der DDR und in westlichen Ländern mittlerweile in problematischer Hinsicht wieder sehr gut vergleichen.

[Beifall]

Ziegler (Moderator): Ja. Bisher war es eigentlich hier [eine] ganz gute Übung, daß wir mit Sachargumenten argumentiert haben, weniger mit Klopfen und Beifall oder Mißfallenskundgebung. Aber ich will ja auch niemand hindern. Nur einmal als Hinweis.

Es sollte noch Herr Jordan sprechen von der Grünen Partei. Es sind noch einige Wortmeldungen weiter. Die sind nicht übersehen. Wir würden dann noch eine dritte Runde machen, aber müßten dann auch einmal in unserer Zeitplanung dazu kommen, daß wir diese erste Rückfragerunde schließen. Wir sind ja dann mit dem Thema noch nicht fertig. Manches kann ja dann auch bei den Anträgen noch gebracht werden.

Herr Jordan, Grüne Partei. Bitte.

Jordan (GP): Herr Minister, wir haben eine konkrete Rückfrage für die Grüne Partei. In der letzten Zeit sind in den Medien einige Berichte gekommen über Begegnungen zwischen Generälen der DDR und Generälen der Bundesrepublik. Sind auch auf der Ebene der **Militärführung** also bereits **Kontakte** gelaufen, aus denen heraus dann vielleicht also Ihre Konzeption hier entstanden ist? Zum anderen setzen wir uns als Grüne Partei für die Konversion also dieser enormen militärischen Kapazitäten ein.

Gerade beim letzten Runden Tisch haben wir hier gehört, welche Schwierigkeiten die Landwirtschaft insbesondere in der Bereitstellung von Ersatzteilen und Maschinen, Fahrzeugen hat. Die **Militärfahrzeuge** sind eigentlich im wesentlichen keine anderen Fahrzeuge. Gibt es dort bereits Arbeitsgruppen, die an der **Umstellung** dieser **militärischen Produktionsstätten** hin, also eben zur **Versorgung unserer Landwirtschaft,** umprofiliert werden?

Ziegler (Moderator): Danke. Herr Minister, ich denke, das wird sonst zu viel. Es wäre doch besser, wenn Sie erst eine Zwischenrunde wieder machen.

Hoffmann (Minister für Verteidigung): Ja, ich möchte mit der guten Frage hier beginnen.

Das ist die Frage der **Einbeziehung der Armeeangehörigen** in **Militärreformen.** Erstens ist es so, daß auf der Grundlage eines Befehls jeder der mir unterstellten Stellvertreter und Leiter für die Bearbeitung bestimmter Fragen zuständig ist, daß Arbeitsgruppen gebildet sind, in denen Vertreter der Truppenteile, Verbände, Militärbezirke mitarbeiten. Es ist also klar, daß neue Dienstvorschriften oder Entwürfe von Gesetzen erst einmal durch eine Arbeitsgruppe zu erarbeiten und vorzuschlagen sind. Dabei werden die vielfältigen Anregungen, die eingegangen sind über den Stützpunkt [???] Militärreformen berücksichtigt.

Ausgearbeitete Entwürfe werden den Armeeangehörigen vorgestellt, und sie werden zur Diskussion aufgefordert. Dazu gibt es also ein Blatt oder eine Zeitung. Sie nennt sich „Militärreform". Es ist also mittlerweile die Nummer 7 erschienen oder schon die Nummer 8, so daß die Armeeangehörigen die Möglichkeit haben, auf der Grundlage der unterbreiteten Vorschläge sich zu äußern. Diese Vorschläge werden dann bei der Überarbeitung berücksichtigt.

Zur Frage der **Umschulung.** Es gibt eine Konzeption der Umschulung, in der festgelegt wird, wer ist verantwortlich, wo kann die Umschulung durchgeführt werden, wer trägt die Kosten, für welche Berufsgruppen ist diese Umschulung vorgesehen. Dieses Konzept der Umschulung haben wir ebenfalls in der Militärreform dargestellt und ist somit den Armeeangehörigen bekannt.

Die **Ausbildung** an den Lehreinrichtungen der Nationalen Volksarmee wird fortgesetzt. Es wird hingearbeitet auf einen zivilen Abschluß, aber nunmehr schon auf der Grundlage der Nachfrage, die vorhanden ist. Ja? Und da sind wir also gegenwärtig dabei, das zu ergründen, was in der Zukunft Perspektive hat.

Ich möchte hier noch einmal zurückkommen auf die Frage **Bundesheer.** Ich habe ja nicht vordergründig einen Vorschlag erbracht, ein gemeinsames Bundesheer zu gründen, ja? Das möchte ich also hier noch einmal sagen, sondern vordergründig stand immer die Einbindung des deutschen Prozesses in den **europäischen Prozeß,** daß der europäische Prozeß also den unbedingten Vorrang hat, daß aber auch bei der **Vereinigung Deutschlands** daran gedacht werden muß, daß also erhebliche militärische Potentiale vorhanden sind, die man also nicht außer acht lassen darf.

Und wenn ich hier noch einmal sage, solche Prämissen, ja, die Ausdehnung des NATO-Bereichs bis zur Oder-Neiße oder gar bis zum Bug, der Übergang militärischen Potentials des **Warschauer Vertrages** in die Militärorganisation der NATO sind keine Lösungen für die Verbindung mit dem deutschen Zusammenwachsen, anstehenden europäischen Stabilitäts- und Sicherheitsfragen.

Oder daher sollte davon ausgegangen werden, daß die militärische Frage auch bei einer schnellen Vereinigung Deutschlands zu Lösungen geführt wird, die zu jedem beliebigen Zeitpunkt in die allmähliche Herausbildung der europäischen Sicherheitsstrukturen eingepaßt werden können, die Realismus, Berechenbarkeit und Glaubwürdigkeit fördern sowie Mißtrauen und Zweifel ausräumen, aber auch

Gefahren und Bedrohungen ausschließen, das heißt es werden hier im Grunde genommen erst die **gesamteuropäischen Sicherheitsinteressen** in den Vordergrund gestellt, und es wird auch davon ausgegangen das schließlich und letzten Endes das Treffen Vier-plus-Zwei und die Fortsetzung der KSZE-Folgetreffen die Entscheidung darüber zu fällen haben, was möglich ist und was richtig ist.

Und ich will das hier noch einmal sagen, also kein Angehöriger der Nationalen Volksarmee ist der Meinung, daß die Nationale Volksarmee nur ihres eigenen Interesses wegen bestehen muß. Wir sind für radikale Abrüstung, aber wir sind dafür, daß das eingepaßt wird in das gesamteuropäische Sicherheitskonzept, und wir stellen uns jeder Forderung, die diesbezüglich dort gestellt ist – –

Ziegler (Moderator): Herr Minister, wir danken Ihnen, daß Sie sich dem Gespräch hier gestellt haben. Wir danken Ihnen für die Informationen und Auskünfte, die Sie uns gegeben haben. Es hat sich heute vormittag nicht bewährt, daß wir versuchten, dann durch Verlängerung der Pausen und Hinausschieben der Pausen zu Klarheit zu kommen. Es hat sich vielmehr gezeigt, daß Pausen genauso notwendig sind, wie intensives miteinander sprechen. Darum schlage ich Ihnen jetzt vor, daß wir hier die Pause einsetzen.

Und dann kommt es ja darauf an, daß wir unsere Meinung noch zusammenfassen nach den vorliegenden Anträgen, vor allen Dingen erst einmal [Vorlage] 14/25 und so weiter. Wir danken wenigstens allen, die gekommen sind, Herr Minister in Ihrer Begleitung. Sie sind herzlich eingeladen, hier zu bleiben bis zum Abschluß dieses Punktes. Aber nachher wird es nicht noch einmal um Befragung gehen, sondern darum, daß wir unsere Meinung formulieren. Ich schlage jetzt vor, daß wir bis 17.20 Uhr Pause machen, aber pünktlich 17.20 Uhr hier wieder beginnen.

[Pause]

Ziegler (Moderator): Ich bitte doch um Aufmerksamkeit, damit nachher nicht dauernd neue Geschäftsordnungsanträge kommen, die darauf zurückzuführen sind, daß wir die Absprache nicht genau zur Kenntnis nehmen, die wir jetzt treffen wollen. Wir gehen aus jetzt in der nächsten Runde der Aussprache von der Vorlage **Positionen des Runden Tisches zur Militärreform in der DDR**. Das ist die **Vorlage 14/25**. In elf Punkten sind hier Positionen beschrieben, und die Frage wird sein, wieweit alle am Runden Tisch das mittragen können. Von der LDP war zu Ziffer 11 schon gesagt worden, hier wünschten wir uns ein bißchen mehr Ausarbeitung. Es ist darauf hinzuweisen, daß zu Ziffer 4, das geht um den Paragraphen 17, politische Betätigung, auch ein Antrag vorliegt der PDS, den wir in diesem Zusammenhang bitte gleich mitbehandeln, [Vorlage] 14/9 [Antrag PDS: **Zum Entwurf des Wehrdienstgesetzes**[42]].

Zu der Ziffer 6 des Positionspapiers liegt vom FDGB vor der Antrag [Vorlage 14/6: **Programm zur Arbeitsplatzbeschaffung und sozialen Sicherstellung für Zivilbeschäftigte der NVA**[43]], daß auch die **Zivilbeschäftigten** mit bedacht werden müßten. Ich denke, das kann hier auch sofort mit bedacht werden. Und zu Ziffer 7 des Positionspapiers liegt der FDGB-**Antrag 14/7** vor, nämlich **Arbeit der Gewerkschaften**. Vielleicht kann das auch in diesem Zusammenhang mit verhandelt werden, denn in Absatz 2 der Ziffer 7 ist ja darauf Bezug genommen, so daß dann nachher nur in der dritten Runde die überhängenden Anträge zu verhandeln sind. Nun frage ich, gibt es Wortmeldungen zu dieser Aussprache über die **Vorlage 14/5 [bzw. 14/25]**?

Herr Börner, PDS, und dann Herr Wendt.

Börner (PDS): Wenn wir davon ausgehen, und das würden wir unterstützen, daß wir diese **Vorlage 14/25** auch als Grundlage der Diskussion ansehen und versuchen, es zu einer gemeinsamen Verabschiedung zu bringen, möchte ich auf folgende Punkte eingehen. In Punkt 4 sehen wir unseren Antrag, das kann ich bestätigen, eingeflossen und würden mit dieser Formulierung dann auch entsprechend unseren Antrag zurückziehen.

Zum Punkt 6 würden wir als Ergänzung mit aufnehmen wollen, daß in Anschluß an den letzten Satz des Punktes 6 [angefügt wird]: „Es ist sofort ein soziales Eingliederungsprogramm einschließlich einer Umschulungskonzeption zu erarbeiten."

Für den Punkt 8 würden wir eine Änderung vorschlagen.

Ziegler (Moderator): Darf ich bitten, noch einmal zu sagen, welchen Punkt jetzt?

Börner (PDS): Punkt 8, daß nach dem ersten Satz, also „... der Anteil der Wehrpflichtigen gemindert wird", formuliert wird, „... der Runde Tisch tritt für eine schnelle Erarbeitung grundsätzlicher konzeptioneller Abrüstungsüberlegungen ein, die bis Mai der Volkskammer vorzulegen sind und auf ein **Einstellungsstopp für Berufssoldaten** und militärische Hoch- und Fachschulen orientieren." Für Punkt 10 wären wir dafür, [diesen Punkt] so in dieser Form nicht mit aufzunehmen, da diese Frage des Erbes einer grundsätzlichen weiteren Überlegung bedarf, und wir vorschlagen würden, ihn deshalb in dieser Erklärung herauszunehmen.

Und für den Punkt 11 bedarf es nach unserer Ansicht doch einer stärkeren Überarbeitung. Wir würden mitgehen mit dem ersten Satz mit der Ergänzung, also ich würde ihn noch einmal vorlesen: „Teil der Militärreform müssen jetzt auch perspektivische Überlegungen sein, die sich mit dem europäischen und deutschen Einigungsprozeß sowie seinem Einfluß auf die **Auflösung** militärischer Pakte verbinden", also Einfügung „Auflösung".

Und mit dem Satz danach können wir uns nicht einverstanden erklären. Wir würden vorschlagen folgende Formulierung im Anschluß an den ersten Satz: „Bei der Regierung der DDR sollte ein **Amt für Abrüstung und Konversion** mit dem Ziel gebildet werden, weitergehende, auch einseitige schnelle Abrüstungsschritte bis zur vollständigen Entmilitarisierung vorzubereiten und einzuleiten. Der Runde Tisch lehnt die Einbringung von Strukturelementen der NVA in ein Bundesheer ab."

Ziegler (Moderator): Also Herr Börner, wir stellen erst einmal fest, **Antrag 14/9** ist zurückgezogen, da aufgehoben in Ziffer 4. Und zu den anderen Punkten 6, 8, 10, 11 haben Sie Änderungsanträge, die ich bitte, hier schriftlich vorzulegen, damit wir sie nachher bei der Feststellung des Papiers so richtig einbringen können.

Es ist Herr Wendt an der Reihe vom Neuen Forum.

Wendt (NF): Ich möchte nur zwei Gedanken äußern, konkreter gesagt einen Gedanken zur **Vorlage 14/25** und eine Empfehlung. Vom Prinzip stimmt das Neue Forum der **Vorlage 14/25** zu, nicht einverstanden sind wir mit Punkt 4,

---
[42] Dokument 14/21, Anlagenband.
[43] Dokument 14/22, Anlagenband.

oder so herum, wir unterstützen den Punkt 4, besonders was den Paragraphen 17 anbelangt, denn ansonsten würde es der Militärreform widersprechen und es geht auch herein in die **militärische Jurisdiktion**.

Prinzipiell möchte ich aber sagen, daß wir es doch von der NDPD mehr als unfair empfinden, ein Papier vorzulegen mit Gedanken, wenn man sich nur die Mühe gemacht hätte – und damit weiß ich mich auch einig mit der Grünen Partei – wenn man sich nur die Mühe gemacht hätte, herumzufragen, dann hätte man nämlich ganz leicht feststellen können, daß an den **militärischen Runden Tischen** vom Neuen Forum und von anderen Arbeitsgruppen bereits im Dezember die prinzipiellsten – oder die Essentials dieses Papiers dem Runden Tisch im Dezember bereits der Führung des Ministeriums für Nationale Verteidigung vorgelegt wurden, nämlich in Form **„Militärpolitischer Leitsätze"** oder Sicherheitsgrundsätze. Also das muß man fairerweise hier am Runden Tisch sagen, daß das nicht das alleinige Papier der Nationaldemokratischen Partei ist. Das zum ersten.

Zum zweiten würde das Neue Forum empfehlen, da es sich in der Sicherheitspolitik und Militärpolitik um einen äußerst sensiblen Bereich der prinzipiellen Lebensinteressen des Volkes handelt, daß der militärische Runde Tisch auch weitergeführt wird, weiter auch nach dem 18. März, so wie sich andere Tische zu ganz spezifischen Fachfragen auch der Lösung dieser Probleme weiter zuwenden wollen. Wir sind der Auffassung, in diesem Bestand sollte der militärische Runde Tisch, wie er bis jetzt in Grünau gelaufen ist, auch weiter nach dem 18. März laufen, denn ein Großteil der Fragen ist ja noch nicht gelöst. Er ist angerissen, konzipiert, aber noch nicht so spruchreif, daß er auch dem Volk vorgelegt werden kann.

Danke schön.

Ziegler (Moderator): Über die Frage der **Weiterführung spezieller Runder Tische**, da gibt es ja noch andere. Haben wir hier jetzt im Augenblick nichts zu befinden? Das haben wir als Meinungsäußerung gehört.

Herr Poppe. Herr Poppe von Initiative Frieden [und] Menschenrechte.

Poppe (Minister o. G., IFM): Ich würde vorschlagen, den Punkt 10 zu streichen, den Punkt 11 in der vorhin von der PDS beschriebenen Weise zu verändern und den Punkt 8, den logischen Widerspruch im Punkt 8 aufzulösen, wonach der Anteil der **Wehrpflichtigen** bei Beibehaltung der Wehrpflicht gemindert wird, was ja bedeuten würde, daß man zu irgendeinem **Auslosungssystem** oder ähnlichem übergehen würde, also im Grunde genommen ist auch dieser Absatz überflüssig. Wenn es darum nur geht, daß man Überlegungen zur Kenntnis nimmt, ist damit auch keine besondere eigene Position verbunden. Ich würde also auch vorschlagen, den Punkt 8 zu streichen.

Ziegler (Moderator): Soweit es um ein paar Streichungsanträge geht, brauchen Sie das nicht schriftlich zu geben. Das werden wir nachher abstimmen. Wo es aber geändert werden soll, Herr Poppe, wäre es doch gut, wenn Sie sich auch an der Formulierung beteiligten. Denn da brauchen wir nachher den einen Text, auch von der LDP, wenn Sie das anders formuliert haben wollen, ja?

So, jetzt Herr Mäde, Vereinigte Linke. Sie sind aufgeschrieben, Frau Schießl.

Mäde (VL): Die Vereinigte Linke akzeptiert dieses Papier grundlegend als Ausgangspunkt einer Diskussion. Wir unterstützen die Punkte 3, 4, 5 und andere grundsätzlich. Einschränkungen muß ich machen zum Beispiel beim Punkt 7. Dort heißt es: „Der Runde Tisch unterstützt demokratische Aktivitäten der Gewerkschaften, der Armeeangehörigen und der Zivilbeschäftigten der NVA sowie des Verbandes der Berufssoldaten." Hier finden wir schon, daß die Soldatenräte [???] mit einbezogen werden sollten.

Zweitens. Der Punkt 8, da hat der Herr Börner von der PDS schon etwas dazu gesagt. Wir würden uns seinem Formulierungsvorschlag dort anschließen.

Zum Punkt 10. Es ist für uns überhaupt nicht einzusehen, daß, wenn man also auf das Abschaffen des einen Zeremoniells drängt, man gleich wieder zu neuem **Zeremoniell** schreitet. Das weiß ich nicht, also davon sollten wir uns doch nun endlich einmal verabschieden.

Zum Punkt 11, dazu ist von der Position von der Vereinigten Linken her zu sagen, daß wir nicht nur das Einbringen von Strukturen der jetzt bestehenden NVA in ein Bundesheer ablehnen, sondern daß wir jegliche Form von **Bundesheer** ablehnen. So, und da ist ja gerade für uns die Frage verbunden, die Problematik der **deutschen Einheit** mit der **totalen Entmilitarisierung**, natürlich in Stufen, selbstredend, ja? Aber es kann nicht sein, daß wir Überlegungen über ein Bundesheer anstellen mit einer Armee eines Staates, der noch nicht einmal eindeutig die **Oder-Neiße-Grenze** anerkannt hat.

Ziegler (Moderator): Herr Mäde, wenn Sie die Soldatenräte [???] eventuell dabei haben wollen, müßten Sie einen Antrag auf Einfügung stellen. Den bitte ich dann zu formulieren.

Mäde (VL): Es wird mir kein Problem sein.

Ziegler (Moderator): Im übrigen geht mir jetzt schon auf, wir werden über die Punkte wohl einzeln abstimmen müssen, ehe wir dann zur Gesamtabstimmung kommen, sonst scheint das nicht so konsensfähig zu sein.

Jetzt Frau Schießl, FDGB.

Frau Schießl (FDGB): Dem FDGB geht es ähnlich wie allen bisherigen Sprechern. Vom Prinzip her stimmen wir dem Papier zu mit den bisher schon gemachten Änderungsvorschlägen. Wir würden auch dafür eintreten, den Punkt 10 zu streichen.

Noch eine Erklärung zu den Soldatenräten. In der Gewerkschaft der Armeeangehörigen, die vollzieht sich über Soldatenräte [???], und die Kollegen würden also Wert darauf legen, daß das hier mit der Runde verstanden wird. Ich würde den Vorschlag machen wollen, unseren **Antrag 14/7** hier zur Verlesung zu bringen und dann als Anhang an das Papier mitzugeben. Also kein Ergänzungsantrag, sondern ein Anhang, den man da mit bearbeiten könnte.

Ziegler (Moderator): Gut. Würden Sie dann das gleich tun? Den hätten wir gleich erledigt, ja?

Frau Schießl (FDGB): Das würde ich gerne gleich machen wollen. Also zur **Vorlage 14/7**.

[**Vorlage 14/7, Antrag FDGB: Unterstützung der Militärreform**]

Der FDGB und die im Aufbau begriffene Gewerkschaftsorganisation der Armeeangehörigen sind der Auffassung, daß die demokratische Umgestaltung an der NVA nicht vorbeigehen darf. Dazu bitten sie alle am Runden

Tisch vertretenen Parteien und Bewegungen um Unterstützung:

1. Die eingeleitete Militärreform verläuft schleppend und undemokratisch. Sie kann nur dann erfolgreich sein, wenn die Meinungen und Erfahrungen der Soldaten im Grundwehrdienst, der Zeit- und Berufssoldaten direkt in die Erarbeitung neuer Vorschriften und Bestimmungen eingehen. Es dürfen nicht mehr die in der Vergangenheit verantwortlichen Ministeriumsmitarbeiter federführend sein. An ihrer Stelle müssen kompetente Vertreter aus Truppenteilen und Verbänden treten.

2. Der Runde Tisch fordert die Regierung auf, sofort Maßnahmen zur sozialen Sicherstellung der im Zuge der Reform ausscheidenden Militärangehörigen zu beschließen. Das betrifft besonders Arbeitsbeschaffung, Umschulung, Anerkennung der an militärischen Hoch- und Fachschulen erworbenen Abschlüsse sowie die Gleichstellung der ausscheidenden Armeeangehörigen bei der sozialen Absicherung.

3. In den letzten Wochen mehren sich die Fälle, wo aus dem Grundwehrdienst oder Dienst auf Zeit entlassene Armeeangehörige in ihren ehemaligen Betrieben/Einrichtungen nicht wieder eingestellt werden. Dieses Vorgehen verstößt gegen gesetzliche Bestimmungen.

Deshalb fordert der Runde Tisch die Regierung auf, die konsequente Einhaltung des geltenden Rechts für die Wehr- oder Zivildienstleistenden [Wehrpflichtigen] zu sichern.

4. Der Runde Tisch fordert die Regierung auf, die durch die Militärreform freiwerdenden finanziellen und materiellen Mittel, Ressourcen und Produktionskapazitäten vorrangig für den Aufbau eines Volkswirtschaftszweiges für Umwelttechnik und -technologien, insbesondere auch unter dem Aspekt von Arbeitsplatzschaffung und -beschaffung, einzusetzen.[44]

Ziegler (Moderator): Danke. Ich habe noch eine Bitte. Ob Sie nicht mit einem Blick auf **[Vorlage] 14/6 [Antrag FDGB: Programm zur Arbeitsplatzbeschaffung und sozialen Sicherstellung für Zivilbeschäftigte der NVA]** gleich eine Regelung schaffen könnten, indem einfach die **Zivilbeschäftigten** einbezogen werden. Dann brauchen wir doch nicht einen Extraantrag – –

Frau Schießl (FDGB): Wir brauchen für die Zivilbeschäftigten keinen gesonderten Antrag, weil der Passus, der hier als Antrag formuliert ist, wortwörtlich schon ins Papier übernommen wurde. Wir bedanken uns dafür.

Ziegler (Moderator): Also darf ich davon ausgehen **[Vorlage] 14/6**[45] ist erledigt. Vielen Dank. Jetzt waren keine Wortmeldungen weiter. Dann könnten wir zu einzelnen Punkten, die jetzt beantragt sind, zur Entscheidungsfindung kommen. Ich möchte – ach so, ja, Herr Oberst, nein, Herr Oberstleutnant Dr. Nickel.
Bitte.

---

[44] Dieser Vortrag wurde auch schriftlich zu Protokoll gegeben. Die In [ ] gesetzten Texte finden sich lediglich in der schriftlich zu Protokoll gegebenen Fassung.
[45] Dokument 14/22, Anlagenband.

Nickel (Vorsitzender des Verbandes der Berufssoldaten): Meine Damen und Herren, ich möchte die Gelegenheit nutzen, erstmals zu diesem Papier etwas zu sagen und natürlich auch die Gelegenheit nutzen, einige Worte zum **Verband der Berufssoldaten** zu sagen. Ich sitze hier nämlich nicht als Vertreter des Ministeriums. Das ist auch gar nicht meine Dienststelle oder des Kommandos des Militärbezirkes Neubrandenburg hier, sondern als der Vorsitzende des Verbandes der Berufssoldaten.

Der Verband hat vielleicht in dieser oder jener Position doch etwas andere Auffassungen, als es hier durch unseren Dienstherrn, den Herrn Minister, vorgetragen wird, aber mit der Zielsetzung, gemeinsam das herauszuarbeiten und sehr schnell und sehr gründlich, was uns vereint, wo wir gemeinsame Wege finden, und nicht das Kontroverse.

Ich möchte sagen, unser Verband ist als überparteilich **demokratische Organisation** auf Druck der Basis entstanden, aus dem Verantwortungsgefühl der Berufssoldaten an der Erneuerung dieses Staates uns unserer Armee mitzutun. Es ist also kein von oben befohlener Verband, und wir wollen das eigentlich machen, was die Politiker sich, in Richtung Ost und West muß ich noch einmal betonen, was die Politiker sich unter Blitzlicht und shake hands versichern. Wir wollen echte **Vertrauensbildung** zwischen den Streitkräften, und wir wollen das, was das Neue Forum damit bezeichnet, bis zur **Angriffsunfähigkeit**. Ja, wir wollen bei den Angehörigen der Streitkräfte beider Pakte Angriffsunwilligkeit hervorrufen und uns nicht mit der Waffe aufeinanderhetzen lassen. Wir wollen nicht das ausbaden, was dieser oder jener eigentlich zu verantworten hat.

Ich möchte auch die Gelegenheit nutzen und ganz kurz unsere Meinung zur **Militärreform** sagen. Die Militärreform fand bei Teilen der alten Armeeführung zu dem Zeitpunkt, als bereits die Wende in unserem Land begann, keine Gegenliebe. Sie waren nicht bereit, sie waren der Meinung, in dieser Armee gibt es erst einmal nichts zu reformieren. Es bleibt alles beim alten, Paragraph 1 **Preußische Landkriegsordnung**. Aber unterdessen kann ich wirklich einschätzen, [es] hat sich einiges verändert. Es sind viele neue Gesichter in den Expertengruppen „Militärreform" erschienen und es ist äußerst kompliziert. Sagen wir einmal auf der einen Seite das Bedürfnis und den Ruf der Basis schnell nach Konzeption, und auf der anderen Seite haben wir natürlich vergessen ein altbewährtes Prinzip. Wer einen Vorschlag, einen Entwurf, eine Konzeption entgegennimmt, muß bereit sein, auch an deren Umsetzung, an deren Verbesserung praktisch mitzuarbeiten und nicht nur Forderungen zu stellen und nach Möglichkeit Demos zu veranstalten. Eine solche Arbeitsweise lehnen wir als Verband der Berufssoldaten ab.

Ich möchte jetzt zu diesem Papier meine Zustimmung geben oder zu zwei, drei Punkten etwas sagen. Zum Punkt 2 habe ich die Meinung des Verbandes gesagt. Wir sind dabei, die Militärreform zu dynamisieren. Zum Punkt 4, der ist für den Verband der Berufssoldaten kein Thema mehr. Gegebenenfalls machen wir eine Unterschriftensammlung. Wir lassen uns keinen **Maulkorbparagraphen** wieder aufdrängen. Dieses Kapitel der deutschen Geschichte sollten wir überwunden haben. Das ist unsere Meinung dazu. Und so handhaben wir das auch in unserem Verband, daß sich jeder politisch organisieren kann in Parteien, Organisationen und Bewegungen, die auf der Grundlage unserer Verfassung stehen, aber im Verband vertreten Verbandsinteressen und keine **Wahlkämpfe** machen.

Besondere Bedeutung hat für uns der Punkt 6, und zwar die ganzen Fragen der **sozialen Sicherstellung** und der Eingliederung. Ich möchte hier die Gelegenheit nutzen, darauf hinzuweisen, daß die **Rüstung** schon sehr teuer war und von der ganzen Gesellschaft mehr oder weniger freiwillig getragen wurde. Und einen anderen Weg gibt es auch für die **Abrüstung** nicht. Das, was an Bergen von Waffen da ist, muß volkswirtschaftlich effektiv beseitigt werden und der soziale Zündstoff, nämlich die sozialen Probleme, die bei der Abrüstung entstehen, müssen sauber geklärt werden.

Und das kann nicht, wie bislang, das **Amt für Arbeit und Löhne** als unser einziger Partner, sondern die gesamte Gesellschaft muß eine **Konzeption der Arbeitsbeschaffung** und der Eingliederung tragen, und dazu möchte ich Sie an dieser Stelle nachdrücklichst bitten, daran mitzutun, aus dem Status des Redens herauszukommen. Und ich glaube, wir brauchen genauso schnell als [möglich] ein rekonstruiertes Ministerium für Nationale Verteidigung, genauso schnell und so wichtig scheint es mir, ein **Amt für Abrüstung und Rüstungskontrolle** oder Konversion zu schaffen. Das sind nämlich die sozialen Probleme. Wenn wir innerhalb kurzer Zeit um 60 000, das wäre das jetzt noch, in den vorgegebenen Zeiträumen jedes Jahr 7 000 Berufskader ausscheiden müssen, dann wird das ein Problem, das wir nicht alleine bewältigen. Und ich bitte um Ihre Mithilfe und Ihr Mittun. Ja, das wäre unsere Meinung.

Außerdem möchte ich abschließend sagen, ist es wohltuend, eine solche Vorlage hier vorzufinden, und ich hoffe, daß hier doch ein breiter Konsens erreicht wird. In einigen Punkten gibt es ein paar Unterschiede, aber im großen und ganzen möchte der Verband der Berufssoldaten diese Vorlage tragen, und wir könnten auch ohne den Punkt 10 leben, abschließend gesagt.

Ziegler (Moderator): Na, das freut uns, daß wir etwas Vernünftiges hier offensichtlich dabei sind zu erarbeiten. Herr Mäde hat sich noch einmal gemeldet, nicht? Das war doch wohl so.

Ja, bitte.

Mäde (VL): In der Tat. Ich habe nur noch einen Hinweis zu geben, und zwar bezieht der sich auf den Punkt 2, in dem heißt es: „Der vom Minister für Nationale Verteidigung einberufene ‚Runde Tisch zur Militärreform' ist mit einem Entwurf für einen Beschluß der Volkskammer über die ‚militärpolitischen Leitsätze der Deutschen Demokratischen Republik' befaßt." Nach meinem Erkenntnisstand, ich bitte, mich zu korrigieren, hat dieser Runde Tisch diese **Leitsätze zur Militärreform** am 6. Februar [1990] verabschiedet, und er könnte also der Volkskammer vorgelegt werden.

In diesem Falle, glaube ich, müßten wir dies unterstützen, weil: Es steht die **KSZE-Konferenz** ins Haus, es steht die **Konferenz Vier-plus-Zwei** ins Haus, und dort werden ganz wesentliche Sachen hier zugrunde gelegt, die sich im übrigen nur in manchen Sachen nicht ganz in Übereinstimmung mit dem Papier befinden, was wir jetzt vorliegen haben. Deswegen haben wir dort auch noch unsere Anmerkungen gemacht. Ich halte das für eine politische Priorität, dies der Volkskammer vorzulegen.

Ziegler (Moderator): Herr Minister, da müssen wir Sie doch noch einmal fragen. Ist das verabschiedet, oder ist das nur – –

Hoffmann (Minister für Verteidigung): Wir haben uns geeinigt, Absatz für Absatz, und haben beschlossen, daß dieses Dokument morgen abend in der endgültigen Fassung jedem noch einmal zum Lesen gegeben wird, damit tatsächlich alles berücksichtigt ist. Und insofern würde ich sagen, wir haben zwar einen gemeinsamen Standpunkt, aber endgültig muß morgen noch einmal gesagt werden, jawohl, so soll es bleiben. Und ich glaube, es sollte der neugewählten **Volkskammer** vorgelegt werden. Bis zum 18. März [1990], glaube ich, wird es wohl nicht mehr möglich sein, diese **Leitsätze [zur Militärreform]** vorzulegen.

Ziegler (Moderator): Die Volkskammer wird es in ihrem Programm nicht schaffen, das zu behandeln. Herr Mäde meinte allerdings sofort, ja? Wollen Sie sich noch einmal äußern? Danke.

Da ich keine weitere Wortmeldung im Augenblick sehe, möchte ich jetzt, daß wir an den Punkten entlanggehen und die Änderungsanträge erst einmal vornehmen. Und dann werden wir sehen müssen, ob wir Punkt für Punkt abstimmen müssen oder wie das geht, aber vielleicht muß Herr Stief als Einbringer zunächst noch die Möglichkeit haben, weil er ja auch angefragt worden ist, sich zu äußern.

Stief (NDPD): Ich freue mich darüber, daß das Grundsätzliche dieses Positionspapiers bestehen geblieben ist. Wir können auch ohne den Punkt 10 leben, was eigentlich sich schon angedeutet hat. Mein Vorschlag wäre, da auch jetzt nicht allen einzelnen Ergänzungs- und Formulierungsvorschlägen gefolgt werden konnte, und jetzt eine große Mühsal beginnen würde, wenn wir das Punkt für Punkt machen würden, könnte man es auch so tun, daß alle diejenigen, die hier etwas hinzugefügt haben, das schriftlich formulieren. Und da die Grundsätze dessen, was hier gemeint ist, was wir wollen, mit diesem Papier hier eigentlich klar geworden sind, können [wir] das einsammeln und beim nächsten Mal als neue Vorlage, die redaktionell bearbeitet ist, vorlegen und relativ kurzfristig darüber Einigung erzielen. Das wäre ein Vorschlag, der mir praktisch erscheint. Wenn wir jetzt Punkt für Punkt durchgehen und diese Formulierungsansätze ja auch möglicherweise noch weitere Gedanken erzeugen, dann scheint mir das problematisch zu werden. Einiges ist schon erledigt; **Antrag 14/6** ist eingearbeitet. **Antrag 14/7** ist als Anlage schon bestätigt oder als Anhang zum Papier.

Ziegler (Moderator): Bestätigt ist noch gar nichts.

Stief (NDPD): Na ja, so gut wie. Herr Ziegler, vielleicht geht das so, wenn da Einverständnis erzielt werden könnte, weil ich es wirklich überlege, ob wir durch dieses Verfahren Zeit verlieren würden. Ich glaube nicht, denn das Grundsätzliche ist gesagt, und vieles wird sich in den nächsten Tagen vollziehen. Wenn wir anders schnell zum Ziele kommen mit Ihrem Vorschlag, wäre das ja günstig. Aber ich habe da meine Bedenken.

Ziegler (Moderator): Ja, wir sind hier nicht ganz einer Meinung. Wir können darüber ja befinden. Ich meine, da diesmal alle, die hier Anträge gestellt haben, so schnell waren, daß sie das schon alles schriftlich da haben, denke ich, könnten wir es diesmal schaffen. Und ich habe die große Furcht, wenn das nächstes Mal auf die Tagesordnung gesetzt wird, ist der Gedankenreichtum noch einmal so groß, daß wir wieder viel Zeit verwenden.

Also, aber Herr Stief hatte sich tatsächlich mit zwei Händen zur Geschäftsordnung gemeldet, und darum muß ich ja dann sein Votum als Geschäftsordnungsantrag ansehen, das heißt, schriftlich liegen die Dinge heute nicht über die endgültige [Fassung der **Vorlage 14/25** vor,] sondern [wir werden] die Änderungsanträge zurückverweisen zur Neuvorlage nach Einarbeitung. Das ist der Antrag, nicht? Wer möchte das unterstützen? Das bitte [ich] einmal auszuzählen.

N. N.: Ach so, jetzt wird schon abgestimmt.

Ziegler (Moderator): Ja, na ja, natürlich. 14 dafür. Gegenstimmen? – 17. Damit ist der Antrag – ich brauche diesmal wohl die Formalismen nicht so weit zu treiben, daß ich alles abfrage – abgelehnt. Wir gehen jetzt in die Arbeit zur Änderung der Punkte der **Vorlage 14/25,** und der erste Punkt war die Ziffer 6, die angesprochen worden ist, denn in Ziffer 2 war es ja nur eine Rückfrage, nicht? Ziffer 6. Hier schlägt die PDS vor, einen Satz hinzuzusetzen, und zwar lautet er: „Es ist sofort ein **soziales Eingliederungsprogramm** einschließlich einer **Umschulungskonzeption** zu erarbeiten."

[Lücke in der Aufnahme[46]]

N. N.: – hat es Begegnungen gegeben zwischen Generälen als Grundlage für diese Konzeption. Auch dazu muß ich sagen, als Grundlage für diese Konzeption hat es keine Begegnung von Generälen gegeben. Ja, es hat also beim Seminar über **Militärdoktrinen** und zu Fragen der **Abrüstung** Begegnungen gegeben zwischen Generälen der Nationalen Volksarmee und auch mit Generälen des Warschauer Vertrages und auch der NATO und anderer europäischer Staaten. Die hat es in Wien gegeben.

Es gibt also keine Begegnungen zwischen der **Nationalen Volksarmee** und der **Bundeswehr** auf höherer Ebene. Es gibt Kontakte auf unteren Ebenen, zum Beispiel bei gemeinsamen Gesprächen vor Rundfunk, vor Fernsehen, aber nicht auf einer Ebene, wie etwa also Minister für Nationale Verteidigung mit dem Bundesminister für Verteidigung. Ja, es hat zum Beispiel in der letzten Zeit also eine Begegnung gegeben zwischen dem Vorsitzenden des **Verbandes der Berufssoldaten** und dem deutschen **Bundeswehrverband,** und es ist zu einem Gedankenaustausch gekommen. Ja, es

---

[46] Hier gibt es eine Lücke in der Bandaufnahme. Aus dem Verlauf der Tagung ist zu rekonstruieren, daß während dieser Zeit der Sitzung der Tagesordnungspunkt „Militärreform", insbesondere „Standpunkte des Runden Tisches ‚Militärreform' zur Rolle und zum Auftrag deutscher Streitkräfte im Prozeß des Zusammenwirkens der beiden deutschen Staaten" behandelt wurden. Dazu war die folgende Information vorgelegt worden.:
Information 14/4 des Runden Tisches „Militärreform": Standpunkte zur Rolle und zum Auftrag deutscher Streitkräfte im Prozeß des Zusammenwirkens der beiden deutschen Staaten. [Dokument 14/23, Anlagenband].
Die daran anschließende Beratung und die Abstimmungsergebnisse sind dem Wortprotokoll zu entnehmen. Dazu lagen dem Zentralen Runden Tisch Vorlagen und Anträge vor, die als Dokumente im Anlagenband wiedergegeben werden.
Aufgrund der Lücke in der Bandaufnahme ist es dem Herausgeber nicht ganz ersichtlich, wie die Information 14/3, „Maßnahmen des Runden Tisches ‚Militärreform' zur beruflichen Vorbereitung und sozialen Sicherstellung von Berufssoldaten, die im Ergebnis von Truppenreduzierungen und Abrüstungsmaßnahmen aus dem aktiven Militärdienst zu entlassen sind" eingebracht wurde und ob sie im Verlaufe dieses Tagesordnungspunktes behandelt wurde. Diese Information ist auch deshalb als Dokument 14/24 im Anlagenband wiedergegeben. Für die Information 14/9, „Stellungnahme der PDS zur Militärreform", als Dokument 14/25 in den Anlagenband aufgenommen, ist ebenfalls nicht gewiß, ob sie beraten wurde.

---

werden sicherlich Aufgaben erwachsen aus dem Treffen in Wien. Es ist zum Beispiel vereinbart worden, daß gemeinsam durch die Nationale Volksarmee und die Bundeswehr ein **Glossar** erarbeitet wird zu **Fragen der Abrüstung,** das heißt Termini für die Abrüstung, damit ein einheitliches Verständnis vorhanden ist, also solche Dinge gibt es, solche Dinge werden von uns unterstützt, und solche Dinge werden auch gefördert.

Zur **Übergabe von Technik,** die in der Nationalen Volksarmee nicht mehr benötigt wird, an den **zivilen Sektor:** jawohl, dazu gibt es Arbeitsgruppen, dazu gibt es Vorschläge, und wir unterbreiten über das Komitee, über das **Wirtschaftskomitee** entsprechende Vorschläge an andere Ministerien.

Ziegler (Moderator): Ich glaube, Sie sind noch nicht eingegangen auf die Pespektive der Auswirkungen auf die **Nachbarn,** nicht? Oder? Würden Sie Ihre Frage damit auch als beantwortet ansehen, Herr Ordnung? Sie sind zufrieden, ja? Na, danke schön.

Dann machen wir jetzt eine, ich muß das sagen wegen der Zeitökonomie, eine letzte Runde in diesem Bereich, wo wir Rückfragen auch an den Herrn Minister stellen können.

Es stehen da auf der Rednerliste Herr Klein, Herr Schmidt, Herr Matschie, Herr Schneider und Herr Wolf. Ja, wenn Sie mir helfen, Ihren Namen schnell zu sagen, dann geht es schneller. [Frau] Sievert vom Unabhängigen Frauenverband. Danke schön.

Darf ich dann davon ausgehen, hier die Rednerliste zu schließen, denn wir müssen dann ja auch noch zu den Anträgen und zu den Vorlagen kommen. Da gibt es ja auch eine Möglichkeit – –

Jetzt bitte ich Herrn Klein von der Vereinigten Linken zu sprechen.

Klein (VL): Es wäre sicher wichtig im Zusammenhang mit dem Problemkreis **Militärreform** einmal ganz konkret zu untersuchen, wie sich die besonderen Umstände, unter denen sich das **Verhältnis beider deutscher Staaten** zueinander zu entwickeln beginnt, sich hier niederschlagen, und hier möchte ich auf den **Beschluß des Runden Tisches zur Militärreform vom 6. Februar 1990** verweisen, in denen hier einige sehr klare und auch von uns unterstützte Aussagen zu finden sind und wo ich doch entschieden den Eindruck habe, daß, und hier verweise ich auf Ihr Interview gegenüber dem „ND" [Neuen Deutschland], nicht nur Nuancierungen gegenüber diesem Papier zu verzeichnen sind.

In dem Papier des Runden Tisches zur Militärreform heißt es zum Beispiel: „Die Deutsche Demokratische Republik ist in besonderem Maße an einem Abbau des sich in Mitteleuropa und der Ostsee gegenüberstehenden Streitkräftepotentials des Warschauer Vertrags und der NATO interessiert. Sie tritt für den Abzug aller Truppen, die auf ausländischem Territorium stationiert sind, ein", während es in Ihrem Interview zu dieser Frage im Zusammenhang mit der Herausbildung föderativer Strukturen in Europa, also insbesondere auch die beiden deutschen Staaten betreffend, heißt, für diese Periode würde auch die weitere **Präsenz sowjetischer** und **amerikanischer Truppenkontingente auf den Territorien beider deutscher Staaten,** selbst wenn sie zu einem bestimmten Zeitpunkt nur noch symbolischen Charakter haben, zu günstigen Rahmenbedingungen für die Stabilität und Sicherheit führen.

Ich möchte ferner darauf verweisen, daß die Frage der, wie es in Ihrem Interview heißt, **Kriegsstärke, Friedensstärke** und Potential der nationalen Streitkräfte der europäischen Staaten, denke ich, doch verschieden behandelt wird inzwischen.

Im Papier des Runden Tisches zur Militärreform heißt es: „Zur Förderung der Entmilitarisierung im Zentrum Europas ist die Deutsche Demokratische Republik auch zu einseitigen Abrüstungsmaßnahmen bereit, und das im Rahmen eines Prozesses weitgehender Schritte der Rüstungsbegrenzung und militärischen Vertrauensbildung mit der Bundesrepublik Deutschland im Interesse gutnachbarlicher und kooperativer Beziehungen." In Ihrem Interview heißt es im Zusammenhang mit der Frage nach der Notwendigkeit von Streitkräften in einem Bundesstaat, daß solche ohne Zweifel in Erwartung von „Temperaturschwankungen", wie es heißt, unterschiedlichen Grades in den außenpolitischen Beziehungen der Staaten nötig seien, und Sie nennen dann Zahlen, die die Gesamtstärke des **gemeinsamen Bundesheeres** betrifft. Das alles finden wir in Ihrem Interview im Zusammenhang mit Fragen des Inhalts der Arbeit einer **gemeinsamen Kommission** der jetzigen beiden deutschen Staaten zur Vorbereitung auf ein solches **deutsches Bundesheer**. Ich denke, daß das nicht nur Nuancen sind, also daß die Entwicklung, die sich in den Beziehungen beider deutscher Staaten anbahnt, aus der Sicht zum Beispiel dieses Papiers vom 6. Februar [1990] und auch Ihres Interviews vom 24./25. Februar [1990] deutlich niederschlägt.

Ich muß nun fragen, inwieweit der **Verfassungsauftrag der NVA** in diesem Zusammenhang zur Disposition steht. Ich meine, wenn über ein Bundesheer gesprochen wird und die Frage des Verfassungsauftrages der NVA hier durchdacht wird, daß hier ernste Fragen auftreten, die sich, ich glaube, mit diesem Interview erst so recht aufwerfen, anstatt daß sie beantwortet werden. Hier hätte ich gern eine Stellungnahme von Ihnen, und ich denke, daß das im wesentlichen auch der Kern der Anfragen vieler anderer hier am Runden Tisch war.

Ziegler (Moderator): Danke. Von der Unabhängigen Volkspartei kann jetzt Herr Schmidt sprechen. Wenn Sie vielleicht hier einen der freien Stühle nehmen. Vom Demokratischen Aufbruch ist zur Zeit ein Mikrofon frei. Halten Sie sich aber dann auch bitte im Rahmen unserer, dieser Gesprächsrunde, ja.

Danke schön.

Schmidt (Unabhängige Volkspartei [UVP]): Ja, ich tue diesmal ein Schild hin, damit nicht wieder jemand vom Neuen Forum mir unterstellt, ich trete falsch auf. Ich möchte mich erst einmal kurz bedanken, bitte aber um Verständnis – ich heiße Schmidt von der Unabhängigen Volkspartei – wenn es doch zwei Minuten länger wird. Aber man hat eben als **Beobachter mit besonderem Redestatus** nicht die Möglichkeit, auf jeden Punkt einzugehen und deshalb, wie gesagt, [bitte ich] um Verständnis, wenn ich das jetzt etwas straffe und auch auf das eingehen werde, was noch kommt.

Also meine Damen und Herren und sehr geehrter Herr Minister, ich möchte gerade auf das Bezug nehmen, was Sie sagten. Denn ich muß sagen, ich konnte Ihnen zwar in dem meisten folgen, aber in den wenigsten Dingen zustimmen. Ich stimme Ihnen in einem aber vollkommen zu, und das ist: **Soldaten sind Menschen.** Und ich muß sagen, das ist uns allen bewußt geworden, denn auch Soldaten sind auf die Straße gegangen und haben gesagt und gerufen, **wir sind ein Volk!** Und ich finde, da ist es doch ganz wesentlich, daß Sie erst einmal in Ihrem eigenen Führungsstab Klarheit schaffen. Uns so, wie ich aus Ihren Worten entnehmen konnte, und Sie können mich dann bitte korrigieren, wenn das falsch war, habe ich die Befürchtung, daß Sie noch an **alten Feindbildern** festhalten. Denn ich möchte Sie fragen, vor wem in dieser Phase schützen Sie uns eigentlich? Ich möchte Sie daran erinnern, daß 1968 die Nationale Volksarmee ohne ein Mandat des Volkes in die Tschechoslowakei einmarschiert ist, und das war aus heutiger Sicht eindeutig eine Invasion.

Ich bitte Sie also, in den eigenen Reihen, und ich bitte Sie nicht nur, ich fordere Sie für die verbleibende Zeit auf, das ist nicht mehr viel, in Ihren **eigenen Reihen Klarheit** zu schaffen, daß der Soldat während des aktiven Wehrdienstes wirklich als Mensch behandelt wird, das heißt, daß er gesetzlich die Grundlage hat, zum Beispiel einen **Schießbefehl** zu verweigern, auch wenn er als Soldat verpflichtet wurde, wenn es aus seiner Sicht heraus nicht gerechtfertigt ist oder sich dieser Schießbefehl eindeutig gegen das eigene Volk richtet. Ich glaube, wenn wir diesen Gedanken einbringen, dann bringen wir etwas in die **Einheit Deutschlands** herüber, was wirklich Maßstäbe setzt.

Und ich möchte an dieser Stelle noch einmal sagen, wir reden von der Einheit Deutschlands. Viele Fragen wurden aufgeworfen, aber ich habe den Eindruck, gerade auf diesem Sektor Militär fordern wir zu viel. Und ich sage noch einmal, wir sollten Maßstäbe setzen.

Ein weiterer Maßstab ist, und ich komme dann noch zu zwei anderen konkreten Punkten, sofortige **Gleichstellung** ohne wenn und aber des **zivilen Dienstes** mit dem **aktiven Wehrdienst**. Das heißt, es muß eine freie Entscheidung jedes einzelnen sein, und ich bitte Sie zu überdenken, was nutzt uns in dieser Phase ein Facharbeiter, ein Ingenieur mit der Waffe in der Hand. Ich sage noch einmal, wo sind unsere äußeren Feinde? Wir hatten es in der Vergangenheit mit den inneren zu tun.

Ich bitte Sie deshalb, kurzfristig ein Konzept zu erarbeiten noch vor der Wahl, daß der aktive Wehrdienst sich profiliert einsetzt für den **Aufbau der Volkswirtschaft** in allen Bereichen. Und ich denke da insbesondere an den **Straßenbau**, und ich glaube, daß die Armee doch profiliert ist. Und das ist ja Pionierarbeit. Denken wir an unsere Autobahn, an unsere ganze Infrastruktur außerhalb der Städte, daß dort sehr viel geleistet werden kann, wo die Bürger, die zur Armee gegangen sind, konstruktiv eingesetzt werden, aber eben im gesamten Maßstab etwas leisten.

Zweitens bitte ich Sie, davon Abstand zu nehmen, grundsätzlich den Angehörigen der NVA Angst zu machen, für sie wären keine **Arbeitsplätze** da. Ich mache Ihnen hier als Unabhängige Volkspartei ein ganz konkretes Angebot, das heißt, ich schlage Ihnen für Mittwoch, 8.00 Uhr einen Termin vor. Dort wird ein Vertreter des Bundes der Selbständigen der DDR und ein Vertreter des Bundes der Selbständigen der Bundesrepublik anwesend sein.

Wir können ab April flächendeckend für die DDR ein **Schulungssystem** aufbauen, wo gerade alle Soldaten oder Angehörigen der NVA schrittweise in die Informatik eingearbeitet werden. Und dieser Beitrag wird weitestgehend kostenlos sein. Dieses ganz konkrete Angebot, weil Sie Ihre Befürchtung äußerten, es wären keine Arbeitsplätze da. Ich muß sagen, diese Frage steht nicht, und ich möchte mich auch im Namen nicht nur der Vertreter der Unabhängigen Volkspartei davon distanzieren, daß Sie sagen, wir brauchen die Soldaten, um **militärische Objekte** zu bewachen. Also ich muß sagen, da widersprechen wir sogar dem, was wir vor dem 9. Oktober gelehrt bekommen haben, daß eigentlich die

Armee nur da sein sollte, wenn ein Angriff sich vollzieht, und wenn wir die Verteidigungsanlagen nicht mehr brauchen, dann brauchen wir erst recht nicht mehr die Soldaten dazu, dort zu stehen, und es sind ja Facharbeiter und Ingenieure, sondern wir brauchen die in der Industrie, in der Wirtschaft.

Also ich bitte Sie noch einmal, diese Dinge so umzustellen, daß wir in ein geeintes Europa beziehungsweise in ein geeintes Deutschland [gehen], dahingehend, daß wir Maßstäbe setzen. So ein Maßstab würde ganz konkret bedeuten, daß alle sechs Bundesländer über keine Armee mehr verfügen, daß sie eingebunden sind in den ersten Schritt zu einem **neutralen Deutschland.** Und ich sage, wir sollten hier die Maßstäbe setzen und nicht immer fordern und damit die **Einheit Deutschlands** zerreden. Und, wie gesagt, ich beziehe mich noch einmal auf den konkreten Vorschlag an Sie, wo die Qualifizierung insbesondere der Leute, die aus der Armee ausscheiden, von uns mit unterstützt wird.

Danke.

Ziegler (Moderator): Ja, danke. Es hat jetzt Herr Matschie von der SPD das Wort, und danach Herr Schneider von der SPD.

Matschie (SPD): Ich möchte ein paar Fragen zu diesem Entwurf hier in den Raum stellen. Hier wird davon geredet, – –

Ziegler (Moderator): Sagen Sie doch bitte genau welche? Es gibt mehr.

Matschie (SPD): Zu dem **konzeptionellen Standpunkt** [Information 14/4[47]], der uns hier vorgelegt worden ist von seiten der Armeeführung. Also hier ist davon die Rede, daß die Notwendigkeit der Existenz deutscher **Streitkräfte** zur Gewährleistung des **äußeren Schutzes** nicht in Zweifel gestellt werden kann, und dann ist da von Temperaturschwankungen in außenpolitischen Beziehungen der Staaten die Rede und von Krisen, die möglich sind. Ich frage mich, sollen denn diese Krisen mit Hilfe einer Armee gelöst werden hier innerhalb in Europa in Zukunft?

Dann ist hier weiter in diesem Konzept davon die Rede, daß ein **deutsches Bundesheer** geschaffen werden könnte mit 300 000 Mann, und dann ist davon die Rede, daß da Truppen enthalten sein sollen, die über angemessene Manövrierfähigkeit, Feuer- und Schlagkraft verfügen. Ich weiß nicht, ob das die Konzeption hier ist, die uns in die Zukunft führen soll. Es ist am Anfang dieses Konzeptes auch die Rede davon, daß die ganze Entwicklung in einen **gesamteuropäischen Abrüstungsprozeß** eingebunden werden soll, und hierauf müßte die Betonung gelegt werden und nicht auf Überlegungen für ein gemeinsames Bundesheer.

In dem Papier, was uns von der Arbeitsgruppe vorgelegt wurde, ist auch davon die Rede, daß Überlegungen in der Armee bestehen, den **Anteil der Berufssoldaten** weiter zu erhöhen. Ich glaube auch nicht, daß das im Sinne der **Abrüstung** ist, noch mehr Leute einzustellen, die Armee zu ihrem Beruf machen an dieser Stelle.

Und dann ist hier als letzter Punkt „die vorbedachte Aufrechterhaltung von Teilpotentialen der Bundeswehr und der Nationalen Volksarmee für die Ausstattung der reorganisierten Streitkräfte des deutschen Bundesstaates wäre eine logische Folge..." und so weiter. Ich denke, wir sollten uns hier wirklich auf die Strukturen konzentrieren, die zu einer

---
[47] Dokument 14/23, Anlagenband.

radikalen Abrüstung führen, auch wenn das nur schrittweise geschehen kann, dessen bin ich mir völlig bewußt an dieser Stelle. Das wird nicht von heute auf morgen gehen, wie Sie sagen, aber wir brauchen **Konzepte** dafür, wie das so schnell wie möglich gehen kann, und ich denke, dieses Konzept hier führt nicht dazu.

Ziegler (Moderator): Danke.
Herr Schneider. Bitte.

Schneider (SPD): Meine Frage zum **Feindbild** hat sich bereits durch den Herrn von der UVP erledigt. Darum ziehe ich meine Frage zurück.

Ziegler (Moderator): Herr Wolf, LDP.

Wolf (LDP): Wir stimmen vielen Punkten sowohl in der konzeptionellen **Vorlage [Information 14/4]** des Runden Tisches [„Militärreform"] oder der NDP an den Runden Tisch als Vorschlag für Positionen des Runden Tisches **[Vorlage 14/25]** zu und können uns auch mit manchen Darlegungen des Ministers solidarisch erklären. Wir meinen, daß schon von heute auf morgen weder die **deutsche Einheit** beschlossene Tatsache sein wird und auch nicht die **gesamteuropäische Abrüstung,** so daß es schon richtig und notwendig ist, sich über vernünftige Schritte auf diesem Gebiet und zu diesem richtigen Ziel [zu verständigen], sicher [ein] von uns allen als richtig anerkanntes Ziel, allmählich immer mehr die militärsichen Strukturen abzubauen.

Unserer Meinung nach sind manche Unsicherheiten und Verzögerungen auch unserer Armee vielleicht aber auch dadurch erklärbar oder zum Teil zu verstehen, daß zumindest jetzt ein breiter gesellschaftlicher Konsens fehlt, wenn es darum geht, die schon abgebauten und weiter abzubauenden Strukturen vernünftig und sozialgerecht in die Gesellschaft zu übernehmen.

Wenn man mit Armeeangehörigen auf diesem Gebiet spricht, so gibt es doch Haltungen ziviler Betriebe und Einrichtungen, die dem zur Zeit gegenüberstehen. Und wir meinen, damit dieses Ziel, sofern es auch im Detail mitunter noch zu bezweifeln ist, aber damit dieses Ziel und diese eigene neugewonnene Handlungsfähigkeit unserer Armee in diese Richtung unterstützt wird, muß es hier klare gesellschaftliche Aussagen geben, die **aufzulösenden Strukturen** auch auf vernünftige Weise personell wie materiell in den zivilen Bereich zu übernehmen.

Ein zweiter Gedanke unsererseits ist, daß wir aber, und das klang ja schon an, machen können, was wir wollen. Die Abrüstung in der DDR ist nicht losgelöst zu sehen von der Abrüstung in beiden deutschen Staaten und nicht von der weiteren Entwicklung in einem **Gesamtdeutschland** und nicht losgelöst zu sehen von der **europäischen Entwicklung.** Deswegen meinen wir schon, daß die vorliegenden Arbeitspapiere diese Richtungen deutlich machen, aber der Schwerpunkt, und hier sollte auch der Akzent des heutigen Runden Tisches und die heutige Tagesordnung dazu stärker beitragen, müßte vor allem der Punkt 11 dieses Arbeitspapiers **[Vorlage 14/25]** „Position des Runden Tisches" stärker ausstrahlen und mit in die Diskussion hineingestellt werden.

Wenn es unter diesem Gesichtspunkt denkbar sein sollte, daß auf beiden Seiten der Elbe die Bereitschaft für eine **Eingrenzung der militärischen Strukturen** hinsichtlich Umfang und Qualität gegeben ist, dann kann meiner Meinung nach, dann kann unserer Meinung nach auch der Gedanke eines **gemeinsamen Heeres** zwischenzeitlich auf diesem gesamtdeutschen Weg und auf diesem Weg in eine europäische

Abrüstung kein Hinderungsgrund sein. Entscheidend sind hier nicht die subjektiven Befindlichkeiten, sondern der Einbau einer solchen Entwicklung in die gesamteuropäische Konstellation.

Deshalb bitten wir, wie gesagt, noch einmal darum, die Einbringer der Position des Runden Tisches in diesem Punkt 11, und wir wären daran auch interessiert uns zu beteiligen, diese Einbindung in den Gesamtprozeß deutlicher zu machen, damit mögliche jetzt noch erkennbare Irritationen wegfallen.

Ziegler (Moderator): Danke. Als letzte Frau Sievert vom Unabhängigen Frauenverband.

Frau Sievert (UFV): Herr Minister, ich habe eine Frage. Sie sagten vorhin zur Begründung dafür, daß die Wehrpflicht sofort nicht abgeschafft werden könne, daß dann die Sicherstellung beziehungsweise die **Bewachung der Objekte** nicht mehr gewährleistet sei. Wenn wir das so jetzt annehmen, frage ich Sie, wann wäre dann im Zuge der Abrüstung und Entmilitarisierung die **Abschaffung der Wehrpflicht** möglich?

Zweite Bemerkung. Ich würde gerne wissen von Ihnen, wie Sie dazu stehen, im künftigen **Wehrgesetz** den Passus der **Mobilmachung** neu zu fassen, denn soweit uns bekannt ist, ist unter diesem Paragraphen auch die **Mobilmachung** oder Mobilisierbarkeit – ich weiß nicht, wie das genau formuliert ist bei Ihnen – **von Frauen** möglich beziehungsweise sogar also völlig legitim und in diesem Paragraphen mit enthalten. Das würde ich gern wissen von Ihnen. Danke schön.

Ziegler (Moderator): Wir haben damit diese Runde Rückfragen und Stellungnahmen abgeschlossen. Herr Minister, Sie haben noch einmal die Möglichkeit, darauf einzugehen.

Hoffmann (Minister für Verteidigung): Ja, aber ich möchte zur Konzeption [Information 14/4] folgendes sagen – weil: viele Fragen konzentrieren sich auf konzeptionelle Standpunkte – und es sind konzeptionelle Standpunkte. Mehr sind es nicht. Und ich habe hier gesagt, daß diese konzeptionellen Standpunkte der Entwicklung bedürfen. Ja, daß wir darüber sprechen werden am Runden Tisch. Wir werden das also laufend vervollständigen, und ich gehe davon aus, daß sie in vier Wochen also weiterentwickelt sind. Ja, es ist ein Angebot zum Gespräch. Und es ist eine Anregung. Das möchte ich also dazu sagen.

Was die Frage der **ausländischen Truppen** anbetrifft, die hier angesprochen worden ist in Verbindung mit den militärpolitischen Leitsätzen, glaube ich, haben wir alle mit sehr großer Genugtuung zur Kenntnis genommen, daß die **Truppen** der **USA** und der **UdSSR** reduziert werden auf 195, also 1 000 Mann. Das würde also bedeuten, daß zwischen 160 000 und 170 000 Armeeangehörige der Sowjetarmee hier abgezogen werden. Ich glaube, daß das also ein erster schwerwiegender Schritt ist, der sicherlich auch für die Sowjetunion mit vielen Problemen verbunden sein wird, vor allen Dingen also sozialen Problemen, und daß dieser Prozeß sich also auch im weiteren vollzieht.

Zu Fragen des **Verfassungsauftrages** auf der Grundlage der jetzigen Verfassung möchte ich sagen, sind es ja zwei wesentliche Punkte, die den Auftrag der Nationalen Volksarmee bestimmen. Der erste Punkt ist der ausschließliche Einsatz der Nationalen Volksarmee nach außen zur Gewährleistung der **äußeren Sicherheit,** und der zweite Punkt, der für uns jetzt von Bedeutung ist, [besteht darin,] daß die Nationale Volksarmee nicht eingesetzt werden darf, um andere Völker zu unterdrücken. Ich glaube, daß diese beiden Punkte also sehr wesentlich sind, und ich habe alle Kommandeure der Nationalen Volksarmee aufgefordert, sich an diesen Verfassungsauftrag zu halten, und wenn es Befehle oder Weisungen gibt, die nach ihrer Meinung gegen diesen Auftrag gerichtet sind, dann darauf aufmerksam zu machen oder nicht auszuführen. Also wir stehen hier auf dem Boden der Verfassung.

Wir sind für die **Gleichstellung des Zivildienstes mit dem Grundwehrdienst,** und entsprechend der Verordnung ist der Zivildienst mit dem Grundwehrdienst vor dem Gesetz gleichgestellt, aber ich muß sagen, ich habe auch dafür zu kämpfen, daß der Grundwehrdiensttuende dem Zivildiensttuenden gleichgestellt ist. Und das ist also gegenwärtig ein Problem.

Ich möchte das hier schon betonen, daß der Zivildiensttuende dem **Grundwehrdiensttuenden** gegenüber bestimmte Vorteile hat. Ja, die werden besonders also darin bestehen, daß der **Zivildiensttuende** im Grunde genommen am Heimatort seine Arbeit verrichtet, daß er nach Feierabend tatsächlich frei hat, während der Armeediensttuende selbst beim Prinzip der Einberufung nach dem Territorium vom Heimatort entfernt ist, daß er militärischen Bestimmungen unterliegt, daß er Gefechts-, Wach- und Sicherheitsdienst zu versehen hat, und daß er zu jeder Tag- und Nachtzeit bereit sein muß, in seine Stiefel zu schlüpfen.

Ja, also, daß wir dort tatsächlich eine vollkommene **Gleichstellung** auch im Interesse der Grundwehrdienstpflichtigen erreichen, dafür müssen wir schon kämpfen, und wir müssen schon sehen, wie führen wir hier einen Ausgleich herbei, denn wir können ja davon ausgehen, sowohl die einen als auch die anderen, das sind unsere Söhne, für die wir eine Verantwortung tragen und die tatsächlich wollen, daß sie als Mensch total gleichgestellt sind.

Was die Frage der **Abschaffung der Wehrpflicht** anbetrifft, so habe ich gesagt, also wenn ich einmal gar nicht von der Ausbildung spreche, dann wäre die Einberufung schon notwendig, um die **Sicherheit der Objekte** zu gewährleisten, also ich bin nicht davon ausgegangen, wir müssen nur einberufen, damit wir die Sicherheit der Objekte gewährleisten. Ja. Das ist für uns gar nicht die Frage. Ich habe gesagt, also wenn ich das schon gar nicht in Betracht ziehe, dann wäre es also tatsächlich im Interesse der Sicherheit der Objekte noch notwendig.

Ich möchte hier auch noch einmal sagen, ich mache keinem Armeeangehörigen Angst, daß er im zivilen Sektor keine Tätigkeit findet. Aber Fakt ist, daß gegenwärtig schon viele Grundwehrdiensttuende und Soldaten auf Zeit während der Armeedienstzeit ihre **Kündigung** auf den Tisch bekommen haben. Also das ist ein Fakt, und das widerspiegelt sich bei uns im Stimmungs- und Meinungsbild, und von den Einheiten, Truppenteilen und Verbänden erhalte ich davon täglich Meldungen.

Das ist kein Angstmachen, ja, davor habe ich Angst, daß es so ist. Ich muß auch darauf verweisen, daß bei der Umschulung und **Eingliederung von Berufskadern** in eine zivile Tätigkeit eine ganze Reihe von Problemen auftaucht. Nicht weil die Arbeit nicht vorhanden ist, sondern weil Tausende oder Hunderte von Berufskadern, sie tun eben Dienst im Raum Eggesin, und so weiter und so fort. Dort haben die Frauen eine Arbeit oder nicht, dort haben sie eine Wohnung, dort ist der Kindergarten, dort ist die Schule, dort ist die Kinderkrippe.

Und wenn Sie woanders eine Tätigkeit aufnehmen wollen, dann müssen diese sozialen Probleme geklärt werden, das heißt es geht hier nicht um Arbeit schlechthin, sondern es geht auch um **soziale Probleme,** die mit der Aufnahme einer anderen Tätigkeit im Zusammenhang stehen und wofür wir uns als Armeeführung verantwortlich fühlen müssen, denn immerhin sind es Menschen, die jahrelang bereit waren, für die Deutsche Demokratische Republik Dienst zu tun und die mit ihren Familien überall hingezogen sind und Tag und Nacht auf Alarmsignal reagiert haben.

Ich glaube, bei allen Gesprächen, die geführt worden sind über ein **europäisches Sicherheitskonzept** ist auch davon ausgegangen worden, daß Europa selbst nicht in einem luftleeren Raum lebt, sondern daß es andere Staaten und daß es andere Erdteile gibt, die ebenfalls auf der Welt vorhanden sind mit nicht wenigen Problemen, und daß es tatsächlich um ein **gesamteuropäisches Sicherheitskonzept** geht, und Temperaturschwankungen kann es natürlich geben. Ich denke hier nur einmal an den Nahen Osten, der ja oftmals Ausgangspunkt für „**Temperaturschwankungen**" oder auch für Krisensituationen der Ausgangspunkt war.

Wenn hier gesprochen worden ist oder gesprochen wird von der **Erhöhung des Anteils von Berufssoldaten** am Bestand der Nationalen Volksarmee, dann heißt es nicht, daß es mehr Berufssoldaten werden, sondern das bedeutet, daß sich das Verhältnis, der prozentuale Anteil von Berufskadern gegenüber Soldaten auf Zeit und Soldaten im Grundverdienst also verschieben kann. Denn ich gehe jetzt einmal davon aus, daß die Nationale Volksarmee also gegenwärtig rund 80 000 Berufskader hat; das sind runde 40 Prozent also des Personalbestandes. Sicherlich wird sich der Anteil der **Soldaten im Grundverdienst** reduzieren. Dadurch erhöht sich im Verhältnis der **Anteil der Berufskader.**

Wann kann man die **Wehrpflicht abschaffen?** Also selbst wenn wir davon sprechen, daß einmal eine Freiwilligenarmee geschaffen wird, dann kann also diese Freiwilligenarmee also von heute auf morgen nicht geschaffen werden. Das erfordert seine Zeit. Und wenn ich jetzt hier sagen würde, wir können es also in drei Jahren machen, dann würde das also jeder Grundlage entbehren, weil man das von vornherein also nicht abschätzen kann.

Zur letzten Frage, sind **Frauen** vorgesehen für die Mobilmachung? – –

[Lücke in der Tonbandaufnahme]

Ziegler (Moderator): – für diesen Zusatz zu erarbeiten. Ich weise darauf hin, daß das sehr nahe an das kommt, was in **[Vorlage] 14/7** vom FDGB empfohlen wird. Möchte sich dazu noch jemand äußern? Also Zusatz. Es möchte sich niemand dazu äußern. Dann lasse ich darüber abstimmen. Wer für diesen Zusatz ist zu Ziffer 6 [in der **Vorlage 14/25**], den bitte ich um das Handzeichen. – Das ist die Mehrheit. Gegenstimmen? – Enthaltungen. – 2 Enthaltungen.

Wir kommen jetzt zu dem Absatz 7. Hier geht es um Ziffer 7, zweiter Absatz. Die Vereinigte Linke möchte einfügen innerhalb des ersten Satzes. Der geht folgendermaßen: „Der Runde Tisch unterstützt demokratische Aktivitäten der Gewerkschaften" – jetzt kommt die Einfügung – „sowie verschiedene Formen der demokratischen Selbstorganisation der Armeeangehörigen". Und dann geht es weiter „und der Zivilbeschäftigen der NVA sowie des Verbandes der Berufssoldaten." Und dafür wären dann „demokratische" Aktivitäten also vor dieses Wort „demokratische" vor Aktivitäten zu streichen. Dies war wohl ein bißchen kompliziert, ja? Soll ich [es] noch einmal sagen?

[Unruhe]

Ziegler (Moderator): – Ach so. Dann müßte es heißen: „Der Runde Tisch unterstützt Aktivitäten der Gewerkschaften der Armeeangehörigen und der Zivilbeschäftigten der NVA sowie verschiedene Formen der demokratischen Selbstorganisation der Armeeangehörigen." Eigentlich brauchte „des Verbandes der Berufssoldaten" da nicht mehr zu stehen, weil das ja auch eine solche Organisation ist, nicht?

N. N.: Vielleicht könnte man es ganz und gar abstrahieren und alles in einen Punkt mit einbeziehen ohne die einzeln da aufzuzählen, sonst laufen wir Gefahr, wenn sich jetzt noch vier, fünf Sachen bilden, dann sind sie darin mit der demokratischen Organisation in den Streitkräften.

Ziegler (Moderator): Herr Klein, Sie haben mir das eben übergeben.

Klein (VL): Ich meine, der Antrag ist schon gestellt worden von uns als Zusatzantrag, weil die ursprüngliche Fassung in der Tat in dieser ausgrenzenden Interpretation hätte verstanden werden können. Wenn man aber in dem integralen Sinne **demokratische Selbstorganisation** versteht, und da müßte sich der **Verband der Berufssoldaten** ja auch wiederfinden, dann würde das ja gehen. Und insofern stimme ich dem schon zu. Wenn das ersatzweise dafür eingefügt würde, dann ginge das einschließlich dessen, was hier über die gewerkschaftliche Organisation der Armeeangehörigen gesagt wird, das natürlich stehen zu bleiben hat.

Ziegler (Moderator): Ja. Also jetzt lese ich noch einmal. Frau Schießl, bitte.

Frau Schießl (FDGB): – Geschäftsordnung. Ich denke, daß es bedeutsam ist in der heutigen Zeit, vor der Öffentlichkeit und den Soldaten und Offizieren zu sorgen, daß es in der **Armee Gewerkschaften** gibt und einen **Verband der Berufssoldaten.** Das ist etwas Neues. Das hat es früher nie gegeben, und das ist nicht schlechthin abgetan mit dem Wort **demokratische Organisation.** Die hatten wir immer schon.

Ziegler (Moderator): Also – –

[Heiterkeit]

N. N.: Ja, das wurde früher jedenfalls so genannt, na bitte.

Frau Schießl (FDGB): Die Leute wollen etwas anderes hören heutzutage.

Ziegler (Moderator): Na, Herr Stief wird wohl doch noch Recht bekommen. Aber ich bin noch – ja, ja, gut. Also. Jetzt gehen wir Schritt für Schritt vor. Und da wir nachher schon eine ganze Menge demokratischer Formen aufzählen, wäre jetzt zunächst einmal darüber zu befinden, ob vor Aktivitäten das „demokratisch" gestrichen werden kann, damit das nicht dreimal kommt.

Erhebt sich dagegen erst einmal Widerspruch? Nein. Und nun war der weitergehende Antrag, daß doch lieber die Einzelaufzählungen sind. Das war der Einspruch von Ihnen eben. Dann hieße das: „Der Runde Tisch unterstützt Aktivitäten der Gewerkschaften der Armeeangehörigen und der Zivilbeschäftigten der NVA sowie verschiedene Formen der demokratischen Selbstorganisation sowie des Verbandes der

Berufssoldaten" ginge es dann weiter „und des Verbandes und der Berufssoldaten." So wäre jetzt der Vorschlag.

Ziegler (Moderator): Jetzt hat Herr Schmidt von der CDU sich gemeldet.

Bitte, Sie sind gleich am Wort.

Schmidt (CDU): Im Vorschlag, „Aktivitäten der Gewerkschaften der Armeeangehörigen und der Zivilbeschäftigten der NVA, des Verbandes der Berufssoldaten und andere Formen der demokratischen Selbstorganisation."

Ziegler (Moderator): Das scheint mir durchaus auch im sprachlichen ganz gut zu sein: „... und andere Formen der demokratischen Selbstorganisation." Jetzt lese ich das noch einmal vor. Also, dann heißt der Satz: „Der Runde Tisch unterstützt Aktivitäten der Gewerkschaften, der Armeeangehörigen und der Zivilbeschäftigten der NVA, des Verbandes der Berufssoldaten und andere Formen der demokratischen Selbstorganisation." Sind Sie da als – – auch? Danke. Dann stelle ich das jetzt zur Abstimmung. Wer diese Änderung unterstützt, den bitte ich um das Handzeichen. – Das ist [die] Mehrheit. Gegenstimmen? – Danke schön. Sogar einstimmig. Na, wir machen aber Fortschritte hier.

Jetzt kommen wir zu Ziffer 8. Da wird es bestimmt wieder schwieriger. Da haben Änderungen beantragt auch [die] Vereinigte Linke, aber sie haben damit [die] PDS unterstützt. Und die PDS hat hier einen Vorschlag vorgelegt, und zwar soll eingefügt werden nach dem ersten Satz, der endet „gemindert wird." Haben Sie das alle? Dann soll jetzt eingefügt werden: „Der Runde Tisch tritt für eine schnelle Erarbeitung grundsätzlicher konzeptioneller Abrüstungsüberlegungen ein, die bis Mai 1990 der Volkskammer vorzulegen sind, und auf einen **Einstellungsstopp für Berufssoldaten** und an militärischen Hoch- und Fachschulen orientiert." Mit diesem „und an", das scheint mir aber nicht ganz gut zu sein, nicht?

Herr Börner, können Sie uns noch einmal helfen?

Börner (PDS): Nein, das geht. Und auf einen Einstellungsstopp für Berufssoldaten und einen Einstellungsstopp an militärischen Hochschulen.

Ziegler (Moderator): Und, ach so, ja: „... und an militärischen", ja. Dann ist es klar. Ja. Ich muß trotzdem noch eine Frage stellen, ob das als Einfügung ist oder ob dann der letzte Satz „... für die von Berufssoldaten vorgeschlagene Umgestaltung..." und so weiter „sind konzeptionelle..."

Börner (PDS): Der letzte Satz [soll] gestrichen werden.

Ziegler (Moderator): Der soll dann doch gestrichen werden, nicht? So. Ist das jetzt verständlich gewesen, oder muß ich es noch einmal vorlesen? Noch einmal vorlesen. Gut. Kommt sofort. Ich lese nur noch einmal vor, damit jeder weiß, worum es geht, und dann kommt die Diskussion.

Also: Der erste Satz bleibt unverändert. Der letzte Satz wird gestrichen. An dessen Stelle tritt: „Der Runde Tisch tritt für eine schnelle Erarbeitung grundsätzlich konzeptioneller Abrüstungsüberlegungen ein, die bis Mai 1990 der Volkskammer vorzulegen sind, und auf einen Einstellungsstopp für Berufssoldaten und an militärischen Hoch- und Fachschulen orientiert."

Dazu war jetzt eine Wortmeldung. Ich habe das aber nicht gesehen, wer. Das war, ach, ja bitte, Herr Generalleutnant Baarß.

Baarß (Generlleutnant): Ich glaube, die Verantwortung, meine Damen und Herren, besteht darin, den zweiten Schritt nicht vor dem ersten zu tun. Übersetzt in unsere Sprache, in die Praxis würde das bedeuten, hier wird beschlossen, die **militärischen Lehreinrichtungen** ab einem bestimmten Zeitraum zu schließen. Ich glaube, das kann man nicht tun. Konzeptionell ist angedacht, daß die Ausbildung stärkemäßig verringert wird. Dazu gibt es bereits jetzt Entscheidungen des Ministers. Wir sollten, glaube ich, der Vernunft folgen, und mein Vorschlag wäre, diesen Gedankenentwurf zumindest umzuformulieren, damit er nicht diesen absoluten Charakter behält.

Danke schön.

Ziegler (Moderator): Herr Poppe, bitte.

Poppe (Minister o. G., IFM): Ja, es bleibt immer noch die Unklarheit über den ersten Satz. Ich hatte ja auch einen Antrag vorhin dazu eingebracht, den ersten Satz oder also insgesamt den – –

Ziegler (Moderator): Sie wollten das Gesamte streichen.

Poppe (Minister o. G., IFM): Ich wollte das Gesamte streichen. Ich würde aber den jetzt umformulieren, [den] zweiten Satz akzeptieren, aber der erste Satz steht für mich dazu in einem unauflösbaren Widerspruch, denn wenn der **Anteil der Wehrpflichtigen** gemindert wird bei Beibehaltung der Wehrpflicht und gleichzeitig ein Einstellungsstopp für Berufssoldaten passieren soll, dann frage ich mich, wie das gehen soll. Das kann dann nur so gehen, daß die Wehrpflicht keine Wehrpflicht mehr ist, weil sie dann ja nicht mehr jeden betrifft. Und dann muß ein Modell her, wie dann diese Reduzierung passiert. Wer darf denn da draußen bleiben?

Ziegler (Moderator): Vielen Dank, Herr Poppe.

Sie haben mich daran erinnert, ich hätte fairerweise den weitergehenden Antrag zunächst zur Debatte stellen müssen, nämlich Sie hatten tatsächlich Streichung von Ziffer 8 gesamt beantragt. Aber nun haben Sie gesagt, diesen zweiten Satz, den könnten Sie ja mitvertreten, nicht?

Poppe (Minister o. G., IFM): Ja.

Ziegler (Moderator): Ja. Also Herr Generalleutnant, Sie hatten uns gesagt, es sollte nicht so absolut formuliert werden. [Einen] Vorschlag können Sie nicht machen? Nein, lieber nicht. Na ja, ich verstehe das gut, aber für die Verhandlungsführung wäre es natürlich eine Hilfe gewesen, ja. Herr Börner.

Ach, Herr Wiedemann war erst dran. Ja.

Wiedemann (CDU): Ja, ich wollte an und für sich auch auf diesen Widerspruch hinweisen, denn auf der einen Seite sollen also **Berufssoldaten** einen höheren Anteil stellen, auf der anderen Seite wollen wir sie also ganz und gar nicht mehr haben. Ich finde, ohnehin wäre es besser, wenn wir mehr Berufssoldaten haben gegenüber den **Wehrpflichtigen.** Das würde doch sehr vielen entgegenkommen. Und warum müssen wir denn jetzt nun noch einen Stopp aussprechen. Das sehe ich nicht ganz ein.

Ziegler (Moderator): Ja. Also jetzt geht die Reihenfolge so: Börner, Wendt, Lietz, Clemen und Klein. Aber dann wäre es vielleicht doch gut, wenn wir hier einmal zum Abschluß kommen mit dieser Ziffer 8, denn ich möchte ja Herrn Stief nicht so absolut Recht behalten lassen, nicht.

Also, Herr Börner.

Börner (PDS): Zum ersten möchte ich sagen, daß hier mit dem ersten Satz gesagt wird, der Runde Tisch nimmt Überlegungen zur Kenntnis, ja? Das zweite ist, daß es bei der Formulierung, der Anteil der Berufssoldaten nimmt zu, es eine Relativität ist, es schließt nicht ein, und das darf auch gar [nicht], daß die absolute Zahl zunimmt. Das wäre also absolut im Widerspruch zu der Zielstellung, also langfristig eine **Entmilitarisierung** und auch mittelfristig eine **Reduzierung des Personalbestandes** anzugeben, also geht es hier nur um die Relativität zwischen Berufssoldaten und Wehrpflichtigen.

Und da wir also, das ist eigentlich auch ein Ziel wert anzustreben, daß man also eine wenn nicht sofortige Aufhebung der Wehrpflicht doch auch die Möglichkeit, auch in Anlehnung des Antrages vom Neuen Forum, die Möglichkeit erhöht, auch generell den Wehrdienst und auch Zivildienst zu verweigern, also **Totalverweigerer.**

Und wenn diese Möglichkeit über Anstreben eintritt, wird also auch die Anzahl der Wehrpflichtigen abnehmen in zukünftiger Zeit. Also in diesem Sinne sehe ich also dort jetzt keinen Widerspruch und halte es für möglich, diesen Punkt 8 so zu formulieren. Dann müßte aber in Punkt 8 das **Recht auf Wehrdienstverweigerung** mit formuliert werden.

Ziegler (Moderator): Ja, der Minister hatte darauf vorhin auch schon auf diese Relativität hingewiesen.
Herr Wendt.

Wendt (NF): Nur zwei prinzipielle Erwägungen. Wir möchten dem Herrn Generalleutnant der Luftstreitkräfte Luftverteidigung zustimmen. Man sollte nie zweite Schritte vor dem ersten tun, und wir sind der Auffassung, man sollte diesen ganzen Absatz ruhig so lassen wie er ist, weil nämlich erstens: der Trend zur **Berufsarmee** bringt doch in Proportionalität ein Absinken der Wehrpflichtigen zum Ausdruck, und das ist doch die Tendenz, wo wir hinwollen. Wir wollen verringern, wir wollen zur **Entmilitarisierung.** Und wir sind durchaus der Auffassung, daß grundsätzliche konzeptionelle Überlegungen erforderlich sind. Ich denke dabei an den **Grünauer Militärischen Runden Tisch,** deren Überlegungen dem Zentralen Runden Tisch vorgelegt werden können. Wir würden sonst ausufern hier mit unseren Überlegungen, und man sollte das als Denkansatz ruhig in dem Punkt 8 durchgehen lassen.

Ziegler (Moderator): Danke. Herr Lietz.

Lietz (NF): Ich denke, wenn man eine Berufsarmee mit verminderter Zahl anstrebt und dafür konzeptionelle Überlegungen anfertigt, dann sollte man wirklich formulieren, daß die **Verweigerung der Wehrpflicht,** also als **Menschenrecht,** als eine grundsätzliche Kategorie festgeschrieben werden sollte, und damit würde im Grunde genommen die Wehrpflicht als solche sich selbst aufheben. Aber das müßte man ja nicht ausdrücklich so formulieren, aber in der Anerkennung des Rechts auf Wehrdienstverweigerung – es wird ja de facto die Wehrpflicht aufgehoben.

Ziegler (Moderator): Ja, aber das ist nur ein anderer Gedanke, weil hier ausdrücklich steht „bei **Beibehaltung der Wehrpflicht".** Wir kriegen nicht alles in einen einzigen Punkt hinein. Ich möchte doch nun bitten, daß wir nicht nun alles mögliche noch anhängen an diesen Punkt, sondern jetzt versuchen, mit diesem Punkt 8 zurecht zu kommen. Und da haben sich noch Herr Matschie und Herr Mäde gemeldet. Und dann möchte ich – Herr Clemen, richtig, Sie waren sogar noch vor Herrn Matschie dran, jawohl, Sie sind jetzt dran.

Clemen (DA): Also ich möchte auch die Beibehaltung dieses Passus unterstützen. Und zwar ist unsere Meinung, bei einer Beibehaltung der Wehrpflicht ist ja nicht gleichzeitig etwas über die **Dauer der Wehrpflicht** ausgesagt. Und wir sind der Meinung, bei einer weiteren Verkürzung der Wehrpflicht wäre natürlich auch ein Anteil an Berufssoldaten automatisch damit erhöht. Außerdem ist ja jetzt bei der Begrenzung bis 23 Jahre zur Einziehung ebenfalls eine Verringerung der Truppenstärke der Wehrpflichtigen auch schon abzusehen. Außerdem dürfen wir ja nicht vergessen, daß wir weiterhin noch zur Zeit in **Bündnissysteme** eingebunden sind und wir natürlich nicht nur von unserer Seite aus solche Entscheidungen treffen können und natürlich uns da auch noch nach den militärischen Gegebenheiten in Europa richten müssen.

Ziegler (Moderator): Herr Matschie.

Matschie (SPD): Also ich denke, daß es sich ursprünglich bei dem Passus 8 im ersten Satz nicht nur um eine Relativität handelt, denn da ist im zweiten Satz davon die Rede, daß eine **demokratische Berufsarmee** aufgebaut werden soll. Das hieße dann, daß an Stelle der Wehrpflichtigen dort Männer im Berufsverhältnis dienen würden. Das bedeutet also nicht nur eine Relativität. Ich bin deshalb für die Streichung dieses Artikels – so wie er da stand – und würde an dieser Stelle vorschlagen, nur den Satz zu setzen, „Der Runde Tisch tritt für eine schnelle Erarbeitung grundsätzlich konzeptioneller Überlegungen für die Abrüstung ein."

Ziegler (Moderator): Wir kommen dazu. Jetzt Herr Mäde noch. Und dann ist aber [mit der] Rednerliste hierzu Schluß. Und dann werden wir zur Entscheidung kommen.

Mäde (VL): Da wir die **demokratische Berufsarmee,** von der wir auch nicht ganz wissen, was sie ist, aus prinzipiellen Überlegungen ablehnen, würden wir diesem Antrag so, wie er jetzt formuliert worden ist, zustimmen.

Ziegler (Moderator): Trotzdem ist der weitestgehende [Antrag] und das hat noch jemand gesagt, jetzt habe ich das leider nicht gerade mitgeschrieben, die Streichung des ganzen Absatzes, dieser ganzen Ziffer 8 ist ja der weitestgehende [Antrag]. Herr Poppe hatte das ja in seinem ursprünglichen Antrag etwas relativiert, weil er sich mit dem von [der] PDS ja abfinden konnte, nicht?

Poppe (Minister o. G., IFM): Nein, ich würde jetzt auch den letztgenannten Satz akzeptieren.

Ziegler (Moderator): Ja. Also. Ich frage trotzdem, ob jemand für Streichung ist?

N. N.: Wir akzeptieren den letztgenannten Satz auch.

Ziegler (Moderator): Aha. Das hieße aber, dies hieße, daß Ziffer 8 in der bisherigen Fassung gestrichen ist, und dann steht nur da, „der Runde Tisch tritt für eine schnelle Erarbeitung grundsätzlicher konzeptioneller Abrüstungsüberlegungen ein, die bis Mai 1990 der Volkskammer vorzulegen sind." Dann fällt auch das beanstandete Berufsstopp – fällt dann auch weg. Das ist allerdings dann etwas anderes, und eigentlich ist der alte Text ersetzt. Dann heißt der Antrag jetzt, das ist dann der weitestgehende, Ersetzung des bisherigen Textes durch den eben verlesenen.

Ich lasse darüber abstimmen, wer dafür ist. Das müssen wir auszählen. – 30 dafür. Gegenstimmen? – Stimmenthaltungen? – 3 Enthaltungen. Dann müssen wir jetzt den bisherigen Text streichen, und dafür steht der neue Text mit der konzeptionellen Abrüstung.

Wir kommen zu der Ziffer 9. Da war gar nichts gesagt worden.

Aber Ziffer 10, Ziffer 10, da hatten mehrere eine ersatzlose Streichung beantragt, einmal PDS, zweitens Herr Poppe von [Initiative] Frieden und Menschenrechte. Ja, ich gucke gerade, und wenigstens die Vereinigte Linke hatte sowieso auch starke Anfragen an diese Ziffer 10 und FDGB war auch für Streichung. Gibt es dazu noch Wortmeldungen zu der Ziffer 10?

Herr Schmidt, bitte schön.

Schmidt (CDU): Ich hätte nichts dagegen, aber ich hoffe, daß es bei der NVA ohnehin geschieht, daß des **20. Juli 1944** in der NVA gedacht wird, aber ich halte die Form eines **militärischen Zeremoniells** für nicht geeignet, weil das von dem einzelnen Armeeangehörigen nicht die innere Identifizierung verlangt und bringt, die wir uns hier eigentlich wünschen.

Ziegler (Moderator): Ja, Herr Lietz.

Lietz (NF): Also, da Armee meiner Meinung nach noch ein notwendiges Übel in unserer Zeit ist und wir mit ihr noch auskommen müssen für eine bestimmte Zeit, denke ich, sollte man das auch unter diesem Aspekt ansehen. Das ist jetzt nicht gegen die Personen, die darin tätig sind, gerichtet und von daher eine positive **Traditionspflege,** die die Dinge ein bißchen aufbaut und noch sozusagen auch für das Publikum auch attraktiv macht, würde dieser Tendenz einer Auflösung der Armee diametral entgegenlaufen. Von daher denke ich auch, würden wir diesen Artikel 10 ersatzlos streichen.

Ziegler (Moderator): Also, was nun schon zweimal beantragt ist, braucht ein drittes oder fünftes Mal nicht mehr beantragt zu werden. Ich lasse jetzt darüber abstimmen. Wer für die ersatzlose Streichung dieser Ziffer 10 ist, den bitte ich um das Handzeichen. – Das ist die Mehrheit. Aber ich frage trotzdem, Gegenstimmen? – Stimmenthaltungen? – Damit ist die Ziffer 10 ersatzlos gestrichen.

Auch in Ziffer 11 waren mehrere Wünsche nach Änderung. Einen haben wir hier formuliert vorliegen, und zwar in Satz 1 soll eingefügt werden in der dritten Zeile „Einfluß auf die militärischen Pakte", soll heißen „… sowie seinem Einfluß auf die Auflösung militärischer Pakte verbinden." Also eine Einfügung des Wortes „Auflösung". Gibt es dazu Wortmeldungen? Muß das noch erläutert werden? Dann frage ich gleich, wer dem zustimmt, daß hier das Wort „Auflösung" eingefügt wird, und dann natürlich die grammatische Folgerung ist klar. – Gegenstimmen? – Enthaltungen? – Na gut. Nach Satz 1 soll jetzt folgende Einfügung erfolgen: „Bei der Regierung der DDR sollte ein Amt für Abrüstung und Konversion mit dem Ziel gebildet werden, weitergehende, auch einseitige schnelle Abrüstungsschritte bis zur vollständigen Entmilitarisierung vorzubereiten und einzuleiten. Der Runde Tisch lehnt jegliche Form von Bundesheer ab." Das ist der Antrag der PDS: **Bundesheer** – darüber war ja hier in der ersten Runde mehrfach diskutiert worden. Ich habe jetzt bloß in der Schnelle nicht prüfen können, was das denn bedeutet für den folgenden Satz, nicht? Der müßte dann doch wegfallen.

N. N.: Der entfällt dann.

Ziegler (Moderator): Eben. Denn sonst wäre es ja ein völliger Widerspruch. Ja, möchte sich zu dieser Sache jemand äußern?

Herr Matschie und dann Herr Mäde.

Matschie (SPD): Ich möchte diesen Antrag unterstützen. Ich bin auch dafür, daß dieser letzte Satz herausfällt und dafür diese Ergänzung eingefügt wird.

Ziegler (Moderator): Herr Mäde.

Mäde (VL): Für die Vereinigte Linke ebenfalls.

Ziegler (Moderator): Herr Stief.

Stief (NDPD): Ja, ich bitte vielleicht nur darum, noch einmal kurz zu überlegen, ob das nicht eine Illusion ist, wenn man das so formuliert mit dem **Bundesheer.**

Ziegler (Moderator): Ja, aber Sie stellen, wie bitte?

Stief (NDPD): Das könnte man auch anders formulieren.

Ziegler (Moderator): Haben Sie einen Vorschlag?

Stief (NDPD): Es ist doch in absehbarer Zeit nicht zu erwarten, daß wir einen **entmilitarisierten Bereich** in beiden Teilen haben.

Ziegler (Moderator): Ja, also, wenn Sie einen anderen Antrag haben, dann können wir darüber verhandeln. Sonst würde ich meinen, wenn wir hier Absichten erläutern, Zielsetzungen, dann kann man sie aufnehmen. Denn nicht alles wird so realisiert werden, wie wir hier beschließen. Das scheint mir sowieso klar zu sein.

Aber jetzt ist Herr Wolf an der Reihe, und dann Herr Lietz.

Wolf (LDP): Wir sind auch der Auffassung, daß es zwar ein Ziel wäre, vor weiterer zielgerichteter **Abrüstung** nicht erst noch ein **gemeinsames Bundesheer** oder wie das auch immer heißt zu schaffen. Für den Fall aber, daß das doch nicht der Realität entspräche, haben wir ein Angebot zu machen, das ich zumindestens in der Formulierung hier auch zu Gehör bringen wollte, und das war der Gegenstand unserer ersten Anmerkung. Und zwar würde bei Beibehaltung dieses Teiles 11 mit der schon genannten Ergänzung durch PDS es am Ende wie folgt ergänzend heißen können: „Umfang und qualitative Strukturen dieser Armee sind so zu konzipieren, daß der Wirkungsbereich der **NATO** nicht ausgedehnt wird und die militärischen Aufgaben beider Blöcke immer mehr durch die gemeinsame sicherheitspolitische Verantwortung ersetzt werden."

Ziegler (Moderator): Herr Wolf, ich muß dann noch fragen, ist das dann nach dem Satz der PDS zu setzen, ja?

Wolf (LDP): Ja. Ich betone noch einmal diesen Teil 11, Punkt 11 einschließlich der Ergänzung, die die PDS gemacht hat mit der „Auflösung", dann weiterführen bis „beteiligt", und weil dieser Punkt Nationalarmee halt strittig ist für den Fall, daß wir uns hier einer realistischen Zustimmung doch nicht verschließen können, diese Ergänzung von uns dazu.

Ziegler (Moderator): Danke. Wir haben es aufgenommen. Jetzt ist mir aber etwas entgangen. Es hatte sich noch hier [gemeldet], ach Herr Lietz, Herr Lietz, ja, natürlich.

Lietz (NF): Also, ich denke, bei der inneren Logik unserer Abänderungsanträge ist das, was von der PDS eingebracht worden ist, nur folgerichtig und ich denke auch ausreichend.

Ziegler (Moderator): So, jetzt wollen wir zur Klärung dieses Textes kommen. Er muß also genau heißen, der letzte Satz wird ersetzt durch folgende Formulierung, und da es der weitergehende Antrag ist, sage ich ihn jetzt im vollen Wortlaut und lasse dann über die beiden Absätze getrennt abstimmen, weil da die LDP noch eine andere Möglichkeit vorgesehen hat. Also der letzte Satz wird ersetzt durch folgende Formulierung: „Bei der Regierung der DDR sollte ein Amt für Abrüstung und Konversion mit dem Ziel gebildet werden, weitergehende, auch einseitige schnelle Abrüstungsschritte bis zur vollständigen Entmilitarisierung vorzubereiten und einzuleiten."

Das ist dieser erste Teil, und dann folgt noch ein zweiter. Den sage ich gleich. Wer kann diesem Satz zustimmen als Ersatz des letzten Satzes? Der letzte Satz ist gestrichen. Dieser erste Absatz ist angenommen, aber ich frage, wer noch dagegen ist? – Enthaltungen? – 3 Enthaltungen. Jetzt stimmen wir den letzten Satz ab, der von PDS-Vorschlag noch steht: „Der Runde Tisch lehnt jegliche Form von Bundesheer ab." Wer ist dafür? Das müssen wir zählen. – 21 dafür. Gegenstimmen? – Niemand. Enthaltungen? – Danke. 13 Enthaltungen. Damit wäre der LPD-Vorschlag hinfällig, da der Satz angenommen ist. Wir haben damit den Text der **Vorlage 14/25** festgestellt.

Ich muß jetzt die Frage stellen, da soviel geändert ist, scheint es mir nicht mehr notwendig zu sein, Ziffer für Ziffer abzustimmen, aber ich frage sicherheitshalber, ob das jemand beantragen will. Das ist nicht der Fall. Dann lasse ich jetzt über **Vorlage 14/25** insgesamt abstimmen und frage, wer dieser Position so zustimmen kann, den bitte ich um das Handzeichen. Das ist ganz klar die Mehrheit. Gegenstimmen? – Enthaltungen? – Dann ist das einstimmig.

Wir kommen jetzt sofort zu dem **Antrag Vorlage 14/7, [Antrag] FDGB [Unterstützung der Militärreform]** hatte beantragt, dieses als Anhang zu diesem Positionspapier aufzunehmen. Es steht aber noch einmal zur Aussprache für den Fall, daß hier noch Wortmeldungswünsche vorliegen. Es geht um die **Mitwirkung der Gewerkschaften**. Na, ich brauche es ja nicht noch einmal [erläutern], ist ja verlesen, also.

Ja, Herr Wendt, bitte schön.

Wendt (NF): Zur **Vorlage 14/7**. Bei aller Bescheidenheit wage ich doch zu hinterfragen, woher in Ziffer 1 die Aussage kommt, daß die **Militärreform** schleppend und undemokratisch verläuft. Das ist in den Raum gestellt und darf unserer Ansicht nach so nicht stehenbleiben.

Zweitens, wieso ist eine solche Meinung entstanden, daß Meinungen und Erfahrungen der Zeit- und **Berufssoldaten** nicht miteinbezogen werden? Ich denke in Sonderheit an die Militärreform, die ja letztendlich, ich will einmal so sagen, das innere Leben der Armee unter anderem mit regelt und an diesen Leuten nicht vorbeigegangen ist.

Drittens stelle ich an den FDGB die Frage, bei aller Basisdemokratie und Meinungspluralismus, ob ein **Bataillonskommandeur** zum Beispiel in der Lage ist, eine Militärreform zu erarbeiten, die für einen gut funktionierenden Mechanismus tätig wirksam werden soll? Das Neue Forum stimmt der **Vorlage 14/7** außer Ziffer 1 zu.

Ziegler (Moderator): Ich frage, ob hier eventuell schnell ein Kompromiß gefunden werden kann. Das wäre nämlich leicht. Der erste Satz wird gestrichen und es geht dann los: „Die Militärreform kann nur erfolgreich sein, wenn Meinungen und Erfahrungen" und so weiter, dann geht es so weiter. Dann ist es nämlich positiv formuliert und nicht so, wie Sie sagen.

Wendt (NF): Ja, einverstanden.

Ziegler (Moderator): Und der Einbringer?

Frau N. N.: Ich bin damit einverstanden.

Ziegler (Moderator): Dann bitte ich, den ersten Satz zu streichen, und das heißt dann nur, „die Militärreform kann nur dann erfolgreich sein, wenn", ja? Dann ist es positiv. Kann so stehen bleiben. Damit wären Sie dann als Einbringer auch einverstanden, nicht? Danke.

Gibt es weitere Wortmeldungen? Anscheinend nicht. Dann frage ich, wer zustimmt, daß dies als Anhang zu **Positionspapier 14/25** hinzugefügt wird? Ist die Mehrheit. Gegenstimmen? – Enthaltungen? – Dann ist das auch einstimmig. Ja.

Und nun kommen wir zu der **Vorlage 14/10 [Erklärung GP] Entmilitarisierung Jetzt![48]** Da das nun eigentlich auch schon mit drin ist, frage ich, ob dieses als, es sind natürlich viele Einzelheiten hier mit aufgeführt, wie das nun weiter verhandelt werden soll? Ich frage den Einbringer, Grüne Partei, wer das erläutern will? Denn ich halte es für eigentlich im Grunde, in der Grundtendenz für eine Verstärkung dessen, was schon gesagt ist.

N. N. (GP): Wir verstehen das hier als Standpunkt der Grünen Partei zur Frage der **Entmilitarisierung** der DDR und möchten das so eigentlich zur Kenntnis geben.

Ziegler (Moderator): Erklärung. Danke. Dann nehmen wir das zur Kenntnis mit zu diesen Dingen, ja? Danke schön. Da brauchen wir dann nicht darüber abzustimmen. Danke. Jetzt haben wir aber noch von der **Vereinigten Linken** den Antrag 14/53 [Zur Entmilitarisierung]. Dort geht es mehr um die verfassungsrechtliche Verankerung einer Option für Entmilitarisierung. Es kommen viele Dinge, die schon sind, aber bitte erläutern Sie, Herr Klein.

Klein (VL): Wenn alle diese **Vorlage [14/53**[49]**]** zur Hand haben, möchte ich vorschlagen, den Punkt Ziffer 1 und Punkt Ziffer 3 zu streichen, da er in der hier schon verabschiedeten Vorlage enthalten ist.

Ziegler (Moderator): So ist es.

Klein (VL): Es kann also wegfallen. Ich möchte jetzt die von uns hier zur Abstimmung angebotenen Punkte verlesen. Es sind im Büro leider einige Schreibfehler passiert. Ich bitte, das beim Vorlesen gleich zu korrigieren.

Ziegler (Moderator): Wir versuchen es.

Klein (VL): Also der Punkt 1 würde dann lauten nach Streichung des ursprünglich hier im Antrag mit Ziffer 1 versehenen Punktes: „Gestützt auf die am Runden Tisch zur Militärreform am 6.2.1990 beschlossenen militärpolitischen Leitsätze empfiehlt der Zentrale Runde Tisch die verfassungsrechtlich verankerte **Option zur Entmilitarisierung.** Ein solcher **Verfassungauftrag** der Armee entspricht den zeitgemäßen globalen Bemühungen für Frieden und Völkerverständigung." Der nächste Punkt ist der mit Ziffer 4, nachdem 3 gestrichen ist. Ich wies schon darauf hin. „Der Zentrale Runde Tisch spricht sich entschieden für eine Poli-

---

[48] Dokument 14/26, Anlagenband.
[49] Dokument 14/27, Anlagenband.

tik zur Auflösung der vorhandenen Militärblöcke aus. Diesbezüglich sind jegliche Optionen für eine Integration der DDR in die NATO strikt zurückzuweisen."

Und der letzte Punkt:

„Der Runde Tisch möge den Entwurf über die militärpolitischen Leitsätze der DDR, welcher am Runden Tisch für die Militärreform am 6. 2. 1990 beschlossen wurde, bekräftigen und die Regierung der DDR auffordern, diesen der Volkskammer noch vor dem 18. März 1990 zur Beschlußfassung vorzulegen."

Und zu diesem letzten Punkt möchte ich noch eine Bemerkung machen. Es gibt einen eindeutigen Widerspruch zwischen der Aussage des Ministers in diesem Punkt, denn wir gehen davon aus, und alles, was zwischenzeitlich an Nachfragen möglich war, bestätigen dies, daß diese militärpolitischen Leitsätze beschlossen sind und insofern also auch der hier von uns formulierte letzte Punkt aktuell ist.

Ich möchte in diesem Zusammenhang noch einmal deutlich zurückfragen, weil es hier, glaube ich, einer Klärung bedarf, und es wurde vorhin schon angemerkt, wie wichtig dieser Punkt ist in Anbetracht dessen, was an Verhandlungen bevorsteht, daß das noch vor dem 18. März der Volkskammer zur Beschlußfassung vorgelegt werden kann, und wir möchten dies hier noch einmal bekräftigen, und das ist auch der Inhalt des letzten Punktes unseres Antrages.

Ziegler (Moderator): Ja. Also dieses war ja schon in Beiträgen vorher zum Ausdruck gebracht worden. Es kann sich um eine Aufforderung handeln, wie die Volkskammer das noch schaffen kann, da habe ich ja auch meine Zweifel, aber das hindert uns ja nicht, dieses doch dringlich zu unterstützen.

Nun möchte ich bloß zu Ziffer 1, zu der neuen Ziffer 1 fragen, daß wir hier nichts beschließen, was gegensätzlich ist. Das konnte ich in der Schnelle nun nicht vergleichen mit der **Vorlage 14/25,** daß wir hier nun nicht kontra [reden], einmal so und einmal so, das haben Sie einmal geprüft, ja, daß da, wie? Ist kein Widerspruch, gut. Ich verlasse mich auf die Berater. Schön. Dann steht dies zur Aussprache, was hier übriggeblieben ist, und ich bitte jetzt um Neubezifferung, die drei Ziffern der **Vorlage 14/53,** die Herr Klein eben vorgetragen hat.

Herr Rump von [der] PDS.

Rump (PDS): Ja, im Prinzip kann man dem allen zustimmen. Ich würde aber vorschlagen, eigentlich diesen Punkt 2, jetzt 1, einzeln hervorzuheben, und das ist der eigentliche, ein klares Bekenntnis dazu, in die künftige Verfassung dies aufzunehmen, also von der Wichtigkeit also für das Entscheidende halten. Die anderen Punkte sind mehr oder minder ja auch anders schon vorhanden.

Ziegler (Moderator): Er ist auch Ziffer 1 und dadurch hervorgehoben, oder wollten Sie da einen eigenen Antrag oder – –

Rump (PDS): Nein.

Ziegler (Moderator): Nein, das wollten Sie doch nicht. Noch weitere Dinge?

Ja, Herr Minister, bitte.

Hoffmann (Minister für Verteidigung): Ja, ich würde doch noch einmal zu bedenken geben also den letzten Punkt, weil es wäre notwendig, also morgen abend sollten die **militärpolitischen Leitsätze** noch einmal gelesen werden, morgen ist Mittwoch. Am Donnerstag ist Sitzung des Ministerrates, das heißt, der Ministerrat müßte am Donnerstag diese **militärpolitischen Leitsätze** durcharbeiten, und es wird nicht dafür die Zeit vorhanden sein, daß sich jeder Minister mit diesen Leitsätzen vertraut macht, weil ja die nächste Volkskammertagung schon am 6. und 7. ist. Also ich glaube, das ist auch die letzte, wir schaffen das ganz einfach nicht bei allem guten Willen.

Ziegler (Moderator): Danke. Das war noch einmal unterstrichen, was Sie vorhin schon gesagt haben. Ich wollte nur sagen, aber die Bekräftigung, die in dem ersten Satz steht, die wäre ja auch nicht hinfällig, wenn das nicht mehr zu schaffen ist, nicht? Aber die Geschäftsordnung ...

Herr Wolf, bitte.

Wolf (LDP): Ich würde vorschlagen, daß diese Vorlage der Vereinigten Linken eventuell auch als Erklärung zur Kenntnis genommen wird, da viele ihrer Punkte sich in der Tat auch schon in das **Papier 14/25,** was wir beschlossen haben, einbringen lassen. Manche Position würde jetzt weitere Runden noch einmal aufmachen, die sogar bis in [Vorlage] **14/25** hineinreichen würden, und das würde ich hier nicht als zweckmäßig erachten.

Ziegler (Moderator): Na ja, wir müssen natürlich die Vereinigte Linke fragen, sie hat es als Beschlußantrag gebracht und nicht als Erklärung, wie Sie dazu stehen.

N. N. (VL): So ist es, und das, was in dem von uns auch zugestimmten Antrag enthalten ist, ist hier gestrichen worden.

Ziegler (Moderator): Also wir müssen wohl dann dem Einbringer Genüge tun, aber ich sehe jetzt keine Wortmeldungen mehr bis auf die Frage, wir müssen zur Kenntnis nehmen, was Herr Minister schon zweimal gesagt hat. Eigentlich kann es die Volkskammer nicht mehr schaffen. Das würde bedeuten, daß der letzte Satz mit der Aufforderung eigentlich nichts anderes ist als eine noch dringlichere Bekräftigung als schon im ersten Satz der neuen Ziffer 3 ist. Wenn man es so in dem Sinne nehmen kann, würde ich meinen, kann man es.

N. N.: Es muß ja die Volkskammersitzung am 6./7. [März 1990] auch noch nicht die letzte gewesen sein.

Ziegler (Moderator): Es ist möglich, daß sie noch weitere ansetzen. Also, es hat bisher keiner Streichung beantragt. Dann lasse ich jetzt in dieser Form, wie es hier vorgetragen [wurde], abstimmen. Wer dieser Vorlage seine Zustimmung geben kann, den bitte ich um das Handzeichen. Ja, ich denke, [wir] müssen wohl doch auszählen, nicht? – 23 dafür. Gegenstimmen? – Enthaltungen? – 8 Enthaltungen. Damit ist das angenommen. Vielen Dank.

Jetzt kommen wir zu einer Sache, die vom Minister schon angesprochen war, und zwar [Vorlage] 14/8 [**Antrag DBD: Volkseigene Grundstücke der NVA in volkswirtschaftliche Nutzung überführen**[50]]. Das sind die 238 000 Hektar an **volkseigenen Grundstücken,** wo das **Ministerium für Nationale Verteidigung Rechtsträger** ist, und es soll geprüft werden, wie ein Teil in andere Rechtsträgerschaft und so weiter in die Kommunen gebracht werden kann.

Wollte die Demokratische Bauernpartei Deutschlands eine Erklärung, wollte das einführen, erläutern? Ich mache einmal zwischendurch darauf aufmerksam, daß in 27 Minu-

---

[50] Dokument 14/28, Anlagenband.

ten das Fernsehen abschaltet. Vielleicht erleichtert das dann manchen. Wer möchte dazu sprechen?

N. N.: Herr Oberkirchenrat, wir folgen gern Ihrem Hinweis, daß das Fernsehen abschaltet und verzichten auf eine nähere Erläuterung.

Ziegler (Moderator): Danke. Es spricht ja für sich.
Herr Börner hat sich gemeldet.

Börner (PDS): Ich möchte eigentlich nur ganz kurz diesen Antrag, den wir unterstützen, verschärfen, indem wir vorschlagen würden, daß dann nicht die DBD, sondern der Runde Tisch den Antrag stellt, „einen Teil dieser Flächen aus der Rechtsträgerschaft" und so weiter, das heißt, die beiden Worte „zu prüfen" zu streichen.

Ziegler (Moderator): Ja, also: „Der Runde Tisch stellt den Antrag einen Teil...", ja.

Börner (PDS): Richtig.

Ziegler (Moderator): Klar, ist begriffen.
Herr Ullmann hatte sich gemeldet.

N. N.: Nein.

Ziegler (Moderator): Ach, der ist ja gar nicht mehr da.

[Heiterkeit]

Im übrigen habe ich solche Wortmeldungen am liebsten, das geht am schnellsten. Also, jetzt haben wir hier einen Antrag, daß es heißen soll: „Der Runde Tisch stellt den Antrag, zu prüfen" und die Worte „die Demokratische Bauernpartei Deutschlands" ist zu ersetzen durch „der Runde Tisch". Das beantragt PDS. Wer ist dafür?
Danke.
Es ist die Frage, ob noch Wortmeldungen zum Inhalt sind? Nein, da sind keine. Dann frage ich, wer stimmt dem Antrag der **Vorlage 14/8** zu? – Mehrheit. Gegenstimmen? – Enthaltungen. – Auch einstimmig.
So. Dann haben wir nur noch einen letzten Antrag. Der stammt vom Neuen Forum und ist mit eingebracht auch von Initiative für Frieden und Menschenrechte. Das ist der **Antrag 14/46** [**Standpunkt NF, IFM: Zur gemeinsamen deutschen Armee**]. Hier waren aber vom Minister schon eigentlich die Fragen, die dahinterstehen, beantwortet worden. Die Medien berichten, daß es Beratungen zwischen beiden deutschen Staaten auf hoher Ebene über eine gemeinsame Armee gibt, sofortige Information über deren Absicht und Inhalt. Wenn ich mich jetzt richtig erinnere, Herr Minister, hatten Sie schon erklärt, daß es solche nicht gibt, nicht?

Hoffmann (Minister für Verteidigung): Gibt es nicht.

Ziegler (Moderator): Also, ich frage darum die Antragsteller, wie sie mit diesem Antrag nun umzugehen gedenken nach der Erklärung des Ministers? Darf ich fragen, ob Neues Forum oder Initiative [Frieden und] Menschenrechte sich dazu äußern wollen? Herr Templin, wollen Sie? Oder Herr Wendt?
Bitte.

Wendt (NF): Wir ziehen diesen Antrag zurück.

Ziegler (Moderator): Zurückgezogen. Damit haben wir die Anträge, die zur Militärreform vorlagen, abgeschlossen. Ich danke noch einmal dem Minister und allen, die hier von der Seite der Militärs da waren, uns so lange zur Verfügung gestellt zu haben. Ich würde ja vorschlagen, daß wir mit unseren Verhandlungen gleich fortfahren, um noch lange unter dieser Beleuchtung – – erliegen zu können.
Den nächsten Punkt, nämlich **Ökologie**, wo wir auch nur so etwa 20, 30 Anträge haben, macht Herr Lange.
Sie übernehmen bitte, ja?

TOP 7: Ökologie

Lange (Moderator): Ja. Die Vorlagen zu dem Punkt 4 der Tagesordnung Ökologie sind inzwischen ausgeteilt. Es handelt sich um die [Vorlagen] Nummern 11 bis 19 und 43. Wir haben aber gleich eine Anfrage zur Geschäftsordnung.
Herr Merbach, bitte.

Merbach (DBD): Meine Damen und Herren. Ich möchte im Interesse der Ökonomie der Zeit und in meiner Eigenschaft als Vertreter der Arbeitsgruppe „Ökologischer Umbau" folgenden Antrag zur Geschäftsordnung stellen zur Behandlung dieser Anträge. Die **Vorlagen 14/14** [**AG „Ökologischer Umbau": Ergänzung zur Vorlage 10/3 (gemäß Beschluß des Runden Tisches vom 29.1.1990**[51]], **14/12** [**Antrag AG „Ökologischer Umbau": Errichtung eines Umweltamtes**] und **13/22**[52] sind mit unserer Gruppe abgestimmt und dort besprochen. Davon ziehen wir die **Vorlage 13/22** zurück, da sie mit dem **Landwirtschaftsminister** bereits abgesprochen ist.
Die Anlagen oder die **Vorlagen 14/15** [**Antrag GL, NF, VL, UFV, IFM, GP Förderung der Sekundärrohstoffwirtschaft**] und **14/11** [**Antrag PDS: Altlastsanierung der Folgen des Uran- und Erzbergbaues in der Sächsischen Schweiz, im Erzgebirge und Ost-Thüringen (Raum Gera)**[53]], das ist zu den **Sekundärrohstoffen** und zu dem **Uranbergbau**, sind zwar mit uns nicht abgesprochen gewesen, aber ich würde vorschlagen, daß wir sie als Ergänzung oder Untersetzung des Paketes, das wir bereits beschlossen haben, hier zur Debatte stellen, eventuell als Ergänzungspaket dazunehmen.
Die übrigen **Vorlagen 14/13** [**Antrag GL, GP, UFV, VL, NF: Einrichtung von „Grünen Häusern" in allen Bezirksstädten und ökologischen Schwerpunktbereichen**[54]], **14/16** [**Empfehlung PDS: Schaffung eines gemeinsamen Umwelt-Bildung-Zentrums Deutsche Demokratische Republik – Bundesrepublik Deutschland in Berlin**[55]], das ist zur **Bildung und zur Weiterbildung auf dem Gebiet des Umweltschutzes**, überschneiden sich, sind mit uns nicht abgesprochen. Ich bitte, daß sie an unsere Gruppe verwiesen werden.
Vorlagen 14/17 [**Antrag PDS: Veränderung der Smogordnung vom 2.11.1989**[56]], **14/18** [**Antrag PDS: Zur**

---
[51] Dokument 14/35, Anlagenband.
[52] Vorlage 13/22 wurde in der 13. Sitzung nicht beraten. Der Text dieser von DBD und GP eingebrachten Vorlage lautet:
Der Runde Tisch beschließt, daß die Festlegung der Vorlagen 10/3, 10/6 und 13/20 (ökologischer Umbau) – soweit sie die Landwirtschaft betreffen – in der Konzeption zur Vorbereitung, Ausgestaltung und Durchführung der Wirtschaftsreform in der Land-, Forst- und Nahrungsgüterwirtschaft (Information 13/1) Berücksichtigung finden.
[53] Dokument 14/36, Anlagenband.
[54] Dokument 14/29, Anlagenband.
[55] Dokument 14/30, Anlagenband.
[56] Dokument 14/31, Anlagenband.

Übergabe des Hygieneinstitutes des ehemaligen MfS/AfNS an das neuzubildende Ökologieinstitut der Akademie der Wissenschaften[57]] sind ebenfalls in unserer Gruppe bis jetzt nicht besprochen worden, haben auch nicht vorgelegen. Die [Vorlage] 14/18 verändert übrigens einen Beschluß, den wir bereits gefaßt haben, **Raumverteilung MfS**. Ich bitte, auch diese beiden Vorlagen zu verweisen an die Arbeitsgruppe, die diese Woche noch einmal tagt. **Vorlage 14/19 [Antrag PDS: Erhaltung wertvoller Kulturlandschaft der Lausitz durch neue Energiepolitik (mitteleuropäische Energiekooperation)**[58]] ist bereits beschlossen worden, und zwar am 29. Januar. Inhaltlich überschneidet sich das. Wir würden sie auch zurücknehmen als Vorschlag jetzt.

Und **Vorlage 14/43 [Antrag GP, GL: Vom Todesstreifen zum Lebensraum**[59]], dort geht es um das **Grenzgebiet** im Grunde, also hier um Berlin. Dort haben wir ebenfalls in unserem Ökologiepaket bereits eine Aussage getroffen, die zum Teil widersprüchlich zu dem ist, was heute hier vorgeschlagen wird. Wir müssen sie in die Gruppe zurücknehmen, um hier eine Abstimmung zu erreichen.

Ich würde also vorschlagen, die **Vorlagen 14/14, 14/12** zu behandeln als mit unserer Gruppe abgesprochen und auch als Vorlage der Arbeitsgruppe „Ökologischer Umbau" und als Ergänzung zu diesem Paket die **Vorlagen 14/15** und **14/11** zu behandeln. Soweit erst einmal der Antrag zur Geschäftsordnung.

Lange (Moderator): Vielen Dank. Ich hoffe, daß uns dies in dem Verfahren ein klein wenig hilft. Ich hoffe auch, daß Sie folgen konnten. Wir werden es gleich noch einmal in Ruhe jetzt nacheinander uns noch vornehmen, damit jeder weiß, was verhandelt werden soll. Zunächst ein weiterer Antrag zur Geschäftsordnung.

Herr Jordan, bitte.

Jordan (GP): Ich möchte den Antrag stellen, daß hier dennoch also als Überleitung von Militärfragen zum **Ökologischen Umbau** auch dieser **Antrag [Vorlage 14/53] zur Berliner Mauer** verhandelt wird. Der könnte so in dieser Form nicht im Ausschuß für „Ökologischen Umbau" also weiterbehandelt werden. Es drängt auch, und deshalb möchte ich um eine Abstimmung bitten, ob wir diesen Antrag dann dennoch hier behandeln.

Lange (Moderator): Ja.

Jordan (GP): Das ist die Nummer 14/43.

Lange (Moderator): [Vorlage] 14/43[60] ist **Beschlußantrag vom Todesstreifen zum Lebensraum**. Darauf bezieht sich der Geschäftsordnungsantrag von Herrn Jordan.

Dazu wieder Herr Merbach, bitte.

Merbach (DBD): Ich möchte noch einmal darauf hinweisen, daß wir in der **Vorlage 10/3** am 29. Januar einen **Beschluß über den Grenzstreifen und den Mauerbereich** hier in Berlin getroffen haben, der sich teilweise widerspricht mit dem, was wir hier jetzt vorschlagen. Und deswegen meine ich schon, wir können darüber sprechen, daß wir das erst bereinigen müssen. Sicher sind hier zusätzliche Dinge noch darin, aber zum Teil widerspricht sich das eben. Wir können

---

[57] Dokument 14/32, Anlagenband.
[58] Dokument 14/33, Anlagenband.
[59] Dokument 14/34, Anlagenband.
[60] Dokument 14/34, Anlagenband.

es gerne nachher ausdiskutieren. Ich dachte bloß: der Ökonomie halber.

Lange (Moderator): Ja, wir sind dankbar für jeden Vorschlag, der uns im Blick auf die zeitliche Planung ein wenig hilft, daß wir mit den anstehenden Fragen schneller zurechtkommen. Wir müssen jetzt über diese Geschäftsordnungsanträge zunächst eine Entscheidung treffen. Ich möchte Herrn Merbach noch einmal bitten, daß er uns vorlegt, was wir jetzt hier behandeln, und daß wir das dann Punkt für Punkt abstimmen, damit es klar ist, was jetzt auf unserem Tisch liegt, was wir an die Arbeitsgruppe zurückgeben oder was wir als einen Anhang an die vorliegenden Anträge mit bedenken können.

Herr Merbach, wären Sie so freundlich.

Merbach (DBD): Ja. Ich schlage also folgendes vor. **Vorlage 14/14**, das ist die Ergänzung zur **Vorlage 10/3**, hat auch das letzte Mal schon vorgelegen. **Vorlage 14/12** [schlage ich vor], das ist auch ein Ergebnis der Gruppe [„Ökologischer Umbau", ein] **Umweltamt als Regierungsbehörde [zu errichten,]** hier zu behandeln, die **Vorlage 13/22** zurückzuziehen, weil schon erledigt, die **Vorlagen 14/15** – –

Lange (Moderator): Ja, kleinen Moment bitte, können hier alle noch folgen, ja? Wir haben jetzt [Vorlage] 14/14, Arbeitsgruppe „Ökologischer Umbau". Hier geht es um Ergänzungen der [Vorlage] 14/12, ein Vorschlag an die Regierung, Umweltamt als Regierungsbehörde. Diese beiden sollen jetzt hier verhandelt werden.

Merbach (DBD): Jawohl.

Lange (Moderator): Jetzt kommt als weiteres [Vorlage] 13/22.

Merbach (DBD): Zurückziehen, bitte.

Lange (Moderator): Soll zurückgezogen werden. Darf ich zunächst einmal fragen, wollen wir im Komplex noch einmal die Vorschläge hören, oder wollen wir jetzt noch Punkt für Punkt gleich abstimmen, ob dies unsere Zustimmung findet? Was ist die Meinung des Runden Tisches? Wollen Sie noch einmal im Komplex alles hören, ja?

Bitte schön, Herr Merbach.

Merbach (DBD): Als nächstes die **Vorlage 14/15**. Da geht es um **Sekundärrohstoffwirtschaft**.

Lange (Moderator): [Vorlage] 14/15 soll als Antrag kommen?

Merbach (DBD): Soll hier behandelt werden als Ergänzung zu dem Paket, was wir bereits beschlossen haben. Das ist im Grunde so etwas wie eine **Ausführungsbestimmung**.

Lange (Moderator): Soll behandelt werden.

Merbach (DBD): Und [Vorlage] **14/11**, das ist **Altlastsanierung Uran- und Erzbergbau**. Es soll auch als Ergänzungsbestimmung sozusagen behandelt werden, obwohl dazu schon eine Vorlage vorliegt.

Lange (Moderator): Ja.

Merbach (DBD): Und alle anderen [Vorlagen,] lautet mein Vorschlag jetzt, in die Arbeitsgruppe „Ökologischer Umbau" zur Abstimmung und vielleicht zur Erstellung eines Kurzpapieres zu verweisen, da wir in dieser Woche am 1. März [1990] hier in Berlin wieder tagen. Soweit mein Vorschlag.

Lange (Moderator): Können Sie doch bitte noch einmal die Nummern nennen, die dann zu überweisen wären. Das ist die [Vorlage] 14/16.

Merbach (DBD): 14/13, 14/16. Das sind beides Bildungsvorlagen, Informationsvorlagen zum **Umweltschutz.**

Lange (Moderator): Ja.

Merbach (DBD): [Vorlage] 14/17, Veränderung **Smogordnung.** [Vorlage] 14/18, das geht um die **Nutzung der Gebäude des ehemaligen MfS.** [Vorlage] 14/19, da geht es um die **Kulturlandschaft der Lausitz.** Hier haben wir zum letzten Mal schon eine Vorlage vorliegen gehabt, und ich möchte also das damit abstimmen. Und die [Vorlage] 14/43, wenn Kollege Jordan zustimmen könnte, weil ich hier eine Diskrepanz zum bereits Beschlossenen sehe, zumindestens ist die Nuancierung anders und ist auch die Festlegung im Grunde anders. Es gibt ein paar Zusatzdinge, gut. Ich weiß es nicht. Also ich würde vorschlagen, sie heute nicht zu behandeln, sondern erst am Donnerstag auszudiskutieren.

Lange (Moderator): Gut. Wir haben die Vorschläge gehört. Dazu gibt es Meldungen.

Bitte, Grüne Liga.

Brückmann (GL): Herr Brückmann, Grüne Liga. Ich stelle den Antrag, die **Vorlage 12/34**[61] heute mit zur Diskussion zu nehmen, die wurde schon zweimal verschoben.

Lange (Moderator): 12/34 vom 12. Februar, Antrag Einrichtung – –

Ziegler (Co-Moderator): Das ist wieder aufgenommen in [Vorlage] 14/13.

Lange (Moderator): – ist bereits in [Vorlage] 14/13, und 14/13 sollte an die Arbeitsgruppe gehen. Sie möchten dieses herausnehmen ja?

Brückmann (GL): Ja, ich bitte darum, heute den Antrag noch zu behandeln.

Lange (Moderator): Ja. Gibt es weitere Meldungen dazu? Wir haben jetzt zwei Änderungen zu dem, was Herr Merbach vorgeschlagen hat, einmal die **14/13** beziehungsweise **12/34, Einrichtung von Grünen Häusern,** und den **Beschlußantrag 14/43,** der auch nicht überwiesen werden soll. Um diese beiden werden wir dann gesondert abstimmen müssen. Zunächst geht es um die Fragen, die von Herrn Merbach vorgetragen worden sind, 14/14 und 14/12 hier zu behandeln. Das ist der erste Vorschlag. Können Sie dem Ihre Zustimmung geben? Wer dafür ist, daß wir diese beiden Punkte hier behandeln, den bitte ich um das Handzeichen. [Vorlage] 14/14 und 14/12. Danke. Als Ergänzung 14/15, 14/11. Können wir dem zustimmen? Wer dafür ist, den bitte ich um das Handzeichen. Das ist die Mehrheit. Ja, danke.

Jetzt die Frage im Blick auf die Überweisungen an die Arbeitsgruppe, 14/13. Und hier gab es den Gegenvorschlag, diesen Antrag heute hier zu behandeln. Deshalb frage ich, wer dafür ist, daß der Antrag, **Einrichtung von Grünen Häusern, Vorlage 14/13** oder auch **12/34** heute hier behandelt wird, den bitte ich um das Handzeichen. – Gegenstimmen? – Das würde bedeuten, Überweisung an die Arbeitsgruppe. Die Mehrheit ist dafür, daß 14/13 an die Arbeitsgruppe geht.

[Vorlage] **14/16, Schaffung eines gemeinsamen Umweltbildungszentrums,** das sollte auch an die Arbeitsgruppe gehen. 14/17, 14/18 und 14/19, sind Sie einverstanden, daß dieses an die Arbeitsgruppe geht? Wer dafür ist, den bitte ich um das Handzeichen. – Danke, das ist die Mehrheit.

Und wir haben noch zu entscheiden, was wir mit der **Vorlage 14/43** machen, hier war der Antrag gestellt, dies hier zu verhandeln, **Beschlußantrag Landschaftspark – vom Todesstreifen zum Lebensraum.** Wer dafür ist, daß es heute hier behandelt werden soll, den bitte ich um das Handzeichen. – 6. Gegenstimmen und damit Überweisung an die Arbeitsgruppe? – 15. Das sind mehr. **Vorlage 14/43** geht an die Arbeitsgruppe.

Herr Merbach, haben wir jetzt alles berücksichtigt?

Dann darf ich Sie bitten, zu **14/14,** Arbeitsgruppe „Ökologischer Umbau", die Ergänzungen aus der Arbeitsgruppe jetzt vorzutragen. Sie haben das Wort.

Merbach (DBD): Ja, meine Damen und Herren, ich würde Sie bitten, das Protokoll der 10. Sitzung vom 29. Januar 1990 vorzunehmen. Ihnen ist das letzte Mal bereits gesagt worden, wir haben ja die Vorlage das letzte Mal unter [Vorlage] 13/20[62] schon vorgelegt, daß wir zuhause uns darüber informieren sollten, es war von Schularbeiten die Rede. Es ist schwierig, dem zu folgen, wenn wir die schon beschlossene Vorlage nicht haben. Aber wer sie nicht hat: seine eigene Schuld.

Es geht also hier, und wir waren am 29. Januar beauftragt worden als Arbeitsgruppe um eine Ergänzung beziehungsweise Präzisierung der damaligen **Vorlage 10/3,** die unter Punkt 2 in dem Ergebnisprotokoll vom 29. Januar steht. Dort haben wir zunächst einmal zum Punkt **Informationspolitik** einen Nachtrag oder einen Ersatz hineingenommen, und zwar war gefordert in der damaligen Vorlage, die wir beschlossen haben, daß die Regierung einen **Umweltbericht** vorzulegen hätte. Das hat sie getan. Und aus dem Studium dieses Umweltberichtes haben wir hier diesen Punkt 1 in der Ihnen jetzt vorliegenden **Vorlage 14/14**[63] neu formuliert, nämlich was zukünftige Umweltberichte enthalten sollen. Da ist aufgeschrieben, daß fundierte **Umweltschadensanalysen** vorgelegt werden sollen – ich spare mir das, was in der Klammer steht, einschließlich der finanziellen Bewertung –, daß sie „als Gesamtberichte verschiedener Ministerien kompatibel zu entsprechenden BRD-Berichten zu gestalten" sind und daß „in ihnen fundierte Aussagen über [den] Umweltzustand, die Sanierung der **Umweltschäden,** das **umwelttechnologische Potential** der Industrie sowie **Umweltforschungsprojekte** enthalten sein" sollen.

Zum Punkt 2, **Wissenschaftpolitik,** da spare ich mir jetzt die Ergänzung, weil das eigentlich schon erledigt ist und vorliegt, sondern nur noch einmal in das Paket eingeführt worden ist.

Zu Punkt 3, das ist zum Abschnitt 2, also zum Abschnitt 4 der Vorlage auf Seite 4, also vom 29. Januar, dieses Protokolls eine Ergänzung, und zwar wird hier gefordert, bei Stillegung aus ökologischen Gründen von Industrieanlagen oder anderen Anlagen, daß die sozialen Ausgleichsmaßnahmen festzulegen und zu realisieren sind, es ging hier um die **soziale Komponente,** die wir heute im anderen Zusammenhang ja schon genügend besprochen haben.

---

[61] Diese Vorlage 12/34 wurde auch in der 14. Sitzung nicht behandelt. Sie liegt auch als Dokument nicht vor.

[62] Dokument 13/10, Anlagenband.
[63] Dokument 14/35, Anlagenband.

Dann sind zu diesem Punkt Industrie- und Abproduktentsorgung, Ergänzungen vorgeschlagen. Die erste heißt: Vor dem weiteren Ausbau von **Sondermüllverbrennungsanlagen** sind alle Risiken und Kosten einschließlich der Folgekosten im Vergleich zu anderen möglichen Lösungen offenzulegen und abzuwägen.

Zusätzlich wird noch aufgenommen ein Punkt zum Uranbergbau. Er ist so formuliert: Der **Uranbergbau** ist einzustellen und in Verhandlungen mit der „SDAG Wismut" sind geeignete Maßnahmen zur Beseitigung der Folgeschäden (Altlastensanierung, Abraumeinsatz, Gesundheitsschädenausgleich über Risikofonds) festzulegen und zu realisieren.

Zum Abschnitt **Landwirtschaft**, das ist der Punkt 6, Land-, Forst- und Nahrungsgüterwirtschaft, der Punkt 6 in unserem Beschlußprotokoll vom 29. Januar [1990], sind also folgende Ergänzungen beziehungsweise Zusätze hineingekommen.

Einmal sollte bei dem Abbau der **Nahrungsmittelsubventionen**, über die wir uns ja damals vom Prinzip her klar waren, die Ausgleichszahlungen auch auf weiteren sozialen Leistungen ausgeglichen werden. Es war also außer Lohn, Renten, Stipendien, Kindergeld, das Kindergeld und andere soziale Leistungen einbezogen worden.

Es ist eine neue Fassung des Stabsstrichs drei unter 6.1 vorzunehmen, der heißt jetzt so: „Gestaltung der **Pflanzenproduktion** nach den natürlichen Standortbedingungen, Schaffung und Wiederherstellung von Grünland und Gehölzstreifen an den Oberflächengewässern und auf erosionsgefährdeten Großflächen (Minderung von Erosion und Stoffaustrag) mit dem Ziel einer ökologisch begründeten Gliederung der Ackerflur".

– Zusätze zu diesem Punkt **Landwirtschaft**:

Vorrangige Erarbeitung einer Konzeption zur Landbewirtschaftung (einschließlich Gärten) in Gebieten mit hoher Belastung.

– Staatliche Stützungen für Agrochemikalien (für Landwirtschaft und Kleinverbraucher) sind im Zusammenhang mit der Wirtschaftsreform zu streichen. Die freiwerdenden Mittel sind der Landwirtschaft für ökologische Maßnahmen bereitzustellen. Gleichzeitig sind umweltfreundliche und praktische **Anwendungsvorschriften** und gesetzliche Regelungen zu erarbeiten und ihre Einhaltung unter gesetzliche Kontrolle zu stellen.

Hier gibt es noch einen Erweiterungsantrag, der zunächst einmal ein Minderheitenvotum gebracht hat, und zwar durch die Grüne Liga und Grüne Partei. Ich lese das **Minderheitenvotum** hier einmal vor:

Die Einführung von **Umweltabgaben** in der Größenordnung einer Verdoppelung in der Preise für Agrochemikalien ist vorzubereiten. Die hieraus resultierenden finanziellen Einnahmen sind der Landwirtschaft für umweltschonende Verfahren sowie ökologische Leistungen zuzuführen.

Dafür haben votiert, ich sagte es schon, die Grüne Liga und die Grüne Partei, dagegen die anderen hier aufgeführten Parteien und Organisationen, und zwar aus dem Grunde, weil das eine Einkommenserniedrigung der Landbevölkerung darstellen würde. Sie würde nämlich mehr bezahlen müssen bei etwa gleichem Ertrag, müßte aber das, was sie mehr bezahlen würde, für andere Leistungen aufwenden. Und man kann, so sehen wir das, im Moment unserer Landbevölkerung nicht diese Einkommenseinbuße zumuten.

Wenn ein gesellschaftliches Interesse an diesen Maßnahmen besteht, so muß die gesamte Gesellschaft die ökologischen Vorteilswirkungen tragen, und nicht ein Teil, ein kleiner Teil der Bevölkerung. Das war eigentlich der Grund, warum die Organisationen, die hier unten stehen, dagegen votiert haben. Aber wir können nachher das zur Debatte stellen.

Zum Abschnitt **Orts- und Landschaftsgestaltung,** das ist der Punkt 7 in dem bereits beschlossenen Material, sollte also ergänzt werden in Punkt 7.1, daß eine schrittweise Schaffung eines **Biotopverbundsystems** angestrebt wird, das ist auch der richtigte Fachausdruck, wie uns gesagt worden ist. Und folgender Zusatz wird aufgenommen:

„Jede künftige **Siedlungspolitik** hat die territoriale Integration von Arbeiten, Wohnen und Erholen unter Berücksichtigung ökologischer Gesichtspunkte anzustreben". Das betrifft auch Ortschaften und Städte. Das ist also auch der Stadtökologie geschuldet.

Zur **Verkehrspolitik,** das ist also der Abschnitt 8 gewesen in dem bereits beschlossenen Material vom 29. Januar [1990], ist also folgendes aufgeschrieben worden als Zusatz:

„Die Attraktivität des öffentlichen Nah- und Fernverkehrs gegenüber dem individuellen Personenverkehr ist deutlich anzuheben". Die damit zusammenhängenden Entscheidungen sollten in einer Arbeitsgruppe, meinethalben auch einem neuen Runden Tisch, „Verkehrspolitik" vorbereitet werden, weil wir uns als Gruppe „Ökologischer Umbau" nicht mit allen Dingen dort befassen können, weil wir nicht kompetent genug dazu sind."

Dann wird ein Zusatzpunkt vorgeschlagen, und zwar zu diesem Material, was wir am 29. [Januar 1990] beschlossen haben. Dieser Zusatzpunkt geht um die **Gesundheits- und Sozialpolitik,** soweit sie mit Umweltmaßnahmen und Umweltschädigungen in Konsens steht. Und zwar sind folgende Einzelmaßnahmen vorgeschlagen:

1. Überwachung des Krankheitsgeschehens in Belastungsgebieten; Ermittlung umweltbedingter Krankheitsursachen; schrittweises Ausschalten der mobilitäts- und mortalitätserhöhenden Einflüsse. Einflüsse muß das heißen.

2. Bewertung des Gesundheitsrisikos in Belastungsgebieten auf der Basis von Unit-Risk-Schätzungen; Durchsetzen risikominimierender umweltprophylaktischer und umwelttherapeutischer Maßnahmen.

3. Aufklärung psychischer und psycho-sozialer Folgewirkungen von Umweltbelastungen; Orientierung auf eine humanökologische Vorsorge.

4. Die Arbeiten zur **MIK-Wertfestlegung** (Maximale Immissionskonzentrationen) für die DDR-gültigen Werte, na, da stimmt was nicht. Die Arbeiten zur MIK-Wertfestlegung sollen so in der Richtung ausgerichtet werden, daß die für die DDR gültigen Werte an die [World-Health-Organisation] **WHO-Empfehlungen** heranzuführen sind, hier fehlt ein Wort. Dabei sind Kombinationswirkungen stärker zu berücksichtigen. Dieser Punkt zum **Gesundheitswesen** ist vor allen Dingen auch vom Neuen Forum unterstützt worden, natürlich [hat er] auch von den anderen Gruppierungen hier eine Mehrheit gefunden.

Ich muß sagen, abschließend gestatten Sie mir das noch noch, daß eigentlich an diesem Paket insgesamt fast alle hier am Tisch sitzenden Parteien und Organisationen beteiligt waren, außer der SPD. Die SPD hat bis jetzt keinen Vertreter in unsere Gruppe gesendet, obwohl ich noch einmal einen persönlichen Brief an Herrn Böhme gesendet habe und das auch am 29. 1. mehrmals angeboten habe. Ich bitte also, daß Sie es vielleicht im nachhinein hier noch mittragen. Wir können ja nun schließlich nicht jemanden an den Haaren in unsere Gruppe hineinziehen. Aber uns lag daran, einen Konsens zu haben.

Danke, das war erst einmal soweit – –

Lange (Moderator): Wir danken Ihnen, Herr Dr. Merbach, auch für den Hinweis, daß alle Parteien und Gruppierungen, die hier am Runden Tisch vertreten sind, in dieser Arbeitsgruppe mitgewirkt haben. Ich denke, es ist auch einen Dank wert an diese Arbeitsgruppe, daß sie dieses Papier uns jetzt in der Weise vorlegt. Wir wollen uns nicht irritieren lassen. Der Einbringer war die DBD, aber gearbeitet haben sie alle an diesem Papier. Es sind Ergänzungen zu dem, was wir bereits beschlossen haben, und einige Neuformulierungen, die uns jetzt vorgelegt worden sind. Möchten Sie dazu noch etwas sagen?

Bitte.

N. N.: Ja, vielleicht folgendes, es lag uns daran, ein Gesamtpaket zu haben mit diesen Ergänzungen, und dieses Gesamtpaket für eine längerfristige, na ja, als eine längerfristige Konzeption auch als Empfehlung für zukünftige Regierungen zu betrachten. Deswegen auch noch der Antrag zum bereits Beschlossenen. Wir wollen das als Einheit gern sehen.

Lange (Moderator): Ja. Es hat sich jetzt [die] SPD gemeldet. Bitte.

Schneider (SPD): Ich bin unbedingt dafür, daß finanziell bewertet wird.

Lange (Moderator): – Das ist Herr Schneider.

Schneider (SPD): Nur müßten wir uns jetzt einmal darüber verständigen, wie man das macht. Das heißt, wir müßten festlegen, ob wir in Mark der DDR, also subventionsfrei oder nicht **subventionsfrei**, oder ob wir in einer Währung etwas bewerten, was den tatsächlichen Wert dieser Maßnahmen dann klar wiedergibt.

Lange (Moderator): Herr Hegewald.

Hegewald (PDS): Auf der Seite [1] zu dem dritten Punkt, wo steht: „Bei notwendigen Stillegungen sind soziale Ausgleichmaßnahmen festzulegen und zu realisieren." Hinter diesem lapidaren Satz verbergen sich ja riesige Probleme für DDR-Bürger in Zukunft. Und mit einem solch lapidaren Satz kann man das nicht abtun. Das ist eigentlich ein ganzes **Sozialprogramm,** wo es nicht nur um Ausgleich geht, sondern soziale Perspektiven. Also, nur mit Ausgleichen ist es nicht zu machen. Und da sind ja auch **Umschulungsprogramme** notwendig, wenn die Kumpel von Leuna oder Buna dann eine neue soziale Perspektive bekommen sollen. Also, mir scheint, das wäre ein Punkt, der noch einmal gesondert behandelt werden müßte. Die **Umweltpolitik** und **Sozialpolitik,** wie hier in den neunziger Jahren dieses Thema zu beherrschen ist, ich glaube, dazu müßte gesondert befunden werden. Das wäre es wert. Also, das ist mindestens im Rang der **Verkehrspolitik.** Für mich ist es noch viel höher. Es geht um soziale Perspektiven von Hunderttausenden wahrscheinlich. Und das kann man nicht mit so einem lapidaren Satz abtun. Das ist nichts gegen unsere Arbeitsgruppe, aber es hat einen ganz anderen Stellenwert in dieser Gesellschaft in Zukunft, denn die ganze Volkswirtschaft soll ja umprofiliert werden mit einer **neuen Energiepolitik**; in dem **Braunkohlerevier** steht sofort die Frage, was wird aus den Braunkohlekumpeln? Und da kommen jetzt schon Gegenbewegungen gegen die neue Energiepolitik aus sozialen Gründen heraus. Und dazu müssen wir uns positionieren, und zwar alle Parteien. Also, das ist ein Thema, was alle betrifft. Und da wäre ich sehr dankbar, wenn wir dazu vielleicht sogar auch der künftigen Regierung den Auftrag erteilen, das als gesondertes **Sozialprogramm** aufzustellen. Und wir wären alle bereit, da mitzuwirken.

[Das] wäre mein Antrag.

Lange (Moderator): Ja. Vielen Dank. Möchten Sie gleich darauf reagieren?

Bitte.

Mehrbach (DBD): Ich stimme mit der Meinung von Professor Hegewald überein. Nur hier in unser Gesamtpaket können wir höchstens noch den Auftrag [hineinnehmen], und da würde ich Sie bitten, gleich einen Vorschlag dazu zu bringen, einen Satz, daß das **Sozialpaket,** was damit zusammenhängt, der zukünftigen Regierung auf den Tisch gelegt wird. Wir können nicht die Einzelmaßnahmen hier hereinnehmen. Dann könnten wir zu vielen sehr gewichtigen Punkten [sprechen], da würden wir nämlich ein Buch von 500 Seiten kriegen. Und genau das können wir mit so einem Paket nicht. Aber ich wäre sehr einverstanden, wenn wir einen Zusatz hier noch formulierten von einem Satz, daß das damit zusammenhängende Sozialpaket entweder einer anderen Arbeitsgruppe oder der zukünftigen Regierung oder wie auch immer dann auch im einzelnen ausgearbeitet wird. Aber ich bitte um einen konkreten Vorschlag von Professor Hegewald.

Lange (Moderator): Dürfen wir Sie darum bitten, Herr Hegewald?

Hegewald (PDS): Ja. Die zukünftige Regierung wird beauftragt vom Runden Tisch mit einer neuen **Umwelt- und Energiepolitik** auch ein **Sozialprogramm** zu erarbeiten, um den Werktätigen, die von der Neuprofilierung betroffen werden, eine soziale Perspektive zu geben.

Lange (Moderator): Ich wäre Ihnen dankbar, wenn Sie es doch einmal schriftlich niederlegen, damit wir es dann noch einmal an diesem Punkt vorlegen können. Es ist eine Ergänzung, die Ihr Einverständnis findet. Möchten Sie noch zu der Anfrage von Herrn Schneider etwas sagen, die **Währungsproblematik** [betreffend]?

Merbach (DBD): Ich möchte eigentlich dazu nichts sagen. Wir haben das letzte Mal darüber befunden in der **Vorlage 10/3,** die ausführlich besagt, daß **finanzielle Ausgleiche** geschaffen werden müssen. Und wir hatten uns auch da klargemacht, daß wir solche Bewertungskriterien erst erarbeiten müssen. Das steht nämlich in der Vorlage vom 29. Januar [1990] drin. Wir können nicht als Arbeitsgruppe „Ökologischer Umbau" nun die ganzen **finanziellen Bewertungskriterien** machen. Das müssen wir der Zukunft überlassen. Aber fest steht eins:

Erstens: Es muß ein **Ausgleich** erfolgen, wie auch immer. Dazu müssen Richtlinien gefunden werden.

Und zweitens: Man muß überhaupt zunächst einmal Voraussetzungen schaffen, wie **ökologische Vorteilswirkungen** überhaupt finanziell entgolten werden können.

Dazu gibt es überhaupt keine Grundlagenerarbeitung. Aber wir wollten darauf hingewiesen haben, wir haben zwei Passagen in dem ursprünglichen Paket, die darauf Stellung nehmen, und beides eigentlich ausführen, wobei wir da also überhaupt nicht über D-Mark oder sonstige Währungen gesprochen haben. Ich würde auch meinen, daß das in dem

Zusammenhang zu weit führt, weil keiner weiß, wie es nun ganz genau kommt.

Lange (Moderator): Ja, vielen Dank. Weitere Anmerkungen oder Vorschläge zu dem vorliegenden Antrag? Die Arbeitsgruppe „Ökologischer Umbau" hat hier einige Ergänzungen und Formulierungen uns vorgetragen, die wir aber nun nicht nur zur Kenntnis nehmen, sondern denen wir unsere Zustimmung geben müssen. Und ich meine, es wäre eigentlich um der Übersicht willen notwendig, daß wir das Punkt für Punkt tun und dann eventuell an der einen Stelle zu Punkt 3 auch noch die Erweiterung vornehmen. Findet das so Ihre Zustimmung? Denn es gibt ja auch einen Minderheitenbeschluß, über den dann hier am Runden Tisch befunden werden muß, wie wir damit umgehen. Sollten wir jetzt Punkt für Punkt dies zur Abstimmung geben, wenn es keine weiteren Wortmeldungen von Ihnen gibt? Oder können wir im Komplex das vornehmen? Das ist meine Frage an Sie.

Ich will die Zeit nicht hinausziehen, wenn – – um so besser, ja, im Komplex? Dann wäre jetzt nur die Frage, Herr Hegewald, können Sie uns zu dem Punkt 3 schon jetzt die ergänzende Formulierung sagen? Oder soll das dann einfach angefügt werden? Wie ist Ihr Verständnis?

Herr Hegewald.

Hegewald (PDS): Ich würde doch dann in einer kleinen Anfügung die Begriffe **Sozialprogramm, Sicherung der sozialen Perspektive** erwähnen, ja. Diese zwei Reizworte würden dann hereinkommen.

Lange (Moderator): Gut. Ja. Genügt Ihnen das, wenn wir das jetzt so zur Kenntnis nehmen? Wir haben die Problematik erkannt. Die Zustimmung ist, glaube ich, ganz übereinstimmend vorhanden, so daß wir jetzt praktisch über diese Ergänzung zur **Vorlage 10/3** befinden können. Wer dieser Ergänzung dieser **Vorlage 14/4** seine Zustimmung gibt, den bitte ich um das Handzeichen. – Das ist die Mehrheit. Gegenstimmen? – Stimmenthaltungen? – Wir haben dies einstimmig so beschlossen.

Vorlage 14/12 von der Arbeitsgruppe „Ökologischer Umbau", Einreicher ist NDPD. Bitte schön.

N. N. (NDPD): Der hier vorliegende **Antrag 14/12** wurde von der NDPD in der Arbeitsgruppe „Ökologischer Umbau" vorgestellt und ist in einigen Punkten verändert worden, insbesondere dahingehend, daß die Rechtsfähigkeit dieses Vorschlages aufgrund von berechtigten Einwendungen des Ministeriums für Naturschutz, Umweltschutz und Wasserwirtschaft als auch im Ergebnis einer Konsultation mit der emeritierten Lehrstuhlinhaberin Umweltrecht, Frau Professor Öhler von „Staat und Recht Babelsberg", ergänzt worden ist, und wir sind der Auffassung, daß der Appell an die Regierung, der hier ausgesprochen wird, auch einen gangbaren Weg beschreibt.

[**Vorlage 14/12, Antrag AG „Ökologischer Umbau":
Errichtung eines Umweltamtes**]

Die Teilnehmer des Runden Tisches mögen beschließen: Die Regierung wird aufgefordert, zur Durchsetzung der neuen Umweltpolitik mit dem Ziel eines ökologischen Umbaues der Gesellschaft ein Umweltamt als Regierungsbehörde zu errichten. Das Umweltamt ist dem Geschäftsbereich des Ministers für Naturschutz, Umweltschutz und Wasserwirtschaft zuzuordnen.

Das Umweltamt hat insbesondere folgende Aufgaben zu übernehmen:

1. Es leistet dem Minister für Naturschutz, Umweltschutz und Wasserwirtschaft wissenschaftliche und rechtliche Unterstützung.

2. Es sichert die zentrale Koordinierung der Tätigkeiten der Umweltkontrollorgane der ministeriellen Geschäftsbereiche für Umwelt, für Gesundheit, für umweltrelevante Industrien und für Landwirtschaft.

3. Es übernimmt die zentrale Verwaltung von Umweltdaten in einer Datenbankzentrale, für regierungsamtliche Umweltdokumentation und Umweltplanung.

4. Es informiert die Öffentlichkeit über den Zustand der Umwelt, erteilt Gefahrenauskünfte und beantwortet Anfragen zu weiteren umweltrelevanten Sachlagen auf der Grundlage der in der Datenbankzentrale gespeicherten Informationen.

5. Es führt eine Umweltprobenbank zur Verwaltung nationaler Umweltstandard- und -referenzproben sowie entsprechender Bezugsproben anerkannter internationaler Organisationen.

6. Es wirkt mit bei der Entscheidung über Verträglichkeitsprüfung strukturbestimmender und länderübergreifender umweltpolitischer Maßnahmen hinsichtlich ihrer Umwelt-, Gesundheits- und Sozialwirkungen.

7. Es entwickelt einheitliche Untersuchungs- und Bewertungsmethodeninventare für die Umweltkontrolle.

8. Es übernimmt Projektträgerschaften für zentrale angewandte Forschungsvorhaben zur Sicherung der Stabilität von naturnahen und anthropogen überprägten Ökosystemen und zu technologischen Prinziplösungen im Umweltschutz.

Erlauben Sie mir, um die Diskussion abzukürzen, noch einige Zusatzbemerkungen. Im Punkt 1, die dort aufgeführte **wissenschaftliche Unterstützung** des Ministers versteht sich auch als Unterstützung im technisch-technologischen Forschungsbereich.

Im Punkt 3 ist die **zentrale Verwaltung** auch zu verstehen als eine Entwicklung und Handhabung methodischer Auswertungsschemata, also Rechenmodelle.

Und in Punkt 4 sind die **Auskünfte** und die Anfragen, die zu beantworten sind, insbesondere zu verstehen als dererlei von **Institutionen** und **Betrieben,** weniger die von Bewegungen und Einzelbürgern an das Amt herangetragenen Fragen.

Wir haben uns bei der Aufgabenfassung an das Prinzip der möglichst weitgehenden Kompatibilität mit dem bereits bestehenden **Umweltbundesamt** gehalten.

Ich danke Ihnen.

Lange (Moderator): Vielen Dank für diese Einbringung. Es geht um einen Beschluß, der hier herbeigeführt werden soll, und es geht um eine sehr ausführliche, detaillierte Aufgabenbeschreibung für ein zu schaffendes **Umweltamt**. Dies wird vorgeschlagen. Wer möchte dazu sprechen?

Bitte schön, Herr Hegewald.

Hegewald (PDS): In den zukünftigen Ländern wird es ja offensichtlich auch **Umweltämter** geben. Und ich bin mir nicht im klaren, ob das eine Doppelung dann sein wird oder eine **neue Form des Zentralismus**, die hier nicht viel bringt. Es müßte einmal die Frage beantwortet werden, was ist denn nun das prinzipiell andere von diesem **Zentralen Umweltamt** gegenüber den **Landesumweltämtern**? Da bin ich mir noch nicht im klaren, ob das hier eine Doppelung wird oder ob das Koordinierungsstelle dann ist, um alle Landesämter miteinander zu vereinen.

Aber ich könnte mir vorstellen, die Kommunen haben ihre eigenen, wollen ihre eigenen Richtlinien fahren, und da müßte ja dann ein Modus gefunden werden, wie die zueinander stehen. Also, mir scheint der Sinn dieser Zentrale noch nicht so überzeugend, wenn ich mir überlege, wie eigenständig dann die Länder sich zu diesem Thema äußern werden.

Lange (Moderator): Ja. Das ist eine grundsätzliche Rückfrage. Herr Merbach, Sie können darauf antworten. Bitte.

Merbach (DBD): Ich möchte nur zu einer Formfrage antworten, Herr Hegewald. Wir haben über dieses Papier ungefähr drei Stunden diskutiert in zwei Sitzungen. Ein Vertreter Ihrer Partei war dabei und hat dem mit zugestimmt. Insofern verstehe ich jetzt das Nachfragen nicht. Die sachliche Sache möchte ich gern Dr. Möller überlassen.

Lange (Moderator): Bitte schön, Herr Möller.

Möller (NDPD): Nach dem Verständnis unserer Arbeitsgruppe werden die Landesämter beziehungsweise **Landesanstalten für Umweltschutz** landeshoheitliche Institutionen sein, und es kann nicht die Aufgabe eines Antrages, der sich mit einem zentralen Amt befaßt, sein, darüber nähere Auskünfte zu erteilen.

Ich will nur auf zwei ausgewählte Gesichtspunkte hinweisen. Es ist im Punkt 3 die Rede von **regierungsamtlichen Dokumentationen** und Planungsaufgaben, das ist also etwas, was so in Landesanstalten oder Ämtern nicht getan werden kann. Dagegen ist die **Umweltverträglichkeitsprüfung** nach europäischem Verständnis eine eindeutig landeshoheitliche Aufgabe und auch in den Landesanstalten zu institutionalisieren. Es gibt also einen Differenzkatalog, was im zentralen und was in den Landesämtern getan werden muß. Aber ich bitte darum, daß wir den heute hier nicht zur Diskussion stellen.

Im übrigen finde ich, hat hier auch der Minister, der die Strategie für die Umweltämter der Länder zur Zeit vorbereitet, auch noch ein Mitspracherecht und sollte gehört werden. Das kann ich für ihn hier nicht übernehmen.

Lange (Moderator): Vielen Dank. Auf jeden Fall hat die Frage, die Herr Hegewald gestellt hat in der Beratung zu diesem Papier eine entscheidende Rolle gespielt.

Herr Schulz, bitte.

Schulz (NF): Eine Frage an Herrn Möller: Inwieweit bezieht dieser Antrag die Umprofilierung, **Umstrukturierung bestehender Institutionen** ein. Also, meinetwegen die **Umwelthygiene** im Bereich der Bezirkshygieneinstitute, die **Staatlichen Umweltinspektionen**, das Zentrum für Umweltgestaltung und so weiter. Würden Sie das als eine neue Strukturierung in der Umweltpolitik insgesamt betrachten, dieses **Umweltamt** als eine zentralistische Behörde, die im Grunde genommen dann die Ergebnisse der Umweltämter in den Ländern zusammenfaßt?

Lange (Moderator): Bitte schön, Herr Möller.

Möller (NDPD): Ohne der Konzeption des Ministers vorzugreifen kann ich hier sagen, daß das eine Institution mit **neuer Profilierung** sein muß, die zwangsläufig bisher vorhandene Strukturen der Umweltkontrolle, sei es aus dem Bereich Staatliche Umweltinspektion, Staatliche Gewässeraufsicht, Geologie, aber auch Umwelthygiene einbeziehen muß. Das ergibt sich aus der Konzeption des Amtes und vorgedachten Konzeptionen auch für die Landesanstalten.

Lange (Moderator): Danke.
Bitte, zur Geschäftsordnung, Herr Schneider.

Schneider (CDU): Zwecks Einsparung von Energie, und da das Fernsehen nicht mehr dabei ist, würde ich vorschlagen, daß wir die Scheinwerfer löschen.

[Beifall]

Lange (Moderator): Ja. Wenn jemand weiß, wo der Schalter ist? Vielleicht kann das die Technik klären. Vielen Dank für den Hinweis. Darüber brauchen wir, glaube ich, nicht abzustimmen. Die Frage war beantwortet.

Gibt es weitere Anmerkungen zu diesem Antrag? Das ist nicht der Fall. Können wir dann darüber abstimmen? **Vorlage 14/12**, die Aufforderung an die Regierung, ein **Umweltamt als Regierungsbehörde** einzurichten mit der hier festgelegten Aufgabenbeschreibung. Wer dafür ist, den bitte ich um das Handzeichen. – Gegenstimmen? – Stimmenthaltungen? – Das ist einstimmig beschlossen.

Wir kommen zu den beiden Vorlagen, die als Ergänzungen zu behandeln sind, **[Vorlage] 14/11**. Das Stichwort **Altlastsanierung** hat ja bereits in dem ersten Beschluß eine Rolle gespielt. Ein Antrag an die Regierung, eingebracht von der PDS. Wer gibt dazu Erläuterungen? Herr Hegewald? Bitte.

Hegewald (PDS): Das Thema ist ja doch für die DDR sehr wichtig, **[Vorlage 14/11] Altlastsanierung der Folgen des Uran- und Erzbergbaus in der Sächsischen Schweiz, im Erzgebirge und Ost-Thüringen**[64]. Wir sind dafür, daß das sehr schnell passiert und schlagen deshalb ein Stufenprogramm vor, das insgesamt sechs Bereiche erfaßt.

Einmal die Bestandsaufnahme chemisch, physikalisch und biologisch,

dann die Gefährdungsanalyse,

dann die Erarbeitung einer Sanierungsstrategie, was die Schließung alter Gruben betrifft, dann die Abdeckung der Bergbauhalden, vor allen Dingen auch Abtragen der Spitzkegel und Abdecken der Schlammteiche der Uranaufbereitung.

Weiterhin im **demokratischen Sozialismus**, unser Verständnis von Demokratie muß das auch eine Sache der Kommunen sein, und da müssen die Bürger einbezogen werden in die Erarbeitung der Sanierungsobjekte.

Zweifellos ist das auch ein **Modellfall**, wie man vielleicht Altlasten überhaupt bei uns im Lande sanieren könnte.

Und dann muß es finanziert werden. Und wer sollte es finanzieren?

Einmal die Wismut,

zum anderen Staatshaushalt,

---

[64] Dokument 14/36, Anlagenband.

dann auch Teile des an die Regierung übergebenen [Vermögens der ehemaligen] SED [in Höhe von] 3 Milliarden Mark
sowie Inanspruchnahme des Umweltfonds der Bundesregierung.

Wir sind auch dafür, daß ein Sozialprogramm erarbeitet wird zur Beschaffung von Arbeitsplätzen beim Einsatz neuer Umwelttechnologien.

Das wäre ein **Paket** und zugleich ein **Modell der Altlastsanierung** für den **Uranbergbau**. Unsere Vorstellung an die Regierung, wie man das Thema behandeln sollte.

Lange (Moderator): Ja, im Grunde genommen ist das jetzt eine Konkretisierung des Beschlusses, den wir vorhin unter Punkt 2 hatten, wo ein Zusatz zu diesem Thema Altlastsanierung bereits beschlossen worden ist. Gibt es jetzt dazu weitere Wortmeldungen? Dann würde ich darum bitten, wer dafür ist, daß wir dies als die Ergänzung aufnehmen, den bitte ich um das Handzeichen. – Gegenstimmen? – Stimmenthaltungen? – Mit 2 Stimmenthaltungen, Moment, 3 Stimmenthaltungen ist die **Vorlage 14/11** jetzt als Ergänzung dazu genommen.

Wir kommen zu **[Vorlage] 14/15, Antrag auf konsequente Förderung der Sekundärrohstoffwirtschaft**. Hier gibt es eine Gruppe von Parteien und Gruppierungen, die diesen Antrag einreicht. Wer spricht dazu? Bitte schön. Sagen Sie noch einmal bitte Ihren Namen?

Brückmann (GL): Ja. Meine Name ist Brückmann, Grüne Liga. Ich möchte diesen Antrag vorstellen:

[Vorlage 14/15] Antrag GL, NF, VL, UFV, IFM, GP: Auf konsequente Förderung der Sekundärrohstoffwirtschaft

Der Runde Tisch möge folgende Forderungen an die Räte der Bezirke weiterleiten:

In vielen Städten und Gemeinden sowie Betrieben der DDR herrscht gegenwärtig ein „Müllnotstand", verursacht durch das Fehlen geeigneter Deponieflächen und nicht vorhandener Entsorgungstechnik.

Aufrufe an die Bevölkerung {- jetzt kommt eine Korrektur -} zur Müllvermeidung beziehungsweise Mülltrennung im Haushalt und Zuführung an den Sekundärrohstoffhandel bringen nicht den gewünschten Erfolg, da die örtlichen Aufkaufkapazitäten zu gering entwickelt sind.

Da in nächster Zeit mit noch höherem Haushaltsmüllanfall durch Einfuhr verpackungsintensiver westlicher Produkte zu rechnen ist, fordern wir:

1. Weiterer Ausbau der Sekundärrohstoffwirtschaft auf kommunaler Ebene.
2. Bevorzugung der Antragsteller auf Eröffnung von Aufkaufstellen für Sekundärrohstoffe bei der Gewerbeerteilung und schnelle Bereitstellung von Gewerberäumen.
3. Freilenkung von Technik für diese Branche und Berücksichtigung bei der Verteilung von eingehenden Technikspenden aus dem In- und Ausland.
4. Verbesserung der Arbeits- und Lebensbedingungen für die Beschäftigten dieses {Industriezweiges} [Wirtschaftszweiges] und somit Erhöhung der Attraktivität dieser Tätigkeit.
5. Aufklärungsarbeit bei der Bevölkerung über die derzeitige Situation der Müllentsorgung mit Unterstützung durch die Massenmedien.
   Es kommen noch zwei Punkte als Ergänzung dazu. {Die ergeben sich, der Antrag wurde auch schon vor einer Woche eingebracht und auf Müllsymposien in Leipzig wurde die Schwere dieser Sache noch einmal erläutert, also Punkt}
6. Stabilisierung und Vervollkommnung der Aufbereitungsanlagen und Technologien für Sekundärrohstoffe und
7. Beibehaltung der Subventionen beim Ankauf von Sekundärrohstoffen.[65]

Ich möchte den Zusatz der beiden Punkte noch begründen: Es wurde in der letzten Zeit immer wieder diskutiert, daß die betreffende Industrie in nächster Zeit plant, **Subventionen** hauptsächlich für **Altglas** zurückzunehmen, und es wird aus diesem Grunde unlukrativ für die Bevölkerung, Altglas dann zum Sekundärrohstoffhandel zu bringen. Und des weiteren, Stabilisierung und **Vervollkommnung der Aufbereitungsanlagen und Technologien** aus dem Grund, es gibt Gerüchte, ich weiß nicht, ob man diesen Gerüchten entgegenwirken kann, die besagen, daß der VEB Sekundärrohstoffhandel sich in letzter Zeit mehr mit der **Plaste-Erfassung/Entsorgung** beschäftigt und eventuell anderen Gebieten nicht mehr den Vorrang einräumen möchte.

Lange (Moderator): Vielen Dank. Das sind zwei Ergänzungen, und Sie haben im dritten Abschnitt die Verbesserung sicher vorgenommen, „Aufrufe an die Bevölkerung zur Müllvermeidung" heißt es, ja?

Brückmann (GL): Ja, das ist richtig, **Müllvermeidung**.

Lange (Moderator): Müllvermeidung, beziehungsweise Mülltrennung. Gut, danke schön. Da wir alle fleißig Altpapier und Flaschen sammeln, findet das sicherlich schnell unsere Unterstützung. Aber es gibt offensichtlich einige Rückfragen.

Herr Merbach, bitte.

Merbach (DBD): Ich habe eigentlich keine Rückfrage, denn die Grüne Liga hat das vorher schon abgesprochen mit mir und ich habe mich auch etwas verständigt mit denen, die sonst in unserer Gruppe arbeiten und hier sind. Das sind nicht alle Mitglieder dieser Gruppe. Wir betrachten den Antrag als eigentlich eine Ausführungsbestimmung zum Punkt 4.1 unseres großen Beschlusses und würden demzufolge dem zustimmen, ich tue das auch im Namen der DBD.

Lange (Moderator): Ja, vielen Dank.
Herr Schulz.

Schulz (NF): Obwohl wir hier als Unterzeichner mit erscheinen, muß ich sagen, aus Sachkompetenz können wir diesen Punkt 2 so nicht tragen, denn das ist ein relativ altes System der Erfassung. Hier müßte stehen, „**Bevorzugung**

---

[65] Dieser Vortrag wurde auch schriftlich zu Protokoll gegeben. Die in { } gesetzten Ausführungen wurden davon abweichend nur mündlich vorgetragen. Die in [ ] gesetzten Texte finden sich lediglich in der schriftlich zu Protokoll gegebenen Fassung.

moderner Erfassungssysteme". Denn das, was wir in der DDR machen, ist wirklich das **System der Jäger und Sammler,** das funktioniert so international nicht mehr. Und ich glaube, das kann man auch nicht so fortschreiben. Also eins: „Bevorzugung moderner Erfassungssysteme".

Brückmann (GL): Der Antragsteller ist mit der Änderung einverstanden.

Lange (Moderator): Sagen Sie noch einmal genau die Stelle, wo es hin soll.

Schulz (NF): [Zu Punkt] 2 wäre das.

Lange (Moderator): Punkt 2, Bevorzugung?

Schulz (NF): – „Bevorzugung moderner Erfassungssysteme".

Lange (Moderator): Ja.
Herr Hegewald.

Hegewald (PDS): Dieser ganze Antrag gefällt mir ausgezeichnet. Der trifft ins Schwarze. Er ist für meine Begriffe aber noch in einer anderen Richtung zu sehen. Eigentlich ist das ja doch mehr, das sind die Maßnahmen, das Maßnahmepaket, wie es sich aus der Anpassung ergibt. Eigentlich müßte noch, und ich weiß noch nicht, wie man es konzeptionell machen sollte, es müßte ja zum Beispiel auch noch herein, wie die **Industrie** mit der **Produktgestaltung** und mit der **Verpackungsindustrie** bereits Vorsorge trifft, damit gar nicht so viel anfällt. Dort liegt mir eigentlich des Pudels Kern noch mehr, daß wir in der **Vorsorge** bereits das Thema packen.
Und dann ist noch eine Frage, nämlich die **Gewohnheit der Konsumenten.** Das ist die subjektive Seite des Problems. Das paßt natürlich hier nicht herein. Aber eigentlich müßte es, wenn man das Problem insgesamt lösen will gesellschaftlich, müßte die Vorsorge durch die Industrie und die Konsumtionsgewohnheiten der Konsumenten müßten in das Ganze noch eingebracht werden. Das wäre meine Anfrage an den Runden Tisch, wie wir das vielleicht auch zukünftig mit packen sollten.

Lange (Moderator): Ja.
Herr Matschie.

Matschie (SPD): Ich möchte diesem Papier hier auch zustimmen und habe in diesem Zusammenhang, was Abfallentsorgung betrifft, noch eine Anfrage an unseren Regierungsvertreter. Und zwar ist folgendes: Uns ist die Information zugegangen, daß die **Intrac** Handelsgesellschaft [mbH], die ein Teil von **KoKo** ist, ihre Aktivitäten auf dem Gebiet der Abfallentsorgung in einer GmbH mit dem Namen AWUS, das heißt **Abfallwirtschaft und Umweltservice GmbH,** zusammenfassen will. Diese Gesellschaft mit einem Stammkapital von 250 000 Mark besteht aus den Gesellschaftern der Intrac und einem Herrn Eberhard Seidel. Sie soll unter anderem die **Müllimporte aus West-Berlin** realisieren und kassiert die dementsprechenden Gebühren.
Hieraus ergeben sich einige Anfragen an die Regierung, die mir wichtig erscheinen. Ich bringe das jetzt, weil das ein dringender Fall hier ist. Wer hat die Bildung der AWUS GmbH veranlaßt? Wie sind die vermögensrechtlichen Verhältnisse? Und wer ist jener Herr Seidel, der ja dann nach Auflösung der Intrac, die ja mit der Auflösung der KoKo erfolgt, der Alleingesellschafter der AWUS GmbH wäre?

Lange (Moderator): Könnten wir diese Anfragen nicht im Zusammenhang mit der Information über **KoKo** dann mit anhängen? Ich glaube, das wäre ganz günstig, wenn Sie jetzt – –

Matschie (SPD): Ich möchte, daß der Regierungsvertreter diese Fragen schon mitnimmt, weil das hier die Zeit drängt, denn die kassieren da.

Lange (Moderator): Ja, das kann ohne weiteres geschehen. Es hatte sich als Nächster gemeldet Herr Schneider – –

Schneider (SPD): Ich schlage vor, daß wir noch einen Punkt 6 aufnehmen mit dem Text:

Zwischenruf: 8

Lange (Moderator): Ja, wir haben schon 6. und 7.

Schneider (SPD): – 8.: „Drastische Erhöhung der Aufkaufpreise für Sekundärrohstoffe, insbesondere für Papier und Lumpen."

Lange (Moderator): Herr Wiedemann.

Wiedemann (CDU): Ja. Ich wollte eigentlich zu der **Vorsorge** etwas sagen. Es gibt ja gesetzliche, staatliche Regelungen über den **Einsatz von Verpackungsmaterial** im Verhältnis zu dem Wert des darin steckenden Gutes. Also dort sind an und für sich Vorsorgeregelungen schon getroffen. Etwas völlig anderes ist es natürlich, was wir jetzt importieren. Darauf haben wir natürlich keinen Einfluß, das können wir auch von uns aus nicht regeln. Und wir würden auch kaum Einfluß nehmen können über **Importbeschränkungen,** daß dann irgendwie etwas schwächer verpackt sein muß, als das auf dem internationalen Markt üblich ist. Also, von daher gibt es an und für sich bei uns sehr strenge Regelungen und es ist ja auch manchmal ein Punkt, weshalb wir nicht so exportfähig sind, weil die Dinge ganz einfach nicht so angeboten werden, wie das international üblich ist. Ich weiß also davon, daß in der BRD dann die Dinge noch umgepackt werden müssen, etikettiert werden müssen und so weiter.

Lange (Moderator): Herr Möller.

Möller (NDPD): Ich muß aus aktuellem Anlaß den Antrag der SPD, die Geschäfte von Intrac betreffend, unterstützen. Wie die Pharma sagt, ist **Intrac** inzwischen einbezogen in die **Sanierung der Umweltschäden,** die sie selbst angerichtet hat, Deponien Vorketzien und Schöneiche. Das ein Zustand, über den wir hier am Runden Tisch Auskunft verlangen und den wir nicht hinnehmen würden.

Lange (Moderator): Sie haben jetzt von einem Antrag gesprochen. Das heißt, Sie möchten, daß die Regierung darüber Auskunft gibt. Und ich denke, Herr Sauer hat sich dieses ebenso notiert wie das, was von Herrn Schneider gesagt worden ist, von Herrn Matschie, Entschuldigung. Vielen Dank. Ich muß Sie daran erinnern, daß wir noch eine ganze Reihe von Einzelanträgen haben und daß es bei dieser **Vorlage 14/15** um eine wichtige Frage geht, aber es ist eine Ergänzung zu dem, was wir eigentlich grundsätzlich schon festgelegt haben. Deshalb ist meine Frage, ob wir jetzt noch wichtigte Erläuterungen dazu wünschen?
Bitte schön, Herr Clemen.

Clemen (DA): Nur ein Satz, obwohl es eine Formfrage ist, aber nach meiner Auffassung kann der Zentrale Runde Tisch keine Forderungen an **Räte der Bezirke** stellen. Er kann die

Regierung bitten, die Räte der Bezirke dementsprechend zu veranlassen.

Lange (Moderator): Ja, das ist jetzt eine Verfahrensfrage im Blick auf den Adressaten. Es gibt ja Runde Tische in den Bezirken ohnehin und in den Regionen, so daß wir hier überlegen müßten, ob wir dies als eine dringende Bitte an die Regierung weitergeben, daß sie die Bezirke der Räte in der Weise informiert. Könnte das Ihre Zustimmung finden?

Brückmann (GL): Ja, das findet meine Zustimmung.

Lange (Moderator): Danke schön. Dann stelle ich fest, daß wir einige Veränderungen [haben], und zwar nenne ich so noch einmal: Dritter Absatz, also diese neue Formulierung Müllvermeidung; bei Punkt 2 Bevorzugung moderner **Erfassungssysteme**; dann ein Punkt 6, ich nenne jetzt nur das Stichwort: Stabilisierung und Vervollkommnung der **Aufbereitungsanlagen**; 7. Beibehaltung der **Subventionen** beim Aufkauf der Sekundärrohstoffe. Im Grunde genommen ist der achte vorgeschlagene Punkt ja ebenfalls in dieser Richtung zu verstehen. Das heißt, eine drastische Erhöhung der **Preise**, die gezahlt werden für einige der **Sekundärrohstoffe**. Soll das ein Extrapunkt bleiben oder können wir 7. und 8. zusammenfassen?

Bitte, Herr Wiedemann.

Wiedemann (CDU): Da habe ich doch noch einmal die Frage, ob der 8. Punkt, die drastische **Erhöhung der Preise bei Papier und Lumpen**, gerechtfertigt ist? Da möchte ich doch von der SPD eine Erklärung dazu haben, worauf sie das stützt. Denn mir ist bekannt, daß gerade bei Lumpen die Verarbeitung außerordentlich kompliziert ist und gar kein volkswirtschaftlicher Bedarf vorliegt. Bei Papier ist zwar ein Bedarf da, aber unsere eigene Aufarbeitung auf diesem Gebiet reicht gar nicht aus, um das anfallende Papier alles zu verarbeiten.

Ich meine, wenn das eine entsorgungstechnische Frage ist, na ja gut, dann bringen wir es erst zum Aufkauf, kriegen es dort bezahlt, beispielsweise die Lumpen, und der Aufkauf bringt es dann also auf die **Müllhalde** irgendwo hin. Und so ist [die] gängige Praxis im Moment. Wir haben da selber schon voriges Jahr nachgeforscht und vor zwei Jahren. Das ist außerordentlich kompliziert, dort Ergebnisse zu erzielen. Wir würden also Leistungen belohnen, die uns überhaupt nichts bringen. Wir würden lediglich Geld zum Fenster hinauswerfen.

Lange (Moderator): Herr Stief.

Stief (NDPD): Ich würde vorschlagen, weil es nach meiner Auffassung nicht nur auf Altpapier und Alttextilien, ich darf mich von diesem Begriff Lumpen einmal distanzieren, nicht nur um diese beiden Kategorien geht, sondern sicher auch um andere. Ich würde vorschlagen, daß man sagt, „**Neubestimmung der Aufkaufpreise für ausgewählte Sekundärrohstoffe**".

Lange (Moderator): Und Sie würden 7. und 8. dann zusammennehmen, ja?

Stief (NDPD): Das würde nämlich bedeuten, daß die Subventionsproblematik mit einbezogen ist und würde zugleich auch neue, den **Verarbeitungskosten** oder **Wiederaufbereitungskosten** entsprechende, Preise ermöglichen. Das ist auch wirklich ein Regelwerk, was neu durchdacht werden muß.

Lange (Moderator): Ich möchte gern den Einbringer fragen, ob er eine Möglichkeit sieht, sich dem anzuschließen? Ich denke, damit könnte beides abgefangen werden, ohne daß wir uns jetzt noch lange um Einzelheiten besprechen. Bitte?

N. N.: Einverstanden. Ja, ich stimme der Veränderung zu.

Lange (Moderator): Sie stimmen zu und Sie stimmen auch zu. Dann haben wir jetzt einen Punkt 7 mit dem Stichwort „**Neubestimmung der Aufkaufpreise**".

Stief (NDPD): Für ausgewählte Sekundärrohstoffe.

Lange (Moderator): Für ausgewählte Sekundärrohstoffe, ja. Können wir dann diese Vorlage so annehmen? Wer dafür ist, den bitte ich um das Handzeichen. – Gegenstimmen? – Stimmenthaltungen? Wir haben dieses einstimmig so beschlossen.

Herr Merbach, sagen Sie jetzt, haben wir alles absolviert, was Sie uns vogeschlagen haben?

Merbach (DBD): Ja, wir haben alles absolviert, was wir beschlossen haben.

TOP 8: Weiteres Programm des Runden Tisches

Lange (Moderator): Ja, gut. Vielen Dank für die Vorarbeit aus Ihrer Arbeitsgruppe. Ich möchte jetzt Herrn Ziegler bitten, uns zu sagen, mit welchen Einzelanträgen wir es noch zu tun haben. Wir hatten zwei festgelegt, drei eigentlich.

Aber dazu bitte, Herr Ziegler.

Ziegler (Co-Moderator): Also, es war vorgeschlagen, heute zu verhandeln **Unabhängige Rechtsprechung, Vorlage 14/21** [Antrag AG „Recht", AG „Strafrecht": Sicherung der Arbeitsfähigkeit der Gerichte und der Gewährleistung einer unabhängigen Rechtsprechung[66]]. Da muß ich dann gleich etwas zu sagen.

Zweitens: 5.2, **Holding-Gesellschaften** und damit zusammenhängende Fragen, **Vorlage 14/23** [Antrag AG „Wirtschaft": Umwandlung der Rechtsform der volkseigenen Betriebe], **14/33** [Antrag DJ: Errichtung einer „Treuhandgesellschaft" (Holding) sowie Ernennung einer Kommission für die Errichtung dieser Treuhandstelle[67]], inzwischen sind es noch mehr geworden, ich sage das gleich, **Vorlage 14/54** [Antrag SPD: Forderungen an die Regierung im Zusammenhang mit dem Gesetzesentwurf zur Privatisierung staatlichen Eigentums[68]] noch.

Und schließlich 5.3, Kader in Wirtschaft und Verwaltung, **Vorlage 14/51** [Antrag NF: Einsatz von sachkompetenten und demokratisch bestätigten Leitern in Wirtschaft und Verwaltung[69]].

Und dann 5.4, Freistellung für Wahlen, Antrag 14/52 [Antrag SPD, VL: Freistellung der Kandidaten/Innen für das zu wählende Parlament von ihrer Tätigkeit bis zum Wahltag[70]].

---

[66] Dokument 15/22, Anlagenband.
[67] Dokument 14/41, Anlagenband.
[68] Dokument 14/39, Anlagenband.
[69] Vertagt in die 16. Sitzung. Dokument 16/1, Anlagenband.
[70] Dokument 14/42, Anlagenband.

Und schließlich [ein] Antrag vom Neuem Forum [**Vorlage 14/48**] und [ein] gesonderter Antrag vom Unabhängigen Frauenverband [**Vorlage 14/45**], **zweimal wöchentliche Tagungen** des Runden Tisches.

Außerdem habe ich dem Demokratischen Aufbruch versprochen, an dieser Stelle hier noch einen **Appell für fairen Wahlkampf** vorzutragen. [Die] Frage [ist] allerdings, ob das dann, weil dies nun die Öffentlichkeit betrifft, nicht doch besser ist, wenn ich das das nächste Mal nach der Mittagspause vor den Fernsehkameras mache. Denn das betrifft nicht nur die Anwesenden.

N. N. (DA): Ja, mit Einverständnis. Auf jeden Fall.

Ziegler (Co-Moderator): Wenn Sie einverstanden sind?

N. N. (DA): Natürlich.

Ziegler (Co-Moderator): Danke schön. Dann möchte ich das gleich ausnützen und sagen, daß wir bei [Tagesordnungspunkt] 5.1, **Unabhängige Rechtsprechung, [Vorlage] 14/21,** während der ganzen Verhandlung am Nachmittag ein ständiges Hin und Her hatten. Ich habe nämlich dauernd neue Nachrichten gekriegt vom Justizministerium. Der Justizminister bittet dringend darum, daß diese [Vorlage] gemeinsam verhandelt wird mit dem **Richtergesetz.** Und dazu würde er gerne selber kommen.

Wir hatten in der Prioritätengruppe gesagt, zweckmäßigerweise wäre es am 12. März mit der ganzen Rechtsproblematik zu verhandeln. Dieses aber kann nicht geschehen, wenn der Runde Tisch sich zum Richtergesetz auch noch äußern will. Darum bittet der Justizminister darum, wenn es irgend möglich ist, daß am 5. März [1990] dies verhandelt wird zusammen mit einer Einführung ins Richtergesetz, weil ihm daran liegt, daß vor der Einbringung in die Volkskammer der Runde Tisch die Möglichkeit hat, sich hierzu zu äußern. Faktisch wird das bedeuten, daß es von heute auf den 5. März, wenn Sie so zustimmen, vertagt wird.

Lange (Moderator): Da wir die Tagesordnung noch nicht endgültig festlegen konnten, bevor die Prioritätengruppe ihre Vorschläge unterbreitet, müssen wir dieses jetzt zunächst entscheiden. Wir haben fünf Punkte zu Einzelanträgen. Und es gibt gleich zu Punkt 1, 5.1, den Vorschlag, dieses Thema Unabhängige Rechtsprechung auf den 5. März [1990] zu vertagen. Findet dies Ihre Zustimmung? Bitte schön. Ist das jetzt schon [die] Abstimmung? Abstimmung, bitte die Hände hoch, wer das möchte. – Das ist also einstimmig so beschlossen. Ich frage trotzdem: Gegenstimmen? – Stimmenthaltungen? – Wir haben 2 Stimmenthaltungen. Wir haben Punkt 5.1 auf den 5. März 1990 vertagt.

Und wir haben jetzt zu befinden, ob diese vier anderen Punkte – **Holding-Gesellschaften, Kader** in Wirtschaft und Verwaltung, **Freistellung,** zweimal **Tagungen** [des Runden Tisches] pro Woche jetzt noch hier verhandelt werden müssen. Das ist noch eine Frage der Geschäftsordnung.

Bitte?

N. N.: Darf ich Ihnen vielleicht den Vorschlag machen, daß wir zunächst über den Antrag auf zweimalige Tagung pro Woche beraten, weil das ja heißen würde, daß wir am Donnerstag Zeit für die übrigen Punkte haben. Wir müßten ja dann nicht so lange tagen.

Lange (Moderator): Ja, Sie gehen schon sehr sicher von einem Wochentag aus, der bisher noch gar nicht im Gespräch war. Aber es ist ein Vorschlag zur Geschäftsordnung, diesen Punkt jetzt zunächst vorzuziehen. Das heißt 5.5, der **Antrag 14/52.**

Zwischenruf: [Vorlage] **14/48.**

Lange (Moderator): Moment.

Ziegler (Co-Moderator): [**Vorlage**] **14/45** [**Antrag UFV: Zweimal wöchentliche Tagung des Zentralen Runden Tisches**[71]] und **14/48** [**Antrag NF: Zweimal wöchentliches Zusammentreten des Zentralen Runden Tisches**[72]].

Lange (Moderator): Ja, kleinen Moment. Habe ich nicht.

Ziegler (Co-Moderator): Die haben Sie nicht?

Lange (Moderator): Doch ja, alles bereit, **14/45**, das war ein Vorschlag zur Geschäftsordnung. Findet der Ihre Zustimmung, das wir jetzt diesen Punkt verhandeln, ja? Gut. Wir ziehen diesen Punkt vor, **Vorlage 14/45** und **14/48**, dazu brauchten wir jetzt einige Erläuterungen.

Unabhängiger Frauenverband, [**Vorlage**] **14/45**.

Frau N. N. (UFV): Der Antrag [**Vorlage 14/45**] liegt Ihnen vor. Wir sind der Meinung, daß zu viele Dinge noch ausgespart blieben beziehungsweise nicht so in der entsprechenden, in dem entsprechenden Umfang hier behandelt werden konnten. Ausgeführt finden Sie das hier noch einmal beim **Antrag 14/48** vom Neuen Forum. Ich glaube auch, daß wir die Unterstützung der VL haben in dieser Hinsicht und der Meinung sind, daß noch sehr viele Dinge vor dem 18. März [1990] unbedingt der Klärung bedürfen, ich brauche das ja nicht vorzulesen.

Lange (Moderator): Ja, vielen Dank. Gibt es Ergänzungen vom Neuen Forum zu diesem Tagesordnungspunkt?

Wolfram (NF): Ja, also unsere Begründung wäre noch etwas schwerwiegender. Ich möchte sagen, in unserem Land findet mit jedem Tag heftiger ein Kampf zweier Haltungen statt. Es ist die **Haltung der Selbstaufgabe, der Anschlußpolitik,** auch der **Währungsunion,** und es ist die Haltung, das soziale Gefüge und die **Demokratiefähigkeit dieser Gesellschaft,** die sich seit dem 7. Oktober erhoben hat, zu bewahren. Der Runde Tisch trägt mit seiner Arbeit die Verantwortung dafür, daß der Regierung nach dem 18. März die Erfahrungen der Demokratisierung klar ausformuliert übergeben werden. Jetzt können wir noch der künftigen Regierung den Weg weisen, nach dem 18. März weisen ihr vielleicht andere den Weg, die gar nicht wissen, aus welchen Quellen sich die Demokratie in unserem Land speist. Deshalb stelle ich den dringenden Antrag, daß der Runde Tisch, um den entstandenen Problemstau zu bewältigen, zweimal wöchentlich zusammentritt.

Der **Antrag 14/48** formuliert einzelne Gegenstände, die bis zum 18. März nicht mehr oder nicht anders zu bewältigen sind als durch zweimaliges Zusammentreten. Ich erspare mir jetzt der Zeit halber den Vortrag dieser einzelnen Gegenstände.

Lange (Moderator): Ja, vielen Dank. Nur zur Vergewisserung, Sie sind Herr Wolfram, ja? Herr Wolfram, Neues Forum. Viele Dank.

Frau Schießl, FDGB.

---

[71] Dokument 14/37, Anlagenband.
[72] Dokument 14/38, Anlagenband.

Weiteres Programm des Runden Tisches

Frau Schießl (FDGB): Sicher ist der Antrag bedenkenswert. Ich bitte nur, dabei zu überlegen, daß der Donnerstag ungeeignet ist deshalb, weil dort Ministerratstagungen sind, und wir haben ja eigentlich das Bedürfnis, besonders mit den Ministern hier ins Gespräch zu kommen.

Lange (Moderator): Herr Ebeling.

Ebeling (DA): Es ist natürlich auch vom Demokratischen Aufbruch so, daß wir diesen Antrag unterstützen. Ich muß auch sagen, daß wir [eine] ganze Vielzahl von Problemen noch in der Arbeitsgruppe „Wirtschaft" haben, die ja bearbeitet werden an diesem jeweiligen Mittwoch und hier eingebracht werden müssen. Die andere Frage ist natürlich, inwieweit werden diese Probleme dann auch wirklich umgesetzt? Wir müßten ja eigentlich auch einmal kontrollieren, was von den Dingen, die wir hier vorgeschlagen haben und kontrolliert haben, umgesetzt worden ist.

Und da ist die Zeit ziemlich knapp. Grundsätzlich unterstützen wir, zweimal die Woche diesen Runden Tisch durchzuführen, aber es muß dann auch effektiv sein.

Lange (Moderator): Herr Templin.

Templin (IFM): Trotz oder gerade wegen der drängenden Zeitsituation unterstützt die Initiative Frieden und Menschenrechte den Antrag nach Intension und Konsequenz.

Lange (Moderator): Herr Jordan.

Jordan (GP): Die Grüne Partei unterstützt diesen Antrag auch. Und es geht uns insbesondere auch darum, die hier durchgebrachten Beschlüsse einmal zu kontrollieren, was von dem nun tatsächlich auf Regierungsebene auch weiterbearbeitet wurde und durchgesetzt wird.

Lange (Moderator): Ja. Ich wollte nur darauf hinweisen zu dem was Herr Wolfram vorgetragen hat, das sind ja zum Teil auch zusätzliche Punkte. Die **Prioritätengruppe** hatte ja außerdem für die kommenden noch ausstehenden zwei Sitzungen ohnehin Themen festgelegt, die zum Teil hier nicht erwähnt sind. Aber das müßte dann noch mit bedacht werden.

Herr Ziegler hatte sich dazu gemeldet?

Ziegler (Co-Moderator): Ich muß bloß erklären, daß ich noch einen Beruf habe und nicht freigestellt bin. Ich sehe mich nicht in der Lage, zwei Tage in der Woche meinem Beruf fernzubleiben.

Lange (Moderator): Das ist die Meinung der drei Moderatoren.

Herr Stief.

Stief (NDPD): Wenn man die noch zu lösenden Aufgaben genauer betrachtet, so werden wir, wenn wir länger darüber nachdenken, noch mehr finden, als hier in den Anträgen formuliert ist. Ich glaube erstens, daß die Prioritätenkommission für die nächsten Sitzungen die wichtigsten Problemkreise festgelegt hat. Ich bin der Meinung, daß die Arbeitsgruppen intensiver arbeiten sollten, da die Aufgabe des Runden Tisches nicht die ist, hier im großen Plenum detailliert zu debattieren und dabei auch viel Zeit zu verbrauchen, sondern über ausgereifte Vorschläge der tätigen Arbeitsgruppen zu befinden und das eine oder andere noch zu richten.

Aus dem Grunde bin ich gegen den Vorschlag, zweimal wöchentlich zu tagen. Ich unterstreiche noch einmal meine Forderung und meine Bitte, daß die Arbeitsgruppen wirklich ihre Kräfte versammeln, den Informationsfluß untereinander, was Parteien und Gruppierungen betrifft, absolut sichern, daß wir nicht gegensätzliche Standpunkte verhandeln, die ursprünglich ganz anders besprochen wurden, dafür gibt es genügend Beispiele, und sich wirklich auf die Schwerpunkte, die hier genannt wurden, beschränken.

Alle Fragen, die die **Rechtsunsicherheiten** betreffen, die noch gegenwärtig im Lande auszuräumen sind, daran wird ja intensivst gearbeitet. Wir haben ja nicht eine Phase der **Gesetzgebung**, sondern eine **Phase der Notverordnungen**. Mir sei dieser Begriff gestattet, weil das Zeitvolumen einfach nicht verfügbar ist, um dort sehr ausgereifte Lösungen zu finden. Es läuft vieles parallel, greift ineinander. Ich glaube nicht, daß wir etwas gewinnen durch mehr Tagungen des Runden Tisches substantiell größere Erfolge zu haben. Also, dann sollen die Arbeitsgruppen zweimal in der Woche tagen und dem Runden Tisch wirklich ausgereifte Dokumente auf den Tisch bringen, und nicht, daß wir hier, ich muß das sagen, nicht früh um 9.00 Uhr ein Schneeflockengestöber von Anträgen auf den Tisch bekommen, was seit Wochen unsere eigenen Beschlüsse außer Kraft setzt.

[Beifall]

Es ist am Freitag abend Redaktionsschluß, und im Sinne der Zumutbarkeit für alle, die hier arbeiten, und außerdem ist **Wahlkampf**, das ist ja nicht eine Nebensächlichkeit, kann nicht so verfahren werden, daß wir hier schon in die fünfziger Nummern der Anträge kommen, die teilweise sich auch durch Redundanz auszeichnen. Also, man sollte bei diesem Rhythmus bleiben. Im übrigen ist auch der Anspruch an die drei Moderatoren ein außerordentlicher, und das sollte nicht überzogen [werden]. Das ist ohnehin schon das mögliche Maß.

Lange (Moderator): Herr Meißner.

Meißner (DBD): Ich möchte den Gedanken noch etwas weiterführen. Wir sind auch der Auffassung, daß es nicht die Anzahl der Runden Tische hier ausmacht, daß man vielleicht diesen **Runden Tisch** auch für [den] **Wahlkampf** ausnutzen möchte. Ich meine, daß die Effektivität im Vordergrund stehen muß, und als Mitglied der Prioritätengruppe habe ich selbst schon mehrfach erlebt, daß Beschlüsse gefaßt worden sind, diese Flut, die jeweils am Tage des Runden Tisches hier auf die Teilnehmer herniederrieselt, einzuschränken. Aber trotzdem ist es auch heute wieder so gewesen, daß viele zum Teil konträre Anträge am Tage des Runden Tisches eingereicht wurden. Ich meine auch, daß die Teilnahme und die aktive Mitarbeit in den Arbeitsgruppen das Entscheidende ist und wir hier an diesem Tisch durch effektivere Arbeit etwas erreichen möchten.

Danke schön.

Wolf (LDP): Wir teilen die Sorge, die gemeinsame Sorge um dieses Land und seinen weiteren Weg, auch das politische Anliegen verstehen wir. Wir meinen, daß damit aber die Fülle der Aufgaben bei einer Verdoppelung der noch bevorstehenden Sitzungen durch zwei Sitzungstage pro Woche nicht kleiner wird, sondern eher noch größer, denn es gibt so viel, was uns bewegt, was nicht gelöst ist und was zweifellos auch noch zu bedenken ist. Und bei der bisherigen Praxis der Vorbereitung auf komplexe Tagesordnungspunkte, ich gebrauche das Wort Schneegestöber nicht, aber der, ich möchte noch einen draufsetzen und beinahe sagen, doch nicht nur überschaubaren Fülle von Anträgen, die teilweise so weit ins Detail gehen, auf der anderen Seite wiederum konträr zu vorangegangenen sind, hätten wir dort mehr Reserven für die vorangegangenen Sitzungen, wie auch schon zu den vergangenen.

Deshalb schlagen wir vor, uns auf die Konzentration doch noch zu einigen und es bei den vorangegangenen Sitzungen, geplanten Sitzungen zu belassen. Der **Runde Tisch**, es wurde ja auch etwas zu seiner Verantwortung gesagt, wird von uns **nicht als Notstandsparlament** betrachtet. Diese Verantwortung haben andere, mit denen wir uns politisch in der Gemeinsamkeit des Weges, auch unter Kontrolle verbunden fühlen. Aber trotzdem sollte man hier eine gewisse **Arbeitsteiligkeit** nicht übersehen.

Um konstruktiv zu bleiben, ein abschließender Gedanke. Wir meinen schon, daß es lohnen würde, noch vor dem 18. März darüber zu sprechen, welches **Selbstverständnis** vielleicht nicht diese Institution, aber dieser politische Gedanke, **Runde Tisch** im Sinne von **Kontrolle und Durchsetzung** dessen, was wir beschlossen oder empfohlen haben, einnehmen kann. Möglicherweise auch über die Fortführung dieser oder jener Arbeitsgruppe hinaus. Ob es noch einen Status, eine Struktureinheit oder wie das auch sich nennen soll, geben kann, die empfehlenden und kontrollierenden Charakter gegenüber der neuen Regierung und auch gegenüber dieser oder jener zu erwartenden gesamtdeutschen Struktur hat. Dafür wären wir, aber nicht in Zeithektik mehrfach in der Woche.

Lange (Moderator): Herr Wiedemann, CDU.

Wiedemann (CDU): Prinzipiell stimme ich dem zu, aber ich kann hier bestimmte Bedenken, die ich gehört habe, die von gegenüber kamen, einfach nicht unwidersprochen lassen. Wir enden doch nicht am 18. März mit der **Demokratie**. Die beginnt doch dann eigentlich erst einmal richtig. Und wenn ich hier Befürchtungen höre, daß dann irgendwelche anderen Leute das Sagen hätten hier in diesem Lande, die vielleicht nicht aus diesem Lande kommen, dann sehe ich dahinter eine glatte **Mißachtung des Wählerwillens**. Der Wähler entscheidet, wer dann das Sagen hier hat. Ich glaube, das muß hier einmal ausgesprochen sein.

Lange (Moderator): Herr Merbach, Demokratische Bauernpartei.

Merbach (DBD): Ja. Vielleicht drei kurze Anmerkungen, die eigentlich, vielleicht sogar Wiederholungen sind.

Erstens: Ich bin auch der Auffassung, weniger ist mehr, weniger nämlich in höherer Qualität. Und es ist klar, daß bei einer Veränderung viele gute Ideen da sind, diese Ideen müssen vorkonzentriert werden, und dann muß hier konzentriert gearbeitet werden, statt hier laufend konzentrierte, statt hier laufend Einzelanträge, ins Detail gehende widersprüchliche Anträge zu behandeln. Wir könnten in der Hälfte der Zeit doppelt so viel schaffen, wenn wir ordentlich arbeiten würden, meines Erachtens. Wenn ich also in meinem Betrieb so arbeiten würde und meine Kollegen so arbeiten würden, dann wäre ich lange abberufen. Das könnte ich nicht machen.

Muß ich einmal auch so sagen.

Zweitens: Ich bin auch dafür, wir sollten uns klar werden darüber, daß vielleicht unsere Beschlüsse auch über den **Wahltermin** hinaus in einer gewissen sachkompetenten oder verantwortungsvollen – oder wie ich sie nennen will – Weise noch kontrollfähig sein dürfen. Und deswegen bin ich schon dafür, daß Teile dieses Runden Tisches vielleicht, wir haben über einige schon beschlossen als weitere Runde Tische oder meinethalben auch als Ergänzung von Ausschüssen der neu zu wählenden **Volkskammer** fortexistieren sollten und ihre Sachkompetenz dort einbringen sollten.

Drittens: Bitte ich tatsächlich zu bedenken, wir haben in dem Interesse der Stabilität unseres Landes auch vor Ort zu arbeiten. Ich bin jetzt fast so weit, daß ich drei Tage als Ehrenamtlicher, der hauptberuflich etwas ganz anderes macht, wenn auch in ähnlicher Strecke, nicht am Arbeitsplatz bin. Das ist nicht förderlich für die Leistungen, die wir unter erschwerten Bedingungen, auch unter stark gekürzten finanziellen Bedingungen bringen müssen. Und deswegen möchten wir schon den Kompromiß einer **konzentrierten Arbeit** finden. Das sind wir unserer Verantwortung gegenüber diesem Land schuldig. Die Vielzahl der Sitzungen bringt uns keine höhere Qualität meines Erachtens.

Lange (Moderator): Herr Merbach, Sie haben die volle Sympathie der drei Moderatoren.

Herr Templin, Initiative Frieden und Menschenrechte.

Templin (IFM): Ich möchte jetzt nicht wechselseitig die Polemik mit Argumenten eröffnen, die ja nun all zu, mir allzu simpel sind, weil sie natürlich einleuchten, daß weniger besser ist und mehr Qualität bringt. Das ist der gemeinsame Anspruch. Wenn er nicht eingelöst werden konnte, lag es vielleicht auch an der Substanz der Konflikte. Ich möchte zu bedenken geben, also ich würde bei dem Vorschlag, der hier gemacht wurde, bleiben. Ich möchte zu bedenken geben, daß die Entscheidung, der Runde Tisch endet mit dem 12. [März 1990], also dem letzten Termin vor der Wahl, dadurch überhaupt nicht zwingend ist.

Mir würde eine Verfahrensweise viel zwingender und praktikabler erscheinen, der **Runde Tisch endet** mit dem letzten Datum **vor der Konstituierung einer neuen Regierung**. Denn genau diese Zwischenzeit zwischen **Wahl** und **Konstitution** einer neuen Regierung, die einen gewissen Zeitraum brauchen wird, verlangt ein praktikables **Kommunikationsmedium**, das die bis dahin noch nicht neu konstituierte Volkskammer in dem Zwischenzeitraum auch nicht oder nur bedingt sein kann. Es wäre also ein weiterer Vorschlag, der in diesen Kontext gehört.

Lange (Moderator): Ich habe jetzt noch drei Wortmeldungen. Ich denke, damit sollten wir dann diese Aussprache beenden. Herr Börner, Herr Schmidt, Herr Wolfram.

Herr Börner, PDS.

Börner (PDS): Auch wenn wir das unterstützen würden, mehrfach zu tagen, bei der Themenvielfalt reicht allein das Argument der verehrten Moderatoren, um zu sagen, es geht nicht. Und deshalb würden wir vorschlagen, daß auf jeden Fall für jeden Tagesordnungspunkt ein schriftlich formulierter Standpunkt der jeweiligen Arbeitsgruppe am Freitag vorliegt, und darauf alle Beteiligten, hier am Runden Tisch beteiligten Parteien und Bewegungen ihre Vertreter in den Arbeitsgruppen drängen und die jeweiligen Einbringer und Einberufer ebenfalls. Dann haben wir für jedes Mal eine konzentrierte, so in dem Sinne, wie es hier mehrfach gesagt wurde, eine konzentrierte Vorlage zur Behandlung.

Lange (Moderator): Sie unterstreichen, was wir schon beschlossen hatten und was sich leider, Sie haben es gehört, auch nicht realisieren ließ, auch im Blick auf Einzelanträge.

Aber es [ist] gut, wenn es wieder auch für die noch verbleibenden Sitzungen in Erinnerung gerufen wird.

Herr Schmidt, CDU.

Schmidt (CDU): Ich höre in dem Antrag das Bedürfnis, daß vielleicht weniger der **Runde Tisch** selber, sondern die Bewegung, die zum Runden Tisch geführt hat, ein Ergebnis, ein **politisches Testament** hinterlassen will, das, weil das eben eine besondere Zeit jetzt war, die künftige Entwicklung begleiten soll. Vielleicht kann man es wirklich schaffen, statt viele Einzeldinge, die an sich Parlamentsausschüsse über längere Zeit beraten müssen, hier noch am Runden Tisch zu behandeln, so etwas wie dieses „**politische Testament**" hier zustande zu bringen.

Dazu mögen die Sitzungen, die wir normalerweise noch haben, reichen. Es würde allerdings für die **Prioritätenkommission** vielleicht bedeuten, daß man doch noch Tagesordnungen verändert. Ich würde vorschlagen, darüber einmal nachzudenken, ob das ein sinnvolles **Ende der Arbeit des Runden Tisches** zu einem sinnvollen Termin wäre, so etwas zu hinterlassen, was dann ein bißchen grundsätzlicher ist als irgendwelche Einzelpunkte.

Lange (Moderator): Herr Wolfram, Neues Forum.

Wolfram (NF): Also, mein Vorredner und auch Herr Dr. Wolf von der LDP haben in der Tat das Anliegen des Antrags sehr gut verstanden. Ich wundere mich offengestanden darüber, daß die **zentrale politische Institution** dieser Übergangszeit ihre Kompetenz und ihre Autorität, die ihr zugewachsen ist, so niedrig hängen will und nur noch zwei Sitzungen sich selbst zugestehen will. Herr Dr. Wolf, ich glaube zum Beispiel, daß wir auf diesen zwei Sitzungen nicht einmal die Zeit haben werden, um über die Auswertung und den **Fortgang der Arbeit des Runden Tisches** überhaupt zu befinden aufgrund der übrigen Themen.

Und wir werden auch nicht die Zeit haben, über die Ergebnisse der Arbeitsgruppe, der ich angehöre, nämlich der Arbeitsgruppe „Neue Verfassung der DDR", eine ernsthafte Aussprache zu führen, die nun weiß Gott ein zentrales Thema ist. [Ich] will noch abschließend hinzufügen, das hat ja eben nichts mit dem Schneegestöber zu tun. Gerade die Arbeitsgruppe „Verfassung" hat Sie ja nie mit Einzelanträgen belästigt, sondern arbeitet eben konzentriert daran, einen **Gesamtentwurf** vorzulegen. Ich bleibe also aus diesen Gründen, aus diesen politischen und sachlichen Gründen bei meinem Antrag.

Lange (Moderator): Sie bleiben bei Ihrem Antrag und der Unabhängige Frauenverband auch. Wir haben die Stimmen dafür und dagegen gehört. Wir müssen jetzt darüber abstimmen. Und ich möchte lediglich in Erinnerung rufen, was wir als **Moderatoren** im Blick auf die Möglichkeiten erklärt haben, denn das hängt ja irgendwie mit der Entscheidungsfindung zusammen.

Dazu noch einmal Herr Stief.

Stief (NDPD): Ich möchte nur, daß nicht übersehen wird, der Vorschlag von Herrn Templin ist sehr interessant. Es wird nach der Wahl eine Phase geben, die gekennzeichnet ist durch das Suchen und hoffentlich Finden einer **Koalition**, wie auch immer sie gestaltet sein wird. In dieser Phase, die mehrere Wochen dauern könnte, erschiene es mir sinnvoll, den **Runden Tisch weiterzuführen**, weil vieles übergreift, unter anderem auch, was die Verfassung betrifft. Im übrigen gab es schon einmal eine Empfehlung, daß sich einige Arbeitsgruppen sowieso weiter arbeitend verstehen sollten. Das ist interessant. Und wenn das für die verehrten Moderatoren zumutbar wäre, würde es sicherlich Zustimmung geben. Nicht, weil wir so sehr an dem Runden Tisch hängen, sondern weil wirklich dann auch noch manches, was ohnehin erst nach der Wahl noch aktuell wird, bearbeitet werden könnte.

Lange (Moderator): Herr Wiedemann.

Wiedemann (CDU): Zwei Dinge dazu. Erstens ist das ein weitergehender Antrag. Wir sollten zunächst erst einmal über den vorangegangenen Antrag abstimmen, aber der Geist hält meine Schwachheit auf. Nach meinem Dafürhalten müßte ja die alte Regierung so lange im Amt bleiben, bis die neue das Amt übernimmt, so daß wir hier keine **Ersatzregierung** zu schaffen brauchen.

Ziegler (Co-Moderator): Ja. Ich wollte nur noch darauf hinweisen, das ist ein neuer Gedanke, daß bis zur Konstituierung der neuen Regierung eventuell die Arbeit weitergeführt wird. Das scheint mir eine gewisse Logik zu haben, weil da so lange die alte Regierung ja im Amt ist. Aber danach meine ich, muß aus demokratischer Überzeugung Schluß sein mit den Nebeninstitutionen neben den gewählten Gremien, die dann das Sagen haben.

Lange (Moderator): Herr Wolf.

Wolf (LDP): Wir halten die Diskussion aufgrund des Antrages der von Ihnen und auch von Ihnen, Herr Wolfram, gekommen ist, weniger im Wortlaut für den Antrag zu sein, aber die nachfolgenden Gedanken für so tragfähig, daß ich Ihnen trotzdem dankbar bin, daß Sie diesen ersten Antrag gestellt haben, dehalb aber auch dazu neige, im Sinne unseres **Selbstverständnisses** nach dem Wahltermin auch in Fragen der Durchsetzung und Kontrolle, das hatte ich ja deutlich gesagt, Instrumentarien zu finden, die unsere weitere Mitarbeit ermöglichen, nun auch wiederum ergänzt durch diese grundsätzlich neue Überlegung. Und deshalb könnte man sich auch aus unserer Sicht diesem Gedanken nähern, sozusagen der **politische Begleiter der Übergangsregierung** für die Zeit, bis eine neue arbeitsfähige Regierung installiert ist, zu bleiben.

Lange (Moderator): Ja. Das ist ein neuer Gedanke, der durch den Vorschlag von Herrn Templin jetzt ins Gespräch gekommen ist. Ich muß aber darauf verweisen, was uns vorliegt, ist im Augenblick der Antrag, bis zur Wahl am 18. März eine Entscheidung zu treffen, und zwar zweimal wöchentlich. Und ich würde Ihnen vorschlagen, daß wir doch zunächst einmal dieses jetzt befinden und daß wir dann eine Möglichkeit finden, das muß ja auch noch einmal bedacht werden. Aber auf jeden Fall sollte es nicht verloren gehen, was jetzt zu dem letzten Vorschlag von Herrn Templin gesagt worden ist. Findet das Ihre Zustimmung? Dann darf ich diese beiden **Vorlagen 14/45** und **14/48** zur Abstimmung stellen, und zwar unter – – Es wird jetzt zu entscheiden sein, ob wir dem zustimmen können, daß bis zur Wahl am 18. März zweimal wöchentlich getagt wird. Wer dafür ist, den bitte ich um das Handzeichen. – 7 dafür. Gegenstimmen? – 18 dagegen. Stimmenthaltungen? – 8 habe ich. Damit sind diese beiden Anträge abgelehnt, **[Vorlage] 14/45** und **14/48**.

Zur Geschäftsordnung, Herr Templin.

Temlin (IFM): Sollte ich den von mir geäußerten Gedanken dann als förmlichen Antrag formulieren vorlegen oder besteht die Meinung, daß dieser Gedanke beziehungsweise Vorschlag jetzt bereits antragsfähig ist, weil die Begründung, glaube ich, im Zusammenhang der Diskussion klar ist.

Lange (Moderator): Es muß auf jeden Fall als ein Antrag eingebracht werden. Die Frage für uns wäre nur, ob es jetzt geschehen muß oder ob wir das dann nicht am Montag, nächsten Montag, wenn wir es dann auch schriftlich [haben, machen können]. Sie können formulieren und diesen Antrag pünktlich bis zum Freitag ins Arbeitssekretariat geben, damit am Montag darüber verhandelt wird. Können Sie dem zustimmen? Herr Sauer wollte dazu etwas sagen.
Bitte schön.

Sauer (Stellvertretender Leiter des Sekretariats des Ministerpräsidenten): Ich bitte bloß, bei diesem Vorschlag, also über den 18. [März 1990] hinaus, zu berücksichtigen, daß die Regierung, wie sie jetzt [ist], also diese **Übergangsregierung**, die Geschäfte weiterführen wird, bis der neue Ministerpräsident seine Regierungserklärung abgegeben hat und die neue Volkskammer die Regierung bestätigt. Das heißt, das **Verhältnis des Runden Tisches zu dieser Regierung** zwischen 18. März und, ja, muß dann auch ein anderes sein, denn diese Regierung wird wirklich nur noch **operative Geschäfte** durchführen können.

Sie wird aus meiner Sicht kein Partner mehr sein zu grundlegenden Diskussionen der **Wirtschaftsreform**, der **Währungsunion, ökologischer Probleme** und so weiter. Ich muß das einfach hier sagen. Das ist dann eine Regierung, die in ihrer Entscheidungskompetenz bedeutend unter dem liegen wird, was die jetzige **Übergangsregierung Modrow** macht. Das ist einfach, glaube ich, mit einzubeziehen, ohne daß ich da jetzt dem das Wort rede, daß sich die Regierung vielleicht hier vom Runden Tisch zurückzieht, ja. Aber das hat einen ganz anderen Charakter und sicher auch ein ganz anderes Verhältnis dann zu haben.

Lange (Moderator): Vielen Dank für diesen Hinweis.
Herr Ziegler.

Ziegler (Co-Moderator): Ich sehe das auch so, aber hier hat der **Runde Tisch** sowieso in seinen Sitzungen **Wandel** durchgemacht. Er hat angefangen als ein **Gesprächsforum**. Er ist dann immer mehr **Gegenüber** oder weiterhin auch **Miteinander der Regierung** geworden und würde nach dem 18. [März] trotzdem noch die Aufgabe haben, entscheidende Punkte, und darum ging es doch, Sie hatten das Testament oder weiß ich wie genannt, entscheidende Punkte im Bewußtsein zu halten, die die neue Regierung und die neue Volksvertretung dann zu bearbeiten hat. Das würde dann nicht so sehr mehr in Befragung von Ministern sein, aber in **Formulierung von notwendigen Aufgaben zum Bau unserer Gesellschaft**.
Und das ginge dann an die neuen Gremien.

Lange (Moderator): Ja, vielen Dank. Ich denke, damit können wir diesen Punkt abschließen, aber die Aussprache zu den beiden Anträgen hat uns einen guten Anlaß gegeben, auch ein wenig zu bewerten und zu reflektieren, was am Runden Tisch bisher geschehen ist und was weiter geschehen kann.

Wir haben jetzt noch drei Punkte als Einzelanträge. Darf ich zunächst fragen, ob Sie am Rosenmontag trotzdem jetzt weitermachen, ja? Wir haben 5.2, **Holdinggesellschaft**, 5.3, **Kader** in Wirtschaft und Verwaltung, 5.4, **Freistellung**. Ich muß Sie einfach fragen, nicht nur wegen des heutigen Datums, sondern wie wir jetzt mit diesen Punkten verfahren wollen. Sollen sie verhandelt werden? Es gibt keinen Widerspruch. Dann rufe ich auf 5.2; auch gegen den Widerstand von Herrn Ducke wollen wir jetzt weiterarbeiten.

Antrag Nummer 14/23, 14/45 und es gibt noch einen weiteren?

Zwischenruf Ziegler (Co-Moderator): [Vorlage] 14/33.

TOP 9: Künftige Rechtsform volkseigener Betriebe

Lange (Moderator): 14/33. Diese drei liegen jetzt vor. Wer spricht zu **14/23**, Arbeitsgruppe „Wirtschaft"? Frau Schießl?

Frau Schießl (FDGB): Der Auftrag ist mir erteilt worden von den Teilnehmern der Arbeitsgruppe „Wirtschaft", und ich möchte dabei auf folgendes Problem aufmerksam machen. Die Arbeitsgruppe „Wirtschaft" hat sich in der vergangenen Woche mit den Fragen, die in den übrigen Anträgen auch beinhaltet sind, also 14/33 und 14/54, beschäftigt und dennoch kommen wieder drei verschiedene Anträge auf den Tisch. Die Arbeitsgruppe „Wirtschaft" hat einen Vorschlag, der es ermöglichen würde, recht schnell zu einer Lösung dieses Problems zu kommen. Er lautet wie folgt:

> [Vorlage 14/23, Antrag AG „Wirtschaft": Umwandlung der Rechtsform der volkseigenen Betriebe]
>
> Die Arbeitsgruppe „Wirtschaft" des Runden Tisches beschäftigte sich am 21. 2. 1990 mit dem Problem der Rechtsform und der Umwandlung der Rechtsform der volkseigenen Betriebe.
>
> Die Arbeitsgruppe schlägt dem Runden Tisch vor zu beschließen:
>
> Der Runde Tisch fordert die Regierung und die Volkskammer auf, die Arbeiten an der Umwandlung der Rechtsform der volkseigenen Betriebe zu beschleunigen. Die Rechte und Besitzstände der Bürger der DDR müssen dabei gesichert werden.
>
> Der Vorschlag 12/29 (Holding-Gesellschaften) ist wie andere dazu der Regierung, den Parteien und politischen Organisationen vorliegenden Ausarbeitungen in die Arbeit zu dieser Frage einzubeziehen. Dazu müssen Eckdaten unterschiedlicher Experten auch aus dem Ausland herangezogen werden, insbesondere hinsichtlich der Feststellung und Bewertung (Schätzung) des Volkseigentums.

Vielleicht wäre es auf dieser Grundlage möglich, die drei vorliegenden Anträge gemeinsam an die Regierung zu übergeben und diesen Auftrag sozusagen dort auszulösen.

Lange (Moderator): Das ist eine Anfrage an SPD und Demokratie Jetzt, **SPD-Vorlage 14/54 [Antrag SPD: Forderungen an die Regierung im Zusammenhang mit dem Gesetzesentwurf zur Privatisierung staatlichen Eigentums[73]**, Demokratie Jetzt **14/33 [Antrag DJ: Errichtung**

---
[73] Dokument 14/39, Anlagenband.

einer „Treuhandgesellschaft" (Holding) sowie Ernennung einer Kommission für die Errichtung dieser Treuhandstelle[74]], ob sie sich mit diesem Verfahren einverstanden erklären könnten, daß das also im Paket an die Regierung gegeben wird.

Herr Schneider.

Schneider (SPD): Ich möchte in Sachen SPD sagen, daß wir das, was hier bisher vorgeschlagen wurde und was behandelt wurde, weit erfassen. Das ist eigentlich nur ein Teil dessen, worum es geht. Ich muß unbedingt noch auf etwas hinweisen. Wir haben am 4. Februar in der Golgatha-Kirche Teile unseres Programms der Öffentlichkeit bekanntgegeben. Diese Teile haben wir nunmehr wiedergefunden unter den Aspekten Demokratie Jetzt. Das macht aber, das holt die Kuh nicht vom Eis.

Und aus dem Grunde ist es einfach notwendig, daß man das komplexer besieht. Das ist die eine Seite.

Die andere Seite ist, die Regierung hat Aufgaben, und das weiß sie nicht nur seit heute, sondern das weiß sie schon länger, und spätestens seitdem sie in Bonn war, und es passiert dort nichts. Aus dem Grunde ist es nicht möglich, noch hin und her zu schieben, sondern wirklich jetzt den Antrag bezüglich der Forderungen, die an die Regierung zu stellen sind, zu beschließen. Denn sonst rührt sich dort nichts.

So, die andere Seite ist, wie das bearbeitet werden soll. Das obliegt an sich jederman, und wir haben ja deshalb auch, weil wir meinen, es sei eine Arbeit notwendig, die alle betrifft, einen **Aufruf**[75] mit beigefügt – ich möchte ihn nicht vorlesen, weil jederman des Lesens kundig ist –, wo wir um Mitarbeit bitten, und zwar auch **Mitarbeit der Regierung.** Denn wir gehen davon aus, daß sie nicht willens ist, aufgrund der Vergangenheit da groß Kraft zu investieren. Und dieser Sache nehmen wir uns auch weiterhin an. Denn wie man weitersieht, haben wir ja auch einen **Gesetzesentwurf** schon vorbereitet. Es ist also erheblich daran gearbeitet worden. Und aus dem Grunde meinen wir, daß das auch in unserer Regie bleibt. Aber wir bitten um Mitarbeit aller. Das ist unsere ganz konkrete Meinung in dieser Sache.

Lange (Moderator): Frau Schießl hat dazu eine Rückfrage.

Frau Schießl (FDGB): Na, ich hatte doch gesagt, die Arbeitsgruppe „Wirtschaft" hat sich mit diesem Problem **Umwandlung der Rechtsform** beschäftigt. Dort ist auch die SPD, soweit mir bekannt ist, Mitglied. Herr, müßten wir vielleicht noch einmal nachfragen bei Herrn Ebeling oder anderen, wie das zustande kommt, daß dennoch drei verschiedene Anträge hier heute vorliegen.

Lange (Moderator): – von Demokratie jetzt hören.
Bitte, Frau Ziller.

Frau Ziller (DJ): Ich bin von Herrn Minister Ullmann beauftragt worden, darauf Wert zu legen, daß dieser Antrag [Vorlage 14/33] heute behandelt wird, und zwar aus dem Grunde, weil er eben auch meint, wie der Kollege von der SPD, daß es da nicht nur genügt, das also einfach weiterzureichen, sondern daß wir da den Antrag [Vorlage 14/33] durch das Forum des Runden Tisches also noch verstärken sollten und daß da sehr schnell etwas getan werden muß. Ich weiß nicht, wie das jetzt zustande gekommen ist, daß der Antrag hier auf dem Tisch liegt. Ich habe also ihn hier einzubringen und ich kann auch nur noch einmal sagen, daß wir aufgrund der Veröffentlichung dieser **Problematik Holding** außerordentlich starke Reaktionen aus der Bevölkerung bekommen haben. Die Bevölkerung scheint also an diesem Modell sehr interessiert zu sein.

Lange (Moderator): Ja, ich möchte nur darauf hinweisen, daß der SPD-Antrag zwei Seiten umfaßt, wenn ich das richtig sehe, und dann sehr ausführliche Informationen[76] angefügt sind, die ja auf jeden Fall dann mit diesem Antrag weitergegeben werden. Ich stelle jetzt diese drei vorliegenden Anträge zur Aussprache. Wer möchte sich jetzt dazu äußern mit Rückfragen, Ergänzungen? Wir müssen dann entscheiden, wie wir grundsätzlich mit dem Vorschlag der Arbeitsgruppe „Wirtschaft" umgehen. Gibt es Anfragen?

Herr Schneider.

Schneider (SPD): Ich würde gern ganz kurz erläutern, in folgender Sache ganz genau definieren, was wir wollen. Wir wollen, daß die Regierung tätig wird in puncto **Kassensturz.** Unabhängig von dem, was wir in dieser Sache wollen, ist das notwendig, denn sonst können wir, egal, was für eine Form die **Kapitalwirtschaft** betrifft, diese jetzige **Wirtschaft** in die neue gar nicht überführen. Aus dem Grunde müssen wir davon ausgehen, daß die Regierung kurzfristig Maßnahmen zum Kassensturz einleitet. Und eine Ausrede, daß der Aufwand zu hoch werde, können wir auch nicht gelten lassen, denn das wird aus meiner Sicht vielleicht der doppelte Aufwand des Ausfüllens des Formblattes „WD 12" [???], wenn die Jahresplanung kommt bezüglich der Forschung. Das ist die eine Seite.

Das andere ist, wir wollen Unterstützung in unserer Arbeit, nämlich durch **Zurverfügungstellung** von weiterer **Büroausrüstung und Räumlichkeit,** und müssen aber betonen, da wir hier Schularbeiten der Regierung in dieser Sache machen, daß wir bis zum 18. März natürlich für diese Dinge keine Miete bezahlen möchten.

Weiterhin, und das betrifft jetzt den Antrag beziehungsweise die Bitte an alle, möchten wir, daß dieses Projekt von vielen getragen wird, unabhängig der Parteizugehörigkeit, denn es ist so wichtig, daß wir dieses nicht für uns vereinnahmen wollen. Und aus dem Grunde haben wir auch unser Material, was wir erarbeitet haben in dieser Sache, in den wesentlichen Zügen mit angehängt, damit ein jeder weiß, wie der Erkenntnisstand ist und wie weit wir sind. Und aufgrund dieser Unterlagen ist ersichtlich, daß man jetzt zur Feinarbeit kommen kann und zum Organisatorischen.

Aus dem Grunde bitten wir alle um Mitarbeit.

Lange (Moderator): Ja. Herr Ebeling.

Ebeling (DA): Wir haben ja in der Arbeitsgruppe „Wirtschaft" bei der letzten Tagung sehr eingehend darüber gesprochen. Und von der SPD war der Herr Pawliczak ja dabei. Und ich meine, es geht doch hier eigentlich darum, die Regierung aufzufordern, sehr schnell hier tätig zu werden. Und das beinhaltet ja beide Vorlagen und auch die Vorlage der SPD. Es gibt doch gar keinen Streit darüber, sondern es ist doch nur notwendig, jetzt diese Vorlagen, so meine ich, zur Abstimmung zu stellen. Das ist doch der wichtigste Punkt hierbei. Bedauerlich ist an sich, daß wir jetzt die Öf-

---

[74] Dokument 14/41, Anlagenband.
[75] Der Aufruf der SPD zur Mitarbeit aller Parteien und der Regierung an der Vorbereitung der Privatisierung des staatlichen Eigentums (Information zu der Vorlage 14/54) ist im Dokument 14/40 im Anlagenband wiedergegeben.

[76] Dokument 14/40, Anlagenband.

fentlichkeit nicht dabei haben. Denn das ist sehr öffentlichkeitsinteressant, was hier also jetzt am Runden Tisch gemacht wird in Richtung der **Eigentumsverhältnisse.**

Lange (Moderator): Sie haben Recht, Herr Ebeling. Wir haben es gewußt, aber wir können es nicht ändern. Aber ich denke, das ist natürlich Übereinstimmung. Die Regierung soll veranlaßt werden, hier tätig zu werden. Meine Frage ist aber, ob Sie sich in der Lage sehen, diesen detaillierten Punkten auch im SPD-Vorschlag jetzt so zuzustimmen beziehungsweise anzunehmen, daß sie der Regierung zugestellt werden. Das ist die Frage, um die es geht auch in dieser Aussprache.

Herr Merbach hatte sich dazu noch einmal gemeldet? Ja, bitte.

Merbach (DBD): Ich möchte eigentlich nichts zur Sache sagen. Nur: ich muß auf eines hinweisen. Dieses Paket habe ich noch nicht gelesen, das habe ich quer durchgeblättert. Und ich sehe mich auch außerstande, das inhaltlich in den Details zu erfassen. Und wenn ich hier zustimme, dann dokumentiere ich damit, daß ich dahinterstehe. Und dazu sehe ich mich rein aus Sachgründen in dieser Schnelle nicht in der Lage, obwohl ich die Dinge interessant finde. Das ist Punkt eins.

Und außerdem haben wir natürlich drei Anträge wieder, die sich im Teil überschneiden. Da muß ich der Kollegin zustimmen – Entschuldigung, ich weiß Ihren Namen jetzt nicht.

Zweite Frage ist ein Antrag oder eine Frage zur Geschäftsordnung zu meinem Selbstverständnis. Seit wann machen wir das so, daß ein Minister an sich selbst eine Empfehlung gibt? Meine Frage ist: Kann ein **Minister hier Anträge stellen** an den Runden Tisch, was zu beschließen sein möge? Mir ist das schon ein paar Male aufgefallen, auch das letzte Mal, daß wir neu ernannte Minister haben, die gleichzeitig hier Vorträge einbringen. Also ich weiß nicht, vielleicht habe ich ein falsches Demokratieverständnis.

Lange (Moderator): Herr Klein hatte sich gemeldet.

Klein (VL): Wir sind natürlich auch nicht in der Lage gewesen, das hier in voller Gänze in der Kürze der Zeit zu lesen, was hier insbesondere die SPD eingebracht hat. Aber wir lehnen das **Reprivatisierungskonzept** so wie es hier dargelegt wird, in aller Schärfe ab. Und wir sind in diesem Zusammenhang sehr daran interessiert, ein Minderheitsvotum einzubringen oder ein Votum von uns aus einzubringen, sollte das hier beschlossen werden, was aber ausgeschlossen ist, wenn wir hier derartig unter Zeitdruck stehen in bezug auf die Beschlußfassung einer so ausführlichen Vorlage. Dazu muß nämlich argumentiert werden.

Lange (Moderator): Herr Börner, PDS.

Börner (PDS): Also, uns geht es genauso wie den vorherigen Sprechern, was die Bewertung gerade auch der Vorlage von der SPD betrifft. Wir würden vorschlagen, daß diese, so wie es die Arbeitsgruppe „Wirtschaft" formuliert hat, diese Anträge übergeben werden an die Regierung und die Regierung gebeten wird, bis nächsten Montag eine Position dazu hier am Runden Tisch vorzustellen. Das halte ich für die Regierung für schaffbar, da das Problem ja nicht neu für sie ist, sondern hier schon mehrfach besprochen wurde.

Es betrifft ja auch die Fragen, gerade in der vergangenen Woche besprochenen Fragen, **Eigentumsrecht in Grund und Boden,** so daß hier eine Position der Regierung nächste Woche abgefordert werden könnte.

Lange (Moderator): Frau Ziller, Demokratie Jetzt.

Frau Ziller (DJ): Ja. Ich wollte nur zu dem Antrag sagen, Herr Ullmann hat mich gebeten, den Antrag einzubringen, sonst hätte das jemand anderes gemacht. Der Vertreter von unserer Wirtschaftsgruppe, das ist ein Antrag von Demokratie Jetzt, der ist heute verhindert, weil er Wahlkampf macht. Deswegen habe ich das jetzt so vorgelegt.

Merbach (DBD): Das war eine generelle Anmerkung, nicht bloß zu Herrn Ullmann.

Lange (Moderator): Ja. Herr Ziegler.

Ziegler (Co-Moderator): Also, was Herrn Ullmann betrifft, das muß zur Sprache gebracht werden, wenn er hier ist, denn er, wenn ich es ganz genau sehe, er hat ja die Plätze von Demokratie Jetzt erweitert, indem er hier als Minister sitzt, aber ständig für Demokratie Jetzt redet. Das müssen Sie aber in seiner Gegenwart vorbringen, nicht jetzt, wo er nicht da ist.

Aber hierzu kann ich nur sagen, die einzige Möglichkeit, die ich heute abend sehe, ist, dem Vorschlag von Frau Schießl zu folgen, was die Arbeitsgruppe „Wirtschaft" gesagt hat. Die sagt, beschleunigen, hier muß dringend etwas geschehen. Im übrigen aber wird dann auf die **Holdinggesellschaft** verwiesen, wie andere. Und wenn Sie nur durchblättern auch das SPD-Papier, steht ja da schlichtweg drin, **Holding** alleine, was hier von Minister Ullmann auch schon einmal vorgetragen worden ist, reicht nicht, sondern es sind mehr Dinge notwendig.

Und was Herr Klein sagt, das ist ja nun die Grundsatzfrage überhaupt, ob man in dieser Weise **Privatisierung** betreiben will oder nicht. Das läßt sich doch heute abend auch aufgrund dieser Papiere nicht entscheiden.

Also, scheint mir nur abstimmbar zu sein **[Vorlage] 14/23,** wenn es dazu Bereitschaft gibt, mit dem Hinweis, das andere wird als Anlage weitergegeben, daß die Regierung darüber nachdenkt, aber noch nicht als Meinung des Runden Tisches.

Lange (Moderator): Eine andere Möglichkeit wird es nicht geben. Das ist genau meine Frage gewesen. Wir haben das Papier jetzt in die Hand bekommen und können die Einzelheiten gar nicht so übersehen.

Es hatte sich gemeldet Herr Schneider, SPD; und dann Herr Wolf, LDP.

Schneider (SPD): An sich bin ich mit dieser Verfahrensweise einverstanden. Aus meiner Sicht ist aber unbedingt notwendig, daß wir detaillierte Angaben machen müssen. Denn ich frage, wie wollen wir sonst die Betriebe bewerten, sofern wir beispielsweise **Joint-ventures** machen wollen. Soll das dem Zufall überlassen bleiben? Da frage ich die Herren von der PDS, wie sie sich das vorstellen oder ob Sie sich das überhaupt nicht vorstellen, ob Sie beim **Volkseigentum** in dieser Form bleiben wollen mit einem nicht definierten Eigentum. Also, ich stimme dieser Sache zu, aber mit der Maßgabe, daß wirklich Sachaussagen kommen müssen und nicht allgemeine Absichtserklärungen und Grobeinschätzungen. Und es muß geschätzt werden in erster Lesung im Sinne von **Marktwerten** und nicht von **Nominalwerten,** die aufgrund der Abschreibung in unseren Betrieben erfolgen. Diese Werte haben relativ wenig Wert was die Zukunft betrifft. Danke.

Lange (Moderator): Herr Stief hatte eine Anfrage zur Geschäftsordnung.

Stief (NDPD): Ich bitte darum, daß wir uns jetzt nicht weiter befrachten mit sicherlich sehr interessanten Einzelheiten. Ich verstehe auch das Anliegen von Herrn Schneider. Er ist sicherlich voller Sorge, daß wir so schnell wie möglich da eine Lösung finden.

Besteht die Möglichkeit, daß durch die Verfahrensweise, die Herr Ziegler vorgeschlagen hat, daß wir zu dem Antrag der Arbeitsgruppe „Wirtschaft" erst einmal beschließen, einen Regierungsvertreter, der kompetent genug ist und in diesem Prozeß steht, eventuell für eine kurze Auskunft über den Arbeitsstand am nächsten Montag bitten könnten? Das würde doch zumindestens uns in die Lage versetzen, zu beurteilen, wie weit das ist. Denn es ist ja nicht nur das Interesse einzelner Herren, sondern ganz offensichtlich wird ja intensiv darüber nachgedacht.

Lange (Moderator): Das war eine direkte Rückfrage. Herr Sauer, können Sie da etwas sagen?

Sauer (Stellvertretender Leiter des Sekretariats des Ministerpräsidenten): Herr Stief, ich kann das gern mit so entgegennehmen. Ich habe bloß meine Zweifel, ob das mit einer kurzen Beantwortung – ich habe das nur vorhin also diagonal überfliegen können – ob das mit einer kurzen Beantwortung dann gemacht ist, ob das nicht die Planung der Prioritätengruppe hier in eine neue Dimension setzt.

Stief (NDPD): Es bezieht sich, also meine Frage bezog sich nicht so sehr auf dieses Detailpapier, sondern generell auf den gegenwärtig laufenden Prozeß des Nachdenkens darüber. Da sind ja möglicherweise noch andere Aspekte von Interesse.

Lange (Moderator): Herr Wolf, und dann noch Herr Wolfram. Dann wollen wir diese Aussprache abschließen. Bitte schön.

Wolf (LDP): Ich glaube, in der Antwort, die Herr Sauer ehrlicherweise hier zu geben versuchte, liegt zugleich das Problem. Eben weil es so ist, dafür können Sie sicher persönlich nichts und wir persönlich auch nicht, muß das in die sofortige Aufmerksamkeit kommen und zu einer gewissen **Grundsatzwillensbildung** hier am Runden Tisch auch führen. Und insofern würden wir jetzt auch sagen wollen, im Sinne der Unterstützung des Antrages von Herrn Stief und Ziegler, über dieses **Papier 14/23** im politischen Sinn seiner **Zielrichtung** zu befinden.

Wir wären dafür und würden diese beiden dazugefügten, das eine Blatt und das etwas stärkere Paket, sozusagen als eine Variante, als einen Weg, als eine Methode, als ein gewisses Anhangpapier mit hinzufügen, ohne daß es jetzt schon wertmäßig befunden wird darüber, und wir meinen, das Leben, auch die Kollegen von der Vereinigten Linken, das Leben ist viel weiter als diese oder jene unserer politischen Absichten hier besteht. Zumindestens weiß ich, daß die HO [Handelsorganisation] in ihrer jetzigen Form sich schon erklärt hat, nicht mehr zu existieren. Sie kennen das sicher auch, daß also die Vielzahl dieser Geschäfte schon auf ganz andere Wege gebracht wird.

Ich kann nicht einmal sagen, ob ich das für gut oder nicht gut befinde, weil ich es zunächst nicht bewerten kann, weil ich nicht dadrin stehe, aber offensichtlich werden wir vom Leben überholt. Und deshalb ist Handlungsbedarf, um es im schönen neuen Deutsch noch einmal zu sagen, offensichtlich auch für die Regierung, wie Herr Sauer jetzt darlegte.

Lange (Moderator): Herr Wiedemann noch einmal zur Geschäftsordnung.

Wiedemann (CDU): Ja. Ich würde doch darum bitten, daß wir jetzt zum Schluß der Debatte kommen – –

Lange (Moderator): War schon angedeutet.

Wiedemann (CDU): – **[Vorlage] 14/23** abschließen.

Lange (Moderator): Ja. Das ist ein Antrag zur Geschäftsordnung. Findet der Ihre Zustimmung? Wer dafür ist, den bitte ich um das Handzeichen, wir brauchen Zweidrittel. Das sind Zweidrittel. Ja, vielen Dank. Dann steht dieser **Antrag 14/23** jetzt zur Abstimmung mit dem Verständnis, daß die beiden anderen, **[Vorlage] 14/54** und **14/33,** als wichtige Anlagen dazu beigegeben werden.

Noch einmal zur Geschäftsordnung, Herr Wolfram?

Wolfram (NF): Ja. Dazu war meine Meinungsäußerung, also nach meiner Ansicht kann man über **14/54** überhaupt keinen Beschluß fassen heute abend.

Lange (Moderator): Nein, das ist auch kein Beschluß. Der Beschluß gibt – –

Wolfram (NF): Ja, wenn er als Anlage mitgeht, das ist ja auch etwas.

Lange (Moderator): Es ist als weiterführendes Material von der SPD erarbeitet und wird als eine Ergänzung hier angefügt. Aber der eigentliche Beschluß bezieht sich auf **[Vorlage] 14/23**, das ist das entscheidende. Wer **14/23** annimmt, den bitte ich um das Handzeichen. – Wer ist dagegen? – 1 Gegenstimme. Stimmenthaltungen? – 3 Enthaltungen, 4 Enthaltungen. Damit haben wir dieses mit [dem] besprochenen Verfahren, 5 Enthaltungen, so beschlossen.

Wir kommen zu Punkt 5.3, das ist **[Vorlage] 14/51** vom Neuen Forum, einzubringen, **Einsatz von sachkompetenten demokratisch bestätigten Leitern in Wirtschaft und Verwaltung.** Wer erläutert uns diese Vorlage? Herr Schulz?

Schulz (NF): Also, wenn es Zustimmung findet, würde ich diese Vorlage in Anbetracht fortgeschrittener Zeit, nachlassender Hirnströme und dergleichen als Einzelantrag Nummer 1 für die nächste Runde-Tisch-Sitzung vorschlagen.

TOP 10: Freistellung der Kandidaten/Innen für das zu wählende Parlament

Lange (Moderator): Eine Vertagung ist sicherlich immer sehr sympathisch. Wir wollen das dann so von dem Einbringer gern annehmen. Dann haben wir noch 5.4, Freistellung, **[Vorlage] 14/52**[77] von SPD und Vereinigte Linke.
Herr Matschie?

Matschie (SPD): Ich bitte, diesen Antrag jetzt noch zu behandeln. Ich kann ihn auch kurz erläutern. Also, es geht darum, daß bis zum **Wahltag** die **Kandidaten,** die für die **Volkskammer** zur Wahl stehen, **freigestellt** werden von ih-

---

[77] Dokument 14/42, Anlagenband.

rer Tätigkeit, denn die haben ganz schön viel zu tun, um sich intensiv vorzubereiten auf diese verantwortungsvolle politische neue Arbeit. Und außerdem haben sie **Wahlkampf** zu führen. Das ist eine Sache, die in anderen europäischen Ländern auch so gehandhabt wird.

Lange (Moderator): Ich denke, das ist nicht sehr kompliziert, zumal es, wie Sie wissen, die **Information 13/2**[78] gibt, die sich schon mit **Freistellung in Vorbereitung der Volkskammerwahlen** beschäftigt. Ich frage trotzdem, können wir diesen Antrag jetzt so annehmen und Herrn Sauer mitgeben mit der Bitte, ihn so schnell wie möglich der Regierung zu übermitteln. Findet das Ihre Zustimmung, dann bitte ich um das Handzeichen.

Zwischenruf: Mehrheit.

Lange (Moderator): Ja. Gegenstimmen? – Stimmenthaltungen? – Wir haben diesen Antrag einstimmig beschlossen und sind damit am Ende unserer heutigen Tagesordnung – noch nicht ganz.
  Herr Stief.

Stief (NDPD): Es tut mir furchtbar leid. Ich wollte Herrn Sauer doch noch eine Zusatzbitte auf den Weg geben. Der Antrag ist hervorragend und auch nötig, aber es gibt sehr viele Kandidaten für die nächsten Wahlen in unterschiedlichsten Eigentumsverhältnissen, beispielsweise Leiter von kleineren Handwerksbetrieben und so weiter, die also nicht nur Verdienstausfall haben, sondern **Einkommensausfall** für den Betrieb und damit auch eine reduzierte Produktion, gleich welche. Es ist für sie sehr schwer und beinahe unzumutbar, jetzt sich wahlkämpferisch zu betätigen. Also, wenn man diese **Kategorie, durchschnittlicher Nettoverdienstausfall**, noch ein bißchen erweitern könnte, dann wäre das sicherlich sehr hilfreich.

Lange (Moderator): Vielen Dank für den Hinweis.
  Herr Sauer kann dazu noch kurz etwas sagen.

Sauer (Stellvertretender Leiter des Sekretariats des Ministerpräsidenten): Herr Stief, da würde ich vorschlagen, hier so zu verfahren, wie das von der Regierung beschlossen worden ist zur Freistellung von Mitarbeitern der Parteien und Gruppierungen, die im **Wahlkampf**, in der **Wahlvorbereitung** eingesetzt sind, wo auch alle erfaßt sind, sowohl Beschäftigte aus Betrieben, Einrichtungen, als auch Private, ja, Selbständige. Das wir alle Kategorien wieder erfassen. Sie brauchten an sich diesen Beschluß, der vor 14 Tagen gefaßt worden ist, der steht doch allen, der ist verteilt worden an alle Parteien, brauchten wir bloß, um diese Kandidaten, also um diese Personen, diese personelle Seite, zu ergänzen. Das ist aber jedenfalls klar.

Stief (NDPD): Herr Matschie, ja?

Lange (Moderator): Ja. Aber ich denke, es ist wichtig, Herr Sauer hat das Problem aufgenommen und wird es mitnehmen.

Matschie (SPD): Ja, das ist klar, ja.

Lange (Moderator): Sie sind einverstanden?

Ziegler (Co-Moderator): Das gilt für alle.

Lange (Moderator): Vielen Dank. Mit etwas Bedauern muß ich diese Sitzung schließen. Denn hätten wir es noch eine halbe Stunde länger geschafft, dann wären die 12 Stunden voll gewesen. Aber nun haben wir es doch wieder nur auf elfeinhalb Stunden gebracht. Ich bedanke mich bei Ihnen für Ihre Mitarbeit. Ich darf Sie daran erinnern, daß die **Prioritätengruppe** anschließend tagen muß. Die nächste Sitzung des Runden Tisches [ist] am kommenden Montag. Prioritätengruppe jetzt.

[Ende der Sitzung etwa 20.30 Uhr]

---

[78] Herr Lange bezieht sich hier nicht auf die Information 13/2, sondern auf den „Beschluß des Ministerrates: Freistellung in Vorbereitung der Volkskammerwahlen", der in der 13. Sitzung behandelt wurde, und im Dokument 13/4 im Anlagenband widergegeben ist.

[Beginn der Sitzung 9.00 Uhr]

TOP 1: Begrüßung durch den Gastgeber

Ziegler (Moderator): Meine Damen und Herren, ich eröffne die 15. Sitzung des Zentralen Runden Tisches. Ich begrüße Sie zu unseren Beratungen. Ich begrüße die Hörer an den Rundfunkgeräten und die Zuschauer an den Bildschirmen. Wir freuen uns, daß Sie unseren Beratungen heute wieder folgen werden. Nach den Planungen, die alle auf den 18. März zulaufen bei der Regierung, bei der Volkskammer und auch am Runden Tisch, ist das heute die vorletzte Sitzung.

Sicher werden auch nach dem 18. März [1990] viele Aufgaben bleiben, und daß eine Überfülle von Themen bleiben wird, die zu beraten und zu entscheiden ist, ist heute schon abzusehen. Aber die Beratung und die Entscheidung und die Weiterarbeit wird dann Sache der frei gewählten Volksvertretung sein. Denn nach seinem eigenen **Selbstverständnis** hat der **Runde Tisch Hilfsfunktionen** für eine Übergangszeit.

Was an verbleibenden Aufgaben noch weiter verfolgt werden muß, darüber werden wir am Ende der heutigen Sitzung sicher noch einmal zu sprechen haben. Aber sonst geht unsere Arbeit wie die Arbeit der jetzigen Regierung und der Volkskammer auf ein Ende zu.

Die Themenfülle ist auch heute im besonderen Maße unser Problem. Wir hatten einmal in der Prioritätengruppe einen sehr sinnvollen und guten Beschluß gefaßt. Wir hatten gesagt, wir wollten jedes Mal nur ein Hauptthema haben, damit es in Ruhe und Gründlichkeit bearbeitet werden kann. Schauen Sie auf unsere **Tagesordnung**[1]. Die Ereignisse haben uns überrollt.

Wir haben heute drei Hauptthemen. Und es ist auch unser Zutun, denn wir haben hier am Runden Tisch gewollt, daß vor wichtigen Entscheidungen in der Volkskammer und in der Regierung der Runde Tisch gehört wird. Und darum wird heute zusätzlich auf der Tagesordnung etwas stehen, was mit **Justiz** zu tun hat, **Richtergesetz** und dergleichen, das hat einfach den schlichten Grund, daß die Regierung und die Volkskammer nur noch einmal die Möglichkeit haben, das einzubringen, und vorher hören will, was der Runde Tisch zu sagen hat.

Und unter dem Thema, das heute zuerst vorgesehen war, **Gleichstellung von Frauen und Männern**, wird mitverhandelt werden, was inhaltlich auch eng zusammengehört, **Sozialcharta**. Das hat auch seinen Grund darin, daß darüber noch entschieden werden soll.

Wir können dieses alles nur bewältigen, wenn wir uns heute eine strenge Verhandlungsdisziplin auferlegen. Und ich bitte um Verständnis dafür, daß wir auch Zeitlimits setzen müssen am Vormittag für den Tagesordnungspunkt 2: Er muß mittags abgebrochen werden. Um 14.00 Uhr wollen wir dann beginnen mit dem Tagesordnungspunkt 3, **Bildung, Erziehung und Jugend,** und um 17.30 Uhr mit den **Justizfragen.**

Nun haben wir immer den Tagesordnungspunkt 5, **Einzelanträge** dabei. Der verführt natürlich dazu, vielerlei noch anzubringen. Und so sind zur Sozialcharta fünf Zusatzanträge gebracht worden, die nicht in der Arbeitsgruppe waren. Es ist zur **Frauenpolitik,** so ist das hier abgekürzt genannt, ein Zusatzantrag [gestellt]. Zu **Bildungsfragen** sind achtzehn Zusatzanträge eingebracht worden zu den dreizehn, die bereits aufgearbeitet worden sind in der Arbeitsgruppe. Und für die Prioritätengruppe liegen weitere sechs vor, über die mittags zu entscheiden sein wird.

Ich muß jetzt also etwas zur **Verhandlungsführung** sagen. Wir machen Ihnen folgenden Vorschlag: In der zur Verfügung stehenden Zeit verhandeln wir die vorgearbeiteten Dinge aus den Arbeitsgruppen und aus der Regierung. Und die anderen Zusatzanträge, die zu diesen Themen nachträglich gekommen sind, aber nicht in die Arbeitsgruppe gegeben wurden, nehmen wir ins Protokoll als Paket, damit sie für die Weiterarbeit fruchtbar werden können.

Vieles überschneidet sich nämlich, das zeigt schon der erste Überblick, mit dem, was auch in den Positionspapieren ist. Und wir sehen sonst keine Möglichkeit, mit der Tagesordnung heute zurechtzukommen. Ich hoffe sehr auf Ihr Einverständnis.

Ehe wir unsere Gäste begrüßen, die zu bestimmten Tagesordnungspunkten heute hier sind, möchte ich folgenden Vorschlag machen, daß heute so verfahren wird: Diejenigen, die heute erstmalig ihre Gruppierung oder Partei vertreten, stellen sich bitte vor, wenn sie sich zum ersten Mal zu Wort melden, damit wir Zeit sparen. Und ich frage jetzt also sofort, ob es noch zur Tagesordnung Anfragen, Hinweise, Einwände gibt? Die Einzelanträge werden ja heute mittag bei der **Prioritätengruppe** noch einmal vorgesehen. Ich sehe jetzt keine Wortmeldung. Ich gehe davon aus, daß Sie damit einverstanden sind, daß wir die Tagesordnung so bestätigen. Erhebt sich Widerspruch? Nein. Ich danke Ihnen.

TOP 2: Gleichstellung von Frauen und Männern – Sozialcharta

Ich möchte nun aufrufen den Tagesordnungspunkt 2, **Gleichstellung von Frauen und Männern.** Und in diesen Tagesordnungspunkt hineingenommen ist die **Sozialcharta.** Dazu begrüße ich Frau Ministerin Tatjana Böhm und Herrn Minister Gerd Poppe. Sie werden die Einführung zur Sozialcharta geben.

Es ist weiter anwesend, und ich begrüße auch Sie herzlich, Herr Dr. Napialkowski [???] vom Ministerium für Arbeit und Löhne, dort Abteilungsleiter. Für diese Tagesordnungspunkte, Sozialcharta, haben um Rederecht gebeten die Volkssolidarität, Herr Ostermann ist anwesend, und für den Demokratischen Frauenbund Deutschlands, Frau Brunzel.

Ich hoffe, daß Sie damit einverstanden sind, daß sie kurz, wenn es die Sache erfordert, das Wort ergreifen können. Die Frage aber [erst]: Erhebt sich hier Widerspruch? Das ist nicht der Fall. Dann bitte ich Sie, Frau Ministerin, das Wort zu nehmen, um einzuführen in die Sozialcharta.

Ich weise nur noch darauf hin, daß ausgeteilt ist: „Die Grundlinien und Standpunkte für eine Sozialcharta – Entwurf". Es hat die Nummer **Vorlage 15/5.** Bitte schön. Wenn Sie da drücken würden? Sie haben das Wort.

Bitte, Frau Böhm.

Frau Böhm (Ministerin o. G., UFV): Ja. Als Vorbemerkung möchte ich aber erst einmal dazu sagen, daß also die **Sozial-**

---
[1] Dokument 15/1, Anlagenband.

charta weitergehend ist als bloß das Problem der Gleichstellung zwischen Männer und Frauen. Das betrifft nämlich alle Bürger dieses Landes.

Die Sozialcharta wurde erarbeitet auf Vorschlag des Unabhängigen Frauenverbandes zusammen mit dem Ministerium für Arbeit und Löhne, der Initiative Frieden und Menschenrechte, den Gewerkschaften, dem Ministerium für Gesundheitswesen, Experten der Sektion Rechtswissenschaft der Humboldt-Universität und Experten des Instituts für Soziologie und Sozialpolitik der Akademie der Wissenschaften sowie – – wurden Experten aus der Bundesrepublik hinzugezogen. Außerdem beteiligte sich die Arbeitsgruppe „Sozialpolitik" der SPD und die Arbeitsgruppe „Sozialpolitik" und „Gleichstellungsfragen" des Runden Tisches an der Erarbeitung dieser Charta.

Sie wurde im Ministerrat besprochen am vorigen Donnerstag mit der Empfehlung, sie dem Runden Tisch und der Volkskammer vorzulegen, und nach dem 18. März beiden deutschen Parlamenten zur Diskussion vorzulegen. Die Sozialcharta sollte aber nicht in die derzeitigen Verhandlungen der „Romberg-Kommission" über die Bildung einer Wirtschafts-, Währungs- und Sozialunion einbezogen werden.

Sie erlauben mir noch eine Bemerkung dazu. In der Sozialcharta wird von Ergebnissen, die die Arbeitsgruppe „Neue Verfassung" erarbeitet hat und die als Grundlinien in einer neuen Verfassung eingehen sollen, schon ausgegangen. Damit möchte ich die Diskussion um Punkte der Sozialcharta, die der jetzigen Verfassung nicht entsprechen, also schon etwas gegen diese Diskussion sagen, denn es entspricht deren Vorlagen über eine neue Verfassung.

Zur Vorstellung der

Vorlage 15/5, Grundlinien und Standpunkte für eine Sozialcharta

{möchte ich jetzt als erstes die}

Präambel {vorstellen:}

1. Das Streben nach Einheit beider deutscher Staaten und die damit verbundene Wirtschafts- und Währungsunion muß einen Sozialverbund einschließen. Dieser muß zu einer Verbesserung der Lebens- und Beschäftigungsbedingungen in ihrer Einheit von Arbeit, Freizeit und Familie führen, die Sicherung vorhandener sozialer Standards gewährleisten und den Abbau von Gefährdungen der natürlichen Lebensgrundlagen fördern.

2. Die deutsche Einheit ist auf dem Wege eines wechselseitigen Reformprozesses beider deutscher sozialer Sicherungssysteme in ihren positiven Grundzügen zu vollziehen. Historisch gewachsene soziale Standards in beiden deutschen Staaten sind zu erhalten, weiter zu entwickeln und zu einem höheren sozialen Sicherungsniveau zu führen. Für alle Menschen in einem sich vereinigenden Deutschland muß mittels der sozialen Grundsicherung ein menschenwürdiges Leben gewährleistet werden.

3. Die Wirtschafts-, Währungs- und Sozialunion muß Voraussetzungen schaffen, um Arbeitslosigkeit zu begegnen und den Wohlstand aller Bürgerinnen und Bürger zu erhöhen. Eines besonderen sozialen Schutzes bedürfen benachteiligte Gruppen, zum Beispiel {Menschen mit Behinderungen} [Behinderte], ältere Menschen, kinderreiche Familien und Alleinerziehende.

4. Es sind Rechtsgrundlagen zu schaffen, die es den Bürgerinnen und Bürgern, Vereinigungen sowie Interessenverbänden und -gruppen ermöglichen, ihre Lebensverhältnisse auf wirtschaftlichem und sozialem Gebiet mitzubestimmen und zu gestalten.

5. Soziale Entwicklung in beiden deutschen Staaten ist an die Gleichbehandlung und Gleichstellung von Mann und Frau, von Menschen unterschiedlicher Rasse, Hautfarbe, Nationalität, Religion und Alter gebunden.

6. Im Prozeß der Herausbildung einer Wirtschafts-, Währungs- und Sozialunion zwischen beiden deutschen Staaten muß der soziale Besitzstand der Bürgerinnen und Bürger der Deutschen Demokratischen Republik gewahrt bleiben. Bei allen Varianten, die zur Angleichung der Einkommens- und Preisstrukturen vereinbart werden, ist ein umfassender Rechtsschutz für das persönliche Eigentum zu gewähren. Die Stabilität der Spareinlagen der Bürger der DDR ist zu sichern.

7. Die Herstellung der Einheit Deutschlands und die damit verbundene Sozialreform könnte als Modell einen Beitrag für die wirtschaftliche, soziale und politische Integration eines gemeinsamen Europa leisten.

{Jetzt zu einigen Eckpunkten der Sozialcharta.}

1. Das Recht auf Arbeit

Das in der Deutschen Demokratischen Republik gesetzlich verbriefte Recht auf Arbeit und seine Ausgestaltung besonders im Arbeitsgesetzbuch sind zu bewahren.

Durch aktive staatliche Beschäftigungspolitik und Wahrnehmung der Verantwortung der Unternehmen und Kommunen für die Arbeitsbeschaffung ist dieses Recht durch einen möglichst hohen Beschäftigungsgrad aller arbeitsfähigen Bürgerinnen und Bürger zu verwirklichen.

Das Recht auf Arbeit

- schließt Tarifautonomie und Streikrecht ein,

- verbietet den Unternehmen die Aussperrung der Werktätigen,

- garantiert Kündigungsschutz entsprechend geltendem Recht,

- erfordert die Aus- und Weiterbildung und Umschulung von Werktätigen zum Erhalt der Arbeit beziehungsweise zur Wiedereingliederung,

- schließt Arbeitszeitregelungen durch die Tarifpartner und das Ablehnungsrecht von Überstunden durch die Werktätigen ein,

- begründet das Recht auf Erholung und verlangt grundsätzlich das freie Wochenende sowie die Verkürzung der Wochenarbeitszeit auf 40 Stunden und darunter.

{Dieses grundsätzlich freie Wochenende bezieht sich natürlich nicht auf die Bereiche, wo eh am Wochenende gearbeitet werden muß. Es geht um die Diskussion um die Arbeitszeitflexibilisierung in der Bundesrepublik, wo also jeder Arbeitsplatz also auch am Wochenende dann zu besetzen wäre.}

2. Demokratisierung und Humanisierung des Arbeitslebens

Unabhängig von den Eigentumsformen ist in allen Unternehmen und Einrichtungen das Mitbestimmungsrecht der Werktätigen und die ungehinderte Tätigkeit von Gewerkschaften und anderen Interessenvertretungen zu garantieren.

Folgende soziale Anforderungen sind in den Unternehmen und Einrichtungen mindestens zu erfüllen und zu finanzieren:

- gesundheitsverträgliche Arbeitsumweltbedingungen einschließlich Gesundheits-, Arbeits- und Brandschutz sowie die Sicherung der ökologischen Verträglichkeit der Produktion und der Produkte;
- soziale und sanitärhygienische Einrichtungen;
- betriebliche Gemeinschaftsverpflegung, die eine vollwertige warme Hauptmahlzeit und eine angemessene Pausenversorgung gewährleistet;
- arbeitsmedizinische Dispensairebetreuung und gesundheitliche Überwachung durch ein Betriebsgesundheitswesen;
- Erhalt und Erweiterung der Kapazitäten des betrieblichen Ferien- und Erholungswesens;
- betriebliche Kinderbetreuung in Kinderkrippen, -gärten und Kinderferienlagern.

Weitere soziale Forderungen sind zum Beispiel geistig-kulturelle und sportliche Aktivitäten, Wochenend- und Naherholung, Veteranenbetreuung.

Dazu sind zwischen den Unternehmensleitungen und gewählten Vertretern der Werktätigen Verhandlungen zu führen und Vereinbarungen abzuschließen.

Im Falle zeitweiliger Arbeitslosigkeit durch Betriebsbankrott, Betriebsauflösung aufgrund von Umstrukturierungen, Wechsel der Eigentümer und Rationalisierungsmaßnahmen ist ein Sozialplan zur Absicherung der Werktätigen verbindlich zu vereinbaren.

Als Bestandteil von Entwicklungskonzeptionen und Investionsvorhaben in Unternehmen und Einrichtungen sind rechtsverbindliche Sozialprojekte mit den Schwerpunkten Arbeits-, Lebens- und Umweltbedingungen auszuarbeiten.

3. Gleichstellung der Geschlechter und Erziehung der Kinder

Das Recht auf Gleichstellung der Geschlechter im Erwerbs- und Familienleben sowie das Recht der Familien und Kindererziehenden auf sozialen Schutz müssen gesichert werden.

Gleichstellung im Erwerbsleben verlangt:

- jede Frau und jeder Mann muß die Möglichkeit haben, ihren/seinen Lebensunterhalt durch eine frei übernommene Tätigkeit zu verdienen. Dazu sind als grundlegende Voraussetzungen eine aktive Beschäftigungspolitik und ein staatlich subventioniertes bedarfsdeckendes Netz an Kinderbetreuungs- und Versorgungseinrichtungen sowie eine familien- und kinderfreundliche Infrastruktur zu sichern;
- jeder Frau und jedem Mann muß das gleiche Recht auf Berufsbildung gewährt werden. Geschlechtsspezifische Ausbildungsangebote sind abzubauen;
- jede Frau und jeder Mann muß die gleiche Chance zum beruflichen Aufstieg haben. Dieses Recht schließt Frauenförderungsmaßnahmen, insbesondere hinsichtlich der beruflichen Qualifizierung ein, um allmählich zu einem paritätischen Verhältnis der Geschlechter auf allen Ebenen des Erwerbslebens zu kommen;
- jeder Frau und jedem Mann müssen gleiche Arbeitsbedingungen gewährt werden. Das schließt den Erhalt besonderer arbeitsschutzrechtlicher Bestimmungen für Frauen sowie jene arbeitsrechtlichen Regelungen zum Schutz der Frau bei Schwanger- und Mutterschaft ein, die den Frauen die Teilnahme am Erwerbsleben garantieren und sichern;
- Männer und Frauen haben das Recht auf gleiches Entgelt bei gleicher und vergleichbarer Arbeit. Indirekte und direkte Lohndiskriminierungen müssen beseitigt werden.

Um die Gleichstellung der Familie zu erreichen und den sozialen Schutz Kindererziehender zu garantieren, müssen

- den Eltern gleiche Rechte und Pflichten in bezug auf die Kinder, unabhängig vom Bestehen einer Ehe, eingeräumt werden;
- staatliche Geburtenbeihilfe, staatliches Kindergeld, die besondere Unterstützung kinderreicher Familien, Ehen mit drei und mehr Kindern, Alleinstehender mit Kindern sowie von Erziehenden mit schwerstgeschädigten Kindern erhalten und ausgebaut werden und
- das Recht der Frau auf selbstbestimmte Schwangerschaft und kostenlosen Schwangerschaftsabbruch gesichert bleiben.

So, Herr Poppe fährt jetzt fort.

Poppe (Minister o. G., IFM): Vielleicht einmal nur ein paar Anmerkungen. Es sind bereits einige Korrekturen zu diesem Entwurf vorhanden, die sind aber in der vorliegenden Fassung noch nicht eingefügt, und deshalb tragen wir die Fassung vor, die hier am Tisch vorliegt. Das betrifft drei oder vier Stellen dieses Textes, und sie sind auch nicht gravierender Art.

4. Recht auf Aus- und Weiterbildung

Der ungehinderte Zugang zu allen Formen der Bildung ist ein unverzichtbares Recht jeder Bürgerin und jedes Bürgers der Deutschen Demokratischen Republik. Er dient der vollen Entfaltung der Persönlichkeit.

Die Verwirklichung dieses Rechtes erfordert.

- obligatorische Grundschulbildung sowie bei entsprechenden Leistungen allgemeine Zugänglichkeit zur Oberschulbildung mit Gewährung von angemessenen Ausbildungsbeihilfen;
- Berufsausbildung mit Gewährung des Lehrlingsentgeltes;

- allgemeiner Zugang zum Fach- und Hochschulstudium auf der Grundlage der Leistungsfähigkeit des einzelnen, verbunden mit der Gewährung eines angemessenen Stipendiums;

- Aufbau eines wirksamen Systems der Umschulung zur Sicherung des Rechts auf Arbeit bei Strukturveränderungen;

- Vervollkommnung des Systems der Weiterbildung entsprechend der Anforderungen des Arbeitsprozesses.

Bei der Bildung einer Währungs-, Wirtschafts- und Sozialunion zwischen der Deutschen Demokratischen Republik und der Bundesrepublik Deutschland sind

- Grundschulbildung, Oberschulbildung, Fach- und Hochschulbildung weiterhin unentgeltlich;

- Ausbildungsbeihilfen für Oberschüler, Lehrlingsentgelt sowie Stipendien mindestens in der bisherigen Höhe weiter zu gewährleisten und schrittweise entsprechend der sozialen Lage des Einzelnen und der Entwicklung der Lebenshaltungskosten anzupassen;

- die Kosten für die Umschulung und für Weiterbildung im Interesse der Unternehmen und Einrichtungen nicht dem Einzelnen anzulasten.

Die erworbenen Abschlüsse aus der Berufsausbildung, aus einem Fach- oder Hochschulstudium sowie anderer staatlicher, nach den Rechtsvorschriften der Deutschen Demokratischen Republik erworbenen Abschlüsse, behalten ihre anerkannte Gültigkeit.

5. Recht auf gesundheitliche Betreuung

Das Grundrecht auf den Schutz, die Erhaltung und die Wiederherstellung der Gesundheit ist für jeden Menschen zu verwirklichen.

Dazu sind der Gesellschaft die Aufgaben gestellt:

- durch Pflichtversicherung für alle Bürgerinnen und Bürger die Chancengleichheit bei der Inanspruchnahme medizinischer Leistungen zu garantieren;

- ein bürgernahes, modernes und pluralistisch organisiertes Gesundheitswesen ohne Vernachlässigung der öffentlichen Gesundheitsdienste und -leistungen aufzubauen;

- eine unentgeltliche, bedarfsgerechte und vom Wohnort, Einkommen und sozialen Status unabhängige Gesundheitsversorgung zu sichern;

- die staatliche subventionierte Prävention und Dispensaire zu bewahren;

- die finanziellen Leistungen für alle Bürgerinnen und Bürger bei Alter, Krankheit, Unfall, Berufskrankheit, Mutterschaft und Invalidität beizubehalten und auszubauen;

- die freie Wahl des Arztes beziehungsweise der Betreuungseinrichtung zu wahren und

- die Eigenverantwortung jedes Arztes und Zahnarztes zu fördern und die fachärztliche Weiterbildung zu garantieren.

Durch Aufklärung und umfassende Information der Bevölkerung sowie durch Zurückdrängen gesundheitsschädigender Einflüsse von Umwelt, Arbeitsbedingungen und Konsumgewohnheiten und die finanzielle Begünstigung gesundheitsfördernder Waren, Maßnahmen und Leistungen ist die gesunde Lebensweise der Bevölkerung zu fördern.

6. Fürsorge der Gesellschaft für ältere Bürger

Das Recht auf Fürsorge im Alter ist durch soziale Integration, materielle und finanzielle Sicherstellung, eine umfassende gesundheitliche und soziale Betreuung sowie die Befriedigung geistig-kultureller Bedürfnisse zu gewährleisten.

Das erfordert:

- Schaffung von Möglichkeiten, die Lebenserfahrungen und das Wissen der älteren Generation nutzbar zu machen sowie ihrem Bedürfnis nach sinnvoller Tätigkeit zu entsprechen;

- Erweiterung der Interessenvertretung älterer Bürger durch gesellschaftliche Organisationen, Interessenverbände und -gruppen;

- ein Rentenrecht, das den Erfordernissen der sozialen Sicherheit entspricht;

- Vergrößerung des Angebots altersgerechter Wohnungen bei staatlicher Sicherung durch den sozialen Wohnungsbau;

- Sicherung und Erweiterung des Systems einer unentgeltlichen Hauswirtschaftspflege;

- Ausbau der Seniorenbetreuung in Heimen, der Tagesbetreuung und geriatrischen Rehabilitation bei Erhaltung der staatlichen Subventionierung und

- Ausbau eines gewerkschaftlichen und privaten Systems von Seniorenkuren und -reisen sowie des Altensports;

- flexible Ruhestandsregelungen und die Möglichkeit der Teilzeitarbeit in den letzten Berufsjahren.

7. Soziale Integration von Behinderten und Rehabilitanden

Die soziale Integration und Betreuung Behinderter und Rehabilitanden ist unter Sicherung ihres rechtlichen Status durch geeignete Bildungs- und Arbeitsmöglichkeiten sowie durch komplexe Rehabilitations- und Betreuungsmaßnahmen zu gewährleisten.

Dazu gehören folgende Aufgaben:

- Einflußnahme auf eine positive Grundhaltung der Bevölkerung zu einem Leben mit Behinderten in der Gesellschaft;

- Förderung von Modellen des Zusammenlebens mit Behinderten in der Gemeinschaft;

- Förderung, Bildung und Erziehung behinderter Kinder und Jugendlicher einschließlich integrativer Modelle von Schulen und anderen Einrichtungen;

- Eingliederung beziehungsweise Wiedereingliederung Behinderter in den Arbeitsprozeß und in das gesellschaftliche Leben durch eine Quotenregelung für die Bereitstellung vielfältiger Arbeitsmöglichkeiten und garantierte Sicherung des Arbeitsplatzes, Neuschaffung von Arbeitsplätzen für Schwerstbehinderte in geschützten Betriebsabteilungen und Werkstätten sowie von Einzel- und Heimarbeitsplätzen;

– Gewährung finanzieller Leistungen und Zuwendungen, wie Wohngeld, PKW-Zuschuß, Steuervergünstigung und Zusatzurlaub;

– Gewährleistung einer differenzierten Interessenvertretung Behinderter auf allen Ebenen der demokratischen Mitbestimmung unter Teilnahme am politischen und kulturellen Leben;

– Ausbau und Förderung der Forschung zur sozialen Integration und Überprüfung vorhandener Organisationsformen;

– Behindertengerechte Ausstattung von Wohnungen, öffentlichen Gebäuden, Straßen und Verkehrsmitteln.

8. Recht auf Wohnen

Das Grundrecht auf Wohnung und einen wirksamen Mieterschutz ist unabhängig von den Eigentumsformen für alle Bürgerinnen und Bürger zu garantieren.

Das erfordert:

– staatliche Aufsicht über die Mietpreisbildung und -bindung sowie öffentliche Kontrolle darüber;

– Neuschaffung und Rekonstruktion von staatlichem, genossenschaftlichem, betrieblichem und privatem Wohnraum;

– Ausbau eines Systems von Unterstützungen und Beihilfen zur Sicherung der Bedürfnisse sozial Schwächerer;

– Demokratisierung der Wohnungspolitik durch Förderung von Interessenvereinigungen der Mieter und unbürokratischen Verfahrensweisen bei Wohnungstausch.

Der Kündigungsschutz für die Mieter ist zu erhalten. Das Eigentum von Bürgern der Deutschen Demokratischen Republik an Wohnhäusern, Erholungsbauten und anderen Baulichkeiten sowie an verliehenen Nutzungsrechten an Grundstücken ist weiter gesetzlich zu schützen.

9. Recht auf ein soziales Versicherungssystem

Das Recht auf Fürsorge der Gesellschaft für alle Bürgerinnen und Bürger, insbesondere im Alter, bei Krankheit, bei Arbeitsunfällen, Invalidität, Ausfall des Ernährers oder Arbeitslosigkeit ist durch ein umfassendes, sozialgerechtes und entsprechend dem Leistungsprinzip funktionierendes Sicherungssystem zu gewährleisten.

Das erfordert:

– den Erhalt und den Ausbau eines einheitlichen staatlich garantierten Sozialversicherungssystems, das für alle Rentenarten und Leistungen bei eigener Krankheit, einschließlich Unfall beziehungsweise Berufskrankheit und bei Pflege von Kindern sowie bei bezahlter Freistellung nach dem Wochenurlaub zuständig ist;

– eine Arbeitslosenversicherung zur sozialen Sicherstellung für Zeiten der Umschulung und Arbeitsvermittlung einzuführen;

– eine solche Ausgestaltung des Rentenrechts, die allen Menschen den durch Leistung erworbenen Lebensstandard in angemessener Weise sichert;

– regelmäßig eine dynamische Anpassung der Renten an die Entwicklung der Einkommen aus Erwerbstätigkeit und der Preise zu sichern, was das Heranführen der Altrenten an das neue Rentenniveau einschließt;

– Beibehaltung und Erhöhung der Grundrenten entsprechend der Anzahl der Arbeitsjahre bei niedrigem Arbeitseinkommen in Abhängigkeit von den Lebenshaltungskosten und dem Grundbedarf; das gilt auch für die Weiterentwicklung der Sozialfürsorge;

– bei der künftigen Gestaltung der Hinterbliebenenrente von ihrer sozialen Funktion auszugehen.

Im Prinzip sollen sich künftig die Renten und anderen Leistungen der Sozialversicherung schrittweise selbst finanzieren.

Jeder Einzelne hat dafür seinen eigenen Beitrag entsprechend dem Einkommen aus der Erwerbstätigkeit zu leisten. Staatszuschüsse sind im bisherigen Umfang mindestens zu erhalten.

Im Zusammenhang mit den künftigen Beitragszahlungen sind die Löhne angemessen zu erhöhen. Die Beitragszahlung der Betriebe ist neu festzulegen. Bei der Höhe der Unfallumlage sind die Betriebe an fortgeschrittenen Arbeitsbedingungen zu interessieren.

Im Zuge der Harmonisierung der Sozialversicherungssysteme zwischen der Deutschen Demokratischen Republik und der Bundesrepublik [Deutschland] sind unter anderem solche Aspekte zu {prüfen} [zu berücksichtigen], wie

– die Einführung einer Teilinvalidenrente,

– die Flexibilisierung des Rentenalters,

– die Gewährung von Ausgleichszuschüssen durch den Mehrverdienenden bei Ehescheidung und die besondere finanzielle Unterstützung der Familie mit pflegebedürftigen Angehörigen.

Zur öffentlichen Kontrolle über die Verwirklichung der in dieser „Sozialcharta" festgeschriebenen Grundsätze ist eine periodische Sozialberichterstattung über die Ursachen sozialer Probleme und die Wirkung der eingeleiteten Maßnahmen zu ihrer Beseitigung vor der Volkskammer der Deutschen Demokratischen Republik notwendig.[2]

Vielleicht gestatten Sie mir noch ein paar abschließende Bemerkungen? Wir sind uns also durchaus im klaren darüber, daß hier zum Teil Forderungen enthalten sind, die weit über das hinausgehen, was im Grundgesetz der Bundesrepublik festgeschrieben ist.

Aber wir sind der Meinung, daß wir – zumal wir ja auch bei den letzten Malen hier sehr klar deutlich gemacht haben, [daß wir] nicht der Meinung sind, daß die DDR oder die Länder der DDR sich nach **Artikel 23 des Grundgesetzes** der Bundesrepublik anschließen sollen – sondern wir sind der Meinung, daß wir Dinge, die bei uns bereits festgeschrieben sind im Arbeitsgesetzbuch oder in anderen Ge-

---

[2] Dieser Vortrag wurde schriftlich zu Protokoll gegeben. Die in { } gesetzten Ausführungen wurden davon abweichend nur mündlich vorgetragen. Die in [ ] gesetzten Texte finden sich nur in der schriftlich zu Protokoll gegebenen Fassung.

setzen, und die über das, was in der Bundesrepublik garantiert wird, hinausreichen, beibehalten sollen und darüber hinaus den neuen Entwicklungen Rechnung tragen und entsprechende gesetzliche Regelungen noch hier und für die DDR treffen.

Wir werden uns also nicht von vornherein um einen Konsens bemühen, der sich anlehnt an das Grundgesetz der Bundesrepublik, sondern wir verstehen das durchaus, auch wenn es erst einmal über den Weg geht, dieses Papier [der] Volkskammer und [dem] Bundestag zu überreichen, werden wir unsere Position, daß es sich dabei um eine Verhandlungsgrundlage [handelt], die in Zusammenhang zu betrachten ist mit Währungsunion, Wirtschaftsverbund doch aufrechterhalten.

Schönen Dank.

Frau Böhm (Ministerin o. G., UFV): Ja. Ich möchte noch einen Satz ergänzen. Wir sind also bei dieser Sozialcharta auch von den international fortschrittlichsten Dokumenten ausgegangen. Da geht also sowohl die **Verordnung der ILO** [International Labor Organisation], also der internationalen Arbeitsorganisation, ein genauso wie **die UNO-Charta gegen Diskriminierung und zur Förderung der Frau**. Das gleiche trifft zu mit der **UNO-Charta über die Rechte der Kinder**. Da sind dann ganz kleine wörtliche Änderungen im Text jetzt schon noch gemacht worden, die dann genau diesen UN-Dokumenten entsprechen.

Danke.

Ziegler (Moderator): Ich danke Ihnen zunächst für die Einbringung der Sozialcharta. Sie werden gemerkt haben, es sind Dinge aufgenommen, die in den Verhandlungen am Runden Tisch immer wieder neu zur Sprache gebracht worden sind – – sind hier zusammengefaßt.

Worauf es hinauslaufen soll, entnehmen Sie auch dem **Antrag 15/5a**. Dort wird nämlich gesagt, wohin das laufen soll, nämlich daß es Grundlage sein soll für die Verhandlungen der Kommission über die **Bildung einer Wirtschafts-, Währungs- und Sozialunion**. Es liegen dann weiter noch eine Reihe von Anträgen und Wünschen vor, die auf Ergänzung hinauslaufen.

Bitte nehmen Sie die auch dann gleich dazu, [die **Vorlagen**] 15/6[3] und 15/6a [**Einzelantrag UFV innerhalb des Pakets der Sozialcharta**[4]] gehören mit in dieses Paket. Und außerdem, das, was von der **Volkssolidarität** ausgeteilt worden ist für die Sitzung am 5. März 1990, das hat keine Vorlagennummer[5].

Ich sage das gleich vorneweg, damit das bei den Wortmeldungen vielleicht schon mit bedacht werden kann, damit wir hier wirklich zügig verhandeln können nach dieser intensiven Vorarbeit und dann Zeit bekommen, um für die weiteren Gesichtspunkte dieses Tagesordnungspunktes genügend Aussprachemöglichkeit zu schaffen.

Es steht jetzt die Sozialcharta zur Diskussion. Ich frage, wer sich zu Wort meldet. Sie sagen bitte, weil Sie neu sind, Ihren Namen.

Frau Barbe, ja, von der SPD.

Frau Barbe (SPD): Ja. Es geht um Anmerkungen und Formulierungsvorschläge, weil wir denken, so wie es dort steht, kann es nicht stehenbleiben. Es handelt sich um den Erstpunkt, **ein Recht auf Arbeit**. Ich weiß jetzt die Seite nicht, weil es in der Vorlage, ja doch, Seite 4, es handelt sich um den ersten Punkt, um den ersten Satz, Recht auf Arbeit.

Ziegler (Moderator): Sagen Sie bitte doch auch die Seite, ja.

Frau Barbe (SPD): Ja, das ist Seite 4, „Recht auf Arbeit", und es handelt sich um den ersten Satz. Der Mangel besteht darin, daß im Arbeitsgesetzbuch nur die Leute berücksichtigt sind, die Arbeit haben, und nicht die Leute, die keine Arbeit haben. Und wir schlagen eine Umformulierung vor dieses ersten Satzes, die folgendermaßen lautet: „Am Recht auf Arbeit als politischem, in der Verfassung garantiertem Recht wird festgehalten". Das bedeutet **keine staatliche Garantie** des **Arbeitsplatzes**. Das wäre die eine Anmerkung.

Ziegler (Moderator): Und die würden wir dann von Ihnen bitte schriftlich bekommen, nicht?

Frau Barbe (SPD): Die müßten wir dann noch schriftlich vorlegen. Ich denke, sie liegt vor. Wir haben es noch nicht? – gut, sie kommt. Und die nächste Anmerkung wäre die, Seite 12. Es handelt sich um das „**Versicherungssystem**". Dort soll der erste Satz stehen bleiben nach dem ersten Spiegelstrich, also, „den Erhalt und den Ausbau eines einheitlich staatlich garantierten Sozialversicherungssystems". Und wir schlagen vor, den nächsten Satz zu streichen, weil er Dinge durcheinanderwirbelt, und folgenden Satz einzufügen: „Beibehalten werden muß ein für alle Bürger geltendes Pflichtversicherungssystem mit deutlich erhöhter Beitragsbemessungsgrenze. Die verschiedenen Versicherungsbereiche Arbeitslosenversicherung, Rentenversicherung, Krankenversicherung und Unfallversicherung müssen voneinander getrennt und in eigenständige Institutionen überführt werden".

Ziegler (Moderator): Und Sie sagen bitte noch einmal, welchen Anstrich Sie dafür gestrichen haben wollen.

Frau Barbe (SPD): Wir wollen gestrichen haben dann den [Halb-]Satz: „... das für alle Rentenarten und Leistungen bei eigener Krankheit einschließlich Unfall beziehungsweise Berufskrankheit und bei Pflege von Kindern sowie bei bezahlter Freistellung nach dem Wochenurlaub zuständig ist".

Ziegler (Moderator): Ja, ja. Wenn Sie da Änderungsvorschläge im Text haben, die ja präzisierender Art sind, schreiben Sie sie bitte auf, damit wir da nicht extra hier groß daran müssen, ja.

Danke schön.

Frau Barbe (SPD): Das liegt dann vor. Das wären die wichtigsten Punkte, und es kommen da noch Einfügungen, ich weiß bloß nicht genau, wer das einbringt, falls das vergessen wird, es kommen noch Einfügungen in die Sozialcharta, die von der **Kommission** „Bildung" erarbeitet worden sind, „**Bildung und Erziehung**". Danke.

Ziegler (Moderator): Da meinen Sie sicher die **Vorlage 15/6**, nicht?

Frau Barbe (SPD): Einmal das, und dann gab es noch einen Alternativvorschlag von der Gruppe „Bildung und Erziehung".

Ziegler (Moderator): Ja, den kennen wir bisher nicht. Den müßten wir dann noch sehen. Gut, wer hat weitere Wortmeldungen? Sehe ich im Augenblick nicht. Ach so, ja, ich habe noch nicht hier die Namen vollständig von den neuen

---

[3] Dokument 15/2, Anlagenband.
[4] Dokument 15/3, Anlagenband.
[5] Dokument 15/4, Anlagenband.

Mitgliedern, nicht. Ach, das ist Frau Birthler, Initiative Frieden und Menschenrechte, ja.

Frau Birthler (IFM): Zum Punkt 4, „**Recht auf Aus- und Weiterbildung**", würde ich gerne noch ein paar Zusätze anregen. Mir scheint, daß allgemeinbildende Angebote in diesem Text zu kurz kommen. Es ist doch sehr von berufsbezogener Bildung die Rede. Das ist berechtigt. Aber unser Ziel ist ja ein breites Bildungsangebot für alle Generationen und auch für alle Bevölkerungsgruppen.

Und ich schlage noch einen Anstrich vor, in dem das festgeschrieben ist. Also: „– allgemeinbildende Angebote für alle Generationen". In diesem Zusammenhang wäre auch zu überlegen, ob es nicht „besonders finanzierte **Bildungsangebote für Arbeitslose**" geben sollte. Und dann zum letzten Absatz – –

Ziegler (Moderator): Bitte sagen Sie, damit wir nachher nicht lange suchen müssen, genau, auf welcher Seite Sie – –

Frau Birthler (IFM): Jetzt war ich auf Seite 7 bei dieser Reihe von Anstrichen. Jetzt bin ich auf Seite 8 beim letzten Abschnitt vom Punkt „**Aus- und Weiterbildung**". Ich denke, es genügt nicht, eine gegenseitige Anerkennung von Berufsabschlüssen zu fordern, [sondern] es muß eine Form von Anschlußkursen entwickelt werden. Denn die **Bildungsinhalte** sowohl in der Schule als auch in [der] Berufsausbildung sind sehr unterschiedlich, und man muß durch Anschlußkurse oder andere **Formen von Weiterbildung** vermeiden, daß Chancenungleichheit zum Beispiel bei Bewerbungen entsteht.

Ziegler (Moderator): Ja, das ist wieder eine Ergänzung, ein weiterführender Hinweis. Damit er festgehalten wird, schreiben Sie ihn bitte auch auf, damit er da mitgenommen werden kann.

Frau Birthler (IFM): Darf ich noch fortfahren zu einem anderen Punkt?

Ziegler (Moderator): Bitte, Sie haben das Wort.

Frau Birthler (IFM): Seite 9, Punkt 6, „**Ältere Bürger**". Ich vermisse hier einen Punkt, in dem „ein Sofortprogramm zur Behebung des Pflegenotstands in Pflegeheimen" gefordert wird. Das scheint mir sehr dringlich.

Und eine weitere Anregung, „**Freistellung von Familienangehörigen Pflegebedürftiger**, vergleichbar etwa den Regelungen im Babyjahr". Es müßte – sowohl, was die Wohnungsvergabe als auch unbezahlte Freistellung – berücksichtigt werden, wenn alte Familienangehörige pflegebedürftig sind.

Soweit erst einmal.

Ziegler (Moderator): Ja. Danke schön. Die Ergänzungen bitte schriftlich, nicht. So, da wir immer noch nicht alles da haben, ist Frau Weiske [an der Reihe]. Stimmt es, Grüne Partei?

Ja, Frau Weiske, bitte.

Frau Weiske (GP): Ich möchte auch eine Erweiterung erbitten, und zwar zu Seite 9, Punkt 6, Anstrich „Sicherung und Erweiterung des Systems einer unentgeltlichen Hauswirtschaftspflege". [Ich möchte diesen Punkt] erweitern um die „Errichtung von **Sozialstationen**", weil das über die reine Hauswirtschaftspflege hinausgeht.

Ziegler (Moderator): Danke. Herr Ostermann von der **Volkssolidarität**. Sie müßten bitte hier vorkommen an eines dieser Mikrofone, sonst sind Sie nicht zu verstehen. Ich erinnere daran, daß die Volkssolidarität für diesen besonderen Punkt Rederecht haben sollte.

Ostermann (Volkssolidarität): Wir bitten, auf Seite 9, Abschnitt 6, „Fürsorge der Gesellschaft für ältere Bürger", in Ergänzung nach dem ersten Anstrich einen weiteren hinzuzufügen mit dem Inhalt „Sicherung der kostenlosen Bereitstellung der vorhandenen **Clubs** und **Treffpunkte** sowie Ausbau dieses Netzes zur kulturellen und sozialen Betreuung".

Als Ergänzung hierzu: Ich darf Ihnen sagen, daß gegenwärtig über 980 dieser Einrichtungen in unserem Lande wirksam sind zur Betreuung älterer Bürger, genutzt werden von der Volkssolidarität und weiteren Initiativen.

Als weiteren Vorschlag bitten wir aufzunehmen neben der Ergänzung, die bereits gemacht wurde, unter dem fünften Stabstrich „Sicherung und Erweiterung des Systems einer unentgeltlichen **Hauswirtschaftspflege**", mit dem Zusatz: „und einer **Mittagessenversorgung** mit vertretbarer Kostenbeteiligung der Essenteilnehmer".

Ich darf Ihnen hier mitteilen, daß gegenwärtig über 214 000 Mittagessen an ältere und hilfsbedürftige Bürger täglich organisiert und davon vor allen Dingen 74 000 Essen in die Wohnung älterer und hilfsbedürftiger Bürger gebracht werden.

Danke.

Ziegler (Moderator): Danke. Herr Hammer, VdgB.

Hammer (VdgB): Wir hätten auf Seite 10 unter" Sozialintegration **Behinderter** und **Rehabilitanden**" unter dem sechsten Anstrich der Vollständigkeit halber eventuell noch mit einbezogen: „am politischen, kulturellen und sportlichen Leben den Behinderten dort mit einzubeziehen". Ich denke hier, daß ja besonders bei den Behinderten – –

Ziegler (Moderator): Also, was soll eingefügt werden? – „. . . am sportlichen Leben"?

Hammer (VdgB): Ja, „sportlichen Leben" noch mit eingeführt werden.

Ziegler (Moderator): So. Ja, Herr Wolf, LDP.

Wolf (LDP): Nach Auffassung der LDP trägt dieser Entwurf der Sozialcharta doch einen sehr weitgehenden umfassenden Charakter, setzt Bewährtes fort, knüpft an Ergebnisse der DDR wie der BRD an und ist damit unserer Meinung nach ganz, wie es auch die beiden Minister hier begründet haben, ein Beispiel für die gemeinsame Einbringung von Werten und nicht für eine Übernahme der DDR schlechthin auch auf diesem wichtigen Gebiet.

Und wir meinen, daß diese hier aufgenommenen Grundsätze weitgehend auch die programmatischen Zielstellungen unserer Partei mit zum Ausdruck bringen.

Wir möchten auf drei Gesichtspunkte zugleich noch hinweisen. Der erste Gesichtspunkt, ein auch prinzipieller, soll darauf aufmerksam machen, daß die Durchsetzung dieses Pakets **Pflichten für alle Formen des Eigentums** festschreibt, sowohl also staatliche, genossenschaftliche und private Formen des Produktionseigentums gegenüber den Arbeitnehmern und den vielen anderen Bereichen.

Ein zweiter Gesichtspunkt ist, daß man unserer Meinung nach von dem jetzigen Ausgangspunkt in der DDR, insbesondere mit Blick auf die gesamtdeutsche Zukunft, nicht nach dem Prinzip vorgehen kann, alles oder nichts. Unserer

Meinung nach werden viele dieser Regelungen doch einen bestimmten Übergangscharakter tragen, eine Angleichung, um besondere **DDR-Befindlichkeiten** zu berücksichtigen, die, wenn man einmal fünf oder zehn Jahre weiterrechnet, in diesem Sinne hoffentlich überwunden sind und nicht mehr notwendig sind.

Zu dem Punkt 8, „Sicherung der **Wohnung**, des **Wohnrechts**", möchte ich lediglich darauf aufmerksam machen, daß uns als LDP hier am Runden Tisch eine Erklärung des Landesverbandes Sächsischer Mietervereine und des Mietervereins Leipzig zugegangen ist, die, und insofern bin ich ganz froh darüber, sich sehr weitgehend deckt mit Forderungen, die hier in diesem Punkt 8 angemerkt sind.

Es sollte aber noch hervorgehoben werden, daß insbesondere auf der Grundlage dieser Sozialcharta weitergehende Gesetzesentwürfe für den **sozialen Schutz der Mieterrechte** beziehungsweise des Grund und Bodens, auf dem Wohngebäude sich befinden, gegen private Spekulationen auch hier angemerkt werden, weil die **Rechtssicherheit**, die wir sicher am 12. März [1990] auf der letzten Beratung des Runden Tisches noch zu beraten haben, sie muß hier unserer Meinung nach einen bestimmten Ansatzpunkt schon mit finden, um das Sozialpaket auch rechtlich abzustützen.

Eine letzte Bemerkung im Punkt 3, „Gleichstellung der Geschlechter und Erziehung der Kinder", sollte unserer Meinung nach noch angemerkt werden, mit aufgenommen werden: Die zunehmende Bedeutung, die „**Lebensgemeinschaften außerhalb der Form der Ehe**" haben, weil sowohl also zwischen Männern wie auch zwischen Frauen sich ja vielfältige Formen, auch stabile Formen von Lebensgemeinschaften herausgebildet haben, die unserer Meinung nach auch einen sicheren, sozialen und rechtlichen Status brauchen, als das gegenwärtig der Fall ist.

Danke schön.

Ziegler (Moderator): Ich möchte gleich darauf aufmerksam machen, daß Unterstreichungen ja nicht weiter aufgenommen werden müssen, aber daß zum **Wohnungsrecht**, zum **Mieterschutz** und **Rechtssicherheit bei Grundstücken** auch noch ein **NDPD-Antrag**[6] auch vorliegt. Und von der PDS auch ein **Antrag zur Sicherung des Rechtes auf Wohnraum**[7]. Diese Dinge gehören zu denen, die ich zu Anfang nannte, die werden mitgegeben, damit sie bei der Weiterbearbeitung berücksichtigt werden können. Jetzt Herr Krause, CDU.

Sie möchten dazu direkt etwas sagen? Ja bitte, Herr Poppe.

Poppe (Minister o. G., IFM): Ja. Ich würde darum bitten, daß dieser letztgenannte Vorschlag hier auch im Wortlaut noch eingereicht wird, denn ich muß dazu sagen, dieser Punkt in der Fassung, die wir vorhin vorgetragen haben, ist einer von den drei geänderten. Einen hatte ich schon vorgetragen.

Ich lese noch einmal die Fassung vor im Abschnitt 3, „Gleichstellung", und zwar der erste Anstrich in der letzten Gruppe von Punkten, also der drittletzte Anstrich insgesamt in dem Papier. Da wurde vorhin vorgelesen: „... unabhängig vom Bestehen einer **Ehe**". Da steht also auch drin in dem Papier, was Ihnen vorliegt – das ist nicht die im Moment vom Ministerrat bestätigte Version – sondern dieser Satz lautet im Moment wie folgt, dieser Anstrich: „... den Eltern gleiche Rechte und Pflichten für die Erziehung und Entwicklung der Kinder eingeräumt werden, soweit das nicht dem Wohl der Kinder widerspricht". Und insofern wäre also das, was eben vorgetragen wurde, tatsächlich eine Ergänzung, denn in der Version, die hier vorliegt, da hat man ja den Punkt im Prinzip schon einmal drin, ja.

Wolf (LDP): Wir würden im entsprechenden Sinne unseres Vorschlages eine Ergänzungsregelung versuchen auszuarbeiten und hier mit einzufügen.

Ziegler (Moderator): Ja, [ich] bitte nochmals, das immer schriftlich [einzureichen], sonst geht es nachher unter.

Frau Ministerin, bitte.

Frau Böhm (Ministerin o. G., UFV): Ich wollte nur noch einmal eine kurze Erwiderung zu dem Prinzip der Sozialcharta – – Es sollen ja **Eckpunkte für neue Gesetzlichkeiten** gegeben werden, weil bei Ihnen die Frage noch einmal nach den Gesetzen kam. Weil es in der kurzen Zeit nicht geht, wollten wir nur das Inhaltliche, was dann gesetzlich und rechtlich ausformuliert werden [muß], einmal zumindestens darlegen.

Ziegler (Moderator): Ja. Ich möchte jetzt darauf hinweisen, daß ich doch im Interesse auch der weiteren Tagesordnungspunkte darauf dringen möchte, sich kurz nur noch mit den Ergänzungen zu befassen. Wir müssen dann noch über die Dinge abstimmen, die hier gekommen sind. Es stehen jetzt auf der Tagesordnung Herr Krause, CDU; Herr Börner, PDS; Frau Tippel, PDS; und Frau Barbe, SPD; Herr Sahr vom FDGB. Also, ich bitte doch – –

Jetzt ist Herr Krause dran.

Krause (CDU): Ja. Wir Vertreter von der CDU, meine Damen und Herren, sind der Meinung, daß diese Standpunkte für eine Sozialcharta, gleichsam auch die Grundlinien, eine gute Möglichkeit darstellen, um einen Konsens, einen Minimalkonsens, auch in unserer Gesellschaft herzustellen. Aus diesem Grunde begrüßen wir diese prinzipiellen Grundlinien. Ich möchte jedoch zwei Ergänzungen machen.

Eine, die vielleicht auch persönlicher Art ist, es betrifft die Seite 6, das Recht der Frau auf selbstbestimmte **Schwangerschaft** und kostenlosen Schwangerschaftsabbruch, daß das gesichert bleiben soll.

Wir haben schon in der alten CDU damals bei dieser Vorlage zu dem Gesetz der **Gewissensentscheidung** unserer Mitglieder, die damals in der Fraktion waren, entsprochen. Und ich möchte andeuten, ich hätte gern diesen Anstrich drei ergänzt durch: „... unter Wahrung des besonderen **Schutzes des ungeborenen und geborenen Lebens** durch den verantwortungsvollen Umgang mit diesem Gesetz und mit der Anwendung dieses Gesetzes über den Schwangerschaftsabbruch". Das würde ich doch einbringen wollen.

Ich möchte noch hinzufügen, daß ich persönlich noch eine weitergehende Position als katholischer Christ selbstverständlich habe. Gerade in diesen Tagen, wo Hunderte Bürger auf Operationen in den Krankenhäusern der Stadt Leipzig zum Beispiel warten, manche warten – ja acht bis zehn Jahre – widerspricht es auch meinen moralischen Vorstellungen, wenn viel Unverantwortliches auf dieser Strecke geschieht.

Aber ich bin insgesamt bereit, diese Grundlinie zu tolerieren.

Eine zweite Ergänzung: Wir haben dann noch die Möglichkeit heute, zu Fragen der **Bildung** zu sprechen, deshalb will ich mir das jetzt sparen. Es gibt also von uns auch noch einen Vorschlag zum Punkt 7 zu Fragen der „sozialen **Inte-**

---

[6] Dokument 15/5, Anlagenband.
[7] Dokument 15/6, Anlagenband.

gration von Behinderten und Rehabilitanden". Da scheint es uns notwendig zu sein, auch eine Position zu beziehen, daß das eine Frage auch der Erziehung unserer Schule ist. Und das werde ich dann später einbringen.

Ziegler (Moderator): Bringen Sie das dann bitte dort ein. Ich möchte nun doch vorschlagen, daß wir hier zum Abschluß der Rednerliste kommen, im Interesse der anderen Dinge.
Und rufe jetzt auf Herrn Börner, PDS.

Börner (PDS): Wir möchten, oder ich möchte das einmal betonen, daß wir von unseren Positionen diesen Entwurf der Sozialcharta nicht nur unterstützen, sondern eigentlich uns wesentlich wiederfinden mit dem, was wir in den letzten Wochen also auch dazu eingebracht haben. Ich möchte aber trotzdem zwei Änderungen benennen als Vorschläge.
Und zwar auf Seite 4 zum Punkt „Recht auf Arbeit", den letzten Punkt, möchte ich folgende Ergänzung, also: „... begründet das Recht auf **Erholung** und verlangt grundsätzlich **das freie Wochenende** sowie die **Verkürzung der Wochenarbeitszeit** auf 40 Stunden und darunter bei vollem Lohnausgleich", um das festzuschreiben.
Und als zweite [Ergänzung], zur Seite 6, zur Frage „Gleichstellung der Geschlechter und Erziehung der Kinder", als vierten Anstrich hinzugeben, also: „um die Gleichstellung in der Familie zu erreichen und den sozialen Schutz Kindererziehender zu garantieren müssen", und dann als vierter Anstrich dazu: „– in Verfassung, Familien- und Sozialgesetzgebung sowie weiteren Gesetzeswerken die juristische Stellung des Kindes und des Jugendlichen als Rechtssubjekt eingearbeitet werden".

Ziegler (Moderator): Frau Minister, Sie wollten gleich darauf [etwas erwidern], ja?

Böhm (Ministerin o. G., UFV): Ja, Sie haben vielleicht meine Vorbemerkungen nicht genug gehört. In der neuen Verfassung sind diese Sachen: **Schutz des Kindes** als Subjekt, was vom Kind ausgeht, eigentlich mitenthalten. Das war meine Vorbemerkung, daß wir nicht von der jetzigen ausgehen, sondern von dem Entwurf, die die Gruppe „Neue Verfassung" des Runden Tisches erarbeitet hat. Und würden Sie [in] Ihrem Antrag dann noch einmal genau die Ergänzung schriftlich formulieren?

Ziegler (Moderator): Ja. Das gilt ja für alle. Wir müssen nachher, wenn wir das gesamt abstimmen, diese Ergänzungen alle schriftlich haben.
Jetzt Frau Tippel, PDS.

Frau Tippel (PDS): Ich möchte eine Ergänzung anregen, und zwar auf Seite 7 unter dem Punkt „Recht auf Aus- und Weiterbildung". Der erste Satz endet mit „Deutsche Demokratische Republik", und ich würde vorschlagen, ihn weiter zu formulieren, also: „Der ungehinderte Zugang zu allen Formen der Bildung ist ein unverzichtbares Recht jeder Bürgerin und jedes Bürgers der Deutschen Demokratischen Republik, unabhängig von Weltanschauung, Religion und sozialer Herkunft".

Ziegler (Moderator): Bitte schriftlich. Wir müßten jetzt bald darangehen, die schriftlichen Ergänzungen einzusammeln, damit sie dann auch hier vorne sind. Sonst kann man damit nicht umgehen. Bitte sorgen Sie dafür.
Frau Barbe, SPD.

Frau Barbe (SPD): Ja, ich möchte mein Sprachrecht Frau Priese übergeben, die das in unserer „Bildungsgruppe" ausgearbeitet hat.

Ziegler (Moderator). Die wäre sowieso berechtigt, weil wir das bereits in der Prioritätengruppe letztes Mal besprochen hatten, nicht, aus der Arbeitsgruppe „Bildung, Erziehung, Jugend".
Bitte, Frau Priese.

Frau Priese (Initiativgruppe Interessenverband Kindheit): Wir hätten die Bitte, auf der Seite 6 bei dieser Teilüberschrift „... um die Gleichstellung in der Familie zu erreichen", den Satz: „sozialen Schutz Kindererziehender zu garantieren", schon hier in dieser Überschrift das Wort „Kinder" aufzunehmen. Sonst ist es ein sozialer Schutz allein der Erwachsenen, wie es uns eben, ohne daß wir es merken, immer wieder passiert und unserem traditionellen Denken und Fühlen entspricht.
Also: „... zum Schutz der Kinder und der Erziehenden zu garantieren, müssen die Eltern zu gleichen Teilen".
Und dann bitte ich darum, unseren Antrag aus unserer Arbeitsgruppe [Vorlage] 15/6[8] vielleicht im Auge zu haben, wenn ich vorschlage einzuarbeiten in den nun folgenden Abschnitt auf Seite 6 unten, in dem ersten Satz: „den Eltern gleiche **Rechte und Pflichten in bezug auf die Kinder,** unabhängig vom Bestehen einer Ehe eingeräumt", das ist das Recht des Vaters: „eingeräumt", was bisher zurückgekommen war.
Aber nun auch das Wort „auferlegt", denn da geht es um die Pflichten. Die Rechte sollen für beide Geschlechter gleich verteilt werden, aber auch die Pflichten sollen in gleicher Weise [verteilt werden]. Also ich schlage vor: „... unabhängig vom Bestehen einer Ehe eingeräumt und auferlegt werden".
Und beim vorletzten Anstrich würde ich bitten, das Wort „Ehen" zu streichen, nicht „Ehen mit drei oder mehr Kindern", sondern das bei „Familien" zu belassen, sonst widerspricht es dem Satz davor. Also: „... Unterstützung kinderreicher Familien mit drei oder mehr Kindern". Ich habe das schriftlich. Ich gebe es dann.
Und dann hatte unsere Arbeitsgruppe in langem Ringen aus dem Wissen um die gesamtgesellschaftlich fundamentale Bedeutung von **Geborgenheit** und **Schutz** und kontinuierlicher, emotionaler Zuwendung für die kleinen Kinder als der Wiege der Persönlichkeit eines Menschen einige sozialpolitische Punkte formuliert, die uns für die zukünftige Gesellschaft unabdingbar erscheinen.
Und wir würden also vorschlagen, diesen vorletzten Anstrich ziemlich stark zu erweitern in die Punkte:

– staatliche Geburtenbeihilfe,

– bezahlte Freistellung eines Elternteils nach der Geburt bis zur Vollendung des zweiten Lebensjahres eines Kindes sowie bei Krankheit des Kindes und bei notwendigen Arzt- und Beratungsbesuchen,

– staatliches Erziehungsgeld würden wir lieber sagen als Kindergeld, um die Aufwertung, die generelle vernachlässigte Wertung von Erziehungsarbeit aufzuwerten, staatliches Erziehungsgeld,

– das Recht auf verkürzte Arbeitszeit für einen Elternteil, solange ein Kind unter zehn Jahren im Haushalt lebt,

---
[8] Dokument 15/2, Anlagenband.

– Unterstützung für Alleinerziehende durch den unterhaltspflichtigen Elternteil beziehungsweise durch den Staat, so daß verkürzte Arbeit möglich ist,
– Kündigungsschutz bei erziehungsbedingter Freistellung, beziehungsweise Arbeitszeitverkürzung
– und dann besondere Unterstützung der kinderreichen Familien, wie es hier steht.

Diese Zusätze scheinen uns bei der generellen **Unterbewertung von Erziehungsarbeit,** vor allen Dingen der kleinen Kinder und vor allen Dingen im Blick auf das zunehmende Wissen über die generelle Bedeutung der Kleinkinderzeit für das Menschsein überhaupt, für das Glücklichsein, für die Glücksfähigkeit der Menschen überhaupt, wahrscheinlich unabdingbar.

Ziegler (Moderator): Frau Priese, hier liegt nun noch [Vorlage] 15/6 vor. Die Vorlage AG „Bildung, Erziehung und Jugend". Dürfen wir die auch als so einen Ergänzungsantrag auffassen, ja?

Frau Priese (Initiativgruppe Interessenverband Kindheit): Wir haben versucht, diese Vorlage, die ersten Anstriche da einzuarbeiten.

Ziegler (Moderator): Danke. Gut. Insgesamt und können wir das dann nehmen?

Frau Priese (Initiativgruppe Interessenverband Kindheit): Soweit sie die sozialpolitischen Maßnahmen betrifft.

Ziegler (Moderator): Danke schön. Ja, ist gut. Dann Herr Sahr, FDGB.

Sahr (FDGB): Viele Anträge der Gewerkschaftsmitglieder an den Gewerkschaftskongreß und auch gewerkschaftliche Vorschläge vom 12. Runden Tisch zu sozialen Fragen sind in dieses Sozialchartapaket miteingegangen und können somit Berücksichtigung finden.

Gestatten Sie, daß ich von Ihrem Angebot Gebrauch mache und einige konkrete Vorschläge mit in das Paket nachher gebe, auf das ich hier nicht im einzelnen eingehen will. Ich will aber unseren Werktätigen sagen, worum es sich hier handelt, welche Konkretisierungen die Gewerkschaften zu dieser Sozialcharta beantragen.

Das erste ist, daß zum ersten Teil der **Urlaubserhöhung,** die gerade von der Regierung beschlossen worden ist ab 1991, konkret ein weiterer Teil hinzukommt und in Abhängigkeit von der Anzahl der Arbeitsjahre ab 1991 der Grundurlaub von ein bis fünf Arbeitstage weiter erhöht wird, so daß auch die Anzahl der Arbeitsjahre hier zum Tragen kommt. Und unsere Lehrlinge sollen ab 1991 zwei weitere Urlaubstage erhalten. Das ein Angebot an die neue Regierung.

Der zweite Gedanke: Wir wollen konkretisieren die **Steuerreform.** Wir wollen, daß der erste Schritt, der gerade beschlossen worden ist, der ab 1. April unseren Angestellten ein Mehrgehalt von 40 bis 60 Mark bringen soll, durch einen ersten Schritt der Steuerreform, daß diese Schritte fortgesetzt werden und im Januar 1991 abgeschlossen werden, und spätestens bis zu diesem Zeitpunkt, so verlangen die Gewerkschaften, die Steuerunterschiede zwischen Arbeiter und Angestellte überwunden sind.

Ein dritter Gedanke: In der Charta steht die Verkürzung der **Wochenarbeitszeit.** Die Gewerkschaften wollen ihren Kongreßvorschlag verwirklicht sehen, daß die 40-Stunden-Arbeitswoche durch die neue Regierung in der Zeit von 1991 bis 1993 für all jene Werktätigen konkret eingeführt wird, die die 40-Stunden-Arbeitswoche noch nicht haben.

Ein weiterer Gedanke: Die gewerkschaftlichen Forderungen über arbeitsfreie Zeit hatten ja auch zum Inhalt, daß sofort realisiert wird, die abgeschafften **kirchlichen Feiertage** wieder einzuführen. Wir hoffen sehr, daß der Mehrheitswille der Gewerkschaftsmitglieder rasch wirksam wird und wir schon mit einem zweiten Osterfeiertag rechnen können. Und wir hoffen, daß die Verhandlungen mit den Vertretern der Kirche rasch erfolgreich zu Ende gehen und die Regierung sofort die Wiedereinführung der abgeschafften kirchlichen Feiertage beschließen möge.

Und letztendlich wollen wir hinzufügen, daß zum nächstmöglichen Termin das **Arbeitsgesetzbuch** sofort ergänzt wird, damit in Familien auch die sozialen Rechte der Frauen auf die Familienväter übertragbar werden und zum anderen, daß alleinstehende Männer ab [dem] vierzigsten Lebensjahr mit eigenem Haushalt ebenfalls eine Gleichstellung zum **Hausarbeitstag** und zu anderen sozialen Fragen erwarten.

Wir wollen auch einen konkreten Vorschlag in diesem Zusammenhang einbringen, um den **Arbeitslosenverband,** der sich gegründet hat, gewerkschaftliche, konkrete Unterstützung [zu] geben, und daß auch hier konkrete Forderungen an die neue Regierung aufgenommen werden, insbesondere auch, um unsere arbeitslosen Werktätigen mit Hoch- und Fachschulbildung zu unterstützen. Das halten wir für dringend erforderlich.

Das Papier werden wir hinzutun. Ich danke.

Ziegler (Moderator): Wir danken auch. Sie können beruhigt an einem Punkt sein, die Verhandlungen mit den Kirchen über die **Feiertage** sind geschehen, und es wird da auch noch eine Regierungsverordnung, soviel ich weiß, geben.

Sahr (FDGB): Darüber freuen sich die Gewerkschaften sehr.

Ziegler (Moderator): Herr Mäde von der Vereinigten Linken.

Mäde (VL): Die Vereinigte Linke trägt dieses Papier im Grundsatz mit.

Es wäre die Bemerkung zu machen, daß wir uns dieses Papier in seiner Urfassung gut aufheben sollten. Es ist zwar eine Verhandlungsposition, aber was am Ende dabei herauskommen wird, werden wir sehen. Und ich glaube, es ist eher ein wichtiges Dokument gerade dieser besonderen **DDR-Befindlichkeit,** von der der Kollege von der LDP gesprochen hat, aber nicht in dem Sinne, daß sie möglichst in einigen Jahren zu überwinden ist. Sondern sie ist ein Dokument des sozialen Denkens in diesem Land, was nicht erst in den letzten fünf Monaten gewachsen ist.

Und hier sollten wir uns so stark wie möglich machen, damit das eingeht, wohin auch immer.

Zweitens: Wir unterstützen nachhaltig den Antrag der Volkssolidarität zu den entsprechenden Einfügungen.

Drittens, möchten wir das Gesamtpaket, was die AG „Bildung und Erziehung" zur Sozialcharta eingebracht hat, nachhaltig unterstützen, weil es nach unserer Ansicht auch ein Beitrag zu einer **aktiven Gleichstellungspolitik** ist, da die Zuwendung zum Kind nicht automatisch mit der Verbannung eines Elternteils an den Herd gleichbedeutend ist. Und dies ist ja wohl auch eine Gefahr.

Danke.

Ziegler (Moderator): Danke. Frau Ministerin, Sie wollten dazu direkt sprechen, nicht?

Frau Böhm (Ministerin o. G., UFV): Na, ich wollte nur eine Erwiderung machen. Bitte hören Sie zu, das ist noch nicht Verhandlungsposition. Dazu muß erst über den Antrag abgestimmt werden. Das war meine dritte Vorbemerkung. Bevor wir nämlich weiter in die Details gehen, wäre das das Wichtige.

Mäde (VL): Ich denke, daß wir das schaffen.

Ziegler (Moderator): Also, wir haben das Verfahren. So, und jetzt ist nur noch auf der Liste Herr Junghanns und Frau Brunzel vom DFD, weil da hierzu auch Rederecht war.

Und dann werden wir folgendermaßen verfahren, daß wir genau das machen müssen, über **[Vorlage] 15/5a [Antrag UFV, IFM, FDGB, GP: Zur Einbringung der Sozialcharta in die Verhandlungen mit der BRD]** muß abgestimmt werden. Und mein Vorschlag wird bezüglich des Verhandlungspapiers sein, daß dazu die Ergänzungsvorschläge mit in die Verhandlungsmasse hinzukommen.

Herr Junghanns, bitte, Bauernpartei Deutschlands.

Junghanns (DBD): Die Demokratische Bauernpartei möchte das zur **Verhandlungsposition** machen; ich möchte das vorausschicken. Ich möchte aber auch betonen, daß es im Interesse einer fundierten Verhandlungsposition darauf ankommt, diese Ausgewogenheit, wie sie sich jetzt zeigt, zu bewahren. Ich sage das in bezug auf manchen Antrag, der hier mit angefügt worden ist. Es ist nicht möglich, so ein Papier weiter individuell auszureizen. Das nur angemerkt.

Meine konkrete Bitte läuft darauf hinaus, Seite 7 unter Punkt 4, „Recht auf Aus- und Weiterbildung", im unteren Anstrichteil, „Grundschulbildung und Oberschulbildung" und so weiter „unentgeltlich", ich glaube hier ist auch aufzunehmen die **Berufsausbildung** als sehr wichtige Größe im Ausbildungs- und Bildungsprozeß der Menschen.

Danke schön.

Poppe (Minister o. G., IFM): Dies steht doch drin als zweiter Anstrich oben unter Berufsausbildung.

Junghanns (DBD): Als Beihilfe steht sie da mit drin. Danke schön.

Ziegler (Moderator): Ja, also schreiben Sie doch bitte das auf. Dann wird sich das ja sofort herausstellen, ob es schon aufgenommen ist.

Und nun als letzte Sprecherin hier Frau Brunzel, DFD.

Frau Brunzel (DFD): Ja, meine Damen und Herren, ich möchte vom Rederecht Gebrauch machen und im Namen der Mitglieder des Demokratischen Frauenbundes Deutschlands, der am Sonnabend ja seinen außerordentlichen Kongreß hatte, sehr begrüßen, daß die Gleichstellung von Frauen und Männern sowie die Sozialcharta heute auf die Tagesordnung des Runden Tisches gesetzt sind, weil sie die Bürgerinnen und Bürger unseres Landes außerordentlich beunruhigen und bewegen.

Nachdrücklich und mit Entschiedenheit möchte ich im Namen des Bundesvorstandes des Demokratischen Frauenbundes den **Antrag 15/2** zur Bildung **eines Ministeriums für Gleichstellung von Frauen und Männern** unterstützen. In zahlreichen Briefen und bei Gesprächen, die wir im Februar als Organisation in allen Kreisen unseres Landes mit Frauen an der Basis führten, brachten Frauen und Mitglieder unserer Organisation ihre tiefe Sorge zum Ausdruck über die Gefahr zur Streichung sozialer Rechte.

Das Recht auf soziale Sicherstellung und besonders das Recht der Frauen auf Arbeit und auf Mitbestimmung droht ja bereits jetzt ins Abseits zu geraten. Dabei darf auch nicht unerwähnt bleiben, daß allerorts eine Welle der Empörung aufkam zu der vom Bildungsminister Herrn Abend verkündeten **Schließung von Kindergärten,** Kinderkrippen sowie der **Streichung von Schulessen** und Schulhorten.

Bekanntlich fand ja am Sonnabend eine Demonstration auf dem Alexanderplatz statt, wo ebenfalls eine Delegation unseres außerordentlichen Bundeskongresses auftrat und mit Nachdruck die Forderung erhob, daß die **sozialen Rechte der Frau** um jeden Preis zu sichern sind. Dazu gehören auch Kindergärten, Kinderkrippen, Schulhorte und Schulessen.

Bei allen Maßnahmen also der Wirtschaftsreform muß eine soziale Sicherstellung von Frauen garantiert werden, insbesondere für Alleinerziehende und Alleinstehende, für Rentnerinnen und Behinderte, vor allem für Frauen und Familien mit mehreren Kindern sowie, wie hier auch gesagt wurde, für alle sozial Schwachen.

Eine generelle Forderung unserer Organisation hinsichtlich **sozialer Sicherstellung** ist der Erhalt der sozialpolitischen Maßnahmen bei gleichzeitiger Schaffung variabler Möglichkeiten ihrer Nutzung. Alle sozialen Maßnahmen müssen so gestaltet sein, daß sie von Achtung, Gerechtigkeit und Hilfe für die älteren Bürger getragen sind, also, der Bürger, die selbst aus Trümmern unser Land hervorbrachten, aufgebaut haben.

Das betrifft auch die **Neubewertung der Renten** und das gesamte **kulturelle Klima,** die gesamte Atmosphäre, die es ihnen ermöglicht, einen sorgenfreien Lebensabend zu sichern. Soweit eigentlich in Kürze unser Standpunkt, mit dem ich das Gesagte aus der Sozialcharta der Ministerin unterstreichen möchte, unterstützen möchte und damit den Standpunkt, die Meinung der Millionen Mitglieder unserer Organisation zum Ausdruck bringen wollte.

Ziegler (Moderator): Ja, vielen Dank. Wir kommen jetzt zum Abschluß. Da haben Sie ja sowieso das Schlußwort, Frau Ministerin und Herr Minister. Und dann müssen wir zur Abstimmung kommen, aber erst Sie, und dann werden wir darüber abstimmen.

Frau Böhm (Ministerin o. G., UFV): So, ich werde es jetzt ganz kurz machen. Ich möchte Sie bitten, die Anträge hier zum Runden Tisch zu geben und gleichzeitig zur nächsten Tagung der Volkskammer und die auch an uns zu reichen, damit die Anträge noch weitmöglichst einzuarbeiten sind.

Und zu dem Antrag der CDU möchte ich sagen: In unserem Papier steht, der Schutz des **Selbstbestimmungsrechtes der Frau.** Und ich bin der Meinung, daß Fragen des Paragraphen 218, Fragen der Strafprozeßordnung, also Fragen des Strafgesetzes sind beziehungsweise der Verfassung. Und damit würde ich diese Sache nicht in die Sozialcharta aufnehmen. Das würde ich jetzt ablehnen. Das muß dann also in der **Verfassungsdiskussion** beziehungsweise in der neuen **Schaffung des Strafgesetzbuches** noch einmal diskutiert werden, wenn die jetzige Form dann nicht mehr akzeptabel ist.

Ziegler (Moderator): Danke schön. Herr Poppe, wollen Sie noch das Wort haben?

Poppe (Minister o. G., IFM): Nein, nein, höchstens dahingehend, daß es also möglichst von den Moderatoren gebündelt werden sollte, das ganze Material, und nicht jetzt einzeln der Volkskammer überreicht wird.

Ziegler (Moderator): Ja. Mein Vorschlag ist nun zum Abschluß folgender: Daß wir die Ergänzungsanträge oder Vorschläge, die wir hier bekommen haben, nicht im einzelnen abstimmen, sondern daß wir uns in der Abstimmung konzentrieren auf die Vorlage **15/5a**. Sie ist sehr kurz gefaßt. Ich lese sie vor [**Vorlage 15/5a, Antrag UFV, IFM, FDGB, GP: Zur Einbringung der Sozialcharta in die Verhandlungen mit der BRD**]:

> Die Regierung der DDR wird aufgefordert, die Sozialcharta als Standpunkt der DDR in die Verhandlungen der Kommission über die Bildung einer Wirtschafts-, Währungs- und Sozialunion einzubeziehen.

Alle Redner haben in den Grundzügen ja zugestimmt. Und da es Verhandlungsmaterial ist und auch die Volkskammer darüber noch befinden muß, schlage ich vor, daß wir diesen Entwurf samt den Ergänzungsvorschlägen in dieser Weise abstimmen, wie hier in Vorlage **15/5a** vorgeschlagen wird. Und ich sage dazu, diejenigen Anträge, die hier nicht ausgedruckt waren, weil sie auch zu spät kamen, das sind, ich sage sie noch einmal, von der NDPD: **Ergänzung zur Rechtssicherheit bei Wohnungen und Grundstücken**[9]; Demokratie Jetzt: **Siedlerschutz**[10]; PDS: **Sicherung des Rechtes auf Wohnraum**[11]; PDS und Unabhängiger Frauenverband: **Berücksichtigung der Behinderten**[12], und schließlich SPD: **Medizinische Grundbetreuung**[13], steht ja auch hier drin, daß wir dieses ebenfalls ins Protokoll als Material aufnehmen, damit es mit bedacht werden kann. Das ist der Verfahrensvorschlag. Dazu Wortmeldungen?

Herr Mäde, bitte.

Mäde (VL): Ich habe eine Frage: Wie entsteht denn die endgültige Fassung?

Ziegler (Moderator): Die endgültige Fassung machen nicht wir hier, sondern [die] macht dann die **Volkskammer**. Ja?

Ja, bitte, Frau Weiske.

Frau Weiske (GP): Ist das dann so zu verstehen, daß, wenn wir jetzt dieses Gesamtpapier beschließen, auch die Änderungsvorschläge mit beschlossen sind?

Ziegler (Moderator): Sie sind als Verhandlungsmaterial mit beschlossen. Sonst müßten wir ja einzeln jeden Antrag beschließen, ja. Dann hätten wir den Text gemacht, der dann allerdings noch einmal in der Volkskammer – – Und darum hatten Sie ja vorgeschlagen, auch der Volkskammer das zu überreichen, nicht.

Können wir so verfahren? – Dann bitte ich um die Zustimmung zum Antrag **15/5a** in dem vorgegebenen Sinne. Wer ist dafür? Den bitte ich um das Handzeichen. – Ja, das ist auf jeden Fall die Mehrheit. Wer ist dagegen? – Wer möchte sich der Stimme enthalten? – 4 Enthaltungen.

Damit ist dieser Punkt abgeschlossen. Das Material wird, wie vorgeschlagen, von Herrn Poppe gebündelt und dann weitergegeben. Wir danken Ihnen und wünschen Ihnen eine gute Reise und erfolgreiche Erfahrungen in Moskau.

Wir stehen jetzt vor der Frage, ob wir sofort einsteigen in den zweiten Teil, nämlich das sind die Fragen des Positionspapiers der Arbeitsgruppe „**Gleichstellung von Männern und Frauen**" oder ob es der Konzentration förderlicher ist, daß wir erst die Pause machen und dann einsteigen. Ich möchte Sie fragen, was Ihnen lieber ist.

Frau Schenk (UFV): Ja, ich schlage vor, genau wie Sie gesagt haben, im Interesse der besseren Konzentration, daß wir jetzt eine Pause machen, um dann durchmachen zu können mit diesem Papier bis zur Mittagspause.

Ziegler (Moderator): Ich glaube, das ist sogar auch von Vorteil. Dann machen wir jetzt eine Pause und beginnen 10.35 Uhr. Die Sitzung ist unterbrochen.

[Unterbrechung der Sitzung von 10.15 Uhr–10.35 Uhr]

Lange (Moderator): Ich bitte Sie, Platz zu nehmen, damit wir die Sitzung fortsetzen können. Wir wollen unsere Sitzung fortsetzen. Wir sind noch bei Tagesordnungspunkt 2, **Gleichstellung von Frauen und Männern**. Dieser Punkt unserer Tagesordnung ist schon vielfach angekündigt worden. Wenige Tage vor dem Internationalen Frauentag, das war der Wunsch, sollte man doch dieses Thema nun hier am Runden Tisch verhandeln. Es gibt dazu einige Vorlagen.

Ich darf Frau Schenk bitten, uns die **Vorlage 15/1** dieses Positionspapiers vorzutragen. Sie haben das Wort, Frau Schenk.

Frau Schenk (UFV): Meine Damen und Herren, Ihnen liegt in Gestalt der **Vorlage 15/1** das **Positionspapier** vor, welches die Arbeitsgruppe „Gleichstellungsfragen" des Runden Tisches erarbeitet hat. [**Vorlage 15/1, Positionspapier AG „Gleichstellungsfragen": Zu Grundzügen der Gleichstellung von Frau und Mann**[14]]

Anfang Januar hat sich die Arbeitsgruppe auf Einladung des Unabhängigen Frauenverbandes konstituiert. Wir haben uns zunächst geeinigt über den Namen, und wir haben das also genannt dann „Arbeitsgruppe für Gleichstellungsfragen" und nicht „Arbeitsgruppe für Frauenfragen", denn es ging uns nicht um partikuläre Interessen, sondern um die ganzheitliche Sicht auf die Situation sowohl von Frauen als auch von Männern.

Jeder Schritt, jeder Prozeß betrifft grundsätzlich die Situation von Männern und Frauen, also das Geschlechterverhältnis. **Emanzipation** ist in einer Gesellschaft grundsätzlich nur im wechselseitigen Prozeß möglich. An der Arbeit der Arbeitsgruppe waren alle hier am Runden Tisch vertretenen Parteien und Gruppierungen vertreten mit Ausnahme des Demokratischen Aufbruchs. Der DFD hat mit beratender Stimme an den Sitzungen teilgenommen.

Wir haben uns in der Arbeitsgruppe zu solchen Schwerpunkten verständigt, die unserer Auffassung nach entscheidende Bedeutung haben im Hinblick auf die Gleichstellung von Frau und Mann. Es zeigte sich, daß unsere Intention, unsere ursprüngliche Intention, durch den **gegenwärtig** stattfindenden **Sozialabbau** eine besondere Aktualität er-

---

[9] Dokument 15/5, Anlagenband.
[10] Dokument 15/7, Anlagenband.
[11] Dokument 15/6, Anlagenband.
[12] Dokument 15/8, Anlagenband.
[13] Dokument 15/9, Anlagenband.

[14] Dokument 15/10, Anlagenband.

langte. Und so ist das also auch mit besonderem Nachdruck gemeint, was ich jetzt hier vorstellen möchte.

Ich möchte also die wesentlichsten Punkte benennen und zuvor noch ein Versehen korrigieren: Auf der ersten Seite der **Vorlage 15/1** sind die Parteien und Gruppierungen aufgezählt, die dieses Papier mittragen. Da fehlt in der Aufzählung der FDGB.

Zunächst konstatieren wir als Arbeitsgruppe, daß das Problem der historisch überkommenen **Benachteiligung der Frauen** unserer Gesellschaft im wesentlichen noch immer fortbesteht. Das läßt sich an fünf Aspekten oder fünf Punkten nachweisen oder festmachen. Der erste, der da zu nennen wäre, ist der, daß Frauen im Zusammenhang mit der in der DDR zur Zeit zu über 90 Prozent gegebenen Berufstätigkeit zwar weitgehend ökonomisch unabhängig sind, jedoch zugleich durch das Fortbestehen patriarchalischer Arbeitsteilung im Bereich der individuellen Reproduktion – also in der Hausarbeit, Kinderbetreuung, Familienklima – einer **Mehrfachbelastung** ausgesetzt sind, die die Möglichkeiten beruflichen Engagements, der Teilhabe am gesellschaftlichen Leben und der Wahrnehmung und Ausprägung persönlicher Interessen im relevanten Maße einschränkt oder entgegensteht.

Der zweite Aspekt wäre der, daß **Frauen** in den Entscheidungsgremien beziehungsweise **Führungspositionen** der Gesellschaft nicht entsprechend ihrem Anteil an der Bevölkerung und nicht entsprechend ihrer Kompetenz vertreten sind. Das Problem ist mehrdimensional – geschuldet, der Mehrfachbelastung, auch einer Erziehung, die nicht frei ist von tradierten Geschlechtsrollenzuweisungen und auch der ablehnenden Haltung vieler Männer, vor allen Dingen in Leitungspositionen, zu verdanken ist.

Der dritte Aspekt, der hier zu benennen wäre und der die Ungleichstellung **von Mann und Frau** in der Gesellschaft deutlich macht, ist, daß **Berufe und Tätigkeiten,** in denen vorwiegend Frauen tätig sind, sozial und **finanziell unterbewertet** werden. Vollberufstätige Frauen erhalten im Durchschnitt 75 Prozent des Einkommens vollberufstätiger Männer, ohne daß dies mit Unterschieden hinsichtlich der physischen und psychischen Belastung der Arbeitenden oder mit Unterschieden in der gesellschaftlichen Bedeutung der jeweiligen Arbeit oder auch mit unterschiedlichem Qualifikationsniveau begründet werden könnte.

Der vierte Aspekt: Frauen haben **geringere Chancen** als Männer, an anspruchsvolle, interessante, kreative und letztendlich auch **gut bezahlte Arbeitsplätze** zu gelangen. Ihnen obliegen sehr häufig die monotonen und routinehaften Arbeiten mit geringeren Anforderungen an Kreativität und Entscheidungskompetenz.

Und schließlich der fünfte und letzte Aspekt: Frauen sind im Alltagsleben, – das heißt also: sowohl in der Öffentlichkeit, im Beruf, in der Familie – vielfältigen Formen **sexistischer Denk- und Verhaltensweisen** ausgesetzt.

Davon ausgehend haben wir zunächst definiert, was wir unter Gleichstellung verstehen wollen.

[Vorlage 15/1, Positionspapier AG „Gleichstellungsfragen": Zu Grundzügen der Gleichstellung von Frau und Mann]

Gleichstellung bedeutet nach Auffassung der Mitglieder der Arbeitsgruppe „Gleichstellungsfragen" nicht die formale Gleichheit, etwa reduziert auf Gleichberechtigung im juristischen Sinne, sondern vielmehr Chancengleichheit bezüglich selbstbestimmter, persönlicher Entwicklung und bezüglich der [Partizipations]möglichkeiten {der Teilhabe} in allen Bereichen des gesellschaftlichen Lebens. Bemühungen um Gleichstellung, {um wirkliche Gleichstellung} setzen die Abkehr von männlich orientierten Maßstäben voraus und erfordern {auch} die Berücksichtigung der in mehrfacher Hinsicht {ökonomisch, strukturell, informell, sozialpsychologisch, kulturell, politisch, sozial} grundsätzlich verschiedenen Ausgangssituationen von Frau und Mann in der Gesellschaft.

Gleichstellung ist also nicht als normativ aufzufassen, Gleichstellungspolitik schafft jedoch die Wahlmöglichkeit zwischen verschiedenen Lebensentwürfen.

Nachfolgend werden drei Komplexe benannt, die nach Auffassung der Arbeitsgruppe „Gleichstellungsfragen" hinsichtlich der {tatsächlichen} Gleichstellung von Frau und Mann von besonderer Bedeutung sind.

[Der weitere Text der hier auch im folgenden wörtlich wiedergegebenen **Vorlage 15/1** wurde wiederum leicht paraphrasiert vorgetragen:]

I. Die ökonomische Selbständigkeit und Vereinbarkeit von Berufstätigkeit, Partnerschaft, Elternschaft für Frau und Mann als Grundwerte

1. Die ökonomisch selbständige Existenz der Frau ist elementare und unabdingbare Voraussetzung für ihre Emanzipation und Selbstbestimmung. Das Menschenrecht auf Berufstätigkeit ist für Frauen und Männer – insbesondere in Anbetracht der derzeitigen und künftigen Veränderungen in unserer Wirtschaft – in gleicher Weise und mit gleicher Konsequenz zu sichern. Berufsarbeit ist nicht nur als Mittel zum Erwerb des Lebensunterhalts faßbar, sondern hat eine sinngebende und sozial verbindende Funktion und stellt daher einen Eigenwert dar, der durch eine soziale „Abfederung" nicht ersetzbar ist. Eine Herangehensweise, die Frauen je nach wirtschaftlicher Situation aus dem gesellschaftlichen Arbeitsprozeß ausgrenzt beziehungsweise in diesen integriert, läuft dem Ziel der Gleichstellung strikt zuwider.

2. Die AG „Gleichstellungsfragen" weist darauf hin, daß die bedarfsdeckende Bereitstellung von Kinderbetreuungseinrichtungen (Krippe, Kindergarten, Hort, Kinderferienlager, Schulspeisung) Voraussetzung ist für die Wahrnehmung des Rechts auf Berufstätigkeit und damit für ein selbstbestimmtes Leben von Frauen und Männern.

Werden die genannten Einrichtungen in Frage gestellt, bedeutet dies in Anbetracht des Fortbestehens der traditionellen Arbeitsteilung im häuslichen Bereich, insbesondere für Frauen die weitgehende Ausgrenzung aus der Berufstätigkeit und damit einen wesentlichen Schritt hinter das bisher in der DDR Erreichte zurück. Die Gleichstellung von Frau und Mann ist unter solchen Bedingungen grundsätzlich nicht realisierbar. Die Festschreibung eines Rechtsanspruchs auf die Inanspruchnahme von Kinderbetreuungseinrichtungen ist daher unabdingbar. Gleichzeitig {das denke ich, dürfte kein Diskussionspunkt sein} ist {natürlich} eine qualitative Verbesserung der betrieblichen und kommunalen Kinderbetreuungseinrichtungen dringend geboten.

3. Veränderungen in den Arbeitsbedingungen (Arbeitszeitregelungen, infrastrukturelle Einbindung der Betriebe und Einrichtungen in das Umfeld) müssen so erfolgen, daß die Vereinbarkeit von Berufstätigkeit, Kinderbetreuung und Partnerschaft für Frauen und Männer in wachsendem Maße gesichert wird.

Hierzu gehört auch die Einführung flexibler Arbeitszeitregelungen sowohl für Frauen als auch für Männer für Tätigkeiten aller Qualifikationsstufen.

Die Möglichkeit zur Teilzeitarbeit in Form eines gesicherten und geschützten Arbeitsrechtsverhältnisses wäre ebenfalls der Vereinbarkeit von Berufstätigkeit und individueller Bedürfnisbefriedigung dienlich. Dies darf nicht verbunden sein mit zusätzlichen Nachteilen hinsichtlich Arbeitsplatzsicherheit, Versicherungsschutz und Rentenanspruch. In Anerkennung der gesellschaftlichen Bedeutung der Kinderbetreuung ist eine Verkürzung der Arbeitszeit für Erziehende angebracht – unabhängig von der Form des Zusammenlebens und des Geschlechts. An Kinder gebundene Arbeitszeitregelungen müssen wahlweise den Erziehenden zur Verfügung stehen und dürfen sich für denjenigen beziehungsweise diejenige, der/die sie in Anspruch nimmt, nicht nachteilig auswirken. Ähnliche Regelungen sollten für Frauen und Männer gelten, die Pflegebedürftige zu Hause betreuen.

II. Gleichstellung von Frauen und Männer in Politik und Wirtschaft

A. Politik

Auf allen Ebenen der Interessenvertretung und Entscheidungsfindung waren und sind Frauen deutlich unterrepräsentiert. Trotz der Existenz einiger wesentlicher Voraussetzungen zur Verbesserung der Stellung der Frauen in der Gesellschaft (Berufstätigkeit, hohes Qualifikationsniveau) haben sich in dieser Hinsicht kaum Veränderungen vollzogen. Hier sind Mechanismen wirksam, die eine – durchaus auch ungewollte – Reproduktion gegebener Verhältnisse bewirken. Um diese Mechanismen zu durchbrechen, sind nach Auffassung der AG „Gleichstellungsfragen" politische Instrumentarien erforderlich. In der Legislative und auf allen Ebenen der Exekutive [sind daher] Einrichtungen zu installieren, die dafür Sorge tragen, daß das Ziel der Gleichstellung von Frau und Mann beachtet und realisiert wird.

Auf der Ebene der Legislative wäre dies die Bildung eines Volkskammerausschusses für Fragen der Gleichstellung von Frau und Mann sowie die Existenz eines Gleichstellungsgesetzes; in der Exekutive erfordert dies die Einrichtung eines Ministeriums für Gleichstellungsfragen sowie die Einsetzung von Gleichstellungsbeauftragten auf allen Ebenen der kommunalen Vertretungskörperschaften. Hierzu liegen der Antrag 15/2 und die Information 15/1 vor.

Zu den Aufgaben des Ministeriums für Gleichstellungsfragen gehört unter anderem die Durchsetzung von Quotenregelungen. Eine Quotierung wirkt der strukturellen Benachteiligung von Frauen dadurch entgegen, daß bei gleicher Kompetenz und Eignung Frauen bei der Besetzung bestimmter Positionen bevorzugt werden, bis ein bestimmter Frauenanteil sich eingestellt hat. Grundsätzlich sollte die Quotierung auch dort zur Anwendung kommen, wo der Zugang für Männer erschwert ist – beispielsweise im Bereich des Sozialwesens, des Bildungswesens oder im Dienstleistungsbereich. Es sind jeweils differenzierte Quotierungsmodelle zu erarbeiten, die im zeitlichen Verlauf schrittweise verändert werden und so bewirken, daß perspektivisch Chancengleichheit für Frauen und Männer bezüglich des Zugangs zu Berufsfeldern, interessanten Tätigkeitsbereichen, Leitungsfunktionen in Wirtschaft, Wissenschaft und Kultur und zu Positionen mit politischer Verantwortung hergestellt wird. Quotierung erfordert die gleichzeitige Schaffung von Rahmenbedingungen, die es Frauen und Männern überhaupt erst ermöglichen, die durch die Quotierung gegebenen Möglichkeiten wahrzunehmen – wozu auch die Förderung der gesellschaftlichen Akzeptanz und Sensibilität hinsichtlich der „Geschlechterfrage" zählt.

Die Arbeitsgruppe „Gleichstellungsfragen" weist darauf hin, daß eine Quotierung unumgänglich ist, wenn ein angemessener Anteil von Frauen und damit eine entsprechende Politik, eine entsprechende Art und Weise des Umgangs mit Problemen, Konflikten und Aufgabenstellungen erreicht werden soll.

B. Wirtschaft

1. Die geschlechtstypische Teilung der Berufsarbeit ist verbunden mit ungerechtfertigten Benachteiligungen für Frauen – zum einen hinsichtlich des Einkommens und zum anderen hinsichtlich des Zugangs zu interessanten und kreativitätsfördernden Arbeitsplätzen. Sie trägt entscheidend dazu bei, daß die geschlechtstypische Rollenverteilung im Bereich der individuellen Reproduktion ständig {wieder hergestellt}[15] wird und ist somit ein Hindernis für eine Teilung der Arbeit nach Interessenlage und Befähigung.

Folgende Schritte sind zur Gleichstellung von Frau und Mann im Bereich der Berufstätigkeit erforderlich:

– Bei der Vereinbarung eines Tarifrahmens zwischen Staat und Gewerkschaftsdachverband muß die Aufhebung der Tarifunterschiede zwischen sogenannten Frauen- und Männerberufen erfolgen – auf der Grundlage einer Neubestimmung des Leistungsbegriffs. Das Leistungsprinzip herkömmlicher Art ist gleichbedeutend mit der fortgesetzten Abwertung weiblicher Arbeit. Es sind sozialgerechte Leistungskriterien zu ermitteln und zur Grundlage der in Form von Lohn und Gehalt ausgedrückten gesellschaftlichen Anerkennung zu machen, die das tatsächliche Verhältnis von aufgewendeter Zeit, eingebrachtem qualifizierten Arbeitsvermögen und erzieltem Ergebnis bewertet.

– Der nach Geschlecht quotierte Zugang zu den Ausbildungsberufen, der sich an herkömmlichen Geschlechtsrollenvorstellungen orientiert und zudem das Berufswahlfeld für Mädchen stark einschränkt, ist aufzuheben und durch das Prinzip des freien Zugangs von Mädchen/Frauen und Jungen/Männern zu allen Berufszweigen zu ersetzen. Einziges Kriterium ist die Eignung, die individuell festzustellen ist.

---

[15] Im Original: „reproduziert".

– Zugang und Motivation von Männern, Berufe des sozialen und Dienstleistungsbereichs zu ergreifen, sind gezielt unter Beachtung der Folgen männlicher Sozialisation zu fördern. Gleichzeitig ist durch Erziehung und Öffentlichkeitsarbeit die gesellschaftliche Akzeptanz hierfür herzustellen.

– Zugang und Motivation von Frauen, Berufe im wissenschaftlichen und technischen Bereich – auch vor allem im high-tech-Bereich – zu ergreifen, ist durch gezielte Förderung, die die Folgen weiblicher Sozialisation berücksichtigt und auch durch entsprechende strukturelle Veränderungen, sind zu erhöhen.

2. In gewerkschaftlichen Interessenvertretungen und in den Betriebsräten sind Garantien für wirksame Wahrnehmung der Interessen und Rechte der Frauen zu installieren. In neuen gesetzlichen Regelungen zur innerbetrieblichen Mitbestimmung und in den Satzungen der Industriegewerkschaften und Gewerkschaften sollte die Verpflichtung zur Schaffung der Funktion einer Gleichstellungsbeauftragten und deren Kompetenzen festgeschrieben werden.

3. In Anbetracht der erforderlichen Umstrukturierung in der Wirtschaft und im Verwaltungsbereich sind Arbeitsbeschaffungs- und Umschulungsprogramme zu erarbeiten, die für Frauen und Männer eine chancengleiche Wiedereingliederung in die Berufstätigkeit ermöglichen. Im Zuge der Erweiterung der Selbständigkeit von Wirtschaftseinheiten und der Zulassung verschiedener Eigentumsformen ist zu sichern, daß bei Umstrukturierungen und bei der Freisetzung beziehungsweise Neueinstellung von Arbeitskräften die soziale Lage von Frauen sich nicht verschlechtert.

4. Es ist zu sichern, daß Wirtschaftsvereinbarungen mit anderen Staaten beziehungsweise ausländischen Firmen keine frauendiskriminierenden Regelungen enthalten.

[Ergänzung zur Vorlage 15/1]

III. Selbstbestimmung

Das Problem der Gleichstellung von Frau und Mann in der Gesellschaft ist verknüpft mit der Möglichkeit zu selbstbestimmtem Verhalten und zu selbstbestimmter Lebensweise generell.

Elementare Voraussetzung hierfür ist die ökonomische Unabhängigkeit von Frau und Mann.

Die AG „Gleichstellungsfragen" stellt fest, daß in Vergangenheit und Gegenwart insbesondere die Selbstbestimmung der Frau eingeschränkt oder gefährdet war beziehungsweise ist.

Gleichstellungspolitik hat also die Beachtung der nachfolgend benannten Aspekte zur Bedingung, wobei der wechselseitige Zusammenhang zwischen ihnen berücksichtigt werden muß.

A. Erziehung und Bildung

Für das Verhältnis der Geschlechter zueinander und für die Stellung von Frau und Mann in der Gesellschaft haben zweifellos auch die im Prozeß der Erziehung und Bildung vermittelten Leitbilder von Frau und Mann sowie die zugeordneten Geschlechtsrollen eine große Bedeutung.

Diese beeinflussen wesentlich Selbstbild, Selbstbewußtsein, Selbstsicherheit und das Vermögen, die eigene Lebenssituation selbstbestimmt zu gestalten, sowie das Bild vom und das Verhältnis zum anderen Geschlecht.

Noch immer sind Frauen in vielen Belangen Männern gegenüber im Nachteil. Dies hat Auswirkungen in nahezu allen Lebensbereichen – so auch bei der Berufswahl und hinsichtlich der Arbeitsteilung in der Partnerschaft beziehungsweise in der Familie.

Folglich sind Lehrinhalte und Bildungsziele so zu fassen, daß sie dem Grundsatz der Gleichstellung nicht zuwiderlaufen. Mädchen und Jungen sind zu einem partnerschaftlichen Umgang miteinander zu befähigen und ihnen ist in jeweils gleichem Maße eine tatsächlich selbstbestimmte Wahl des individuellen Lebensentwurfs [zu] ermöglichen – abseits von tradierten und einengenden Klischees. Das schließt natürlich die Förderung der Akzeptanz aller Lebensformen ein, die das Selbstbestimmungsrecht anderer nicht beschränken.

B. Integrität

Frauen und Männer haben das gleiche Recht auf Wahrung der körperlichen und psychischen Integrität, auf Selbstbestimmung über ihren eigenen Körper.

Die Anwendung von Gewalt gegen Frauen und Kinder durch Männer ist jedoch gesellschaftliche Realität. In der gegenwärtig vorhandenen Unsicherheit ist eine Zunahme dieser Erscheinung zu verzeichnen. Unter Gewalt sind alle Formen verbaler, körperlicher, auch sexueller Machtausübung zu verstehen, die die freie Willensbestimmung mißachten.

Gleichstellungspolitik muß daher die Schaffung wirksamer Instrumentalien zum Schutz von Frauen (auch in der Ehe) und Kindern einschließen. Möglichkeiten zur adäquaten Betreuung der Opfer von Gewalt müssen organisiert werden. Das Problem muß in der Öffentlichkeit thematisiert werden, Mechanismen und Hintergründe[16] dafür sind aufzuzeigen.

Die AG „Gleichstellungsfragen" spricht sich in diesem Zusammenhang klar gegen eine kommerzialisierte Zurschaustellung und Vermarktung, insbesondere des weiblichen Körpers aus und äußert zugleich die Befürchtung, daß die in der DDR vorhandenen Defizite in der Auseinandersetzung mit dieser Problematik sowie mögliche Verschlechterung der sozialen Lage, vor allem von Frauen, die Tendenzen zur Verbreitung von Pornographie und Prostitution begünstigen.

C. Elternschaft

Zur Selbstbestimmung zählt auch das Recht der Frau auf freie Entscheidung zur Mutterschaft. Eingeschlossen darin ist das Recht auf unentgeltlichen Schwangerschaftsabbruch. Die AG „Gleichstellungsfragen" ist der Auffassung, daß dieses Recht im Rahmen der in der DDR geltenden Fristenregelung gewährleistet bleiben muß.

Gleichzeitig plädiert die AG „Gleichstellungsfragen" dafür, die Befähigung zu verantwortlichem Umgang mit Sexualität bei beiden Geschlechtern wesentlich zu fördern. In

---

[16] Im Original: „Hintergründe der Gewaltanwendung sind aufzuzeigen."

diesem Zusammenhang ist es notwendig, die gemeinsame Verantwortung von Frau und Mann in Bezug auf Elternschaft deutlich zu machen. Kontrazeption kann nicht nur Sache der Frau sein.

Es sind also auch alternative Formen der Geburtenregelung zu ermöglichen –

D. Medien

Die ungleiche Stellung von Frau und Mann in der Gesellschaft spiegelt sich auch in den Medien wider. Über frauenpolitische Ereignisse und frauenbezogene Aktivitäten wird vergleichsweise selten und in geringem Umfang berichtet. Hier wird also die überkommene Bewertung wirksam, die „frauenspezifische" Angelegenheiten für weniger wichtig hält als andere. Auch sexistische Darstellungen /4/ in Wort und Bild sind üblich.

Um eine Sensibilisierung für die Geschlechterfrage zu erreichen, ist eine Thematisierung und öffentliche Diskussion des Problems unumgänglich.

Eine besondere Rolle sollte in dieser Hinsicht das Ministerium für Gleichstellungsfragen spielen. Zudem sollten die Gleichstellungsbeauftragten auf den verschiedenen Ebenen der Exekutive Befugnisse erhalten, auf deren Grundlage sie gegen sexistische Darstellungen vorgehen können.[17]

Damit bin ich am Ende dieses Papiers. Ich möchte betonen, daß das natürlich nicht alle Aspekte in gleicher Tiefgründigkeit behandeln kann, einfach aufgrund der Zeit. Es wäre da sicher noch einiges zu benennen, aber ich bitte Sie, erst einmal das Papier als Positionspapier der Arbeitsgruppe so zur Kenntnis zu nehmen.

Aus diesem Papier, ich sagte das schon, haben wir zwei Anträge abgeleitet. Der eine **Antrag** ist der **15/2: Zur Einrichtung eines Ministeriums für Gleichstellungsfragen** und der andere Antrag setzt sich zusammen aus sechs Einzelanträgen, und ich frage jetzt die Gesprächsführung: Wie verfahren wir?

Lange (Moderator): Ich möchte Ihnen zunächst danken, daß Sie uns diese **Vorlage 15/1** hier vorgetragen haben. Und dieser Dank bezieht sich natürlich auch auf die intensive Arbeit dieser Arbeitsgruppe „Gleichstellungsfragen", die wir mit diesem Papier jetzt vorliegen haben. Da diese Arbeitsgruppe auch bei **[Vorlage] 15/2** mitgezeichnet hat, würde ich Sie bitten, doch gleich dieses noch zu erläutern, **15/2**.

Und dazu gibt es noch eine Information, die angeheftet ist, **Information 15/1**. Des weiteren bitte ich die Teilnehmer des Runden Tisches dann weiter zur Hand zu haben die **Vorlage 15/3** und **15/4**, die wir im Zusammenhang mit diesem Positionspapier dann hier zu behandeln haben.

Frau Schenk, sind Sie so freundlich, zu **[Vorlage] 15/2** gleich noch etwas zu sagen?

Frau Schenk (UFV): Ja. In dem Positionspapier der Arbeitsgruppe „Gleichstellungsfragen" ist es bereits erwähnt worden, daß die Schaffung staatlicher oder **politischer In-**strumentarien unumgänglich ist, um die Frage der Gleichstellung voranzubringen. Wir haben also den Antrag abgeleitet:

[Vorlage 15/2, Antrag UFV, AG „Gleichstellungsfragen" und AG „Sozialpolitik": Zur Einrichtung eines Ministeriums für die Gleichstellung von Frauen und Männern]

Die Regierung der DDR wird aufgefordert, unverzüglich ein Ministerium für Gleichstellung von Frauen und Männern einzurichten.

Begründung

Die Gleichstellung von Frauen und Männern in allen Lebensbereichen der Gesellschaft ist nur mit einer aktiven Gleichstellungspolitik durchsetzbar.

Hierzu ist ein politisches Instrumentarium erforderlich.

Ein Ministerium für die Gleichstellung von Frauen und Männern würde eine Einflußnahme auf die politische, ökonomische, soziale, ökologische und kulturelle Umgestaltung der Gesellschaft im Hinblick auf die Herstellung der Chancengleichheit für Frauen und Männer realisieren können.

Eine wesentliche Aufgabe dieses Ministeriums muß die Gewährleistung gleicher Chancen für Frauen und Männer hinsichtlich des Zugangs zum Arbeitsmarkt sein. Dies schließt die Erhaltung beziehungsweise Erweiterung der dazu notwendigen wirtschaftlichen, sozialen und juristischen Rahmenbedingungen ein.

Darüber hinaus hat das Ministerium in Anbetracht des wenig entwickelten Bewußtseins in bezug auf die Gleichstellungsproblematik eine intensive Öffentlichkeitsarbeit zu leisten, die zu einer Sensibilisierung für diese Frage – als eine der {wesentlichen} Voraussetzung{en} für Veränderungen[18] – führen muß.

In der **Information 15/1**[19] des UFV sind detailliert die notwendigen Aufgaben und Maßnahmen in Legislative, Exekutive und Jurisdiktion dargelegt.[20]

Lange (Moderator): Vielen Dank. Der **Antrag 15/3** kommt ja auch aus Ihrer Arbeitsgruppe, aber ich denke, den sollten wir dann an der entsprechenden Stelle, wenn wir im Text auf diese Fragen der Kinderbetreuung kommen, vornehmen.

Zunächst sollten wir uns darüber klar werden, was mit diesem Positionspapier zu erreichen ist. Die Zielstellung finden wir auf der ersten Seite im vorletzten Abschnitt: „Die Mitglieder der Arbeitsgruppe ‚Gleichstellungsfragen' erwarten, daß die im vorliegenden Papier enthaltenen Grundsätze Eingang finden in die Politik der gegenwärtigen und der künftigen Regierung der DDR".

Hier ist also der Adressat ganz klar benannt. Und auch die Forderung und der Vorschlag, den Sie eben noch vorgetragen haben, geht in diese **Richtung der Regierung,** das heißt,

---

[17] Dieser Vortrag wurde schriftlich zu Protokoll gegeben. Die in { } gesetzten Ausführungen wurden davon abweichend nur mündlich vorgetragen. Die in [ ] gesetzten Texte finden sich nur in der schriftlich zu Protokoll gegebenen Fassung.

[18] Im Original: „als eine der Voraussetzung für Veränderungen".
[19] Dokument 15/11, Anlagenband.
[20] Dieser Vortrag wurde schriftlich zu Protokoll gegeben. Die in { } gesetzten Ausführungen wurden davon abweichend nur mündlich vorgetragen. Die in [ ] gesetzten Texte finden sich nur in der schriftlich zu Protokoll gegebenen Fassung.

ich wollte gern darauf noch einmal Wert legen, die gegenwärtige und auch die zukünftige sollte dies, was hier zusammengestellt worden ist, im Blick behalten.

Damit steht dies zur Aussprache. Wer möchte dazu das Wort nehmen? Ja, jetzt müssen wir erst einmal ganz schnell – wir fangen einmal hier an. Frau Barbe von der SPD. Gab es hier noch weitere – Frau Poppe, war das eine Wortmeldung? –

Frau Barbe, darf ich Sie zunächst bitten, und die anderen sind so freundlich und melden sich, ja. Bitte schön.

Frau Barbe (SPD): Ich möchte nur darauf hinweisen, daß es hier eine Ergänzung gibt. Die SPD hat in dieser Gruppe „Gleichstellungsfragen" mitgearbeitet, und es wäre schade, wenn unser Name fehlt. Da stecken viele Stunden Arbeit drin. Und außerdem haben wir uns auch dafür stark gemacht, eine gemeinsame Kommission einzusetzen, die aus Frauen besteht aus Ost und West, und das finden wir auch eine wichtige Sache. Denn auch die Frauen in der Bundesrepublik würden sich darüber freuen, wenn es dieses **Recht auf Kindergartenplätze** dort geben würde, oder diese vier Wochen **Arbeitsfreistellung** zur **Betreuung kranker Kinder**. Und wir finden das einen wichtigen Gesichtspunkt, der noch hier miterwähnt werden müßte.

Lange (Moderator): Frau Birthler?

Frau Birthler (IFM): Ich freue mich über weite Passagen dieses Textes und stimme Ihnen zu. Auf ein Problem möchte ich trotzdem aufmerksam machen.

Zum Abschnitt I, Seite 4, mir scheint hier – und das kann ja auf ein Mißverständnis zurückkommen – das Thema Kind in diesem ganzen Text einzig als Problem vorzukommen, ein Problem, das selbstbestimmtes Leben von Frauen und Männern eingrenzt.

Und ich wünschte mir, daß da auch noch andere Töne angeschlagen werden. Kinder großzuziehen ist ja auch ein wesentlicher Teil von **Selbstverwirklichung** von Männern und Frauen. Und wenn es da Reibungen gibt mit dem Berufsleben, die ja zweifellos vorkommen, sollte man wirklich in kreativer Weise versuchen, dieses Problem zu lösen und nicht immer nur auf die klassischen **Modelle Krippe, Kindergarten, Hort, Kinderferienlager** und so weiter zurückkommen.

Es gibt inzwischen wirklich interessante Modelle, zum Beispiel auch die **Förderung von Wohngemeinschaften** auch Alleinerziehender, die dieses Problem auf eine andere Weise lösen.

Lange (Moderator): Vielen Dank. Frau Wolff, Grüne Partei.

Frau Wolff (GP): Ja. Also, erst einmal trägt die Grüne Partei dieses Papier grundsätzlich mit und ich bin auch froh, daß es in dieser Form entstanden ist. Ich habe nur eine kleine Ergänzung, und zwar auf dem Ergänzungspapier auf der Seite 2 zum Punkt B, „Integrität", würde ich mir wünschen, daß bei dem dritten Absatz noch dazukommt, daß das **Strafgesetzbuch** verändert wird in den Paragraphen 121 und 122.

Das sind die Paragraphen, die die **Vergewaltigung** als Straftat behandeln, wo also Vergewaltigung in der Ehe nicht mit aufgeführt ist, und wo die Selbstbestimmung und das Selbstwertgefühl der Frau meiner Meinung nach ziemlich stark angegriffen wird. Frauen müssen dort nachweisen, daß sie sich gewehrt haben, sonst wird überhaupt kein Prozeß eröffnet.

Lange (Moderator): Ja, danke schön. Frau Tippel, PDS.

Frau Tippel (PDS): Es zeigten sich in den letzten Tagen Erscheinungen, die uns veranlassen, hier auch, obwohl wir das Papier so grundsätzlich mittragen, eine Ergänzung notwendig erscheinen lassen. Und zwar auf der Seite 4 zu dem Punkt 2.

Ausgehend von der Tatsache, daß bereits jetzt **arbeitslosen Müttern** Kinderkrippen und Kindergartenplätze gekündigt werden, schlagen wir vor, hier einen Zusatz aufzunehmen und zwar nach dem ersten Satz im Punkt 2, der folgendermaßen lautet: „Arbeitslosen Müttern und Vätern ist der Anspruch auf einen Kinderkrippen- beziehungsweise Kindergartenplatz zu erhalten, da ihnen sonst die erneute Aufnahme einer Erwerbstätigkeit unmöglich gemacht wird".

Zum zweiten beantragen wir in dem **Ergänzungspapier 15/1**, im dritten Absatz, wo es um alternative Formen der Geburtenregelung geht, den zweiten Teil des Satzes, darunter auch die **Sterilisation** auf eigenen Wunsch zu streichen.

Die **Vorlage 15/3** ist noch nicht ausdrücklich eingebracht. Kann ich hierzu auch schon gleich die Positionen mit äußern?

Lange (Moderator): Ja, bitte schön.

Frau Tippel (PDS): Und zwar zu dem ersten Punkt. Wir gehen davon aus, daß es künftig neben einem qualitativ zu verbessernden System gesellschaftlicher Kinderbetreuung in Kinderkrippen, Kindergärten, Ferienlagern und Schulhorten vielfältige, alternative Formen der Kinderbetreuung geben wird. Diese zu bildende Kommission, die hier vorgeschlagen wird, sollte unserer Meinung nach besonders zwei Punkten ihrer Tätigkeit Aufmerksamkeit schenken, und zwar:

Erstens: Maßnahmen zur Beibehaltung der subventionierten **gesellschaftlichen Kinderbetreuung** durch Fondssicherung in den Kommunen und Betrieben und

zweitens: Finanzierungsmöglichkeiten für **alternative Kinderbetreuung** in den Kommunen durch Verwendung von Steuern oder ähnlichem zu prüfen und entsprechende Varianten herauszuarbeiten. Danke.

Lange (Moderator): Danke, Frau Tippel. Es hat jetzt das Wort Herr Krause, CDU.

Krause (CDU): Ja, ich danke zunächst Frau Schenk vom Unabhängigen Frauenverband für die Darlegung dieser Dinge. Ich weiß ja, daß in dieser Vorbereitungskommission kein Mann anwesend war, und deswegen haben wir uns hier von der CDU ausgemacht, daß ich jetzt zu diesen Dingen einmal spreche.

Wir tragen den Inhalt dieses Dokuments mit zwei Ergänzungen, jedoch mit einer anderen Schlußfolgerung. Die CDU ist ja nicht genannt worden unter denjenigen, die hier mitgearbeitet haben. Die Kollegin Rödelstab neben mir hat dort mitgearbeitet. Ich will mich äußern zu zwei Dingen.

Frau Schenk (UFV): Entschuldigung, ich habe nicht gesagt, daß sie nicht mitgearbeitet haben, nur direkt das Papier mitgetragen, das ist also ein Unterschied. Mitgearbeitet haben alle bis auf der – –

Krause (CDU): Gut. Also, ich will das auch so verstanden haben, und wir tragen die inhaltlichen Dinge. Ich möchte jedoch zwei Ergänzungen machen und vielleicht eine andere Schlußfolgerung ziehen. Deswegen trägt das nicht den Konsens der CDU als Schlußfolgerung. Ich begründe das: Für uns Mitglieder der CDU ist die **Familie** das erste Zentrum und erste Schule sozialer Bildung und Befähigung. Es ist ja fast ein Leitsatz der Geschichte: familia semper prima schola vertutum sozialium est, also erste Schule sozialer Tugenden.

Und aus diesem Grunde können wir die Schlußfolgerung nicht ganz tragen und schlagen vor, das hatten wir auch als eine Vorlage angegeben, daß wir ein **Ministerium für Familie und Soziales** schaffen werden. In diesem Ministerium Familie und Soziales sollen eingebettet werden als Schwerpunktbereiche des Ministeriums die Gleichstellung der Geschlechter, Kinder, Jugendliche, ältere Menschen und Sozialwesen.

Ich möchte das ganz kurz begründen: Nach unserer Meinung ist es an der Zeit, mit der gegenwärtigen Umgestaltung die erforderlichen Rahmenbedingungen, die Rechte und Interessen von Kindern, Jugendlichen, Frauen und Männern neu zu formulieren. Ein dafür verantwortliches Ministerium hat die Formen, Strukturen und Beziehungen der Familien in ihrer Vielfalt, also auch Lebensgemeinschaften und Alleinstehende, zu achten und zu schützen.

Das erfordert nach unserer Meinung unter anderem politische, rechtliche, wirtschaftliche und soziale Gleichstellung von Frau und Mann mit Berücksichtigung der Differenziertheit innerhalb beider Gruppen, die Vereinbarkeit der Arbeit in Beruf und Familie, die Festlegung der Rechte des Kindes und Einräumung eines **altersentsprechenden Subjektstatus** in Anlehnung an die UNO-Konvention über die Rechte des Kindes, die Verwirklichung materieller, sozialer und geistig-kultureller Ansprüche älterer Menschen, und auch die Nivellierung der Gesetze und die Übernahme der Verantwortung für Einrichtungen der Vorschulbetreuung und -erziehung, Kinderkrippen und Kindergärten sowie der Heimerziehung – –

Also noch einmal: Wir schlagen vor ein **Ministerium für Familie und Soziales** zu schaffen, tragen die inhaltlichen Positionen, die hier von Frau Schenk dargelegt worden sind.

Dann noch zwei Ergänzungen:

Eine Ergänzung zur **Vorlage 15/1**. Zu dieser sehe ich mich gedrängt, weil vorhin Ausführungen gemacht worden sind von einer Vertreterin des Demokratischen Frauenbundes Deutschlands. Hier wird unter Anstrich zwei etwas gesagt zur Kinderbetreuung, zur **Schulspeisung**. Ich will das dennoch einmal wiederholen, ja. Seite 4, 2. Ich möchte hier noch einmal erklären:

Die CDU setzt sich im Rahmen ihrer familienpolitischen Konzeption für eine familienbegleitende, **sozial gesicherte Kinderbetreuung** ein. Dazu gehören gesetzliche Regelungen über staatliche Subventionen, mit denen auf kommunaler Ebene gewährleistet werden kann, daß alle Kinder, deren Eltern es wünschen, eine Kinderbetreuungseinrichtung beziehungsweise einen Hort besuchen und an einer Schulspeisung teilnehmen können.

Besondere Berücksichtigung sollen dabei die sozialen Anliegen alleinstehender Frauen und Männer finden. Das scheint mir nötig.

Und ich möchte vielleicht auch sagen der Vertreterin des DFD, daß man vielleicht nicht nur das „ND" [Neues Deutschland] und andere Zeitungen lesen sollte, sondern wenn man solche Positionen formuliert, vielleicht auch zu den Quellen gehen sollte, also zum Beispiel auch lesen müßte, was die CDU zu diesen Positionen beziehungsweise der stellvertretende Minister gesagt hat.

Eine zweite Ergänzung zu einer Vorlage, die hier uns gegeben ist, die Vorlage über das **Elternrecht,** ja. Die Elternschaft.

Lange (Moderator): Können Sie die Nummer bitte sagen, Herr Krause?

Krause (CDU): Ja, die **Vorlage 15/1** ist das, einen Moment bitte, Seite 3. Zur „Elternschaft": Hier gilt einschränkend auch das, was bereits vorhin von mir gesagt worden ist, daß wir unter Beachtung und entsprechender Anwendung des Gesetzes über den **Schwangerschaftsabbruch** hier uns äußern möchten. Also, die gleiche Position wie vorhin. Dann können wir das C, „Elternschaft", mittragen als Abschnitt.

Lange (Moderator): Herr Krause, könnten Sie noch einmal eben die letzte Stelle genauer benennen, damit wir wissen worum es geht.

Krause (CDU): Das ist die **Vorlage 15/1**. Auf der Seite 3 ist eine Formulierung verwendet.

Lange (Moderator): An welcher Stelle?

Krause (CDU): Das ist der zweite Satz: „eingeschlossen darin ist das Recht auf unentgeltlichen Schwangerschaftsabbruch". Wir hatten bereits vorher gesagt, daß das entsprechende Gesetz doch behutsamer – –

Lange (Moderator): Ist das vielleicht jetzt, entschuldigen Sie bitte, die Ergänzung?

Krause (CDU): Die Ergänzung zur Vorlage, ja, Entschuldigung.

Lange (Moderator): Ja, deshalb, also, deshalb frage ich zurück, Ergänzung zur **Vorlage 15/1** auf Seite 3, ist das der Punkt C, „Elternschaft". Dazu haben Sie jetzt gesprochen. Nur, daß die Stelle uns bewußt ist, ja.

Vielen Dank.

Krause (CDU): Ja, bitte.

Lange (Moderator): Frau Jürk, DBD.

Frau Jürk (DBD): Meine Damen und Herren, ich darf im Namen der Demokratischen Bauernpartei Deutschlands den vorliegenden Anträgen und Vorlagen meine Zustimmung geben. Auch wir sind der Auffassung, daß sich die Probleme bezüglich der **Frauenfrage** im Prozeß der weiteren Entwicklung in unserem Lande nicht automatisch lösen, sondern diese ganz gezielter politischer Aktivitäten und auch entsprechender politischer Institutionen bedürfen.

Die in den vorliegenden Papieren aufgegriffenen Probleme sind, so meinen wir, von grundsätzlicher Natur. Sie sind typisch für die Situation der Frauen sowohl in den Städten als auch und nicht weniger für die Situation der Frauen auf dem Lande. Wir meinen, daß die vorgeschlagenen politischen Lösungen wichtige Schritte sein können zu einer praktikablen Gleichstellungspolitik, die immer dringlicher erforderlich wird. Denn die **Geschlechterfrage** rückt unter den gegenwärtigen Bedingungen des gesellschaftlichen Umbruchs mehr und mehr ins Blickfeld des öffentlichen Lebens und gewinnt, so kann man sicherlich mit Recht sagen, auch immer weiter an Schärfe.

Nicht nur, daß die Benachteiligung der Frauen gegenüber dem männlichen Geschlecht nach wie vor ein ungelöstes Problem ist. Es spitzt sich vielmehr in der durch **Destabilisierung** gekennzeichneten Lage **in unserem Lande** weiter zu und löst aus der Sicht des in Gang gekommenen Prozesses der Vereinigung beider deutscher Staaten, insbesondere der **forcierten Umgestaltung der DDR-Wirtschaft auf marktwirtschaftliche Prinzipien,** besonders bei den Frauen begründete Ängste und Unsicherheit vor Sozialabbau aus.

Auch aus dieser Sicht stimmen wir den in den Vorlagen gegebenen Vorschlägen zu, und ich möchte hinzufügen, daß auch die Demokratische Bauernpartei bei der Erarbeitung dieser Materialien mitgearbeitet hat und diese Materialien voll und ganz trägt.

Danke schön.

Lange (Moderator): Darf ich einmal eine Zwischenbemerkung machen? Es sind bisher einige zustimmende Erklärungen abgegeben worden, aber auch einige Änderungswünsche vorgetragen worden. Wir möchten Sie freundlich bitten, das, was Sie verändert haben möchten im Text oder was auch ergänzt werden soll, uns doch schriftlich hier nach vorn zu geben, damit wir dann eine bessere Übersicht haben. Vielen Dank.

Es hat jetzt das Wort Frau Günther, NDPD.

Frau Günther (NDPD): Die NDPD hat in allen Ausgangspunkten und Zielrichtungen an dem Papier mitgearbeitet. Wir stimmen demzufolge dem Papier zu. Wir sind der Meinung, daß zur Selbstbestimmung der Frau auch die **Sterilisation** und der **Schwangerschaftsabbruch** dazu gehört. Wir stimmen der **Vorlage 15/1, 15/2** und dem Papier **15/3** zu. Danke schön.

Lange (Moderator): Vielen Dank. Frau Barbe, SPD.

Frau Barbe (SPD): Ich würde gerne einmal auf den Zusatz oder die Änderung eingehen, die von der CDU hier vorgebracht worden ist. Wir gehen davon aus, daß das **Kindeswohl** ein übergeordneter Entscheidungsfaktor in Zukunft sein muß. Und ich freue mich darüber, daß es alle Parteien so sehen.

Und dennoch denke ich, daß ein **Gleichstellungsministerium** etwas ganz Wichtiges ist, etwas Neues ist, das unbedingt installiert werden muß, und würde das gern aus dem **Ministerium Familie und Soziales** herausheben.

Das heißt: Wir schlagen das hier im Papier vorgeschlagene Ministerium auch vor, wir unterstützen das und befürworten es und wollen außerdem dieses Kindeswohl besonders berücksichtigt wissen in diesem Ministerium Familie und Soziales, unterscheiden uns also da von der Position der CDU, weil wir denken, daß die Rechte der Frauen unbedingt mehr Berücksichtigung finden müssen in Zukunft.

Wir haben es außerdem durchgesetzt, die rechtliche **Fristenlösung,** wie sie jetzt in der DDR besteht, auch in unserem Programm zu verabschieden und [wir] befürworten es so, wie es hier dargestellt ist. Danke.

Lange (Moderator): Ja, das war eine Gegenposition zu dem, was Herr Krause vorgetragen hatte. Ich möchte darauf hinweisen, daß dieser Antrag der CDU uns noch schriftlich vorgelegt wird. Ist das richtig?

Krause (CDU): Ja, der ist eingereicht.

Lange (Moderator): Ist schon in Arbeit? Vielen Dank. Frau Birthler, Initiative Frieden und Menschenrechte.

Frau Birthler (IFM): Zum gleichen Thema. Ich würde das unterstützen, daß es ein Ministerium für Gleichstellung geben sollte.

Ich möchte in diesem Zusammenhang auf **Vorlage 15/6** von der Arbeitsgruppe „Bildung, Erziehung, Jugend" aufmerksam machen, in dem ein **Ministerium für Kinder, Jugend, Familie und Soziales** gefordert wird. Dahinter steht unsere Auffassung, daß auch der Bereich der **Krippenerziehung** und der **Kindergartenerziehung** in den Bereich dieses Ministeriums gehört, weil dies familienunterstützende Einrichtungen sind und also aus dem Bereich Gesundheitswesen und Erziehungswesen herausgelöst werden sollten.

Lange (Moderator): Das heißt, Sie sprechen aber zu dem Vorschlag, wie er uns hier vorliegt? Es sollte getrennt sein in dem Sinn, wie Frau Barbe das eben vorgetragen hat. Habe ich Sie richtig verstanden?

Frau Birthler (IFM): Ja, ich wollte nur darauf aufmerksam machen, daß eben auch Krippen- und Kindergartenwesen in den Bereich dieses Ministeriums dann hineingehören.

Lange (Moderator): Ja, vielen Dank.

Frau Deneke (PDS): Die PDS unterstützt die im vorliegenden Positionspapier der Arbeitsgruppe „Gleichstellungsfragen" enthaltenen Vorstellungen zur Veränderung der **Arbeitszeitregelung.** Die Ausführungen zur flexiblen Arbeitszeitregelungen würden wir dahingehend ergänzen, daß die Festlegung flexibler Arbeitszeit im Interesse der Arbeitenden erfolgen muß und deren Bedürfnissen entsprechend festzulegen ist.

Die Berufstätigen haben ein Mitspracherecht. Anderenfalls könnte eine Flexibilisierung der Arbeitszeit durch die Betriebe und Unternehmen zur Erweiterung von Nacht- und Wochenendarbeit beziehungsweise auch längerer Maschinenlaufzeit und ähnlichen genutzt werden.

Zum Problem der **Teilarbeitszeit** vertreten wir die Position, daß eine solche Möglichkeit generell gegeben sein sollte. Wir weisen jedoch darauf hin, daß die Teilarbeitszeit vor dem Hintergrund der existierenden gesellschaftlichen Arbeitsteilung vor allem von Frauen in Anspruch genommen würde, womit ein grundlegendes Ziel der Frauenbewegung, die **ökonomische Unabhängigkeit der Frauen,** wieder in Frage gestellt werden könnte.

Darüber hinaus sehen wir bei Teilarbeitszeit für Frauen schlechtere Aufstiegschancen im Beruf, was den angestrebten Zielen der Frauenbewegung in diesem Land ebenfalls widerspricht. Die PDS spricht sich deshalb im Interesse einer tatsächlichen Gleichstellung beider Geschlechter für die **Verkürzung der wöchentlichen Arbeitszeit** für Frau und Mann als die anzustrebende Variante aus, so, wie es vorhin auch in der Sozialcharta, Seite 4, zur Vierzig-Stunden-Arbeitswoche zum Ausdruck gebracht worden ist.

Danke.

Lange (Moderator): Frau Kretschmar, PDS.

Frau Kretschmar (PDS): Ja, ich möchte mich noch einmal beziehen auf die Zustimmung zum Ministerium für Gleichstellung, die vorher schon von der SPD gekommen ist. Wir würden das ausdrücklich unterstützen.

Eine Bemerkung: Zu diesem Papier, **Vorlage 15/1,** ist ja bereits gesagt worden, daß wir daran mitgearbeitet haben und ihm grundsätzlich zustimmen.

Eine kleine Ergänzung zu Seite 8. Dort geht es um die Aufhebung des **quotierten Zugangs zu Ausbildungsberufen.** Wir stimmen dem zu, wenn es sich darauf bezieht, daß die bisherige Quotierung, die zu ungunsten von Mädchen erfolgt ist, aufgehoben werden muß.

Wir weisen jedoch darauf hin, wenn die Eignung zum einzigen Kriterium erklärt wird, kann es sehr leicht dazu führen, daß es zu neuen Benachteiligungen von Mädchen kommen kann, und wir würden denken, daß es notwendig ist, hier eine sinnvolle Quotierung der Ausbildungsplätze anzustreben.

Danke.

Lange (Moderator): Würden Sie uns dazu eine Formulierung vorlegen können? Dann bitten wir darum.

Es hat sich gemeldet Herr Hammer, VdgB.

Hammer (VdgB): Ja, die Vereinigung der gegenseitigen Bauernhilfe trägt dieses Papier voll mit. Sie hat also auch in dieser Arbeitsgruppe „Gleichstellung" mitgearbeitet. Die Erwähnung bleibt hier noch aus, aber ich glaube, das kann noch erfolgen.

Wir geben auch deshalb unsere Zustimmung, weil wir besonders in den **ländlichen Räumen** befürchten müssen, daß unter den neuen Bedingungen, die sich auch in der Wirtschaftspolitik ergeben, auch die Frauen besonders gefordert sind, daß wir also auch hier besonders Möglichkeiten schaffen müssen für **Umschulung der Frauen.**

Über 50 Prozent der **Genossenschaftsmitglieder** sind meistens Bäuerinnen, die also auch in der nächsten Zeit unter dem starken, wachsenden Druck – EG und so weiter – doch keine Perspektiven mehr haben, und daß wir hier klare Formulierungen brauchen, wie wir also auch die sozialen Bereiche unserer Frauen insgesamt absichern können.

Ich glaube, hier sind genügend gute Aussagen dazu gemacht worden.

Lange (Moderator): Frau Poppe, Demokratie Jetzt.

Frau Poppe (DJ): Ich möchte noch eine Ergänzung vorschlagen: **Vorlage 15/1**, Seite 6, und zwar dahingehend, daß neben den „Maßnahmen im legislativen und administrativen Bereich und in den kommunalen Vertretungskörperschaften" auch „**Fraueninitiativen** an der Basis staatlich gefördert und auch finanziell unterstützt" werden sollten. Also zum Beispiel Frauengruppen, **Frauenhäuser**, Begegnungsstätten für Frauen, Beratungsstellen und ähnliches.

Lange (Moderator): Ja, auch diese Ergänzung würden wir dann bitte schriftlich bekommen.

Frau Weiske, Grüne Partei.

Frau Weiske (GP): Die Grüne Partei lehnt diese Einengung auf ein **Ministerium für Familie und Soziales**, wie es vorgeschlagen wurde, ab, da in einem solchen Rahmen die Rechte der **Alleinerziehenden** schon einmal allein nicht in diesem Maße Berücksichtigung finden würden. Das zeigt die Geschichte anderer Länder, die mit diesem Ministerium für Familie und Soziales arbeiten, daß dort die Gleichstellungsfrage durchaus nicht der Hauptbeweggrund dieser Art von Ministerien ist.

Deswegen sollte der Antrag bestehen bleiben, daß ein Ministerium für Gleichstellungsfragen zu gründen ist. Des weiteren sind wir dagegen, eine **Verwässerung** oder Relativierung der in der DDR existierenden rechtlichen **Regelungen zum Schwangerschaftsabbruch** einzubringen.

Lange (Moderator): Ja, Herr Mäde hatte nur eine Zwischeninformation zu dem Punkt Quotierung und **Lehrlingsausbildung.**

Bitte.

Mäde (VL): Ich will nur sagen, daß da von uns ein Antrag kommt, ja, der wird jetzt geschrieben, der diese Problematik berücksichtigt.

Lange (Moderator): Frau Schießl, FDGB.

Frau Schießl (FDGB): Der FDGB vereint in seinen Reihen nach wie vor mehr als 50 Prozent der werktätigen Frauen, das sind mehr als vier Millionen. Und im Auftrag dieser Frauen möchte ich nachdrücklich dem vorgelegten Papier unsere Zustimmung erteilen.

Wir haben in der Arbeitsgruppe „Gleichstellung für Männer und Frauen" intensiv mitgearbeitet, und wir verpflichten uns hier noch einmal öffentlich, künftig in den Gewerkschaften eine intensivere Frauenarbeit zu organisieren.

Dazu gehört beispielsweise, daß wir hier das, was im Papier abgefordert ist – **Tarifrahmenverhandlungen,** eine Tarifreform, die Herstellung der Beauftragten für Gleichstellung, der Einsatz für Quotenregelung und Chancengleichheit und viele andere Dinge – nachdrücklich unterstützen wollen, und daß wir damit also den vielen Frauen, die in den Gewerkschaften organisiert sind, Unterstützung geben wollen im Hinblick auf ihre besondere Lage.

Ich möchte auch darüber informieren, daß es künftig, durch die **Gewerkschaften** organisiert, eine **Bundesfrauenkonferenz** geben wird. Die wird das erste Mal im Herbst dieses Jahres durchgeführt werden. Und wir bitten, aus Anlaß des 8. März [1990], in diesem Jahr alle Parteien darum, sich zu beteiligen an dem **Frauentagsforum** am Abend des 8. März, das unter dem Motto stattfinden wird: „**Frauen fragen Spitzenkandidaten**". Die Einladungen dazu sind erteilt, und diese Initiative wird getragen vom Unabhängigen Frauenverband, vom Demokratischen Frauenverband und vom FDGB.

Lange (Moderator): Danke. Es hatte sich als nächste gemeldet Frau Rödelstab, CDU.

Frau Rödelstab (CDU): Ich möchte noch den Beitrag der CDU ergänzen, und zwar hinsichtlich – – daß wir einen Gegenantrag einbringen. Wir haben gehört, daß unsere Vorlage, die wir am Freitag eingereicht haben, nicht vervielfältigt wurde. Oder sie wird noch und kommt, das wäre dann die **Vorlage 15/14 [Antrag CDU: Schaffung eines Ministeriums für Familie und Soziales].** Wir haben uns bei unserem Antrag davon leiten lassen, daß wir nicht unnötig die Anzahl der Ministerien erhöhen wollen, und wir sind des weiteren der Meinung, daß nur bei einem Ministerium die Komplexität der Probleme verwirklicht werden kann. Denn es geht nicht nur um ein Miteinander der Geschlechter, sondern auch der Generationen. Und um die Bedeutung der Gleichstellung von Frau und Mann zu unterstreichen, könnte man daraus dann ein **Staatssekretariat** gründen.

Lange (Moderator): Ja, wir werden das ja noch zu verhandeln haben, wenn uns dann Ihre Vorlage in die Hand gegeben wird.

Als nächsten Sprecher Herr Wolf, LDP.

Wolf (LDP): Ich möchte die schon von mehreren Parteien und politischen Kräften dargestellte prinzipielle Zustimmung nicht wiederholen, sie wird auch von uns mitgetragen.

Was die Problematik der Bildung eines Ministeriums für Gleichstellung von Frauen und Männern angeht: Vom Ansatz her sind wir auch dafür, aber wir meinen und kommen da der Auffassung von der CDU oder auch der Kollegen von der Grünen Partei etwas näher, daß es ja mehr Probleme der Gleichstellung gibt als nur zwischen Frauen und Männern in dem hier beschriebenen und verstandenen Sinne.

Es gibt die Rechtsform der **Lebensgemeinschaft,** die noch nicht ausgestaltet ist, die aber auch gegenüber der Rechtsform der Ehe in Zukunft eine bestimmte weitergehende rechtliche Ausgestaltung erfahren muß und insofern auch eine Frage der Gleichstellung ist.

Ich sage damit nicht „der absoluten Gleichstellung", denn es wird bestimmte Wertigkeiten oder Kriterien geben müssen, über die ich hier nicht zu sprechen habe. Das ist teilweise auch sehr subjektiver Natur. Aber es ist ein dringendes Gebot sozialer Betrachtungen und rechtlicher Erwägungen.

Aber auch die **gleichgeschlechtlichen Lebensgemeinschaften** in unserem Lande und darüber hinaus bedürfen einer besseren gesellschaftlichen Anerkennung und auch eines bestimmten **juristischen Schutzes,** wo andere Länder schon weiter sind, die die Stabilität, und das ist ja das entscheidende Kriterium solcher Lebensgemeinschaften, sei es nun die Ehe, sei es die Lebenspartnerschaft oder sei es gleichgeschlechtliche Beziehung, hervorheben und schützen. Auch auf diesem Gebiet ist das **Ausländerrecht** bei uns weiter zu entwickeln, was Lebensgemeinschaften verschiedener Bürger verschiedener Nationen angeht.

Also wir meinen, daß, wenn man ein solches **Gleichstellungsministerium** – ich sage es einmal verknappt und sicher etwas unzutreffend – bedenkt, dann müßte es umfassender begriffen und definiert und auch ausgestaltet werden, vor allem weil hier nicht nur Dinge der Vergangenheit aufzuarbeiten sind, sondern weil es auch eine zukünftige Dimension hat, wenn wir daran denken, wohin sich die Entwicklung in Deutschland und in Europa überhaupt vollzieht.

Das als Ergänzung und Anmerkung dazu. Und wir würden entsprechende Gedanken oder auch kurze stichpunktartige Formulierungen hier noch mit beisteuern wollen.

Lange (Moderator): Danke, Herr Wolf. Frau Schröter, Demokratie Jetzt.

Frau Schröter (DJ): Ja, Frau Poppe hat ja bereits gesagt, daß Demokratie Jetzt diesen Entwurf mitträgt. Ich hätte gern eine Einschränkung und zwar auf der Ergänzung zur Vorlage Seite 3. Der letzte Satz des Punktes C, „**Elternschaft**": „Es sind alternative **Formen der Geburtenregelung** zu ermöglichen". Und darunter würde ich gern einsetzen: „mit Einschränkungen auch die Sterilisation auf eigenen Wunsch".

Zu der Frage der Ministerien möchte ich sagen, daß es ausführlich begründet wurde die Notwendigkeit, ein solches Gleichstellungsministerium einzurichten, und ich möchte auch die SPD unterstützen, gegen den Antrag der CDU, das zu subsumieren unter einem Familienministerium.

Danke.

Lange (Moderator): Herr Mäde, Vereinigte Linke.

Mäde (VL): Ich will kurz etwas zu den Ausführungen der Kollegen von der LDP und der CDU sagen, weil ich die Frage dieses Ministeriums schon als etwas Wichtiges ansehe.

Ein Grund, warum wir dieses Ministerium unterstützen, ist doch folgender: Das Gleichstellungsproblem ist ein soziales Problem auf der einen und eines der **patriarchalischen Strukturen** auf der anderen Seite, die zu wesentlichen Teilen Strukturen des Denkens sind, von uns Männern zum Beispiel.

Die **sozialen Probleme,** die da dranhängen, werden aufgrund der historischen Entwicklung bei uns – mit 90 Prozent der Beschäftigungsanteile von Frauen, das ist wirklich „Weltniveau" – werden die sozialen Probleme extrem zunehmen. Das zeichnet sich ja jetzt schon ab.

Also wird die Frage der Gleichstellung eine Grundfrage werden, eine soziale Grundfrage. Niemand an diesem Tisch, glaube ich, ist gegen die Familie. Aber es kann nicht sein, daß „Familie" heißt, daß die Frauen, die auch einen Anspruch auf **Selbstverwirklichung** haben, zurück an den Herd delegiert werden. Und da diese Gefahr durch **ökonomische Hebel** und Mechanismen besteht, daß es so ist am Ende, sind wir unter anderem für dieses Ministerium.

Lange (Moderator): In der Reihe – –

Frau Birthler, Initiative Frieden und Menschenrechte.

Frau Birthler (IFM): Auf den Einwand der LDP und der Grünen Partei zurückkommend im Hinblick auf das Familienministerium, bei dem die Sorge geäußert wurde, daß beispielsweise Alleinerziehende auf diese Weise nicht zu ihrem Recht kommen, ich denke, an dieser Stelle müßte man sich über den **Familienbegriff** unterhalten.

Selbstverständlich sind Alleinerziehende mit ihren Kindern Familien, sind auch nicht verheiratete Paare Familien, und auch die Frage gleichgeschlechtlicher Beziehungen – ich bin der Meinung, daß es an der Zeit ist, auch hier den Familienbegriff anzuwenden, und all das – würde in den Bereich eines solchen Ministeriums gehören.

Lange (Moderator): Ja, wir sind jetzt schon sehr intensiv bei der Beratung von [Vorlage] 15/2. Das war ja miteinbezogen worden. Ich denke, wir kommen dann ja noch einmal darauf zurück. Eine Wortmeldung kam noch vom Demokratischen Aufbruch.

Sagen Sie uns bitte Ihren Namen?

Frau Wittkopf (DA): Mein Name ist Denise Wittkopf. Und ich muß bedauerlicherweise feststellen, daß wir in dieser Arbeitsgruppe „Gleichstellung" nicht mitgearbeitet haben. Es tut uns leid, und wir hätten da sicherlich gern mitgemacht.

Ich möchte mich ebenfalls gegen ein Ministerium für die Gleichstellung aussprechen. Ganz einfach deshalb, weil ich glaube, daß ein **Ministerium für Familie und Soziales** rein von der Koordination und von der Übersicht über die Problemstellung wesentlich besser dort Entscheidungen treffen kann.

Und gegen diese Bedenken betreffs der Erfahrungen anderer Länder mit diesem Ministerium für Familie und Soziales möchte ich doch eigentlich sagen, daß wir sicherlich nicht gezwungen werden, die Strukturen anderer Ministerien für Familie und Soziales anderer Länder zu übernehmen und daß wir sicherlich diese Strukturen beeinflussen können und somit die **Gleichstellung** als ein **Staatssekretariat** oder so wirklich voll mit integrieren können in so ein Ministerium.

Lange (Moderator): Ja. Herr Wolf noch einmal dazu, bitte.

Wolf (LDP): Ich fühle mich eigentlich weniger widersprochen von der Kollegin Initiative Frieden und Menschenrechte und von Herrn Mäde, Vereinigte Linke, sondern eigentlich unterstützt.

Unser Gedanke – deswegen will ich es noch einmal deutlich sagen – berührte die Problematik **Gleichstellung** von Frauen und Männern. Er lehnt sie nicht ab, und er lehnt auch die Bildung eines solchen Ministeriums nicht ab. Das wird sicher der Hauptpunkt, wenn es dazu kommt, sein müssen in Tätigkeitsmerkmalen dieses Ministeriums.

Und wir machen darauf aufmerksam, daß wir weit mehr und umfassendere, auch im ähnlichen Bereich gelagerte, soziale Gleichstellungsfragen haben – die, die ich nannte, wie Sie sie jetzt auch genannt haben.

Und deshalb meinen wir, daß das nicht nur um ein Ministerium, wenn schon zur Gleichstellung von Frauen und Männern gehen kann, sondern wenn – – Man könnte auch über ein Staatssekretariat oder ähnliche Dinge nachdenken, aber da will ich mich hier gar nicht festlegen.

Es geht um die komplexen Fragen der sozialen Gleichstellung im Bereich der gleichgeschlechtlichen Beziehung, der Ehe, der Lebensgemeinschaft, zwischen Ausländern verschiedener – – also einer Ergänzung, einer Erweiterung, nicht diese Einengung auf das sicher sehr zentrale Problem.

Lange (Moderator): Damit haben wir zunächst diese Aussprache zum Abschluß gebracht. Sie kommen gleich noch einmal dazu. Ich wollte Ihnen lediglich einen Vorschlag unterbreiten, wie wir jetzt mit den unterschiedlichen Voten umgehen können.

Ich habe bisher einen schriftlichen Ergänzungsvorschlag hier, den ich dann gern noch einmal vorlesen werde, und ich würde Sie bitten, wer eine Veränderung oder eine Ergänzung anbringen möchte, dies doch jetzt bitte hierher zu bringen.

Zunächst hatte sich Frau Schenk noch einmal dazu gemeldet.

Bitte, Sie haben das Wort.

Frau Schenk (UFV): Ja, danke.

Es sind hier mehrere Argumentationen oder mehrere Wortmeldungen gewesen zur Frage **Ministerium für Gleichstellungsfragen** oder **Ministerium für Familie und Soziales.** Ich denke, man darf das nicht als Gegensatz sehen. Ich sehe die Argumentation von seiten der CDU durchaus mit Zustimmung, aber ich denke, es ist etwas anderes als das, was wir hier meinen in der Arbeitsgruppe „Gleichstellungsfragen".

Ich würde also dafür plädieren, **beides zu schaffen**, ein Ministerium für Gleichstellungsfragen und ein Ministerium für Familie, Soziales, Kinder. Ich finde den Vorschlag sehr gut.

Ich denke, vielleicht als grundsätzlich: Man kann die Frage der Gleichstellung der Geschlechter nicht abhandeln unter der Überschrift Familie und Soziales. Die Frage der Gleichstellung ist ein übergreifendes Problem, was wirklich bis in alle Ministerien, die es geben wird oder auch gibt, hineinreicht.

Ich freue mich allerdings besonders darüber, daß vom Vertreter der LDP eine Erweiterung des **Gleichstellungsbegriffs** dahingehend vorgeschlagen wurde, daß sich vor allem auch das **Ministerium für Gleichstellungsfragen** zuständig fühlen sollte für die Gleichstellung von Lebensformen, ja. Das würde zumindest vom Frauenverband her mitgetragen werden, unbedingt.

Und ich habe – vielleicht zuletzt noch, das paßt jetzt nicht so sehr in die Argumentation – eine Frage an die Vertreterin von der CDU: Was bedeutet ein „verantwortungsvoller Umgang mit dem Recht auf Schwangerschaftsabbruch" ganz konkret?

Danke.

Lange (Moderator): Wollen die Vertreter der CDU dazu gleich Stellung nehmen? Dann würden wir darum bitten.

Frau Rödelstab (CDU): Uns geht es vor allem darum, die moralisch-ethischen Komponenten weiter zu stärken. Es fängt schon an bei einer umfassenden und verstärkten Aufklärung über **Empfängnisverhütung** schon in der Schule, daß man entsprechende Beratungsstellen in unserem Land aufbaut, vor allem flächendeckend, über Familienplanung, aber auch über Betreuung und Beratung von Schwangeren, vor allem für Schwangere in Not, daß wir vor allem aber auch die Verantwortung der Väter stärken wollen.

Das ist nicht nur eine Aufgabe der Familienplanung für die Frau – – gleichzeitig die Verantwortung erhöhen innerhalb der Familie und auch der Ärzte, daß grundlegend die Beratung verbessert wird, die ja eigentlich schon gefordert ist.

Dann wollen wir, wie es hier ja auch in dem Papier vom Unabhängigen Frauenverband drin enthalten ist, eine **Verbesserung** erreichen **von Verhütungsmitteln** und eventuell auch die Methoden erweitern.

Dann möchten wir einführen Kurse zur **Vorbereitung auf die Geburt** für Väter und Mütter, eventuell mit psychischer Konditionierung. Das ist erst einmal im wesentlichen für den Schutz des ungeborenen Lebens.

Dann möchten wir natürlich aber auch Maßnahmen anbieten, um das geborene Leben zu schützen.

Da sehen wir zum Beispiel eine Möglichkeit, daß vor allem die **Erziehung in der Familie** verbessert wird durch Mutter oder Vater, zum Beispiel durch Gewährung eines Erziehungsgeldes, durch **Alternativmöglichkeiten der Betreuung** nicht nur in Krippen, durch Zusammenlegung von Krippen und Kindergärten in der Verantwortung unter ein Ministerium, daß man zum Beispiel familienfreundliche Arbeitszeiten einführt, das heißt, eine Teilzeitarbeit, das heißt, flexible Arbeitszeiten, daß man eventuell Familien mit Kindern eine kürzere Arbeitszeit zugesteht und daß wir generell diese Maßnahmen für die Familienerziehung in Eigenverantwortung der Familie überlassen, also sowohl für Frauen als auch Männer, daß sowohl Frauen als auch Männer dies in Anspruch nehmen können.

Dann möchten wir, daß diese **Erziehungszeiten**, genauso wie **Pflegezeiten**, Berücksichtigung finden bei der **Rentenberechnung** und daß eventuell auch Veränderungen in der **Lohnbesteuerung** vorgenommen werden, als einige Maßnahmen.

Lange (Moderator): Vielen Dank für diese Erläuterungen. Herr Krause dazu noch? Bitte.

Krause (CDU): Ich möchte noch einmal ergänzen. Es ist nicht nur so sehr eine Frage der Verringerung des administrativen Aufwandes vielleicht, der uns dazu drängt, so ein Ministerium zu schaffen, sondern es geht um eine wichtige Grundposition, auch meiner Partei, nämlich der, daß der **Familie** ein zentraler Wert in dieser neu zu gestaltenden Gesellschaft zukommt.

Wir alle – – und ich denke, die Art des Gespräches, wie wir es führen, bringt zum Ausdruck, wie sehr Familien in der Vergangenheit in diesem Lande gestört worden sind. Ich sage das auch – ich bin das achte Kind von neun in meiner Familie gewesen – und jeder könnte doch sicherlich die Dinge des Lebens hier in diesem Lande nicht tragen, wenn er nicht eingebettet wäre in die Familie.

Also, ich bitte Sie, ich dränge Sie förmlich, das als ein zentrales Anliegen der Erneuerung auch unseres eigenes Volkes zu sehen.

Lange (Moderator): Vielen Dank. Damit haben wir jetzt zunächst einmal diesen Punkt abgeschlossen. Wollten Sie dazu noch einmal [sich äußern]?

Frau Schenk (UFV): Nur eine kurze Bemerkung. Die Frage der **Gleichstellung der Geschlechter** spielt sich nicht nur oder spielt nicht nur in der Familie eine Rolle. Ich hatte ja versucht, das darzulegen, daß es also im gesamten **Bereich der Produktion** oder auch im sonstigen gesamten Bereich des **gesellschaftlichen Lebens** spielt es eine Rolle und es ist also nicht einzuengen und nicht festzuschreiben auf den Bereich der Familie.

Lange (Moderator): Ja. Ich denke, es ist ganz gut und hilfreich, daß wir uns Zeit nehmen auch für den Austausch solcher Argumente in unserem Gespräch zu einer sehr wichtigen Frage.

Ich möchte jetzt noch einmal den Vorschlag wiederholen, den ich Ihnen unterbreitet habe. Es liegt uns jetzt vor die **Vorlage 15/1** und die **Ergänzung** dazu, 15/1 mit den erwähnten Punkten. Ich habe hier einige Änderungsvorschläge, die ich Ihnen jetzt zunächst einmal vortragen möchte, damit wir uns dann überlegen, wie wir damit umgehen.

Es ist zunächst ja auch eine Frage an die Einbringer, ob sie dies ohne weiteres gleich übernehmen oder aufnehmen können für die Endformulierung, oder ob es notwendig ist, das dann extra abzustimmen.

Wir stellen jetzt zunächst zurück den vorliegenden **Antrag 15/2** im Blick auf das Ministerium, da wird es noch eine schriftliche Vorlage geben.

Und wir haben dann noch zu diesen Themenkreis – ich will Sie nur in Kenntnis setzen, was bis zum Mittagessen fertig sein müßte, den **Antrag 15/3** und **15/4**, zu dem wir dann auch noch einige Informationen erbitten. Zunächst die vorgeschlagenen Änderungen.

Von der PDS liegt vor zu **15/1**, Seite 4, Punkt 2, nach dem ersten Satz folgende Einfügung. Der erste Satz lautet: „Die ökonomisch selbständige Existenz der Frau ist elementare und unabdingbare Voraussetzung für ihre Emanzipation und Selbstbestimmung". Ist das richtig?

Bitte, Frau Tippel.

Frau Tippel (PDS): Nein. Nach dem ersten Satz des zweiten Punktes ist die Ergänzung einzufügen.

Lange (Moderator): Punkt 2. Dann heißt dieser Satz, auf den Sie sich beziehen: „Die AG ‚Gleichstellungsfragen'", ja?

Frau Tippel (PDS): So ist es. Nach diesem Satz.

Lange (Moderator): Ja. Nach dem Punkt „Damit, für ein selbstbestimmtes Leben von Frauen und Männern – –". Also **Vorlage 15/1** auf Seite 4, Punkt 2 nach dem ersten Satz soll eingefügt werden: „Arbeitslosen Müttern und Vätern ist der Anspruch auf einen – –"

Frau Tippel (PDS): „– Kinderkrippen- beziehungsweise Kindergartenplatz – –„

Lange (Moderator): Ach, „Kinderkrippen- beziehungsweise Kindergartenplatz zu erhalten, da ihnen sonst die erneute Aufnahme einer Erwerbstätigkeit unmöglich gemacht wird". Das ist ein Vorschlag für eine Einfügung.

Frau Röth, dazu?

Frau Röth (UFV): Ja, ich möchte dem Antrag der PDS eigentlich nur noch einmal eine Bekräftigung hinzufügen und auch zur Information für die Frauen und Männer in diesem Lande.

Es ist nämlich laut den Bestimmungen in der Bundesrepublik so, daß Frauen und Männer nachweisen müssen, die Kinder haben, daß diese Kinder versorgt sind, damit sie einen Anspruch auf **Arbeitslosenunterstützung** haben beziehungsweise damit sie sich überhaupt auf dem Arbeitskräftemarkt bewegen können. Und in dem Sinne ist die Ergänzung, die hier von seiten der PDS gemacht wurde, eine sehr notwendige.

Und wir können auch nur noch einmal appellieren an alle Parteien und Gruppierungen beziehungsweise an die Regierung selbst, daß die bestehenden **Kinderbetreuungseinrichtungen** nicht reduziert werden, sondern beibehalten werden und qualifiziert werden, was im Interesse von Kindern, von Männern und Vätern, von Frauen und Müttern ist.

Lange (Moderator): Gut, Sie stimmen also dem zu. Erheben sich Einwände oder können wir dann diese Ergänzung so annehmen? Wünschen Sie darüber abzustimmen oder ist das jetzt noch Konsens unter uns, daß wir dies gern aufnehmen, ja? Erhebt sich kein Widerspruch? Dann ist das so geschehen, daß wir diese Ergänzung vornehmen. Ich muß Sie jetzt um Verständnis bitten, daß es auch einmal zwischen der Vorlage und der Ergänzung zur Vorlage etwas hin und her geht. Aber ich möchte gern in der Reihenfolge der vorgelegten Änderungswünsche vorgehen.

Als zweites: Ergänzung zur **Vorlage 15/1**, auf Seite 3, dritter Absatz. Dürfen wir die Einbringer PDS noch einmal bitten, uns genau zu sagen, worauf es Ihnen ankommt? Ergänzung Seite 3, dritter Absatz. Der zweite Teil des letzten Satzes soll gestrichen werden.

Frau Tippel, sind Sie so freundlich?

Frau Tippel (PDS): Ja, wir sind der Auffassung, daß der zweite Teil des letzten Satzes, der da lautet: „... darunter auch die Sterilisation auf eigenen Wunsch", zu streichen [ist].

Lange (Moderator): Ja, dazu kommt jetzt, bitte schön?

Frau Schröter (DJ): Ja, dazu hatten wir den Vorschlag gemacht, „... mit Einschränkungen ...", einzufügen.

Lange (Moderator): Das wäre ein Alternativ-Vorschlag, der uns schriftlich noch nicht vorgelegt ist, ja? Ist das richtig? Wollen wir den jetzt zurückstellen, bis wir Ihre schriftliche Formulierung haben, oder können wir so darüber befinden? Es ist also ein Alternativ-Vorschlag. Hier wird Streichung beantragt und auf der anderen Seite wird eine einschränkende Formulierung vorgeschlagen.

Herr Schult, bitte.

Schult (NF): Kann man einmal die Begründung zur Streichung hören?

Lange (Moderator): Der Einbringer PDS wird um die Begründung gebeten.

Frau Tippel (PDS): Wir sind der Auffassung, daß die Hintergründe einer solchen Entscheidung, die eine Frau gegebenenfalls treffen wird, nicht in jedem Falle von ihr selbst getroffen wird, sondern daß Einflüsse von außen gelten können und [daß] das ein **Eingriff** ist, der einfach **irreparabel** ist und somit eine Entscheidung und Folgen für das gesamte Leben eintreten, die einfach sicherlich in der späteren Folgezeit eventuell einer Frau zu schweren psychischen Störungen führen können in der Weiterführung ihres Lebens, vielleicht auch in der neuen Familie und so weiter.

Wir glauben, daß diese Entscheidung von zu großer Tragweite ist, als daß wir dem zustimmen können.

Lange (Moderator): Ja, das war die Begründung dafür. Darf ich Frau Schröter bitten, doch noch einmal ihre Formulierung uns zu nennen?

Frau Schröter (DJ): Ich schlage vor, einfach darunter: „... mit Einschränkung auch die **Sterilisation** auf eigenen Wunsch ...", weil, ich denke, dieses Recht sollte als alternative Form eingeräumt werden, aber andererseits nicht uneingeschränkt, eben weil es ein irreversibler Eingriff ist.

Reicht das aus?

Frau Horawe (NF): Ich möchte noch einmal zur Begründung von der PDS zur **Sterilisation** sagen, daß das bedeuten würde für einige Frauen, die diesen Wunsch hegen, daß sie ihr Leben lang, also bis zu ihrer Unfruchtbarkeit, kontrazeptive Mittel nehmen müssen. Ich finde, das ist wirklich einen überdenkenswerter Zustand.

Lange (Moderator): Ja. Frau Decker, bitte.

Frau Decker (NDPD): Auch wir sind gegen den Antrag der PDS. Es gibt viele Frauen, die keine andere Möglichkeit der Geburtenregelung haben, die viele Kinder haben, Schwerstgeschädigte haben, und man sollte den Frauen in solchen Fällen die Entscheidung überlassen, ansonsten wäre es eine Einschränkung der Frauen über ihren eigenen Körper.

Lange (Moderator): Ja. Herr Lietz, Neues Forum.

Lietz (NF): Mir scheint, die Streichung dieses letzten Satzteiles ermöglicht im Grunde genommen die breite Fächerung der verschiedenen alternativen Möglichkeiten und schließt das ja nicht aus, sondern schließt es ja mit ein, aber unterstreicht es nicht noch einmal ausdrücklich.

Und von daher könnte ich mir vorstellen, daß die Streichung im Grunde genommen diesen Bereich offenläßt und andere Bereiche als alternative Bereiche mit einschließt, und es ist sozusagen eine Erweiterung statt eine Verengung, die Streichung.

Und insofern könnte ich mich schon mit dem Vorschlag der PDS ganz gut anfreunden.

Lange (Moderator): Zur Klärung müßte man sich dann den verbleibenden Rest des Textes noch einmal vor Augen führen. Es soll lediglich gestrichen werden: „... darunter auch die Sterilisation auf eigenen Wunsch ...". Es bliebe stehen: „Es sind **alternative Formen der Geburtenregelung** zu ermöglichen". Dieser Satz bleibt bestehen. Und es wird nicht weiter detailliert aufgeführt, was darunter zu verstehen ist.

Wir haben diesen Vorschlag der PDS, und wir haben den Vorschlag von Demokratie Jetzt: „Es sind alternative Formen der Geburtenregelung zu ermöglichen", und dann weiter: „darunter mit Einschränkung auch die Sterilisation auf eigenen Wunsch". Der weitergehende, bitte schön, Frau Decker.

Frau Decker (NDPD): Die Frage hieße: Was wären denn die Einschränkungen?

Lange (Moderator): Ja. Ein Änderungsantrag, der neue Fragen aufwirft. Sie können darauf Antwort geben?

Frau Schröter, bitte.

Frau Schröter (DJ): Ja, zum Beispiel, daß eine Kommission zusammentritt und darüber entscheidet, weil: Ich möchte als Ärztin also nicht vor die Situation gestellt werden, jedem dieser Wünsche nachzugehen und später mir dann Vorwürfe anhören zu müssen von Frauen, die das vielleicht im – na ja, im jugendlichen Leichtsinn sicher nicht, aber also eine Entscheidung, die in dieser Lebensphase zwar richtig und wichtig war, aber später nicht wieder gutzumachen ist – –

Insofern sind Einschränkungen nötig, aber ich würde die Passage nicht ganz streichen.

Lange (Moderator): Ja. Frau Birthler, Initiative Frieden [und] Menschenrechte.

Frau Birthler (IFM): Ich habe auch Schwierigkeiten, diesen Satz so, wie er hier steht, ohne jede Bedingung zuzustimmen, obwohl ich der Meinung bin, daß **Sterilisation** eine Möglichkeit sein muß der Kontrazeption.

Aber ich denke, daß man über diese Frage wirklich noch ausführlicher diskutieren muß. Ich denke an sehr, sehr junge Frauen, die noch keine Kinder geboren haben und die manchmal auch aufgrund einer konkreten Situation vielleicht doch nicht die Möglichkeit haben, sich vorzustellen, wie sie in zehn Jahren über diese Frage denken.

Also, Sterilisation ja, aber nicht so uneingeschränkt und Freigabe unter allen Bedingungen, wie es hier steht.

Lange (Moderator): Sie würden sich dem Vorschlag von Demokratie Jetzt anschließen können?

Frau Birthler (IFM): Ja, „auf eigenen Wunsch" und sonst nicht.

Lange (Moderator): Frau Schenk, war das eine Wortmeldung?

Frau Schenk (UFM): Ich denke oder ich weise auf die Gefahr hin, daß in der Argumentation für die Streichung dieses Zusatzes doch die Angst vor der **Unmündigkeit der Frauen** oder die Unterstellung, daß Frauen unmündig sind, über diese Dinge zu entscheiden, mitschwingt.

Also, ich habe damit meine Schwierigkeiten, und ich möchte außerdem noch einen Aspekt in die Debatte werfen: Die **Sterilisation** betrifft zwar Frauen aber auch **Männer.** Und es gibt sehr viele Männer, die diesen Eingriff vornehmen lassen würden.

Und ich weise auch darauf hin, daß das also in einer großen Zahl der Fälle also keine endgültige Entscheidung, gerade bei Männern, keine endgültige Entscheidung ist, sondern daß die Zeugungsfähigkeit wieder hergestellt werden kann, zu einem gewissen Prozentsatz.

Lange (Moderator): Vielen Dank. Ich denke, damit sollten wir diesen Punkt jetzt zum Abschluß bringen. Es liegen zwei Anträge vor. Der weitergehende Antrag ist der der Streichung und darüber müßte jetzt zunächst befunden werden. Dann könnten wir den endgültigen Text noch uns weiter anschauen. Es steht also jetzt zur Abstimmung, wir müssen das, glaube ich, abstimmen, wenn ich das richtig sehe.

Wir können das nicht der Arbeitsgruppe zurückgeben und dann eine eigene Entscheidung von ihr erwarten. Es gab hier alternative Überlegungen und Vorschläge.

Wer dafür ist, daß der zweite Teil dieses Satzes gestrichen wird, und zwar ersatzlos gestrichen wird und dann nur noch hier steht: „Es sind alternative Formen der Geburtenregelung zu ermöglichen –", und das Weitere wird gestrichen – – Wer diesem Vorschlag zustimmt, den bitte ich um das Handzeichen. – Darf ich einmal darum bitten, daß wir uns deutlich melden? – 18 dafür. Wer ist dagegen? – 12 dagegen. Wer enthält sich der Stimme? 5 Stimmenthaltungen. Das heißt, daß wir diesen Satz streichen.

Es kommt der dritte Punkt, **Ergänzungsvorlage 15/3,** Punkt 1. Jetzt muß ich zunächst einmal zurückfragen. Ist das verschrieben? **Ergänzungsvorlage 15/3?** Meinen Sie die Ergänzung zu dem 15.1?

Frau Tippel (PDS): Es ist eine Ergänzung zur **Vorlage 15/3** und dort zu dem Punkt 1, wo es um die Kommission zur Sicherung der Kinderbetreuungseinrichtungen geht.

Lange (Moderator): Ja. Dann würde ich darum bitten, daß wir dies zunächst einmal noch zurückstellen, weil wir jetzt erst einmal bei **15/1** bleiben. Es gibt hier weitere Ergänzungsvorschläge. Ebenfalls PDS, Vorlage **15/1**, Seite 5, Absatz zwei, nach dem ersten Satz.

Können Sie uns die Stelle noch einmal genau bezeichnen, die Sie dann ergänzt haben möchten? Es handelt sich nicht um die „Ergänzung". Es handelt sich um die Vorlage 1, also um Seite 5, **Arbeitsbedingungen,** ja?

Frau Deneke (PDS): Ja. Nach dem Satz: „Hierzu gehört auch die Einführung flexibler Arbeitszeitregelungen sowohl für Frauen als auch für Männer für Tätigkeiten aller Qualifikationsstufen". Und danach Einführung des aufgeschriebenen Satzes – –

Lange (Moderator): Ja. Danach soll der Satz eingefügt werden: „Die Festlegung zur flexiblen Arbeitszeit muß im Interesse der Arbeitenden erfolgen und deren Bedürfnissen entsprechend festzulegen ist". Das ist so richtig, ja? Was sagen die Einbringer zu dieser Ergänzung? Ich lese noch einmal: „Die Festlegung zur flexiblen Arbeitszeit muß im Interesse der Arbeitenden erfolgen und deren Bedürfnissen entsprechend festgelegt werden". Findet das Ihre Zustimmung?

Frau Schenk (UFV): Ja, keine Einwände.

Lange (Moderator): Gut, dann können wir dies so aufnehmen.

Punkt B: Nach dem Satz: „– Versicherungsschutz und Rentenanspruch", das ist dann der übernächste Satz, soll eingefügt werden: „Teilzeitarbeit darf nicht zur **ökonomischen Unabhängigkeit** der Frauen führen".

Zwischenrufe: Nein, Abhängigkeit!

Lange (Moderator): Hier steht „Unabhängigkeit".

Frau Deneke (PDS): Ja, „Abhängigkeit".

Lange (Moderator): Was will die PDS: „Abhängigkeit" oder „Unabhängigkeit"?

[Gelächter]

Frau Deneke (PDS): Keine Abhängigkeit.

Lange (Moderator): Ja, kommt ja vor. Positiv finde ich ja, daß sie gar keine Quotenregelung einführen müssen in Ihre Delegation heute. Sie sind ja schon bei diesem Tagesordnungspunkt ganz vorbildlich vertreten.

Ich wiederhole die vorgeschlagene Änderung: „Teilzeitarbeit darf nicht zur ökonomischen Abhängigkeit der Frauen führen sowie zu schlechteren Aufstiegschancen im Beruf". Diese Ergänzung wird hier vorgeschlagen. Eine Anfrage an die Einbringer.

Frau Schenk (UFV): Entspricht voll und ganz der Intention des Papiers.

Lange (Moderator): [Das] ist eine Konkretisierung dessen, was Sie ohnehin wollten. Dann können wir dieses, wenn sich kein Widerspruch erhebt, als Ergänzungen aufnehmen? Das ist nicht der Fall. Dann haben wir diese beiden Ergänzungen so festgelegt.

Eine Ergänzung zur **Vorlage 15/1,** Ergänzung Seite 2, Punkt 3. Grüne Partei, das handelt sich um das erste Papier, sehe ich das richtig? Um die „Ergänzung", „Ergänzung" Seite 2, Punkt B „Integrität". Der dritte Absatz beginnt: „Gleichstellungspolitik muß die Schaffung wirksamer Instrumentarien zum **Schutz von Frauen** (auch in der Ehe) und Kindern einschließen". Eine Ergänzung wird als zweiter Satz jetzt vorgeschlagen mit folgendem Wortlaut: „Das schließt eine Veränderung der Paragraphen 121, 122 des Strafgesetzbuches hinsichtlich der Wahrung der Würde der Frau ein sowie die Aufnahme des Straffalles **Vergewaltigung in der Ehe**". Dieser Satz soll an dieser Stelle im dritten Abschnitt eingefügt werden.

Findet das Ihre Zustimmung?

Frau Schenk (UFV): Ja, voll und ganz.

Lange (Moderator): Frau Schenk, erhebt sich Widerspruch, daß wir so verfahren, daß dies eingefügt wird? Es ist kein Widerspruch. Dann ist dieses ebenfalls in die Vorlage aufgenommen.

Ein weiterer Änderungsvorschlag [von der] PDS, **Vorlage 15/1,** Seite 8, erster Absatz. Hier wird vorgeschlagen, in der Mitte des ersten Absatzes heißt es: „– ist aufzuheben und durch das Prinzip des freien Zugangs von Mädchen/Frauen und Jungen/Männern zu allen Berufszweigen zu ersetzen". Also, es soll gestrichen werden ab: „das Prinzip".

Stattdessen sollte formuliert werden: „eine sinnvolle **Quotierung** für beide Geschlechter zu ersetzen". Das ist ein bißchen schwierig jetzt? Wollen wir noch einmal den ganzen Satz dann hören? – „Der nach Geschlecht quotierte Zugang zu den Ausbildungsberufen, der sich an herkömmlichen Geschlechtsrollenvorstellungen orientiert und zudem das Berufswahlfeld für Mädchen stark einschränkt, ist aufzuheben und durch eine sinnvolle Quotierung für beide Geschlechter zu ersetzen". Und das andere würde dann wegfallen.

Es bleibt aber der Satz: „Einziges Kriterium ist die Eignung, die individuell festzustellen ist". Oder soll der auch weg? Soll der auch mit gestrichen werden?

Bitte schön. Dazu? Frau Horawe, ja?

Frau Horawe (NF): Ja. Ich denke, hier ist etwas anderes gemeint. Hier ist gemeint, daß individuell, das heißt, Mädchen und Jungen, sich von ihrer Konstitution her entscheiden, welchen Beruf sie wählen. Das kann man ja nicht quotieren. Ich kann also nicht sagen, also, wir brauchen zehn Tischler, fünf Mädchen müssen halt her. Wenn [es] also nicht fünf Mädchen sind, dann sind es eben nur drei. Es ist aber ihre freie Entscheidung, ob sie Tischler werden.

Lange (Moderator): Sie sprechen sich dafür aus, daß der vorliegende Text so bleibt.

Frau Wolff, Grüne Partei.

Frau Wolff (GP): Ich spreche mich ebenfalls dafür aus, weil ich denke, diese Formulierung ist klarer als die Formulierung der PDS, zumal das Wort „sinnvoll" ziemlich gummiartig ist, dann entscheidet wieder jemand, was sinnvoll ist.

Lange (Moderator): Ja, vielen Dank. Ich denke, wir – – Bitte, wollen Sie noch einmal reagieren?

Frau Deneke (PDS): Ich gestehe zu, daß „sinnvoll" nicht die beste Formulierung ist, weise aber darauf hin, daß in der BRD bei freiem Zugang zu Berufen zwei Drittel der Arbeitssuchenden junge Mädchen sind.

Lange (Moderator): Ja. Es gab zwei Meinungen dagegen. Sollten wir einmal etwas Bewegung in unsere Reihen bringen und doch jetzt abstimmen darüber, ob wir den vorliegenden Text so belassen wie er ist, oder ob wir diese Änderung jetzt annehmen?

Ich lese sie noch einmal vor: Streichung des Satzes ab: „das Prinzip" und stattdessen: „... durch eine sinnvolle Quotierung für beide Geschlechter zu ersetzen". Wer diesem Änderungsvorschlag zustimmt, den bitte ich um das Handzeichen. – Ich gehe davon aus, daß die Einbringer natürlich dafür sind. Und wer ist dagegen? – Das ist die Mehrheit. Wir haben diesen Antrag nicht angenommen.

Von [der] LDP gibt es einen Antrag zur, ach so, das müssen wir noch zurückstellen, weil wir es noch nicht – – Entschuldigung.

Dann sehe ich jetzt im Moment keine Punkte, die sich noch auf den vorliegenden Text dieses Positionspapieres beziehen. Möchten Sie noch einmal dazu sprechen, Frau Schenk? Das ist nicht der Fall. Darf ich dann davon ausgehen, daß wir jetzt mit diesen Änderungen – habe ich etwas übersehen?

Frau Poppe?

Frau Poppe (DJ): Ja, wir haben noch einen Ergänzungsantrag bei Ihnen vorgelegt. Das stand auf dem anderen Zettel mit drauf.

Lange (Moderator): Ach, pardon. Hier kommt noch einer von rechts, ja. Antrag auf Ergänzung zur **Vorlage 15/1**, Seite 6. Ein Antrag von Demokratie Jetzt, Seite 6 nach dem zweiten Absatz. Der zweite Absatz endet: „Hierzu liegen der **Antrag 15/2** [Antrag UFV, AG „Gleichstellungsfragen" und AG „Sozialpolitik": Zur Einrichtung eines Ministeriums für die Gleichstellung von Frauen und Männern] und **Information 15/1** [Information UFV zur Vorlage 15/2 betr. die Geschlechterfrage und die Voraussetzungen zu ihrer Lösung in der DDR[21]] vor".

Dann wünschen Sie folgenden Abschnitt einzufügen: „Basisinitiativen zur Verbesserung der Stellung der Frau sollten das Recht auf staatliche Förderung und finanzielle Unterstützung erhalten. Dazu gehören Frauenhäuser, Frauenforschungsprojekte, Beratungsstellen, Frauenbibliotheken, Frauenbegegnungszentren und ähnliches".

Das ist der Vorschlag von Demokratie Jetzt, eine Ergänzung dazu.

Die Einbringer?

Frau Schenk (UFV): Wunderbar.

Lange (Moderator): Ja.

Frau Schenk (UFV): Also, wir sind einverstanden damit.

Lange (Moderator): Sie freuen sich über die Bereicherung Ihrer Arbeit. Gibt es Widerspruch? Dann nehmen wir diesen Vorschlag von Demokratie Jetzt zu diesem Punkt auf Seite 6, nach dem zweiten Absatz, wird dies eingefügt.

Ebenso von Demokratie Jetzt eine Ergänzung zur **Vorlage 15/1**, Seite 3. Das ist aber jetzt die – –

---

[21] Dokument 15/11, Anlagenband.

Frau Schröter (DJ): Das hat sich schon erledigt. Der Satz ist gestrichen und insofern – –

Lange (Moderator): Entschuldigung, alles in Ordnung. Jawohl. Danke. Jetzt sind wir aber komplett, ja? Gibt keine weiteren Änderungswünsche zu diesem Punkt **15/1, Ergänzung 15/1**?

Ich denke, es ist notwendig, daß wir jetzt nicht nur die einzelnen Änderungen aufgenommen und bestätigt haben, sondern daß wir, wie vorhin erwähnt, dieses vorliegende Papier als wichtige Grundsätze für die weitere Politik in dieser Frage für die gegenwärtige und künftige Regierung doch jetzt als Runder Tisch so unterstützen.

Wer dies tun möchte, den bitte ich um das Handzeichen. – Das ist die Mehrheit. Ist jemand dagegen? – Gibt es Stimmenthaltungen? – Mit 1 Stimmenthaltung ist die **Vorlage 15/1** und die **Ergänzung zur Vorlage 15/1** einstimmig mit 1 Enthaltung angenommen worden.

Wir kommen jetzt zu **Antrag 15/3**. Auch hier gibt es Vorschläge der Arbeitsgruppe „Gleichstellung". Dürfen wir um einige Informationen zu diesem Vorschlag bitten?

Frau Schenk, sagen Sie etwas dazu?

Frau Schenk (UFV): Entschuldigen Sie bitte, zu welchem Antrag?

Lange (Moderator): **Antrag 15/3**. Der Antrag der **Arbeitsgruppe „Gleichstellung von Frauen und Männern"** im Blick auf die **Kommission [Zur] Sicherung [der] Kinderbetreuungseinrichtungen.**

Frau Schenk (UFV): Ja. Nein, ich möchte eigentlich zu diesen Anträgen nichts weiter sagen. Ich denke, der Begründungszusammenhang ergibt sich aus dem Positionspapier.

Lange (Moderator): Gut, es gibt also hier keine Erläuterungen. Ich denke, Sie haben sich schon ein wenig mit dem Inhalt vertraut gemacht. Gestatten Sie mir, daß ich an dieser Stelle von uns als Moderatoren wenigstens einen Hinweis gebe, daß wir gerade in dieser Frage auch einige Post erhalten haben und von daher es sehr wichtig ist, ich möchte das gern bestätigen an der Stelle.

Frau Schenk?

Frau Schenk (UFV): Vielleicht sollten wir doch den Antrag wenigstens vorlesen, ja?

[**Vorlage 15/3, Antrag AG „Gleichstellungsfragen": Einrichtung einer Kommission zur Sicherung der Kinderbetreuungseinrichtungen**]

1. Es ist unverzüglich eine Kommission zu bilden, die kurzfristig eine Konzeption zur Sicherung der Kinderbetreuungseinrichtungen (Krippe, Kindergarten, Hort, Kinderferienlager sowie Schulspeisung) in bedarfdeckender Weise und ihrer Finanzierung erarbeitet.

Die Kommission sollte sich aus Expertinnen beziehungsweise Experten für Finanzfragen, Arbeitsrecht, Bildungswesen und Soziologie sowie aus Elternvertretern und -vertreterinnen und aus Sachverständigen interessierter gesellschaftlicher Gruppierungen zusammensetzen.

[Die nachfolgenden Ziffern 2 bis Ziffer 4 wurden nicht verlesen.]

2. Die Regierung erarbeitet eine Vorlage, die die Gleichstellung von Frau und Mann bezüglich der Betreuung

> und Erziehung der Kinder dadurch ermöglicht, daß über die Art und Weise der Inanspruchnahme der entsprechenden sozialpolitischen Maßnahmen in der jeweiligen Partnerschaft entschieden wird.
> 3. Die geschlechtsspezifische Bilanzierung der beruflichen Ausbildungsplätze, die sich an herkömmlichen Rollenvorstellungen orientieren und zudem das Berufswahlfeld für Mädchen stark einschränkt, ist aufzuheben.
> 4. Das Ministerium für Arbeit und Löhne wird beauftragt, ein neues Tarifsystem zu erarbeiten, welches die geschlechtstypischen Einkommensunterschiede, die von der erbrachten Leistung her nicht begründbar sind, beseitigt. Hierzu ist eine Neubestimmung des Leistungsbegriffs so vorzunehmen, daß alle wesentlichen Komponenten der Verausgabung menschlichen Arbeitsvermögens in nachvollziehbarer Weise berücksichtigt werden.[22]

Lange (Moderator): Wer möchte dazu sprechen? Bitte, Frau Tippel, PDS.

Frau Tippel (PDS): Wir hatten schon schriftlich eingereicht. Wir hätten zu diesem ersten Punkt zwei Ergänzungen anzumerken, die wir hier bitte mit hinzufügen möchten. Ich möchte sie noch einmal [nennen], oder? Kann ich sie gleich noch einmal nennen?

Lange (Moderator): Ja, bitte schön. Sie können das gerne vortragen.

Frau Tippel (PDS): Und zwar geht es uns darum, diese zu bildende Kommission zu beauftragen:

„Erstens Maßnahmen zur Beibehaltung der subventionierten, gesellschaftlichen **Kinderbetreuung** durch Fondssicherung in den Kommunen und Betrieben vorzuschlagen und

zweitens Finanzierungsmöglichkeiten für alternative Kinderbetreuung in den Kommunen durch Verwendung von Steuern und ähnlichem zu prüfen und entsprechende Varianten herauszuarbeiten".

Lange (Moderator): Das ist eine Konkretisierung für die Aufgabenstellung dieser Kommission. Sieht die Arbeitsgruppe dies als möglich und hilfreich an, wenn es aufgenommen wird?

Frau Schenk (UFV): Ja.

Lange (Moderator): Bitte, Frau Birthler.

Frau Birthler (IFM): Zu Punkt 1 im ersten Absatz schlage ich vor, daß diese Aufzählung „**Krippe, Kindergarten**" und so weiter ergänzt wird mit dem Satz: „Dabei ist die Förderung alternativer Projekte wie **Kinderläden, Wohngemeinschaften** und so weiter besonders zu berücksichtigen".

Lange (Moderator): Soll diese Ergänzung in die Klammer oder soll das ein eigener Satz werden?

Frau Birthler (IFM): Ja, da bin ich beweglich.

Lange (Moderator): Das ist sehr schön. Aber Sie sind hoffentlich auch so beweglich, daß wir den Text dann hier vorliegen haben? Wie ist die Reaktion der Einbringer von der Arbeitsgruppe? Können wir das so aufnehmen? Erhebt sich

---
[22] Ziffer 5–6 sind im Dokument 15/12 im Anlagenband abgedruckt.

Widerspruch, ohne daß wir jetzt den genauen Text schon vorliegen haben?

Sie lesen ihn uns noch einmal vor, Frau Birthler, bitte.

Frau Birthler (IFM): „Dabei ist die Förderung alternativer Projekte wie Kinderläden, Wohngemeinschaften etc. besonders zu berücksichtigen".

Lange (Moderator): Ja, vielen Dank. Damit haben wir zu Punkt 1 jetzt zwei Veränderungen, die, glaube ich, nicht dem Inhalt widersprechen, der uns hier vorgelegt worden ist, sondern eine Erweiterung oder Konkretisierung der angesprochenen Probleme beinhaltet.

Gibt es weitere Meinungsäußerungen zu diesem Vorschlag **15/3**? Das ist nicht der Fall. Können wir dann diesen Antrag zur Abstimmung stellen? Wer dafür ist, den bitte ich um das Handzeichen. Mit diesen beiden Änderungen, ja? Das ist die Voraussetzung, die wir dann noch schriftlich bekommen. Wer ist dafür? – Das ist die Mehrheit. Gibt es Gegenstimmen? – Stimmenthaltungen?

Wir haben diesen **Antrag 15/3** einstimmig angenommen und kommen jetzt zur **Vorlage 15/4**, eine Vorlage, eingereicht von der **Vereinigten Linken für Initiative „Streitfall Kind", Kommission Recht,** [sowie vom] **Unabhängigen Frauenverband.**

Ist das richtig, daß das jetzt an dieser Stelle hier zur Abstimmung und zur Aussprache gestellt werden sollte?

Bitte. Entschuldigung, ja, bitte.

Ziegler (Co-Moderator): Ich denke, bei der **Vorlage 15/3** ist jetzt eben nur Absatz eins beschlossen worden. Wir müßten noch die anderen [Ziffern], die ja auch wesentliche Punkte enthalten, wohl auch noch beschließen, nicht?

Lange (Moderator): Ja, ich bin davon ausgegangen, daß die Abstimmung sich auf alle Punkte bezieht, denn es hat sich niemand mehr zu Wort gemeldet gehabt. Ich weiß nicht, wie Sie es verstanden haben. Haben Sie nur Punkt 1 [gemeint]? Wir wollen nicht knauserig sein mit Abstimmungen hier.

Aber meine Frage richtete sich darauf, ob es grundsätzlich zu dem **Antrag 15/3** noch Äußerungen gibt. Das war nicht der Fall, und so habe ich den ganzen Vorschlag jetzt zur Abstimmung gestellt. So hatte ich es verstanden. Aber ich kann mich natürlich täuschen.

Wie haben Sie es [verstanden]? Wollen Sie noch einmal abstimmen? Zu Punkt 2, 3, 4, 5 und 6, also die übrigen Punkte? Oder war die Abstimmung auf das ganze Papier bezogen? Ich bin unterstützt. Es tut einem richtig gut, wenn man einmal – – ja, vielen Dank. Dann können wir das so akzeptieren.

Wir kommen zurück zu [Vorlage] **15/4**. Die Vereinigte Linke, Unabhängiger Frauenverband, darf ich fragen: Was ist unter „**Kommission Recht**" zu verstehen? Ist das die Arbeitsgruppe „Recht" des Runden Tisches?

Frau Braband (VL): Nein, das ist die Arbeitsgruppe „Recht" der **Initiative „Streitfall Kind".**

Lange (Moderator): Ah ja, vielen Dank für die Erläuterung. Frau Braband, Sie würden dazu etwas sagen? Bitte.

Frau Braband (VL): Also, die Initiative „Streitfall Kind" hat diesen Antrag eingebracht, vorgeschlagen, nein, weiß ich nicht genau, was man dazu sagt, auf jeden Fall tragen wir ihn vor im Sinne der Initiative. Er hat folgenden Wortlaut:

[Vorlage 15/4, Antrag VL für Initiative „Streitfall Kind", Kommissaion „Recht" und UFV: Durchsetzung von Rechten des Kindes]

Um die UNO-Konvention über die Rechte des Kindes in bezug auf den regelmäßigen Umgang mit Mutter und Vater und um Artikel 7 und 38 der Verfassung der DDR durchzusetzen, fordern wir die Regierung auf:

– im Interesse betroffener Kinder gesetzgeberische Maßnahmen zur Gleichstellung von Mutter und Vater in und außerhalb der Ehe und der Lebensgemeinschaft zu treffen

– bei der Entscheidung über das elterliche Erziehungsrecht von einer wirklichen Gleichberechtigung beider Elternteile auszugehen und der überwiegend einseitigen Anwendung des Familiengesetzbuches und der Zivilprozeßordnung durch die Gerichte ein sofortiges Ende zu setzen

– der Generalstaatsanwalt und das Oberste Gericht werden aufgefordert, die Interessen der betroffenen Kinder durch ein gleiches Recht und eine gleiche Pflicht zur Erziehung auch nach Scheidung durchzusetzen

– die Unzulänglichkeiten in der Arbeit der Organe der Jugendhilfe und der Jugendfürsorge hinsichtlich der Vorbereitung der Entscheidung über das elterliche Erziehungsrecht zu beseitigen

– Stellungnahmen der Organe der Jugendhilfe und der Jugendfürsorge sind unter Einbeziehung gesellschaftlicher Kräfte auf dem neusten pädagogischen und psychosozialen Erkenntnisstand qualifiziert und entsprechend den wirklichen Verhältnissen anzufertigen

– dabei sind psychische und psychosoziale Auswirkungen im Trennungsfall für das Kind besonders zu berücksichtigen

– in Verwirklichung der UNO-Konvention, die Umgangsbefugnis in einem Umgangsrecht gesetzlich zu regeln

– bis zum Inkrafttreten einer solchen gesetzlichen Regelung haben die Gerichte und die Organe der Jugendhilfe und Jugendfürsorge sich umfassend, im Interesse des Kindes für die Gewährung des Umgangsrechtes beider Elternteile auch nach Scheidung einzusetzen. Dazu sind endlich die bereits im Familiengesetzbuch vorhandenen gesetzlichen Regelungen anzuwenden

– den Bürgerinitiativen, die sich zur Durchsetzung der Rechte der Kinder gebildet haben, materielle und finanzielle Hilfe zu geben.

Lange (Moderator): Vielen Dank für diese Einbringung der Vorlage zu **Rechten des Kindes**. Wir haben ja heute nachmittag dieses Thema. Es ist eigentlich jetzt ein Subjekt, was sich schon [ein] bißchen auf die neue Thematik richtet, aber es ist sehr viel hier von Fragen der Erziehung und von der **Verantwortung der Eltern** die Rede, so daß wir der Meinung waren, wir sollten es an dieser Stelle verhandeln.

Wer möchte dazu sprechen? Frau Schenk, bitte.

Frau Schenk (UFV): Ich hätte gern eine Erläuterung zum dritten Anstrich, und zwar, was bedeutet gleiches Recht und gleiche Pflicht zur Erziehung nach der Scheidung?

Lange (Moderator): Wollen Sie bitte gleich darauf antworten, Frau Braband?

Frau Braband (VL): Ja. Es bedeutet, daß da **Väter** in Zukunft nicht mehr aus der **Erziehungspflicht** entlassen werden sollen. Ganz einfach, es bedeutet unter anderem, daß Väter nicht mit der Zahlung von Unterhalt ihrer Pflicht den Kindern gegenüber Genüge tun können.

Das heißt, daß Väter auch nach der Scheidung, nach der Trennung das Recht haben müssen auf Umgang mit den Kindern und damit auch das **Erziehungsrecht**. Also, sie nehmen Einfluß auf die Kinder.

Das betrifft nicht das Erziehungsrecht, was festgelegt wird, das ist, glaube ich, eine Diskussion, die später geführt werden muß. Also, nicht das Erziehungsrecht, was durch das Gericht festgelegt wird, sondern die Möglichkeit und die Notwendigkeit, Väter stärker in die Erziehung der Kinder auch nach der Trennung einzubeziehen. Das heißt, sie haben nicht nur ein Recht auf Umgang, sondern auch eine Pflicht.

Lange (Moderator): Bitte, Herr Junghanns, DBD.

Junghanns (DBD): Ja, ich möchte nur eine Anmerkung daran machen. Speziell dieser Bereich, der hier jetzt beleuchtet wird und geregelt werden soll, ist ein Bereich, der sehr individuell die Interessenlagen beider betrifft.

Also, eine generalisierte Regelung lehne ich eigentlich ab, weil wir uns damit über die individuelle Entscheidungskompetenz der Beteiligten an diesem Prozeß, an den Entscheidungen aus diesem Prozeß heraus, reglementieren.

Ich möchte das zu bedenken geben, da wir hier mit diesem Papier und mit der Art und Weise des Umgangs Entscheidungen der Gerichte zum **Erziehungsrecht**, individuelle Interessen der Beteiligten berühren und auf eine andere Art und Weise reglementieren.

Lange (Moderator): Frau Barbe, SPD.

Frau Barbe (SPD): Ja, ich denke, es kann hier nicht nur um die Rechte und Pflichten der Väter und Mütter gehen, sondern in diesen Fällen muß es erst einmal darum gehen, herauszufinden, welche Lösungsmöglichkeiten sind für das Kind die am wenigsten schädlichen Alternativen.

Und da würde ich auch sagen, daß man das also genauer durchdenken muß. Und diese Formulierung trage ich nicht mit, oder tragen wir nicht mit. Es wird sich immer herausstellen, diejenige Lösungsmöglichkeit ist für das Kind am besten, die es am ehesten vor künftigen Abbrüchen in den **Betreuungsverhältnissen** schützt und davor bewahrt – als Begründung.

Lange (Moderator): Herr Lietz, Neues Forum.

Lietz (NF): Ich möchte der Grundintention dieses Antrages außerordentlich positiv zustimmen, denke aber, daß rechtlich nur durchgesetzt werden kann, was auch sozusagen durchsetzbar ist. Und deswegen, denke ich, können wir hier nicht etwas erzwingen, was da nicht realisierbar ist.

Aber wir sollten in den Formulierungen, auch gerade dieses Punktes, versuchen, das offenzuhalten, daß auch der Partner, der mit den Kindern nicht zusammenlebt, die Möglichkeit hat, auch rechtlich die Möglichkeit hat, wenn er an der Erziehung weiterhin teilnehmen will, dies auch tun kann, was im Augenblick ja etwas schwierig ist von der rechtlichen Situation.

Lange (Moderator): Herr Wolf, LDP.

Wolf (LDP): Wir fühlen uns, und ich persönlich, in diesem dritten Anstrich, der schon erwähnt wurde, glatt überfordert, hier einer Regelung zustimmen zu können oder auch nicht, sie abzulehnen, was gleichermaßen von Konsequenz wäre, ohne diesen subtilen und so wichtigen Bereich für das Wohlbefinden eines Kindes, was in einen solchen Streitfall gekommen ist.

Ich würde hier nicht sagen, „Streitfall Kind", sondern **„Streitfall Eltern"**, schon was den Namen der Arbeitsgruppe angeht, aber darüber habe ich nicht zu befinden. Das ist eine persönliche Bemerkung.

Also, ich fühle mich nicht in der Lage, hier sachkundig aus dem Stand heraus zu entscheiden, zumal die jetzige Formulierung deutlich macht, daß es wohl mehr um die **Rechte der Eltern** und nicht um die **Rechte des Kindes** geht. Und wir sollten uns überlegen, ob wir hier an dieser Stelle, zu diesem Zeitpunkt, in dieser Frage a) über die Aussagen verfügen, die uns zu einer qualifizierten Entscheidung berechtigen und b) den aktuellen Handlungsbedarf haben, jetzt in dieser Stunde.

Lange (Moderator): Danke. Frau Birthler, Initiative Frieden [und] Menschenrechte.

Frau Birthler (IFM): Ich würde mir auch wünschen, daß dieser Vorschlag noch mit mehr Material untersetzt wird. Er geht, glaube ich, in eine Richtung, die notwendig ist. Es gibt ja international auch schon Erfahrungen mit **geteiltem Sorgerecht** bei Ehescheidungen.

Aber ich denke, daß hier einiges noch bedacht werden muß, bespielsweise – das ist jetzt bloß eine Kleinigkeit beim dritten Anstrich – muß, wenn man auch von nicht verheirateten Eltern spricht, muß von **Scheidung** und **Trennung** gesprochen werden. Andererseits gibt das wieder, wenn man das nicht ausdrücklich erwähnt, die Möglichkeit, beispielsweise für **Väter**, die niemals einen Kontakt zu **Mutter** oder **Kind** hatten, dann irgendwann Ansprüche geltend zu machen.

So etwas muß geklärt werden im Text und deswegen ist das mir hier noch zu unscharf. Also, ich würde auch vorschlagen, daß man diesen Text noch einmal mit mehr Information und mit mehr Absicherung vorlegt. Das scheint mir jetzt nicht möglich zu sein.

Lange (Moderator): Ja. Frau Braband.

Frau Braband (VL): Ich möchte dazu gleich etwas sagen. Es hat ein Informationsmaterial vorgelegen zu diesem Text. Es entzieht sich jetzt meiner Kenntnis, ob es mit in die Vervielfältigung gegangen ist. Ich weiß nicht genau, warum es jetzt hier nicht vorliegt. Es enthält detaillierte Informationen dazu.

Lange (Moderator): Ich denke, das ist das eine Problem, daß hier weiterführende Informationen, **Hintergrundinformationen** notwendig wären. Das andere wurde aber von Herrn Wolf und einigen angedeutet in der Richtung, daß es im Augenblick etwas kompliziert ist für diese Runde, dies zu entscheiden. Ich möchte jetzt keine Abstimmung zu diesem Papier vorschlagen, denn wir sehen alle die Notwendigkeit, und wir danken den Einbringern, daß Sie hier auf eine sehr wichtige Frage aufmerksam gemacht haben.

Aber ich denke, es wäre auch im Blick darauf, was nun mit diesen Gedanken wird, sehr wichtig, daß man noch einmal sorgfältig damit umgeht. Meine Frage ist, ob wir dieses Papier jetzt als eine Anregung zu den, wir haben vorhin bei der **Sozialcharta** einiges an notwendigen Überlegungen auch weitergegeben, daß es nicht verloren geht, daß wir es jetzt einfach als eine notwendige Information und als einen Impuls anfügen, aber daß wir als Runder Tisch jetzt den vorliegenden Text nicht komplex abstimmen müssen. Das wäre mein Vorschlag.

Herr Klein.

Klein (VL): Vorausgesetzt, wir sind uns darüber einig, daß dieses Papier eben nicht die Rechte der Eltern in den Mittelpunkt stellt, sondern im Zusammenhang mit dem aufgeworfenen Problem vor allen Dingen die **Rechte des Kindes** sieht, und unter Berücksichtigung des Umstands, daß bis auf den hier, und ich sehe das auch so, Hinweis auf die Problematik dieser Fragestellung, keine weiteren Einwände gegen die übrigen Punkte gekommen sind, könnten wir uns ja vielleicht so verständigen, daß wir mit eben diesem Punkt genau so umgehen, wie Sie das vorgeschlagen haben und noch einmal rückfragen, ob es andere Bemerkungen zu diesem Text gibt, so daß man sie dann in der Form hier zur Abstimmung stellen könnte.

Lange (Moderator): Die Frage, die ich herausgehört habe, war eigentlich auch, sollte man das dann lieber als einen Anhang für heute nachmittag zum Thema **Kind und Jugend** mitnehmen, oder wollten Sie es doch an dieser Stelle plaziert haben?

Klein (VL): Es gibt, wie gesagt, noch eine Reihe von Hintergrundinformationen, die mit zur Kopie gegangen sind, die jetzt nicht vorliegen. Vielleicht gäbe es dann die Möglichkeit, nach Kenntnisnahme dieses Materials es erneut noch einmal aufzunehmen. Das wäre eine andere Möglichkeit.

Lange (Moderator): Gut, ja. Vielen Dank. Herr Lietz, Neues Forum.

Lietz (NF): Ich denke, wir könnten uns so verständigen, daß wir die Intention dieses Textes positiv aufnehmen und als solche dann zur Präzisierung noch wieder weiter vermitteln, aber nicht nur, daß wir es zur Kenntnis nehmen, sondern schon mit einer bestimmten Intention zur Kenntnis nehmen.

Lange (Moderator): Ja. Frau Horawe hatte sich noch gemeldet.

Frau Horawe (NF): Ja, nur in dem gegebenen Fall, daß wir jetzt hier doch noch weitersprechen zu anderen Punkten, weil, ich hätte sehr wohl zu anderen Punkten noch Fragen. Aber wenn nicht, dann – –

Lange (Moderator): Ja. Wir müssen jetzt entscheiden, ob wir lediglich zur Kenntnis nehmen, oder ob wir noch einmal darum bitten, weiterführende und notwendige Informationen dazu zu erbitten. Dann würden wir jetzt an die Antragsteller dieses zurückgeben. Das wäre dann wahrscheinlich doch der korrekte Weg. Das würde ich Ihnen jetzt fast vorschlagen.

Herr Wolf.

Wolf (LDP): Das politische Bedürfnis, ein Zeichen zu setzen, würde ich schon achten wollen, aber ich glaube, es gibt eben auch andere Punkte. Der letzte Punkt: „**Bürgerinitiativen** materielle und finanzielle Hilfen geben" – – welche Kriterien? Das kann jeder von sich behaupten, das zu wollen.

Verstehen Sie mich bitte nicht falsch, ich betrachte das alles als ehrenwert. Aber hier muß doch zu allem dann etwas mehr gesagt werden. Bei dem zweiten Anstrich, „bei der Entscheidung über das elterliche Erziehungsrecht", von der

„wirklichen **Gleichberechtigung beider Elternteile** ausgehen" – – Na, ich weiß nicht, ob bei jedem Scheidungsverfahren von der wirklichen Gleichberechtigung ausgegangen werden soll.

Da liegt doch jeder Fall anders. Da können andere rechtlich relevante Faktoren hinzukommen. Ich glaube, das hält in vielen Punkten bei auch von uns unterstützter, wohlmeinender Absicht – – Aber das hält doch **juristischen Anforderungen** nicht Stand, wenn es mit einer solchen Tragweite hier verabschiedet werden soll? Ich plädiere dafür, es bestenfalls zur Kenntnis zu nehmen.

Lange (Moderator): Vielen Dank. Sie haben aber schon auf Inhalte hingewiesen. Mein Vorschlag wäre, daß wir es jetzt einmal zur Kenntnis nehmen und darin auch eine wichtige Frage als Runder Tisch sehen, aber daß alle, die sich jetzt zu Wort gemeldet haben – ich nehme das auf, was Herr Klein gesagt hat – doch so freundlich sind und Ihre Anfragen oder auch Ihre Unkenntnis in einigen Punkten, die hier deutlich geworden sind, schriftlich ganz kurz an die Einbringer geben, so daß sie dies dann berücksichtigen können, damit wir jetzt nicht nur darüber gesprochen haben.

Es gab von einigen den Hinweis, ich hätte noch Rückfragen zu anderen Punkten. Darf ich Sie freundlich bitten, daß Sie dies dann nicht nur verbal jetzt hier bekunden, sondern daß Sie einfach dies aufschreiben und den Einbringern zur Kenntnis geben, damit sie damit umgehen können. Das findet Ihre Zustimmung? Dann müssen wir, glaube ich, nicht darüber abstimmen und können dieses Papier zunächst zurückstellen.

Wir haben inzwischen die **Vorlage 15/14.** Bitte, zur Geschäftsordnung.

Frau Schenk (UFV): Ich möchte noch darauf hinweisen, daß wir über den **Antrag 15/2** auf Einrichtung eines Ministeriums für Gleichstellungsfragen noch nicht abgestimmt haben.

Lange (Moderator): Wir kommen jetzt dazu. Und zwar hängt das zusammen mit der eben von mir genannten **Vorlage 15/14.** Sie haben Recht, wir haben das zurückgestellt und wollten erst diese **15/14**, den Antrag der CDU, hier vorliegen haben. Er liegt uns jetzt vor.

Zu [Vorlage] **15/2**, Frau Schenk, müßten Sie dazu jetzt noch einiges sagen. Wollen Sie nicht? Wir haben es vorliegen, es ist schon mehrfach erwähnt, wir hatten es ja auch in der Aussprache. Dann bitte ich zu diesem Punkt, es geht jetzt um die Bildung, den Vorschlag, ein **Ministerium für Familie und Soziales** oder ein **Ministerium für die Gleichstellung von Frauen und Männern** einzurichten, zu sprechen.

Es gibt diesen CDU-Vorschlag. Wer bringt von den Vertretern der CDU den **Antrag 15/14** jetzt hier ein? Frau Rödelstab? Bitte schön.

Frau Rödelstab (CDU): Also, **Vorlage 15/14,** ich möchte mich kurzhalten, da mein Kollege, Herr Krause, vorhin schon diesen Antrag ausführlich dargelegt hat. Wir stellen hiermit den [folgenden] Antrag:

[Vorlage 15/14, Antrag CDU: Schaffung eines Ministeriums für Familie und Soziales]:

Der Runde Tisch möge beschließen, daß in Vorbereitung der Regierungsneubildung nach den Wahlen die Voraussetzungen für ein Ministerium für Familie und Soziales geschaffen werden.

Begründung:

Soziologische Forschungen haben ergeben, daß die Familie für Frauen und Männer aller sozialen Gruppen und Generationen in der DDR zu den wichtigsten Lebenswerten gehört. In der Familie werden Lebensansprüche und Lebensbedürfnisse – Emotionalität, Sicherheit, Geborgenheit und Hilfe – in vielfältiger Weise verwirklicht und erlebt. Sie ist entscheidend für die Persönlichkeitsentwicklung und für den Lebensweg des Menschen.

In der Vergangenheit wurden diese Aspekte nur ungenügend berücksichtigt, was zu Einschränkungen bei der Entfaltung des Einzelnen und der Familie sowie zu einem gravierenden ethischen Werteverlust in der Gesellschaft führte.

Deshalb ist es an der Zeit, mit der gegenwärtigen Umgestaltung die erforderlichen Rahmenbedingungen zur Verwirklichung der Rechte und Interessen von Kindern, Jugendlichen, Frauen und Männern zu formulieren.

Ein dafür verantwortliches Ministerium hat die Formen, Strukturen und Beziehungen der Familien in ihrer Vielfalt zu achten und zu schützen.

Das erfordert:

– Politische, rechtliche, wirtschaftliche und soziale Gleichstellung von Frau und Mann mit Berücksichtigung der Differenziertheit innerhalb beider Gruppen

– Vereinbarkeit der Arbeit in Beruf und Familie, durch

  • familienfreundliches Arbeitszeitregime

  • Neufestlegung der Tarifsysteme einschließlich der gesellschaftlichen und finanziellen Aufwertung frauentypischer Berufe

  • gesellschaftliche Aufwertung der Familie und Erhöhung ihrer Verantwortlichkeit bei der Gestaltung ihrer Lebenswerte und bei der Erziehung der Kinder

  • gleichberechtigte Partnerschaft in der Familie bei der Erziehung und bei der Lastenteilung im Alltag

  • soziale Sicherung nach tatsächlicher Lebenssituation der Familie

– Festlegung der Rechte des Kindes und Einräumung eines altersbedingten Subjektstatus (in Anlehnung an die UNO-Konvention über die Rechte des Kindes)

– Verwirklichung materieller, sozialer und geistig-kultureller Ansprüche älterer Menschen

– Novellierung von Gesetzen (Auswahl)

  • Familiengesetzbuch [Lebensgemeinschaften, Umgangsrecht mit Kindern aus geschiedenen Ehen, Adoptionsrecht]

  • Arbeitsgesetzbuch [Arbeitszeit, Hausarbeitstag, Lohnbesteuerung]

  • Strafgesetzbuch [Verstöße gegen die Würde des Menschen]

- Rentengesetz [Lebensarbeitszeit. Vorruhestandsregelung, Anerkennung von Erziehungs- und Pflegezeiten]
- Verordnung über Sozialpflichtversicherung [Unterstützung für Betreuung und Erziehung der Kinder durch Mütter und Väter]
– Die Übernahme der Verantwortung für Einrichtungen der Vorschulbetreuung und -erziehung (Kinderkrippen und Kindergärten) sowie der Heimerziehung

Schwerpunktbereiche des Ministeriums müßten sein:

– Gleichstellung der Geschlechter {eventuell ein Staatssekretariat}
– Kinder
– Jugendliche
– ältere Menschen
– Sozialwesen.[23]

Herr Krause hat ja vorhin ausführlich den Antrag begründet. Wir sind der Meinung, daß ein Ministerium für Familie und Soziales die Komplexität dieser Probleme besser verwirklichen kann. Und wir denken auch daran, an den administriellen Aufwand, daß der durch zwei Ministerien eventuell für Gleichstellung der Geschlechter und für Familie unnötig erhöht werden würde.

Lange (Moderator): Vielen Dank. Sie haben nicht nur einen Antrag gestellt, sondern haben ihn ausführlich detailliert begründet und haben für das zu schaffende, nach Ihrer Meinung zu schaffende, Ministerium schon einen **Arbeitsplan** vorgelegt. Wir haben zwei Alternativvorschläge jetzt. Einmal **15/2**, bitte? Ja, ich komme gleich dazu.

Daß wir aber jetzt nur uns darüber klar werden, was uns vorliegt: **15/2**, der Antrag der Arbeitsgruppe „Gleichstellung von Frauen und Männern", Arbeitsgruppe „Sozialpolitik" und des Unabhängigen Frauenverbandes, diese drei haben hier gezeichnet. Dann die **Vorlage 15/14**, Ministerium Familie und Soziales, und ich erinnere daran, daß von der LDP dann noch dieser andere Vorschlag kommt als eine Veränderung dieses vorliegenden **15/2**.

Zur Geschäftsordnung, Frau Schenk, bitte.

Frau Schenk (UFV): Ich schlage vor, über beide Anträge, also **15/2** und **15/14**, getrennt zu beraten, also über den **15/2** hatten wir ja bereits beraten, getrennt abzustimmen, denn ich bin der Meinung, oder der Unabhängige Frauenverband ist der Meinung, daß beide Anträge nicht als Alternative behandelt werden sollten. Wir hatten das vorhin in der Argumentation ja umfassend behandelt, ja.

Und vielleicht noch eine Ergänzung nur, **Staatssekretariat für Gleichstellungsfragen**, aus staatsrechtlichen Gründen geht das nicht mit den Kompetenzen, die wir uns wünschen für diese Frage der Gleichstellungspolitik.

Lange (Moderator): Vielen Dank für diesen Hinweis. Ein anderer Geschäftsordnungsantrag, Herr Wolf, LDP.

---

[23] Dieser Vortrag wurde schriftlich zu Protokoll gegeben. Die in { } gesetzten Ausführungen wurden davon abweichend nur mündlich vorgetragen. Die in [ ] gesetzten Texte finden sich nur in der schriftlich zu Protokoll gegebenen Fassung.

Wolf (LDP): Wir würden mit der auch von uns nicht als Alternativpapier verstandenen Ergänzungsvorlage der CDU [uns] insofern mitvertreten wissen, daß, wenn über beide Papiere beraten wird, unser Zusatzantrag gegenstandslos ist, den würden wir damit zurückziehen.

Lange (Moderator): Vielen Dank, das erleichtert das Verfahren.

Frau Wolff, bitte.

Frau Wolff (GP): Ich wollte nur noch einmal daran erinnern, daß in der **Vorlage 15/6** von der Arbeitsgruppe „Bildung, Erziehung und Jugend", also auch nicht als Alternativ-Vorschlag, sondern als paralleler Vorschlag, vorgeschlagen wurde, **ein Ministerium für Kinder, Jugend, Familie und Soziales** zu schaffen.

Lange (Moderator): Ja, und ich erinnere daran, daß wir 15/6 ja eigentlich mit den anderen im Paket schon weitergegeben haben. Aber vielen Dank für den Hinweis, **15/6**. Es ist hier erwähnt als ein Vorschlag, der für die weitere Regierungsarbeit zu bedenken ist.

Frau Braband, bitte, Vereinigte Linke.

Frau Braband (VL): Ich war leider vorhin nicht da, als es schon um die Diskussion zu diesen beiden Anträgen ging. Ich möchte aber sagen, daß die Vereinigte Linke auch der Meinung ist, daß diese beiden Anträge unbedingt zu trennen sind.

Für mich ist der **Antrag 15/2** das insofern weitergehende Papier als in **[Vorlage] 15/14** die **Interessen von Alleinstehenden** zum Beispiel nicht berücksichtigt sind und auch die Interessen von Frauen an sich.

Hier werden **Frauen** im Grunde **definiert** nur als Wesen, die in einer Familie leben. Des weiteren wäre anzumerken zu dem vorhergehenden Beitrag, wir stimmen auch zu, das zu ändern in „Kinder, Jugend, Familie und Soziales", weil ebenso zum Beispiel die Rechte von Kindern und Jugendlichen, die in Heimen leben, das ist jetzt nur ein Beispiel, hier nicht genügend Berücksichtigung finden. Und ich weiß nicht, welches Ministerium das gewährleistet.

Lange (Moderator): Ja, vielen Dank. Gibt es weitere Wortmeldungen? Bitte schön.

Frau Rödelstab (CDU): Ich kann vielleicht noch ergänzen [zu der zuvor gemachten Anmerkung]: Daß wir **Familie** weit gefaßt betrachten und darunter, das hat Herr Krause heute vormittag ausgeführt, genauso Alleinstehende, Alleinerziehende auch [enthalten] sind, genauso [die] Lebensform, und daß wir zu Fragen **Heimerziehung** konkret gefordert haben, daß die Verantwortung das Ministerium für Familie und Soziales übernimmt.

Lange (Moderator): Das heißt, Sie bleiben bei Ihrem Vorschlag und möchten ihn nicht im Sinn von **15/6** erweitert haben. Sehe ich das richtig? Sie bleiben bei Familie und Soziales? Nicht, wie wir vorhin an die Regierung praktisch schon weitergegeben haben, daß wir zu bedenken geben, „Kinder, Jugend, Familie und Soziales" in die künftige Regierungsarbeit aufzunehmen? Gut, das war eine Reaktion dazu.

Wer möchte zu diesen beiden Anträgen sprechen? Es ist richtig, wir haben uns vorhin schon mehrfach geäußert, sowohl dafür als auch dagegen. Die bisherige Diskussion war allerdings so, daß man sie alternativ verstehen mußte. Das heißt, man hatte doch den Eindruck, entweder das eine oder das andere. Jetzt gibt es aber doch einen wichtigen Hinweis, daß wir beides nebeneinander stehen lassen und dazu sprechen, und ich denke, das kann uns in unserer Aussprache weiterhelfen. Wer möchte das Wort nehmen?

Bitte.

Frau Horawe (NF): Ich möchte noch einmal auf den ressortübergreifenden Charakter dieses neuzugründenden **Ministeriums für Gleichstellungsfragen** hinweisen, weil ich denke, das ist auch das, was die beiden Ministerien – – Ich bin sehr dafür, daß ein Ministerium für Familie und Soziales und Jugendfragen gegründet wird. Aber ich meine – und ich will es vielleicht an einem Beispiel verdeutlichen – daß zum Beispiel das neuberufene **Ministerium für Arbeit und Löhne** zum Beispiel Problematiken verhandeln wird, die in diesem übergeordneten Ressort des Ministeriums für Gleichstellungsfragen mit aufgegriffen werden müssen.

Es läßt sich nicht alles, dieser gesamte Komplex der **Gleichstellung,** subsumieren unter Familie. Wir können uns da anstrengen wie wir wollen meiner Meinung nach. Es können Fragen auftreten in allen Ministerien, die gebildet sind.

Wir hatten uns ja auch so vorgestellt in der Struktur, daß sich dort eine Kommission gründet, in der aus allen Ministerien Vertreter oder Vertreterinnen zusammengeführt werden, um dort diese Gleichstellungsproblematik auszutragen.

Es würde also nicht so sein, daß wir hier uns in ein Ministerium begeben wollen, wo nur die Fragen der Frauen geklärt werden. Darum geht es ja gar nicht. Und ich denke mir, daß [der Begriff] Familie, der ein sehr spezielles Arbeitsgebiet haben wird, für mich zu eng ist.

Lange (Moderator): Frau Wolff, Grüne Partei, bitte.

Frau Wolff (GP): Also, ich will nicht die Diskussion von vorhin wiederholen, ich will nur klar sagen, daß die Grüne Partei für zwei Ministerien ist, genau so wie das Neue Forum, und ich denke wirklich, daß ein Ministerium für Gleichstellungsfragen in jeder **patriarchialischen Gesellschaft,** und in so einer leben wir, dringend notwendig ist.

Lange (Moderator): Zur Geschäftsordnung, Herr Junghanns, DBD.

Junghanns (DBD): Ja, ich glaube, die Diskussion dreht sich hier im Kreis, ja. Wir haben zwei Anträge, die nebeneinander stehen, und hier gibt es von Einbringern Konsensmöglichkeit. Ich bitte um Abstimmung in der von Ihnen dargestellten Art und Weise. Entweder, daß wir das getrennt machen: Für und Wider. Ich bin aber auch dafür, daß man eine Entscheidung fällen kann, die nebeneinander stehen zu lassen.

Lange (Moderator): Ja, das ist ein Antrag zur Geschäftsordnung gewesen. Es wird beantragt, daß wir jetzt ohne weitere Aussprache diese beiden Vorlagen zur Abstimmung stellen. Ist das richtig? Wer diesen Geschäftsordnungsantrag unterstützt, den bitte ich um das Handzeichen. Wir brauchen Zweidrittel[mehrheit]. Ende der Aussprache. – Gegenstimmen? – Stimmenthaltungen?

Damit kommen wir zur Abstimmung zu diesen beiden Vorlagen, **Vorlage 15/2** und **15/14**. Ich darf aber, bevor wir abstimmen, doch noch eine Frage zur Klärung stellen. Es würde bedeuten, daß die CDU auch auf Seite 2 bei den Schwerpunktbereichen bei diesem ersten Satz bleibt, denn sonst würde es uns dies erleichtern, das nebeneinander stehen zu lassen. **Gleichstellung der Geschlechter** soll als eine Aufgabenstellung für Ihren Antrag enthalten bleiben, auch nach dem, was bisher gesagt wurde.

Krause (CDU): Ja, das ist der Fall.

Lange (Moderator): Gut, vielen Dank. Dann stellen wir **Antrag 15/2** zur Abstimmung: „Die Regierung der DDR wird aufgefordert, unverzüglich ein Ministerium für die Gleichstellung von Frauen und Männern einzurichten." Das ist der Wortlaut des Antrags. **15/2** steht jetzt zur Abstimmung. Wer diesen Antrag annimmt, den bitte ich um das Handzeichen. – Gegenstimmen? – 4 dagegen. Stimmenthaltungen? – 7 Enthaltungen. Damit ist der **Antrag 15/2** angenommen.

Wir kommen zur Abstimmung **Vorlage 15/14:** „Der Runde Tisch möge beschließen, daß in Vorbereitung der Regierungsneubildung nach den Wahlen die Voraussetzungen für ein Ministerium für Familie und Soziales geschaffen werden". Das ist der Antrag.

Frau Birthler (IFM): Noch eine Frage dazu. Ist das möglich?

Lange (Moderator): Ja, also keine Aussprache. Wenn es jetzt Rückfragen zum Verständnis gibt für diesen Antrag – – Normalerweise haben wir Ende der Debatte beschlossen. Aber Sie können eine Rückfrage stellen, wenn es um das Verständnis des Antrages geht.

Bitte, Frau Birthler.

Frau Birthler (IFM): Ja, ich bin jetzt unsicher, ob ich da etwas verpaßt habe. Stand die Frage zur Diskussion, ob dieses Ministerium heißen könnte Ministerium für Kinder, Jugend, Familie und Soziales?

Lange (Moderator): Nein, das ist erledigt. Das war die Rückfrage, die wir bereits schon beantwortet bekommen haben. Die CDU bleibt bei diesem Vorschlag, Ministerium für Familie und Soziales.

Frau Birthler (IFM): Verstehe ich nicht.

Frau Rödelstab (CDU): [Die] Frage [ist], wie das formuliert wird. Wir haben ja die gleichen Zielstellungen Kinder, Jugendliche und Familie drin. Also, wenn wir da eine Vereinigung finden, sind wir auch damit einverstanden. Ich meine, wir haben ja die Untergruppen Kinder, Jugendliche und Familie hier aufgeführt.

Lange (Moderator): Ja, es war also die Erläuterung, daß Familie hier weit gefaßt ist und nicht die einzelnen Begriffe aufgenommen werden. Noch einmal eine Rückfrage zum Verständnis?

Herr Matschie, bitte.

Matschie (SPD): Ich denke, nachdem wir eben den Beschluß gefaßt haben über die Bildung des Ministeriums für Gleichstellung, müßte dann hier auf Seite 2 der Schwerpunkt gestrichen werden, der erste, Gleichstellung der Geschlechter. Denn das geht ja nicht, daß wir das in beide Ministerien herein beschließen.

Lange (Moderator): Ja, Herr Ducke möchte sich zu Wort melden. Er darf das natürlich.

Ducke (Co-Moderator): Also, erstens, wir wollen keine Debatte hier eröffnen. Zweitens hat die CDU gesagt, das bleibt drin und es ist ja auch verständlich, weil vorhin gesagt wurde, diese Gleichstellung ist ressortübergreifend. Insofern sehe ich – –

Lange (Moderator): Ja. Bitte noch einmal Frau Wolff.

Frau Wolff (GP): Ja. Ich denke, so kann man nicht abstimmen. Wir können nur abstimmen über das parallele Existieren von einem Ministerium für Gleichstellungsfragen und eines Ministeriums für Kinder, Jugendliche und Soziales und Familien, oder nur ein Ministerium nach dem Vorschlag der CDU.

Lange (Moderator): Ja, zur Geschäftsordnung, Herr Wolf.

Wolf (LDP): Wir finden es überhaupt problematisch, sich jetzt über die Bildung von Ministerien zu äußern, wo noch nicht einmal die **Wahl** stattgefunden hat und die **Regierungskoalition** gebildet wurde. Über die Bildung von Ministerien zu befinden, ist meiner Meinung nach und unserer Meinung nach nur möglich, wenn man das Gesamtkonzept kennt (a) einer Regierung und (b) der Sach- und Fachbereiche vorangestellter Politik, die diese Regierung zu machen gedenkt.

Wir wären allerdings dafür, über die sachliche Substanz beider vorgelegten Vorlagen, und das war ja auch nicht im Sinne einer Alternative, sondern im Sinne der Sache, so haben wir das verstanden, hier abzustimmen.

Und wenn beide an einigen Stellen das gleiche haben, dann spricht es nur für die Autoren. Deshalb sind wir der Meinung, wir können damit einer künftigen Regierung inhaltliche Anhalte – zumal ja da drunter steht, von wem sie kommen, das geht ja nicht verloren, also empfehlen.

Lange (Moderator): Genau in diesem von Ihnen benannten Sinn, meine ich, sollten wir jetzt diese Abstimmung vornehmen, ohne daß wir jetzt auf Einzelheiten – ich hatte ja auch die Rückfrage zu diesem Anstrich – kommen, denn es ist klar: Wir sind **nicht die neue Volkskammer** an diesem Runden Tisch. Wir geben jetzt **Empfehlungen,** und auch wenn wir eben beschlossen haben unverzüglich, dann wird eigentlich nur die **Dringlichkeit** unterstrichen.

Wir müssen es aber natürlich der Regierung, der bisherigen oder der neuen dann, überlassen, wie sie mit dieser wichtigen Frage umgeht. Deshalb möchte ich Sie jetzt bitten, doch diese, weil wir das so beschlossen haben, diese **Vorlage 15/14** jetzt zur Abstimmung zu bringen. Haben Sie noch eine Rückfrage?

Frau Barbe (SPD): Ja, für mich ist es noch nicht ganz klar. Ist das jetzt eine Alternative, ein zusätzliches Ministerium oder nicht?

Lange (Moderator): Nein, es ist ganz klar, wir empfehlen der neuen Regierung, wenn wir diesem Papier zustimmen, 15/14, doch zu überlegen, **beide Ministerien einzurichten.** Anders kann man es nicht sehen.

Frau Barbe (SPD): Danke.

Lange (Moderator): Ja. Wie die dann die **Aufgabenteilung** oder die Aufgabenstellung vornimmt, ist jetzt nicht mehr unsere Sache. Hier gibt es aber einige Anregungen, nicht? Einige Empfehlungen. **[Vorlage] 15/14** wird zur Abstimmung gestellt. Wer dafür ist, den bitte ich um das Handzeichen. – Wer ist dagegen? – Wer enthält sich der Stimme? – Das müssen wir zählen. – 16 Enthaltungen, das bedeutet aber, daß die Mehrheit dafür gewesen ist.

Damit haben wir diese beiden Anträge verabschiedet und kommen jetzt zum letzten, hoffentlich noch vor der Mittagspause zu schaffenden Antrag der Vereinigten Linken, **[Vorlage] 15/13.** Der ist inzwischen ausgeteilt, Antrag im Sinne einer **aktiven Gleichstellungspolitik.** Die Vereinigte Linke hat das Wort.
Frau Braband.

Frau Braband (VL): Das paßt ganz gut zum vorhergehenden Thema

> **[Vorlage 15/13, Antrag VL: Zur geschlechtsunabhängigen Lehrstellenvergabe]:**
>
> Im Sinne einer aktiven Gleichstellungspolitik fordert der Runde Tisch, daß umgehend die Berufsberatungszentren der DDR durch das Ministerium für Bildung angewiesen werden, die Lehrstellenvergabepläne noch für das Ausbildungsjahr 1990 in bezug auf die in ihnen bislang praktizierte Quotierung verändert werden. Die Änderung muß ermöglichen, daß
>
> 1. der freie Zugang zu den Lehrstellen unabhängig vom Geschlecht gewährleistet ist,
>
> 2. die ausbildenden Betriebe verpflichtet werden, bei gleicher Eignung das in diesem Beruf jeweils benachteiligte Geschlecht bevorzugt einzustellen. (Beispiel: Ausbildungsplätze als Kindergärtner/in mit durchzusetzender Bevorzugung der Bewerber und als Tischler/in mit durchzusetzender Bevorzugung der Berwerberinnen),
>
> 3. Einspruchsrecht gegen die Ablehnung von Bewerbungen bei den eingeforderten Referaten für Gleichstellungspolitik der örtlichen Räte besteht,
>
> 4. die Anerkennung der Beschwerde durch die unter Punkt 3 genannten Einrichtungen aufhebende Wirkung gegenüber der Entscheidung des Ausbilungsbetriebes hat.
>
> <u>Die Begründung:</u>
>
> Durch die bisher geübte Praxis der Lehrstellen- und Studienplatzvergabe werden vor allem Frauen nach wie vor benachteiligt, so daß schon durch die Auswahlkriterien und den Geschlechterschlüssel Frauen vorwiegend in sogenannte frauentypische Berufe gedrängt und Männern selbst bei großem Engagement der Zugang zu diesen Berufen verwehrt wird.

Lange (Moderator): Danke. Bei dem **Antrag 15/3** haben wir schon einen ähnlichen Punkt, geschlechtspezifische Bilanzierung der beruflichen **Ausbildungsplätze.** Bitte? 15/3.
Bitte, Herr Junghanns, sagen Sie es deutlich.

Junghanns (DBD): Ja. Wir hatten vorhin die Diskussion unter dem Punkt 15/1, Seite 8, erster Anstrich. Wir hatten uns eindeutig dafür ausgesprochen, daß es das Prinzip des **freien Zugangs** gibt. Hier steht die Frage der **Quotierung,** die vorhin von der PDS angesprochen wurde, wieder auf dem Tisch. Ich bin der Auffassung, daß sich das widerspricht.

Lange (Moderator): Frau Braband.

Frau Braband (VL): Soweit ich das überblicke, war das vorhin ein genereller Antrag. Dieser hier behandelt also ein ganz spezielles Problem. Ich weiß nicht, ob Sie jemals einen **Lehrstellenvergabeplan** gesehen haben. Gut, das heißt also, 100 Tischler, 99 männlich oder 100 männlich, und das betrachte ich als Nichtgleichstellung.

Es geht hier nicht darum, vordergründig eine neue Quotierung zu machen, sondern die alte abzuschaffen, und das war ja mit dem generellen Antrag von vorhin auch geklärt.

Aber es muß auch das Problem gelöst werden, daß zum Beispiel sich seit Jahren junge **Männer** bewerben **in Kindergärten** und nicht angenommen werden, und das sagt dieser Antrag hier.

Ebenso muß das Problem gelöst werden, daß Mädchen männerspezifische Berufe erlernen möchten und das nicht können, weil es diese Quotierung in dem Lehrstellenvergabeplan gibt.

Darum geht es.

Lange (Moderator): Wenn wir **15/3** lesen, den dritten Punkt, dann könnte man ja auch diesen Antrag der Vereinigten Linken als eine Weiterführung und Konkretisierung dessen annehmen. Im Grunde genommen ist dies mit dem **Antrag 15/3** mehr oder weniger erledigt. Aber Sie kommen jetzt noch auf einige spezifische Fragen, so daß ich zurückfragen möchte, ob es notwendig ist, daß wir diese Vorlage jetzt generell noch ausführlich behandeln müssen.

Herr Klein.

Klein (VL): Ja. In diesem Antrag, der hier eben verlesen wurde, geht es um das Jahr 1990. Und hier geht es in Ausgestaltung des Punktes 3, auf den Sie sich beziehen, um eine ganz konkrete Problematik.

Das heißt: Hier ist Handlungsbedarf und in diesem Zusammenhang doch wohl auch ein Konsens möglich. Gerade unter Berufung auf Punkt 3 des **Antrages 15/3**.

Jahn (NDPD): Jahn, NDPD. Wir sind der Auffassung, daß die **Aufhebung der Quotierung** sein muß. Aber eine Aufhebung der Quotierung muß doch nicht mit einer Bevorzugung von Einstellung verbunden werden.

Lange (Moderator): Frau Röth, Unabhängiger Frauenverband.

Frau Röth (UFV): Wir möchten zwei Anmerkungen machen, erstens, daß sicherlich die **Berufberatungszentren** demnächst nicht mehr dem Bildungsministerium unterstellt sein werden, sondern eingehen werden in die Ämter für Arbeit und dort eine Untergruppierung bilden werden.

Zweitens hat in der **Arbeitsgruppe „Bildung und Erziehung"** der Staatssekretär Wiedemann, der für diese Fragen zuständig ist, vom Staatssekretariat für Berufsbildung, die Bemerkung gemacht, daß demnächst **Lehrstellen**, also 1990/91, um dieses Lehrausbildungsjahr dreht es sich ja und nicht um das jetzt anlaufende ab September, die Lehrstellen nicht mehr geschlechtsspezifisch ausgewiesen werden.

Es ist also nach Äußerung des Staatssekretärs schon passiert.

Lange (Moderator): Die Frage ist, ob die Vereinigte Linke mit den gegebenen Auskünften sich einverstanden erklären kann, oder den Wunsch hat, daß die **Vorlage 15/13** als der Versuch einer Konkretisierung, auch im Blick auf 1990, jetzt noch mit angehängt wird und zu bedenken ist. Das wäre wahrscheinlich dann doch eine Möglichkeit, daß wir jetzt nicht noch lange darüber sprechen müßten. Sie wollten sich dazu melden? Ja?

Bitte, Frau Braband.

Frau Braband (VL): Wir möchten schon auf diesem Antrag bestehen, weil: Allein die Zusage, daß diese Lehrstellen nicht mehr quotiert ausgewiesen sind, also geschlechtsspezifisch, reicht für unsere Begriffe nicht aus. Und wie schon im Antrag steht: Es handelt sich also um eine wirklich **aktive Gleichstellungspolitik,** das heißt, hier wird sich erweisen, ob wir den Antrag, den wir vorher gerade gestützt haben, auch ernst nehmen.

Ich denke, man schafft nicht den freien Zugang zu den **Lehrstellen,** wenn man lediglich die **Quotierung** wegnimmt. Das heißt, man muß auch abbauen Ressentiments gegenüber zum Beispiel der Tatsache, daß junge Männer Kindergärtner werden wollen. Man muß denen auch entschieden die Möglichkeit einräumen, es auch zu werden und nicht abhängig davon zu sein, daß irgendwo eine Kaderleiterin oder ein Kaderleiter das abwiegeln kann.

Und das ist ein Aspekt dieses Vorschlags, und deswegen möchten wir, wie gesagt, darauf bestehen.

Lange (Moderator): Sie haben ein sehr schönes Beispiel gebracht, aber hier ist nur von Frauen die Rede, die benachteiligt werden.

Frau Braband (VL): Nein, das ist nicht korrekt.

Lange (Moderator): Bei der Begründung.

Frau Braband (VL): Es betrifft auch meistens Frauen, aber in vielen Dingen betrifft es auch Männer.

Lange (Moderator): Der Kindergärtner hat mir nur imponiert.

Frau Schenk.

Frau Schenk (UFV): Ich halte bei der **Vorlage 15/13** insbesondere den Punkt 3 und 4 besonders wichtig, weil es nämlich darauf hinweist, wie damit umzugehen ist, mit **aktiver Gleichstellungspolitik,** und wie solche Forderungen, die im Prinzip im Punkt 2 formuliert werden, dann also auch wirklich durchgesetzt werden können.

Lange (Moderator): Sie sprechen sich also dafür aus. Die Vereinigte Linke hat auch deutlich gemacht, daß es wichtig ist, daß sich der Runde Tisch dazu jetzt eine Meinung bildet, das heißt abstimmt. Herr Junghanns hat aber eben Luft geholt, um noch einmal zu sagen, daß es schwierig ist.

Junghanns (DBD): Nein, ich möchte noch einmal eine Anmerkung machen. Insbesondere auch auf den Punkt 3 und 4, den Sie jetzt ansprechen. Wir haben gerade über ein Ministerium, eine Institution, abgestimmt, die wir als Empfehlung in die neue Regierung hineingeben.

Hier werden Sicherungen eingebaut, die auf nichts mehr beruhen als auf dieser Empfehlung, die wir davor ausgesprochen haben. Insofern halte ich das auch für sehr fragwürdig, wenn wir das selbst auf das Jahr 1990 beziehen, diese **rechtlichen Garantien,** diese aktive Politik zur Gleichstellung überhaupt, durchzusetzen.

Ich habe ganz einfach die Befürchtung, daß wir uns hier selbst etwas vormachen. Ich bin dafür, [daß wir] uns mit Konsequenz für dieses Prinzip bekennen. Und auch die Beispiele, die doch berechtigt sind, da gibt es ja gar keine Frage, die können wir doch aber nur mit so einem gleichen Prinzip bewältigen und nicht mit einem ausgereiften oder ausgeklügelten Sicherungssystem. Das ist doch nicht machbar, es ist doch im Leben nicht machbar.

Das ist meine Auffassung, mehr kann ich nicht sagen, Entschuldigung.

Lange (Moderator): Ja, man kann immer nur seine Auffassung sagen. Das ist auch ganz richtig.

Herr Matschie, SPD.

Matschie (SPD): Ich möchte hier diesen Antrag hier noch einmal unterstützen. Ich denke, wir brauchen hier noch nicht über die konkrete Machbarkeit zu diskutieren, das wird sich zeigen. Es wird sich eine ganze Menge in der nächsten Zeit verändern werden.

Hier geht es aber darum, eine Richtung festzulegen, eine Linie festzulegen. Es kann sein, daß es diese **Behörden für Gleichstellung** schon in zwei Monaten gibt, es kann aber auch sein, es dauert ein halbes Jahr. Das können wir jetzt hier nicht diskutieren. Es geht um die generelle Linie, und deshalb stimme ich diesem Antrag hier zu.

Lange (Moderator): Frau Schröter.

Frau Schröter (DJ): Demokratie Jetzt möchte den Antrag auch unterstützen. Wir denken, daß es einfach auch meinungsbildend wichtig ist.

Lange (Moderator): Vielen Dank. Wir haben einige Meinungen, die Mehrzahl eigentlich dafür gehört. Wir haben aber auch verständliche Fragen gehört, die sicherlich nicht vom Tisch gewischt werden sollen, die man mit im Blick hat.

Ich denke, es wäre jetzt das einfachste, wenn wir darüber abstimmen, daß wir es nicht nur zustimmend zur Kenntnis nehmen, das wäre eine sehr vage Form, wie wir mit diesem **Antrag 15/13** umgehen. Es ist deutlich gemacht worden, daß es hier um eine wichtige Weiterführung dessen geht, was wir schon festgelegt haben.

Gibt es noch Meinungsäußerungen dazu oder können wir jetzt über diesen Antrag abstimmen? Es gibt keine Meinungsäußerungen. Wer dafür ist, daß wir diesen Antrag, **Vorlage 15/13**, annehmen, den bitte ich um das Handzeichen. – Das ist wohl die Mehrheit. Gegenstimmen? – Es sind 3 Gegenstimmen. Stimmenhaltungen? – 6 Enthaltungen. Mit 2 Gegenstimmen und 6 Enthaltungen haben wir die **Vorlage 15/13** angenommen.

Und nun hoffe ich, daß ich nichts verkehrtes sage, wenn ich diesen Tagesordnungspunkt jetzt zum Abschluß bringe, mit Ihnen zusammen, und Sie freundlich einlade, die wohlverdiente Mittagspause jetzt anzutreten.

Herr Ziegler hat dazu noch eine Ansage.

Ziegler (Co-Moderator): 13.40 Uhr, wenn es geht, Prioritätengruppe, Zimmer 213.

Lange (Moderator): Wir unterbrechen unsere Sitzung bis 14.00 Uhr.

[Unterbrechung der Sitzung 12.20 Uhr bis 14.00 Uhr]

Ducke (Moderator): Meine Damen und Herren, wir beenden unsere Mittagspause. Bevor wir in den **Haupttagesordnungspunkt** des heutigen Nachmittags eintreten, nämlich das Thema **Bildung, Erziehung und Jugend**, gibt es noch einige notwendige Informationen. Eine erste wird uns geben, weil das ja vertagt war, Herr Merbach von der **Arbeitsgruppe „Ökologischer Umbau"**, ein Bericht über den Stand der Arbeiten, wie es erbeten war, und dann Frau Bläss, Leiterin der **Wahlkommission** der DDR, zum Thema **Wahl**, und dann sind noch einige Informationen durch Herrn Ziegler zu geben, bevor wir beginnen.

Ich schlage vor, die leeren Plätze sind jetzt zu entschuldigen, weil die Prioritätenkommission noch tagt, aber, da ja von jeder Partei und Gruppierung jemand vertreten ist, schlage ich vor, daß wir jetzt die Informationen [der Arbeitsgruppe] „Ökologischer Umbau" entgegennehmen, damit wir ein wenig Zeit dann für die Debatte gewinnen. Ich bitte dann Herrn Merbach von der Arbeitsgruppe „Ökologischer Umbau" um seinen Bericht.

Bitte schön.

TOP 3: Bericht AG „Ökologischer Umbau": Über den Stand der Arbeiten

Merbach (DBD): Sehr geehrter Herr Ducke, meine Damen und Herren, ich bedanke mich sehr herzlich, daß wir heute noch einmal Gelegenheit haben, zur **Ökologie** etwas zu sagen, weil wir ja neulich abends abgeschaltet worden sind, um 19.00 Uhr, und die Dinge nicht verfolgt werden konnten.

Wir haben, wie Sie wissen, ein Gesamtpaket hier versucht in der Arbeitsgruppe zu schnüren. Das besteht zunächst einmal aus allgemeinen Grundprinzipien und aus praktischen Maßnahmen. Wir haben den Großteil dieser Maßnahmen am 29. Januar [1990] zu unserer 10. Sitzung verabschiedet, so daß ich jetzt dazu nichts sagen möchte.

Wir haben in der vorigen Woche ein Nachtragpaket nach Vorlage des **Umweltberichtes** verabschiedet, das sich durch folgende Schwerpunkte vielleicht kennzeichnen läßt:

Wir haben dort besonders Bezug genommen auf die sozialen Absicherungsmaßnahmen, **Flankierungsmaßnahmen bei Produktionseinschränkungen oder Stillegungen** durch Umweltschutzmaßnahmen.

Wir haben zur **Agro-Agrarökologie** etwas gesagt im Sinne der Schaffung vielgestaltiger ökologischer begründeter Kulturlandschaften.

Wir haben einen Schwerpunkt **Gesundheitspolitik** im Zusammenhang mit den Belastungsgebieten, also Prophylaxe, Überwachung, Bewertung, verabschiedet.

Und wir haben schließlich einen Passus zur Folgewirkung oder zur Milderung der Folgewirkung des Uranbergbaues, insbesondere in den Südbezirken, Ost-Thüringen und Sachsen, hier verabschiedet – Altlastensanierungen, Risikofonds für Gesundheitsschädenbeseitigung. Wir haben dort Bezug genommen auf die Studie von Herrn [Michael] Beleites.

Wir haben auch hier eine Erklärung der Presse zugeleitet, allerdings hat sich bis jetzt offensichtlich kein Presseorgan dazu bereitgefunden, dazu etwas zu schreiben. Meine Frage – Bergbaufolgeschäden, Uranbergbau – noch immer kein Thema.

Wenn wir jetzt abschließend vielleicht noch ein paar Sätze zum Fazit unserer Gruppe überhaupt sagen wollen, es wird ja in der Öffentlichkeit sehr oft gefragt, welchen Sinn die **Tätigkeit** unseres Runden Tisches überhaupt hat, vor allen Dingen in der letzten Zeit.

Ich kann das natürlich nur für unsere Gruppe beantworten, ich will mir nicht anmaßen, das für den gesamten Runden Tisch zu tun. Ich meine, zwei Dinge sollten noch herausgestellt werden. Wir haben zunächst, trotz verschiedener politischer Meinungen in unserer Arbeitsgruppe, einen weitgehenden Konsens in den Ökologie- und Umweltschutzfragen erreicht.

Wir haben eine Reihe von Dingen auf den Weg gebracht, ich kann hier nur Beispiele nennen, ein **Umweltkonzept** der Regierung liegt bereits dem Grünen Tisch vor, die ersten Thesen zum **Energiesparprogramm** ebenfalls.

Wir haben ein Gespräch mit Prof. Budig, dem **Minister für Wissenschaft und Technik,** über das wissenschaftliche **Ökologieprogramm,** das Förderprojekt geführt, und wir werden dort auch einbezogen werden, auch im Rahmen des Grünen Tisches dann, und es ist vorgelegt worden, ein **Gesetzesentwurf zur Umweltverträglichkeit** von Standorten, Produkten etc., auch das wird am Grünen Tisch behandelt.

Wir haben zweitens, und das scheint mir das wichtigste, ein Konzept von etwa sechs Seiten, wenn wir alles zusammenrechnen, verabschiedet, das sozusagen als Vermächtnis unserer Gruppe an die neue Regierung gelten kann.

Wir werden also die einzelnen Teilpakete, von denen ich vorhin gesprochen habe, noch einmal zusammenfassen, dem Ministerrat zustellen, den Presseorganen zustellen und auch der neuen Regierung zustellen, damit sie, sofern sie das für erforderlich hält, danach arbeitet.

Wir werden allerdings jede neue Regierung hier als Mitglieder der **Gruppe „Ökologischer Umbau",** daran messen, wie sie mit diesen Dingen umgeht, die für die Zukunft, unserer aller Zukunft, und die Erhaltung unserer Lebensgrundlagen so wichtig sind. Und wir werden die Regierung auch gegebenenfalls dann daran erinnern, auch auf dem Wege der Presse und der Öffentlichkeit außerhalb des Parlaments, wenn wir meinen, daß diese Dinge nicht entsprechend berücksichtigt werden.

Und wir werden natürlich auch unsere Bemühungen am **Grünen Tisch,** den wir hier gemeinsam beschlossen haben, fortsetzen und werden versuchen, konstruktiv Schritt für Schritt die Dinge, die so notwendig aus unserer Sicht für unser gesamtes Volk sind, durchzusetzen.

Ich danke Ihnen.

Ducke (Moderator): Danke, Herr Merbach, für diesen Bericht von der Arbeitsgruppe „Ökologischer Umbau". Ich glaube, das war eine notwendige Erinnerung und vielleicht auch ein erster Versuch, einmal Ergebnisse von Diskussionen, wie sie hier geführt wurden, so zusammenzufassen, daß sie für die Weiterarbeit im echten Sinne nicht nur aufgearbeitet sind, sondern, sagen wir einmal, jetzt ganz konkrete Anweisungen auch schon bringen.

Vielen Dank, Herr Merbach, für die Mühe. Ich würde jetzt bitten, daß Frau Bläss, Vorsitzende der Wahlkommission der DDR, ihre Erklärung abgibt. Die weiteren Informationen, auf die müssen wir dann noch warten.

Bitte, Frau Bläss.

TOP 4: Erklärung der Vorsitzenden der Wahlkommission der DDR, Petra Bläss, zur Vorbereitung der Volkskammerwahl am 18. März 1990

Frau Bläss (Vorsitzende der Wahlkommission der DRR):

[Appell Petra Bläss: Zur Vorbereitung der Volkskammerwahl am 18. März 1990]:

Sehr geehrter Herr Ducke, meine Damen und Herren, liebe Zuschauer und Zuhörer in der DDR,

in den vergangenen Tagen und Wochen unternahmen die Wahlkommissionen der DDR und der Wahlkreise alles in ihrer Kraft stehende, um eine ordnungsgemäße Vorbereitung der Wahlen zur Volkskammer am 18. März 1990 zu sichern.

Diejenigen Parteien, politischen Vereinigungen und Listenvereinigungen, die sich an den Wahlen beteiligen wollen, hatten bis zum 01. März 1990 ihre Vorschläge zur Besetzung der 22 000 Wahlvorstände mit mindestens sieben Bürgerinnen und Bürgern bei den Wahlkommissionen der Wahlkreise und ihren Stützpunkten zu unterbreiten. Nach ersten vorliegenden Informationen sind sie dieser Pflicht bisher nur unzureichend nachgekommen.

So mußte in Plauen die Anzahl der Stimmbezirke von 97 auf 58 reduziert werden. In Zwickau sind erst 50 Prozent der Wahlvorstände gesichert. Im Wahlkreis Berlin erklärten bis Freitag erst 2 065 Bürgerinnen und Bürger ihre Bereitschaft zur Mitarbeit in den Wahlvorständen. 7 502 aber werden mindestens benötigt.

In meiner Funktion als Vorsitzende der Wahlkommission der DDR fordere ich an dieser Stelle alle am Runden Tisch vertretenen und alle sich an der Wahl beteiligenden Parteien, politischen Vereinigungen und Bürgerbewegungen dringend auf, ihrer rechtlichen und moralischen Pflicht zur Vorbereitung der Wahlen nachzukommen.

Ich bitte die Bürgerinnen und Bürger der DDR herzlich darum, sich bei den Wahlkommissionen der Wahlkreise, ihren Wahlstützpunkten, den örtlichen Räten und den bereits gebildeten Wahlvorständen zu melden, um durch eigenes Engagement in den Wahlvorständen zur ordnungsgemäßen und demokratisch legitimierten Durchführung der Wahl beizutragen.

Ich danke für Ihre Aufmerksamkeit.

Ducke (Moderator): Danke, Frau Bläss. Ich glaube, das war ja nicht nur eine Aufforderung an die Bevölkerung, sondern eine dringliche Mahnung auch an alle hier am Runden Tisch Vertretenen, die ja zu dieser Wahl eigentlich durch ihre Arbeit beitragen wollten, nämlich sich auch darum zu kümmern, daß diese Wahl stattfinden kann.

So habe ich Sie doch verstanden, und so wollen wir über allen **Wahlkampf** vielleicht nicht vergessen, daß ein Wahlkampf nichts nützt, wenn die Wahl nicht stattfindet, weil dafür gar keine ordnungsgemäße Möglichkeit zur Durchführung besteht. Vielen Dank, Frau Bläss, daß Sie hier gewesen sind. Ich wünsche Ihnen dann eine gute weitere **Vorbereitung der Wahl.**

Danke.

Ich muß zur Kenntnis nehmen, daß unsere Prioritätengruppe immer noch tagt, wahrscheinlich liegen wieder so viele Einzelanträge vor, daß die Entscheidungen schwierig geworden sind. Ich sehe, daß Herr Ziegler gerade hereinkommt und damit die nächsten Meldungen geschehen können.

Ich darf die Zwischenzeit nutzen, oder vielleicht, Herr Ziegler, sind Sie gleich parat, oder kann ich? Herr Ziegler, Sie kommen im rechten Moment, wenn es schon möglich ist, daß Sie gleich – noch außer Atem – sprechen können.

Wir haben eben den Bericht der Arbeitsgruppe „Ökologischer Umbau" entgegengenommen und Frau Bläss, Vorsitzende der Wahlkommission, hat ihren Appell auf Beteiligung an der Wahlvorbereitung verlesen. Es wäre jetzt also die Zeit für die weiteren Informationen.

Bitte schön.

Ziegler (Co-Moderator): Es sind auch Informationen zur Wahl. Wir hatten uns in der Prioritätengruppe geeinigt, daß **vom Demokratischen Aufbruch** heute eine Bitte ausgesprochen wird, die man auf den Nenner bringen kann, **fairer Wahlkampf.** Ich werde das kurz verlesen:

[Appell Runder Tisch: Zu fairem Wahlkampf]

Der Wahlkampf für die Volkskammerwahlen am 18. März 1990 in der DDR wird in zunehmendem Maße von undemokratischen bis kriminellen Störaktionen beeinträchtigt. Dies beweisen Beispiele aus den letzten Tagen.

Plakate, mit denen demokratische Parteien auf sich aufmerksam machen wollen, werden systematisch zerstört. Kandidaten mehrerer Parteien werden in anonymen Telefonanrufen beschimpft, zum Teil mit Gewalt bedroht. Unbekannte verüben Anschläge auf Parteigebäude und beschädigen Parteieigentum. Spitzenkandidaten sehen sich rufschädigenden und unbegründeten Strafanzeigen ausgesetzt beziehungsweise von anonymen Briefeschreibern in die Nähe von Stasiagenten gebracht.

Durch derartige Aktionen wird nicht nur die Würde der Kandidaten erheblich beschädigt, die Bürger der DDR werden darüber hinaus in ihrem Recht auf freie Meinungsbildung und Information vor den Wahlen zur Volkskammer der DDR behindert.

Die Parteien und politischen Gruppierungen des Runden Tisches, die sich an den Wahlen zur Volkskammer beteiligen, bitten:

– Auseinandersetzungen im Wahlkampf müssen sicher streitbar und kritisch geführt werden, aber niemals unfair oder gar persönlich verletzend.

– Undemokratische Aktionen, die den Wahlkampf beeinflussen sollen, werden verurteilt.

Die demokratischen Parteien und Gruppierungen beteiligen sich nicht an derartigen Maßnahmen. Die demokratischen Parteien und Gruppierungen versichern sich gegenseitig Solidarität für den Fall, daß Kandidaten in rufmörderischer Absicht verunglimpft und verleumdet werden.

Die Prioritätengruppe hat es erklärt, daß dies bekannt gegeben werden soll, auch als ein Appell, einen fairen Wahlkampf zu führen.

Und ebenso ist als letztes bekanntzugeben ein Telegramm, das den Runden Tisch heute erreicht hat, das auch auf einen Nenner zu bringen ist, **unser souveränes Land nicht zum Tummelplatz** und zur **Wahlkampfbühne** für die **Bundestagswahlen** zu machen.

Darum einige konkrete Erwartungen:

– daß die Veröffentlichung aller Kandidaten erfolgen sollte

– Auftreten aller Kandidaten vor Wählern mit ihren Programmen, ihren persönlichen Vorstellungen und Wahlveranstaltungen ohne BRD-Politiker.

– Unsere Kandidaten müssen selbst Profil zeigen.

Ich gebe das nur bekannt. Wir hatten hier am Runden Tisch über derartige Fragen bereits miteinander gesprochen, es sollte auch nur als Information dienen, danke.

TOP 5: Bildung, Erziehung und Jugend

Ducke (Moderator): Danke, Herr Ziegler, für diese Information zur Wahl. Ich frage noch, ob noch weitere Informationen jetzt gegeben werden müssen?

Danke, das ist nicht der Fall.

Dann darf ich die Glocke läuten für den nächsten Tagesordnungspunkt, **Bildung, Erziehung und Jugend.** Ich darf dazu begrüßen Herrn Minister [Hans-Heinz] Emons, Minister für Bildung, ich darf begrüßen Herrn Wilfried Poßner, Leiter des Amtes für Jugend und Sport, Staatssekretär. Ich darf weiterhin begrüßen als Vertreterin des Runden Tisches, nein, der Arbeitsgruppe „Bildung", Frau [Ruth] Priese, die mit am Tisch sitzt, und es hatten um Rederecht gebeten die Gruppierung der Arbeitsgruppe „Bildung, Erziehung und Jugend", das war ja beim letzten Mal schon beschlossen worden.

Ich darf Ihnen nur kurz vorstellen, wer hier hinter uns noch sitzt. Es ist also, nein, noch neben [uns sitzt], von der „Volksinitiative Bildung", Herr Jan Hofmann. Er wird die Vorlage, das Positionspapier, einbringen.

Dann ein „Unabhängiger Interessenverband demokratische Bildung und Erziehung", Christiane Zschommler, ist da? Jawohl.

„Initiativgruppe Kinderbewegung", Herr Nilsson Kirchner, jawohl, mit Vertretung, ja? Das sind die alle, die Interessenvertreter.

Die „Liga der Kinderfreunde", Herr Peter Richter, ist auch da.

Dann bittet um Rederecht auch dazu die „Katholische Laienbewegung", Herr Prof. Meyer, die mitgearbeitet haben.

Gibt es dagegen Einwände? Darüber haben wir noch nicht abgestimmt. Sie finden einen Teil der Wortmeldungen oder die Wortmeldung dann als Information. Gibt es dagegen Einwände? Das ist nicht der Fall.

Und der „Runde Tisch der Jugend". Jetzt weiß ich nicht, wer bringt da ein? Das ist Frau Thomma.

Sie können sich auch schon ruhig hier hinsetzen. Dann haben wir Sie dann gleich in der Nähe. Das sind hoffentlich [alle]. Frau Priese, Sie helfen mir.

[Ich hoffe, ich habe] niemand vergessen, [das sind] alle, die heute nun zu unserem Tagesordnungspunkt Bildung, Erziehung und Jugend aus Interesse da sind.

Außerdem sehe ich wieder einmal am Runden Tisch einige neue Gesichter, ich nehme an, wegen des Wechsels des Themas. Aber dann hätte ich halt gleich die Bitte, wenn Sie so nett sind, uns Ihren Namen und die Partei sofort hier hochgeben, sonst macht es sich sehr schwierig, Sie aufzurufen.

Ich schlage folgenden Verfahrensweg vor: Es liegt vor ein Positionspapier der Arbeitsgruppe, das finden Sie als **Vorlage 15/7**. Nehmen Sie es am besten zur Hand. Das wird uns Herr Hofmann vortragen.

Dann haben Sie die **dicke Vorlage ohne Numerierung, Beratung des Runden Tisches [am 5. März 1990], ausgewählte Zahlen und Fakten zur Lage der Kinder und Jugendlichen in der DDR,** das war ja der angeforderte Bericht hier vom Runden Tisch. Dazu wird Herr Poßner einige Bemerkungen machen. Er liest die 80 Seiten nicht vor, das hat er als Selbstverpflichtung schon kundgetan.

Dann haben wir die Regierung, Herr Minister Emons wird nur eine kurze Stellungnahme abgeben und dann für die Debatte hier zur Verfügung stehen, so daß wir in der Rückfrage hier kompetente Auskunft erwarten dürfen.

Die **Vorlage 15/18** ist ein kleiner Trick, jetzt weiß ich nicht, der Arbeitsgruppe oder des Arbeitssekretariates, denn dahinter verbergen sich schlicht 13 Einzelanträge. Aber Sie haben es – –

[Zwischenrufe]

Ducke (Moderator): – 13 habe ich hier bei mir draufstehen.

Ziegler (Co-Moderator): 18 noch zusätzlich.

Ducke (Moderator): Die **Vorlage 15/8** hat 13 Einzelanträge. Ich werde hier immer abgelenkt. Dies ist also ein Bündel von Einzelanträgen, die von der Arbeitsgemeinschaft vertreten werden, denen wir immer kaum widerstehen können.

Und dann zeige ich Ihnen einmal das Bündel von jetzt nur noch 17, da wir einen Antrag vorhin mit bei Frauenfragen und bei [der] Sozialcharta unterbringen konnten, ein Bündel von 17 Anträgen, die Sie noch nicht haben, die, weil sie zu spät eingegangen sind, nämlich heute früh erst, die wir aber, und den Vorschlag würde ich machen, dann dieser Arbeitsgruppe beziehungsweise für die weitere Arbeit der Regierung mitgeben möchten.

Ich werde sie dann aufrufen, zu welchen Themen das [Einzelanträge] sind. Das sind, sie umfassen die Palette, vielleicht darf ich das gleich am Anfang so sagen:

- **ökologische Bildung, Sexualerziehung**
- Betreuung schwerstgeschädigter Kinder
- Sorge der Selbstverwirklichung
- Jugendgesetz
- Schutz der Kinder und Jugend
- die Frage der Subventionierung von Kinderkrippen
- Sportfragen
- Gesamtschule, Haus der Jugend
- psychologische Erziehung- und Familienberatung
- Erziehungs- und Familienberatung
- Stellung des Lehrers
- Freizeitpädagogik
- Bildungs- und Erziehungsfragen
- Betriebsferienlager
- Berufsausbildung
- Beziehung zu den Eltern
- Kinderdorf.

Das sind die Einzelanträge dazu, die ich Ihnen hiermit vorgestellt habe, als Themen.

Ich bitte nun, daß wir zunächst das Positionspapier der Arbeitsgruppe zur Kenntnis nehmen, danach Herrn Minister Emons um eine kurze Stellungnahme bitten und dann den Bericht entgegennehmen durch Herrn Poßner und danach mit **Vorlage 15/8** die Debatte eröffnen, damit auch die Arbeitsgruppe die Möglichkeit hat, ihre Änderungsvorschläge von vornherein hereinzubringen.

Herr Hofmann, ich gebe Ihnen das Wort, bitte führen Sie uns in das Positionspapier ein.

Hofmann (AG „Bildung, Erziehung und Jugend"): Die **Arbeitsgruppe „Bildung"** hat sich im Januar konstituiert und arbeitet seit dieser Zeit an dem vorliegenden Papier und an den nachfolgenden Einzelanträgen. Ein paar Zusatzanträge, die hier eben formuliert wurden, werden auch sicherlich Bestandteil schon unseres Papieres sein. Möglicherweise wird sich einiges erübrigen. Alle Parteien und einige Initiativen, die hier genannt wurden, sind Autoren dieses Papiers oder haben daran mitgearbeitet. Mehrheitlich sind die Positionen abgestimmt worden. Außer dem Demokratischen Aufbruch haben alle Parteien und Bewegungen in dieser Arbeitsgruppe mitgewirkt.

Vorlage 15/7, Positionspapier der Arbeitsgruppe „Bildung, Erziehung und Jugend" des Runden Tisches:

Politik muß von der Achtung vor der Würde jedes Menschen ausgehen. Das heißt, es sind Werte und Haltungen zu bewahren und zu fördern, die die Gesellschaft diesem Ziele näherbringen.

Als unveräußerliche Ausgangspunkte künftiger Politik betrachtet die Arbeitsgruppe „Bildung, Erziehung und Jugend" folgende Prinzipien:

1) Chancengleichheit für die Entwicklung jedes Menschen entsprechend seinen individuellen Voraussetzungen. Das heißt, es sind entsprechende gesetzliche Rahmenbedingungen im Bereich der Familien-, Sozial-, Kinder-, Jugend- und Bildungspolitik zu erhalten und zu schaffen.
Chancengleichheit verwirklicht sich über Chancengerechtigkeit, die in der Entwicklung und Förderung von Individualität, sozialer Integration und Gleichstellung jedes Menschen besteht.

2) Sicherung des Rechts jedes Menschen auf lebenslange Bildung. Das heißt, es sind entsprechende gesetzliche Rahmenbedingungen zu erhalten beziehungsweise zu schaffen, um jedem Menschen in jeder Phase seines Lebens den Zugang zu Bildungseinrichtungen zu ermöglichen.

3) Sicherung des Rechts auf soziale Geborgenheit und emotionale Zuwendung von {der} Geburt an.
Das heißt, es sind Bedingungen in den Familien, Kindereinrichtungen und Heimen zu schaffen, die die gesunde Entwicklung der Kleinkinder zu bindungs-

sicheren und emotional lebendigen Menschen ermöglichen. Dazu ist die individuelle Betreuung in kleinsten Gruppen durch die Begleitung sensibler und fester Bindungspersonen notwendig.

4) Achtung der Integrität/Unantastbarkeit der Persönlichkeit aller Kinder und Jugendlichen.
Das heißt, die zivilen, politischen, wirtschaftlichen, sozialen und kulturellen Grundrechte der Kinder und Jugendlichen sind in der zukünftigen Verfassung des Landes festzuschreiben und zur ideellen Grundlage der Sozial-, Bildungs- und Jugendpolitik zu machen.

5) Bildungseinrichtungen dürfen nicht nur Institutionen der Wissensvermittlung oder Mittel zum Zweck der beruflichen Qualifikation sein. Sie sollen vielmehr auch dazu dienen, den Heranwachsenden zu helfen, sich in einer komplizierten, dem schnellen Wandel unterworfenen Gesellschaft zu orientieren und ein aktives und selbstbestimmtes Leben zu führen.
Das heißt, es sind gesetzliche Rahmenbedingungen zu schaffen, die in Verwirklichung des Prinzips der Chancengleichheit einem solchen Anspruch gerecht werden. Dazu gehören der Erhalt einer staatlichen kostenlosen zehnjährigen Regelschule, eine kostenlose Berufsausbildung und die kostenlose Hochschulvorbereitung bei Zulassung unterschiedlicher Schultypen; der freie Zugang zu Hoch- und Fachschulen und Universitäten und die republikweite Gleichstellung von Bildungsabschlüssen der Länder.

6) Die Achtung vor der Würde eines jeden Menschen, unabhängig von Alter, Geschlecht, Nationalität, sozialer und familiärer Herkunft, kultureller, politischer und religiöser Identität schließt grundsätzlich auch die individuellen gesundheitlichen, psychischen und intellektuellen Voraussetzungen ein.
Das heißt, es sind gesetzliche Rahmenbedingungen zu schaffen, die Ausgrenzung aufgrund von Anderssein und Andersdenken ausschließen und die uneingeschränkte Gewissens- und Glaubensfreiheit garantieren (zum Beispiel Integration von Behinderten, interkulturelle Erziehung in allen Bildungsformen und ähnliches).

7) Demokratische Mitbestimmung in allen Bereichen der Bildung und Erziehung für Lernende und deren gesetzliche {Interessenvertreter oder Interessenvertreterinnen}[24] sowie Lehrende beziehungsweise deren Interessenvertretungen.
Das heißt, es sind gesetzliche Rahmenbedingungen zu schaffen, in denen Wahl- und Mitbestimmung von Interessenvertretern (SchülerInnen, Eltern, LehrerInnen, ErzieherInnen, WissenschaftlerInnen) zur Bildungskultur des Landes werden.

8) Entwicklung vielfältiger Möglichkeiten der Freizeitgestaltung in den Territorien einschließlich der Öffnung der Bildungseinrichtungen für ihr unmittelbares soziales Umfeld, als Stätten der Begegnung der Generationen und von sozialen Gruppen. Das heißt, es sind Rahmenbedingungen zu schaffen, die diese Einrichtungen auch zu Stätten der Freizeitgestaltung, Erholung, Entspannung und persönlichen Weiterbildung werden lassen. Dazu ist der Erhalt einer subventionierten sozialen Betreuung für alle Kinder, deren Eltern dies wünschen sowie die Ausbildung und der Einsatz von Freizeit- und Sozialpädagogen dringend geboten.

9) {Die} Sicherung des Rechts auf berufliche Bildung (Berufsausbildung, Fach- und Hochschulausbildung).
Das heißt, es sind gesetzliche Rahmenbedingungen zu schaffen, die verstärkt auf Weiterbildungs- und Umschulungsangebote orientieren, um in Korrespondenz und Konkurrenz zu klassischen Formen der beruflichen Bildung zu bestehen. Die eigene Motivation, sich zu bilden, könnte so im Recht auf lebenslange Bildung seine wirkliche Entsprechung finden. Dabei ist besonders das Recht auf Berufs{aus}bildung für Behinderte und vorzeitige Schulabgänger zu garantieren.

Die Verwirklichung dieser neun Prinzipien erfordert die gründliche Analyse der bestehenden Bildungssituation und der Folgen der bisherigen Sozial-, Familien- und Bildungspolitik. Vor allem darauf aufbauend (und dann erst mit dem Blick auf internationale Entwicklungen) muß endlich eine tiefgreifende Bildungsreform beginnen. Das neue Bildungsgesetz kann in diesem Sinne nur durch eine breite, demokratische Aussprache aller Beteiligten entstehen. Dies ist denkbar über die Neugestaltung der Verfassungsgrundlage der Gesellschaft und über die Institutionalisierung eines demokratischen, überparteilichen Korrektivs zur offiziellen ministeriellen Bildungspolitik. Die Schaffung eines gesellschaftlichen Rates „Bildung" unter Einbeziehung der bisherigen Arbeitsgruppe „Bildung, Erziehung und Jugend" des Zentralen Runden Tisches, der offen ist für weitere Gruppen, könnte zum demokratischen Regulativ von Politik werden. Ein solches Gremium, das auf bisher gewonnene demokratische Erfahrungen baut, bereichert die gesamtdeutsche Demokratielandschaft.[25]

Zu diesem Papier möchte ich noch sagen, daß sich gestern in Berlin ein **Aktionsbündnis „Bildung, Erziehung und Wissenschaft"** gegründet hat, ein landesweites, was sich die Durchsetzung dieser neuen Prinzipien, die ich hier verlesen habe, in sein Grundsatzdokument geschrieben hat.
Danke.

Ducke (Moderator): Danke, Herr Hofmann, für dieses Positionspapier. Es ist verlesen, und vielleicht erging es Ihnen auch so wie mir. Es sind Pflöcke eingeschlagen worden, die ja ein weites Feld der Arbeit abstecken.
Hören wir jetzt zunächst Herrn Minister Emons, den Standpunkt der Regierung zu den Fragen dieses Tagesordnungspunktes.
Bitte, Herr Minister.

Emons (Minister für Bildung): Herr Vorsitzender, meine sehr verehrten Damen, meine Herren, die Probleme der Bildung und Wissenschaft sind immanenter Bestandteil der gesellschaftlichen und kulturellen Entwicklung eines Landes und eines Volkes. Daraus ergab sich und ergibt sich, daß [sich] aufgrund der Entwicklung in unserem Lande in den letzten Monaten logischerweise das **Bildungswesen** in sei-

---

[24] Im Original: „VertreterInnen".

[25] Dieser Vortrag wurde schriftlich zu Protokoll gegeben. Die in { } gesetzten Ausführungen wurden davon abweichend nur mündlich vorgetragen. Die in [ ] gesetzten Texte finden sich nur in der schriftlich zu Protokoll gegebenen Fassung.

ner Gesamtheit in einer besonders ausgeprägten Weise im Umbruch befindet.

Denn ausgehend von – und so deutlich sollte man das aussprechen – von einem Zusammenbruch eines **dirigistisch zentralistischen,** von einer Partei und Ideologie beherrschten **Systems** in der Bildung, wenn auch differenziert zu betrachten in den Auswirkungen in den einzelnen Stufen, ist und war es notwendig, nach einer Phase, die besonders durch die Emotionen bestimmt war, auf die große Bereitschaft in unserem Lande aufbauend zu einer aktiven neuen Gestaltung und **Positionierung der Bildung** überzugehen.

Dabei verstehe ich, und ich möchte das noch einmal hier betonen, weil das bis heute nicht immer eindeutig ist, und einige Anträge zeigen das auch heute, daß wir mit dieser Regierung beginnend im November, in den Rahmen der Bildung zusammengefaßt haben und erstmalig der komplexen Form daher auch die Möglichkeit haben, uns den Gesamtfragen zu stellen, die Bildung vom Kindergarten über die allgemeinbildende Schule, die Berufs- und erweiterte Allgemeinbildung, die Fachschulbildung, die Hoch- und Universitätsbildung und schließlich die Stufe der Aus- und Weiterbildung von Erwachsenen.

Sie sehen daran schon die große Komplexität, die Vielschichtigkeit, und Sie werden verstehen, daß alle, die sich damit beschäftigen, den Anspruch nicht erheben können, in der kurzen Zeit nun, wie auch richtig in den Ausführungen in der Vorlage eben gesagt, etwa eine neue **Bildungsreform** oder ein neues **Bildungsgesetz** auf den Tisch legen zu können.

Ich möchte die Gelegenheit nutzen, mich an dieser Stelle sehr herzlich zu bedanken bei den vielen Initiativgruppen in unserem Lande, zugeordnet gesellschaftlichen Organisationen, aber auch in unabhängiger Weise, die zu Global- und Detailfragen Stellung genommen haben, und schließlich für die konstruktive Zusammenarbeit, auch mit dem **Runden Tisch für Bildung.**

Das neue Ministerium mit seinen vielfältigen, inhaltlichen, organisatorischen und personellen Aufgaben mußte sich, und dazu bitte ich auch Sie um Verständnis, auf dem Gebiet der Bildung einerseits langfristigen Fragen völlig neuer Art stellen, die nur auf der Basis einer wissenschaftlich fundierten Strategie erfolgen können.

Und deshalb ist **Bildungsreform** keine Frage eines zeitlich fixierten Raumes, sondern ist eine langfristige Aufgabe, und wir werden in der nächsten Woche, basierend auf der Arbeit vieler dieser Gruppen, erste Thesen zur Bildungsreform zur Diskussion stellen, und zwar einer breiten Öffentlichkeit. Sie verlangt mittelfristig die Vorbereitung eines Bildungsgesetzes, das für das dritte/vierte Quartal dieses Jahres eingeordnet ist, und ich hoffe und wünsche, daß es unabhängig von denjenigen, die nach dem 18. März [1990] Verantwortung tragen, auch zu einem solchen Bildungsgesetz in dem vorgesehenen Zeitraum kommt.

Und es beinhaltet eine Vielzahl von Detailfragen und Einzelfragen in allen Bereichen, beginnend bei der **Demokratisierung unserer Bildungseinrichtungen** bis zu den inhaltlichen und organisatorischen Problemen, die in einer solchen Breite und Vielfältigkeit waren, die es manchmal so erscheinen ließen, als wenn nicht zügig und schnell genug gearbeitet würde, – – nicht immer das Verständnis in der Öffentlichkeit hatten, manchmal auch bei den Beteiligten.

Aber ich möchte auch hier sagen, Entscheidungen in der Bildung sind Entscheidungen mit Langzeitwirkungen. Und dem müssen wir uns stellen.

Damit standen in Verbindung **eine Menge sozialer Probleme** für diese Gesellschaft. Sie kennen die Diskussionen der letzten Wochen, die gerade in diesem Zusammenhang, beginnend bei den Kindereinrichtungen über das Schulessen, über die Freizeitgestaltung, die Politechnik und Berufsbildung in vielen Fällen standen, bis zu den sozialen Stellungen der Lehrenden und Lernenden.

Und vereinbarungsgemäß stelle ich mich sehr, so weit es mir möglich ist, Ihren Anregungen und Fragen. Ich darf sagen, es gibt einen Konsens und eine Übereinstimmung mit dem Positionspapier, das Ihnen vorliegt. Es entspricht unseren Herangehensweisen.

Aber lassen Sie mich an den Schluß eine Bemerkung stellen. Das Entscheidende wird heute und in Zukunft sein: Was ist uns, was ist einer Gesellschaft **Bildung** und **Wissenschaft** wert? Und wir sollten es genauso kritisch sehen: Was können wir uns, was müssen wir uns an Bildung und Wissenschaft leisten?

Und ich glaube, ausgehend von dieser Positionierung sollten wir viele der Dinge in Angriff nehmen, die Sie heute zur Diskussion stellen wollen.

Und ich bedanke mich für die Möglichkeit, bei Ihnen sein zu können.

Ducke (Moderator): Danke, Herr Minister, besonders für Ihre Bemerkungen zur Kennzeichnung einer Gesellschaft, die ja nicht nur von Wirtschaft oder auch von anderen wichtigen aber ernsthaften Dingen gekennzeichnet ist, sondern eben auch gerade durch Ihren Einsatz für die Bildung und für die kommende Generation.

Darf ich nun Sie bitten, Herr Poßner, daß Sie einen Bericht geben, wie er angefordert war, zur **Lage der Kinder und Jugendlichen in der DDR.** Sie haben die ausgewählten Zahlen und Fakten uns hier vorgelegt. Darf ich Sie um Ihre Kommentierung bitten?

Poßner (Staatssekretär, Leiter des Amtes für Jugend und Sport): Sehr geehrter Herr Vorsitzender, meine Damen und Herren, ich möchte mich sehr herzlich bedanken für die Möglichkeit, zu der ausgewiesenen Problematik hier am Runden Tisch sprechen zu können. Werden mit dieser Problematik doch die Lebensfragen, Erwartungen und Probleme, aber auch zunehmend die Sorgen hunderttausender Kinder und Jugendlicher, aber auch deren Eltern berührt.

Die Vielschichtigkeit des Themas gebietet sicher eine Auswahl der hier anzuschneidenden Problemkreise. Das **Amt für Jugend und Sport** hat sich deshalb entschlossen, Ihnen ein Faktenmaterial zu übermitteln, das selbstverständlich hier nicht im Detail behandelt werden kann, sondern Anregungen bieten soll nachzulesen, das eine oder das andere nachzuvollziehen und dann auch zu diskutieren.

Es ist beabsichtigt vom Amt für Jugend und Sport – und darauf gibt es auch Übereinstimmung mit der **Arbeitsgruppe „Bildung, Erziehung und Jugend"** des Runden Tisches – ausgehend auch von diesem Material, gemeinsam mit Wissenschaftlern die Probleme weiter zu diskutieren und zu erörtern. Ich möchte mich deshalb, wie gesagt, auf einige kommentierende Bemerkungen hier beschränken.

Erstens: Zu einigen Überlegungen zur Ausgangssituation. Die im Herbst eingeleitete **Wende** hin zu einer **demokratischen Erneuerung** wurde bekanntlich mitgetragen vom Engagement tausender Jugendlicher. Mit dieser Erneuerung verbanden und verbinden sich die Hoffnungen selbstbewußter junger Leute auf eine sozial gesicherte Zukunft, auf die Gestaltung einer Gesellschaft, die auf den mündigen, freien, jungen Staatsbürger, auf seine Ideen, auf seine Initiative setzt.

Es ging gegen ein verlogenes System und für eine wahrhafte Demokratie. Klar muß man heute sagen, daß einer gewissen Euphorie der Herbststürme inzwischen die Ernüchterung der letzten Wochen folgte. Manche Träume sind bereits hinfällig.

Nicht wenige Jugendliche machen darauf aufmerksam, daß sie sich an den Rand der Ereignisse gedrückt fühlen und daß den Kindern und Jugendlichen zunehmend soziale Errungenschaften entzogen und Rechte streitig gemacht werden. Die Befürchtung wächst, daß nach maßgeblich miterkämpfter **Selbstbefreiung die Jugend** wieder zum Objekt des politischen Handelns wird.

Zu denen, die bis zum November 1989 die DDR verließen, weil sie für sich im SED-geführten Staat keine Perspektive sahen, kommen in diesen Wochen nun jene, die nicht mehr an eine demokratische Erneuerung glauben, die ihren Einsatz als sinnlos betrachten und keine Bindung mehr an ihre Heimat verspüren.

Eine Gesellschaft aber, die ihre Jugend verliert, ist verloren. Die anhaltende **Abwanderung der Jugend** hat zum Beispiel starke Auswirkungen auf die **Demographie des Landes** und damit auch auf sein Arbeitsvermögen. Der Anteil junger Leute bis zu 30 Jahren unter den Ausgereisten beträgt schätzungsweise drei Viertel aller Abgewanderten. Damit muß in der Zeit vom 01. Januar 1987 bis März 1990 mit einem Verlust von über 250 000 jugendlichen Berufstätigen gerechnet werden.

Alarmierend ist weiterhin zu werten, daß bei einer aktuellen Erhebung des **Zentralinstituts für Jugendforschung** in Leipzig 12 Prozent der Befragten [der] 15- bis 24jährigen angaben, wahrscheinlich beziehungsweise auf jeden Fall noch ausreisen zu wollen.

Für die künftige **demographische Entwicklung** ist außerdem zu beachten, daß die Altersgruppe der 15- bis 18jährigen inzwischen weniger als 4 Prozent der Wohnbevölkerung ausmacht, 1981 waren das noch 6,4 Prozent; daß mit 199 512 Geburten 1989 die **Geburtenzahl** zum ersten Mal seit 12 Jahren unterhalb von 200 000 sank.

Dies stelle ich deshalb an die Spitze, um deutlich zu machen: Es geht, reden wir über Jugend und Kinder, nicht um soziale Zugeständnisse, es geht nicht um Geschenke der Gesellschaft an die Kinder und Jugendlichen, sondern es geht um eine **Grundfrage des demokratischen Erneuerungsprozesses.** Es geht um ein Standbein dieses Landes, dieser Gesellschaft in die Zukunft, es geht um die Existenz auch unserer Bevölkerung.

Das Amt für Jugend und Sport teilt deshalb den Standpunkt der am Runden Tisch der Jugend vertretenen Organisationen, wie auch den der Delegierten des außerordentlichen Turn- und Sporttages, daß die sich zur Wahl stellenden Parteien und Bewegungen sich auch danach befragen lassen müssen, wie verbindlich ihre Aussagen zur Förderung von **Jugend und Sport** sind.

Das Amt für Jugend und Sport hält für erforderlich eine grundlegende Neubestimmung jugendpolitischer Orientierungen und davon abgeleitet **staatlicher Rahmenbedingungen,** die den spezifischen, sozialen und gesellschaftlichen Interessen der jungen Generation gerecht werden und der Entfaltung ihrer Möglichkeiten keine Grenzen setzen.

Dabei muß von Anfang an unseres Erachtens auf das Wort der Jugend selbst gebaut werden, [es] darf nicht wieder über die Jugend entschieden werden, sondern sie muß einbezogen werden in der Suche nach Konzepten. Die Kinder und Jugendlichen unseres Landes sind von den gesellschaftlichen Turbulenzen der letzten Wochen besonders hart betroffen. Das führt nach wissenschaftlichen Aussagen bei nicht wenigen zu einer Orientierungs- und Handlungskrise. Dabei wirken die Ereignisse der letzten Wochen wie ein Katalysator.

Die Ursachen aber für diese Krise liegen, wie wir wissen, tiefer. Sie liegen in einem **verfehlten jugendpolitischen Konzept,** das die Kinder und Jugendlichen entgegen den offiziellen Erklärungen letztlich zum Objekt gesellschaftlicher Strukturen werden ließ.

Besonders davon betroffen sind Schüler, Lehrlinge und Studenten, die dem administrativen System am stärksten ausgesetzt waren und sogleich ökonomisch und juristisch am wenigsten selbständig sind. Alle Analysen verweisen auf die dringende Notwendigkeit, vor allen den Arbeits- und Lebensbedingungen der **Lehrlinge,** ihren Rechten und Entwicklungsmöglichkeiten eine wesentlich stärkere Aufmerksamkeit zu widmen.

Ein weiterer Aspekt: Die bis zum Herbst 1989 der **Jugend** eingeräumten Möglichkeiten ihrer **Interessenvertretung** stießen zunehmend an die Grenzen der realen gesellschaftlichen Strukturen, die unter anderem dadurch geprägt waren, daß ein **pädagogisches Grundkonzept** existent war, das vor allem auf Wohlverhalten, weniger auf konstruktiv kritisches Vorwärtsdringen junger Leute baute.

Das schränkte nicht nur die Handlungsfähigkeit junger Leute ein, sondern auch ihre gesellschaftliche Handlungskompetenz und Bereitschaft. Rechte der Jugend, sie mußten im eigentlichen Sinne des Wortes von ihr nicht mehr erstritten werden, sie wurden, um es etwas lax zu sagen, von oben geregelt. So ist es auch zu erklären, daß das seit 1974 gültige **Jugendgesetz** den Jugendlichen selbst kaum bekannt ist.

Die **FDJ [Freie Deutsche Jugend]** und die **Pionierorganisation Ernst Thälmann** hatten die Aufgabe, dieses Konzept, das hier nur knapp umrissen ist, mitzutragen und es abzusichern. Arbeit, die andere auf dem Gebiet der Bildung und Erziehung leisteten, vor allem die der Kirchen, wurde nicht anerkannt, zum Teil sogar kriminalisiert. Das sage ich, als ehemaliger Vorsitzender der Pionierorganisation Ernst Thälmann, durchaus sehr selbstkritisch.

Ich muß allerdings auch hinzufügen, daß alle Versuche der ehemaligen Führung der FDJ, das damalige Politbüro des ZK [Zentralkomitee] der SED auf Probleme unter den Kindern und Jugendlichen aufmerksam zu machen, entweder beschwichtigt oder ganz abgewiesen wurden.

Schließlich ein dritter Aspekt. Jetzt, objektiv mit allen Konsequenzen zu Überlegungen hinsichtlich größerer Effektivität beim Einsatz der **materiellen,** finanziellen und personellen **Fonds in den Kommunen, Kombinaten, Betrieben und Einrichtungen** gezwungen, schneidet man vielerorts beim scheinbar am wenigsten ins Gewicht fallenden ab, dort wo man mit dem geringsten Widerstand rechnet, dort, wo es um die Kinder und Jugendlichen geht, dort, wo es um das künstlerische Volksschaffen geht, wo es um den Sport, vor allem den Sport an der Basis, geht. Begünstigt wird dies durch zwei wesentliche Momente.

a) Die Jugend kann selbst relativ wenig Widerstand leisten, da sie politisch kaum organisiert ist. Die FDJ ist vielerorts nicht mehr präsent. Die neuen **Jugendverbände** sind es noch nicht. Auch die **Jugendräte** sind vor allem in Form von Schüler- und Studentenräten erst im Entstehen.

b) Das Jugendgesetz von 1974 fixiert zwar ein Reihe von Absichten und Forderungen, die aber aufgebaut sind auf einer durch die SED und die FDJ dominierenden **Jugendpolitik,** aber im wesentlichen keine juristische Handhabe bieten gegen auftretende Gesetzesverstöße.

Im Ergebnis dessen, was hier nur grob umrissen werden konnte, entwickelte sich ein zunehmendes **Desinteresse an der Politik,** ein relativ geringes politisches und historisches Wissen, wurde – ich betone: gesamtgesellschaftlich – nicht die Fähigkeit zur politischen Streitkultur und zur kulturvollen Konfliktbewältigung entwickelt.

Der **Verfall an Wertvorstellungen** und Tendenzen der Motivationsveränderung, so weisen die Wissenschaftler aus, ist noch nicht gestoppt, ja, diese Tendenzen wurden eher beschleunigt in den letzten Wochen. Daraus erklären sich einerseits eine **Politikabstinenz** großer Teile der Jugend und ihr vordergründiges Gerichtetsein auf die Verwirklichung privater Interessen, andererseits aber auch die Radikalisierung von Teilen der Jugend bis hin zu rechtsradikalen Strömungen und Vereinigungen, deren Aktivitäten zunehmen.

Befragungen des **Zentralinstituts für Jugendforschung** machen auf folgendes aufmerksam: 60 Prozent der Befragten äußern ihre Ängste, daß Gewalt und Aggressionen zunehmen. 65 Prozent haben Angst, daß **neofaschistische Tendenzen** zunehmen. 25 Prozent aber halten die Warnungen vor solchen Tendenzen für übertrieben.

20 Prozent der befragten Lehrlinge und 17 Prozent der befragten Schüler sprachen sich bei dieser Befragung für ein Deutschland in den Grenzen von 1937 aus. 26 Prozent der Lehrlinge beziehungsweise 24 Prozent der Schüler befürworten ein Auftreten gegen **Ausländer** in der DDR.

Man darf diese Tendenzen sicher nicht überbewerten, aber man sollte sie auch nicht unterschätzen. Die Analysen machen mit Nachdruck darauf aufmerksam, daß die Mehrheit der Jugend unseres Landes in ihrem Grundverständnis sich **antifaschistisch** artikuliert und positioniert.

Viele Jugendliche wandten sich aus den verschiedensten Gründen seit Oktober/November 1989 von der **FDJ** ab, die inzwischen ihren Alleinvertretungsanspruch aufgab. Inzwischen haben sich 43 verschiedene **Jugendorganisationen** beziehungsweise Gruppen registrieren lassen. 25 von ihnen sind am **Runden Tisch der Jugend** vertreten, der seit Ende November bemüht ist, die Interessen der Jugend wahrzunehmen.

Die Vielzahl der Jugendorganisationen darf aber nicht darüber hinweg täuschen, daß der **Organisierungsgrad** unter den Jugendlichen rückläufig ist. Waren laut Erhebung des ZDJ [Zentralinstitut Jugend] im November 1989 noch ca. 75 Prozent der Jugendlichen im Alter zwischen 15 und 30 Jahren organisiert, so sind es im Februar 1990 nur noch 26 Prozent.

Bemerkenswert ist das Engagement des Runden Tisches der Jugend im Kampf gegen ein Beschneiden der **sozialen Errungenschaften** und der Rechte der Kinder und Jugendlichen. Das Amt für Jugend und Sport versteht sich als ein Partner dieses Runden Tisches und ist bemüht, dessen Aktivitäten einschließlich der Klärung finanzieller und eigentumsrechtlicher Fragen zu unterstützen.

Mit Nachdruck muß aber auch aufmerksam gemacht werden, daß auf die Dauer ein kompetenter, ständiger Ansprechpartner zum Beispiel in Gestalt eines **nationalen Jugendrates** für die Regierung notwendig ist.

Das Amt für Jugend und Sport unterstützt Bestrebungen, eine **Kindervereinigung** zu bilden, die sich als freiwillige und selbständige überparteiliche Interessenvertretung der Kinder versteht. Am vergangenen Mittwoch fand dazu die konstituierende Sitzung statt. Der Unabhängige Frauenverband hat die Schirmherrschaft übernommen. Dieses Streben steht im Einklang mit der durch die UNO angenommenen Konventionen über die Rechte der Kinder, die durch Regierungsbeschluß vom 06. Februar [1990] in Auftrag gegeben ist, zu unterzeichnen. Die Ratifizierungsfragen sind eingeleitet. Es kommt dann darauf an, auch das nationale Recht dieser **UNO-Konvention** anzugleichen.

Drittens: Zu einigen ausgewählten Problemen zur **sozialen Lage der Jugend.** In der DDR hatte die Sicherung der sozialen Lage der Jugend und die Verbesserung ihrer Lebensbedingungen Priorität im Vergleich zu anderen Gruppen der Gesellschaft.

Dennoch traten auch früher schon eine Reihe von **sozialen Problemen** auf, zum Beispiel niedrige Einkommen bei steigenden Preisen, vor allem in bezug auf hochwertige **Konsumgüter,** Mode, begehrte Freizeitartikel, vor allem aber auch das gravierende Problem, das Problem der Wohnung.

Obwohl der Staat durch Ehekredite und die Bevorzugung junger Eheleute in der Wohnraumvergabe soziale Härten zu mildern versuchte, bestand in dieser Hinsicht berechtigte Unzufriedenheit.

Hochschulabsolventen mußten zum Beispiel im Durchschnitt vier bis sechs Jahre auf eine **Wohnung** warten. Inzwischen haben sich die gesellschaftlichen Verhältnisse geändert, ohne jedoch schon jetzt die oben genannten Probleme gemildert zu haben.

Es sind neue Probleme hinzugekommen. Anstelle der Sicherheit ist bereits jetzt Zukunftsangst getreten. Aus aktuellen Untersuchungen geht hervor, daß 30 Prozent der Lehrlinge mit Pessimismus ihrer Zukunft entgegensehen. 66 Prozent von ihnen sind sicher, daß es auch in der DDR künftig **massenhaft Arbeitslosigkeit** als eine **Dauererscheinung** geben wird. Befürchtet wird die Schließung von Lehrlingswohnheimen, der Wegfall von staatlichen Zuschüssen für die Unterbringung in diesen Heimen.

Reale Befürchtungen gibt es bereits jetzt bei **Abiturienten,** die keine Zulassung zum **Hochschulstudium** erhalten haben. Eingaben weisen darauf hin, daß die Ämter für Arbeit sich im Augenblick nicht ausreichend verpflichtet fühlen, sie in die Berufsausbildung zu übernehmen.

Auch für unsere **Hochschul-Direkt-Studenten** gibt es eine ganze Reihe von Verunsicherungen. Ihre Lebensbedingungen, Wohnbedingungen, finanzielle Situationen unterscheiden sich bekanntlich gravierend von denen der altersgleichen Facharbeiter. Für die meisten **Hochschulabsolventen** gilt als genereller Grundzug ihres materiellen und kulturellen Lebensniveaus, daß sie erst jenseits des 35. oder gar erst des 40. Lebensjahrs das Lebensstandardgefälle gegenüber den altersgleichen Facharbeitern überwinden.

Soziale Ängste – Sie hatten sich heute früh bereits mit dieser Frage beschäftigt – treten auch im Hinblick auf den Abbau **sozialen Grundstandards** unseres Landes auf, die Kinder und Jugendliche wie deren Eltern betreffen: Warme Mahlzeit, Gemeinschaftsverpflegung, kostenlose Möglichkeit zum Besuch außerschulischer Einrichtungen und so weiter.

Viele besorgte Anrufe und Briefe haben wir in den letzten Wochen zu den Jugendclubs erhalten. Die vorhandene Rechtsunsicherheit wird ausgenutzt, um **Jugendclubeinrichtungen** der Jugend zu entziehen oder deren Tätigkeit nicht mehr in einem erforderlichen Maße zu unterstützen.

Landesweit wurden seit November **168 Jugendclubeinrichtungen geschlossen** oder umfunktioniert, darunter 87 kommunale und 81 betriebliche. Allein im Bezirk Karl-Marx-Stadt sind das 96 und das, obwohl die Mittel für die Jugendclubs und für die Durchführung von Jugend-Tanz-Veranstaltungen für 1990 zugesichert sind.

Es ist also die Situation zu verzeichnen, daß sich die Problemlage unserer Kinder und Jugendlichen insgesamt nicht entspannt, sondern verlagert hat. Auch das ist sicher einer der Gründe, weshalb die **Abwanderung von Jugendlichen** aus der DDR noch nicht zum Stehen gekommen ist.

Das Amt für Jugend und Sport hat eine Reihe von Maßnahmen eingeleitet, um in dieser Richtung wirksam zu werden, Rechte der Jugend zu erhalten, zu wahren, ihre Interessen zu vertreten. Ich möchte im einzelnen diese Maßnahmen hier nicht vorstellen, möchte darauf verweisen, daß wir es für dringend nötig erachten, ein neues **Jugendgesetz** zu erarbeiten. Dazu ist eine Arbeitsgruppe gebildet worden.

Wir sind der Auffassung, und das entspricht der Forderung des Runden Tisches der Jugend, daß dieses Jugendgesetz noch 1990 verabschiedet werden muß. Es sind aber auch Überlegungen erforderlich, zum Beispiel bei der **Verwaltungsreform,** die Rahmenbedingungen [zu] schaffen, daß gesichert wird, daß die **Kommunen** zukünftig über die notwendigen materiellen Voraussetzungen verfügen, um die Aufgaben mit Kindern und Jugendlichen zu lösen.

Es gibt die Überlegung und die Vorstellung in einer neuen **Steuergesetzgebung,** dazu entsprechende Festlegungen zu treffen.

Maßnahmen sind erforderlich gegen den Abbau des sozialen **Grundstandards für die Kinder und Jugendlichen.** Dazu muß ein Konzept weiter ausgearbeitet werden, das vor allem sichert, daß die zu erwartende Arbeitslosigkeit in unserem Lande so wenig wie möglich soziale Auswirkungen auf die Jugendlichen hat.

Es sind dringend Regelungen erforderlich zum **Schutz der Kinder** und Jugendlichen vor physischen und psychischen Schäden, Alkohol und Drogen, Prostitution, pornographischen Erzeugnissen, aller Art der **Verrohung** und **Gewalt.** Dazu gehört auch die Sicherung der Prädikatisierung von Presseerzeugnissen, Filmen, Videokassetten und so weiter sowie die Möglichkeit der Haftbarmachung von Verlegern jugendgefährdender Erzeugnisse.

Öffentlichkeitswirksam sind Methoden zur Propagierung einer gesunden Lebensweise der gesamten Bevölkerung, aber insbesondere der Jugend, zur Aufklärung über die Schädlichkeit von Alkohol, Drogen und andere Suchtmittel, zur Aidsprophylaxe zu finden.

Staatlich zu unterstützen ist auch weiterhin eine **freizeitorientierte Kinder- und Jugendarbeit,** die den vielfältigsten Interessen gerecht wird und damit nicht in Widerspruch gerät zu den finanziellen Möglichkeiten und Verhältnissen der Heranwachsenden. Wir sehen es für wichtig, besonders die Jugendclubs als soziale Gemeinschaften von Jugendlichen, das heißt, nicht nur als Veranstaltungsunternehmen, materiell sicherzustellen.

Durch die zuständigen Ministerien ist die Entwicklung der **Jugendkriminalität** weiter zu analysieren. Staatlich zu sichern sind auch weiterhin Möglichkeiten der Aus- und Weiterbildung im **Jugendstrafvollzug,** die Wiedereingliederung aus dem Strafvollzug Entlassener ist dringend verbesserungswürdig.

Und notwendig scheinen besonders staatliche Maßnahmen zur **Talenteförderung** auf allen Gebieten. Auch dazu sind Voraussetzungen zu schaffen beziehungsweise aufrechtzuerhalten.

Gestatten Sie mir bitte abschließend ein paar wenige Sätze zur Entwicklung auf dem Gebiet des **Sports,** das ja unmittelbar hiermit zur Diskussion aufgerufen ist.

Aus Sorge und in Verantwortung um die Zukunft Ihrer Kinder, der Jugendlichen, überhaupt aller Sporttreibenden unseres Landes, Jüngerer wie Älterer, Gesunder wie Behinderter, wenden sich täglich viele Bürger an den Vorsitzenden des Ministerrats, Hans Modrow, und an das Amt für Jugend und Sport.

Sie fürchten um die materielle, finanzielle und moralische Unterstützung des **Sports,** da einige Betriebe, Kombinate und Einrichtungen und Organisationen ihre Mittel dafür reduzierten beziehungsweise ganz versagten, Einrichtungen des Sports zweckentfremdet genutzt werden, oder ganz geschlossen wurden, ehrenamtlichen Übungsleitern und Sportfunktionären es teilweise unmöglich gemacht wird, den Übungs- und Wettkampfbetrieb zu gewährleisten. Wir mußten leider in dieser Situation die Erfahrung machen, daß Appelle, Erklärungen und Aufrufe an die zuständigen Institutionen, Einrichtungen und Betriebe ungehört verhallten und auch noch geltendes Recht gebeugt wurde beziehungsweise ignoriert wird.

Das verfehlte **Sportkonzept** der früheren Partei- und Staatsführung, in dessen Zentrum die unbedingte **Jagd nach Medaillen** geriet, wird fälschlicherweise von einigen Bürgern unseres Landes nunmehr den einzelnen Leistungssportlern angelastet. Was immer zu diesem Thema noch zu sagen sein wird, auf jeden Fall sieht das Amt für Jugend und Sport seine Aufgabe darin, den Sport davor zu bewahren, daß er nunmehr ins gesellschaftliche Abseits gedrängt wird.

Vieles ist dafür zu tun, das Wichtigste [ist], die materiellen und finanziellen Bedingungen seiner Entwicklung in Breite und Spitze zu sichern und die moralische **Integrität des Spitzensports** herzustellen. Der einzelne Sportler war es doch nicht, der sich zum Betrüger am Volk gemacht hat. Es war jenes zitierte Konzept, das dem Slogan folgte „Vierter Platz: fürs Vaterland nichts gekonnt", und unter dem sich, wie es sich jetzt zeigt, auch manche Persönlichkeit von Sportlern gebeugt wurde.

Wir sehen es für erforderlich an, daß Maßnahmen ergriffen werden, und es sind eine Reihe eingeleitet, um den Sport an der Basis weiter zu unterstützen. Dazu möchte ich mich ausdrücklich bedanken bei den Teilnehmern am Runden Tisch des Sportes, an dem insgesamt vertreten sind Vertreter von 13 Parteien, Organisationen, Bewegungen des NOKs [des Nationalen Olympischen Komitees], der Geschäftsstelle des Runden Tisches der Jugend, der Geschäftsstelle des Zentralen Runden Tisches sowie die Athletensprecher.

Durch diesen Runden Tisch wurden eine Reihe von Maßnahmen eingeleitet, unter anderem wurde kurzfristig ein finanzielles Paket in Höhe von 30 Millionen Mark geschnürt, um den Bedürfnissen gerecht zu werden von **Betriebssportgemeinschaften,** die kurz vor ihrer Auflösung stehen.

Auch hier ist es erforderlich, das ist auch der Auftrag des **Turn- und Sporttages,** noch 1990 zu einem **Sportgesetz** zu gelangen, das demokratisch erarbeitet, diskutiert wird und noch 1990 vom Parlament zu verabschieden ist.

Ich möchte mich bedanken für Ihre Aufmerksamkeit und stehe selbstverständlich auch für die Diskussion zur Verfügung. Danke.

Ducke (Moderator): Danke, Herr Poßner, für diesen Bericht, der ja sich versteht als Kommentierung zu all den Fakten, die Sie uns freundlicherweise schriftlich haben zugehen lassen.

Wir eröffnen nun die Debatte zu dem Gehörten, das heißt zum Positionspapier und zu den Beiträgen der Regierung. Es liegen vor Ihnen die **13 Einzelanträge der AG „Bildung, Erziehung und Jugend"**, die wir dann zur Abstimmung stellen, und dazu noch die **Vorlage 15/9**, nur damit wir das Material beisammen haben und dann schneller wissen, wozu gesprochen wird.

Und dann müssen wir noch über die **Vorlage 15/4**, nicht, ja, das war Vereinigte Linke – – Wissen Sie, das geht hier um **elterliches Erziehungsrecht** und die Dinge. War das nicht verwiesen auf jetzt noch mit [zu verhandeln]?

Frau Braband (VL): Ja. Liegt das jetzt schon vor, das Material? Weil, ich habe das noch nicht.

Ducke (Moderator): Vielen Dank, daß Sie mich daran erinnern. Wir erwarten dazu noch Material, aber vielleicht nehmen Sie sich das schon vor, daß Sie wissen, zu dieser **Vorlage 15/4** wird dann die aktualisierte Materialausgabe erfolgen, oder das aktualisierte Material.

Danke.

Ich eröffne aber jetzt zunächst einmal die Debatte. Es liegen Wortmeldungen schon vor: Runder Tisch der Jugend, Katholische Laieninitiative und DFD. Aber ich denke, wir sammeln jetzt zunächst einmal, das nützt nämlich gar nichts, die Wortmeldungen, die hier am Runden Tisch sind. Da bitte ich Sie jetzt um das Handzeichen und um Geduld, daß wir das in Ruhe notieren können. Herr Weiß war der Erste, der sich gemeldet hat, jawohl. Herr Weiß, danach Frau Wolff.
Herr Weiß bitte, Demokratie Jetzt.

Weiß (DJ): Herr Dr. Poßner, erinnere ich mich recht, daß Sie mehrere Jahre lang Vorsitzender der Pionierorganisation gewesen sind und damit Stellvertreter des Vorsitzenden der FDJ? Erinnere ich mich recht, daß Sie damit beteiligt waren an der **militaristischen Erziehung** der Kinder in der Pionierorganisation, die ständig unter Verletzung der UNO-Deklaration zur Erziehung der Jugend im Geiste des Friedens stattgefunden hat?

Erinnere ich mich recht, daß die **Pionierorganisation** permanent die Rechte des Kindes, auch den Schutz der Kindlichkeit, verletzt hat durch **marxistische Indoktrination** und durch die **Ausgrenzung von andersdenkenden Kindern**?

Erinnere ich mich recht, daß die Pionierorganisation und Sie persönlich durch **Zensurmaßnahmen** in Kinderzeitungen, Literatur, Rundfunk und Fernsehen eine freie Meinungsbildung verhindert haben?

Erinnere ich mich recht, daß die Pionierorganisation, der Sie vorstanden, Kinder regelmäßig bei **Aufmärschen der SED** und als Jubler vor den vermutlichen Verbrechern, die heute vor Gerichtsverhandlungen stehen und damals Politiker waren, mißbraucht hat?

Erinnere ich mich recht, daß Sie beziehungsweise Ihre Organisation in der Vorbereitung des pädagogischen Kongresses im vergangenen Jahr Informationen über den wahren Zustand der Jugend in unserem Land unterdrückt hat?

Wenn das so ist, wie können Sie dann sagen, eine Gesellschaft, die ihre Jugend verliert, ist verloren? Und wie können Sie 250 000 Jugendliche, die weggegangen sind, beklagen?

Ich empfinde Ihr Auftreten hier als ein **Affront gegen den Runden Tisch,** und ich kann die Fakten, die Sie hier vorlegen, ganz einfach so nicht akzeptieren, weil ich denke, Sie sind befangen.

Vielen Dank.

Ducke (Moderator): Herr Weiß, Demokratie Jetzt. Als nächstes hat das Wort Frau Braband, Vereinigte Linke. Sie sind schon dran.

Frau Braband (VL): Ich dachte, Frau Wolff sei vor mir.

Ducke (Moderator): Da haben Sie auch wieder recht. Aber durch den Zuruf hier kam das auf die falsche – – Also Sie, finde ich nett – –
Frau Wolff, Grüne Partei.

Frau Wolff (GP): Ja. Meine Frage geht in die ähnliche Richtung. Ich wollte an Sie, Herr Poßner, die Frage stellen, wie Sie es moralisch vertreten können, erneut eine **Machtposition** zu besetzen. Nachdem wir jetzt das auch gehört haben, was Herr Konrad Weiß gesagt hat, stelle ich die Frage noch dringender.

Ducke (Moderator): Frau Wolff, Grüne Partei, war das. Jetzt Frau Braband, Vereinigte Linke.

Frau Braband (VL): Ich habe eine Anmerkung zu dem **Positionspapier 15/7**. Das heißt, eigentlich sind es zwei. Ich würde gerne unter dem Punkt 5, Seite 2, am zweiten Absatz eine Änderung haben.

Ich lege doch Wert darauf, daß auch bisher in der DDR die **Ausbildung** nicht kostenlos war. Ich glaube, es besteht nicht genügend Bewußtsein darüber, daß es diesem Staat unglaublich viel Geld gekostet hat, Kinder und Jugendliche auszubilden. Und ich würde vorschlagen, daß wir den Begriff „kostenlos" durch „staatlich finanziert" ersetzen.

Ducke (Moderator): Das ist der Punkt 5?

Frau Braband (VL): Ja, der zweite Absatz.

Ducke (Moderator): Jawohl, in der Mitte. Es war eingefügt vom Einbringer. „Dazu gehören der Erhalt einer staatlichen kostenlosen zehnjährigen Regelschule". Darauf bezieht sich das.

Frau Braband (VL): Ja, staatlich ist schon richtig. Eine staatliche Schule, dafür bin ich auch, auch für andere Formen. Ich möchte das Wort „kostenlos" ersetzt haben, weil: Es kostet unglaublich viel Geld.

Ducke (Moderator): Wir geben das im Moment einmal den Einbringern zurück. Die AG überlegt sich, ob man es einfach streichen kann und sagt uns dann – ja? Danke schön.

Frau Braband (VL): Ebenso hätte ich noch eine Einfügung vorzuschlagen, und zwar, mir geht es darum, daß die Schule natürlich „... nicht nur eine Institution für Wissensvermittlung" sein muß. Das ist alles richtig dargestellt, ich würde trotzdem noch etwas einfügen zwischen dem ersten und dem zweiten Satz im Absatz 5, also im fünften Punkt, und zwar den Satz: „Die Bildungseinrichtungen haben vielmehr dem inhaltlichen Anspruch auf eine ganzheitliche Erziehung gerecht zu werden".

Und dann würde es weitergehen: „Sie sollen vielmehr auch dazu dienen". Also, es wäre eine Einfügung nach dem ersten Satz unter Nr. 5.

Ducke (Moderator): Unter Nummer?

Frau Braband (VL): Fünf.

Ducke (Moderator): Fünf. Einfügung nach dem ersten Satz. Sagen Sie es uns noch, oder nein, legen Sie es schriftlich vor, daß es denen [zugeht], sonst nützt das gar nichts.

Frau Braband (VL): Ja, gut, ja.

Ducke (Moderator): Danke, Frau Braband.

Frau Braband (VL): Und es gibt noch einen weiteren Absatz und zwar Seite 4, der letzte Absatz.

Ducke (Moderator): Sagen Sie uns die Nummer. Ja. Seite 4 ganz am Ende.

Frau Braband (VL): Ja, es ist kein einzelner Punkt mehr, sondern der Schlußsatz. Die Änderung des letzten Satzes.

Ducke (Moderator): „Ein solches Gremium...", beginnt der letzte Satz.

Frau Braband (VL): Ja, ich muß einmal schauen. „Ein solches Gremium, das auf bisher gewonnene, demokratische Erfahrungen baut, bereichert die deutsche Demokratielandschaft" – „... und deren Ausstrahlung auf Europa", würde ich vorschlagen statt „gesamtdeutsche Demokratielandschaft". Das behandelt den letzten Satz.

Ducke (Moderator): Ja, das waren also Anträge an die Arbeitsgruppe zum Positionspapier. Die wird sich damit auseinandersetzen. Danke, Frau Braband, Vereinigte Linke. Das Wort hat jetzt Frau Barbe, Augenblick, jetzt geht es mir ganz durcheinander, jetzt habe ich Schwierigkeiten.

Ja, Frau Barbe, SPD, bitte.

Frau Barbe (SPD): Ja. Ich würde auch gerne ein paar Anfragen an Herrn Poßner stellen.

Ducke (Moderator): Bitte.

Frau Barbe (SPD): Ich habe gedacht – –

Ducke (Moderator): Wir haben ausgemacht, daß Herr Poßner dann insgesamt Stellung nimmt zu den Wortmeldungen, die noch kommen, damit wir jetzt nicht vorgreifen. Eine Wortmeldung, ja?

Frau Barbe (SPD): Ja. Als ich den Bericht hörte, habe ich gedacht, Sie kommen aus der Opposition, aber das hat sich leider anders erwiesen.

Mich ärgert auch, daß die ganzen Angaben, die vom **Zentralinstitut für Jugendfragen** jetzt erst vorliegen, solange zurückgehalten worden sind. Ich erinnere mich, daß wir am 09. November [1989], am Tag, als die Mauer fiel, in der Kongreßhalle zusammensaßen und diese Forderung laut erhoben. Und es sind inzwischen Monate vergangen, bis dieses Material der Öffentlichkeit, also uns, hier vorliegt. Und damit ist es noch lange nicht allen Bürgern des Landes zugänglich.

Sie sagen, daß Sie sich jetzt als Interessenvertreter im Amt für Jugend und Sport der Jugendlichen verstehen. Ich frage mich, wessen Interessen vertreten Sie eigentlich und überhaupt? Ihre Entschuldigung ist mir zu dürftig. Die **Befangenheit**, die hier angemahnt wurde, kann ich auch nur empfinden, und ich hätte auch noch gern etwas zur Vorgehensweise, wie hier Materialien vorgelegt werden, gesagt.

Es ist eigentlich eine Unverschämtheit, wenn man am Tag der Verhandlungen die Papiere auf den Tisch bekommt. Es hätte sich mindestens gehört, daß das vor dem Wochenende allen Beteiligten in die Hand gegeben worden wäre. Wir können keine Zahl überprüfen und unser Mißtrauen in der Vergangenheit und bis jetzt ist berechtigt und war es auch, und wir können eigentlich nichts dazu sagen.

Danke.

Ducke (Moderator): Das war Frau Barbe, SPD. Als nächstes hat das Wort Frau Birthler, Initiative [Frieden und] Menschenrechte, und dann Frau Sievert, Unabhängiger Frauenverband.

Bitte.

Frau Birthler (IFM): Ich habe eine Anmerkung zu den sehr kurzen Ausführungen von Professor Dr. Emons und anschließend eine Frage an ihn.

Es war davon die Rede, daß das Ministerium für Bildung vor völlig neuen Fragestellungen steht. Ich möchte darauf aufmerksam machen, daß es in der ganzen DDR seit Jahren fleißig arbeitende Gruppen gibt, die Problemkataloge erarbeitet haben, die Lösungsvorschläge gemacht haben, die **Schulbuchanalysen** vorgenommen haben. All diese Ergebnisse sind natürlich nicht öffentlich geworden. Und ich möchte die Gelegenheit benutzen, diesen Gruppen, auf deren Arbeitsergebnisse und Erfahrungen wir jetzt zurückkommen können, an dieser Stelle Dank zu sagen.

Meine Frage an Sie: Vom **Runden Tisch in Potsdam** ist bekannt, daß in der letzten Zeit insgesamt 37 **Lehrer** eingestellt wurden, die bisher **Mitarbeiter des Ministeriums für Staatssicherheit** waren. Ich frage nach den DDR-weiten Zahlen.

Ducke (Moderator): Ich verweise in diesem Zusammenhang auf einen der Anträge unter diesem Bündel Anträge der Arbeitsgemeinschaft. Es ist, wenn ich mich nicht irre – – so schnell finde ich es jetzt doch nicht, aber irgend jemand hilft mir dann dabei. Danke. Möchten Sie gleich etwas [erwidern]?

Emons (Minister für Bildung): Ja, zwei kurze Bemerkungen kann ich dazu machen.

Zu dem ersten Teil: Es ist richtig, daß es eine ganze Reihe Materialien gibt zu den einzelnen, ich möchte sagen, **Bildungsabschnitten**. Und ich darf Ihnen versichern, daß die Materialien, die uns zugängig sind und zugängig geworden sind, insbesondere, und ich greife ein Beispiel auf, weil der Begriff heute schon gekommen ist, **Pädagogischer Kongreß,** [verwendet werden].

Auch im Vorfeld dieses Kongresses ist ja sehr viel Material erarbeitet worden, außerordentlich gewissenhaft und zuverlässig, nicht nur aus dem Bereich des damaligen Ministeriums für Volksbildung – sondern ich darf das aus meiner eigenen Arbeit sagen – auch aus dem Hochschulwesen, zum Beispiel zu der Frage der hochschulvorbereitenden Einrichtungen.

Es ist bekannt, Ihnen allen, daß diese Materialien dann konkret auf dem Kongreß keine Rolle gespielt haben, weder in den mündlichen noch in den schriftlichen Darlegungen. All die Dinge, die wir zur Verfügung haben und hatten, sind den entsprechenden Gruppen, die sich mit diesen Aufgaben befassen – ich möchte alleine **Abiturbildung** sagen, wo wir über **10 000 Materialien** und Stellungnahmen dazu bekommen haben und in der Arbeitsgruppe arbeiten – dankenswerterweise aus 30 Parteien und Organisationen Angehörige neben den anderen aus der Republik – [ausgehändigt worden].

Mit diesen Materialien, soweit wir sie hatten und soweit sie zum Beispiel auch im Bereich der **Akademie für Pädagogische Wissenschaften** vorlagen – in die ganze Diskussion und jetzt in die Vorbereitung der Abiturstufe und der studienvorbereitenden Phase mit aufgenommen haben und einbezogen haben – – Sie haben völlig recht – –

Frau Birthler (IFM): Entschuldigung, ich meinte die Gruppen, die seit Jahren als freie Gruppen und verdächtigt und unter **Repressionen** leidend gearbeitet haben. Und ich finde, es wäre an der Zeit, daß das Ministerium diese Arbeit würdigt.

Emons (Minister für Bildung): Ich glaube – ich muß das noch einmal betonen –, daß ein Teil der Arbeit dieser Gruppen in der letzten Zeit, in den letzten Monaten, wirklich aufgegriffen worden ist. Damit kann ich mich nicht für Vollständigkeit verbürgen.

Sie haben völlig recht, daß in diesen Bereichen unter den von Ihnen schon genannten Bedingungen die Arbeiten geleistet worden sind, und ich glaube, daß vieles vom Inhalt her, und deswegen sei es hier offiziell gewürdigt, sich in dem widerspiegelt, was wir jetzt versuchen, auch schrittweise schon, einzuleiten und zu verändern.

Zu der zweiten Bemerkung, ich kann Ihnen keine republikweite Zahl sagen, ich kann Ihnen eine zweite sagen, die an mich herangetragen worden ist. Das war im **Bezirk Erfurt**, dort waren es sieben, und Sie haben die **Potsdamer Zahl** gesagt. Da das bis in die Kreise oder Bezirke geht, kann ich Ihnen heute keine zusammenfassende Zahl sagen, aber ich glaube, in Verbindung mit dem Antrag, der hier vorliegt, ist das umgehend festzustellen.

Und ich halte den Vorschlag, der, wie er hier formuliert ist, wenn ich das sagen darf, für sehr vernünftig, weil er genau unserer Intuition entspricht, einerseits diejenigen nicht in den Dienst zu nehmen, zweitens, das innerhalb der Territorien sich genau anzusehen und drittens, die hereingenommen werden, sollte man eine Zeit lang sich ansehen, das heißt also, zeitlich begrenzt da hereinnehmen, um dann zu entscheiden, ob sie dafür in Frage kommen oder nicht.

Ducke (Moderator): So, ich darf wieder um das Mikrofon bitten. Als nächstes hat das Wort Frau Sievert, Unabhängiger Frauenverband; dann Herr Engelmann, Demokratischer Aufbruch.

Bitte, Frau Sievert.

Frau Sievert (UFV): Ja, Danke schön. Eine Bemerkung zu dem Material, Herr Poßner, was uns hier vorgelegt wurde. Ich möchte mich da ganz dringend Frau Barbe anschließen in ihren Ausführungen. Es ist zwar sehr umfangreich und sehr schön, aber die Unmöglichkeit, das also vor dieser Sitzung durchzuarbeiten, ist ganz offensichtlich, insofern ist es wirklich fragwürdig, was damit jetzt beabsichtigt ist.

Meine Fragen richten sich an Herrn Professor Emons. Und zwar kam ins Gespräch die Lage der **Abiturienten** und der Absolventen. Ich würde gerne von Ihnen wissen, ob es Überlegungen gibt beziehungsweise schon Maßnahmen gibt, wie mit den Abiturienten künftig verfahren wird.

Uns ist bekannt, daß die Quote der Erstablehnungen bei **Hochschulbewerbungen** enorm hoch ist in diesem Jahr, sehr viel höher als in den vergangenen Jahren. Und jetzt taucht folgendes Problem auf: Die Lehrlingsbewerbungen sind längst durch, so daß das **Lehrjahr 1990/91** abgesichert ist, abgedeckt ist. Sie sagten zu Recht, Herr Poßner, die Ämter für Arbeit weigern sich, dort zusätzlich Ausbildungsmöglichkeiten zu schaffen. Und ich glaube auch nicht, daß es damit getan ist, daß die Hochschulen ihre Studienplätze jetzt willkürlich erweitern, denn angesichts der Lage der **Wohnheimplätze** und dem von einigen Rektoren geäußerten Hinweis, die **Studenten** müßten dann auf den freien Wohnungsmarkt gehen – – Das finde ich also etwas zynisch.

Die **Wohnraumvergabepläne** sind durch – dieses Jahr – so daß also Studenten praktisch vor die gleiche Situation gestellt würden, vor der sich jetzt die Studenten schon seit einiger Zeit in der Bundesrepublik Deutschland befinden.

Ich würde also gerne wissen, ob es **Sofortmaßnahmen** gibt für die **Abiturienten**, [ob es] ab September Möglichkeiten [gibt] die Aufnahme einer Berufsausbildung zu ermöglichen. Denn die sind bei der Erstattung von Arbeitslosengeld ebenfalls in der letzten Gruppe, in der Gruppe 4, so daß also ihnen jede zumutbare Arbeit, die ihnen angeboten wird, also auch zumutbar erscheinen muß, weil sie sonst überhaupt kein Geld mehr bekommen.

Zum zweiten möchte ich darauf verweisen, daß die Hoch- und Fachschulabsolventen sich momentan der Tatsache gegenübergestellt sehen, daß ihnen die schon geschlossenen **Arbeitsverträge** gekündigt werden. Das sind keine Einzelfälle, sondern das betrifft breite Kreise. Das ist natürlich völlig im Widerspruch zum Arbeitsgesetzbuch, um das sich aber nicht so recht jemand zu kümmern scheint in diesem Land.

Das Problem, was für diese Leute jetzt auftritt, ist nicht nur, daß sie also ganz wenig **Arbeitslosenunterstützung** dann bekommen, sondern daß sie natürlich auch bei den Ämtern für die Wohnungsvergabe durchfallen, da die Wohnungsämter nicht mehr angewiesen sind, den Hoch- und Fachschulabsolventen überhaupt **Wohnraum** nachzuweisen, da sie auch keine Arbeit haben, so daß sie sich dann in einen Kreislauf begeben müssen, keine Arbeit, keine Wohnung.

Wir schaffen damit ein Potential von frustrierten jungen Menschen, die eine qualifizierte Ausbildung abgeschlossen haben, das mir sehr bedrohlich erscheint. Und Sie sagten ja zu Recht, eine Investition ins Bildungswesen ist eine Investition in die Zukunft.

Danke schön.

Ducke (Moderator): Danke, das waren konkrete Fragen, eine Überlegungspause für die Regierung. Zunächst Herr Engelmann, Demokratischer Aufbruch.

Engelmann (DA): Ja, eine Frage noch einmal an Sie, Herr Minister. Es läuft mir immer noch kalt den Rücken herunter, wenn ich daran denke, daß unsere **Kinder jetzt von ehemaligen Mitarbeitern der Staatssicherheit erzogen** werden. Es wurde hier schon erwähnt. Ich denke, hier kann es nicht einfach darum gehen, die zu beobachten und später zu entscheiden, ob sie unsere Kinder weiter unterrichten können oder nicht.

Ich denke, wer **Menschenrechte** Jahrzehnte mit Füßen getreten hat, ist sehr ungeeignet, Kinder zu Frieden zu erziehen und Kinder zur Wahrung der Menschenrechte und zur **Menschenwürde** zu erziehen. Das halte ich erst einmal für ein grundsätzliches Problem.

Das zweite, was mich aber in dem Zusammenhang auch interessiert: Die Kündigung der **Absolventenverträge** ist ja zum Teil auch darauf zurückzuführen, daß jetzt solche Personen, von denen wir gerade sprachen, in den **Lehrerberuf** zurückkommen, in dem sie ja viele Jahre nicht waren und dort praktisch den Absolventen den Platz vor der Nase besetzen, muß ich einmal sagen. Das kann aus den hier gerade dargelegten Gründen ja wohl auch nicht sein.

Und ein drittes kommt noch dazu: Die angedachten **Reformen des Bildungswesens,** sofern sie überhaupt schon ausgereift sind, kommen meines Erachtens nur unvollkommen in der Schule an der Basis an. Ich selbst habe Kinder in der Schule, und auch in Gesprächen mit anderen Eltern stelle ich immer fest, daß die Mehrzahl der Lehrer auf ein deutliches Zeichen wartet seitens ihrer Vorgesetzten, sprich der obersten Behörde, dem Ministerium, daß nun gesagt wird, werft den alten Kram über Bord und macht Demokratie in der Schule. Das geht bis zur Durchsetzung von **Schülervertretung,** das geht [bis] zum **Mitspracherecht der Eltern.**

Dort gibt es ungeheure Ängste und Zurückhaltung bei den Lehrern, weil sie sagen: Das können wir nicht entscheiden; das können wir nicht machen; da haben wir noch keine Genehmigung dazu.

Da erwarte ich eigentlich in Zukunft eine klare Positionierung.

Danke.

Ducke (Moderator): Die erste Hälfte bitte ich dann zu verweisen auf den **Antrag 15/5** der Arbeitsgruppe, daß das dort mit verhandelt wird. Das andere war eine Aufforderung.

Als nächstes hat das Wort Herr Börner, PDS; dann Herr Krause, CDU; dann sind noch zwei Parteien und dann Frau Priese, Ihre Gruppe.

Börner (PDS): Meine Damen und Herren, ich möchte zunächst die Hoffnung zum Ausdruck bringen, daß die Diskussion über persönliche Integrität nicht den notwendigen Beginn der öffentlichen Diskussion über Fragen der Bildung, Erziehung und Jugendpolitik heute behindert. Weil ich glaube, daß wir diese sachliche Diskussion heute in einem breiten Rahmen schon beginnen müßten.

Die Breite des Themas Bildung, Erziehung und Jugend wird schon dadurch deutlich durch die Vielzahl der Anträge, die dem Runden Tisch vorliegen, und auch die Ausführungen der beiden Regierungsvertreter haben das deutlich gemacht.

Insofern kann das **Positionspapier** der Arbeitsgruppe „Bildung, Erziehung und Jugend" nur ein Kompromiß sein, [der] Versuch eines Kompromisses, mit dem von vielen Sachfragen abstrahiert werden mußte, objektiverweise. Und dabei ist es ersichtlich, daß ein Schwerpunkt zunächst auf die **Bildungspolitik** gelegt wurde und andere Fragen, wichtige Fragen, die unbedingt auch weiter diskutiert werden müssen – ob es an einem eventuell weitergeführten Runden Tisch oder dann vor allen Dingen auch in der neu zu wählenden **Volksvertretung** – heute sicherlich nicht in dem Mittelpunkt stehen können. Ich möchte einige nur kurz nennen.

Es ist sicherlich eine ganz wichtige Frage, die sicherlich auch vom Runden Tisch der Jugend heute noch ausgedrückt wird, daß die Rahmenbedingungen für eine **Selbstbestimmung der Jugend** – unter anderem auch mittels ihrer **Organisationen und Verbände,** und vor allen Dingen durch auch eine weitgehend ökonomische und juristische Selbständigkeit, einen großen Kreis also von Fragen, auch der Verantwortung des Staates und der Kommunen – zu diskutieren sind und fixiert werden müßten.

Es ist ein großer Bereich zu diskutieren in Fragen des **Hochschulwesens.** Das ist von der Kollegin vom Unabhängigen Frauenverband schon angesprochen worden.

Es ist ein großer Bereich zu diskutieren und Rahmenbedingungen [sind] zu fixieren für die selbstbestimmte **Freizeit** Jugendlicher, einschließlich des **Sportbereichs,** wie Herr Poßner erwähnte.

Und es sind vor allen Dingen, und darin würde ich auch einen Schwerpunkt sehen, eine schnelle öffentliche Diskussion und Sofortmaßnahmen notwendig zur Verhinderung von **Jugendarbeitslosigkeit.**

Nicht nur, das wurde eben schon vom Unabhängigen Frauenverband erwähnt, für Abiturienten und Hoch- und Fachschulabsolventen, sondern auch für Lehrlinge und junge Facharbeiter. Da hätte ich auch eine konkrete Frage noch an die Regierungsvertreter, vor allem [an] Herrn Poßner, hinsichtlich der Informationen, die im Moment bereits vorliegen, wo Probleme auftreten für (a) die Weiterführung der **Lehrlingsausbildung,** vor allen Dingen unter dem Aspekt der **Fremdausbildung,** also wo Betriebe für andere Betriebe bisher mit ausgebildet haben und es jetzt Anzeichen gibt, daß diese Fremdausbildung nicht mehr wahrgenommen wird und damit also eine Reduzierung von Lehrplätzen abzusehen ist, und (b) die Übernahme von **Lehrlingen in Arbeitsrechtsverhältnisse,** die ja bereits im Mai, April/Mai steht drin, einige Berufsgruppen, ihre Lehrverhältnisse beenden.

Wir haben zu diesen großen Themen auch zwei Anträge eingebracht, übrigens nicht erst heute morgen, sondern bereits am Freitag, zu den Themen Sport und zu den Themen Jugendgesetz, das hier also die Rahmenbedingungen für die Selbstbestimmung der Jugend setzen müßte, und zum **Jugendschutzgesetz,** was wir ebenfalls für sehr wichtig halten, auf Grundlage einer Verhinderung von Jugendarbeitslosigkeit.

Die würden dann eventuell – aber wahrscheinlich sind die Chancen gering, daß sie noch behandelt werden – halten wir aber für sehr wichtig, daß sie also auch mit übergeben werden für die zukünftige Arbeit im Parlament.

Ich möchte abschließend zwei Änderungsvorschläge machen für das Positionspapier. Und zwar eine, weil es uns eigentlich sehr wichtig erscheint, eine kleine Einfügung nur auf Seite 1 im Punkt 1 und zwar im letzten Satz, daß wir also, „Chancengleichheit verwirklicht sich über Chancengerechtigkeit, die in der Entwicklung und Förderung von Individualität, sozialer Integration und Gleichstellung und Selbstbestimmung jedes Menschen besteht", also [die] Einfügung „**Selbstbestimmung**" [vornehmen].

Und auf Seite 3 im Punkt 8 im letzten Satz folgendermaßen ergänzen, ich lese ihn jetzt mit Ergänzung vor: „Dazu ist der **Erhalt einer subventionierten sozialen Betreuung** (unter anderem Krippen, Kindergärten, Horte) für alle Kinder, deren Eltern dies wünschen, und der Erhalt der staatlichen und kommunalen Subventionierung selbstbestimmter Freizeit- und Erholungsstätten Jugendlicher sowie die Ausbildung und der Einsatz von Freizeit- und Sozialpädagogen dringend geboten", um auch wenigstens in diesem Grundsatzpapier, Positionspapier, diese Eckpunkte auch der Fragen der **Selbstbestimmung Jugendlicher,** auch hin vor allen Dingen also auch hinsichtlich der **Freizeitbedingungen** über die vorher hier beschriebenen hinaus – – Ich denke da vor allen Dingen an die Jugendclubs, also auch in diesem Positionspapier zu fixieren.

Danke schön.

Ducke (Moderator): Danke, Herr Börner, Sie sind so nett und geben diese Änderungswünsche noch den Einbringern. Ich verweise zu Ihrer Klammerbemerkung auf das, was hier heute früh schon einmal gesagt wurde von der Initiative

Frieden und Menschenrechte, daß man nicht nur an die traditionellen Formen dieser Förderung denken sollte.

Ich darf darum bitten, ich habe hier mindestens noch 20 Wortmeldungen, also haben Sie Geduld, daß wir uns erstens kurzfassen. Und dann haben wir noch über die Anträge abzustimmen. Und deswegen bitte ich jetzt, als letzten jetzt Herrn Krause, dann kommt Herr Emons, damit auch die aufgeworfenen Fragen zu Worte kommen. Und dann müssen wir auch die Vertreter der Arbeitsgruppe wieder bringen.

Eine Geschäftsordnung? Was war jetzt? Eine Geschäftsordnung? Bitte, mein Herr.

N. N.: Ich will nur einmal ganz kurz sagen: Also, mir fällt auf, daß jetzt auch, beim Herrn Börner war das ganz deutlich, daß hier Dinge genannt werden, die teilweise in der Arbeitsgruppe schon thematisiert waren, bloß Herr Börner war da nicht dabei.

Ducke (Moderator): Gut, schönen Dank. Es war ein Geschäftsordnungsantrag, kein Antrag zur Debatte?

N. N.: Ja. Ich möchte nur darum bitten, daß dann vielleicht diejenigen, die da wirklich auch sachkundig sind und den Prozeß damit im Blick haben, hier sprechen und daß da nicht viele Dinge kommen, die eigentlich schon behandelt wurden.

Ducke (Moderator): Vielen Dank, aber jetzt muß ich unterbrechen und selbst zur Geschäftsordnung kommen. Gehen wir weiter. Hier war ein Antrag zur Geschäftsordnung? Ja, bitte, gar kein Problem, Herr Elsner, nein Herr Jahn, Sie sind bald dran. Erst Herr Krause und dann die Vertreter der Regierung.

Herr Krause, CDU, bitte noch.

Krause (CDU): Ja, ich hätte gerne zwei Bemerkungen zum Positionspapier zu machen. Die CDU hat ja an der Mitarbeit hier Anteil, und es ist im Punkt 5 etwas formuliert im zweiten Abschnitt, zweiter Satz: „Dazu gehören der Erhalt einer staatlichen kostenlosen, zehnjährigen Regelschule".

Wir bitten, daß das ergänzt werden sollte etwa durch eine Formulierung: „Staatliche Schulen und Schulen, die aufgrund der Initiative von Eltern oder **Institutionsschulen** in freier Trägerschaft, Konfessionsschulen, eingebunden werden". Der Begriff ist sonst nicht eindeutig. Ich würde das noch sauber formulieren.

Ducke (Moderator): Sie sind so nett, und geben das den Einbringern dann, ja? Bitte.

Krause (CDU): Des weiteren hätte ich eine Bemerkung zu machen zur Frage der **Jugendweihe**. Sie wissen, daß die Christlich Demokratische Union in ihrem Bildungskonzept klar fordert, daß die bisherige Jugendweihe umgehend in eine freie Trägerschaft außerhalb der Schule überführt wird und es den Eltern überläßt, zu entscheiden, ob vor dem Übergang der Schüler in eine differenzierte Oberschule eine weltanschaulich neutrale Schulfeier veranstaltet werden soll.

Eine solche Formulierung würde ich gern auch im Positionspapier sehen. Aber bevor das geschieht, hätte ich gern dazu auch die Position des Bildungsministers gehört.

Ducke (Moderator): Zu welchem Punkt war das jetzt in der Vorlage? Sagen Sie es uns noch bitte.

Krause (CDU): Zu dieser Frage, ich hätte gern einen Punkt 10, der sich also mit der **Jugendweihe** und ihre Stellung beschäftigt.

Ducke (Moderator): Aha, eine Ergänzung also.

Krause (CDU): Ich würde ihn auch formulieren und vorreichen.

Ducke (Moderator): Dann schlage ich doch vor, bevor der Minister dazu antwortet, wenn Sie ihn erst formulieren, dann kann man dann antworten. Oder gleich?

Emons (Minister für Bildung): Zu der Sache kann ich gleich – –

Krause (CDU): Gut, ja. Ich habe aber noch eine weitere Frage.

Ducke (Moderator): Noch eine? Bitte.

Krause (CDU): Wir wissen ja, daß nicht bloß die **Armee**, sondern auch die **Bildung** in der Vergangenheit unter der ungeteilten Führung der Partei der Arbeiterklasse stand und daß natürlich auch dieser Ballast bis in die Schulstube hineinwirkt, das wissen wir. Andererseits, ich bin selbst Pädagoge, und als Christ können Sie sich vorstellen, daß ich mich in der Tugend der Geduld und der Demut hinlänglich üben konnte in den letzten Jahren.

Aber ich möchte sagen, daß nicht jeder Kollege, der jetzt in die Schulen kommt, also vom **Ministerium für Staatssicherheit** ist und daß der Großteil der Kollegen, die ich kenne, sich den Fragen der Erneuerung dieser Schule auch stellen.

Das möchte ich insbesondere sagen, ich habe Einblick als Leiter der Vorschlagskommission des **Bezirkstages Leipzig**, daß also viele Lehrer sich diesen Veränderungen stellen und diese Prozesse mitgestalten. Ich will das nur andeuten.

Deshalb eine zweite Frage an den Herrn Bildungsminister, und zwar wissen wir, daß in der Vergangenheit die Direktoren Mitglieder der Sozialistischen Einheitspartei Deutschlands gewesen sind. Wie wird in Zukunft gewährleistet, daß auch parteilose Direktoren und Mitglieder anderer Parteien Direktoren an Schulen werden können? Was gibt es da für Konzeptionen? Wie sind Ihre Positionen dazu?

Ducke (Moderator): Gut, das waren konkrete Anfragen an den Minister. Ich frage, Geschäftsordnungsantrag? Bitte.

Frau Wolff (GP): Ja, ich möchte noch einmal darum bitten, daß die Parteien, die dieses Positionspapier in der Arbeitsgruppe beschlossen haben, nicht ständig durch die Leute, die nicht dabei waren, Ergänzungen bringen. Das hält uns unwahrscheinlich auf, denn wir haben wirklich wichtigere Dinge zu besprechen. Und wir haben mit Absicht – –

Ducke (Moderator): Ja, Frau Wolff, also jetzt stelle ich dieses einmal zur Abstimmung. Das war ein Antrag, also, formulieren Sie noch einmal. Keine Ergänzungen und Stellungnahmen zum Positionspapier von den Parteien, die mitgearbeitet haben. Soviel ich weiß, haben diese aber alle mitgearbeitet. Bis jetzt haben alle dazu geredet. Wie?

Frau Wolf dazu.

Frau Wolff (GP): Außer Demokratischer Aufbruch haben alle mitgearbeitet.

Ducke (Moderator): Eben. Also dann könnten wir Schluß der Debatte beantragen, zum Positionspapier, oder wie war das? Ich habe zwanzig Wortmeldungen dazu. Also lassen wir darüber abstimmen. Also, wir stimmen darüber ab, daß zum Positionspapier nun keine Ergänzungen mehr kommen dürfen und Änderungen. Das ist der Antrag über den wir

Bildung, Erziehung und Jugend

abstimmen müssen. Zweidrittelmehrheit sind verlangt. Möchte jemand dazu reden oder nicht?

Bitte schön, Frau Burkert, Neues Forum.

Frau Burkert (NF): Ja. Es ist nur eine Anfrage. Gehört denn dieser Ergänzungspunkt 10 jetzt in diese Ergänzung? Ist dies eine beschlossene Ergänzung, oder gehört die noch nicht herein?

Ducke (Moderator): Nein, natürlich nicht. Das war ja zunächst einmal an die Einbringer meine Frage. Gut. Ja. Wir stimmen darüber ab. Wer möchte dazu reden?

Frau Braband.

Frau Braband (VL): Ich möchte dafür plädieren, daß wir weiter diskutieren, weil, ganz offensichtlich ist es so, daß hier noch ein paar Leute etwas einzubringen haben, was sie von der Arbeitsgruppe nicht berücksichtigt finden.

Ducke (Moderator): Das war ein Wort gegen diesen Geschäftsordnungsantrag, vielen Dank. Möchte noch jemand dafür sprechen? Das ist nicht der Fall. Wir stimmen ab: Ergänzungen von Parteien, die mitgearbeitet haben, sind nicht mehr möglich. Zweidrittelmehrheit erfordert dieser Antrag.

Ich bitte um Abstimmung. Wer für diesen Antrag ist, der hebe die Hand. Na, da brauchen wir nicht zählen. Der Antrag hat keine Mehrheit gefunden. Also, offensichtlich gibt es doch noch mehr Anträge.

Nach dieser Wortmeldung von CDU hat nun das Wort Herr Minister Emons zu den bisher gestellten Fragen, soweit sie zu beantworten sind. Bitte. Danach, wenn ich schon anmelden darf, haben das Wort Herr Elsner, Herr Jahn; dann bitte ich Frau Priese um das Wort für alle Vertreter, die in der Arbeitsgruppe sind. Danke. Und dann noch zwei und dann die anderen.

Bitte schön, Herr Minister.

Emons (Minister für Bildung): Ich möchte versuchen sehr kurz auf die Fragen einzugehen.

Punkt 1: **Abiturienten** und **Immatrikulation** in diesem Jahr. Wir haben, so wie Sie es formuliert haben, um das zu konkretisieren, gegenüber den früheren – möchte ich sagen – Zeiten, als geplant wurde, **10 500 Mehrbewerber** für die Aufnahme eines Studiums als wir demgegenüber die bisher vorgegebenen Planzahlen, sprich Immatrikulationszahlen, haben – –

Im Ergebnis der Auswertung, das war 15. Februar als Jahr-Stichtag, haben wir festgelegt – und es ist ein beträchtlicher Rücklauf aus den Universitäten gekommen, um das klar zu sagen, differenziert nach der Frage, die gestellt war, gibt es die Ausbildungsmöglichkeiten, die die Immatrikulationen begrenzen, oder gibt es die **Unterbringungsseite**, die die Immatrikulationen begrenzen, hierzu einen Rücklauf, der uns zum Punkt 1 die Möglichkeit gibt, bis auf etwa 20 Fächer, alle anderen, und nun gebrauche ich ein bei uns völlig unübliches Wort, aus der Begrenzung oder aus dem „Numerus clausus" herauszunehmen – –

Es bleiben etwa 20 Fächer, wo wir begrenzen müssen aufgrund der Möglichkeiten der Kapazitäten. Wir werden zweitens etwa in einer Größenordnung von **4 000 Studienplätzen** anbieten können in der **zweiten Runde**, bei denen diese Wechselbeziehung gegeben ist, natürlich nun nicht unter besseren Bedingungen als wir sie bisher hatten, zwischen Studium und Unterbringung, und mit einer gewissen Erfahrung dessen, was am 1. September nicht ankommt.

Wir wollen also auch die anderen weiter im Lauf haben, wir können damit rechnen, daß der größte Teil der Studienbewerbungen realisiert werden kann. Einer kann nicht realisiert werden, das möchte ich hier gleich sagen. Durch die Veränderungen, die in der **Armeedienstzeit** eingetreten ist – – Sie wissen, daß diese männlichen Abiturienten ja vorimmatrikuliert worden sind, je nach der Dauer der Zeit für bestimmte Jahrgänge – – –

Wir werden es nicht ermöglichen, alle diejenigen, die nun vorzeitig ausscheiden, auch alle vorzeitig immatrikulieren zu können. Wir sichern den Studienplatz zu dem Zeitraum, aber ich muß sagen, es ist uns nicht möglich, das alles vorzuziehen. So ist die Situation.

Zweite Bemerkung. Natürlich haben die Abiturienten jetzt, das haben wir geöffnet, nach oben wie nach unten, das Recht, sich für die Berufsbildung zu bewerben und die Termine sind erweitert worden, zeitlich. Genauso wie wir auf der anderen Seite die Möglichkeit ja des vorzeitigen Ausscheidens aus der 10-Klassen-Schule erweitert haben um die Möglichkeit, auch nach der 8. und 9. Klasse in eine Berufsausbildung zu gehen.

Wir haben über **20 zusätzliche Berufsbilder** aufgenommen und entsprechend angepaßt, da wir in diesem Jahr mit einem größeren Anteil rechnen, auch wieder durch diesen formalistischen Stau, der da war, wer da nun genehmigen konnte oder nicht genehmigen konnte. Ohne das ich daraus etwa einen Trend ableiten möchte.

Es wäre grundsätzlich verfehlt, wenn wir etwa 60 Jahre zurückgingen und wieder zu einer achtjährigen Schulregelzeit kommen. Dann würden wir uns von allen Industrie- und Kulturnationen auch in Europa abkoppeln, die in der Zwischenzeit auf höheren Zeitpunkten sind. Das zu der Frage.

Jawohl, es treten **in der Absolventenvermittlung Kündigungen** auf, die sind aber sehr unterschiedlich zu betrachten. Es sind teilweise Kündigungen, die mit dem Profil der Betriebe im Zusammenhang stehen. Die sind ungesetzlich, um das ganz klar zu sagen, und die wir auf dem Tisch haben, [denen] gehen wir auch nach, sowohl von den Einrichtungen als auch von uns.

Aber ich muß auch sagen, es gibt zweitens natürlich Studienrichtungen, bei denen wir uns aufgrund der gesellschaftlichen, wirtschaftlichen, aber auch anderer Entwicklungen, dazu durchsetzen müssen, daß wir diesen Absolventen die Möglichkeit geben, durch ein Zusatzstudium sofort oder eine Erweiterung, [sich] auf die Dinge vorbereiten zu können, die sie dann wirklich umsetzen können.

Also, ich denke daran, daß wir zum Beispiel für Russisch-Lehrer zusätzlich die Möglichkeit jetzt schon der Englisch-Ausbildung, wer das möchte, mit erweitert haben und ähnliche Dinge. Oder wenn Sie auch bei Ökonomen nehmen, haben wir Dinge mit hereingenommen, bei Juristen, um Verwaltungsjuristen zu werden, oder ähnliches.

Das sind Dinge die vorbereitet sind, und wir müssen sehen, wie sie angenommen werden.

Letzte Bemerkung sei mir gestattet zu den Bemerkungen, die von dem Vertreter des Demokratischen Aufbruchs gekommen sind, und zwar zum zweiten Teil. Ich habe für Ihre kritischen Bemerkungen zu dem, was ankommt, volles Verständnis, weil das unsere tägliche Erfahrung ist. Aber ich muß auch andererseits um Verständnis bei uns bitten, gerade zu den Problemen, die Sie angeschnitten haben, haben wir Ende November/Anfang Dezember schon grundsätzlich sowohl Stellung genommen als auch die Dinge heruntergegeben, die die Frage der **Demokratisierung** in den Einrichtungen, die Bildung der Pädagogen oder sagen wir, der wissenschaftlichen Räte an den Hochschulen oder Fachschulräte, die Vertretungen der Studenten, der Schüler und der Lehrlinge - -

Die Orientierungen sind wirklich von uns vor Weihnachten dazu schon alle heraus. Nur, ich bitte darum, das Ministerium wird das nicht mehr anleiten und auch nicht mehr durchsetzen. Entweder wir machen Demokratisierung, dann bitte ich auch um das Verständnis, daß das sicher ein bißchen dauert, bis sich das überall einbürgert, und das Ministerium administriert nicht mehr, oder wir würden doch wieder etwas erreichen, was wir alle gemeinsam nicht wollen.

Danke schön.

Ducke (Moderator): Danke, ich bin sicher, Herr Minister, daß Ihre Ausführungen von vielen mit großem Interesse gehört wurden, und ich kann nur hoffen, daß auch die richtigen Schlüsse daraus gezogen werden. Und ich bin froh, daß nicht mehr „durchgestellt" wird, aber ich stelle jetzt durch, nämlich noch - -

Emons (Minister für Bildung): Entschuldigen Sie.

Ducke (Moderator): Ja.

Emons (Minister für Bildung): Entschuldigen Sie bitte, ich bitte um Verzeihung. Für mich ist, oder nicht nur für mich, für uns ist die Frage eindeutig klar, **Jugendweihe** ist keine Angelegenheit der Schule, genauso wie die Konfirmation keine Angelegenheit der Schule ist oder die Kommunion.

Ich bitte aber auch um Verständnis – und jetzt muß ich gut oder vorsichtig formulieren oder richtig formulieren – daß es natürlich, wie auch bei der Freizeitgestaltung in vielen Territorien, nicht ohne die Schule geht. Damit meine ich im maßgeblichen Sinne die Räume und ähnliches, denn Sie haben kaum die Möglichkeit, das alles woanders durchführen zu können. Aber klar ist, der Fakt, der Vorgang so wie wir es formuliert haben, die Administrative, das Einbinden, pflichtmäßig, der Lehrer, hat nichts in der Schule mehr zu suchen.

Ducke (Moderator): Gut. Ein Antrag auf Veränderung des Positionspapiers ist ja vorgegeben. Ich habe es den Antragstellern zunächst gegeben und darüber muß ja dann noch abgestimmt werden, über den Antrag, ob das Stichwort Jugendweihe unter Punkt 10 abgehandelt werden soll. Das ist klar.

Nun wieder in die Reihenfolge der Wortmeldungen. Ich darf darauf hinweisen, ich habe 16 Wortmeldungen nur hier überschlagen, und es sind noch nicht die vielen aus der Arbeitsgruppe dabei.

Ich bitte Herrn Elsner von der Bauernpartei um das Wort und danach Herrn Jahn, NDPD.

Elsner (DBD): Ich bitte, eine Ergänzung zu **[Vorlage] 15/7** aus der Sicht der Berufsausbildung machen zu können. Die beruflichen Qualifikationen der Menschen, darunter eine große Zahl von Facharbeitern, stellen einen bedeutsamen, gesellschaftlichen Reichtum dar, über den die DDR verfügt und den sie beim Zusammenwachsen beider deutschen Staaten einbringen möchte. - - ist also notwendig, ein neues **Berufsbildungssystem** zu schaffen, in das die Vorzüge beider deutscher Staaten eingehen sollten. Das bedeutet:

a) die Ausarbeitung einer neuen **Ausbildungsordnung,**

b) die Ausarbeitung und Umsetzung von **Umschulungskonzepten** sowie die weiteren Maßnahmen der **Erwachsenenbildung,** die sich aus dem Übergang zur sozialen Markwirtschaft ergeben, speziell auch in der Landwirtschaft. Und ich möchte meinen, es geht

c) darum, eine Strategie der **Weiterbildung** der Lehrkräfte zu entwickeln und es geht

d) darum, die zentralen und regionalen **Forschungskapazitäten** im Bereich der Berufsausbildung zu erhalten.

Ich bedanke mich.

Ducke (Moderator): Danke, Sie werden ja diese Konkretisierung dann noch einbringen als Anlage zum Papier. Ich rufe jetzt Herrn Jahn, NDPD, und dann Frau Priese.

Bitte, Herr Jahn.

Jahn (NDPD): Die NDPD stimmt dem Positionspapier zu. Wir halten zu zwei Punkten des Positionspapiers einige notwendige Akzentuierungen für erforderlich.

Zum Punkt 5: „Junge Menschen haben ein großes Bedürfnis nach Selbstverwirklichung. Sie sollen ihre Leistungspotenzen entwickeln und ausschöpfen können, ohne aber einem ständigen Leistungsdruck ausgesetzt zu sein. Deshalb muß Leistungsfähigkeit verstanden werden als Befähigung zu lebenslangem Lernen, zu Kreativität, zu Kommunikationen, zu Integrationen."

Zum 7. Punkt: ...

Ducke (Moderator): Entschuldigen Sie, das war jetzt nur ein Verstehen oder war das eine sprachliche Änderung?

Jahn (NDPD): Eine Ergänzung.

Ducke (Moderator): Dieses soll Ergänzung sein?

Jahn (NDPD): Ja.

Ducke (Moderator): Na, und wo soll das hin?

Jahn (NDPD): In den Punkt 5.

Ducke (Moderator): Aha, ja gut, das werden Sie uns dann ja noch näher - - Ja, und weitere Ergänzungen zu Punkt - -

Jahn (NDPD): - zu Punkt 7: „Das **Zusammenwirken von Elternhaus und Schule** ist über die bisherige Elternbeiratsverordnung vermittelt, seinem Charakter nach staatlich angeordnet und schulzentriert." Wir meinen, daß die **Interessen der Kinder** endlich wieder im Mittelpunkt stehen müssen.

Das ist eine Anfrage an den Minister, was dort in die Wege geleitet ist und wie das weiter gefaßt werden soll, wenn noch vor der Schaffung der Länder auch eine eigenständige **Schulverfassung** entworfen werden soll. Wir stimmen deshalb auch der Auffassung zu, die hier vorgetragen wurde, noch unbedingt 1990 das neue **Bildungsgesetz** vorzulegen.

Ducke (Moderator): Danke schön. Herr Jahn von NDPD war das. Frau Priese bitte von der Arbeitsgruppe „Bildung und Erziehung". Es sind vier Wortmeldungen. Es spricht Herr Kirchner von der Initiativgruppe Kinderbewegung.

Bitte, Herr Kirchner.

Kirchner (Initiativgruppe Kinderbewegung): Herr Präsident, meine Damen und Herren, ich komme eigentlich aus der Spielmobilszene und mich haben die Ereignisse hier in diese Kinderbewegung mehr oder weniger gespült.

Ich sehe mit Befremden, auch wenn schon Hinweise kamen, daß das Thema Kinder hier nur zum Teil behandelt werden kann, daß hier wichtige Sachen nicht thematisiert werden.

Ich denke da nur an die **Verkehrssituation**, 234 verkehrstote Kinder 1989 sind 234 zu viel. Ich denke da an die **Spielplatzsituation**. In unserem Lande herrscht ein Notstand auf den Spielplätzen, der nicht zuletzt von Erwachsenen und ihren Hunden mit beeinflußt wird.

Ich denke an die **Schulhofsituation** und den baulichen Zustand in den Schulen, der, da die Kinder fast den ganzen Tag in den Schulen sind, meines Erachtens wesentlich sein sollte. Ich denke aber auch, an dieses schon angeschnittene, aber meiner Ansicht nach nicht weit genug thematisierte Thema **Kinder und Medien**, inwieweit es bei neuen Mediengeschichten auch die Partizipation – –

Situation der Kinder in ihren eigenen Medien – – sichert, oder werden wieder Kindermedien von Erwachsenen gemacht?

Die Interessenvertretung von Jugendlichen war aller Ortens im Gespräch. Ich sehe auch, daß landläufig noch das alte Denken herrscht, das Thema Kinder der Bildung zugeschrieben wird und das Thema Jugend dem Amt für **Jugend und Sport.**

Wir denken aber, daß es sich um eine Gemeinschaftsaufgabe, eine Querschnittsaufgabe handelt, denn wie eingangs erwähnt: Das betrifft genauso das Verkehrswesen wie auch die örtliche Versorgungswirtschaft. Ich meine, davon, daß sich nun jeder ein Bruegels „Spielende Kinder" über den Schreibtisch hängt, davon ändert sich die Situation der Kinder vor Ort noch lange nicht.

Gerade im kommunalen Zusammenhang geht dermaßen viel den Bach herunter im Moment, daß ich arge Befürchtungen habe und deswegen, obwohl ich hier auch kein Antragsrecht habe, das ist mir jetzt egal, schlage ich vor, daß im Antrag 8 der **Vorlage 15/8** ergänzt wird, „daß jede Partei und Organisation, die am Runden Tisch vertreten ist, einen **Kinderbeauftragten** benennt und diese Kinderbeauftragten eine **Kinderkommission** bilden, in der dann ab 18. März [1990] neuen Volkvertretung ...".

Denn nur so, denke ich, können die Rechte, die die Kinder haben, durch unsere Hilfe auch gewahrt werden. Ich danke Ihnen.

Ducke (Moderator): Danke, Herr Kirchner. Ich bitte Herrn Hofmann das zu dem Antrag mit hineinzunehmen, daß, wenn wir dann über die Anträge stimmen, wir das nicht vergessen haben. Ja. Danke. Das Wort hat weiterhin? Frau Priese, wir rufen Sie uns jetzt auf. Wenn Sie so freundlich sind, das Mikrofon sich zu nehmen.

Frau Priese von der Arbeitsgruppe „Bildung, Erziehung und Jugend". Bitte.

Frau Priese (AG „Bildung, Erziehung und Jugend" Initiativgruppe Interessenverband Kindheit): Ich bin selber ähnlich betroffen wie Herr Kirchner darüber, daß heute die Kinder so gut wie sehr wenig erwähnt worden sind, auch von dem Herrn Poßner. Er hat von der Notwendigkeit eines Jugendgesetzes gesprochen, aber von einem **Kindergesetz**, einem Gesetz zum Schutz der Rechte der Kinder, habe ich nichts gehört.

Ich habe mich bemüht, bei seiner Vertreterin bei uns in der Arbeitsgruppe am Donnerstag zu erreichen, daß heute hier eine Vertreterin vom Ministerium für **Gesundheitswesen** die Belange der **Kleinkinder** vertritt, also wenigstens vom Bereich Krippen. Das ist offensichtlich nicht gelungen, so daß ich denke, daß die Belange der Kleinkinder hier bisher überhaupt nicht – –

Ducke (Moderator): Da muß ich einmal den Runden Tisch in Schutz nehmen, das heißt die Sprecher sonst. Wir haben heute früh zum Thema Sozialcharta und dann auch Frauenfragen und Soziales sehr ausführlich über diese Frage der Geborgenheit, auch der **Kleinstkinder und Kleinkinder** gesprochen.

Das nur zur – – vielleicht auch für Hörerinnen und Hörer, die jetzt zuhören, daß Sie nicht denken, wir hatten es nie erwähnt. Das durfte ich einmal machen jetzt, mich zu Wort melden? Danke.

Frau Priese (AG „Bildung, Erziehung und Jugend" Initiativgruppe Interessenverband Kindheit): Ich denke aber trotzdem, daß das heute früh nicht ausreichend genug zu Worte gekommen ist und beschrieben worden ist. Denn die Lage der Kleinstkinder ist katastrophal, nicht nur so wie die Situation, die nach außen sichtbar ist auf den Schulhöfen.

Es ist nämlich im Bereich der Kleinstkindererziehung eine Gewöhnung innerhalb von zwei Generationen daran eingetreten in unserem Land, daß Erziehungsverantwortung delegiert wird an staatliche Stellen.

Und diese **Delegierung von Erziehungsverantwortung** hat dazu geführt, daß ein ganz großer Prozentsatz von jungen Müttern und jungen Eltern unfähig ist – das sind Untersuchungsergebnisse, daß ein Drittel aller Mütter im Mütterjahr nicht mit ihren Kindern spielt.

Das heißt, daß man damit rechnen muß, daß bei einem Drittel der Mütter **Beziehungsstörungen** entstanden sind, das heißt, daß sie unfähig geworden sind, eine emotionale Geborgenheit zu geben, auch wenn jetzt die sozialpolitischen Voraussetzungen gegeben wären, weil sie selber, vermutlich durch frühkindliche Frustrationen, getrennt worden sind innerlich von der Wahrnehmung und Ernstnehmung ihrer eigenen Gefühle und damit die Wahrnehmung der Gefühlsbedürfnisse der Kleinkinder nicht mehr vollziehen können.

Und dieses versuchten wir in dem Positionspapier mit dem Stichwort „Achtung vor der Würde eines jeden Menschen", heißt es da, aber auch „jedes Kleinkindes" zu beschreiben, weil die Achtung vor der Würde eine Beziehung beschreibt und nicht mehr, wie es lange auch in unserer Kultur die Tradition war, den Menschen isoliert von seinen Beziehungen betrachtet.

Und die **Achtung vor der Würde eines Menschen** sehe ich als die **stärkste Quelle psychischer Energie** an, die wir weitgehend mit unserer Politik der Unterbewertung von Erziehung und Beziehung zu Kindern überhaupt, uns selber zerstört haben. Ich denke, Quellen des Glücks, die wir uns selber zerstört haben und damit eigentlich einen Konsumdrang selber provoziert haben als Ersatz für gesunde, emotionale Beziehung.

Dieses ist aber vielen dieser jungen Eltern nicht bewußt und können viele nicht benennen. Und wir müssen in einem ganz mühsamen Prozeß der Wiederbefähigung diese 40 Jahre **Unrecht an Kindern** und an Kindererziehung wieder aufholen.

Ich denke, es ist auch bezeichnend, daß in dem Bericht eben wissenschaftliche Institutionen zu Worte gekommen sind, die ja, Wissenschaft kann immer nur Detailfragen beschreiben, aber nicht Praktiker, zum Beispiel **Kinderneuropsychiater** und Psychologen hätten zur emotionalen Situation der Kinder etwas sagen müssen, das hätte in diesen Bericht hinein gehört.

Aber im Blick der Wissenschaft ist die Körperlichkeit, die gesundheitliche Seite der Kinder einerseits und die Leistungsseite. Beides sind Dinge, die wissenschaftlich faßbar sind. Die **Gefühlssituation** ist individuell und kann nicht gefaßt werden. Und deshalb unterbleibt sie in unserem Bild vom Kind.

Ich möchte nur als Stichpunkt sagen, in dem Bericht von dem Amt für Jugend und Sport ist beispielsweise die ganze Frage der Sozialpolitik unter dem Stichwort **Frauen und Sozialpolitik** verhandelt. Frauen sollten sich heute bei uns mehr um Familie und Haushalt kümmern. Wer ist dafür, wer ist dagegen, so ungefähr. Da wird nicht davon geredet, daß dies Sache von Frauen und Männern, Vätern und Müttern ist.

Ich möchte darauf hinweisen, daß die **Heimkinder** überhaupt nicht vorgekommen sind in diesem Bericht von Herrn Poßner, wenngleich sie diejenigen sind, die am allerschlimmsten neben den Kleinstkindern, denke ich, in unserem Land leiden.

Ich möchte fragen, wie es zu dieser Summe kommt, 30 Millionen Mark Mittel für den **Breitensport** für 1990 angesichts von einem Gesamthaushalt, den wir am Runden Tisch des Sportes vorgelegt bekommen haben, von 117 Millionen Mark, und angesichts der Tatsache, daß eine Verordnung zur Sicherung des **Leistungssports,** der Leistungssportler bereits dem Ministerrat vorgelegt worden ist, aber die Sicherung dieser ganzen Freizeiteinrichtungen, von denen wir geredet haben, nicht.

Ducke (Moderator): Danke, Frau Priese. War noch jemand? Herr Hofmann, bitte Sie haben jetzt das Wort. Sie sprechen zu?

Hofmann (Volksinitiative Bildung): Ich möchte zu der Arbeitsgruppe ein paar Bemerkungen machen. Ich würde einen Vorschlag machen wollen. Wenn wir die Anträge der Arbeitsgruppe durchgehen und danach uns noch einmal über das Positionspapier unterhalten, glaube ich, im Interesse der Zeit und Effektivität, wäre das günstig, weil eine ganze Reihe von Positionen dort drin sind. Jeder würde jetzt sonst versuchen, seinen Antrag selbst durchzubringen. Und ich glaube, das würde sehr problematische Folgen haben.

Ducke (Moderator): Danke, Herr Hofman. Ich kann Ihnen damit nichts versprechen. Das haben wir auch schon ausprobiert. Sie verstehen bitte die Bemerkungen, die jetzt zum Positionspapier kommen, ja, nicht unbedingt als Änderungsnotwendigkeiten, sondern das sind ja auch Stellungnahmen der einzelnen Gruppierungen zum Gesamten des Themas, unabhängig davon, wie ausführlich es im Positionspapier behandelt ist.

Es soll dort nur festgemacht werden. Insofern nehmen wir dies auch nur zur Kenntnis, ohne daß Sie verpflichtet sind, jede einzelne Änderung auch hineinzubringen. Darüber lassen wir dann abstimmen, wenn auf den Antrag bestanden wird. Noch eine Meldung, bitte? Nein? Frau Priese noch? Ja, nein, die sind extra, ja. Sie möchten jetzt sprechen? Herr Meyer, Sie möchten jetzt sprechen? Ich hatte nämlich Herrn Poßner zugesagt, daß er nun die Möglichkeit hat zur Stellungnahme zu dem gegen ihn Gesagten.

Bitte schön, Herr Poßner.

Poßner (Staatssekretär, Leiter für das Amt für Jugend und Sport): Meine Damen und Herren, zunächst ein paar wenige Bemerkungen zu mir persönlich und damit zur Pionierorganisation. Ja, ich möchte das ausdrücklich hier nochmals wiederholen, ich trage ein großes Maß an **Mitschuld** für die eingetretene Situation. Dazu bekenne ich mich ohne wenn und aber, und das tue ich heute hier nicht das erste Mal, das habe ich bereits zum früheren Zeitpunkt getan.

Zweitens: Ich glaube, bei allen berechtigten Hinweisen, die hier zur **Pionierorganisation** gesagt worden sind, wäre es falsch, die Organisation auf das hier Gesagte zu reduzieren. Ich sehe diese kritischen Hinweise, ich teile sie auch.

Ich glaube aber auch, daß nicht zu übersehen ist, auch im Interesse jener Tausenden von Menschen, die sich auch eingesetzt haben für diese Organisation und sich heute noch einsetzen dafür, daß diese Organisation auch etwas geleistet hat zur Beförderung des **Gedankens des Friedens,** zur internationalistischen Erziehung der Kinder, zur Frage der Achtung gegenüber älteren Menschen in unserem Lande und daß sie sich auch ausgezeichnet hat durch das Entwickeln von Beziehungen untereinander, die getragen worden sind durch Achtung, Kameradschaftlichkeit und so weiter.

Ich halte es deshalb für dringend nötig, insgesamt sehr differenziert die Geschichte der Pionierorganisation aufzuarbeiten und genauer zu bestimmen, welche Leistungen sie eingebracht hat, wo ihre Problemfelder liegen, auch ihre Irrtümer einschließlich derer, die sie geleitet haben.

Was die Skrupel angeht, daß ich hier an den Tisch komme, da möchte ich hier ausdrücklich sagen, daß ich kein Mensch bin, der von Macht besessen ist und vom Positionshunger befallen ist, zumal ich glaube, [daß ich] nach dem Verfahren der Volkskammer bei der Regierungsbildung durchaus persönlich Grund gehabt hätte, zu sagen, ich stehe nicht zur Verfügung. Ich bin in dieses Amt berufen worden durch die Regierung, durch die **Koalitionsregierung,** und ich habe seitdem meine Arbeit in diesem Amt geleistet nach meinen mir [gegebenen] Möglichkeiten. Was nach dem 18. März zu entscheiden ist, ist eine ganz andere Frage.

Ich will auch dazu sagen, die Bemerkung sei mir noch gestattet, daß ich persönlich, Herr Weiß, nicht erst seit den letzten Tagen in Konflikte gekommen bin. Es gibt ein Problemmaterial, das damals vorbereitet worden ist im Vorfeld des **9. Pädagogischen Kongresses.** Dieses Material ist zurückgewiesen worden mit den Bemerkungen, daß es wenig qualifiziert ist. Und eine vorgesehene Beratung am Vorabend des 9. Pädagogischen Kongresses mit der Leitung des Ministeriums für Volksbildung damals und dem Zentralrat der FDJ wurde kurzfristig abgesagt, zwar aus sogenannten terminlichen Gründen, aber der Hintergrund war, daß dieses Material nicht akzeptiert worden ist, was dort von uns vorlag.

Und schließlich will ich darauf verweisen, und das ist spät, sehr spät gewesen, daß ich am 6. Oktober [1989] früh meinem damaligen zuständigen Sekretär im Zentralkomitee der SED, Egon Krenz, einen persönlichen Brief übermittelt habe, wo ich zum Ausdruck gebracht habe, daß ich es mit meinem Gewissen nicht mehr vereinbaren kann, dieser Politik länger zu folgen.

Das möchte ich zu diesen persönlichen Dingen sagen. Zu den aufgeworfenen Fragen:

Sie hatten uns, das Amt für Jugend und Sport, gebeten zu einem umfangreichen Auskunftsbericht. Das war durch das Amt für Jugend und Sport allein überhaupt nicht zu bewältigen, es mußte zusammengearbeitet werden mit vielen Ministerien, und wir haben dieses Material am Freitag abgegeben, was Ihnen vorliegt, und wie gesagt, wir betrachten es ja auch als ein Diskussionsmaterial für weitere Diskussionen, speziell auch mit der Arbeitsgruppe „Bildung und Erziehung und Jugend".

Und schließlich die konkreten Fragen: Wie kommen die 30 Millionen Mark zustande? Sie setzen sich, also für den Sport an der Basis, unter anderem setzen sie sich zusammen aus nicht in Anspruch genommenen Mitteln für den Leistungssport, aus einer durch den **Runden Tisch der Jugend** bewilligten Ausgabe von 10 Millionen Mark aus dem Konto **Junger Sozialisten**, um damit, wie gesagt, für Sofortmaßnahmen zu sorgen.

Und der in der Regierung eingebrachte Beschluß zur Förderung des **Leistungssports** bezieht sich darauf, 4 000 Fördersportler sozial sicherzustellen, das heißt, ihre Ausbildung, ihre soziale Entwicklung als Studenten, als Lehrlinge, als Schüler und als junge Arbeiter zu garantieren, das ist der Sinn dieses Beschlusses gewesen.

Danke.

Ducke (Moderator): Danke schön. Meine Damen und Herren, es ist 16.01 Uhr. Wir haben zwei Stunden jetzt seit der Mittagspause hier verbracht. Im Interesse der Konzentration auf die nächsten Wortmeldungen und vielleicht auch vorherige Absprachen, was man noch bringt oder nicht bringt, und vielleicht schon zur Vorbereitung auch der Abstimmung über die Vorlagen, schlage ich Ihnen jetzt eine Pause vor. Ich meine, damit nicht jeder einzeln Kaffee trinken gehen muß – – das war natürlich bemerkt.

Also 20 Minuten Pause, wir beginnen 16.20 Uhr. Bitte trinken Sie Ihren Kaffee schnell, Danke schön.

[Unterbrechung der Sitzung von 16.00 Uhr bis 16.30 Uhr]

Ducke (Moderator): Meine Damen und Herren, ich hoffe, Sie haben Ihren Kaffee ausgetrunken, die Pausendiskussionen beendet und können nun wieder zur Diskussion an den Runden Tisch zurückkehren. Jetzt kriegen wir alles durch, was wir wollen. Ich verkneife mir natürlich, welche Parteien hier schon sind, zu sagen. Sonst hätte ich naiv gesagt, das ist wie eine Schulglocke auch. Wenn ich jetzt Sport sage, die letzte Runde, ist das auch nicht richtig. Aber klingen tut es hübsch.

Meine Damen und Herren, bitte nehmen Sie wieder Platz. Wir setzen die Diskussion fort und ich rufe als nächsten auf: Herrn Matschie von der SPD. Und wenn er noch nicht da ist, übergehen wir ihn. Ja. Darf ich dann als nächste zu Wort bitten, Frau Brunzel von DFD. Wenn Sie sich bitte hier zwischen[setzen], da ist noch ein freier Stuhl, habe ich gesehen. Oder geht es hier bei der Presse auch? Wunderbar. Da haben wir auch ein Mikrofon in der Nähe.

Herr Günther, könnten Sie dann das Mikrofon? Wunderbar. Dann haben wir das auch als Möglichkeit. Wir hatten uns ja verständigt, daß heute sprechen DFD, Runder Tisch der Jugend und Katholische Laienbewegung. Runder Tisch der Jugend hat nach dem Thema Kinder gebeten, doch ein bißchen Abstand, weil sie nur zur Jugend dann sprechen wollen. Ganz verunsichert, nein? Gut.

Also jetzt bitte Frau Brunzel von DFD. Bitte.

Frau Brunzel (DFD): Also, ich möchte ausdrücklich zur Problematik der Kinder etwas sagen, allerdings entsprechend dem Zeitlimit, nur kurz auf zwei Aspekte besonders eingehen, das heißt, im ersten verbinde ich es direkt mit der **Vorlage 15/8**, das heißt also, die Fragen, die mit der Tagesordnung jetzt behandelt werden, sind in der **Konvention** über die **Rechte des Kindes,** die im November 1989 von der UNO angenommen wurde, festgeschrieben.

Unser Demokratischer Frauenbund erhebt die Forderung an die Volkskammer, diese Rechte der Kinder noch vor dem 18. März [1990] ratifizieren zu lassen und ihnen auch künftig einen hohen gesellschaftlichen Stellenwert zu geben. Es wäre gut, wenn das hier im Zusammenhang mit der Tagesordnung mit aufgenommen werden würde.

Zum zweiten: Mit großer Sorge und innerer Unruhe sehen Mütter und Väter einer Entwicklung entgegen, die eine Gefährdung ihrer Kinder durch Drogen und Kriminalität in sich birgt. Deshalb sind wir, im Interesse der Sicherheit der gesunden Entwicklung unserer Kinder und Jugendlichen, für eine sehr schnelle Überarbeitung der **Verordnung des Kinder- und Jugendschutzes,** die Maßnahmen gegen Alkoholmißbrauch, Drogen und anderes festlegt.

Zugleich wenden wir uns entschieden gegen einen Mißbrauch und die Vereinnahmung der Kinder für politische Ziele der Erwachsenen. Wir vertreten den Standpunkt, in einer neuen **Kindervereinigung**, die hier genannt wurde, sollen die Kinder sich zusammenfinden können und selbst über ihre Belange entscheiden.

Unsere Organisation wird also sich dafür mitverantwortlich fühlen und die Kinder in jeder Weise unterstützen.

Soweit. Danke schön.

Ducke (Moderator): Danke, Frau Brunzel, DFD. Ja, jetzt will ich einmal gnädig sein, Herr Matschie, jetzt kriegen Sie doch noch das Wort.

Matschie (SPD): Das ist nett von Ihnen, danke schön.

Ducke (Moderator): Dann Herr Templin, Initiative Frieden und Menschenrechte.

Matschie (SPD): Ich möchte noch einmal etwas zu diesem Bericht sagen. Es ist hier in der Diskussion deutlich geworden, daß es bei dem Thema **Kinder und Jugendliche** um ein ganz umfangreiches Problemfeld geht, bei dem eigentlich sehr viel Zeit und Arbeit nötig ist, um hier eine Besserung der Gesamtsituation zu erreichen.

Es ist aber auch andererseits notwendig, das ist auch deutlich geworden, jetzt und sehr schnell schon erste Schritte zu unternehmen, und ich sehe hier die Gefahr, daß wir in dem Versuch, alles hereinzukriegen, was notwendig ist, nicht genügend Gewicht legen auf die Schritte, die jetzt ganz schnell schon machbar sind und notwendig sind.

Mir fehlt diesbezüglich in der Analyse auch einiges. Ich habe die jetzt nicht durchlesen können, nur jetzt von diesem Bericht ausgehend. Da war davon die Rede, daß der Runde Tisch der Jugend im Kampf steht gegen die Beschneidung der Rechte Jugendlicher, oder daß **Jugendclubeinrichtungen** entzogen werden.

In so einer Analyse müßte ja einmal dem nachgegangen werden, wer beschneidet jetzt eigentlich diese Rechte, wer entzieht solche Jugendclubeinrichtungen und wo muß man dementsprechend jetzt mit ersten Schritten ansetzen.

Wer zum Beispiel hat darüber verhandelt, Teile des **Hauses der Jugend** an andere Institutionen zu vermieten, so daß der Runde Tisch der Jugend dieses Haus besetzen mußte, um hier seine Rechte geltend zu machen? Dazu müßte vielleicht ein Beschluß gefaßt werden, dieses Haus vollständig weiterhin der Jugend zur Verfügung zu stellen.

Denn ich denke, im Moment kommt alles darauf an, diejenigen Organisationen, die sich da gebildet haben, so tatkräftig wie möglich zu unterstützen, damit sie ihre Interessenvertretung wahrnehmen können.

Das betrifft auch die **Finanzierung**. Die neuen Jugendverbände haben ja beantragt, finanzielle Zuschüsse zu bekommen, um sich aufbauen zu können. Da war eine Summe genannt von 70 000 Mark pro Jugendverband, und die hatten auch einen Vorschlag gemacht, daß man das finanzieren könnte aus dem ehemaligen, von der **FDJ** verwalteten **Konto Junger Sozialisten**. Dazu könnte ja auch ein Beschluß gefaßt werden.

Ich denke, wir sollten uns jetzt in der weiteren Diskussion ein bißchen stärker auf solche **Sofortmaßnahmen** konzentrieren. Das, was weitergehend erarbeitet worden ist, ist natürlich ganz wichtig, und ich hoffe, eine neue Regierung wird all diese wichtigen und kompetenten Überlegungen in ihre Programme einbeziehen. Und ich hoffe auch, all diejenigen, die sich da bis jetzt mit Kompetenz und Engagement eingesetzt haben, werden auch ihre Arbeit der neuen Regierung zur Verfügung stellen.

Danke.

Ducke (Moderator): Danke, Herr Matschie, SPD. Das Wort hat jetzt Herr Templin, Initiative Frieden [und] Menschenrechte. Dann würden wir das Wort geben Herrn Meyer von [der] Katholischen Laienbewegung.

Bitte, Herr Templin.

Templin (IFM): Ich schließe unmittelbar an die letzten Worte von Herrn Matschie an. An die neue Regierung werden hier unentwegt, sicher berechtigt, geradezu ungeheuere Erwartungen gestellt. Wenn man sich ansieht, was eigentlich an Voraussetzungen in bezug auf die gegenwärtigen Strukturen da sind, um diese Erwartungen zu erfüllen, dann steht vor dieser Regierung eine fast unlösbare Aufgabe.

Ich würde es als eine der dringendsten, und zwar von Verantwortlichen selbst zu leistende Aufgabe sehen, daß **Personen in Leitungsstrukturen** hier in der Volksbildung, die bisher politische Verantwortung langjährig trugen, die Entscheidung darüber, sie mit politischem Druck oder administrativer Entscheidung selbst **abzusetzen**, nicht bis zum letzten Moment abwarten und aussetzen.

Wir haben es bisher in allen Bereichen immer wieder erlebt, daß mit **Schuldbeteuerung** gearbeitet wird, aber die ganz natürliche Konsequenz, sich von der politischen Verantwortung zurückzuziehen, was ja nicht heißt, aus dem gesellschaftlichen Leben herauszutreten oder sich jeder anderen Aufgabe zu entziehen, diese ganz natürliche Konsequenz wird nicht gezogen.

Ich glaube, daß man gegenüber der neuen Regierung geradezu unverantwortlich ist, wenn man ihr nun allein wieder die Aufgabe aufhalst, nun nimm doch diese Säuberung vor. Im Sinne eines minimalen Bewußtseins für Würde und eigene Verantwortung möchte ich noch einmal an die bisher Verantwortlichen hier im Bereich **Volksbildung** appellieren, diesen Prozeß dadurch zu unterstützen, daß sie ihre eigenen Ämter selbst zur Verfügung stellen. Ich denke, das wäre auch durchaus im Sinne der Kritik hier an Herrn Poßner.

Es könnten sonst Bewegungen und Entwicklungen nicht weiter vor sich gehen, die zeigen, daß Beschlüsse und Entscheidungen des Runden Tisches fortlaufend weiter in ihr Gegenteil verfälscht werden. Ich möchte an eine Reihe von Entscheidungen erinnern, zur **Auflösung des Amtes für Nationale Sicherheit**, zur personellen Umbesetzung und zu Kaderkonsequenzen.

Was passiert? Die ehemaligen Mitarbeiter des Amts für Nationale Sicherheit, wo gefordert wird, sie gesellschaftlich sinnvollen Tätigkeiten zu überstellen, sie dorthin zu überführen, werden in eine Reihe entweder **sicherheitsneuralgischer Bereiche** oder anderer Bereiche formell überstellt, wo sie keinesfalls hin gehören. Ich nenne die Bereiche **Volksbildung,** ich nenne die Bereiche **Justizwesen,** ich nenne den Bereich **Sicherheit, Ordnung und Sicherheit an verschiedenen Einrichtungen.**

Es kann doch nicht im Sinne der Beschlüsse des Runden Tisches sein, wenn man sich der politischen Aufgabe, die dort entstanden ist bei der Auflösung des **Ministeriums für Staatssicherheit**, dieses ehemaligen Ministeriums, so entzieht, daß man sie administrativ weiterschiebt, diese **Kader.**

Es kann doch nur dadurch möglich sein, daß in den anderen Bereichen immer noch Kader sitzen, die das akzeptieren, **Leitungskader, Kaderleiter.** Ich denke, es heißt, die Aufgabe des Runden Tisches überhaupt ad absurdum zu führen, wenn wir das hier auch nur noch einen Moment lang weiter tolerieren. Und mir reichen solche Befunde wie die vom Volksbildungsminister nicht: Ja, es gibt solche Zahlen, wir müssen da einmal weiter nachforschen. Es muß doch möglich sein, von vornherein solche Entwicklung zu unterbinden.

Ducke (Moderator): Herr Templin, Initiative Frieden und Menschenrechte, mit einem dringlichen Appell in Richtung derer, die Regierungsverantwortung jetzt noch tragen.

Ich rufe jetzt auf Herrn Meyer, Katholische Laienbewegung, und danach Herrn Schulz, Neues Forum.

Meyer (Katholische Laienbewegung): Meine Damen und Herren, ich möchte diesen Tagesordnungspunkt benutzen, um einige grundsätzliche Überlegungen namens der Katholischen Laienbewegung zu dieser Problematik vorzutragen.

Ducke (Moderator): Darf ich ganz kurz unterbrechen? Sie haben dazu vorliegen die **Information 15/7**.

Meyer (Katholische Laienbewegung):

> **[Information 15/7, Erklärung Katholische Laienbewegung: Zur Bildung in der DDR]**
>
> Christliche Schüler, Eltern und Lehrer haben ja in den vergangenen Jahrzehnten wahrhaft bedrückende Erfahrungen auf diesem Gebiet gemacht, Erfahrungen die bedingt waren durch die einseitige Inanspruchnahme der Schule als Instrument einer Ideologie und als Vollzugsorgan von Partei und Staat.
>
> Von christlichen Bürgern dieses Landes sind daher Forderungen zur Umgestaltung des Bildungswesens erhoben worden. Und die Verwirklichung dieser Forderungen liegt nach unserer Überzeugung im Interesse der gesamten Gesellschaft.
>
> Der erste Grundsatz ist das Erziehungsrecht der Eltern und die Aufgabe der Eltern als Ersterzieher ihrer Kinder. Dieses Ersterziehungsrecht der Eltern bedeutet keine Verfügungsgewalt über die Kinder, sondern eine Verpflichtung, die nur im Einklang mit den Persönlichkeitsrechten des Kindes erfüllt werden kann. Es ist eine Aufgabe, die den Eltern nicht genommen werden kann, und eine Verantwortung, die die Eltern nicht gesellschaftlichen Einrichtungen überlassen dürfen. Vielmehr muß die Erziehung

von Kindern als eine der Berufsarbeit gleichrangige Aufgabe von Müttern und Vätern von der Gesellschaft anerkannt und gewürdigt werden.

Das erfordert auch eine Neubewertung der Kinderkrippen auf der Grundlage einer gründlichen Analyse ihrer psychischen und gesundheitlichen Folgen für die kommenden Generationen.

Der zweite Grundsatz ist, daß die Schule eine wahrhaft gesellschaftliche Einrichtung sein muß, das heißt, so wie eine freie Gesellschaft sich durch Dialog und Kooperation verwirklicht, so müssen auch in der Schule die Eltern als Ersterzieher und die Lehrer, gestützt auf ihr pädagogisches Können und ihr Sachwissen, in gemeinsamer Verantwortung zusammenwirken und den Bildungsprozeß in angemessener Partnerschaft mit den Schülern gestalten. Ziel der Schule muß es sein, die Kinder und Jugendlichen mit einem Wissen auszurüsten, das den Anforderungen des Lebens gerecht wird und sie zu mündigen Bürgern und selbstverantwortlichen Gliedern der Gesellschaft zu erziehen, die sich – auch unter Zurückstellung eigener Konsumansprüche – friedliebend, gewaltfrei, solidarisch und umweltbewußt verhalten. Uns scheint es dabei ein Gebot der Toleranz und der geistigen Tradition zu sein, die Schüler – ohne weltanschauliche Vereinnahmung – auch mit den Werten des Christentums und der Geschichte der Kirche vertraut zu machen.

Der dritte Grundsatz ist, daß die Struktur der Schule einer demokratischen Gesellschaft entsprechen muß. Unter einem gewählten Direktor gestaltet die Lehrerschaft im Zusammenwirken mit einem demokratisch gewählten Elternrat und unter Beteiligung eines Schülerrates im Rahmen der generellen gesetzlichen Regelungen das Leben in der Schule als einer eigenverantwortlichen Institution. Aufgabe der Bildungsminister und Schulräte ist nicht die totale Leitung der Schulen, sondern die Sicherung ihrer notwendigen Rahmenbedingungen sowie die Aufsicht über die Einhaltung der gesetzlich festgelegten Anforderungsbedingungen und Zielniveaus mit Hilfe von Prüfungskommissaren und Schulinspektoren. Wir benötigen ein differenziertes und flexibles Schulsystem, das der Benachteiligung durch Herkunft, Weltanschauung, soziale Lage und Geschlecht entgegenwirkt und das Entscheidungen über den persönlichen Bildungsweg zu unterschiedlichen Zeitpunkten gestattet und Korrekturen solcher Entscheidungen real ermöglicht.

Unser vierter Grundsatz ist, daß neben den generell eingerichteten öffentlichen Schulen künftig die rechtliche Möglichkeit geschaffen werden muß, durch Initiative von Eltern oder von Institutionen, Schulen in freier Trägerschaft zu errichten, die zusätzlich zu den generellen Anforderungen, spezifische Bildungswege oder Bildungsziele verfolgen. Dabei ist die finanzielle Gleichstellung aller Schulen erforderlich. Nach unserer Überzeugung ist dieser Grundsatz gleichermaßen für christliche und nichtchristliche Bürger konsensfähig, da bekanntlich alternative Schulmodelle ein Innovationspotential bilden, das für die Entwicklung des Bildungswesens bedeutungsvoll sein kann.

Ungeachtet der rechtlichen Möglichkeit von Schulen in freier Trägerschaft gehen wir davon aus, daß auch in Zukunft die meisten christlichen Schüler öffentliche Schulen besuchen werden. In diesem Zusammenhang möchten wir aber als fünften Grundsatz formulieren, daß christliche Kindergärten, Schulhorte, Schülerheime und Studentenheime, errichtet werden können und daß diese den entsprechenden öffentlichen Einrichtungen finanziell und rechtlich gleichgestellt werden.

Abschließend ein Wort zum Religionsunterricht. Hier sind wir der Meinung, daß – unabhängig von dem was die Kirchen in der Zukunft und in der Praxis machen werden – eine künftige Verfassung die gleiche rechtliche Regelung enthalten sollte, wie sie sich im Artikel 44 der Verfassung der DDR von 1949 findet.

Ich danke.

Ducke (Moderator): Das war die Stellungnahme Katholische Laienbewegung, von Herrn Meyer vorgetragen. Das Wort hat nun Herr Schulz, Neues Forum; dann Frau Barbe, SPD, und dann würde ich den Runden Tisch der Jugend fragen. Dann sind Sie – Einverstanden?

Bitte schön, Herr Schulz.

Und dann würde ich, darf ich vielleicht jetzt so sagen, weil dann wieder Wortmeldungen kommen – – Ich habe jetzt noch acht Wortmeldungen. Sind Sie einverstanden, daß wir diese Debatte dann abschließen? Ich werde mehrfach gemahnt, daß wir dann zu den Anträgen kommen. Aber da es ja keinen Zweck hat, vorher etwas zur Kürze zu sagen, sage ich jetzt die Zahl. Sind Sie damit einverstanden, daß wir dann auf weitere Wortmeldungen zur Debatte verzichten, um dann zu den Anträgen zu kommen?

Bitte, Herr Schulz.

Schulz (NF): Ich bin im Gegensatz zu Herrn Börner von der PDS ganz und gar nicht der Meinung, daß die Sachdebatte hier von der **persönlichen Integrität** getrennt werden kann. Denn Herr Poßner liefert uns ein Paradebeispiel, wie man nahtlos in die Reihe der **Märtyrer der ehemaligen SED** sich einmogelt, die schon immer gegen den Betonblock dieses Politbüros gearbeitet haben.

Und daran hilft auch nicht, Herr Poßner, in Ihrer zweiten Wortmeldung und Erwiderung auf die Passage von Herrn Weiß Ihr pauschales **Schuldeingeständnis,** wenn Sie dann in fortlaufender Rede die Errungenschaften der Pionierorganisation preisen. Was Ihre Fähigkeit oder Freiheit von Machtbesessenheit anbetrifft, so hoffe ich, daß Sie diese am 18. März tatsächlich bekommen.

Ansonsten sind Ihre Passagen hier an Zynismus eigentlich nur noch durch Ihren ehemaligen Generalsekretär Egon Krenz zu überbieten, der uns sein Lebensgefühl unter D-Mark-Bezug jetzt aus der „Bild"-Zeitung verkündet.

Herr Poßner, Sie sind ein aktiver Mitläufer der SED gewesen. Sie haben in subalterner Pflichterfüllung den ehemaligen Funktionären die Wünsche von den Lippen abgelesen. Ich spreche Ihnen hier in der Öffentlichkeit das Recht ab, über die Jugendlichen zu sprechen, die im Herbst die revolutionären Veränderungen mit eingeleitet haben. Sie sollten lieber darüber nachdenken und darüber reden, wie es möglich war, daß am 7. Oktober noch Tausende von Jugendlichen verblendet und uniformiert an einer **verbrecherischen Politclique** vorbeigeführt wurden und diese dazu mobilisiert werden konnten.

Ihr Vortrag und auch Ihr Bericht ist eine geschickte Verquickung von analytischen Ergebnissen, von Sorgen, von Ängsten und Problemen, ohne auf die gescheiterte **Jugend-**

politik Ihrer Partei einzugehen, ohne deutlich zu machen, daß wir jetzt vor einem Scherbenhaufen stehen, der durch die Indoktrination genau auch Ihrer Jugendorganisation und Kinderorganisation mitgetragen worden ist, die über Jahrzehnte in diesem Land betrieben worden ist.

Sie versuchen hier geschickt einige Positionen, und das kann ich natürlich, wenn ich mich in Ihre Rolle hineinversetzen würde, nachvollziehen, geschickt einige Positionen zu retten, zum Beispiel die des **Spitzensportes,** ohne darauf einzugehen, daß in diesem Land Disproportionen gewachsen sind, die einfach korrigiert werden müssen.

Es kann nicht darum gehen, diese Position des Spitzensportes zu verteidigen, sondern Sie sollten lieber analysieren, warum dieser Spitzensport solch einen Stellenwert im Verhältnis zu vielen anderen gesellschaftlichen Disziplinen erhalten hat.

Ich möchte mir weitere Ausführungen dazu ersparen.

Ich stelle abschließend den Geschäftsordnungsantrag, daß wir die Debatte abbrechen, daß wir das Positionspapier mit **Vorlage 15/7** abstimmen und daß wir im weiteren die **Vorlage 15/8** in Einzelabstimmungen zu diesen Vorlagen behandeln.

Ducke (Moderator): Herr Schulz, sind Sie so nett – – Ich hatte vorhin gesagt, daß noch die Wortmeldungen da sind, auch der **Runde Tisch der Jugend** sprechen möchte, daß wir die Debatte doch fortführen? Sonst müssen wir über sie jetzt abstimmen. Ich hatte am Beginn Ihrer Ausführungen darum gebeten, daß wir dieses machen. Das war vielleicht ein bißchen untergegangen.

Sind Sie damit einverstanden?

Schulz (NF): Ich bin damit einverstanden, daß der Runde Tisch der Jugend noch zu Wort kommt.

Ducke (Moderator): Danke schön.

Lange (Co-Moderator): Darf ich darauf hinweisen, daß es ohnehin problematisch ist, nachdem man selber gesprochen hat, dann Ende der Debatte zu beantragen. Es ist eigentlich nicht nach demokratischen Spielregeln. Sie müßten jemanden finden, der Ihren Antrag übernimmt.

Ducke (Moderator): Merken Sie, wie viele Brücken wir Ihnen jetzt gebaut haben? Gut. Das Wort hat nun Frau Barbe, SPD; dann Runder Tisch der Jugend, Frau Thomma.

Bitte, Frau Barbe.

Frau Barbe (SPD): Ja. Da ich selbst noch sprechen will, kann ich das nun schlecht unterstützen. Ich nutze noch die Möglichkeit, ganz kurz etwas anderes zu sagen. Und zwar möchte ich noch einmal auf Herrn Emons hinweisen.

Es hat keine **Zusammenarbeit** zwischen der **Kommission Bildung** gegeben und dem **Bildungsministerium.** Sie haben vorhin darauf hingewiesen und sich bedankt für die Zusammenarbeit. Wir hätten es gerne gehabt, die Zusammenarbeit, die hat es nicht gegeben. Es hat nur ab und zu einmal ein paar Vertreter gegeben, die gesprochen haben, aber von Zusammenarbeit war keine Rede.

Ich möchte das nur einmal grundsätzlich richtigstellen und in dem Zusammenhang auch noch einmal auf Frau Birthler hinweisen, die ganz zu Recht darauf verweist, daß hier Urheberrechte der Gruppen und Betroffenen, der engagierten Leute in unserem Lande, vorliegen und daß sich nicht jetzt irgendwann oder in der nächsten Woche dann Wissenschaftler anmaßen, ihre Konzepte hier auszubreiten, die eigentlich von den Leuten selber stammen.

Und als drittes möchte ich noch auf das hinweisen, was der Unabhängige Frauenverband gesagt hat:

Mir liegen mindestens zwei Fälle vor, wo Leute zurückgekommen sind, Jugendliche zurückgekommen sind in die DDR, die ausgereist sind und die hier aufgrund der Tatsache, daß sie sich hier engagiert haben, jetzt wieder keine **Arbeit** und keine **Wohnung** und nichts bekommen und wieder vor die Frage gestellt sind, wo sollen sie denn eigentlich bleiben.

Und zwar deshalb, weil ihnen die Leute, die immer noch in den Positionen sitzen, das verwehren, hier wieder zu arbeiten und sich zu engagieren. Und diese Leute kommen aus der **Volksbildung.**

Ducke (Moderator): Auch dies, würde ich meinen, ist an die deutliche Adresse gerichtet. Das Wort hat nun Frau Thomma, Runder Tisch der Jugend. Aber machen Sie, ja, eine Stellungnahme. Bitte schön.

Frau Thomma (Runder Tisch der Jugend): Gestatten Sie mir, zu Beginn meiner Ausführungen etwas zum Selbstverständnis des **Runden Tisches der Jugend** zu sagen, auch wenn verschiedentlich schon darauf hingewiesen wurde.

Ende November 1989 versammelten sich an ihm erstmalig Vertreter von gerade neugegründeten oder auch schon jahrzehntelang arbeitenden Jugendverbänden beziehungsweise Strukturen. Inzwischen arbeiten mehr als 25 landesweite Jugendstrukturen aktiv am Runden Tisch der Jugend mit. Das Spektrum reicht von parteinahen Jugendverbänden über autonome Gruppen, bis hin zur kirchlichen Jugendarbeit.

Uns allen gemeinsam ist die Sorge um die Zukunft der Jugendlichen in unserem Land. Wir sehen eine unserer Hauptaufgaben darin, die Interessen der Jugend unseres Landes gegenüber der Regierung und dem Parlament zu vertreten. Das heißt unter anderem, dafür zu kämpfen, daß alle derzeit der Jugend zur Verfügung stehenden materiellen und finanziellen Mittel auch weiterhin erhalten bleiben, daß die Rechte der Jugendlichen auch in Zukunft garantiert werden.

Intensiv arbeiten wir an der Gründung einer **Dachorganisation der Jugendverbände und Strukturen.** In diesem **demokratischen Jugendbund,** oder wie auch immer die Organisation später heißen wird, würden die Mitgliedsverbände bei Wahrung ihrer Selbständigkeit zusammenarbeiten, um gemeinsame Interessen in der Öffentlichkeit zu vertreten, die Rechte der gesamten Jugend einzufordern, um die Belange der Jugendarbeit zu fördern.

Wir sind uns bewußt, daß es notwendig ist, diesen Dachverband möglichst schnell zu gründen. Dann wären wir auch in der Lage, die der Jugend zur Verfügung stehenden Mittel, Objekte und Werte, die vorübergehend von einer Regierungskommission verwaltet werden, in diese Dachorganisation zu übernehmen, wie es uns die Regierung Modrow zugesichert hat.

Wir haben Ihnen unsere Positionen zur zukünftigen **Jugendarbeit** in Form von Thesen vorgelegt. Sie finden sie unter **Information 15/5.**

Damit wollen wir ein Zeichen setzen, daß wir nicht nur fordern, sondern auch bereit sind, aktiv an der Entwicklung der Jugendgesetzgebung, vor allem eines neuen **Jugendgesetzes,** was wir für sehr dringend halten, und an der Lösung von Problemen der Jugendarbeit mitzuwirken. Gleichzeitig sehen wir in unseren Thesen eine Diskussionsgrundlage, zu der wir die Stellungnahme aller Parteien und politischen Vereinigungen erwarten. Jetzt zu den Thesen:

[Information 15/5, Thesen des Runden Tisches der Jugend: Zur künftigen Jugendarbeit].

1. Der Runde Tisch der Jugend geht davon aus, daß in unserem Land eine demokratische Jugendkultur entsteht, die in ihrer Pluralität zu bejahen ist, wobei durch die offene politische Situation auf die unvorbereiteten Jugendlichen komplizierteste Herausforderungen zukommen. Von daher ist die Solidarität der gesamten Gesellschaft für die Jugendlichen erforderlich.

2. Der Runde Tisch der Jugend geht davon aus, daß Jugendarbeit immer subventioniert werden muß, das heißt, daß die materielle Basis durch staatliche Maßnahmen abzusichern ist. Dabei wird die Eigenbeteiligung von Jugendlichen in Zukunft ein größeres Gewicht haben. In besonderer Weise sollten die staatlichen Subventionen die sozial Schwächeren begünstigen.

3. Der Runde Tisch der Jugend geht davon aus, daß das bisherige Jugendgesetz überholt und außer Kraft gesetzt ist und daß ein neues Jugendrecht unter Beteiligung der jungen Generation erstellt werden muß.
Die Aktivitäten und die Arbeit der freien Verbände verdient die Bevorzugung vor der kommunalen/staatlichen Jugendarbeit, um deutlich werden zu lassen, daß die Selbstorganisation ein gesellschaftspolitisches Ziel dieser Arbeit ist.

4. Der Runde Tisch der Jugend geht davon aus, daß die Erstellung eines weitgefächerten Konzeptes für die zukünftige Jugendpolitik nötig ist, wobei der Initiative von Verbänden, Selbsthilfegruppen und freien Trägern ein weiter Raum geschaffen werden sollte und sie materiell zu unterstützen sind. Alle vorhandenen Einrichtungen sollten der Jugend erhalten bleiben. Die Möglichkeiten für Aktivitäten sollten in der Gesellschaft erweitert werden.

Ducke (Moderator): Danke, Frau Thomma. Ich glaube, Sie merken heute schon in der Debatte, daß eben sich auch vieles angestaut hat. Wir haben über Bildung natürlich auch zu spät gesprochen, auch das ist klar. Deswegen muß ich einfach um Ihre Geduld bitten, daß auch die Stellungnahmen der Betroffenen hier gehört werden können.

Vielleicht können die nächsten Wortmeldungen das zurücknehmen? Oder ich darf hier einmal scherzhaft Ihnen zeigen, was mir gerade durchgegeben ist.

[Der Moderator verweist auf eine von ihm in die Höhe gehaltene Karikatur, in der Schüler vor ihrem Lehrer in Reih und Glied angetreten sind.]

„Und was ist unsere Spezialdisziplin"? – „Disziplin". Ich rufe als nächsten auf Frau Tiedke, Demokratie Jetzt; danach Herrn Lietz, Neues Forum.
Bitte, Frau Tiedke.

Frau Tiedke (DJ): Ganz kurz nur zwei Bemerkungen. Die eine bezieht sich noch einmal auf den Bericht, der unserer Meinung nach natürlich kein Bericht ist, sondern eigentlich eine Datensammlung, und das entspricht ja nicht der Forderung, die gestellt wurde.

Und zum zweiten: Ich möchte mich an Sie, Herr Emons, richten. Wir hatten darum gebeten – den Stellvertretenden Minister Volker Abend [???] der Arbeitsgruppe „Bildung, Erziehung, Jugend" – , aus den vielen tausend Zuschriften, die das Ministerium erhalten hat, einen Problemkatalog zusammenzustellen, der unserer Arbeit zugrunde gelegt werden kann, und wir möchten gern darum bitten, daß es vielleicht doch noch nachgereicht wird.

Wir wissen, daß es zu anderen Bereichen solche Kataloge gibt, aber wir möchten den ganz gerne auch für Bildung und Erziehung haben, um ihn so zur Grundlage unserer weiteren Arbeit machen zu können.

Ducke (Moderator): Danke, Frau Tiedke, Demokratie Jetzt. Herr Minister gleich dazu, bitte.

Emons (Minister für Bildung): Ja, nur zur Frage meinerseits. Sie konzentrieren sich dabei spezifisch auf den Bereich Schulen, nicht also bis Fach- und Hochschulen mit, was Sie jetzt meinten? Wenn ich Sie richtig verstanden habe.

Ducke (Moderator): Eine Rückfrage konkret? Bitte, Frau Tiedke.

Frau Tiedke (DJ): Eigentlich alles, weil ja in unserer Arbeit auch alles, sagen wir, einfließt. Und wir beziehen uns da aber auch auf die Probleme, die kommen zur **Erziehung von Kleinkindern** beispielsweise, also eigentlich die gesamte Breite.

Emons (Minister für Bildung): Gut, Danke schön.

Ducke (Moderator): Gut, als Rückfrage. Herr Lietz, und dann hat Herr Poßner um Antwortmöglichkeit gebeten zu konkreten Wortmeldungen der SPD.
Bitte, Herr Lietz noch, Neues Forum.

Lietz (NF): Ich habe eigentlich zu dem, was mein Kollege Herr Schulz gesagt hat, und was an Sie, Herr Poßner, gerichtet ist, nichts weiter hinzuzufügen, [ich] kann das nur voll inhaltlich unterstützen und unterstreichen, möchte aber auf den Punkt **Sport**, den Sie ganz zum Schluß nur noch einmal kurz erwähnen, weil kaum noch Zeit dafür war, eingehen.

Ich denke, die Grundkonzeption, von der her bei uns der Sport sowohl in der Breite als auch in der Spitze betrieben wurde, ist eine **Fehlkonzeption** und muß nicht nur ein bißchen variiert werden, sondern muß grundsätzlich neu bedacht werden, wenn wir Ernst machen wollen damit, daß die **Kinder** wirklich **Subjekte** sind und nicht Objekte. – – hier sozusagen der Grundfehler einer Sportpolitik zu Tage tritt, daß die Kinder und Jugendlichen wirklich nur als Objekte gehandelt wurden, um nachher zum Schluß durch das Sieb, die letzten, die durch das Sieb nicht durchgefallen waren, dann als Vorzeigemodelle für Olympiaden zu haben – –

Das hat nichts mehr mit **Sport** zu tun, das ist schon **Perversion** gewesen, was da passierte. Und ich denke, an dieser Stelle muß wirklich grundlegend neu nachgedacht werden, wie eine **Sportkonzeption** so gestaltet wird, daß sie einerseits Freude mit sich bringt, aber andererseits die Kinder und Jugendlichen nicht physisch permanent überlastet und zu ungeheuren gesundheitsschädigenden Folgeerscheinungen wieder neu führt.

Ducke (Moderator): Das war Herr Lietz, Neues Forum. Herr Poßner bitte zu dem Vorschlag [der] SPD. Bitte.

Poßner (Staatssekretär, Leiter des Amtes für Jugend und Sport): Ja, es gibt den Vorschlag von der SPD, was die **Sofortmaßnahmen** angeht. Ich möchte hier darauf verweisen, daß an den Runden Tisch der Jugend, es ist ja angeklungen, das Amt für Jugend und Sport einen Maßnahmeplan übergeben hat einschließlich der Frage, wie es weitergeht mit dem **Haus der Jugend.**

Die Regierung wird sich am Donnerstag beschäftigen mit den Maßnahmen zur Unterstützung der **Jugendverbände,** um hier kurzfristig in dem Sinne, was Sie gesagt haben, Unterstützung zu geben, einschließlich auch der zur Verfügungstellung von finanziellen Mitteln. Das zum einen.

Zum Sport, so verstehe ich Sport, gehört Fairness, und ich glaube, auch zum politischen Streit gehört Fairness. Was hier vom Neuen Forum gesagt worden ist zu meiner Person, betrachte ich nicht als sehr fair. Im Sport würde man sagen, hier war einiges auch unter der Gürtellinie.

Was den Sport selbst angeht, teile ich Ihre Meinung, daß ein neues Sportkonzept erforderlich ist, unbedingt. Ich will aber auch hier um Verständnis bitten. Ich habe von mir aus diesen Sport angefügt und angehängt, das war eigentlich heute nicht gefordert, eine ausführliche Diskussion, was ich eigentlich bedauere, weil es nötig wäre, auch über diese Fragen sich sehr prinzipiell zu verständigen. Ich kann mich also hier nur darauf beschränken, Ihnen zuzustimmen. Es ist erforderlich die Ausarbeitung eines neuen **Sportkonzepts.**

Ducke (Moderator): Danke, Herr Poßner. Das Wort hat nun Frau Burkert, Neues Forum; dann Herr Weiß, Demokratie Jetzt; und dann Frau Sievert, Unabhängiger Frauenverband. Und dann ist die Debatte geschlossen.

Frau Burkert, bitte.

Frau Burkert (NF): Ich habe eine Frage an Herrn Emons. Es gibt eine große soziale Verunsicherung innerhalb der Bereiche der Pädagogen, der Erzieher und der Lehrer. So kursiert das Gerücht oder auch Ihre Aussage, und das wäre schön, wenn Sie das heute einmal klären könnten, daß **7 000 westdeutsche Lehrer** eingestellt werden sollen im Bereich unserer Bildungseinrichtungen. Nun stellt sich mir die Frage, ist das tatsächlich so? Und wenn ja, dann in welchen Bereichen?

Und zum zweiten möchte ich ergänzen, es wäre ja gar nicht so schlecht, darüber nachzudenken, ob eventuell ein **Lehreraustausch** forciert werden könnte. Das könnte auch unsere Bildungslandschaft deutlich bereichern, wenn es auch nur die Bereiche der Politerziehung zum Beispiel beträfe.

Ducke (Moderator): Bevor ich den Herrn Minister um Antwort bitte und dann vielleicht auch sein Schlußwort zur Debatte, würde ich doch meinen, wir sollten die zwei anderen Wortmeldungen noch hören, dann haben Sie auch Zeit, ja? Danke.

Herr Weiß, Demokratie Jetzt.

Weiß (DJ): Meine sehr geehrten Damen und Herren, ich habe noch einige Gedanken zu dem Positionspapier. Ich denke, was der Vertreter der Katholischen Laienbewegung vorgebracht hat, sollte unbedingt aufgenommen werden, und zwar in den Punkt 1: Das Erziehungsrecht der Eltern und die Aufgabe der **Eltern als Ersterzieher ihrer Kinder.**
„Dieses Ersterziehungsrecht der Eltern bedeutet keine Verfügungsgewalt über die Kinder, sondern eine Verpflichtung, die nur im Einklang mit den Persönlichkeitsrechten des Kindes erfüllt werden kann".

Ich denke, wir können ein solches Positionspapier, das neue Positionen bestimmen soll, nicht ohne diese alte Forderung, um die wir lange gekämpft haben, zu realisieren - -

Zweitens: Ich würde vorschlagen, im Papier **15/7** zu Punkt 5 folgendes einzuführen. Es geht da um die Zulassung unterschiedlicher **Schultypen.** Das ist mir nicht weitgehend genug.

Hier sollte auch aus dem Positionspapier der Katholischen Laienbewegung hineingenommen werden, daß künftig die rechtliche Möglichkeit geschaffen werden muß, durch Initiativen von Eltern oder Institutionen, **Schulen in freier Trägerschaft** zu errichten und daß diese finanziell gleichgestellt werden müssen, weil auch ich der Meinung bin, daß **alternative Schulmodelle** in der Tat ein erhebliches Innovationspotential bilden, und ich mir in unserem Land nicht nur eine sozialistische oder eine POS [Polytechnische Oberschule] wünsche, sondern Waldorf-Schulen, Montessori-Schulen und so weiter und so fort.

Drittens, schlage ich vor, bei Punkt 6 einzufügen nach Nationalität: „Die Achtung vor der Würde eines jeden Menschen, unabhängig von Alter, Geschlecht, Nationalität, sexueller Orientierung ..." und so weiter und so fort. Ich denke, das ist ganz wichtig, daß auch in diesem Positionspapier die **Diskriminierung** von **homosexuellen Jugendlichen** ausgeschlossen wird. Ich bin ausdrücklich dafür.

Viertens, schlage ich vor, das Positionspapier durch einen zehnten Punkt zu ergänzen, und zwar dergestalt, daß wir hier ein **Recht des Kindes** festschreiben. Ich lese meinen Vorschlag vor:

„10. Sicherung des Rechtes der Kinder und Jugendlichen auf altersgemäße Information und Unterhaltung durch staatliche Förderung und Stützung von Kinder- und Jugendtheater, Film, Fernsehen, Rundfunk, Musik, Literatur und Publizistik, Einführung eines Faches Medienerziehung vom vierten Schuljahr an und Neugestaltung der musischästhetischen Erziehung, Beibehaltung und Novellierung des Kinder- und Jugendschutzes, besonders im Hinblick auf neue elektronische Medien (Video) und Print-Medien und ein generelles Verbot von Werbung in Medien für Kinder."

Schließlich habe ich noch eine Ergänzung zum **Antrag 15/4** zu machen, wo es um die **Rehabilitierung von Lehrern** geht. Wir wissen, daß in den vergangenen Jahren durch die Schulpolitik der SED und der mit ihr verbündeten Parteien immer wieder Jugendliche vom **Studium an Hoch- und Fachschulen** ausgeschlossen worden sind, obwohl sie leistungsmäßig qualifiziert waren und auch geeignet waren für bestimmte Berufe. Ich schlage daher vor, diesen Antrag zu ergänzen um folgende Formulierung:

„Ebenso ist zu gewährleisten, daß Jugendliche, die in den zurückliegenden Jahren aus politischen oder weltanschaulichen Gründen keine Zulassung zum Hoch- und Fachschulstudium erhalten haben, rehabilitiert und nun bevorzugt mit einem Studienplatz ihrer Wahl versorgt werden."

Ich habe ein klares Wort vom Herrn Bildungsminister hierzu leider vermissen müssen. Ich denke, wir sind gefordert, diese himmelschreiende Ungerechtigkeit noch in diesem Jahr bei der Vergabe von Studienplätzen zu berücksichtigen.

Ich danke Ihnen.

Ducke (Moderator): Ja, Herr Weiß, wenn ich so an den Antrag denke, keine neuen Punkte zum Papier einzubringen – ist klar, kein Problem! Ich hoffe nur, daß die Einbringer das jetzt ein bißchen mitbringen konnten und wir dann möglicherweise eine sachliche Abstimmung herbeiführen können. Vielen Dank für die Ergänzung.

Das letzte Wort [hat] Frau Sievert, Unabhängiger Frauenverband. Dann [erteile ich] das Wort an die Regierung.

Frau Sievert (UFV): Ja. Ich habe noch eine Frage an Herrn Emons und dann noch zwei Bemerkungen. Und zwar, Herr Professor Emons, ich würde gerne von Ihnen hören, daß es keinerlei Bestrebungen gibt, Hochschulen der DDR zu schließen. Ich weiß, daß es Bestrebungen gibt, eine **Brandenburgische Landesuniversität** zu gründen, da sind auch weite Blicke in die Zukunft offensichtlich schon getan.

Aber ich glaube, es geht erst einmal darum, das, was wir an wissenschaftlichen Einrichtungen haben, zu erhalten. Und dazu würde ich dann gerne ein Wort von Ihnen hören.

Zwei Bemerkungen habe ich zu machen und möchte auch das aufgreifen, was von Frau Barbe und von Herrn Templin gesagt wurde. Wir haben heute in zwei Einzelanträgen zwei Initiativen zu unterstützen, und zwar aufgrund der Tatsache, daß wir meinen, daß es an der Zeit ist, die vielfältigen Initiativen, die in diesem Land entstanden sind, um unabhängige alternative Angebote zu machen zur Kindererziehung, daß die Öffentlichkeit brauchen.

Diese Initiativgruppen stoßen vielerorts auf Blockaden durch Bürokratie, auf Verschiebung, Vertagung und – ich kann es auch so deutlich sagen – auf Verschaukelung. Wir haben also umfangreiche Materialien dazu, daß diese Leute behindert werden in der Schaffung von Möglichkeiten, Arbeitsmöglichkeiten, in dem Finden von Objekten.

Und ich denke, daß ein dringendes Wort geboten ist, um dort auch die Leute, die in den Ämtern sitzen, anzuweisen, nicht alles, was an Arbeitsmöglichkeiten und räumlichen Voraussetzungen gegeben ist, nur für kommerzielle Nutzungen bereitzustellen, weil ich glaube, daß wir den Kindern dieses Landes schuldig sind, für sie neue Angebote aufzutun.

Ich meine damit konkret den vorliegenden **Einzelantrag 15/6a**[26], der ist heute morgen schon mit in einem Paket durchgegangen, gehört aber eigentlich nicht so in die Sozialcharta herein, sondern hier unter diesen Punkt, und [ich] meine damit den **Antrag Kinderdorf,** der bei Ihnen vorne liegt, der noch nicht ausgeteilt wurde.

Ich weiß nicht, ob das noch geschehen wird oder nicht, ob das bei den Einzelanträgen noch kommt. Und ich möchte fragen, ob ich ganz kurz unser Mikrofon Herrn Erforth zur Verfügung stellen darf, der schon in der letzten Woche hier ganz kurz gesprochen hat zum **Haus der Begegnung?**

Ducke (Moderator): Nur jetzt nicht zu diesem Tagesordnungspunkt.

Frau Sievert (UFV): Bitte?

Ducke (Moderator): Nur jetzt nicht zur Debatte. Das war ja schon das letzte Mal, und die Frage ist, wann darüber abgestimmt – –

Das war ein Einzelantrag, ja?

Frau Sievert (UFV): Ja.

Ducke (Moderator): Danke für das Verständnis. Selbstverständlich dann später. So, meine Damen und Herren, wir haben die Debatte beendet und ich gebe das Wort noch einmal den Vertretern der Regierung.

Bitte, Herr Emons.

Emons (Minister für Bildung): Danke schön. In zwei konkreten Anfragen kann ich es ganz kurz machen.

Punkt 1: Es gibt weder angedacht noch Verhandlungen zu der Frage, **Lehrer aus der Bundesrepublik** oder von woanders her bei uns einzusetzen, geschweige etwa in der Zahl, die Sie genannt haben.

Punkt 2: Es gibt konkrete Verhandlungen zwischen den Vertretern der Bundesrepublik und unserem Hause, speziell auch mir, zur Frage des **Lehreraustausches.** Aber was ich besonders für wichtig halte auch, zur Frage unserer Lehrerweiterbildung unter Einbeziehung von Vertretern zum Beispiel aus der Bundesrepublik und dankenswerterweise darf ich sagen, auch aus kirchlichen Kreisen, **aus der evangelischen und katholischen Kirche** – – Die ersten Durchgänge oder Lehrgänge dafür sind vorgesehen jetzt im zweiten Quartal und werden also durchgeführt. Aber zu dem ersten ganz konkret nicht.

Und ich darf das gleich auch anschließen an Ihre Frage, es gibt keine Vorstellungen, eine der bestehenden Universitäten oder Hochschulen zu schließen. Auf der anderen Seite halte ich es nicht für illegitim, daß sich in einem Territorium Gedanken darüber gemacht werden, wie zum Beispiel in **Potsdam,** wo eine größere Anzahl einzelner Hochschulen sind, ob man in der weiteren Perspektive zu einer anderen Form kommen kann.

Und genau so gibt es ja die Diskussion nicht erst seit heute im Bezirk Erfurt, speziell in der Stadt **Erfurt,** die ja nun einmal früher die **älteste Universität unseres Territoriums** hatte. Aber ich glaube, das sind Fragen, die sind Diskussionsfragen, aber keine, die auf einem Tisch konkret, sagen wir, im Vorfeld einer Entscheidung oder etwas ähnlichem liegen würden. Auch hier ganz klar: Nein.

Und ich möchte, den dritten Teil daran anschließend, genauso mit Nein beantworten. Es gibt im Gesamtbereich der Bildung keine Festlegungen noch Andenkungen, daß die uns zur Verfügung stehenden Stellen in irgendeinem dieser Bereiche gestrichen werden, sondern wir haben für dieses Jahr den Etat in der Form so vorabgestimmt, der ist ja noch nicht beschlossen, aber vorabgestimmt, daß das nicht eintritt.

Auch das möchte ich hier offen sagen, weil ja schon einmal in der Diskussion war, arbeitslose Lehrer oder ähnliches. Ich muß dazu sagen, daß das keine waren, ich klammere jetzt bewußt früheres aus, die etwa in letzter Zeit durch eine Maßnahme ausgeschieden sind, sondern es gibt einzelne Lehrer, jawohl, die längere Zeit nicht im Lehrerberuf gewesen sind und dadurch auf einer Warteliste stehen. Aber ich glaube, das ist etwas anderes als das, was hiermit gemeint war.

Soviel möchte ich zu diesen Fragen sagen. Das waren die **Lehrer,** das war der **Austausch** und das war **auch** die Frage der **Universitäten.**

Lassen Sie mich zum Abschluß einen herzlichen Dank sagen für die Möglichkeit der Teilnahme an dieser Diskussion, und lassen Sie mich auch an Herrn Weiß noch sagen, die Dinge habe ich nicht genannt, aber ich darf Ihnen versichern, alles das, was sowohl Schüler wie Studenten oder auch Lehrer und Hochschulangehörige betrifft, was mir konkret oder uns konkret bekannt ist, ist entweder eingeleitet oder schon durchgeführt. Die andere, nicht nur [die] Information, sondern die entsprechende Orientierung ist eindeutig in die Territorien an die Einrichtungen gegeben, so zu verfahren, wie Sie gesagt haben. Insofern bin ich sehr für diesen Punkt – **[Vorlage] 15/8,** glaube ich, war es – in der entsprechenden Erweiterung.

Ich bedanke mich sehr bei Ihnen.

Ducke (Moderator): Danke, Herr Minister, Herr Poßner, daß Sie hiergewesen sind und an der Diskussion teilgenom-

---
[26] Dokument 15/3, Anlagenband.

men haben. Wir haben jetzt noch Abstimmungen hinter uns zu bringen. Wir bedanken uns.

Meine Damen und Herren, ich rufe nun auf noch einmal das Positionspapier. Es liegen ja einige Änderungen [an]. Wir hören die Einbringer dazu. Und ich rufe dann auf **Vorlage 15/8 [13 Einzelanträge AG „Bildung, Erziehung und Jugend"**[27]**], die Einzelanträge. Ich darf darauf hinweisen, weil ich gefragt wurde vom Unabhängigen Frauenverband, die 17 Anträge, die ich erwähnt habe, unter anderem Kinderdorf, waren noch nicht in der **Arbeitsgruppe „Bildung und Erziehung"** verhandelt.

Wir hatten das letzte Mal ausgemacht in der Prioritätengruppe, daß nur hier am Runden Tisch die Anträge verhandelt werden, die in der Arbeitsgruppe gewesen sind. Deswegen habe ich das erwähnt, daß das vorliegt, aber es kann heute nicht Verhandlungsgegenstand sein. Wir schaffen das nicht. Wir müssen sowieso das wahrscheinlich nur bündeln und eventuell darauf zurückverweisen, was genommen werden soll. Jetzt kommen wir zum Positionspapier.

Herr Hofmann, bitte.

Hofmann (Volksinitiative Bildung): Ich wollte noch eine Bemerkung machen. Bevor der Herr Emons und der Herr Poßner das Haus jetzt verlassen, ist jetzt, glaube ich, ein Verfahrensfehler hier passiert. Es sind eine Fülle von Einzelanträgen, die zusammengebündelt als Position der Arbeitsgruppe, die genau zu diesem Gegenstand sind. Und ich würde schon das für wichtig halten, daß die beiden in diesem Punkt noch anwesend sind, weil es hier um ein paar grundsätzliche Fragen, auf die wir bis jetzt noch nicht gekommen sind, geht. Nun hat leider die Frau Barbe den Herrn Emons hier aufgehalten, hat er das nicht gehört?

Ducke (Moderator): Ja. Da können wir jetzt nichts mehr rückgängig machen. Danke, Herr Hofmann. Wir verhandeln unabhängig und stimmen hier ab.

Bitte schön, zum Positionspapier.

Hofmann (Volksinitiative Bildung): Gut. Dann möchte ich zum Positionspapier etwas sagen. Die Arbeitsgruppe, ich habe das gesagt, hat ein Arbeitsspektrum zu absolvieren, was eine Größenordnung [beinhaltet], die ja eigentlich die gesamte Gesellschaft jeden Bürger im weitesten Sinne betrifft.

Insofern sind die im Arbeitspapier vorgelegten Dinge ein Komprimat einer strittigen Debatte in unserer Arbeitsgruppe. Ich würde deshalb folgendes vorschlagen, damit dieses Arbeitspapier heute auch durchkommt, daß die grundsätzlichen Anträge, die hier eingebracht werden, als Ergänzung zu diesem Papier von der CDU – ein Vorschlag, einen neuen Punkt 10 aufzunehmen, also, das wurde von Rudolf Krause gesagt – ; dann der Vorschlag von Herrn Weiß, auch einen neuen Punkt aufzunehmen – –

Ducke (Moderator): Wir haben schon neu numeriert, ja.

Hofmann (Volksinitiative Bildung): – sowie den Punkt des DBD von Herrn Elsner, hier im Gesamtforum abzustimmen. Und ich schlage weiterhin vor, alle anderen Formulierungsänderungen – – denn alle haben sich nicht gegen dieses Papier ausgesprochen, sondern Formulierungsänderungen.

---

[27] Die im folgenden behandelten 13 Einzelanträge der AG „Bildung, Erziehung und Jugend" der Vorlage 15/8 sind alle im Dokument 15/14 im Anlagenband wiedergegeben.

Wir haben in dieser Arbeitsgruppe jetzt schon sozusagen gearbeitet, die mit in das Papier einzuformulieren und sie dann im Anschluß vorzulegen.

Ducke (Moderator): Herr Hofmann, Sie sind ausgesprochen kooperativ. Und nur eine Rückfrage habe ich noch. Es war von Herrn Weiß angesagt, daß diese Stellungnahme jetzt, Katholische Laienbewegung, weil das ja noch auch nicht nur eine Formulierung, sondern eine Ergänzung – Bezieht sich das, daß Sie das mit berücksichtigen bei der Umformulierung, auch darauf?

Hofmann (Volksinitiative Bildung): Der Punkt von Herrn Weiß war so aktuell, daß ich jetzt nicht für die gesamte Arbeitsgruppe sprechen kann.

Ducke (Moderator): Würden Sie aber darüber diskutieren?

Hofmann (Volksinitiative Bildung): Absolut, ja.

Ducke (Moderator): Danke. Meine Damen und Herren, das würde bedeuten, daß wir [über] alle Änderungsanträge, die ja manchmal redaktionell nur sind, jetzt nicht mehr verhandeln. Grundsätzlich haben wir zum Positionspapier gesprochen, ist meine Meinung. Wir haben nur diese drei Entscheidungen zu treffen.

Erstens, die Ergänzung Thema **„Jugendweihe"** nenne ich einmal ganz kurz: Antrag CDU, als Punkt 10; und auch als Punkt 10, aber Herr Weiß, Sie sind einverstanden, dann als Punkt 11 möglicherweise, wenn der durchkommt, wir zählen auch wieder neu, Ihr, sagen Sie uns noch einmal ganz schnell das Stichwort, damit wir alle das wissen.

Weiß (DJ): Das ging um **Medien**, das Recht auf Information und Unterhaltung für Kinder auf **Medienerziehung** und die Fragen des Jugendschutzes.

Ducke (Moderator): Also, können wir ganz schlicht sagen, „Beziehung Kinder/Medien"?

Weiß (DJ): Ja. Ich habe es formuliert. Es liegt von mir noch vor.

Ducke (Moderator): Und da bittet die Arbeitsgruppe, daß wir darüber abstimmen, ob das eigens hereinkommt, und der Antrag, ich erinnere noch einmal, DBD, das war der Antrag auf Ergänzung bezüglich **Berufsausbildung**. Sie wissen, zu Nummer 5 [der **Vorlage 15/7**].

Könnten wir, sind Wortmeldungen dazu oder können wir darüber abstimmen, ob das noch in das Positionspapier herein kann und dann damit der Arbeitsgruppe aufgetragen wird, das natürlich formulierungsmäßig zu bearbeiten?

Das ist ja die Bitte. Also, ich rufe auf **Antrag CDU**, einen eigenen Punkt Jugendweihe. Ich darf es einmal verlesen: „Die bisherige **Jugendweihe** ist in eine freie Trägerschaft außerhalb der Schule zu überführen. Die Entscheidung, ob vor dem Übergang der Schüler in eine differenzierte Oberstufe eine weltanschaulich neutrale Schulfeier veranstaltet werden soll, wird von den Eltern und Schulen getroffen."

Also, Feier soll sein, bringe ich einmal kurz, ja, Feier soll sein, **weltanschaulich neutral.** Wer zusätzlich was macht, soll nicht gehindert sein. Gut. Das steht zur Debatte. Wünscht jemand das Wort? Sonst können wir darüber abstimmen. Es ist offensichtlich nicht nötig. Dazu noch Wortmeldungen? Wir stimmen ab.

Soll in das Positionspapier eingefügt werden dieser Passus Jugendweihe, wertneutraler, oder ja, weltanschaulich neutrale Schulfeier in der vorgeschlagenen Weise? Wer diesen

Bildung, Erziehung und Jugend

Antrag unterstützt, den bitte ich jetzt um das Handzeichen. Da müßten wir zählen. – Na, es ist die Mehrheit, aber vielleicht können wir einmal zählen? Doch, das wird unterstützt. – Es ist die Mehrheit. Wer ist dagegen? – Es gibt 1 Gegenstimme. Wer enthält sich der Stimme? – Das sind 12, stimmt es?

Herr Lange.

Lange (Co-Moderator): 11 habe ich [gezählt].

Ducke (Moderator): 11. Heben Sie noch einmal [die Hand]? – 12 habe ich. Na? Leider hat sich [die] Initiative Frieden [und] Menschenrechte zu sehr versteckt, Sie hatten Sie nicht im Blick. 12 Stimmenthaltungen. Damit ist der Antrag gebeten, von der Arbeitsgruppe einzuarbeiten.

Ich rufe auf den Antrag, weil das ja den Antrag zu Punkt 5, Berufsausbildung, der war relativ lang – Sie erinnern sich – ich verzichte jetzt auf die Verlesung. Es geht darum, Schaffung eines **Berufsbildungssystems,** in das die Vorzüge beider deutscher Staaten eingebracht werden sollten. So der Kernsatz des Antrages DBD. Wünscht dazu noch jemand das Wort? Sonst lassen wir darüber abstimmen. Das können wir machen.

Wer dafür ist, daß dieser Passus eingefügt wird als Ergänzung zum Punkt 5 war das, nicht, Herr? Ja, zu Punkt 5, den bitte ich um das Handzeichen. Na, jetzt müssen wir zählen. – 14 Stimmen dafür. Das ist dann nicht die erforderliche [Mehrheit]? Ah ja, wer ist dagegen? Ach so, wer ist dagegen? – 16 zähle ich, ja? 16 Stimmen dagegen. Wer enthält sich der Stimme? – Ist das anstrengend. 8 Enthaltungen. Damit ist der Antrag nicht angenommen, das heißt abgelehnt.

Und der letzte Antrag, Antrag Weiß, Einfügung eines Punktes. Jetzt lassen wir es einmal so unformuliert: **Kinder, Jugend und Medien.** Wer? Wünscht dazu noch jemand das Wort? Die Arbeitsgruppe hat uns das freigestellt, also, die ist auch dann damit einverstanden. Wünscht jemand das Wort? Dann bitte ich um die Abstimmung. Wer für diesen Antrag ist, den bitte ich um das Handzeichen. Na, das ist die Mehrheit. Wer ist dagegen? – Wer enthält sich der Stimme? – 4, das war leicht zu zählen.

Damit hätten wir die Ergänzungsanträge zum Positionspapier. Herr Hofmann. Ich frage jetzt die Einbringer. Wir könnten jetzt über das Positionspapier als Ganzes abstimmen, bevor wir die Einzelanträge, oder wünschen Sie, daß wir erst die Einzelanträge – – Auch darauf würden wir eingehen.

Aber ich würde Ihnen vorschlagen, wir stimmen jetzt über das Positionspapier als solches ab, ja? Danke. Das ist auch Ihre Meinung.

Mit diesen Korrekturen und mit der Möglichkeit für die Arbeitsgruppe, redaktionell einzuarbeiten, was an Änderungswünschen gekommen ist, was Sie entgegengenommen haben.

Wer für das vorgelegte Positionspapier der Arbeitsgruppe „Bildung, Erziehung, Jugend" des Runden Tisches ist, den bitte ich um das Handzeichen. – Ach, das ist einmal angenehm, die Mehrheit. Und wer ist dagegen? – Und wer enthält sich der Stimme? – Das war ganz leicht, einstimmig. Das Postitionspapier ist einstimmig angenommen.

Ich beglückwünsche die Arbeitsgruppe, daß sie ja, na – – Danke. Frau Priese? Ah, ich sehe, auch die Kinder freuen sich.

Jetzt kommen wir zu den Einzelanträgen, **Vorlage 15/8, [AG „Bildung, Erziehung und Jugend": 13 Einzelanträge]** Ich bitte Herrn Hofmann, dies als Block einzubringen von seiten der Arbeitsgruppe und uns auf Schwerpunkte oder Klippen hinzuweisen.

Bitte, Herr Hofmann.

Hofmann (Volksinitiative Bildung): Die Ihnen vorliegenden Anträge sind das Ergebnis dieser Arbeitsgruppe, die also eine Mehrheit in unserer Arbeitsgruppe bekommen haben. Ich habe vorhin schon einmal gesagt, außer dem demokratischen Aufbruch waren alle in unserer Gruppe vertreten. Insofern wird es möglich sein, daß wir zu diesen Anträgen jetzt zügig kommen. Ich würde, weil Ihnen der Wortlaut vorliegt, nur auf die Schwerpunkte hinweisen, daß auch die Zuschauer das sehen können ganz klar.

Der Antrag 1, eingebracht wurde er von der Vereinigten Linken, ist ein Antrag, der heute vormittag schon einmal diskutiert wurde, wo es zu einer Vorlage an die **Verfassungskommission** – – ist.

Ducke (Moderator): Darf ich einmal ganz kurz unterbrechen? Liebe von der Vereinigte-Linke-Kollegen, ist das die **Vorlage 15/4** in geänderter Fassung? Gleich mit dazu – – Inhaltlich gleich – – Damit wir gleich wissen – ja, hallo, ein Vertreter.

Frau Braband (VL): Nein.

Ducke (Moderator): Nein, weil es hieß, es wurde heute vormittag behandelt. Ist etwas anderes?

Danke.

Hofmann (Volksinitiative Bildung): Ja, ich sage es noch, ja, ja. Es geht hier in diesem **Antrag 1** um die **Konventionen über die Rechte der Kinder vom 20. November 1989,** und es wird hier eingebracht die Stellung des **Kindes als Rechtssubjekt** zu bestimmen und das der Arbeitsgruppe „Neue Verfassung" der DDR des Runden Tisches als einen Gesichtspunkt einzubringen.

Ich komme zu einem Antrag, der Ihnen nicht vorliegt, der aber dazugehört, der ist redaktionell hier im Büro unter den Tisch gefallen. Das hat damit zu tun, dieser Antrag ist von Demokratie Jetzt eingebracht worden und vom Interessenverband Kindheit in unserer Arbeitsgruppe. Auch der wurde heute früh unter **15/5** behandelt im Punkt 3, als es um **Sozialfragen** ging. Ich würde also die Punkte nicht nennen, sondern nur die Punkte, die dabei vernachlässigt wurden. Es geht – –

Zwischenruf: 15/6

Hofmann (Volksinitiative Bildung): Ja, [Vorlage] 15/6, heute früh war das, ja.

Ducke (Moderator): Na, jetzt.

Hofmann (Volksinitiative Bildung): Da war ein Antrag [,der] heute vormittag eingebracht [wurde].

Ducke (Moderator): Aber sagen Sie doch einmal lieber die, die wir jetzt vorliegen haben erst, und dann die Ergänzungen, sonst gehen wir hier unter – ein bißchen.

Hofmann (Volksinitiative Bildung): Gut, also machen wir erst einmal die, und ich sage dann – –

Ducke (Moderator): Ja, sind Sie so nett, denn – –

Hofmann (Volksinitiative Bildung): Wir kommen zu Ihrem [Einzel-]**Antrag 2.**

Ducke (Moderator): Wunderbar.

Hofmann (Volksinitiative Bildung): Es geht um die **psychologische und sozialpädagogische Hilfe für Kinder, Eltern, Lehrer und Erzieher.** Dieser Antrag, es sind drei Punkte[28]:

Erstens: Die Beratungs- und Therapieangebote (einschließlich der telefonischen Beratung) für Kinder, Jugendliche, Eltern, für alle Bevölkerungsgruppen ist stark zu erweitern. Der Aufbau von Selbsthilfegruppen ist zu unterstützen. An lehrerbildenden Hochschulen und Universitäten sind ab September 1990 Beratungsstellen zur Schaffung von entsprechenden Beratern einzurichten. Der Bedarf für solche Stellen ist unbedingt und sofort zu ermitteln.

Zweitens: In die Allgemeinbildung und in die Lehrer- und Erzieheraus- und -weiterbildung ist die Vermittlung von Hilfs- und Lebensbewältigungsangeboten verstärkt aufzunehmen. Die Angebote zur Elternbefähigung in Schule, Jugendarbeit und während der gesamten Elternschaft sind zu entwickeln. Das war jetzt ein bißchen unsinnig formuliert, aber ich glaube, Sie haben mich trotzdem verstanden.

Drittens: Die genannten Aufgaben sind unverzüglich gesetzlich und finanziell zu regeln.

Die Einbringer dieses Antrages sind die Initiative für Frieden und Menschenrechte, und sie können auch Erklärungen dazu noch beziehungsweise Begründungen abgeben.

Ducke (Moderator): Das machen wir dann, wenn wir abstimmen. Ich hatte eigentlich vor, stellen Sie uns wirklich nur stichwortartig die Anträge vor, wir haben sie ja alle schon durchgelesen. Dazu war ja die Kaffeepause da.

Hofmann (Volksinitiative Bildung): **Antrag Nummer 3, Unabhängiger Interessenverband zur Demokratisierung des Bildungswesens.** Hier geht es um die Einsetzung einer **Kommission,** die die stalinistischen Strukturen in Inhalt und Methoden sowohl in der pädagogischen Wissenschaft als auch im Bildungswesen nachweisen.

Diese Kommission **sollte die Verflechtung des ehemaligen Ministeriums für Volksbildung mit dem Ministerium für Staatssicherheit aufklären.** Sie sollte zur Rolle der Inspektoren etwas sagen, sie sollte zum Anteil der Schulräte bei der Diskriminierung von Lehrern und Schülern Aussagen treffen.

Ducke (Moderator): Herr Hofmann, nicht den Einzelantrag. Das machen wir dann, wenn wir über jeden einzelnen abstimmen, sonst müssen Sie sie nämlich wiederholen.

Hofmann (Volksinitiative Bildung): Gut. Der **Antrag 4:** Hierbei geht es um die **Rehabilitierung** und Wiedereinstellung von **Pädagogen und anderen Mitarbeitern** in der Volksbildung, die aufgrund politischer Gründe ihren Beruf aufgeben mußten beziehungsweise aus der Volksbildung entlassen wurden. Dieser Antrag wird auch erweitert, das trifft auch auf Schüler zu.

Der **Antrag 5:** Zu überprüfen, ob ehemalige **Mitarbeiter des Ministeriums für Staatssicherheit** und ehemalige Angehörige der NVA, die keine zivile pädagogische Ausbildung haben, in diesen Bereich **eingestellt** werden können.

Zum **Antrag 6:** Bis zum Inkrafttreten eines neuen Bildungs- und Hochschulgesetzes der DDR keine Verringerungen der **Planstellen an Hoch- und Fachschulen** vorzunehmen.

Zum **Antrag 7:** Die Möglichkeit einzuräumen der direkten **Bewerbungen** zwecks Einstellung **in Bildungseinrichtungen** an den jeweiligen Einrichtungen.

Der **Antrag 8** unterteilt sich in mehrere Punkte: Es geht dabei darum, die Regierung aufzufordern, einen **Kinderfonds** einzurichten und bisher genutzte **Kindereinrichtungen** auch weiterhin zu erhalten.

Es geht des weiteren darum, den **Lohnfonds für** ca. 5 000 Planstellen der ehemaligen **Pionierleiter** in den Verantwortungsbereich des Amtes Jugend und Sport und den kommunalen Verantwortungen zu übertragen. Betriebe werden dringend aufgefordert, ihre Betriebssportgemeinschaften für die sportliche Freizeitgestaltung der Kinder und Jugendlichen einzusetzen. Der Antrag kommt von der Kinderbewegung und von den unabhängigen Frauen.

Zum **Antrag 9** vom Neuen Forum: Es ist der Antrag, die **UNESCO-Charta der Rechte der Lehrer** anzuerkennen und sie zu Rechtspositionen in der neuen Bildungsgesetzgebung zu machen.

Zum **Antrag 10** vom FDGB: Er bezieht sich auf den Fortbestand der **Häuser der Lehrer.** Dabei ist aber die Ergänzung zu machen, daß es um eine inhaltliche Umprofilierung dieser Einrichtungen und der ungehinderte Zugang und die Arbeitsweisen aller unabhängigen Bildungsgruppen [geht], die sich in unserem Land gebildet haben, dort zu gewährleisten.

Der **Antrag 11** vom Neuen Forum: Hier geht es um die Erhaltung der subventionierten **Schulspeisungen** und die entsprechend dazu notwendigen gesetzlichen Grundlagen sowie um die Verantwortung der Kommunen für personelle und materielle Voraussetzungen in diesem Zusammenhang.

Der **Antrag 12,** vom FDGB eingebracht, zur **Sicherung des polytechnischen Unterrichtes:** Der polytechnische Unterricht ist auch in ein künftiges **Bildungskonzept** aufzunehmen und Bestandteil der Allgemeinbildung. Dazu ist es notwendig, daß entsprechende gesetzliche Regelungen zwischen Schulen und Betrieben stattfinden, die rechtlichen und die finanziellen Grundlagen geklärt werden. Und es ist noch erweitert, daß die künftige berufspraktische Arbeit von Schülern auch im Sozialbereich möglich sein sollte.

Und schließlich der **Antrag 13:** Der Runde Tisch möge beschließen die **Offenlegung des Finanzhaushaltes im Bereich der Bildung** zu veranlassen und dabei klare Aussagen über die Verfügung dieses Geldes in den letzten zwei Jahren und für das laufende Kalenderjahr zu machen. Dieser Antrag ist vom Neuen Forum eingebracht.

Ducke (Moderator): Danke, Herr Hofmann, daß Sie uns – – und dann darf ich jetzt gleich noch erinnern **Vorlage 15/9,** auch noch von Ihnen. Können Sie dazu ganz schnell noch etwas sagen – AG „Bildung"?

Hofmann (Volksinitiative Bildung): Nein, das ist nicht von der Arbeitsgruppe, das ist ein Antrag, der zusätzlich von dieser eingebracht wurde, lediglich unterschrieben, weil ein Vertreter in unserer Arbeitsgruppe war. Ich habe lediglich die Anträge jetzt verlesen, die in der gemeinschaftlichen Arbeitsgruppe die Mehrheit erhalten haben.

Ducke (Moderator): Also würden wir **[Vorlage] 15/9**[29] gar nicht zu behandeln brauchen? Danke, wunderbar, was wir wegkriegen. Und dann ist nur noch **[Vorlage] 15/4** in der geänderten Fassung.

---

[28] Antrag 2 der Vorlage 15/8 wird hier stark paraphrasiert wiedergegeben. Vgl. hierzu Dokument 15/14 im Anlagenband.

[29] Dokument 15/15, Anlagenband.

Bildung, Erziehung und Jugend

Zur Geschäftsordnung? Herr Börner.

Börner (PDS): Ja. Ich halte diesen Antrag, auch wenn es diese verfahrenstechnischen Fehler gab, daß er also nicht abgestimmt wurde von den Vertretern des Runden Tisches der Jugend und somit also diese Unterschrift nicht berechtigt war – –

Ducke (Moderator): Nein. Es geht ja AG „Bildung, Erziehung, Jugend" – –

Börner (PDS): Ja. Das war also insofern nicht berechtigt, das so zu unterschreiben von den Vertretern des Runden Tisches der Jugend. Ich würde trotzdem beantragen, diesen **Antrag [15/9]** zu verhandeln.

Ducke (Moderator): Machen wir PDS darunter und dann geht es ganz prima, ja? Danke.
Und dann hätten wir noch die Vorlage **15/4, geänderte Fassung**. Können Sie uns sagen, ob da, weil da vorhin ein Hinweis kam. Hat das eine Beziehung zu den 13 Vorlagen?
Danke. War schon erledigt.
Dann rufen wir die Vorlagen nacheinander auf. Wir haben uns kundig gemacht. Ich darf darauf hinweisen, daß alle die weiteren Vorlagen, die nun noch nicht bei der Arbeitsgruppe waren, an diese gehen und dann natürlich eben in die weitere Regierungsarbeit zur Behandlung vorgelegt werden.
Ich rufe auf den **Antrag Nummer 1** [der **Vorlage 15/8**]. Hier wird auch die AG „Neue Verfassung" gebeten, diese Gesichtspunkte zu beachten. Also, Kind als Rechtssubjekt. Wünscht jemand dazu das Wort? Die AG empfiehlt die Annahme, darf ich das nur noch einmal sicherheitshalber fragen. Die Arbeitsgemeinschaft empfiehlt die Annahme. Wünscht noch jemand das Wort zu diesem Antrag? Wir haben uns kundig gemacht. Dann können wir darüber abstimmen.
Ich rufe auf **Vorlage 15/8, Antrag 1 AG „Bildung, Erziehung und Jugend": Zur Stellung des Kindes als Rechtssubjekt,** und die Bitte an die AG „Neue Verfassung" der DDR, dieses zu berücksichtigen. Wer dafür ist, den bitte ich um das Handzeichen. Das ist die Mehrheit. Wer ist dagegen? – Niemand. Wer enthält sich? – Auch niemand. Einstimmig.
Ich rufe auf, jetzt habe ich allerdings doch einen Fehler gemacht. Sie hatten vorhin noch einen Zusatzantrag, der aber nicht vorliegt. Wie war das damit? Frau Priese, können Sie uns helfen? Oder wir machen dann danach. – Ich rufe auf **Vorlage 15/8, Antrag 2 AG „Bildung, Erziehung und Jugend": Zu psychologischen und sozialpädagogischen Hilfen für Kinder, Eltern, Lehrer und Erzieher.** Hier hat sich dazu gemeldet Initiative Frieden [und] Menschenrechte, Frau Birthler.

Frau Birthler (IFM): Ja. Erst nach der Erarbeitung des Textes sind uns Hinweise zugegangen, daß es so Ideen gibt, sozusagen im Schnellverfahren **Schulinspektoren** auszubilden und zu Beratungslehrern zu machen. Das entspricht natürlich in keiner Weise der Intention dieses Antrags. Ich möchte deshalb noch hinzufügen, daß es nötig ist, da es sich hier um Vertrauensstellungen handelt, daß eine Einstellung von Beratungslehrern, wie sie im ersten Absatz genannt werden, natürlich nur mit **Vertrauensvotum des Lehrerkollegiums** und auch von **Schüler- und Elternvertretungen** erfolgen kann.

Ducke (Moderator): Das ist faktisch eine Ergänzung zum Text. Sie würden den wo einfügen wollen? Ganz zum Schluß? Oder?

Frau Birthler (IFM): Im ersten Absatz.

Ducke (Moderator): Ja, aber sagen Sie es uns genau, damit wir wissen. Der Bedarf an Beratungslehrern ist – –

Frau Birthler (IFM): Ja, am Ende des Absatzes, ich kann es Ihnen noch genau ausformuliert geben.

Ducke (Moderator): Nein, nein, sagen Sie es uns nur, damit wir inhaltlich wissen: „Die Einstellung erfolgt durch das Votum – –

Frau Birthler (IFM): Nein!
„Die Einstellung erfolgt nur mit Vertrauensvotum durch Lehrerkollegium und Vertreter von Eltern und Schüler."

Ducke (Moderator): Danke. Sie sind so nett, das natürlich dann noch der Arbeitsgruppe schriftlich [zu geben], aber wir wissen das Anliegen. Es geht also jetzt nicht darum, daß im Schnellverfahren jemand zum **Beratungslehrer** avanciert wird, sondern daß da auch ein Votum notwendig ist.
Danke. Wünscht noch jemand das Wort dazu? Dann dürfen wir abstimmen?
Bitte, Herr Müller, Vereinigte Linke. Bitte.

Müller (VL): Wir wünschen auch aus dem eben genannten Grund hier noch aufzunehmen die **Beratungs- und Therapieangebote** vor allem hinsichtlich psychologischer Probleme, noch mit aufzunehmen, um das noch einmal stärker deutlich zu machen. Es geht also um – –

Ducke (Moderator): Aber steht das nicht? Hier stehen doch psychologische, sozialpädagogische Hilfen, in der zweiten Zeile zum Beispiel.

Müller (VL): Wir würden das aber gerne in dem Zusammenhang also noch einmal deutlich machen wollen.

Ducke (Moderator): Aber sagen Sie einmal wie. Machen Sie einmal.

Müller (VL): Bei Punkt 1.

Ducke (Moderator): Ja, wo, wo?

Müller (VL): „... die Beratungs- und Therapieangebote vor allem hinsichtlich psychologischer Probleme."

Ducke (Moderator): Na, das verändert doch. Dann müssen Sie aber das andere auch hereinbringen. Was sagt die Arbeitsgruppe? Also, eigentlich ist es sowohl in der Überschrift als auch in der quasi Präambel eindeutig, denn sonst müssen Sie es noch einmal wiederholen.

Hofmann (Volksinitiative Bildung): Ja. An den Dingen ist lange gefeilt worden. Ich glaube, dann würde „sozialen" noch dazu kommen müssen.

Ducke (Moderator): Ja, also, ziehen Sie zurück? Wir lassen auch abstimmen darüber. Danke. Es steht darin. Wer – –
Können wir abstimmen lassen? Danke. Wer für diesen **Antrag 2, psychologisch, sozialpädagogische Hilfen für Kinder, Eltern, Lehrer und Erzieher** ist, [den] bitte ich um das Handzeichen. – Ah, ist ein Genuß. Wer ist dagegen? – Wer enthält sich der Stimme? – Einstimmig.

Ziegler (Co-Moderator): Nein, einer.

Ducke (Moderator): Wo?

Ziegler (Co-Moderator): Hier, 1 Enthaltung, Herr Müller.

Ducke (Moderator): Ach so, Entschuldigung. Zu schnell gewesen, danke. **Vorlage 15/8, Antrag 3 AG „Bildung, Erziehung und Jugend": Zur Demokratisierung des Bildungswesens,** Stichwort war, die Kommission zu bilden in der Basis demokratische Bildungsinitiative in Mitarbeiten und dann eine – – wenige Umschreibung dieser Kommission. Eine Wortmeldung dazu? Das ist von der PDS, Herr Hahn.

Hahn (PDS): Wir unterstützen und verstehen das Anliegen dieses Antrages, haben aber mit dem fünften Anstrich dort Bedenken, und zwar steht dort: „die Rolle der **Akademie der Pädagogischen Wissenschaften** als Erfüllungsgehilfe **verfehlter Bildungspolitik** und ideologischer Indoktrination".

Wir sind der Auffassung, das stellt eine **Vorverurteilung** dar. Es ist die Aufgabe der Kommission, zu untersuchen, welche Vorgänge es gegeben hat. Und wir beantragen deshalb analog, im dritten Anstrich nach „Pädagogischen Wissenschaften" den Rest dieses Anstriches zu streichen, denn die Kommission hat die Aufgabe, das erst zu überprüfen. Und hier ist es schon formuliert.

Ducke (Moderator): Also, Ihr Vorschlag ist sofort verständlich. Es könnte keine Vorverurteilung hier ausgesprochen werden. Ich frage die Antragsteller, oder ist hier eine Wortmeldung dazu?
Frau Burkert.

Frau Burkert (NF): Erst nach Formulierung dieses Antrages ist mir eine Information zugegangen – –

Ducke (Moderator): Nein, bezieht es sich auch auf das, was eben gesagt wurde?

Frau Burkert (NF): Nein.

Ducke (Moderator): Entschuldigung, dann wollte ich nur die Antragsteller fragen. Können Sie sich damit einverstanden erklären, daß wir nach, also: „Sie sollte untersuchen ... die Rolle der Akademie der Pädagogischen Wissenschaften". Ja? Gibt es dagegen Einspruch?

Hofmann (Volksinitiative Bildung): Einverstanden, ja.

Ducke (Moderator): Na prima. Dann betrachten Sie bitte ab dann als alles gestrichen.
Und jetzt Frau Burkert bitte. Zum Antrag im Ganzen?

Frau Burkert (NF): Ja. Also, diesen Antrag unterstützen wir sehr. Ich möchte ihn nur ergänzen, und zwar im Anstrich: „Rolle der Schulräte beziehungsweise Direktoren".

Ducke (Moderator): Das ist Anstrich vier, ja.

Frau Burkert (NF): Anstrich vier. Es ist uns eine Information zugegangen aus Dresden, wonach zugegebenermaßen bis zum 6. Februar dieses Jahres Lehrer mit Hilfe einer **Postanlage CT 15** in ihrem eigenen Schulgebäude abgehört worden sind.

Der Name des Direktors, ehemals Stadtbezirksschulrat, und die Namen der Lehrer sind hier bei mir zu erfragen. Es ist also eine gesicherte Information.

Die Post hat uns weiterhin informiert darüber, daß solche Anlagen serienmäßig in Schulen installiert worden sind, und deshalb möchte [ich] die **Rolle der Direktoren** unbedingt da ergänzt haben.

Ducke (Moderator): Also, der Anstrich soll lauten: „– den Anteil der Schulräte und Direktoren", ja?

Frau Burkert (NF): Ja.

Ducke (Moderator): Antragsteller? Nickt.

Hofmann (Volksinitiative Bildung): Einverstanden.

Ducke (Moderator): Gibt es Einspruch dagegen? Dann sparen wir uns nämlich [die] Abstimmung. „Direktoren" sind drin. Danke.

Jetzt war, habe ich, Frau Birthler, hatten Sie sich vorher gemeldet? Nein. Dann kommt Herr Weiß, ja. Herr Weiß.

Weiß (DJ): Ich beziehe mich auf den zweiten Absatz und würde vorschlagen, daß nicht die künftige Regierung hier angesprochen werden sollte, sondern die künftige Volkskammer, und daß ein **parlamentarischer Untersuchungsausschuß** gebildet werden sollte.

Ducke (Moderator): Eine parlamentarische Kommission, oder?

Weiß (DJ): Oder eine parlamentarische Kommission, ja.

Ducke (Moderator): Gibt es so etwas?

Weiß (DJ): Das hängt von der Volkskammer ab.

Ducke (Moderator): Gut. Antragsteller? Auch da [wird] genickt. Also, gibt es dagegen – – Also, der „künftigen Volkskammer" ist zu empfehlen, eine „parlamentarische", nennen wir es einmal nur „Kommission" statt Untersuchungskommission, die soll ja mehr noch machen, nicht, oder? Na, das können Sie dann formulieren. Sie können sich damit einverstanden erklären? Gut. Wäre auch diese Änderung möglich.

Wer wünscht noch das Wort zu diesem Antrag zur Demokratisierung des Bildungswesens? Ich sehe niemand. Dann stimmen wir darüber ab. Wer für den **Antrag 3,** Stichwort **zur Demokratisierung des Bildungswesens,** ist, den bitte ich um das Handzeichen. – Das ist die Mehrheit. Wer ist dagegen? – Das ist keiner. Und wer enthält sich der Stimme? – Das müßten jetzt, 3 Stimmenthaltungen [sein]. Damit ist der Antrag angenommen.

Vorlage 15/8, Antrag 4 AG „Bildung, Erziehung und Jugend": Zur Rehabilitierung und Wiedereinstellung von Pädagogen. Wir wissen, worum es geht. Herr Weiß hatte uns das vorhin ja auch noch einmal verdeutlicht. Wünscht noch jemand zu diesem Antrag das Wort? Das ist nicht der Fall. Dann können wir darüber abstimmen.

Hofmann (Volksinitiative Bildung): Doch, da war noch eine Bemerkung.

Ducke (Moderator): Wo?

Hofmann (Volksinitiative Bildung): – Schüler war dazu noch, ja?

Ducke (Moderator): Ja, darauf müssen Sie aufmerksam machen, ich denke, ja.

Hofmann (Volksinitiative Bildung): Ich hatte das vorhin im Vortrag.

Ducke (Moderator): Sagen Sie ganz schnell, wo das war.

Hofmann (Volksinitiative Bildung): „Die Rehabilitierung und Wiedereinstellung von Lehrern, Erzieherinnen und anderen ehemaligen Mitarbeitern aus dem Bereich der Volksbildung," und dann könnte man einen Klammereinschub:

„(die Rehabilitierung von Schülern)" und dann könnte der gleiche Grund – „die in der Vergangenheit aus politischen Gründen ..."

Ducke (Moderator): Herr Weiß, bitte.

Weiß (DJ): Ich habe eine Ergänzung formuliert, die liegt vor. Vielleicht könnte die noch einmal vorgetragen werden.

Ducke (Moderator): Wunderbar. Könnten Sie die vortragen? Die formulierte Ergänzung macht sich dann immer gut. Haben Sie es auch noch?

Weiß (DJ): Ja, ich habe es auch noch. Ich würde vorschlagen, das folgenderweise zu ergänzen, nach „... aufgegeben haben": „Ebenso ist zu gewährleisten, daß Jugendliche, die in den zurückliegenden Jahren aus politischen oder weltanschaulichen Gründen keine Zulassung zum Hoch- oder Fachschulstudium erhalten haben, rehabilitiert und bevorzugt mit einem Studienplatz ihrer Wahl versorgt werden".

Ducke (Moderator): Ich glaube, die Intention ist klar und sie wird in der von Ihnen vorgeschlagenen Weise deutlich formuliert. [Die] Antragsteller nicken. Ein Wort dazu?
Frau Braband, Vereinigte Linke.

Frau Braband (VL): Ich würde den Zusatz von Konrad Weiß noch ergänzen durch: „... in bezug auf Schüler, die religiert wurden". Ich meine, es waren nicht immer so spektakuläre Fälle wie von der Ossietzki-Schule. Ich denke, es gibt auch immer noch Schüler, die religiert wurden.

Ducke (Moderator): Ist das ergänzbar? Er nickt. Noch jemand das Wort dazu? Dann können wir darüber abstimmen. Wer für den **Antrag 4** betreffend **Rehabilitierung Lehrer und Schüler** ist, den bitte ich um das Handzeichen. – Das ist die Mehrheit. Wer ist dagegen? – Niemand. Wer enthält sich der Stimme? – Ebenfalls niemand. Einstimmig.
Danke.

Vorlage 15/8, Antrag 5 AG „Bildung, Erziehung und Jugend": Zur Einstellung von Mitarbeitern des MfS und der NVA als Pädagogen. Hier geht es um die Einstellung ehemaliger Mitarbeiter des Ministeriums für Staatssicherheit und Angehörige der NVA. Das Anliegen ist klar. Wir haben vorhin in der Debatte ja mehrfach auf dieses Problem hingewiesen oder wurden hingewiesen. Wünscht jemand zu diesem Antrag das Wort?
Bitte, Herr Hahn, PDS.

Hahn (PDS): Minister Emons hat ja vorhin erklärt, daß er diesen Antrag begrüßt. Wir möchten aber trotzdem darauf hinweisen, daß der zweite Absatz dieses Antrages geltendem Recht widerspricht. Nach Paragraph 47 Arbeitsgesetzbuch ist der Abschluß von zeitweiligen **Arbeitsverträgen auf Probe,** und nichts anderes wäre das, nicht zulässig.

Demzufolge müßten dann rechtliche Grundlagen geändert werden. Es ist dort eindeutig ausgesagt, unter welchen Voraussetzungen ein **befristeter Arbeitsvertrag** geschlossen werden kann.

Nur als Hinweis.

Ducke (Moderator): Danke für den Hinweis. Früher hatten wir viele Rechtsanwälte hier am Runden Tisch. Haben wir noch einen? Wer hilft uns zur rechtlichen, ich glaube, es stimmt, wir wissen, daß es stimmt. Aber wenn wir das jetzt wegnehmen, oder wie geht das, bleibt das Anliegen. Frau Töpfer, Sie helfen uns? Arbeitsgruppe „Recht". Der Einwurf stimmt?

Frau Töpfer (FDGB): Der Einwurf von DA ist berechtigt.

Ducke (Moderator): Aber was müssen wir dann machen? Streichen?

Frau Töpfer (FDGB): Na, man könnte vorschlagen, daß das **Arbeitsgesetzbuch** in diesem Punkt geändert wird.

[Gelächter]

Ducke (Moderator): Ah, Frau Töpfer! Ja. Meine Frage ist, wie entsprechen wir der Intention dieses Antrages, [so] daß klar ist, daß hier nicht sozusagen wieder neues Unrecht geschieht. Aber wenn ich jetzt an [eine] Änderung des Arbeitsgesetzbuches denke. Hilft uns jemand?
Herr Lietz.

Lietz (NF): Ich denke, man könnte das in der Weise auffangen, indem man sagt, daß nach einem Jahr der Antrag auf die Unterzeichnung eines Arbeitsvertrages gestellt werden kann. Das ist möglich. Und dieses Zwischenjahr – – Aber anders ist da arbeitsrechtlich nichts zu machen.

Ducke (Moderator): Gut, gut. Herr Engelmann, Demokratischer Aufbruch.

Engelmann (DA): Abgesehen von meiner Feststellung, die ich vorhin schon einmal traf, daß ich der Meinung bin, daß ehemalige Mitarbeiter der **Staatssicherheit** in der **Volksbildung** gar nichts zu suchen haben, könnte ich mich ja mit dem zweiten Anstrich noch anfreunden, aber mit dem dritten, daß Leute, die keine pädagogische Ausbildung haben, also mit dem letzten Teil dieses zweiten Abschnittes, die keine pädagogische Ausbildung haben und somit ohne jede Grundlage als Pädagogen eingestellt worden sind, die jetzt auch noch vorrangig auszubilden und den Arbeitsvertrag solange aufzuheben, das kann ja wohl nicht wahr sein – –

Ducke (Moderator): Das ist Ihre Meinung.

Engelmann (DA): Ja, das steht aber hier drin.

Ducke (Moderator): Ja.

Engelmann (DA): „– solange auszusetzen, bis eine pädagogische Ausbildung erfolgt ist".

Ducke (Moderator): Es ist Ihr gutes Recht, dazu Stellung zu nehmen. Aber es steht zunächst einmal hier.
Ja, Herr Weiß, helfen Sie uns?

Weiß (DJ): Ja. Ich bin eben in die Lage versetzt worden, zu helfen, und zwar aufgrund des Ministerratsbeschlusses vom 1. Februar 1990 über die Zielstellungen, Grundrichtungen, Etappen und unmittelbaren Maßnahmen der **Wirtschaftsreform** ist eine solche dreimonatige **Probezeit, Probeanstellung** möglich.

Ducke (Moderator): Aha.

Weiß (DJ): Hier geht es darum, daß **Leiter, die nach kaderpolitischen Prinzipien der SED-Führung eingesetzt waren** und moralisch und politisch belastet sind, und so weiter und so fort – –

Ducke (Moderator): Danke, Herr Weiß. Also, das würde bedeuten, ist der Arbeitsvertrag auf die rechtlich vorgesehene Frist zu begrenzen, wenn wir es ganz exakt [nehmen], ohne daß wir uns jetzt auf drei Monate [festlegen], man weiß ja nie, was morgen wieder das Arbeitsgesetzbuch geändert hat. Wäre das so eine Version, Herr Hofmann?

Hofmann (Volksinitiative Bildung): Die NDPD ist der Einbringer, die müßten dazu Stellung nehmen.

Ducke (Moderator): Ach so, ich meine, ich habe jetzt die Arbeitsgemeinschaft. Das wäre doch denkbar, nicht, ja? Statt ein Jahr, weil das rechtlich nicht möglich ist, auf die rechtlich mögliche Frist zu begrenzen. Darum geht es ja, nicht? Es war ja jetzt nicht zum Inhalt, sondern nur zu diesem rechtlichen Vorbehalt. Einverstanden sind Sie? Wünscht noch jemand zu diesem Antrag das Wort?
Bitte, Herr Schulz, Neues Forum.

Schulz (NF): Ich habe noch eine Einfügung zu machen, und zwar zu der Passage: „Liegt eine pädagogische Ausbildung vor, ist der Arbeitsvertrag unter Berücksichtigung ihrer vorherigen Tätigkeit auf ein Jahr zu begrenzen, ..."

Ducke (Moderator): Dieses eine Jahr ist eh schon weg.

Schulz (NF): Bitte?

Ducke (Moderator): Auf die gesetzliche Frist hatten wir uns geeignet.

Schulz (NF): Ich möchte, daß „... unter Berücksichtigung der vorhergehenden Tätigkeiten...".

Ducke (Moderator): Ja, ja. Aber das „ein Jahr" wollten wir wegtun.

Schulz (NF): Ah ja, gut.

Ducke (Moderator): Einverstanden? Ist das möglich? „Unter Berücksichtigung", ist möglich? Jawohl, es gibt keinen Widerspruch. Weitere Wortmeldungen zu diesem Antrag?
Bitte, Herr Lietz, Neues Forum.

Lietz (NF): Also, ich denke, man müßte noch dazuschreiben „ist ein vorläufiger Arbeitsvertrag".

Ducke (Moderator): Ja, das gibt es nicht, das haben wir gehört, es gibt die Möglichkeit mit einer Frist. Also, da lasse ich mich jetzt nicht mehr darauf ein. Jetzt haben wir einen Lösungsweg, und auf diesem schmalen Steg gehen wir voran. Ich denke, das Anliegen ist klar, die rechtlichen Probleme werden auch von der Arbeitsgruppe noch einmal so formuliert, daß es abzuklopfen ist. Und dann lassen wir darüber abstimmen. Ich wurde hier auf etwas aufmerksam gemacht? Nein, aha.
Ich lasse abstimmen. **Antrag 5, Einstellung ehemaliger Mitarbeiter der genannten Institution** mit den Änderungen „... unter Berücksichtigung der vorherigen Tätigkeit ..." und der Änderung, „... auf die gesetzlich mögliche Frist zu begrenzen". Wer für diesen Antrag ist, den bitte ich um das Handzeichen. Da werden wir wohl zählen müssen. Wer für den Antrag [ist, den] bitte ich um das Handzeichen. – Die Mehrheit ist es. Wer ist dagegen? – Es gibt 2 Gegenstimmen. Wer enthält sich der Stimme? – 5 Stimmenthaltungen. Der Antrag ist angenommen.
Vorlage 15/8, Antrag 6 AG „Bildung, Erziehung und Jugend": Zum Planstellenbestand im Hoch- und Fachhochschulbereich. Es geht hier um die Verringerung von Planstellen, Bestand, der nicht stattfinden soll. Habe ich das richtig wiedergegeben? Wünscht jemand dazu das Wort? Das Anliegen ist klar. Es ist eine Direktmaßnahme, damit kein Unrecht geschieht. Wer, es ist niemand, der das Wort wünscht? Dann bitte ich um die Abstimmung. Wer für den **Antrag 6** ist, den bitte ich um das Handzeichen. – Das ist die Mehrheit. Wer ist dagegen? – Es ist ein, na, das war nur ein verzögertes Ja. Wer enthält sich der Stimme? – Eine schnelle Entscheidung. 4 Stimmenthaltungen.
Vorlage 15/8, Antrag 7 AG „Bildung, Erziehung und Jugend": Zu Direktbewerbungen von Pädagogen. Hier geht es um die Direktbewerbung. Die Möglichkeit soll eröffnet werden, sich direkt zu bewerben, von Lehrerinnen und Lehrern und Erzieherinnen, Rechtsgrundlagen sind dafür zu schaffen. Wünscht dazu noch jemand das Wort? Das Anliegen ist auch sofort verständlich. Es gibt halt manche Schulen, die sind schöner. Spielt die Gegend auch eine Rolle? Nein. Wer für, dann lassen wir abstimmen. Wer für diesen Antrag ist, den bitte ich um das Handzeichen. – Das ist die Mehrheit. Wer ist dagegen? – Wer enthält sich der Stimme? – Ebenfalls niemand. Einstimmig.
Vorlage 15/8, Antrag 8 AG „Bildung, Erziehung und Jugend": Zur Einrichtung eines Kinderkulturfonds; zu außerschulischen Bildungs-, Betreuungs- und Sporteinrichtungen. Hier sind ein paar Punkte, aber das soll uns überhaupt nicht verwirren. Hier geht alles unter das Stichwort Kinderkulturfonds und auch die weiteren Dinge. Es geht darum, daß die finanziellen Möglichkeiten für eine sinnvolle Kinder- und Jugendarbeit da sind, daß da, so ist das richtig? Es wünscht das Wort vom FDGB Herr Bartesch.

Bartesch (FDGB): Ja, also, Punkt 4 müßte präzisiert werden. Der Antragsteller, bitte.

Ducke (Moderator): Punkt 4 vom Antrag 8: „Die Betriebe ...", ja? Was heißt präzisiert? Können Sie das bitte sagen?

Bartesch (FDGB): Ja, der ist sachlich nicht richtig. So kann dem nicht zugestimmt werden.

Ducke (Moderator): Helfen Sie uns einmal? Wer hilft uns?

Hofmann (Volksinitiative Bildung): Antragsteller sind die Unabhängigen Frauen.

Ducke (Moderator): Bitte, Unabhängiger Frauenverband, Frau Kreutziger.

Frau Kreutziger (UFV): Ja, das ist eine sprachliche Fehlbildung, die beim Abschreiben passiert ist. Der Punkt muß heißen: „Die Betriebe werden dringend aufgefordert, ihre Betriebsferienlager und die in ihre Rechtsträgerschaft übergegangenen ZPL **[Zentrales Pionierlager]** auch künftig vorrangig für Kinder zu nutzen". Das ist also der erste Satz, und in der dritten Zeile geht es dann weiter. Und dann gibt es einen zweiten Satz, der muß heißen: „Die bis dato vorhandenen Subventionen müssen aus staatlichen Fonds ausgeglichen werden".

Ducke (Moderator): Das wäre der dritte Satz, ja?

Frau Kreutziger (UFV): Der zweite.

Ducke (Moderator): Na, eigentlich der zweite, weil der erste so lang geraten ist? O. K.

Hofmann (Volksinitiative Bildung): Müßte die Erklärung „ZPL", das – –

Ducke (Moderator): Geht das?

Frau Kreuziger (UFV): Ach so, „Zentrale – – "

Ducke (Moderator): Nein, ich meine, geht es zunächst einmal rechtlich? So geht es? So geht es. Und jetzt erklärt uns noch jemand, was **ZPL** ist.

Frau Kreutziger (UFV): Ja, „Zentrale Pionierferienlager" oder „Pionierlager".

Ducke (Moderator): Vielen Dank. Es hätte [eine] Postleitzahl, Zentrale Postleitzahl oder so etwas ja auch sein können, nicht.

Hofmann (Volksinitiative Bildung): **KLZ** steht noch im Antrag. Das müßte auch erklärt werden.

Ducke (Moderator): Und was ist das bitte, KLZ?

Frau Kreutziger (UFV): **Kindererholungszentren.**

Ducke (Moderator): Vielleicht könnte man das, wenn es veröffentlicht wird, ausschreiben, ja? Danke. Damit wäre dieser Punkt auch geklärt.
 Bitte, Herr Hahn, PDS.

Hahn (PDS): Im Punkt 5 würden wir die Antragsteller bitten, das konkret darzulegen, was damit gemeint ist. Entweder geht es dabei um die **Nutzung von Sportstätten** der Betriebe oder es geht um das Sporttreiben in Sportgemeinschaften. Dieser Punkt ist undeutlich formuliert.
 Wenn es um das **Sporttreiben in Sportgemeinschaften** geht, muß natürlich Beitrag entrichtet werden und können nicht die Kommunen die Kosten tragen. Geht es um die Nutzung von Sportstätten, gibt es ohnehin am Runden Tisch des Sportes ein beschlossenes Papier, eine Verordnung, die davon ausgeht, daß weiterhin die Sportstätten unentgeltlich genutzt werden können von Vereinen zum Sporttreiben.
 Also, entweder, da das erledigt ist, könnte dieser Punkt wegfallen, oder aber wir hätten einen Formulierungsvorschlag, wie man diesen Punkt klarer formulieren könnte. Würden wir die Antragsteller bitten – –

Ducke (Moderator): Also, die Antragsteller werden sicher dafür sein, daß der Punkt bleibt, nicht? Fragen wir einmal Frau Kreutziger.

Frau Kreutziger (UFV): Also, eigentlich sind wir dafür, daß der Punkt bleibt. Es war natürlich so, daß es sich auf die Sportstätten bezogen hat. Aber wenn jetzt [die] PDS einen Antrag hat – –

Ducke (Moderator): Also, machen wir einmal den Formulierungsvorschlag?
 Herr Hahn, bitte.

Hahn (PDS): „Die Sportgemeinschaften und -vereine werden dringend aufgefordert, für die sportliche Freizeitgestaltung besonders der Kinder und Jugendlichen den freien Zugang in die Sektionen und Sportgruppen zu sichern. Entsprechend gültiger Rechtsvorschriften ist die Nutzung von staatlichen Sportstätten und Einrichtungen für das Sporttreiben auch weiterhin unentgeltlich zu gewähren."

Ducke (Moderator): Ja. Herr Weiß, Sie hatten sich dazu gemeldet, oder?

Weiß (DJ): Ja. Ich habe noch – –

Ducke (Moderator): Jetzt zu dem Formulierungsvorschlag meine ich.

Weiß (Demokratie Jetzt): – ja, ich habe da zu diesem Punkt ein Bedenken einzubringen, und zwar denke ich, wenn die **Kommunen** verpflichtet werden, die **Kosten für Betriebssportgemeinschaften** zu tragen, dann muß sichergestellt sein, daß Kinder unabhängig von der Betriebszugehörigkeit der Eltern die Möglichkeit haben, in diesen Betriebssportgemeinschaften aktiv zu werden. Denn sonst sehe ich nicht ein, warum die **Kommunen** und nicht die Betriebe die Kosten tragen sollen.

Hahn (PDS): [Ich] würde nur ganz kurz darauf antworten wollen. Der Punkt wäre dann ja heraus. Bei dem Formulierungsvorschlag wären die Nutzung und Kosten nicht mehr enthalten.

Ducke (Moderator): Im Formulierungsvorschlag [der] PDS wäre es heraus mit den Kosten.

Hahn (PDS): Dann wäre das nicht mehr enthalten.

Weiß (DJ): Ich denke trotzdem, daß man dies offenhalten sollte für alle Kinder. Denn gerade in kleinen Gemeinden oder in kleinen Städten ist das wichtig. Ich würde also vorschlagen, nach – –

Ducke (Moderator): Nein, lassen Sie einmal jetzt den Änderungsvorschlag. Daß der, wie er steht, nicht bleiben kann, das waren wir uns schon einig. Danke. Herr Bartesch, Frau Burkert dann. Aber erst Herr Bartesch, FDGB. Oder?

Frau Knoche (FDGB): Ja, Frau Knoche, FDGB. Wir hätten doch noch einmal eine Frage zum Verständnis Punkt 4. Uns geht es darum, daß die **betrieblichen Fonds** für die **Betriebsferienlager** erhalten bleiben und zum anderen die staatlichen Subventionen für die Zentralen Pionierlager.
 Dann geht es uns weiterhin auch darum, daß diese Betriebe nicht aufgefordert werden, schlechthin nur vorrangig diese Kapazitäten für die Kinder zu nutzen, sondern so, wie wir es heute früh in der **Sozialcharta** gesagt haben, daß diese Kapazitäten erhalten bleiben, rekonstruiert und modernisiert werden, so daß sie wirklich für eine niveauvolle Betreuung unserer Kinder zugute kommen.
 Das wäre noch einmal unsere Frage zum Verständnis hier Punkt 4. Danke.

Ducke (Moderator): Ja. Danke. Frau Burkert, Neues Forum.

Frau Burkert (NF): Ja. Zum Punkt 5. Der Vorschlag, der Formulierungsvorschlag, ich glaube, ist nicht ganz schlüssig oder ich habe ihn nicht recht verstanden. Und zwar wird im ersten Teil des Formulierungsvorschlages gesagt, die Betriebssportgemeinschaften und die Betriebe sollen ihre Betriebssportgemeinschaften für alle frei zur Verfügung stellen. Und im zweiten Teil steht doch, der Zugang zu staatlichen Bildungsstätten – –
 Das ist doch ein Unterschied und insofern würde es nebeneinander stehen bleiben.

Ducke (Moderator): Können Sie die Schwierigkeit ausräumen, Herr Hahn?

Hahn (PDS): Das würde aus unserer Sicht nicht nebeneinander stehen. Es geht zum ersten um die Sportgemeinschaften sowohl der Betriebe als auch anderer Sportgemeinschaften. Wir wollen also diesen Punkt ganz wegnehmen und neu formulieren. Damit ist dann diese Verbindung nicht mehr gegeben.
 Und zum zweiten, um die Nutzung von staatlichen Sportstätten, das heißt natürlich auch, Sportstätten, die volkseigenen Betrieben gehören, sind letztlich **staatliche Sportstätten.**

Ducke (Moderator): Ja. Also, jetzt haben wir uns aber wirklich auf ein Feld begeben, wo die wenigsten von uns zu Hause sind, habe ich den Eindruck. Meine Frage noch einmal an die Einbringer. Können Sie sich mit diesem Formulierungsvorschlag [arrangieren und] den dann so formulieren, daß das klar wird, das Anliegen, und die Probleme ausgeräumt sind?

Bitte, Frau Kreutziger.

Frau Kreutziger (UFV): Ich bin eigentlich dafür, daß dieses in dieser Formulierung erhalten bleibt.

Ducke (Moderator): Geht das mit den **Kosten der Kommunen** und **die „Betriebssportgemeinschaften"**?

Frau Kreutziger (UFV): Ja. Und ich beziehe mich dabei auf eine Anordnung über die Nutzung von Sportanlagen, die wir im Entwurf von Herrn Poßner bekommen haben beim **Runden Tisch des Sports**, die offensichtlich durchgehen soll. Und da heißt es in Paragraph 4, also bezieht sich auf kommunale und staatliche Sportstätten:

„Anderen Rechtsträgern beziehungsweise Eigentümern von Sportanlagen – in diesem Fall den Betrieben – wird empfohlen, entsprechend dieser Anordnung zu verfahren. Die dadurch entstehenden Kosten werden unter Nachweis von den zuständigen örtlichen Räten erstattet."

Darauf bezieht sich das.

Ducke (Moderator): Also, ich hatte doch vorhin recht. Wir wissen heute nicht, was morgen schon wieder neues Recht ist. Also, jetzt haben wir eine Möglichkeit, daß wir so zustimmen. Ich schlage vor, die Arbeitsgruppe soll noch einmal gucken, was hier rechtlich möglich ist.

Wir wissen ja, worum es geht: Wir brauchen Plätze, wo wir hingehen können oder die Leute hinschicken. Deswegen lassen wir jetzt über den ganzen Antrag abstimmen. Noch zum Sport, aber nicht noch zu dem Sportplatz.

Ja, bitte. Herr Hofmann.

Hofmann (Volksinitiative Bildung): Nein, nicht zum Sportplatz. Es gab vorhin im vorigen Tagesordnungspunkt eine Antragsvorlage, die steht hier unter **15/8** allerdings. Das war der Punkt, der hier mit hineinformuliert werden sollte als Zusatzpunkt: „Die Parteien und Organisationen des Runden Tisches benennen je einen **Kinderbeauftragten**. Dieser bildet die **Kinderkommission** der künftigen Volksvertretungen." Das war ein Antrag, der hier eingebracht wird. Der paßt hier in diesen Punkt und wird beantragt, hier mit aufzunehmen.

Ducke (Moderator): Also, die Arbeitsgemeinschaft macht sich das zu eigen. Wir haben ihn nicht vorliegen. Es soll also sozusagen ein Anstrich, ein Punkt [sein]. Als [Ziffer] 6 [des Einzelantrags 8 der **Vorlage 15/8**] oder – Ja. Also, sechster Punkt. Sagen Sie uns noch einmal das Anliegen? „Jede Partei benennt einen Kinderbeauftragten"?

Hofmann (Volksinitiative Bildung): So ist es, jawohl.

Ducke (Moderator): Aha. Die Parteien wissen das schon? Aber sie sollen es dadurch wissen, gut. Wir stimmen jetzt, würde ich sagen, über den Antrag mit dieser Ergänzung der Antragsteller ab. Wer für den Antrag ist in der Weise vom Kulturfonds vom Sport bis zum Kinderbeauftragten, den bitte ich um das Handzeichen. Ja. – Nach der Diskussion hätte ich das gar nicht erwartet. Wer ist dagegen? Und wer enthält sich der Stimme? – Einstimmig. Danke.

Vorlage 15/8, Antrag 9 AG „Bildung, Erziehung und Jugend": Zur Anerkennung der UNESCO-Charta der Rechte der Lehrer. UNESCO-Charta der Rechte der Lehrer anzuerkennen und in zukünftige Rechtspositionen einzubeziehen. Das Anliegen ist auch deutlich. Wünscht jemand das Wort zu diesem Antrag? – Niemand. Dann können wir darüber abstimmen. Wer für den Antrag ist, die Beauftragung des Ministerrates, den bitte ich um das Handzeichen. – Das ist die Mehrheit. Wer ist dagegen? – Beim Abstimmen nicht das Mikrofon benutzen. Danke. Wer enthält sich der Stimme? – Einstimmig. Danke.

Vorlage 15/8, Antrag 10 AG „Bildung, Erziehung und Jugend": Zum Fortbestand der „Häuser des Lehrers". Häuser der Lehrer sollen fortbestehen. Und da soll die Regierung daran veranlaßt werden. Der Antrag ist klar. Wünscht jemand dazu das Wort? Einbringer war FDGB.

Bitte, Herr Schulz.

Schulz (NF): Ich würde zu diesem Antrag präzisieren, daß die **Rechtsträgerschaft** dieser Häuser geklärt werden muß und andere Rechtsträger festgelegt werden.

Ducke (Moderator): Bitte, Herr Bartesch, FDGB.

Bartesch (FDGB): Dann wäre ich für den Vorschlag, daß wir formulieren: „unabhängig der Rechtsträgerschaft". Denn auch heute ist es so, daß wir verschiedene Rechtsträger haben. Das ist Fakt. Hier geht es um die Nutzung und nicht in erster Linie um die Rechtsträgerschaft. Damit sie nicht wegfallen.

Ducke (Moderator): Aha. Ist das damit klarer geworden? Herr Schulz noch einmal.

Schulz (NF): „... bei Überprüfung und Korrektur der Rechtsträgerschaft..." würde dann als Formulierungsvorschlag von mir kommen.

Ducke (Moderator): Ginge das so? „... Überprüfung und Korrektur der Rechtsträgerschaft...", ja?

Herr Weiß bitte dazu.

Weiß (DJ): Ist jemand aussagefähig, in welcher Höhe sich die Belastung des Staatshaushaltes durch diese **„Häuser der Lehrer"** beläuft? Das wäre schon für die Entscheidungsfindung wichtig zu wissen.

Ducke (Moderator): Ja. Man muß ja auch schon für die künftige Regierung sprechen, nicht. Ja, ich sehe schon. Herr Bartesch, FDGB.

Bartesch (FDGB): Also, gegenwärtig ist das so, daß die **Bezirksschulräte**, denn die „Häuser der Lehrer" sind Einrichtungen der jeweiligen Bezirke dann, die tragen die Personalkosten und natürlich Dach und so weiter, aber eine genaue Zahl kann man nun nicht sagen, was die kosten. Ja, im Moment nicht. Ich meine jetzt im Moment.

Ducke (Moderator): Gut. Man kann sie im Moment nicht sagen. Also, wir wissen, daß diese Forderung Kosten verursacht. Beim Abstimmungsverhalten [ist dies] zu berücksichtigen. Frau Sievert noch dazu. Dann lassen wir abstimmen. Oder, Herr Stief noch.

Frau Sievert (UFV): Ich möchte es aber trotzdem, auch wenn da Kosten entstehen könnten, künftig unterstützen. Es steht ja hier ausdrücklich drin, daß es für die ungehinderte Arbeit auch der unabhängigen bildungspraktischen Initiativgruppen zu gewährleisten sein soll. Und ich denke, wenn man jetzt also auch diese Häuser irgendwo auf dem großen Markt zum Verkauf stellt, fällt für sämtliche **Pädagogen** ein Betätigungsfeld weg.

Ducke (Moderator): Danke. Das war klar. Herr Stief noch, NDPD, dazu bitte.

Stief (NDPD): Da sich eine neue Demokratie auch einer treffsicheren Sprache bedienen sollte, würde ich vorschlagen, weil ich mir darunter nichts vorstellen kann unter inhaltlicher Umprofilierung, daß man verändert: „... im Zusammenhang mit der notwendigen Neubestimmung der Aufgaben dieser Einrichtungen ...". Ich glaube, daß das gemeint ist. Sonst würden ja nur Schreibtische im Inneren dieser Häuser an eine andere Stelle gerückt.

Ducke (Moderator): Also, „... Neubestimmung der Aufgaben dieser Einrichtung ..." wird vorgeschlagen als Formulierungsvorschlag. Gibt es dagegen Bedenken? [Das ist] nicht der Fall. Sie haben es treffsicher erkannt, was inhaltliche Umprofilierung bedeutet. Danke, Herr Stief.

Wir lassen darüber abstimmen. Wer für diesen Antrag ist, den – – Ihre Korrektur ist eingebracht, Rechtsträgerschaft. So war das jedenfalls mit Nicken hier angekommen. Und diese Änderung bezüglich der Neubestimmung.

Wer für diesen Antrag ist, den bitte ich jetzt um das Handzeichen, Stichwort Häuser der Lehrer. – Das ist die Mehrheit. Wer ist dagegen? – Ist nicht der Fall. Wer enthält sich der Stimme? – Das sind 4 Stimmenthaltungen. Danke. Der Antrag ist angenommen.

Vorlage 15/8, Antrag 11 AG „Bildung, Erziehung und Jugend": Zur Erhaltung subventionierter Schulspeisung. Erhaltung subventionierter Schulspeisung. Ja, also, wenn ich Antragsteller wäre, würde ich sagen die schmeckt. Aber gut, das kann man ja nicht machen. Also, subventionierte Schulspeisung ist das Stichwort. Ja, ja, ich weiß schon. Sie wissen ja, Geschmacksfragen, da kann man nicht darüber abstimmen.

Also, Schulspeisung. Das Thema ist auch klar. Die Aufregungen in der Bevölkerung sind uns auch bewußt. Wünscht jemand dazu das Wort? Wir könnten ja die Kinder fragen, ob es heute geschmeckt hat. Es ging, die waren nicht da. Wer für diesen Antrag ist, den bitte ich um das Handzeichen. Das ist die Mehrheit. Wer ist dagegen? – Und wer enthält sich der Stimme? – Niemand. Es wird weiter gegessen.

Vorlage 15/8, Antrag 12 AG „Bildung, Erziehung und Jugend": Zur Sicherung des polytechnischen Unterrichts. Und jetzt kommt [eine] Position zur Sicherung des polytechnischen Unterrichts. Auch hier ist das Anliegen klar, das in ein **Bildungskonzept** eingearbeitet sein soll, das Anliegen, das mit diesem Stichwort **polytechnischer Unterricht** gegeben ist. Wünscht jemand zu diesem Antrag das Wort? Bitte von der LDP, Herr Mohaupt.

Mohaupt (LDP): Da hier praktisch eine Vorwegnahme für ein künftiges Bildungskonzept im inhaltlichen Punkt geschieht, wäre ich dafür, zu formulieren:

„Der polytechnische Unterricht ist bis zum Inkrafttreten einer Bildungsreform Bestandteil der allgemeinen Bildung ..." und so weiter. Die Begründung für den Vorschlag ergibt sich daraus, daß es zumindest bei der LDP aber auch bei vielen anderen Lehrern prinzipielle andere Auffassungen zur Gestaltung des polytechnischen Unterrichts gibt, bis dahin, daß alles prinzipiell umgestaltet werden muß – das polytechnische Prinzip nicht mehr als namensgebendes Prinzip da sein sollte und so weiter.

Ich will das im Detail nicht erläutern. Deshalb der Antrag, das so zu formulieren: „Der polytechnische Unterricht ist bis zum Inkrafttreten einer Bildungsreform Bestandteil ..."

Ducke (Moderator): Das ist ein klares Votum, das also einen Endpunkt oder einen Fixpunkt macht. Ich bitte Herrn Hahn, PDS; dann Herrn Wolf, Grüne Partei.

Bitte, Herr Hahn.

Hahn (PDS): Ich hatte gestern im Bezirk Schwerin die Möglichkeit, mit Studenten der **PH** [Pädagogische Hochschule] **Güstrow** zu sprechen, und ich habe dort erfahren, daß bereits vom ersten Studienjahr der **Polytechnik-Studenten** ca. ein Drittel bereits das Handtuch geworfen hat aufgrund einer relativ ungewissen Perspektive ihrer Studieneinrichtung.

Und heute im „Neuen Deutschland" ist ein Leserbrief abgedruckt, wo es darum geht, daß auf die Gefahr der Schließung eines **Polytechnikzentrums** in Jessen aufmerksam gemacht wird.

Und ich glaube, diese beiden Punkte zeigen schon, wie wichtig es ist, daß der Runde Tisch dazu Stellung bezieht, und wir würden den Antrag des FDGB nachdrücklich unterstützen und können uns nicht dem Vorredner anschließen, daß das nur bis zur Ausarbeitung eines neuen Konzeptes so sein soll, sondern auch in die neue Bildungskonzeption aufgenommen werden müßte.

Ducke (Moderator): Das war die Stellungnahme [der] PDS, Herr Hahn. Ich rufe Herrn Wolff, Grüne Partei, dann, jetzt muß ich doch langsam schreiben.

Wolff (GP): Also, wir möchten erst einmal diesen Antrag so wie er hier steht auch noch einmal unterstützen. Er ist ja auch Ergebnis einer Arbeitsgruppe. Ich möchte aber eine Ergänzung vorschlagen, und zwar betrifft das im letzten Satz hinter dem Wort „Sozialbereich", da soll eingefügt werden:„... und im Bereich des Umweltschutzes ...".

Ich lese den Satz noch einmal gesamt vor: „Die berufspraktische Arbeit der Schüler sollte in allen Bereichen, also auch im Sozialbereich und im Bereich des Umweltschutzes, erfolgen."

Ducke (Moderator): Danke für diese Ergänzung. Sie sind also für diesen Antrag in dieser Weise, nur eventuell mit Ergänzung. Es liegt ja auch von Ihnen so ein Antrag vor, nicht, wo **ökologische Bildung** eigentlich verlangt wird, der heute nicht verhandelt werden kann? Danke für den Hinweis. Herr Lietz war jetzt als nächstes, dann Frau Burkert, Neues Forum.

Lietz (NF): Nach den Erfahrungen, die ich mit meinen Kindern bezüglich des **polytechnischen Unterrichts** gemacht habe und der Konzeption oder Nichtkonzeption dieses Unterrichtes würde ich vorschlagen, bevor nicht eine einsichtige und neue Konzeption des polytechnischen Unterrichtes vorliegt, die wirklich für die Kinder selbst ein Gewinn ist, sollte der polytechnische Unterricht bis auf weiteres ausgesetzt werden.

Ducke (Moderator): Ja, gut, das ist sogar ein weitergehender Antrag. Aber Sie können sich zur Unterstützung von dem von der LDP vorgetragenen [äußern], ja. Frau Burkert, Neues Forum. Oh, jetzt haben wir aber Wortmeldungen.

Frau Burkert (NF): Obwohl auch Neues Forum muß ich hier ein ganz klein bißchen in der Tendenz anders sprechen. Ich denke, daß der polytechnische Unterricht eine große Chance ist, die unbedingt erhalten bleiben soll, und ich spreche also für diesen Antrag, aber ich möchte ihn eventuell doch ergänzen, und zwar ganz am Ende. Vielleicht sollten wir in den Antrag einbeziehen, daß bis zum Ablauf dieses Schuljahres eine neue Konzeption für den polytechnischen Unterricht vorliegen muß.

Ducke (Moderator): Also, grundsätzlich ja, aber dies ist wieder ein Antrag, daß ein Konzept erarbeitet wird. Sie kommen dann schon dran, danke. Jetzt hat das Wort Herr Bartesch, FDGB, dann Frau Sievert, dann Herr, wen hatte ich jetzt aufgerufen?

Herr Bartesch, bitte, FDGB.

Bartesch (FDGB): Ja, also, wir müßten uns darüber im klaren sein, daß gegenwärtig ca. **600 000 Schüler** beschult werden in diesem Fach. Und es gibt eine ganze, mehr oder weniger – – gut, also ich gehe mit jenen mit, die da viel zu kritisieren haben.

Wenn aber heute dieser Unterricht zerschmettert wird, es sind ganze Klassen und Schulen, die werden ausgesperrt – – Wenn die Lohnfonds, wenn das alles aufgegeben wird, wenn hier Lehrer arbeitslos werden, und wir haben bereits **Polytechniklehrer**, die Probleme haben, ihre Arbeit, ihre Brötchen zu erhalten – – Zerschlagen ist der Unterricht in drei Wochen – – Und ich bin dafür, daß man ihn erhält, ein Arbeitsunterricht, der unserer gesellschaftlichen Entwicklung entspricht.

Ducke (Moderator): Danke. Das war noch ein Wort dazu. Frau Sievert, Unabhängiger Frauenverband, bitte.

Frau Sievert (UFV): Ich möchte diesen Antrag unbedingt unterstützen. Es beneiden uns viele Länder um die Idee dieses polytechnischen Unterrichts, daß es also da einmal eingeführt wurde.

Daß es inhaltlich verfälscht wurde beziehungsweise nicht das ist, was man eigentlich sich für die Kinder erwartet für ihre Entwicklung, das sollten wir vielleicht, da könnte ich einen Formulierungsvorschlag machen, mit hier hineinnehmen.

Aber ich denke auch, man sollte jetzt nicht das jetzt kaputt machen, wenn man die Möglichkeit hat, das inhaltlich vollkommen neu zu strukturieren und den Kindern die Möglichkeit zu geben, sich zu betätigen.

Ducke (Moderator): Ich habe noch drei Wortmeldungen, möchte dann die Debatte eigentlich abschließen zu diesem Punkt, denn wir haben noch eine Riesenfülle. Frau Braband, Herr Mohaupt, Frau Wolff.

Bitte, Frau Braband.

Frau Braband (VL): Ich ziehe zurück, weil, wir wollen diesen Antrag unterstützen, weil wir aus allen schon genannten Gründen ihn sehr befürworten. Man kann ihn nur inhaltlich verbessern.

Ducke (Moderator): Danke. Herr Mohaupt, LDP, bitte. Dann Frau Wolff, Grüne Partei.

Mohaupt (LDP): Um das inhaltlich vielleicht zu verdeutlichen, es geht mir nicht um die prinzipielle Beseitigung der Möglichkeit einer technischen Ausbildung, sondern durchaus um den Erhalt einer solchen Ausbildung.

Aber wir nehmen hier mit der Begriffsfindung polytechnischer Unterricht und mit der Begriffsfindung also einfach der Fortschreibung des bisherigen polytechnischen Unterrichts eine inhaltliche Konzeption eines Gesamtbildungsvorgangs vorweg.

Und aus diesem Grunde einfach der Vorschlag – ich will ja den polytechnischen Unterricht im Augenblick nicht aus-gesetzt wissen oder zerschlagen wissen oder was auch immer, sondern – eben einfach der Vorschlag, „Der polytechnische Unterricht ist bis zum Inkrafttreten einer Bildungsreform Bestandteil..." und so weiter.

Eine neue **Bildungsreform** wird neue Rahmenbedingungen setzen müssen, um dann zu entscheiden, was dort zu tun und zu lassen ist.

Ducke (Moderator): Danke, Herr Mohaupt. Ich verstehe doch jetzt Ihre Wortmeldung als einen konkreten Antrag, über den wir dann abstimmen, Antrag LDP, von Ihnen jetzt vorgetragen, Änderung in der ersten Zeile: „Der polytechnische Unterricht ist bis zum Inkrafttreten der neuen Bildungsreform Bestandteil..." und so weiter, ja? Nur diese Änderung? Danke.

Das Wort hat jetzt Frau Wolff; und dann hat sich Herr Stief noch gemeldet, NDPD; und dann lassen wir abstimmen.

Bitte, Frau Wolff.

Frau Wolff (GP): Also, ich wollte gerade auch zurückziehen, bin aber gerade gebeten worden, im letzten Satz statt also auch im Sozialbereich dort sollte hinkommen, „... insbesondere im Sozialbereich und im Bereich des Umweltschutzes...".

Ducke (Moderator): Ah, also jetzt, na gut. Herr Stief, NDPD.

Stief (NDPD): Ich bin sehr dafür, daß der polytechnische Unterricht im Prinzip erhalten bleibt. Es geht hier nicht nur um die Sicherung von Arbeitsplätzen. Vielleicht könnte man sich auf folgende Formulierung einigen, weil nämlich auch das, was zuletzt gesagt wurde, bedeutet, daß bei einer kurzfristig vorhandenen **Bildungsreform** oder einem Bildungskonzept dann ja das erlöschen würde oder könnte.

Da aber nicht hinreichend geprüft ist, ob nicht diese Kategorie, Polytechnischer Unterricht durch wen sie auch immer getragen wird, ob durch Schule und Betrieb gemeinsam oder wie auch immer, folgende Regelung finden: „Der polytechnische Unterricht ist oder sollte inhaltlich neu bestimmt werden und in einem künftigen Bildungskonzept Bestandteil der Allgemeinbildung sein".

Und alles andere könnte gestrichen werden. Denn die strukturellen Vorgaben mit Kombinaten, Betrieben und Genossenschaften und die Kombination zwischen Schule und Betrieb muß ja – das ist eine Sache, die kurzlebig ist offensichtlich. Aber die **Kategorie Polytechnischer Unterricht**, weil wichtig für die Erziehung, wenn sie gut gemacht wird, einfallsreich gemacht wird, halte ich für außerordentlich wichtig.

Ducke (Moderator): Herr Stief.

Stief (NDPD): Darf ich wiederholen?

Ducke (Moderator): Genau darum wollte ich Sie bitten.

Stief (NDPD): „Der polytechnische Unterricht sollte inhaltlich neu bestimmt werden."

Ducke (Moderator): Das ist uns jetzt klar, nicht, inhaltlich?

Stief (NDPD): – „-und auch in einem künftigen Bildungskonzept Bestandteil der Allgemeinbildung sein". Mehr nicht.

Ducke (Moderator): Und dann ab hinter „allgemeine" – „und sollte auch weiterhin gemeinsam in Schule..." und so – all diese Dinge, werden gestrichen.

Stief (NDPD): Ja, weil das dann so oder so – –

Ducke (Moderator): Alles klar. Die ganze Seite oder bleibt der nächste Absatz, rechtliche Grundlagen, Finanzierung brauchen wir eigentlich dann nicht zu bestimmen. Sie haben recht, es kann alles gestrichen werden. Damit erübrigen sich auch – oder nicht? Nein, nein? Gut, gut. Ich frage ja nur.

Stief (NDPD): Ich war noch nicht so weit in meinen Gedanken. Ich würde das zuletzt Genannte, also Sozialbereich, Umweltschutz – wobei natürlich Umweltschutz durchaus ein Bestandteil einer groß angelegten Sozialpolitik sein könnte, wenn ich das so betrachte – das würde ich nicht streichen wollen.

Mir geht es nur oben um das Erhalten der Kategorie Polytechnischer Unterricht.

Ducke (Moderator): Danke. Ich frage die LDP, weil das ja eine Änderung ihres Antrages an sich ist, lassen Sie jetzt einmal die Wortmeldungen dazu, wir haben jetzt einen konkreten Vorschlag, der uns weiterhelfen könnte, da lassen wir darüber abstimmen. Ich frage nämlich [die] LDP, können Sie sich damit einverstanden erklären? Wunderbar. Ich – – FDGB als Antragsteller.

Bartesch (FDGB): Habe ich richtig verstanden, daß die weitere Existenz jetzt gesichert wäre? Es geht auch darum, daß jetzt der Unterricht [gesichert wird].

Ducke (Moderator): Na, jetzt will ihn keiner abschaffen. Das ist klar. Jetzt geht es darum, bitte, Herr Stief, aber jetzt, Herr Mohaupt, noch dazu. Bitte.

Mohaupt (LDP): Es geht eigentlich noch einmal darum eigentlich um den mittleren Absatz. Die Frage, warum einige Polytechnischen Zentren nicht mehr existieren, ist aus der finanziellen Sicht vieler Betriebe gesehen, weil die ja aus betrieblichen Ergebnissen finanziert werden, und es ist wichtig, wo die Betriebe jetzt nicht mehr können, daß diese Stützung der Betriebe aus dem Staatshaushalt erfolgen soll.

Ducke (Moderator): Also, der zweite Absatz muß bleiben, und der dritte Absatz in der **Ergänzung Umwelt** und **Sozialdienst** soll auch bleiben.

Danke.

Jetzt haben wir doch eine Klarheit. Also, könnte sich der Antragsteller dann damit einvertanden erklären, daß wir gleich zu einer – brauchen wir nicht abstimmen? Gibt es gegen den Vorschlag, der von Herrn Stief vorgetragen ist, Einwendungen? Danke. Dann ist das, dann stimmen wir jetzt über das Gesamte ab.

Wer für diesen Antrag ist in der veränderten Weise, also erster Absatz Untersuchung, Prüfung und ins Bildungskonzept einzuarbeiten, die Finanzierungsmöglichkeit und die Erweiterung Umweltschutz und Sozialdienst, wer dafür ist, den bitte ich um das Handzeichen. – Mehrheit. Und wer ist dagegen? – Und wer enthält sich der Stimme? – Ich stelle fest, 1 Stimmenthaltung. Herr Lietz hat Angst vor seinen Kindern.

[Heiterkeit]

Vorlage 15/8, Antrag 13 AG „Bildung, Erziehung und Jugend": Zur sofortigen Offenlegung des Finanzhaushalts im Bereich Bildung. Der Runde Tisch, hier geht es um die Frage der **Offenlegung des Finanzhaushalts im Bereich der Bildung.** Hat der noch einen Sitz im Leben, dieser Antrag? Offensichtlich. Dann bitte ich, Wortmeldungen dazu? Ist eine Bitte an die Regierung. Wie? Bis wann? Können wir darüber abstimmen? Wir stimmen darüber ab. Wer dafür, für diesen Antrag ist, [den] bitte ich um das Handzeichen. – Das ist die Mehrheit. Wer ist dagegen? – Dagegen ist niemand. Wer enthält sich der Stimme? – Auch keine Stimmenthaltung. Ich danke für [Ihren Beitrag], Herr Hofmann, bitte.

Hofmann (Volksinitiative Bildung): Eine Ergänzung noch, die war noch offen, die haben wir noch.

Ducke (Moderator): Die Ergänzung zu?

Hofmann (Volksinitiative Bildung): Ein neuer Antrag, der aufgrund, daß die eine Hälfte von ihm – –

Ducke (Moderator): Nein!

Hofmann (Volksinitiative Bildung): – heute früh in den Punkt 15/6 eingeflossen ist, die zweite Hälfte davon herausfiel.

Ducke (Moderator): Aber wo liegt der Antrag bitte?

Hofmann (Volksinitiative Bildung): Unter [Vorlage] 15/6 müßte der vorliegen. Vielleicht kann Frau Priese etwas dazu sagen?

Ducke (Moderator): Frau Priese, bitte, ist das hier Gegenstand? Sagen Sie uns bitte, worum es jetzt konkret geht. Ich habe den Antrag vorliegen. Aber was ist da das Problem? Das ist doch abgestimmt.

Frau Priese (Initiativgruppe Interessenverband Kindheit): Die Punkte 1 bis 15 sind heute in die Sozialcharta hineingekommen.

Hofmann (Volksinitiative Bildung): Die gegenwärtige und die zukünftige Regierung wird gebeten – –

Ducke (Moderator): Ja, ja, um Kündigungsschutz. Ja, lassen Sie einmal.

Hofmann (Volksinitiative Bildung): Bis zum Kündigungsschutz hatten wir, und dann – –

Ducke (Moderator): Stimmt das, oder haben wir über das Ganze abgestimmt? Ist mir im Moment nicht parat.

Hofmann (Volksinitiative Bildung): Nein, deshalb bringe ich es jetzt ein.

Ducke (Moderator): Nein, wer hatte den Antrag heute früh eingebracht? Darf ich einmal bitten?

Frau Priese (Initiativgruppe Interessenverband Kindheit): Ich habe ihn als – zum – –

Ducke (Moderator): Und da wurde das, das muß jetzt noch kommen? Danke.

Frau Priese (Initiativgruppe Interessenverband Kindheit): Diese beiden Punkte sind offengeblieben. Und die Behinderung ist auch in der Sozialcharta aufgenommen, aber sind generelle – –

Ducke (Moderator): Könnten Sie vielleicht doch das Mikrofon einstellen? Es ist jetzt ein bißchen schwierig. Bitte, der Antrag **15/6**, die Anstriche sechs, sieben und acht, ja. Bitte.

Frau Priese (Initiativgruppe Interessenverband Kindheit): Die generelle Verringerung der Gruppenstärken in Vorschuleinrichtungen, die Aufhebung der Trennung von Krippe und Kindergarten und die Unterstellung beider Bereiche unter ein neu zu schaffendes Ministerium für Kinder, Jugend, Familie und Soziales. Diesem sollten auch die grundsätzlich reformbedürftigen Bereiche **Jugendhilfe** und **Heimerziehung** – – und der weitere Anstrich: „– umgehende Schaffung von familienähnlichen Heimformen und der Ausbau von Lebensräumen in den Heimen, die den Bedürfnissen der Kinder entsprechen."

Ducke (Moderator): Wünscht jemand das Wort dazu? Sind das nicht ein bißchen sehr [viele] Details? Wir können nicht noch ein Ministerium schaffen. Jetzt hatten wir heute früh schon zwei [Ministerien].
Herr Weiß, bitte.

Weiß (DJ) Also, wieder im Interesse der künftigen Regierung denke ich, man kann jetzt hier nicht präjudizieren, welche Ministerien die künftige Regierung zu schaffen hat.

Ducke (Moderator): Das war meine Frage im Moment.

Weiß (DJ): Das ist wirklich Angelegenheit der neuen Regierung, denke ich. Ich bin natürlich dafür, der Sache nach, aber gegen diese Festmachung.

Ducke (Moderator): Also, wir haben heute früh schon, nicht, die Schwierigkeiten gehabt. Darauf weise ich nur hin.
Bitte, Frau Sievert, Unabhängiger Frauenverband.

Frau Sievert (UFV): Ich denke, daß das Gewicht hier nicht auf dem Namen des Ministeriums liegt, sondern daß sich das zukünftige Ministerium, das dafür zuständig ist, sich um die **Heimerziehung** zu kümmern beziehungsweise um die **Gruppenstärken** in den **Vorschuleinrichtungen,** dann sich diesen Punkt also zu eigen machen sollte, unabhängig davon, wie das Ministerium dann heißt.

Ducke (Moderator): Das ist schon recht. Nur der Antrag lautet: Ein neu zu schaffendes Ministerium für Kinder, Jugend, Familie und Soziales. So liegt der Antrag nun für mich vor. Da können wir nicht sagen, irgendwie.

Frau Sievert (UFV): – muß man das vielleicht reduzieren.

Ducke (Moderator): Vielleicht. Also, jetzt geht es um den Antrag, was ist der Inhalt dieses Antrags, **Verringerung der Gruppenstärken.** Können wir das nicht einfach so stehen lassen und nicht wieder Ministerien damit beauftragen? Also, genügt das nicht? Bitte.

Frau Priese (Initiativgruppe Interessenverband Kindheit): Es geht darum, daß der Wechsel der Kleinkinder vom 3. zum 4. Lebensjahr aus ihren gewohnten Milieus der bisherigen **Krippe** mit den Betreuern, mit den Bindungsfiguren, mit den räumlichen Umgebungen in die Kindergärten eine unnötige Verunsicherung der Kleinkinder bedeutet, das heißt also, die Bindungsprozesse stört.
Und in den **Heimen** ist es also extrem so, die Verlegung von Kindern aus Heimen des **Gesundheitswesens** mit drei Jahren in Heime der Volksbildung sind ein sträfliches Unrecht gegenüber diesen Kindern. Und deshalb ist diese Vereinheitlichung sehr wichtig.

Ducke (Moderator): Frau Rödelstab, CDU, bitte.

Frau Rödelstab (CDU): Ich möchte nur verweisen auf unseren Antrag von heute vormittag, Bildung eines Ministeriums für Familie und Soziales. Und da ist diese Forderung drin enthalten.

Ducke (Moderator): Danke für den Hinweis. Herr Junghanns, DBD.

Junghanns (DBD): Einverstanden.

Ducke (Moderator): Einverstanden. Dann schlage ich doch bitte vor, daß wir dies dort mit einfügen, denn wir können hier nicht über – – ja bitte, Frau Priese.

Frau Priese (Initiativgruppe Interessenverband Kindheit): Wir hatten sehr großen Wert darauf gelegt, daß das Wort Kinder und Jugendliche endlich in einem der Bezeichnungen von Ministerien enthalten ist und nicht wieder involviert in das Wort Familie.

Ducke (Moderator): Danke schön. Das ist Ihr Antrag. Wir stimmen ruhig darüber ab. Nur wir haben heute schon zwei Ministerien: für „Gleichstellung", „Familie und Soziales" und jetzt noch „Kinder, Jugend", „Familie und Soziales". Ich bitte Sie, das nur zu berücksichtigen. Ich mache mich hier nicht – – bitte, Herr Lange.

Lange (CO-Moderator): Diese Formulierung, wie sie hier vorgelegt wird, kann eigentlich nach dem Beschluß, den wir gefaßt haben und über den wir ausführlich gesprochen haben, so nicht bleiben nach meinem Verständnis. Denn es wurde bereits so diskutiert und es ist eindeutig beschlossen worden, daß es ein **Ministerium für die Gleichstellung** geben soll und ein **Ministerium für Familie und Soziales.** Wir haben darüber gesprochen und würden jetzt mit dieser Formulierung die beiden gefaßten Beschlüsse wieder außer Kraft setzen.

Ducke (Moderator): Ja, das sehe ich auch so. Geschäftsordnungsantrag, Herr Schulz, bitte.

Schulz (NF): Ich plädiere jetzt für den Abbruch der Debatte zu diesem Punkt.

Ducke (Moderator): Danke. Ich bin dafür, daß wir den Vorschlag aufgreifen, und das lassen wir abstimmen. Die Anliegen, die hier vorgetragen sind, dem zukünftigen Ministerium Familie und Soziales zu überreichen. Das wäre meine – – wenn es auch schon enthalten ist. Könnten wir damit nicht einig sein?
Denn wir können hier nicht darüber abstimmen, wie Kinderkrippen und Kindergärten – – Entschuldigen Sie bitte, da haben wir eine Debatte, die wieder die ganze Frage der Heimerziehung und all diese Probleme aufwirft. Wir bitten, daß wir diese Anliegen dort mit hineinnehmen. Sind Sie damit einverstanden, die Antragsteller? Einverstanden. Dürfen wir Ihr Einverständnis [haben]? Danke.
Meine Damen und Herren, wir haben die Anträge gebündelt und **[Vorlage] 15/8** abgehakt. Aber wir haben noch [etwas] vor uns liegen, nicht, ja? Ja, jetzt ist nichts mehr vor uns. **Vorlage 15/4** in der geänderten Fassung.
Bitte, Geschäftsordnungsantrag, bitte schön, Frau Tiedke.

Frau Tiedke (DJ): Ja. Wir hatten eigentlich noch eine Bitte, auch im Interesse des Interessenverbandes Kindheit. Wir haben noch einen Einzelantrag vorliegen, der im Interesse der Kinder bitte vom Runden Tisch eventuell noch befürwortet werden müßte. Und deshalb möchten wir ihn gerne noch einbringen. Er ist ganz kurz.

Ducke (Moderator): Ich meine aber, sagen Sie nur das Thema.

Frau Tiedke (DJ): Es geht darum, daß **Unrecht an kleinen Kindern** verhindert wird, was gegenwärtig gerade massiv getan wird.

Ducke (Moderator): Haben Sie ihn vorliegen? Also, ich bitte daraufhin, daß wir 18 Anträge zurückgewiesen haben.

Frau Tiedke (DJ): Ja. Fünfeinhalb Zeilen.

Ducke (Moderator): Das nützt auch nichts. Bitte.

Frau Tiedke (DJ):

> **[Appell DJ: Gegen Verlegung von Kleinkindern:]**
> Die gegenwärtige Regierung wird durch den Runden Tisch gebeten, sofort zu veranlassen, daß keine Verlegung von Kleinkindern aus Dauerheimen des Ministeriums für Gesundheits- und Sozialwesen in Heime des Ministeriums für Bildung mehr stattfinden. Auch Verlegung älterer Heimkinder sind zur absoluten Ausnahme zu machen.

Ducke (Moderator): Wünscht jemand zu diesem Antrag das Wort? Niemand. Wir lassen abstimmen. Wer dafür ist, [für] diesen Antrag, der ohne Vorlage vorgebracht ist, Demokratie Jetzt, der hebe die Hand. Zählen bitte einmal. – Ah, das ist doch die Mehrheit. Wer ist dagegen? – Niemand. Gegenstimme, ja? – 1 Gegenstimme war das. Danke. Bitte exakt melden. Wer enthält sich der Stimme? – 14. Danke. Es ist als Appell angenommen.
Vorlage 15/4, Vereinigte Linke. Wer bringt ihn ein? Frau Braband, bitte.

Frau Braband (VL): Wir haben diesen Antrag bereits eingebracht[30]. Er liegt jetzt in veränderter Form vor. Das ist also der **Antrag der Initiave „Streitfall Kind"**. Ich würde gerne in Anbetracht der vorgeschrittenen Stunde darauf verzichten, den ganzen Antrag noch einmal zu verlesen. Es gibt Korrekturen hinsichtlich der Zusammenfassung der Punkte und ganz bestimmter Formulierungen.
So scheint mir das im Punkt 2, Moment, der ja, glaube ich, ziemlich strittige Punkt vorhin möglicherweise jetzt gut getroffen ist oder so, daß mehr oder alle dem zustimmen können:
„Der Generalstaatsanwalt und das Oberste Gericht werden aufgefordert, die Interessen der betroffenen Kinder und des Nichterziehungsberechtigten in der Rechtsprechung durchzusetzen." Ich glaube, da gab es ja ein Problem mit dem **Erziehungsrecht** vorhin. Ansonsten würde ich sagen, können wir einfach das so noch klären.

Ducke (Moderator): Ja. Wir eröffnen die Debatte. Wir wissen ja hier, worum es geht. Frau Barbe, SPD; dann Frau Tiedke, Demokratie Jetzt. Sie hatten sich gemeldet, nein? Danke.

Frau Barbe (SPD). Ich würde also noch einmal das wiederholen, was ich heute vormittag schon gesagt habe. Es geht nicht darum, die Interessen der Eltern durchzusetzen, sondern die betroffenen Kinder zu sehen. Und ich möchte noch einmal darauf hinweisen, daß die Interessen der betroffenen Kinder wahrgenommen werden. Und in dem Falle wird natürlich auch das Interesse des **Nichterziehungsberechtigten** wahrgenommen. Aber das Recht der Kinder steht im Vordergrund. Ich plädiere auf Streichung des Zusatzes „und des Nichterziehungsberechtigten" beziehungsweise schlage vor – –

Ducke (Moderator): Das ist der Punkt 2, die vorletzte Zeile.

Frau Barbe (SPD): – ja, vorletzte Zeile, „beziehungsweise das Interesse des Nichterziehungsberechtigten zu berücksichtigen", aber „das Recht oder die Interessen der betroffenen Kinder durchzusetzen".

Ducke (Moderator): Na ja. Frau Braband dazu.

Frau Braband (VL): Ich würde es doch gerne noch einmal versuchen. Es ist unbestritten und ich glaube, das geht aus dem Antrag auch hervor, daß es sich um die Interessen der betroffenen Kinder handelt.
Aber es handelt sich auch um die **Interessen der Nichterziehungsberechtigten** insofern, als, glaube ich, doch in der Vergangenheit häufig zu beobachten war, daß die Interessen des Nichterziehungsberechtigten nicht vertreten wurden, sondern von dem jeweils Erziehungsberechtigten, in den meisten Fällen von Frauen, ziemlich frei gehandhabt werden konnten.
Und ich denke, wenn wir wollen, daß **Männer** in Zukunft mehr an der Erziehung der Kinder teilnehmen, dann werden wir ihre Interessen in dieser Richtung auch zu berücksichtigen haben. Und ich glaube, daß es etwas sehr wesentlich mit Gleichstellung zu tun hat.
Es ist unbestritten, daß es zuerst um die Interessen der Kinder geht.

Ducke (Moderator): Frau Braband, Sie bleiben also bei dieser Formulierung und würden nicht die Formulierungsvorschläge jetzt eben von SPD, die da so wie lauten: „die Interessen der betroffenen Kinder durchzusetzen und die Interessen des Nichterziehungsberechtigten – –". Sagen Sie bitte, „... zu berücksichtigen".
Danke. Bleiben Sie bei Ihrem Antrag? Wunderbar. Müssen wir darüber abstimmen? Kein Problem. Also, ich stelle zur Abstimmung Absatz 2, der letzte Satz lautet, soll lauten, würden Sie ihn selbst vortragen, Frau Barbe? Punkt 2, letzter Satz, wie er lauten soll und – –

Frau Barbe (SPD): „Der Generalstaatsanwalt und das Oberste Gericht werden aufgefordert, die Interessen der betroffenen Kinder in der Rechtsprechung durchzusetzen und die des Nichterziehungsberechtigten zu berücksichtigen."

Ducke (Moderator): Vielen Dank. Ich glaube, darüber geredet ist genug. Das ist jetzt eine Alternative. Abstimmen. Wer für diesen Änderungsantrag ist, den bitte ich um das Handzeichen. – Die Mehrheit ist es. Wer ist dagegen? – Niemand dagegen? – Doch, ich wollte doch sagen, 1 Gegenstimme. Und wer enthält sich der Stimme? – 11 Enthaltungen. Der Antrag ist angenommen. Können wir dann über das Ganze abstimmen? Gibt es noch Bemerkungen, weil wir ja die Diskussion eigentlich heute früh schon hatten. Sind Sie dafür?
Dann stimmen wir darüber ab. Wer für den Antrag in **Vorlage 15/4** ist **in der geänderten Fassung** in Punkt 2, den bitte ich um das Handzeichen. Jetzt müssen wir zählen. Jetzt müssen Sie aber auch dafür sein, wenn Sie für den Ände-

---

[30] Vorlage 15/4 geänderte Fasssung, Antrag VL für Initiative „Streitfall Kind", Kommission Recht und UFV: Zur Durchsetzung von Rechten des Kindes; Dokument 15/16, Anlagenband. Siehe den ursprünglichen Wortlaut oben.

rungsantrag waren. Wer dafür ist, daß der Antrag angenommen ist, den bitte ich um das Handzeichen. – Na also. – Wieviel Stimmen? – 21 Stimmen dafür. Wer ist dagegen? – Niemand. Aber es gibt Stimmenthaltungen. – 13 Stimmenthaltungen. Trotzdem ist damit der Antrag angenommen.

Ja, wenn ich das richtig, nein, PDS noch, **Vorlage 15/9** rufe ich auf. Runder Tisch. Ist wieder gekommen? Würden Sie ihn bitte [einbringen]? Herr Börner. Oder Runder Tisch der Jugend?

Börner (PDS): Ich würde beantragen, daß die Einreicher, also der Runde Tisch der Jugend, den Antrag vertreten.

Ducke (Moderator): Ja, Runder Tisch der Jugend, Frau Thomma.

Frau Thomma (Runder Tisch der Jugend): Hintergrund dessen ist, daß wir nicht wissen, ob wir es schaffen, bis zum 18. März diesen **Nationalen Jugendring** oder **Nationalen Jugendbund** zu gründen und daß wir es gerne gesichert haben möchten, daß die Zusagen der Regierung, die bis zum 18. März gelten, auch darüber hinaus für uns gelten und daß wir die Objekte, Werte und finanziellen Mittel, die für die Jugendarbeit zur Verfügung gestellt worden sind, auch weiterhin halten können. Der Antrag lautet: – –

Ducke (Moderator): Na, das haben wir schon uns zur Kenntnis genommen. Das Anliegen ist klar. Wünscht jemand dazu das Wort? Der Runde Tisch der Jugend sagt, wir wollen faktisch das behalten, was wir zugesichert bekommen haben. Die Dinge sind ja klar. Gibt es dazu Wortmeldungen? Dann lassen wir abstimmen. Wer für den Antrag wie in **Vorlage 15/9** formuliert, also um Erhalt all der Maßnahmen und der Möglichkeiten für Kinder und Jugendliche, ist, den bitte ich jetzt um das Handzeichen. Das sind Pflöcke, die eingeschlagen werden für die Zukunft. – Das ist die Mehrheit. Wer ist dagegen? – Wer enthält sich der Stimme? – 4 Stimmenthaltungen. Der Antrag ist angenommen. Der Runde Tisch der Jugend hat die Möglichkeit, damit zu argumentieren.

Meine Damen und Herren, wir sind nicht am Ende der Bildung. Und wenn ich heute öfters gehört habe, daß lebenslange Bildung gefordert wird, sind die paar Stunden, die wir heute dafür aufgewendet haben, kurz und knapp gewesen. Ich danke Ihnen für die Diskussion, und wir sind zwar verspätet, aber nur mit einer Stunde. Und das ist auch bei lebenslanger Bildung noch zu schaffen. Ich beende diesen Tagesordnungspunkt und rufe den nächsten auf. Bitte.

Ziegler (Co-Moderator): Es hat keinen Zweck, um der Konzentration willen jetzt weiterzumachen. Wir machen eine Pause bis 18.45 Uhr und setzen dann mit den **Fragen der Justiz** ein, obwohl der Generalstaatsanwalt und seine Begleiter und die Vertreter des Ministeriums schon eine Stunde warten, wird das die Verhandlungsführung sicher fördern. Weiter Fortsetzung 18.45 Uhr.

[Unterbrechung der Sitzung]

TOP 6: Fragen der Justiz

Ziegler (Moderator): Wir kommen zum dritten großen Verhandlungskomplex, den wir uns für heute vorgenommen haben. Dazu begrüße ich vom Ministerium der Justiz Herrn Staatssekretär Peller, Herrn Dr. Brachmann [???], Frau Schüler [???] und Herrn Dr. Duft [???]. Herzlich willkommen und vielen Dank, daß Sie bisher mit Geduld gewartet haben und unsere Verspätung in Kauf genommen haben.

Ich begrüße ebenso herzlich von der Generalstaatsanwaltschaft Herrn Dr. [Hans-Jürgen] Joseph, Herrn Hofmann und Herrn Bauer und vom Obersten Gericht Herrn Dr. [Gerhard] Körner. Wir danken Ihnen, daß Sie zu später Stunde uns hier noch informieren wollen und Rede und Antwort stehen wollen zu den Fragen, die hier aufkommen.

Die Prioritätengruppe hatte angesetzt für heute auch eine Behandlung des Richtergesetzes [**Vorlage 15/10, Regierungsentwurf des Richtergesetzes**[31]] und des Gesetzes zur Änderung und Ergänzung des Strafgesetzbuches und der Strafprozeßordnung und so weiter [**Vorlage 15/12a, Änderungsvorlage des Ministerrates: Zum Entwurf des 6. STÄG (Ministerratsvorlage vom 18. 1. 1990, VK 1. Lesung 5. 2. 1990)**[32]]. Aber wir sind in der Zwischenzeit heute informiert worden, daß das Richtergesetz und das Gesetz zur Änderung und Ergänzung des Strafgesetzbuches in dieser Legislaturperiode der Volkskammer nicht mehr behandelt werden kann.

Infolgedessen haben wir Ihnen heute diese beiden Gesetzentwürfe nur austeilen lassen, zusammen auch mit **Änderungsvorlagen zum 6. Strafrechtsveränderungsgesetz**[33], und bitten das als Information entgegenzunehmen.

Heute abend sollen also dann verhandelt werden der **Entwurf der Verordnung über die Tätigkeit und die Zulassung von Rechtsanwälten [Vorlage 15/11]** ferner der **Antrag zur Sicherung der Arbeitsfähigkeit der Gerichte und Gewährleistung einer unabhängigen Rechtssprechung Vorlage 14/21**[34], die schon beim vergangenen Mal ausgeteilt worden ist.

Darüber werden wir jetzt zuerst im ersten Abschnitt unseres Verhandlungsverlaufes reden, und dann wird es noch einen kurzen Bericht über die Arbeit der Zeitweiligen Untersuchungsabteilung beim Ministerrat [**Vorlage 15/18, Antrag der Zeitweiligen Untersuchungsabteilung beim Ministerat und der Unabhängigen Untersuchungskommission zur Aufdeckung von Amtsmißbrauch, Korruption und persönlicher Bereicherung: Zur weiteren Arbeit**] geben und eine kurze Information [**Information 15/8, Erklärung DJ: Zum rechtsstaatlichen Schutz der Bürgerinnen und Bürger vor Gewalt**[35]].

Ich bitte nun zuerst Herrn Staatssekretär Peller, uns einzuführen in den Entwurf der Verordnung über die Tätigkeit und die Zulassung von Rechtsanwälten. Es ist die **Vorlage 15/11, [Entwurf einer Verordnung (der Regierung vom 22. Februar 1990): Über die Tätigkeit und die Zulassung von Rechtsanwälten mit eigener Praxis**[36]].

Peller (Staatssekretär im Ministerium der Justiz): Danke schön, Herr Vorsitzender.

Meine Damen und Herren, der Ministerrat hat am 22. Februar [1990] dieses Jahres die Ihnen vorliegende „**Verordnung über die Tätigkeit und die Zulassung von Rechtsanwälten mit eigener Praxis**" bestätigt mit der Festlegung, sie dem Runden Tisch zur zustimmenden Kenntnisnahme

---
[31] Dokument 15/17, Anlagenband.
[32] Dokument 15/18, Anlagenband.
[33] Dokument 15/19, Anlagenband.
[34] Dokument 15/22, Anlagenband.
[35] Dokument 15/21, Anlagenband.
[36] Dokument 15/20, Anlagenband.

zuzuleiten und erst dann nach dieser Kenntnisnahme durch den Runden Tisch im Gesetzblatt zu veröffentlichen.

Gestatten Sie mir einige erläuternde Bemerkungen zu dieser Rechtsvorschrift. Diese Verordnung über die Tätigkeit und die Zulassung von **Rechtsanwälten mit eigener Praxis** bietet eine neue Rechtsgrundlage für die Tätigkeit und für die Zulassung von Rechtsanwälten, die nicht einem Kollegium der Rechtsanwälte angehören.

Sie verfolgt das Anliegen, den wachsenden Bedürfnissen niveauvoller rechtsanwaltlicher Vertretung und Betreuung Rechnung zu tragen, die mit der Entwicklung der Rechtsstaatlichkeit einhergeht.

Zu Beginn dieses Jahres waren in der DDR nur etwa **580 Rechtsanwälte** in Rechtsanwaltskollegien tätig. Dazu kamen noch 24 Einzelanwälte, also Rechtsanwälte mit eigener Praxis, wie sie die Verordnung jetzt bezeichnet. Im Vergleich dazu vielleicht als Information, in der Bundesrepublik Deutschland sind etwa 55 000 Rechtsanwälte tätig.

Rechtsgrundlagen für die Zulassung von Rechtsanwälten waren bisher der Paragraph 10 des Gesetzes über die Kollegien der Rechtsanwälte und der Paragraph 1 einer Anordnung über die Aufgaben und die Tätigkeit der Einzelanwälte aus dem Jahr 1980.

Die zuerst genannte Bestimmung dieses Gesetzes über die Rechtsanwaltskollegien besagt, daß mit der Aufnahme in das Kollegium durch den Vorstand das Mitglied als Rechtsanwalt zugelassen ist. Die **Zulassung als Einzelanwalt** auf der Grundlage der zuletzt genannten Rechtsvorschrift sollte die seltene Ausnahme sein. Sie galt besonders für Rechtsanwälte mit speziellen staatlichen Aufgaben.

Dementsprechend ist diese Rechtsvorschrift auch außerordentlich mager, juristisch sehr mager gestaltet. All das entspricht nicht mehr den Notwendigkeiten, die sich aus den gesellschaftlichen Veränderungen ergeben. Die dringend erforderliche Erweiterung der Rechtsanwaltschaft ist bei der begrenzten Aufnahmefähigkeit der Kollegien und bei der Orientierung der Aufnahmepolitik der Kollegien an der Auftragslage nicht möglich.

Hinzu kommt, daß rechtsanwaltliche Tätigkeit in einem Kollegium den Wünschen vieler Bewerber nach höherem Maße eigenverantwortlichen und völlig selbständigen Wirken nicht gerecht werden kann. Eine Veränderung des gegenwärtigen Rechtszustandes war also dringend geboten.

Eine umfassende Regelung in bezug auf die Anwaltschaft insgesamt, die ja außerordentlich zwingend notwendig ist, wird erst im Kontext mit weiteren Maßnahmen der **Justizreform** möglich sein. Insofern ist diese vorliegende Verordnung als eine **Übergangsregelung** zu betrachten, die gewissermaßen dringend notwendige Regelungen vorwegnimmt.

Sie berücksichtigt aber die für die künftige Regelung in Aussicht genommenen Bestimmungen in wesentlichen Punkten. Die Bestimmungen über **Zulassungsvoraussetzungen** und über Versagensgründe sollen eine gerechte und auch für den Bewerber berechenbare Prüfung und Entscheidung seines Antrages sichern. Diese Bestimmungen entsprechen internationalem Standard.

Durch sie soll gewährleistet sein, daß den hohen berufsethischen und fachlichen Forderungen an den Rechtsanwaltsberuf Rechnung getragen wird. Ich verweise hier auf Paragraph 6, die dort enthaltenen Zulassungsvoraussetzungen auf Paragraph 9, die dort genannten Versagungsgründe.

Wir haben es für notwendig befunden, nicht nur die Zulassung zu regeln, sondern darüber hinaus wichtige weitere Bestimmungen zu treffen. Die Aufmerksamkeit wäre zu lenken auf Paragraph 2, Absatz 1, wonach der Rechtsanwalt unabhängiges Organ der **Rechtspflege** ist, der nach Paragraph 2, Absatz 2 ausschließlich an den Auftrag, an die Verfassung, die Gesetze und die anderen Rechtsvorschriften sowie an die für Rechtsanwälte der DDR geltenden Berufspflichten gebunden ist.

Diese **Berufspflichten** sind durch die Rechtsanwaltschaft selbst erarbeitet worden, in einem Katalog formuliert worden, die in unserer Fachzeitschrift „**Neue Justiz**" in Heft 12 des vorigen Jahres veröffentlicht ist.

Die Funktion eines unabhängigen Organs der Rechtspflege verleiht dem Rechtsanwalt eine besondere Position. Das findet seinen Ausdruck auch in Paragraph 3, Absatz 3, wonach die freie Berufstätigkeit des Rechtsanwalts nicht Gewerbetätigkeit ist.

Für notwendig befunden wurde es auch, wesentliche Rechte und Pflichten des Anwalts zu bestimmen. Ich verweise hier auf die Paragraphen 12 folgende. Sie betreffen insbesondere die **Pflicht** des Anwalts zur **Verschwiegenheit** als Grundvoraussetzung für Vertrauen und damit für anwaltliche Tätigkeit überhaupt, wie auch die Beziehung des Rechtsanwalts zum Auftraggeber im einzelnen.

Dem Minister der Justiz liegen zur Zeit in großer Zahl Anträge auf Zulassung als Anwalt mit eigener Praxis vor. Sie werden jetzt schon im Sinne der Verordnung bearbeitet. Bisher sind etwa 40 Anwälte mit eigener Praxis zugelassen worden. Unter den Bewerbern sind viele **Justitiare**, die [im] Zusammenhang mit der **Wirtschaftsreform** als Anwälte mit eigener Praxis ein neues Betätigungsfeld suchen.

Ich bitte Sie, meine Damen und Herren, um zustimmende Kenntnisnahme dieser Verordnung.

Danke.

Ziegler (Moderator): Wir danken für die Einbringung und stellen jetzt das gleich zur Aussprache, so daß hier Rückfragen möglich sind. Ich frage aber vorher, wollten Sie dazu noch etwas ergänzen? Jetzt nicht, danke.

Dann, Herr Frank.

Wernick-Otto (IFM): Ja. Wir sind der Meinung, daß diese Regelung in der vorliegenden Form noch nicht veröffentlicht werden sollte. Warum nicht?

Wir befinden uns jetzt und künftig in einer Phase, wo rechtliche Probleme zunehmend schwieriger werden, vor allem, wenn wir die Entwicklung einmal genau betrachten. Zunehmend schwieriger wird auch das Verständnis der Bürger für das Recht, und dementsprechend wird der **Bedarf für Rechtsanwälte** immer größer.

Das sage ich deshalb als Voraussetzung, und zwar für qualifizierte Tätigkeit von Rechtsanwälten, weil bei dieser Verordnung die Frage entsteht, ob denn wirklich die Zulassung als Rechtsanwalt nicht mehr von seiner **Eignung** oder Berufsbefähigung abhängig sein soll. Der Regelung nach ist das nämlich nicht so.

Die Regelung besagt im Paragraphen 6 d, daß zum Beispiel dem Anwalt irgendeine Ausbildung gegeben werden soll, ohne daß sie zum Beispiel befristet wird, daß auch diese Ausbildung, daß wenn sie Ausbildung nicht ist, dies in irgendeiner anders gearteten, in irgendeiner anders geeigneten Art und Weise erfolgen kann.

Wir sind der Auffassung, daß die Verordnung dem rechtsuchenden Bürger nicht die Gewähr gibt, durch Einzelanwälte sachkundige und qualifizierte Hilfe zu bekommen. Und das eben in einer Phase, wo die Rechtsprobleme zunehmen. Wir meinen, daß der Bürger ein Recht auf qualifizierte und anspruchsvolle Vertretung hat, weil er ja immer die Nachteile zu tragen hat, und zwar die Nachteile dann ganz anders, als wenn man einem Handwerker einen Auftrag gibt. Da sieht man, wenn die Scheibe undicht ist. Aber bei einem Rechtsanwalt kann man das nicht sogleich einschätzen.

Man braucht ein großes Vertrauensverhältnis zu ihm, das ist eine ganz wichtige Voraussetzung dieser Tätigkeit, und dieses Vertrauensverhältnis muß durch ein entsprechendes Maß an **Qualifikation** gewährleistet werden.

International üblich sind – zum Beispiel in der Bundesrepublik – zweieinhalb Jahre **Ausbildungszeit für einen Rechtsanwalt**. In der DDR war es bisher ein Jahr Ausbildungszeit für einen Rechtsanwalt. Die gegenwärtige Regelung sieht überhaupt keine Frist vor und sie ermöglicht sogar das Ausweichen auf irgendwelche Ersatzbegründungen für irgendeine in der Vergangenheit erreichte Qualifikation.

Wir meinen, genauso wie ein Schornsteinfeger nicht einfach auf das Dach gelassen werden kann, muß auch ein Rechtsanwalt bestimmte Berufserfahrungen haben und Anforderungen erfüllen und diese erwerben, wenn er sie nicht hat.

Wir müssen ja sehen, es gibt in der DDR ein einheitliches juristisches Studium, das mit **Diplom-Jurist** endet nach fünf Jahren und daß eine spezielle anwaltliche Ausbildung, die ja sich unterscheidet von einem Juristen in einem Betrieb, von einem Staatsanwalt, von einem Richter, in der Weise, daß dort ja die ganze Palette des Rechtes für den Bürger parat sein muß, daß unter solchen Umständen eine besondere Qualifizierung notwendig ist.

Und es entsteht auch, das muß ich hier sagen, der Eindruck, daß hier eine Regelung mit heißer Nadel gemacht wurde, die arbeitslos gewordenen Juristen aus Staatsorganen, Ministerien, ja auch [aus] dem **Ministerium für Staatssicherheit** einen Beschäftigungsstatus geben könnte.

Ein anderer Gesichtspunkt ist, und da widerspreche ich auch dem Herrn stellvertretenden Minister, daß die Regelung eben nicht gewährleistet, daß die Rechtsanwälte die gebotene **Unabhängigkeit** haben. Warum nicht? Weil diese Unabhängigkeit dadurch beeinträchtigt wird, daß eine Staats- und Dienstaufsicht – in Paragraph 25 ist das geregelt – besteht, und eine solche Aufsicht kann eben nur Sache, eine staatsunabhängigen Organs zum Beispiel, wie international üblich, einer **Rechtsanwaltskammer** sein.

Aus diesen Erwägungen sind wir der Auffassung, daß der jetzige Entwurf das **Berufsbild des DDR-Anwaltes** auch im Verhältnis zu hochqualifizierten Anwälten in West-Deutschland abwertet, obwohl gerade eine Aufwertung notwendig ist. Es ist notwendig, daß es mehr Anwälte in der DDR gibt. Aber es ist auch notwendig, daß diese jetzt zuzulassenden Anwälte eine hohe Qualifikation haben, oder zumindestens sich eine geeignete Berufserfahrung erwerben können. Und die Verordnung gibt diese Möglichkeit nicht. Deshalb haben wir Bedenken und sind der Meinung, daß vor der Veröffentlichung die Regelung noch einmal entsprechend überdacht und verändert werden sollte.

Ziegler (Moderator): Haben Sie dafür positive Vorschläge, was eingefügt werden sollte? Sie haben zum Beispiel bemängelt, daß keine **Fristen** sind. Das wäre doch gut.

Wernick-Otto (IFM): Ja, es sollte eine Frist geregelt werden, die nicht unter einem halben Jahr liegt. Das Problem geht aber weiter. Es ist eben niemand da, der solche Anwälte ausbildet. Deshalb meine ich, man kann nicht bloß mit einem Zusatz oder mit einer Streichung oder einer Ergänzung diese Regelung so veröffentlichungsreif machen. Ich meine, sie muß wirklich noch einmal unter diesen beiden Gesichtspunkten der **Unabhängigkeit** des Rechtsanwaltes und seiner **Berufserfahrung** überdacht werden.

Ziegler (Moderator): Trotzdem können wir ja solche Vorschläge, wie Sie eben gemacht haben, daß die Ausbildung notwendig ist, daß Fristen gesetzt werden müssen, hier mitgeben, auch wenn wir sie dann nicht hier vorschlagen können zur Einfügung unmittelbar, nicht.

Frau Töpfer vom FDGB.

Frau Töpfer (FDGB): Meine Ausführungen sollten gerade in eine entgegengesetzte Richtung gehen, obwohl ich den gleichen Ausgangspunkt nehmen möchte, nämlich daß wir wesentlich mehr Rechtsanwälte in Zukunft brauchen werden, als wir sie bisher haben. Unter anderem, weil wir eine **Verwaltungsgerichtsbarkeit** aufbauen müssen oder ausbauen müssen, was im Moment noch nicht also davon gesprochen werden kann, daß aber auch auf dem Gebiet **Wirtschafts- und Steuerrecht** und **Unternehmensberatung** Rechtsanwälte fehlen, also Gebiete, die bisher überhaupt noch nicht abgedeckt worden sind von unserer Rechtsanwaltschaft oder sehr schlecht, wie die Vertragsgerichte bemängelten, von unseren, wie eben mein Vorredner ausdrückte, so gut qualifizierten Rechtsanwälten.

Was ich zu bedenken geben will ist eigentlich, wenn wir diese Frage, die eben aufgerufen wurde, **Fristenregelung**, verlängerte Ausbildungszeiten, in den Mittelpunkt stellen, müssen wir uns darüber klar sein, daß die gesamte **Juristenausbildung** dies nicht hergibt, weder für Richter noch für Staatsanwälte noch für Wirtschaftsjuristen.

Wir haben keine Referendarzeit bei der gegenwärtigen Hochschulausbildung, wir haben auch nicht das zweite juristische Staatsexamen. Und wenn wir diese Anforderung stellen wollen, müssen wir auch in Frage stellen, ob die jetzt zugelassenen Anwälte weiter ihren Beruf ausüben können.

Also, ich glaube nicht, daß man solche hohen **Maßstäbe** im Moment anlegen kann, auch wenn ich sehe, daß wir die Juristen allgemein weiter qualifizieren müssen und daß da auch das Justizministerium gefragt ist, inwieweit es dazu Ausbildungsmöglichkeiten oder Weiterbildungsmöglichkeiten schafft.

Aber nun einmal zu dieser Verordnung hier. Was mich an dieser Verordnung bedenklich stimmt, ist der Paragraph 6 der Zulassung, und zwar sollte in Punkt c hinzugefügt werden, das ist Punkt b, Entschuldigung, juristische Hochschulabschlüsse außer solche, die in Einrichtungen hier in **Schöneiche**, also Einrichtungen, die **MfS-Abschlüsse** darstellen, also keine qualifizierten juristischen Abschlüsse unseres Erachtens sind.

Das geht nicht darum, die Leute, die dort sich bilden lassen haben, zu disqualifizieren, sondern einfach, weil das Niveau nicht entsprechend ist, also die Ausbildung nicht den gesamten juristischen Rahmen umfaßt hat.

Das zweite ist der Punkt c, da scheint es mir bedenklich, weil diese Regelungen, die dort vorgeschlagen werden oder diese Ausführungen, einfach zu dehnbar sind. Damit könnte man willkürlich Leute von der Zulassung ausschließen, ohne klare Maßstäbe für alle anzulegen.

Bei Punkt d scheint mir überlegenswert, ob man einführt, daß man auch seine Ausbildung bei nicht in der Deutschen Demokratischen Republik zugelassenen Anwälten, und ich weiß, daß das vielleicht hier nicht die Zustimmung finden wird, ich möchte aber sagen, daß in Hinsicht auf die Bildung eines deutschen einheitlichen Staates, in welcher Form auch immer, damit zu rechnen ist, daß unsere Anwälte auch Kenntnisse des bundesdeutschen Rechts benötigen und daß da unsere Kollegen sich ja sträuben oder sehr schwer tun, Rechtsanwälte auszubilden, für die zukünftigen Anwälte eine Möglichkeit gesehen werden könnte, sich beispielsweise in West-Berlin ausbilden zu lassen oder auch in anderen Orten der BRD.

Dann möchte ich sagen, daß bei Punkt e es einen Widerspruch gibt zur **Gewerbegenehmigungspraxis**, daß die Räume für Gewerbe erst dann erteilt werden, wenn eine Zulassung vorliegt, aber hier das genau umgekehrt gefordert wird, daß praktisch der Anwalt oder der Anwärter auf die Anwaltschaft praktisch den Gewerberaum nachweisen muß, den er aber nicht zugelassen bekommt, weil er nicht zugelassen ist. Also, das ist ein Widerspruch in sich.

Bei Paragraph 7 sind nur **Hochschullehrer** erfaßt mit Lehrbefähigung für Recht. Das betrifft nicht den gesamten Bereich der Akademien, die wir haben. Also, ASR [???] beziehungsweise, na gut, die würde man noch als Hochschullehrer fassen können, aber die Akademie der Wissenschaften, die ja auch ein Rechtsinstitut hat, die sich hier nicht wiederfinden.

Bei Paragraph 9 ist der erste Absatz Punkt c, daß die Bewerber in einem **Arbeitsrechtsverhältnis** oder in einem Wahl- und Berufungsverhältnis, dessen Beendigung noch nicht bestimmt ist, nicht zugelassen werden, wenn ich das jetzt hier so lese. Es wurde mir zwar schon erläutert, daß das vielleicht anders auslegungsfähig ist, aber wir müssen ja uns an den Text halten. So lange es einen Text gibt, müssen wir von dem ausgehen.

Und da muß ich sagen, man kann einem Anwärter auf diese Berufsgruppe nicht zumuten, daß er erst ein Arbeitsrechtsverhältnis beendet beziehungsweise seine Beendigung vereinbart und dann auf die Zulassung wartet, die dann vielleicht nicht erfolgt.

Also, man müßte doch dann dieses ganz streichen und es ihm überlassen. Wenn er Rechtsanwalt ist, geht es nach dieser Verordnung, oder als Rechtsanwalt zugelassen worden ist, ist es ihm sowieso nicht mehr möglich, in einem Arbeitsrechtsverhältnis weiterzuarbeiten.

Das war das im wesentlichen.

Und dann könnte man vielleicht bei Paragraph 12, Absatz 2 eine bessere Formulierung für den letzten Teilsatz finden.

Ziegler (Moderator): Danke, Frau Töpfer. Sie haben sich ja die Dinge notiert. Und Frau Braband jetzt. Würden Sie bitte das Mikrofon einschalten?

Frau Braband (VL): Pardon, [ich] bin auch schon müde. Paragraph 6 habe ich also das gleiche anzumahnen wie Frau Töpfer. Also, vor allem der Absatz c, glaube ich, müßte unserer Ansicht nach gestrichen werden, weil: Welche Instanz sollte das also prüfen, ja? Es ist nur wünschenswert, wenn Rechtsanwälte Wissen, Lebenserfahrung, menschliche Reife und Charakterfestigkeit besitzen. Aber wer soll das beurteilen und nach welchen Maßstäben?

Das gleiche gilt für mich bei Paragraph 9, daß die Zulassung versagt werden kann, wenn der Bewerber aufgrund seiner bisherigen Lebensführung nicht geeignet ist, diesen Beruf auszuüben. Das ist der Paragraph 9, Punkt d, 1d. Ich denke, das ist sehr subjektiv auszulegen und müßte deswegen auch gestrichen werden.

Ziegler (Moderator): Vielen Dank, Frau Braband. Ich frage, es sind noch drei Wortmeldungen jetzt. Können wir die noch zulassen, ja, noch ehe Sie antworten? Schön. Dann Frau Künstler von der NDPD.

Frau Künstler (NDPD): Also, wir unterstützen den Antrag der Initiative Frieden und Menschenrechte dahingehend nicht, und wir gehen davon aus, daß das ja, wie es in der Begründung ausgeführt worden ist, als eine Art Übergangslösung zu betrachten ist.

Und es muß doch in Zukunft das Recht eingeräumt werden, daß sowohl alle Bürger unseres Landes als auch alle, sagen wir einmal, zukünftigen Unternehmen jederzeit die Möglichkeit erhalten, Rat suchend sich einen Rechtsanwalt, sich an einen zu wenden, sich vertreten zu lassen in einem Verfahren, auch im Strafverfahren.

Und es liegt doch auf der Hand, daß das mit den gegenwärtigen, etwas über 580 vorhandenen Rechtsanwälten nicht gewährleistet wird, auch im Interesse der weiteren Rechtsstaatsentwicklung und **Rechtssicherheit** unserer Bürger. Und so sehen wir das erst einmal als Art **Übergangslösung** auch an, um jedermann behilflich zu sein, sein Recht zu wahren und durchsetzen zu können.

Ziegler (Moderator): Danke. Herr Beyermann, Grüne Partei.

Beyermann (GP): Wir schließen uns insbesondere den Positionen an, die von Frau Töpfer hier vorgestellt wurden und gehen in einigen Punkten noch darüber hinaus. Prinzipiell denken wir auch, daß so in der Fassung wie die Verordnung vorliegt, sie nicht, ja, für die **Öffentlichkeit** bestimmt sein kann beziehungsweise nicht tauglich ist, um die Probleme zu bewältigen, die anstehen.

Zu dem umstrittenen Paragraphen 6 d sind wir auf jeden Fall der Meinung, wir sehen den Widerspruch einerseits des Bedarfs an Rechtsanwälten, andererseits auch die Position, die hier von IFM formuliert wurde, [wir] denken, daß man hier einen Zwischenweg finden muß, aber auf jeden Fall, etwas geschehen muß, daß der Buchstabe d präzisiert werden muß.

Es muß klar sein, **wie lange die Ausbildung ist**, und es muß mindestens auch klar sein, wie die Finanzierung erfolgt. Denn da sind ja hier überhaupt keine Aussagen zu getätigt.

Es fehlt – – zur Unabhängigkeit gesagt worden – – Vorweg noch eine Frage zum Paragraphen 3. Uns ist unklar beim Absatz 3 des Paragraphen 3 im zweiten Satz der dritte Halbsatz, „soweit sie mit der Stellung eines unabhängigen Organs der Rechtspflege vereinbar ist". Uns ist nicht klar, wo da die Kriterien sind, welche wissenschaftliche, künstlerische oder publizistische Tätigkeit ist vereinbar, welche ist nicht vereinbar.

Und die Frage des letzten Satzes, „Tätigkeit als nebenamtlicher **Hochschullehrer** an einer Hochschule oder Universität der Deutschen Demokratischen Republik". Wir denken, es geht auch in die Richtung, was Frau Töpfer beim anderen Paragraphen angesprochen hat, im Zuge der deutsch-deutschen Prozesse steht natürlich auch die Frage, inwiefern also hier auch Hochschulen der Bundesrepublik in Frage kommen.

Ziegler (Moderator): Ich bitte nun noch Herrn Dr. Wolf.

Beyermann (GP): Ich bin noch nicht fertig.

Ziegler (Moderator): Ach so, Sie sind noch nicht fertig?

Beyermann (GP): Nein.

Ziegler (Moderator): Entschuldigung.

Beyermann (GP): Paragraph 5, Absatz 3, erster Satz ist die Frage, warum ist also ein Antrag auf Zulassung als Rechtsanwalt zu begründen? Wir denken, also, wenn einmal jemanden einen Antrag darauf stellt, Rechtsanwalt zu werden, dann erübrigt sich die Begründung, ist wohl klar, warum er den Antrag stellt.

Paragraph 6, die Punkte wurden genannt zum Buchstaben b. Wenn wir dort also [die Ausbildung in] **Schöneiche** in Frage stellen, dann müßte man auch prüfen, inwieweit die Ausbildung in **Babelsberg** gleichzustellen ist den juristischen Ausbildungen an anderen Fakultäten, juristischen Fakultäten.

Der Paragraph 9, ach so, zum Paragraphen 6 noch die grundsätzliche Frage, warum ist das eine Kannbestimmung? Welche weiteren Kriterien können nun also, wenn die Kriterien hier vorliegen, eine Zulassung versagen?

In dem Zusammenhang steht auch die Frage, welche Funktion oder wie die Konstruktion des Paragraphen 9 im Verhältnis zum Paragraphen 6 ist. Also, einerseits kann zugelassen werden, wenn diese Kriterien vorliegen des Paragraphen 6, und andererseits sind außer dem Paragraphen 6 die im Paragraphen 6 genannten Kriterien im Paragraphen 9 noch weitere genannt, die, also diese Konstruktion ist für uns unklar und – wie gesagt – vom Grundsatz her die Frage: Warum eine Kannbestimmung? Wenn bestimmte Kriterien vorliegen, die der Antragsteller erfüllt, dann ist eben die Zulassung zu erteilen.

Und eine letzte Frage zum Paragraphen 11, Absatz 3, Buchstabe b, „der Rechtsanwalt nachweisbar aus alters- oder gesundheitlichen Gründen nicht mehr in der Lage ist – –". Wer stellt fest, ob er noch in der Lage ist und auf welche Art und Weise wird der Nachweis geführt, daß er nicht mehr in der Lage ist? Wir denken, daß hierzu auch zumindestens, wenn also überhaupt eine Regelung dazu erfolgt, eine klare Regelung erfolgen muß.

Danke.

Ziegler (Moderator): Jetzt Herr Dr. Wolf von der LDP.

Wolf (LDP): Wir begrüßen es sehr, daß angesichts des zu erwartenden großen Bedarfs auch in dieser Zeit des Überganges in unserem Land und vieler **Rechtsunsicherheit**, die damit verbunden sein wird, eine solche Regelung getroffen wird oder vorbereitet wird, und wir halten sie bei der, wenn man einmal ein Viertel- oder Halbjahr zurück denkt, bisherigen Einordnung und Bewertung rechtsanwältlicher Tätigkeit im Gesamtsystem alten **Justizverständnisses** diesen Vorschlag als einen doch bemerkenswerten Fortschritt sowohl vom juristischen Ansatz wie auch von den praktischen Bedürfnissen.

Natürlich gibt es – das sagt ja das Wort „Übergangsregelung" – diese oder jene Prämisse noch einmal zu überdenken oder auch eine zwingendere Formulierung zu finden. Zu einigen der hier aufgeworfenen Paragraphen haben wir auch diese oder jene Auffassung, die würde ich noch sagen.

Allerdings würden wir schon nicht oder würden wir uns schon dieser prinzipiellen Zustimmung weiterhin verpflichtet fühlen, also damit kann man arbeiten, damit muß man arbeiten. Und der Handlungsbedarf ist gegeben.

Zum ersten meinen wir, daß ja sicher auch die **juristische Hochschulausbildung** ebenfalls nicht in dieser Form beibehalten bleibt wie bisher. Also, wir könnten uns vorstellen bei aller Einheitlichkeit eines solchen juristischen Abschlusses, daß die **Bildungsinhalte** generell präzisiert überdacht werden müssen, neu gefaßt werden müssen und daß möglicherweise auch, soweit ich das beurteilen kann, die künftige rechtsanwältliche Tätigkeit auch ein Gegenstand einer bestimmten Spezifizierung in einem bestimmten Ausbildungsabschnitt sein könnte, so daß damit hier keine Kollisionen auftreten. Das muß man also schon in der Ausbildung berücksichtigen.

Was den Paragraphen 6 angeht, so würden wir im Abschnitt b auch vorschlagen, daß man diesen anerkannten juristischen Hochschulabschluß insofern also doch präzisiert im Sinne einer doch staatlich etwas begrenzteren Anerkennung, daß es sich nicht um andere Hochschulabschlüsse spezifischer Bildungseinrichtungen handeln kann, die hier schon genannt worden sind, also beispielsweise im Sicherheitsbereich oder wo auch immer.

Ich hätte gleich einmal eine kurze Rückfrage: Der Punkt d, ist der alternativ zu den anderen Voraussetzungen oder als Summe zu begreifen? Er gehört dazu?

Peller (Staatssekretär im Ministerium für Justiz): Ziffer 6 ist die Summe a bis – –

Wolf (LDP): Eine Summe aller? Dann würde ich sagen, ist das schon doch bemerkenswert. Vielleicht könnte man den Punkt d eben auch im Sinne einer Assistenz, einer praktischen Kenntnisaneignung oder wie noch etwas aufhellen, damit das hier nicht mißverständlich ist, damit hier in der Tat die erforderliche **Rechtssicherheit** und vor allen Dingen auch Praxissicherheit eintritt.

Im Paragraphen 9 wäre unsere Frage: Welche **Rechtsmittel** hat der Bewerber, wenn er abgelehnt wird? Denn ob das in jedem Falle dann endgültig ist?

Zum Paragraphen 25: Den sehen wir nun wiederum gerade nicht im Widerspruch zur Unabhängigkeit und freien Berufsausbildung des Rechtsanwaltes, weil ja der Kollege von [Initiative] Frieden und Menschenrechte andererseits sagte, es muß rechtssicher zugehen. Und welche Kriterien gibt es? Also, wir meinen, daß durchaus der Minister die Möglichkeit haben muß, wenn er die Berufung ausspricht oder die Zulassung ausspricht, hier auch darüber befinden zu können.

Und im übrigen würden wir vorschlagen, vielleicht in ein oder zwei weiteren Punkten, Unterpunkten, die Rolle der Kollegen oder der künftigen **Kammern** hier noch mitzufassen als Aufsichtsorgan oder wie man das auch nennen will.

Danke.

Ziegler (Moderator): Ich muß jetzt fragen, ob noch weitere Wortmeldungen sind? Es hatte sich noch von Initiative Frieden und Menschenrechte Herr Frank gemeldet.

Wernick-Otto (IFM): Ich will nur noch einen Satz sagen. Natürlich muß es mehr Anwälte geben, viel mehr als bisher. 560 Rechtsanwälte in der DDR ist ein Skandal für sich. Aber diese neuen Rechtsanwälte müssen **Bildungsstandard** haben und da muß man helfen, diesen Standard zu erreichen, sonst gibt es Rechtsanwälte im Schnellverfahren.

Da hat Frau Töpfer nicht Recht. Und wir helfen damit nicht den Bürgern und wir gewährleisten auch nicht, daß das Vertrauen, das die Bürger, wenn sie zum Anwalt kommen, in den Anwalt setzen, daß das gerechtfertigt wird. Das ist ein großes Problem. Und das nächste ist, vielleicht ist das mit dem Paragraphen 6 c, **Wissen, Lebenserfahrung, menschliche Reife, Charakterfestigkeit,** gar nicht abgedeckt.

Aber wir müssen auch prüfen bei einer solchen Regelung, daß – und mit Schöneiche ist das schon angesprochen worden – daß wirklich nicht immer die Eignung eines jeden Bürgers da ist, der sich bewirbt, Rechtsanwalt zu werden. Zum Beispiel, wenn er in bestimmten Einrichtungen vorher da ist.

Das ist eine ernsthafte Überlegung, die man einbeziehen muß in die Frage, ob jemand als Anwalt geeignet [ist]. Aber das ist schon wieder ein anderes Problem.

Ziegler (Moderator): Ja. Danke. Es war aber nur noch einmal [eine] Wiederholung und Unterstreichung. Ich denke, die genannten Gesichtspunkte gerade beim Paragraphen 6 und dergleichen sind jetzt genügend hervorgehoben. Herr Börner, Sie auch noch, ja, von PDS? Bitte. Sonst müßten Sie erst die Gelegenheit haben, darauf einzugehen.

Börner (PDS): Also, den Paragraphen 6 will ich jetzt nicht wiederholen, da können wir, wir sind auch für eine Frist, eine Präzisierung also auch einer Frist in Richtung **Assistenz** oder **Praktikum** und aber auch für eine Übergangslösung, um jetzt eine schnelle Variante also auch zu ermöglichen.

Ich möchte noch zusätzlich dazubringen, daß wir auch ein Problem darin sehen, daß im Paragraphen 20, Absatz 3 der Minister der Justiz über Ergebnisse des **Disziplinarverfahrens** entscheidet. Das sollte unserer Auffassung nach doch in eine **Anwaltskammer** zum Beispiel gegeben werden.

Und wir haben auch Probleme mit dem Paragraphen 26, daß der Minister für Justiz auch über die **Beschwerde** entscheidet, wo also eine Entscheidung, die er selbst fällt und dann auch über die Beschwerde über diese Entscheidung auch entscheiden soll. Da wäre eine Änderung notwendig.

Ziegler (Moderator): Danke. Ich denke, Sie müßten jetzt erst Gelegenheit haben, darauf einzugehen. Und bitte, nehmen Sie das Wort.

Peller (Staatssekretär im Ministerium für Justiz): Die Diskussion, die zum Teil ja sehr kontrovers in bezug auf Paragraph 6 geführt wird, zeigt ja auch, in welcher Lage das Ministerium der Justiz und auch der Ministerrat standen bei dem Erlaß dieser Verordnung.

Ich möchte zunächst doch noch einmal sehr klar zum Ausdruck bringen, daß es hier eine, vorläufige kann man nicht sagen, eine Übergangsregelung ist, die das Loch stopfen soll zwischen der gegenwärtig außerordentlich mager ausgestalteten Rechtsvorschrift der Zulassung von Einzelanwälten und einem **Rechtsanwaltsgesetz,** was sicherlich auch noch in diesem Jahr verabschiedet werden wird und muß, und daß all die Fragen, die zuletzt hier kamen mit **Rechtsanwaltskammern,** dann die **Autonomie der Rechtsanwaltschaft** sicherlich beinhalten wird und dies dann auch einer Klärung in dieser Weise zuführt, wie sie hier generell gefordert wird.

Aber wir brauchen erst einmal schnell eine Regelung, um gegenwärtigen Handlungsbedarf auch realisieren zu können. Also, deshalb sind jetzt hier keine Kammern drin, weil das einem Rechtsanwaltsgesetz vorbehalten ist, hier kann man im Moment noch keine **Rechtsanwaltskammern** installieren.

Bis die überhaupt in Gang gebracht worden sind, da ist der Sommer wieder ins Land gegangen. Das geht alles überhaupt nicht. Da müssen wir also eine Rechtsvorschrift jetzt haben, die sehr schnell den Regelungsbedarf abdeckt. Nummer 1.

Nummer 2, weil ich von hinten gleich bin und weil das Kollege Börner hier noch betrifft: Es ist nicht unüblich in der DDR-Rechtspraxis, daß Leitungsorgane, Leiter zunächst einmal selbst entscheiden über eine Beschwerde gegen ihre Entscheidungen. Das ist im Verwaltungsverfahren ein normaler Weg.

Und dann bitte ich doch noch einmal, auf den Paragraph 27 das Augenmerk zu legen. Wenn nämlich der Minister im Ergebnis einer Beschwerde eines Bürgers, der nicht zugelassen wird oder dem die Zulassung entzogen ist, dieser Beschwerde nicht stattgibt, dann hat der Beschwerdeführer das Recht, ich will das Wort einmal so verwenden, ein Gericht, ein **unabhängiges Gericht** anzurufen und dort die gerichtliche Entscheidung zu fordern über diese ministerielle Entscheidung. Das ist eine saubere Regelung und sicherlich auch eine rechtsstaatliche Regelung, da kann man, glaube ich, nichts dazu sagen.

Damit ist wohl auch noch eine andere Frage mit beantwortet, die hier kam. Auch was die **Rechtsanwaltskollegien** angehen, die hier nicht enthalten sind, das ist ja gegenwärtig in dem Gesetz über Rechtsanwaltskollegien enthalten, ich verweise noch einmal auf meine Bemerkungen zu diesem generellen Rechtsanwaltsgesetz, was ja alles dann beinhalten wird, sowohl die **Einzelanwälte,** ich verwende diesen Begriff einmal, also Anwälte mit eigener Praxis als auch die Kollegiumsanwälte.

Die Hauptkontroverse bestand ja im Paragraphen 6. Ich will hier noch einmal betonen, daß es im Paragraphen 6 bei a, b, c und d um die Summe der dort vorhandenen Anforderungen geht und keine Einzelanforderungen.

Ich habe hier genau mitgeschrieben, was Kollege Wernick-Otto hier sagte, daß die Verordnung zuließe, daß irgendeine **Ausbildung,** so hat er sich genau formuliert, daß irgendeine Ausbildung zum Rechtsanwalt langen würde. So ist es natürlich nicht, irgendeine Ausbildung.

Also, im Pargraph 6, Absatz b steht erst einmal, daß er einen juristischen Hochschulabschluß haben muß. Ich akzeptiere die Forderung, daß es ein Hochschulabschluß sein muß, der nicht nur, wie das in Eiche, wenn ich richtig informiert bin, nur auf strafrechtlichem Gebiet praktisch absolviert wird, das kann kein Rechtsanwalt werden.

Also, da muß man sicherlich auch eine Formulierung finden, die das ausschließt. Da bin ich völlig der Meinung, die hier im Plenum vorgetragen worden ist. Aber zunächst einmal, ich gehe einmal davon aus, er hat also an der **Humboldt-Universität** ein Hochschulstudium absolviert, dann hat er schon eine Qualifikation. Und jeder andere, der dort absolviert hat, ist eben dann nach einem Jahr oder nach verkürzter Assistentenzeit in die Pflicht genommen, Richter oder Staatsanwalt zu sein.

Und jetzt weiß ich nicht, warum er dann nicht auch in die Pflicht genommen sein sollte, Rechtsanwalt zu sein. Also, ich würde mit diesem [Begriff] „Irgendeine-Ausbildung" bitte nicht operieren.

Das Problem mit dieser anwaltspezifischen Ausbildung liegt ja in folgendem: Wir sind uns hier offenbar ja alle einig, daß es unbestritten ist, daß wir mehr Rechtsanwälte benötigen, unbedingt mehr benötigen.

Das zweite aber, ich muß hier auch gewissermaßen eine, na ja, **Bankrotterklärung für das Ministerium der Justiz** abgeben, wir sind nicht in der Lage, etwa eine Rechtsanwaltsausbildung zu organisieren und durchzuführen. Das können wir nicht.

Und wir müssen, wenn wir schon marktwirtschaftliche Prinzipien in der DDR realisieren wollen, einfach darauf aufmerksam machen, das derjenige, der Rechtsanwalt werden will, sich bitte schön seine – richtig, Kollege Wernick-Otto – zusätzliche anwaltspezifische Ausbildung selbst organisiert und auch selbst bezahlt.

Es wird der Staat nicht für ihn eintreten oder das Ministerium der Justiz. Vielleicht macht das sein bisheriger Betrieb, der ihm da für die Zeit, wo er sich noch weiterqualifiziert, noch einen Gehaltszuschlag zahlt, ich weiß das nicht, aber staatlicherseits wird es hier keinerlei Aufwendungen geben. Das MdJ [Ministerium der Justiz] kann deshalb, und wird sicherlich auch deshalb, keine Ausbildungseinrichtungen einführen.

Das dritte ist, die **Rechtsanwaltskollegien,** die das jetzt im Prinzip ja machen sollen, wollen es ja vielfach nicht. Es gibt inzwischen zwar eine Absprache unseres Ministers mit dem Vorsitzenden des Rates der Rechtsanwaltskollegien, der auch dazu geführt hat, daß die Rechtsanwälte prinzipiell bereit sind, eine solche anwaltspezifische Ausbildung zu übernehmen. Das passiert auch schon. Wir wissen das auch schon.

Aber das bleibt natürlich sicherlich in der Interessenlage jedes einzelnen Kollegiumsanwalts, ob er das macht. Und wenn dann mit einem Mal dort gesagt würde, wir machen das nicht mehr, dann hätten wir die gleiche Situation wie jetzt, also, wir würden überhaupt nicht die Möglichkeit haben, Rechtsanwälte zuzuführen. Deshalb ist im Ministerrat erst, ich muß das dazu sagen, das war nicht die ursprüngliche Fassung des Justizministeriums, die Forderung erhoben worden und in die Verordnung hingekommen, daß man diese anwaltspezifische Ausbildung nicht nur bei einem in der DDR zugelassenen Rechtsanwalt, sondern auch in anderer Weise sich aneignen kann.

Das kann passieren, um ein Beispiel zu sagen, daß sich jemand bereitfindet für eine bestimmte Zeit, ich sage einmal, als Volontär zum Gericht zu gehen und sich da einmal mit den justizspezifischen Belangen vertraut macht.

Sicherlich wird auch jeder von Ihnen hier die Auffassung haben, daß man zum Beispiel bei einem Richter, der Rechtsanwalt werden wird oder werden möchte, eine solche spezielle Ausbildung gar nicht weiter verlangt, weil der ja tagtäglich schon in seiner bisherigen Praxis mit diesen Problemen vertraut war. Das würde also bei einem **Justitiar** anders aussehen.

Deshalb ist das Problem mit dieser zeitlichen Staffelung und Forderung auch wieder – sehr möglicherweise – formal und nicht für jeden Fall zutreffend.

Es gibt einige Widersprüche in der Verordnung, die ich auch akzeptiere. Paragraph 6 enthält für meine Begriffe keine Kann-Vorschrift, sondern ein Anspruchsrecht. Warum dort kann steht, vermag ich hier jetzt auch nicht zu sagen, das kann man sicherlich in der Endredaktion oder muß man in der Endredaktion in Ordnung bringen. Das ist, wenn das vorliegt, keiner weiteren Ermessenslage mehr zugänglich, und insofern verstehe ich die Begründung, die verlangt wird, um als Anwalt zugelassen zu werden, auch nur so, daß er gewissermaßen die von a bis d vorgetragenen Dinge vorbringen muß.

Er muß also ein **polizeiliches Führungszeugnis** bringen, sage ich einmal, daß er nicht bestraft ist und daß er ein **Hochschulzeugnis** besitzt und daß er in der Deutschen Demokratischen Republik seinen **Hauptwohnsitz** hat, ich vereinfache das jetzt einmal. Und damit ist die Begründung abgegolten. Also, andere irgendwelche großen Ehrenerklärungen, was er alles vor hat, wird sicherlich nicht verlangt werden, wird auch in der Praxis nicht verlangt.

Die Geschichte mit dem **Gewerberaum** ist richtig. Das geht ja so wie dem Hauptmann von Köpenick, entweder Arbeit oder Wohnung oder Wohnung oder Arbeit. Wir haben bisher so orientiert, daß der Rechtsanwalt, der zugelassen werden möchte, versichert, daß er Gewerberaum haben wird, weil wir nämlich auch keine „Hinterhofadvokaten" haben wollen, ich will das einmal so sagen, die in irgendwelchen Wohnungen in irgendwelchem Kämmerlein da rechtsanwaltschaftliche Tätigkeit verrichten.

Daß ein **Arbeitsrechtsverhältnis** nicht mehr vorliegen soll, daß es bestimmt sein soll, daß dann keines mehr besteht, wenn ein Rechtsanwalt zugelassen wird, wollen wir so verstanden wissen, daß der Rechtsanwalt mit dem Antrag auf die Zulassung versichert, daß für den Fall, daß er zugelassen wird, er keine andere Tätigkeit mehr wahrnimmt, weil es, glaube ich, nicht angeht, daß jemand nebenbei noch als Justitiar in einem Betrieb beschäftigt ist, ein Arbeitsrechtsverhältnis hat, und daneben freiberuflich als Rechtsanwalt tätig sein möchte. Das geht natürlich nicht.

Ich hoffe, daß ich jetzt in etwa alles abgearbeitet habe. Ich würde Ihnen vorschlagen nach der Diskussion, daß wir [bei] den Dingen, die ich hier auch zum Teil andeutete, nochmals eine redaktionelle Überarbeitung dieser Verordnung vornehmen und sie dann noch einmal dem Ministerpräsidenten in dieser Weise vorlegen.

Ziegler (Moderator): Die Diskussion hat ergeben, daß eine einfache zustimmende Kenntnisnahme ohne Anmerkungen wohl kaum möglich ist, daß wir sagen müssen, also erstens ginge es nur als Übergangslösung, kann es akzeptiert werden.

Und eine ganze Reihe Präzisierungen erscheinen notwendig. Besonders im Paragraphen 6 ist das ja eklatant sichtbar geworden. Herr Beyermann hat sich gemeldet. Ich möchte dann aber doch sehen, daß wir hier zu einem gewissen Abschluß kommen mit dieser Sache, weil wir noch andere Dinge auf dem Tisch haben.

Bitte, Herr Beyermann.

Beyermann (GP): Ja, ich werde mich kurz fassen. Eine Nachbemerkung und noch einmal eine Nachfrage. Also, wir denken, daß Paragraph 6 d so in der freien Form, so wie Sie das jetzt beschrieben haben, nicht handhabbar ist aus verschiedenen Gründen.

Also, die Frage nun der **Finanzierbarkeit** sozusagen in die Möglichkeiten desjenigen, der Anwalt werden will zu legen, führt natürlich zu einer entsprechenden **Selektion** derer, die dort Anwalt werden.

Und andererseits das abhängig davon zu machen, ob derjenige, der Anwalt werden will, einen Anwalt findet, bei dem er diese Ausbildung macht, führt noch zu einer zusätzlichen Selektion, die natürlich im Interesse der schon zugelassenen Anwälte dann liegt. Also, die können faktisch durch ihre Bereitschaft, die Ausbildung zu übernehmen oder nicht zu übernehmen, eine entsprechende Selektion durchführen, die in ihrem Interesse liegt.

Und ich denke nicht, daß das also der weiteren Entwicklung der Anwaltschaft insgesamt und der Probleme, die ja bestehen, auch an **Rechtsschutzbedürfnis der Bürger** entgegenkommt.

Auf die Frage der räumlichen – also Paragraph 6, Buchstabe e, wenn ich Sie richtig verstanden habe – haben Sie gesagt: Also es reicht aus, daß er versichern kann, er bekommt **Gewerberaum**. Ich glaube, daß das die Situation nicht viel bessert, also ob ich nun Gewerberaum vorweisen kann direkt oder schon den Schein in der Tasche habe, daß ich Gewerberaum bekomme, ist wohl das gleiche.

Insofern wäre diese, eine solche Veränderung keine Besserung, sondern man muß das, glaube ich, wenn man von **Marktwirtschaft** spricht, dann tatsächlich dem Markt überlassen, ob die Bürger zu dem Anwalt in sein Büro, falls er es in seiner Wohnung hat oder nicht, auch kommen.

Und die Frage, die ich noch stellen wollte, die ergänzende, ist nach wie vor nicht beantwortet worden, das Verhältnis von Paragraph 6 und Paragraph 9, das ist mir nicht klar in der Konstruktion, daß einerseits also **Kriterien zur Zulassung** festgelegt werden und andererseits im nachhinein Paragraph 9 sozusagen dann noch einmal Zusatzkriterien festlegt. Einmal wird gesagt, wann wird zugelassen, und dann wird noch einmal gesagt, wann wird die Zulassung verweigert. Und da sind dann über den Paragraph 6 noch hinausgehende Sachen. Die Konstruktion ist mir unklar.

Ziegler (Moderator): Das ist noch eine Anfrage. Können wir Sie bitten, das noch einmal aufzugreifen?

Peller (Staatssekretär im Ministerium der Justiz): Ja, insofern geht der Paragraph 9 über Paragraph 6 hinaus oder er konkretisiert ihn. Wenn ich zum Beispiel Paragraph 9, Absatz 1 Buchstabe b nehme: Wenn der Bewerber vorbestraft ist, das wäre so ein Beispiel, daß eben der Rechtsanwalt in der **Persönlichkeitsentwicklung** nicht den Anforderungen entspricht, die an einen Rechtsanwalt zu stellen sind.

Er kann ja von sich [aus] das nicht einbringen, daß er von der Persönlichkeit her einer solchen Funktion gerecht wird. Oder dieser Paragraph 9 Buchstabe c mit diesem **Arbeitsrechtsverhältnis**, habe ich ja vorhin erläutert, das ist im Paragraph 6 auch nicht enthalten. Aber der Minister wird eben schon darauf dringen, nur Rechtsanwälte zuzulassen, die eben dann kein weiteres Arbeitsrechtsverhältnis haben.

Und Paragraph 9, Buchstabe d ist gewissermaßen das Pendant zum Paragraph 6, Absatz c, wenn ich das einmal so sagen darf, und dem Minister eine gewisse Ermessensentscheidung zuläßt, die dann wiederum durch das Gericht nachgeprüft werden kann für den Fall, daß der Zuzulassende sich vom Minister ungerecht behandelt und nicht korrekt entschieden fühlt.

Ziegler (Moderator): Aber soviel ist doch vielleicht doch klar, daß noch einmal überprüft werden könnte, ob manche Bedingungen, die im Paragraph 9 auftauchen, nicht nachher in Paragraph 6 auch schon auftauchen können, nicht. Das ist doch wohl möglich.

Ich versuche zusammenzufassen: Der Runde Tisch nimmt den Entwurf zur Kenntnis. Er bejaht ihn als **Übergangslösung**. Er bejaht, daß dringend erforderlich ist, mehr Rechtsanwälte zu gewinnen. Er hält aber in der Verordnung Präzisierungen dringend erforderlich. Diese betreffen besonders Paragraph 6, und hier wurde speziell auch die **Ausbildungsfrage** sehr unterstrichen. Alles andere zu Paragraph 9 und 25, 26 hatten Sie notiert.

Ich schlage vor, daß wir mit diesen Bemerkungen dieses dann abschließen, frage aber, ob sich dagegen Widerspruch erhebt oder ob Sie Ergänzungen zu dieser Zusammenfassung machen wollen? Das ist offensichtlich nicht der Fall. Dann danken wir, Herr Beyermann, ja, also nun – –

Beyermann (GP): Ich will ganz kurz ergänzen, also, ich denke, daß extra darauf hingewiesen werden sollte, daß Fragen, sozusagen unklare Kriterien, die an der Persönlichkeit orientiert sind, die rechtlich nicht greifbar sind, daß die nicht in die Endfassung zu übernehmen sind.

Ziegler (Moderator): Ja, das ist ja mehrfach gerade ja ausgeführt worden, und mit dieser Bitte würden wir das an die Regierung zurückgeben, ja. Danke. Dann ist damit diese Verhandlung abgeschlossen.

Wir kommen jetzt, und dazu sind Sie ja auch gekommen, zu der **Vorlage 14/21**, die ist also schon das vorige Mal ausgeteilt worden, und Frau Töpfer hat es übernommen, hier einzuführen. In dieser Vorlage sind einige Fragen, die auch Sie betreffen vom **Generalstaatsanwalt**, das **Oberste Gericht**. Nämlich, es geht um die **Sicherung der Arbeitsfähigkeit der Gerichte** und der Gewährleistung einer unabhängigen Rechtsprechung. Im Hintergrund steht auch ein **Anruf**, den wir bekommen haben **vom Obersten Gericht** mit der Bitte, hier doch die Möglichkeit zu haben, auch über die gravierende **Arbeitssituation des Obersten Gerichtes** zu informieren.

Also, es ist nicht untergegangen, wir haben das nur ausgespart hier, bis Sie Gelegenheit haben. Frau Töpfer, darf ich Sie bitten, einzuführen?

Frau Töpfer (FDGB): Da dieses Papier [**Vorlage 14/21**, **Antrag AG „Recht" und AG „Strafrecht": Zur Sicherung der Arbeitsfähigkeit der Gerichte und Gewährleistung einer unabhängigen Rechtsprechung**[37]] schon einmal hier vorgelegen hat, möchte ich die Begründung nicht noch einmal vorlesen, sondern nur Einzelpunkte hervorheben. Wir gehen davon aus in unserer Arbeitsgruppe, daß **Rechtsstaatlichkeit** nur dann durchsetzbar ist, wenn Justizorgane auch ein gewisses Vertrauen und eine Akzeptanz in der Bevölkerung genießen.

Und um das wieder herzustellen, sind wir der Meinung, daß Justizangehörige, die sich maßgeblich an der bisherigen **politischen Strafrechtspraxis** beteiligt haben, nicht weiter in der Rechtsprechung tätig sein dürfen. Das gleiche gilt auch für Staatsanwälte.

Ein weiterer Punkt, der nun diese Vorlage berührt, ist die Frage der Tätigkeit der Richter über die Wahlen hinaus. Bisher war es ja üblich, Richter zu wählen. Und das wird auch für das Oberste Gericht weiter angestrebt, aber für die Kreis- und Bezirksgerichte steht die Frage, daß mit den **Kommunalwahlen** sie eigentlich gewählt werden müßten.

Und das Richtergesetz oder der **Entwurf des Richtergesetzes** sieht eine Berufung vor, ich möchte das hier nicht weiter erläutern. Und wir halten dieses Richtergesetz auch für notwendig in einer ausgewogenen Form. Aber um die Zeit zu überbrücken, bis das Richtergesetz in Kraft tritt, schlagen wir vor, daß die Richter weiter amtieren können. Ich möchte da noch einmal zu dem Antrag selber kommen. Die Arbeitsgruppen „Recht" und „Strafrecht" bitten deshalb den Runden Tisch, zu beschließen:

[Auszug aus **Vorlage 14/21**]:

1. Der Runde Tisch fordert die Regierung auf, umgehend Maßnahmen einzuleiten, um aus der Rechtsprechung alle Richter zu entfernen, die maßgeblich die damalige

---
[37] Dokument 15/22, Anlagenband.

politische Strafrechtsprechung angeleitet und ausgeübt haben.

Das betrifft Mitglieder des Präsidiums des Obersten Gerichts, Direktoren und Stellvertreter für Strafrecht der Bezirksgerichte sowie die für das politische Strafrecht verantwortlichen Richter (1a-Senate) und die Richter, die am Sitz der Untersuchungshaftanstalten der Untersuchungsorgane des ehemaligen MfS, die von ihnen ermittelten Verfahren juristisch verantwortlich verhandelt und entschieden haben.

Im Interesse der differenzierten Feststellung einer Verantwortung ist ein unabhängiges Gremium auf zentraler Ebene einzusetzen, welches auf Antrag der Betroffenen die Begründetheit der getroffenen Maßnahmen prüft.

2. Die Volkskammer möge einen Beschluß herbeiführen, daß die Wahlperiode der Kreis- und Bezirksgerichte bis zur Annahme des Richtergesetzes verlängert wird.

Das Oberste Gericht ist umgehend von der neuen Volkskammer neu zu wählen.

Kandidaten für das Oberste Gericht sollten vom Richterbund, dem Minister der Justiz und vom Obersten Gericht selbst vorgeschlagen werden.

Bei Punkt 2 gehen wir davon aus, daß die **Nomenklatur,** wie sie bisher bestand, nicht immer sicherstellt, daß auch wirklich unabhängige Richter in dieses Gremium gelangen und daß deshalb auch der **Richterbund** ein Vorschlagsrecht hat und dann die **Volkskammer** selber aus diesen Vorschlägen prüfen kann, wer geeignet ist und wer nicht.

Ziegler (Moderator): Würden Sie gleich dann auch noch hier den Ergänzungsantrag mit einbeziehen, weil ja die **Generalstaatsanwaltschaft** ja auch angeredet ist, nicht?

Frau Töpfer (FDGB): Ja. Der Ergänzungsantrag [ebenfalls **Vorlage 14/21**] lautet:

[Ergänzungsantrag AG „Recht" und AG „Strafrecht": Zur Sicherung der Arbeitsfähigkeit der Gerichte und Gewährleistung einer unabhängigen Rechtsprechung]

Der Runde Tisch fordert den Generalstaatsanwalt der DDR auf, in seinem Verantwortungsbereich analog dem vorliegenden Antrag zur Sicherung der Arbeitsfähigkeit der Gerichte und der Gewährleistung einer unabhängigen Rechtsprechung zu verfahren.

Das heißt, die **Staatsanwaltschaft** hat sich ja noch viel stärker als die Richter an der Strafrechtsprechung auf politischer Ebene etabliert und wäre demnach auch etwas stärker zur Verantwortung zu ziehen.

Ziegler (Moderator): Danke für die Einbringung. Herr Junghanns hat sich schon gemeldet von der Demokratischen Bauernpartei Deutschlands.

Junghanns (DBD): Ja, ich habe eine Frage zu diesem Verfahrensweg unter Punkt 1. Hier wird festgestellt, eigentlich recht eindeutig, wer unter diese Kategorie fällt, die Richter, die politisch verantwortlich sind. Und dann wird für die Betroffenen eine Regelung eingebaut, die die Begründetheit dieser Maßnahme der Regierung noch einmal auf den Prüfstand stellt.

Mit welcher Konsequenz, mit welchem Maß? Ist das hier ein Trostpflästerchen oder, wo sehen Sie eigentlich den Ermessensspielraum derer, die nach dem ersten Absatz verfahren und dann sich revidieren müßten im Falle, es kommt ein unabhängiges Gremium zum Tragen und wehrt diese Maßnahmen ab?

Ich möchte in diesem Zusammenhang noch einmal die Frage stellen, **unabhängiges Gremium.** Wir hatten bei der ersten Lesung dieses Antrages einen Volkskammerausschuß in die Autorität stellen wollen, weil da ja eigentlich die einzige Autorität stünde auch gegenüber der Regierung so aufzutreten und Regierungsmaßnahmen rückgängig zu machen.

Das ist eine Frage.

Ziegler (Moderator): Das ist eine Anfrage an die Arbeitsgruppe „Recht". Frau Töpfer, wenn Sie bitte gleich darauf eingehen würden, ja?

Frau Töpfer (FDGB): Wir haben die Frage des unabhängigen Gremiums sehr lange diskutiert und sind zu der Auffassung gekommen, daß wir die neue Volkskammer – denn es ist ja eine Sache, die sich nicht mehr in der jetzigen Legislaturperiode erledigen läßt – nicht beauflagen können, welches Gremium und wie sie es einsetzt.

Außerdem betrifft das auch die **Unabhängigkeit der Rechtsprechung** an sich, daß es nicht ganz korrekt wäre, das bei Gewaltenteilung jetzt der Volkskammer zuzusprechen.

So sind wir der Meinung, daß die neue Regierung selber entscheiden muß, wo sie dieses Gremium auf zentraler Ebene, also irgendwie der Regierung untergeordnet anlegt, aber eben unabhängig. Das heißt, nicht nur mit Vertretern dieser Regierung, sondern wir gehen davon aus, daß sie selber einen Weg finden wird, wen sie alles daran beteiligt, so daß die **Öffentlichkeit** von einem unabhängigen Gremium ausgehen kann.

Und zu der Frage, ob das ein Trostpflaster ist, möchte ich sagen, es gibt Einzelfälle, oder es ist uns gesagt worden, daß es Einzelfälle gibt, von jungen Richterinnen insbesondere, oder die jetzt Direktorinnen geworden sind an Bezirksgerichten und das gerade übernommen haben, das Amt – – aber dieses in unserem ersten Absatz zu Punkt 1 eigentlich enthalten sind.

Und da ist dann meines Erachtens doch eine Einzelprüfung berechtigt. Ob sie dann in dieser kurzen Zeit auch schon so tätig geworden sind oder ob sie nur dieses Amt übernommen haben und sich noch nicht exponiert haben. Also, da wollten wir doch eine praktisch relativierte Betrachtung haben.

Ziegler (Moderator): Herr Heusler [???], Neues Forum.

Heusler [???] (NF): Also, die Arbeitsgruppe „Strafrecht", wir haben immerhin mit der Arbeitsgruppe „Recht" diese Vorlage eingebracht. Aus unserer Sicht gab es also nur zwei Möglichkeiten.

Die eine Möglichkeit war, ein Gremium zu schaffen, welches jeden einzelnen Richter oder jeden einzelnen Staatsanwalt untersucht. Diese Möglichkeit wollten wir nicht wählen, sondern wir wollten diesen Weg wählen, daß wir sagen, gut, also, ein Richter oder Staatsanwalt, der sich zu Unrecht hier, sagen wir, bestraft fühlt, hat dann die Möglichkeit, sich an dieses Gremium zu wenden und vor diesem Gremium nachzuweisen, daß er also kein Unrecht begangen hat, ja.

Also, das ist eigentlich auch eine völlig neue Konstruktion, muß ich sagen, aber wir halten die für die Aufrechterhaltung der Rechtsprechung bei uns im Lande, um keine Hexenjagd auf alle Juristen durchzuführen, für notwendig und erforderlich, vielleicht so viel.

Ziegler (Moderator): Herr Templin, hatten Sie sich gemeldet, ja? Bitte.

Templin (IFM): Wir gehen davon aus, daß in ein solches zu schaffendes **Gremium** natürlich auch direkt Betroffene, also **Opfer** von solchen juristischen Amtshandlungen und Prozessen hinein müssen, auch Vertreter von Menschenrechtsgruppen und Menschenrechtsorganisationen, und daß natürlich die Arbeit eines solchen Gremiums in ganz engem Zusammenhang mit den übrigen noch aufzuarbeitenden juristischen Problemen und Sachfragen stehen muß.

Ich meine den ganzen Komplex, der mit dem **Rehabilitierungsgesetz** auf uns zukommt, denn das ist ja, denke ich, nur die andere Seite dieser notwendigen Aufarbeitung.

Und hier sehe ich eigentlich auf den verschiedenen Seiten immer noch das Riesenproblem. Wir haben eine Justiz, die vor der Aufgabe der **Selbstreinigung**, denke ich, bisher kapituliert hat beziehungsweise überfordert ist. Aber es wird wiederum nicht ohne diese Justiz gehen.

Also, sowohl bei dem Rehabilitierungsgesetz wie auch bei der Arbeit dieses Gremiums wird man natürlich auch auf die Mitarbeit der **Justizorgane** selbst angewiesen sein, denn sonst entsteht ein, denke ich, äußeres Gegeneinander.

Bisher habe ich den Eindruck, daß sowohl im Bereich der Staatsanwaltschaft wie auch im Bereich des Gerichtswesens mit diesen eigenen Konsequenzen sehr zögerlich umgegangen wurde. Aber ich lasse mich gern korrigieren.

Ziegler (Moderator): Über dem Antrag steht: Zur Sicherung der Arbeitsfähigkeit der Gerichte und Gewährleistung einer unabhängigen Rechtsprechung. Ich denke, es ist hier nun auch die Möglichkeit und der gegebene Ort, daß wir Sie fragen und bitten, doch aus Ihrer Sicht dazu noch einmal Stellung zu nehmen.

Peller (Staatssekretär im Ministerium der Justiz): Ja, danke, ich mache davon gern Gebrauch. Die erste Seite dieses Antrages enthält ja einen Problemkreis, der uns – ich kann das aus der Sicht des **Ministeriums der Justiz** sagen – sehr berührt. Ich will bestätigen, daß derzeit ein außerordentlich starker Druck auf den Gerichten lastet, ein Druck eigentlich, wie er noch nie meines Wissens vorhanden war.

Wir haben eine Nichtakzeptierung von Entscheidungen auch in **Zivil-** und **Familiensachen**, die absolut mit politischen Dingen nichts zu tun haben. Wir haben zum Teil gewaltsame Verhinderung von Vollstreckungsmaßnahmen, wenn wegen irgendwelchen Sachverhalten Gelder eingezogen werden sollen, auch wegen Unterhalt wird nicht vollstreckt. Wir haben **Bombendrohungen** bei den Gerichten, nicht wenige. Heute zum Beispiel zwei Bombendrohungen alleine in dem Kreisgericht in Zwickau mit der Konsequenz, daß sofort alles abgebrochen werden mußte. Die Leute stürzten also aus den Verhandlungsräumen heraus.

Wir haben Beschimpfungen, Bedrohungen der Richter, auch der anderen Mitarbeiter der Gerichte offen, anonym, nächtliche Anrufe, terrorisierende Anrufe und viele Dinge mehr.

Und wir begrüßen deshalb sehr, ich will das jetzt nicht weiter ausmalen, diesen Antrag, der enthält den **Aufruf zur Ordnung**, zur Vernunft, zur Ruhe und zur Sachlichkeit, als außerordentlich notwendig, um wieder, auch was die Arbeit der Gerichte angeht, für die ich hier zu sprechen habe, damit da wieder Ordnung und normales Leben einzieht.

Dieser Antrag stellt ja mit Recht, meine ich, nicht die gesamte Rechtsprechung der Deutschen Demokratischen Republik in Frage, ich will das hier auch noch einmal sagen, wir haben ja bei den Gerichten der DDR im Jahr etwa 220 000 Verfahren abzuarbeiten. Und bei diesen 220 000 Verfahren sind etwa ein Prozent sogenannte **politische Verfahren**. Ich will das um Gottes Willen nicht verniedlichen, meine Damen und Herren, damit wir uns recht verstehen, da ist jedes Prozent zu viel, was da drin ist. Aber es macht doch die Relation deutlich, auch den Umfang, wie denn Richter an diesen politischen Verfahren beteiligt waren.

Die **Masse der Verfahren** kann man wohl doch einschätzen, ist nach **rechtsstaatlichen Gesichtspunkten** abgewickelt worden. Die Gerichte haben und hatten Vertrauen bei den Bürgern. Das zeigt sich ja auch an diesen über 500 000 Menschen, die jährlich zu den Richtern kommen, [und] **Rechtsauskünfte** haben wollen.

Es werden nun hier Forderungen gestellt, zu denen ich mich auch gerne äußern möchte und vielleicht auch einige Informationen geben kann, die hier nicht so bekannt sind. Es ist richtig: Wir akzeptieren die Notwendigkeit personeller Konsequenzen bei den Richtern, die wegen Verhandlungen mit sogenannten politischen Strafverfahren belastet sind, wie das hier ausgedrückt ist.

Das ist unumgänglich. Die Justiz steht zu ihrer Verantwortung, muß auch stehen. Diese **personellen Konsequenzen** sind eine der Konsequenzen, die gezogen werden müssen in der Aufarbeitung unserer bisherigen Justizpraxis, wie eben zum Beispiel andere, die mit dem **6. StÄG** [Strafrechtsänderungsgesetz] eingeleitet werden oder mit dem Problem des **Rehabilitierungsgesetzes**, was Sie mit Recht gesagt haben.

Es sind ja über die ganzen 40 Jahre der DDR doch etwa, Minister Wünsche hat das in einem Interview zum Ausdruck gebracht, doch etwa 40 000 **Verfahren** auf diesem Gebiet insgesamt gelaufen, **die eine Rehabilitierung** notwendig machen.

Ich will aber hier die Auffassung des Ministers noch einmal vortragen, daß natürlich für die **Pervertierung des politischen Strafrechtes** die **Organe** die **Hauptverantwortung** tragen, die dieses Recht erdacht haben, initiiert haben, erarbeitet und beschlossen haben, für die Richter verbindlich ausgelegt haben. Es kann also in der Ansehung dieser Problematik nicht um eine pauschale Infragestellung der gesamten Rechtsprechung der gesamten Richterschaft gehen.

Ich möchte also insofern noch einmal auf das verweisen, was Minister Professor Wünsche am 29. Januar 1990 gesagt hat. Aber personelle Konsequenzen, ich komme jetzt wieder darauf zurück, sind unumgänglich überall dort, wo Leitungsaufgaben auf diesem **politischen Strafrechtsgebiet** wahrgenommen worden sind und wo sich Richter in besonderem Maß exponiert haben, dieses damalige politische Strafrecht maßgeblich angeleitet und ausgeübt haben.

Hier hat der Minister Festlegungen getroffen, ich will sie Ihnen sagen, daß diese Richter aus ihren Funktionen zu entfernen sind. Das betrifft **Direktoren der Bezirksgerichte**, das betrifft **stellvertretende Direktoren der Bezirksgerichte**, die für die Strafrechtsprechung, Anleitung der Strafrechtsprechung verantwortlich sind.

Das betrifft die **Richter und die Vorsitzenden der sogenannten 1a-Strafsenate**, das sind die Strafsenate bei den Bezirksgerichten, die das politische Strafrecht zu verantworten haben. Und es betrifft **Richter an den Kreisgerichten,** die von den **Organen der Staatssicherheit** ermittelte Strafverfahren durchgeführt haben. Die Entscheidungen sind differenziert getroffen worden, zum Teil bereits vollzogen worden, zum Teil befinden sie sich in der Realisierung.

Die Entscheidungen sehen so aus, daß diese Kader zum Teil völlig aus dem Arbeitsprozeß ausscheiden. Einige haben die Möglichkeit, diese **Vorruhestandsregelung** in Anspruch zu nehmen.

Andere **Kader** scheiden aus der Justiz aus, nehmen eine andere Tätigkeit auf entsprechend ihren Fähigkeiten und Kenntnissen. Andere Kader wiederum bleiben in der Justiz, aber nicht in der Rechtsprechung, nicht in Leitungsfunktionen. Sie werden im Verwaltungsbereich eingesetzt, sie werden im Bereich der Informationsarbeit eingesetzt, Statistik zum Beispiel, Analysearbeiten, im Bereich der Aufgaben, die mit Rechtshilfe zu tun haben, also keine Rechtsprechungstätigkeit.

Aber ich will hier auch sagen, daß wir auch Richter haben, insbesondere der untersten Ebene, die wir vom **Strafrecht** weggenommen haben und als **Richter in Zivil- und Familiensachen** eingesetzt haben und die dort tätig sein sollen. Der Minister hat die Festlegung getroffen, daß diese Problematik bis zum 18. März [1990] abgeschlossen sein soll, in Ausnahmefällen bis Ende des Märzes.

Das ist nicht so einfach, weil wir ja auch rechtsstaatlich vorgehen müssen, die Richter sind ja gewählte Mitarbeiter der Gerichte, die Kreistage sind ja nicht ständig parat, um Abberufungen vornehmen zu können, da muß da mit vorläufigen Abberufungen gearbeitet werden, das ist alles nicht so einfach. Es muß also auch rechtsstaatlich einwandfrei abgewickelt werden.

Aber diese Entscheidungen sind getroffen worden. Im Moment sind von diesen Entscheidungen etwa **80 bis 100 Richter an den Bezirks- und Kreisgerichten betroffen.** Das ist vielleicht zu diesem Problemkreis zu sagen.

Und wenn ich hier schon spreche, dann möchte ich doch die Gelegenheit nutzen zu versichern, daß die Gerichte, die Richter, die anderen Mitarbeiter den Erneuerungsprozeß, der sich in unserer Republik vollbezieht und der ja verbunden ist mit der weiteren Ausbildung der Rechtsstaatlichkeit aktiv und vorhaltlos unterstützen, mitgestalten wollen und auch mitgestalten werden.

Danke schön.

Ziegler (Moderator): Herr Dr. Körner, bitte.

Körner (Amt. Präsident des Obersten Gerichts): Herr Vorsitzender, meine Damen und Herren, der von Staatssekretär Dr. Peller vorgetragenen Gesamteinschätzung stimme ich zu. Für das Oberste Gericht speziell möchte ich zu den zwei aufgeworfenen Fragen Stellung nehmen.

In den letzten Wochen wurde wiederholt von Mitgliedern des Präsidiums des Obersten Gerichts die Gelegenheit gesucht, um Besorgnis auszudrücken zur **Arbeitsfähigkeit des Obersten Gerichts** mit dem Ablauf der Wahlperiode – und das beim Präsidenten der Volkskammer, Herrn Dr. Maleuda, beim Amtierenden Vorsitzenden des Staatsrats, Herrn Professor Gerlach, beim Ministerpräsidenten, Herrn Dr. Modrow, und ich hatte auch versucht, Kontakt zu bekommen, um den Runden Tisch über die Probleme, die **Personal- und Sachfragen am Obersten Gericht** zu informieren.

Mit den Wahlen zur Volkskammer am 18. März wird das Ende der **Wahlperiode der Richter** des Obersten Gerichts eingeleitet, die spätestens drei Monate nach der Neuwahl der Volkskammer, Artikel 50 der Verfassung beziehungsweise Paragraph 48 des Gerichtsverfassungsgesetzes, endet, also am 17. Juni 1990.

Das erfordert entsprechend der Verfassung eine unverzügliche Entscheidung nach der Volkskammerwahl über die weitere Tätigkeit der Richter des Obersten Gerichts. Und ich bin sehr dankbar, daß sich dieses Forum mit der Frage der weiteren Tätigkeit der Richter des Obersten Gerichts beschäftigt. Mit der ablaufenden Wahlperiode sind eine Reihe von Problemen verbunden, die ich Ihnen darlegen möchte, weil Sie daraus die Situation sowohl hinsichtlich der personellen Voraussetzungen für die Arbeitsfähigkeit des Obersten Gerichts insgesamt als auch für die sachlichen Voraussetzungen sehen können.

Umfangreich ist gegenwärtig der **Arbeitsanfall.** Wir haben monatlich etwa 900 bis 1 000 **Kassationsanregungen,** in früheren Jahren hatten wir jährlich etwa 4 000, also jetzt [monatlich] 900 bis 1 000 Kassationsanregungen, was das Zwei- bis Dreifache des bisherigen Arbeitsanfalls ausmacht. Hinzu kommen die zahlreichen Verfahrensüberprüfungen zur **juristischen Rehabilitierung** von unschuldig Verurteilten. Hier haben wir etwa **300 Verfahren** gegenwärtig zu bearbeiten im Rahmen der Kassationstätigkeit. Und dieser Arbeitsanfall wird eine Steigerung erfahren mit den vom Generalstaatsanwalt angekündigten Verfahren erster und zweiter Instanz beim Obersten Gericht.

Die **Personallage** ist gegenwärtig so: Der Präsident des Obersten Gerichts ist am 12. Januar [1990] zurückgetreten, der erste Vizepräsident ist seit November 1989 arbeitsunfähig und wird die Arbeit nicht wieder aufnehmen, der Vizepräsident des Militärkollegiums beendet seine Tätigkeit aus Altersgründen am 31. März [1990]. Er wird ab 18. März nicht mehr zur Verfügung stehen.

Die Arbeitsfähigkeit des Obersten Gerichts wird ferner dadurch beeinträchtigt, daß Richter längere Zeit erkrankt sind, wo Invalidisierungsverfahren laufen, oder eine andere Arbeit aufzunehmen beabsichtigen, weil sie von sich aus für eine neue Kandidatur nicht zur Verfügung stehen.

Durch Beschluß des Präsidiums des Obersten Gerichts im Dezember 1989 erfolgte die **Auflösung des 1. Strafsenats.** Das betrifft unter anderem die Fragestellung in der Sitzung des Runden Tisches vom 19. Februar 1990.

Die Zuständigkeit für diese Fragen wurde in der Geschäftsverteilung neu geregelt. Die Mitarbeiter des bisherigen 1. Strafsenats nehmen nicht mehr an der Rechtsprechung teil. Gegenwärtig sind sie im Rahmen von Kassationsvorprüfungen eingesetzt.

Zur Erläuterung darf ich hinzufügen, daß dieser 1. Senat bisher verantwortlich war für die Rechtsprechung gegen **Nazi- und Kriegsverbrecher,** zur Abwehr von **Kriegs- und Rassenhetze** und anderen Straftaten. Der Senat war weiterhin verantwortlich für die Rechtsprechung gegen Straftaten, in denen Bürger in der Öffentlichkeit mit Äußerungen, Schriften und Symbolen **faschistischen, rassistischen, militaristischen oder revanchistischen Charakters** auftraten.

Aber: Der Senat war auch verantwortlich für die Rechtsprechung auf dem Gebiet der Straftaten des 2. und 8. Kapitels.

Auf Ihre erste Frage kann ich feststellen, daß keine Richter des aufgelösten 1. Strafsenats an der Durchführung der angekündigten Verfahren gegen ehemalige Funktionäre wegen Amtsmißbrauchs und Korruption teilnehmen – weder in erster noch in zweiter Instanz noch im Kassationsverfahren.

Alle **Richter auszuschließen,** die in der Rechtsprechung des 1., 2. und 8. Kapitels tätig waren, bitte ich aus folgenden Gründen noch einmal zu überdenken, das geht zumindest aus der mir vorliegenden Vorlage hervor.

Erstens: Das 1. Kapitel des Strafgesetzbuchs enthält **Verbrechen gegen die Souveränität der DDR, den Frieden, die Menschlichkeit und die Menschenrechte.** Hierzu zählen unter anderem die Nazi- und Kriegsverbrechen ebenso wie Völker- und Rassenhetze, und nach dem 5. Strafrechtsänderungsgesetz nunmehr auch die Folter und andere Straftaten.

Zweitens: Das 8. Kapitel, **Straftaten gegen die staatliche Ordnung,** ist weit gefächert. Im ersten Abschnitt sind die Bestimmungen zum Schutz der Wahlen, Wahlbehinderung, Wahlfälschung enthalten. Der dritte Abschnitt umfaßt unter anderem die Tatbestände der falschen Anschuldigung, der vorsätzlichen falschen Aussage, der Begünstigung, der Hehlerei, der Urkundenfälschung. In weiteren Abschnitten des 8. Kapitels sind die Tatbestände der Bestechung, der Vorteilsannahme und andere geregelt.

Ein genereller Ausschluß der Richter, die Straftatbestände des 1., 2. und 8. Kapitels bearbeitet haben, ist demnach nicht gerechtfertigt.

Die von Ihnen erhobene Forderung bezieht sich nach meiner Auffassung auf **Richter,** die in der Strafrechtsprechung des 2. Kapitels und des zweiten Abschnitts **Straftaten gegen die öffentliche Ordnung und Sicherheit** des 8. Kapitels tätig waren.

Zur zweiten Frage der **personellen Konsequenzen** darf ich wiederholen, daß sich das Oberste Gericht in einer ablaufenden Wahlperiode befindet, so daß sich für eine Neuwahl ohnehin personelle Entscheidungen notwendig machen, die unverzüglich vorbereitet werden müßten, so daß eine Erneuerung des Obersten Gerichts eintritt.

Und hier bitte ich, vor Ihrer Entscheidung über den Antrag der Arbeitsgruppen „Recht" und „Strafrecht" noch einmal zu prüfen, inwieweit die Richter, die im 2. und 8. Kapitel tätig waren, auf anderen Rechtsgebieten nach individueller und differenzierter Entscheidung eingesetzt werden könnten.

Im Ergebnis dieser Überlegungen zur weiteren **Arbeitsfähigkeit des Obersten Gerichts,** insbesondere auch im Hinblick auf die bevorstehenden Verfahren erster und zweiter Instanz wegen Korruption und Amtsmißbrauchs bedarf es:

erstens, einer Entscheidung über die weitere Tätigkeit der Richter nach Ablauf der Wahlperiode spätestens am 17. Juni 1990, also der Entscheidung darüber, was nach diesem Zeitpunkt erfolgt, wer die Rechtsprechung am Obersten Gericht ausüben soll;

zweitens, der Wahl des Präsidenten und der Vizepräsidenten, weil nur sie gemäß dem Gesetz als Vorsitzende des Großen Senats oder bei **Präsidiumskassationen** tätig sein dürfen;

drittens, ist zu sichern, daß mit dem Eingang der erstinstanzlichen Verfahren beim Obersten Gericht die gesetzlichen Richter bestimmt, das heißt, **Geschäftsverteilung** sowie die Besetzung der Senate nach der Neuwahl so gestaltet sind, daß auch über den 17. Juni hinaus die reibungslose Verfahrensdurchführung gewährleistet wird. Ein Wechsel der Richter innerhalb eines Verfahrens ist dann nicht zulässig;

und viertens, darf ich die Bitte aussprechen, nicht vom generellen **Ausschluß von Richtern** an der Rechtsprechung auszugehen, die auf den Gebieten des 1., 2. und 8. Kapitels tätig waren.

Danke schön.

Ziegler (Moderator): Frau Braband und Frau Töpfer haben sich gemeldet. Wir danken Ihnen erst einmal für die Informationen. Der Herr Generalstaatsanwalt will auch zu dieser [Thematik], weil ja auch die Fragen an ihn gerichtet worden sind, Stellung nehmen. Ich muß Sie jetzt fragen, weil ich nicht weiß, worauf Sie hinauswollen. Sind das direkte Fragen an Herrn Dr. Körner, ja? Dann müßten wir die doch gleich machen, Herr Generalstaatsanwalt, und dann Sie, nicht.

Ja bitte, Frau Braband.

Frau Braband (VL): Ich bin jetzt etwas persönlich betroffen, muß ich sagen, und ich bitte, mir meinen vielleicht etwas erregten Beitrag zu entschuldigen. Ich habe zunächst zwei Nachfragen. Die erste betrifft den Satz, den Sie sagten, über die **Kassationsvorprüfung.** Sie sagten, daß also, wenn, habe ich es richtig verstanden, daß Richter des 1. Strafsenats, also Strafsenats 1a mit der jetzigen Kassationsvorprüfung beschäftigt sind?

Körner (Amt. Präsident des Obersten Gerichts): Sie haben richtig verstanden. Die Richter sind eingesetzt im Rahmen der Kassationsvorprüfung, also im Rahmen der **allgemeinen Kriminalität.** Sie bereiten eine Akte – – bevor nun das Richterkollegium entscheidet.

Frau Braband (VL): Das heißt, es handelt sich nicht um Kassationen in bezug auf politische Urteile.

Körner (Amt. Präsident des Obersten Gerichts): Nein, auf Fragen der allgemeinen Kriminalität, **Eigentumsdelikte** insbesondere, wir haben 50 Prozent der Straftaten als **Eigentumskriminalität.**

Frau Braband (VL): Ich hatte eben den Eindruck, der gleiche Mann, der mich hinter Gitter gebracht hat, sollte jetzt prüfen, ob das Urteil vielleicht kassiert werden kann.

Körner (Amt. Präsident des Obersten Gerichts): Nein, das ist ausdrücklich ausgeschlossen durch Verfügung.

Frau Braband (VL): Gut. Danke. Die zweite Frage bezieht sich darauf, daß ich verstanden habe, daß Sie wollen, daß die Richter, Sie also, wo **Straftaten** von Kapitel 1, 2 und 8 vorgelegen haben, daß sie also zu berücksichtigen bitten, daß diese in diesen Kapiteln ganz bestimmte Straftaten festgelegt sind und daß deswegen also eine nicht so genaue oder keine umfangreiche Prüfung oder mindestens es zu berücksichtigen ist.

Ich bitte zu entschuldigen, wenn ich mich nicht genau ausdrücke.

Sie führen dabei an, um welche Straftaten es sich handelt, haben aber offensichtlich nicht bedacht, daß sehr viele Menschen, und ich möchte jetzt ganz kurz auf dieses **eine Prozent** zurückkommen, es handelt sich also **jährlich um 2 200 Menschen,** ja – –

Ich glaube, man darf nicht Prozente sagen, man muß wirklich Menschen sagen, die da **hinter Gittern** verschwunden sind.

Ich möchte unter diesem Aspekt doch darauf hinweisen, daß also der überwiegende Teil der Leute, die möglicherweise ungerechtfertigt im Gefängnis gelandet sind, gerade nach diesen Paragraphen verurteilt sind und nicht zuletzt gerade nach den Paragraphen der Hunderterreihe – nicht?

Und ich verstehe also Ihre Ausführungen in dieser Hinsicht gar nicht. Wenn es sich um Verurteilungen wegen der Dinge handelt, die Sie hier angeführt haben, steht es sicherlich außer Zweifel, daß das möglicherweise zu recht gewesen ist. Deswegen muß es trotzdem geprüft werden.

N. N.: Darf ich dazu etwas sagen?

Ziegler (Moderator): Ja. Ich darf bloß einmal Frau Töpfer fragen, ob es in ähnliche Richtung geht? Ob Sie auch anfragen? Dann bitte ich doch, daß Frau Töpfer noch reden darf, ja.

Frau Töpfer (FDGB): Ich halte die eben gemachten Ausführungen aus folgendem Moment für bedenklich: Und zwar ist es allgemein bekannt, daß die **Unabhängigkeit der Richter** gerade durch die Tätigkeit des Obersten Gerichts nicht gewährleistet war, daß sie in ganz entscheidendem Maße eine Anleitung vorgenommen hat, der untergeordneten, wenn ich das einmal so ausdrücken darf, Gerichte, und daß **gerade dieser 1. Strafsenat des Obersten Gerichts** sich dort etabliert hat und damit auch für die Urteile, die direkt auf die **politischen Straftaten** bezogen waren, **anleitend tätig geworden ist** und auch zum Teil vorgegeben hat.

Beispielsweise dieses Fähnchenurteil: Wer ein Fähnchen daran hat, daß er zu verurteilen ist.

Und ich glaube nicht, daß man das jetzt bagatellisieren kann und sagen, sie haben ja auch gegen Faschismus gekämpft.

Ziegler (Moderator): So. Bitte würden – – Sie wollten ja dazu sprechen.

N. N.: Ja. Ich wollte zunächst richtigstellen. Bei dem Beschluß, den ich bekommen habe, wird davon ausgegangen, daß **Richter, die im 1., 2. und 8. Kapitel tätig waren,** ausgeschlossen sein sollen. Im 8. Kapitel, und das wollte ich sagen, gibt es eine ganze Reihe von Straftaten, die mit politischem Strafrecht nichts zu tun haben.

Und wenn man den Beschluß so auslegen würde, daß alle Richter, die im 1., 2. und 8. Kapitel tätig waren, ausgeschlossen sind, würde eine Arbeitsunfähigkeit des Obersten Gerichts eintreten.

Ich darf das vielleicht einmal verdeutlichen. Der 4. Strafsenat, dort sind die gesetzlichen Richter für Eigentumsdelikte, im 8. Kapitel ist auch ein Abschnitt über Hehlerei. Diese Hehlerei ist dem 4. Strafsenat zugeordnet.

Ich würde diesen 4. Strafsenat nicht von solchen Straftaten in der Rechtsprechung ausschließen wollen, weil der Tatbestand der Hehlerei mit den Straftatbeständen, die Sie meinen, nichts zu tun hat.

So bitte ich meine Auffassung zu verstehen.

Ziegler (Moderator): Es sind noch einmal zwei Wortmeldungen. Frau Töpfer und Herr Heusler [???] und Herr Templin, die sollten wir jetzt hören. Und dann müßten wir auch den Generalstaatsanwalt zu Wort kommen lassen.

Frau Töpfer bitte.

Frau Töpfer (FDGB): Das Oberste Gericht hat ja insgesamt anleitend gewirkt, ja. Also, sämtliche Richter, ob sie Zivilrecht oder Familienrecht dort behandelt haben, haben als Gremium diese auch **strafrechtliche Fragen betreffende Anleitung** durchgeführt, also diese Richtlinien erarbeitet – und was dort alles gekommen ist. Das ist die eine Frage.

Die andere ist – – Ich beziehe mich hier auf unsere Beschlußvorlage. Und die Beschlußvorlage sagt nichts weiter, als daß „Mitglieder", also sowieso nicht alle – – Wir sind nicht davon ausgegangen, alle pauschal zu verurteilen. Das wurde auch auf der letzten Sitzung, als wir dieses Papier beraten haben, so gefordert. Also, daß es erst einmal sich nur auf „Mitglieder" bezieht.

Und dann gehen wir davon aus, wie das hier steht, „... die maßgeblich die damalige **politische Strafrechtsprechung** ..." – Also, wir gehen nicht von Strafrechtsprechung im allgemeinen aus. Deshalb verstehe ich auch nicht Ihre Aufzählung anderer Straftatbestände.

Ziegler (Moderator): Frau Töpfer, wir müssen uns erinnern, daß am 19. Februar, wenn ich mich richtig erinnere, Fragen übermittelt worden sind. Und darauf beziehen Sie sich, wenn ich richtig informiert bin, nicht. Ja, das ist also nicht nur bezogen auf hier diesen Antrag. Das muß man doch dazu sagen.

Herr Heusler.

Heusler [???] (NF): **Arbeitsfähigkeit der Gerichte** und **unabhängige Rechtsprechung** zu sichern, das ist meiner Meinung nach unbedingt erforderlich, hier klipp und klar zu sagen, **der betreffende Personenkreis,** der in der Vorlage gekennzeichnet ist, wird deshalb **aus der Rechtsprechung zurückgezogen,** weil er diese Tätigkeit bisher gemacht hat.

Wir haben den Vertretern des Ministeriums der Justiz in der Beratung, die wir geführt haben, zur Vorbereitung dieser Vorlage, eindeutig gesagt, daß wir mit einer **öffentlichen Stellungnahme,** daß plötzlich eine Krankheitswelle unter den Richtern ausgebrochen ist oder plötzlich alle in Rente oder Vorruhestand gehen, aus unserer Sicht das Ansehen der Rechtspflegeorgane weiterhin geschädigt wird.

Es ist aus unserer Sicht unbedingt erforderlich, klipp und klar ein öffentliches Bekenntnis des Ministers der Justiz und des Generalstaatsanwalts zu diesen Fragen zu machen, damit der Rest der Justizorgane sauber da steht. Ansonsten sehe ich die Gefahr, daß dieser Prozeß nicht gesichert werden kann.

Ziegler (Moderator): Herr Templin noch.

Templin (IFM): Also, ich hoffe, hier nicht wieder offene Türen einzulaufen, wenn ich die Frage anschließe, ob denn bei dem betreffenden, zum Teil ja sehr **hoch belasteten Personenkreis,** der dann unter Umständen unter die Ruhestandsregelung trifft, wenigstens das Problem der Gewährung der entsprechenden **Ruhestandsregelung** auch noch einmal aufgehellt und berücksichtigt wird, denn ich gehe davon aus, daß Justizangestellte und gerade Richter zum Teil sehr hochdotierte Renten bekommen und das ganze Problem, der ganze Komplex der **Rentenprivilegien** der **Parteirenten,** der **Staatsrenten** und der Leute, die jetzt nur noch auf diese Staatsrenten warten, ist ja hier noch nicht umfassend berücksichtigt worden.

Ich denke, die Frage, wie weit sogar **strafrechtliche Verantwortung** für die Beteiligung **an diesem Justizgeschehen** mit berücksichtigt werden muß, steht ja auch vor uns. Im Vorfeld ist aber mindestens zu berücksichtigen, daß hier also nicht Leuten, die in dieser Art und Weise schwer belastet sind, noch etwa ein ganz bequemer und **privilegierter Abgang** mit verschafft wird.

Eine Frage, auf die ich noch konkret kommen will und die zeigt, wie schwer die Abgrenzung verschiedener Straftatsbestände oder Paragraphen ist, betrifft einen Teil noch inhaftierter Personen aufgrund von **Paragraphen 44 und 48 StGB** [Strafgesetzbuch], daß nämlich nach unserem Rechtsverständnis diese Paragraphen zum großen Teil jetzt schon unhaltbar geworden sind und die Frage der **Amnestierung** des Personenkreises, der darunterfällt, auch noch einmal zu prüfen wäre.

Wir haben hier einen Antrag, den ich aus Zeitgründen nicht extra jetzt einbringen möchte. Entweder könnten wir uns entscheiden, daß wir diesen Antrag den Vertretern des Justizministeriums mitgeben oder wir würden beantragen, ihn dann für die nächste Sitzung des Runden Tisches noch einmal direkt vorzustellen.

Ziegler (Moderator): Das müßten Sie allerdings entscheiden, Herr Templin, da wir ihn ja nicht kennen, nicht.

Templin (IFM): Ja. Es geht um einen **Antrag: Amnestierung aufgrund von Paragraph 44 und 48**, wenn jetzt von den Vertretern des Justizministeriums erklärt wird, das ist ohnehin in der Diskussion und wird von ihnen mit berücksichtigt und behandelt, brauchten wir diesen Antrag hier nicht einzubringen.

Ziegler (Moderator): Ja. Gut. Ja, das ist jetzt nun klar. Also, darf ich bitten, noch dazu zu sprechen?

N. N.: Ich kenne den konkreten Antrag nicht, aber möglicherweise realisiert er sich mit dem 6. StÄG, das ist denkbar, weil dort die Rückfallgeschichte, das ist ja [Paragraph] 44, einer neuen rechtsstaatlichen Überlegung Platz greifen muß.

Ziegler (Moderator): Herr Dr. Körner, wollen Sie noch einmal?

Körner (Amt. Präsident des Obersten Gerichts): Danke.

Ziegler (Moderator): Danke. Dann bitte ich Sie, Herr Generalstaatsanwalt Dr. Joseph.

Joseph (Generalstaatsanwalt): Mit der Vorlage wurden zwei Fragen an die Staatsanwaltschaft übermittelt. Ich möchte sie gerne noch einmal in Erinnerung rufen, weil das ein bißchen untergegangen ist.

Erstens: Welche **personellen Voraussetzungen** wurden bei den zuständigen **Staatsanwaltschaften und Gerichten** zur Durchführung der anstehenden Verfahren gegen damalige Funktionäre wegen **Amtsmißbrauchs und Korruption** geschaffen, um zu verhindern, daß solche Staatsanwälte und Richter tätig werden, die selbst wegen früherer Tätigkeit auf den Gebieten des 1., 2. und 8. Kapitels belastet sind? Die erste Frage war das.

Und die zweite: Welche personellen Konsequenzen wurden bereits gegenüber diesem Personenkreis gezogen?

Das waren diese beiden Fragen, auf die ich mich auch entsprechend vorbereitet habe. Ich möchte zunächst zur ersten Frage Stellung nehmen.

Unmittelbar nachdem mir die Funktion des Generalstaatsanwaltes übertragen wurde, habe ich Professor Dr. Lothar Reuter [???], Strafrechtslehrer an der Universität Jena, zum **Stellvertretenden Generalstaatsanwalt** berufen und ihn mit der Leitung der wegen Vertrauensmißbrauchs, Untreue und anderer Straftaten gegen ehemalige Funktionäre der Partei- und Staatsführung angestrengten **Ermittlungsverfahren** beauftragt.

Gemeinsam mit ihm sind weitere **Strafrechtswissenschaftler** sowie Staatsanwälte, die über langjährige Erfahrungen bei der Verfolgung von **Eigentums- und Wirtschaftskriminalität** verfügen, in der mit diesen Ermittlungen befaßten staatsanwaltschaftlichen Arbeitsgruppe eingesetzt worden. Insgesamt arbeiten dort 40 Staatsanwälte, die überwiegend aus den Dienststellen der Bezirke abgeordnet sind.

Die auf Kreis- und Bezirksebene laufenden Prüfungen und Ermittlungen gegen ehemalige Funktionäre wegen **Vertrauensmißbrauchs und Untreue** werden ebenfalls von Staatsanwälten geführt, die bisher Straftaten gegen das **Eigentum und die Volkswirtschaft**, also Straftaten des 5. Kapitels bearbeitet haben.

Die mit diesen Anzeigen, Prüfungen und Ermittlungsverfahren befaßten Staatsanwälte sind sich ihrer hohen Verantwortung bewußt und wissen auch, daß nicht nur die gesetzlichen Richter und namhafte **Verteidiger** die strafrechtlichen Vorwürfe und das erschlossene Beweismaterial würdigen werden, sondern auch die internationale Öffentlichkeit diese Prozesse mit großer Aufmerksamkeit verfolgt. Mithin stehen diese Strafverfahren unter breitester öffentlicher Kontrolle.

Die vom Runden Tisch in diesem Zusammenhang hervorgehobenen Kapitel des besonderen Teils des Strafgesetzbuches stellen sich angesichts der getroffenen Auswahl für die mit diesen Verfahren befaßten Staatsanwälte somit nicht als Problem dar. Ich sehe deshalb keinen Anlaß, diese Staatsanwälte durch eine **Personaldebatte** in der ohnehin schon von allgemeiner Existenzunsicherheit beeinträchtigten Zeit zusätzlich zu verunsichern.

Zur zweiten Frage, **personelle Konsequenzen** gegenüber den Staatsanwälten, die auf dem Gebiet des Kapitels 1, 2 und 8 des besonderen Teils des Strafgesetzbuches tätig waren. Bevor ich zu den strukturellen und personellen Konsequenzen zu sprechen komme, gestatten Sie mir einige Vorbemerkungen, die ich für sachdienlich halte.

Ich möchte hier nicht wiederholen, Herr Dr. Körner hat auf die Differenziertheit der Kapitel 1, 2 und 8 hingewiesen. Ich möchte nur noch zwei Aspekte ergänzen, und zwar als zweiten Punkt sozusagen neben der bereits vorgenommenen Differenzierung, daß bestimmte Tatbestände des **politischen Strafrechts** aufgrund der mit der Erneuerung einhergegangenen staatlichen Festlegung obsolet geworden sind, obwohl sie formal noch nicht aufgehoben sind. Aber mit dem 6. Strafrechtsänderungsgesetz werden wohl die entsprechenden gesetzlichen Schritte vollzogen.

Drittens, ist die Verstrickung von Verantwortlichen der Staatsanwaltschaft in die alten **Machtstrukturen der ehemaligen Partei- und Staatsführung** hinsichtlich der Anwendung des politischen Strafrechts aufgrund der vom Volk herbeigeführten revolutionären Veränderungen beseitigt worden.

Damit sind objektiv die Voraussetzungen geschaffen worden, daß eine Einmischung in die Tätigkeit der Staatsanwaltschaft, wie sie durch Verantwortliche des **MfS** und eines Parteiapparates in der Vergangenheit zu verzeichnen war, nicht mehr stattfindet.

Die Staatsanwaltschaft erklärt, daß sie die dadurch gegebene Möglichkeit nutzt und **niemals wieder Instrument irgendeiner politischen Partei** sein wird. Die Staatsanwaltschaft wird sich bemühen, ihren Auftrag auf der Grundlage der Verfassung und der Gesetze zur Herausbildung eines demokratischen Rechtsstaates nach besten Kräften zu erfüllen.

Nun zu der Frage im engeren Sinne. In den letzten Monaten wurden in der Staatsanwaltschaft recht gewichtige Veränderungen sowohl auf strukturellem als auch auf personellem Gebiet vollzogen. Der ehemalige Generalstaatsanwalt und sein erster Stellvertreter, die die politische Verantwortung für die **Anklagepolitik** der vergangenen Jahre übernommen haben, sind zurückgetreten und inzwischen gänzlich aus der Staatsanwaltschaft ausgeschieden.

Gegen den zuletzt Genannten, der länger als 20 Jahre dem hier interessierenden Bereich unserer Behörde vorstand, ist ein Ermittlungsverfahren wegen des Verdachts der Rechtsbeugung anhängig. Weitere **personelle Veränderungen** gab es sowohl in der Leitung der Berliner und Dresdener Staatsanwaltschaft als auch an der Spitze anderer **Bezirksdienststellen.**

Darüber hinaus sind in der Generalstaatsanwaltschaft und bei den Staatsanwälten der Bezirke die früheren Abteilungen 1a Mitte Dezember 1989 aufgelöst worden. In den Kreisen gab es derartige Einrichtungen nicht.

Die ehemalige Leiterin dieser Abteilung in der Generalstaatsanwaltschaft ist ebenso aus dem Dienst ausgeschieden wie eine Reihe gleichartiger Funktionsträger oder Mitarbeiter dieser Abteilung in den Bezirksdienststellen. Weitere personelle Änderungen sind erwogen, soweit in Einzelfällen Staatsanwälte für **politisch motivierte Straftaten** den ihnen gegebenen Entscheidungsspielraum nachweisbar zuungunsten Andersdenkender mißbraucht haben.

Hierbei werden die im Zusammenhang mit **Kassationen** und **Rehabilitierungen** gewonnenen Erkenntnisse genutzt. Staatsanwälte der ehemaligen Abteilung 1a sind jetzt mit der Verfolgung von Straftaten der allgemeinen Kriminalität Kapitel 3, 4 und 6 sowie des Eigentums der Volkswirtschaft und der allgemeinen Sicherheit, Kapitel 5 und 7 und der allgemeinen Gesetzlichkeitsaufsicht befaßt und bekleiden keinerlei leitende Funktionen.

Sie sind durchweg als beigeordnete Staatsanwälte in der Zentrale, bei den Staatsanwälten der Bezirke beziehungsweise als beigeordnete Staatsanwälte in den Kreisen beziehungsweise in den Städten eingesetzt.

Weiterhin informiere ich darüber, daß die **Stellvertreter der Staatsanwälte** der Bezirke in der Staatsanwaltschaft nicht für das politische Strafrecht verantwortlich waren. Ihre Zuständigkeit erstreckte sich auf das **Gebiet der Finanzen,** der **Ökonomie** und der **Verwaltung.**

Ferner ist beabsichtigt, zu **Wirtschaftsjuristen** Kontakt aufzunehmen, um sie durch entsprechende Qualifizierungsmaßnahmen zu Strafjuristen zu profilieren.

An dieser Stelle möchte ich noch einmal mein Angebot unterbreiten, Juristen aus den neuen politischen Gruppierungen zu Staatsanwälten zu berufen.

Ziegler (Moderator): Wir danken für Ihre Information, die auch zurückgeht auf die Anfragen des Runden Tisches vom 19. Februar [1990]. Gibt es jetzt dazu Rückfragen? Es ist nicht nur die fortgeschrittene Zeit, hoffe ich.

Herr Templin.

Templin (IFM): Ja, ich sehe mich hier mit einem Antrag konfrontiert, der bereits in der Arbeitsgruppe „Strafrecht" und „Recht" vorlag, also, in dieser Arbeitsgruppe auch diskutiert wurde, dort aber wohl nicht beschlossen werden konnte, der nach unserer Einschätzung mit der heute verhandelten Materie zusammenhängt, bei dem ich der Meinung bin, er muß zu dem vorgelegten Material hinzugefügt werden, würde also insofern keinen eigenen Antrag bilden.

Es hätte aber auch keinen Sinn, ihn zu vertagen oder zu verschieben. Ich bitte also um die Möglichkeit, ihn hier mit vorzutragen.

Ziegler (Moderator): Sie meinen jetzt zu den Paragraphen 44 und 48, nicht?

Templin (IFM): – weil es nach unserer klaren Verständigung nicht darum geht, die künftige Behandlung dieser Paragraphen hier einzufordern, sondern es geht um Sofortmaßnahmen im Sinne von **Amnestie**, das heißt, Leute, die nicht davon profitieren würden, daß künftig anders mit diesen Paragraphen umgegangen wird, sondern die sofort amnestiert werden müßten.

Ziegler (Moderator): Sie hatten die Möglichkeit auch angedeutet, daß das dann mitgegeben werden kann an die Regierung. Dann tragen Sie ihn jetzt vor. Er ist hoffentlich nicht so sehr lang.

Templin (IFM): Ja. Im Sinne der **Humanisierung des Strafrechts** und des Strafvollzuges sollten dort **Strafaussetzung** und **Amnestierungen** erfolgen, wo künftig keine oder eine geringere Bestrafung nach der Strafrechtsänderung erfolgen wird. Das betrifft zum Beispiel Verurteilungen nach Paragraph 44 StGB wegen Verletzung sogenannter staatlicher Auflagen unter anderem. Dazu soll folgendes beschlossen werden:

> **[Vorlage 15/12a, Ergänzungsantrag 1 IFM: Zur Vorlage 15/12a, Amnestie politisch Inhaftierter]**
>
> 1. Sämtliche aufgrund der unhaltbaren Paragraphen 44 und 48 StGB Inhaftierten sind zu amnestieren, soweit sie nicht erneut ein schweres Verbrechen begangen haben.
>
> 2. Darüber hinaus soll für alle Strafaussetzung gemäß Paragraph 349 StPO der gesellschaftliche Beirat der jeweiligen Strafvollzugseinrichtung mit den darin vertretenen Sprechern des Gefangenenrates Mitspracherecht haben.
>
> 3. Umgehend muß eine Erhöhung des Verpflegungssatzes und der Arbeitsvergütung sowie eine Ausweitung der Besuchsregelung beschlossen werden.

Ziegler (Moderator): Ja. Sie sagten schon, daß es in der Arbeitsgruppe „Recht" nicht verhandelt werden konnte, so daß wir es [nicht bearbeiten konnten]?

Templin (IFM): Es lag in der Arbeitsgruppe „Recht" vor und wurde diskutiert. Es konnte wohl wegen nicht ausreichender Teilnehmerzahl nicht verabschiedet werden.

Ziegler (Moderator): Frau Töpfer, bitte.

Frau Töpfer (FDGB): Da muß ein Irrtum vorliegen. Also, in der Arbeitsgruppe „Recht" lag das nicht vor. Wahrscheinlich in der Arbeitsgruppe „Strafrecht". Das ist eine von uns getrennte Arbeitsgruppe und deshalb kenne ich diese Vorlage auch nicht.

Ziegler (Moderator): Herr Heusler [???], könnten Sie sich dazu äußern?

Heusler [???] (NF): Das Material kam wesentlich verspätet zur Arbeitsgruppe „Strafrecht" und konnte deshalb da eigentlich nicht verarbeitet werden.

Ziegler (Moderator): Ja. Vielen Dank. Es ist allerdings da nun sehr schwer, dann hier dem Runden Tisch das also als Beschlußvorlage zu geben. Ich würde Ihren zweiten Vorschlag nehmen, Herr Templin, daß dies mit der dringenden

Fragen der Justiz

Bitte, das also zu verwirklichen oder zu prüfen an die Regierungsmitglieder mitgegeben wird, ja. Können wir so verfahren, Herr Templin? Schön.

Frau Braband, bitte.

Frau Braband (VL): Ich möchte noch etwas zu den Ausführungen sagen.

Mir ist aufgefallen, daß Ihre Ausführungen beinhalten, daß führende, also leitende Staatsanwälte ihres Dienstes, also aus der Staatsanwaltschaft quasi entfernt wurden.

Und das, was Sie nicht aussprechen, ist für meine Begriffe, daß Sie im Grunde mit dem Begriff „**Befehlsnotstand**" operieren auf diese Weise. Ich weiß nicht, ob das darauf hindeuten soll, daß es ein Absehen von einer weiteren Verfolgung der Angelegenheit gibt.

Und ich möchte dann doch jetzt auf diesen Antrag zurückverweisen, der hier eingebracht wurde, der ein bißchen über das hinausgeht, was bis jetzt dargestellt ist, nämlich um alle diejenigen, die maßgeblich politische Strafrechtsprechung angeleitet und ausgeübt haben.

Und ich denke schon, wir sollten darauf auch wirklich Wert legen. Ich finde diese Ausführung wirklich nicht sehr erbaulich, muß ich sagen. Ich finde sie auch nicht ausreichend.

Ich habe noch einen Vorschlag zu machen in bezug auf diesen Antrag. Wir sind der Meinung, daß die **Kandidaten und Kandidatinnen für das Oberste Gericht sowohl vom Richterbund, dem Minister der Justiz und dem Obersten Gericht aber auch aus der Volkskammer direkt vorgeschlagen** werden sollen.

Ziegler (Moderator): Das wäre dann ein Ergänzungsantrag für die Arbeitsgruppe „Recht". Darüber werden wir gleich reden. Jetzt aber Frau Töpfer, und wir kommen damit zurück, das ist richtig, auf den Antrag, **Vorlage 14/21**. Darüber muß ja jetzt abschließend befunden werden.

Frau Töpfer noch.

Frau Töpfer (FDGB): Ich wollte nur abschließend die Vertreter des Runden Tisches bitten, diesem Vorschlag zuzustimmen, wie er hier vorliegt, und zwar einfach aus dem Grunde, da ich befürchte, wenn wir jetzt wirklich nicht etwas Sichtbares tun und auch **politische Verantwortung und auch juristische Verantwortung** durchgreifen lassen oder wenigstens arbeitsrechtliche, wenn man das so formulieren kann, dann werden wir weiter den Zustand haben, daß die Rechtsprechung in unserem Lande nicht akzeptiert wird und daß die Entscheidung – wie das hier auch von den Vertretern des Ministeriums der Justiz dargestellt worden ist – von den Bürgern bezweifelt werden.

Wir werden einfach nicht zu einem rechtsstaatlichen Zustand kommen, wenn wir uns nicht auch unserer Vergangenheit zuwenden – durch Taten.

Ziegler (Moderator): Frau Töpfer, darf ich gleich noch fragen, der Ergänzungsvorschlag von Frau Braband betraf den letzten Absatz in Ziffer 2 [**Vorlage 14/21**], und da stand eben drin nicht nur vom Richterbund, dem Minister der Justiz und vom Obersten Gericht selbst, sondern auch von der Volkskammer wollten Sie. Würden Sie das aufnehmen können?

Frau Töpfer (FDGB): Ja, das würde ich aufnehmen können.

Ziegler (Moderator): Dann brauchen wir, glaube ich, darüber nicht weiter zu, wenn das von den Einbringern angenommen ist, zu befinden, sondern „auch von der Volkskammer" hatten Sie gesagt, nicht? So, gibt es jetzt zu diesem Antrag [**Vorlage 14/21**], der ja der Ausgangspunkt dessen, was wir heute hier besprochen haben, gewesen ist, noch weitere Wortmeldungen? Es ist mehrfach, ja zweimal glaube ich schon, hier hin- und hergegangen mit der Arbeitsgruppe „Recht".

– Es gibt jetzt keine weiteren Wortmeldungen mehr? Dann würde ich jetzt über diesen Antrag, Ziffer 1 und 2 sind das, abstimmen lassen und frage, wer diesem Antrag seine Zustimmung gibt, den bitte ich um das Handzeichen. – Das ist die Mehrheit. Wer ist dagegen? – Wer enthält sich der Stimme? – 6 Enthaltungen, und sonst mit Mehrheit angenommen.

Wir danken der Arbeitsgruppe „Recht" und „Strafrecht", die ja gemeinsam hier vorbereitet haben und gehen nun zu dem dritten angekündigten Kurzpunkt, Unterpunkt, herüber: **Bericht über die Untersuchungskommission**. Ich denke, das wäre nicht schlecht.

Wollten Sie jetzt gehen? Ja? Also, dann danken wir Ihnen, daß Sie zu so später Stunde hier bei uns gewesen sind. Wir hoffen, daß die Anregungen auf Wirkung fallen.

[Die Vertreter des Justizministeriums, der Staatsanwaltschaft und des Obersten Gerichtes verabschieden sich]

Ziegler (Moderator): Ich bitte jetzt die **Vorlagen 15/18** vorzunehmen und ich bitte Sie, dann vorzutragen. Jetzt Ihren Namen noch einmal. Herr Wallbrecht, ja.

Wallbrecht (DJ): Sie haben den **Antrag 15/18** erst vorhin bekommen. Ich darf ihn deshalb schnell vorlesen, weil ich nicht voraussetzen kann, daß Sie den Inhalt kennen.

[**Vorlage 15/18, Antrag der Zeitweiligen Untersuchungsabteilung beim Ministerrat und der Unabhängigen Untersuchungskommission zur Aufdeckung von Amtsmißbrauch, Korruption und persönlicher Bereicherung**]

Seit dem 22. Dezember 1989 arbeiten die Untersuchungsabteilung des Ministerrates und eine Unabhängige Untersuchungskommission gemeinsam an der Aufklärung von Hinweisen zu Amtsmißbrauch, Korruption, Privilegien und anderen Problemen.

{Ich möchte ergänzen, daß der Aufgabenschwerpunkt dieser Untersuchungskommission auf dem Bereich Staatsapparat und Räte der Bezirke seitens des Ministerrats festgelegt worden war in Abgrenzung zu den anderen in den Bezirken und auch Kreisen existierenden Untersuchungskommissionen.}

Die vorliegenden etwa 1 000 Hinweise, Anfragen und Forderungen konzentrieren sich auf folgende Schwerpunkte:

- ungesetzliche Eingriffe in privates Eigentum, durch Amtsträger einschließlich Ministerium für Staatssicherheit,

- Beschwerden gegen Leitungsentscheidungen und persönliche Verhaltensweisen von Amtsträgern, {insbesondere im Staatsapparat ist hier gemeint},

- korruptives Zusammenwirken von Amtsträgern zur persönlichen Bereicherung,

- Selbstverordnung und rigorose Nutzung von Privilegien durch Amtsträger auf allen Ebenen zum Nachteil von Volkseigentum,

- Fortsetzung von Amtsmißbrauch, besonders im Zusammenhang mit Behinderung von Maßnahmen zur Aufdeckung und ihrer Aufklärung sowie Fortbestehen ungerechtfertigter Privilegien,

- persönliche Probleme in Beruf, Familie und so weiter.

Nach den Wahlen am 18. März und am 6. Mai 1990 wird die Flut der Hinweise und Eingaben vermutlich weiter zunehmen, weil

- vielfältig kein Vertrauen [mehr] in eine ordnungsgemäße Klärung der Eingaben und

- gegenwärtig auch häufig Angst vor Repressalien durch die noch intakten alten Leitungs- und Verwaltungsstrukturen beim Bürger vorhanden ist.

Es ist der Untersuchungsabteilung bewußt, daß die Sachkompetenz von nur 18 Mitarbeitern und die begrenzte juristische Legitimation nicht ausreichen, um auch nur annähernd die durch die Bürger an uns herangetragenen Hoffnungen und Erwartungen erfüllen zu können. Trotzdem wird in Zusammenarbeit mit dem Obersten Gericht, der Staatsanwaltschaft und den Untersuchungsabteilungen der Kriminalpolizei sowie der Räte der Bezirke eine parellele und ordnungsgemäße Verarbeitung der Vorgänge organisiert.

Die Aufarbeitung dieser aus 40 Jahren DDR resultierenden Erblast kann längerfristig natürlich nur von rechtsstaatlichen Institutionen (Verwaltungsgerichten, Verfassungsgericht, Petitionsausschüsse der Volkskammer und künftigen Länderkammern...) übernommen werden.

Die Arbeit der jetzigen Untersuchungsabteilung ist vorerst nur bis zum 10. März 1990 geplant {staatlicherseits muß ich dazu sagen}. An diesem Tag wir die Untersuchungsabteilung dem Ministerpräsidenten einen Abschlußbericht über ihre Tätigkeit vorlegen.

Es ist offen, welche Institution die weitere Bearbeitung der laufenden und neu eingehenden Vorgänge übernimmt.

Wenn vermieden werden soll, daß mit dem 10. März 1990 die weitere Klärung zu den noch nicht abgeschlossenen Vorgängen beendet wird und die Unterlagen irgendwo abgelegt werden, ist umgehend zwischen dem Ministerrat und dem Zentralen Runden Tisch zu vereinbaren, daß zu diesem Komplex eine stabile Weiterarbeit über den Wahltermin 18. März hinweg zu sichern ist.

Die Mitglieder der Untersuchungsabteilung und der Unabhängigen Untersuchungskommission schlagen vor, <u>der Zentrale Runde Tisch möge beschließen:</u>

Der Ministerrat wird aufgefordert, die Arbeit der Zeitweiligen Untersuchungsabteilung des Ministerrates zu Amtsmißbrauch, Korruption und persönlicher Bereicherung in Verbindung mit der Arbeit der Unabhängigen Untersuchungskommission über den Wahltermin 18. März 1990 hinaus zu sichern, bis von dem dann neu zu bildenden Ministerrat über die Übernahme dieser Aufgabenstellung durch entsprechende Organe entschieden wird.[38]

---

[38] Dieser Vortrag wurde schriftlich zu Protokoll gegeben. Die in { } gesetzten Ausführungen wurden davon abweichend nur mündlich vorgetragen. Die in [ ] gesetzten Texte finden sich nur in der schriftlich zu Protokoll gegebenen Fassung.

Soweit der Antrag.

Ziegler (Moderator): Wir sind damit am Ende. Eigentlich sagt der Antrag besonders in den letzten drei Absätzen alles, worauf es ankommt. Durch Drängen des Runden Tisches ist es ja mit dazu gekommen, daß diese **Untersuchungskommission** und diese Untersuchungsabteilung gebildet wurden, und darum ist es ein verständliches und klares Anliegen, daß das nun nicht plötzlich mit der Wahl am 18. März [1990] irgendwo in den Akten verschwindet und damit beendet ist.

Darum die Frage erstens, ob Wortmeldungen noch dazu sind oder ob wir diese Bitte oder diese Forderung an den Ministerrat stellen sollten. Es steht ja auch klar da, daß das dann bis zu der neuen Ordnung kommt, bis zur Klärung durch den neu zu bildenden Ministerrat nur gelten kann. Es ist also befristet, und dann entscheidet der neue Ministerrat.

Zur Geschäftsordnung? Ja.

N. N.: Ich möchte den Vorschlag machen, im Zusammenhang mit der jetzt behandelten Vorlage anzuschließen sofort die **Vorlage 15/15**, da hier ein direkter inhaltlicher Zusammenhang besteht.

Ziegler (Moderator): **15/15**, Augenblick einmal, wenn Sie einmal über den Inhalt da reden?

N. N.: Das ist die Vorlage der Arbeitsgruppe „Wirtschaft".

Ziegler (Moderator): Ja, Moment. Aber wir machen eins nach dem anderen. Das kommt dann gleich, ja.

Ja, bitte, Frau Lange.

Frau Lange [???]: Ich möchte nur darauf aufmerksam machen, daß die Formulierung im letzten Satz die Möglichkeit offen läßt, daß der neue Ministerrat auch nicht eine solche Entscheidung trifft. Da möchte ich nur darauf hinweisen.

Ziegler (Moderator): Die läßt er offen, ja. Ja, das ist wohl wahr.

Ja, bitte, Herr Wallbrecht.

Wallbrecht (DJ): Wir sind der Meinung, daß es eigentlich auf die Dauer nicht angeht, durch Untersuchungsabteilungen oder -kommissionen solche Vorgänge oder die Probleme der 40 Jahre aufzuarbeiten. Es ist ein großes Wollen, es ist ein großes Engagement da, und es hat sich insbesondere bewährt, daß durch die **Unabhängige Untersuchungskommission**, die ja hier mit der Untersuchungsabteilung zusammenarbeitet, eine Vertrauensbasis erstmalig gegenüber dem Bürger geschaffen wurde, die soweit geht, daß eben auch ehemalige **Mitarbeiter der Staatssicherheit** zu uns kommen und über ihre Probleme reden.

Das wäre allein gegenüber einer staatlichen Institution so nicht möglich, glaube ich.

Und darüber hinaus stellen wir eben auch fest, es hat sich eigentlich die **Eingabenpraxis** in den letzten zwei Jahren nicht mehr bewährt. Es gibt viele Probleme der Bürger. Die sind mit ihren Fragen über alle Instanzen bis in die Ministerien hinauf und wieder herunter verwiesen worden. Und zum Teil ist es eben Praxis, daß, wenn da dieser Weg einmal durchlaufen ist, dann keine sachgerechte Behandlung mehr stattfindet.

Und da haben wir doch in einigen Fällen uns eben auch der Probleme der Bürger angenommen, wenn so etwas erkennbar war, und konnten dann als unvoreingenommene Gruppe sowohl über die Ministerien als auch Bezirke bis in die Kreise bis zum Bürger herunter oft eine sachgerechte Lösung erwirken, die sowohl von seiten des Bürgers akzeptabel als auch von den staatlichen Institutionen dann akzeptiert wurde.

Also, da gibt es über den genannten Aufgabenkreis noch hinaus eine Reihe von Fällen. Ich will nur ein Beispiel erwähnen, noch ergänzend. Sie haben vielleicht in der „Berliner Zeitung" den Bericht über die Zustände in der **Psychiatrie** in Berlin-Buckow gelesen. Es gibt Anzeichen dafür, so will ich mich einmal vorsichtig ausdrücken, daß die Psychiatrie eben auch **für politische Zwecke mißbraucht** worden ist.

Und gerade im Laufe des letzten Monats jetzt Februar und jetzt März gibt es eine Reihe von Informationen und Zusammenhänge, die uns jetzt offenbar geworden sind, die doch tiefere Einsichten in Strukturen und Verflechtungen und ich will auch sagen **Verfilzungen** aufzeigen.

Das hat wohl dazu geführt, daß vor etwa drei Wochen der massive Versuch unternommen wurde, diese Untersuchungsabteilung kurzfristig in ihrer Arbeit zu beenden. Es sind ja bei uns auch Kriminalisten tätig, die mit der entsprechenden Sachkenntnis den Problemen zum Teil nachgehen.

Erst durch eine Intervention beim Ministerpräsidenten wurde kurzfristig festgelegt, daß die Arbeit erst einmal bis zum 10. März weitergehen könnte. Also, wir sind einer ganzen Reihe von Problemen hautnah dran, möchte ich nur sagen, und ich würde empfehlen, daß es eben durch diese Festlegung, in diesem Gremium hier gelingt, die Arbeit so weiterzuführen, daß auch mit den aufgezeigten grundsätzlichen Problemen, inhaltlichen Problemen der dann neu zu bildende Ministerrat die Fortführung dieser Untersuchungen mit entsprechenden Gremien sichert.

Mit diesen 18 Mann in der Breite geht es auf Dauer jedenfalls nicht. Es geht uns nur jetzt darum, daß der gesamte Arbeitsinhalt eben nicht quasi in einem Loch verschwindet, und dann hinterher nach der Bildung des neuen Ministerrates tauchen dann die Probleme dann irgendwo wieder auf. So ist das vielleicht zu interpretieren.

Ziegler (Moderator): Ja. Also, die Anfrage von Frau Lange lief doch darauf hinaus, ob man nicht schärfer formulieren muß, es sollte auf jeden Fall bleiben. Aber ich verweise da auf den Absatz dort oben, daß die **Aufarbeitung** künftig nur **rechtsstaatlichen Institutionen** zugewiesen werden könnte. Und das ist doch eigentlich auch, soviel ich hier verstanden habe, Absicht des Runden Tisches, daß demokratisch eingesetzte Institutionen die Aufgaben übernehmen müssen, die jetzt gegenwärtig eben solche ad hoc eingesetzten Ausschüsse übernommen haben.

Frau Schröter.

Frau Schröter (DJ): Demokratie Jetzt plädiert dafür, einen **parlamentarischen Untersuchungsausschuß** nach dem 18. März einzusetzen, der die Aufgaben der Unabhängigen Untersuchungskommissionen übernimmt und fortsetzt, und es wäre auch gut, wenn Mitglieder der Unabhängigen Untersuchungskommission Mitglieder sein würden, einmal, um ihren Vorlauf an Kenntnis einbringen zu können und dann wäre auch – –

Ziegler (Moderator): Das könnten wir aber nur als Empfehlung weitergeben für die neue Regierung, denn die muß das, wie das im letzten Satz steht, der neuen Volkskammer – –

Frau Schröter (DJ): Ja, wir bitten darum.

Ziegler (Moderator): Bitte, dann müssen Sie es formulieren. Herr Matschie und dann Frau Töpfer noch.

Matschie (SPD): Ich möchte den Antrag so wie er gestellt ist, ganz nachdrücklich unterstützen. Ich denke, es besteht einfach auch eine Verpflichtung, diese Arbeit jetzt nicht in einem großen Loch verschwinden zu lassen, sondern diese **Kommission muß weiterarbeiten** bis zu einem Punkt, wo es gewährleistet ist, daß diese Ergebnisse dann in anderen Gremien so weiterverarbeitet werden können. Und gewisse Dinge sind bis dahin sicher auch noch einem vorläufigen Abschluß entgegenzutreiben. Ich möchte das ganz nachdrücklich unterstützen hier.

Ziegler (Moderator): Ja, danke. Frau Töpfer.

Frau Töpfer (FDGB): Ich möchte mich dem anschließen und noch einmal auf das Argument von Frau Lange zurückkommen. Es geht nicht darum, daß das nicht nichtrechtsstaatlichen Organen zugewiesen werden wird. Wir haben diese entsprechenden Organe im letzten Satz eigentlich als rechtsstaatliche Organe angesehen.

Es geht nur darum, daß, wenn da steht, „... über die **Übernahme** wird entschieden", dann kann auch gegen die Übernahme entschieden werden. Und das sollte man eigentlich ausschließen. Es sollte schon übernommen werden von rechtsstaatlichen Organen. Es sind ja anhängige Verfahren dann, die sich daraus ergeben werden aus den Ermittlungen, und die können nicht einfach nun, weil ein Regierungswechsel sich vollzieht, nicht mehr durchgeführt werden.

Da bitten wir um eine bessere Formulierung.

Ziegler (Moderator): Ja, also, wie würden Sie dann die Formulierung ändern? Meiner Meinung nach ist das eindeutig formuliert, aber – –

Frau Töpfer (FDGB): Wenn man das Wort „über" streicht, würde [es] dann heißen:"... bis von dem dann neu zu bildenden Ministerrat die Übernahme dieser Aufgabenstellung entschieden wird". Dann ist nicht mehr die Frage, wie? Oder, ja, so ist es richtig formuliert.

Ziegler (Moderator): Jetzt Herr Dr. Ducke.

Ducke (Co-Moderator): Ah ja, es geht doch darum, daß die Übernahme „durch entsprechende Organe", das haben Sie doch überschlagen, und da das „über" nicht eine Frage, ob oder wie, sondern „... durch entsprechende Organe..." – – Das steht drin.

Ich sehe keine Veranlassung.

Ziegler (Moderator): Also, ich dachte auch, daß es eigentlich ziemlich gut formuliert ist, aber wenn, dann müßten Sie bitte selbst den besseren Antrag, oder Herr Günther hatte da auch noch einen? Bitte.

Günther (Pressesprecher des Runden Tisches): – „... bis von dem dann neu zu bildenden Ministerrat diese Aufgabenstellung durch entsprechende Organe übernommen wird".

Ziegler (Moderator): Nein, also von dem kann – – Der Ministerrat kann nur entscheiden, daß, nicht – – Ich denke, die Formulierung ist doch so, wie sie hier steht, die bessere.

Also, bis auf diese Ergänzung, das ist eine zusätzliche Empfehlung, die Frau Schröter gerade schreibt, denke ich, da ich keine weitere Wortmeldung sehe, sondern nur die Empfehlungen gehört habe, das dringend zu unterstützen, könnten wir darüber abstimmen, ob wir dieses so weitergeben, ja.

Ich bitte um das Handzeichen von denen, die dafür sind. – Wer ist dagegen? – Wer enthält sich der Stimme? – Einstimmig angenommen.

Und nun, Frau Schröter, Ihre Empfehlung, wie lautet die? Die könnten wir dazugeben.

Frau Schröter (DJ): „Die neue Regierung der DDR wird dringend gebeten, die Arbeit der Unabhängigen Untersuchungskommissionen zur **Aufdeckung von Amtsmißbrauch, Korruption und persönlicher Bereicherung in Form eines parlamentarischen Untersuchungsausschusses** der neuen Volkskammer wahrnehmen zu lassen. Bisherige Mitglieder der Unabhängigen Untersuchungskommission sollten kooptiert werden können."

Ziegler (Moderator): Herr Heusler.

Heusler [???] (NF): Ja. Die Formulierung ist staatsrechtlich nicht in Ordnung. Der Ministerrat kann der Volkskammer keinen parlamentarischen Untersuchungsausschuß aufoktroyieren oder wie auch immer.

Ziegler (Moderator): Herr Matschie.

Matschie (SPD): Ich sehe auch noch aus einem anderen Grund hier Schwierigkeiten, weil diese Aufgaben nicht alle von einer parlamentarischen Untersuchungskommission gelöst werden können. Es ist hier schon ganz richtig festgestellt, daß hier **Verwaltungsgerichte, Verfassungsgerichte** und so etwas einfach jetzt gefordert sind an dieser Stelle. Es kann [nicht] alles dieser parlamentarische Untersuchungsausschuß machen. Ich begrüße zwar das Anliegen, aber, also in dieser Formulierung ist es, denke ich, nicht machbar.

Ziegler (Moderator): Frau Schröter.

Frau Schröter (DJ): Ja, wir hatten das ja auch als Ergänzung gedacht zu dem anderen, als letzten, wir hatten das als letzten Satz in Ergänzung zu dem anderen Text, der vollständig stehenbleiben soll gedacht.

Ziegler (Moderator): Ja, so habe ich Sie auch verstanden. Aber nun werden wir noch einmal gerade von Herrn Lange hingewiesen auf den obersten Absatz mit der Klammer. Dort stehen **Petitionsausschüsse der Volkskammer und künftigen Länderkammern.** Man könnte dort einfach schlicht einfügen parlamentarische Untersuchungsausschüsse als eine Möglichkeit, dann wäre dem voll Genüge getan. Wir haben nämlich nicht darüber zu entscheiden, sondern wir haben nur anzuregen. Wenn das möglich wäre, dann wäre das das Einfachste, in der Klammer dort, nicht.

Frau Schröter (DJ): Also, wenn ich Sie jetzt richtig verstanden habe, in die Klammer einfach den parlamentarischen – –

Ziegler (Moderator): Als eine der Möglichkeiten.

Frau Schröter (DJ): Klar.

Ziegler (Moderator): Ja? Erhebt sich dagegen Widerspruch? Das steht dann zwar nicht im Beschluß, aber wir geben das Gesamte ja weiter, nicht. Kein Widerspruch? Dann würden wir also: „... ein parlamentarischer Untersuchungsausschuß ...", nicht? Es fällt weg, der fairnesshalber will ich das sagen, diese Hinweise bei diesem Verfahren mit dem, daß da ehemalige Mitglieder, also das fällt weg.

Frau Schröter (DJ): Nein, das fällt nicht weg. Das kann man in einem Nebensatz auch mit in die Klammer aufnehmen.

Ziegler (Moderator): Na, dann formulieren Sie bitte die Klammer noch – nicht? Gut. Aber wir schließen das jetzt hier ab und sind damit mit dem Tagesordnungspunkt 4 soweit zu Ende, bis auf einen Punkt, der eigentlich vorgesehen war noch, die **Information 15/8**[39], auf die sollte noch besonderer Nachdruck gelegt werden. Da geht es nämlich um die Tatsache, daß weithin die **Polizei** ja ihre Aufgaben bei strafrechtlich relevanten Handlungen nicht in der Weise wahrnimmt, wie das eigentlich von ihr erwartet wird.

Und dieses sollte eigentlich heute verlesen werden, möglichst so lange das Fernsehen da war, damit das in die Öffentlichkeit kommt. Das war nun nicht mehr möglich. Ich weiß nicht, ob es nun für uns hier groß Zweck hat, das zu verlesen, das hat wohl keinen Sinn, weil jeder das hat. Ich weise also nachdrücklich auf diese **Information 15/8** hiermit hin. Und wenn es irgendeine Pressemöglichkeit gibt – ist über ADN [Allgemeiner Deutscher Nachrichtendienst] schon gelaufen – dann ist damit das eigentlich erreicht, was wir erreichen wollten.

Damit ist Tagesordnungspunkt 4 zu Ende, aber es ist auch 22.44 Uhr.

[Heiterkeit]

20.44 Uhr, ich hatte schon etwas vorgegriffen im Vorausblick auf die noch sieben anstehenden Einzelanträge, die auf der Tagesordnung sind, und ich stelle die Frage, ob das noch ein sinnvolles Unternehmen ist. Aber zunächst einmal gebe ich jetzt ab an Herrn Lange.

Und Frau Röth hat sich gemeldet.

TOP 7: Einzelanträge: Zur Weiterarbeit des Runden Tisches und zur Währungsunion

Lange (Moderator): Und ich gebe das Wort weiter an Frau Röth, hoffentlich zu einem Geschäftsordnungsantrag, Vertagung der Sitzung. Ich will aber niemandem vorgreifen.

Frau Röth, Sie haben das Wort.

Frau Röth (UFV): Sie wissen doch, Herr Lange, daß die Frauen immer sehr praktikable und sehr menschliche Vorschläge hier am Runden Tisch gemacht haben. Und deswegen schlagen wir jetzt vor, die Sitzung abzubrechen. Und die Anträge, die jetzt noch auf der Tagesordnung standen, als ersten Tagesordnungspunkt am 12. März dranzunehmen, weil diese sonst wieder nach hinten rücken würden und nicht mehr die Gewähr dafür vorhanden wäre, daß sie zur Verhandlung kommen.

Lange (Moderator): Vielen Dank. Das ist ein Antrag zur Geschäftsordnung. Frau Röth hat ihn gestellt. Jetzt hat sich gemeldet Herr Schult, bitte, Neues Forum.

Schult (NF): Also, es gibt Anträge dabei wie den **12/47,** der beim nächsten Mal, der **14/47,** der also beim nächsten Mal sinnlos wäre, weil er also die Aufforderung hat, daß er die Expertenkommission, die die **Währungsunion**, also die

---
[39] Dokument 15/21, Anlagenband.

Einzelanträge: Zur Weiterarbeit des Runden Tisches und zur Währungsunion

Regierungskommission verhandelt, zum 12. März hierher zu bitten, um Bericht zu erstatten. Also, der Antrag ist dann sinnlos am 12. [März].

Lange (Moderator): Ja, das war – – Antrag dagegen. Es hatte sich hier noch jemand gemeldet?

Frau Braband, bitte, ja.

Frau Braband (VL): Ich stimme grundsätzlich dem Antrag von Frau Röth zu, möchte aber genau das zu bedenken geben, was Herr Schult schon angeführt hat. Meines Wissens gibt es Anträge, die zum Beispiel möglicherweise die morgige **Volkskammersitzung** betreffen könnten, oder wie mit dem Runden Tisch zu verfahren ist und so weiter. Ich denke, es gibt schon Sachen, die noch heute geklärt werden müssen.

Lange (Moderator): Gut. Wir wollen jetzt nicht so lange Verfahrensfragen diskutieren, dann haben wir vielleicht schon drei der noch ausstehenden Anträge behandelt. Aber wir müssen zunächst zu diesem Geschäftsordnungsantrag uns äußern.

Herr Börner.

Börner (PDS): **15/21** ist der **Antrag [IFM, VL, GP] zur Fortführung des Runden Tisches bis zur Regierungsbildung.** Und damit wäre auch die Grundlage auch für weitere Tagesordnungen also in der Prioritätengruppe zu behandeln.

Lange (Moderator): **[Vorlage] 15/21** meinen Sie?

Börner (PDS): Ja. Und **[Vorlage] 14/47**.

Lange (Moderator): Und **14/47**, den Herr Schult erwähnt hat. Diese beiden. Herr Ziegler hatte sich noch gemeldet. Bitte.

Ziegler (Co-Moderator): Ich wollte nur sagen, daß die Prioritätengruppe für das nächste Mal schon festgesetzt hat den Bericht über **Sicherheitsfragen** von Herrn Fischer, den Bericht von Lindemann über **KoKo** und dann schließlich über Fragen der **Verwaltungsreform** und Gesichtspunkte für eine **neue Verfassung**. Ich möchte das bloß sagen, damit man auch weiß, was man tut.

Und wenn dann wieder 18 bis 20 Einzelanträge kommen zu den Dingen, das bringt uns dann immer in diese Verlegenheit. Aber sonst ist das ein praktikabler Vorschlag. Bloß, es dürfen dann nicht wieder nachher noch 20 Anträge kommen.

Lange (Moderator): Herr Ducke meldet sich noch dazu.

Ducke (Co-Moderator): Ich habe jetzt auch gerade noch einmal die Einzelanträge durchgeschaut. Frau Röth, wären Sie einverstanden, daß Sie Ihren Antrag dahingehend modifizieren, nur noch diese zwei eben genannten [Anträge], **14/47, 15/21** zu behandeln? Frage, wo Not auch nicht beim nächsten Mal – – das sind keine Dinge, die der Runde Tisch jetzt noch beschließen muß, was da noch andere Anträge sind. Wir haben so viele Themen, das kann die Prioritätengruppe noch einmal neu beim nächsten Mal beschließen. Nur noch diese zwei Anträge zu verhandeln. Wären Sie da –

Frau Röth (UFV): Sicher.

Ducke (Co-Moderator): Prima, dann lassen wir darüber abstimmen.

Lange (Moderator): Frau Röth ist damit einverstanden, daß wir jetzt diese beiden Anträge noch uns vornehmen und die anderen vertagen. Herr Schulz.

Schulz (NF): Ich bin prinzipiell damit einverstanden, gebe aber zu bedenken, daß der **Antrag 14/51** das letzte Mal in der Prioritätengruppe heute als erster Einzelantrag festgelegt worden ist. Ich bin trotzdem mit der Verfahrensweise hier einverstanden, aber jetzt mit dem kategorischen Imperativ, daß er das nächste Mal kommen muß.

Lange (Moderator): Ja. Sie haben recht. Es war so vereinbart, auch in der Prioritätengruppe bestätigt.

Wir haben jetzt diese Frage zu entscheiden, wollen wir von den sechs vorliegenden Einzelanträgen die beiden, **15/21** und **14/47**, jetzt behandeln? Da würde ich Sie jetzt bitten, daß Sie dem zustimmen, wenn das Ihre Zustimmung finden kann. Und daß wir im übrigen die anderen vertagen?

Wer dafür ist, diese beiden Anträge jetzt zu verhandeln, den bitte ich, dies durch Handzeichen kundzutun. Wir brauchen eine Zweidrittelmehrheit. – Das ist sie. Ich frage trotzdem. Jemand dagegen? – Ja, 1 Gegenstimme. Enthält sich jemand der Stimme? – Mit 1 Gegenstimme haben wir dieses Verfahren so beschlossen.

Ich schlage Ihnen vor, daß wir in der Reihenfolge, wie wir sie unter Einzelanträge jetzt notiert haben, vorgehen. Unter 5.2 gab es das Stichwort **Weiterarbeit des Runden Tisches**. [Vorlage] **15/21**, Initiative Frieden [und] Menschenrechte, Vereinigte Linke, Grüne Partei. Wer spricht dazu?

Herr Templin, bitte.

Templin (IFM):

> **[Vorlage 15/21, Antrag IFM, VL, GP: Zur Fortsetzung des Zentralen Runden Tisches bis zur Konstituierung der Neuen Regierung.]**
>
> Mit den Volkskammerwahlen am 18. März ist ein historischer Einschnitt für die weitere Entwicklung unseres Landes erreicht. Mit diesem Datum erlischt das ursprüngliche Mandat des Runden Tisches.
>
> Bis zur Konstitution einer aus freien Wahlen hervorgegangenen Regierung, bis zur Arbeitsfähigkeit des neuen Parlaments sollte der Zentrale Runde Tisch jedoch einige wichtige Funktionen für diesen demokratischen Übergang erfüllen.
>
> Nach dem 18. März würde es am Runden Tisch wesentlich um eine beratende und begleitende Arbeit gehen, um die Zusammenfassung wesentlicher Erfahrungen seiner Tätigkeit im Sinne eines politischen Vermächtnisses und die Koordinierung der Arbeit von lokalen, regionalen und fachspezifischen Runden Tischen.
>
> Im Sinne dieser dringenden Aufgaben schlagen wir die Fortsetzung des Runden Tisches bis zur Konstitution der Neuen Regierung vor.

Lange (Moderator): Vielen Dank, Herr Templin. Wir hatten letzten Montag dieses Thema hier am Runden Tisch schon verhandelt. Jetzt liegt der Antrag schriftlich vor. Es hat sich gemeldet Frau Töpfer.

Frau Töpfer (FDGB): Ich kann jetzt nicht nachvollziehen, welche Argumente letzten Montag kamen. Ich möchte aber zu bedenken geben gegen diesen Antrag, daß, wenn wir ihn verabschieden, wir praktisch auch uns darüber klar sein müssen, daß die **Zusammensetzung des Runden Tisches** dann nicht mehr diese sein könnte, wie wir sie jetzt haben, sondern daß alle Parteien, die sich zur Wahl stellen, dann auch mit Recht beanspruchen könnten, hier am Tisch vertreten zu sein in irgendeiner Form.

Und ich glaube, daß das die **Arbeitsfähigkeit** sprengen würde und außerdem, was vielleicht noch gewichtiger als dieses Argument ist, wenn wir **legale Staatsorgane** oder Volkskammer und was nicht alles noch wählen dazu, wir eine legale Regierung uns anschaffen, dann müssen wir auch die Kompetenzen ihr übertragen, die ihr von Rechtens zustehen.

Wenn wir sie weiterhin einschränken mit einer solchen Tätigkeit des Runden Tisches, dann haben wir zwar **Basisdemokratie** geschaffen, wir haben aber dann praktisch einen Zustand, der auch nicht rechtsstaatlich mehr sein kann und der sich mit meinem Verständnis als Jurist nicht decken läßt.

Lange (Moderator): Danke. Herr Börner, PDS.

Börner (PDS): Ich kann diese Bedenken, die Frau Töpfer eben geäußert hat, teilen, obwohl wir ja eigentlich auch prinzipiell für die Weiterführung einer Art des Runden Tisches sind.

Sicherlich sind die Kompetenzen und auch die Verfahrensfragen des Runden Tisches neu zu überdenken, ohne daß es grundsätzlich also auch eine Erweiterung des Runden Tisches geben könnte, weil sicherlich dann die Arbeitsfähigkeit also auch dieses Runden Tisches in dieser Form einfach über mehrere Wochen auch wieder nicht gegeben würde, weil neue Verfahrensfragen einfach die Arbeitsfähigkeit in Frage stellen würden.

Aber eine solche Form des Runden Tisches, der jetzt existiert, also auch nach dem 18. [März] wenigstens, wenigstens würde ich sagen, noch mit einer Sitzung nach den Wahlen, indem man also einfach ein **begleitendes Gremium** sicherlich mit einer sehr **begrenzten Legitimation,** aber doch ein begleitendes Gremium hat für diese Phase der Findung und der Regierungsbildung.

Also, eine Sitzung würden wir auf jeden Fall unterstützen, noch durchzuführen, wenn die verehrten Moderatoren, und das ist eine Bitte eigentlich, verehrten Moderatoren sich in der Lage fühlen, das noch zu unterstützen.

Lange (Moderator): Ja, vielen Dank, Herr Börner. Herr Wolf, LDP.

Wolf (LDP): Wir gehörten selbst mit zu denen, die von der letzten Tagung ausgehend noch einmal mit zu bedenken gaben, ob es eventuell politische Bedürfnisse und rechtliche **Legitimationen** gibt, dieses gemeinsame Anliegen weiterzuführen. Wir würden heute sagen, daß mit dem 18. März 1990 die grundsätzliche politische Legitimation zu Ende ist.

Wir würden ebenso unterstützen, wie das im vorangegangenen Tagesordnungspunkt zum Ausdruck kam, in bestimmten Sachbereichen die **Arbeitsgruppentätigkeit** fortzusetzen, wo sie notwendig ist. Was ich jetzt sage ist ein Ausdruck des Bedauerns, nicht irgendeiner Kritik, höchstens an mich selber und an uns selber, aber der vorletzte Tagesordnungspunkt beweist meiner Meinung nach die **Bildungspolitik,** wo wir mit sehr viel Details und teilweise weit über **unsere Kompetenz** hinausgehend – wir sind für Gewaltenteilung, aber versuchen der Rechtsprechung vorzuschreiben, was sie zu machen hat – also in Dinge hineingekommen sind, die uns sehr viel Zeit gekostet haben.

Und ich hätte mich sehr gefreut, wenn der vorangegangene jetzige Tagesordnungspunkt noch vor der **Öffentlichkeit** hätte stattfinden können, denn das waren prinzipielle Dinge, die das Land hätte erfahren müssen, wie der Stand sich in diesen Dingen befindet, nicht diese vielen, vielen vorangegangenen kleinen Details, die jedes für sich auch wichtig sind, aber ich glaube, zum jetzigen Zeitpunkt nicht so notwendig waren.

Aber wie gesagt, das ist keine kritische Feststellung, höchstens an uns selbst, daß man es nicht selbst besser mit vorbereitet hat. Aber ich glaube, auch da könnte der Runde Tisch hinkommen: Wenn wir so weitermachen und einer Regierung, die dann nur noch im Amt ist sozusagen, nur noch geschäftsführend ist, dann vorschlagen wollen, das oder jenes im Auftrag des Runden Tisches zu machen, und sie sieht sich dann noch weniger in der Lage als das heute teilweise schon der Fall ist – –

Wir würden also diesem Antrag in dieser Form nicht zustimmen und würden, falls ich das hier anmerken kann, einen vielleicht konstruktiven Gegenvorschlag insofern machen, daß wir in der anschließenden Prioritätenkommission darum bitten würden, vielleicht ein **Abschlußpapier des Runden Tisches** vorzubereiten, wo er vom Selbstverständnis ausgeht, eine kurze Bilanz zieht und einige politische Eckpunkte dem Land, seiner neuen Zukunft mit auf den Weg gibt.

Lange (Moderator): Ja, danke, Herr Wolf. Herr Junghanns, DBD.

Junghanns (DBD): Ja, wir sind dafür, die Beratung, die Tätigkeit des Runden Tisches mit der nächsten Beratung einzustellen. Wir sind der Auffassung, daß wir der neuen Regierung, wie sie sich auch nach den Wahlen zusammensetzen wird, schon genügend mit auf den Weg gegeben haben.

Und ich glaube, eine Beratung, die begleitend über diesen 18. März hinausgehen solle, was sollte die zum Gegenstand haben an wichtigen Tagesordnungspunkten? Und ich befürchte eigentlich auch, daß sich die mit den Wahlen ergebenden **Kräfteverhältnisse** einer sachlichen Zusammenarbeit mit dem Tisch dann nicht mehr gestatten, der da in guter Aussicht für Regierungsverantwortung steht, der wird sich ganz anders verhalten als der, der weiß, daß er in der außerparlamentarischen oder in der **parlamentarischen Opposition** sich befindet.

Das macht doch eine Entschließung, selbst eine Beratung fast unmöglich. In diesem Sinne bin ich dafür, die **themenbezogenen Tische,** und zwar in direkter Anbindung an die neue Regierung zu erhalten, die es Wert sind, zu erhalten, um damit ihre Wirksamkeit unmittelbar zu stützen. Ich sehe da die **Arbeitsgruppe „Ökologischer Umbau",** die sich ja schon angeboten hat und das ja auch weiterführen will, „Wissenschaft", aber ansonsten diese Beratung mit der nächsten [Sitzung] einzustellen.

Lange (Moderator): Ja. Herr Stief, NDPD.

Stief (NDPD): Ich versuche, das noch etwas konkreter zu machen. Ich bin für die Fortsetzung der **Arbeitsgruppentätigkeit** dort, wo es erforderlich ist.

Zweitens, ich würde vorschlagen, daß am 8. März, also am kommenden Donnerstag, und ich habe mich inzwischen erkundigt, die LDP würde uns an diesem Tag von 13.00 bis

15.00 Uhr Gastgeberrechte gewähren, sich alle, die daran interessiert sind, zusammensetzen in zwei Stunden und ein **Abschlußpapier** des Runden Tisches verfassen, was dann am Montag beschlossen werden kann.

Das könnte enthalten auf eineinhalb Seiten: Wie hat sich der Runde Tisch gesehen? Wie hat er sich entwickelt, und was gibt er der neuen Regierung als seine politische Auffassung mit auf den Weg?

Zum Beispiel eine Bemerkung zu **Auffassungen des Runden Tisches zur Einheit,** ob nach Artikel 23 oder 146; eine politische Meinung zur **Erneuerung,** die sicherlich auch **in der BRD** notwendig ist; eine Meinung, wie sich die außenpolitischen und sicherheitspolitischen Dinge entwickeln müssen, ich erinnere an das **Modrow-Papier,** da hat sich nicht viel geändert vom Sinne her; und eine Bemerkung oder mehrere, das wäre besser, daß der Runde Tisch sich möglicherweise auch so sieht als ein **Modell für politische Kultur** in einer Übergangssituation.

So könnte das etwa sein. Zwei Stunden müßten reichen am Donnerstag. Wenn sich jemand mit diesem Termin einverstanden erklärt, Dr. Wolf hat mir das zwischenzeitlich angeboten, daß das so ginge, das könnte man auch bei uns machen, hätten wir ein Basispapier, was am Montag Konsens finden sollte. Die Institution Runder Tisch einschließlich des Moderatorenkollektivs oder es an der Spitze hätten das verdient.

Aber nicht nur im Sinne eines „Dankeschön und nun gehen wir alle an die Arbeit, wie auch immer", sondern es war eine einmalige Sache, dieser Runde Tisch. Und da sie immer verantwortungsbewußt gehandelt hat, sollte sie das auch in einer Abschlußerklärung tun, diese Institution.

Lange (Moderator): Vielen Dank. Das war ein ganz konkretes Angebot, das schon weiterführt, eine Ad hoc-Arbeitsgruppe zu **Erberezeption** oder **Vermächtnisformulierung** oder wie immer man das bezeichnen möchte, aber ich nehme das sehr ernst und ich denke, es ist ein guter Vorschlag, der jetzt für alle doch auf dem Tisch liegt und wir darauf reagieren können. Ich habe noch zwei Wortmeldungen. Herr Lietz, Neues Forum; und dann Herr Ziegler. Bitte.

Lietz (NF): Ich kann mich eigentlich nur meinen beiden Vorrednern anschließen in der Argumentation, und obwohl ein Haufen noch unerledigter Dinge vor uns liegt, werden wir es nicht mehr über den Berg bringen, und auch politisch ist es, glaube ich, nicht mehr unsere Aufgabe, und ich denke auch, unsere Größe zeigen wir darin, daß wir zur rechten Zeit Abschied nehmen können.

[Beifall]

Lange (Moderator): Danke. Herr Schult, hatte ich Sie übersehen, ja? Wollten Sie?

Schult (NF): Na, ich möchte einfach nur dagegenhalten, daß ich denke, daß es einen Teil Arbeitsgruppen gibt, wie speziell die Arbeitsgruppe „Sicherheit" oder die Arbeitsgruppe „Verfassung", die also zumindest in dieser **Überbrückungsphase,** bis sich die neue Regierung konstituiert hat, einen Rückhalt für meine Begriffe braucht.

Von da aus, da es ja hier ein Antrag ist, der zeitlich begrenzt bis zur Konstituierung der neuen Regierung nun versucht, diesen Überbrückungszeitraum oder diesen Leerraum etwas zu überbrücken, halte ich schon noch einmal für bedenkenswert, ob man nicht ein- oder zweimal diesen Runden Tisch, bis sich die neue Regierung dort zusammengefunden hat, doch noch weiterführt.

Der Runde Tisch hat sich ja **nicht als Nebenregierung** verstanden, sondern als **Organ öffentlicher Kontrolle,** und damit ist er also für meine Begriffe auch wichtig für die Arbeitsgruppen gewesen. Und von da aus würde ich selber noch einmal dafür plädieren, diesen Antrag, der zeitlich ja die Sache begrenzt, doch noch einmal zu überlegen und stattzugeben.

Lange (Moderator): Frau Schröter dazu noch einmal.

Frau Schröter (DJ): Ja, also Demokratie Jetzt plädiert auch dafür, mit dem 18. März die Arbeit des Runden Tisches zu beenden, die Arbeitsgruppen aber weiter tätig sein zu lassen, so lange es nötig ist. Und es ist, glaube ich, noch erforderlich, und ich würde jetzt darum bitten, daß wir darüber abstimmen, damit es hier nicht wie im Märchen vom süßen Brei wird.

Lange (Moderator): Ja, gut. Wir kommen gleich dazu, wir sind ja schon ganz entschlossen, daß wir diesen Punkt zum Abschluß bringen.

Es hatte sich Herr Templin noch gemeldet und Herr Ziegler. Bitte.

Templin (IFM): Ich möchte den geäußerten „Beerdigungssprüchen" natürlich nicht einen weiteren hinzufügen. Wenn wir keinen politischen Sinn in diesem Antrag gesehen hätten, hätten wir ihn nicht formuliert, der ist durchdacht.

Ich bedauere nur – das, was ich befürchtet hatte, ist auch eingetreten –, daß an den, denke ich, hinreichend genauen Formulierungen und Begrenzungen des Antrages vorbeidiskutiert wurde, eine Reihe von Rednern versucht haben, Grundsatzargumente dagegen zu bringen.

Die hätten wir genauso aufnehmen können oder müssen, was die Zeit betrifft, die ist für uns genauso wenig zur Verfügung. Daß generell das Mandat nicht verlängert werden kann, haben wir genauso vorausgeschickt. Die **Legitimität der neuen Regierung** existiert im Moment ihrer Konstituierung. Und es geht genau, und das ist auch hier bestimmt worden, um den Zwischenzeitraum bis danach, bis dorthin.

Und warum für diesen **Zwischenzeitraum** Bedingungen, die die ganze Zeit gegolten haben im doch sehr spannungsvollen Miteinander und die für die jetzige Zusammensetzung der Fachgruppen an den Runden Tischen beziehungsweise der Fachgruppen der Fach-Runden Tische weitergelten werden – – Ich wüßte nicht, wie die sich sonst je verändern sollten in der Zusammensetzung, in der Zusammenarbeit. Das könnte dann auch nicht sein.

Also, wenn das nicht gilt, dann, wie gesagt, ist die Unlogik für mich hier nicht im Antrag, sondern in der Argumentationsweise. Wir bleiben also beim Antrag und auch mit der entsprechenden Begründung.

Lange (Moderator): Ja. Herr Ziegler, bitte.

Ziegler (Co-Moderator): Eigentlich ist alles gesagt. Ich will Ihnen nur noch den letzten Satz des **Selbstverständnisses** vorlesen: „Geplant ist seine Tätigkeit bis zur Durchführung freier, demokratischer und geheimer Wahlen fortzusetzen".

Allerdings leuchtet mir ein mit den Arbeitsgruppen, und es ist die Frage, ob wir uns an die jetzige Regierung wenden müßten, um für die Arbeitsgruppen bis zur Konstituierung der neuen Regierung Arbeitsmöglichkeiten zu erbitten, denn ich muß noch auf eins hinweisen, was noch nicht gesagt ist.

Also, auch das, was uns hier zur Verfügung gestellt ist, ist uns zur Verfügung gestellt bis zur Durchführung der Wahlen. Und es ist auch ein Kostenaufwand und das muß mit der Regierung natürlich geregelt werden. Für die Arbeitsgruppen würde ich das befürworten, daß man das noch bespricht, damit sie ihre Arbeit nicht abrupt abbrechen müssen, sondern weiterführen können bis zur Konstituierung.

Lange (Moderator): Ich denke, wir sollten Herrn Sauer bitten, dies zu notieren im Blick auf die Arbeitsmöglichkeiten der Arbeitsgruppen. Damit haben wir die Aussprache zu diesem Punkt beendet. Die Initiative Frieden [und] Menschenrechte und auch die anderen, so habe ich verstanden, bleiben bei diesem Antrag, **Vorlage 15/21** in der vorliegenden Form.

Darüber haben wir jetzt abzustimmen, so wie er uns vorliegt. Wer diesem Antrag zustimmen möchte, den bitte ich jetzt um das Handzeichen. – 8. Wer ist dagegen? – 16. Und wer enthält sich der Stimme? – 6 Enthaltungen. – Damit – – Sie haben falsch abgestimmt?

Stief (NDPD): Ich bitte um Entschuldigung, ich habe das bei der zweiten Abstimmung korrigiert, ich war nicht aufmerksam.

Lange (Moderator): Sie haben doppelt abgestimmt?

Stief (NDPD): Meine letzte Meinungsbildung zählt.

Lange (Moderator): Ja, gut. Wir nehmen sie zur Kenntnis. Damit ist der Antrag nicht angenommen.

Herr Ziegler dazu noch einmal.

Ziegler (Co-Moderator): Ich möchte dann aber doch das, was von Herrn Stief und Herrn Wolf gesagt ist, hier gleich im Plenum klären. Wenn Sie sagen, wir laden ein zu dann und dann an den und den Ort, dann brauchen wir nicht in der **Prioritätengruppe** über diesen meiner Meinung nach sehr einleuchtenden Vorschlag, ein kleines Resümee zu schaffen, erst noch zu beraten, sondern könnten das gleich hier sagen.

Lange (Moderator): Findet das Ihre Zustimmung, daß wir dies dann für den nächsten Montag uns vornehmen? Das bedingt allerdings, daß die Einladung akzeptiert und einige vom Runden Tisch dieses Angebot von Herrn Stief annehmen.

Frau Töpfer.

Frau Töpfer (FDGB): Könnte das Angebot noch einmal präzisiert werden, um irgendwelche, weil es so schnell ging, Unklarheiten auszuschließen?

Lange (Moderator): Ja, das ist sicherlich möglich. Herr Stief, dürfen wir Sie bitten?

Stief (NDPD): Da niemand bisher den Internationalen Frauentag am 8. März außer Kraft gesetzt hat, wird er sicherlich überall begangen. Deswegen der Terminvorschlag 13.00 bis 15.00 Uhr am 8. März im Haus der LDP.

Lange (Moderator): Sagen Sie einmal die Adresse, falls jemand nicht genau in der Geographie Bescheid weiß.

Wolf (LDP): Das ist die Johannes-Dieckmann-Straße 48/49, U-Bahnhof Grotewohl-Straße.

Lange (Moderator): Vielen Dank. Ich denke, das sollten wir dann so zur Kenntnis nehmen.

Wolf (LDP): Ich hätte noch eine Bitte, vielleicht könnte man sich entscheiden, wer kommt oder nicht, damit wir in etwa die Größenordnung wissen. Uns läge natürlich auch an einer politischen Parität, und wir würden uns freuen, wenn einer von den Moderatoren mit dabei ist, denn das kann nur eine gemeinsame Erklärung sein, zu der sie maßgeblich nicht nur moderierend dann beigetragen haben.

Lange (Moderator): Herr Matschie.

Matschie (SPD): Ich finde diese Idee sehr gut. Leider muß ich sagen, es wird wahrscheinlich von uns niemand kommen können, weil zu dieser Zeit Vorstandssitzung ist, und [ich] möchte mich da jetzt schon entschuldigen. Wenn es möglich ist, werden wir jemand schicken.

Lange (Moderator): Ja. Dürfen wir einmal eben so aus dem Stand heraus fragen, wer eine Möglichkeit sieht von seiner Gruppierung her, wenn schon nicht unsere Vertreter hier, dann diese Einladung anzunehmen? Wer könnte das ermöglichen? – Ich glaube, das ist eine arbeitsfähige Gruppe, ja.

Darf ich Ihre Abstimmung oder Ihre Meldung jetzt doch als verbindlich ansehen, auch im Blick auf die Anfrage, die Herr Wolf gestellt hat? Gut. Dann können wir diesen Punkt abschließen. Vielen Dank für diese Einladung.

Wir kommen zum letzten Punkt, **Vorlage 14/47** vom Neuen Forum, **Währungsunion.** Hören wir dazu noch ein paar Informationen?

Schult (NF): Ja. Ich hoffe, daß Sie den Text haben. Der ist noch vom letzten Mal.

[**Vorlage 14/47, Antrag NF:** Zu den Verhandlungen der „Expertenkommission" über eine Währungsunion.[40]

Da die Regierung der DDR kein Mandat hat, eine Währungsunion mit der BRD bis zum 18. März 1990 zu vereinbaren, ist es auch unzulässig, daß die „Expertenkommission" jetzt hinter geschlossenen Türen verhandelt.

Gegenstand dieser Verhandlungen sind die Existenzgrundlagen der Menschen in der DDR, wie z. B.

– das Lohn-Preis-Gefüge

– die Besteuerung der Arbeitseinkommen und das zukünftige Steuerrecht in der DDR

– die Rentenhöhe

– der Warenkorb für das Existenzminimum

– Verfügbarkeit über die Spareinlagen

– die Bodenbewertung

– die Einschätzung des produzierten Volksvermögens

Dies geht alle an. Deshalb fordert der Runde Tisch die „Expertenkommission" auf, der Öffentlichkeit wöchentlich einen Zwischenbericht ihrer Arbeit vorzulegen.]

Schult (NF): Von da aus müßte er in der letzten Zeile noch einmal, vorletzten Zeile verändert werden. Da müßte es in dem Text heißen: „Deshalb fordert der Runde Tisch die ‚Expertenkommission' auf, am 12. März der Öffentlichkeit einen Zwischenbericht ihrer Arbeit vorzulegen".

---

[40] Der nachfolgende Text wurde im Plenum nicht verlesen.

Es geht darum, daß ja hier eine Regierungskommission hinter verschlossenen Türen tagt und durch die Gerüchteküche, auch speziell durch die Berichte heute wieder im „Spiegel", doch die **Verunsicherung** verstärkt wird und wir schon der Meinung sind, daß hier ein Bericht über den Stand der **Wirtschafts-, Währungsverhandlungen, Sozialverhandlungen** hier am Runden Tisch gegeben werden müßte.

Denn das ist ja schwierig wohl einzusehen, wenn wir hier Sozialcharta, Bildungswesen und ähnliche Sachen verhandeln, diskutieren und besprechen und eigentlich auf den wichtigsten Gebieten, was diese Fragen alle wieder ad absurdum oder außer Kraft setzen könnten, hier nicht informiert werden oder die Öffentlichkeit nicht informiert wird, wie der Lauf der Dinge ist, sondern nur auf Gerüchte angewiesen ist.

Lange (Moderator): Danke, Herr Schult. Sehe ich das richtig, daß dann das „wöchentlich" zu streichen ist natürlich, ja? Es würde dann heißen: „Deshalb fordert der Runde Tisch die ‚Expertenkommission' auf, am 12. März – –"

Schult (NF): „– der **Öffentlichkeit einen Zwischenbericht** ihrer Arbeit vorzulegen".

Lange (Moderator): Ja. Dazu hat sich jetzt gemeldet Herr Stief.

Stief (NDPD): Meine Damen und Herren, ich halte in dieser sehr sensibilisierten politischen Situation vor den Wahlen eine Information über diese Problematik sicherlich für wichtig, aber dann in aller Verantwortung und nicht so öffentlich wie durch eine gewisse Ungeschicklichkeit unlängst geschehen, dann **Panikkäufe** in den Kaufhallen und Läden des Landes stattfinden, weil einer Entscheidung vorgegriffen wurde, die noch nicht gefallen ist und die auch nicht ausgegoren war.

Aber das will ich hier nur als Beispiel nennen. Wenn ich mich nicht irre, ist es die **Romberg-Kommission.** Und ich suche jetzt nach einer Lösung, wie wir sowohl das eine, das berechtigte Bedürfnis, darüber informiert zu sein, als auch andererseits die Notwendigkeit, das sehr diskret zu behandeln und nicht überall hinzuleiten, genüge tun können.

Wenn es möglich wäre, am Montag, am 12. [März], darüber eine Information zu bekommen, die also solider ist als irgendeine „Spiegel"-Information durch irgendein Papier eines der an den Kommissionen Beteiligten und dabei das Fernsehen abschalten und uns als Körperschaft betrachten, die eine solche Information noch vertragen kann und verantwortungsbewußt damit umgeht, wäre sicherlich einiges getan.

Bloß: Das liegt sicherlich nicht im Sinne der Antragsteller, könnte ich mir vorstellen. Vielleicht hat Herr Matschie da einen Vorschlag?

Lange (Moderator): Wir geben ihm das Wort, um uns weiterzuhelfen.

Matschie (SPD): Ja, also ich sehe zunächst auch einmal Schwierigkeiten, was die Ausgangslage dieses Antrags betrifft.

Wenn ich das richtig sehe, dann ist doch diese **Kommission** eingesetzt worden, nicht um Verhandlungen zu führen über die Währungsunion, sondern um Varianten zu prüfen, Bedingungen zu prüfen und **Auswirkungen dieser Währungsunion** zu prüfen, und sie hat einer späteren Regierung Entscheidungsvorschläge zu unterbreiten.

Es ist also nicht der Fall, daß hier hinter verschlossenen Türen schon über die Währungsunion verhandelt wird und hier also Verträge abgeschlossen werden.

Ich weiß von Herrn Minister Romberg, daß es sehr schwierig ist, also innerhalb dieser laufenden Debatten, Sachen öffentlich zu machen. Und er hat das auch schon zum Ausdruck gebracht, daß er nicht dazu bereit ist. Das hängt auch damit zusammen, daß so eine Kommission, wenn sie zusammensitzt, Sachen nur öffentlich machen kann, wenn beide Seiten dem zustimmen.

Also, die Entscheidung darüber liegt nicht alleine auf der Seite unserer Verhandlungspartner. Und der Minister Ullmann hat auch schon das letzte Mal in der **Prioritätenkommission** darauf hingewiesen, daß es an dieser Stelle wirklich ganz schwierig ist, jetzt den Verhandlungsstand offenzumachen.

Lange (Moderator): Danke. Ich denke, Herr Matschie hat deutlich gemacht, in welcher Schwierigkeit wir mit diesem Antrag sind. Ich nehme an, es ist Übereinstimmung, daß natürlich ein verständliches Interesse vorhanden ist, jetzt darüber etwas zu hören, zumal es Spekulationen und irgendwelche Meinungsäußerungen gibt, daß wir aber doch – und ich unterstreiche das gern noch einmal – deutlich sehen müssen: Es ist **keine Kommission unserer DDR-Regierung**; es ist **eine gemeinsame Kommission mit der Bundesregierung.**

Und in dieser gemeinsamen Regierung ist, soweit uns auch in der Prioritätengruppe das gesagt worden ist, **Vertraulichkeit** vereinbart worden. Wir können jetzt eine Bitte weitergeben, aber wir müßten uns über diese Konditionen doch im klaren sein.

Herr Schult hatte sich noch einmal gemeldet, bitte.

Schult (NF): Ja. Ich würde noch einmal kurz nachfragen. Herr Matschie hat erst von Vorschlägen gesprochen und dann von Verhandlungen. Also, was passiert denn da nun eigentlich? Werden da Vorschläge formuliert für die Regierung oder wird da verhandelt? Also, das sind doch schon Sachen, die schon zu klären wären, erst einmal. Und da fangen auch schon die Unsicherheiten – und da besteht auch die Gefahr der Gerüchteküche schon.

Matschie (SPD): Es werden doch da **Varianten** erarbeitet. Und diese Varianten müssen doch ausgehandelt werden. In diesem Sinne werden um diese Varianten Verhandlungen natürlich geführt. Aber es werden nicht in dem Sinne Verhandlungen geführt, daß hier schon ein Vertragsabschluß gemacht wird.

Lange (Moderator): Herr Lietz, Neues Forum.

Lietz (NF): Ja, ich denke schon, was Herr Stief gesagt hat, daß, wenn eine Information erfolgt, dann muß sie so behutsam erfolgen und so, daß nicht bestimmte Prozesse dadurch gestört oder gar behindert werden und durch Veröffentlichungen bestimmter Fakten Ergebnisse von vornherein blockiert oder gar zerstört werden.

Also, das muß wirklich, das ist ein hochsensibler Bereich. Ich finde es schon gut, wenn das möglich ist, daß ein Zwischen-, nicht ein **Zwischenbericht,** sondern eine **Information** gegeben werden könnte. Aber die kann sich vermutlich auf ein paar Sätze beschränken. Aber das wäre schon ganz gut, daß man ein bißchen weiß, wie so der Stand im Augenblick sich etwa verhält.

Lange (Moderator): Ja. Das ist letztlich natürlich eine Anfrage an die Mitglieder dieser Kommission, ob sie dazu bereit sind. Deshalb muß ich fragen, ob wir bei der Formulierung hier bleiben können, daß wir fordern oder daß das angeregt wird zu überprüfen, ob eine solche Information möglich ist.

Das Neue Forum hat, so habe ich Herrn Schult verstanden, darauf bestanden, daß wir diesen Text der **Vorlage 14/ 47**, wie er uns vorliegt, jetzt behandeln und das heißt, zur Abstimmung bringen, wenn es keine weiteren Meinungsäußerungen dazu gibt.

Herr Wolf, bitte, LDP.

Wolf (LDP): Ich würde vorschlagen und weiß nicht, ob die Antragsteller dem folgen könnten, daß der Runde Tisch die „Expertenkommission" bittet, ihn, also den Runden Tisch, auf seiner letzten Sitzung noch einmal zu informieren und wir vorher übereinkommen, **ob man die Öffentlichkeit davon in Kenntnis setzt oder nicht.**

Denn ich würde Herrn Stief schon folgen, daß die Berechenbarkeit von öffentlichen Reaktionen nicht gegeben ist. Wird ein Verhandlungsgegenstand in seinem jetzigen Stand so interpretiert, dann gehen die einkaufen, wird er in der nächsten Woche anders dargestellt, gehen die anderen kaufen.

Also, hier würden wir eine **Kettenreaktion** in Gang setzen, die ich nunmehr nach den Dingen, die keiner beabsichtigt hat, das würde ich auch so sehen, von uns nicht angeheizt werden soll. Also, wenn, dann würde ich darum bitten und dem könnten wir auch zustimmen, daß der Runde Tisch selbst die „Expertenkommission" bittet, noch einmal auf seiner letzten Tagung über den Stand der Dinge selbst erst einmal informiert zu werden.

Mehr aber auch nicht.

Lange (Moderator): Wir haben jetzt drei Wortmeldungen. Darf ich Ihr Einverständnis – vier – darf ich Ihr Einverständnis voraussetzen, daß wir damit dann aber diesen Punkt abschließen? Ich denke, wir kommen mit vielen Argumenten nicht allzu weit, wenn wir da nicht doch einmal sagen, wollen wir diesen Antrag annehmen oder nicht. Frau Töpfer.

Frau Töpfer (FDGB): Ich möchte mich dafür aussprechen, diesen Antrag zurückzuweisen, weil man nicht verlangen kann, daß, wenn zwischenstaatlich **Stillschweigen** vereinbart worden ist, daß dies aufgehoben wird. Das widerspricht jeder vertraglicher Vereinbarung.

Lange (Moderator): Frau Schröter.

Frau Schröter (DJ): Ja. Ich würde den Antrag in der vorliegenden Formulierung auch nicht mittragen können. Aber vielleicht kann man die „**Expertenkommission**" fragen, welche Prämissen und Randbedingungen diese Verhandlungen haben und ihnen eine Fassung überlassen, die sie uns geben können, als Frage.

Die Frage kann man auch mit nein beantworten. Und zu dem Vorschlag der LDP will ich nur sagen, ich halte das für ausgeschlossen, daß hier etwas am Runden Tisch beschlossen wird unter Ausschluß der Öffentlichkeit. Ich glaube, das funktioniert nicht. Halte ich auch nicht für gut.

Lange (Moderator): Frau Röth.

Frau Röth (UFV): Ja. Ich möchte mich dem anschließen, was jetzt von Demokratie Jetzt betont wurde, denn das Ausschließen der Öffentlichkeit bei laufender Tagung würde ja heißen, was machen die denn da? Und das würde die **Gerüchteküche** so oder so zum Kochen bringen. Also, die Variante halte ich für ausgeschlossen.

Ich möchte auch noch einmal darauf hinweisen, daß wir versucht haben, über die „Wirtschaftsgruppe" des Runden Tisches uns Informationen einzuholen über diese „Expertenkommission". Auch da wurde uns noch einmal eine abschlägige Antwort erteilt, wobei man ja hätte davon ausgehen können, daß diese Wirtschaftsgruppe also nicht der Öffentlichkeit zugänglich ist, daß im Grunde genommen die dort vertretenen Parteien und Gruppierungen ihren Gruppierungen und Parteien Informationen hätten zukommen lassen.

Die Variante wurde – auch von Dr. Romberg also – abgelehnt und auch mit dem Hinweis von Frau Töpfer auf die Vereinbarung der **Zweistaatlichkeit**. Das muß man einfach respektieren, auch wenn die **Basisdemokratie** und die Einsichtnahme der Bürgerinnen und Bürger in diese Prozesse also damit verletzt wird, eigentlich.

Wolf (LDP): Frau Röth, die Öffentlichkeit ist jetzt auch nicht ausgeschlossen worden, jetzt im Moment.

Lange (Moderator): Die CDU hat noch einmal das Wort. Herr Stief auch noch, ja, gut.

Gust (CDU): Wie verständlich es auch sein mag, daß Durchsichtigkeit erwünscht ist – und unter dieser Forderung ist ja eigentlich die Wende herbeigeführt worden oder hat sie begonnen – –

Aber ich denke, es sind schon viele Gründe genannt worden, weshalb das doch ein sehr heikles Unterfangen ist. Ich denke auch, daß der Runde Tisch kein Recht hätte, allein diese Information zu bekommen. Das einzige, was möglich wäre, wäre eine Öffentlichmachung dessen, was bisher überhaupt preisgegeben werden kann.

Also, ich denke, unter dem Deckel ließe sich eine Information in diesem Kreise ohnehin nicht lassen, wie die Erfahrungen zeigen mit den **Indiskretionen** beziehungsweise mit dem Antrag der in bezug auf die Preissubventionen gelaufen sind.

Lange (Moderator): Herr Stief als letzter in dieser Runde.

Stief (NDPD): Um die Substanz des durchaus berechtigten Antrags zu erhalten, würde ich vorschlagen, daß wir unten formulieren, im Sinne des auch hier Geäußerten: „Dies geht alle an. Deshalb bittet der Runde Tisch die ‚Expertenkommission', am 12. März 1990 über Prämissen und Randbedingungen ihrer Arbeit zu informieren".

Lange (Moderator): Das ist eine Anfrage an die Einbringer. Wie stehen Sie dazu?

Stief (NDPD): Geht das?

Schult (NF): Na, ich denke, als Kompromißvorschlag könnte man das erst einmal annehmen. Ich denke bloß, das Prinzip an **Politikverständnis,** was hier dahintersteckt, ist die Frage, daß man am Ende des Runden Tisches nach zweieinhalb Monaten wieder, auch wenn es eine andere Seite ist, anfängt, vielleicht ein Stück **Geheimdiplomatie** auf den wichtigsten Ebenen von Politik zu betreiben.

Also, das hat nichts mit Pflege von **Basisdemokratie** zu tun oder irgendwelchen Prinzipienreitereien. Ich denke, daß man schon aufpassen muß, daß man nicht wieder in **alte Strukturen** fällt und hinterher aufwacht, was dabei herausgekommen ist. Aber im Prinzip kann ich mich erst einmal so mit diesem Vorschlag anfreunden.

Lange (Moderator): Ja. Wir hatten jetzt die Rednerliste abgeschlossen. Es war die Anfrage an die Einbringer, ob sie sich damit einverstanden erklären. Diese veränderte Fassung, die wir jetzt noch einmal von Herrn Stief erbitten würden, zu akzeptieren. Ich habe Sie richtig verstanden, Herr Schult, Sie haben nicht dagegen gesprochen? Herr Stief, sagen Sie noch einmal die Formulierung des letzten Abschnittes bitte?

Stief (NDPD): „Dies geht alle an." Das bleibt. „Deshalb bittet der Runde Tisch die ‚Expertenkommission', am 12. März 1990 über Prämissen und Randbedingungen ihrer Arbeit zu informieren."

Lange (Moderator): Dieser Antrag steht jetzt zur Abstimmung. Wer diesem Antrag in der veränderten Fassung seine Zustimmung geben kann, den bitte ich um das Handzeichen. – Das müssen wir ganz deutlich jetzt – 16 dafür. Wer ist dagegen? - 6 dagegen. Wer enthält sich? – 8. 16 dafür, 6 Gegenstimmen, 8 Enthaltungen. Damit haben wir in der veränderten Fassung dies beschlossen.

Darf ich Sie jetzt fragen, ob Sie bereit sind, diese heutige Sitzung zu beenden?

[Gelächter]

Lange (Moderator): Herr Ducke möchte sich noch einmal zu Wort melden. Bitte.

Ducke (Co-Moderator): Ich möchte die Kreativität der AG „Bildung, Erziehung und Jugend" hier vorstellen.

[Gelächter]

Lange (Moderator): Ja. Hat das doch etwas bewirkt, daß Sie diesen Tagesordnungspunkt moderiert haben. Gibt es noch Ansagen oder Wichtiges, was wir jetzt zu hören haben?
Frau Braband. Bitte einen Moment.

Frau Braband (VL): Mir ist noch etwas möglicherweise Wichtiges eingefallen. Die Vereinigte Linke hatte bei der letzten Volkskammertagung **Rederecht** beantragt, es letztlich nicht erhalten, weil das Präsidium der Volkskammer kurzfristig, während hier Sitzung war, beschlossen hat, daß man nur mit einem Mandat des Runden Tisches in der Volkskammer Rederecht erhält.

Und wer also morgen in der **Volkskammer** sprechen möchte, müßte sich das Mandat noch hier heute einholen.

Lange (Moderator): Herr Stief, ich hatte Ihnen schon einmal das letzte Wort gegeben. Nun haben Sie es aber ganz bestimmt.

Stief (NDPD): Ich wollte nur an etwas erinnern, was möglicherweise völlig in Vergessenheit geraten ist. Der Kulturminister Dr. Keller hat angeboten, in der Deutsch-Deutschen Kulturkommission ein Mitglied des Runden Tisches mit aufzunehmen.

In der Zwischenzeit am vergangenen Freitag gab es eine Einigung darüber, daß ein Herr Balke, ich kann jetzt nicht sagen, welche Gruppierung es ist, dafür vorgesehen ist. Wir hatten die Meinung vertreten, daß mindestens zwei in dieser **Deutsch-Deutschen Kulturkommission** vertreten sein sollten.

Es müßte ja, da die am 7. [März 1990] das erste Mal tagt, heute spätestens darüber Bescheid gegeben werden seitens des Runden Tisches. Einer steht fest. Ich glaube, wir bestehen zu recht auf einen zweiten. Da wird die Kommission immer noch nicht üppig groß und bleibt dennoch arbeitsfähig.

Dieser zweite wäre nach Absprache zwischen den Volkskammerparteien Gero Hammer, der Intendant des Hans-Otto-Theaters. Diese beiden würden nach unserer Auffassung zu benennen sein. Wie bitte?

Lange (Moderator): Können Sie einmal den anderen Namen noch nennen?

Stief (NDPD): Herr Balke[41]. Ich weiß nicht, aus welcher Gruppierung. Vorige Woche in dem Gespräch der Arbeitsgruppe „Kultur" festgelegt, am Freitag. Das ist untergegangen.

Lange (Moderator): Ja. Dann nehmen wir dieses jetzt hier zur Kenntnis. Ich denke, wir sind jetzt nicht in der Lage, noch einmal diesen Punkt zu diskutieren.

Stief (NDPD): Sicher nicht. Ich bitte nur darum, zu reagieren, denn sonst hätten wir gar keinen in der deutsch-deutschen Kulturkommission vom Runden Tisch.

Lange (Moderator): Ja. Gut. Vielen Dank für diese Information. Ich bedanke mich bei Ihnen, daß Sie doch so lange hiergeblieben sind, wenn auch schon die Reihen sich gelichtet haben. Im Blick auf die Anfrage von Frau Braband nur noch ein kurzer Hinweis.

Ziegler (Co-Moderator): Ja, also, es ist ja **Rederecht** immer nur zu bestimmten Dingen, wo der Runde Tisch etwas Konkretes einzubringen hat, erteilt worden von **der Volkskammer**. Das hätte denn ja doch von den entsprechenden Vertretern und Arbeitsgruppen hier vorgebracht werden müssen und ist nicht geschehen. Infolgedessen kann man sich nur allgemein dann darauf berufen, denn es ist nicht passiert.

Außerdem meine ich, heute abend ist nun nicht mehr notwendig die Prioritätengruppe, weil wir das Programm schon überfüllt haben für das nächste Mal.

Aber es wäre doch gut, wenn wir am nächsten Montag um 8.30 Uhr zu einer Kurzverständigung des Ablaufes uns noch einmal in der Prioritätengruppe zusammenfinden in Raum 213, ja.

Lange (Moderator): Ich wünsche allen noch einen erholsamen Abend.

[Ende der Sitzung ca. 22.30 Uhr]

---

[41] Gemeint war wohl Herr Detlev Balke, GP.

[Beginn der Sitzung: 9.00 Uhr]

Lange (Moderator): Mit diesem Glockenzeichen, meine sehr verehrten Damen und Herren, wird die 16. Sitzung des Zentralen Runden Tisches eingeläutet. Es ist zugleich das Signal für die letzte Runde unserer Beratungen. Am vergangenen Montag haben sich die Teilnehmer des Runden Tisches darauf verständigt, was im Selbstverständnis am 7. Dezember [1989] im **Dietrich-Bonhoeffer-Haus** festgelegt worden ist, nämlich ihre Arbeit bis zu den Wahlen durchzuführen.

Somit ist die heutige Sitzung ein Einschnitt auch in der Entwicklung unseres Landes wenige Tage vor der Wahl. Wir werden im Verlauf unserer Tagung noch einen Rückblick halten und versuchen, das festzuhalten, was für diese Arbeit, die sich nun über eine Reihe von Wochen hingezogen hat, zu sagen ist.

So viel sei am Anfang aber schon festgehalten. Aus einer Zusammenkunft von Besorgten und Beunruhigten ist eine Koalition von Engagierten geworden, die sich dem Wagnis nationaler Verantwortung gestellt hat, um einen Beitrag für die Neuordnung unserer gesellschaftlichen Verhältnisse zu leisten. Und ich denke, diese gemeinsame Aufgabe wird auch die heutigen Beratungen des Runden Tisches bestimmen.

Wir gehen davon aus und hoffen, daß es sich diesmal einrichten läßt, daß wir unsere Arbeit, das heißt, die vorliegende Tagesordnung, bis 18.00 Uhr zum Abschluß gebracht haben, damit die Möglichkeit besteht, dann noch, wenn das Fernsehen und [der] Rundfunk dabei ist, die **Abschlußerklärung** zur Kenntnis nehmen zu können.

Zunächst aber möchte ich Sie alle herzlich begrüßen, die Vertreter, Beobachter und Berater, alle Gäste, die Mitarbeiter der Medien. Ich grüße alle Zuschauerinnen und Zuschauer des Deutschen Fernsehfunks und die Hörerinnen und Hörer von „Radio DDR", die an unseren Beratungen teilnehmen.

TOP 1: Tagesordnung

Es ist Ihnen, meine sehr verehrten Damen und Herren, die Tagesordnung vorgelegt worden. Wir hatten am vergangenen Montag uns darauf verständigt, daß wir heute mit den Einzelanträgen beginnen, die wir in der vergangenen Woche nicht mehr behandeln konnten. Das finden Sie unter Punkt 2. Ich sage dann noch im einzelnen, um welche Anträge es sich handelt. Darf ich zunächst fragen, ob Sie mit der vorgelegten Tagesordnung der Punkte 1 bis 7 so einverstanden sind? Dann könnten wir mit unserer Arbeit beginnen.

Darf ich Ihnen zunächst kurz erläutern, was unter Punkt 2 von uns notiert worden ist an Einzelanträgen? Ich hoffe sehr, daß Sie inzwischen diese Vorlagen in Händen halten beziehungsweise [daß sie] in den nächsten Minuten Ihnen gegeben werden. **Vorlage 16/2**, das soll das erste sein, befaßt sich mit dem **Schriftgut des Runden Tisches**.

Als zweiten Einzelantrag wollen wir verhandeln: **Vorlage 15/15, wirtschaftliche Entwicklung**. Dazu gehört die **Vorlage 14/51, [Antrag NF:] Zum Einsatz von sachkompetenten und demokratisch bestätigten Leitern [in Wirtschaft und Verwaltung**[1]**]**.

Das dritte ist die **Vorlage 15/16**. Hier geht es um das Stichwort **Wohnsitz in Berlin**.

Nummer vier ist die **Vorlage 15/17, [zur] Privatisierung der Volkswirtschaft.** Dazu wird es zwei Erweiterungen geben.

Nummer fünf, [**Vorlage**] **15/19**, ein Antrag des Unabhängigen Frauenverbandes zum Sichwort **Ämter für Arbeit.**

Und es kommt als sechstens noch ein Einzelantrag, eine **Vorlage [16/5]** des FDGB, **Expertenkommission Sozialverbund.**

Ich habe Ihnen jetzt nur die Stichworte genannt, die wir unter Punkt 2 der Tagesordnung als Einzelanträge verhandeln wollen. Gibt es dazu von Ihrer Seite jetzt Bemerkungen? Können wir dann unsere Tagesordnung so wie vorgelegt beschließen?

Zunächst noch eine Meldung. Herr Ullmann, bitte.

Ullmann (Minister o. G., DJ): Ich bitte, noch einen Einzelantrag vorzusehen, das wäre dann 16/6, glaube ich bis jetzt, zu **Fragen von Grund und Boden**.

Lange (Moderator): Ich denke, das ist schon aufgenommen unter Punkt 4 der Einzelanträge. [Zu **Vorlage**] **15/17** kommt [**Vorlage**] **16/3** noch hinzu, wo dieses Thema wohl mit behandelt wird, ja. Wir müssen dann keinen Extrapunkt beschließen.

Darf ich um Ihre Zustimmung bitten zu der vorgelegten Tagesordnung: Wer dafür ist, den bitte ich um das Handzeichen. – Ist jemand dagegen? – Stimmenthaltungen? – Dann haben wir diese Tagesordnung so beschlossen:

Vorlage 16/0: Tagesordnung

1. Eröffnung, Begrüßung und Festlegung der Tagesordnung
2. Einzelanträge vom 5. 3. 1990
3. Gesichtspunkte für eine neue Verfassung
4. Bericht der Arbeitsgruppe zur Auflösung des Amtes für Nationale Sicherheit
5. Bericht über den Bereich Kommerzielle Koordinierung
6. Überlegungen zur Verwaltungsreform
7. Abschlußerklärung zur Arbeit des Runden Tisches

Ich rufe auf Punkt 2, Einzelanträge: Als erstes die **Vorlage 16/2 [Antrag Sitzungsleitung: Zum Schriftgut des Runden Tisches**[2]**]**. Darf ich fragen, ob Sie in Ihren Händen inzwischen ist?

Dazu wird Herr Ziegler Informationen geben. Darf ich Sie darum bitten?

Ziegler (Co-Moderator): Wir müssen daran denken, wie die Ergebnisse des Runden Tisches auch für die Zukunft festgehalten und historisch ausgewertet werden können. Und darum haben die Moderatoren gemeinsam mit dem Arbeitssekretariat in der **Vorlage 16/2** einen Vorschlag gemacht, wie mit den Materialien, dem Schriftgut, den **elektronischen Datenträgern** umgegangen werden soll.

Hier muß ich vor allen Dingen erst noch einmal eine Erinnerung anbringen. Wir bitten dringend alle Arbeitsgruppen, die über Post verfügen, denen Eingaben zugestellt worden sind, diese an das Arbeitssekretariat zurückzugeben,

---

[1] Dokument 16/1, Anlagenband.

[2] Dokument 16/2, Anlagenband.

damit sie mit in das gesamte Aktenmaterial des Runden Tisches aufgenommen werden können. In Kürze ist nun der Inhalt zu skizzieren.

Der gesamte Bestand soll in das **Archiv für Staatsdokumente** beim Ministerrat übernommen werden. Dort geschieht die **wissenschaftliche Aufarbeitung**. Auch die Vergabe von Rechten zur Aufarbeitung wird von dort erfolgen. Und sollte es, das ist Punkt 4, unter Umständen Einnahmen darüber geben, sollten sie einem karitativen Zweck, und vorgeschlagen wird UNICEF, zugeführt werden.

Und schließlich haben wir in einem letzten Punkt um Zeit noch gebeten bis Ende dieses Monats für das Arbeitssekretariat sowie für alle Arbeitsgruppen, die noch aufarbeiten müssen, daß die Regierung bis 31. März 1990 finanzielle, technische und räumliche Voraussetzungen sichern möchte.

In diese Bitte schließen wir besonders ein einen Antrag der Arbeitsgruppe „Bildung, Erziehung und Jugend", die für ihre Weiterarbeit und für künftige Zeit auch darum gebeten hat, daß sie in die Materialien Einblick nehmen kann, die von dem Ministerium für Bildung und Gesundheitswesen dort erscheinen. Dies muß allerdings mit der neuen Regierung geklärt werden.

Schließlich eine letzte Sache: Es liegt vor vom „Verlag der Nation" die Bitte, die **Urheberrechte** zur Aufarbeitung und Dokumentierung zu erteilen und einige Personen, Persönlichkeiten zu bestimmen, die sich an die Arbeit machen, um die Dokumentation zu erstellen, die dann veröffentlicht werden soll. Ich möchte das hier gleich mit anfügen. Darüber wird dann gesondert zu beraten sein. Soweit die Einführung. Alles andere steht ja im Text.

Lange (Moderator): Vielen Dank. Ich denke, wir haben hier aufgenommen, was immer schon einmal im Gespräch gewesen ist und was über den Termin der letzten Sitzung des Runden Tisches hinaus wichtig ist. Gibt es von Ihrer Seite zu dieser **Vorlage 16/2** Ergänzungen oder Anfragen? – Das scheint nicht der Fall zu sein.

Können wir dann dies zur Abstimmung bringen? Wer dem zustimmt, den bitte ich um das Handzeichen. – Danke. Gibt es Gegenstimmen? – Stimmenthaltungen? – Das ist nicht der Fall. Wir haben diesen Beschluß einstimmig gefaßt.

Wir kommen zu dem zweiten Einzelantrag, **Vorlage 15/15.** Dies ist eine Vorlage, die uns am vergangenen Montag ausgehändigt worden ist von der Arbeitsgruppe „Wirtschaft". Wir hatten zu dieser Thematik bereits die **Vorlage 14/51** unter dem Thema **Einsatz von sachkompetenten und demokratisch bestätigten Leitern in Wirtschaft und Verwaltung**[3]. Dies lag uns bereits am 26. Februar [1990] vor. Und wir bekommen heute diese **erweiterte Vorlage**, die vom **Neuen Forum** vertreten wird, zu diesem Thema ebenfalls auf den Tisch, so daß dieses jetzt zur Beratung steht.

Darf ich zunächst bitten, daß die Arbeitsgruppe „Wirtschaft" sich zu dem vorgelegten Text äußert? Wer führt ihn ein? – Bitte schön.

---

[3] Dokument 16/1, Anlagenband.

TOP 2: Wirtschafts- und Verwaltungskader

Pöltert (DJ): Mein Name ist Helmut Pöltert, ich spreche für Demokratie Jetzt.

[Vorlage 15/15, Antrag AG „Wirtschaft": Zur wirtschaftlichen Entwicklung]

Die gesellschaftliche und wirtschaftliche Entwicklung auf dem Gebiet der DDR ist abhängig davon, wie schnell es gelingt, eine effiziente soziale Marktwirtschaft zu installieren.

Dazu sind die Zielstellungen, Grundrichtungen, Etappen und unmittelbaren Maßnahmen der Wirtschaftsreform, vom Ministerrat 01. Februar 1990 verabschiedet, konsequent in die Praxis umzusetzen.

Ein Haupthemmnis bei der Durchführung der Wirtschaftsreform besteht darin, daß die Leitung der erforderlichen Prozesse in maßgeblichem Umfang von Leitern betrieben wird, die die verfehlte SED-Wirtschaftspolitik entscheidend mitzuverantworten haben.

Es gibt Anlaß, Stellung zu nehmen zu Entscheidungen in Personalangelegenheiten, die im Zusammenhang mit Strukturveränderungen und Rationalisierungsmaßnahmen in Staatsorganen, Betrieben und Einrichtungen getroffen werden.

Leiter, die nach kaderpolitischen Prinzipien der SED-Führung eingesetzt wurden, moralisch und politisch belastet sind und immer noch unter den alten Strukturen ihre Macht ausüben, versuchen, durch personalpolitisches Weichenstellen noch vor den Wahlen zur Volkskammer am 18. März vollendete Tatsachen für eine künftige, ihren Interessen entsprechende Entwicklung zu schaffen. Mit dieser Art Machtmißbrauch verängstigen und demoralisieren sie Mitarbeiter, die ihnen in dieser Hinsicht nicht folgen und ihre Handlungen demokratisch kontrollieren wollen. Dabei wird rücksichtslos geltendes Recht (zum Beispiel das Arbeitsgesetzbuch) verletzt.

Die Regierung, die aus den Wahlen zur Volkskammer am 18. März hervorgehen wird, sollte sicherstellen, daß alle Personalentscheidungen der Leiter aus alten Machtstrukturen einer demokratischen Prüfung unterzogen und gegebenenfalls korrigiert werden. Deshalb sind in den Betrieben, Einrichtungen und Staatsorganen unverzüglich die gewerkschaftlichen Vertretungen und Betriebs- beziehungsweise Personalräte so zu entwickeln und zu stärken, daß eine demokratisch gesicherte Personalpolitik gewährleistet wird. In diesem Sinne sind die Arbeiten am Betriebsverfassungsgesetz zu beschleunigen und zu verabschieden.

Die am Runden Tisch vertretenen Parteien und Gruppierungen werden aufgefordert, diesen Prozeß aktiv mitzutragen. Es wird gebeten, daß der Runde Tisch diese Forderung unterstützt.

Danke schön.

Lange (Moderator): Wir danken Ihnen. Ich schlage Ihnen vor, daß wir dazu gleich die **erweiterte Vorlage 14/51** [**Zum Einsatz von sachkompetenten und demokratisch bestätigten Leitern in Wirtschaft und Verwaltung] vom **Neuen Forum** jetzt mit hinzunehmen und dann beides zusammen besprechen. Findet das Ihre Zustimmung?

Vom Neuen Forum, wer wird eine Einführung geben? – Herr Schulz, bitte.

Schulz (NF): Täglich mehren sich die Fälle, daß **Generaldirektoren** und andere berufene **Leitungskader** auf allen Leitungsebenen sich selbst zu Unternehmern erklären und sich mit Willkür über die noch geltenden gesetzlichen Bestimmungen hinwegsetzen und vergessen, daß ihnen die Funktion aufgrund ihrer Zugehörigkeit zur SED oder genehmer Blockparteien berufen wurde.

So werden Kündigungen von einem Tag auf den anderen angeordnet, Produktionsprofile eigenmächtig verändert, nach den seltsamsten Auswahlprinzipien für bestimmte Personengruppen Stellen neu geschaffen beziehungsweise vorhandene besetzt.

Kaderakten werden bereinigt, mit westlichen Unternehmen Verträge abgeschlossen, die weitreichende Folgen haben, ohne Information oder Zustimmung der Belegschaften einzuholen. Ehemalige Parteisekretäre beziehungsweise Parteiorganisatoren des Zentralkomitees der SED werden zu Kader- beziehungsweise Personaldirektoren umfunktioniert und damit von vornherein keine Chancengleichheit für alle bei Einstellung, Umsetzung und Entlassungen gewährleistet.

Gruppen, die vor der Wende bereits aus bestimmten Gründen ausgegrenzt waren, also parteilos waren, kritisch oder Westverwandschaft oder keinen **marxistisch-leninistischen Klassenstandpunkt** hatten, werden bei der Informationsübermittlung und bei der Weiterbildung, Umschulung weiterhin ausgegrenzt.

So erreichen uns Fragen, wer hat die Herren Genossen Dr. Xxx, Generaldirektor des Bandstahlkombinats Eisenhüttenstadt, Dr. Xxx, Generaldirektor Xxx, Dr. Xxx, Oberbekleidung Fortschritt, Dr. Xxx, Interflug und so weiter, und so weiter, ich könnte diese Reihenfolge beliebig fortsetzen, wer hat diese Herren und Genossen in ihrer Position als Unternehmer bestätigt?

Ist es richtig, daß die durch die Partei und Regierung vor der Wende eingesetzten Leitungskader sich automatisch als unumschränkte Unternehmer betrachten können? Um auf diese Fragen zu antworten, haben wir die **Vorlage 14/51** bereits vor zwei Wochen eingebracht. Ich freue mich, daß ich sie heute hier vorstellen kann:

[Vorlage 14/51 (erweiterte Fassung), Antrag NF: Zum Einsatz von sachkompetenten und demokratisch bestätigten Leitern]:

Die Regierung ist aufzufordern, zur Schaffung von Voraussetzungen für eine zukünftige Entwicklung unserer Gesellschaft die durch stalinistische Kaderpolitik im Verlaufe von 40 Jahren geschaffenen Machtstrukturen aufzubrechen.

Begründung:

– Die stalinistische Kaderpolitik der vergangenen 40 Jahre hatte erklärtermaßen das Ziel, den Machterhalt, die Machterweiterung der SED und ihrer führenden Mitglieder zu sichern.

Konsequenterweise ging es bei der Kaderauswahl in erster Linie um politisches Wohlverhalten. Fachliche Kompetenz, moralische Integrität und Leistungsqualitäten spielten eine untergeordnete Rolle.

– Es gibt zahlreiche gesicherte Beispiele, daß bisher leitende Kader, nachdem sie in der Regel die nun nicht mehr führende Partei verlassen haben, ihre bisherige Kaderpolitik des Machterhalts für sich und ihre alten Freunde fortsetzen, indem sie sich durch die von ihnen Geförderten scheindemokratisch legitimieren lassen oder durch die Schaffung neuer Strukturen ihre persönlichen Positionen sichern. Fehlende und nicht den gegenwärtigen Erfordernissen entsprechende Mitbestimmungsrechte der Werktätigen begünstigen dieses Vorgehen.

Deshalb möge der Runde Tisch beschließen:

1. Alle zur Wahrnehmung mittlerer und höherer Funktionen berufenen oder ernannten Leiter in Einrichtungen der Wirtschaft, der Wissenschaft, des Bildungswesens sowie in den staatlichen Einrichtungen und Verwaltungen haben sich einer Vertrauensabstimmung aller Beschäftigten mit vorausgehender öffentlicher Aussprache zu stellen. Diese Abstimmung hat geheim zu erfolgen. Bis dahin erhalten die genannten Leiter den Status „amtierend".

2. Ein abgewählter Leiter darf seine Funktion nicht weiter ausüben. Bis zur Einsetzung eines neuen Leiters ist dessen Funktion kollektiv wahrzunehmen.

3. Die Kaderleiter (Personalchefs) aller unter Punkt 1 genannten Einrichtungen sind mit sofortiger Wirkung von ihrer Funktion zu entbinden. Die Neueinstellung eines Personalchefs obliegt dem neuen Leiter; der Betriebsrat hat Vetorecht.

4. Die Regierung wird aufgefordert, die Festlegungen in den Ministerratsbeschlüssen vom 21. Dezember 1989 und 1. Februar 1990 (siehe Anlage[4]), die den Generaldirektoren beziehungsweise den zuständigen Ministern die Eigenverantwortung bei wirtschaftsorganisatorischen Maßnahmen einräumt, sofort aufzuheben und bereits getroffene, mit demokratischen Organen nicht abgestimmte Entscheidungen zu revidieren.

5. Die Vernichtung, Veränderung beziehungsweise Rückgabe von Kaderunterlagen ist sofort zu beenden. Der entsprechende Ministerratsbeschluß ist außer Kraft zu setzen.

6. Die laufenden Berufungsverfahren zu Hochschullehrern beziehungsweise Akademieprofessoren sind generell auszusetzen. Eine Ausnahme bilden begründete Härtefälle, die durch den Minister für Bildung beziehungsweise den neugewählten Präsidenten der Akademie der Wissenschaften der DDR zu entscheiden sind. Umberufungen von Hochschullehrern sind mit sofortiger Wirkung auszusetzen, bereits erfolgte Berufungen müssen anhand von durch die neue Regierung zu erarbeitetende Kriterien auf ihre Rechtmäßigkeit überprüft werden.

[Beifall]

---

[4] Siehe den Wortlaut der in dieser Ziffer erwähnten Anlage weiter unten im Zusammenhang der weiteren Beratung dieses TOPs.

Lange (Moderator): Vielen Dank, Herr Schulz. Sie haben schon darauf hingewiesen, daß Ihre Vorlage uns bereits vor einiger Zeit hier in die Hand gegeben worden ist. Es ist eigentlich wichtig, noch einmal darauf hinzuweisen, daß ein Bezug auf Regierungsfestlegungen hier unter Punkt 4 erwähnt ist.

Aus dem Bericht der Arbeitsgruppe „Wirtschaft" ist sicherlich auch von Bedeutung, daß es [sich] nicht nur um eine Aufforderung an die gegenwärtige Regierung [handelt], sondern auch an die, die aus den Wahlen vom 18. März [1990] hervorgehen wird; [so daß der Bericht an beide] gerichtet sein soll. Beides sollten wir jetzt im Blick haben. Wer möchte zu diesen beiden Vorlagen sprechen?

Bitte, Herr Fischbeck, Demokratie Jetzt.

Fischbeck (DJ): Um die Tragweite der beiden hier vorgelegten Beschlußanträge ermessen zu können, möchte ich einige Sätze angewandten **Marxismus** vortragen. Sie wissen alle, daß das Ziel von Revolutionen der Sturz der herrschenden Klasse ist. Auch die **Revolution** vom Oktober war eine Revolution. Es ging dabei um den Sturz der herrschenden Klasse.

Seit Milowan Dijas wissen wir, daß die herrschende Klasse die **Nomenklatur** der SED gewesen ist. Diese herrschende Klasse gibt es noch immer. Sie denkt gar nicht daran, ihre Machtposition einfach aufzugeben. Sie ist dabei, sich ihre Macht neu zu organisieren, auch wenn sie dabei die Partei nicht mehr in dem alten Maße dabei benutzt.

Sie ist dabei, sich in den Besitz des **Volkseigentums** zu setzen. Sie ist dabei, kraft der ihr noch verbliebenen Macht, und die ist nicht gering, auf Managerkursen in der Bundesrepublik sich umschulen zu lassen in Unternehmer.

Diese Herren, ausgestattet mit dem Herrschaftswissen, das sie sich in 40 Jahren angeeignet haben, sind dabei, sich umzuprofilieren in **Kapitalisten**. Aus **Kommunisten** werden unter der Hand Kapitalisten. Ich denke, sie waren auch zuvor objektiv schon keine Kommunisten mehr, sondern ebenso Ausbeuter wie die, die wir drüben haben, und sie sind jetzt dabei, sich in ihre neue Rolle hineinzubegeben.

Deswegen steht hier in der Tat unsere Revolution auf dem Spiel. Deswegen ist dieser Vorlage größte Bedeutung beizumessen. Danke schön.

Lange (Moderator): Danke. Gibt es weitere Wortmeldungen dazu?

Bitte, Herr Gehrke, Vereinigte Linke.

Gehrke (VL): Ich glaube, man muß hinzufügen, daß es, seit die Vorlage eingebracht wurde vor 14 Tagen, wie Herr Schulz eben sagte, hier noch aktuellere Anlässe gibt für das hier beschriebene Problem, mit dem Beschluß des Ministerrates das **Volkseigentum** in **Treuhänderschaft** zu übergeben – – wurde auf der praktischen Ebene der Betriebe und Kombinate in rasanter Weise damit begonnen, diese Betriebe und Kombinate in **Aktiengesellschaften** oder in GmbH umzuwandeln.

Viele Dinge laufen hier in großer Geschwindigkeit ab, ohne daß im Detail die Rechtsvorschriften dafür in entsprechender Weise vorhanden sind – oder an ihnen vorbei dies organisiert wird. Die Belegschaften werden hier vor vollendete Tatsachen gestellt. Und um so wichtiger ist das, was hier in diesem Antrag formuliert wurde, in kurzer Zeit durchzusetzen. Ich glaube, diese Prozesse der letzten Tage verdeutlichen noch einmal das grundsätzliche Problem, was in diesem Antrag beschrieben wurde.

Danke.

Lange (Moderator): Herr Schneider, SPD.

Schneider (SPD): Die SPD unterstützt diesen Antrag mit allem Nachdruck, und wir möchten schon vorab darauf hinweisen, daß unser **Antrag 16/3** diesen Sachverhalt noch einmal aufgreift und determiniert.

Lange (Moderator): Ja, vielen Dank für den Hinweis. Dazu kommen wir dann noch.

Es hatte sich als nächster gemeldet Herr Weißhuhn, Initiative Frieden [und] Menschenrechte.

Weißhuhn (IFM): Ich unterstütze den Antrag selbstverständlich auch. Ich will hier aber noch ein spezielles Problem erwähnen. Im Punkt 2 des Beschlußantrages wird die Einsetzung eines neuen Leiters erwartet. Meine Frage ist: Wer sollte diesen neuen Leiter einsetzen?

Es handelt sich bei all den in Frage kommenden Betrieben um volkseigene, und ich denke, es läge nahe, die Abwahl, die eventuelle **Abwahl des alten Leiters** durch die Wahl eines neuen Leiters im gleichen Wege zu ersetzen, schon um die Funktionstüchtigkeit und Funktionsfähigkeit der staatlichen Leitung zu gewährleisten.

Das wäre also eine Ergänzung.

Lange (Moderator): Herr Schulz, möchten Sie darauf reagieren als Einbringer der Vorlage?

Schulz (NF): Wir können uns darüber verständigen, wie das Einsetzen neuer Leiter passieren sollte. Es wäre vorstellbar, so eine Stelle auszuschreiben, daß sachkompetente Persönlichkeiten sich vor dem Betriebskollektiv vorstellen und durch die Belegschaft gewählt und bestätigt werden. An oberster Stelle steht die **Sachkompetenz**. Es müssen Leute sein, die für den jeweiligen Industriebetrieb beziehungsweise für die Funktion das entsprechende Fachwissen mitbringen.

Lange (Moderator): Danke. – Herr Wolf, LDP.

Wolf (LDP): Die LDP unterstützt das politische Anliegen und die detaillierten Vorschläge zur Verwirklichung dieses Antrages auf das Nachhaltigste. Wir sind der Auffassung, daß die politische Erneuerung in unserem Lande, die sich auch durch eine weitgehende Erneuerung nicht nur einer Partei, sondern eigentlich vieler Parteien fortgesetzt hat, dieser Prozeß ist noch nicht abgeschlossen, daß diese politische Erneuerung nicht unterlaufen werden darf in der Form, daß bisherige Verantwortungsträger sich aus Parteien entfernt haben und außerhalb der Parteien alte Verantwortung neu legitimiert empfinden und plötzlich die glühendsten Verfechter der neuen Ordnung sind.

Ich wiederhole: Diesem Anliegen schließen wir uns uneingeschränkt an. Wir heben hervor, daß diese beiden Prinzipien, die in dieser Vorlage angesprochen werden, um dieses Problem zu lösen, einmal das **Kompetenzprinzip** und zum anderen das **Vertrauen der Kollektive** in ihre neuen oder auch alten Leiter, wenn sie kompetent und vertrauensvoll sind, daß diese beiden Prinzipien mit Nachdruck durchgesetzt werden. Wir werden das auch dort, wo wir politisch Verantwortung zu tragen haben, durch Vertreter unserer Partei in diesem Sinne wirksam werden [lassen].

Auf Seite 1 der **Vorlage 14/51** möchten wir noch einen kleinen Hinweis geben. Hier unten im Punkt 3 heißt es: „Die Neueinstellung eines Personalchefs obliegt dem neuen Leiter; der Betriebsrat hat Vetorecht."

Wir würden vorschlagen, daß der Betriebsrat, der ja nicht überall in dieser Bezeichnung und Funktion existiert, ergänzt wird oder ersetzt wird durch „die betriebliche Interessenvertretung". Das kann die **Gewerkschaft** sein, das kann der **Betriebsrat** sein, das kann im Falle unabhängiger anderer Einrichtungen und Betriebe eine eigene Interessenvertretung sein, die noch nicht im gesetzlichen Status erfaßt ist. Also deshalb statt „Betriebsrat", gegen den wir nichts haben, der ist ein Teil davon: „... die jeweilige betriebliche Interessenvertretung hat Vetorecht".
Danke.

Lange (Moderator): Herr Minister Ullmann.

Ullmann (Minister o. G., DJ): Im Sinne dieser **Vorlage 14/51**, die ich unterstütze, bitte ich um zwei Präzisierungen. Einmal auf Seite 1 Ziffer 1, die Benennung einer Ebene, damit Streitigkeiten ausgeschlossen sind, was unter „mittlerer Funktion" zu verstehen ist. Hier bitte ich irgendeine Leitungsebene einzutragen.

Und auf Seite 2 bei Ziffer 4 auf Zeile fünf von oben, „... die Eigenverantwortung bei wirtschaftsorganisatorischen Maßnahmen, Einnahmen sofort aufzuheben und bereits getroffene, mit den zuständigen demokratischen Organen nicht abgestimmte ...", damit es keine Kompetenzstreitigkeiten gibt.

Lange (Moderator): Danke. – Herr Engel, CDU.

Engel (CDU): Die CDU begrüßt die Vorlage von ihrem Inhalt her auf das Nachdrücklichste. Mir geht es um den Punkt 3, ebenfalls um den Passus mit den **Betriebsräten**. Ich habe gestern eine Veranstaltung in **Plauen** erlebt und dort sehr deutlich hören müssen, daß die Bildung von Betriebsräten, für die es ja noch keine gesetzliche Grundlage gibt, aber die sich nun spontan in vielen Betrieben bilden wollen, doch recht massiv blockiert wird. Wir sollten deshalb schon hier drin stehenlassen den Namen „Betriebsrat" und sollten damit eigentlich auch der Bildung von Betriebsräten Vorschub leisten.

Lange (Moderator): Als nächster hat sich gemeldet Herr Fischbeck, Demokratie Jetzt; dann Frau Braband, Vereinigte Linke; dann Frau Schießl, Herr Lietz und Frau Dörfler. Herr Jordan, das war auch eine Wortmeldung? – Aha, es war eine gemeinsame Wortmeldung. Vielen Dank.
Zunächst Herr Fischbeck.

Fischbeck (DJ): Ich möchte gern noch einen Änderungsantrag zu dem Punkt 5 der **Vorlage 14/51** einbringen, und zwar folgendermaßen. Im Anschluß an die beiden Sätze, die schon dastehen, einen weiteren Satz folgendermaßen: „In den Personalunterlagen ist die Parteizugehörigkeit vor dem 31. Dezember 1989 wahrheitsgemäß festzustellen. Falsche Angaben zur Parteizugehörigkeit vor 1989 sind ein Entlassungsgrund."

Lange (Moderator): Können Sie uns bitte noch einmal die Stelle sagen, wo Sie dieses vorschlagen?

Fischbeck (DJ): Das ist auf Seite 2 der **Vorlage 14/51** Punkt 5 im Anschluß an die bereits dort stehenden beiden Sätze. Ich kann Ihnen das auch schriftlich geben.

Lange (Moderator): Ja, wenn Sie so freundlich wären, das würde uns helfen.
Frau Braband, Vereinigte Linke.

Frau Braband (VL): Unser Einwand richtet sich gegen eben diesen Punkt 5. Wir möchten, daß dieser Punkt gestrichen wird, weil auf diese Weise ein Zustand fortgeschrieben wird, den wir 40 Jahre lang erlebt haben. Wir haben ja erlebt, daß in den Kaderunterlagen Dinge enthalten waren, die nicht im Betrieb bekannt sein sollten, über alle Personen, und beantragen deshalb, daß dieser Punkt gestrichen wird, einschließlich des Zusatzes.

[Beifall]

Lange (Moderator): Frau Schießl, FDGB.

Frau Schießl (FDGB): Die **Gewerkschaften** unterstützen nachdrücklich das politische Anliegen dieses Antrages. Es entspricht dem Willen vieler Tausender Mitglieder, die in den letzten Wochen und Tagen sich an die Gewerkschaften gewandt haben mit Sorge um das Verhalten ihrer Leiter in Betrieben und Einrichtungen. Die Leiter unterlaufen geltendes Recht, insbesondere das **Arbeitsgesetzbuch**.

Sie verhindern die Information der Arbeitenden und ihrer Mitbestimmung bei Umstrukturierungsmaßnahmen, bei geplanten Veränderungen überhaupt. Sie verhalten sich, als wären sie Privatbesitzer dieses Volkseigentums.

Wir bestätigen auch das hier vorgeschlagene Prinzip der Bestätigung der Leiter. Kompetenz, Vertrauen und ihre Bereitschaft muß die Grundlage dafür sein, daß über die konkrete Person zu entscheiden wäre. Die Gewerkschaften im Betrieb müssen hier um die Rechte und die Erwartungen der Belegschaften kämpfen.

Dazu rufen wir sie auf, und wir gehen davon aus, daß die Leiter, die in der **Vergangenheit** zur Belegschaft gestanden haben, deren Rechte berücksichtigt und vertreten haben, auch die Zustimmung ihrer Belegschaft wieder erhalten werden.

Wir stimmen den Vereinigten Linken zu und fordern, daß der Punkt 5 ersatzlos gestrichen wird, und wir würden Wert darauf legen, daß im Punkt 3 die Formulierung der LDP aufgenommen wird, also „die Gremien der betrieblichen Interessenvertretung" sollen dieses **Vetorecht** erhalten.
Danke.

Lange (Moderator): Herr Lietz, Neues Forum.

Lietz (NF): Zunächst zu dem Vorschlag, doch den Begriff **Betriebsräte** unter Punkt 3 auf Seite 1 der Vorlage drinzulassen, würde ich vorschlagen, daß wir dort schreiben: „... der Betriebsrat beziehungsweise andere betriebliche Interessenvertretungen ...", so daß das eine und das andere mit berücksichtigt werden kann und der Betriebsrat als eine neu zu gründende Institution auch jetzt ausdrücklich benannt und erwähnt wird.

Zum zweiten, Punkt 5 auf Seite 2: Ich denke, der Grund dafür, daß wir diesen Punkt hereingenommen haben, besteht darin, daß nicht automatisch eine **Reinwaschanlage** hier passiert, so daß jeder – gerade von denen, die in der Vergangenheit die führenden Positionen eingenommen haben – hier jetzt durch einen Federstrich unkenntlich gemacht wird.

Ich vermute nicht, daß diejenigen, die in der vergangenen Zeit in den Kaderakten Belastungen erfahren haben, daß ihnen das in Zukunft belastend in ihrer Arbeit zukommt. Von daher sind wir dafür, daß dieser Punkt 5 auf alle Fälle drinbleiben muß mit der Ergänzung von Demokratie Jetzt.

Lange (Moderator): Wir haben noch drei Wortmeldungen. Ich würde Ihnen vorschlagen, daß wir dann zum Abschluß dieser Runde kommen. Jetzt kommen noch einige dazu, Frau Dörfler, Grüne Partei; Frau Ministerin Böhm, Herr Stief, Frau Kögler, Herr Gysi. Dann wird es ja doch noch länger. Kleinen Moment.

Bitte schön, Frau Dörfler, Sie haben das Wort.

Frau Dörfler (GP): Die Grüne Partei unterstützt grundsätzlich diesen Antrag auch mit der Formulierung der LDP, also den Betriebsrat zu ersetzen durch „die jeweilige betriebliche Interessenvertretung". Und wir schlagen vor, einen neuen Punkt einzufügen nach Punkt 2: „Freiwerdende Leitungsstellen sind generell auszuschreiben und in entsprechenden Fachblättern kundzutun. Das sollte auch gelten für die Personalchefs". Und dann Anfügung der Punkte, wie sie hier im Blatt stehen.

Lange (Moderator): Das ist schriftlich zu geben, daß wir es dann, wenn wir diese Punkte verhandeln, hier aufnehmen können. Vielen Dank.

Frau Ministerin Böhm, Unabhängiger Frauenverband.

Frau Böhm (Ministerin o. G., UFV): Der Unabhängige Frauenverband stimmt diesem Antrag im wesentlichen zu. Wir möchten das, was Frau Dörfler gesagt hat, jetzt noch einmal unterstützen, diesen Antrag.

Ich möchte allerdings zu bedenken geben, die im Begründungspunkt 2 gesetzten Sachen der scheindemokratischen **Legitimation von alten Betriebsleitern** werden nicht aufgehoben durch den Punkt 1 des Antrages.

Vertrauensabstimmungen haben in bestimmten Bereichen bereits stattgefunden, ohne daß dadurch die Strukturen verändert worden sind. Und deshalb würde ich ergänzen, anstatt öffentliche „Aussprache" öffentliche „Anhörung", die also über die **Belegschaft** hinausgeht. Und zum Punkt 5 sind wir der Meinung, daß das erhalten bleibt, der Punkt 5 des Antrags.

Lange (Moderator): Danke schön. – Herr Stief, NDPD.

Stief (NDPD): Wir begrüßen den Antrag als National Demokratische Partei grundsätzlich. Zugrunde liegt diesem Antrag ja das **Kompetenzprinzip.**

Ich schließe mich auch der Auffassung an, daß – nicht nur in **Wissenschaftseinrichtungen,** sondern auch in der **Industrie** – diese Prozesse anhalten und sich immer mehr verschärfen, zu wachsender Unsicherheit führen in den Betrieben und tatsächlich durch eine Reihe von Leitern geltendes Recht, vor allen Dingen **Arbeitsrecht,** unterlaufen wird oder außer Kraft gesetzt wird.

Das Verletzen der Informationspflicht ist auch symptomatisch.

Ich möchte aber nicht zustimmen dem gemachten Vorschlag, den Punkt 5 zu streichen. Man sollte ihn belassen, vor allen Dingen, was die Parteizugehörigkeit vor dem 31. Dezember 1989 angeht.

Wir als Angehörige einer, wie so liebevoll oft betont, **Altpartei** waren selten in der Lage, den ersten Platz zu erreichen in den Betrieben, allenfalls den zweiten. Und aus diesem Grunde wäre uns das politisch wichtig, eine derartige Klärung herbeizuführen, damit man diesen Termin vom 31. Dezember wirklich auch wiederfindet.

Es geschieht manches, und nach meiner Auffassung auch viel zu vieles, daß man sich alleine durch **Parteiaustritt** aus der Verantwortung stiehlt, die vorher in aller Üppigkeit wahrgenommen wurde, positiv und negativ.

Lange (Moderator): Frau Kögler, Demokratischer Aufbruch.

Frau Kögler (DA): Der Demokratische Aufbruch stimmt an sich generell dieser Vorlage zu, aber ich gebe trotzdem zu bedenken, wie die Praxis im einzelnen aussehen soll, insbesondere, wenn ich die Ziffern 1, 2 und 3 betrachte.

[Ziffer] 3 wird das geringste Problem sein, die **Kaderleiter** abzulösen. Ich denke, das ist realisierbar und auch vorrangig.

Aber wenn ich bedenke, daß in vielen Betrieben überhaupt keine anderen kompetenten Leiter vorhanden sind außer ehemalige Genossen, und wenn man bedenkt, wie die Meinung der Mehrheit zum Teil ist, die unmotiviert ist, weil sie das auch nicht richtig einschätzen, und eine Mehrheitsmeinung ist nicht immer die richtige Meinung, befürchte ich in vielen Betrieben, daß ein **Vakuum** entsteht und es in den nächsten Wochen und Monaten nicht weitergeht.

Das ist also die Sorge, wenn eine so generelle Regelung vom Tisch kommt, wie es in der Praxis wirklich umgesetzt wird, daß es der Wirtschaft nicht erneut schadet. Ich habe in den vergangenen Jahren als Anwältin Betriebe betreut. Ich weiß, wie es dort aussieht. Ich bin in der vergangenen Woche in mehreren Betrieben der **Textilindustrie** gewesen, [ich] weiß, daß es dort keine, zum Teil, keine Gewerkschaften mehr gibt, daß es auch noch keine neuen Betriebsräte gibt, daß es ein absolutes Vakuum ist.

Und die Direktoren und die Leiter, die jetzt dabei sind, Initiative zu ergreifen, um die Wirtschaft hochzuhalten, die kommen in ein neues Vakuum. Das muß man sich vorstellen, wenn das so generell gemacht wird.

Lange (Moderator): Herr Gysi, PDS.

Gysi (PDS): Also, ich finde das politische Anliegen dieses Antrags sehr verständlich. Es ist inzwischen natürlich so, daß viele ausgetretene Leiter ja auch versucht haben, ich sage einmal, sich damit also zu retten, sich eine neue Stellung zu geben und jetzt zum Teil die Schärfsten werden.

Wir haben an **Universitäten** Erscheinungen, daß zum Beispiel die Studienbewerber darauf hingewiesen werden, daß bei Mitgliedschaft in der PDS eine Immatrikulation ausgeschlossen ist. Sie müssen das vorher entscheiden und austreten. Ich halte diese Richtung, ich muß das so deutlich sagen, für sehr gefährlich, weil das natürlich eine Intoleranz durch eine neue ersetzt und daß sich dabei besonders jene hervortun, die, sagen wir einmal, aus den gleichen Gründen austreten, aus denen sie einmal eingetreten sind in die frühere Partei – wundert mich zumindest nicht.

Trotzdem möchte ich zu der Praktikabilität etwas sagen. Ich möchte einfach auf Gefahren hinweisen, wie ich sie sehe. Dieser Punkt 1 kann auch die Stunde der **Demagogen** werden. Dieser Punkt 1 kann dazu führen, daß Leiter gewählt werden, die **Bundesbürger** sind, [das] ist nicht ausgeschlossen. Dieser Punkt 1 kann dazu führen, daß sich da Leute hinstellen und das Goldene vom Himmel versprechen, daß also bestimmte Prozesse noch stärker beschleunigt werden. Ich sage das nur, weil ich denke, das Wesentliche wäre eigentlich eine **Kontrolle der Leiter.**

Das Auswechseln der Person, das garantiert mir im Augenblick noch gar nichts. Da kommt einer, hat an der Seite einen fantastischen Westunternehmer, der sagt so wie ich hier fahre, fahrt ihr in Kürze alle, und man kennt ja das demagogische Geschick nicht im einzelnen. Und das ist hier alles nicht drin. Also keine Sicherung. Das ist mir zu riskant.

Und wenn das auch noch alles auf einmal geschieht, also mit so einer großen Welle, dann ist natürlich, sagen wir einmal, der westliche Markt weit überlegen, scheinbar sehr kompetente Vertreter anzubieten, die das übernehmen. Also, es fehlen mir hier Sicherungen drin. Ich muß das so sagen. Ich sehe da ernste Gefahren. Ich weiß nicht, was da am Ende dabei herauskommt.

Für mich wäre viel wichtiger, daß man **Kontrollmechanismen** einführt, die all das, was das Anliegen ist, verhindern, also falsche **Personalpolitik**, falsche **Strukturentscheidung**, Veränderungen, ohne die Belegschaft einzubeziehen und all das, was ja bekannt ist und womit wir uns hier auch die ganze Zeit beschäftigen. Und das fehlt mir. Und deshalb weiß ich nicht, ob das eigentliche Anliegen dabei herauskommt oder ob das nicht möglicherweise sich sogar ins Gegenteil verkehrt.

Das zweite, was den Punkt 5 betrifft, das hat für mich doch den unangenehmen Beigeschmack, ich meine, ich habe ja mit denen, die da gegangen sind – also, gut, aber trotzdem, es hat für mich auch die Verkehrung: Jetzt geben wir es denen, jetzt werden sie benachteiligt.

Das muß ja irgendeinen Sinn und Zweck haben, sonst brauchte man es ja nicht, wobei wir natürlich irgendwann dazu kommen müssen, daß **Parteimitgliedschaft**, sagen wir einmal, in der **Leitungspolitik** in all diesen Fragen überhaupt keine Rolle spielt, daß das sozusagen die Privatsache eines jeden ist, ob er überhaupt in einer Partei ist und wenn ja, in welcher. Und irgendwie müßten wir uns auf dieses Ziel schon einmal, auch im Denken, versuchen, vorzubereiten.

Aber wie gesagt, mein Problem ist, im Augenblick sehe ich keine Sicherung dafür, daß das in die gewünschte Richtung geht, daß das nicht genau in die umgekehrte Richtung geht. Und die finde ich in dieser Vorlage nicht, wenn das so einfach geht, wie es hier drinsteht.

Hinzu kommt eine Zeit, als letzter [Punkt], wo die **Direktoren** nun noch weniger leiten, sondern sich nur um **Wählerstimmen** in ihrem Betrieb bemühen. Also, wo ökonomische Tätigkeit ersetzt wird gegebenenfalls durch eine ganz andere, vielleicht auch unangenehmere, und das möglicherweise dann auch noch bei Gegenkandidaten, wobei ich eben auf den wirklichen Gehalt des Prozesses — — Da sehe ich zu wenig Sicherung.

Also es könnte die Wirtschaft auch noch beeinträchtigen. Sicherlich gibt es **Leiter,** das muß man allerdings dazu sagen, man darf das hier nicht undifferenziert machen, es gibt auch Leiter, die sich ernsthaft um ihre Betriebe und **Belegschaften** bemühen. Das ist Tatsache. Und die werden auch sicherlich, hoffe ich, die Zustimmung bekommen.

Aber ich weiß auch nicht, was dort passiert, wenn plötzlich Herren mit ganz falschen Versprechungen kommen. Und das kann man von außen gar nicht kontrollieren und steuern. Ich weiß einfach nicht, ob es schon ausreicht, ob da nicht noch ein paar Sicherungen eingebaut werden müssen, bevor man so etwas verabschiedet, damit das nicht in die falsche Richtung geht. Denn juristisch ist es dünn.

Lange (Moderator): Danke. Ich möchte im Interesse der beschlossenen Tagesordnug Sie jetzt zunächst bitten, die Rednerliste abzuschließen, damit wir mit den anderen Punkten dann bis zur ersten Pause noch fertig werden, sonst kommt unsere Tagesordnung, wie wir das ja gut kennen aus vergangenen Wochen, etwas ins Schleudern. Ich habe jetzt folgende Namen notiert: Herr Sahr, Herr Junghanns, Herr Schmidt, Herr Matschie, Herr Wolf, Herr Schneider, Frau Kögler, Herr Weißhuhn und zum Schluß natürlich dann der Einbringer, Herr Schulz. Herr Gehrke noch einmal? – Gut.

Sind Sie damit einverstanden, daß wir mit den eben verlesenen Namen die Rednerliste schließen? Ich bitte Sie um das Handzeichen. – Wer ist dagegen? – Das ist die Zwei-Drittel-Mehrheit, die dazu notwendig ist.

Es hat das Wort Herr Sahr, FDGB.

Sahr (FDGB): Ich möchte noch einmal einiges zu dem umstrittenen Punkt 3 zunächst sagen. Dann wäre ich dafür, daß wir die zur Zeit in den Betrieben gewählten Interessenvertretungen konkret nennen und würde vorschlagen, daß wir sagen, daß die Neueinstellung eines **Personalchefs** dem neuen Leiter obliegt. „Die gewählten, betrieblichen Gewerkschaftsorgane beziehungsweise der Betriebsrat erhalten Vetorecht." Das sind die Organe, die wir in den Betrieben kennen.

Zum Punkt 5 noch einmal unsere Meinung: Wir sind ebenfalls der Auffassung, daß das unbedingt gestrichen werden sollte, weil wir glauben, **altes Unrecht** darf nicht durch neues Unrecht ersetzt werden, und darum würden wir diesen Vorschlag noch einmal unterstützen.

Wir würden diesen Gedanken der Kontrolle hier auch aufgreifen wollen, aber meinen, daß dieser ganze Prozeß vor allem der **Kontrolle der Belegschaften** unterliegen sollte und meinen, daß sich die Interessenvertreter in den Betrieben im Auftrage ihrer Belegschaften so stark machen, daß wirklich Kompetenz, fachliches Können und Vertrauen durch die Belegschaften ausreichend kontrolliert werden.

Und hier könnten wir diese Sache, die wir heute hier im positiven Sinne angeben, in die Hände der Belegschaften geben, weil wir glauben, daß die Belegschaften und ihre Interessenvertreter so stark sind, daß sie das Nötige tun werden im Sinne dieses Antrages.

Lange (Moderator): Herr Junghanns, DBD.

Junghanns (DBD): Ja, die Demokratische Bauernpartei unterstützt das politische Anliegen uneingeschränkt. Wir haben ja auch unsere Erfahrungen, die uns in dieser Haltung unterstützen und in dieser Haltung die Begründungen liefern.

Wir können auch mit dem, zum Beispiel dem Paragraphen, also im Absatz 1 dargestellten Verfahrensweg leben, weil wir das in den letzten Wochen und Tagen in unserem Bereich praktiziert haben. In den **Genossenschaften** sind Vertrauensabstimmungen erfolgt mit dem Ergebnis eines Votums oder einer Abwahl.

Trotzdem bin ich der Auffassung, daß das politische Anliegen mit den dargestellten Wegen nicht in Übereinstimmung zu bringen ist in dieser generalisierten Form. Für mich bleibt der Handlungsbedarf und die Prinziplösung durch das **Kollektiv** in diesem Rahmen festzuschreiben, und zwar das aus jenem Grund, weil gegenwärtig der desolate **Zustand in den Betrieben,** der große Handlungsbedarf an wirtschaftlichen Entscheidungen und so weiter eigentlich jetzt weiter demoralisiert, die Gefahr heraufbeschwört, daß all jener, der danach kommt, viel schlimmere Entscheidungen gegenüber der Belegschaft zu treffen hat.

Deshalb unterstütze ich die Form der autorisierten Personalentscheidung, Vertrauensvotum und weitere Entscheidungen in Personalfragen durch die Belegschaft, möchte aber hier in diesen Absätzen, wo es darauf ankommt, ab sofort streichen und die heute jeden Mann in Frage stellt, überprüfen.

Ich bin gegen, oder wir sind gegen den Punkt 5 aus den gleichen Gründen wie das der Kollege des FDGB gesagt hat. Danke.

Lange (Moderator): Herr Schmidt, CDU.

Schmidt (CDU): Zum Punkt 5: Ich meine, daß für eine Übergangszeit der Punkt 5 eine Notwendigkeit ist.

Daß wir in alle Ewigkeit die Parteizugehörigkeit bis 1989 festhalten, halte ich auch nicht für richtig. Ich würde allerdings Zweifel anmelden am dem Stichtag 31. Dezember 1989, da hatte es schon eine gewaltige Austrittsbewegung aus opportunistischen Gründen gegeben. Ich würde stattdessen vorschlagen, 31. Juni 1989.

Lange (Moderator): Herr Matschie, SPD.

Matschie (SPD): Ich möchte zunächst zu Punkt 1 noch einmal etwas sagen: Ich denke, die Angst, daß hier neues Unrecht geschieht oder hier Leute in Positionen kommen, die Demagogen sind, ist berechtigt.

Aber ich denke, es ist wichtiger im Moment, diejenigen an dieser Stelle zu kontrollieren, die sich hier anmaßen, wieder in führende Positionen zu kommen. Und ich denke, eine Kontrolle der Wirtschaftsleitung wird durch ein neues **Betriebsverfassungsgesetz** geregelt. Da möchte ich auch Herrn Gysi widersprechen, daß es hier keine Kontrolle gibt.

Ich denke, in Kürze werden wir ein neues Betriebsverfassungsgesetz haben, und hier werden Kontrollmechanismen für die Leiter festgeschrieben.

Zum Punkt 5 möchte ich sagen: Ich denke auch, daß kein altes Unrecht durch neues ersetzt werden darf. Aber was im Moment mit den **Kaderakten** im Gange ist, das ist eigentlich unbeschreiblich. Da werden zum Teil Akten vernichtet, da werden andere verändert, wieder andere erhalten Teile ihrer Kaderunterlagen zurück.

Ich denke, dieser Punkt sollte so stehenbleiben, muß aber ergänzt werden. Ich denke, hier muß eine einheitliche Regelung getroffen werden. Und diese Regelung sollte den Erfordernissen des **Personendatenschutzes** entsprechen.

Ich schlage vor, also hier zu ergänzen: „Eine einheitliche Regelung zum Umgang mit Kaderunterlagen ist schnellstmöglich zu erarbeiten. Sie hat den Erfordernissen des Personendatenschutzes zu entsprechen." Und bis dahin sollten keine weiteren Veränderungen mit den Kaderakten passieren.

Lange (Moderator): Herr Wolf, LDP.

Wolf (LDP): Auch die hier geäußerten Bedenken, die man zum Teil ja auch verstehen kann, sollten nach unserer Auffassung den Sinn und die Absicht und die Notwendigkeit dieser Vorlage nicht schmälern. Wir meinen, daß wir uns in einer Übergangsphase befinden, und in solchen komplizierten gesellschaftlichen Veränderungsprozessen wird es ohnehin nie ein „100 Prozent fehlerfrei" geben – so, wie es vorher auch kein „100 Prozent alles falsch" gegeben hat. Auch davor sollte man sich ja hüten.

Wir meinen, daß die politische Richtung und die Tendenz und die Absicht dieser Vorlage entscheidend ist. Und wenn dem gefolgt wird, und wir könnten dem folgen, dann wäre es Aufgabe der **neuen Regierung,** arbeitsrechtliche und andere gesetzliche Konsequenzen zur Durchsetzung des politischen Sinnes des Anliegens dieser Vorlage herbeizuführen.

Nicht ganz können wir uns mit der Auffassung des Demokratischen Aufbruchs und auch der PDS in Übereinstimmung bringen, daß durch eine breite Durchsetzung dieses Anliegens ein Vakuum entstehen könnte, durchgängig oder mit großen Folgen, und Demagogen jetzt ihre Stunde gekommen sehen.

Wir meinen, daß das Vertrauen in die **Kollektive der Werktätigen** in den Betrieben nicht geschmälert werden sollte. Ich glaube, und wir glauben, es gibt in jedem Betrieb genügend qualifizierte, junge, engagierte Leute, ich sage einmal diese gebräuchlichen Worte, die in der zweiten, dritten und vierten Reihe bisher gestanden haben, die bisher gedrückt wurden und jetzt wieder gedrückt werden sollen.

Und wenn wir uns auf diese Kräfte, und sollen sie 10 und 20 Jahre jünger sein, dann ist das nur gut, wenn wir uns auf diese Kräfte stützen, haben wir in jedem Betrieb und in jeder Einrichtung genügend – ich gebrauche einmal das alte Wort, es ist nicht gut, aber mir fällt im Moment kein besseres ein –, aber echte, gute Reserven, die hier Verantwortung übernehmen und mit Sachkompetenz und mit Engagement und vor allen Dingen mit Gerechtigkeitsempfinden an die neue Arbeit herangehen.

Und ich glaube, genau das sollten wir hier fördern, und jetzt gebrauche ich einmal das Wort, den demokratischen Aufbruch in diesem Sinne nicht schon wieder im Keim durch solche Bedenklichkeiten ersticken.

Was die Frage des Punktes 5 angeht, so würden wir dem Vorschlag der SPD folgen wollen, daß man hier also doch zu einheitlichen Regelungen, zu einer besseren Kontrolle kommt. Unserer Auffassung nach geht es doch bei den **Kaderakten** um eins: daß nicht altes Unrecht, was Leiter den Werktätigen angetan haben und was bisher aktenkundig war, durch diese Geschichte verschwindet. Das muß unserer Meinung nach verhindert werden.

Und insofern kann man diesen Punkt 5 unserer Meinung nach nicht völlig übergehen, völlig außer Kraft setzen und diesem Problemkreis also dann eventuell keine Aufmerksamkeit mehr zuwenden.

Also, wir sind für eine einheitliche Regelung, die kontrollfähig ist, die entsprechend noch ausgestaltet werden müßte.

Was die Festlegungen angeht, die hier in der **Anlage [erweiterte Vorlage 14/51, Antrag NF: Zum Einsatz von sachkompetenten und demokratisch bestätigten Leitern]** herangezogen sind, so möchten wir auch noch einmal, wenn ich auf die Anlage verweisen darf, auf diese Festlegung 6 die Aufmerksamkeit lenken.[5]

[Anlage zu Vorlage 14/51]

<u>Auszug aus dem Beschluß des Ministerrats vom 1. Februar 1990 (12/3/90)</u>

Festlegung 6

Die Generaldirektoren der zentralgeleiteten Kombinate werden berechtigt, ab sofort jede Art von wirtschaftsorganisatorischen Maßnahmen innerhalb des Kombinates oder Handelorgans in eigener Verantwortung zu entscheiden.

Veränderungen, die über den Rahmen des Verantwortungsbereiches der Generaldirektoren ... hinausgehen,

---

[5] Die **erweiterte Vorlage 14/51** enthält eine Anlage, die mündlich nicht vorgetragen wurde. Auf diese, nachfolgend wiedergegebene Anlage wird hier Bezug genommen.

> sind in eigener Verantwortung durch die zuständigen Minister zu entscheiden.
>
> Grundlage: Beschluß des Ministerrats vom 21. Dezember 1989 (8/I.1/89)
>
> Auszug aus dem Beschluß des Ministerrats vom 21. Dezember 1989 (8/I.1/89)
>
> S. 10, Punkt 2
>
> Die Generaldirektoren der Kombinate sind berechtigt, innerhalb ihres Bereiches eigenverantwortliche Entscheidungen zur Herausbildung und Durchsetzung effektiver Leitungsstrukturen zu treffen. Das betrifft z. B. Fragen der Leitung über den Stammbetrieb, die Zusammenführung bzw. Neuordnung von Betrieben ihres Bereiches nach dem Erzeugnisprinzip. Vorschläge zur Überführung bestimmter Betriebe, Betriebsteile bzw. einzelner Erzeugnisse in andere Verantwortungsbereiche sind, sofern damit nicht Veränderungen von Eigentumsformen verbunden sind, durch die zuständigen Minister bzw. Vorsitzenden der Räte der Bezirke zu entscheiden.

Wolf (LDP): Auch wir halten es für bedenklich, daß ab sofort jede Art von wirtschaftsorganisatorischen Maßnahmen innerhalb eines Kombinates oder Handelsorgans in eigener Verantwortung zu entscheiden ist. Sicher ist sie dann in eigener Verantwortung zu entscheiden, wenn sie vorher umfassend beraten wurde und den Werktätigen nicht im nachhinein sozusagen als Kleingedrucktes vorenthalten wurde.

Auch uns erreichten in den letzten Wochen viele Anrufe von Interessenvertretern der Werktätigen aus den Betrieben, die mit dieser Möglichkeit des Umganges von ehemaligem Volkseigentum **in neue Eigentumsformen** sehr besorgt feststellen müssen, daß man über alles mögliche befindet, aber am wenigsten darüber, was die Werktätigen in dieser Frage zu sagen haben.

Deswegen sollte unserer Meinung nach auch hier die notwendige Ergänzung vorgenommen werden, was andererseits nicht heißen darf, den Übergang zu effektiveren Eigentums- und Wirtschaftsformen zu erschweren. Das darf dabei nicht herauskommen, aber es muß gerecht im Sinne der Interessen der Werktätigen zugehen.

Lange (Moderator): Herr Schneider, SPD.

Schneider (SPD): Ohne einen Vorgriff zu machen, möchte ich versuchen, die Dinge auf den Punkt zu bringen. Ich meine, aus dem Dilemma, mit dem wir [es] jetzt mit zu tun haben, ist zu erkennen, daß es hier um **vagabundierende Rechte** geht, die bisher nicht an das Eigentum gebunden sind, an das **personifizierte Eigentum**.

Und aus dem Grunde müssen wir, wenn wir Kontrollrechte, Besitzrechte, Verfügungsrechte oder die Nutzungsrechte ausüben wollen, wie wir das hier erkannt haben, daß also Leute diese aus eigenen Stücken ausüben, so wie es ihnen beliebt, müssen wir dieses **Volkseigentum privatisieren,** ich möchte sagen, an den Mann bringen zu gleichen Teilen, an jedermann. Das ist notwendig.

Und wenn dieses Volkseigentum dann am Mann ist, dann entscheidet der Eigentümer darüber, was mit seinem Eigentum passiert und wer sein Eigentum beziehungsweise seine Eigentumsrechte vertritt. So ist es im Bürgerlichen Gesetzbuch vorgesehen und so wollen wir das auch zukünftig haben. Und darum werden wir uns dafür einsetzen.

Danke.

Lange (Moderator): Frau Kögler, Demokratischer Aufbruch.

Frau Kögler (DA): Ich habe noch einmal nachgedacht. Der Jurist muß sich eigentlich davor hüten, daß etwas so ganz konkret formuliert wird, wie das hier in dem Punkt 1 und Punkt 2 dieser **Vorlage 14/51** geschehen ist.

Es heißt hier immerhin: „Alle zur Wahrnehmung mittlerer und höherer Funktionen – –". Da muß ich dem Freund von der LDPD wohl widersprechen: „mittlere", das bedeutet also, die in der zweiten, dritten Reihe sind damit auch ausgeschaltet. Das sind nämlich, und Herr Ullmann, das sind nämlich die Wirtschaftsleute, Abteilungsleiter, Gruppenleiter. Das ist damit gemeint, und das sind die in der zweiten Reihe. Denen sägen wir also damit auch die Füße ab und führen, bitte schön, unsere Wirtschaft keinen Schritt weiter.

Aber es gibt bereits eine gesetzliche Regelung, an die ich Sie hier erinnern muß, das ist das **Joint-ventures-Gesetz.** Und darin ist bereits formuliert, daß die Gewerkschaften ihre Zustimmung, ihre Erklärung abgeben zu den Gründungen von GmbH und so weiter. Da ist bereits eine Sicherung vorhanden, und insoweit ist das nicht begründet, was auf dieser Seite ausgeführt worden ist. Es ist bereits gesichert, und bitte schön, wollen wir keinen neuen Wald an Gesetzen jetzt so kurz vor der neuen Regierung hier vom Stapel brechen.

Außerdem ist in der **Vorlage 15/15 [Antrag AG „Wirtschaft": Zur wirtschaftlichen Entwicklung]**, das haben immerhin die Wirtschaftsexperten hier vom Tisch formuliert, im unteren Absatz: „Die Regierung, die aus den Wahlen zur Volkskammer vom 18. März hervorgeht, sollte sicherstellen, daß alle Personalentscheidungen der Leiter aus alten Machtstrukturen einer demokratischen Prüfung unterzogen und gegebenenfalls korrigiert werden."

Bitte schön. Das reicht, meine ich. Damit ist also eine individuelle Entscheidung gegeben. Und das muß auch so sein. Ich danke.

Lange (Moderator): Herr Weißhuhn und dann Herr Gehrke.

Weißhuhn (IFM): Ich möchte auf einige der geäußerten Bedenken eingehen. Zuerst einmal zu Frau Kögler. Also, es ist in diesem Antrag an keiner Stelle gefordert worden, daß **Parteizugehörigkeit** Leitungsfunktion ausschließt. Damit ist dieser erste Punkt bereits hinfällig.

Was die Zustimmungen durch Gewerkschaften bei **Joint-ventures** betrifft, gilt das erstens nur bei Joint-ventures und zweitens nicht für Personalentscheidungen, sondern lediglich für die Zustimmung zu dem Verfahren an sich. Damit ist auch dieser Punkt ausgeräumt.

Ein ernsteres Problem sehe ich den Bedenken, die Herr Gysi geäußert hat. Und ich bin der Meinung, daß die Gefahr des Einflusses von **Demagogie** bei jeder Form von demokratischer Entscheidung möglich ist. Sie ist ausgeschlossen, weil unnötig, nur bei **Befehlswirtschaft.** Das heißt mit anderen Worten, wir werden damit leben müssen, mit dieser Gefahr.

Ich kann mir keine andere oder keine kompetentere Interessenvertretung vorstellen als die der betroffenen Belegschaften. Und ich denke, um diese Kompetenzfrage noch zu untermauern, wäre es sicher sinnvoll und so lautet jetzt auch mein Antrag, der Ihnen bereits vorliegt, daß nicht nur die Wahl der **Personalchefs,** sondern überhaupt neuer **Leiter** zu erfolgen hat durch alle Beschäftigten ebenso wie die eventuelle Abwahl vorher, sondern daß außerdem auch das Vetorecht der betrieblichen **Mitbestimmungsgremien,** Interessenvertretungen, ob Betriebsräte oder Gewerkschaften, nicht nur für den Personalchef und dessen Einsetzung gilt, sondern auch für alle anderen neu zu besetzenden Leitungsfunktionen. Danke.

Lange (Moderator): Herr Gehrke.

Gehrke (VL): Ich würde dem eben Genannten zum Punkt 1 auch zustimmen wollen, anknüpfend auch an Herrn Matschie, was er vorhin sagte.

Es geht ja darum, möglichst schnell hier gesetzliche Regelungen zu schaffen, die – – also Stichwort **Betriebsverfassungsgesetz.**

In der Praxis haben wir es mit einem Übergangszustand zu tun, und da kann es nur heißen, die vorhandenen betrieblichen Interessenvertretungen, seien es nun je nachdem Betriebsräte oder eben die gewählten gewerkschaftlichen Interessenvertretungen, hier zu stärken, damit also diese Kontrolle, von der Herr Gysi gesprochen hat, gewährleistet wird. Also das eine schließt ja das andere nicht aus.

Wir selbst hätten noch gern etwas einzubringen zu diesem Punkt 1, gerade weil heute entgegen der ursprünglichen Intention das **Richtergesetz** nicht verhandelt wird, daß wir hier in dem Punkt hier, der ist ja sehr weit gefaßt, „sowie in den staatlichen Einrichtungen ..." hätten wir gern ergänzt darunter: „... in den Organen der Rechtsprechung".

Denn alles, was wir hier über die Wirtschaft sagen, gilt natürlich analog auch für diese Organe. Wir wollen sie nur besonders hervorgehoben haben in der Formulierung. In **den Organen der staatlichen Einrichtungen** ist das natürlich implizit enthalten. Aber uns scheint das besonders wichtig zu sein, damit nicht hier auch sozusagen im Schnellverfahren die Heilig- und Seligsprechung der vorhandenen bisherigen Amtsträger in der Rechtsprechung erfolgt.

Dann meinen wir zu dem Antrag von Frau Dörfler, daß also die neuen Stellen nur per Ausschreibung besetzt werden sollten: Wir sind sehr für Ausschreibungen, aber ich glaube, wenn wir also das generell festhalten wollen, würden wir zum Beispiel doch ausschließen, daß aus den eigenen Reihen hier zum Beispiel, also, das heißt, gerade aus der zweiten, dritten Reihe, von der hier öfter die Rede war, also aus dem eigenen Kaderbereich, **Personalbestand in den Betrieben** hier Ersatz geschaffen wird.

Dann noch einmal zum Punkt 5: Das Anliegen, glaube ich, ist klar. Bloß: Die Einbringer müssen sich doch auch ganz klar sein über die Konsequenz, die das hat. Die Leute, die sich da herauskatapultieren wollen aus ihrer Verantwortung für die Vergangenheit, die können sich fast, sagen wir einmal, was die Parteizugehörigkeit betrifft, natürlich davonstehlen theoretisch.

Praktisch werden aus den **Kaderakten** natürlich nicht gestrichen sein die bisherigen Funktionen und Tätigkeiten, in denen sie tätig waren. Und das ist, glaube ich, doch viel wichtiger.

In der Praxis, wenn wir über Parteizugehörigkeit von Leuten, von 2,3 Millionen Menschen sprechen, kommt, glaube ich, nichts anderes heraus, als daß mit **Parteizugehörigkeit** de facto dann gleichgesetzt wird sozusagen die **Mitschuld am System.**

Und das wird in der Konsequenz nur eine Hatz auf Linke bedeuten, unabhängig nämlich von der individuellen Schuld und Verantwortlichkeit. Also, **Stasimitgliedschaft** oder -mitarbeit wird natürlich nicht in den **Kaderakten** drinstehen, und das wäre schon recht viel wesentlicher.

Zweitens möchte ich zu bedenken geben, daß ja dieser Prozeß der Säuberung der Kaderakten bereits einige Zeit läuft, und die, um die es am wichtigsten gehen müßte, nämlich die, die meiste Schuld haben an dem vergangenen Zustand, die haben ihre Kaderakten längst gesäubert und erwischen wird es dann bekanntermaßen, wie immer, die Kleinen.

Das möchte ich auch zu bedenken geben. Also, ich glaube, bei der Abwägung der Vor- und Nachteile einer solchen Lösung sollten wir hier zugunsten des [Satzes] plädieren, der da heißt, nicht **altes Unrecht durch neues zu ersetzen.** Das ersetzt ja nicht die Frage nach der Suche von Schuldigen. Gerade [derjenigen], die in den Betrieben bekannt sind. Ansonsten würde ich vorschlagen, noch einmal dann über die Punkte einzeln abzustimmen.

Ansonsten wollten wir auch noch unterstützen den Vorschlag der Gewerkschaften, hier explizit eben **Betriebsräte** zu erwähnen in Punkt 3, und **Gewerkschaften.**

Lange (Moderator): Als letzter hat das Wort der Einbringer Herr Schulz. Vielleicht können Sie schon auf einige der Formulierungsänderungswünsche eingehen. Sie haben das Wort.

Schulz (NF): Soweit ich die jetzt alle erfaßt habe, die Vielzahl von Ergänzungen und Präzisierungen, zumindest zu denen wir unser Einverständnis erklären würden, möchte ich darauf eingehen. Wir haben in Punkt 1 bewußt nicht die **Organe der Rechtsprechung** mit aufgenommen, weil wir zur letzten Sitzung des Runden Tisches dazu eine präzise Vorlage gehabt haben, die im Detail die Verfahrensfrage regelt und besser ist, als wenn wir das hier mit hineinbringen würden. Also, wir haben eine bewußte Trennung hier angestrebt.

Ich würde dem Unabhängigen Frauenverband zustimmen, daß ein weiterer Punkt aufgenommen wird, der die **Ausschreibung der Stellen** vorsieht in der genannten Formulierung.

Lange (Moderator): Entschuldigung, Herr Schulz, das war der Vorschlag Grüne Partei, Initiative Frieden [und] Menschenrechte, ja.

Schulz (NF): Entschuldigung, Entschuldigung, ja, das ist möglich.

Lange (Moderator): Wir kommen dann noch zu dem Text.

Schulz (NF): Ich habe mir den Einbringer hier nicht notiert. Ich würde dem Passus der SPD zustimmen, daß der Punkt 5 mit dem **Datenschutz** in Verbindung gebracht werden muß.

Ich würde der Erweiterung zustimmen, die von Demokratie Jetzt gebracht worden ist.

Ich würde im Punkt 3 zustimmen, daß die Formulierung „der Betriebsrat beziehungsweise die betriebliche Interessenvertretung" dann dort steht, also „Betriebsrat beziehungsweise betriebliche Interessenvertretungen".

Ich würde im Punkt 1 der Erweiterung „öffentliche Aussprache und öffentliche Anhörung" zustimmen. Ich sehe auch kein Problem darin, daß das so erweitert wird.

Das sind die wesentlichen Passagen, die ich mir hierzu notiert habe, denen wir zustimmen würden und die [wir] mit aufnehmen würden.

Ich möchte im übrigen zur Argumentation noch einmal sagen: Es ist sehr interessant die Nähe der PDS und des

Demokratischen Aufbruchs hier zu erleben in der Frage, wie die **Kaderpolitik** in diesem Lande weitergehen soll und aus welchen Kräften man künftig die Kader rekrutieren möchte.

Wir sind ganz und gar nicht der Auffassung, daß wir hier in ein Vakuum stoßen. Wir sind eher der Auffassung daß es die Möglichkeit schafft, daß bisher beschnittene Kräfte und Talente freigesetzt werden, daß die Kollektive sehr wohl demokratisch darüber befinden werden, welchen Leitern sie Vertrauen schenken.

Und ich denke auch, daß die Werktätigen in den Betrieben das Prinzip der Sachkompetenz sehr geschickt wahrnehmen werden. Ich glaube darauf baut **Basisdemokratie** überhaupt auf. Ich glaube auch nicht, daß das die Stunde der Demagogen ist, es ist eher die Stunde des Abschüttelns jahrzehntelanger Demagogie.

Und ich denke, daß wir vielleicht damit sogar Kader zurückgewinnen, die durch das negative **Kaderausleseprinzip** der SED aus diesem Lande weggegangen sind, die nie eine faire und reelle berufliche Profilierungschance hatten.

Und wir sehen große Gefahr, daß hier vielleicht eine **Restaurationspolitik** betrieben wird, wie sie die CDU nach 1945 auch in der Bundesrepublik betrieben hat, indem sie sich darauf gestützt hat, ehemalig belastete Kader doch zu belassen in Funktionen, indem man gesagt hat, wir haben keine anderen, wir müssen auf die zurückgreifen, die da sind, und sehen wir doch davon ab, daß sie etwas angekratzt sind.

Ich denke nicht, daß wir davon absehen sollten. Ich denke auch nicht, daß der Passus 5 hier zu einer Hexenjagd führt. Wir sind nicht die Kräfte, die **Feindbilder** reflektieren wollen, die wir selbst jahrelang empfangen haben, sondern wir wollen, daß die Leute zu ihrer **Biographie** stehen in diesem Land. Und wir wollen, daß diese Biographie erhalten bleibt, damit alle eine faire und reelle Chance bekommen.

Lange (Moderator): Vielen Dank, Herr Schulz. Die Aussprache hat deutlich gemacht, wie wichtig das Anliegen ist. Wir haben intensiv darüber diskutiert, und wir haben auch schon Möglichkeiten der praktischen Umsetzung eines solchen Beschlusses erörtert. Wir müssen uns jetzt, glaube ich, doch Punkt für Punkt noch einmal vornehmen, um deutlich den endgültigen Text dann festlegen zu können.

Zur Geschäftsordnung hatte sich Herr Gysi aber erst gemeldet.

Gysi (PDS): Das ist aber nicht ganz exakt zur Geschäftsordnung. Ich habe wirklich nur eine Frage. Ich wollte wissen: Soll das dann in Kraft treten nach einem **Betriebsverfassungsgesetz** oder bevor die Kontrollmechanismen wirken? Denn da können ja Wochen dazwischen liegen. Weil: Zum Zeitpunkt ist nichts gesagt worden.

Lange (Moderator): Herr Schulz, können Sie darauf reagieren?

Schulz (NF): Der Zeitpunkt ist mit sofort benannt, Herr Gysi.

Gysi (PDS): Also, noch bevor ein Betriebsverfassungsgesetz da ist?

Schulz (NF): Würde ich so sehen, ja.

Gysi (PDS): Und sollen auch nicht irgend etwas an Staatsbürgerschaft – also es sollen auch westdeutsche Manager zugelassen werden als **Betriebsdirektoren**?

Schulz (NF): Wir müßten uns über die Umsetzung dann im einzelnen noch auseinandersetzen. Ich meine, das ist ein Vorschlag.

Gysi (PDS): Aber wenn es ab sofort gilt?

Schulz (NF): Obliegt natürlich der Durchführungsbestimmung. Ich meine, das muß präzisiert werden sicherlich im einzelnen Passus. Aber die Zielrichtung ist doch hier entscheidend, über die wir abstimmen müssen.

Gysi (PDS): Aber wenn Sie sagen, es soll ab sofort gelten – – Entschuldigen Sie, daß ich das hier so sage.

Schulz (NF): Der Runde Tisch kann doch keine Gesetzesvorlagen, das wissen Sie doch genauso gut wie ich, kann keine Gesetzesvorlagen hier ausarbeiten und unterbreiten, sondern es ist ein Vorschlag an die bestehende **Regierung Modrow**, sofern sie bereit ist, vielleicht diesen Beschluß des Runden Tisches aufzugreifen, bisher hat sie ja weniger aufgegriffen, oder an die kommende Regierung als Zielrichtung.

Lange (Moderator): Ich denke, der Adressat ist in den beiden Vorlagen benannt – die AG „Wirtschaft" ist, wenn ich das richtig sehe, stärker orientiert – die Regierung, die aus den Wahlen hervorgeht. Ist das so richtig? Und ich denke, es ist auch ganz realistisch, wenn wir dies im Blick haben, vom Zeitpunkt her, in dem wir uns jetzt befinden. Sie haben in dem Antrag des Neuen Forums lediglich am Anfang „Die Regierung ist aufzufordern...". Das muß im Blick sein.

Die Regierung ist am Tisch.

Herr Minister Ullmann, bitte.

Ullmann (Minister o. G., DJ): Ja, also, ich bin da nicht ganz zufrieden, Herr Schulz, mit der Antwort, denn, in Seite 2 Ziffer 4 werden wir doch aufgefordert, „sofort" aufzuheben. Also, das muß jedenfalls jetzt an die **Regierung Modrow** adressiert sein, deretwegen ich hier sitze.

Lange (Moderator): Ja, wenn wir den vorliegenden Text so beschließen, dann wäre das die Bitte an die jetzt amtierende Regierung.

Schulz (NF): Ja, das kann man auch zweiteilig lesen, diese Beschlußvorlage, ja. Es sind Sofortmaßnahmen hier enthalten und es sind künftige Empfehlungen.

Lange (Moderator): Ja gut. Ich denke, wir sollten jetzt diese Punkte im Blick behalten. Wir haben Empfehlungen zu geben, das heißt, wir haben uns zu verständigen, was soll der Regierung, der jetzigen und der kommenden, in dieser wichtigen Frage vorgeschlagen werden.

Ich denke, das ist das entscheidende. Und dazu liegen jetzt einige Änderungswünsche vor. Herr Schulz ist schon auf einige eingegangen. Ich würde Ihnen vorschlagen, daß wir zunächst einmal den Text dieser Vorlage, der **erweiterten Vorlage 14/51**, zu der ja ausschließlich gesprochen worden ist – es ist ganz wenig Bezug genommen worden auf die andere von der **AG „Wirtschaft"** - dazu kommen wir dann noch.

Ich habe festgestellt, es ist nur eine Kleinigkeit, Herr Schulz, am Anfang haben Sie oben: „Die Regierung ist aufzufordern zur Schaffung von Voraussetzungen für eine zukünftige Entwicklung...", also nicht „zukunftsfähige". Was wollen Sie für eine Formulierung hier haben? Denn wenn wir darüber abstimmen, muß klar sein, wie der Text lautet. Bleiben wir bei „zukünftige"? – Gut, dann ändern wir dieses. Es ist eine Kleinigkeit.

Zur Begründung, meine ich, ist jetzt nicht gesprochen worden. Wir sollten uns dann die Punkte vornehmen, zu denen jetzt eine Abstimmung nötig ist. Punkt 1 ist bereits ergänzt vom Einbringer: „... vorausgehende öffentliche Aussprache und öffentliche Anhörung ...". Wenn das so aufgenommen ist, würde ich Sie bitten, dies jetzt gleich im Text zu ergänzen.
Zu Punkt 1, Herr Minister Ullmann.

Ullmann (Minister o. G., DJ): Herr Schulz hat sich nicht zu meiner Frage, einer Benennung der Ebene, geäußert. Denn ich finde, es ist doch mindestens wichtig – also, ist hier gemeint, daß jeder **Bürgermeister** – der gehört wahrscheinlich dann nicht zur mittleren Ebene – dieser Prozedur unterworfen werden soll, jeder **Schuldirektor**? Also man muß schon hier klar sagen, bis zu welcher Ebene das gehen soll.

Lange (Moderator): Das war Ihre Anfrage, Erklärung zu den **mittleren Funktionen**. Herr Schulz, wollen Sie das noch einmal bedenken oder haben Sie jetzt einen Vorschlag zur Änderung?

Schulz (NF): Wir können uns verständigen und einen Klammertext einfügen, der darauf hinauslaufen würde: **Kombinatsdirektoren**, also **Generaldirektoren, Direktoren, Hauptabteilungsleiter, Bürgermeister.**

Lange (Moderator): Ich glaube, das wird jetzt schwierig, wenn wir in so viele Einzelheiten gehen, dann kommen wir wahrscheinlich doch mit unserem Zeitplan etwas in Verzug.
Zur Geschäftsordnung war jetzt Herr Stief.

Stief (NDPD): Ich glaube, daß das ein sehr kritischer Punkt ist. Herr Gysi hat darauf hingewiesen, daß es juristisch dünn ist. Und ich bin für alles, was in dem Antrag steht, auch für alle Änderungen. Aber hier müssen wir präzisieren, um uns nicht selbst zu enthaupten, ohne daß wir es wollen.
Zunächst: Ich habe Verständigungsschwierigkeiten damit, was Berufungskader sind. Es gibt eine Kategorie **Berufungskader.** Es gibt gewählte Kader. Deswegen haben wir die **Richter** hier nicht mit hereingenommen, weil sie gesondert behandelt worden sind. Es gibt aber auch andere gewählte Kader, das wären also die **Bürgermeister.** Noch sind sie es ja. Es gibt noch keine **Kommunalwahlen.** Also man müßte hier entweder eine Anmerkung machen, wer darunter verstanden werden soll, denn wenn hier steht „... berufen und ernannt ..." – –
Auch das ist wieder eine besondere Kategorie mit dem Ernennen. Das betrifft also bei weitem nicht den **Gruppenleiter**, den **Abteilungsleiter** im Betrieb. Die werden eingestellt, durch Einstellungsvertrag, [die] haben vielleicht einmal eine besondere Kündigungsfrist, aber sonst nichts Besonderes. Die Kategorien, die Sie im Sinne haben, eben klang das ja an, müßten dann genau beschrieben werden. Sonst wird die Sache nicht seriös.

Lange (Moderator): Wir sind bei Punkt 1 und fragen, welche Formulierung dieser Punkt haben soll.
Noch einmal zur Geschäftsordnung, bitte, Herr Engel.

Engel (CDU): Die Frage von Herrn Ullmann ist doch noch nicht ganz beantwortet. Es geht nicht aus dieser Vorlage hervor, welche Verbindlichkeit sie denn hat. Es heißt hier oben: „Die Regierung ist aufzufordern ..." und so weiter und so fort. Das ist eine ganz generalisierende Feststellung.
Das, was der Runde Tisch hier in den Punkten 1 bis 6 beschließen soll, ist aber nicht konkret definiert. Ist das eine **Empfehlung an die Regierung,** ist das eine verbindliche Forderung an die Regierung oder ist das eine generelle Forderung des Runden Tisches, die sofort im Lande durchzusetzen ist? Das müßten wir erst einmal hier klären.
Ich würde vorschlagen, und das wäre mein Geschäftsordnungsantrag, diese Vorlage als eine Empfehlung, so wie sie ist, der Regierung weiterzugeben. Die neue Regierung möge prüfen, inwieweit sie das durchsetzt.

Lange (Moderator): Das ist ein Geschäftsordnungsantrag. Würde das bedeuten, daß Sie dieses Papier 14/51 zu dem Antrag der Arbeitsgruppe „Wirtschaft", der ja vorher erläutert worden ist, hinzufügen wollen? Ich frage Sie jetzt im Blick auf das Verfahren. Das ist Ihr Vorschlag?

Engel (CDU): Das wäre mein Vorschlag.

Lange (Moderator): Zur Geschäftsordnung? Und das würde bedeuten, keine Einzelheiten jetzt zu verändern an dem Text, der uns vom Neuen Forum vorgelegt worden ist?

Engel (CDU): Wenn wir das in diesem Empfehlungscharakter lassen, dann brauchen wir nicht große Änderungen zu machen. Die Regierungsvertreter sind anwesend. Die neuen Regierungsvertreter, nehme ich einmal an, daß die Parteien sich das bis dahin merken, und dann könnte man das schon so in dem Verständnis haben.

Lange (Moderator): Ja, das ist eine Hoffnung, daß die neuen Parteien [sich] das dann sicherlich gut merken wollen.
Herr Stief, Geschäftsordnungsantrag, bitte.

Stief (NDPD): Das würde bedeuten, wenn wir das der neuen Regierung überlassen, und bei allem Optimismus wird das wohl ein paar Tage dauern, ehe sie handlungsfähig ist nach den Wahlen, würde der ganze Antrag gegenstandslos werden. Das wäre mein weiterreichender Antrag, und die Debatte wäre umsonst.
Denn was wir momentan wollen, ist ja, einen bestimmten Prozeß entweder anzuhalten oder zu korrigieren oder in eine Bahn zu lenken, die Demokratie bewahrt, und nicht neues Unrecht heraufbeschwört. Wenn wir das der neuen Regierung überlassen, sind alle Messen gesungen.

Lange (Moderator): Der Antrag, dieses als eine Empfehlung zu nehmen, war ein Geschäftsordnungsantrag, über den wir jetzt abstimmen müssen. Der geht vor. Hat dazu noch jemand – –
Bitte schön, Herr Schulz.

Schulz (NF): Also, ich kann der Verwässerung dieses Antrags nicht zustimmen. Und wenn man diesen Antrag noch einmal genau liest, dann steht dort: „Die Regierung ist aufzufordern ..." Das ist eindeutig. Das betrifft die **jetzige Regierung** und würde sich im Grunde genommen auch darauf beziehen, daß es die künftige Regierung ist. Wir können uns dazu verständigen.
Ich stimme nicht damit überein, daß wir diese Vorlage jetzt in eine Arbeitsgruppe zurückverweisen oder in ein Paket mit anhängen. Das ist eindeutig formuliert, und wir bestehen darauf, daß es so bleibt. Es sind **Sofortmaßnahmen** enthalten, die fordern die jetzige Regierung auf, unmittelbar zu handeln.

Lange (Moderator): Ja, es ist ein Geschäftsordnungsantrag, der besagt nicht, etwa eine neue Arbeitsgruppe damit oder die bestehende zu beschäftigen, sondern dies als eine Empfehlung zu nehmen. Sie sprechen sich dagegen aus. Es steht der Geschäftsordnungsantrag von Herrn Engel.

Dazu wollten Sie [sich] noch [äußern], Herr Ullmann? Bitte.

Ullmann (Minister o. G., DJ): Ja. Also, die Schwierigkeit ist meines Erachtens die, daß der aktuelle Anlaß, der wirklich besteht – und das ist der auf Seite 2, Ziffer 4, 5 und 6, das ist die schlimme Situation, die wir haben, auf die reagiert werden muß, meines Erachtens – das wird in Ziffer 1 bis 3 kombiniert mit einer **allgemeinen Planung zur Kaderpolitik**. Und dadurch entsteht die große Schwierigkeit.

Meines Erachtens muß der Runde Tisch jetzt entscheiden, was er will. Will er dieses Paket zwischen Sofortmaßnahmen Seite 2, Ziffer 4 bis 6 und **allgemeinen Richtlinien der Kaderpolitik** lassen? Dann wird es schwierig. Dann muß meines Erachtens neu redigiert werden, damit man einigermaßen rechtlich präzise verfahren kann. Entscheidet er sich, was ich immerhin für möglich halte, Herr Schulz, daß man den aktuellen Notstand sofort aufgreift, 4 bis 6, dann kann man das sofort tun.

Ich denke auch, unter Einschluß von Punkt 5 mit der von Herrn Fischbeck eingebrachten Präzisierung, der zeigt den aktuellen Anlaß, warum [Punkt] 5 nötig ist.

Das ist keine Festschreibung künftiger **Kaderpolitik**, sondern es ist eine aktuelle Situation, auf die man reagieren muß. Das halte ich für ein mögliches Verfahren.

Lange (Moderator): Herr Engel, bitte.

Engel (CDU): Zunächst erst einmal, Herr Schulz, die Verwässerung des Antrages steckt schon in den Formulierungen drin. Ich habe vorhin gesagt, ganz explizit gesagt, daß wir von dem Anliegen natürlich, von der Sache her zustimmen als CDU.

Aber es heißt hier, ich lese wörtlich vor: „Deshalb möge der Runde Tisch beschließen – –". Und dann werden die Maßnahmen aufgeführt. Es heißt hier nicht, in welcher Weise wir das nun durchsetzen müssen. Wenn das hier oben drin steht, ist das unsauber formuliert. Ich würde dann meinen Geschäftsordnungsantrag in folgendem umfüllen und würde den Gedanken von Herrn Dr. Ullmann aufgreifen, daß das noch einmal redigiert wird in einer Arbeitsgruppe heute hier und heute hier auch verabschiedet wird als Empfehlung für die Regierung.

Lange (Moderator): Sie verweisen praktisch diesen Antrag jetzt zurück an die Einbringer mit dem Hinweis, die gegebenen Veränderungen einzuarbeiten und das erneut hier vorzulegen? Das ist Ihr Geschäftsordnungsantrag. Dazu müssen wir jetzt abstimmen.

Engel (CDU): – und einen konkreten Adressaten zu benennen.

Lange (Moderator): Das gehört dazu, denn es war bei Punkt 1 ja auch jetzt in dieser Richtung noch einmal benannt worden. Das ist ein Geschäftsordnungsantrag. Wir brauchen zwei Drittel. Wer diesem Antrag zustimmt, der jetzt besagt, diese erweiterte **Vorlage 14/51** mit den inzwischen eingegangenen Veränderungen wird noch einmal zurückgegeben, redigiert, der Adressat benannt und dann wieder hier auf den Tisch gebracht zur Abstimmung, den bitte ich jetzt um das Handzeichen.

Ja, bitte melden Sie sich sehr deutlich, damit wir schnell die Übersicht bekommen.

20 sind dafür. Wer ist dagegen? – 6 Gegenstimmen. Wer enthält sich? – 10 Enthaltungen. Wer kann gut rechnen? Wir haben die Zweidrittelmehrheit nicht erreicht, das heißt, dieser Antrag ist abgelehnt.

Bitte schön, Sie wollten dazu jetzt einen neuen [Antrag] unterbreiten?

N. N.: Ich möchte einen Kompromißvorschlag machen, der aus meiner Sicht dem Wesen entspricht. Es geht doch um **personalzeichnungsberechtigte Kader**. Und wenn wir diesen Passus aufnehmen „... alle derzeitig personalzeichnungsberechtigten Leiter in Einrichtungen..." und so weiter, so meine ich, ist dem, was der Antrag will, Genüge getan.

Aus meiner Sicht wäre nun noch darüber zu reden, ob wir die **Verwaltung** miteinbeziehen. Ich bin dafür, daß wir die Verwaltung miteinbeziehen, da die personalzeichnungsberechtigten Kader relativ wenig sind.

Lange (Moderator): Das ist jetzt aber schon wieder ein Zusatz zu den vorliegenden Texten. Ich weiß nicht, inwieweit der uns weiterhilft. Ich muß einfach fragen, ob Sie der Meinung sind, daß die **Vorlage 15/15** von der Arbeitsgruppe „Wirtschaft" nicht doch Wesentliches in den Grundzügen enthält und wir dem jetzt zunächst einmal zustimmen könnten, so daß hier eine generelle Linie festgelegt wird als eine Empfehlung.

Alles, was wir jetzt auch an Einzelheiten, die notwendig waren, zu den vorliegenden Punkten 1 bis 6 gesagt haben, sind Modifizierungen, sind auch konkrete Hinweise, die sicherlich wichtig sind. Aber wäre es nicht dann auch im Sinn der Einbringer, wenn wir zunächst doch jetzt einmal diese **Vorlage 15/15** als die Grundlinie in den anstehenden Fragen annehmen, damit wir einen Schritt weiterkommen, und dann überlegen, was mit den vorliegenden Texten geschieht?

Sie stimmen dem zu? Hier sind keine Einzelheiten benannt, aber es ist vorhin schon darauf hingewiesen worden, daß zum Beispiel die Entscheidungen in Personalangelegenheiten durch eine **demokratisch gesicherte Personalpolitik** zu gewährleisten sind.

Das ist sehr umfassend, aber bestimmt doch auch etwas von dem, was wir an Einzelheiten jetzt beraten haben. Ich möchte Ihnen gern den Vorschlag machen, daß wir das Papier der Arbeitsgruppe „Wirtschaft" jetzt als ein grundlegendes Papier zunächst einmal zur Abstimmung stellen und dann überlegen, wie wir mit dem nächsten Schritt der einzelnen Veränderungen weiter umgehen.

Sind Sie damit einverstanden? **Vorlage 15/15 [Antrag] Arbeitsgruppe „Wirtschaft" [Zur wirtschaftlichen Entwicklung]?** Wer dafür ist, den bitte ich um das Handzeichen. – Das scheint doch die Mehrheit zu sein. Wer ist dagegen? – Enthaltungen? – Einstimmig ist dieses als ein grundlegendes Papier verabschiedet worden.

Wir stehen vor der Frage der **erweiterten Vorlage [14/51]**. Ich habe hier vier Änderungswünsche. Wollen wir die jetzt im einzelnen nun Punkt für Punkt abhandeln oder gibt es einen Vorschlag, wie wir damit umgehen? Ich frage Sie jetzt, damit die konkreten Fragen aufgenommen werden können.

Herr Gehrke meldet sich dazu.

Gehrke (VL): Ja, das ist noch etwas Inhaltliches, und zwar zu dem Punkt, den Herr Ullmann ja mehrfach angesprochen hat, die **Präzisierung der Ebenen** sozusagen.

Ich denke, dazu ist ein recht praktikables Instrument zu machen oder zu schaffen. Wenn wir einsetzen würden, statt „mittlere und höhere Funktionen", hier ist ja auch „berufen, berufene Funktionen", das ist ein bißchen komplizierter, glaube ich. Wenn wir einfach sagen, „die **Nomenklaturkader**"? Es sind nicht sämtliche, ein Abteilungsleiter ist nicht unbedingt in einer Nomenklatur der Leitungskader enthalten gewesen. Es ist eine bestimmte Ebene von vornherein darin erfaßt gewesen, und ich glaube, genau um die geht es. Und dann sind es genau die Kader, die Herr Fischbeck vorhin mit der Nomenklatur angesprochen hat.

Lange (Moderator): Ja, vielen Dank. Ich möchte gern Herrn Minister Ullmann noch einmal bitten, seinen Vorschlag zu wiederholen. Ich könnte mir vorstellen, daß er uns weiterhilft, nachdem wir jetzt das Grundlagenpapier der Arbeitsgruppe verabschiedet haben.
Herr Ullmann.

Ullmann (Minister o. G., DJ): Also, wer es erreichen will, daß die jetzige **Regierung** noch handeln kann, der muß meines Erachtens für 4 bis 6 eintreten. In der Kombination mit 1 bis 3 besteht die Gefahr, daß unsere Handlungsfähigkeit noch weiter eingeschränkt wird.

Es ist ganz klar, wir haben das Problem jetzt schon weitgehend auf der kommunalen Ebene von ganz alleine, weil entweder **Bürgermeister** und **Gemeinderäte** zurücktreten oder dazu gezwungen werden, ohne daß klar wird, wer an ihre Stelle tritt.

Ich sage noch einmal: Ich stimme einer Erneuerung der Stellenbesetzung auf allen Ebenen, wie es hier angeregt ist, zu. Bloß muß man dann ein präzises Verfahren haben, und das scheint mir mit 1 bis 3 nicht gewährleistet.

Also noch einmal, wenn jetzt gehandelt werden soll, dann muß man sich auf 4 bis 6 beschränken – –

Lange (Moderator): – und zwar mit dem vorliegenden Text, so habe ich Sie verstanden – –

Ullmann (Minister o. G. DJ): – mit der Ergänzung Fischbecks zu dem Stichtag 31. Dezember.

Lange (Moderator): Gut, das war meine Rückfrage. Ob dann noch zum Punkt 5 noch einmal zu beraten ist? Das würde bedeuten, daß wir uns zu der verabschiedeten **Vorlage 15/15** Arbeitsgruppe „Wirtschaft" jetzt doch darauf verständigen, die Punkte 4 bis 6 als eine notwendige Sofortmaßnahme [zu] beschließen, damit die jetzt amtierende Regierung darauf noch reagieren kann.

Ich denke, wir haben das sehr aufmerksam gehört, und es wäre, glaube ich, auch wichtig, daß dies im Sinne der Einbringer aufgenommen wird. Denn davon hatten Sie ja gesprochen, daß das jetzt nicht erst eine zu lange Zeit in Anspruch nimmt, bis man dazu kommt.
Herr Schulz, möchten Sie dazu noch einmal sprechen?

Schulz (NF): Dann möchte ich bitte, daß diese Vorlage so unterteilt wird, daß über den Punkt 1 „**Künftige Maßnahmen**" geschrieben wird und über den Punkt 4 „**Sofortmaßnahmen**".

Lange (Moderator): Nur 1? 1 bis 3 meinen Sie.

Schulz (NF): 1 bis 3 „Künftige Maßnahmen", obwohl ich über Punkt 3 eigentlich möchte, daß das auch eine Sofortmaßnahme ist. Ich würde dann über Punkt 1 und 2 „Künftige Maßnahmen" und ab Punkt 3 „Sofortmaßnahmen" – – Ja, das wäre mein Gegenvorschlag, Herr Dr. Ullmann.

Lange (Moderator): Ja. Können wir erst einmal die grundsätzliche Frage jetzt klären? Es ist vorgeschlagen worden, als Sofortmaßnahme die Punkte 4 bis 6 jetzt zu verhandeln. Und der andere Antrag heißt, die Punkte 3 bis 6. 3 bis 6 ist weitergehend.

Schulz (NF): Ja. Ich bin noch einmal korrigiert worden oder beraten worden. Und es wäre natürlich dann günstig von der Chronologie her, die „Sofortmaßnahmen" an die erste Stelle zu setzen, dann wird hier eine andere Ziffernfolge stattfinden.

Dann würden wir den Punkt 3 als Punkt 1 nehmen, fortlaufend bis Punkt 6, der dann als Punkt 4 erscheint, und der Punkt 1 ist dann der Punkt 5, und der Punkt 2 ist der Punkt 6. Und diese Punkte 5 und 6 stehen unter der Überschrift: „Weiterreichende Maßnahmen".

Lange (Moderator): Wir ändern die Schrittfolge. Und ich muß zunächst jetzt fragen, ob Sie damit einverstanden sind, daß wir die Punkte verändern? Wer dafür ist, daß Punkt 3 jetzt zu Punkt 1 wird und dann, wie gehabt, die folgende Auflistung erfolgt, den bitte ich um das Handzeichen. – Wer ist dagegen? – Wer enthält sich? – Wir haben 5 Enthaltungen. Damit haben wir die Änderung so beschlossen und könnten jetzt die Änderungsvorschläge, die hier eingegangen sind, uns vornehmen.

Es war von der Grünen Partei der Vorschlag gemacht worden, das ist jetzt eine Frage: Grüne Partei/Initiative [Frieden und] Menschenrechte „künftig" oder „gegenwärtig"? Wollen Sie diesen Punkt, den Sie neu formuliert haben, unter die „**künftigen Aufgaben**"? – Ja, dann stellen wir ihn zunächst zurück.

Ich rufe den Punkt 5 auf. Dazu gibt es jetzt zwei Veränderungen zu dem vorliegenden Text.

Der eine Änderungsvorschlag lautet, das ist der Antrag von Herrn Fischbeck, also eine Erweiterung zu dem vorliegenden Text: „In den Personalunterlagen ist die Parteizugehörigkeit vor dem 31. Dezember 1989 wahrheitsgemäß festzustellen, falsche Angaben zur Parteizugehörigkeit vor 1989 sind ein Entlassungsgrund."

Dieses Datum wurde noch einmal verändert auf den 31. Juni: Wie stehen Sie zu diesem Änderungsvorschlag, Herr Fischbeck? Bleiben Sie dabei?

Zwischenrufe: 30. Juni!

Lange (Moderator): Wollen wir den Kalender nicht noch am Runden Tisch verändern. Es bleibt beim 30. Juni. Sie würden aber den vorgelegten Änderungsantrag jetzt so zur Abstimmung gestellt haben wollen?

Und es gibt einen weiteren, SPD: „Eine einheitliche Regelung zum Umgang mit Kaderunterlagen ist schnellstmöglich zu erarbeiten." Sie hat den Erfordernissen des **Personendatenschutzes** zu entsprechen. Das nehmen Sie als einen Alternativvorschlag zu dem Vorschlag Fischbeck oder als eine Ergänzung?

Schulz (NF): Das steht nicht als Alternativvorschlag, das war als Ergänzung gedacht.

Lange (Moderator): Als eine Ergänzung. Dann steht zunächst die Änderung.
Herr Stief, bitte.

Stief (NDPD): Ich habe nur eine Frage, Herr Lange. Ist das so zu verstehen, daß der von Herrn Fischbeck, der Antrag, was den **Entlassungsgrund** betrifft, hiermit verhandelt wurde oder haben wir den schon eliminiert? Den zweiten

Teil dieser Ergänzung – –? Bisher sprachen wir ja nur über den 30. Juni.

Lange (Moderator): Ja. Es würde dann zunächst also – eine Frage ist „... in den Personalunterlagen ist die Parteizugehörigkeit vor dem 30. Juni wahrheitsgemäß festzustellen – dieser Satz.

Und dann haben Sie als zweiten „falsche Angaben". Dabei bleiben Sie? „Falsche Angaben zur Parteizugehörigkeit vor 1989 sind ein Entlassungsgrund." Wünschen Sie jetzt getrennt dazu abzustimmen, daß wir den ersten Satz zunächst zur Abstimmung stellen?

Bitte, Herr Stief.

Stief (NDPD): Wir halten das für nicht rechtens, weil es dem geltenden Arbeitsgesetz widerspricht. Das kann man so nicht formulieren.

Lange (Moderator): Ja, von daher wäre es wichtig, daß wir uns zunächst auf den ersten Satz verständigen.

Bitte, Herr Sahr.

Sahr (FDGB): Es gab hier auch Anträge, den Punkt 5 zu streichen. Ich würde vorschlagen, erst darüber abzustimmen, damit erkennbar ist, ob er verändert werden muß. Vielleicht bleibt er nicht bestehen.

Lange (Moderator): Sie bleiben bei dem Antrag Streichung, das ist' der weitergehende. Wer dafür ist, Punkt 5 generell ersatzlos zu streichen, den bitte ich um das Handzeichen. – 15 für Streichung. Wer ist dagegen? – 16 sind dagegen. Wer enthält sich? – 6 Enthaltungen. Das heißt, dieser Punkt muß verhandelt werden.

Und ich stelle wieder die Frage, die vorhin von Herrn Stief noch einmal angefragt worden ist, jetzt getrennt diese beiden Sätze doch abzustimmen, Punkt 5 als Erweiterung: „In den Personalunterlagen ist die Parteizugehörigkeit vor dem 30. Juni 1989 wahrheitsgemäß festzustellen." Wer für diesen Satz ist, den bitte ich um das Handzeichen. – 13 dafür. Wer ist dagegen? – 12. Wer enthält sich der Stimme? – 5 Enthaltungen. Dieser Satz würde dann stehen.

Der zweite Satz, „Falsche Angaben zur Parteizugehörigkeit vor 1989 sind ein Entlassungsgrund." Wer möchte, daß dieser Satz eingefügt wird, den bitte ich um das Handzeichen. – 3. Wer ist dagegen? – Das ist die Mehrheit. Dieser Satz kommt nicht in den Punkt 5.

Und der SPD-Ergänzungsantrag lautet: „Eine einheitliche Regelung zum Umgang mit Kaderunterlagen ist schnellstmöglich zu erarbeiten. Sie hat den Erfordernissen des Personendatenschutzes zu entsprechen." Wer für diesen Antrag ist, den bitte ich um das Handzeichen. – Das ist die Mehrheit. – Ich frage trotzdem. Dagegen? – Und Stimmenthaltungen? – 5 Enthaltungen. Dieser Satz ist aufgenommen.

Zu Punkt 3 ist vom FDGB jetzt eine Ergänzung beziehungsweise Veränderung [eingebracht worden]: „Die gewählten betrieblichen Gewerkschaftsorgane beziehungsweise Betriebsräte erhalten das Vetorecht." Das wird hier in Punkt 3 aufgenommen. Wer dafür – –

Bitte, Geschäftsordnung, Herr Gysi.

Gysi (PDS): Ja. Ich muß nur wissen, ob sich – – das ist jetzt die Ziffer 3 bezüglich der Kaderleiter?

Lange (Moderator): Ziffer 3, ja. Also, das ist die neue 1, ja.

Gysi (PDS): Ich muß bloß wissen, ist das sozusagen, soll das eine Regelung sein außerhalb des **AGB** [Arbeitsgesetzbuch]? Soll das AGB für die Leute nicht gelten? Das muß ja dann ein Gesetz sein. Wenn die im **Arbeitsrechtsverhältnis** sind, gibt es zum Beispiel so etwas nicht.

Also, nicht so: Du mußt schon begründen mit, weiß ich, mit Gerichtsweg und allem Drum und Dran. Dann muß man das aber deutlich sagen.

Oder soll sich das nur auf berufene Kader beziehen, wie es da oben steht, wo es mit der Abberufung geht? Das führt dann aber auch noch zum Beschwerdevorgang etc.

Ich will das bloß sagen, da gibt es ja überall klare Rechtsvorschriften. Man muß wissen, will man hier eine **Sondergesetzesregelung** haben, daß das alles für sie nicht gilt oder soll das eingeordnet werden in den vorhandenen rechtlichen Prozeß? Und sozusagen unter Beachtung der Gesetzlichkeit oder Sondergesetz?

Das müßte man schon wissen, damit ich da mitstimmen kann.

Lange (Moderator): Das ist eine Rückfrage an die Einbringer.

Herr Schulz, Neues Forum, bitte.

Schulz (NF): Es geht um **Berufungskader.** Das ist ja in dem Punkt 1 ganz deutlich gesagt worden. Es geht in diesen ganzen Fragen um Berufungskader. Und da könnten Sie hier vielleicht zur Rechtsaufklärung beitragen, welche Kader Sie von Ihrer Partei denn bisher berufen haben. Ich meine, da brauchen wir nicht so lange herumirren. Sie können das vielleicht einmal genau definieren.

Gysi (PDS): Ja, das kann ich Ihnen gut beantworten. Ich habe noch nie einen Kader berufen. Das wissen Sie sogar.

Lange (Moderator): Ja, ich denke, Herr Schulz, das hilft uns im Moment jetzt nicht sehr viel weiter. Es war eine konkrete Anfrage.

Der Vorschlag des FDGB steht. Und [ich] möchte gern noch einmal deutlich machen, wie jetzt die Formulierung heißt: „Die Neueinstellung eines Personalchefs obliegt dem neuen Leiter." Und dann wünschen Sie fortzusetzen: „Die gewählten betrieblichen Gewerkschaftsorgane beziehungsweise Betriebsräte erhalten das Vetorecht." Ist das so in Ihrem Sinn?

Dies steht jetzt zur Abstimmung, diese Veränderung zu dem neuen Punkt 1, bisherigen Punkt 3. Wer dem zustimmt, den bitte ich um das Handzeichen. – Das ist die Mehrheit. Wer ist dagegen? – Wer enthält sich der Stimme? – 10 Enthaltungen.

Wir kommen zu den zukünftigen Aufgaben. Hier gibt es einen Änderungsvorschlag Grüne Partei/Initiative [Frieden und] Menschenrechte zwischen Punkt 2 und 3. Das würde also jetzt bedeuten, es kommt ein neuer Punkt 7 nach unserer jetzigen Zählung hinzu mit folgendem Wortlaut: „Freiwerdende Leitungsstellen sind generell auszuschreiben und in entsprechenden Fachblättern kundzutun. Dies gilt auch für Kaderleiter (Personalchefs). Ihre Einsetzung erfolgt mittels geheimer Abstimmung durch alle Beschäftigten. Zur Kontrolle aller Personalentscheidungen erhält die betriebliche Interessenvertretung ein Vetorecht." Können wir darüber jetzt befinden?

Bitte schön, Geschäftsordnung?

Wolf (LDP): Wir meinen, daß das eine sehr detaillierte Festlegung ist, die schon gar nicht in jedem Sachbereich und gesellschaftlichen Bereich so möglich ist und gängig ist. Deshalb bitten wir darum, das zu bedenken, möglicherweise zurückzuziehen.

Lange (Moderator): Ja. Herr Sahr zur Geschäftsordnung.

Sahr (FDGB): Einen so weitreichenden Antrag kann man hier nicht stellen. Er verstößt gegen geltendes Recht, und dann müßten wir umfangreich die rechtlichen Regelungen erst einmal auflisten, die dagegen sind.

Lange (Moderator): Ja, Frau Kögler.

Kögler (DA): Ich muß dem noch Zustimmung geben. Also es verstößt tatsächlich gegen geltendes Recht. Das kann so nicht gemacht werden – und also die gesamte Regelung. Also ich kann das nur noch einmal betonen. Da habe ich eben wirklich zufällig die gleiche Auffassung wie die PDS. Aber es liegt wahrscheinlich am gleichen Beruf.

Lange (Moderator): Ja, gut. Wir haben ja interessante Entdeckungen in den zurückliegenden Wochen in der Richtung gemacht.
Herr Jordan dazu noch. Bitte.

Jordan (GP): Wir möchten seitens der Grünen Partei den hinteren Teil des Antrags zurückziehen und nur stehenlassen, daß freiwerdende Stellen generell auszuschreiben sind.

Lange (Moderator): Ja. Da war ein Gegenantrag, ob das bei **Ausschreibung** ausreichend ist. Es gab auch die Meinung, wir würden uns dann einige neue Schwierigkeiten einhandeln. Es ist aber Ihr Vorschlag.
Wie steht der Runde Tisch zu diesem Vorschlag von Herrn Jordan, nur den ersten Satz stehenzulassen: „Freiwerdende Leitungsstellen sind generell auszuschreiben"? Möchten Sie dazu eine Abstimmung oder ist das trotzdem eine Schwierigkeit, an dem Punkt diese Ergänzung vorzunehmen?
Herr Sahr, FDGB.

Sahr (FDGB): Auch in diesen **Personalangelegenheiten** gilt das geltende Recht, wir haben keine Regelung dafür.

Lange (Moderator): Wir müssen uns von denen, die sich hier kundig erweisen, doch beraten lassen. Das würde bedeuten, daß wir jetzt darüber nicht abstimmen, dieses aber zu überlegen ist, wie das einer künftigen Regierung oder der weiteren Arbeit an diesem Punkt mitgegeben werden kann.
Welche weiteren Fragen sind im Blick auf dieses Papier, **erweiterte Vorlage 14/51** noch zu klären? Wir haben jetzt die Schwerpunkte festgelegt, die Umstellung der einzelnen Punkte. Das bedeutet, daß also jetzt die **Sofortmaßnahmen** deutlicher beschrieben sind und die künftigen doch mehr oder weniger **Empfehlungscharakter** haben können. Können wir dann dieses Papier generell so annehmen? – Dann bitte ich Sie um das Handzeichen. – 23. Wer ist dagegen? – 1 Stimme dagegen. Stimmenthaltungen? – 13 Stimmenthaltungen.

[Ergebnis:] Zur Einführung einer sozialen Marktwirtschaft [Endfassung Erweiterte Vorlage 14/51]

Die gesellschaftliche und wirtschaftliche Entwicklung auf dem Gebiet der DDR ist abhängig davon, wie schnell es gelingt, eine effiziente soziale Marktwirtschaft zu installieren.

Dazu sind die „Zielstellungen, Grundrichtungen, Etappen und unmittelbaren Maßnahmen der Wirtschaftsreform" vom Ministerrat am 1. Februar 1990 verabschiedet, konsequent in die Praxis umzusetzen. Ein Haupthemmnis bei der Durchführung der Wirtschaftsreform besteht darin, daß die Leitung der erforderlichen Prozesse in maßgeblichem Umfang von Leitern betrieben wird, die die verfehlte SED-Wirtschaftspolitik entscheidend mitzuverantworten haben.

Es gibt Anlaß, Stellung zu nehmen zu Entscheidungen in Personalangelegenheiten, die im Zusammenhang mit Strukturveränderungen und Rationalisierungsmaßnahmen in Staatsorganen, Betrieben und Einrichtungen getroffen werden.

Leiter, die nach kaderpolitischen Prinzipien der SED-Führung eingesetzt wurden, moralisch und politisch belastet sind und immer noch unter den alten Strukturen ihre Macht ausüben, versuchen, durch personalpolitische Weichenstellungen noch vor den Wahlen zur Volkskammer am 18. März vollendete Tatsachen für eine künftige, ihren Interessen entsprechende Entwicklung zu schaffen. Mit dieser Art Machtmißbrauch verängstigen und demoralisieren sie Mitarbeiter, die ihnen in dieser Absicht nicht folgen und ihre Handlungen demokratisch kontrollieren wollen. Dabei wird rücksichtslos geltendes Recht (z. B. AGB) verletzt.

Die Regierung, die aus den Wahlen zur Volkskammer hervorgehen wird, sollte sicherstellen, daß alle Personalentscheidungen der Leiter aus alten Machtstrukturen einer demokratischen Prüfung unterzogen und gegebenfalls korrigiert werden. Deshalb sind in den Betrieben, Einrichtungen und Staatsorganen unverzüglich die gewerkschaftlichen Vertretungen und Betriebs- bzw. Personalräte so zu entwickeln und zu stärken, daß eine demokratisch gesicherte Personalpolitik gewährleistet wird. In diesem Sinne sind die Arbeiten am Betriebsverfassungsgesetz zu beschleunigen und [zu] verabschieden.

Die am Runden Tisch vertretenen Parteien und Gruppierungen werden aufgefordert, diesen Prozeß aktiv mitzutragen. Der Runde Tisch unterstützt diese Forderung.

Einsatz von sachkompetenten und demokratisch legitimierten Leitern

Die Regierung ist aufgefordert, zur Schaffung von Voraussetzungen für eine zukunftsfähige Entwicklung unserer Gesellschaft die durch stalinistische Kaderpolitik im Verlaufe von 40 Jahren geschaffenen Machtstrukturen aufzubrechen.

<u>Begründung</u>

– Die stalinistische Kaderpolitik der vergangenen 40 Jahre hatte erklärtermaßen das Ziel, den Machterhalt der SED und ihrer führenden Mitglieder zu sichern. Konsequenterweise ging es bei der Kaderauswahl in erster Linie um politisches Wohlverhalten, fachliche Kompetenz, moralische Integrität und Leistungsqualitäten spielten eine untergeordnete Rolle.

– Es gibt zahlreiche gesicherte Beispiele, daß bisher leitende Kader, nachdem sie in der Regel die nun nicht mehr führende Partei verlassen haben, ihre bisherige Kaderpolitik des Machterhaltes für sich und ihre alten Freunde fortsetzen, indem sie sich durch die von ihnen Geförderten scheindemokratisch legitimieren lassen oder durch die Schaffung neuer Strukturen ihre persönlichen Positionen sichern. Fehlende und nicht den gegenwärtigen Erfordernissen entsprechende Mitbestimmungsrechte der Werktätigen begünstigen dieses Vorgehen.

Sofortige Maßnahmen

1. Die Kaderleiter (Personalchefs) aller Einrichtungen der Wirtschaft, der Wissenschaft, des Bildungswesens sowie in den staatlichen Einrichtungen und Verwaltungen sind mit sofortiger Wirkung von ihrer Funktion zu entbinden. Die Neueinstellung eines Personalchefs obliegt dem neuen Leiter. Die gewählten betrieblichen Gewerkschaftsorgane bzw. die Betriebsräte erhalten das Vetorecht.

2. Die Regierung wird aufgefordert, die Festlegung in den Ministerratsbeschlüssen vom 21. Dezember 1989/1. Februar 1990 (siehe Anlage), die den Generaldirektoren bzw. den zuständigen Ministern die Eigenverantwortung bei wirtschaftsorganisatorischen Maßnahmen einräumt, sofort aufzuheben und bereits getroffene, mit demokratischen Organen nicht abgestimmte Entscheidungen zu revidieren.

3. Die Vernichtung, Veränderung bzw. Rückgabe von Kaderunterlagen ist sofort zu beenden. Der entsprechende Ministerratsbeschluß ist außer Kraft zu setzen. Eine einheitliche Regelung zum Umgang mit Kaderakten ist schnellstens zu erarbeiten. In den Personalunterlagen ist die Parteizugehörigkeit vor dem 30. Juni 1989 wahrheitsgemäß festzustellen. Sie hat den Erfordernissen des Personen-Datenschutzes zu entsprechen.

4. Die laufenden Berufungsverfahren zu Hochschullehrern bzw. Akademieprofessoren sind generell auszusetzen. Eine Ausnahme bilden begründete Härtefälle, die durch den Minister für Bildung bzw. durch den neu gewählten Präsidenten der AdW der DDR zu entscheiden sind. Umberufungen von Hochschullehrern sind mit sofortiger Wirkung auszusetzen, bereits erfolgte Umberufungen müssen anhand von durch die Regierung zu erarbeitenden Kriterien auf ihre Rechtmäßigkeit überprüft werden.

Künftige Maßnahmen

5. Alle zur Wahrnehmung mittlerer und höherer Funktionen berufenen oder ernannten Leiter in Einrichtungen der Wirtschaft, der Wissenschaft, des Bildungswesens sowie in den staatlichen Einrichtungen und Verwaltungen haben sich einer Vertrauensabstimmung aller Beschäftigten mit vorausgehender öffentlicher Aussprache und Anhörung zu stellen. Diese Abstimmung hat geheim zu erfolgen. Bis dahin erhalten die genannten Leiter den Status „amtierend".

6. Ein abgewählter Leiter darf sein Funktion nicht weiter ausüben. Bis zur Einsetzung eines neuen Leiters ist dessen Funktion kollektiv wahrzunehmen.

Anlage

Auszug aus dem Beschluß des Ministerrats vom 1. Februar 1990 (12/3/90)

Festlegung 6

Die Generaldirektoren der zentralgeleiteten Kombinate werden berechtigt, ab sofort jede Art von wirtschaftsorganisatorischen Maßnahmen innerhalb des Kombinates oder Handelsorgans in eigener Verantwortung zu entscheiden.

Änderungen, die über den Rahmen des Verantwortungsbereiches der Generaldirektoren ... hinausgehen, sind in eigener Verantwortung durch die zuständigen Minister zu entscheiden.

Grundlage: Beschluß des Ministerrates vom 21. Dezember 1989 (8/1.1/89)

Auszug aus dem Beschluß des Ministerrates vom 21. Dezember 1989 (8/1.1/89)

S. 10, Punkt 2a

Die Generaldirektoren der Kombinate sind berechtigt, innerhalb ihres eigenen Bereiches eigenverantwortliche Entscheidungen zur Herausbildung und Durchsetzung effektiver Leitungsstrukturen zu treffen. Das betrifft z. B. Fragen der Leitung über den Stammbetrieb, die Zusammenführung bzw. Neuordnung von Betrieben ihres Bereichs nach dem Erzeugnisprinzip. Vorschläge zur Überführung bestimmter Betriebe, Betriebsteile bzw. einzelner Erzeugnisse in andere Verantwortungsbereiche sind, sofern damit nicht Veränderungen von Eigentumsformen verbunden sind, durch die zuständigen Minister bzw. Vorsitzenden der Räte der Bezirke zu entscheiden.

Lange (Moderator): Damit haben wir **14/51** und **15/15** abgehakt, mit einer längeren Dauer, als wir uns das vorgestellt haben.

TOP 3: Wohnsitz von Führungskräften der Parteien und Vereinigungen

Deshalb wollen wir zum nächsten gehen: [Vorlage] 15/16, [Antrag] SPD [Zur freien Wahl des Wohnsitzes]. Ich hoffe, daß es uns nicht so lange aufhalten wird. Der Antrag „Aufbau der neuen parteienpolitischen Vereinigungen bedingt Wohnsitz in Berlin".
Herr Matschie.

Matschie (SPD): Ja, ich trage das kurz vor, diesen Antrag.

[Vorlage 15/16, Antrag SPD: Zur freien Wahl des Wohnsitzes]

Im Zusammenhang mit dem Aufbau der neuen Parteien und politischen Vereinigungen, der Konstituierung eines neuen Parlaments und einer neuen Regierung ergibt sich für viele an diesen Stellen Engagierte die Notwendigkeit, ihren Wohnsitz ständig oder vorübergehend nach Berlin zu verlegen.

Um dies zu ermöglichen, möge der Runde Tisch beschließen:

1. Die freie Wahl des Wohnortes ist für alle Bürgerinnen und Bürger der DDR ab sofort zu gewährleisten. {Dies ist notwendig, da es noch immer Zuzugsbeschränkungen gibt für verschiedene Städte, so auch für Berlin.}

2. Der Magistrat von Berlin wird aufgefordert, auf Antrag der jeweiligen Parteien und politischen Vereinigungen

für Personen, die in den zentralen Vorständen arbeiten oder im zukünftigen Parlament beziehungsweise der Regierung tätig sind, entsprechenden Wohnraum zur Verfügung zu stellen.[6]

Lange (Moderator): Vielen Dank, Herr Matschie.

Die SPD hat den Antrag deshalb eingebracht, weil es hier offensichtlich in Einzelfällen Probleme gegeben hat. Und deshalb ist er uns vorgelegt. Möchte jemand dazu sprechen?

Wir haben ja nicht die Möglichkeit, Wohnraum zu vergeben, aber wir können hier freundlich unterstützend wirken als Runder Tisch, daß die entsprechenden Gremien dann die notwendigen, positiven Entscheidungen herbeiführen. Gibt es dazu Meinungsäußerungen? Wenn nicht, darf ich Sie bitten, wer dies unterstützt, mit seinem Handzeichen deutlich zu machen. – Ja, wer ist für Wohnraum? –

[Heiterkeit]

Danke. Wer ist dagegen? – Stimmenthaltungen? – Wir haben 3 Enthaltungen zur **Vorlage 15/16**.

TOP 4: Privatisierung von Volkseigentum

Der vierte **Einzelantrag** ist [Vorlage] 15/17 [Antrag SPD: Zur] Privatisierung der Volkswirtschaft[7]. Dazu gibt es einen Zusatzantrag [Vorlage] 16/3 [SPD, DJ: Zur Privatisierung der Volkswirtschaft] und [Vorlage] 16/7 [Antrag DJ, SPD: Aufforderung an die Regierung, die Privatisierung des Volkseigentums zugunsten der Bürger voranzutreiben].

Die SPD informiert uns über die **Vorlage 15/17**.
Herr Schneider, bitte.

Schneider (SPD): Ich möchte erst einmal etwas vorwegschicken. Die **Vorlage 16/7**[8] wird zurückgezogen, da sie ja der **Vorlage 16/3** entspricht. Das war heute früh ein Austausch, da ist es zu einem Versehen gekommen.

Lange (Moderator): Entschuldigung, daß wir mit den Zahlen nicht durcheinanderkommen – –

Schneider (SPD): **16/7** wird zurückgezogen, denn es ist durch **16/3** ersetzt worden.

Lange (Moderator): **16/7** wird zurückgezogen, weil es in **16/3** enthalten ist. Sie werden uns sicher gleich sagen, und es ist auch für die am Fernsehschirm und an den Rundfunkgeräten wichtig, worum es inhaltlich geht.

Schneider (SPD): Priorität hat der **Antrag 16/3**. Wir wenden uns aus hochaktuellem Anlaß an alle. Da es um, aus unserer Sicht, eine **Aushöhlung des Volkseigentums** geht und wir uns mit Nachdruck gegen die **Kapitalisierungsverordnung** der Regierung Modrow wenden wollen, werde ich jetzt eine Erklärung verlesen:

---

[6] Die in {} gesetzten Ausführungen wurden abweichend von der schriftlichen Vorlage mündlich ergänzt.
[7] Dokument 16/3, Anlagenband.
[8] Dokument 16/4, Anlagenband

[Vorlage 16/3, Antrag SPD, DJ: Zur Privatisierung des Volkseigentums[9]]

Die SPD will eine soziale Marktwirtschaft auf der Grundlage einer Privatisierung des Volkseigentums und staatlichen Wohneigentums zugunsten eines jeden Bürgers zu gleichen unentgeltlichen Anteilen im Nennwert von etwa 40 000 Mark pro Person durchsetzen.

Die Anteile berechtigen den Bürger zum Eigentumserwerb an produktiven Eigentum oder an der Wohnung, wodurch das Mietproblem entschärft wird. Der Runde Tisch hat die Regierung mehrfach aufgefordert, Maßnahmen zur unentgeltlichen Privatisierung des produktiven Volkseigentums und des Wohneigentums zugunsten der Bürger und zur Einführung der sozialen Markwirtschaft einzuleiten. Diese Beschlüsse wurden von der Regierung Modrow ignoriert.

Mit der „Verordnung zur Umwandlung von Volkseigenen Kombinaten, Betrieben und Einrichtungen sowie wirtschaftsleitenden Organen in Kapitalgesellschaften" wurde von der Regierung ein Instrument geschaffen, das untauglich [ist], die vom Runden Tisch geforderte Privatisierung „zu gleichen Teilen" durchzusetzen. Statt dessen öffnet die Verordnung den alten SED-Wirtschaftskadern Tür und Tor zur Aneignung von Sonderrechten und der Rettung ihrer Machtpositionen. Sie ermöglicht Geschäftsabschlüsse, die gegen die Wirtschafts- und Wettbewerbsgesetzgebung der EG verstoßen.

Die nach dem Prinzip der Einzelleitung eingesetzten alten SED-Wirtschaftskader verfügen noch immer über das Volkseigentum. Sie vertreten es in Verhandlungen und benutzen es, um sich einen besonderen Platz in einer neuen Markt- und Kapitalwirtschaft zu sichern.

Die ungenügende rechtliche Vorbereitung der Privatisierung und die überhastete Konzipierung des Statutes des „Amtes zur Verwaltung des Gemeineigentums" durch die verantwortlichen Regierungsstellen geben ihnen die Möglichkeit dazu.

Nicht die Überführung des Volkseigentums in ein Treuhandinstitut ist der Streitpunkt, sondern es muß vor der Bildung von Kapitalgesellschaften eine unentgeltliche personifizierte Eigentumsübertragung auf jeden Bürger durch das Parlament entsprechend den am Runden Tisch beschlossenen Vorlagen erfolgen.

Um vor der Privatisierung Schaden am Volkseigentum abzuwenden, hat die SPD beim Stadtbezirksgericht Berlin-Mitte eine Einstweilige Anordnung gegen die Ausverkaufsverordnung der Regierung Modrow wegen Verfassungsverstoßes beantragt.

Aus diesem Grunde interveniert die SPD gemeinsam mit Demokratie Jetzt am heutigen Tag erneut am Runden Tisch. Ziel ist, nach der Privatisierung das Eigentum in einer neuen Kapitalwirtschaft möglichst vorteilhaft zu plazieren.

Deshalb möge der Runde Tisch beschließen:

---

[9] Dokument 16/5, Anlagenband. Die Vorlage 16/3 wurde bis zur der Beschlußformel („Der Runde Tisch möge beschließen:") sehr frei vom schriftlichen Text abweichend vorgetragen. Siehe den genauen und vollständigen Wortlaut der **Vorlage 16/3** sowie die Anlagen zu dieser Vorlage im Anlagenband.

- Die Regierung wird nochmals aufgefordert, die Bewertung des Volkseigentums als Vorbedingung einer Privatisierung voranzutreiben.
- Die Regierung wird nochmals aufgefordert, auf der Grundlage der am 12. Februar und 26. Februar übergebenen Materialien die Privatisierung des dafür vorgesehenen Anteils des Volkseigentums zugunsten der Bürger vorzubereiten (siehe Anlage).
- Die Regierung wird aufgefordert, die „Verordnung zur Umwandlung von Volkseigenen Kombinaten, Betrieben und Einrichtungen sowie wirtschaftsleitenden Organen in Kapitalgesellschaften" bis zur unentgeltlichen Umwandlung des Volkseigentums in individuelles Eigentum der Bürger außer Kraft zu setzen.
- Bereits erteilte Zustimmungen der „Treuhandanstalt" oder des „Amtes zur Verwaltung des Gemeineigentums" zur Überführung von Volkseigentum in Privathand und zur Gründung von Kapitalgesellschaften sind für gegenstandslos zu erklären.
- Die Regierung wird aufgefordert, ein Rechtsgutachten erstellen zu lassen, inwiefern die rechtliche Aufwertung von genossenschaftlichem Eigentum auf die zugeteilten Eigentumsanteile anrechenbar ist.
- Die Regierung wird aufgefordert, ein Kartellamt zu installieren, das den Umstrukturierungsprozeß der Wirtschaft überwacht.

Begründung:
- Mit der „Verordnung zur Umwandlung von Volkseigenen Kombinaten, Betrieben und Einrichtungen sowie wirtschaftsleitenden Organen in Kapitalgesellschaften" und dem zugehörigen „Beschluß über die Bildung eines Amtes zur Verwaltung des Gemeineigentums" liegt ein Akt der Rechtsbeugung vor. Die Verordnung soll eine rechtliche Grundlage zur Übertragung von Eigentumsrechten an Volkseigentum auf natürliche Personen als Vorbedingung zur Bildung von Kapitalgesellschaften mit Auslandsbeteiligung schaffen. Dies ist – mit der gegebenen Verfassung – verfassungswidrig. Die Verfassung – auch nach ihrer Abänderung vom 12. Januar 1990 –, läßt die Umwandlung von Volkseigentum in Eigentum natürlicher Personen nicht zu (vgl. § 12 der Verfassung).
- Der Beschluß über die Bildung eines „Amtes zur Verwaltung des Gemeineigentums" berechtigt in Punkt 2 dies ausschließlich nur zur Verwaltung des produktiven Eigentums; er ist somit konform mit Paragraph 12,2 der Verfassung. Die „Verordnung zur Umwandlung ..." sieht aber in Paragraph 10 darüber hinaus den Verkauf von Geschäftsanteilen beziehungsweise Aktien durch das „Amt zur Verwaltung des Gemeineigentums" vor. Dies widerspricht auch Paragraph 20, Abs. 3 des ZGB [Zivilgesetzbuch], der einen solchen Verkauf ausdrücklich für unzulässig erklärt.
- Die Umwandlung von Volkseigentum in Eigentum natürlicher Personen setzt eine verfassungsgemäße Regelung des Eigentumsbegriffs voraus, der in der Verfassung der DDR nicht gegeben ist.
- Artikel 14 in der Verfassung stellt fest: Privatwirtschaftliche Vereinigungen zur Begründung wirtschaftlicher Macht sind nicht gestattet.

<u>Nicht die Überführung des Volkseigentums in ein Treuhandinstitut ist der Streitpunkt, sondern es muß vor der Bildung von Kapitalgesellschaften eine unentgeltliche Eigentumsübertragung auf das Volk durch das Parlament entsprechend den am Runden Tisch beschlossenen Vorlagen erfolgen.</u>

Danke.

Lange (Moderator): Danke, Herr Schneider.
Ich wiederhole das noch einmal, was unter diesem Antrag steht, SPD. Diese Vorlage wird zugleich von Demokratie Jetzt mit eingebracht. Und im Grunde ist es eine Erinnerung an das, was vom Runden Tisch festgelegt, beschlossen worden ist, denn Sie haben es aus den Formulierungen gehört, daß an einigen Stellen gesagt wird, daß die Regierung nochmals aufgefordert wird, dies, was hier bereits Gegenstand der Diskussion und Abstimmung war, zu bedenken.
Die **Vorlage 16/3** steht somit zur Aussprache. Wer möchte dazu das Wort nehmen?
Bitte, Herr Junghanns, DBD.

Junghanns (DBD): Ja, ich habe eine Frage, die mir aus der zurückgezogenen und jetzt auf die [Vorlage] 16/3 reduzierte Gesamtaufstellung trotzdem noch hochkommt, weil ich Klarheit haben möchte über die Tragweite und die Dimension der hier drin enthaltenen Regelungen.
Betrifft das auch die gegenwärtig, durch Beschluß der Volkskammer vergangene Woche, getroffene Regelung zur Überführung genossenschaftlich genutzten volkseigenen Bodens? Es war eine übereinstimmende Auffassung hier des Runden Tisches, die Existenzgrundlagen der Genossenschaften zu sichern, indem diese Positionen in den Produktionsmitteln der **Genossenschaften** rechtlich korrigiert werden und zugunsten der Genossenschaften geregelt werden.
Und in diesem Sinne ist die Entscheidung ja auch initiiert und gefaßt worden. Wenn das hier so einen generellen Stopp betrifft und Volkseigentum betrifft, bitte ich, davor zu warnen, daß das hier mit darunter fallen könnte. Wir sind dann dagegen.
Ich möchte da bitte eine Aufklärung haben, weil die gesetzliche Regelung vorsieht, daß dieser **staatliche Boden**, der sich über Jahre in genossenschaftlicher Nutzung befindet, durch ein Entgelt durch die Genossenschaften erworben wird. Danke.

Lange (Moderator): Das war eine konkrete Anfrage. Herr Ullmann hatte sich dazu gemeldet und Herr Schneider.

Ullmann (Minister o. G., DJ): Also, es geht natürlich auch um dieses Problem. Worauf hier gezielt wird, ist die folgende Frage. Es kann doch nicht sein, daß [das] **Volkseigentum**, mit dem ja gewirtschaftet worden ist in Jahrzehnten und wo Gewinn erwirtschaftet worden ist, jetzt aus dem Volkseigentum in **Genossenschaftseigentum** überführt wird, was denkbar ist.
Aber ohne, daß dabei in Anschlag gebracht wird, daß ja mittels des Volkseigentumes für das Volk etwas erwirtschaftet worden ist. Also, muß man dann schon so verfahren, wie es der Beschlußantrag vorsieht, daß man, wenn man die Einzelanteile des einzelnen Bürgers und der einzelnen Bürgerin berechnet, diejenigen, die schon aus diesem Volkseigentum, das Genossenschaftseigentum geworden ist, etwas bekommen haben, das muß man denen abziehen von ihrem

Besitzanteil, den sie als DDR-Bürger oder -Bürgerinnen am Gesamtreichtum des Volkes haben.

Anders geht es nicht. Sonst kommt es zu ganz gewaltigen Ungerechtigkeiten. Das ist eben auch das Problem mit dem jetzigen **Treuhandgesetz** der Regierung, daß es keine klare, rechtliche Regelung vorsieht hinsichtlich der Gerechtigkeit des Anteils am Gesamtreichtum des Landes.

Lange (Moderator): Herr Schneider, möchten Sie dazu ergänzen?

Schneider (SPD): Ich möchte es nur noch einmal auf einen Satz bringen. Das, was die Regierung beschlossen hat, ist die eine Seite, das andere ist, daß, wenn wir diese **40 000-Mark-Anteile** unentgeltlich vergeben, es natürlich gerecht ist, da noch einmal daran zu denken, inwieweit man diese Aspekte nicht vergißt.

Lange (Moderator): Herr Gehrke hatte sich gemeldet.

Gehrke (VL): Ich denke, daß die Intention des Antrages durchaus – und wir haben das ja vorhin schon bei dem Antrag des Neuen Forums im Grunde genommen behandelt – berechtigt ist, zu verhindern, daß per Hauruck-Aktionen vollendete Tatsachen dergestalt geschaffen werden, daß Volkseigentum, Staatseigentum privatisiert wird, auf welchem Wege auch immer. Das ist das eine.

Wir meinen, der entschiedene Schritt dazu, um das zu verhindern, das sind die Dinge, über die wir vorhin gesprochen haben. Ich sage das Stichwort **Wirtschaftsdemokratie, Kontrolle der Belegschaften** über die Personalchefs, über die Direktoren, generell Einbeziehung der **Werktätigen** in die wirtschaftlichen Dinge, und nicht weiterhin das Vorantreiben der Aussperrung der Werktätigen aus solchen Prozessen.

Also, vor allen Dingen: Schaffung der Öffentlichkeit, der Kontrolle durch die Belegschaften. Wir glauben, daß der Weg, der hier von der SPD vertreten wird, genau das Gegenteil bewirkt. Es ist sicherlich sehr populär, jedem 40 000-Mark-Anteile zu versprechen. Das ist aber der sicherste Weg, damit im nächsten Jahr die Großbanken, entweder die eigenen oder, was ja noch viel ärger vor der Tür steht, die hereinbrechenden **Großbanken aus Westdeutschland und Westeuropa,** genau diese Anteile in der Hand behalten und dort wieder neu konzentrieren.

Wir meinen, wenn vom Volkseigentum die Rede ist, dann kann es nur sozusagen als ganzes Volkseigentum sein, was ja nicht ausschließt, daß die Verbindung zwischen persönlichen Interessen und denen des staatlichen oder des Volkseigentums hier hergestellt werden muß über **Gewinnbeteiligung, Obligationen.**

Es ist ja viel möglich. Jedenfalls halten wir diesen Weg, die vollständige Privatisierung und Individualisierung zu gehen, für den genau entgegengesetzten Weg, als den, der hier zunächst einmal als Anliegen vorgetragen wurde.

Lange (Moderator): Herr Junghanns, DBD.

Junghanns (DBD): Herr Meißner spricht jetzt.

Lange (Moderator): Herr Meißner, bitte.

Meißner (DBD): Ich möchte einige Bemerkungen machen zu dem, was Herr Dr. Ullmann gesagt hat. Im **volkseigenen Betrieb** mag das so sein, daß die Belegschaft das Volkseigentum erwirtschaftet. Was den Boden betrifft, so ist der Boden völlig wertlos für die landwirtschaftliche Produktion, wenn er nicht bewirtschaftet wird. Und die **Bewirtschaftung des Bodens** liegt seit Jahr und Tag in den Händen der Genossenschaftsbauern. Das ist ein erstes Argument, was ich hier einfließen lassen möchte.

Ein zweites Argument ist das, daß dieser Boden ja bezahlt wird und daß das Volkseigentum in Geldform weiter bestehen bleibt. Insofern meine ich schon, daß es ein Unterschied ist, ob es sich um einen volkseigenen Betrieb der Industrie handelt oder um das Hauptproduktionsmittel der **Landwirtschaft,** den Boden. Ich möchte meinen, daß man hier graduelle Unterschiede in der Auffassung machen sollte.

Danke schön.

Lange (Moderator): Bevor ich Herrn Willich das Wort gebe, möchte ich Sie freundlich an unsere Tagesordnung erinnern, die wir beschlossen haben. Ich gehe davon aus, daß es nötig ist, 11.30 Uhr eine Pause zu haben. Bis dahin müßten wir die Einzelanträge unter Dach und Fach haben. Sie verstehen diesen freundlichen Hinweis. Wenn wir die anderen wichtigen Punkte auch mit der gebührenden Zeit bedenken wollen, ist es nötig, daß wir uns jetzt auf das Wesentliche konzentrieren. Ich danke Ihnen für Ihr Verständnis.

Es hatte sich Herr Willich als nächster gemeldet, dann Herr Fischbeck und Herr Wolf.

Willich (NDPD): Dieser Antrag bündelt unseres Erachtens so viele komplizierte **Fragen der Rechtsentwicklung** vergangener und künftiger Zeiten, daß eine gründliche Prüfung all der aufgeworfenen Fragen und Probleme eigentlich erforderlich wäre durch **die Arbeitsgruppe „Wirtschaft"** und **die Arbeitsgruppe „Recht"** des Runden Tisches. Das ist aber ja nicht mehr möglich, aus bekannten Gründen.

Ich möchte erklären, wir sehen uns außerstande, in kurzer Zeit und ohne gründliche Konsultationen zu diesen Problemen einer solchen Vorlage hier zuzustimmen oder sie abzulehnen. Ich halte das für unmöglich. Wir sind damit überfordert.

Lange (Moderator): Herr Fischbeck, dann Herr Wolf.

Fischbeck (DJ): Ich möchte erstens sagen, daß es sich nicht darum handeln kann, daß das sogenannte Volkseigentum vollständig in die Hand des Volkes übergeben werden kann. Bedeutende Anteile des Volkseigentums müssen in staatlicher Verfügung bleiben. Das ist das eine. Das sind alle **öffentlichen Einrichtungen,** Verkehrseinrichtungen und so weiter.

Zweitens: Das sogenannte Volkseigentum ist marktwirtschaftlich nicht operabel. Es muß auf möglichst gerechte Weise personifiziert werden. Das ist der Sinn dieses Antrages und gerechter als jedem das gleiche zu geben, geht es nicht.

Das dritte, was ich sagen möchte: Wenn hier gesagt worden ist, daß es sich um **Eigentumsanteile** etwa in der Höhe von 40 000 Mark handeln könnte, so ist daraus zu ersehen, daß hier eine gewisse **Bewertung des Volkseigentums** schon schätzungsweise im Hintergrund steht.

Dies zeigt aber auch, daß der Wert des Volkseigentums auf dem Spiel steht, und zwar steht er ganz massiv auf dem Spiel, wenn es zur vorschnellen Einführung einer **Währungsunion** kommt. Denn dann muß man befürchten, daß große Teile des Volkseigentums in Konkurs gehen und das Volkseigentum nur noch als Kadaver da liegt.

Deswegen ist mit diesem Antrag, der auch eine Verpflichtung zum sorgfältigen Umgang mit dem Volkseigentum einschließt, [dieses damit] verbunden.

Danke schön.

Lange (Moderator): Herr Wolf, LDP; dann Herr Gysi.

Wolf (LDP): Wir teilen die Auffassung, daß mit diesem Volkseigentum vor einer Entscheidung darüber, wie es sich weiter entwickelt, in welche Eigentums- und **Bewirtschaftungsformen** es übergeht, sehr grundsätzlich, sehr wichtig und sehr sorgfältig darüber befunden werden muß, wobei ich auch sagen möchte, die Tragweite dessen und die Zielrichtung der weiteren Entscheidungen machen natürlich deutlich, daß es schwierig ist, hier differenziert und sachkundig zu entscheiden.

Wenn wir das so gesehen hätten, hätten wir uns in die Lage versetzt, beispielsweise also weitere Wirtschaftsexperten unserer Partei mit hinzuzuziehen. Das ist heute nicht der Fall. Man kann zu allem etwas sagen, aber man weiß natürlich längst nicht alles. Und das möchte ich hier freimütig erklären, was uns angeht.

Aber, bevor überhaupt darüber befunden werden kann, und soviel Sachkunde, glaube ich, hat jeder von uns, ist schon allein die Forderung dieser Vorlage, die Bewertung des Volkseigentums als Vorbedingung einer **Privatisierung** voranzutreiben, eine ganz entscheidende.

Mir ist also zum Beispiel bekannt, daß es nach bisherigen, „Mittaglichen" Gepflogenheiten ja sehr oft bei Investitionen, bei Exporten und bei anderen Vermögensbewegungen in der volkseigenen Wirtschaft diesen Umrechnungsfaktor 1 zu 5 gab.

Teilweise ist betriebliches Vermögen nach **Wertgrundsätzen** bewertet, die **Wachstumsbestrebungen** vergangener Zeit geschuldet waren, aber in **Wirklichkeit** gar nicht den richtigen Wert aussagten. Das heißt, wir haben teilweise administrative und nicht von der Produktion her gegebene Wertaussagen in unserer Wirtschaft.

Hier muß also manches noch vorher bereinigt werden, um bestimmten **Größenwahn**, der in Wirklichkeit die Kaschierung nicht gebrachter **Effektivität** zum Ausdruck hatte, wieder zurückzuführen. Für diesen Ausdruck entschuldige ich mich nicht, obwohl man teilweise diese Dinge ja sogar mitgemacht hat, weil man solange nicht durchgeschaut hat.

Also, ich betone noch einmal, bevor wir hier bei Zustimmung der Absicht des Schutzes des Volkseigentums, des Schutzes im Sinne seiner **Wertsubstanz** und des weiteren Weges unserer Entwicklung – bevor darüber befunden werden kann, wohin es sich entwickelt, in welche Hände es kommt – und es muß verändert werden, dieser Eigentumsstatus, das sehen wir auch so –, [muß] die Wertmasse, die wir haben, erst einmal sauber dargestellt werden.

Wir haben in einer der ersten öffentlichen Diskussionen das Wort geprägt nach der **Wende**: Es muß ein **Kassensturz** stattfinden. Nicht nur auf den Konten, sondern auch im substantiellen **Vermögen** was wir haben, im Anlagenvermögen.

Unserer Meinung nach hat dieser Kassensturz nicht stattgefunden. Und deshalb sind wir schon der Auffassung, voreilige Veränderungen, die dann zur Rechtsunsicherheit führen, und das ist bisher eingetreten, nicht weiter zu forcieren, aber in erster Linie darüber mit Nachdruck [zu] befinden, daß diese **Bewertung des Volkseigentums,** und natürlich auch anderer Bereiche, die Landwirtschaft wurde hier angeführt, erst einmal stattfinden muß.

Diesem Teil der Vorlage können wir uns unbedingt anschließen. Alle anderen Dinge würde ich für meine Partei zur Zeit sagen, die können wir als löbliche Absicht zur Kenntnis nehmen, aber wir können darüber nicht sachkundig entscheiden.

Lange (Moderator): Danke, Herr Wolf.

Als nächster ist an der Reihe Herr Gysi, PDS; danach Frau Kögler, Demokratischer Aufbruch.

Gysi (PDS): Also, ich glaube, hier gibt es mehrere Probleme. Das erste ist, diese Verordnung des Ministerrates sollte ja offensichtlich bereits dem Schutz des Volkseigentums dienen, indem man international übliche Rechtsformen wählt, aber gleichzeitig mit der **Treuhandstelle** eine Art Sicherung einbaut, um das wegzukriegen von dem einzelnen Kombinat und Betrieb hin zu einer zentralen Stelle.

Die Rechtsform an sich, **Aktiengesellschaft** oder **GmbH**, besagt ja gar nichts. Also, **DEFA** [Deutsche Film-AG] und **Mitropa** [Mitteleuropäische Schlafwagen- und Speisewagen-AG] waren immer schon Aktiengesellschaften, sie waren trotzdem Volkseigentum. Und daß [eine] Aktiengesellschaft mit Qualität nicht unbedingt etwas zu tun hat, kann man auch bei der Mitropa deutlich erkennen. Also, ich will nur sagen, das besagt ja erst einmal noch gar nichts.

Aber das ganze Problem ist doch das Aktienrecht selbst. Und das fehlt ja deshalb auch in der Verordnung. Und das wird mir auch hier nicht deutlich. Was passiert denn nun, wenn jemand von seiner Großaktie, also seinem 16-millionsten Teil die Wohnung erwirbt, wer kriegt denn dann wieder diesen Teil? Wer wird dann Eigentümer wieder dieses 16-millionsten Teils des Bürgers X? Wird das die **KWV** [Kommunale Wohnungsverwaltung], wird das der Staat? Welcher Eigentümer entsteht denn bei Übergabe dieser Scheine? Wem gehören dann die Volkseigenen **Betriebe,** also gehören [sie] erst einmal allen 16 Millionen?

Und jetzt fangen die an zu verwerten, so wie hier geschildert worden ist, durch **Wohnungserwerb** oder durch andere Formen. Das ist ja denn die Abgabe meines Anteils daran. Damit entsteht ja ein neuer Eigentümer. Wer soll das sein? Oder kriegt das Ganze dann doch mehr oder weniger einen herrenlosen Status?

Ist das mit Börse, ist das ohne **Börse**? Das sind alles Fragen, um die es geht. Ich würde folgendes sagen:

Erstens: Dieser Antrag war leider offensichtlich nie in der Arbeitsgruppe „Wirtschaft". Der SPD-Antrag war nicht da. Da hätte das beraten werden müssen.

Zweitens: Das Hauptproblem ist doch, welchen Weg geht man? Geht man den mit dem 16-millionsten Teil oder geht man den **Belegschaftsweg**? Der Belegschaftsweg hat natürlich große Vorteile, weil er auch effektiver ist, von der Ökonomie her. Das würde ich schon denken, daß man das zunächst einmal konkret zumindest prüfen müßte.

Ich fühle mich da auch nicht kompetent genug, auf jeden Fall dem Hauptanliegen, erstens Bewertung und zweitens, also daß hier keine Schritte gegangen werden, die nicht mehr rückgängig zu machen sind, das ist richtig.

Aber ob diese Lösungsvariante auch die ökonomisch sinnvollste ist und welche Folgen das letztlich hat und wo sich dann irgendwann das Volkseigentum wiederfindet, das ist mir alles noch zu nebulös und da könnte ich nur warnen, jetzt schon einen solchen Schritt zu gehen, bevor mit entsprechenden Wirtschaftsgutachten das wirklich sicher geklärt ist.

Ich wäre vielmehr dafür, alle diesbezüglichen Wege zu prüfen und eben zu sichern über das Feld, was hier vorhin besprochen worden ist, also **Arbeiterdemokratie, Treuhandstelle, Betriebsräte, Gewerkschaften** und so weiter, daß hier die Interessen an diesen Eigentumsformen bewahrt werden und hier nicht leichtfertig [an] irgendwelche, sagen wir einmal, anderen Interessen vergeben werden.

Noch eine Bemerkung: Das mit den Anteilen ist ja dann auch kompliziert, das muß man ja auch festlegen. Welcher Anteil des Volkseigentums soll das sein? Was steht dann noch für **Kapitalbeteiligung** zur Verfügung oder nicht zur Verfügung? Im übrigen würde das natürlich den Paragraphen 20 ZGB genau so widersprechen, und es würde der Verfassung genau so widersprechen.

Wer soll die Verfassung jetzt noch ändern? Die **Volkskammer** hat beschlossen, sie tagt nicht mehr. Damit ist das eine Sache, die also sowieso nur an die neue Volkskammer gehen kann. Und es ist gar nicht realistisch jetzt, diese Forderung an die Regierung zu stellen. Also, hinsichtlich dieses Folgeweges. Was anderes sind eben die **Bewertungsfragen.** Das ist eine andere Geschichte, das kann man natürlich sofort einleiten.

Lange (Moderator): Frau Kögler, Demokratischer Aufbruch; danach Herr Jordan. Es haben sich weiter gemeldet Herr Schulz und Herr Fischbeck. Und ich denke, dann sollten wir diese Rednerliste zum Abschluß bringen.

Frau Kögler hat das Wort. – Ja, Herr Schneider kommt auf jeden Fall noch einmal dran.

Kögler (DA): Danke. Ich will nicht alles wiederholen, was Herr Gysi gesagt hat. Und es soll auch niemanden irritieren, daß der Demokratische Aufbruch auch wieder eine vergleichbare Auffassung dazu hat.

Es wäre dieser Runde Tisch, meine ich, überfordert, jetzt hier im einzelnen etwas zu regeln und neue Flickschusterei zu begehen. Davor muß ich also dringend warnen. Insoweit habe ich auch die gleiche Auffassung wie die NDPD. Das muß einer Expertengruppe vorenthalten bleiben.

Und was bisher an gesetzlichen Regelungen gekommen ist, bitte, schauen Sie einmal in die **Joint-ventures-Regelung,** da ist eben auch bereits eine Bewertung des einzubringenden Vermögens von einer neutralen Stelle vorgesehen. Ein Blick in die bereits vorhandenen gesetzlichen Regelungen und genau zu bedenken, was da für Folgen daraus entstehen, wäre schon nützlich für alle.

Entschuldigen Sie, wenn ich das so sage, aber es würde wirklich nichts bringen außer Flickschusterei.

Lange (Moderator): Herr Jordan, Grüne Partei.

Jordan (GP): Die Grüne Partei setzt sich generell für vielfältige **Eigentumsformen** ein, und wir meinen, daß hier dieses Herangehen also nicht geeignet ist, irgendwo etwas zuzuordnen.

Beispielsweise würden wir doch meinen, daß die Post und die Bahn weiterhin also im Volks- oder Staatseigentum bleibt. Demzufolge müßte das doch gesondert hier herausgenommen werden und dann entsprechend auch einer Bewertung unterzogen werden. Genauso ist bei den Genossenschaften zu verfahren.

Und wir meinen also, daß man deshalb, da diese Struktur hier auch nicht angedeutet ist, nicht über dieses Papier hier weiterverhandeln kann. Wir meinen, das müßte erst noch einmal dann konkret also sortiert und entsprechend in einer Arbeitsgruppe diskutiert werden.

Lange (Moderator): Herr Schulz, Neues Forum; gefolgt von Herrn Fischbeck, Demokratie Jetzt.

Schulz (NF): Ich denke, daß das nicht so kompliziert ist, wie es jetzt hier am Runden Tisch gemacht wird. Es geht auch bei dieser Vorlage um eine **politische Grundrichtung.** Und natürlich werden wir en detail diese Fragen hier nicht ausdiskutieren können. Ich könnte Ihnen zehn und mehr weitere Aspekte nennen, die wir hier alle noch zu bedenken hätten.

Entscheidend ist der Grundvorschlag der SPD, das Volkseigentum in individuelles **Eigentum** zu überführen. Das heißt, das Prinzip, ein **16-millionstel** individuelles Eigentum einzuführen, das würde über eine Kapital-Teilhabe-Urkunde laufen können, und der Rechtsbegriff oder als Rechtssubjekt würde eine **Holding-Gesellschaft** auftreten, eine **Treuhand-Gesellschaft** oder eine Treuhand-Bank.

Und ich denke auch nicht, daß es dazu beiträgt, wenn Herr Gysi das hier kompliziert. Mit dieser **Teilhabe-Urkunde** kann natürlich die Wohnung erworben werden. Die wird in dem Falle abgekauft von der bisherigen KWV und befindet sich dann im Eigentum des Mieters. Es ist eine Eigentumswohnung geworden.

Es könnte diese **Kapital-Teilhabe-Urkunde** zusammengelegt werden, um Teile eines maroden VEB-Betriebes aufzukaufen, um ein mittelständisches Unternehmen zu gründen, indem sich dort einige Partner zusammenlegen. Es könnte diese Teilhabe-Urkunde genutzt werden, um die Rechte Dritter beispielsweise auszugleichen, die hier erhoben werden. Es könnte diese Teilhabe-Urkunde eingebracht werden, um lukratives Aktienkapital bei entsprechenden **Joint-ventures-Unternehmen** zu erwerben.

Also: Die Möglichkeiten sind vielfältig, natürlich muß das im Detail ausgehandelt werden, aber es geht um eine politische Grundrichtung in diesem Vorschlag.

Lange (Moderator): Herr Fischbeck.

Fischbeck (DJ): Die politische Grundrichtung ist natürlich die, zu verhindern, daß das Volkseigentum angeeignet wird durch, was vorhin ja schon zur Sprache gekommen ist, durch die Chefs von gestern, daß die **Chefs von gestern** die Eigentümer des Volkseigentums werden, so oder so, das ist zum Teil schon im Gang. Dies muß verhindert werden.

Wie dann im einzelnen verfahren werden muß oder verfahren werden kann, um Teile dessen, was bisher **Volkseigentum** hieß – dieses Wort ist ja eine Lüge gewesen, es war ja Eigentum des SED-Staates, letzten Endes [war es] **Eigentum des Politbüros** gewesen – also wie das im einzelnen vor sich gehen muß, bedarf natürlich intensiver Diskussionen.

Es gibt eine Fülle von verschiedenen Varianten dafür. Und hier in dieser Beschlußvorlage ist keine besondere Variante vorgezeichnet. Das ist klar, daß da noch Expertenberatungen notwendig sind. Es ist auch klar, daß nicht alles, von dem, was bisher Volkseigentum hieß, auf diese Art und Weise in die Hände der Bürger gelegt werden kann.

Ich sagte es bereits, daß selbstverständlich größere Teile dessen wirkliches **Staatseigentum** werden müssen, in dem Sinne, daß man das auch sagt und daß staatlich darüber verfügt wird. Das sind selbstverständlich alle öffentlichen Einrichtungen, das ist das **Gesundheitswesen,** das sind **Bahn und Post;** ja wahrscheinlich auch, darüber kann man noch streiten, auch die **Energiewirtschaft** und die **Versorgungswirtschaft,** die Stadtwirtschaft und all dieses.

Das ist klar, daß diese Teile des Volkseigentums in die Hände **staatlicher Verfügung** gelegt werden müssen und daß auch ein Teil des Volkseigentums in staatlicher Verfügung bleiben muß, um Ansprüche Dritter zu befriedigen, wenn **unrechtmäßig Eigentum** in sogenanntes Volkseigentum, das heißt also in die Verfügung des SED-Staates überführt worden ist – also nur – und auch das ist natürlich eine komplizierte politische Entscheidung – wie hoch jeweils also die verschiedenen Anteile sind und wie hoch im Endeffekt der Anteil ist, der in die Hände des Volkes gelegt werden kann.

Und schließlich ist noch zu sagen, daß die – und zwar sage ich das im Blick auf **das Joint-ventures-Gesetz**, wo also irgendwelche neutralen Gutachter den Wert des Volkseigentums feststellen wollen – der eigentliche Wert des Volkseigentums läßt sich erst am Markt feststellen. Denn die Bewertungskriterien, die vorliegen, sind völlig irreal.

Und daher bedarf es eines bestimmten **Bewertungsvorganges,** der erst nach Einführung der Marktwirtschaft und nach der entsprechenden Durchführung der Wirtschaftsreform möglich ist. Das muß also auch dazu gesagt werden.

Deswegen noch einmal mein Hinweis darauf, von welch großer Bedeutung für uns alle, für jeden Bürger der DDR, die **Wirtschaftsreform** ist, und vor allem eben der Zeitpunkt der **Währungsunion** im Verlauf der Wirtschaftsreform. Daß dieses Volkseigentum eben nicht, wie es die politischen Konzepte, besonders die im Zusammenhang mit dem Anschluß nach Artikel 23 vorsehen, zu einem Konkurs großer Teile des Volkseigentums führen.

Danke schön.

Lange (Moderator): Der Einbringer hat das Schlußwort, Herr Schneider. Aber bevor dies geschieht, Herr Börner hatte sich noch gemeldet, PDS, bitte.

Börner (PDS): Es wird doch eigentlich offensichtlich, daß alle hier anwesenden Parteien und Bewegungen die gleiche Sorge bewegt, und zwar die so hier ausgedrückte Sorge, daß ein Mißbrauch der bisher nicht **rechtlich fixierten Kategorie Volkseigentum** abzusehen ist und daß es darum geht, diese Kategorie Volkseigentum auch für die Zeit nach dem 18. [März 1990] rechtlich zu sichern im Interesse der Bürger dieses Landes, diese gemeinsame Sorge.

Jetzt geht es eigentlich um die Frage: Ist mit der Verordnung zur Einrichtung einer **Treuhandbank** dieser Sorge zunächst erst einmal Rechnung getragen? Da gibt es unterschiedliche Auffassungen. Wir gehen in eine der Richtungen, daß hier die Sorge vorgetragen wird, daß **die alten Leiter**, die die bisher nicht ausreichend ausgebauten Regelungen dieser Verordnung ausnutzen können, um sich Volkseigentum anzueignen.

Ich glaube, daß der richtige Weg dazu der ist, den wir vorhin als ersten Antrag, ersten Tagesordnungspunkt behandelt haben und hier auch mehrfach gesagt wurde, daß es hier unter **demokratische Kontrolle** zu stellen ist und daß die vor allen Dingen über den Weg der Kontrolle durch die **gewerkschaftlichen Vertretungen** oder **Betriebsräte** oder andere Formen über bisherige, in dem Sinne des ersten Antrages zur Zeit nur amtierenden Leiter verhindert wird, daß es einen solchen Mißbrauch gibt.

Wir haben die Sorge, wie hier auch von der Vereinigte Linke ausgedrückt wird, daß der hier in der Richtung formulierte Antrag der SPD und Demokratie Jetzt eine **Privatisierung des Volkseigentums,** das eigentlich, wie es hier im Antrag auch formuliert wird, verhindert werden soll, auch mit den Regelungen, wie sie jetzt angeboten werden, eigentlich doch eine Privatisierung – mit der Sorge, daß nicht alte Leiter sich Volkseigentum aneignen, sondern neue **Banken** sich Volkseigentum aneignen. Und die Sorge haben wir, wenn man die jetzige Formulierung benutzt.

Lange (Moderator): Zur Geschäftsordnung hat sich Herr Schmidt gemeldet. Bitte.

Schmidt (CDU): Ich beantrage Schluß der Debatte. Ich glaube, daß die Anliegen, die hier mit diesem Punkt verbunden sind, deutlich genug sind. Wir werden ohnehin hier wie in vielen anderen Punkten dem **künftigen Parlament und Regierung** nur unsere Anliegen weitergeben können in der Hoffnung, daß sie dort aufgegriffen werden. Wir haben noch sehr viele Dinge heute in dieser Weise zu erledigen. Deshalb bitte ich darüber abzustimmen, ob wir nicht jetzt hier Schluß machen können.

Lange (Moderator): Ja, es war auch keine Wortmeldung bis auf den Einbringer, der es hier erwähnt hatte.

Ein anderer Geschäftsordnungsantrag, bitte, Herr Ullmann.

Ullmann (Minister o. G., DJ): Ehe hier Schluß der Debatte beantragt wird, also da setze ich sonst etwas in Bewegung und nicht nur diesen Knopf.

Lange (Moderator): Können Sie sich einmal ein bißchen näher erklären, was denn alles in Bewegung gesetzt wird?

Ullmann (Minister o. G., DJ): Ja, denn, meine Damen und Herren am Runden Tisch, das ist die augenblickliche Grundfrage der Politik, um die es geht: Ist das Land willens, das Recht des einzelnen Bürgers und der einzelnen Bürgerin hier zu einem Gegenstand seiner Aktivität und seines Schutzes zu machen oder nicht? Denn man mag zum **Volkseigentum** stehen wie man will, es ist eine **Rechtsform** in der DDR.

Und ich sagte vorhin schon, wenn man in irgendeiner Weise politische Verantwortung trägt, und das tun wir alle, nicht nur, wenn jemand Minister ohne Geschäftsbereich ist, wir tun es alle, dann muß er an dieser Stelle irgendetwas sagen und nicht nur in Ausschüsse verweisen und sagen, das verstehe ich nicht.

Dann müssen wir uns Zeit nehmen solange, bis wir es verstanden haben. Aus vielen Wortmeldungen und Gesprächsbeiträgen habe ich gesehen, es ist nicht verstanden worden, worum es hier geht. Und die Politik unseres Landes ist leider an dieser Stelle so unklar wie nur möglich.

Frau Kögler, das **Joint-ventures-Gesetz,** man sehe nur einmal die Presse, die es bekommen hat. Und das ist nicht nur kapitalistische Willkür oder so etwas, es ist wirklich unzulänglich.

Wir müssen sagen, was wir wollen, wenn wir zur **Marktwirtschaft** hin wollen, aber wenn wir das wollen, dann müssen wir andererseits alles tun, damit nicht Bürgern und Bürgerinnen Unrecht geschieht, und das ist schon weitgehend im Gange. Und dann muß man an dieser Stelle Farbe bekennen.

Und es geht nicht nur über die **Kaderpolitik,** sondern man muß das tiefgehende rechtliche Problem anpacken, um das es hier geht. Und das kann man nicht nur durch Vertagen, sondern man muß sich hier entscheiden, wollen wir es oder wollen wir es nicht. Wenn wir es nicht wollen, dann ist meines Erachtens die **Funktion des Runden Tisches** aber auch **der Regierung** schon erloschen.

Lange (Moderator): Herr Minister Ullmann, wie lautet Ihr Geschäftsordnungsantrag? Sie haben sich zur Geschäftsordnung gemeldet.

Ullmann (Minister o. G., DJ): Der Geschäftsordnungsantrag lautet: Fortführung der Debatte auf jeden Fall. Denn das hängt auch mit der **Verfassung** zusammen, was wir hier besprechen, nicht. Die Festschreibung des **Volkseigentums** ist ein Teil der noch geltenden Verfassung. Und wir müssen irgendeine Willensäußerung tun: Wie wollen wir denn damit verfahren? Wir können es doch nicht irgendwo liegenlassen.

Lange (Moderator): Ja, vielen Dank. Mir ging es nur darum, was jetzt abzustimmen ist. Ich möchte als Moderator dieses Gesprächsganges Sie darauf hinweisen, daß die Willenserklärung oder die Absichtserklärung des sehr komplizierten schwierigen Themas, was wir jetzt verhandeln, eigentlich am Schluß des Antrages steht, in dem letzten Abschnitt.

Da wird deutlich gesagt: „Nicht die Überführung des Volkseigentums in ein **Treuhandinstitut** ist der Streitpunkt, sondern es muß vor der Bildung von Kapitalgesellschaften eine unentgeltliche Eigentumsübertragung auf das Volk durch das Parlament entsprechend den am Runden Tisch beschlossenen Vorlagen erfolgen."

Ich möchte also Sie darauf hinweisen. Einmal: Wir haben gemeinsame Sorgen, das ist keine Frage. Wir haben sie jetzt ausgesprochen. Wir haben aber auch gemeinsame Probleme, und ich sehe im Moment eigentlich nicht die Zeit und die Möglichkeit, alle Unklarheiten zu diesem schwierigen Gebiet auszuräumen.

Ob das uns heute gelingt, wage ich zu bezweifeln. Aber wir haben hier eine **Absichtserklärung,** die sich bereits auf das berufen kann, was am Runden Tisch verhandelt worden ist.

Wir haben aber zwei Geschäftsordnungsanträge. Ich wollte dies gern aber noch zur Erläuterung sagen. Der eine Geschäftsordnungsantrag heißt: Schluß der Debatte. Das würde aber bedeuten, da ich bereits vorher dem Einbringer gesagt hatte, daß er zu Wort kommt, das dies noch geschieht. Und der zweite Geschäftsordnungsantrag lautet: Diese Debatte fortzusetzen.

Herr Ziegler, bitte.

Ziegler (Co-Moderator): Das ist aber im Grunde einer nur. Es ist nur abzustimmen über den Schluß der Debatte, dann ergibt sich, ob Herr Ullmann durchkommt oder die anderen, nicht.

Lange (Moderator): Ja, ich stelle also jetzt zur Abstimmung: Wer dafür ist, daß wir jetzt diese Debatte abbrechen, den bitte ich um das Handzeichen. Darf ich Sie freundlich bitten, sich deutlich zu melden? – Wer ist dagegen? – Wer enthält sich? Brauchen wir eigentlich nicht [zu zählen]. Wir diskutieren weiter.

Ich gebe zunächst das Wort Herrn Schneider. – Entschuldigung, Sie haben Recht. Darf ich Sie noch einmal bitten, ja. Wollen wir noch einmal abstimmen oder ist es jetzt – –

Es waren 7 dafür, 11 dagegen, 17 dagegen. Wir müssen die Abstimmung wiederholen. Ich denke, es ist fair, damit wir ganz genau nach unseren beschlossenen Regeln heute zum letzten einmal doch vorgehen. Zweidrittelmehrheit bei Geschäftsordnungsanträgen. Brauchen wir nicht? –

Bitte, dann hat Herr Schneider das Wort, wie bereits angekündigt.

Schneider (SPD): Ich möchte jetzt nicht auf die einzelnen Aspekte eingehen, die hier gesagt wurden. Aber ich muß einmal etwas Generelles sagen, nicht nur, weil es mein Ansinnen ist, sondern so, wie ich meine, das Ansinnen des Volkes ist.

Hier wird zuweilen geredet, und da wende ich mich insbesondere an die PDS und den Demokratischen Aufbruch, als würde jeder Gegenstand, der hier besprochen wird, heute zum ersten Mal auf dem Tische liegen. Ich meine, man muß erwarten, wenn man mitsprechen will, daß man die Unterlagen studiert.

Und wie hier was zu funktionieren hat in diesem Sachverhalt, ist vor Wochen auf diesem Tisch gewesen, ist in der Wirtschaftsgruppe des Runden Tisches verhandelt worden, einen ganzen Tag lang, ist beschlossen worden, und dann kommt jemand heute hierher und tut so, als wüßte er von nichts. So geht das nicht.

Wir müssen, wenn wir uns hier nicht zum Debattierclub am Abschluß noch entwickeln wollen, doch mindestens dann uns so weit qualifizieren, daß wir die Dinge einsehen, die auf dem Tische liegen.

Danke.

Lange (Moderator): Ja, vielen Dank. Das war das Schlußwort des Einbringers. Wir haben am Anfang darauf verwiesen, daß mehrfach diese Dinge beraten worden sind. Die Vorlagen sind hier erwähnt. Ich denke, wir sollten dann diese Vorlage zur Abstimmung stellen. Es gibt ja einige, die Bedenken geäußert haben. Das können Sie durch ihre Abstimmung dann deutlich machen.

Zur Geschäftsordnung, Herr Junghanns.

Junghanns (DBD): Weil wir mit dem Anliegen übereinstimmen, nur in der einen Frage, die ich dargestellt habe, uns selbst widersprechen würden, weil wir hier an dem Tisch ein Gesetz initiiert haben vor drei Wochen, möchte ich ein Minderheitenvotum einbringen zur **Ausnahmeregelung** in diesem besonderen Fall der **Bodennutzung** genossenschaftlich genutzten staatlichen Bodens. Das ist entschieden, und auch im Sinne des Schutzes der Existenz und der Eigentumsrechte der Bürger in diesem Land.

Lange (Moderator): Ja, vielen Dank. Ich denke, das widerspricht nicht unseren Regeln der Geschäftsordnung, das ist in jedem Fall möglich.

Geschäftsordnungsantrag, Herr Gysi, bitte.

Gysi (PDS): Wir hatten gerade beschlossen, die Debatte fortzusetzen, und dann stellen Sie das zur Abstimmung? Das geht meines Erachtens nicht.

Lange (Moderator): Es waren keine Wortmeldungen. Jetzt kommt eine.

Herr Fischbeck, bitte.

Fischbeck (DJ): Ich wollte erstens sagen, daß mit dieser Vorlage keineswegs Aussagen darüber gemacht werden, daß der **Boden privatisiert** werden soll. Das gehört also zu den noch im einzelnen auch politisch zu bewertenden und zu diskutierenden Varianten, ob der bisher in **Staatseigentum** befindliche Boden überhaupt privatisiert werden soll.

Wir jedenfalls sind eher dagegen oder überhaupt dagegen, den zu privatisieren, das heißt also [wir sind dafür,] nur **Nutzungsrechte** zu übertragen. Und dann könnte es durchaus bei dem bleiben, wie es bisher war, was den Boden betrifft. Wenn ich das recht sehe, ist also in der Vorlage darüber keine Aussage getroffen.

Das zweite ist, was mir ganz wichtig ist, alles das, was **Mitbestimmung, Arbeiterdemokratie,** auch Wählbarkeit von Leitungsfunktionen betrifft und wo konkret **Vergesellschaftung von Produktionsmitteln** sich vollzieht, steht in gar keinem Widerspruch zu dem, was hier vorgesehen wird. Hier geht es um das Eigentum.

Dieses Eigentum gelangt nicht in die Hände von **Banken,** sondern konkret in die Hände jedes Bürgers. Nachdem also ein **Bewertungsvorgang** des Volkseigentums stattgefunden hat und bekannt ist, wieviel jedem Bürger dieses Landes zukommt, kann jeder Bürger dieses Landes sich nehmen vom Kuchen des Eigentums, was für ihn möglich ist, zum Beispiel die Wohnung, die er bewohnt, zum Beispiel **Aktien** des Betriebes, in dem er arbeitet oder auch andere Aktien.

Das bleibt nicht in den Händen von Banken, sondern kann konkret in die Hände von Bürgern gelangen. Bürger können selbstverständlich auch **Genossenschaften** bilden, können auch Treuhänder beauftragen, damit umzugehen. Eltern können für ihre Kinder damit umgehen.

Da sind im Detail eine Fülle von Regelungen zu treffen und eine Fülle von Problemen damit verbunden. Die sind aber nicht Gegenstand dieses Antrages, sondern hier geht es wirklich nur um den Grundsatz der Überführung des notwendigen Teiles, des also nicht staatlich zu verfügenden Teiles des Volkseigentums in die Hände des Volkes, im Sinne des **Eigentumsrechtes** als des **Verfügungsrechtes** darüber. Das steht nicht im Widerspruch zu Mitbestimmung über das **Produktivvermögen** eines Betriebes.

Danke.

Lange (Moderator): Es haben sich gemeldet Herr Meißner und Herr Stief. Oder ist das eine NDPD-Meldung?

Meißner (DBD): Nein. Das ist Demokratische Bauernpartei.

Lange (Moderator): Entschuldigung. Sie waren vorher? – DBD. Bitte.

Meißner (DBD): Sie haben mich aufgefordert, ja? Ich möchte nur etwas darauf erwidern.

Es geht nicht um **Reprivatisierung des Bodens,** es geht darum, daß die, die ihn bewirtschaften, genossenschaftlich bewirtschaften, daß denen dieser Boden gesichert ist, weil es ihr Hauptproduktionsmittel ist. Und wenn wir ein Minderheitenvotum hier anmelden, dann nur deshalb, um für die **Genossenschaften,** die viel volkseigenes Land bisher zur Nutzung übertragen bekommen haben – daß sie das chancengleich unter EG-Bedingungen auch künftig weiter nutzen können.

Deshalb haben wir dieses Gesetz initiiert, was es den Genossenschaften ermöglicht, dieses Land käuflich zu erwerben. Und dieses Gesetz ist auf der letzten Volkskammertagung beschlossen worden. Und Sie werden verstehen, daß wir dann natürlich heute hier nicht zustimmen können, wenn Sie das alles rückgängig machen wollen.

Lange (Moderator): Herr Stief, NDPD, bitte.

Stief (NDPD): Ich stimme Herrn Ullmann sehr zu, wenn er meint, daß es unerläßlich ist, die Dinge zu einem bestimmten Ende zu bringen. Aber ich glaube, viele fühlen sich überfordert. Ich habe den Eindruck bei dem Papier – was zweifellos zum Sachverhalt nicht das erste dieser Art ist, Herr Schneider, das ist völlig richtig –, daß hier so eine Art, das ist so eine Mischung, eine Art **Regierungserklärung der SPD** vorweggenommen werden soll zur Wirtschaftspolitik. Das sind ja nun sehr grundlegende Dinge.

Es gibt Behauptungen, die Regierung Modrow hat [das Papier] ignoriert, ich kann das nicht nachprüfen. Die ganzen Beschlüsse oder Vorlagen, die hier drinstehen, haben bestimmt in irgendeiner Weise eine Reaktion erfahren. Auch das bedarf der Prüfung.

Ich sehe mich dazu außerstande. Es geht also hier nicht darum zu sagen, wir möchten nicht, daß dieses sehr wichtige Problem der **Sicherung des Eigentums** der Bürger hier nicht verhandelt wird, sondern es ist außerordentlich problematisch.

Es wird weiterhin behauptet, daß mit der genannten Verordnung auf Seite 1 gegen bestehendes Recht verstoßen wird. Es wird unterstellt, eine **Rechtsbeugung** liegt vor. Das sind ja nun wirklich Vorwürfe, die des Beweises bedürfen. Möglicherweise findet man diesen Beweis.

Es ergehen Aufforderungen an die **Regierung,** die sich im Übergang befindet, daß sie alles mögliche, was zum Teil auch im Sinne der **Sicherung des Eigentums** gedacht war, außer Kraft setzt. Welchen Zustand haben wir dann? Also auf Seite 2, beginnend mit dem zweiten, dem dritten, dem vierten Anstrich, Rechtsgutachten – –

Ja, also man könnte auch so sagen, daß dieser ganze Antrag vielleicht aus drei Hauptteilen besteht. Einmal wird eine Lage beschrieben, die unbefriedigend ist. Zum zweiten wird die Regierung kritisiert, daß sie Unvollkommenes beschlossen hat. Und zum dritten werden Dinge angemahnt, die mit Rechtsbeugung zu tun haben. Ich weiß nicht, ob wir die Möglichkeit haben, das auseinanderzudividieren.

Aber hier gehen verschiedene Kategorien durcheinander. Und wenn wir alles das aufheben, was gerade mühselig – möglicherweise auch mit der heißen Nadel genäht – beschlossen wurde, dann haben wir eigentlich erst einmal einen Zustand, wo gar nichts gilt, wo gar nichts gilt. Ich möchte mich hüten, das zu schwarz zu sehen. Nur, das ist ein so kompliziertes fachliches Problem.

Herr Schneider, ich richte meine Frage auch an Sie. Sie haben völlig recht: Dieses war mehrfach auf dem Tisch. Ich bewundere auch Ihre Hartnäckigkeit diesbezüglich. Und das ist alles gut und richtig. Nur das alles auseinanderzudividieren, sehen wir uns außerstande. Ich wäre sehr dankbar für einen Vorschlag, wie man das machen könnte.

Bleibt es bei einer Empfehlung, dann sind bestimmte Dinge, die sehr zugespitzt formuliert sind, weit außerhalb des Empfehlungscharakters. Das sind Aufforderungen. Und reduziert man es auf eine Empfehlung, dann blieben eigentlich zwei Sätze übrig, nämlich der Satz auf Seite 1 ganz unten und der Satz des letzten Anstriches vor „Begründung", beziehungsweise vorher dieser [Satz, das] Rechtsgutachten betreffend.

Wissen Sie, was [das] **Kartellamt** betrifft, das geht so weit, das ist jetzt in diesem Zusammenhang überhaupt nicht mehr zu klären. Es gibt zwar Fragen aus der BRD: Wollt Ihr nicht endlich ein Kartellamt bilden, um hier illegale Fusionen von bestimmten Großbetrieben zu vermeiden? Nun, schon. Aber mehr wissen wir darüber nicht. Und wir schreiben heute den 12. März [1990]. Es bleibt also ein großes Fragezeichen offen. Das ist ein Programm im Grunde genommen. Aber wenn wir programmatisch diskutieren wollen, müßten wir uns, die davon etwas mehr verstehen, kurzfristig zurückziehen, damit heute noch etwas Plausibles zustande kommt.

Lange (Moderator): Herr Gehrke hatte sich gemeldet, Vereinigte Linke. Dann Herr Schneider und Herr Schulz.

Gehrke (VL): Also ich glaube, es wurde ja schon einmal betont, die Debatte hat doch gezeigt, daß ein hohes Maß an Übereinstimmung dahingehend besteht, hier das Angemahnte zu verhindern, nämlich daß dieses **Volkseigentum** jetzt sozusagen von einzelnen unter den Nagel gerissen wird.

Das Problem ist, daß es unterschiedliche Auffassungen auch darüber gibt, ob denn sozusagen die Verallgemeinerung dieses Volkseigentums in **Privateigentum** der richtige Weg ist. Vielleicht sollte man sich einfach darauf beschränken, die Gemeinsamkeit hier tatsächlich festzuhalten, damit das auch praktikabel gemacht wird.

Ich sage einmal, was am Anfang gesagt wird, das ist ja eigentlich eine Selbstverständlichkeit. Es kann ja jeder folgen. Die Regierung wird aufgefordert: „Bewertung des Volkseigentums". Das ist schon so eine Sache. Nun gibt es natürlich kritische Punkte. Herr Fischbeck hat ja vorhin schon einmal angemahnt, daß die wirkliche **Bewertung** nach seiner Vorstellung dann natürlich nur **über den Markt** vorgenommen werden kann. Das heißt, es bleibt auch hier fiktiv.

Es gibt einen anderen Punkt, den ich noch einbringen möchte. Das ist der, wie praktikabel ist denn das Ganze? Ich will einmal auf der Seite 2 den zweiten Anstrich hier einmal als Beispiel anfügen: „Die Regierung wird aufgefordert, die Verordnung ..." und so weiter „... bis zur unentgeltlichen Umwandlung des Volkseigentums in individuelles Eigentum der Bürger außer Kraft zu setzen."

Diese Individualisierung des Volkseigentums setzt natürlich noch eine **Verfassungsänderung** voraus. Ja, gut, wann soll es also gemacht werden? Das heißt, bis die neue Regierung zustande kommt, soll alles das hier außer Kraft gesetzt werden. So, und das ist aber die innere Logik des Antrages.

Und so gibt es viele Punkte. Also, mir scheint das hier auch – gerade weil immer der Aspekt der **Rechtsstaatlichkeit** und der Rechtsgrundlagen herangezogen wurde und der Verfassung – also gar nicht tragfähig zu sein. Ich habe auch den Eindruck, es ist entweder eine gute **Willenserklärung** einerseits oder – also weil sie auch nicht praktikabel ist für den vorliegenden Zeitraum – oder es ist so etwas ähnliches, daß eben der Runde Tisch sich den Vorstellungen der **SPD** für ein **Wirtschaftsprogramm** anschließen soll. Das kann natürlich auch sein.

Lange (Moderator): Herr Schneider, bitte.

Schneider (SPD): Ja, also, ich muß unbedingt noch einmal betonen, daß ich etwas vorausgesetzt habe, was so, wie ich feststelle, gar nicht vorhanden ist. Ich habe vorausgesetzt, daß jede der hier anwesenden Parteien, die ja die Marktwirtschaft sich auf die Fahne geschrieben hatten, sich über die Gesetze der Marktwirtschaft informiert haben, auf daß sie auch fach- und sachgerecht hier mitdiskutieren können. Ich stelle fest, daß dem nicht so ist. Und darum kann ich gar nicht weiter, sagen wir, miteinander reden, weil schlicht und einfach der, sagen wir, Bildungsstand unterschiedlich ist. Ich kann doch – na ja, das ist einfach der Fall, ja, das muß man doch einmal sagen – –

Lange (Moderator): Das ist eine Feststellung, kein Vorwurf, nicht?

Schneider (SPD): – kein Vorwurf. Das ist eben einfach so. Danke.

Lange (Moderator): Herr Gysi.

Gysi (PDS): Ja, zu dem Letzten will ich mich einmal nicht weiter äußern. Das war, glaube ich, schon immer das Problem. Vorhin haben Sie auch schon gesagt, daß Sie glauben, im Namen des Volkes zu sprechen. Ich nehme das wohlwollend zur Kenntnis, wie Altformulierungen anderer Parteien so sich wieder bei neuen einschleichen.

[Beifall]

Das stelle ich in letzter Zeit mehrfach fest, auch bei Zahlen, was Kundgebungsteilnehmer betrifft und so. Aber um zum Ernst der Angelegenheit zurückzukommen: Eine Frage ist nach wie vor nicht beantwortet, die ich vorhin gestellt habe. Ich bleibe bei Ihrem Beispiel, Herr Fischbeck. Der Bürger nimmt dafür eine Wohnung, [sie] wird sein Eigentum, wem gehört jetzt sein Anteilsschein? Wem? Wer kriegt dann diesen 16 millionensten [Anteil]?

Fischbeck (DJ): Der Anteil ist dann abgegolten, ist dann erloschen.

Gysi (PDS): Ist dann erloschen? Das heißt, dann gibt es dafür dann keinen Eigentümer für den 16-millionsten Teil?

Fischbeck (DJ): Nein, er hat doch das Eigentum, das Stück Papier wird durch eine Wohnung ersetzt.

Lange (Moderator): Darf ich Sie bitten, erst einmal die Frage zu hören, und dann doch die Antwort [zu geben], damit wir alle mitkommen.

Gysi (PDS): Danke. Ich wollte das nur wissen.

Dann muß Ihnen aber auch klar sein, daß das dann Stück für Stück Auflösungserscheinungen nach sich zieht, ernstzunehmende Auflösungserscheinung im Sinne von **Herrenlosigkeit**. Irgendwann gehört – lassen Sie mich doch einmal aussprechen – gehört der **Volkseigene Betrieb** X, wenn der sich bewahren kann am Markt, niemandem mehr. Das ist natürlich zu verhindern.

Ich will damit ja nur eins sagen. Ich habe nichts gegen den Weg, also sagen wir einmal, oder gegen die Grundidee, die darin besteht, daß man sagt, wir können ja Volkseigentum nicht in dieser Form gefährden mit der **Währungsunion,** [da] haben Sie ja völlig recht, deshalb bin ich auch dagegen, als ersten Schritt eine Währungsunion zu machen, weil die Hälfte der Betriebe anschließend weg ist. Das ist völlig klar.

Aber davon abgesehen, lassen Sie uns doch den Grundgedanken äußern, daß wir sagen, das Volkseigentum muß individualisiert werden – das ist das, was ich verstehe – zumindest zu einem Teil individualisiert werden. Man muß Ausnahmen machen. Ob das in Belegschaftsanteilen erfolgt, ob die unverkäuflich sind oder in anderer Form, würde ich noch offenlassen.

Gerecht mit dem 16-millionsten Teil ist es auch nicht. Aber es ist ein Weg. Weil: Zur **Gerechtigkeit** würde gehören, daß ich sage, der Achtzehnjährige hat vielleicht ein bißchen weniger Anteil daran als der Fünfundsechzigjährige, also, aber das geht ja nicht. Das ist ja nicht praktikabel. Ein weiteres Problem, ein wirklich beachtliches Problem, sehe ich auch darin, daß Sie natürlich einen anderen Weg gehen könnten und sagen könnten, jeder wird einfach Eigentümer seiner **Wohnung,** um ein Beispiel zu nennen. Das Problem ist nur, die Leute haben sehr unterschiedliche Wohnungen. Also, das heißt, der eine kommt dabei ausgesprochen gut weg, der andere kommt dabei ausgesprochen schlecht weg. Das kriegen Sie auch nicht durch den **Anteilsschein** geändert.

Meine Vorstellung wäre darauf, um dem politischen Anliegen zu entsprechen, daß der Runde Tisch – und das halte ich wirklich für wichtig, da stimme ich Herrn Dr. Ullmann voll zu, und ich habe mich jetzt noch einmal erkundigt, der Antrag von Dr. Ullmann lag in der Arbeitsgruppe vor, aber nicht der der SPD –, daß wir hier uns dazu bekennen nicht nur zum Schutz des Volkseigentums, sondern auch sagen, daß wir eine **Individualisierung** wünschen, in welcher Form, ob über Belegschaft oder Gesamtbevölkerung, kann man ja vielleicht noch unter Experten ausdiskutieren, daß das aber die Richtung ist, die sich der Runde Tisch vorstellt, um sozusagen hier dem Volk zu geben, was dem Volk gehört.

Ich sage es einmal so, und zwar bevor es **kapitalisiert** wird durch andere. Das ist doch das eigentliche Anliegen. Da muß es auch einen Weg geben.

Aber lassen wir uns bitte nicht durch Formulierungen in Richtungen zum Teil festlegen, die nicht praktikabel sind oder sogar gefährlich. Denn wenn die Verordnung aufgehoben wird und die Treuhandstelle weg ist und die andere gesetzliche Bestimmung ist noch nicht da, weil gar keine Verfassungsänderung gegenwärtig mehr möglich ist, dann gefährden sie das Volkseigentum mehr, als es gegenwärtig gefährdet ist.

Denn die **Treuhandstelle** ist im Augenblick natürlich auch ein **bißchen Schutz für das Volkseigentum**. Die muß also bleiben, bis es eine andere Regelung gibt. Wenn Sie das jetzt gleich aufheben, die Verordnung, so wie es hier darin steht, passiert genau das Gegenteil.

Mein Vorschlag wäre deshalb, eine Formulierung zu nehmen, daß der Runde Tisch genau dieses Bekenntnis abgibt, das hier gewünscht ist, in Form der **Individualisierung und der Sicherung praktisch der Rechte der Bürger** in dieser Hinsicht, ohne daß wir uns jetzt auf den Verfahrensweg so exakt, wie das hier drinsteht, festlegen und damit möglicherweise eine Richtung angeben, die wir gar nicht durchhalten können, vielleicht auch Illusionen wecken, während wir letztlich zu einer anderen Form oder zu einem anderen Weg kommen, der aber das Gleiche beinhalten muß, teilweise Individualisierung.

Das muß das Ziel sein. Da stimme ich überein. Aber mit den Einzelschritten könnte ich mich jetzt so nicht anfreunden.

Lange (Moderator): Ich gebe jetzt Herrn Schulz noch das Wort. Und dann mache ich Ihnen folgenden Vorschlag zur Geschäftsordnung, auch im Blick auf das, was uns jetzt eben beschäftigt hat, daß wir eine Pause für die Stärkung der Konzentrationsfähigkeit einlegen und in dieser Zeit auch die Möglichkeit ausfindig machen, eine solche Formulierung zu finden, die uns dann weiterhilft. Ich darf Sie freundlich auch darauf hinweisen, daß die Vertreter in Sachen „Neue Verfassung" seit 11.00 Uhr warten, hier an den Runden Tisch geladen zu werden. Ich hoffe aber, daß wir dann, nach dieser Pause, zügig weiterkommen.

Zunächst [Herr] Schulz noch ein kurzes Wort vor der Pause.

Schulz (NF): Gut, ich mache es kurz. Manches in unserem Vokabular, um auf die polemische Bemerkung von Herrn Gysi zu reagieren, gehört natürlich zu den fatalen Sprachfertigteilen, die Ihre Partei uns hinterlassen hat, aber ich denke, daß wir auch die noch schleifen werden.

Ein Argument ist hier überhaupt noch nicht gefallen, das ist nämlich die Frage, was hält unsere Bürger noch hier? Da gibt es eine „Allianz", die hat die Erwartung des Westgeldes in Umlauf gesetzt, den schnellen Erhalt des **Westgeldes** durch eine schnelle **Währungsunion**. Und ich höre auf vielen Veranstaltungen, wenn die Bürger das nach dem 18. März

[1990] nicht in der Tasche haben und sehen, dann verlassen sie unser Land. Sie sitzen auf gepackten Koffern.

Ich denke, es ist viel tauglicher, ihnen deutlich zu machen, daß wir das Eigentum hier schätzen, natürlich unter Marktbedingungen und in Erwartung einer künftigen Währungsunion, das ist ja wohl die Zielrichtung, das heißt, eine **Wertschätzung in D-Mark**, um jedem deutlich zu machen, was er dann zurückläßt, worauf er verzichtet.

Hier sind 40 000 Mark genannt. Ich denke, das sind **D-Mark**. Das ist ein Orientierungsbetrag. Ich habe aber auch 100 000 Mark gehört. Es ist genau abzuschätzen und zu klären, aber es ist per Stichtag deutlich zu machen, worauf der Einzelne verzichtet, wenn er dieses Land verläßt. Ich glaube, das ist die einzige Lösung, die Bürger hierzuhalten, nichts anderes ist so tauglich.

Und ich glaube, wir sollten in diesem Punkt hier ein deutliches Votum abgeben.

[Beifall]

Lange (Moderator): Vielen Dank. Darf ich Ihnen vorschlagen, daß wir 20 Minuten Pause haben. 12.10 Uhr werden wir unsere Beratung fortsetzen.

[Unterbrechung der Sitzung von 11.50 Uhr bis 12.15 Uhr]

Lange (Moderator): Meine Damen und Herren, wir setzen unsere Sitzung fort. Ich möchte Sie darüber informieren, daß wir den eben besprochenen Tagesordnungspunkt, Privatisierung des Volkseigentums, einige Zeit zurückstellen, bis wir schriftlich den Kompromißvorschlag auf den Tisch bekommen. Er wird im Arbeitssekretariat eben geschrieben.

TOP 5: Soziales

Lange (Moderator): Wir sind aber noch bei [Tagesordnungs-]Punkt 2, Einzelanträge, und wollen die beiden noch ausstehenden in der Zwischenzeit verhandeln. Darf ich aber bitten, daß die Tür geschlossen wird und wir unsere Plätze einnehmen? Es liegen uns zwei weitere Einzelanträge vor. Zunächst die **Vorlage 15/19**, ein **Antrag des Unabhängigen Frauenverbandes**, und danach die **Vorlage 16/5**, ein **Antrag, der vom FDGB eingebracht wird, Arbeitsgruppe „Sozialpolitik" des Runden Tisches**.

Zunächst rufe ich auf **Antrag des Unabhängigen Frauenverbandes, Vorlage 15/19 [Zur Neuprofilierung und Umstrukturierung der Ämter für Arbeit]**.

Frau Röth, geben Sie uns dazu bitte einige Informationen?

Frau Röth (UFV): Ja. Ich glaube, daß die Informationen recht kurz sein können, denn wir wissen alle um die Problematik der auf die **Arbeitsämter** zukommenden neuen Aufgabenstellungen, die sich ja insbesondere ergeben aus den **Umstrukturierungsprozessen** unserer Volkswirtschaft, aus den Umstellungen von einem Wirtschaftstyp auf den anderen, aus neuen Eigentumsformen, so daß ja schon der **Ministerrat** beschlossen hatte beziehungsweise das Ministerium für Arbeit und Löhne, den personellen Bestand der Arbeitsämter beträchtlich zu erweitern.

Um aber den Aufgaben gerecht zu werden, bedarf es einer weiteren Absicherung, und zwar mit Räumlichkeiten und materiellen Mitteln wie Computer, Bürobedarf, so daß wir die hier am Runden Tisch vertretenen Parteien und Gruppierungen bitten möchten, unseren Antrag zu unterstützen, daß bei den Verhandlungen über die Vergabe von Objekten des **Ministeriums für Staatssicherheit** beziehungsweise des NASi [Amtes für Nationale Sicherheit] die Arbeitsämter mit berücksichtigt werden.

Lange (Moderator): Vielen Dank. Für alle, die jetzt erst eingetroffen sind, der Hinweis, wir behandeln die [**Vorlage 15/19**].

Vorlage 15/19, Antrag UFV: Zur Neuprofilierung und Umstrukturierung der Ämter für Arbeit:

Zur Neuprofilierung und Umstrukturierung der Ämter für Arbeit in der DDR ist u. a. dringend eine bessere Ausstattung mit Räumlichkeiten und entsprechenden materiellen Mitteln erforderlich. Um schnell den schon massiv anstehenden Problemen gerecht werden zu können, müssen die Ämter für Arbeit bei der Vergabe von ehemaligen Objekten und Inventars des MfS die notwendige Berücksichtigung finden.

Der Runde Tisch möge diesem Anliegen zustimmen.

Lange (Moderator): Gibt es dazu Anfragen? – Das ist nicht der Fall. Können wir dann über diesen Antrag abstimmen? Wer diesem Antrag seine Zustimmung geben möchte, den bitte ich um das Handzeichen. – Das ist offensichtlich die Mehrheit. Wer ist dagegen? – Gibt es Stimmenthaltungen? – Ja, es ist sehr schön, daß wir auch sehr schnell zu Abstimmungen kommen können. Eine Vorlage [ist] wieder einstimmig angenommen.

Die zweite, die jetzt zu behandeln ist, ist die **Vorlage 16/5, Antrag der Arbeitsgruppe „Sozialpolitik" [Zur Bildung einer Expertengruppe zum Sozialverbund] des Runden Tisches, eingebracht vom FDGB.**

Frau Schießl, darf ich Sie bitten?

Frau Schießl (FDGB): Der FDGB bringt den Antrag der Arbeitsgruppe „Sozialpolitik" ein mit folgender Begründung:

Die sozialen Ängste und Verunsicherungen der Bevölkerung wachsen weiter an. Sie haben in vielen Fällen eine Dimension erreicht, die Würde und Integrität des einzelnen Bürgers berühren. Soziale Ängste und Verunsicherungen sind weiterhin ein wichtiger Grund dafür, daß die **Ausreisewelle** in die BRD anhält. Es zeichnet sich heute schon ab, daß damit Gefahren für die Arbeitenden in beiden deutschen Staaten entstehen. Das war eine wichtige Grundlage dafür, daß die Arbeitsgruppe „Sozialpolitik" folgenden Antrag formuliert:

[Vorlage 16/5, Antrag AG „Sozialpolitik": Zur Bildung einer Expertengruppe zum Sozialverbund]

Die Mitglieder der Arbeitsgruppe „Sozialpolitik" bitten die am Runden Tisch vertretenen Parteien und Bewegungen, folgendes zu beschließen:

Der Runde Tisch empfiehlt der neuen Regierung, neben der Expertengruppe zur Wirtschafts- und Währungsunion eine eigenständige Expertengruppe zum Sozialverbund zu bilden

Auf der Grundlage der am Runden Tisch und der Volkskammer der DDR mit Ergänzungen angenommenen Sozialcharta ist über eine Sozialordnung zu verhandeln, die den Bürgerinnen und Bürgern in der DDR und in der BRD ein umfassendes, soziales Sicherungsnetz garantiert.

Die bestehende Arbeitsgruppe „Sozialpolitik", in der der FDGB, UFV, DBD, SPD, VdgB, Grüne Partei, Volkssolidarität und NDPD vertreten sind, erklärt sich bereit, in der bewährten demokratischen Form die Arbeit dieser Expertengruppen zu unterstützen.

Lange (Moderator): Danke für diese Einbringung der Vorlage [zur Bildung einer] „Eigenständigen Expertengruppe zum Sozialverbund". Möchte jemand dazu Rückfragen stellen? Keine Wortmeldungen? Können wir diesen Antrag dann zur Abstimmung stellen?

Wer dafür ist, diese **Vorlage 16/5** anzunehmen, den bitte ich um das Handzeichen. – Danke. Gibt es Gegenstimmen? – Stimmenthaltungen? – 1 Stimmenthaltung. Damit ist dieser Antrag angenommen.

TOP 6: Privatisierung von Volkseigentum (Fortsetzung)

Obwohl wir den **Kompromißvorschlag**, der in der Pause ausgehandelt worden ist, noch nicht auf dem Tisch haben, möchte ich doch jetzt bitten, daß wir darüber verhandeln und zunächst über den Inhalt informiert werden, denn wir müßten diesen Punkt jetzt doch zum Abschluß bringen. Darf ich zunächst einmal bitten, Herr Schneider, daß Sie uns einige Informationen geben, zu dem was jetzt zur Abstimmung steht?

Schneider (SPD): Ich muß jetzt hier erst einmal korrigierend eingreifen, und zwar dergestalt, in wenigen Minuten ist ein konsensfähiges Material auf dem Tisch, was von der LDP, von Demokratie Jetzt und der SPD getragen wird. Und darum möchte ich da gar nicht vom Inhalt her etwas sagen.

Ich erinnere nur an die **Vorlage 15/17 [Antrag SPD: Zur Privatisierung der Volkswirtschaft**[10]**]**, die jetzt hier ja auch zur Debatte steht, und den wollte ich in den Punkten 2, 3 und 4 streichen, um Zeit zu gewinnen, so daß nur noch der Punkt 1 steht, der da heißt: „Die Fusion von staatlichen Wohnwerten mit Auslandskapital ist sofort zu unterbinden."

Lange (Moderator): Ja. Können wir zunächst uns diese Vorlage ansehen, **Vorlage 15/17**. Sie ist bereits vom letzten Montag, 5. März [1990]. Und es steht jetzt lediglich noch der Punkt 1. Gibt es dazu Anfragen?

Wir streichen die Punkte 2 bis 4 und bleiben nur bei dieser einen vorgelegten Formulierung: „Die Fusion von staatlichen Wohnwerten mit Auslandskapital ist sofort zu unterbinden." Es gibt dazu keine Wortmeldungen? – Wer dafür ist, daß wir diesen Punkt annehmen, den bitte ich um das Handzeichen. – Das ist offensichtlich die Mehrheit. Ich frage trotzdem: Gegenstimmen? – Stimmenthaltungen? – Dieser Punkt ist einstimmig angenommen.

Herr Schneider, könnten Sie uns nicht doch unabhängig von dem fehlenden Papier, was gerade in Arbeit ist, doch

---
[10] Dokument 16/3, Anlagenband.

sagen, auf welche Kompromißformulierung Sie sich jetzt verständigt haben?

Schneider (SPD): Ich werde das tun, aber nun muß ich mir erst einmal ein Material heraussuchen, weil ich das meinige ja abgegeben habe.

Lange (Moderator): Es geht um die **Vorlage 16/3, [Antrag SPD und DJ: Zur Privatisierung des Volkseigentums]**, wenn ich das recht sehe?

Schneider (SPD): So, wir haben uns zu einem einleitenden Satz hinreißen lassen. Ich muß noch betonen, wenn ich sage wir, wer das ist: Das ist die LDP, das ist Demokratie Jetzt und das ist die SPD. Und dann werden wir der Reihe nach wie folgt verfahren.

Den letzten Satz auf der Seite 3 haben wir als Präambel nachfolgend dargestellt.

Lange (Moderator): Herr Schneider, seien Sie so freundlich [und sagen uns bitte], damit Unklarheiten ausgeschlossen sind, welcher Text das ist?

Schneider (SPD): Ich lese es vor. Ja. „Nicht die Überführung des Volkseigentums in ein Treuhandinstitut ist der Streitpunkt, sondern es muß vor der Bildung von Kapitalgesellschaften eine unentgeltliche Eigentumsübertragung auf das Volk durch das Parlament entsprechend den am Runden Tisch beschlossenen Vorlagen erfolgen."

Lange (Moderator): Das ist die **Präambel?**

Schneider (SPD): Das ist die Präambel. Dann folgt als erster Satz: „Die Regierung wird nochmals aufgefordert, die Bewertung des Volkseigentums als Vorbedingung einer Privatisierung voranzutreiben."

Lange (Moderator): Das ist der erste Anstrich auf Seite 1 unten.

Schneider (SPD): Ja. Dann kommen wir zur Seite 2. Der erste Anstrich bleibt auch so wie er ist: „Die Regierung wird nochmals aufgefordert, auf der Grundlage der am 12. Februar und 26. Februar übergebenen Materialien die Privatisierung des dafür vorgesehenen Anteils des Volkseigentums zugunsten der Bürger vorzubereiten."

Dann folgt der vorletzte Anstrich: „Die Regierung wird aufgefordert, ein Rechtsgutachten erstellen zu lassen, inwiefern die rechtliche Aufwertung von genossenschaftlichem Eigentum auf die zugeteilten Eigentumsanteile anrechenbar ist."

Und der letzte Punkt: „Die Regierung wird aufgefordert" (und nun aber mit Einschränkungen) „Vorbereitungen zu treffen, um ein Kartellamt zu installieren, das den Umstrukturierungsprozeß der Wirtschaft überwacht."

Zu den Anstrichen 2 und 3 auf der Seite 2 haben wir eine neue Formulierung, die dieses hier aufweicht, dergestalt, daß dort eine Übergangsregelung ist, daß also die bestehenden Dinge in der Kontrolle bleiben und Zukünftiges erst einmal, sagen wir einmal, möglich ist, aber daß es zumindestens nicht Rechtskraft bekommt.

Lange (Moderator): Haben Sie die Formulierungen jetzt vorliegen?

Schneider (SPD): Nein, ich habe sie im Büro zum Abschreiben.

Lange (Moderator): Gut. Das, was bis zu dem Letztgenannten uns vorliegt, haben wir alle schriftlich in dieser **Vorlage 16/3.** Wir haben auf Seite 3, wie bereits vorhin in der Aussprache erwähnt, eine grundsätzliche Überlegung, die jetzt die Präambel darstellt; dazu den Anstrich auf Seite 1; auf Seite 2 den ersten Anstrich oben; Seite 2 der vierte Anstrich: „Die Regierung wird aufgefordert, ein Rechtsgutachten erstellen zu lassen." Und der fünfte Anstrich mit der Veränderung: „Die Regierung wird aufgefordert, Vorbereitungen zu treffen, um ein Kartellamt zu installieren."

Das sind die Vorschläge. Können wir dazu uns zunächst einmal äußern oder sind Sie bereit, diesen Kompromißvorschlag, so wie er uns jetzt schriftlich vorliegt, anzunehmen? Gibt es Meinungsäußerungen dazu?

Herr Wolf, bitte.

Wolf (LDP): Ich wollte im Sinne dieses Kompromisses diese beiden Punkte der jetzigen Seite 2, und zwar den zweiten Anstrich und den dritten Anstrich, noch etwas deutlicher sagen. Ich hatte mir bei unseren Verständigungen das auch mitgeschrieben.

Es geht darum, die bis jetzt eingetretenen Eigentumsveränderungen festzuhalten, aber ihre **Rechtskraft** im Moment nicht herzustellen. Und es geht darum, bis zur Arbeitsfähigkeit einer **Regierung** weitere **Eigentumsveränderungen** nicht vorzunehmen, sondern dann auf der Grundlage aller anderen Anträge, Antragsteile – also Rechtsgutachten, Vermögenswertfeststellung und viele andere Dinge – auf der Grundlage eines geschlosseneren Gesetzeswerkes und Normenkataloges dann die erforderlichen Veränderungen zum Schutze der **Werktätigen,** aber auch zur Beförderung der **Marktwirtschaft** und der **Kapitalbeteiligung** auszuarbeiten.

Lange (Moderator): Vielen Dank, Herr Wolf. Sie haben jetzt die noch fehlenden Formulierungen uns ein wenig nahegebracht. Das hilft sicherlich auch für die Überlegung für das Ganze.

Es hatte sich weiter gemeldet Frau Ministerin Böhm.

Frau Böhm (Ministerin o. G., UFV): Ja. Ich würde bei dem jetzigen Punkt 2, also das ist, was unten steht auf der ersten Seite, würde ich hinter Privatisierung diesen [Punkt] „... zugunsten der Bürger zu **gleichen und unentgeltlichen Anteilen** durchsetzen", einführen. Denn **Privatisierung** ist als Begriff zu wenig. Wir wollen ja also nicht eine Privatisierung, sondern diese Verteilung. Als Vorschlag.

Lange (Moderator): Die Einbringer sind einverstanden. Dürfen wir noch einmal den Zusatz genau hören? „Einer Privatisierung..."

Frau Böhm (Ministerin o. G., UFV): Es betrifft dann oben den zweiten Satz: „... zugunsten der Bürger zu gleichen unentgeltlichen Anteilen, Bürger und Bürgerinnen zu gleichen unentgeltlichen Anteilen."

Lange (Moderator): Ja, vielen Dank. Da erhebt sich kein Widerspruch.

Gibt es weitere Anfragen oder Ergänzungen? – Wenn das nicht der Fall ist, würde ich Sie fragen, ob wir uns in der Lage sehen, obwohl wir den restlichen Text noch nicht schriftlich vorliegen haben, dies doch jetzt zur Abstimmung zu stellen. Oder gibt es Widerspruch?

Bitte, Herr Junghanns.

Junghanns (DBD): Also, ich bitte um Vorlage. Vor allen Dingen durch die Ergänzungen des Herrn Wolf wird das noch einmal interessant zu lesen. Ich bitte darum.

Lange (Moderator): Gut. – Bitte schön, Herr Hammer.

Hammer (VdgB): Ja, ich möchte gleich an dieser Stelle sagen, daß ja die **VdgB** am vergangenen Wochenende sich zu dem Deutschen **Bauernverband der DDR** gebildet hat. Ich möchte aber hier noch einmal klar und deutlich sagen, was von der DBD auch schon gesagt worden ist: Es geht um die Frage des staatlichen **Eigentums an Boden,** was die Bewirtschaftung in den **Genossenschaften** betrifft.

Wir haben uns dazu vor drei Wochen verständigt hier am Runden Tisch und in der Arbeitsgruppe „Wirtschaft", daß die weitere Bewirtschaftung der Flächen, die also jetzt Volkseigentum sind, auch weiter gesichert werden muß und das **Vorerwerbsrecht der Genossenschaften** ja in der Volkskammer beschlossen worden ist. Und hier müßte eine klare, deutliche Formulierung noch mit eingebracht werden.

Lange (Moderator): Wir haben die Freude, daß das Papier eben ausgeteilt wird.

[Vorlage 16/3 (neue Version), Antrag SPD, DJ, LDP: Zur Privatisierung des Volkseigentums]

0. Ziel der Vorlage ist die Absicht, das Volkseigentum zu privatisieren, um es den vielfältigen Formen der Kapitalbeteiligung im Sinne der Markwirtschaft zu verbinden.

1. Nicht die Überführung des Volkseigentums in ein Treuhandinstitut ist der Streitpunkt, sondern es muß vor der Bildung von Kapitalgesellschaften eine unentgeltliche Eigentumsübertragung auf das Volk durch das Parlament entsprechend den am Runden Tisch beschlossenen Vorlagen erfolgen.

2. Die Regierung wird nochmals aufgefordert, die Bewertung des Volkseigentums als Vorbedingung einer Privatisierung voranzutreiben.

3. Die Regierung wird nochmals aufgefordert, auf der Grundlage der am 12. 2. und 26. 2. übergebenen Materialien die Privatisierung des dafür vorgesehenen Anteils des Volkseigentums zugunsten der Bürger vorzubereiten.

4. Die Regierung wird aufgefordert, ein Rechtsgutachten erstellen zu lassen, inwiefern die rechtliche Aufwertung von genossenschaftlichem Eigentum auf die zugeteilten Eigentumsanteile anrechenbar ist.

5. Der Regierung wird empfohlen, Vorbereitungsarbeiten zu treffen, um ein Kartellamt zu installieren, das den Umstrukturierungsprozeß der Wirtschaft überwacht.

6. Der Regierung wird empfohlen, auf der Grundlage der „Verordnung zur Umwandlung von Volkseigenen Kombinaten, Betrieben und Einrichtungen sowie wirtschaftsleitenden Organen in Kapitalgesellschaften" bisher vorgenommene Eigentumsveränderungen festzuhalten, bevor sie endgültig Rechtskraft erhalten. Bis zur Arbeitsfähigkeit einer neuen Regierung sind weitere Eigentumsveränderungen nicht gültig.

Können die wenigen Augenblicke warten, bis wir dann das Ganze zur Abstimmung stellen? Herr Schneider, darf ich Sie bitten, da Sie den Text haben, das, was noch nicht vorlag, uns kurz vorzutragen?

Schneider (SPD): Die Präambel lautet oder die Einführung lautet: „Ziel der Vorlage ist die Absicht, das Volkseigentum zu privatisieren, um es den vielfältigen Formen der Kapitalbeteiligung im Sinne der Marktwirtschaft zu verbinden."

Der nicht vorgelesene Punkt lautet: „Der Regierung wird empfohlen, auf der Grundlage der ‚Verordnung zur Umwandlung von volkseigenen Kombinaten, Betrieben und Einrichtungen sowie wirtschaftsleitenden Organen in Kapitalgesellschaften' bisher vorgenommene Eigentumsveränderungen festzuhalten, bevor sie endgültig Rechtskraft erhalten. Bis zur Arbeitsfähigkeit einer neuen Regierung sind weitere Eigentumsveränderungen nicht gültig."

SPD, Demokratie Jetzt und LDP.

Lange (Moderator): Vielen Dank. Das war der Punkt 6. Und wir nehmen zur Kenntnis, daß im Punkt 3 die von Frau Böhm erwähnte Ergänzung einzufügen ist. Zu 2 oder 3?

Frau Böhm.

Frau Böhm (Ministerin o. G., DJ): 2, weil es mit 0 beginnt. Es ist zwar der dritte Anstrich, beginnt aber mit 0.

Lange (Moderator): Sagen Sie uns bitte, wie Punkt 2 jetzt nach Ihrem Vorschlag lautet?

Frau Böhm (Ministerin o. G., DJ): „Die Regierung wird nochmals aufgefordert, die Bewertung des Volkseigentums als Vorbedingung einer Privatisierung zugunsten der Bürger und Bürgerinnen zu gleichen unentgeltlichen Anteilen voranzutreiben."

Lange (Moderator): Ja, vielen Dank. Das ist eine Ergänzung für Punkt 2, alle anderen Punkte bleiben, wie sie uns jetzt vorgelegt worden sind. Möchte dazu jemand sprechen?

Bitte, Herr Engel, CDU.

Engel (CDU): Meine Frage an die SPD, die Demokratie Jetzt und LDP: Inwieweit sind dort Dinge berührt, die die **Rückführung ehemaligen privaten Eigentums,** das 1972 Volkseigentum wurde, in Privathand behindern oder einschränken?

Lange (Moderator): Herr Schneider, können Sie darauf gleich antworten, bitte?

Schneider (SPD): Ja, ich möchte gleich darauf antworten. Dort gibt es keine Einschränkung, denn die Rechte, die aus der Nazizeit, die **Unrechte,** die aus der **Nazizeit** und aus der Regimezeit herrühren, müssen selbstverständlich mit rechtsstaatlichen Mitteln ausgeglichen werden.

Lange (Moderator): Danke. Herr Engel?

Engel (CDU): Das war nicht meine Frage. Meine Frage lief auf die Dinge hin, die **1972** aus dem Volk, aus **Privateigentum in Volkseigentum überführt** wurden. Und es gibt da eine Rechtsgrundlage, dort wieder [eine] Rückführung zu ermöglichen. Wie weit ist das hier?

Lange (Moderator): Herr Minister Ullmann kann dazu sprechen, bitte.

Ullmann (Minister o. G., DJ): Hier muß eindeutig der Rechtsweg beschritten werden. Und es ist allgemein zugestanden, daß hier die Privatisierung auf dem zivilrechtlichen Wege zu erfolgen hat. Es ist also gar nicht davon betroffen.

Lange (Moderator): Danke. Herr Börner, PDS.

Börner (PDS): Ich muß sagen, daß wir mit der Formulierung des Punktes 0 – für uns eigentlich jetzt doch einige Fragen, die vorhin diskutiert wurden, noch deutlicher geworden sind. Ich will das hier noch einmal vorlesen. Also: „Ziel der Vorlage ist die Absicht, das Volkseigentum zu privatisieren, um es den vielfältigen Formen der Kapitalbeteiligung im Sinne der Marktwirtschaft zu verbinden."

Mit dieser Formulierung wird für uns eigentlich noch fragwürdiger, daß das vorhin formulierte Ziel, daß es im Sinne also auch von verschiedenen Eigentumsformen, also auch dem genossenschaftlichen Eigentum geklärt werden sollte – hier nicht mehr deutlich wird. Und damit können wir uns eigentlich gar nicht mehr mit einverstanden erklären.

Lange (Moderator): Möchten Sie diesen Punkt 0 gestrichen haben oder verändert in der Formulierung?

Börner (PDS): Also, entweder ganz streichen oder es macht für uns also deutlich, daß eigentlich die Gesamtanlage also in dieser Richtung doch gedacht ist und damit also die gesamte Vorlage für uns auch doch fragwürdig erscheint.

Lange (Moderator): Ja, es ist ein Frage an die Einbringer, ob nicht doch mit dieser letzten Formulierung der ursprünglichen Vorlage alles aufgenommen ist, worum es geht, wie wir vorhin festgelegt hatten? – Ich habe Sie gesehen, ja.

Herr Schneider, wollen Sie erst einmal darauf reagieren bitte?

Schneider (SPD): Ja. Ich würde vorschlagen, daß wir genauso wie im Punkt 2 auch im Punkt 0 eine Präzisierung vornehmen.

Lange (Moderator): Ja, wer soll das tun und wann? – Sie wollen es jetzt tun?

Schneider (SPD): Jetzt sofort. Wir können den Halbsatz, den wir hier eingefügt haben, wie die Damen es vorgeschlagen haben, auch hier einfügen. Und zwar direkt nach – –

Lange (Moderator): Herr Schneider, überlegen Sie doch bitte einmal und bringen Sie uns dann die Formulierung. Inzwischen kann Herr Templin seine Meinung sagen.

Schneider (SPD): Gut.

Templin (IFM): Also, ich sehe auch vor allem in der **Präambel** eine für uns unzumutbare **Vorentscheidung** gefordert. Ich würde davon ausgehen, daß sich bei den verschiedenen Unterzeichnern des Antrags, also bei SPD, Demokratie Jetzt und LDP, wahrscheinlich sehr unterschiedliche, wenn nicht gar gegensätzliche Intentionen dahinter verbergen, was man mit diesem Eigentum einmal macht.

Jetzt gibt es momentan eine Konstellation: Man einigt sich auf verschiedene Formen des Übergangs, bietet die an. Jeder hat verschiedene Konsequenzen im Hinterkopf, die nicht deutlich geäußert werden: Was geschieht mit den **Anteilsscheinen**? Wie kann der Umgang damit sein? Wie individuell beziehungsweise dann auch noch durch bestimmte Formen der Tätigkeit, wo ja die Anteilseigner auch dann in Betrieben zum Beispiel sind, ist das noch gesichert? Das alles wird nicht diskutiert. Und hier wird eine **Vorentscheidung** abverlangt, zu der ich in keinem Fall bereit wäre.

Ich denke, man könnte sich eben bestenfalls darauf einigen, die Vorbereitungen dafür im Sinne einer möglichst genauen **Schätzung** und der Möglichkeit, solche **Eigentumsformen** zu differenzieren, mitzutragen. Aber hier sind wiederum Prämissen enthalten, zu denen wir im Moment überhaupt nicht die Möglichkeit haben, ausgereift zu diskutieren.

Lange (Moderator): Herr Börner, ich muß Sie noch einmal fragen, hatten Sie den Antrag gestellt, daß Punkt 0 gestrichen wird?

Börner (PDS): Die Frage, Gesamtanlage – –

Lange (Moderator): Gut. Das ist die Rückfrage an Herrn Schneider. Es hatte sich Herr Jordan, Grüne Partei, gemeldet.

Jordan (GP): Ja. Wir können als Grüne Partei auch dieser Bestimmung, Volkseigentum generell zu privatisieren, nicht folgen. Uns geht es um vielfältige Eigentumsformen, und wir möchten deshalb, also diese Präambel dahingehend abändern, daß dort vielleicht erscheint: „Ziel der Vorlage ist die Absicht, das Volkseigentum in **vielfältige Eigentumsformen** zu überführen, um es Formen der Kapitalbeteiligung im Sinne der Marktwirtschaft zu eröffnen oder ermöglichen."

Lange (Moderator): Herr Ullmann und Herr Wolf.

Ullmann (Minister o. G., DJ): Also, ich denke wir müssen das – „Privatisieren" – endlich einmal hinschreiben. Also, da kommen wir nicht darum herum. Wer **Marktwirtschaft** sagt und dann immer wieder ausweicht in irgendwelche schön klingenden anderen [Begriffe], der erreicht nicht das, was er will.

Aber es gehört auf jeden Fall dazu die Interpretation von Privatisierung im Sinne der vorhin vorgenommenen Ergänzung zugunsten der individuellen, der **Besitzrechte der Bürgerinnen und Bürger**. Das muß auf jeden Fall hinein.

[Beifall]

Lange (Moderator): Herr Wolf.

Wolf (LDP): Da wir uns über diese Grundsätze, die Herr Ullmann eben angemerkt hat, ja vorher schon einig waren, haben wir sie nicht noch einmal aufgenommen. Ich würde aber zustimmen, damit es keine weiteren Irritationen gibt, da es ja nun eine eigenständige Vorlage geworden ist, das in diesem Sinne aufzunehmen. [Ich] hätte an die Mitantragsteller die Bitte, das auch so zu machen.

Wie ich überhaupt sagen würde, nicht „das Volkseigentum" zu privatisieren, da würde ich meine eigene Formulierungsbeteiligung präzisieren wollen, sondern „Volkseigentum", nicht „das", sondern „Volkseigentum". Es wird viele Bereiche geben, wo das nicht zweckmäßig ist und nicht gewünscht ist.

Lange (Moderator): Mit Ihrem Einverständnis streichen wir den Artikel.

Schneider (SPD): Mit meinem Einverständnis.

Lange (Moderator): Ja. Herr Schneider, gibt es einen Formulierungsvorschlag von Ihnen zu Punkt 0?

Schneider (SPD): Mein Formulierungsvorschlag lautet:

„Ziel der Vorlage ist die Absicht, Volkseigentum zugunsten der Bürgerinnen und Bürger zu privatisieren, um es den vielfältigen Formen der Kapitalbeteiligung im Sinne der Marktwirtschaft zu verbinden."

Mir wurde gesagt, ich hätte „zugunsten" nicht gelesen? Ich sage es noch einmal: „Volkseigentum zugunsten der Bürger und Bürgerinnen zu privatisieren."

Lange (Moderator): Es wird lediglich dieses eingefügt, „Volkseigentum", steht da „zugunsten der Bürger und Bürgerinnen." Das ist Ihr Vorschlag?

Ja. Herr Weißhuhn.

Weißhuhn (IFM): Ich muß Herrn Ullmann widersprechen, was die Konsequenzen dieses Vorschlages hier betrifft. Es ist zwar richtig, daß eine **Privatisierung** unter den genannten Bedingungen verhindert, daß Betriebe komplett oder auch nur teilweise an andere **Kapitaleigner** verkauft werden können. Es ist aber damit nicht verhindert, daß nach einer erfolgten Privatisierung nicht das gleiche langsamer, aber mit der gleichen Konsequenz wieder geschieht. Und das halte ich nicht für ein vertretbares Ziel. Dieser Punkt ist hier nicht enthalten, sondern ausdrücklich zugelassen.

Lange (Moderator): Möchten Sie darauf direkt reagieren, Herr Schneider?

Schneider (SPD): Ich muß unbedingt betonen, daß, wenn wir uns dazu entscheiden, daß am Eigentum alle Rechte hängen, daß der **Eigentümer** diese Rechte auch wahrnimmt und daß wir nicht durch **dirigistischen Staatseingriff** ihm die Ausübung seiner Rechte verwehren können.

Lange (Moderator): Ja. Ich muß Sie daran erinnern, daß wir diesen Punkt nun demnächst zum Abschluß zu bringen haben.

Es ist ein Geschäftsordnungsantrag von Herrn Wolf. Bitte schön.

Wolf (LDP): Ich würde vorschlagen, die Vorlage mit den Ergänzungen zur Abstimmung zu stellen.

Lange (Moderator): Sie beantragen Schluß der Debatte? Das heißt, die Ergänzung, die auch zu Punkt 0 jetzt so vorgeschlagen worden ist? Dieser Geschäftsordnungsantrag hat Vorrang in der Abstimmung. Gibt es Rückfragen zu dem Geschäftsordnungsantrag?

Herr Ullmann.

Ullmann (Minister o. G., DJ): Ich bitte dann aber aufzunehmen, daß noch eine Redaktion nötig ist. Ich habe gerade gesehen, zum Beispiel Punkt 1.

Nicht die Überführung etc. ist der Streitpunkt, nicht. Das ist jetzt ganz unverständlich, weil das einfach aus der anderen Vorlage übernommen – – muß man redigieren.

Lange (Moderator): Gut, redaktionelle Überlegungen sind eingeschlossen. Wer dafür ist, daß wir die Debatte abbrechen und diese Vorlage zur Abstimmung stellen – –

Geschäftsordnungsantrag. Dazu noch eine Rückfrage?

Stief (NDPD): Ja. Herr Lange, es ergibt sich beim genaueren Lesen noch die Frage, ob man hier nicht noch einfügen sollte: „... **zugunsten der Bürger und Bürgerinnen in der DDR**". Es könnte ja auch ein Rückkehrer dabei sein von März 1989. Ich weiß nicht, ob wir das präzise fassen sollten?

Lange (Moderator): Ja. Wir kommen jetzt schon wieder in Einzelheiten, ist aber verständlich. Ich verstehe das. Wäre das nicht ein Punkt, der für die redaktionelle Bearbeitung zu bedenken ist?

Stief (NDPD): Das ist eine inhaltliche Frage.

Lange (Moderator): Ich frage Sie. Ich frage dann noch einmal den Einbringer, welcher Text zur Abstimmung kommen soll.

Herr Junghanns, DBD.

Junghanns (DBD): Ich hatte noch eine Ergänzung, deshalb möchte ich ja hier eigentlich vor dem Abbruch der Diskussion hier hereinkommen. Es geht jetzt darum, daß hinter dieser Privatisierung noch eingefügt wird: „beziehungsweise in **genossenschaftliches Eigentum** zu überführen." Das ist auch eine Regelung, die durchaus möglich ist.

Lange (Moderator): Ja. Wir haben jetzt noch eine Ergänzung gehabt. Ich muß zunächst über den Geschäftsordnungsantrag abstimmen lassen, wobei ich Ihnen sage, daß wir, nachdem dieses jetzt geschieht, dann noch einmal genau den Text der Vorlage uns ansehen. Der Antrag lautet, daß wir jetzt die Diskussion schließen und über diese Vorlage abstimmen.

Herr Gysi.

Gysi (PDS): Ja, ich darf gegen den Antrag sprechen, obwohl ich weiß, unter welchem Zeitdruck wir stehen. Ich bin der Meinung, hier sind einfach noch ein paar Sachen zu klären. Es hat ja doch große Bedeutung. Es ist, wie Herr Dr. Ullmann vorhin gesagt hat, eine ganz wichtige Aussage des Runden Tisches, und da kann meines Erachtens einiges so nicht stehenbleiben, damit es nicht genau in die umgekehrte Richtung geht, die hier gewünscht wird. Ich würde schon gern noch etwas dazu sagen wollen.

Lange (Moderator): Ja. Wir haben jetzt den Geschäftsordnungsantrag zu entscheiden, daß wir die Diskussion beenden. Es ist ein Gegenantrag, daß die Diskussion weitergeht. Wir hatten vorhin schon einmal die gleiche Konstellation und die entsprechenden Geschäftsordnungsschwierigkeiten mit einer Zweidrittelmehrheit.

Ich stelle jetzt den Antrag von Herrn Dr. Wolf zur Abstimmung, diese Aussprache zu beenden und über die **Vorlage 16/3** abzustimmen. Wer dafür ist, den bitte ich um das Handzeichen. – 4. Da brauchen wir eigentlich nicht weiter abzustimmen. Damit ist dieser Antrag abgelehnt. Das heißt, wir sprechen weiter über diese Vorlage, und es meldet sich dazu Herr Gysi.

Bitte.

Gysi (PDS): Also, ich verstehe zwar den Wunsch zur Formulierung „Privatisierung". Aber ich muß darauf hinweisen, daß zum Beispiel unsere Verfassung einen Unterschied zwischen **privatem Eigentum** und **persönlichem Eigentum** macht. Das sind feste juristische Begriffe. Wir können nicht einfach so ohne weiteres eine andere Rechtssprache einführen, wenn wir etwas anderes meinen. Das ist schon einmal ein Problem.

Deshalb war mein Vorschlag vorhin, zu sagen, individualisieren. Das geht mehr in Richtung persönliches Eigentum, nicht unbedingt privates Eigentum, weil das einfach noch nach der geltenden Verfassung einen ganz anderen Charakter trägt.

Es müßte hinzugefügt werden, daß das unveräußerlich ist. Es wäre eine ganz wichtige Seite. Wenn das nämlich veräußerlich ist, dann geht es natürlich in ein **anderes Land,** und zwar ziemlich zügig und in beachtlichem Umfang. Dann kommt allerdings wirklich eine **Privatisierung** heraus, aber eine, die eigentlich nicht gewünscht ist. Und das ist, glaube ich, ein bißchen mehr als rein redaktionelle Arbeit.

Und der letzte Hinweis. Zum Beispiel da unten steht: Bis zur Arbeitsfähigkeit einer neuen **Regierung** sind weitere Eigentumsveränderungen nicht gültig. Das ist ein frommer Wunsch. Es ist ja eine Feststellung, eine Feststellung, die so nicht zutrifft. Entweder, sie entspricht geltenden Rechtsvorschriften, dann ist sie auch gültig, oder sie widerspricht eben, dann ist sie sowieso nicht gültig. Also, sozusagen besteht ja eigentlich die Aufforderung in Ziffer 6 darin, daß die Regierung tätig wird, um weitere **Eigentumsveränderungen** nicht zuzulassen. Das ist aber etwas anderes als die Feststellung einer Gültigkeit oder Ungültigkeit. Weil das so auch nicht funktioniert. Darauf kann sich nie jemand berufen. Also, es bringt ihm zumindest nichts juristisch.

Ich würde deshalb darum bitten, also im Punkt 0 von **Individualisierung** auszugehen, **auf DDR-Bürger** zu beschränken und gleichzeitig die Unveräußerlichkeit in irgendeiner Ziffer noch einzubauen.

Und bei Punkt 6 kann man, glaube ich, den letzten Satz einfach vergessen. Der bringt nichts, außer Verwirrung.

Lange (Moderator): Herr Templin.

Templin (IFM): Also, ich würde mich dem Antrag von Dr. Gysi anschließen und außerdem in den Punkt 0 hineinhaben wollen, daß hier nicht allein vielfältige Formen der Kapitalbeteiligung angeführt werden, sondern schon im Sinne des Antrages der DBD auch **andere Eigentumsformen,** in die das natürlich hineingehen kann und die vom Willen der Beteiligten abhängen müssen, nicht etwa von einem **Staatsdirigismus.**

Die Vertreter der SPD drohen sich langsam in komplette Demagogen zu verwandeln. Das ist also, Entschuldigung, aber das ist dann so. Es kann ja nicht darum gehen, daß hier staatsdirigistisch etwas durchgedrückt wird. Es muß aber möglich sein, daß man sich zu verschiedenen Formen des Umganges dazu selbstbestimmt entschließt und nicht etwa Kapitalbeteiligung hier [als] die einzig mögliche suggeriert.

Lange (Moderator): Herr Matschie, SPD.

Matschie (SPD): Also, ich möchte erst einmal den Vorwurf hier zurückschieben, daß wir versuchen, hier demagogisch also vorzugehen. Ich denke, das Papier ist lange genug schon diskutiert worden und hat hier auch auf dem Tisch gelegen. Ich möchte hier noch ein paar Änderungen einbringen. Ich denke, es ist richtig, hier von „Bürgerinnen und Bürgern der DDR" zu schreiben. Ich würde auch noch dazusetzen, nicht „zugunsten der", sondern „zugunsten aller".

Was das genossenschaftliche Eigentum betrifft, muß man sich doch an dieser Stelle klar machen, daß **genossenschaftliches Eigentum** nichts anderes ist als die Zusammenlegung von privaten Anteilen von Eigentum. Und das steht doch dem, was hier formuliert ist, überhaupt nicht entgegen. Und deshalb denke ich, kann das hier so stehenbleiben.

Lange (Moderator): Herr Sahr, FDGB.

Sahr (FDGB): Ja. Ich möchte auch noch einmal zum Punkt 0 etwas sagen. Wir haben so unsere Schwierigkeiten mit der Formulierung in der zweiten Zeile, das „... in vielfältigen Formen der Kapitalbeteiligung zu verbinden". Wir würden eine Formulierung besser finden, wenn wir sagen, „... um es den vielfältigen Anforderungen an die Marktwirtschaft nützlich zu machen". Denn die Frage ist ja, ob gewollt ist, daß wir all das, was wir jetzt hier vorhaben, nun ausschließlich der **Kapitalbeteiligung** vorbehalten ist.

Lange (Moderator): Ja. Ich denke die Einbringer haben das aufmerksam notiert.

Herr Ullmann.

Ullmann (Minister): Zu der Stellungnahme von Herrn Gysi möchte ich sagen, daß ich also, was er zu 0 sagt, wohl verstehe und bejahe. Ich würde freilich eine Formulierung vorschlagen, die lautet: „Volkseigentum zugunsten der individuellen Besitzanteile von Bürgerinnen und Bürgern der DDR zu privatisieren". So wäre mein Vorschlag.

Und was Punkt 6 anbelangt, Herr Gysi, so haben Sie *rebus sic stantibus* [‚bei diesem Stand der Dinge'] leider recht. Aber die Sache würde sich sofort ändern, wenn man ins Auge faßte – und das müßte freilich nun eine Zielformulierung sein, die erst von der neuen Regierung und dem neuen Parlament exekutiert werden könnte – einen Gesamtumtausch der **Grundbücher der DDR** zum Stichtag 9. November 1989. Dann sähe das ganz anders aus. Und ich wäre eigentlich interessiert daran, eine öffentliche Diskussion darüber zu haben.

Lange (Moderator): Herr Fischbeck, Demokratie Jetzt.

Fischbeck (DJ): Ich wollte noch etwas sagen zu der **Unveräußerlichkeit.** Ich denke, man entnimmt aus manchen Voten hier, daß das doch irgendwie nicht verstanden ist, worum es bei Marktwirtschaft geht.

Ich hatte vorhin schon gesagt, daß wir der Meinung sind, daß **Grund und Boden** in Staatsbesitz nicht privatisiert werden sollte, weil er sich zur Vermarktung nicht eignet. Und das gilt auch für andere Immobilien, für Gebäude weithin, ohne daß ich das jetzt in jedem Falle ausschließen will.

Aber wenn man sagt, daß Anteile am Volkseigentum unveräußerlich sind, dann hat man nicht verstanden, was mit Eigentum geschieht. Damit muß nämlich gewirtschaftet werden. Wenn ich zum Beispiel Aktien habe und darf die dann nicht mehr verkaufen, dann kann ich nicht wirklich wirtschaftlich teilnehmen damit. Deswegen kann ich also nicht damit einverstanden sein, wenn hier generell unveräußerlich eingetragen wird.

Wenn ich **Aktien** habe, dann muß ich damit umgehen können, muß ich sie also auch verkaufen können. Und das ist kein Ausverkauf, sondern ich kriege ja etwas dafür. Es ist ja nur ein Wertetausch. Ich kriege ja für diese Aktien entweder andere oder ich kriege da Geld, grob gesprochen. Und möglicherweise auch **D-Mark,** und damit kann ich wieder anderes Eigentum erwerben. Also, so denke ich, geht es nicht.

Danke.

Lange (Moderator): Es haben sich gemeldet Herr Hammer, Herr Junghanns und Herr Weißhuhn.

Hammer (VdgB): Ja. Die Frage an die Einbringer wäre noch einmal eine klare Definition zu dem **landwirtschaftlichen Grund und Boden,** wie das eingeordnet ist, der also **Volkseigentum** ist – was die Bewirtschaftung betrifft und den Eigentumswechsel. Es kann doch nicht angehen, daß dort also auch spekuliert wird.

Zum Punkt 6 der **Vorlage [16/3 neu],** was auch den letzten Satz betrifft: Ich muß sagen, es läuft zur Zeit schon voll. Die **Eigentumsveränderungen** zum Beispiel bei den **Eigenheim**-Besitzern, da ist grünes Licht gegeben, also hier können wir – bisher wurden dort Nutzungsurkunden ja übertragen – hier können wir nicht zurückpfeifen. Also, hier kann da nicht gesagt werden, daß jetzt damit Schluß ist oder

Privatisierung von Volkseigentum (Fortsetzung)

bis zu der neuen Regierung. Ich meine, das sind keine riesengroßen Flächen, aber hier wird rein Schiff gemacht.

Lange (Moderator): Herr Junghanns.

Junghanns (DBD): Ich möchte noch etwas zu Herrn Matschie sagen. Herr Matschie, Sie haben natürlich recht, was den Ursprung des genossenschaftlichen Eigentums betrifft, aber jetzt haben wir eine Kategorie **genossenschaftliches Eigentum,** die in der Lage ist, als juristische Person aufzutreten, und als solches auch Eigentum, Volkseigentum zu erhalten. Darum geht es mir.

Und deshalb ist im Grunde genommen der definitiv beschriebene Rechtsweg vom vergangenen Dienstag auch der Weg von Volkseigentum in genossenschaftliches Eigentum. Und nur diese Einfügung ermöglicht doch diesen Weg. Darum geht es. Nicht von der Quelle, sondern vom Ergebnis.

Lange (Moderator): Ein Geschäftsordnungsantrag von Herrn Schulz.

Schulz (NF): Ich möchte angesichts der umfangreichen Tagesordnung, die wir heute noch bevor haben, jetzt noch einmal den Geschäftsordnungsantrag versuchen: Abbruch der Debatte. Ich denke, es ist von allen hier deutlich dafür plädiert worden. Es geht um eine politische Grundrichtung, wie mit dem Volkseigentum weiter zu verfahren ist.

Wir sind uns einig geworden, daß hier viele Details noch ausgehandelt und ausgetragen werden müssen. Aber diese Diskussion bin ich nicht bereit, daß wir die noch bis 19.00 Uhr so weiterführen. Wir hätten sicherlich für zwei Tage Stoff, um das zu tun.

Aber wenn ich schaue, dann haben wir auf der Tagesordnung die **Grundzüge einer neuen Verfassung** stehen, und ich würde meinen, daß unsere Bürger ein Recht darauf haben, diese Grundzüge jetzt zu erfahren. Ich bin für Abbruch der Debatte, daß wir jetzt im Prinzip über die vorliegende Vorlage abstimmen.

Lange (Moderator): Dieser Geschäftsordnungsantrag erinnert uns an das, was ich mehrfach gesagt habe, daß wir noch einige andere Punkte auf der Tagesordnung haben, die nicht minder wichtig sind. Wer diesem Antrag jetzt seine Zustimmung gibt, den bitte ich um das Handzeichen. – Zustimmung? – 24. Wer ist dagegen? – 2 sind dagegen. Stimmenthaltungen? – 11.

Dürfen wir die Pressesprecher, die immer genau rechnen können, fragen, ob das die notwendige Zweidrittelmehrheit für unsere Geschäftsordnung ist? – Dann ist der Antrag angenommen. Das ist erfreulich, vorwärtsweisend.

Und ich frage jetzt noch einmal, wie die vorgeschlagenen Ergänzungen bei Punkt 0 lauten? Es ist einiges gesagt worden, „... zugunsten aller Bürger und Bürgerinnen in der DDR". Ist das so das allgemeine Verständnis, daß dies bei Punkt 0 jetzt aufgenommen wird? Ihr Kopfnicken.

Gysi (PDS): Nicht „in der DDR", „der DDR".

Lange (Moderator): Bitte? So habe ich es gesagt, „der DDR", ja.

Gysi (PDS): Sie sagten, „... in der DDR", das sind zwei ganz verschiedene Sachen.

Lange (Moderator): Nein, „der DDR". Herr Gysi, Sie haben natürlich recht, aber ich hatte es so gemeint, ja.

Gut. Dann haben wir diese Ergänzung so eingetragen. Und gibt es dann noch notwendige Rückfragen?

Herr Junghanns.

Junghanns (DBD): – die ich eingebracht habe, als zweite Form: „beziehungsweise in genossenschaftliches Eigentum zu überführen, um...", und dann geht es weiter, das war ein zweites Anhängsel an diese Stelle.

Lange (Moderator): Ich denke, das ist jetzt schon wieder ein weiterführender Antrag, den wir eigentlich nach Abbruch der Diskussion nicht mehr jetzt beraten können.

Junghans (DBD): Den hatte ich vorhin geäußert. Definitiv.

Lange (Moderator): Ja, wir haben darüber gesprochen. Es war eine Erklärung gegeben worden, daß dieses eigentlich nicht nötig ist.

Zur Klärung, Herr Ullmann, bitte.

Ullmann (Minister o. G., DJ): Ja, wir hatten doch eigentlich vorhin schon zugestimmt, daß das in Form eines Minderheitenvotums dazugesetzt werden kann.

Junghanns (DBD): Das ist ein Ausweg, das stimmt.

Lange (Moderator): Ja, dann würden wir es Ihnen vorschlagen, daß Sie doch von diesem Weg, der in unserer Geschäftsordnung vorgesehen ist, Gebrauch machen.

Bitte, Herr Gysi.

Gysi (PDS): Ich muß nur darauf hinweisen, daß das, was hier gesagt worden ist an Interpretation, zumindest juristisch falsch ist. **Genossenschaftliches Eigentum** ist nicht eine Zusammenführung von Privateigentum. Es ist eine andere **Eigentumsart.** Die Anteilsgeber können ja auch nicht darüber wie über Privateigentum verfügen. Das kann man, deshalb ist das – also meine ich, ich finde das schon berechtigt, aber weil es einfach eine Fehlinterpretation ist – –

Lange (Moderator): Ja. Herr Wolf.

Wolf (LDP): Die bisherigen Rechtsvorschriften der DDR sehen die Gründung genossenschaftlichen Eigentums vor. Das Neue ist doch das Problem, diese **Privatisierung** zu betreiben. Deswegen steht diese Vorlage unserer Meinung nach nicht im Widerspruch zu den Möglichkeiten der Bildung genossenschaftlichen Eigentums. Ich war selbst einmal LPG-Vorsitzender und ich freue mich, daß darüber nachgedacht wird. Aber das ist Existenzmöglichkeit und Praxis in unserem Lande. Hier geht es doch um das Neue.

Lange (Moderator): Vielen Dank für dieses klärende Wort. Ich möchte Sie daran erinnern, daß wir zu dieser **Vorlage [16/3 neu]** gekommen sind unter dem Vorzeichen, hier sollte eine Richtungsanzeige erfolgen. Und von daher meine ich, daß wir jetzt über dieses Papier zur Abstimmung kommen sollten. Wer ihm die Zustimmung gibt, den bitte ich um das Handzeichen. – Wir sind jetzt in der Abstimmung. – Wir hatten die Formulierung doch gerade ergänzt zu Punkt 0.

Wer dieser Vorlage zustimmt, den bitte ich um das Handzeichen. – Bitte, seien Sie so freundlich. – 19. Gegenstimmen? – 7 Gegenstimmen. Stimmenthaltungen? – 11 Enthaltungen. Damit ist diese Vorlage angenommen und wir haben mit einiger Verzögerung Punkt 2, **Einzelanträge,** abgehakt.

Es ist inzwischen 13.00 Uhr. Wir sind also ganz pünktlich, wenn wir die Mittagspause im Blick haben. Darf ich zunächst Herrn Ziegler fragen, wie wir weiter verfahren wollen?

Ziegler (Co-Moderator): Wir machen jetzt die Mittagspause und um 13.40 Uhr in [Raum] 213 Sitzung der Prioritätengruppe. Hier müßte dann um 14.00 Uhr weiter fortgefahren werden. Und dran ist der seit langem fällige Tagesordnungspunkt **Gesichtspunkte zu einer Verfassung.**

[Unterbrechung der Sitzung von 13.05 Uhr–14.08 Uhr]

Ducke (Moderator): Meine Damen und Herren, darf ich Sie dann bitten, wieder am Runden Tisch Platz zu nehmen, damit wir mit den Verhandlungen fortfahren können? Ich hoffe, daß ich auch im Foyer zu hören bin. Wir müssen uns noch ein wenig Geduld auferlegen. Wenn ich es richtig sehe, ist die Prioritätengruppe noch nicht ganz fertig. Außerdem, wenn jetzt nach der Mittagspause wieder neue Leute am Runden Tisch sitzen, darf ich wieder bitten, daß Sie uns schleunigst die Namen hier nach vorne geben? Es ist sonst mißlich in der Diskussion.

Meine Damen und Herren, ich begrüße Sie nach der Mittagspause zur Fortführung unserer heutigen Sitzung. Vielleicht für unsere Zuschauerinnen und Zuschauer beim Deutschen Fernsehfunk und die Hörerinnen und Hörer bei „Radio DDR": Das, was Sie heute vormittag erlebt haben, das wurde sonst verhandelt, als die Medien schon abgeschaltet waren.

TOP 7: Gesichtspunkte für eine neue Verfassung

Heute waren nun die Einzelanträge zu behandeln, und Sie sehen, wie schön wir damit in Zeitverzug gekommen sind. Ich bitte um Ihr Verständnis. Wir beginnen jetzt also mit dem Tagesordnungspunkt 3, **Gesichtspunkte für eine neue Verfassung.**

Zu diesem Tagesordnungspunkt finden Sie vor die **Vorlage 16/1 der Arbeitsgruppe „Neue Verfassung der DDR"** [Zur öffentlichen Diskussion des Verfassungsentwurfs des Runden Tisches und zum Volksentscheid über eine neue Verfassung der DDR am 17. Juni 1990]. Dazu ist die **Anlage 1** zu **Vorlage 16/1** heranzuziehen, auch die **Anlage 2**, die sind beide ausgeteilt.

Und dann ist noch ein **Antrag** unter **16/6** zu finden vom FDGB, der durch die Prioritätengruppe mit in dieses Bündel hineingenommen wurde, **Ergänzungs- und Änderungsgesetze** bezüglich **Arbeitsgesetzbuch** und Entwurf eines **Betriebsverfassungsgesetzes** [Vorlage 16/6, Antrag FDGB: Zur Ergänzung und Änderung des Arbeitsgesetzbuches (AGB), zur Vorbereitung eines neuen AGB und zum Entwurf eines Betriebsverfassungsgesetzes].

Für die Arbeitsgruppe „Neue Verfassung" begrüße ich hier Herrn Minister Gerd Poppe. Er wird uns eine allgemeine Einführung geben. Zu der Thematik **Menschenrechte und Grundfreiheiten** spricht Herr Weigt von Demokratie Jetzt. Dann wird Herr Emmerich vom FDGB zu den **gesellschaftlichen und politischen Willensbildungen** sprechen, zu den Passagen; Herr Wolfram, Neues Forum, zu **Eigentums-** und **Wirtschaftsordnung;** Herr Gruel zu **Staatsgrundsätzen, Staatsaufbau und Kommunalautomomie.**

Außerdem sind noch mit Frau Professor Will und Herr Quilitzsch als Sachverständige für Rückfragen, die sich dann aus der Diskussion ergeben können. Darf ich nun bitten, Herr Minister Poppe, daß Sie uns in die Vorlage einführen?

Poppe (AG „Neue Verfassung" Minister o. G., IFM): Ja. Am 7. Dezember 1989, das war also die erste Sitzung des Runden Tisches, wurde beschlossen, daß eine Arbeitsgruppe des Runden Tisches gebildet wird, die einen **Entwurf einer neuen Verfassung** der DDR erarbeitet und den zu gegebener Zeit dem Runden Tisch wieder vorlegt. In dem damals aufgenommenen Protokoll dieser ersten Sitzung des Runden Tisches heißt es: „Die Teilnehmer des Runden Tisches stimmen überein, sofort mit der Erarbeitung des Entwurfs einer neuen Verfassung zu beginnen." Und unter 3: „Die Teilnehmer des Runden Tisches stimmen darin überein, daß die Bestätigung dieser neuen Verfassung nach Neuwahlen zur Volkskammer in einem Volksentscheid 1990 erfolgt."

Soweit dieser alte Beschluß. Wir werden sehen, inwieweit sich dort neue Erkenntnisse oder Veränderungen ergeben. Diese **Arbeitsgruppe** wurde einberufen von der Demokratischen Bauernpartei Deutschlands und der Initiative Frieden und Menschenrechte. Es waren **circa 30 Mitarbeiter** aus allen am Runden Tisch sitzenden Parteien, Gruppierungen und Organisationen an der Arbeit beteiligt.

Darüber hinaus etwa 20 Experten, nicht nur aus der DDR, sondern auch aus der Bundesrepublik und West-Berlin. Ich nenne nur ein Beispiel: Der bekannte Bundesverfassungsrichter Dr. Simon, der also 18 Jahre lang diese Arbeit im Bundesverfassungsgericht gemacht hat, war also als Experte ebenfalls beteiligt. Er soll hier stellvertretend genannt werden für viele Experten, die sich hier gemeinsam mit der Arbeitsgruppe engagiert haben.

Nachdem in der ersten Zeit dieser Arbeit, die sehr intensiv war – diese Arbeitsgruppe war schließlich als erste des Runden Tisches gebildet worden – gab es Sitzungen im Plenum dieser Gruppe. Später wurden Untergruppen gebildet, und zwar vier, die der Einteilung der Verfassung in vier Hauptabschnitte, die hier im einzelnen noch vorgestellt werden, entsprechen.

Schließlich wurde eine Redaktionsgruppe gebildet, die die Endredaktion macht. Diese Gruppe arbeitet noch, und zwar im Grunde genommen täglich. Und ein erstes Ergebnis liegt Ihnen heute vor. Es ist insgesamt mit einer Präambel und diesen vier Hauptabschnitten „Staatsorganisation", also in der Reihenfolge noch einmal andersherum, „**Grundrechte oder Menschenrechte**", „**Eigentums- und Wirtschaftsordnung**", „**Willensbildung**", „**Staatsorganisation**" – oder „Willensbildung" sogar als zweites.

Diese vier Hauptabschnitte werden bearbeitet. Es werden insgesamt 120 bis 140 Artikel sein. Zwei Drittel davon sind so gut wie fertig, haben also weitgehend auch die Endredaktion schon passiert. Der Rest befindet sich in der Endredaktion, und es ist mit dem Abschluß dieser Arbeiten innerhalb der nächsten Wochen zu rechnen.

Also wenn alles gut geht: Bis Ende des Monats könnte die Arbeit so weit abgeschlossen sein, daß dann die Publikation dieses Entwurfes erfolgt.

Ich möchte vorab gleich einen Hinweis geben zu den vorliegenden Materialien. Diese **Materialien** sind noch **nicht zur Veröffentlichung bestimmt,** da nicht bei allen Artikeln, die hier vorliegen, die Endredaktion schon so perfekt stattgefunden hat. Außerdem ist die Numerierung, also die Reihenfolge der Kapitel im einzelnen noch nicht geklärt. Und ehe diese Arbeit [nicht] endgültig abgeschlossen und die fehlenden Teile hinzugefügt sind, sollte auch der Entwurf in dieser Form noch nicht veröffentlicht werden.

Ich würde dann einmal einen Text in einer leicht modifizierten Fassung der Redaktionsgruppe hier vortragen, der zur Einleitung dient:

Der Runde Tisch hat schon in seiner ersten Sitzung am 7. Dezember 1989 eine **Arbeitsgruppe** zur Erarbeitung einer neuen Verfassung der DDR gebildet, weil sich spätestens seit dem 9. November 1989 in der DDR unabweisbar die Frage nach der Selbstbestimmung des Volkes und damit nach den Grundlagen seiner rechtlichen Verfaßtheit gestellt hat. Der vorgezogene Wahltermin hat die Fertigstellung dieser Arbeit vor den Wahlen unmöglich gemacht.

Deshalb wird die am 18. März [1990] zu wählende **Volkskammer** ihre Arbeit auf der Grundlage einer in jeder Hinsicht ungenügenden Verfassung aufnehmen müssen, nämlich der im Moment noch gültigen. Dies zieht einen Zustand minderer **Legitimität** nach sich, den diese Volkskammer, die ihre Existenz nicht sich selbst verdankt, aus eigenem Recht nicht zu beenden vermag, da die Kompetenz zum Erlaß einer Verfassung unmittelbar und unveräußerlich beim **Volk** liegt.

Niemand darf dem Volk, das in einer friedlichen Revolution seine Fesseln selbst gesprengt hat, dieses Recht bestreiten. Diejenigen, die die Voraussetzung für eine neue Ordnung geschaffen haben, dürfen ihres Rechts nicht beraubt werden.

Deshalb legt der **Runde Tisch** als der **legitime Sachwalter** derjenigen Kräfte, die die Erneuerung bewirkten, einen Entwurf für eine neue Verfassung vor, über dessen Annahme nach öffentlicher Diskussion ein Volksentscheid befinden soll.

Dabei handelt es sich um eine Verfassung für die DDR, mit deren Annahme wir eine gegenüber der durch das Grundgesetz für die Bundesrepublik gegebenen gleichrangige und damit gleichberechtigte Ordnung schaffen. Mit diesem Entwurf einer neuen Verfassung tritt der Runde Tisch Bestrebungen entgegen, sich durch die Abgabe von Beitrittserklärungen einer anderen Verfassungsordnung, dem Grundgesetz der BRD nach **Artikel 23 [GG]**, zu unterwerfen.

Wer auf einem solchen Weg die Einheit Deutschlands anstrebt, verletzt nicht nur das Selbstwertgefühl und damit die Würde dieses Volkes. Er setzt sich zugleich über die legitimen Interessen unserer Nachbarn in bezug auf die Ausgestaltung eines geeinten Deutschland im Rahmen eines Systems gesamteuropäischer Sicherheit hinweg.

Der Verfassungsentwurf fußt auf dem Willen, den fundamentalen Bedürfnissen des Volkes nach Rechtsstaatlichkeit, demokratischer Selbstbestimmung und sozialer Sicherheit Ausdruck zu verleihen. Dabei geht der Entwurf über tradierte **Vorbilder**, wie die Verfassung der DDR von 1949 oder das Grundgesetz der BRD, zum Teil deutlich hinaus. Dies vor allem, um dem Volk das Recht zu garantieren, **unmittelbar** an der **Gesetzgebung** mitzuwirken und die **Verwaltung** mit zu gestalten.

Den Erfahrungen aus der Geschichte der DDR Rechnung tragend, war es darüber hinaus notwendig, grundlegende, neue Regelungen zu finden, die das Entstehen unkontrollierbarer, bürokratischer Apparate verhindern. Historischen Erfahrungen verpflichtet sind auch die neu aufgenommenen Grundsätze der **Wiedergutmachung** und **Amnestie.**

Die **Natur** wird unter einen angemessenen rechtlichen Schutz gestellt. Schutz ist auch den Schwächeren in der Gesellschaft zu gewähren. Deshalb sind in umfassender Weise Grundsätze hinsichtlich der **sozialen Sicherheit** vorgesehen, wie das Recht auf Arbeit, auf Wohnen, auf Bildung, auf Hilfe bei der Erziehung sowie die Rechte alter, kranker oder behinderter Menschen.

Der sozialen Gerechtigkeit dient auch die Verbürgung des **Koalitionsrechtes der Werktätigen** und die verfassungsrechtliche Absicherung der Möglichkeiten ihres Arbeitskampfes, die Streikrechte und **Aussperrungsverbot** einschließt.

Aber auch im Bereich der traditionellen Freiheitsrechte gilt es, neuen Bedrohungen entgegenzutreten, zum Beispiel durch die Sicherung des **Datenschutzes.** Zugleich tritt diese Verfassung konsequent jedem Versuch entgegen, einen neuen Überwachungsstaat zu errichten.

Die neue Verfassung soll dem inneren und dem äußeren Frieden dienen, die Einheit der Nation und die Selbstbestimmung des Volkes wahren, gleichviel zu welchen Zielen sich das Volk hinsichtlich der staatlichen Einheit Deutschlands letztendlich bekennen wird.

Da der vollständige Text auf Grund der Kürze der Zeit heute nicht vorliegen kann, sollte die Arbeitsgruppe nach unserer Auffassung den Auftrag erhalten, die Arbeiten umgehend zum Abschluß zu bringen. Dies müßte, wie gesagt, voraussichtlich bis Ende März möglich sein.

Die neue Volkskammer sollte den Entwurf dann unverzüglich publizieren, so daß für die öffentliche Diskussion etwa zwei Monate zur Verfügung stünden. Im gleichen Zeitraum könnte der **Volksentscheid** vorbereitet werden. Eine solche Verfahrensweise schränkt die Möglichkeit, die nicht Gegenstand des Antrags der Arbeitsgruppe ist und die ich deshalb nur beiläufig erwähne, nicht ein, in wenigen Monaten eine **verfassunggebende Versammlung** mit dem Ziel, eine **gemeinsame deutsche Verfassung** zu erarbeiten, zu bilden. Im Gegenteil, der vorliegende Entwurf wird eine vorzügliche Grundlage für ein solches Unterfangen sein.

Ich trage jetzt den Antrag an den Runden Tisch.

Ducke (Moderator): Das [ist] die **Vorlage 16/1,** über die dann, nachdem weiter alles vorgestellt ist, abzustimmen sein wird, bitte, ja?

Poppe (Minister o. G., IFM):

[Vorlage] 16/1 [Antrag AG „Neue Verfassung der DDR"]: Zur öffentlichen Diskussion des Verfassungsentwurfs des Runden Tisches und zum Volksentscheid über eine neue Verfassung der DDR am 17. Juni 1990:

Der Runde Tisch möge beschließen:

1. Die vorgelegten und in Arbeit befindlichen Teile des Entwurfs der neuen Verfassung der DDR sollen von der Arbeitsgruppe zu einem Gesamtentwurf bearbeitet werden.

2. Der Runde Tisch beauftragt die Arbeitsgruppe, diesen Verfassungsentwurf im April 1990 der Öffentlichkeit zur Diskussion zu übergeben.

3. Der Runde Tisch empfiehlt der neugewählten Volkskammer, die Arbeitsgruppe „Neue Verfassung der DDR" dann in die Tätigkeit des zu bildenden Verfassungsausschusses einzubeziehen, wenn er die Ergebnisse der öffentlichen Verfassungsdiskussion auswertet.

4. Der Runde Tisch schlägt der neu gewählten Volkskammer vor, für den 17. Juni 1990 einen Volksentscheid über die Verfassung der DDR auszuschreiben.

Und hier kam noch der Vorschlag, über den man noch zu befinden hätte, zu ergänzen, in diesen **Volksentscheid** ein **Ländererrichtungsgesetz** mit einzubeziehen.

Ich würde dann darum bitten, daß zunächst zu den vier Hauptkomplexen dieser neuen Verfassung aus jeweils der betreffenden Arbeitsgruppe die vorhin genannten Damen und Herren, nein, Herren, sprechen – –

Ducke (Moderator): Ja, ist wieder kein Proporz!

Poppe (Minister o. G., IFM): – und daß wir dann in die Diskussion eintreten, wozu ich gleich sagen möchte, wir sollten angesichts der Tatsache, daß für etliche Artikel die Endredaktion noch nicht gelaufen ist, uns nicht bei **Formulierungen**, also sprachlichen Formulierungen oder bestimmten Worten oder Kommastellen oder sonst etwas aufhalten, sondern über die Themen grundsätzlicher Art dann diskutieren, die aus dem vorliegenden Material beziehungsweise aus dem, was jetzt hier noch vorgestellt wird, zu entnehmen sind.

Ducke (Moderator): Danke, Herr Minister Poppe, für diese Einführung in das Denken über den Verfassungsentwurf. Ich weise noch einmal darauf hin, die Redaktionsgruppe arbeitet noch. Es können also hier Wünsche entgegengenommen werden oder dann vorgetragen werden.

Und die Punkte der **Vorlage 16/1** haben Sie bitte im Hinterkopf, weil dann darüber abgestimmt wird, während über die Passagen der Verfassung jetzt nicht abgestimmt wird. Hier nimmt nur die Arbeitsgruppe „Verfassung" die Wünsche und Anfragen entgegen beziehungsweise wir diskutieren darüber.

Wer ist jetzt der Erste? Sehe ich das richtig, daß zum Thema „**Menschenrechte und Grundfreiheiten**" Herr Dr. Weigt spricht? Der spricht vom Platz Demokratie Jetzt.

Bitte schön.

Weigt (DJ): Herr Vorsitzender, sofern der nach einer **Volksdiskussion** revidierte Verfassungsvorschlag durch Volksentscheid gültig werden sollte, wird die neue Verfassung für einen Neuanfang stehen. Der Staat wird dann nicht mehr, wie bisher, über den Bürger verfügen können. In klare, verfassungsmäßige Schranken verwiesen, zum Schutz der Rechte des Einzelnen verpflichtet, wird er **Rechtsstaat**.

Grund- und Menschenrechte nehmen im vorgelegten Verfassungsentwurf eine zentrale Stellung ein. Der **Grundrechtskatalog** steht deshalb am Anfang des Entwurfs.

Natürlich ist der Verfassungsentwurf geprägt durch die besonderen Erfahrungen der Menschen dieses Landes, Erfahrungen des Leids und der Demütigung durch eine entwürdigende Diktatur und durch die Erfahrungen der selbsterstrittenen Befreiung von der Unmündigkeit.

Es bestand in der Arbeitsgruppe „Neue Verfassung" Übereinstimmung, die gewonnene **Volkssouveränität** in allen Teilen dieses Entwurfes zu bewahren. Grundrechte sind, um sie hier zu nennen, die Freiheitsrechte, die Gleichheitsrechte und die Rechte auf soziale Gerechtigkeit.

Eine der großen Aufgaben einer neuen Verfassung wird es sein, die uns so lange vorenthaltenen Freiheitsrechte in besonderem Maße zu gewähren.

Ducke (Moderator): Herr Weigt, darf ich einmal ganz kurz unterbrechen, weil es mir selbst ein bißchen problematisch war, in dem Packen durchzufinden.

[Der Moderator hält einen „Packen" Papier in die Höhe]

Zu den jeweiligen Kapiteln, die jetzt nun noch nicht numeriert sind, wird gesprochen. Sie finden das in dem Packen, in diesem Falle **Grundrechte**, ist es die letzte Faszikel [**Vorlage 16/1a**[11]], so möchte ich beinahe sagen, die letzten Seiten, so daß wir dann uns das Blättern ersparen.

Bei den nächsten werde ich es Ihnen rechtzeitig sagen. Ich bitte um Entschuldigung, aber ich habe es selbst nicht so schnell gefunden.

Also, das ist nicht durchnumeriert, es ist leicht zu erkennen: Es ist ein wenig eine andere Schrift. Dann finden Sie es im Packen unten, die **Grundrechte**.

Danke, Herr Weigt.

Weigt (DJ): Eine der großen Aufgaben einer neuen Verfassung wird es sein, die uns so lange vorenthaltenen **Freiheitsrechte** in besonderem Maße zu gewähren.

Es ist unschwer zu erkennen, daß der Verfassungsentwurf auf die Ideale der Französischen Revolution zurückgreift, auf **Freiheit, Gleichheit** und auf **Brüderlichkeit**. Die Traditionslinie geht über die Paulskirchen-Verfassung, die Weimarer Verfassung sowie die beiden deutschen Verfassungen aus dem Jahre 1949.

Wir berufen uns nicht auf die DDR-Verfassungen aus den Jahren 1968 und 1974 aus verständlichen Gründen. Wir haben auch neue europäische Verfassungen berücksichtigt, ich nenne nur die spanische.

Von überragender Bedeutung für unsere Arbeit waren weiter:

erstens, die UNO-Konventionen der Menschenrechte aus dem Jahre 1966, von denen die eine allgemeine politische und Bürgerrechte definiert, die andere wirtschaftliche, soziale und kulturelle Rechte;

zweitens haben wir [die] in den KSZE-Dokumenten niedergelegten Verpflichtungen zur Achtung der Menschenrechte und Grundfreiheiten benutzt;

drittens, die Erklärung des Europäischen Parlaments über Grundrechte und Grundfreiheiten vom 12. April 1989;

und schließlich die UNO-Konventionen der Rechte der Kinder vom Dezember des letzten Jahres.

Durch die Beteiligung, das wurde ja bereits gesagt, westdeutscher Experten war uns das Grundgesetz und [die] bundesdeutsche Verfassungswirklichkeit stets gegenwärtig.

Der vorgelegte Verfassungsentwurf strebt eine Harmonisierung der Rechtssituation der DDR mit den erwähnten Konventionen an. Damit ist eine Hinwendung nach Europa verbunden und keine ausschließliche auf die Bundesrepublik Deutschland, die diesen Weg mit ihrem Grundgesetz eines Tages ebenfalls gehen muß.

Im Grundrechtskatalog ist die Würde des Menschen der zentrale Wert. „Die Würde des Menschen ist unantastbar", heißt es im ersten Satz von Artikel 1. Wir begegnen der Würde in zahlreichen anderen Artikeln: beim Sterben, in 3,1; bei der Behandlung Inhaftierter, in 11,5; als Grenze der Meinungs- und Informationsfreiheit, in 15,1; bei der Verpflichtung des Staates, die Arbeitskraft zur Führung eines menschenwürdigen Lebens, in 32,2; und in Artikel 35,2 beim Recht auf Wohnung.

---

[11] Dokument 16/6, Anlagenband. Auf den (vagen?) Status dieser Materialie sei ausdrücklich hingewiesen. Obwohl hier und im Inhaltsverzeichnis vom Herausgeber als Vorlage, nämlich als Vorlage 16/1a, ausgewiesen, kann bzw. wollte diese Materialie nicht denselben Status wie die meisten sonstigen „Vorlagen" in Anspruch nehmen.

Der Würde folgen das Recht auf Gleichheit, in 1,2 und Artikel 2, sowie das Recht auf freie Entfaltung der Persönlichkeit eines jeden in Artikel 3,2.

Diese Grundrechte, die Würde des Menschen, Freiheit und seine Gleichheit werden erst durch die Gewährung **sozialer Rechte** wirksam: dem Recht auf Arbeit, in Artikel 32; der sozialen Sicherheit, in Artikel 33; dem Recht auf Wohnung, in Artikel 35.

Diese Artikel tragen den zu erwartenden **Schwierigkeiten der nächsten Zeit** Rechnung. Hier wird die Solidarität der ganzen Gesellschaft eingefordert. Der Gesetzgeber wird zu konkretem Handeln aufgefordert. Den sozial Schwachen wird starker Schutz gewährt.

Das ungeborene Leben genießt staatlichen Schutz durch Gewährung sozialer Hilfen, in 3,1; dem Sterbenden wird Achtung seiner Würde im Sterben gezollt, ebenfalls in 3,1.

Jeder hat im Alter das Recht auf ein menschenwürdiges Dasein. Heime sind so auszustatten und zu verwalten, daß eine eigenverantwortliche aktive Lebensgestaltung möglich ist, Artikel 27.

Menschen mit körperlicher oder geistiger Behinderung haben Anspruch auf Fürsorge, Behandlung und Rehabilitation, um ihnen ein Leben als gleichberechtigte Bürger zu ermöglichen, Artikel 28.

Wir haben mit dem umfangreichen **Grundrechtskatalog** keinen Wunschzettel geschrieben. Die Grundrechte dieser Verfassung sollen nach Artikel 37 unmittelbar geltendes Recht sein. Wird jemand in seinen Grundrechten verletzt, so steht ihm der Rechtsweg offen.

Die schwierigen Probleme, die auf uns in der nächsten Zeit zukommen werden, verlangen geradezu einen derart weitgefaßten und detailliert geschriebenen Grundrechtsteil. Unseren ungeübten Richtern wird die Rechtsprechung dadurch erleichtert.

Eine der besonderen Schwierigkeiten, Artikel zu formulieren, bestand in der komplizierten Verschränkung verschiedener Rechte und in der gegenseitigen Bedingtheit von Grundrechtsbestimmungen. So kann das **Recht auf Leben und körperliche Unversehrtheit** in Artikel 3,1 zum Beispiel geschützt werden, indem der **Umweltverschmutzung** durch Belastungsgrenzen entgegengewirkt wird, Artikel 36,2.

Darüber hinaus mußten differenzierte Schranken eingeführt werden, denn nur wenige Rechte gelten schrankenlos, wie die Würde des Menschen oder das Recht auf Leben in 3,1.

Wir haben auch das **Brief-, Post- und Fernmeldegeheimnis** unverletzlich gemacht, Artikel 8, der bösen Erfahrungen wegen.

Ich kann die Beispiele nicht beenden, ohne die **Gleichberechtigung** der Frauen und Männer sowie die Gleichstellung der Frauen zu erwähnen, Artikel 25.

Jeder hat Anspruch auf Achtung und Schutz seiner **Privatsphäre**.

Jeder hat das Recht an seinen **persönlichen Daten**. Ohne freiwillige und ausdrückliche Zustimmung dürfen sie nicht erhoben, gespeichert, verwendet, verarbeitet oder weitergegeben werden. Eingriffe in dieses Recht sind nur in überwiegendem Interesse der Allgemeinheit zulässig und bedürfen des Gesetzes, das ist Artikel 6.

Das **Bildungsziel** ist die Befähigung der Menschen zu selbständigem Denken und verantwortungsbewußtem Handeln mit der Fähigkeit, das Anderssein seiner Mitmenschen zu achten, Artikel 30.

Das **Eigentum** und das **Erbrecht** sind gewährleistet. Form, Inhalt und Schranken werden durch das Gesetz bestimmt, Artikel 34.

Und schließlich möchte ich noch erwähnen, daß jeder Bürger das gleiche Recht hat, in **Volksbegehren** und **Volksentscheiden** seinen Willen zu bekunden, Artikel 21,4.

Ich glaube – und das ist natürlich eine persönlich gefärbte Meinung – daß die Menschen unseres Landes kraft ihrer selbsterstrittenen Souveränität das Recht haben, eine eigene Verfassung zu schreiben und daß ihnen niemand die Reife absprechen kann, den sich selbstgesetzten Rahmen mit Wirklichkeit zu erfüllen. Das erst schafft dem **neuen Parlament** und der neuen Regierung die notwendige **Legitimität**.

Danke schön.

Ducke (Moderator): Danke, Herr Dr. Weigt, für diese Hinweise und ausführlichen Begründungen der Thematik Grundrechte, so wie sie in einer neuen Verfassung verankert sein sollten.

Vielen Dank.

Ich rufe jetzt auf Herrn Dr. Emmerich zur **gesellschaftlichen und politischen Willensbildung**. Wenn ich es richtig sehe, gibt es dafür noch keine schriftliche Vorlage?

Emmerich (FDGB): So ist es.

Ducke (Moderator): Also, das war nur, damit Sie nicht unnötig blättern – –

Bitte.

Emmerich (FDGB): Herr Vorsitzender, meine Damen und Herren, die vielfältigen Verfassungsrechtsforderungen der vergangenen Monate betreffen auch Institutionen und Mechanismen der gesellschaftlichen und politischen Willensbildung. Sie bedürfen zwingend des Schutzes der Verfassung. Die Arbeitsgruppe „Neue Verfassung" war der Meinung, daß die Menschenrechte und Grundfreiheiten nur dann verwirklicht werden können, wenn entsprechende **gesellschaftliche Bedingungen** ihrer Verwirklichung durch die Verfassung garantiert werden.[12]

Die einfache, aus dem Jahre 1789 stammende Formel, die eine Verfassung von den Menschenrechten und den rechtsstaatlich geregelten Kompetenzen des Staates her definiert, muß in einer modernen, hochentwickelten Gesellschaft verwirklicht werden. Zwischen Individuum und Staat gibt es in modernen Gesellschaften wichtige Institutionen, die das Verhältnis von beiden vermitteln.

Angesichts unserer Erfahrung geht der Entwurf davon aus, daß auch die Rechte dieser Institutionen ebenso wie die Menschenrechte dem Staat vorausgesetzt sind. Unser **Entwurf der Verfassung** wird deshalb einen Abschnitt enthalten, der im einzelnen folgendes vorsieht:

erstens: Parteien, unabhängige Bürgerbewegungen als Voraussetzung der demokratischen Willensbildung überhaupt und als Träger freier, gesellschaftlicher Kritik- und Kontrollrechte;

zweitens: die Parteien als klassischen Teil der demokratischen Willensbildung des Volkes und der demokratischen Öffentlichkeit;

drittens: die Gewerkschaften als überparteiliche, unabhängige Organisationen, als Vertreter der Interessen der Werktätigen;

---

[12] Siehe hierzu Dokument 16/7 im Anlagenband. Zum Status dieses Dokumentes gilt, was zum Status von Dokument 16/6 in der vorangegangenen Fußnote angemerkt ist.

viertens: die Berufs- und Wirtschaftsverbände und der Selbständigen, die an der demokratischen Willensbildung teilnehmen, deren Freiheiten durch die Rechte Dritter begrenzt sind.

Zu den Mechanismen der gesellschaftlichen und politischen Willensbildung gehören nach unserem Verständnis:

Erstens: Die **Freiheit der Künste, der Wissenschaft und der Lehre.** Diese Freiheit ist nur begrenzt durch Menschenwürde und den Schutz der natürlichen Lebensgrundlagen. Der Staat nimmt an ihrer Pflege teil und gewährt ihnen verfassungsrechtlichen Schutz.

Zweitens: Die **Bildung der Jugend** sowie die Weiterbildung der Bürger werden auf allen Gebieten durch die öffentlichen Einrichtungen gesichert. Die Einrichtung des öffentlichen Vorschul- und Schulwesens sowie die Durchführung des Unterrichts obliegen den Ländern der DDR. Krippe, Kindergarten und Schule ermöglichen die Entwicklung der Kinder und Jugendlichen im Sinne der Verfassung zu selbständig denkenden und verantwortungsbewußt handelnden Menschen.

Drittens: Die Universitäten wahren und fördern die Wissenschaften in Lehre und Forschung und haben als Körperschaften des öffentlichen Rechts das **Recht der Selbstverwaltung.**

Viertens: Die Kirchen- und Religionsgemeinschaften bewahren religiöses, kulturelles und moralisches Erbe der Menschheit und wirken damit an der Entwicklung eines humanen Gemeinwesens mit. In ihren Angelegenheiten steht ihnen das Recht der Selbstbestimmung unbeschränkt zu. Die **Religionsmündigkeit** und die Mitgliedschaft sind Sache der Selbstbestimmung der Kirchen und Religionsgemeinschaften. Der Staat fördert und unterstützt durch Vereinbarungen die Tätigkeit der Kirchen und Religionsgemeinschaften insbesondere im Interesse der Wahrung des kulturellen Erbes und der sozialen Tätigkeiten.

Fünftens: Die Medien als wichtigste Massenkommunikationsmittel fördern einen freien Informationsaustausch und eine breite internationale Zusammenarbeit im Bereich von Informationen und Kommunikationen. Die Massenmedien verleihen dem **Meinungspluralismus** ungehindert öffentlichen Ausdruck. Die Informationspolitik aller Medien hat den Grundsätzen der Verfassung zu dienen. Jegliche Zensur der Medien der DDR ist untersagt. Alle staatlichen Organe, die parteienunabhängigen Bürgerbewegungen, die Parteien, die Gewerkschaften, die Berufs- und Wirtschaftsverbände und [die Verbände] der Selbständigen, alle sonstigen gesellschaftlichen Organisationen und Gruppen, die Kirchen und Religionsgemeinschaften sowie die sozialen Minderheiten haben ein Recht auf **angemessene Darstellung** in den Medien.

Diese **Verfassungsrechtsforderungen**, meine Damen und Herren, die teilweise in großartiger Reife hier am Zentralen Runden Tisch, an den anderen Tischen, Foren, Podien, Konferenzen und Parteitagen, in den Bürgerkomitees und durch Einzelpersonen sowie die politischen Bewegungen und Parteien formuliert wurden, müssen ihren Niederschlag in der neuen Verfassung der DDR finden.

Die **Arbeitsgruppe „Neue Verfassung" als Ganzes und ihre Untergruppen** verstanden sich von Anbeginn als Mittler, damit diese Rechtsforderungen als Ausdruck des Selbstbestimmungsrechtes in verbindliches Verfassungsrecht umgesetzt werden können. Wenn zum Beispiel der Außerordentliche Gewerkschaftskongreß Rechtsforderungen mit umfassendster sozialer Dimension artikulierte, war es für die Arbeitsgruppe selbstverständlich, auch darüber nachzudenken, wie das Recht der Gewerkschaften, Arbeitskämpfe zu führen und Aussperrungen zu untersagen, verfassungsrechtlich zu sichern sei.

Danke für Ihre Aufmerksamkeit.

Ducke (Moderator): Das war Herr Dr. Emmerich von der Arbeitsgruppe „Neue Verfassung der DDR" zu gesellschaftlicher und politischer Willensbildung. Vielen Dank.

Es käme jetzt der Themenkreis **Eigentums- und Wirtschaftsordnung.** Es spricht Herr Wolfram, Neues Forum. Bitte, Herr Wolfram. Auch dafür liegt noch keine Vorlage der Redaktionsgruppe vor.

Wolfram (NF): Meine Damen und Herren, das wollte ich gerade sagen, die Ergebnisse der Untergruppe „Eigentums- und Wirtschaftsordnung" liegen Ihnen noch nicht vor, da sie die Redaktionsgruppe noch nicht passiert haben und dann Systematisierungsprobleme immer offen bleiben und auch noch keine abschließende Beratung im Plenum stattgefunden hat.

Ich berichte Ihnen deshalb mündlich über unsere Arbeit.

Leitender Gesichtspunkt unserer Arbeit war, den Übergang zur **Marktwirtschaft** verfassungsrechtlich zu garantieren und ihre Ausgestaltung sozialverträglich zu regeln. Dazu gehört:

Erstens und als Grundlage: die allgemeine Gewährleistung des Eigentums und des Erbrechts. Sie bildet dementsprechend den Ausgangspunkt der neuen **Wirtschafts- und Eigentums-Verfassung.** Also das, was da im Grundgesetz Paragraph 14 geregelt wird.

Nach unserer bisherigen Verfassung gilt, das Volkseigentum ist privilegiert und das Privateigentum ist nur als Restgröße in der Wirtschaftsordnung geduldet. Jetzt, in unserem neuen Verfassungsentwurf, wird gelten, die wirtschaftliche Freiheit des Einzelnen wird gewährleistet. Die verschiedenen Eigentumsformen werden ökonomisch und rechtlich gleichgestellt.

Das ist der **Eigentumspluralismus.**

Der Staat darf nur in streng definierten Fällen eingreifen. Hierin besteht der Bruch mit der bisherigen Ordnung. Die wirtschaftliche und berufliche Freiheit des Einzelnen bildet die Grundlage der gesamten Wirtschaftsordnung. Das Rechtsstaatsprinzip schränkt staatliche Eingriffe auf geregelte und überprüfbare Fälle ein.

Der Regelungsvorschlag lautet, gerade zu staatlichen Eingriffen, dementsprechend: „Staatliche Eingriffe in die wirtschaftliche Freiheit sind nur im Interesse des Gemeinwohls, zur Sicherung der Zielstellung in der Verfassung und nur auf gesetzlicher Grundlage zulässig. Sie unterliegen der gerichtlichen Überprüfung."

Der zweite große Komplex ist die **Sozialpflichtigkeit des Eigentums.** Allgemein kennt sie ja auch das Grundgesetz. Doch wird sie in unserem Entwurf stärker ausgestaltet. Hier galt uns als Prinzip, die Ergebnisse der 40-jährigen Geschichte der DDR müssen sich in der neuen Verfassung spiegeln. Es ist diese, unsere Gesellschaft, die zur Marktwirtschaft übergehen will.

Es reicht nicht aus, den Verfassungstext einer anderen Gesellschaft auf uns übergehen zu lassen. Sozialpflichtigkeit des Eigentums bedeutet unter anderem, das persönliche Eigentum steht unter dem besonderen Schutz des Gesetzgebers. Es findet eine ausdrückliche Anerkennung der Ergebnisse der Bodenreform statt.

Die aus der **Bodenreform** erworbenen, privaten Bodenflächen und ihre freiwillige genossenschaftliche Nutzung stehen unter dem Schutz der Verfassung.

Drittens: Der Erwerb von **persönlichem Eigentum** an Wohnungen und Wohngrundstücken wird gefördert.

Viertens: **Grund und Boden** gehören zu den kostbarsten Naturreichtümern des Landes. Die Nutzung des Bodens ist in besonderer Weise dem Allgemeinwohl verpflichtet. Die Verkehrsfähigkeit des Bodens kann durch Gesetz beschränkt werden. Man denke nur an Bodenspekulationen, an ökologische Probleme und Landschaftszersiedelung.

Der dritte Komplex, der geregelt werden soll, betrifft die **staatlichen Eingriffe**. Ohne Staat kommt heute keine Marktwirtschaft aus. Doch müssen seine Eingriffe rechtsstaatlich geregelt sein.

Der schwerste Eingriff ist bekanntlich die **Enteignung**. Ein Enteignungsparagraph, wie ihn das Grundgesetz hat, findet sich natürlich auch bei uns, findet sich aus Systematisierungsgründen jetzt schon im Grundrechtskatalog Artikel 34,3: „Enteignungen dürfen nur zum Wohle der Allgemeinheit und nur durch Gesetz oder auf gesetzlicher Grundlage erfolgen. Wird persönliches Eigentum enteignet, so ist der volle Wert zu ersetzen. In allen anderen Fällen ist unter Abwägung der Interessen der Allgemeinheit und der Eigentümer und unter Beachtung des Umfanges der Sozialbindung eine Entschädigung zu zahlen." Entschädigungslose Enteignungen sind also ausgeschlossen.

Der vierte entscheidende Komplex: Ohne **Mitbestimmung** kommt eine Marktwirtschaft in einer entwickelten Gesellschaft nicht mehr aus. Der Wettbewerb würde sonst die solidarischen Grundlagen der Gesellschaft auflösen. Doch spricht unser Regelungsvorschlag nur die allgemeine Gewährleistung der Mitbestimmung aus. Er erteilt dem Gesetzgeber den Auftrag, durch ein **Betriebsverfassungsgesetz** die näheren Regelungen auszugestalten.

Für die Wirtschafts- und Eigentumsordnug liegt ein in sich geschlossener Regelungsvorschlag vor. Sobald er die Redaktionsgruppe und das Plenum passiert hat, kann er dem Gesamtentwurf der neuen Verfassung eingefügt werden.

Danke.

Ducke (Moderator): Danke.

Das war Herr Wolfram zum Thema Eigentums- und Wirtschaftsordnung, Maßstäbe, die die neue Verfassung setzen möchte.

Ich komme zum vierten Themenkreis, **Staatsgrundsätze, Staatsaufbau, Kommunalautonomie.**

Ich bitte dazu Herrn Gruel. Er spricht vom Platz [der] PDS.

Gruel (PDS): Meine Damen und Herren, mit dem vorliegenden Text[13] unserer **Staatsorganisation** ist die Staatsverfassung im Entwurf ausgearbeitet, abgesehen von einem Kapitel zur Finanzverfassung. Diese Artikel wurden bereits durch die Redaktionskommission bearbeitet. Viele Artikel konnten in einem einstimmigen Konsens verabschiedet werden, wenn auch dieser Konsens nicht selten in der Diskussion erstritten wurde.

Ducke (Moderator): Herr Dr. Gruel, darf ich wieder aufmerksam machen, das wäre der erste Packen der Vorlage, die wir auf dem Tisch liegen haben. Jetzt haben wir wieder etwas vor uns.

Gruel (PDS): So ist es. Das ist also der Teil, der schon relativ geschlossen als **Staatsverfassung** vorliegt, ohne, wie ich sagte, das Kapitel Finanzverfassung. Zu verschiedenen Artikeln gibt es Vorbehalte einzelner Teilnehmer der Beratungen, die sicher auch in der weiteren Diskussion zur Sprache kommen werden und zur Sprache kommen müssen.

Die Diskussionen und Ausarbeitungen waren jedoch davon bestimmt, daß dringender Handlungsbedarf besteht, relativ kurzfristig eine neue Verfassung auszuarbeiten, mit einer grundlegend andersartigen **Staatsorganisation,** die nur ein gewaltenteilendes System sein kann.

Dies hat sich dann auch am nachdrücklichsten niedergeschlagen in der verfassungsmäßigen Bestimmung der **inneren** und **äußeren Souveränität** des Staates, wie sie gegenwärtig in einem Artikel 1 der Staatsgrundsätze konzentriert vorliegt.

Ich gestatte mir, lediglich Absatz 1 zu zitieren. Es heißt in diesem Absatz 1: „Die Deutsche Demokratische Republik ist ein rechtsstaatlich verfaßter, demokratischer und sozialer Bundesstaat deutscher Nation. Sie bekennt sich zu dem Ziel der Schaffung einer gesamteuropäischen Friedensordnung, welche die durch den Zweiten Weltkrieg in Deutschland geschaffene Lage auf der Grundlage der Aussöhnung mit allen Völkern, die im deutschen Namen unterdrückt und verfolgt wurden, durch eine friedensvertragliche Regelung überwindet. In diesem Rahmen wird das deutsche Volk über die staatliche Gestalt Deutschlands selbst bestimmen."

Dieser Artikel geht davon aus, daß der Prozeß der Vereinigung beider deutscher Staaten in den Rahmen des **gesamteuropäischen Einigungswerkes** eingebettet ist, daß über die konkreten Schritte, Pläne und Fahrpläne das Volk der DDR in Ausübung seines Selbstbestimmungsrechts entscheidet. Nur hierin kann letztlich die Legitimierung der **Einheit Deutschlands** bestehen.

Die zitierte Bestimmung ist das klare Bekenntnis zum **Verfassungsstaat.** Der Staat kann nicht länger das Instrument einer Klasse oder einer Partei sein. Dieser Staat ist ein weltanschaulich neutraler Staat. Die Ziele des Staates sind, wie die der Politik und wie die der gesellschaftlichen Entwicklung nach der Verfassung, offen.

Eine Verfassung ist kein Wechsel auf die Zukunft. Und sie ist auch nicht das Programm einer Partei, welche das auch immer sein mag.

Alle Staatsgewalt ist an die Verfassung und an das Recht gebunden, womit sich die DDR zum **Rechtsstaat** bekennt. Dies ist keine formale Proklamation, sondern Grundbedingung aller Staatlichkeit.

Nach den bitteren Erfahrungen unserer Geschichte steht fest, daß früher oder später der Staat entartet und zu einer primitiven Machtorganisation wird, besteht nicht klare Teilung der Gewalten. Gibt es keine dem Staat vorgelagerten, unantastbaren Menschenrechte und keinen umfassenden Schutz der Rechte durch unabhängige Gerichte, bleibt stets die Gefahr, daß das kostbarste menschliche Gut, die Freiheit, manipuliert und schließlich mit Füßen getreten wird. Nur der Rechtsstaat ist die Garantie der Freiheit des menschlichen Individuums.

Das sind in aller Kürze Ausgangsprämissen für die **Organisation der Staatsgewalt,** zu denen es weitgehenden, wenn auch nicht immer einstimmigen Konsens in den Beratungen der Untergruppe gab.

---

[13] Dokument 16/8, Anlagenband. Zum Status dieses Dokumentes gilt, was zum Status der Dokumente 16/6 und 16/7 in den vorangegangenen Fußnoten angemerkt wurde.

Das verfassungsstaatliche Gefüge, wie es in den ausgearbeiteten Artikeln und Kapiteln vorliegt, ist also ein **gewaltenteilendes System.** Das bisherige Prinzip der Einheitlichkeit der Gewalten, das schließlich zu der entsetzlichen institutionellen Degeneration geführt hat, wurde aufgegeben.

Der vorgelegte Entwurf geht aus von einem **dreidimensionalen System der Gewaltenteilung.**

In der ersten Ebene geht es um die saubere organisatorische Scheidung der drei klassischen Gewalten: in die parlamentarisch-gesetzgebende, die staatliche Verwaltung und die rechtsprechende Gewalt. In der zweiten Ebene ist angelagert die Ausprägung eines bundesstaatlichen, föderalen Mechanismus. In der dritten Ebene – im Bereich der politisch-öffentlichen Meinungsbildung – liegt die Mitwirkung der Parteien, Vereinigungen und Bürgerbewegungen.

Der Entwurf legt darauf das Gewicht, das **parlamentarische System** insgesamt auszuprägen. Er geht bewußt davon aus, daß zum Funktionieren eines parlamentarischen Systems gehört, neben dem Parlament selbst auch die anderen Verfassungsinstitutionen auszuprägen. Nur so – – ein Verfassungsstaat.

Eine Konzentration aller Gewalt beim Parlament führt, wie unsere Praxis gezeigt hat, eher zum Stillstand des parlamentarischen Verfassungslebens.

Was das Parlament selbst betrifft, so setzt der Entwurf wesentliche Akzente in der Ausgestaltung des freien Mandats der Abgeordneten, des Schutzes parlamentarischer Minderheiten und der Schaffung der sachlichen Arbeitsfähigkeit der Abgeordneten und des Parlaments.

Entsprechend der vorgesehenen bundesstaatlichen Organisation entsteht die **Länderkammer** neu, die am Gesetzgebungsverfahren beteiligt ist.

Wieder eingeführt würde entsprechend einem einstimmigen Konsens das Amt eines **Präsidenten** der Republik. Das wäre kein einfacher Rückgriff auf die Institution der DDR-Verfassung von 1949.

Im Amt des Präsidenten würden sich die traditionellen Funktionen des Staatsoberhauptes mit weitergehenden Rechten vereinen. Es handelt sich um Rechte, die nach unserem Dafürhalten weder beim Parlament noch bei der Exekutive liegen sollten. Der Präsident sollte Wahlausschüssen vorsitzen, die die Bundesverfassungsrichter, die Bundesrichter, die Mitglieder der Staatsbank und des neu zu schaffenden **Rechnungshofes** wählen.

Im **Präsidialamt** wäre ein **Datenschutz-Beauftragter** einzugliedern, der vom Präsidenten berufen und ernannt wird. Schließlich sollte der Präsident das Recht erhalten, selbständig Untersuchungsausschüsse einzuberufen. Der Präsident würde von einer Versammlung gewählt werden, die aus den Abgeordneten des Parlaments, der Landtage und Kreistage besteht.

Mit der neuen Verfassung würde die DDR zu einem bundesstaatlichen Staatsaufbau übergehen mit einer entsprechenden Ausprägung **föderaler Strukturen,** Organe und Prinzipien. Das ist ohne Zweifel für die **Einigung Deutschlands** von allergrößtem Gewicht. Denn ein einheitliches Deutschland dürfte nur in föderalen Strukturen denkbar und möglich sein.

Durch ein **Einrichtungsgesetz,** das der Verfassung beigelegt würde, würden zeitgleich mit dem Inkrafttreten der Verfassung Länder geschaffen. Die Länder hätten erhebliche Zuständigkeiten. Der Entwurf bestimmt sie als Träger der staatlichen Planung und Verwaltung, soweit diese nicht in die Bundeskompetenz gehören beziehungsweise den Trägern der Kommunalautonomie in Selbstverwaltung übertragen wurden.

Es gehört zur Rechtsstaatlichkeit, wenn die wichtigsten Entscheidungsprozeduren im Verhältnis von Bund und Ländern durch die Verfassung geregelt sind. Dies widerspiegelt sich insbesondere in der Verteilung der **Gesetzgebungskompetenzen zwischen Bund und Ländern,** wo die Länder ihren Anteil an der mit dem Bund konkurrierenden Gesetzgebung, aber auch eine ausschließliche Kompetenz zum Erlaß von Ländergesetzen haben.

Die **Länderkammer** als Vertretung der Länder hätte das Recht, eigene Gesetzesvorschläge in das Parlament einzubringen. Ihr stehen Zustimmungsrechte bei Bundesgesetzen sowie auch Einspruchsrechte zu.

Es entspricht besten deutschen verfassungsrechtlichen Traditionen, die **Kommunalautonomie** zu verankern. Der Entwurf geht davon aus, daß es zur Realität dieser Rechte gehört, leistungsfähige Einheiten zu schaffen, damit diese Rechte nicht nur auf dem Papier stehen. Der Entwurf behandelt diese Einheiten als Träger der Kommunalautonomie. Und ein Katalog legt fest, welche Gegenstände der örtlichen Planung und der Daseinsvorsorge zur Kommunalautonomie gehören. Wer „ja" sagt zu den Ländern, muß auch „ja" sagen zu Staaten, Kreisen mit Kommunalautonomie.

Meine Damen und Herren, Rechtsstaatlichkeit ist ohne eine **unabhängige Rechtsprechung** nicht zu haben. Dies ist gewiß an sich keine neue Erkenntnis, war aber bisher leider nicht Verfassungsstandard bei uns.

Der Entwurf geht davon aus, daß alle rechtsprechende Gewalt Richtern anvertraut ist, die unabhängig und nur der Verfassung und dem Gesetz unterworfen sind. Es ist damit jene frühere Verfassungsbestimmung beseitigt, die ein engmaschiges Sieb einer Auslese vor das Richteramt legte, daß danach Richter nur sein konnte, wer dem Volk und seinem sozialistischen Staat treu ergeben ist.

Als einziges bleibt die strikte Bindung des Richters an Verfassung und Gesetz. Keinerlei alte oder neue Formen von Abhängigkeit oder gar Ergebenheit. Beseitigt würde jegliche Form der Leitung der Rechtsprechung, wie sie früher vorgesehen war.

Neben den persönlichen **Abhängigkeiten der Richter** wird auch die sachliche Abhängigkeit **beseitigt,** indem die Wahl der Berufsrichter durch die Volksvertretungen aufgehoben wird. Dies betrifft ebenso Berichterstattungspflichten des Richters gegenüber den Wählern wie das Damoklesschwert einer jederzeitigen Abberufung durch eine, wie auch immer geartete Mehrheit von Wählern.

Der Entwurf beseitigt ein empfindliches Defizit im **Rechtsschutz** des Bürgers. Es werden die dem rechtsstaatlichen Denken widersprechenden Beschränkungen des Rechtsweges aufgehoben. Und es wird eine Rechtswegegarantie verankert, nämlich wie es heißt: „Wird jemand durch die öffentliche Gewalt in seinen Rechten verletzt, so steht ihm der Rechtsweg offen."

Neben den bisher bestehenden Arten von **Gerichtsbarkeit** dürften somit verwaltungs-, finanz- und sozialrechtliche Gerichtsbarkeiten zu schaffen sein.

Ein grundlegender Neuansatz im verfassungsrechtlichen Denken und in den Verfassungsinstitutionen ist die Einführung eines **Verfassungsgerichts** mit weitreichenden Zuständigkeiten. Damit werden moderne Verfassungsentwicklungen in westlichen wie in östlichen Ländern aufgegriffen.

Neben der **Normenkontrolle** und einer weitreichenden Zuständigkeit für Streitigkeiten zwischen Bund und Ländern sowie zwischen den Ländern sind auch Entscheidungen über **Verfassungsbeschwerden** öffentlich-rechtlicher Körperschaften, zum Beispiel von Kommunen, wegen Verletzung ihrer Rechte vorgesehen sowie über Verfassungsbeschwerden von Bürgerinnen und Bürgern, wenn diese in ihren Grundrechten durch die staatliche Gewalt beeinträchtigt worden sind. Auch das orientiert auf den strikten Rechtsschutz des Individuums.

Abschließend noch eine weitere Neuerung, meine Damen und Herren. Der Entwurf sieht ein **Volksgesetzgebungsverfahren** auf dem Wege eines **Volksbegehrens** und anschließendem **Volksentscheids** vor. Damit wird im Grunde eine Regelung der DDR-Verfassung von 1949 wieder aufgegriffen, das Verfahren in seinen konkreten rechtsstaatlichen Voraussetzungen und in seiner Ausgestaltung jedoch wesentlich präzisiert. Das wäre sozusagen rundum betrachtet aus meiner subjektiven Sicht an neuen Dingen, die hier erwähnenswert wären und das, was man sagen müßte zum Herangehen, wie die Untergruppe das Problem Staatsorganisation und Staatsgrundsätze verstanden hat.

Ich danke Ihnen.

Ducke (Moderator): Soweit Herr Dr. Gruel zu **Staatsgrundsätzen, Staatsaufbau, Kommunalautonomie.** Vielen Dank.

Meine Damen und Herren, vielleicht ging es Ihnen auch so, wir haben hier am Runden Tisch oft Dinge der dringlichen Aktualität zu verhandeln. Nun haben Sie uns ein wenig in die Zukunft blicken lassen. Ich möchte den Damen und Herren, hoffentlich stimmt das, wenn auch nur Herren referiert haben, den Damen und Herren der Arbeitsgruppe „Neue Verfassung der DDR" ganz herzlich danken für diese Denkleistung und für dieses Vordenken und für diesen Bericht hier.

[Beifall]

Wir eröffnen die Aussprache darüber, bevor wir dann zu der **Vorlage 16/1** kommen. Ich denke, da in der Verfassungsgruppe alle Parteien vertreten waren, erübrigen sich die üblichen Stellungnahmen, daß die Partei dem zustimmt. Aber es gibt vielleicht noch Ergänzungen oder Hinweise, die dafür notwendig sind.

Bitte, Herr Gysi; Herr Mahling.

Gysi (PDS): Danke sehr, weil ich dann nämlich auch gehen muß.

[Ich] wollte doch noch ein paar Sätze dazu sagen. Also, zunächst begrüße ich das Anliegen, eine Verfassung der DDR noch zu erarbeiten und durch **Volksentscheid** eine Bestätigung herbeizuführen. Ich gehe auch davon aus, daß es ganz wichtig ist, daß im Interesse der Bürger der DDR und der Verteidigung auch ihr Recht im Einigungsprozeß – – wir ein **souveränes** Land mit einer souveränen Regierung benötigen. Und dazu gehört eine Verfassung, die die gegenwärtigen Verhältnisse richtig widerspiegelt. Und hier kann außerdem schon ein Stück Demokratie entwickelt werden, das dann auch für ein künftiges Deutschland Bedeutung haben wird.

Zweite Bemerkung: Deshalb stimme ich auch dem zu, was also hier einleitend vorgetragen wurde. Allerdings, ohne daß ich mich jetzt in Einzelbestimmungen ergehen will, sind meines Erachtens schon noch einige Formulierungsschwächen [vorhanden], aber das hat ja dann auch noch Zeit. Ich will nur ganz kurz etwas sagen, was mir ganz wichtig erscheint, daß es sich in dem Artikel 1 natürlich um das künftige Deutschland handeln muß und daß mit der Selbstbestimmung des deutschen Volkes irgendwie auch Klarheit geschaffen werden muß, daß es sich hier um einen paritätischen Vorgang handelt.

Das heißt, daß im **Einigungsprozeß**, sagen wir einmal, nicht die Mehrheit der Bevölkerung der Bundesrepublik über die DDR entscheiden kann – es sind nun einmal einfach mehr Bürger –, sondern das muß paritätisch erfolgen und dann sozusagen – das ist ein Problem, das irgendwie auch verfassungsrechtlich mit gelöst werden muß.

Das zweite, was ich für ausgesprochen unglücklich halte und worauf ich hinweisen möchte, was es auch für Gefahren birgt, das ist die **Staatsbürgerschaftsfrage** im Artikel 3 und die Definition desjenigen, der Deutscher ist.

Deutscher ist, wer der deutschen Kulturnation angehört. Das ist äußerst kompliziert. Danach wäre ja jeder Bundesbürger natürlich, das ist er ja auch, Deutscher, aber er ist damit eben auch ein **Deutscher,** der Anspruch auf die **Staatsbürgerschaft der DDR** hat. Da das nicht weiter ausgeregelt ist, könnte er eigentlich sofort alle Rechte eines DDR-Bürgers in Anspruch nehmen. Zumindest, es sei denn, es wird dafür ein Verfahren geregelt. Das ist dann eine andere Frage.

Ich muß nur auf die Gefahr hinweisen, was das bedeuten könnte, zum Beispiel allein an Sozialleistungen etc. – – Schwierigkeiten, mit denen umgekehrt auch die Bundesregierung zu rechnen hat.

Kurzum, ich meine, daß es schon erforderlich ist, neben der Frage, wer ein Deutscher ist, zu klären, wer Staatsbürger der DDR ist. Und das muß ja nicht unbedingt ein Deutscher sein. Das sind also einfach zwei verschiedene Dinge.

Und das müßte, glaube ich, dann schon noch genauer definiert werden, weil an die Staatsbürgerschaft einfach bestimmte Rechte geknüpft sind, die nicht an die Nationalität geknüpft sind. Das heißt, den Versuch jetzt schon zu unternehmen, die Staatsbürgerschaft eines **künftigen Deutschlands** zu regeln, wäre übertrieben.

Es muß jetzt die Staatsbürgerschaft der DDR geregelt werden. Das scheint mir eine ganz wichtige prinzipielle Frage zu sein, weil daran auch soziale Rechte geknüpft sind.

Ansonsten begrüße ich sehr, daß die Verfassung nicht nur parlamentarische Demokratie regelt, sondern auch doch gewichtige Elemente von **Basisdemokratie,** verbunden mit Kompetenzen, Dinge, die sich hier auch in den letzten Wochen und Monaten bewährt haben, die irgendwie Einzug gefunden haben, die noch auszugestalten sind und die auch für eine künftige Entwicklung von großer Bedeutung sein können.

Das ist das, was ich sagen wollte, und wovon ich hoffe, daß also das in die Grundsätze noch eingearbeitet werden kann.

Sicherlich, zum Wirtschaftsteil hätte ich auch noch einige Bemerkungen zu machen, aber die Arbeit daran geht ja weiter, es ist ja hier praktisch eine Zwischenbilanz hinsichtlich der Grundsätze, denen man ansonsten wegen ihrer rechtsstaatlichen Prinzipien durchaus zustimmen muß.

Ducke (Moderator): Ich danke, Herr Gysi von [der] PDS.

Es hat jetzt Herr Mahling, Vertreter der Sorben – – dann, wenn ich es richtig sehe, Herr Börner, wieder PDS; und Herr Schröder danach, SPD.

Mahling (Vertreter des Sorbischen Runden Tisches): Ja, ich möchte an dieser Stelle gleich weitermachen. Es gibt ja genügend Staatsbürger der DDR, die keine Deutschen sind. Nicht nur die Sorben, sondern da gibt es noch eine Gruppe **Sinti und Roma**. Dann ist noch die ganze Frage beispielsweise der Kinder aus Ehen, wo verschiedene Volkszugehörigkeit der Eltern vorliegt und so weiter. Und wenn man mit den Augen eines **Nichtdeutschen** diesen Entwurf liest, da kann man nur sagen, das ist ein derart **nationalstaatlicher Entwurf** in den ersten 3 Paragraphen, daß ich meine schwersten Bedenken dagegen anmelden muß, auf dieser Basis weiterzuarbeiten.

Ducke (Moderator): Gut, Herr Mahling. Ja?

Mahling (Vertreter des Sorbischen Runden Tisches): Lassen Sie mich noch [ein] bißchen reden.

Ducke (Moderator): Ja, nein, ich hatte Sie jetzt mißverstanden.
Bitte.

Mahling (Vertreter des Sorbischen Runden Tisches): Beispiel: Artikel 2, die Farben der Nation sind schwarz-rot-gold und das Wappen des Staates, hier ist also eine Ineinssetzung von **Staatsangehörigkeit** und **Volkszugehörigkeit** entstanden, oder was schon mein Vorredner sagte mit der Definition, wer ein Deutscher ist.

Nach dieser Definition dürfen die Deutschen in Argentinien oder in Siebenbürgen mitbestimmen über die Einheit Deutschlands, aber die Sorben nicht. Also, das muß ich ja ganz klar aussagen. Und es werden alle nichtdeutschen Bewohner der DDR von der Staatsbürgerschaft ausgeschlossen, Artikel 3 des Entwurfs, der hier vorliegt.

Deutsche haben Anspruch auf die **Staatsbürgerschaft** der DDR. Das muß meines Erachtens dringend überarbeitet werden. So geht das nicht.

Schon der erste Satz: „Die Deutsche Demokratische Republik ist ein rechtsstaatlich verfaßter demokratischer, sozialer Bundesstaat deutscher Nation." Warum kann man die letzten beiden Worte nicht einfach streichen? Warum muß man hier noch auf den nationalstaatlichen Charakter abheben in Europa? Deswegen bedauere ich auch, daß dieser Abschnitt „Einheit" mit großer Mehrheit und großer Übereinstimmung verabschiedet worden ist.

Für das Selbstverständnis der Sorben verweise ich auf die ausliegende oder ausgeteilte **Information 16/9**, die hier vorliegt [**Information 16/9, Standpunkt Sorbischer Runder Tisch: Zur Vereinigung Deutschlands**[14]].

Und noch ein Punkt, wo dieser Verfassungsentwurf hinter dem von der DDR und der Bundesrepublik unterschriebenen Völkerrecht zurückbleibt, das ist im Abschnitt „Grundrechte" der Artikel 29. Es ist schön, daß ein **Paragraph für Minderheiten** drin ist, den gibt es meines Wissens im Grundgesetz der Bundesrepublik nicht so.

Aber die DDR und die Bundesrepublik haben beide unterzeichnet dieses **Wiener Nachfolge-KSZE-Treffen im Januar 1989,** und dort wird über diesen Paragraphen hinaus, über diesen Paragraphentwurf hinaus festgelegt auch eine Verpflichtung des Staates, Bedingungen für die Förderung von Minderheiten zu schaffen. Und hier wird in dem vorliegenden Entwurf nur für eine Rechtssicherheit gesorgt, nicht für eine Förderung.

Soviel also meine Bedenken gegen den vorliegenden Entwurf.

Ducke (Moderator): Soweit Herr Mahling als Vertreter der Sorben.

Ich bin gebeten worden: Frau Professor Will möchte gleich zu einigen Vorwürfen Stellung nehmen, damit die nicht womöglich so einfach im Raum stehen bleiben, sondern auch schon die Richtung des Nachdenkens angedeutet wird.

Frau Professor Will, bitte.

Frau Will (PDS): Also, zunächst möchte ich etwas sagen zu dem Vorwurf des **Nationalstaatlichen**. Im Artikel 4, darauf möchte ich ausdrücklich hinweisen, ist vorgesehen, daß also Hoheitsrechte auf zwischenstaatliche Einrichtungen übertragen werden können. Und das geht auch weiter dann im Absatz 2, daß diese Hoheitsrechte zugunsten eines Systems kollektiver Sicherheit im Rahmen einer **gesamteuropäischen Friedensordnung** übertragen werden können, daß diese Übertragung zulässig ist. Das heißt, es stellt keineswegs ab auf eine Restauration einfacher Staatlichkeit im Sinne von Nationalstaatlichkeit, so wie wir das in der Vergangenheit gewohnt waren.

Die Vorwürfe bezüglich des Artikels 3, das ist das Anknüpfen an die **deutsche Nationalität,** würde ich für meinen Teil durchaus annehmen und gewisse Relativierungen da auch unbedingt als einarbeitbar ansehen.

Ich kann aber jetzt sagen, vom Ablauf der Arbeit in der Verfassungsgruppe war es so, daß in gewisser Weise eine Nachformung des Artikels 116 des Grundgesetzes hier versucht worden ist. Ich teile das mit meinen politischen Überzeugungen nicht. Ich werde deshalb noch einmal dieser Unterarbeitsgruppe diesen Passus zurückgeben. Ich würde also darum bitten, daß die, die an diesem Teil gearbeitet hatten, sich noch einmal melden.

Es ist aber der Wahrheit halber auch hier vorzutragen, daß die **jüdische Gemeinde** diese Regelung – Deutscher ist, wer der **deutschen Kulturnation** angehört, so wie es im Artikel 3, Absatz 2 steht – ausdrücklich begrüßt hat. Ich habe hier das Schreiben vom Verband der Jüdischen Gemeinden, wo der Präsident uns folgendes gesagt hat oder geschrieben hat: Nur der Rückgriff auf den Begriff der deutschen Kulturnation ist geeignet, Diskriminierungen entgegenzuwirken, denen sich Juden aufgrund der im Artikel 116, Absatz 1 des Grundgesetzes der Bundesrepublik Deutschland getroffenen Wortwahl ständig ausgesetzt sehen.

Das hat natürlich bei der Abfassung eine Rolle gespielt, auch [bei] Diskussionen dergestalt, daß man anknüpfen muß in der Tradition des Staatsbürgerschafts- beziehungsweise **Staatsangehörigkeitsgesetzes** an bestimmte Kriterien, daß der Verweis auf die deutsche Nation keineswegs ausschließt, daß der auch anderen angehören können.

Zu dem Vorwurf der Nichtbeachtung der Förderung von **Minderheiten** ist zu sagen, daß in dem von Ihnen erwähnten Artikel 29 ausdrücklich abgestellt wird auf ein Gesetz. Das heißt: Die von Ihnen geforderte Förderung der sorbischen Minderheit kann durchaus durch den Gesetzgeber vorgenommen werden. Im Rahmen – Moment – im Rahmen einer Verfassungsordnung dieses tatsächlich justiziabel zu machen, ist außerordentlich schwer.

---
[14] Dokument 16/9, Anlagenband.

Wenn es Vorschläge gibt, wo man aus dem Verfassungsartikel heraus dann auch die Dinge durchsetzbar machen kann im Sinne von **Förderungsteilhaberechte,** wären wir für einen solchen Vorschlag sehr zugänglich, weil wir die juristische Schwierigkeit haben, nicht einen Wunschkatalog hier vorzulegen, sondern tatsächlich justiziable, einklagbare Rechte.

Das ist bei den von Ihnen angesetzten Problemen durchaus schwierig. Aber da gibt es eigentlich keine Ablehnung, sondern eher den Vorschlag, da in Kommunikation noch enger zu treten.

Ducke (Moderator): Danke, Frau Professor Will.

Aber wir haben keine Sachdebatte, und ich bin sicher, es kommt zu einem Gedankenaustausch des **Sorbischen Runden Tisches** in dieser Verfassungsfrage mit der Arbeitsgruppe „Neue Verfassung".

Ich rufe jetzt auf Herrn Schröder, SPD; danach Herrn Weißhuhn, Initiative Frieden [und] Menschenrechte.

Bitte, Herr Schröder.

Schröder (SPD): Ich glaube, man muß noch einmal etwas zu dem Status des Papiers sagen, das Ihnen vorgelegt worden ist. Es ist nicht so, wie Sie gesagt haben: Die Parteien haben ja alle mitgearbeitet und zugestimmt.

Denn der Ihnen vorgelegte Text hat überhaupt nicht der versammelten Arbeitsgruppe [„Neue Verfassung"] zur Abstimmung vorgelegen, sondern ist das Ergebnis, das die Redaktionsgruppe gemacht hat.

Ich bin selbst bei der Lektüre überrascht über manches, was ich darin zu lesen finde. Das also zur Rechtfertigung der Arbeit: Das wird nicht von der gesamten Arbeitsgruppe etwa getragen.

Es ist eigentlich mißlich, daß hier so ein Mittelding von Redaktionsgruppe-verantwortetem und Arbeitsgruppe-verantwortetem Text in die Halböffentlichkeit geht. Und Sie wollen das bitte bei der Verwendung unbedingt berücksichtigen.

Es gibt ein Problem im Blick auf die Weiterarbeit. Ich weiß nicht, ob wir diesen Komplex – also genauer: die Diskussion der **Vorlage 16/1** – hier schon mit einbeziehen oder ob Sie dafür einen – –

Ducke (Moderator): Wenn Sie dann auf Ihre spätere Wortmeldung verzichten, ja – –

Schröder (SPD): – ja, dann mache ich das auch und sage dazu folgendes:

Es wird darum gehen, wie die Arbeit der **neugewählten Volkskammer,** einer Kommission der neugewählten Volkskammer mit der bisherigen Arbeit sich verbinden soll.

Dazu habe ich nun in dem Referat von Herrn Poppe eine merkwürdige Behauptung gehört: „Diejenigen, die die Voraussetzung für die Revolution geschaffen haben, dürfen ihres legitimen Rechts nicht beraubt werden." Ich habe das so verstanden: Nur der **Runde Tisch** und **nicht das gewählte Parlament** – ich hoffe, ich habe falsch verstanden – nur der Runde Tisch und nicht das gewählte Parlament ist befugt, dem Volk einen **Verfassungstext** vorzulesen.

Ducke (Moderator): Sie beziehen sich auf den Absatz 2, nicht, der **Vorlage 16/1**?

Schröder (SPD): Nein, ich beziehe mich jetzt auf ein Zitat aus dem Text, der mündlich vorgetragen wurde. Das Problem steckt aber natürlich in der Vorlage.

Ich würde sagen, dieses ist aristokratisch argumentiert: „Verdienst bedingt Befugnis" und nicht: „Demokratische Wahl bedingt Befugnis, und nur die Verdienste, die der Wähler honoriert, setzen sich in Befugnis um!"

Also, ein solches Problem werden wir hier mit diskutieren müssen.

Ich bin dafür, daß die Arbeit des Runden Tisches, mühsame Arbeit, Anfangsarbeit, eingeht in die weitere Arbeit. Aber diese Tonart, welche dem noch zu wählenden Parlament im voraus die Legitimation abzusprechen scheint, dem Volk den zur Abstimmung gedachten **Verfassungsentwurf** vorzulegen, kann ich nicht gut finden.

Ducke (Moderator): Das war eine Wortmeldung, die sich schon auf die Vorlage bezieht.

Ja, möchten Sie? Aber keine Debatte!

Poppe (Minister o. G., IFM): Ich würde ganz gerne reagieren.

Ducke (Moderator): Na gut.

Poppe (Minister o. G., IFM): Wir haben – wie gesagt, ich habe das eingangs erwähnt – wir hatten einen ganz klaren Arbeitsauftrag des Runden Tisches, und den hat diese Arbeitsgruppe ausgeführt. Das **neue Parlament** existiert bekanntlich noch nicht. Wir werden sehen, wann es existiert.

Bloß: Wir sind nicht der Meinung, daß die Arbeitsgruppe nun deshalb ihre Arbeit aufgeben und unterbrechen sollte, um dann irgendwelche Entscheidungen abzuwarten. Und ich kann jetzt also da Ihr Zögern auch nicht verstehen, denn Sie haben ja doch auch die ganze Zeit dort mitgearbeitet.

Ich hoffe nicht, daß es daran liegt, daß sich die SPD noch nicht entscheiden kann über die Frage des **Artikels 23 [GG]**.

[Beifall auf der Seite der politischen Gruppierungen und Vereinigungen]

Ducke (Moderator): Danke schön.

Ich habe registriert, daß wir schon in eine Debatte zur **Vorlage 16/1** eingetreten sind. Und ich weise darauf hin, wir haben jetzt zwei Wortmeldungen dazu. Das wird sich bei der Abstimmung ja sicherlich verdeutlichen.

Ich rufe jetzt auf Herrn Weißhuhn, Initiative Frieden [und] Menschenrechte; danach Herrn Sahr, FDGB.

Herr Weißhuhn.

Weißhuhn (IFM): Ich möchte jetzt nicht auf die **Vorlage 16/1** eingehen, sondern noch einmal zurück zum vorgelegten Textentwurf. Ich denke, es ist normal und gar nicht anders zu erwarten, als daß dieser Textentwurf unvollständig ist und auch in der Arbeitsgruppe noch nicht ausreichend abgestimmt sein kann aufgrund der Zeitknappheit, die allerdings, wie wir alle wissen, ja ihre objektiven oder auch subjektiven Gründe hat.

Ich finde es deswegen völlig richtig, daß man über diesen Text, so wie er jetzt vorliegt, zunächst einmal insoweit diskutiert, daß man also Grundsätze erkennt und bestimmte Richtungen angibt, und das wollen wir ja hier tun, mehr nicht. So habe ich es verstanden.

Deswegen muß ich aber trotzdem noch einmal auf das zurückkommen, was vorhin von Herrn Mahling gesagt worden ist. Ich finde das in jedem Punkt vollauf berechtigt und durch die Antwort von Frau Professor Dr. Will nicht ausreichend beantwortet, ausdrücklich nicht ausreichend beantwortet.

Meiner Ansicht nach handelt es sich hier trotz dieser Relativierung, die Sie erläutert hat, um einen Rückfall in das klassische **Nationalstaatsverständnis.** So jedenfalls ist der Artikel 3 aufgefaßt, auch wenn er später relativiert wird. Man muß ihn meiner Ansicht nach grundsätzlich ändern, und nicht nur den Artikel 3.

Ich denke, daß es hier darum geht, zwischen zwei grundsätzlichen **Staatsbürgerschaftsauffassungen** zu unterscheiden und sich zwischen diesen zu entscheiden.

Und das ist – ich bin da natürlich Laie und kann das jetzt nur entsprechend laienhaft formulieren, aber ich hoffe, Sie verstehen worauf ich hinaus will – das ist also einmal das hier offensichtlich zugrunde liegende und auch dem westdeutschen Grundgesetz zugrunde liegende Verständnis des **Nationalstaats** definiert als, was seine Angehörigen betrifft, als die der **Nationalität.**

Das genau ist das Problem, was Herr Mahling zu Recht anmahnte, und ich denke, daß statt dessen ein anderes Staatsbürgerschaftsverständnis zugrunde gelegt werden sollte, nämlich das der **Geburt und des Bodens,** auf dem man geboren ist oder so ähnlich heißt das, glaube ich. Dieses würde, glaube ich, die Probleme, die Herr Mahling nannte, mit einem Schlag ausräumen und würde eine befriedigende und vor allen Dingen sehr viel modernere Lösung für die europäische Integration zum Beispiel auch zugrunde legen.

Ducke (Moderator): Das war ein konkreter Vorschlag, über den wir hier nicht diskutieren möchten. Ich nehme an, die Verfassungsgruppe hat ihn sich notiert.

Ich rufe auf Herrn Sahr, FDGB; dann Herrn Wolf, LDP. Bitte schön.

Sahr (FDGB): Gestatten Sie uns zu dieser Diskussion drei Gedanken. Eine eigenständige neue Verfassung der Deutschen Demokratischen Republik entspricht dem Willen der Mehrheit der Gewerkschaftsmitglieder. Und wir sind aus diesem Grunde sehr glücklich, daß wir hier eine so umfangreiche Diskussion zu einer eigenständigen Verfassung führen können. Wir glauben, daß das mit zu den Glanzpunkten auch der Leistung des Runden Tisches gehören wird.

Wir wissen, daß bereits Vorschläge für **Verfassungsrechte der Gewerkschaften** vorlagen, auch hier schon einmal zur Diskussion standen. Dafür spricht der Entwurf für Verfassungsrechte der Gewerkschaften, wie ihn bereits der Außerordentliche Gewerkschaftskongreß beschlossen und auch hier vorgelegt hatte.

Auch die konstruktive Arbeit, die von der Arbeitsgruppe „Neue Verfassung" des Runden Tisches, des geschäftsführenden Gewerkschaftsvorstandes und des Verfassungs- und Rechtsausschusses der Volkskammer gemeinsam für [ein] neues gewerkschaftliches Verfassungsrecht geleistet wurde im Zusammenhang mit dem **Gewerkschaftsgesetz** – –

Wir haben die Bitte, daß diese reichhaltigen Gedanken und Entwürfe dann in den Entwurf mit eingehen. Wir sind für die hier vorgetragenen konzeptionellen Gedanken von Dr. Emmerich. Sie stimmen da überein, und wir können auch von diesen Vorschlägen ausgehen.

Ein zweiter Gedanke: Die Gewerkschaften gehen davon aus, daß **gewerkschaftliche Verfassungsrechte und andere demokratische Mitwirkungsrechte im Betrieb** nur im Zusammenhang mit dem Gewerkschaftsgesetz, dem Arbeitsgesetzbuch und mit einem Betriebsverfassungsgesetz und anderen Mitwirkungsrechten der Belegschaften und ihren Interessenvertretungen im Betrieb, zu sehen sind.

Und daß wir bei dem weiteren Nachdenken über Verfassungsrechte, so wie sie von Dr. Emmerich im Punkt 3 hier vorgetragen worden sind, daß wir von diesen Gesetzen und Rechtsvorschriften mit Rückschlüsse ziehen für die notwendigen **verfassungsrechtlichen Mitwirkungsrechte.**

Wie stark das Interesse der Belegschaften an einer gesetzlich gesicherten Interessenvertretung ist, die wir hier diskutieren, hat ja unter anderem unsere gemeinsame Arbeit am **Gewerkschaftsgesetz** gezeigt:

Als kurz vor der Zweiten Lesung des Gewerkschaftsgesetzes Unternehmerverbände der Bundesrepublik sich meist sehr unsachlich gegen das Gewerkschaftsgesetz aussprachen und vereinzelt sich Kräfte in der DDR diesen Unternehmermeinungen anschlossen, erhielten innerhalb von vier Tagen Volkskammer und Gewerkschaftsvorstand Willensbekundungen von rund einer Million Gewerkschaftsmitgliedern mit ihrer Unterschrift, was dafür spricht, wie wichtig diese gesetzlichen Rechte, die wir hier andenken, sind.

Ich könnte mir auch vorstellen, daß diese Kraft unserer Belegschaften sowohl positiv als auch negativ wirken kann, wenn wir dem Mehrheitswillen unserer Belegschaftsmitglieder nicht entsprechen.

Ich darf im Zusammenhang mit der Diskussion hier gleich unsere Meinung zu dem hier vorliegenden **Antrag 16/6** mit vortragen, der damit erledigt wäre.

Ducke (Moderator): Das bedeutet, wir brauchen da nicht eigens darüber abstimmen?
Wunderbar.

Sahr (FDGB): Wir brauchen dann, wenn das damit bestätigt werden würde – – Wir möchten gern im Zusammenhang mit der Klärung der verfassungsrechtlichen Regelungen dem Runden Tisch folgenden Vorschlag unterbreiten:

> [Vorlage 16/6, Antrag FDGB: Zur Ergänzung und Änderung des Arbeitsgesetzbuches (AGB), zur Vorbereitung eines neuen AGB und zum Entwurf eines Betriebsverfassungsgesetzes]
>
> Der Runde Tisch möge beschließen:
>
> Die Regierung der DDR wird aufgefordert, im Zusammenhang mit der Sozialcharta, den Vorschlag der Gewerkschaften zu realisieren, zum nächstmöglichen Termin ein <u>Ergänzungs- und Änderungsgesetz zum geltenden Arbeitsgesetzbuch</u> zu beschließen.
>
> Es ist ein <u>Konzept zur Vorbereitung eines neuen Arbeitsgesetzbuches</u> vorzulegen, um das einheitliche Arbeitsrecht mit der Wirtschaftsreform, der Währungsunion und der Sozialcharta in Übereinstimmung zu bringen.
>
> Gleichzeitig sollte der <u>Entwurf eines Betriebsverfassungsgesetzes</u> durch die Regierung ausgearbeitet werden.
>
> Die Gewerkschaften erklären ihre Bereitschaft, an diesen Gesetzen aktiv mitzuarbeiten.

Zur **Vorlage 16/1** würden wir zum Punkt 1 eine Veränderung vorschlagen, eine Ergänzung, die hier schon mit meinem Vorredner übereinstimmt. Wir meinen, daß die Arbeitsgruppe „Neue Verfassung" die Gedanken, die auch außerhalb des Runden Tisches bereits schriftlich vorliegen, mit berücksichtigen sollte. Darum der Ergänzungssatz zum

Punkt 1: Hierbei sind die Vorschläge der Arbeitsgruppe „Neue Verfassung" der Volkskammer zu berücksichtigen, weil dort auch eine umfangreiche Arbeit vorliegt, an der wir nicht vorbeigehen sollten.

Ducke (Moderator): So, danke, Herr Sahr.

Jetzt nur meine Frage: **Vorlage 16/6**, wenn das also jetzt von der Arbeitsgruppe aufgenommen wird in die Formulierung, ich muß also hier konkret Herrn Wolfram fragen, Eigentums-, Wirtschaftsordnung, weil das vorhin erwähnt wurde – könnten wir sagen, wir geben das einfach Ihnen in die Arbeitsgruppe, dann hätten wir das vom Tisch?

Herr Wolfram?

Wolfram (NF). Ja, ja, das läßt sich so machen.

Ducke (Moderator): Frau Böhm, unmittelbar dazu?

Frau Böhm (Ministerin o. G., UFV): Ja, eine Bemerkung unmittelbar dazu. Und zwar, der Gesetzgeber ist das Parlament und es steht hier vorne: „... von den Gewerkschaften beantragt, die Regierung möge beschließen, Ergänzung und Änderung, Gesetz und Arbeitsgesetz."

Ducke (Moderator): Nein, das ist damit hinfällig. Wir stimmen darüber nicht ab. Der Gedanke wird nur von der Verfassungsgruppe aufgenommen.

Frau Böhm (Ministerin o. G., UFV): Ja, ich wollte bloß den Gedanken, daß der Gesetzgeber das Parlament ist, hier noch einmal betonen. Hier wird oftmals die Regierung bezeichnet, und das entspricht nicht der **Gewaltenteilung**.

Sahr (FDGB): Es muß Entwurf heißen.

Ducke (Moderator): Danke.

Das war sozusagen eine rückwirkende Ermahnung an [den] FDGB und eine vorausschauende, hinweisgebende, ja, für den Herrn Wolfram.

Danke. Das wäre dann erledigt. Das ist nicht schlecht.

Jetzt rufe ich auf, aber ich würde dann bitten, daß wir die Debatte abschließen müssen. Wir können uns nicht leisten, [daß] jeder zu dem Geäußerten dann auch noch etwas sagt. Wir haben 15.25 Uhr.

Es steht seit eineinhalb Stunden zur Debatte der **Bericht über Sicherheit/Auflösung**. Die Herrschaften warten. An der Tafel steht: **Bericht KoKo**. Das Fernsehen überträgt. Um 18.00 Uhr kommt die **Abschlußerklärung**, und danach ist [das Thema] beendet. Ich bitte das zu berücksichtigen. Da gibt es keine Diskussion dann mehr darüber, das sind Konditionen, an die wir uns jetzt halten müssen.

Ich bitte, das bei den Wortmeldungen einzuhalten. Wir machen noch eine Viertelstunde Rückmeldungen für die Verfassungsgruppe, damit wir dann über **Vorlage 16/1** abstimmen können.

Herr Wolfram dazu, weil Sie Einbringer sind oder überhaupt Wortmeldungen?

Danke.

Das Wort hat jetzt Herr Wolf, LDP; dann Herr Minister Ullmann.

Wolf (LDP): Die LDP hat von Anfang an den Übergang zur **Rechtsstaatlichkeit** auf der Grundlage einerseits der alten, zu ändernden Verfassung, damit wir März und Mai [1990] wählen können, befürwortet, und zweitens mit der Schaffung von Grundsätzen für eine neue Verfassung für die künftige DDR diesem Willen Ausdruck gegeben.

Auf der Basis eines eigenen geschlossenen **Verfassungsentwurfes**, der seit Dezember vergangenen Jahres vorliegt, haben wir sowohl in der Volkskammer als auch in dieser oder jener Untergruppe der Arbeitsgruppe „Verfassung" des Runden Tisches an diesem Entwurf mitgearbeitet und werden das auch künftig tun.

Zweitens: Wir begrüßen es, daß mit diesen Grundsätzen klar zum Ausdruck gebracht wird, daß die DDR sich gleichberechtigt in die **deutsche Einheit** einbringt und nicht an die BRD anschließen will und das auch mit der Art und Weise und dem Inhalt der Erarbeitung einer neuen Verfassung zum Ausdruck bringt.

Drittens: Wir heben die Notwendigkeit und Richtigkeit hervor, mit dem vorliegenden Entwurf auch auf Grundsätze der **Weimarer Verfassung** sowie der beiden **deutschen Verfassungen**, Verfassung [der] DDR und Grundgesetz der BRD von 1949, zurückzugreifen.

Viertens: Wir meinen, daß damit auch wesentliche Akzente gesetzt sind, um das **Grundgesetz der BRD,** über das wir nicht zu befinden haben, aber an das wir dabei sicher auch mit denken müssen, wenn wir über die deutsche Einheit nachdenken, in Verbindung mit einem Plebiszit für die deutsche Einheit auf die dazu erforderliche Rechtssetzung beiderseits der Elbe einzustellen ist. Also, wir meinen, daß auf diesem Weg in die Einheit auch verfassungsrechtliche Überlegungen westlich der Elbe anzustellen sind, um uns hier beiderseits gleichberechtigt einzubringen.

Und schließlich letztens: Wir würden auch vorschlagen hinsichtlich der **Vorlage 16/1** in Punkt 2 die Formulierung dahingehend **zu modifizieren,** daß [die] Arbeitsgruppe und das zu erwartende neue Organ der Volkskammer, „Ausschuß für Verfassungsrecht" oder wie wir ihn nennen wollen, daß diese beiden Körperschaften gemeinsam weiter an der Ausarbeitung einer neuen Verfassung arbeiten und dieses gemeinsame Ergebnis dann bis zu einem Volksentscheid vorgelegt werden kann. Danke.

Ducke (Moderator): Danke, Herr Wolf.

Ich muß jetzt noch eine Zwischenbemerkung machen. Mir wird mitgeteilt, für die zwei Tagesordnungspunkte, die ja der Runde Tisch beschlossen hat, **Rechenschaftslegung Auflösung Amt Nationale Sicherheit** und **KoKo**, werden je eine Stunde gebraucht. Wir haben dann noch **Verwaltungsreform.**

Ich beantrage jetzt von mir aus hier und ich bitte Sie, Schluß der Rednerliste. Ich rufe noch auf [Herrn] Ullmann, Gehrke, Weigt, Weiß, Gutzeit, Walski, Junghanns, Böhm, Schröder und Wolfram. Sind Sie damit einverstanden, daß wir damit die Rednerliste schließen für das Thema Verfassung?

Ich rufe auf Herrn – – Ich nehme das so als Zustimmung.

Herr Minister Ullmann, bitte.

Ullmann (Minister o. G., DJ): Was vom Vertreter der Sorben zur Frage des Verhältnisses von **Staatsbürgerschaft** und **Nation** gesagt worden ist: Nach meinem Dafürhalten handelt es sich hier um ein zentrales Problem. Ich stimme seinen Ausführungen voll zu und unterstreiche das noch dadurch, daß ich sage, der Begriff der **deutschen Nation** sollte aus der verfassungsrechtlichen Debatte ausgeschieden werden.

Dieser Begriff hat nur Verwirrung gestiftet im 19. Jahrhundert und tiefes Unglück. Er ist verfassungsrechtlich nicht klar definierbar. Und wenn man eine Verfassung schreibt, darf man mit solchen Begriffen nicht operieren.

Damit hängt auch zusammen, daß ich im Blick auf die berechtigten Probleme der **jüdischen Mitbürger,** auf die Frau Professor Will hingewiesen hat, mich beziehe. Hier sieht man eben, wohin es führt, wenn man nach Artikel 116 Grundgesetz Staatsbürgerrechte binden will an irgendwelche vorgängigen Eigenschaften, die dann gar noch auf Abstammung zurückgeführt werden. Das ist das Verhängnisvollste, was man tun kann.

Wir sollten dieser Tradition nicht folgen und davon ausgehen, daß Staatsbürgerschaft ein rechtlicher Begriff ist – ein rechtlicher Begriff, der dadurch definiert wird, daß jemand an der Staatsgewalt laut Ziffer 2 Artikel 1 teilhat. Und die Prinzipien der demokratischen Auffassung vom Staat gehen davon aus, daß das eben nicht auf irgendwelchen Geburtseigenschaften oder anderen Dingen beruht.

Da die Debatte über **16/1** schon eröffnet worden ist!

Ducke (Moderator): Nein, ich würde sagen, das war eine Ausnahme, die rufen wir dann getrennt auf. Bitte, sonst verwirren wir hier die Diskussion total.

Ullmann (Minister o. G., DJ): Dann lasse ich das jetzt weg und füge nur folgendes hinzu: Ich bin der Meinung, daß es ein ganz wichtiges Moment in den geäußerten Plänen zur Verfassung war, daß die **Bürgerbewegungen** als Verfassungselement hier einbezogen worden sind in die Debatte, und ich möchte darauf aufmerksam machen, daß den Bürgerbewegungen eine wichtige Funktion zukommt bei der Kontrolle der Einhaltung der Grundrechte.

[In] Artikel 1, Ziffer 1 heißt es: „Die Würde des Menschen ist unantastbar." Nun haben wir genug Erfahrungen darüber, wie sie ständig angetastet worden ist, und ich denke: Da dieses Angetastetwerden der **Menschenwürde** in hohem Maße auch ein soziales Problem ist, kommt den Bürgerbewegungen hier eine ganz wichtige **Kontrollfunktion** zu, und ich möchte darauf aufmerksam machen, daß man das dann in den Grundrechtsteil der Verfassung aufnehmen sollte.

Letzte Bemerkung: Hoffentlich liegt es nicht an einer Unaufmerksamkeit von mir oder an einer – – weil ich einmal draußen zu tun hatte. Ich möchte gern etwas wissen, welches Verhältnis der Verfassungsentwurf zur **Sozialcharta** hat. Danke.

Ducke (Moderator): Soviel Minister Ullmann an die Adresse der Arbeitsgruppe. Ich rufe jetzt Herrn Gehrke, Vereinigte Linke; dann Herrn Weigt, Demokratie Jetzt.

Bitte, Herr Gehrke.

Gehrke (VL): Ja, ich möchte anknüpfen an das, was Herr Schröder und andere auch sagten, daß doch das vorgelegte Material in dieser Weise ja von der Redaktionsgruppe hier unterbreitet wurde. Man muß dazu unbedingt hinzufügen, daß über den Zeitdruck, unter dem die Arbeitsgruppe ja gearbeitet hat, die Arbeitsgruppe selbst am unglücklichsten war und in jedem Falle bemüht war, in der kurzen Zeit, die noch zur Verfügung steht, ein Maximum hier einbringen zu können.

Das scheint mir einfach auch wesentlich für die jetzt im Grunde ab sofort eröffnete **Verfassungsdiskussion der DDR.** Das ist auch wichtig: So sind wir auch im Konsens bei der Erarbeitung dieser Texte verblieben, daß damit jetzt auch keiner der hier Anwesenden und die gesamte Diskussion mittragenden politischen Vereinigungen und Parteien damit festgelegt ist oder eingeschnürt ist, sondern es wirklich die Eröffnung einer breiten Diskussion für die gesamte DDR –

– und hier wurde ja schon einiges gesagt über die Notwendigkeit einer eigenständigen Verfassungsdiskussion für die DDR.

Ich möchte aus unserer Sicht noch etwas hervorheben. Wir haben bereits im Dezember bei Beginn der Arbeit der Arbeitsgruppe für die Erarbeitung ausdrücklich einer **sozialistischen Verfassung** der DDR plädiert. Wir waren damit in der Minderheit.

Bestimmte Vorstellungen, die wir hatten, also **Sozialismus** – der ja durch das vergangene Regime Honecker, Ulbricht und so weiter derartig diskreditiert ist in den Augen der Bevölkerung – vor allen Dingen mit unseren Vorstellungen zu besetzen, das heißt, ihn deutlich zu machen als ein System einer **radikalen Demokratie,** also genau das Gegenteil von dem, was bisher Praxis war und was dieses Regime über sich selbst behauptet hat.

Wir konnten uns damit, wie gesagt, nicht durchsetzen. Das betrifft einzelne, für uns sehr wesentliche Aspekte, auf die wir nur, um die konstruktive Mitarbeit und Zusammenarbeit im Konsens mit den anderen nicht zu gefährden, an entsprechender Stelle einmal wieder hingewiesen haben – solche Dinge wie auch die Verankerung einer **Arbeiterkammer** oder, das heißt, auch ein **Betriebsrätesystem,** was hier aus unserer Sicht auch in den Staatsaufbau mit eingebaut werden sollte; das Verbot der Ausbeutung des Menschen durch den Menschen; die Sicherung der Dominanz des **Volkseigentums**; hierbei überhaupt den Übergang des Staatseigentums durch **Wirtschaftsdemokratie** zu Volkseigentum und ähnliche Dinge.

Wir haben hier aber im Konsens mit anderen mitgearbeitet daran, da wir unsere Vorstellung hier nicht so, wie gewünscht, durchsetzen konnten, vor allen Dingen eine radikaldemokratische, bürgerliche Verfassung auf den Weg zu bringen.

Für uns liegt der Schwerpunkt dabei nicht auf dem Bürgerlichen, sondern auf dem Radikaldemokratischen. Und ich denke, hier war ein hohes Maß an Übereinstimmung mit den Bürgerbewegungen und etlichen Parteien erreicht, oder ist erreicht worden, was auch die **Sicherung sozialer Werte** [betrifft], die wir aus der bisherigen Entwicklung der DDR in die Zukunft der DDR mitnehmen wollen – solche Dinge, die angesprochen wurden, wie Recht auf Arbeit, Wohnung, Bildung, gleiche Bildung auch für die Kinder der ärmeren Schichten des Volkes, was auch wesentlich ist, **Recht auf eine gesunde Umwelt,** die Gleichstellung der Frau und die informationelle Selbstbestimmung.

Das alles wurde ja erwähnt. Für uns ist aber ein wesentlicher Aspekt, den hier Herr Weigt bereits als Sprecher der Unterarbeitsgruppe hervorgerufen hat oder hervorgehoben hat: Wir meinen, daß es für uns besonders zu sichern gilt die **Ergebnisse des Herbstes,** des Aufbruchs unseres Volkes, was ja von selbst – das wurde ja auch von Herrn Poppe am Anfang gesagt – ein Regime abgeschüttelt hat und sich, und ich glaube, Rechte erkämpft hat, wie sie heute kaum in Europa existieren. Ich glaube, es ist an der Zeit, auch das einmal zu sagen.

Und wir wollen, daß also mit dieser neuen Verfassung vor allen Dingen vermieden wird, daß zurückgefallen wird in die, sage ich jetzt einmal, in eine solche Demokratieform, die den Willen des Volkes und die Arbeit des Volkes darauf beschränkt, daß das Volk alle vier Jahre seine Stimme abgeben darf und ansonsten machen die Herrschenden wieder, was sie wollen.

Wir wollen, daß hier vor allen Dingen **Bürgerbeteiligung** erreicht wird durch den Einbau der Errungenschaften, die wir haben, wie **Runde Tische, Volkskontrollausschüsse, Bürgerkomitees.** Wir haben Wesentliches hier bereits im Konsens mit anderen sichern können, wie eben die Volksgesetzgebung.

Ein wesentlicher Aspekt ist, glaube ich, hier heute noch nicht hervorgehoben worden, der auch in dieser Verfassung oder in diesem vorgelegten Entwurf mit drin ist. Es wird nach unseren Vorstellungen keinen Zwang mehr geben zum **Wehrdienst.**

Aus unserer Sicht sollte mit hinein die Abschaffung des **Verfassungsschutzes.** Wir haben ihn abgeschafft, und er sollte auch nicht auf Schleichwegen hier hineinkommen.

Was zu **Gewerkschaften,** Streikrecht, Aussperrungsverbot gesagt wurde, dem können wir uns natürlich auch anschließen.

Das heißt nicht, daß bei einem Konsens hier auch nicht Differenzen noch vorhanden sind, auch von unserer Seite. Andere haben das deutlich gemacht. Wir brauchen hier nur anknüpfen an das, was eingangs gesagt wurde von Herrn Mahling und anderen zu dem Nationalitäten- oder Nationenaspekt.

Für uns ist ein wichtiger Aspekt, mit dem wir so nicht konform gehen, die Einführung von **Privatschulen,** die Akzeptanz von privaten **Massenmedien** bei allen eingebauten Sicherungen.

Ein wesentlicher Aspekt ist für uns auch, daß wir nicht zufrieden sind mit dem erreichten **Asylrecht,** was nur allgemein politisch gehalten ist, wo auf nationale und ethnische oder sexuelle Verfolgung nicht eingegangen wird. Wir wollen diese Artikel hier nur ansprechen.

Ein ganz wichtiger Aspekt, entschuldigen Sie, daß ich – –

Ducke (Moderator): Danke, Herr Gehrke.

Ich muß einmal jetzt unterbrechen. Bitte keine grundsätzliche Erklärung. Wir haben Geschäftsordnungsanträge.

Gehrke (VL): Gut, okay. Ich komme schon zum Schluß: Ich will sagen, daß diese **Verfassungsdiskussion** noch einmal deutlich macht, wie wesentlich die öffentliche Diskussion ist, und gerade deshalb möchten wir den vorliegenden Antrag der Arbeitsgruppe unterstützen, weil er nämlich deutlich macht einerseits die Verantwortung sozusagen des Runden Tisches noch einmal mit einschließlich der Empfehlung an die neugewählten Verfassungsorgane.

Und ich denke, eins darf man in dem Zusammenhang, mit dieser Verfassungsdiskussion hier und heute, auch sagen. Es zeigt, glaube ich, diese Verfassungsdiskussion macht deutlich, worüber auch die Wähler am nächsten Wochenende entscheiden werden. Ich werde hier nicht einseitig parteipolitisch agitieren, aber ich denke, man muß das ganz deutlich sagen. Wer eine eigenständige Verfassung der DDR auf den Weg bringen will und damit auch eine eigenständige Entwicklung der DDR sichern will, der muß auch diese Diskussion der Verfassung sehr genau verfolgen und muß auch daran die Parteien, die sich zur Wahl stellen, mit messen.

Danke schön.

Ducke (Moderator): Ich bin ein bißchen jetzt bedrückt, daß unsere Bitte um Kurzfassung sich so auswirkt. Ich muß das einmal sagen. Wir haben jetzt mehrfach Geschäftsordnungsanträge.

Bitte, Herr Schröder zur Geschäftsordnung.

Schröder (SPD): Ich mache den Vorschlag, daß wir die Diskussion um Inhaltliches der Verfassung – was wir gewollt hätten und nicht und so weiter – stoppen, daß wir nur noch – –

Ducke (Moderator): – Ja, wir lassen darüber abstimmen, danke, genügt.

Schröder (SPD): – daß wir nur noch darüber eine kurze Aussprache über den Beschluß [haben,] wer an diesem Beschluß [haben] etwas zu kritisieren hat oder so – damit der abstimmungsfähig wird.

Ducke (Moderator): Es steht der Geschäftsordnungsantrag, Zweidrittelmehrheit, Schluß der Debatte [zu] **Vorlage 16/1.** Ich weise darauf hin, daß ich noch acht Wortmeldungen habe. Es ist der Antrag gestellt. Es tut mir sehr leid, daß das nicht befolgt wurde, daß wir uns kurzfassen und nur inhaltlich Ergänzungen [anfügen] und nicht wiederholen, was gesagt wurde.

Ich rufe auf, Schluß der Debatte, auch aus Zeitgründen, und abstimmen über **16/1** beziehungsweise die Debatte. Wer für diesen Geschäftsordnungsantrag [ist], den bitte ich um das Handzeichen. Ja, da müssen wir doch zählen. – 24. Wer ist dagegen? – 9. Wer enthält sich der Stimme? – Das müßte – 24 war? Der Antrag ist angenommen. Danke.

Damit kommen wir zur **Vorlage 16/1.** Bitte, zur Geschäftsordnung?

Herr Weiß, Demokratie Jetzt.

Weiß (DJ): Ich stelle hier den Antrag, einen Antrag zur Erweiterung der Verfassung einbringen zu dürfen, der die besondere Verpflichtung der Deutschen in bezug auf unsere **jüdischen Mitbürger** beinhaltet. Das ist jetzt durch, ich hatte mich dazu zu Wort gemeldet, mir liegt sehr daran, daß das hier noch ausgesprochen wird.

Ducke (Moderator): Tut mir leid, Herr Weiß. Wir müssen dann darüber abstimmen, daß Ihr Antrag – – und Sie meinen nicht, daß das genügt, wenn wir das wieder der Verfassungsgruppe, weil es ja veröffentlicht wird, auch in bezug, was zur **Sorben-Diskussion** gewesen ist und worauf Professor Will schon aufmerksam gemacht hat – –

Ich weise nur darauf hin, wir geben das ja in die Verfassungsgruppe. Sie sind damit nicht zufrieden? Sie möchten das hier öffentlich vortragen? – Der Antrag steht.

Geschäftsordnungsantrag: Zweidrittelmehrheit. Wer dafür ist, daß der Antrag Weiß hier öffentlich verhandelt wird und nicht nur in der Verfassungsgruppe, den bitte ich um das Handzeichen. – 5. Na, jetzt – das geht nicht, hinterher noch einmal melden und so. Bitte melden Sie sich jetzt und wir beginnen zu zählen. – 14. Wer ist dagegen? – Niemand. – 1 Gegenstimme, ja? Wer enthält sich der Stimme? – 18. Damit hat der Antrag nicht die erforderliche Mehrheit gefunden.

Wir kommen zur **Vorlage 16/1.** Ich rufe auf zur Debatte **16/1,** Herr Schröder.

Schröder (SPD): Entschuldigt, daß ich jetzt so oft aufeinander rede. Ich wollte vorhin schon nicht sagen, was mir einen Schlag – –

Ducke (Moderator): Es tut mir leid, Herr Schröder, wir haben jetzt **16/1** aufgerufen. Sie hatten Ihre Wortmeldung schon dazu.

Schröder (SPD): Jawohl, ja, ich wollte sagen, daß in dem **Antrag 16/1** folgendes Problem steckt:

Der Punkt 2 sagt: Der Runde Tisch beauftragt die Arbeitsgruppe, den Entwurf im April vorzulegen. Dann wird zwei Monate oder einen Monat diskutiert. Dann soll irgendwie die **Volkskammer** einbezogen werden, aber am 17. [Juni 1990] schon abgestimmt werden. Der Zeitplan ist in sich nicht stimmig.

Änderungsvorschlag für Punkt 2: „Der Runde Tisch beautragt die Arbeitsgruppe, bis zur Konstitution einer Volkskammerkommission die Arbeit an einer neuen Verfassung fortzusetzen, dieser Kommission ihre Vorarbeiten umgehend zugänglich zu machen und eine geeignete Form der Zusammenarbeit zu vereinbaren. Die Volkskammer publiziert den Verfassungsentwurf."

Ducke (Moderator): Sie haben schon mehrfach darauf aufmerksam gemacht. Allen ist das Problem klar. Ich glaube eindeutig zu Absatz 2 – – wir kriegen den noch nicht, damit wir dann abstimmen können? – Danke.

Das Wort hat jetzt Herr Schmidt, und jetzt bin ich in der Reihenfolge vielleicht durcheinander, aber Herr Wolfram, Herr Ullmann dann.

Schmidt (CDU): Ich fürchte, die **Befugnisse des Runden Tisches** enden an sich mit dem 18. [März 1990]. Deshalb bitte ich in Punkt 2 das Wort „beauftragt" durch das Wort „bittet" zu ersetzen. Es könnte sein, daß die Mitglieder der Arbeitsgruppe dann nicht mehr ersetzt kriegen, daß sie ihre Arbeit wirklich als private, interessierte, engagierte Leute tun.

Wir werden keine Rechtsansprüche aus dieser Arbeit mehr ableiten können, aber ich halte diese Arbeit auch für notwendig. Deswegen bitte ich die Arbeitsgruppe weiterzuarbeiten.

Ducke (Moderator): Und jetzt hat das Wort Herr Wolfram, Neues Forum.

Wolfram (NF): Also, meine Damen und Herren, ich bitte Sie eindringlich, das politische Anliegen unserer Arbeit, der Arbeit des **Runden Tisches** und der Arbeit der Verfassungsgruppe zu berücksichtigen. Der Runde Tisch war die wichtigste politische Institution dieser Übergangszeit, und der **Verfassungsentwurf** ist das Vermächtnis dieses Runden Tisches.

Und der Antrag lautet in der Tat, daß der Verfassungsentwurf des Runden Tisches der **Öffentlichkeit** übergeben wird, selbstverständlich mit allen Zusätzen von Parteien und Einzelpersönlichkeiten, die uns heute und in den folgenden Tagen und Wochen noch bekannt werden.

Die öffentliche Verfassungsdiskussion wird dann natürlich diesen Entwurf läutern. Und die Auswertung der Diskussion wird **gemeinsam mit der Volkskammer** und dem neuzubildenen Verfassungsausschuß stattfinden. Das ist völlig fraglos.

Aber welche Volkskammer kann denn eine öffentliche **Verfassungsdiskussion** gleichsam als Mißtrauensantrag gegen sich selbst empfinden. Dieser Zusammenhang besteht überhaupt nicht. Der Souverän über eine Verfassungsdiskussion und über eine Verfassungsannahme ist wirklich die Bevölkerung oder das **Volk**, und das ist dieser Antrag.

Und deshalb möchte ich Sie dringend bitten, diese Formulierung anzunehmen.

[Beifall]

Ducke (Moderator): Danke, Herr Wolfram.

Das war eine Klärung und ein Gegenvotum für den Änderungsantrag. Wir [haben] darüber noch nicht abgestimmt, sondern wir debattieren noch: Also, es ist der Änderungsantrag, eingebracht von SPD. Herr Wolfram hat im Moment geredet, diesem Änderungsantrag nicht stattzugeben, sondern bei der Formulierung zu bleiben.

Das Wort hat nun Herr Minister Ullmann und dann Frau Weiske und Herr Weigt.

Ullmann (Minister o. G., DJ): Ich möchte mich dem anschließen, was von Herrn Wolfram gesagt worden ist und das noch etwas zuspitzen.

Meines Erachtens muß hier noch ein fünfter Satz hinzugefügt werden, der die Stellung dieses Verfassungsentwurfes in der Debatte über eine gesamtdeutsche Verfassung klarstellt und in diesem Zusammenhang das aufnimmt, was von Herrn Poppe über **Artikel 23 des Grundgesetzes** gesagt worden ist.

Ich denke, diese immer neue Debatte über diesen Artikel hat etwas sehr Verwirrendes und Beunruhigendes, und ich denke, dem **Einigungsprozeß** gegenüber Schädliches.

Es wird der Eindruck erweckt, als ob man hier nach Ermessen vorzugehen hätte, entweder Artikel 23 oder Präambel plus 146. Meines Erachtens ist diese Debatte vollkommen haltlos, weil sie absieht vom geltenden Recht, und das geltende Recht ist der **Grund[lagen]vertrag vom 21. Dezember 1972**, der in Artikel 3 und 4 folgendes vorschreibt: „Entsprechend der Charta der Vereinten Nationen werten die Bundesrepublik Deutschland und die Deutsche Demokratische Republik ihre Streitfragen aus, die sie mit friedlichen Mitteln lösen und sich der Drohung mit Gewalt oder der Anwendung von Gewalt enthalten."

Ich zitiere es nicht deswegen, sondern: „Sie bekräftigen die Unverletzlichkeit der zwischen ihnen bestehenden Grenze jetzt und in der Zukunft und verpflichten sich zur uneingeschränkten Achtung ihrer territorialen Integrität."

Artikel 4, der noch wichtiger ist in diesem Zusammenhang: „Die Bundesrepublik Deutschland und die Deutsche Demokratische Republik gehen davon aus, daß keiner der beiden Staaten den anderen international vertreten oder in seinem Namen handeln kann." Daraus geht eindeutig hervor, daß der Artikel 23 für diesen Fall, wo es sich um Staaten handelt, überhaupt nicht anwendbar ist.

Und wenn man angesichts der Offenheit der Grenzen den **Deutschlandvertrag von 1972** für geltungsbegrenzt oder ungültig hält, dann muß man das erst einmal staatsrechtlich sagen. Und solange das nicht geschieht, ist er geltendes Recht und schließt die Anwendung von [Artikel] 23 Grundgesetz vollständig aus.

Und darum meine ich, sollte in dem Sinne des Satzes, der von Herrn Poppe in der Einleitung vorgebracht worden ist, ein fünfter Satz hier ergänzt werden in **Vorlage 16/1**.

Ducke (Moderator): Ja, ich bin sicher, wir kriegen den noch schriftlich, nicht? Danke.

Das Wort hat nun Frau Weiske, Grüne Partei; dann Herr Weigt, Demokratie Jetzt.

Bitte, Frau Weiske.

Frau Weiske (GP): Die Grüne Partei spricht sich gegen den Änderungsantrag der SPD aus. Es handelt sich bei der **Vorlage 16/1** durchaus nicht um den Versuch, hier einen Vorgriff oder gar einen Eingriff in das Recht der zu wählenden Volkskammer vorzunehmen, sondern lediglich darum, die

Kausalkette, die sich in unserem Land historisch aufgebaut hat, zu wahren.

Wir dürfen bitte nicht vergessen, daß die Volkskammerwahlen, die jetzt vor der Tür stehen, die Möglichkeit dieser ersten freien Wahlen genau von dieser **basisdemokratischen Bewegung** gekommen ist, die für diese ganzen Monate den Runden Tisch mit seinen Arbeitsgruppen legitimiert hat.

Ich bin auch dagegen, daß man die [Arbeits-]Gruppe „Neue Verfassung" nun zu einem Häufchen von **Hobby-Verfassungsrechtlern** degradieren will, die das auf Privatbasis weitermachen.

Also, es sollte diese Arbeitsgruppe weiter bestehen, schon alleine deshalb, um die Früchte der basis-demokratischen Bewegung zu wahren, vor allen Dingen hinsichtlich der lauten Überlegungen einiger Parteien, doch den Artikel 23 des Grundgesetzes walten zu lassen.

Ducke (Moderator): Danke, Frau Weiske.

Ich mache natürlich darauf aufmerksam, es geht nicht um den Bestand der Arbeitsgruppe, sondern es geht um das Veröffentlichungsrecht, wenn ich den Änderungantrag richtig verstanden habe. Das ist das Problem.

Wolfram (NF): Ja.

Ducke (Moderator): Das Wort hat nun Herr Weigt, Demokratie Jetzt.

Weigt (DJ): Ja, ich möchte noch einmal auf den Beschluß vom 7. Dezember [1989] hinweisen, der ja praktisch hier mit dem Punkt 2 übereinstimmt, sogar noch weitergeht, daß dieser Verfassungsentwurf nach der Diskussion dem Volksentscheid unterbreitet wird.

Ich möchte zur Information noch hinzufügen, also, einerseits kann man nicht verlangen, daß also der Runde Tisch hinter seine eigenen Beschlüsse zurückgeht.

Ich möchte noch erwähnen, daß die Redaktionsgruppe in der nächsten Woche für eine Woche in Klausur gehen will, um diesen Verfassungsentwurf fertigzustellen. Und wir möchten ihn dann wirklich in die **Öffentlichkeit** geben. Wir wären dankbar, wenn die einzelnen Gruppierungen dafür schon Beiträge bringen würden.

Das wäre sozusagen ein klein bißchen Vorwegnahme von Volksdikussionen. Und dann könnten wir effektiv zu einem Abschluß kommen.

Danke.

Ducke (Moderator): Danke, Herr Weigt.

Soll ich Ihnen einmal eine fröhliche Nachricht sagen? Wir haben keine Wortmeldungen mehr vorliegen. Und da können wir jetzt ganz schlicht zu **16/1** wieder zurückkehren. Das heißt konkret, zum Änderungsantrag, zum Absatz 2. Ich verlese ihn einmal der Einfachheit halber. Er liegt jetzt schriftlich vor. Der Absatz 2 soll umformuliert werden auf Antrag der SPD: „Der Runde Tisch beauftragt die Arbeitsgruppe, bis zur Konstitution einer Volkskammerkommission die Arbeit an der neuen Verfassung fortzusetzen, dieser Kommission ihre Vorarbeiten umgehend zugänglich zu machen und eine geeignete Form der Zusammenarbeit zu vereinbaren. Die Volkskammer publiziert den Verfassungsentwurf."

Wir haben das Für und Gegen gehört. Ich würde vorschlagen, wir können darüber abstimmen lassen. Also, **Änderungsantrag zu Vorlage 16/1, Absatz 2**. Wer für die Änderung im Sinne des Antragstellers SPD ist, den bitte ich um das Handzeichen. – 2. Ja, damit bleibt es dann.

Vielleicht hätten wir doch noch ein wenig vorhin debattieren sollen. Es tut mir leid, aber es war Ihr Geschäftsordnungsantrag, ja, ja.

Herr Wolf dazu, aber wir haben abgestimmt.

Wolf (LDP): Ich würde versuchen wollen, diese politische Absicht noch in einen Konsens zu bringen, um nicht zu sagen, der Öffentlichkeit zur Diskussion zu übergeben, sondern zur Kenntnis zu geben, damit die Absicht der jetzigen politischen Vertretungen in diesem Lande, die legitimiert ist, bekannt wird. Das scheint uns auch wichtig zu sein, aber sie dann zusammen mit einem Gesamtentwurf zur Diskussion zu stellen.

Und dann kann man über das Für und Wider befinden.

Ducke (Moderator): Herr Wolf, ist das ein direkter Antrag? Sonst frage ich erst einmal die Einbringer, ob sie sich mit einer solchen Änderung einverstanden erklären können.

Wolf (LDP): Es wäre ein Antrag im Sinne einer Modifizierung des Wortes „Beibehaltung" des hiesigen Punktes 2 unter dem Gesichtspunkt „... der Öffentlichkeit zur Kenntnis zu geben".

Ducke (Moderator): Also, ich höre gerade, die Einbringer können sich damit nicht einverstanden erklären.

Poppe (Minister o. G. IFM): Die Begründung von Herrn Wolfram gilt auch für diesen Punkt.

Ducke (Moderator): Ja, also das bedeutet – – wollen Sie zur Abstimmung stellen? Oder war das nur ein Versuch und wir lassen es?

Wolf (LDP): Ich wollte unsere Absicht zu einer Verständigung hiermit zum Ausdruck bringen. Wenn die Einbringer damit nicht einverstanden sind, dann ist die Absicht ohnehin nicht erreicht.

Ducke (Moderator): Danke. Also bleibt so? – Gut.

Meine Damen und Herren, wir haben in vier Punkten die Vorlage. Es sollte ein fünfter Punkt hinzugefügt werden. Und es war auch vorhin eine Änderung, Herr Minister Poppe, darf ich Sie bitten, die Änderungen uns noch einmal kundzutun?

Poppe (Minister o. G., IFM): Ja, das war der Vorschlag aus einer der Untergruppen, außer den Volksentscheid über die Verfassung auch noch ein **Ländererrichtungsgesetz** dort hineinzubringen. Da würde ich aber doch jetzt noch einmal nachfragen wollen, ob eine Begründung dazu jetzt aus der Arbeitsgruppe gegeben wird.

Ducke (Moderator): Einverstanden.

Muß das sein, Frau Professor Will?

Frau Will (PDS): Also, wir denken ja. Auch das Grundgesetz, was ja **Volksentscheide** generell nicht kennt, sieht es bei der Änderung der Ländergrenzen vor, und da es [eine] substantielle Frage ist, halten wir es für dringend erforderlich.

Ducke (Moderator): Danke.

Dann würde der Satz lauten: „Der Runde Tisch schlägt der neugewählten Volkskammer vor, für den 17. Juni 1990 einen Volksentscheid über die Verfassung der DDR und ein Ländererrichtungsgesetz auszuschreiben." Ist das so richtig?

Sagen Sie es einmal exakt, „Ländereinrichtungsgesetz" – –

Frau Will (PDS): Ländereinrichtungsgesetz muß es heißen.

Ducke (Moderator): – Gut, das habe ich fast so stehen: „... und ein Ländereinrichtungsgesetz". Gut, das wäre jetzt der wirkliche Text.

Und jetzt der Punkt 5, liegt der in etwa vor?

Bitte, Herr Minister.

Ullmann (Minister o. G., DJ): „Der Verfassungsentwurf des Runden Tisches ist in die Debatte um eine neue deutsche Verfassung gemäß Präambel und Artikel 146 Grundgesetz einzubeziehen."

Ducke (Moderator): Das Anliegen ist klar, allen verständlich. Die Diskussion um eine gemeinsame Verfassung soll diesen Verfassungsentwurf berücksichtigen. Gibt es Widerspruch? Ich habe so viel Nicken gehört, deswegen – gesehen, nein gehört, das war auch wieder – – Ich würde doch sagen, ich lasse abstimmen über diese Ergänzung.

Bitte, wer dafür ist, daß diese Ergänzung eingebracht wird, den bitte ich um das Handzeichen. – Eben die Ergänzung, daß das „... in die Verfassungsdiskussion" – – Das ist die Mehrheit. Ich frage, wer ist dagegen? – Es gibt keine Gegenstimme? – Doch, 1 Gegenstimme? – Herr Gehrke, war das eine vergessene Ja-Stimme? – Gut, gut. Keine Gegenstimme. Stimmenthaltung? – 6 Stimmenthaltungen. Danke.

Die Vorlage liegt als Ganzes nun vor. Wir können, glaube ich, darüber abstimmen, wir haben Verschiedenes gehört. Gibt es noch Wortmeldungen dazu?

Herr Sahr, bitte.

Sahr (FDGB): Wir hatten zum Punkt 1 noch eine Ergänzung vorgenommen, daß das **Angearbeitete der Arbeitsgruppe** der Volkskammer mit berücksichtigt wird, wenn unsere Gruppe mit in Klausur geht. Es sei denn, es ist schon geschehen.

Ducke (Moderator): Sagen Sie das noch einmal für uns ganz verständlich. Der Satz lautet – –

Sahr (FDGB): Der Punkt 1 sollte ergänzt werden mit den Worten: „Hierbei sind die Vorschläge der Arbeitsgruppe „Neue Verfassung" der Volkskammer zu berücksichtigen."

Ducke (Moderator): – Aha. Können die Einbringer – –
Bitte, Frau Professor Will.

Frau Will (PDS): Also, dazu ist folgendes zu sagen: Die Arbeitsgruppe „Neue Verfassung" des Runden Tisches kennt sehr exakt das, was in der Volkskammer geschehen ist.

Es ist auch so, daß Experten, zum Beispiel Dr. Müller vom Bund der Evangelischen Kirchen, Professor Schöneburg und ich, zwischen beiden Gremien hin und her gewechselt haben. Das, was hier vorgelegt ist, geht also von dem aus. Professor Mühlmann als Leiter des Volkskammerausschusses war auch mehrfach in unserer Gruppe und hat die Dinge diskutiert. Das wäre also nicht nötig.

Ducke (Moderator): Frau Will plädiert dafür und damit die Einbringer, daß diese Ergänzung nicht notwendig ist. Ich frage die Antragsteller, bestehen Sie auf Abstimmung?

Sahr (FDGB): Wenn das so ist, genügt das. Danke.

Ducke (Moderator): Na bitte, Wissen setzt sich durch. Wir haben jetzt eine Vorlage unter fünf Punkten und wir stimmen darüber ab.

Wer für die **Vorlage 16/1, Antrag AG „Neue Verfassung der DDR":** Zur öffentlichen Diskussion des Verfassungsentwurfs des Runden Tisches und Volksentscheid über **eine neue Verfassung der DDR am 17. Juni 1990** ist, den bitte ich um das Handzeichen. – Das ist die Mehrheit. Darf ich bitten, wer ist dagegen? – Es gibt 4 Gegenstimmen. Wer enthält sich der Stimme? – Das sind 2 Stimmenthaltungen? – 4 Gegenstimmen, 2 Stimmenthaltungen. Damit ist die Vorlage angenommen.

Ich danke noch einmal an dieser Stelle den Vertretern der Arbeitsgruppe und weise noch einmal darauf hin, daß diese Ihnen ausgeteilten Entwürfe nicht zur Veröffentlichung bestimmt sind.

Ich hoffe, daß das auch unsere Medienvertreter zur Kenntnis genommen haben.

[Heiterkeit]

Ich bitte nun noch einmal abschließend, daß Herr Weiß das Wort nimmt.

Bitte, Herr Weiß.

Weiß (DJ): Meine sehr geehrten Damen und Herren, ich darf Ihnen noch eine Information zur **Vorlage 16/1** vortragen.

> [**Information 16/11 zu Vorlage 16/1, Empfehlung DJ: Zur Verankerung der besonderen Verpflichtung der Deutschen gegenüber dem jüdischen Volk in der neuen Verfassung der DDR**]
>
> Angesichts der besonderen Verantwortung der Deutschen gegenüber dem jüdischen Volk sollen in die neue Verfassung der Deutschen Demokratischen Republik die folgenden Grundsätze aufgenommen werden:
>
> 1. ausdrückliche Verpflichtung des Staates der Deutschen Demokratischen Republik zur Pflege, Bewahrung und Schutz der religiösen und kulturellen Tradition der Juden;
>
> 2. ausdrückliche Verpflichtung des Staates zur dauernden Erhaltung jüdischer Friedhöfe und solcher Gebäude und Denkmäler, die an die Geschichte der Juden in Deutschland erinnern;
>
> 3. Asylpflicht der Deutschen Demokratischen Republik für verfolgte Juden.

Ich danke Ihnen.

Ducke (Moderator): Danke, Herr Weiß.

Wir werden diese Informationen allen Parteien und Gruppierungen am Runden Tisch auch schriftlich zukommen lassen. Damit hätten wir das Thema Verfassung beendet.

Wir haben zwei Stunden diskutiert. Ich glaube, es ist sinnvoll, bevor wir dann die nächsten Punkte aufrufen, daß wir uns jetzt eine kleine Pause gönnen. Es ist dann der Diskussion dienlicher. 15 Minuten. Können wir uns damit einverstanden erklären? – 15 Minuten Pause. Es geht weiter um 16.16 Uhr, um exakt zu sein. Danke.

[Unterbrechung der Sitzung von 16.00 Uhr bis 16.25 Uhr]

TOP 8: Auflösung des Amtes für Nationale Sicherheit

Ziegler (Moderator): Ich bitte noch einmal, die Tür zu schließen. Wir kommen jetzt zu dem **Tagesordnungspunkt,** den wir in der Prioritätengruppe für 11.00 Uhr vormittags vorgesehen hatten.

Es geht um einen Bericht, den der Runde Tisch erwartet, weil von ihm aus auch die Anforderungen ausgegangen waren. Es geht um den **Bericht der Arbeitsgruppe [„Sicherheit"] zur Auflösung des Amtes für Nationale Sicherheit.**

Ich begrüße dazu Herrn Werner Fischer, Initiative Frieden und Menschenrechte. Er ist hier als Beauftragter des Runden Tisches mit Regierungsvollmacht zur Auflösung des ehemaligen Ministeriums für Staatssicherheit und der Nachfolgeorganisation Amt für Nationale Sicherheit. Er ist begleitet vom Regierungsbeauftragten Herrn Peter. Es sind in seiner Begleitung die Mitglieder der Arbeitsgruppe „Sicherheit", Herr Dr. Mitter und Herr Peter Neumann.

Und es ist auch hier mit am Tisch Herr Eichhorn, der Leiter des Komitees. Ich weise noch darauf hin, daß auch Herr Brinksmeier, Mitarbeiter am Runden Tisch in der – Herr Schmutzler, aber nicht Mitarbeiter am Runden Tisch, sondern wenn – – in der Beobachterriege.

Es ist vorgesehen, daß die nächsten beiden Tagesordnungspunkte Berichte sind, das heißt, es ist nicht vorgesehen, diese Berichte mit einer langen Aussprache zu garnieren. Sie sind die Rechenschaftslegung für Dinge, die wir hier am Runden Tisch angestoßen haben, und ich bitte, das im Gedächstnis zu behalten.

Und nun bitte ich Herrn Fischer, den Bericht zu erstatten. Er ist an die Mitglieder des Runden Tisches entweder schon ausgeteilt oder er liegt in den Fächern, er liegt also auch schriftlich vor.

Herr Fischer, ich bitte Sie, das Wort zu nehmen.

Fischer (Sicherheitsbeauftragter des Runden Tisches zur Auflösung von MfS/AfNS; Regierungsbevollmächtigter, IFM): Ja. Meine Damen und Herren, ich bin vom Ministerpräsidenten gebeten und von der Arbeitsgruppe „Sicherheit" beauftragt worden, diesen Bericht hier vorzulegen. Ich bedanke mich im voraus für Ihre Geduld, die Sie vielleicht brauchen werden, um diesem Bericht zu folgen. Ich fasse mich kurz, es sind nur 20 Seiten:

Bericht der Arbeitsgruppe „Sicherheit" vor dem Zentralen Runden Tisch der DDR [zur Auflösung des Amtes für Nationale Sicherheit]

Dieser Bericht gliedert sich in folgende Schwerpunkte.

I. Auftrag, Selbstverständnis und Arbeitsweise

II. Zusammenarbeit mit Regierungsvertretern und Bürgerkomitees

III. Probleme bei der Auflösung des ehemaligen Amtes

I. <u>Zum Auftrag und zur Arbeitsweise der Arbeitsgruppe „Sicherheit" und zum Selbstverständnis</u>

Auf Empfehlung des Zentralen Runden Tisches wurde am 3. Januar 1990 die Arbeitsgruppe „Sicherheit" gebildet. Die Mitglieder beschlossen auf ihrer dritten Beratung am 17. Januar 1990 in Kenntnis des Berichtes der Regierung vom 15. Januar 1990 vor dem Zentralen Runden Tisch und in übereinstimmendem Selbstverständnis Grundsätze der Arbeitsweise für das Herangehen an die aufgetragene Arbeit. Ein großer Teil der Mitglieder hat diese Arbeit sehr ernst genommen.

Ihre ständige Mitarbeit gewährleisteten:

- Demokratische Bauernpartei Deutschlands
- Demokratie Jetzt
- Grüne Partei
- Initiative Frieden und Menschenrechte
- Liberal-Demokratische Partei
- Neues Forum
- National-Demokratische Partei Deutschlands
- SED/PDS beziehungsweise jetzt Partei des Demokratischen Sozialismus
- Sozialdemokratische Partei Deutschlands
- Vereinigte Linke
- Vereinigung der gegenseitigen Bauernhilfe

Einstimmig billigte der Zentrale Runde Tisch am 18. Januar 1990 die Vorlage der Arbeitsgruppe zu Fragen der Sicherheit.

Dazu gehörten:

- <u>Grundsätze</u> zur Auflösung des MfS/AfNS;

- <u>Kompetenzen</u> der Arbeitsgruppe „Sicherheit";

- Sicherstellung der <u>materiellen und personellen Unterstützung</u> [durch die Regierungskommission];

- komplexe <u>Informationspflicht der Regierung</u> zu gefaßten Beschlüssen, aber auch zu vorhandenen Struktur- und Funktionsplänen der Bereiche des ehemaligen Amtes [zur Aufnahme sachbezogener Kontrolltätigkeit];

- Gewährleistung der direkten <u>Kommunikation zwischen den Bürgerkomitees und der Arbeitsgruppe „Sicherheit"</u> des Zentralen Runden Tisches.

Die Arbeitsgruppe „Sicherheit" betonte immer wieder, daß bei der Auflösung des ehemaligen MfS/AfNS die Grund- und Menschenrechte auch für die ehemaligen Mitarbeiter Gültigkeit haben.

Die Regierung ist deshalb in der Pflicht, auf der Basis des Rechts deren Tätigkeit <u>differenziert</u> zu bewerten, auf der Grundlage von Ermittlungen das geltende Recht durchzusetzen, aber unseres Erachtens nach den größeren Teil dieser Mitarbeiter in die Gesellschaft einzugliedern. In diesem Zusammenhang wurde die Regierung durch den Zentralen Runden Tisch aufgefordert, ein entsprechendes Integrationsprogramm vorzubereiten.

Anfangs sah sich die Arbeitsgruppe „Sicherheit" Partnern gegenüber, denen sie in ihrer Kontrollpflicht nur durch konkrete Mißtrauensvoten und Protestverlautbarungen beikommen konnte. Davon war im Bericht vom 5. Februar vor dem Zentralen Runden Tisch ausführlich die Rede.

Die Bestätigung der Regierungsbevollmächtigten durch den Zentralen Runden Tisch sowie der Beschluß des Ministerrates vom 8. Februar 1990 über die Bildung eines Komitees zur Auflösung des ehemaligen MfS/AfNS entsprachen dringendsten Erfordernissen.

Die Arbeit der Arbeitsgruppe hatte folgende Schwerpunkte:

– Analytische Arbeit, die zur Aufdeckung der Strukturen und Diensteinheiten führte;

– Operative DDR-weite Arbeit, vor allem in den Bezirken Potsdam und Frankfurt/Oder – dort befanden sich die zentralen Ausweichobjekte des ehemaligen Amtes;

– Aufdeckung der Arbeitsweise des Archivwesens, der Informatik und des Quellenschutzes.

Dazu wurden durch die Arbeitsgruppe „Sicherheit" notwendige differenzierte Beschlüsse gefaßt beziehungsweise Vorschläge für den Zentralen Runden Tisch unterbreitet. {Diese liegen Ihnen in der Anlage 1 vor[15]. Ich nenne einmal in Stichworten:}

[Grundsätze der Arbeit der Arbeitsgruppe „Sicherheit",] Umgang mit Schriftgut [dessen Archivierung im ehemaligen MfS/AfNS vorgenommen wurde]; weiterführende Verwendung der in der Dokumentenabteilung des ehemaligen Ministeriums archivierten Materialien; Zur Verfügungstellung von Materialien für die Untersuchungskommission der Volkskammer zu den Ereignissen vom 6. und 7. Oktober [1989]; Beschluß über Herausgabe von Akten und Schriftgut für die in Erwägung gezogenen Kassations- beziehungsweise Rehabilitierungsverfahren; Vorschlag zur weiteren Verfahrensweise mit magnetischen Datenträgern und Projektunterlagen von personengebundenen Daten; Vorschlag zur Entbindung der Schweigepflicht für ehemalige hauptamtliche Mitarbeiter und inoffizielle Mitarbeiter (beide Vorschläge finden sich in Ministerratsbeschlüssen wieder); Vorschlag zur Regelung sozialer Maßnahmen, insbesondere Regelungen in Anwendung des Arbeitsgesetzbuches und daraus ableitend zu erlassende Verordnungen des Ministeriums für Arbeit und Löhne.

[..., Fischer läßt Seite 2 der Anlage aus.]

{Ich hatte in meinem Bericht vom 5. Februar [1990] darauf hingewiesen, daß es mir wichtig sein wird, die Verflechtung des ehemaligen Ministeriums für Staatssicherheit mit der SED-Führung (siehe Anlage 1a im Anlagenband) darzulegen.

Ich könnte hier eine Reihe von Beispielen nennen, habe aber eins ausgewählt, und zwar aus der **Dokumentenverwaltung des Ministeriums für Staatssicherheit**, datiert vom 30. Dezember 1988:

Vertrauliche Verschlußsache. Ministerium für Staatssicherheit, Nummer 82/88, Befehl an die Leiter aller Diensteinheiten. Es geht um die **Bildung des Verbandes der Freidenker in der DDR** (VdF). Ich bin gestern von Vertretern dieses Verbandes ersucht worden, diesen Text heute hier nicht vorzustellen[16].}

[**Anlage 1a zum Bericht Fischer: Bildung des Verbandes der Freidenker in der DDR (VdF)**]

Auf der Grundlage eines entsprechenden Beschlusses des Politbüros des ZK der SED ist vorgesehen, einen Verband der Freidenker in der DDR zu bilden.

Die Bildung dieses Verbandes ergibt sich aus der Notwendigkeit, in einer Zeit verstärkter ideologischer Auseinandersetzungen zwischen Sozialismus und Imperialismus noch breiter mit vielfältigen Methoden unsere Weltanschauung in alle Schichten der Bevölkerung hineinzutragen, ihnen Ideologie und Politik der Partei zu erläutern und Versuchen reaktionärer, kirchlicher Kräfte, ihren religiösen Einfluß zu erweitern und dem politischen Mißbrauch verfassungsmäßig garantierter Rechte der Kirchen offensiv zu begegnen.

Ziel des Verbandes ist es, eine auf dem wissenschaftlichen Atheismus begründete, freigeistige Weltanschauung zu verbreiten. Es soll ein vielseitige praktische und propagandistische Arbeit auf der Grundlage der sozialistischen Ideologie und der Politik der Partei geleistet werden, die im Einklang mit den Wertauffassungen der sozialistischen Gesellschaftsordnung zur Ausprägung des kommunistischen Menschenbildes beiträgt und sich zu Erscheinungen äußert, die der materialistischen Weltanschauung nicht entsprechen.

[..., Fischer überspringt Seite 2 der Anlage]

Sie [die Bezirks- und Kreisleitungen der SED] haben darauf Einfluß zu nehmen, daß die Arbeit des Verbandes im Sinne der Politik der Partei erfolgt. Für die Vorstände sind geeignete Kader auszuwählen, die in der Lage sind, das politische Grundanliegen des Verbandes durchzusetzen.

Die Leiter aller Diensteinheiten des Ministeriums für Staatssicherheit haben durch den zielgerichteten Einsatz der operativen Kräfte diesen Prozeß der Bildung und Profilierung der Vorstände zu unterstützen. Unter der Federführung der Hauptabteilung XX sowie der Abteilungen XX der Bezirksverwaltung sind

– die politische Zuverlässigkeit der vorgesehenen Kader zu prüfen;

– die Vorstände und Gruppen rechtzeitig mit geeigneten operativen Kräften zu durchdringen;

– erforderliche Vorbeugungsmaßnahmen zur Verhinderung des politischen Mißbrauchs einzuleiten;

– Versuche der Unterwanderung der Vorstände und Gruppen durch feindlich-negative Kräfte zu verhindern.

Von allen Diensteinheiten ist ständig zu prüfen, welche Möglichkeiten des Verbandes zur Unterstützung des Ministeriums für Staatssicherheit bei der Lösung spezifischer Aufgabenstellung genutzt werden können.

gez. Mittig, Generaloberst, 30. 12. 1988

---

[15] Siehe die vollständige Anlage 1, „Übersicht der von der Arbeitsgruppe ‚Sicherheit' des Zentralen Runden Tisches gefaßten wichtigsten Beschlüsse und unterbreiteten Vorschläge" als Dokument 16/10 im Anlagenband.

[16] Das als Anlage 1a diesem Bericht des Sicherheitsbeauftragten beigefügte Dokument wurde gleichwohl von diesem in den folgenden Auszügen wiedergegeben. Siehe das vollständige Dokument 16/11 im Anlagenband.

Ziegler (Moderator): Sie hatten bloß eine Seite übersprungen, meinen Sie? – – Und das wollten Sie sagen, nicht, aber es genügt, der Eindruck genügt vollständig.

Fischer (Sicherheitsbeauftragter zur Auflösung von MfS/AfNS; IFM): Ist klar, ja? – Gut.

[Fischer setzt die Verlesung des Berichtes AG „Sicherheit" fort:]

II. Zur Zusammenarbeit mit Regierungsvertretern und den Bürgerkomitees:

[1. Zur Zusammenarbeit mit Regierungsvertretern]

Anfangs wurde die Tätigkeit der Arbeitsgruppe wesentlich dadurch erschwert, daß kein klares Konzept der Regierung für den komplizierten Prozeß der Auflösung eines solchen gesellschaftlichen Mechanismus – wie ihn das ehemalige Ministerium für Staatssicherheit darstellt – zu erkennen war. Die Inkompetenz hemmte die Tätigkeit der Arbeitsgruppe. Erst mit dem Einsatz des Regierungsbeauftragten, Herrn Peter, gestaltete sich die Kontrollarbeit kooperativ.

Eine folgerichtige Entscheidung des Zentralen Runden Tisches war die Bildung eines Dreiergremiums mit Regierungsvollmacht. Zwischen diesen drei Personen und dem Beauftragten des Vorsitzenden des Ministerrats erfolgten maßgebliche Absprachen in der laufenden Tätigkeit und wichtige Entscheidungen.

Die Kontrollfunktion der Arbeitsgruppe erhielt durch einen Operativstab größeres Gewicht. Diese operative Gruppe der Arbeitsgruppe „Sicherheit" besteht seit Mitte Januar. Sie hat ca. 20 Mitarbeiter zur Verfügung.

Die Aufgaben der operativen Gruppe liegen in der ständigen Überwachung auffälliger Abläufe der Auflösung des ehemaligen MfS/AfNS. Dabei steht die Kontrolle der Einhaltung der Beschlüsse des Zentralen Runden Tisches zur Auflösung des MfS/AfNS im Mittelpunkt der Arbeit.

Die Kontrolle der Auflösung wird von der operativen Gruppe zumeist vor Ort geleistet. Dabei werden gezielt Dienststellen des ehemaligen Amtes kontrolliert und eventuell noch bestehende Widersprüche aufgedeckt. Durch diese Kontrollen vor Ort werden von der operativen Gruppe viele bisher nicht klar erkannte Abläufe beziehungsweise Strukturen des ehemaligen Amtes beleuchtet.

Die Begehung von Objekten erfolgt zum Teil auch auf direkte Bürgerhinweise beziehungsweise auf Hinweise durch Informanten des ehemaligen Amtes.

Alle von der Gruppe gewonnenen Fakten werden in entsprechenden Protokollen registriert. Viele Fakten konnten nur durch die enge Zusammenarbeit mit den entsprechenden Arbeitsgruppen der Bürgerkomitees zusammengetragen werden.

Nur durch die eigenständigen Entscheidungsmöglichkeiten der Gruppe und dem sofortigen operativen Einsatz konnten bis jetzt so viele konkrete Ergebnisse erbracht werden.

Die operative Gruppe hat durch ihre Tätigkeit bewiesen, daß die eigenständige operative Tätigkeit ein wichtiger Bestandteil bei der Auflösung des Amtes war und auch bei der weiteren Auslösung sein muß!

[2.] Zur Zusammenarbeit mit den Bürgerkomitees:

Die Tätigkeit der Bürgerkomitees verdient insgesamt Hochachtung, da sie mit großer Einsatzbereitschaft Aufgaben zur Sicherung und Kontrolle bei der Auflösung des Amtes erfüllen.

Bei der Sitzung der Arbeitsgruppe „Sicherheit" am 17. Januar 1990 beschlossen die anwesenden Vertreter, zwei Mitglieder der Arbeitsgruppe zur ständigen Zusammenarbeit mit dem Bürgerkomitee Normannenstraße zu berufen. Die beiden Vertreter hielten seither regelmäßigen direkten Kontakt, nahmen an Entscheidungsfindungen teil und brachten die Auffassungen und Standpunkte der Arbeitsgruppe „Sicherheit" und des Bürgerkomitees wechselseitig ein.

Der Koordinator der DDR-weiten Bürgerkomitees sorgte für den Kontakt zwischen den Bürgerkomitees der einzelnen Bezirke und der Arbeitsgruppe „Sicherheit".

Bewährt haben sich regelmäßige Zusammenkünfte der Arbeitsgruppe „Sicherheit" mit den Vertretern der Bürgerkomitees und den Regierungsbeauftragten der Bezirke.

Die Arbeitsweise der Bürgerkomitees in den Bezirken bildete eine wichtige Grundlage für die Entscheidungen, Vorschläge und Hinweise der Arbeitsgruppe „Sicherheit".

III. Zu Fragen der personellen Auflösung, der Objekte und materiellen Mittel des Schrift- und Archivgutes {und zur} Informatik

Immer wichtiger wurden Personalfragen, der Umgang mit Daten- und Schriftgut beziehungsweise die Verwendung von Objekten bei der Auflösung des Amtes.

In den 15 Bezirken ist der Prozeß der Auflösung der Kreisämter vollständig sowie der Bezirksämter im wesentlichen abgeschlossen. In der Zentrale wird der Auflösungsprozeß personell im wesentlichen bis Ende März abgeschlossen sein, jedoch bei Objekten, materiell-technischen Mitteln sowie Schrift- und Archivgut doch noch einige Monate in Anspruch nehmen.

Grundsatzentscheidungen werden durch das neue Parlament und die Regierung zu treffen sein.

1. Die personelle Auflösung

des ehemaligen Amtes war ein Schwerpunkt der Tätigkeit der Arbeitsgruppe „Sicherheit". Besondere Aufmerksamkeit wurde darauf gerichtet, vorhandene Strukturen zu demontieren und einen zügigen Verlauf der Entlassung der ehemaligen Mitarbeiter zu sichern.

Auf der Bezirksebene sind gegenwärtig 38 750 von 40 409 (96 Prozent) und in der Zentrale 28 815 von 33 121 (87 Prozent) der ehemaligen Mitarbeiter entlassen.

Dies gilt auch für die Hauptverwaltung Aufklärung, die den Auftrag hat, mit einem Kräftebestand von 250 Mitarbeitern diesen Bereich aufzulösen.

Durch die Übernahme spezieller Aufgaben des ehemaligen Amtes in das Ministerium für Innere Angelegenheiten und das Ministerium für Nationale Verteidigung wurden durch Vertreter der Arbeitsgruppe mit dem Minister für Innere

Angelegenheiten beispielsweise konkrete Festlegungen zur Übernahme von nicht anderweitig verfügbaren Spezialisten und für die Eingliederung ehemaliger Mitarbeiter getroffen. Als zu beachtende Kriterien für die Übernahme wurde folgendes festgelegt:

(1) Keine Übernahme ganzer Struktureinheiten.

(2) Übernahme von Spezialisten zur Lösung der dem Ministerium übertragenen Aufgaben, aber nicht in leitende Funktionen.

(3) Eine Kontrolle dadurch:

– daß die Gewerkschaft der Volkspolizei bei den Einstellungsgesprächen beteiligt wird;

– daß die Anstellungen für die Zeit von zunächst einem Jahr stattfinden sollen;

– daß nach diesem einen Jahr die Übernahme unter Befragung der Arbeitskollektive rechtlich vorgenommen werden sollen.

Diese Grundsätze – konkret für Spezialbereiche im Ministerium für Innere Angelegenheiten erarbeitet – sollten generell für andere bewaffnete Organe gelten.

Im Ergebnis der Kontrollarbeit der Arbeitsgruppe wurde festgestellt, daß diese Vereinbarungen nur in einigen Teilgebieten erfüllt wurden. Bei den Überprüfungen stellte sich heraus, daß es große Strukturbereiche gab, wo die Forderungen der Arbeitsgruppe „Sicherheit" zum Teil in unverantwortlicher Weise bewußt umgangen wurden.

Um dem Auftrag der zivilen Kontrolle gerecht werden zu können, sah sich die Arbeitsgruppe veranlaßt, beim Ministerpräsidenten vorstellig zu werden. Es wurde eine Einigung erzielt, daß mit der Einsetzung eines Regierungsbevollmächtigten im Ministerium für Innere Angelegenheiten die zivile Kontrolle bei der Auflösung der Staatssicherheit und Übernahme von Arbeitsaufgaben in das Ministerium für Innere Angelegenheiten zielgerichtet vorangetrieben werden sollte. Diese Arbeit des Regierungsbeauftragten wurde seitens des Ministeriums für Innere Angelegenheiten seit Montag, dem 5. März [1990], unterstützt.

(Siehe zu den übernommenen Struktureinheiten und zu der möglichen Übernahme von Spezialisten Anlage 2[17])

2. Objekte und materielle Mittel

In den 15 Bezirken und in der Zentrale waren insgesamt 2 253 Dienstobjekte vorhanden. Bisher wurden davon 1 888 für eine Übergabe vorbereitet beziehungsweise ist der Rechtsträgerwechsel bereits erfolgt. Bei weiteren Objekten ist die Übergabe eingeleitet.

Die Arbeitsgruppe möchte nachdrücklich darauf aufmerksam machen, daß die Vergabe von Objekten in eine neue Rechtsträgerschaft mit großer Verantwortung erfolgen muß. Unserer Meinung nach sind folgende Schwerpunkte zu beachten:

(1) Ablösung alter „Betriebsstrukturen" durch Demontage der Leitungs- und Unterstellungsverhältnisse.

(2) Tragfähige Verwendung der Objekte im Sinne staatlichen Eigentums, sofern nicht ausdrücklich soziale Aspekte zu realisieren sind, und das mit dem Maßstab des sozialen Vorranges vor marktwirtschaftlicher Ausnutzung.

(3) Es ist zu verhindern, daß Aneignungen im Sinne neu entstehender Betriebe in unlauterer Absicht erfolgen – übrigens unter aktiver Mithilfe einiger ehemaliger Mitarbeiter des Ministeriums für Staatssicherheit, welche aus eigennütziger Absicht Selbstbeteiligung anstreben und aufklärend tätig werden.

Auf diesem Gebiet gibt es auch zunehmend Verzögerungen insbesondere dadurch, daß die neuen vorgesehenen Rechtsträger finanzielle Schwierigkeiten haben und der Annahme waren, daß die Objekte unentgeltlich übergeben werden (Beispiele: Objekt Siegfriedstraße durch die BVB und das Objekt Freienwalder Straße durch Auto-Service Berlin).

Was Nutzfahrzeuge und Personenkraftwagen betrifft, war ein Gesamtbestand von 13 855 Fahrzeugen vorhanden, 9 757 wurden in vorgesehene Bereiche beziehungsweise den Maschinenbauhandel gegeben. Die Übergabe der Kraftfahrzeuge wird bis Ende März abgeschlossen sein. Da die Verteilung überwiegend zu Gunsten Berlins erfolgte, gibt es Übereinstimmung zwischen der Arbeitsgruppe „Sicherheit" und dem Komitee zur Auflösung des Amtes, im Monat März auch den Bezirken weitere Kraftfahrzeuge zur Verfügung zu stellen, vorrangig für den Einsatz im Gesundheitswesen und zur Versorgung der Bevölkerung.

Besonders große Probleme bereitete im Verlauf der Kontrolle zur Auflösung des ehemaligen Amtes die Neugründung von Betrieben aus dem Stasi-Vermögen, so zum Beispiel der Ingenieurbetrieb für wissenschaftlichen Gerätebau. Dieser Betrieb ist aufgrund eines Ministerratsbeschlusses vom 13. Januar 1990 überhastet und ohne ausreichende Information der Bevölkerung aus mehreren Betriebsteilen des ehemaligen MfS/AfNS und deren Nachfolgeeinrichtung gegründet worden. Dieser Betrieb besteht neben seinen drei Hauptwerken

– Berlin-Köpenick

– Leipzig-Beucha

– Berlin-Hohenschönhausen

jeweils mit außergewöhnlicher technischer Ausstattung sowie einer Vielzahl kleinerer Produktions- und Lagerstätten. Dazu kommen noch insgesamt 16 Erholungsobjekte mit einer Gesamtkapazität von über 4 000 Plätzen, ein Kinderferienlager mit 544 Plätzen sowie eine unbekannte Anzahl Wohngrundstücke (siehe Anlage 3[18]).

So entstand durch die Übernahme zum Ministerium für Wissenschaft und Technik mit Ministerratsbeschluß vom 13. Januar 1990 ein „Ingenieurbetrieb für wissenschaftlichen Gerätebau",

in dem nach wie vor über 1 500 ehemalige Mitarbeiter des MfS, vor allem seiner nachgeordneten Betriebe aus alter Struktur, tätig sind.

---

[17] Siehe die vollständige Anlage 2 als Dokument 16/12 im Anlagenband.

[18] Siehe die vollständige Anlage 3 als Dokument 16/13 im Anlagenband.

Die durch den neu berufenen Betriebsdirektor und ca. 10 weiteren Leitungskadern eingeleiteten Maßnahmen reichen aus unserer Sicht nicht aus, um den bisher auf Spionage- und Sicherungstechnik ausgerichteten Großunternehmen einen zivilen Charakter im Interesse der Bevölkerung dieses Landes zu geben.

Die Empfehlungen einer unabhängigen Spezialistenkommission von Mitgliedern der Akademie der Wissenschaft der DDR wurden von der neuen Betriebsleitung weitgehend mißachtet.

Im Interesse der Wiederherstellung des Vertrauens zu diesen Einrichtungen sowie im Interesse von wirtschaftlich sinnvollem Umgang mit Staatseigentum schlägt die Arbeitsgruppe „Sicherheit" der neuen Regierung folgende Maßnahmen vor:

(1) Aufhebung des Ministerratsbeschlusses im Sinne der vorgenannten Grundsätze.

(2) Das schließt eine Gesamtinventur aller Bereiche unter gesellschaftlicher Kontrolle ein.

(3) Das erfordert das Einsetzen einer unabhängig tätigen wissenschaftlichen Kontrollkommission. Sie sollte überprüfen,

    a) ob ein unabhängiges Arbeiten der Betriebsteile Köpenick und Beucha sowie der anderen Produktionsstätten möglich ist;

    b) ob das wissenschaftlich-technische Zentrum Hohenschönhausen als DDR-Umweltzentrum geeignet ist und dem Umweltministerium sofort unterstellt werden kann.

(4) Neuentscheidung zum Wechsel der Rechtsträgerschaft von Ferien- und Naherholungsobjekten.

(5) Es sind die derzeitig getroffenen personellen Entscheidungen – insbesondere im Leitungsbereich des neu entstandenen volkseigenen Betriebes – durch das zuständige Ministerium nochmals gewissenhaft zu prüfen.

3. Akten, Schrift- und Archivgut – Informatik

Bisher wurden von ca. 50 000 laufenden Meter Akten und Schriftgut ca. 7 500 Meter Schriftgut in der Zentrale des Zentralarchivs eingelagert. In 17 von 39 Diensteinheiten sind diese Arbeiten abgeschlossen. Diese sehr umfangreichen Arbeiten werden insgesamt nicht vor August des Jahres abgeschlossen sein.

Eine zentrale Frage ist die nach dem weiteren Umgang mit diesem Material.

Die Arbeitsgruppe „Sicherheit" schlug in Übereinstimmung mit den Bürgerkomitees der Bezirke vor, alle magnetischen Datenträger mit personengebundenen Daten der Bürger zu vernichten. Dies ist eine dringend erforderliche Schutzmaßnahme, denn damit werden keine Daten endgültig vernichtet, jedoch der schnelle Zugriff unmöglich gemacht.

Nach Zustimmung der Vertreter am Zentralen Runden Tisch wurde der Vorschlag am 26. Februar (1990) durch den Ministerrat zum Beschluß erhoben. Unter Kontrolle des Bürgerkomitees wurde die dreifache Löschung der Datenträger mit personengebundenen Daten am 10. März 1990 abgeschlossen. Gegenwärtig erfolgt die weitere Zerlegung der Magnetbänder, Disketten und Wechselplatten unter Kontrolle der Arbeitsgruppe „Sicherheit", des Bürgerkomitees und der Staatsanwaltschaft sowie ihre vollständige Vernichtung. Die vollständige Vernichtung der personengebundenen elektronischen Datenträger ist in Verantwortung des Komitees zur Auflösung des Amtes bis 16. März 1990 abzuschließen.

Aufbauend auf diesen Beschluß, wurde ein Stufenprogramm zur weiteren Verfahrensweise bei der Vernichtung beziehungsweise Sicherung der Akten erarbeitet, abgestimmt und durch den Ministerpräsidenten zustimmend zur Kenntnis genommen.

- Die Stufe I sieht die sofortige physische Vernichtung aller elektronischen Speichermedien – wie bereits vorher genannt – vor.

- Die Stufe II sieht die Beseitigung der Verzweigungen der Personendateien [im Original „Personendateien"] vor, deren Weg zu den Dossiers führt, so daß nur noch ein Hauptweg von der Basisdatei zu den Akten bestehen bleibt. Ein Informationsverlust tritt auch hierdurch nicht ein.

- Die Stufe III sieht die Vernichtung aller Akten und Karteien mit personenbezogenen Daten auf der Grundlage einer Entscheidung durch das neugewählte Parlament vor.

{Das ist das Ergebnis einer Trendabstimmung innerhalb der Bürgerkomitees. Das ist von uns in keiner Weise eine Entscheidung.}

Aus der Sicht der Sachverständigen besteht die Notwendigkeit, das für die historische Forschung relevante Material von den Datendossiers schon im Prozeß der Einlagerung der einzelnen Hauptabteilung zu trennen. Dadurch dürfte eine wesentliche Verkürzung des Zeitraumes erreicht werden, der notwendig ist, stufenweise Bestände des ehemaligen Ministeriums für Staatssicherheit der öffentlichen Benutzung zugänglich zu machen. Aus der Arbeit mit dem Archivgut wird ersichtlich, daß die Erarbeitung einer neuen Archivbenutzungsordnung und eines Datenschutzgesetzes unbedingt erforderlich ist. Dazu sollte möglichst rasch eine Kommission aus Juristen, Archivwissenschaftlern und Historikern gebildet werden.

Zum Gesamtkomplex Akten und Schriftgut möchte ich noch folgendes erklären:

Die Herausgabe der eigenen Akte wünschen jetzt viele. Das Offenlegen besonders der Informanten, der Quellen wird gefordert. Manche fordern die öffentliche Aushängung der Namen, das gebiete die Gerechtigkeit. Die Akten sollen deshalb auf jeden Fall aufbewahrt werden.

Es ist klar – das Kennenlernen der eigenen Akte würde manches offenlegen. Jeder wüßte, wer ihn bespitzelte, wer über ihn ausgesagt hat.

Ich meine aber, daß solch eine Kenntnis das Verdächtigungsklima oder die Selbstjustiz nur noch mehr fördern würde. Überschätze hier keiner seine menschliche Größe.

Wir müssen den Einwand zur Kenntnis nehmen, daß damit wieder einmal Schuldige straffrei ausgehen. Das mag zutreffen. Die 109 000 inoffiziellen Mitarbeiter {– ich gehe davon aus, daß das die doppelte Anzahl ist -} zittern angesichts der vorhandenen Akten. Aber vielleicht nicht nur sie. Sind nicht auch die Beobachteten mit den Skizzierungen ihrer Schwachstellen zukünftig erpreßbar? Wer garantiert denn die absolute Sicherheit der Akten vor einem Mißbrauch durch wen auch immer? Sind nicht auch die gefährdet, die ihre Akte einsehen wollen?

Wir schlagen deshalb einer neuen Regierung vor, unverzüglich über den Umgang der Personendossiers zu befinden. Sie hat dazu das Recht und die Pflicht.

An dieser Stelle sei erwähnt, daß auch in Salzgitter genügend Material zusammengetragen worden ist. Wir fordern die Regierung der BRD auf, Stellung zu diesem Problem zu nehmen.

Offiziellen und inoffiziellen Mitarbeitern des ehemaligen MfS/AfNS sollte eine persönliche Rehabilitierung angeboten werden. Eine verordnete Umerziehung, das Ausstellen von Scheinen, lehnen wir ab. Hier kann nur absolute Freiwilligkeit gelten.

Wir halten es jedoch für sehr wichtig, daß offizielle und inoffizielle Mitarbeiter die Möglichkeit erhalten, sich aus eigenem Wunsch aussprechen zu können, um so von ihrer Vergangenheit loszukommen. Wir plädieren für Einzel- und Gruppengespräche mit absoluter Vertraulichkeit. Psychologen, Juristen, Pfarrer im Team oder einzeln sollten zu diesen Gesprächen bereit sein.

Nach solchen Gesprächen wäre es zum Beispiel auch möglich, daß sie – ohne den Inhalt der Gespräche preiszugeben – auf Anfrage oder mit Zustimmung der Betroffenen ein gutes Wort für die ehemaligen Mitarbeiter einlegen könnten.

Wir möchten die Opfer des MfS/AfNS ermutigen, das ihnen auferlegte und abgezwungene Schweigen über die Behandlungsweise zu durchbrechen. Viele fühlen sich durch die aufgezwungene Schweigepflicht noch heute gebunden. Wir möchten zur Offenlegung ermutigen. Es sollten Erlebnisprotokolle gesammelt werden, um das Erfahrene auszusprechen und anderen zugänglich zu machen. Mit dem Verschweigen schaden wir uns selbst am meisten. Überwindung des Erlebten ist im offenen Umgang mit dem Erlittenen möglich. Auch hier sind Einzel- oder Gruppengespräche eine Angebotshilfe.

Das ehemalige MfS/AfNS ist nicht mehr arbeitsfähig. Es werden von ihm keine Telefongespräche mehr abgehört, keine Post kontrolliert, keine Personen observiert. Und das sei an dieser Stelle nochmals deutlich gesagt, wenn es schon einmal im Hörer geknackt hat, dann waren es immer noch altersschwache Leitungen und Einrichtungen der Deutschen Post. Die Stasi war schon in der Leitung, wenn der Teilnehmer den Hörer für ein zu führendes oder bei ihm ankommendes Gespräch abnahm. Die Befehlszentralen und die Verwaltung der Staatssicherheit sind demontiert worden.

Allerdings kann nicht ausgeschlossen werden, daß kleine Gruppen noch aktiv sind. Auch läßt sich nicht sagen, ob noch Strukturen existieren, die uns nicht bekannt sind. Deshalb sind Wachsamkeit und ein gesundes Mißtrauen auch in Zukunft berechtigt. Dies gilt zum Beispiel im Bereich der Wirtschaft, der Wissenschaft, im militärischen und polizeilichen Bereich, wo frühere informelle Verbindungen noch wirksam sein könnten, nicht nur im Hinblick auf mögliche Reorganisation, sondern auch in Hinsicht auf die Ausnutzung von Informationen und persönlichem Vorteil. Das erfordert besondere Aufmerksamkeit beim Einsatz ehemaliger Mitarbeiter der Staatssicherheit in leitende Funktionen.

Ausmaß und Arbeitsweise des Staatssicherheitsdienstes sind nun öffentlich geworden. Millionen Menschen sind davon betroffen. Viele waren über Jahre den Repressalien dieses Geheimdienstes ausgesetzt. Sie haben den kompromißlosen Einsatz gegen friedlich Demonstrierende erlebt. Sie haben Schläge, Verhöre und ungerechtfertigte Strafen hinnehmen müssen. Aussagen wurden erpreßt. Menschen wurden gedemütigt, entwürdigt und manchmal in ihrer Persönlichkeit zerstört. Wut und Zorn und das Bedürfnis nach Vergeltung und Strafe sind sehr verständlich.

Eine wichtige Aufgabe des Komitees zur Auflösung des ehemaligen MfS/AfNS besteht in der Zukunft auch darin, aufzuklären, wo strafrechtlich gegen ehemalige Mitarbeiter vorzugehen ist.

Wir haben es hier aber nicht mit einem Stück Geschichte zu tun, dem man nur mit einer Reihe von Prozessen beikommen kann. Die Geschichte muß aufgearbeitet werden. Das braucht Zeit und setzt voraus, daß uns Bewältigung der Vergangenheit wichtiger ist als Bestrafen und Verdrängen. Echte Bewältigung kann nur unter Beteiligung von Tätern und Opfern erfolgen.

So schwierig es auch für manchen ist; die ehemaligen Mitarbeiter müssen sich der Tatsache stellen, daß sie im Bereich eines Ministeriums gearbeitet haben, das Menschenrechte in verachtender und gewalttätiger Weise verletzt hat. Die Tätigkeit des Ministeriums war verfassungswidrig, auch wenn die Mitarbeiter sich jeder Zeit auf geltendes Recht berufen konnten.

Unabhängig vom Maß der Verantwortung und von der Art der Tätigkeit war jeder Mitarbeiter, war jeder darin verstrickt. Jeder wußte, daß sämtliche Bereiche des Lebens vom Staatssicherheitsdienst durchdrungen waren. Für das zukünftige Miteinander der Bürger wird es wesentlich darauf ankommen, daß ehemalige offizielle oder inoffizielle Mitarbeiter sich diesen Tatsachen und Einsichten stellen.

Dieser Umgang mit der eigenen Vergangenheit kann nur in einer gesellschaftlichen Atmosphäre erfolgen, die dem einzelnen eine Chance zum Neuanfang läßt. Dazu gehört, daß Menschen, die einen Schlußstrich unter ihre Vergangenheit setzen möchten, offen mit ihr umgehen dürfen ohne die Angst, für immer angefeindet und ausgegrenzt zu sein. Dazu gehören Kollegen, Nachbarn und Familienangehörige, die für diese Aufarbeitung Gesprächspartner sind.

In diesem Zusammenhang möchte ich darauf aufmerksam machen, daß inoffizielle Mitarbeiter oft mit ausgeklügelter psychologischer Strategie „angeworben" wurden. Schwachstellen in ihrer Persönlichkeit oder in ihrer Vergangenheit wurden hemmungslos ausgenutzt, um drohend oder mit Vergünstigungen lockend den Betreffenden in ein Netz von Abhängigkeiten zu verwickeln. Die Zwänge innerhalb eines streng militärisch aufgebauten Systems waren ungemein stark, ein Entkommen nur unter Gefahr möglich, Disziplinarstrafen zerrten Zweifelnde zurück.

Viele wurden so in ihrer Persönlichkeit zerstört und damit zu willfährigen Werkzeugen. Wie auch in anderen Bereichen gab es ein Oben und ein Unten. In den Genuß der Privilegien kamen nur jene, die ganz oben waren. Man kann davon ausgehen, daß ein großer Teil der sogenannten „kleinen Mitarbeiter" durch Angst, Doppelleben und verdrängte Gewissensbisse in ihrer Persönlichkeit deformiert sind und resozialisiert werden müssen.

Wohlverstanden: Wenn ich mich hier so ausführlich zu diesen Problemen geäußert habe, dann nicht, um vorschnell zu erklären und zu entschuldigen, sondern um ein zukünftiges Zusammenleben ohne Verdrängung von Schuld und Zorn zu ermöglichen.

Zum Schluß möchte ich jene ansprechen, die in der Vergangenheit zu Opfern der Staatssicherheit wurden und – weil man sie unter Drohung zum Schweigen verpflichtete – bisher geschwiegen haben. Diese Pflicht ist aufgehoben. Bitte brechen Sie das Schweigen. Machen Sie Ihre Erfahrungen anderen zugänglich[19].

Ich danke Ihnen.

Ziegler (Moderator): Herr Fischer – –

[Beifall]

Fischer (Bevollmächtigter): Ich habe noch etwas Wichtiges vergessen.

Ziegler (Moderator): – der sonst hier an diesem Runden Tisch sehr seltene Beifall zeigt, daß wir danken. Wir haben Ihnen mehreres zu danken. Ich fange mit dem Äußeren an, daß Sie seit heute vormittag gewartet haben.

Wir haben Ihnen zu danken für diesen Bericht, den Sie erstattet haben.

Vor allen Dingen haben wir Ihnen und Ihren Begleitern aber zu danken für die Arbeit, die Sie auf sich genommen haben, und die ja nicht nur eine rein äußere administrative Arbeit ist. Davon zeugt besonders der letzte Teil Ihres Berichtes. Auch dafür danken wir, daß Sie hier einfühlsam Hinweise gegeben haben für die Aufarbeitung dessen, was durch den Bericht aufgedeckt ist.

Ich erinnere noch einmal daran, daß wir hier Rechenschaft bekommen über das, was wir angeregt haben, daß wir einen Bericht entgegennehmen wollten. Wenn es Rückfragen gibt, die der Klärung bedürfen, muß dazu natürlich Gelegenheit sein. Nicht vorgesehen ist eine Aussprache darüber.

Herr Fischer wollte noch eine Ergänzung machen.

Fischer (Bevollmächtigter): Ja, das ist mir vorhin weggerutscht. Ich bitte um Entschuldigung. Natürlich ein ganz wichtiges Ergebnis unserer Arbeit, und zwar: Im Auftrage der Arbeitsgruppe erstellten von der Initiative Frieden und Menschenrechte nominierte Sachverständige, Dr. Armin Mitter und Dr. Stefan Wolle, eine Dokumentation zur Geschichte und Vorgeschichte des 07. bis 10. Oktober [1990].

Diese **Dokumentation**[20] belegt die totale **Verflechtung von SED, Staatsapparat und Staatssicherheit**. Es handelt sich um Befehle und Anweisungen des Ministers für Staatssicherheit sowie Materialien über die Lage in der DDR von Januar bis November 1989, die den führenden Politbüromitgliedern vom MfS übermittelt wurden.

Diese Dokumentation wird morgen um 10.00 Uhr in der Ruschestraße der Presse vorgestellt und erscheint noch in dieser Woche in einer Auflage von 30 000 Exemplaren.

Ziegler (Moderator): Ja. Wir danken auch für diese Information. Ich muß fairerweise ja fragen, ob Ihre Begleiter irgend etwas nachzutragen, zu ergänzen haben.
Herr Peter?

Peter (Regierungsbeauftragter): Nein.

Ziegler (Moderator): Danke schön.
Frau Poppe, bitte.

Frau Poppe (DJ): Ich habe zwei Rückfragen. Die erste: Auf Seite 3 ist davon die Rede, den größeren Teil dieser Mitarbeiter in die Gesellschaft einzugliedern. Meine Frage: Was geschieht mit dem kleineren Teil?

Und die zweite Frage betrifft den **Dreistufenplan** über den **Umgang mit den Daten und Akten**. In der dritten Stufe ist davon die Rede, von der **Vernichtung aller Akten und Karteien mit personenbezogenen Daten** auf der Grundlage einer Entscheidung durch das neugewählte Parlament. An einer anderen Stelle wird der neuen Regierung vorgeschlagen, unverzüglich über den Umgang der Personendossiers zu befinden. Sie hätte dazu das Recht und die Pflicht. Nach meinem Verständnis widersprechen sich diese beiden Aussagen, und ich würde doch sehr dafür plädieren, das dem **Parlament** in eine Entscheidung zu übergeben und nicht der Regierung.

Ziegler (Moderator): Danke.
Herr Schult.

Schult (NF): Ja, ich möchte diese Bemerkung noch ergänzen, daß ich denke, daß es vielleicht nicht einer Regierung oder auch nicht einem Parlament übergeben werden sollte, da für uns ja sicherlich noch unklar sein wird oder jetzt noch ist, welche politischen Kräfte dieses Parlament mit beherrschen werden und in welcher Richtung dann über diesen Umgang mit diesen Akten entschieden wird.

Zu überlegen wäre vielleicht hier und heute noch, ob er, ja erstens ein Teil dieser Akten oder die wichtigen Akten, die sicherlich für die **Geschichte der DDR** und die **Aufarbeitung** und darüber hinaus wichtig sind, vielleicht einem **internationalen Gremium** übergeben werden sollten oder deren Kontrolle zu übergeben wäre.

Ich könnte mir vorstellen, daß **amnesty international** eine Organisation ist, die Integrität in sich verbürgt, um hier zu sichern, daß in dem Prozeß der europäischen Veränderungen diese Akten nicht dem nächsten **Geheimdienst** in die Hände fallen.

Ziegler (Moderator): Ich glaube – Herr Jordan, hatten Sie sich gemeldet?

Schult (NF): Ich bin noch nicht ganz fertig – –

---

[19] Dieser Vortrag wurde schriftlich zu Protokoll des Zentralen Runden Tisches gegeben. Die in { } gesetzten Ausführungen wurden davon abweichend nur mündlich vorgetragen. In [ ] gesetzte Texte finden sich lediglich in der schriftlich zu Protokoll gegebenen Fassung.

[20] Armin Mitter und Stefan Wolle (Hg.): „Ich liebe euch doch alle". Befehle und Lageberichte des MfS. Januar – November 1989. Berlin 1990.

Ziegler (Moderator): Ach, Entschuldigung – –

Schult (NF): – ich bin noch nicht ganz fertig, und auch im Zusammenhang mit der **Aktenvernichtung** ist noch ein zweites Problem. Hier, auf Seite 16, ist ja noch einmal gesagt worden, daß es sein kann, daß **Gruppen noch aktiv** sind oder in gewissen Bereichen überhaupt noch nicht deutlich die Strukturen zerschlagen sind.

Ich kenne nur aus meiner Erfahrung von 10-jähriger **Friedensbewegung**, daß innerhalb von Organisationen es nicht immer die kleinen schmierigen Lauscher an der Wand waren, die hier für die „Firma" oder für die Stasi gearbeitet haben, sondern durchaus auch die Protagonisten von Organisationen und [ich] würde für die moralische und politische Integrität der kommenden Regierung und Volkskammer es schon für wichtig halten, wenn es eine Arbeitsgruppe oder einen **Parlamentarischen Untersuchungsausschuß** geben würde, der anhand der Akten die Regierung und auch die **Volkskammerabgeordneten auf ihre Vergangenheit**, speziell in diesen Bereichen, mit **kontrolliert**, daß wir (a) nicht wieder auf Gerüchte oder nicht beweisbare Gerüchte angewiesen sind – noch, daß hier nicht die Gefahr besteht, daß sich im Hintergrund von Erfahrungen mit konspirativer Arbeit oder geheimdienstlicher Tätigkeit zu eben vielleicht einem gewissen Prozentsatz eine **Mafia** organisiert, die ihre alten Verbindungen wieder auferstehen läßt.

Ziegler (Moderator): Danke. Wir können das als Anregung und Empfehlung noch heute weitergeben, nicht?
Herr Jordan.

Jordan (GP): Vielleicht könnten wir ja erst einmal jetzt eine Rückmeldung haben zu diesen Anfragen.

Ziegler (Moderator): Wozu eine Rückmeldung? Ich habe das – –

Jordan (GP): Ja, als ...

Ziegler (Moderator): – Zu dem, was Herr Schult gesagt hat?

Jordan (GP): Ja.

Ziegler (Moderator): Ja, ja. Es ist jetzt Herr Lietz auf der Liste.

Jordan (GP). Dann möchte ich natürlich auch sprechen. Ich meine nur, daß es nicht so eine endlose Liste wird. Wir wollten seitens der Grünen Partei nachfragen, was aus dem Beschluß geworden ist, in der Zentrale der Staatssicherheit in der Magdalenenstraße eine **Gedenk- und Forschungsstätte zum DDR-Stalinismus** einzurichten und dort also vor allen Dingen auch die wichtigsten Akten zu sammeln. Da haben wir immer noch keine Rückmeldung, es ist ein Beschluß hier.

Und zweitens vielleicht noch eine Frage: Wie sieht es aus mit den **Baukapazitäten**, die sollten überwiegend für **Umweltschutzmaßnahmen** eingesetzt werden. Das ist im Raum Berlin wahrscheinlich so verwirklicht worden. Die Spezial-Baubetriebe haben Teilaufgaben im Umweltschutz übernommen.

Aber wie sieht das DDR-weit aus?

Ziegler (Moderator): Ja, Herr Jordan, wir müssen nur sehen, was Sache der Beauftragten hier war und was weitergehende Aufträge waren. Das muß unterschieden werden.
Herr Lietz.

Lietz (NF): Ich habe es in den letzten 10 oder 15 Jahren als eine ungeheure **Entmündigung** empfunden, daß über mich Dossiers und Akten angelegt wurden, und empfinde es jetzt als eine doppelte Entmündigung, daß ich, nachdem die Dinge aufgedeckt werden, jetzt nicht, wenn ich das möchte, **Einblick in** diese **Akten** nehmen kann, daß andere wiederum entscheiden, ob ich mich psychisch und physisch in der Lage und kräftig genug fühle, dann auch mit darin vorhandenen Wirklichkeit umgehen zu können.

Das kommt mir fast so vor, als wenn ein Arzt, zum Beispiel einem Patienten aus gutem Grund oder aus Freundlichkeit nicht seine wirkliche Krankheit beschreibt und ihn damit sozusagen doppelt irritiert. Also, ich finde diese Entscheidung, die in diesem Bericht gegeben wurde, für mich nicht akzeptabel und würde den Antrag stellen, daß, wenn Bürger darauf dringen, ihre Akte einsehen zu können, ihnen auch dieses Recht zugängig gemacht wird.

Ziegler (Moderator): Und schließlich noch Herr Schmidt von der CDU.

Schmidt (CDU): Wir sind informiert worden, daß es einen **MdI-Befehl 0104/90** geben soll, der sich mit der **Umstrukturierung** der **Kriminalpolizei** befaßt und einerseits die **Übernahme** offenbar großer Zahlen **von Mitarbeitern des ehemaligen Staatssicherheitsministeriums** vorsieht und zum anderen festlegt, daß bis zum 30. März [1990] alle Unterlagen über den bisherigen Status dieser Mitarbeiter zu vernichten seien.

Einerseits ist das in dem Bericht sicher mit gemeint, aber auch die Unsicherheiten dieses Verfahrens sind dort ja angedeutet worden. Ich möchte zweierlei feststellen:

Erstens: Ich glaube, daß sich [die] Kriminalpolizei, die ehemaligen Staatssicherheitsmitarbeiter und wir alle uns mit einem Verfahren, wenn es um große Mengen von Menschen geht, einen schlechten Dienst erweisen.

Auf der anderen Seite wird hieran auch wieder deutlich, daß es offenbar schwer ist, die Mitarbeiter zu integrieren.

Wir haben als CDU in einer höheren Phase hier schon sehr darum gebeten, daß die Bemühungen überall unterstützt werden, diese Menschen in das Gesamte, in allen Bereichen der Volkswirtschaften, des Arbeitslebens unterzubringen und sie nicht auszugrenzen.

Ich fürchte, daß **Ausgrenzungserscheinungen**, von denen man immer wieder hört, dazu führen, daß sie nun doch in bestimmte Amtsstellen hineindrängen, als letzte Möglichkeit, doch noch irgendwo unterzukommen.

Wir sollten überall dafür sorgen, daß die Menschen aufgenommen werden, denn sie lösen sich ja nicht in Luft auf. Irgendwo bleiben die Mitarbeiter und müssen sie bleiben. Und ich finde, wir tun uns alle einen guten Dienst, wenn wir sie offen aufnehmen und die verständliche Angst nicht über die anderen Motive siegen lassen.

Ziegler (Moderator): Herr Weißhuhn – ich möchte bloß daran erinnern, Fragen sind hier gestellt – zum Bericht, bitte, ja?

Weißhuhn (IFM): Das ist eine Rückfrage.

Auf Seite 17 oben am Ende des Absatzes über die möglicherweise noch aktiven kleinen Gruppen wird darauf abgehoben, daß „Aufmerksamkeit" zu schenken ist diesem möglichen Umstand beim **„Einsatz ehemaliger Mitarbeiter der Staatssicherheit in leitende Funktionen"**.

Meine Rückfrage: Bedeutet das, daß der Berichterstatter in Kauf nimmt oder sogar empfiehlt, daß ehemalige Mitarbeiter der Staatssicherheit überhaupt in leitende Funktionen eingesetzt werden können?

Ich denke, das Gegenteil sollte der Fall sein.

Ziegler (Moderator): Das waren eine Reihe von Anfragen. Wenn Sie, Herr Fischer, auf Fragen noch eingehen können, wäre das gut. Es sind einige konkret gestellt worden, nicht? Oder? Herr Dr. Mitter macht das, von der Arbeitsgruppe „Sicherheit".

Mitter (Vertreter der Arbeitsgruppe „Sicherheit"): Ja, ich würde zumindestens auf ein Problem eingehen, auf diese wohl schwierigste Frage, die vor der AG „Sicherheit" stand, diesen Umgang mit **personenbezogenen Daten** und mit den **historischen Materialien**.

Also, wir als benannte Sachverständige haben immer dafür plädiert, daß das also zwei ganz unterschiedliche Dinge sind. Die erste Sache sind die Materialien, die für die historische Forschung, auch für die **Aufarbeitung der Vergangenheit** dieser letzten 40 Jahre notwendig sind und die unseres Erachtens möglichst schnell vorangetrieben werden muß.

Um vielleicht einmal einen Einblick zu geben: In diese Materialien, von denen wir sprechen, sind natürlich diese ganzen personenbezogenen Berichte eingegangen. Das heißt also, man hat es einerseits mit rein personenbezogenen Daten zu tun und andererseits mit Berichten, in denen **IM-Berichte** [IM = Inoffizieller Mitarbeiter] oder die **GMS-Berichte** [GMS = Gesellschaftlicher Mitarbeiter für Sicherheit] auch eingegangen sind.

Wir gehen davon aus, daß diese historisch relevanten Materialien möglichst schnell nicht bloß einer Öffentlichkeit in der DDR zugänglich sind, sondern wie Herr Schult also hier schon richtig gefordert hat, auch der internationalen Öffentlichkeit also zugänglich gemacht werden und daß das **DDR-Archivwesen** sich also grundsätzlich reformieren muß.

Dessen sind sich die Kollegen also sehr bewußt. Und daß eine internationale Öffnung auch mit anderen **Benutzungsordnungen** verbunden ist, das wurde hier ja von uns ausdrücklich angeregt.

Was die Frage von Frau Poppe anbetrifft mit der Entscheidung der Regierung, so glaube ich, das ist einfach auch in unserem Sinne, daß wir natürlich davon ausgehen, daß das nicht bloß eine Aussprache in einem Parlament wird, was mit diesen **Personendossiers** geschieht, sondern wir gehen davon aus, daß das wirklich eine sehr breite **Volksaussprache**, wenn man so will, werden müßte.

Aber ich würde doch davor warnen, also wie – ich glaube vom Neuen Forum – der Vertreter jetzt gefordert hat, daß er sagt, sozusagen er möchte jetzt seine Akte sehen, weil er sich also durchaus menschlich im Stande fühlt, diese Akte selbst verkraften zu können.

Also, ich persönlich habe nie eine datenbezogene Akte in der Hand gehabt. Aber das, was uns sozusagen bekannt geworden ist, deutet doch darauf hin, daß das bis in die intimsten Verhältnisse geht und daß das also meines Erachtens doch überlegenswert ist, ob man so eine Akte so einfach offenlegen kann.

Ich meine, wir wollen hier einen Rechtsstaat wieder aufbauen und die Gefahr besteht, wenn jemand seine eigene Akte sieht, daß er zur **Selbstjustiz,** wenn man so will, greifen könnte. Und dem, glaube ich, muß entschieden vorgebeugt werden.

Und insofern haben wir auch, glaube ich, diese Stufe 3 hier verstanden, aber sie kann nur ein Vorschlag sein und bedeutet keinesfalls eine vorweggenommene Entscheidung.

Was das **Museum** betrifft, diese **Gedenkstätte**: Da wird im Moment eine Vorlage, und zwar von der Arbeitsgruppe „Akten des Bürgerkomitees in der Normannenstraße" ausgearbeitet unter Hinzuziehung verschiedener Mitarbeiter anderer Bürgerkomitees. Und ich glaube, in dieser Woche soll ein entsprechender Vorschlag für die Gründung zu einer solchen Gedenkstätte schon dem Komitee unterbreitet werden. Danke schön.

Ziegler (Moderator): Wir danken auch für die jetzt erteilten Antworten. Ich schlage Ihnen vor – – Herr Brinksmeier? Ach so, das ist immer so furchtbar schwer hier zu sehen. Ja, bitte – –

Peter (Regierungsvertreter): Ich möchte antworten auf die Frage von Frau Poppe: **Eingliederung** der Mehrzahl der **[MfS-] Mitarbeiter**. Das glaube ich, ist im Zusammenhang zu sehen mit dem ersten Teil des Satzes: „Die Regierung ist in die Pflicht genommen, auf der Basis des Rechts deren Tätigkeit differenziert zu bewerten." Es sind also diejenigen, denen verbrecherische Handlungen nachzuweisen sind, entsprechend auch strafrechtlich zu verfolgen. So ist das gemeint.

Was zweitens die **Gedenkstätte** anbelangt: Der Beschluß wird bei der Einbringung eines Gesamtvorschlages für das Objekt Normannenstraße noch im Monat März der Regierung vorgelegt.

Ziegler (Moderator): Herr Brinksmeier, Sie sind auch Mitglied der Arbeitsgruppe „Sicherheit". Sie wollten – – ja, bitte?

Brinksmeier (AG „Sicherheit", SPD): Ich bin derjenige, der im Innenministerium mit Regierungsauftrag arbeitet. Ich kann mir eine bissige Bemerkung nicht verkneifen: Wären die Kollegen der CDU in der Arbeitsgruppe anwesend gewesen, hätte sich dieses Problem, was Sie jetzt bringen mit diesem Befehl, konstruktiver und schneller klären lassen.

Ziegler (Moderator): Herr Brinksmeier, Sie sind aber nicht fertig?

Brinksmeier (AG „Sicherheit", SPD): Ich muß inhaltlich etwas dazu sagen. Diesen Befehl gibt es, weil die **Umstrukturierung** in **der Volkspolizei** natürlich bevorsteht und vorgedacht wird. Ich habe meine Arbeit mit drei Schwerpunkten versehen. Der erste Schwerpunkt ist der, genau solche **Strukturbefehle** zur Kenntnis zu nehmen, da muß man erst einmal einsteigen, wie so ein Ministerium aufgebaut ist.

Ich habe vorgestern mit den nötigen Leuten geredet und angewiesen – das macht man da so: man weist da an –, daß **Strukturbefehle, Planstellen** und Planstellenbesetzungsnachweise erhalten bleiben. Das ist also gesichert.

Ich muß weiter dazu sagen, daß eine – – wenn Sie in der Anlage 2 schauen, das betrifft die Frage von Frau Poppe – – daß natürlich mit der Übertragung verschiedener Arbeitsaufgaben, die bisher die Staatssicherheit geleistet hat und jetzt an das Ministerium für Innere Angelegenheiten überwiesen worden sind, ein Teil der notwendigen Spezialisten, die man woanders halt nicht herkriegen kann, im Ministerium für Innere Angelegenheiten jetzt übernommen sind. Ich erläutere das jetzt nicht – im Interesse unserer Zeit.

Wir haben es geschafft, Kontakt mit allen **Gewerkschaften der Volkspolizei** aufzunehmen, haben dort Interessengleichheit entdeckt, denn dort besteht die soziale Sorge, daß die Umstrukturierung der Volkspolizei auch wieder Planstellen kürzt. Und bevor Leute aus dem Ministerium für

Staatssicherheit angestellt werden, ist die Gewerkschaft der Volkspolizei als Interessenvertreter ihrer Mitglieder daran interessiert, daß sie erst einmal auch die eigenen Leute unterbringen können, wo es nur möglich ist.

Es werden im Moment landesweit von der Gewerkschaft der Volkspolizei kontrollierte Untersuchungen über den Mechanismus, wie Struktureinheiten geschaffen werden, wie Planstellen zur Verfügung gestellt werden und wie die besetzt werden, kontrolliert. Ich denke, das ist im Moment auch der demokratischste Weg, eine **Kontrolle der Einstellungen** innerhalb der Polizei und des **Ministeriums für Innere Angelegenheiten** zu organisieren.

Sie können sicher mit einschätzen, daß das ein längerer Prozeß sein wird.

Ziegler (Moderator): Danke.
Ich möchte vorschlagen, daß wir damit – –
Herr Hammer.

Hammer (VdgB): Vielleicht einmal nur eine Anfrage. Es ist hier in dem Bericht auch nichts dazu weiter gesagt zu den **internationalen Verbindungen des ehemaligen Ministeriums**, inwieweit die unter Kontrolle sind oder auch aufgeklärt sind.

Wenn hier diese Bemerkung ist, daß irgendwelche Gruppen noch konspirativ arbeiten könnten, könnte der Verdacht aufkommen, daß das dann auch mit eventuell ausländischer Unterstützung noch sein könnte.

Ziegler (Moderator): Herr Schult noch einmal.

Schult (NF): Vielleicht kann die Frage erst beantwortet werden, oder?

Ziegler (Moderator): Na, sagen Sie doch gleich, was Sie wollen.

Schult (NF): Na, ich denke, wir müßten hier doch noch einmal entscheiden, inwieweit wir diesen Bericht also so billigen, daß also der Regierung vorgeschlagen wird, über die **Dossiers**, wie auf Seite 15 hier steht, über den Umgang zu entscheiden.

Ich wäre also nicht dafür, es so zu lassen, sondern also entweder einer internationalen Organisation die Oberhoheit zu empfehlen oder zumindest ein Parlament und eine **Untersuchungskommission** dazu, die also nicht den freien Zugang der Regierung – – also, ich sehe schon – – für mich ist die Gefahr in dieser deutsch-deutschen Euphorie, daß wir also den **Nachbargeheimdienst** bald an diesen Akten dran haben.

Da denke ich, muß ein Riegel vorgeschoben werden.

Und die zweite Frage ist auch noch nicht beantwortet. Die steht hier nun nicht mit drin, da dieser **Wahlkampf** ja unterschwellig auch mit Dossiers und mit **Verdächtigungen** und ähnlichen Sachen gerade auf Mitarbeit von führenden Leuten als ehemalige Mitarbeiter angeblich behauptet wird – – und ich denke, die nächsten Wahlkämpfe in der nächsten Zeit werden davon nicht frei sein.

Es müßte hier eine Regelung getroffen werden, daß zumindest eine **Parlamentarische Untersuchungskommission**, die besteht aus allen Fraktionen der Volkskammer, dann hier, nach den Gesetzen des Personen- und Datenschutzes natürlich, die Möglichkeit hat, diese **Akteneinsicht** zu nehmen und zu kontrollieren.

Also, das wären jetzt zwei konkrete Anträge, die ich so hier einfach erst einmal stellen möchte. Nach der Kenntnis dieses Berichtes jetzt hier die Bitte, daß die noch irgendwie mit einfließen.

Ziegler (Moderator): Ich bitte Sie, Herr Schult, jetzt noch – – das sind ja nur noch zwei Sätze, die Sie bitte formulieren, damit wir dann eine Möglichkeit haben, darüber auch abzustimmen, nicht?

Die Anfrage von Herrn Hammer steht noch. Da war Herr Fischer auch bereit zu antworten, oder Herr Peter, ja?

Da es nun doch offensichtlich weitergeht, würde ich dann doch wollen, daß erst Herr Peter antwortet auf die Frage, damit die weg ist. Und dann kommt Herr Templin; und Frau Poppe, nicht?

Peter (Regierungsbeauftragter): Ich antworte auf die Frage nach der **internationalen Zusammenarbeit**. Zunächst, was die Verträge, Verbindlichkeiten angeht, so sind sämtliche Vereinbarungen inzwischen von Juristen aufgearbeitet worden, und in dieser Woche wird dem Ministerpräsidenten ein Vorschlag zur Aufkündigung der überwiegenden Mehrheit dieser Verträge vorgelegt. Die Aufkündigung soll über das Außenministerium erfolgen.

In einigen wenigen Fällen tritt das **Ministerium für Innere Angelegenheiten** als Rechtsnachfolger, zum Beispiel bei Regierungsverbindungen, Chiffrier-Verbindungen und so weiter, ein. Eine Zusammenarbeit, eine organisierte Zusammenarbeit zum gegenwärtigen Zeitpunkt möchte ich ausschließen – auch auf dem Gebiet der Aufklärung.

Ziegler (Moderator): Danke. Herr Templin; Sie sind notiert. Frau Poppe, Sie kommen gleich dran.
Herr Templin.

Templin (IFM): Eine konkrete Anfrage: Gehörte es zum Arbeitsgebiet beziehungsweise zum Diskussionsstand der Arbeitsgruppe, Vorschläge an das **neue Parlament** zu machen, inwieweit konkrete Befugnisse für die weitere Arbeit, verbunden mit der Auflösung, auch von Gremien des Parlaments wahrgenommen werden können?

Ich habe hier eine ganze Menge davon oder dazu gehört, welche Regierungsstellen in welcher Verantwortung bisher stehen beziehungsweise stehen sollen. Was ich weitgehend vermisse ist, wie weit gegenüber diesen exekutiven Befugnissen das künftige Parlament auch eine entsprechende Verantwortung wahrnehmen kann. So sehr das selbst **Aufgabe des Parlaments** sein wird, so sehr ist es, glaube ich, wichtig, hierfür bereits Vorschläge zu erarbeiten und vorzulegen.

Meine Anfrage: Ist das bereits vorgedacht worden, gehört das also noch mit zum weiteren Arbeitsprogramm dieser Gruppe?

Eine zweite Anfrage: Hier ist noch einmal von der **strafrechtlichen Verantwortung** gesprochen worden und der Verbrechensbegriff erwähnt worden. Ich denke, das Riesenproblem, was damit von Anfang an stand, ist in keiner Weise auch nur genannt worden:

Wer ist denn im Zusammenhang mit verübten **Verbrechen** der wirklich Schuldige? Diejenigen, die unmittelbar exekutieren mußten? Ich denke, es ist ja einer Reihe von Betroffenen ein sehr großer physischer und psychischer Schaden zugefügt worden.

Nun kann ich nicht davon ausgehen, daß die Leute, die zum Beispiel als **Observatoren**, als **Vernehmer** oder als unmittelbar Ausführende der **Staatssicherheit** waren, die wirklich Verantwortlichen sind. Die können sich, denke ich, in allen Fällen auf den zwingenden Befehl berufen. Waren denn diejenigen, die eine Stufe darüber die Befehle gaben, die

Verantwortlichen, die dann strafrechtlich zu belangen sind oder beziehungsweise, wo ist dann die **Grenze zum Verbrechensbegriff** zu ziehen?

Wir haben es ja hier am Runden Tisch erleben müssen, daß sich meiner Meinung nach politische Hauptverantwortliche für diese Praktiken, nämlich Herren wie die Herren Krenz und Herger mit nahezu lächerlichen und billigen Argumenten aus der Affäre zogen, bis heute in völliger Freiheit leben, ungehemmt publizieren können und jegliche Verantwortung von sich abweisen.

Meine Frage also: Ist die Ermittlungsarbeit auch in diese Richtung weitergetrieben worden? Weil wir nicht davon ausgehen können, daß etwa eine Ebene der Verantwortung bei unmittelbar ausführenden Organen der Staatssicherheit aufhörte. Und wenn Sie von **strafrechtlicher Verantwortung** sprechen und das nicht nur eine Floskel sein soll, dann müßte ich schon erwarten, daß hier auch mindestens ein paar Überlegungen vorgestellt werden, wie können die **Kriterien** aussehen und wo muß man Grenzen ziehen? Denn sonst ist zum Beispiel die künftige Arbeit damit auch im Parlament völlig überfordert.

Ziegler (Moderator): Frau Poppe.

Frau Poppe (DJ): Meine erste Frage ging in eine ähnliche Richtung nach den Kriterien der **strafrechtlichen Verfolgung**. Und zwar kann ich mir vorstellen, daß die da liegen müssen, wo auch bisher geltendes Recht gebrochen wurde. Da gilt es dann nur noch zu unterscheiden, auf welchen Ebenen setzt die **strafrechtliche Verfolgung** an.

Und die zweite Frage ist die, was ist geplant mit den Akten, mit den Unterlagen der **Hauptverwaltung Aufklärung [HVA]**?

Ziegler (Moderator): Ja, bitte, beantworten Sie das.

Fischer (Bevollmächtigter): Auf die Frage, inwieweit die zukünftige Arbeit bei der **Auflösung des Ministeriums für Staatssicherheit unter** eine **demokratische Kontrolle** gestellt werden kann:

Ich halte das für außerordentlich wichtig. Und ich hatte ja in meinem Bericht am 5. Februar [1990] darauf hingewiesen, daß die Kompetenzen der **Bürgerkomitees** – – es gab eine Vorlage vom 10. Februar, wenn ich mich recht erinnere, der Arbeitsgruppe „Recht", daß die nun endlich zum Beschluß kommt. Es liegt jetzt eine Verordnung vor vom 1. März [1990] zur Gestaltung der Tätigkeit von Bürgerkomitees und Bürgerinitiativen, die in dieser Woche meines Wissens noch als Gesetzblatt erscheinen wird.

Zu der anderen Frage kann ich lediglich bemerken: Meine Funktion bestand darin, die **Kontrolle** auszuüben **über den Prozeß der Auflösung**. Wir haben uns nicht verstanden als ein Untersuchungsausschuß oder ein Ermittlungsorgan.

Ziegler (Moderator): Ich möchte nun noch einmal bitten, nur die notwendigen Dinge noch zu fragen. Frau Kögler noch; und dann möchte ich die Liste der Wortmeldungen abschließen. Ich frage ein letztes Mal, wer noch [eine Wortmeldung machen möchte], und [ich] lasse danach keine mehr zu. Wer möchte noch? – Herr Gutzeit und Frau Kögler. Gut, und dann schließen wir bitte ab.

Frau Kögler.

Frau Kögler (DA): Also, mir ist bekannt, daß es im Rahmen der Staatssicherheit bestimmte Abteilungen gibt, die also echt kriminelle Arbeit geleistet haben. Die sind ja wohl auch beziffert, **Abteilung XXII/8** oder was weiß ich, wie die Ziffern sind.

Ich will nicht sagen, ich vermisse – – Aber ist daran gedacht, daß es eine differenzierte Einschätzung zu diesen sogenannten **kriminellen Abteilungen in der Staatssicherheit** [gibt], daß das erfaßt wird? Ich denke, diese Unterscheidungen müssen schon gemacht werden und diese Graduierungen müssen vorgenommen werden.

Es müssen sich daraus Konsequenzen ergeben.

Dann mein zweites Problem: Es gibt also mit Sicherheit, will ich sagen, noch **Restabteilungen der Staatssicherheit**, die tätig sind. Wenn also die Staatssicherheit aufgelöst ist, erhebt sich für mich die Frage: Was geschieht mit diesen Restabteilungen, die unbeschadet jetzt weiterarbeiten? Was soll da getan werden?

Ziegler (Moderator): Ihre Frage ist gehört, wird dann aufgenommen. Aber erst ist Herr Gutzeit dran. Und Herr Brinksmeier, Sie wollen antworten, ja? – Ist gut. Aber erst fragen wir.

Lassen wir dann noch Herrn Gutzeit bitte reden, ja?

Gutzeit (SPD): Ich nehme auf diese Ausführungen, Seite 11 folgende, kurz Bezug. Können Sie etwas sagen darüber, wie es zu dieser Entscheidung im **Ministerratsbeschluß vom 13. Januar [1990]** für diesen **Ingenieurbetrieb für wissenschaftlichen Gerätebau** kam?

Es scheint ja so, als wenn das ein, sozusagen ein Pensionsbetrieb für ehemalige MfS-Mitarbeiter mit Sonderbedingungen gewesen ist.

Ich weiß nicht, ist das überprüft worden, inwiefern hier tatsächlich eine Auflösung in dem Sinne, wie der Runde Tisch das verstand, gewesen ist? Ich möchte da besonders Peter Neumann fragen.

Fischer (Bevollmächtigter): Ich wollte nur ganz kurz auf die Frage vom Demokratischen Aufbruch reagieren. Hätten Sie aufmerksam vorhin zugehört, dann hätten Sie heraushören können, daß ich sehr wohl versucht habe zu differenzieren zwischen denen, wo eine **strafrechtliche Relevanz** vorliegt, und denen, wo das nicht der Fall ist.

Im übrigen bin ich nicht der Meinung, es sei denn, Sie beweisen mir das Gegenteil, daß irgendeine Hauptabteilung noch arbeitet.

Ziegler (Moderator): Bitte auch noch zur Antwort.

Brinksmeier (AG „Sicherheit", SPD): Auch da muß ich zur Frage vom Demokratischen Aufbruch sagen: Wären Sie dabei gewesen, wüßten Sie es jetzt besser, erstens. Und zweitens: Woher haben Sie Ihre Sicherheit? Ich weigere mich, im Bereich des Spekulativen weiter mitzuarbeiten.

Und drittens: Unsere Antwort in dem Text ist – – wir vertrauen darauf, daß die Bevölkerung mit einem wachen Geist, wie sie das auch bislang getan hat, selber aufpaßt, und die Tätigkeit der Arbeitsgruppe „Sicherheit" und der operativen Gruppen der **Bürgerkomitees** nutzen können, um zu verhindern, daß diese Arbeit im Stil wieder aufgenommen wird.

Ich bezweifle Ihre Sicherheit, mit der Sie sagen, daß die mit Sicherheit noch arbeiten.

Ziegler (Moderator): Das waren Antworten, die auch aus der Arbeitsgruppe des Runden Tisches selber mit vertreten werden. Ja, Ihre Anträge kommen ja noch, Herr – –

Ach, noch eine Antwort? Bitte schön.

Neumann (AG „Sicherheit"): Ich möchte mich zur Frage der [Hauptverwaltung] Aufklärung äußern. Ich gehe davon aus, daß die **Auflösung der [Hauptverwaltung] Aufklärung** ja erst in den letzten Tagen gewissermaßen konkret geworden ist, nachdem die letzte Beratung am Runden Tisch und die Entscheidung des Ministerrates dazu getroffen worden ist.

Im Vorfeld war ja immer davon ausgegangen worden, daß noch eine Entscheidung getroffen werden könnte, diese [Hauptverwaltung] Aufklärung aufrechtzuerhalten. Und aus diesem Grunde sind bestimmte Akten für den Zweck dieser Arbeit auch sicher dort konzentriert worden. Jetzt ist die Entscheidung getroffen, die [Hauptverwaltung] Aufklärung aufzulösen, und es wird bereits seit Tagen ganz konsequent an dieser Frage gearbeitet.

Sämtliche Akten, sämtliches Schriftgut werden hier genauso behandelt wie jedes andere Schriftgut, das heißt, es wird **archiviert** für den Zweck einer weiteren **Aufarbeitung**. Das schließt auch bestimmte personenbezogene Daten mit ein, so daß bei der [Hauptverwaltung] Aufklärung keine andere Verfahrensweise eintritt als das auch bei den anderen Diensteinheiten der Fall ist.

Ich möchte eine Bemerkung machen noch zu der Frage, es **arbeiten noch Diensteinheiten**. Es entsteht natürlich der Eindruck, wenn bestimmte Objekte und Anlagen tätig sind und dort Mitarbeiter ein- und ausgehen, und zwar Mitarbeiter, die dort neu eingestellt worden sind insbesondere für Leitungsfunktionen, aber natürlich zum Teil auch Spezialisten mit dabei sind, daß dort weiter gearbeitet wird.

Ich will das ganz einfach sagen, an dem Haus 43 in der Gotlindestraße, wo es darum geht, die **Regierungsnachrichtenverbindungen** und die **Funkverbindungen** für das **MfIA** [Ministerium für Innere Angelegenheiten] aufrechtzuerhalten. Das sind Dinge, die gegenwärtig in völlig neue Verantwortung übernommen worden sind, Aufgaben, die für die künftige Arbeit des Ministeriums für Innere Angelegenheiten auch zwingend erforderlich sind, so daß auch hier zwangsläufig eine Arbeit notwendig ist.

Das heißt, mit den Regierungsnachrichtenverbindungen, die ja gelöst werden müssen, diese Aufgaben, wird man auch künftig leben müssen. Deswegen entsteht für den Außenstehenden manchmal der Eindruck, hier passiert immer noch dasselbe wie bisher.

Aber ich kann Ihnen eindeutig erklären, das ist nicht der Fall. Hier wird eine Arbeit gemacht, die nichts mehr zu tun hat, aber auch gar nichts mehr, mit der Tätigkeit der ehemaligen Staatssicherheit.

Ziegler (Modrator): Nun [sind] noch die Anträge, formuliert von Herrn Schult zu hören. Sie haben sie aufgeschrieben, ja?
Würden Sie, nacheinander bitte – –

Schult (NF): Ja also, das wäre jetzt Seite 15 dieser mittlere Absatz. Seite 15 der mittlere Absatz: „Wir schlagen deshalb einer neuen Regierung vor...", dieses bitte zu streichen und zu ersetzen: „Wir schlagen deshalb vor, daß die **Volkskammer** nach öffentlicher Diskussion mit der Bevölkerung über den **Umgang mit den Personendossiers** befinden wird."

Das wäre der Alternativvorschlag.

Fischer (Bevollmächtigter): Sofort einverstanden.

Ziegler (Moderator): Wenn Sie sofort aufnehmen, dann haben wir es ja ganz leicht. Sonst müßten wir natürlich darauf hinweisen, daß das kein Antrag ist, den wir abändern können, sondern ein Bericht.

Aber wenn es aufgenommen wird, ist es ja gut. Ja?

Schult (NF): Okay. Und der zweite wäre dann eine Vorlage oder ein **Antrag**:

> [Vorlage 16 [A], Antrag NF: Zur Überprüfung der „neuen Politiker" durch eine Parlamentarische Untersuchungskommission]
>
> Der Runde Tisch möge beschließen: Voraussetzung, daß nach dem 18. März 1990 ein vertrauensvolles Miteinander von Bevölkerung und neuer Regierung wachsen kann, ist völlige Klarheit darüber notwendig, ob die neuen Politiker früher mit dem ehemaligen MfS kooperiert haben.
>
> Wir schlagen vor, daß eine Parlamentarische Untersuchungskommission, bestehend aus Personen aller in der Volkskammer vertretenen Organisationen und Parteien, unter Beachtung des Personen- und Datenschutzes zu diesem Zweck Einsicht in die Akten erhält[21].

Ziegler (Moderator): Praktisch ist das eine **Überprüfungskommission**?

Schult (NF): Ja, eine Untersuchungskommission, Extra-Sicherheitskommission, die dann bei der Volkskammer gebildet werden müßte, die also für diese Fragen zuständig ist.

Ziegler (Moderator): Herr Brinksmeier, jetzt nur zu diesem Antrag, den Herr Schult soeben vorgetragen hat – –
Herr Brinksmeier, bitte.

Brinksmeier (AG „Sicherheit", SPD): Wenn Sie mir dazu sagen könnten, wie gesichert wird, daß diese Akten nicht auch schon getürkt sind, also ob da nicht schon Leute am Werk waren, die versucht haben, diese **Akten zu fälschen**, dann würde ich gerne mitgehen. Wenn das bei der Überprüfung herauskommt, okay.

Also, da soll nicht der Eindruck entstehen, wir wollen uns davor drücken. Nur wir hatten diesen Arbeitsgang auch schon einmal, daß im Grunde genommen die **Einsicht in diese Akten** uns über uns selber nicht all zuviel bringen würde aus unserer Sicht, und wir der Meinung waren, wir wollen dort nicht eine Stasi durch eine Gründung einer neuen ablösen.

Schult (NF): Ich denke, daß hier keine neue Staatssicherheit gegründet wird und daß man im Zweifelsfalle immer zugunsten des Beschuldigten entscheiden muß. Ich denke aber, bevor die Gerüchteküche immer wieder hochkocht – und was in den nächsten Jahren sicherlich passieren wird in den konkreten Sachen –, sollte man die Fälle, die nachweislich nachprüfbar sicher sind, sollte man auch machen – –

Ich denke ja nicht, daß diese **Untersuchungskommission** sofort an die Öffentlichkeit mit ihren Ergebnissen gehen muß, sondern daß dies ein Versuch ist, hier im großen Umfange neue konspirative Systeme aufzubauen, zu verhindern. Und das halte ich schon für notwendig.

Ziegler (Moderator): Wir wollen nicht ausführlich in das Für und Wider eintreten. Wir haben das Für und das Wider gehört. Herr Fischer wollte dazu noch Stellung nehmen, und

---
[21] Von diesem Beschluß wurde im Protokoll der 16. Sitzung eine sprachlich redigierte Version veröffentlicht.

dann lassen wir darüber abstimmen – nicht? – über Ihren Antrag.

Fischer (Bevollmächtigter): Also, ich wäre sehr dafür, dafür einen **Parlamentarischen Untersuchungsausschuß** einzusetzen, wohlwissend, welche Arbeit da auf diesen Ausschuß zukommt. Aber ich würde das unterstützen.

Ziegler (Moderator): Herr Schult, ich muß Sie dann bloß bitten, das auch herzugeben, damit das in die Ergebnisse kommen kann, wenn wir jetzt abgestimmt haben, ja? Das wär sehr nett, ja.

So, würden Sie diesen letzten Antrag noch einmal bitte verlesen, damit jeder weiß, worüber er abstimmt?

Schult (NF): Ja. Also, der Runde Tisch möge beschließen:

> **[Vorlage 16[A], Antrag NF: Zur Überprüfung der „neuen Politiker" durch eine Parlamentarische Untersuchungskommission]**
>
> Voraussetzung, daß nach dem 18. März 1990 ein vertrauensvolles Miteinander von Bevölkerung und neuer Regierung wachsen kann, ist völlige Klarheit darüber, ob die neuen Politiker früher mit dem ehemaligen MfS kooperiert haben. Wir schlagen vor, daß eine Parlamentarische Untersuchungskommission, bestehend aus Personen aller in der Volkskammer vertretenen Organisationen und Parteien, unter Beachtung des Personen- und Datenschutzes zu diesem Zweck Einsicht in die Akten erhält.

Ziegler (Moderator): Es ist jetzt klar, worum es geht. Ich möchte darüber abstimmen lassen. Wer dafür ist, wer den Antrag unterstützt, den bitte ich um das Handzeichen. Würden Sie bitte einmal zählen? – Die Mehrheit ist eindeutig. Wer ist dagegen? – Wer enthält sich der Stimme? –

Wir würden ja gerne mitlachen, wir wissen bloß nicht, worum es geht. – 1 Stimmenthaltung. Danke, dann würde dieser Wortlaut geschrieben, damit er zu den Ergebnissen kommt.

Damit schließen wir diesen Tagesordnungspunkt ab. Wir danken für den Bericht. Wir wünschen der Weiterarbeit Erfolg, das ist ja in unser aller Interesse. Danke schön.

TOP 9: Eingliederung des Bereiches Kommerzielle Koordinierung (KoKo) in die Volkswirtschaft

Ich schlage jetzt vor, daß wir keine Pause machen, sondern zum **Tagesordnungspunkt 5** übergehen. Und dazu begrüße ich Herrn Professor Dr. Karl-Heinz Gerstenberger, Kommissarischer Leiter des **Bereiches Kommerzielle Koordinierung.** Und ich begrüße Herrn Dr. Willi Lindemann, Leiter der Sonderkommission des Ministerrats, der die Prüfungsaufgaben durchzuführen hatte.

Auch hier geht es um eine Anforderung, die der Runde Tisch gestellt hatte. Und wir hatten diesen Bericht über die Ergebnisse der **Untersuchung im Bereich Kommerzielle Koordinierung** zu einem früheren Zeitpunkt bereits erbeten, aber es war uns dargelegt worden, daß dieses ein sehr aufwendiges, kompliziertes Verfahren ist, das zu prüfen, und wir erst einmal abwarten müßten, bis diese Prüfung zu Ende geführt worden ist.

Darum kann es nun erst heute in der letzten Sitzung des Runden Tisches erfolgen. Soviel ich weiß, wollte Herr Professor Gerstenberger mit dem Bericht beginnen.

Dann bitte ich Sie, das Wort zu nehmen.

Gerstenberger (Kommissarischer Leiter des Bereiches Kommerzielle Koordinierung): Meine Damen und Herren, entsprechend der Tagesordnung möchte ich Sie über den Stand der Eingliederung des Bereiches Kommerzielle Koordinierung und seiner Betriebe in die **Volkswirtschaft** informieren. Dieser **Bericht** und auch der Nachfolgebericht von Herrn Dr. Lindemann sind eine Einheit, sind in einem Zusammenhang zu sehen.

Deshalb bitte ich darum und auch wir darum, daß wir hintereinander diese Berichte abgeben können. Welches waren die Kriterien für meine Arbeit als kommissarischer Leiter dieses – –

Ziegler (Moderator): Es ist in der Regel nicht üblich, einen Bericht zu unterbrechen. Was wollten Sie denn, Frau – –

Frau Köppe (NF): Ich möchte fragen, ob es diesen Bericht schriftlich gibt?

Ziegler (Moderator): Nein, den gibt es nicht schriftlich. Sonst wäre er ja schon ausgeteilt worden.

Frau Köppe (NF): Das ist bedauerlich.

Ziegler (Moderator): Sie können nachher den Antrag stellen, ob er nachgeliefert wird.

Gerstenberger (Kommissarischer Leiter des Bereiches Kommerzielle Koordinierung): Ich werde versuchen – –

Ziegler (Moderator): Gut. Also, bitte.

Gerstenberger (Kommissarischer Leiter des Bereiches Kommerzielle Koordinierung): Ich darf jetzt fortsetzen, ja?

> **[Bericht des Kommissarischen Leiters des Bereiches Kommerzielle Koordinierung (KoKo), Prof. Gerstenberger: Zum Stand der Eingliederung des Bereiches KoKo und seiner Betriebe in die Volkswirtschaft[22]]**
>
> Welches waren die Kriterien für meine Arbeit als kommissarischer Leiters dieses Bereiches?
>
> Erstens: Es ging hauptsächlich in dieser kurzen Zeit, in der ich tätig bin, um den Schutz der volkswirtschaftlichen Interessen einschließlich der vollen Erfüllung der Verpflichtungen gegenüber der **Zahlungsbilanz** und dem **Staatshaushalt.**
>
> Es ging um die Sicherung einer vollen **Transparenz der Geschäftstätigkeit** des gesamten Bereiches, das heißt, Schluß zu machen mit der weitgehend nach Regeln einer geheimdienstlichen Tätigkeit organisierten Arbeit innerhalb dieses Bereiches.
>
> Es ging um die **Liquidierung der Bereiche** und aller Unternehmen, die in die Tätigkeit des früheren Ministeriums für Staatssicherheit einbezogen beziehungsweise für Per-

---

[22] Dieser Bericht, hier leicht paraphrasiert wiedergegeben, ist vollständig als Dokument 16/14 im Anlagenband nachzulesen. Er wurde dem Sekretariat des Runden Tisches mit Schreiben vom 15. März 1990 nachgereicht.

sonen und Bereiche tätig wurden beziehungsweise Aufgaben zu erfüllen hatten, die zutiefst moralischen und ethischen Gesetzen entgegenstanden, und, ich betone das besonders, für Ordnung und Gesetzlichkeit in diesem Bereich zu sorgen.

Zugleich bestand meine Aufgabe darin, alles, was ökonomisch in Form von Exporten und Importen von Waren und Leistungen nützlich war und auch künftig nützlich ist, zu erhalten.

Ich hatte deshalb den Auftrag, ein Konzept gemeinsam mit meinen Kollegen zu erarbeiten, welches die Chance für die Zukunft bietet, daß die Unternehmen den kommenden **marktwirtschaftlichen Bedingungen** gewachsen sind, sie im scharfen Wettbewerb erfolgreich bestehen und damit den vielen fleißigen Mitarbeitern ihre Arbeitsplätze in Unternehmen erhalten bleiben.

Ich gestehe offen, daß diese Arbeit nicht leicht und mit vielen Konflikten verbunden war. Dort, wo keine Unterlagen sind, wo Belege fehlen, dort wo man mit eigenen Augen sieht, was **ökonomische Macht** und fehlende staatliche und demokratische Kontrolle an Pervertierung guter Absichten und ökonomisch nützlicher Arbeit bewirkt, das ist auch persönlich nicht leicht zu verdauen gewesen.

Ich muß gleich am Anfang meines Berichtes sagen, daß im Widerstreit der Interessen, ich betone, auf jeder Seite berechtigte Interessen, Entscheidungen getroffen werden mußten, bei denen nicht alle Interessen voll berücksichtigt werden konnten, einige sich damit zu Unrecht behandelt fühlten und nicht immer Freude ausgelöst wurde.

Unmittelbar nachdem der Leiter des Bereiches Kommerzielle Koordinierung, Schalck, in der Nacht vom 2. zum 3. Dezember 1989 die DDR verlassen hatte, wurden am 3. Dezember 1989 entsprechend dem Auftrag des Ministerpräsidenten an den Minister für Außenwirtschaft und an den Minister der Finanzen und Preise folgende Maßnahmen eingeleitet:

1. **Sperrung aller Konten** des Bereiches Kommerzielle Koordinierung bei den Banken. Zurückziehung der Unterschriftsvollmacht von Alex Schalck bei ausländischen Banken.

2. Einsatz der **Volkspolizei** und der **Zollfahndung** in Übereinstimmung mit dem Generalstaatsanwalt zur Sicherung aller Unterlagen bekannter Objekte des Bereiches mit dem Ziel, Verluste von Werten und die **Vernichtung von Dokumenten** zu verhindern.

3. Sofortiger Einsatz der **Staatlichen Finanzrevision** in den Betrieben des Bereiches Kommerzielle Koordinierung, um Voraussetzungen zu schaffen, daß die Betriebe, die internationale Operationen zum Nutzen der Volkswirtschaft, durchzuführen haben, schnell überprüft wurden, um ab Montag früh ohne internationalen Schaden ihre normale Geschäftstätigkeit weiterführen zu können.

Der Einsatz der **Finanzrevision** erfolgte auch in den Betrieben, die nach Verfügung des Vorsitzenden des Ministerrats Nummer 129/72 nicht der Kontrolle der Finanzrevision unterlagen. Bei den letztgenannten wurde der Finanzstatus ermittelt und in der Folge die Beauflagung erteilt, daß per 31. Dezember 1989 erst einmalig Bilanzen zu erstellen sind.

Gleichzeitig wurde auf Anforderung des Generalstaatsanwalts auch der unmittelbare staatliche Bereich Kommerzielle Koordinierung erst einmalig einer **Finanzrevision** unterzogen.

Zur Vollständigkeit sei erwähnt, daß der Präsident der **Außenhandelsbank** beauftragt wurde, allen Banken mitzuteilen, daß der **Zahlungsverkehr** mit den Außenhandelsbetrieben weiter stabil weitergeführt wird.

Ich selbst wurde am 4. Dezember [1989] im Auftrag des Ministerpräsidenten als Bevollmächtigter der Minister für Finanzen und Preise und Außenwirtschaft für die Sicherung der Geschäftsfähigkeit der Außenhandelsunternehmen des Bereiches und nach Inhaftierung des stellvertretenden Leiters als kommissarischer Leiter des Bereiches Kommerzielle Koordinierung eingesetzt. Also, ich bin seit dem 4. Dezember [1989] in diesem Bereich tätig.

Welche Aufgaben wurden mir übertragen?

1. Die Durchführung der Abwicklung aller bestehenden kommerziellen Verpflichtungen, so daß kein ökonomischer Schaden für die DDR entsteht beziehungsweise dieser minimiert wird.

2. Die strikte Einhaltung der auf dem Gebiet der Außenwirtschaft, Finanzen und Valutawirtschaft bestehenden Rechtsvorschriften zu gewährleisten.

3. Werte der DDR im Ausland zu sichern und durch die Kontrolle der laufenden Geschäftsvorgänge ihre Ordnungsmäßigkeit zu gewährleisten.

In diesem Sinne bin ich weder als Nachfolger von Schalck eingesetzt, noch in diesem Sinne tätig gewesen.

Im Ergebnis der Arbeit wurden seit dem 3. Dezember 1989

– die **Valutamittel** und Bestände **in Mark** auf den Konten des Bereiches Kommerzielle Koordinierung in der DDR gesichert – und soweit verfügbar – der Zahlungsbilanz beziehungsweise dem Staatshaushalt zugeführt;

– ferner die **Guthaben auf Konten ausländischer Banken** ermittelt und in den möglichen Fällen (außer den Festgeldanlagen) ihre Überweisung erwirkt;

– ferner **Gold, Schmuck** und andere Bestände an **edelmetallhaltigen Erzeugnissen** von der Tresorverwaltung übernommen und vor Zugriffen geschützt und gesichert;

– **Waffen, Munition und Ausrüstungen**, die im Lager Kavelstorf der Firma IMES [Internationale Meßtechnik GmbH] und auch im Bürohaus des Bereiches aufgefunden wurden, unter Kontrolle der Militärstaatsanwaltschaft der **Nationalen Volksarmee** und dem MdI übergeben;

– **Kunstgegenstände**, Erzeugnisse des **nationalen Kulturgutes** im Zusammenwirken mit dem Ministerium für Kultur und der bestehenden Kulturschutzkommission sichergestellt.

Bezogen auf die **Außenhandelsgesellschaften** wurden folgende Maßnahmen veranlaßt: Den **Außenhandelsunternehmen IMES** GmbH, zuständig für Waffen, Munition und militärisches Gerät, dem Außenhandelsbetrieb

Kunst und Antiquitäten GmbH (Aufgabe ergibt sich aus dem Titel) und der Firma **Simpex** als Vertreterfirma wurden jegliche weiteren Geschäftstätigkeiten untersagt. Diese Gesellschaften befinden sich in Liquidation.

Eine Reihe von **Außenhandelsbetrieben** wurden aus dem Bereich ausgegliedert und anderen Verantwortungsbereichen zugeordnet:

– der Außenhandelsbetrieb **Philatelie Wermsdorf** zum Ministerium für Post- und Fernmeldewesen,

– der Außenhandelsbetrieb **Delta GmbH** zum Ministerium für Bauwesen- und Wohnungswirtschaft,

– die **Investbauleitung Hönow** zum VEB Bau- und Montagekombinat Ost.

Als grundlegende Voraussetzung für die weiteren Entscheidungen zum **Bereich Kommerzielle Koordinierung** und seinen Firmen sowie für die Realisierung des Auftrages, diesen in die Volks- und Finanzwirtschaft einzuordnen, wurde per 31. Dezember 1989 der vorläufige **Finanzstatus** für diesen Bereich erstellt und dem Minister der Finanzen und Preise übergeben.

Nach den heutigen Feststellungen kann eingeschätzt werden, daß **ab dem 3. Dezember 1989** die vorhandenen **Bestände gesichert** und der Abfluß von finanziellen Mitteln, auch solche im Ausland, verhindert wurde.

In dem Bereich Kommerzielle Koordinierung sind seit diesem Zeitpunkt keine Handlungen zuungunsten der Volkswirtschaft der DDR durchgeführt worden. Es wurde die **Erfüllung und Abwicklung** aller bestehenden kommerziellen **Verpflichtungen** so gewährleistet, daß ein ökonomischer Schaden für die DDR weitestgehend abgewendet werden konnte.

In den Fällen, wo es aus politischen und moralischen Erwägungen und der Umweltsicherung geboten erschien, wurde nach Abstimmung mit dem Vorsitzenden des Ministerrates auch in bestehende vertragliche Verpflichtungen eingegriffen und die Geschäfte [wurden] abgebrochen. Dabei waren teilweise ökonomische Verluste nicht zu vermeiden beziehungsweise sind solche noch zu erwarten.

Für 1990 wurden für die Betriebe des Bereiches Kommerzielle Koordinierung vorgesehene Exporte in die einheitliche Exportaufgabenstellung der Volkswirtschaft für 1990 eingearbeitet. Es gibt also keinerlei Sonderexporte dieses Bereiches.

Die Tätigkeit der Betriebe **Intrac, forum, BIEG** und der **[Berliner] Makler- und Handelsvertretergesellschaft**, früher bekannt unter dem Namen **Transinter GmbH** sind zur Eigenerwirtschaftung von **Devisen** eingesetzt.

Diese Betriebe haben für 1990 eine Auflage in Höhe von rund 1 Milliarde Valuta-Mark zur Gewinnabführung an die Zahlungsbilanz erhalten.

In den Monaten Januar und Februar 1990 wurden bisher **Gewinne** in Höhe von insgesamt 198,1 Millionen Valuta-Mark erwirtschaftet.

Im Laufe des Jahres 1990 wird eine weitere **Entflechtung** der Betriebe vorgenommen, um eine überschaubare, kontrollfähige Struktur zu schaffen.

Die Umwandlung dieser Firmen erfolgt nach dem neuen Gesellschaftsrecht. Es ist eine vollständig auf Markwirtschaft orientierte Eigenerwirtschaftung der Mittel und des Gewinns durchgesetzt.

Meine Damen und Herren,

ich verzichte jetzt auf die Darstellung der Entwicklung des Bereiches, seinen Aufgaben und Strukturen, darauf wird Herr Lindemann noch näher eingehen. Ich möchte mich jetzt im weiteren konzentrieren auf die finanziellen Ergebnisse und seine Abrechnung, weil ich meine, daß es gut ist, daß Sie darüber informiert werden.

Der Bereich Kommerzielle Koordinierung hat jährlich **Valuta bereitgestellt** für

– die Abführung an die Zahlungsbilanz,

– die Bildung von Reserven für die Sicherung der Zahlungsfähigkeit der DDR,

– die Ablösung von Verbindlichkeiten,

– die Durchführung von Zusatzimporten.

Im einzelnen stellt sich das so dar:

1. In den letzten drei Jahren wurden jeweils pro Jahr **Valutagewinnabführungen** in Höhe von ca. 1,5 Milliarden Valuta-Mark [an den Staat] durchgeführt.

2. Die per 31. Dezember 1989 durchgeführte Inventur aller Bestände hat hohe Guthaben nachgewiesen. Diese hohen Bestände spiegeln die langjährig angesammelte Liquidität aus erwirtschafteten Handels-, **Provisions- und Zinserträgen** der Außenhandelsunternehmen des Bereiches sowie die Zins- und Kapitalerträge aus **Bankguthaben** wider. Ebenfalls sind sie das Ergebnis von Festgeld und Kapitalanlagen sowie aus Kreditgewährungen an andere Bereiche.

Wie wurden diese Guthaben bisher verwendet?

Rund 1,6 Milliarden Valuta-Mark werden noch eingesetzt zur **Tilgung von Verbindlichkeiten** aus Importen, für Kredittilgungen, Rückstellung für Risiken aber auch zur Sicherung der weiteren Liquiditätsbasis.

750 Millionen Valuta-Mark wurden eingesetzt für den **Reisedevisenfonds** im Rahmen des Ihnen ja bekannten Abkommens.

Darüber hinaus sind in die Berechnungen der Zahlungsbilanz eingegangen ca. 5,9 Milliarden Valuta-Mark, die der Liquidität des Landes im Jahr 1990 zur Verfügung stehen.

Der Bereich Kommerzielle Koordinierung hat durch Kreditaufnahmen zugunsten des Staates aber auch durch die Vorfinanzierung von **Importen Verbindlichkeiten in Höhe von ca. 8,3 Milliarden Mark.** Bei diesen Verbindlichkeiten handelt es sich um Fälligkeiten, die erst nach 1990 und teilweise auch erst nach 1996 auftreten werden.

Die Hauptträger der erwirtschafteten Gewinne waren bisher die Auslandsbetriebe Intrac, forum, BIEG und Transinter. Sie und auch die anderen Betriebe wie AHB Kunst und Antiquitäten und IMES haben in den vergangenen Jahren ihre Gewinne vollständig an den Bereich Kommerzielle Koordinierung abgeführt. Ich betone das deshalb hier besonders, weil in der Öffentlichkeit Zweifel daran geäußert wurden.

Eine ganz andere Frage ist, daß der Bereich Kommerzielle Koordinierung unter Leitung von Herrn Schalck an die Regierung, an den Staat, geringere Summen abgeführt hat. Wie hoch die Differenzen sind zwischen den **Abführungen der Betriebe** und den **Abführungen an den Staat** ist ausgesprochen schwer zu ermitteln aufgrund einer doch vorhandenen **Vielzahl fehlender Belege** und Nachweisführungen. Herr Lindemann wird auf diese Fragen, da es ja Hauptgegenstand der Untersuchung war, näher eingehen.

Weil dies so war, wurde eine **Vereinbarung** zwischen dem Minister für Außenwirtschaft, dem Minister für Finanzen und Preise und mir mit folgendem Inhalt getroffen:

– Die an die Betriebe 1990 beauflagten und von ihnen zu **erwirtschaftenden Valutagewinne** werden vollständig über den Bereich Kommerzielle Koordinierung an das Ministerium für Finanzen und Preise abgeführt und planmäßig für die Zahlungsbilanz bereitgestellt.

– Die Betriebe erhalten vom Ministerium der Finanzen und Preise über den Bereich für die abgeführten Valutagewinne die notwendigen Mark-Gegenwerte, um ihre eigenen Aufwendungen zu finanzieren. Das gilt auch für Investitionen und für die Bezahlung sonstiger Aufwendungen.

– Die beauflagten und erwirtschafteten Gewinne in Mark sind planmäßig über den Bereich an das Ministerium für Finanzen und Preise abzuführen.

– Die Ordnungsmäßigkeit der Gewinnerwirtschaftung und Abführung sowohl durch die Betriebe des Bereiches Kommerzielle Koordinierung als auch im Bereich selbst wird jährlich durch die Finanzrevision beziehungsweise durch eine spätere Steuerprüfung kontrolliert.

Alle bis dato geltenden gesonderten Regelungen für die Verwendung der finanziellen Mittel des Bereiches Kommerzielle Koordinierung wurden [damit] aufgehoben.

Mit diesen Festlegungen und durch eine entsprechende Kontrolle ist die volle Transparenz der Tätigkeit der Betriebe und des Bereiches und der finanziellen Abwicklung der Geschäfte gewährleistet.

Ich darf auch über folgendes informieren: In der Zwischenzeit ist der **Jahresabschluß** ja bekanntlich durchgeführt. Die Finanzrevision hat sämtliche **Bilanzen** geprüft. In der Mehrheit sind sie ordnungsgemäß und termingerecht eingereicht worden. Bei den Betrieben **Asimex**, [VEB] **Philatelie Wermsdorf** und [Fa. Forgber] sind die Bilanzen nicht bestätigt worden wegen Mängeln. An der Beseitigung wird entsprechend den Auflagen gearbeitet.

Was den unmittelbaren staatlichen Bereich Kommerzielle Koordinierung betrifft, hat die Prüfung der Ordnungsmäßigkeit, der Bestandsnachweise, der Kassenführung und des Belegwesens des Bereiches bis zum Zeitraum 4. Dezember 1989 grobe Verstöße gegen die Gesetzlichkeit und Ordnungsmäßigkeit durch die ehemaligen Leiter des Bereiches, Schalck und Seidel, ergeben. Diese Verstöße sind im einzelnen Bestandteil des Berichtes der Finanzrevision und der erteilten Auflagen.

Zu einem weiteren Komplex, der in der Öffentlichkeit breit diskutiert wurde, das sind die Fragen des **Besitzes von Häusern, Liegenschaften** und **Konsumgütern**.

Der Bereich Kommerzielle Koordinierung verfügt gegenwärtig über **32 Einfamilienhäuser,** das sind diejenigen, die im Volkskammerausschuß eine Rolle gespielt haben. Davon sind zur Zeit 27 bewohnt. Die fünf Häuser, die nicht mehr bewohnt sind, also darunter das Haus von Schalck, [die Häuser] der Töchter von Mittag, werden nach Freigabe durch die Staatsanwaltschaft zur Vermietung gegen Valuta an das Internationale Handelszentrum übergeben.

Das Wohnhaus in Kavelstorf, das Bestandteil im Rahmen des Waffenlagers dort war, wurde der Gemeinde zur Ansiedlung eines Arztes übertragen. Generell wurde der Grundsatz festgehalten, daß die Häuser, die bewohnt sind, **Volkseigentum** bleiben. Ein Verkauf an die derzeitigen Mieter ist nicht beabsichtigt. Es ist davon auszugehen, daß nach der Bewertung dieser Häuser, die notwendig ist und läuft, im Namen einer künftigen neuen **Mietrechtsordnung** die Mieten auf reale Grundlagen gestellt werden müssen.

Vier Einfamilienhäuser befinden sich noch im Bau. Nach ihrer Fertigstellung wird vorgesehen, sie auch an das **Internationale Handelszentrum** zur Vermietung freizugeben.

Der Bereich Kommerzielle Koordinierung verfügte über eine ganze **Reihe von Wochenend-Bungalows,** insgesamt sind es elf. Der Verkauf dieser Bungalows erfolgt nur nach ausdrücklicher Zustimmung der Gemeinden und nach Vorliegen einer staatlichen Schätzurkunde. Vier Grundstücke, einschließlich der darauf befindlichen Immobilien, wurden an die betreffenden Gemeinden zur Nutzung übertragen. Sieben [weitere Grundstücke], auf denen Ferienobjekte der Betriebe sind, wurden der Nutzung an die Belegschaften dieser Betriebe übergeben. Gleiches gilt für die acht Grundstücke, auf denen betriebliche Einrichtungen enthalten sind.

Damit sind für sämtliche Liegenschaften und Immobilien des Bereiches die erforderlichen Entscheidungen getroffen.

Ich darf noch Stellung nehmen zu Fragen, die mit der **Lagerung von Waffen, Munition und Ausrüstung** im Lager Kavelstorf verbunden waren. Bekanntlich unterhielt der AHB IMES sein Hauptlager in Kavelstorf und kleinere Lager bei Produzenten der DDR und in Objekten der **NVA** sowie des ehemaligen Ministeriums für Staatssicherheit.

In Kavelstorf selbst lagerten 24 067 Stück Maschinenpistolen, 1 398 Stück leichte Maschinengewehre, darüber hinaus Munition, Magazine und so weiter. Die Übernahme dieser Waffenbestände durch die NVA wurde am 16. Dezember 1989 abgeschlossen. Die Lagerung erfolgt gegenwärtig in Lagern der NVA.

Ich darf zum Abschluß noch auf zwei Fragen eingehen, einmal auf **die Einschätzung der Arbeit der Mitarbeiter** des Bereiches Kommerzielle Koordinierung und seine Firmen und dann auf die eingeleiteten, vorgesehenen **Veränderungen in diesem Bereich**. In der kurzen Zeit meiner Tätigkeit in diesem Bereich kann ich feststellen, daß die Mehrzahl der Mitarbeiter mit großem persönlichen Einsatz arbeiten. Insgesamt wird eine gute und effektive kommerzielle Arbeit geleistet. Es muß eindeutig festgehalten werden, daß in diesen Betrieben regelmäßige **Revisionen** und **Rechenschaftslegungen** stattgefunden haben, so wie das in anderen Volkseigenen Betrieben üblich war.

Die Tatsache, daß ein Teil der erwirtschafteten Valuta-Beträge auf Anordnung einzelner Staats- und Parteifunktionäre nicht an den Staatshaushalt abgeführt wurde, schmälert zwar die Ergebnisse der Arbeit der Mitarbeiter, aber sie können dafür nicht verantwortlich gemacht werden. Sie hatten keinerlei Möglichkeiten, Einfluß auf die Verteilung der erzielten Gewinne zu nehmen.

Ich muß auch ganz offen sagen, daß ich mich hier offiziell für die **Loyalität** bedanke, die mir diese Mitarbeiter in meiner Arbeit erwiesen haben.

Das Grundproblem des Bereiches Kommerzielle Koordinierung bestand darin, daß er als **Devisenausländer** eingestuft war und dadurch von jeglicher **Staats- und Kontrollpflicht** entbunden war. Hinzu kam, daß die einzelnen Arbeitsbereiche mit ihren Arbeitsinhalten voneinander isoliert waren und somit keine zusammenhängenden Kenntnisse über die Arbeitsaufgaben insgesamt und über die erwirtschafteten Gesamtgewinne bestanden.

Was habe ich in der Zwischenzeit eingeleitet, um die Dinge voranzutreiben? Entsprechend dem Auftrag des Vorsitzenden des Ministerrates wurden die Strukturen zwischen den Betrieben und innerhalb der Betriebe gründlich untersucht. Folgende Entscheidungen wurden getroffen:

Betriebe, für deren weitere Tätigkeit keine Grundlagen beziehungsweise Voraussetzungen mehr bestanden, stellten ihre Tätigkeit ein beziehungsweise befinden sich in **Liquidation.** Neben den bereits genannten Betrieben **IMES, Kunst und Antiquitäten** und **Simpex** sind das die Firmen **Berag** und **Camet.**

Firmen, mit denen alte Unterstellungsverhältnisse beziehungsweise Waren- und Geldbeziehungen aufgelöst werden, sind die Firmen **Forgber** und **F. C. Gerlach.**

Verändert wurden in der **Unterstellung [/Überführung in andere Verantwortung],** die ich bereits nannte:

– **Delta,**

– **[Investbauleitung Hönow],**

– **Philatelie Welmsdorf,**

– aber auch der **Handelsbereich 4,** der dem Außenhandelsbetrieb Elektronik zugeordnet wurde. Dieser Handelsbereich 4 war tätig bei der Beschaffung von Elektronik einschließlich solcher, die im **Embargobereich** angesiedelt waren.

Firmen mit einem erweiterten Profil wurden gebildet bei der **BIEG** durch die Zuordnung des Außenhandelsbetriebes **intercoop,** der im Rahmen der Entsendung von Spezialisten in Entwicklungsländer tätig ist, und anstelle des früheren **AHB Transinter** bei **der Berliner Makler- und Vertretergesellschaft,** wobei das Wesen der Veränderung der Firmen darin bestand, das bestehende System der Zwangsvertretungen auf dem Gebiet der DDR zu beenden.

Das Internationale Handelszentrum wurde aus diesem Vertreterverband herausgelöst und eine Erweiterung des Dienstleistungsbereiches, [Erweiterung für Service, Leasing, Verkauf] vorgenommen.

Ich kann hier erklären: Durch die vorgenommenen Arbeiten wird es möglich sein, den Bereich **Kommerzielle Koordinierung** als Staatsorgan **bis zum 31. 3. 1990 aufzulösen.** In der Zeit vom 06. 12. 1989 bis zum 28. 2. 1990 wurden von den ursprünglich 171 Mitarbeitern des Bereiches, einschließlich der Investbauleitung Hönow, inzwischen 95 **Mitarbeiter** in andere Bereiche der Volks- und Außenwirtschaft umgesetzt.

Ein wesentliches Element für die **Auflösung** des staatlichen Bereiches Kommerzielle Koordinierung und die Sicherung der Leistungsfähigkeit der vorhandenen Außenhandelsbetriebe ist die Bildung eines **Unternehmensverbandes,** um im künftigen ökonomischen Wettbewerb auf den Binnen- und Außenmärkten bestehen zu können. Es wird deshalb vor der endgültigen Liquidation des Bereiches Kommerzielle Koordinierung ein solcher Unternehmensverband als **Berliner Handels- und Finanzierungsgesellschaft mbH** gegründet, die der **Treuhandverwaltung des Volkseigentums der DDR** zu unterstellen ist.

Die besondere Verantwortung dieser Gesellschaft liegt in der Planung und strategischen Umsetzung der Entwicklung des gesamten Unternehmensverbandes entsprechend den gegenwärtigen und auch künftigen Anforderungen der Märkte. Es ist vorgesehen, im Rahmen dieses Unternehmensverbandes ca. 5 bis 6 Milliarden Mark Umsatz pro Jahr durchzuführen. Hierfür ist eine entsprechende Ausstattung mit Eigenkapital und den notwendigen Umlaufmitteln erforderlich. Hierfür sind rund 300 Millionen Mark als Eigenkapital vorgesehen, darunter 10 Millionen Mark zur Eigenfinanzierung der Unternehmen.

Im Interesse der Verkürzung möchte ich zusammenfassend sagen, daß ich seit dem 04. 12. 1989 systematisch an der Erfüllung der mir von der Regierung Modrow erteilten Aufträge

– zur **Sicherung des Vermögens,**

– zur **Gewährleistung der Gesetzlichkeiten** der Valuta- und Finanzwirtschaft und

– [zur] Einordnung des Bereiches in die Volkswirtschaft und Finanzwirtschaft der DDR

arbeite.

Der von mir hier erstattete Bericht spiegelt den erreichten Stand per 28. 2. 1990 wider. Ich bedanke mich für die Aufmerksamkeit.

Ziegler (Moderator): Wir danken Ihnen, Herr Dr. Gerstenberger, für diesen Bericht. Wir werden jetzt unsere Tagesordnung ein wenig korrigieren müssen.

Die Hörer an den **Rundfunkapparaten** und die Zuschauer an den **Fernsehgeräten** haben unsere Verhandlungen am Runden Tisch immer mit größter Aufmerksamkeit verfolgt. Wir haben das gemerkt an den vielen Zuschriften, die wir bekommen haben. Wir haben das gemerkt an Telefonanrufen und auch sonst an manchem Echo. Und darum liegt uns daran, daß wir uns in der **Öffentlichkeit** auch **verabschieden** mit der Arbeit unseres Runden Tisches. Und darum unterbrechen wir jetzt die Berichterstattung über den Bereich Kommerzielle Koordinierung, um uns eben in der Öffentlichkeit zu verabschieden. Und dafür übergebe ich jetzt die Gesprächsleitung, die Moderation an Herrn Pfarrer Lange.

TOP 10: Abschlußerklärungen

Lange (Moderator): Für diesen Abschluß am letzten Tag des Runden Tisches, des Zentralen Runden Tisches, begrüßen wir herzlich Herrn Dr. Moreth, Stellvertreter des Ministerpräsidenten, der im Auftrag der Regierung nun ein Wort an uns richten wird.

Moreth (Stellvertretender Ministerpräsident):

> [Abschlußerklärung der Regierung]
>
> Meine sehr verehrten Damen und Herren,
>
> im Namen des Ministerrates der Deutschen Demokratischen Republik, im Namen des Ministerpräsidenten Herrn Dr. Hans Modrow und in meinem eigenen Namen möchte ich allen am Runden Tisch vertretenen Parteien und politischen Gruppierungen für die in den zurückliegenden Monaten geleistete Arbeit herzlich danken. Besonderer Dank gilt den Herren Oberkirchenrat Ziegler, Monsignore Ducke und Pastor Lange – –
>
> [Beifall]
>
> – Ihr Beifall unterstreicht meine folgende Feststellung –, die mit Sachkunde und Einfühlungsvermögen die 16 Beratungen des Runden Tisches in beeindruckender Weise moderiert haben. Die Regierung sieht den Runden Tisch als eine Institution an, die maßgeblichen Anteil daran hatte, daß die Revolution in unserem Lande mit Konsequenz vorangebracht wurde und, was uns besonders wichtig ist, friedlich verlief.
>
> Ohne die Unterstützung und ohne das engagierte Wirken des Runden Tisches wäre es kaum möglich gewesen, das gesellschaftliche Leben im Lande aufrechtzuerhalten und die ersten freien Wahlen am 18. März 1990 vorzubereiten. Die Regierung, so meine ich, hat durch ihr Auftreten und durch ihre Beschlüsse bewiesen, daß sie den Runden Tisch ernst genommen und als einen kritischen und konstruktiven Begleiter ihrer Arbeit verstanden hat.
>
> Sie stimmen sicher mit mir darin überein, daß das dreimalige Auftreten des Herrn Ministerpräsidenten Dr. Hans Modrow spürbar zu einer hohen Qualität der Zusammenarbeit, zu Sachlichkeit und zu Konsens beigetragen hat. Die Regierung ist überzeugt, daß der Runde Tisch mit seinen Beschlüssen nicht nur geholfen hat, die Aufgaben der Gegenwart ausgewogen zu gestalten, sondern daß auch bemerkenswerte Zeichen für die Zukunft gesetzt wurden.
>
> Ich denke hier – um nur einiges aufzuzählen – an die Fragen der Wirtschaftsreform, der sozialen Sicherheit der Bürger dieses Landes, der Ökologie, ich denke an die Eigentumsverhältnisse, die Kultur sowie die Rechtsordnung und die innere Sicherheit.
>
> Hier ist im Interesse aller Bürger Unverzichtbares geleistet worden, das in dem Vereinigungsprozeß der beiden deutschen Staaten von Bedeutsamkeit sein wird.
>
> Schließlich, ich möchte auch ein Wort des Dankes an die Medien des In- und Auslandes richten, die es ermöglichten, die Beratungen des Runden Tisches einer breiten Öffentlichkeit zugänglich zu machen und die mit ihren sachlichen Berichterstattungen die Anliegen und Vorstellungen des Runden Tisches an die Bevölkerung herangetragen haben.
>
> Und nicht zuletzt, ich möchte danken den Kolleginnen und Kollegen dieses Objektes Niederschönhausen. Ich möchte ihnen Anerkennung aussprechen dafür, daß sie die materiellen Voraussetzungen der Arbeit des Runden Tisches und das Wohlbefinden seiner Teilnehmer in vorbildlicher Weise beförderten.
>
> [Beifall]
>
> Meine sehr verehrten Damen und Herren, ich wünsche Ihnen allen in Ihrer weiteren Arbeit zum Gedeihen des Landes und im Interesse seiner Bürger viel Erfolg sowie Ihnen persönlich alles erdenklich Gute.

Herzlichen Dank.

Lange (Moderator): Herr Minister, wir danken Ihnen für Ihre guten Worte und die guten Wünsche, letzteres dürfen wir sicherlich auch für Sie und Ihren weiteren Weg erwidern. Wir freuen uns, daß es möglich war, daß Sie heute als Vertreter der Regierung dies uns hier sagen konnten.

Vertreter der **Parteien und politischen Gruppierungen** haben eine **Abschlußerklärung** formuliert, die heute noch einmal in der Prioritätengruppe beraten worden ist. Dies wird jetzt von Herrn Dr. Wolf vorgetragen. Sie haben das Wort. Es ist die **Vorlage 16/9**, die Ihnen bereits ausgeteilt worden ist.

Wolf (LDP): Meine Damen und Herren, im Auftrage und im Namen **aller politischen Kräfte und Gruppierungen des Runden Tisches** möchte ich folgende Abschlußerklärung des Zentralen Runden Tisches abgeben:

> [Vorlage 16/9: Abschlußerklärung aller politischen Kräfte und Gruppierungen des Runden Tisches]
>
> Am 7. Dezember 1989 trat der Runde Tisch zu seiner ersten Beratung zusammen. Seine Initiatoren waren verantwortungsbewußte Vertreter jener neuen politischen Kräfte und der Kirchen, die die friedliche Revolution auf den Weg gebracht haben. Die Teilnehmer trafen sich aus tiefer Sorge um das in die Krise geratene Land und um seine Eigenständigkeit. Sie wollten keine parlamentarische oder Regierungsfunktion ausüben, sich aber mit Vorschlägen zur Überwindung der Krise an die Öffentlichkeit wenden. Dazu forderte der Runde Tisch von Volkskammer und Regierung, vor wichtigen rechts-, wirtschafts- und finanzpolitischen Entscheidungen informiert und einbezogen zu werden.
>
> Er verstand sich als Bestandteil der öffentlichen Kontrolle.
>
> Die Verwirklichung dieser Ziele war anfänglich mit manchen Schwierigkeiten verbunden; es ging um Arbeitsfähigkeit und Bestimmung der Inhalte, um mehr Öffentlichkeit bei Vorbereitung gemeinsamer Entscheidungen und Kontrolle, um eigene Autorität und Akzeptanz durch die Regierung von Ministerpräsident Modrow. Die erste gemeinsame Beratung Anfang Januar setzte die dafür erforderlichen Zeichen. Seitdem trug die zunehmend von Konstruktivität geprägte Zusammenarbeit von Rundem Tisch, Volkskammer und Übergangsregierung dazu bei, die politische Stabilität des Landes und seine außenpolitische

Handlungsfähigkeit zu bewahren. Ausdruck dafür ist auch die Mitarbeit von acht Ministern aus den neuen Parteien und Bewegungen in der Regierung.

Gestützt auf die Tätigkeit von 17 Arbeitsgruppen, auf Tausende von Vorschlägen und Hinweisen der Bürger sowie auf zahlreiche Experten aus Regierung und Wissenschaft wurden in insgesamt 16 Beratungen zu vielen wesentlichen Bereichen der gesellschaftlichen Entwicklung Empfehlungen und Gesetzesentwürfe geschaffen, die dem Willen des Volkes der DDR und den außenpolitischen Erfordernissen für eine friedliche Zukunft, für den Weg zu freien Wahlen, in die deutsche Einheit und das europäische Haus weitgehend entsprechen. Hervorzuheben sind hierbei

- das Gesetzeswerk zur Vorbereitung und Durchführung der Wahlen am 18. März und 6. Mai [1990],
- die Grundzüge einer Wirtschaftsreform und Sozialcharta sowie einer neuen Umweltpolitik,
- Prämissen für eine neue Kultur- und Bildungspolitik, Frauen- und Jugendpolitik,
- der Übergang zur Rechtsstaatlichkeit durch ein neues Mediengesetz, durch Justiz- und Verwaltungsreform sowie die Ausarbeitung von Grundsätzen einer neuen Verfassung.

Damit hat der Runde Tisch die seinem Selbstverständnis entsprechenden Aufgaben für den bis zur Wahl geplanten Zeitraum seines Wirkens unter ständig komplizierteren und schneller ablaufenden Entwicklungsprozessen im wesentlichen erfüllt. Der neu zu wählenden Volkskammer und der aus ihr hervorgehenden Regierung übermittelt der Runde Tisch folgende politischen Empfehlungen:

1. Vordringlich ist es, die soziale Stabilität der DDR aus eigener Anstrengung und mit Unterstützung der BRD und anderer Länder zu bewahren und wieder zu festigen. Fortgesetzte Abwanderungen würden in beiden deutschen Staaten zu Spannungen und Konflikten führen, die nicht mehr beherrschbar wären, den vertraglich geregelten Weg in die deutsche Einheit gefährden und die europäische Sicherheit empfindlich belasten würden.

2. Die DDR muß in erster Linie ihrer eigenen Verantwortung für die Erhöhung der wirtschaftlichen Leistungsfähigkeit nachkommen. Das verlangt zügige und konsequente Fortführung der Wirtschaftsreform, in deren Mittelpunkt der Übergang zu einer sozial und ökologisch verpflichteten Marktwirtschaft steht.

3. Die deutsche Einheit sollte unter Wahrung des Selbstbestimmungsrechts der Bürger mit der gleichberechtigten Einbringung beider deutscher Staaten und Berlins herbeigeführt werden. Dazu sind gemeinsam die erforderlichen rechtsstaatlichen Voraussetzungen zu schaffen sowie die internationalen Verpflichtungen zu berücksichtigen.

4. Der Weg in die deutsche Einheit muß in den europäischen Einigungsprozeß eingeordnet sein. Das setzt die Anerkennung der existierenden Grenzen zu den Nachbarländern voraus und bleibt Ziel einer künftigen europäischen Friedensordnung. Die auf deutschem Boden befindlichen ausländischen wie eigenen Militärpotentiale sollten ohne Veränderung der Einflußbereiche der Blöcke schrittweise im Rahmen des KSZE-Prozesses mit dem Ziel ihrer vollständigen Auflösung abgebaut werden.

5. Mit dem Runden Tisch und der Arbeit in Ausschüssen und Arbeitsgruppen, in denen neben den Parteien und Bewegungen auch viele Initiativgruppen und Einzelpersönlichkeiten mitwirkten, sind viele neue Erfahrungen konsequenter Demokratiegestaltung verbunden, die erhalten bleiben und im Sinne basisdemokratischer Prinzipien rechtlich fixiert werden sollten. Das ist auch künftig von Bedeutung für die öffentliche Transparenz und die Beratung der Volkskammer sowie der Regierung bei Entscheidungen von gesellschaftlicher Tragweite. Geschaffen werden sollten Möglichkeiten, um die Mitarbeit von Parteien, Bürgerinitiativen und Minderheiten zu gewährleisten, die nicht im Parlament vertreten sind.

6. Der Runde Tisch hebt die für seine Arbeit charakteristisch gewordene Kultur des politischen Streits hervor, die vor allem darin zum Ausdruck kommt, die Meinung des Andersdenkenden zu respektieren, gemeinsam nach konstruktiven Lösungen zu suchen und durch Bürgernähe Vertrauen zu schaffen. Das sollte um so mehr für den Wahlkampf und die Wahlen selbst gelten. Sofern noch Arbeitsgruppen des Runden Tisches tätig sind, sollten sie unter diesen Prämissen ihre Arbeit zur Unterstützung der jeweiligen staatlichen Organe bis zur Neubildung der Regierung fortsetzen und auf die Einhaltung der Beschlüsse des Runden Tisches achten.

Der Runde Tisch dankt abschließend sehr herzlich seinen Moderatoren und den Leitungen der Kirchen für die ausgewogene sachkundige Führung des Dialogs. Dank gilt der Regierung von Ministerpräsident Modrow, der Volkskammer, den in- und ausländischen Medien für die Arbeitsbedingungen und die öffentliche Wirksamkeit.

Berlin-Niederschönhausen, den 12. März 1990

[Beifall]

Lange (Moderator): Vielen Dank, Herr Wolf, für diese Abschlußerklärung, die Sie im Auftrag einer Gruppe vorgetragen haben. Ich denke, meine sehr verehrten Damen und Herren, es findet Ihre Zustimmung, wenn wir auch dieser Gruppe unseren Dank sagen, die den Versuch unternommen hat, ein Resümee unserer 16 Sitzungen hier vorzulegen. Vielen Dank.

[Beifall]

Der Zentrale Runde Tisch war ein außergewöhnliches Gremium und ich denke, etwas Außergewöhnliches [ist] auch der Abschluß. Denn Herr Ziegler wird jetzt die **Abschlußansprache** halten, und wir alle wissen, daß wir anschließend weiterarbeiten dürfen. Aber so ist das immer mit außergewöhnlichen Gremien.

Herr Ziegler, Sie haben das Wort.

Ziegler (Co-Moderator):

[Schlußansprache der Moderation, Oberkirchenrat Pfarrer Martin Ziegler[23]]

Wir enden, wie wir begonnen haben. Ich hatte am 7. Dezember die Aufgabe, den Runden Tisch zu eröffnen. Das war in der bedrängten Enge des Bonhoeffer-Hauses, aber immerhin unter dem Licht des Adventsterns im Betsaal der Herrnhuter Brüdergemeine. Seitdem haben wir uns aneinander etwas gewöhnt.

Es waren gut drei Monate einer intensiven Arbeit in bewegter und bewegender Zeit. Und wir haben in dieser Zeit nicht nur miteinander gearbeitet am Wandel zum Besseren. Ich denke, wir haben auch selbst Wandlungen durchgemacht. Denn unsere Zusammenarbeit hier am Runden Tisch war auch eine Schule der Demokratie.

Unsere Arbeit hat Phasen gehabt. Ich zähle sie nicht noch einmal auf, erwähne nur ein Datum: Der 15. Januar 1990 mit dem ersten Besuch des Ministerpräsidenten am Runden Tisch markiert deutlich einen Einschnitt. Der Weg zur Übernahme unmittelbarer Mitverantwortung wurde eröffnet.

Der Runde Tisch behielt auch danach seine harten Kanten. Er machte Aufgaben bewußt, brachte Probleme bis heute in die Verhandlungen und Fragen an die Öffentlichkeit. Doch das ist mein Eindruck: Die Kritik wurde immer mehr Mittel zur Entwicklung konstruktiver Vorschläge. Und ermöglicht wurde das durch die Offenheit und Bereitschaft der Regierung zu fairer Zusammenarbeit. Und obwohl es nun schon mehrfach ausgesprochen ist, im Namen der Moderatoren sage ich es auch noch einmal: Wir danken das zuerst dem Ministerpräsidenten Dr. Hans Modrow. Dank gebührt ebenso den Mitgliedern der Regierung, die sich dem Gespräch am Runden Tisch stellten. Und zu danken haben wir den Vertretern aus dem Sekretariat des Ministerpräsidenten, die die Zusammenarbeit vermittelten und dafür sorgten, daß der Runde Tisch und seine Arbeitsgruppen Arbeitsmöglichkeiten hatten. Sie wurden in der Öffentlichkeit bisher kaum genannt, und darum nenne ich die Namen Halbritter, Hegewald und Sauer.

Wir danken den Mitarbeitern des Konferenzzentrums, die uns versorgten und ideale Arbeitsmöglichkeiten boten. Auch unsererseits danken wir den Mitarbeitern des Rundfunks und des Fernsehens und den Leuten von der Technik im Hintergrund ebenso. Wir danken den Vertretern der Presse. Ohne sie wäre es nicht möglich gewesen, die Öffentlichkeit an den Verhandlungen des Runden Tisches zu beteiligen. Und wir danken auch der Deutschen Volkspolizei, die sorgsam und unaufdringlich die Verantwortung für die Sicherheit unserer Arbeit wahrnahm. Vor allen Dingen aber nenne ich nun die Mitarbeiter des Arbeitssekretariats. Namentlich nenne ich Frau Grüner, Frau Schäffner und den Leiter, Herrn Reichelt.

[Beifall]

Ohne ihren Einsatz wären unsere bis zu 12 Stunden dauernden Mammutsitzungen überhaupt nicht zu bewältigen gewesen. Wir danken Ihnen und auch allen, die wir hier nun nicht namentlich nennen konnten, die aber im Hintergrund halfen. Und endlich danken wir auch den Pressesprechern Frau Helm-Schubert, Herrn Grande und Herrn Günther, die die Ergebnisse unserer Beratungen gesammelt und festgehalten haben.

[Beifall]

Oft bis in die Nachtstunden hinein haben sie die Möglichkeit geschaffen, daß vielleicht einmal eine Dokumentation über diese Arbeit erstellt werden kann.

Und nun noch zu uns, den Moderatoren. Als wir am 7. Dezember 1989 die erste Sitzung eröffneten, wußten wir nicht, worauf wir uns einließen. Wir wußten nicht, daß Monate einer zeitaufwendigen, angespannten Arbeit vor uns standen, aber es war eine dichte und intensive Zeit. Die hat uns viele neue Erfahrungen gebracht, vor allem aber viele Begegnungen mit verantwortungsbereiten, kreativen und engagierten Menschen. Und auch wir danken, wir danken, daß Sie uns und unsere Mittlerdienste akzeptierten.

Der Runde Tisch beendet seine Arbeit. Die ersten freien, demokratischen Wahlen stehen bevor, und bis dahin hatten wir selbst unsere Arbeit befristet. Der Runde Tisch nahm Verantwortung wahr für eine Übergangszeit. Jetzt ist es an den Bürgern, ihre Entscheidung zu treffen und ein freies Parlament zu wählen, das nun die schweren und riesengroßen Aufgaben zu lösen hat, vor denen unser Land nach wie vor steht. Die Wahlvorbereitungszeit war kurz, sie war zu kurz, so daß viele noch fragen: Wen sollen wir eigentlich wählen? Wir bitten aber die Bürger, nehmen Sie das nicht zum Vorwand, sich nicht an der Wahl zu beteiligen. Wir bitten Sie, daß die Arbeit, die hier auch am Runden Tisch geleistet wurde, weiter Frucht wird. Nehmen Sie Ihr Stück Verantwortung wahr und beteiligen Sie sich an der Wahl!

Gegenüber großen Worten sind wir alle zurückhaltend geworden. Große Worte verbrauchen sich, ja leider auch gute Worte verbrauchen sich. Häme und Mißbrauch zernagen sie wie der Rost den Stahl. Und dennoch wäre unser Leben arm, gäbe es die guten, großen Worte nicht. Denn sie fangen etwas ein von dem Wollen und von der Sehnsucht, die im tiefsten Grunde – das ist meine Überzeugung – auch die vielen Menschen beseelte, die sich zum Wohl unseres Landes mit ihrer Kraft, mit ihrer Kritik und mit ihren Ideen eingesetzt haben, „daß die Sonne schön wie nie über Deutschland scheint", über einem einigen Deutschland in einem befriedeten Europa.

[Anhaltender Beifall]

Lange (Moderator): Vielen Dank für dieses Schlußwort. Der Beifall hat es deutlich gemacht, daß Sie es auch zu Ihrem Schlußwort gemacht haben. Ich schlage Ihnen vor, daß wir nun unsere Sitzung für 15 Minuten unterbrechen und dann die Tagesordnung wieder aufnehmen. Wir beginnen wieder um 18.50 Uhr.

[Unterbrechung der Sitzung von 18.35 Uhr bis 19.00 Uhr]

Ducke (Moderator): Beim Flugzeug heißt es: Letzter Aufruf. Wir müssen sonst die Sitzung beenden wegen Nichtverhandlungsfähigkeit. Bin ich draußen im Foyer zu hören?

---

[23] Der Schlußansprache lag eine schriftlich gefaßte Version zugrunde, die dem Plenum des Runden Tisches vorlag. Siehe den Wortlaut der schriftlichen Version als Dokument 16/15 im Anlagenband.

Dann nehmen Sie Platz. Wir setzen die Verhandlung fort. Ich zähle aber erst, ob wir weitermachen müssen. Wenn nämlich nicht genügend da sind, können wir aufhören.

Es fährt nun fort in der **Berichterstattung** zu abgekürzt **KoKo** Herr Dr. Willi Lindemann, Leiter der Sonderkommission des Ministerrats. Bitte schön, Herr Dr. Lindemann.

TOP 11: Amtsmißbrauch und Korruption im Bereich Kommerzielle Koordinierung

Lindemann (Leiter der Sonderkommission des Ministerrats): Herr Vorsitzender, meine Damen und Herren, bevor ich Sie über Ergebnisse der Arbeit der Regierungskommission informiere, gestatten Sie bitte einige kurze Vorbemerkungen. Die **Sonderkommission des Ministerrates zur Untersuchung von Amtsmißbrauch und Korruption im Zusammenhang mit der Tätigkeit des Bereiches Kommerzielle Koordinierung,** im weiteren möchte ich den Bereich kurz KoKo nennen, wurde auf Initiative – –

Ducke (Moderator): Schließen Sie die Tür!

Lindemann (Leiter der Sonderkommission des Ministerrats): Ich darf vielleicht noch einmal kurz beginnen. Die genannte Kommission wurde auf Initiative von Ministerpräsident Modrow durch Beschluß des Ministerrates, ich glaube, ich fange doch noch einmal später an, ja?

Ducke (Moderator): Nein, nein, bitte jetzt – –

Lindemann (Leiter der Sonderkommission des Ministerrats): Danke.

[Bericht des Leiters der Sonderkommission des Ministerrats, Willi Lindemann, über Ergebnisse der Untersuchung von Amtsmißbrauch und Korruption im Zusammenhang mit der Tätigkeit des Bereiches KoKo]

Die genannte Kommission wurde auf Initiative von Ministerpräsident Modrow durch Beschluß des Ministerrates in Abstimmung mit dem damaligen amtierenden Generalstaatsanwalt der DDR am 21. Dezember 1989 gebildet. Ihr gehören fünf Experten aus verschiedenen Fachgebieten an, die von ihrer früheren Tätigkeit her in keiner Beziehung oder gar Abhängigkeit zum Bereich KoKo standen. Professor Gerstenberger ist als kommissarischer Leiter des Bereiches gleichfalls Mitglied der Kommission. In die Arbeit der Kommission war auch der Leiter der Valutakontrollgruppe des Ministeriums der Finanzen und Preise unmittelbar einbezogen.

Die Kommission hatte insbesondere die Aufgabe:

– die Ermittlungen der Staatsanwaltschaft sowie der staatlichen Untersuchungsorgane zu unterstützen und dabei gleichzeitig staatliche Sicherheitsinteressen zu gewährleisten,

– die erforderliche Weiterführung der Tätigkeit der dem Bereich Kommerzielle Koordinierung unterstellten Außenhandelsbetriebe und Firmen zur Wahrung der Interessen der DDR zu sichern,

– an Vorschlägen mitzuwirken zur Auflösung des Bereiches KoKo, zur Veränderung des Unterstellungsverhältnisses der Betriebe und Firmen sowie zur Auflösung einzelner Betriebe und Firmen dieses Bereiches [auszuarbeiten] und

– Öffentlichkeitsarbeit über Ergebnisse der Untersuchungen und getroffene Entscheidungen zu koordinieren.

Die Kommission hatte ferner die Minister für Außenwirtschaft sowie der Finanzen und Preise bei der Vorbereitung der von ihnen in eigener Verantwortung zu treffenden Entscheidungen zu unterstützen.

Als Leiter der Sonderkommission bin ich dem Ministerpräsidenten direkt unterstellt.

Ich möchte Sie nunmehr über Erkenntnisse im Ergebnis der durchgeführten Untersuchungen informieren {wobei ich nach folgender Gliederung verfahre:

I. Zur Bildung und den Strukturen des Bereiches

II. Zu den ökonomischen Quellen des Bereiches, seinen Geschäften sowie hauptsächlichen Formen des Machtmißbrauches

III. Zu speziellen Fragen des Finanzstatus des Bereiches

IV. Zum Standpunkt der Kommission zum Vorschlag zur Eingliederung des Bereiches in die Volks- und Finanzwirtschaft der DDR.

Ich möchte mit dem ersten Schwerpunkt „Bildung und Strukturen des Bereiches" beginnen:}

[I. Zur Bildung und den Strukturen des Bereiches]

1. Der Bereich KoKo wurde 1966 durch Verfügung des Vorsitzenden des Ministerrates mit dem Ziel gebildet, in maximalem Umfang Valuten westlicher Industrieländer außerhalb des Planes zu erwirtschaften.
Unter den Bedingungen des Fortbestehens des alliierten Rechts über die Devisenbewirtschaftung und Kontrolle des Güterverkehrs zwischen den beiden deutschen Staaten sowie restriktiver Maßnahmen westlicher Länder gegenüber sozialistischen Staaten, namentlich die COCOM-Bestimmungen, wurde mit dem Bereich eine Einrichtung des Außenhandels geschaffen, die zunächst hauptsächlich die kommerziellen Beziehungen mit Kirchen und Einrichtungen der BRD und andere Transaktionen zwischen der BRD und der DDR abwickelte.
In den Jahren ab 1972 wurden auf der Grundlage von Verfügungen des Vorsitzenden des Ministerrates die Aufgaben und Vollmachten des Bereiches ständig erweitert.
Mit Beschluß des Politbüros des ZK der SED vom 2. November 1976 wurde der Bereich KoKo unter Beibehaltung der offiziellen Bezeichnung „Ministerium für Außenhandel – Bereich Kommerzielle Koordinierung" als selbständiger Dienstbereich dem Mitglied des Politbüros und Sekretär des ZK der SED, Günter Mittag, direkt unterstellt und damit praktisch vollständig aus dem Verantwortungsbereich des Ministeriums für Außenhandel ausgegliedert.
Ab 1977 arbeitete der Bereich KoKo nach einer von Günter Mittag bestätigten internen Ordnung.
Zugleich bestand eine enge Beziehung zwischen dem

Bereich KoKo und dem Ministerium für Staatssicherheit.

Zur Erfüllung der operativen Aufgaben des Ministeriums für Staatssicherheit aber auch zur Absicherung der Privilegien der führenden Repräsentanten der {früheren} Partei- und Staatsführung, ihrer Angehörigen und Gäste erließ Erich Mielke zu diesem Bereich gesonderte Befehle.

Mit Befehl Nummer 14/83 wurde im Ministerium für Staatssicherheit eine spezielle „Arbeitsgruppe Bereich Kommerzielle Koordinierung (BKK)" genannt, gebildet, die dem Stellvertreter des Ministers, {R.} Mittig, direkt unterstellt wurde.

Duch Befehl Nummer 12/88 wurde die „politisch operative Sicherung" des Bereiches Kommerzielle Koordinierung und der ihm direkt unterstellten Außenhandelsbetriebe und Vertretergesellschaften präzisiert.

Der Leiter des Bereiches KoKo, Alexander Schalck, und sein Stellvertreter waren Offiziere des Ministeriums für Staatssicherheit. Schalck war {E.} Mielke direkt unterstellt und diesem persönlich rechenschaftspflichtig.

2. Entgegen den allgemein für die Volkswirtschaft der DDR geltenden Regelungen waren der Bereich und seine ihm unterstellten Außenhandelsbetriebe und Firmen mit besonderen Rechten ausgestattet.

Durch die genannten Grundsatzdokumente wurde der Bereich faktisch der Kontrolle durch die verfassungsmäßigen Organe, das heißt das Parlament und die Regierung, entzogen. Zugleich wurde damit das Prinzip des einheitlichen Außenhandels durchbrochen.

Die Sonderstellung des Bereiches zeigt sich in folgendem:

- Der Bereich und seine Außenhandelsbetriebe und Einrichtungen wurden weitgehend aus der Volkswirtschaftsplanung herausgelöst. Sie führten selbständig internationale Handelsgeschäfte auf eigene Rechnung und eigenes Risiko außerhalb des Planes in ständig wachsendem Umfang durch.

- Der Bereich und seine nachgeordneten Betriebe und Firmen hatten den Status {das hat Professor Gerstenberger bereits gesagt} eines Devisenausländers, das heißt, anderen staatlichen Organen, Betrieben und Einrichtungen war der Erwerb, Besitz und Umgang mit konvertierbaren Devisen nur im Rahmen der ihnen erteilten Valutaplanauflagen gestattet. Als Devisenausländer unterlag der Bereich solchen Einschränkungen nicht. Er konnte bei der Deutschen Handelsbank AG sowie der Deutschen Außenhandelsbank AG Valutakonten führen und Zahlungen im Ausland leisten sowie dort auch eigene Konten anlegen.

Damit wurden der Bereich und seine Betriebe jeglicher Kontrolle, wie sie für Deviseninländer durch die devisenrechtlichen Vorschriften gemäß der 5. Durchführungsbestimmung zum Devisengesetz vom 19. 12. 73 festgelegt ist, entzogen. Dazu gehört, daß

- die Valuta-Berichterstattung gegenüber dem Minister für Finanzen und dem Minister für Außenhandel eingestellt wurde und

- die bei der Deutschen Außenhandelsbank und Deutschen Handelsbank AG geführten Konten der Kontrolle entzogen waren.

- Alexander Schalck hatte die Vollmacht, die Beziehungen zu den Zollorganen und anderen Kontrollorganen auf dem Gebiet des Außenhandels selbst zu organisieren. Es erfolgte eine eigenständige Sieglung von Verträgen. Zu Fragen des grenzüberschreitenden Verkehrs von Waren und Personen waren ihm besondere Vollmachten und Weisungsrechte übertragen worden.

3. Die Arbeitsweise und Struktur des Bereiches KoKo waren darauf ausgerichtet, maximal Devisen zu erwirtschaften und zugleich seine Möglichkeiten für operative Aufgaben des Ministeriums für Staatssicherheit zu nutzen sowie Mittel zur Unterstützung insbesondere der DKP bereitzustellen.

Im Bereich KoKo bestanden für folgende Aufgaben Struktureinheiten:

- Erwirtschaftung von Valuta über die dem Bereich zugeordneten Außenhandelsbetriebe wie Intrac, BIEG, Kunst und Antiquitäten, forum, Transinter,

- Zusammenarbeit mit der BRD und Westberlin, insbesondere bei Kompensationsvorhaben,

- Koordinierung der Wirtschaftsbeziehungen mit afrikanischen Schwerpunktländern, Export spezieller Technik und Waffen,

- Valutaerwirtschaftung aus NSW-Tourismus und Neubau von Interhotels,

- Vorbereitung und Durchführung ausgewählter Industrievereinbarungen,

- ökonomische Leitung und Kontrolle der Tätigkeit der Firmen, die sich im nichtsozialistischen Ausland befinden,

- Abwicklung von Sondergeschäften, die vor allem mit der Unterstützung der Kirchen der BRD für die Kirchen in der DDR im Zusammenhang standen und über Warengeschäfte vermittelt wurden sowie Transaktionen aufgrund von Vereinbarungen mit der BRD auf humanitärem Gebiet.

Die Arbeitsweise im Bereich war zu wesentlichen Teilen konspirativ gestaltet, das heißt, die einzelnen Leiter und Mitarbeiter erhielten nur die für ihre unmittelbare Arbeitsaufgabe erforderlichen Informationen.

Alle Aufgaben, die entsprechend den genannten Befehlen des Ministers für Staatssicherheit besonderen Sicherheitserfordernissen unterlagen, wurden über die Hauptabteilung I des Bereiches KoKo, die vom Stellvertreter von Herrn Schalck geleitet wurden, koordiniert. Diese Hauptabteilung wurde durch Erich Mielke zum Sicherheitsbereich erklärt. Hier wurden über spezielle Firmen, die der Hauptabteilung direkt unterstanden, dringend benötigte Embargopositionen für die gesamte Volkswirtschaft beschafft. Sie unterlagen im Interesse der Sicherheit der Firmen und der Personen im Ausland wie in der DDR der strengsten Geheimhaltung.

Die Abschirmung dieser Hauptabteilung wurde in zunehmendem Maße dazu genutzt, auch Maßnahmen zur Privilegierung von Personen und Personengruppen gedeckt zu organisieren.

Dem Bereich Kommerzielle Koordinierung waren in der DDR 12 volkseigene Außenhandelsbetriebe in Form von GmbH direkt unterstellt sowie zwei private Vertreterfirmen zugeordnet.

Gewinne und Provisionen hatten diese an den Bereich KoKo abzuführen. Außerdem verfügte der Bereich über Auslandsfirmen im NSW, an denen er direkt oder indirekt beteiligt war. Diese Firmen führten ebenfalls Gewinne und Provisionen an den Bereich ab. Nach vorliegenden Unterlagen hat der Bereich KoKo – ohne die ihm unterstellten Außenhandelsbetriebe – Anteile an 25 Firmen und sechs gemischten Gesellschaften im Ausland.

Bei diesen Firmen beziehungsweise Firmenanteilen, die in westlichen Medien vielfach als „Parteifirmen" bezeichnet wurden, liegen die Eigentumsrechte eindeutig beim Bereich Kommerzielle Koordinierung. Es handelt sich mithin um Staatseigentum.

Auf der Grundlage der genannten Unterstellungsverhältnisse – Honecker, Mittag, Mielke, Schalck – wurde jedoch durch Honecker die Kontrolle und Einflußnahme auf die Verwendung der Gewinne der Auslandsfirmen mit ausgeübt. So wurden aus diesen Gewinnen auch Unterstützungen insbesondere an die DKP gezahlt.

[II: Zu den ökonomischen Quellen des Bereiches, seinen Geschäften sowie hauptsächlichen Formen des Machtmißbrauches]

{Zu dem genannten Schwerpunkt II:}

[1.] Der Bereich Kommerzielle Koordinierung war aufgrund der ihm eingeräumten Sonderstellung in der Lage, im Unterschied zum übrigen staatlichen Außenhandel, in ständig steigendem Umfang Valutamittel zu erwirtschaften und anzusammeln.

Es kennzeichnet den Bereich und seine ökonomische Macht, daß er von den erwirtschafteten Valuta-Mitteln nur einen Teil zur planmäßigen Verwendung in der Volkswirtschaft bereitstellte.

Über den anderen Teil wurde eigenmächtig und im Rahmen der genannten Weisungslinien (Honecker, Mittag, Mielke) entschieden.

[2.] Die Valutaeinnahmen des Bereiches KoKo setzten sich aus den Gewinnabführungen der unterstellten Betriebe einerseits und eigenen Einnahmen des Bereiches aus Geld- und Kreditgeschäften andererseits zusammen. Sie betrugen im Jahre 1989 insgesamt 7,2 Milliarden Valuta-Mark.

Charakteristisch für die Tätigkeit des Bereiches ist, daß alle denkbaren Möglichkeiten zur Erwirtschaftung von Valuten genutzt wurden.

Die dem Bereich unterstellten Außenhandelsbetriebe sowie bestimmte Auslandsfirmen führten Waren-, Finanz- und Börsenoperationen im NSW unter Einbeziehung der Deutschen Handelsbank AG als Geschäftsbank des Bereiches durch.

Oberster Grundsatz war, {wie bereits auch Professor Gerstenberger deutlich gemacht hat,} maximal Devisen für die DDR zu erwirtschaften, unabhängig davon, ob sich daraus zusätzliche Belastungen für die Volkswirtschaft ergaben oder ob politische oder moralische Normen dadurch verletzt wurden.

In das Zentrum der öffentlichen Kritik rückten vor allem folgende Geschäfte zur Devisenerwirtschaftung:

– Der Export von Kunst- und Kulturgegenständen einschließlich der Verwertung von Asservaten der Schutz- und Sicherheitsorgane sowie von kulturhistorisch wertvollen Gegenständen aus Steuerverfahren zur Devisenerwirtschaftung durch die Kunst und Antiquitäten GmbH. {Ich möchte hierzu einige kurze Ausführungen machen:}

Der sich ständig vertiefende Widerspruch zwischen den sich jährlich erhöhenden Planauflagen und der Verringerung des Fundus an exportfähigen Gegenständen führte zu flächendeckenden Praktiken des Ankaufs. Neben dem Ausweichen auf andere Handelssortimente (Pflastersteine, Eisenbahnschwellen, alte Technik und anderes) wurde versucht, durch kontinuierliche Erhöhung der An- und Verkaufspreise die Planauflagen zu erfüllen.

Darüber hinaus wurden bestehende Versorgungslücken (Pkw und Heimelektronik) genutzt, um über lukrative Tauschgeschäfte Besitzer von Antiquitäten oder Gebrauchtwaren mit kulturellem Charakter zu deren Veräußerung zu veranlassen. Um in jedem Fall in den Besitz von exportfähigen Kulturgütern zu gelangen, wurde zum Beispiel dem VEB Antikhandel {Pirna} die Möglichkeit eingeräumt, den Besitzern wertvoller Antiquitäten einen Preis bis zum dreifachen Wert zu bieten. Dies war den Museen und dem staatlichen Kunsthandel nicht gestattet.

Die materielle Interessiertheit der über 80 Inlands-Vertragspartner zur Bereitstellung exportfähiger Güter wurde über die Gewährung von Valutaanrechten stimuliert.

Aufgrund der vollständig kommerziellen Verwertung von Kunst- und Kulturgegenständen durch die Kunst und Antiquitäten GmbH und ihres Massencharakters war der Export von geschütztem Kulturgut nicht mehr sicher auszuschließen.

In diesem Zusammenhang war auch die Kulturgutschutzkommission, deren Aufgabe in der Verhinderung des Exports von Kulturgut der Kategorie I und der Spitze der Kategorie II, das heißt des historisch wertvollsten Kulturgutes bestand, eindeutig überfordert. Sie nahm darüber hinaus ihre Verantwortung nicht immer ausreichend wahr.

Durch den Ministerrat wurde gesichert, daß ab 22. November 1989 Antiquitäten und kulturelle Gebrauchtwaren nicht mehr exportiert werden konnten. Zugleich wurde festgelegt, die vorhandenen Warenbestände durch staatliche Kommissionen zu begutachten und einer inländischen Verwertung, insbesondere Rückführung an die Museen, zuzuführen.

– {Ein weiteres dieser unter Kritik stehenden Geschäfte war} der Export von Waffen, darunter in Krisengebiete. Die Gewinnabführung {aus diesen Geschäften betrug} im Jahre 1989 ca. 10 Millionen Valuta-Mark.

Im Jahre 1981 wurde im Zusammenhang mit den Sondermaßnahmen zur Sicherung der Valutaliquidität der DDR durch Erich Honecker und Günter Mittag die Grundsatzentscheidung getroffen, einen Außenhandelsbetrieb für den Waffenexport zu gründen. Der Betrieb sollte frei konvertierbare

Währung erwirtschaften. Daraufhin wurde auf Weisung von A. Schalck die IMES GmbH und 1987 deren Tochtergesellschaft WITRA GmbH gebildet. In den Jahren 1982 bis 1989 wurden insgesamt Lieferungen und Leistungen von über einer Milliarde Valuta-Mark exportiert. Es wurden Schützenwaffen und Munition, in Einzelfällen auch Waffensysteme wie Panzer und Flugzeuge exportiert. Militärische Güter wurden auch in Spannungsregionen verbracht wie Irak/Iran und Nord-/Südjemen.

Die Lagerung, der Transport und die Vertragsrealisierung erfolgten unter strengster Geheimhaltung. Das Waffenlager Kavelstorf wurde dazu getarnt errichtet und durch Angehörige des Ministeriums für Staatssicherheit bewirtschaftet sowie gesichert.

Im Beschluß des Ministerrates vom 8. Januar 1990 wurde die Grundposition der Regierung der DDR zur Produktion und zum Export und Import von Waffen formuliert. Danach ist die Weiterführung des Exports von Waffen in Staaten, die nicht Mitglieder des Warschauer Vertrages sind, bis zur Schaffung der dafür erforderlichen gesetzlichen Regelungen unter Gewährleistung einer parlamentarisch-demokratischen Kontrolle nur für bereits abgeschlossene Verträge auf der Basis von Einzelgenehmigungen gestattet.

Die IMES GmbH ist liquidiert, das heißt, die Firma besteht nicht mehr.

{Ein drittes Geschäft möchte ich hier nennen, das im Zentrum der Kritik der Bevölkerung stand:}

– Die Abnahme von Abfallstoffen, vor allem aus Westberlin und der BRD (Valuta-Erlös 1989 ca. 100 Millionen Valuta-Mark).

Ausgangspunkt für die Abnahme von Abfallstoffen sind das Abkommen der Regierung der DDR mit der Regierung der BRD und dem Senat von Westberlin aus dem Jahre 1972 und der auf dieser Grundlage 1975 abgeschlossene 20-Jahres-Vertrag. Die aus diesem Vertrag erzielten Nettovalutaeinnahmen belaufen sich seit 1975 auf ca. 870 Millionen Valuta-Mark.

Im Ministerrat wurden am 13. Januar 1990 die Abnahme von Abfallstoffen aus dem NSW und die dabei aufgetretenen Probleme erörtert. Die Kritik der Bürger richtete sich vor allem gegen die Lagerung von Sondermüll in der Deponie Vorketzin, die ungenügende Basisabdichtung der Deponie Schöneiche sowie die ungenügende Wirksamkeit der Deponiebetriebe für das Territorium.

Im Ergebnis der Beratung im Ministerrat wurden Maßnahmen getroffen zur

• Sanierung der Deponie Schöneiche

• Reduzierung der Abnahme von Sondermüll in der Deponie Vorketzin (per 15. Februar 1990 eingestellt)

• Mitnutzung der Deponien für die Beseitigung von Abfallstoffen aus der DDR sowie

• Unterstützung der Kommunen durch die Deponiebetriebe in einer breiten Öffentlichkeitsarbeit.

An der Durchsetzung der Maßnahmen wird gearbeitet.

Ein Schwerpunkt sind die Verhandlungen mit der Westberliner Seite [zur Beteiligung] an den dadurch entstandenen Kosten. Grundsätzlich erfolgt die Verbringung von Abfallstoffen aus Westberlin und der BRD nur mit Genehmigung des Ministeriums für [Naturschutz], Umwelt und Wasserwirtschaft.

– Die Erwirtschaftung von Provisionsgewinnen durch die Zwangseinschaltung von Vertreterfirmen über die AHB Transinter {ist ein letztes Geschäft, das ich hier unter den in Verruf geratenen noch erwähnen möchte}.

Durch diese für den Bereich KoKo realisierten Gewinne wurden die Importkosten für die Empfänger erhöht beziehungsweise die Deviseneinnahmen bei Exporten für die Lieferbetriebe geschmälert.

{Ich möchte nachfolgend einige Ausführungen zu den Valutaausgaben des Bereiches machen.}

[3.] Die Valutaausgaben [des Bereiches] beliefen sich 1989 auf 9,2 Milliarden Valuta-Mark.

Diese Mittel wurden in Höhe von 5,1 Milliarden Mark zur Sicherung der Zahlungsbilanz, für Kredite der DABA sowie für Reservebildung im In- und Ausland einschließlich des Kaufes von Gold und Wertpapieren eingesetzt.

Valutamittel in Höhe von 3,8 Milliarden Valuta-Mark wurden für die Durchführung außerplanmäßiger Importe für verschiedene Bereiche der Volkswirtschaft aufgewendet.

Im Jahre 1989 wurden in erheblichem Umfang Valutamittel für die Privilegierung von Personen und Personengruppen verausgabt. Ihre Größenordnung läßt sich im einzelnen aufgrund der mit teilweise geheimdienstlichen Methoden organisierten Privilegierungsmaßnahmen nicht mehr rekonstruieren. Aufgrund vorliegender Erkenntnisse kann von einer Größenordnung von ca. 15 Millionen Mark jährlich ausgegangen werden.

Die wichtigsten Arten der Vergeudung von Devisen für umfangreiche differenziert durchgeführte Begünstigungen privilegierter Personengruppen beziehungsweise Einzelpersonen und für den Einsatz von Mitteln zur Korruption und zur Schaffung von Abhängigkeiten waren {folgende}:

– Die Beschaffung von NSW-Waren aller Art für die Befriedigung individueller Wünsche führender Funktionäre der ehemaligen Partei- und Staatsführung sowie deren Verwandte und Bekannte.

Im Bereich KoKo war dafür eine sogenannte Arbeitsgruppe „Sonderbeschaffung" unter Leitung der Ehefrau von [A.] Schalck, Sigrid Schalck, tätig, die direkt {dem Stellvertreter von Schalck, Herrn} [M.] Seidel unterstellt war.

Daneben bestand eine weitere Beschaffungsgruppe mit der Bezeichnung „Kuriere", die direkt [A.] Schalck unterstellt war.

Die Beschaffer waren mit auf Privatpersonen zugelassenen Pkw beziehungsweise Kleintransportern für den grenzüberschreitenden Verkehr ausgerüstet. Sie wurden {einzeln} mit Bargeld, regelmäßig zwischen 10 000 und 30 000 D-Mark ausgestattet. Alle Belege waren laut Weisung Schalcks nur kurzfristig aufzuheben und dann zu vernichten.

Die Beschaffung erstreckte sich auf die Realisierung von Sonderwünschen auf der Grundlage von Bestellungen der Firma Letex sowie Einzelbestellungen bei praktisch allen Verbrauchsgütern von Blumen, Genußmitteln, Kosmetik bis zu hochwertigen Industriewaren, besonders der Unterhaltungselektronik und Luxusgütern wie Schmuck, wertvollen Uhren, Jagdwaffen. Der Einkauf und das Verpacken dieser Konsumgüter waren strikt getrennt. Die Pakete wurden nicht adressiert, sondern mit Nummern versehen. Jeder Informationsaustausch zwischen den Beschaffern war streng untersagt. Persönliche Kontakte {zwischen ihnen} waren unerwünscht. Offenbar wurden für die bereitgestellten Import-Erzeugnisse nicht in allen Fällen Preise in Mark der DDR in Rechnung gestellt. Die Preisbildung wich ohnehin wesentlich von den offiziellen Preisbildungsmethoden für Konsumgüter aus Importen ab. Verglichen mit dem Inlandspreisniveau waren die in Rechnung gestellten Preise wesentlich niedriger, so daß der Begünstigte nicht nur schlechthin in den Genuß des jeweiligen Erzeugnisses kam, sondern zusätzlich bedeutende Preisvorteile erlangte.

Durch die Staatliche Finanzrevision wurden zehn Rechnungen über insgesamt 15 000 Mark festgestellt, aus denen weder der Empfänger noch der Nachweis über die Bezahlung hervorgehen. Zur Charakterisierung des Umfangs solcher Begünstigungen gehört auch, daß ca. 5 000 bespielte Video-Kassetten sowie Spielfilme gekauft wurden.

– Für die Versorgung der Waldsiedlung Wandlitz wurden jährlich 6 bis 8 Millionen Valuta-Mark (im Jahre 1989 waren es bis Oktober 7,3 Millionen Valuta-Mark) verausgabt.

Die Importe wurden durch die Firmen Delta und Asimex realisiert und an das Handelsunternehmen Letex geliefert. In größerem Umfang wurden nicht verkaufte Letex-Bestände an die Abteilung Versorgung/Rückwärtige Dienste des Ministeriums für Staatssicherheit umgesetzt.

{Eine zweite Form der Verwendung von Valuta-Mitteln, die als Amts- und Machtmißbrauch charakterisiert werden müssen, waren die Versorgung mit Pkw und Kleintransportern.}

– Vom Bereich KoKo wurden Pkw und Kleintransporter (im Jahre 1989 mindestens 800 Fahrzeuge) aus dem NSW importiert. Etwa die Hälfte der beschafften Pkw wurden an Privatpersonen vergeben. Die Entscheidung über die Vergabe von Fahrzeugen an Privatpersonen lag weitgehend beim ehemaligen Stellvertreter des Leiters des Bereichs KoKo und Leiter der Hauptabteilung I, [M.] Seidel. Dieser führte dazu Aufträge von [A.] Schalck, [E.] Honecker und [G.] Mittag aus, traf aber auch Entscheidungen nach eigenem Ermessen. In gleicher Weise wurde über die Bezahlung der Fahrzeuge in Mark oder D-Mark sowie über die Höhe des Preises entschieden. Trotz der Überprüfung einer Vielzahl von Unterlagen zur Beschaffung und Vergabe von Kraftfahrzeugen durch die Staatliche Finanzrevision, Volkskontrolle und durch die Sonderkommission {des Ministerrates} konnte ein vollständiger Nachweis über Kauf und Verkauf einschließlich der Bezahlung nicht rekonstruiert werden.

Im Bereich selbst gibt es keine zusammenfassenden Unterlagen.

Für das Jahr 1989 konnten für 12 Pkw die Einzahlungen des Kaufpreises nicht nachgewiesen werden. In sieben Fällen davon erfolgte keine Rechnungslegung.

Bei der Vergabe von Pkw an Privatpersonen wurden die staatlichen Regelungen, die bei einer vorfristigen Versorgung von Personen gelten, nicht berücksichtigt. Die Pkw-Anmeldungen wurden nur teilweise eingezogen.

{Eine dritte Form des Amtsmißbrauchs, des Machtmißbrauchs in bezug auf die Verwendung der Valuta-Mittel, die Problematik Häuser.}

– Der Bereich KoKo hat 32 Einfamilienhäuser in Rechtsträgerschaft. Diese wurden im Zeitraum 1977 bis 1989 durch die Investbauleitung Hönow gebaut oder käuflich erworben, grundlegend rekonstruiert und nachfolgend vermietet. Hinzu kommen weitere vier Häuser, die sich noch im Bau befinden.

Der Bau beziehungsweise Rekonstruktion dieser Häuser erfolgten unter Ausnutzung der Stellung und Möglichkeiten des Bereiches KoKo außerhalb von bestehenden Plänen und Bilanzen als sogenannter Exportabkauf.

Durch den Bereich wurden die Bauleistungen der betreffenden Baubetriebe anteilig mit NSW-Importausrüstungen bezahlt. In den Häusern wurden in unterschiedlichen, zum Teil bedeutendem Umfang NSW-Importausrüstungen eingebaut.

So sind fast alle Häuser mit Buderus-Gasheizungen ausgestattet, Armaturen, Installationen, Fenster und anderes stammen zum Teil aus Importen. Sie wurden im Vergleich zum kommunalen Wohnungsbau mit wesentlich größerem Aufwand errichtet und weisen einen deutlich höheren Komfort auf. Mieter sind in 17 Fällen Leiter und Mitarbeiter des Bereiches sowie nachgeordneter Einrichtungen.

15 Häuser wurden an Personen außerhalb des Bereiches vermietet. Es handelt sich dabei [zum Teil] um Verwandte und Hauspersonal von [A.] Schalck und [M.] Seidel, überwiegend jedoch um Staats- und Wirtschaftsfunktionäre, die mit dem Bereich in Arbeitsbeziehungen standen. Drei dieser Häuser, {das ist bereits genannt worden,} waren für Günter Mittag sowie jeweils seine beiden Töchter bereitgestellt worden.

Die Mietpreise wurden nach den gesetzlich festgelegten Preisen pro Quadratmeter wie für jede Neubauwohnung ermittelt, ohne jedoch den höheren Komfort zu berücksichtigen.

Außerdem wurden gesetzliche Bestimmungen verletzt, indem Bewirtschaftungskosten, beispielsweise die Kosten für Müllabfuhr, überwiegend vom Bereich getragen wurden.

- Durch den Bereich KoKo wurden zum Teil mit erheblichem Aufwand elf Wochenendobjekte erworben, rekonstruiert und an Mitarbeiter, vorwiegend technische Angestellte, zur individuellen Nutzung vermietet.

- {Schließlich hat} der Bereich KoKo eine Vielzahl von Wohnungen finanziert, gebaut und nach Fertigstellung an andere zentrale Staatsorgane oder an Betriebe des Bereiches in Rechtsträgerschaft übergeben.

So erhielten auf diese Weise das Internationale Handelszentrum 25 und die Intrac Handelsgesellschaft mbH 49 Wohnungen. Obwohl die Wohnungen in Rechtsträgerschaft dieser selbständigen Betriebe waren und die Mietverträge über die Kommunale Wohnungsverwaltung abgeschlossen wurden, hatte sich der Bereich bei einem Teil der Wohnungen ein Mitspracherecht bei der Vergabe vorbehalten.

{Ich komme zu einem weiteren Schwerpunkt oder zu einem weiteren Untergliederungspunkt:

III. Feststellungen zum Finanzstatus.}

[III. Zu speziellen Fragen des Finanzstatus des Bereiches]

1. Im Ergebnis der Prüfung des Bereiches durch die Staatliche Finanzrevision, mit der die Sonderkommission eng zusammenarbeitete, wurde ein Finanzstatus erstellt. Das war für die Revision – ich möchte das hier ausdrücklich hervorheben – eine äußerst komplizierte Aufgabe, da grundlegende Rechtsvorschriften zur Rechnungsführung und Statistik nicht angewendet wurden und der Bereich überhaupt erst einmalig einer Finanzprüfung unterzogen wurde. Ohne auf Einzelheiten eingehen zu können {auch in Anbetracht des fortgeschrittenen Zeitlimits,} (der detaillierte Bericht der Staatlichen Finanzrevision liegt vor) möchte ich hier jedoch vermerken, daß im Bereich mit Geld außerordentlich leichtfertig umgegangen wurde.

Das betrifft die Kassenführung, den Nachweis der Einnahmen und Ausgaben sowie der Forderungen und Verbindlichkeiten und das ungenügende Belegwesen. Es gab kein geschlossenes Rechnungswesen.

2. Durch den Stellvertreter von [A.] Schalck, {Herrn Seidel} wurden in den Jahren 1988 und 1989 Valuten auf Konten unter dem Namen [M.] Seidel im westlichen Ausland angelegt. Die Sonderkommission hat die Auflösung dieser Konten veranlaßt. Die Guthaben wurden auf Konten der Deutschen Handelsbank zurückgeführt und damit vor ungerechtfertigtem Zugriff von Privatpersonen gesichert.

Ich möchte hier noch eine Anmerkung zu den Konten machen.

In den vergangenen Tagen hat in der Presse der DDR das Konto 0628 des Bereichs KoKo für Schlagzeilen gesorgt. Die Konten 0528 und 0628 bei der Deutschen Handelsbank [AG] wurden hauptsächlich aus Sondergeschäften, Gewinnabführungen der [der] Hauptabteilung I nachgeordneten Betriebe [und Firmen] sowie aus Zinsgutschriften gespeist. Auf diesen Konten wurden auch Abführungen des Generalstaatsanwalts {der DDR} vereinnahmt. Entsprechend der Verfügung des Generalstaatsanwalts der DDR vom 22. Dezember 1975 waren alle bei der Staatsanwaltschaft gemäß Paragraph 136 Strafprozeßordnung hinterlegten Sicherheitsleistungen ohne Verzögerung [A.] Schalck oder seinen Beauftragten {ich zitiere}: „zur Vereinnahmung an den Staatshaushalt" {- Zitatende -} zu übergeben.

Das Konto 0628 diente nicht {wie es zunächst in der Presse dargestellt worden war,} der persönlichen Bereicherung von [E.] Honecker. Seine hauptsächliche Zweckbestimmung war vielmehr die Reservebildung für die Sicherung der ständigen Zahlungsfähigkeit der DDR. Es handelte sich um ein Konto in Milliardenhöhe. Dieses Konto wurde auf Weisung von [E.] Honecker 1974 eröffnet. Es wurde intern als „Generalsekretärskonto" bezeichnet, da [A.] Schalck dem Generalsekretär und [G.] Mittag über den Stand und die Verwendung des Kontos persönlich rechenschaftspflichtig war.

Auf der Grundlage von Beschlüssen des Politbüros sowie Einzelentscheidungen wurden aus diesem Konto bestimmte Sonderimporte realisiert, so zum Beispiel aus Anlaß von Jahrestagen der DDR, Pkw aus Japan sowie die technische Ausrüstung für das Jugendfernsehen Elf 99.

{Ich möchte zum Abschluß meiner Ausführungen noch einen Standpunkt der Regierungskommission zu dem dargelegten Entscheidungsverschlag von Professor Gerstenberger machen.}

[IV. Zum Standpunkt der Kommission zum Vorschlag zur Eingliederung des Bereiches in die Volks- und Finanzwirtschaft der DDR]

Durch den kommissarischen Leiter des Bereichs KoKo wurde ein Entscheidungsvorschlag zur Eingliederung des Bereichs und seiner Betriebe in die Volks- und Finanzwirtschaft der DDR vorgelegt.

Die Sonderkommission vertritt den Standpunkt, daß mit diesen vorliegenden Vorschlägen ein tragfähiges, perspektivisches Konzept besteht.

Insgesamt kann daher festgestellt werden, daß mit

- der Auflösung des Bereiches Kommerzielle Koordinierung,

- der Liquidation einzelner Firmen sowie

- der Reorganisation der übrigen Firmen unter einem neuzubildenden Unternehmensverband

dauerhaft gewährleistet ist, daß die mit dem Bereich Kommerzielle Koordinierung verbundenen ökonomischen und politischen Machtstrukturen zerschlagen sind und ihre Restauration unmöglich wird.[24]

Ich danke für Ihre Aufmerksamkeit.

---

[24] Dieser Vortrag wurde später, mit Schreiben vom 15. März 1990 an das Sekretariat des Runden Tisches, schriftlich zu Protokoll des Runden Tisches gegeben. Die in { } gesetzten Ausführungen wurden davon abweichend nur mündlich vorgetragen. Die in [ ] gesetzten Texte finden sich lediglich in der schriftlich zu Protokoll gegebenen Fassung.

Ducke (Moderator): Herr Dr. Lindemann, haben Sie herzlichen Dank. Sie haben sich – und auch Herr Professor Gerstenberger – der schwierigen Aufgabe unterzogen, einen vom Runden Tisch angeforderten Bericht zu geben, und das war sicherlich auch in der Fülle des Materials, das Sie uns hier zur Verfügung stellten oder worüber Sie berichteten, eben keine leichte Aufgabe.

Sie haben hoffentlich, und ich möchte das an dieser Stelle bewußt sagen, nicht nun schlechte Gefühle mit dem Versuch von Demokratie, da Sie ja für 14.00 Uhr avisiert waren, aber die bisherigen Diskussionen heute diese Zeitschiebung notwendig gemacht [haben].

Ich danke Ihnen hier an dieser Stelle ausdrücklich für Ihr Verständnis und für die Geduld, die Sie hatten.

Bevor wir die Möglichkeit [der] Rückfragen eröffnen, muß ich noch eine Frage stellen: Wir haben heute noch auf dem Tagesordnungspunkt Punkt 6, Überlegungen zur **Verwaltungsreform.** Minister Moreth steht bereit, auf Wunsch dies noch vorzutragen. Meine Frage ist jetzt an Sie zu dieser fortgeschrittenen Stunde – und noch eventuell Befragung –, ob dies heute noch notwendig ist, da ja die Information, die notwendigen Informationen, Ihnen allen schriftlich vorliegen.

Die Information haben Sie alle schon seit längerer Zeit, als damals die Überlegungen gewesen sind bezüglich [der] Gliederung, nur, daß Sie das [erinnern], und dann müssen noch Informationen ausgeteilt werden. Meine Frage ist an Sie, wollen wir uns diesen Tagesordnungspunkt heute schenken? Ich sage das jetzt nicht, damit irgend etwas unter den Tisch fällt, verstehen Sie. Aber es sind jetzt wahrscheinlich für Sie alle in dieser Zeit vor der Wahl noch sehr viele Verpflichtungen und Herr Minister Moreth ist auch nicht böse, wenn das heute nun nicht drankommt.

Ich möchte eigentlich Ihnen vorschlagen, daß wir – noch dazu, da das ja jetzt nicht mehr in der Öffentlichkeit so geschehen kann, daß die Bürger daran Anteil nehmen können und dann wissen, wie es nun weitergeht – daß ich Ihnen vorschlagen möchte, daß wir auf diesen Tagesordnungspunkt verzichten. Ich würde darüber natürlich abstimmen lassen. Oder wünscht jemand das Wort, daß ich da also etwas falsch mache?

Wären Sie damit einverstanden, daß wir den Tagesordnungspunkt 6, den vorgesehenen Tagesordnungspunkt 6, Überlegungen zur Verwaltungsreform, heute nicht mehr behandeln und damit überhaupt nicht mehr am Runden Tisch, sondern die Informationen entgegennehmen, wie sie von seiten der Regierung vorbereitet sind? Wenn Sie dafür sind, bitte ich Sie kurz um das Handzeichen. – Ich danke Ihnen ganz herzlich. Herr Lange steht bereit und wird bitte Herrn Minister Moreth diese Entscheidung bringen. Gibt es Gegenstimmen? – Nein. Enthaltungen? –

Schriftliche Informationen werden noch verteilt. Wir nutzen jetzt vielleicht die Möglichkeit, nein, nicht vielleicht, sondern das ist ja vorgesehen, die Möglichkeit zu Rückfragen an die beiden Berichterstatter zu den gegebenen Informationen.

Bitte, Frau Braband, Vereinigte Linke; dann Herr Matschie, jawohl.

Frau Braband, bitte.

Frau Braband (VL): Ich möchte mich jetzt im Grunde nicht darüber auslassen, was dieser Bereich alles geleistet hat. Es ist so beeindruckend und schrecklich zugleich, daß ich dazu also gar nichts weiter sagen will.

Es gibt ein paar Fragen. Herr Professor Gerstenberger, Sie haben darüber gesprochen, daß die **Sicherung der Konten** erfolgt ist. Sie führten in dem Zusammenhang aus, daß bestimmte Konten, die im Ausland geführt und ermittelt werden konnten, daß da eine Überweisung auf DDR-Konten erfolgt ist. Die Frage ist, was ist mit denen, die nicht ermittelt werden konnten? Woher weiß man davon? Was gibt es da für Vermutungen?

Die zweite Frage bezieht sich auf die **Geschäfte,** Sie sprachen von Geschäften, die abgebrochen wurden aus bestimmten Gründen. In dem Zusammenhang habe ich also eine Frage auch mit den **Waffengeschäften.** Das kam ja in dem Bericht von Herrn Lindemann auch noch einmal vor. Entspricht es den Tatsachen, daß aus der DDR **Waffenlieferungen an Nicaragua** erfolgten, und zwar auf die Seite der Kontras?

Ducke (Moderator): Das war Frau Braband.

Frau Braband (VL): Ja, ich bin noch nicht fertig.

Ducke (Moderator): Sie sind noch nicht fertig? Bitte, noch eine Frage.

Frau Braband (VL): Die dritte Frage, ich bin endlich aufgewacht. Die dritte Frage betrifft den schon gebildeten oder noch zu gründenden **Unternehmensverband.** Wer sind die Gesellschafter dieses Verbandes? Sie sprachen davon, daß es sich um eine GmbH handelt. Und mich würde interessieren, wer sind die Gesellschafter dieses Verbandes?

Ich muß einmal schauen. Die nächsten Fragen beziehen sich auf den Bericht von Herrn Lindemann. Würden Sie die **Transaktionen auf humanitärem Gebiet** kurz erläutern? Ich vermute, es handelt sich um **Gefangenenaustausch** oder irgendwelche anderen Sachen, ich weiß es nicht genau. Also, ich würde gerne schon wissen, was darunter zu verstehen ist.

Was bedeutet, daß also nur noch ganz bestimmte Geschäfte gemacht werden können mit **Einzelgenehmigungen?** Also, unter welchen Voraussetzungen werden diese Genehmigungen erteilt und welche Geschäfte sind das und von wem erfolgt diese Genehmigung? Ich glaube, von der Regierung, aber ich bin nicht ganz sicher.

Ja, das war es, danke.

Ducke (Moderator): Danke, Frau Braband.

Sie brauchen sich nicht zu entschuldigen für die Fragen. Nein, nein, ich war nur schon im Wahn, daß Sie fertig sind. Aber vielleicht ist es sinnvoll, daß wir doch erst, eh wir die anderen Wortmeldungen zulassen, die Beantwortung [vornehmen], sonst haben wir es alles vergessen. Ist das möglich, daß gleich die Vertreter der Regierung antworten? Dann darf ich Sie vielleicht bitten, die Fragen gleich zu beantworten.

Es antwortet Herr Professor Gerstenberger. Bitte.

Gerstenberger (Kommissarischer Leiter des Bereiches Kommerzielle Koordinierung): Ja. Die ersten drei Fragen sind eigentlich recht unkompliziert zu beantworten. Ich mußte mich hinsichtlich der ersten Frage so vorsichtig ausdrücken, weil wir wirklich anfangs Schwierigkeiten hatten, da es ja keine Unterlagen gab. Und wenn, waren sie nicht entschlüsselbar, um sicher zu sein, daß wir tatsächlich alle **Auslandskonten,** auch die, die ohne Namen draußen angelegt waren, erfaßt haben.

Wir können mit hundertprozentiger Sicherheit, Herr Dr. Lindemann, nicht ausschließen, daß es noch solche Konten gibt. Die Wahrscheinlichkeit aber, daß es solche noch gibt, ist eigentlich aus heutiger Kenntnissicht sehr, sehr gering. Deshalb gehe ich eigentlich persönlich davon aus, daß wir jetzt einen lückenlosen Nachweis haben. Wir haben alles unternommen, um das Geld, das flüssig war, in die Republik zurückzuführen. Dort, wo es sich um **Festgeldanlagen** handelt, sind sie bis maximal Mai angelegt und werden dann zurückgeführt. Sie sind ja Bestandteil des Finanzstatus, des Unternehmens für – und innerhalb der Zahlungsbilanz erfaßt.

Was die Frage **Waffengeschäfte in Nicaragua** betrifft: Jawohl, Nicaragua gehört zu den Ländern, die Waffen erhalten haben. Ich kann ausschließen, daß Waffen an die Kontras geliefert wurden. Das ergibt sich aus der gegenwärtigen Liquidation dieses Bereiches der IMES GmbH.

Zum **Unternehmensverband** und seinen **Gesellschaftern**: Die Majorität hat das **Ministerium für Außenhandel** als Treuhänder. Darüber hinaus ist die Deutsche Handelsbank und die Unternehmen beteiligt, die als Auslandsunternehmen dem Betrieb oder diesem Bereich zugeordnet [sind].

Wir haben also kein **ausländisches Kapital** und keinerlei **Privatpersonen** in diesem Unternehmensverband erfaßt. Daß das Ministerium für Außenhandel als Treuhänder des Volkseigentums als Gesellschafter auftritt, hängt mit dem Umstand zusammen, daß wir die Gründungsabsicht zu einem Zeitpunkt vorgelegt haben, als noch nicht bekannt war, daß die Verwaltung des Volkseigentums auf der Basis einer Treuhandstelle erfolgt.

Deshalb habe ich hier ausdrücklich in meinem Bericht gesagt, daß die Zuordnung dieses Unternehmensverbandes zu dieser künftigen **Treuhandstelle** erfolgen soll. Das sind vielleicht die drei Antworten.

Ducke (Moderator): Danke, Herr Professor Gerstenberger. Herr Lindemann, eine Ergänzung? – Bitte.

Lindemann (Leiter der Sonderkommission des Ministerrats): Ja. Ich darf vielleicht kurz auf die Frage antworten, was unter dem Begriff **Transaktionen auf humanitärem Gebiet** zu verstehen sei. Ich muß Ihre Vermutung bestätigen, es handelt sich hier tatsächlich in der Hauptsache um Zahlungen der Bundesrepublik im Zusammenhang mit der **Entlassung von Häftlingen** aus DDR-Gefängnissen beziehungsweise im Zusammenhang mit der Bewilligung von **Ausreisen**. Diese Zahlungen hatten eine jährliche durchschnittliche Höhe von etwa 200 Millionen Mark. Das zu dieser Frage.

Dann war noch eine Frage offen von Ihnen gewesen, wie das mit den **Einzelgenehmigungen** sei. Ich habe diese Frage auch noch einmal konkret an den Minister für Außenwirtschaft, Herrn [Gerhard] Beil, gestellt. Er hat mir gegenüber, damit offiziell gegenüber der Regierungskommission erklärt, daß gegenwärtig keinerlei Genehmigungen erteilt werden und damit kein **Waffenexport** stattfindet.

Ducke (Moderator): Danke für die Beantwortung. Das Wort hat nun Herr Matschie, SPD.

Bitte, Herr Matschie. Dann Herr Wolf und dann Herr Templin, nur damit Sie sich nicht mehrfach melden müssen.

Matschie (SPD): Zuerst möchte ich den **Antrag** stellen, daß wir beide hier vorgelegten **Berichte** noch **schriftlich bekommen**, daß die hier im Büro noch hinterlegt werden, daß wir die alle schriftlich zur Verfügung haben. Das zum ersten.

Dann möchte ich noch einmal eine Anfrage wiederholen, die ich vor zwei Wochen an dieser Stelle schon an die Regierungsvertreter gemacht habe und wo auf diesen Bericht verwiesen wurde. Ich habe hier keine Antwort gehört. Uns war die Information zugegangen, daß die **Intrac** Handelsgesellschaft, von der hier die Rede war, ihre Aktivitäten auf dem Gebiet Umwelt, Abfallentsorgung in einer GmbH mit Namen AWUS, was heißen soll Abfallwirtschaft und Umweltservice GmbH, zusammenfassen will. Und diese Gesellschaft besteht aus den Gesellschaftern der Intrac und einem Herrn Eberhard Seidel.

Ich vermute jetzt, das ist der Herr Seidel, der in diesem Bericht mehrfach aufgetaucht ist. Ist er nicht? – Gut.

Dann wäre meine Frage an dieser Stelle, wer ist dieser Herr Seidel, der dann ja nach Auflösung der Intrac Alleingesellschafter der **AWUS GmbH** wäre, und wer hat die Bildung der AWUS GmbH veranlaßt?

Ducke (Moderator): Zur Frage der Veröffentlichung des Berichtes, können Sie uns da etwas sagen? Also, unser Vorschlag wäre, daß das natürlich nicht einfach breitgestreut, sondern nur den hier vertretenen Parteien zur Verfügung gestellt werden kann. Wäre so etwas möglich?

Lindemann (Leiter der Sonderkommission des Ministerrats): Da der Bericht sehr viele Informationen erhält, die auch nach heutigem Stand der **Geheimhaltung** unterliegen müssen, würde ich es nicht für sehr zweckmäßig erachten, daß wir ihn in großer Vielzahl bereitstellen. Ich würde vorschlagen, daß jederzeit die Einsichtnahme gewährleistet ist, aber ich würde eine doch breite Verteilung dieses Berichts nicht befürworten.

Ducke (Moderator): Danke. Bitte, Herr Ziegler dazu.

Ziegler (Co-Moderator): Ich würde vorschlagen wegen dieser besonderen Situation, die eben geschildert ist, daß das nur über die Fächer an die Gruppierungen hier geht und nicht angehängt wird je ein Exemplar und nicht an die Ergebnisse, die ja weitgestreut werden, angehängt wird. Wenn das möglich erscheint, wäre es doch gut, weil es ja also doch enorm wichtig für die Aufarbeitung der hier gestellten Anträge ist, nicht. Meinen Sie, daß das geht?

Lindemann (Leiter der Sonderkommission des Ministerrats): Na gut. Da müßte man sich einmal verständigen.

Ducke (Moderator): Gut. Mehr können wir jetzt im Moment nicht machen. Der Antrag ist weitergegeben.

Matschie (SPD): Wenn der Bericht jetzt eher gekommen wäre, wie wir das vorgesehen haben, wäre die Öffentlichkeit dabei gewesen. Ich verstehe das jetzt nicht ganz.

Lindemann (Leiter der Sonderkommission des Ministerrats): Also, ich wäre prinzipiell einverstanden, wenn wir nach dem letzten Modus verfahren würden, der hier vorgeschlagen wurde, ja.

Ducke (Moderator): Den Parteien zur Verfügung gestellt. Gut, genügt. Die Frage habe ich nicht verstanden – –
Wer Herr Seidel ist, ja? – Bitte.

Matschie (SPD): Ja, es geht um die **Intrac,** die Umwandlung in **AWUS** und diese Begründung.

Ducke (Moderator): Ja, ja, ist gut. Ja, ja. Man merkt sich die Abkürzungen nicht mehr.

Gerstenberger (Kommissarischer Leiter des Bereiches Kommerzielle Koordinierung): So, ich darf auf die Frage eingehen. Sie hat übrigens in dem Gespräch, das Herr Momper gestern in Leipzig mit unserem Ministerpräsidenten hatte, eine große Rolle gespielt. Es wurde also auch aus dieser Richtung gefragt. Was ist der Ausgangspunkt?

Also, erst einmal, Ihre Information trifft völlig zu. Früher und besonders auch als **Außenhandelsunternehmer** [hat] **Intrac,** auch im Rahmen des Umfangs, der hier geschildert wurde, hat die **Müllgeschäfte** durchgeführt – aber in Verbindung mit den Geschäften auf dem Sektor Buntmetalle, auf dem Sektor Stahl/Metall, auf dem Sektor Chemie, Erdölveredelung und so weiter. Es war zu übersehen, daß die mit den **Müllgeschäften,** über deren Wertung ich mich jetzt nicht äußern möchte, das hat Herr Lindemann, glaube ich, deutlich zum Ausdruck gebracht – –

Ducke (Moderator): Nein, wir brauchen zu dem Sachproblem uns hier nicht zu äußern, hier war eine konkrete Rückfrage.

Gerstenberger (Kommissarischer Leiter des Bereiches Kommerzielle Koordinierung): Ja, ja, das ist nur wichtig, weil das eine Rolle spielt bei der Frage, warum wurde diese Firma gegründet? Wir haben aus Gründen der Verminderung des Obligus für die Firma Intrac eine Lösung gefunden, diese **Müllfragen** in einem Unternehmen zu konzentrieren, damit auch zu lokalisieren.

Die absolute Majorität der Geschäftsanteile hat die **Intrac,** das heißt, sie ist nach wie vor der kommerzielle Abwickler für die Geschäfte. Und Herr Seidel, der gleichzeitig Leiter dieses Unternehmens ist, hat seine Einlage von 1 000,– Mark, so hoch ist sein Gesellschaftskapital, der Treuhänderschaft übergeben, also er nimmt das nur deshalb wahr, weil zur Gründung einer GmbH zwei Gesellschafter im Minimum nötig sind.

Das heißt, Herr Seidel scheidet nach der Gründung dieser Gesellschaft als Gesellschafter wieder aus, weil es dann für die Durchführung reicht, wenn ein Gesellschafter übrig bleibt, und das wird die Intrac sein. Aber natürlich im Rahmen der Haftungssumme, die dann für das neue Unternehmen festgelegt wurde. Das ist der einfache Grund für diese Konstruktion, die wir gewählt haben, um nicht die Intrac als Ganzes mit dem Risiko der Müllgeschäfte zu belasten.

Ducke (Moderator): Danke, Herr Professor Gerstenberger. Das Wort hat Herr Wolf, LDP; dann Herr Templin.

Wolf (LDP): Mich drängt es zu zwei kurzen persönlichen Bemerkungen, und ich habe eine Frage. Die erste persönliche Bemerkung ist, daß ich das Bedürfnis habe, meinen großen persönlichen Respekt [den] Kollegen und Mitstreitern, ja, auszusprechen, die oft unter Hinteranstellung persönlichen Risikos bewirkt haben und dazu beigetragen haben, daß Licht in diese vielen schlimmen Dinge gekommen ist.

Zweite Bemerkung: Ich bin dankbar, daß es loyale ehemalige leitende Mitarbeiter, führende Mitarbeiter dieses Bereiches gibt, die hier mit Sachkunde und sicher auch innerer Anteilnahme zur Aufklärung beitragen.

Meine Frage ist angesichts immer noch makaberer sowohl justizieller als auch politisch öffentlicher Darstellungen, es gäbe keine **Straftatbestände** zur Behandlung, Verhandlung und Ahndung dieser Dinge – für mich heute eigentlich ziemlich klar, daß auch das jetzige **Strafrecht der DDR** und die jetzige Verfassung nicht nur den vernichteten Kassenzettel für den illegalen Erwerb eines West-Fernsehers als Tatbestand benötigen, sondern, daß hier eindeutig **Verfassungsgrundsätze** und rechtliche Prämissen dieses Landes sogar schon vorher und auch in der jetzigen rechtsstaatlichen Befindlichkeit, die wir haben, herangezogen werden könnten und müßten, um zu den entsprechenden Anträgen, Verhandlungen und Urteilen zu kommen.

Deshalb habe ich die Frage: Was wird mit diesen Berichten? Wer wird sie bekommen? Und wie können wir gemeinsam noch politisch Einfluß darauf nehmen – ohne Gefühle, persönliche Rache, aber politischer notwendiger Gerechtigkeit in diesem Land hier zum Ausdruck zu bringen – daß das dort hinkommt, wo es bisher so zögerlich zugegangen ist.

Ducke (Moderator): Danke, Herr Wolf.

[Beifall]

Ducke (Moderator): Dazu, oder?

Templin (IFM): Da meine Frage in die gleiche Richtung geht, würde ich sie gerne anfügen.

Ducke (Moderator): Ah, ja, bitte.
Bitte, Herr Templin.

Templin (IFM): Das gehört doch, denke ich, sehr eng zusammen. Aus der Art und Weise der Anlage des Berichtes ist, denke ich, vor allem durch die Ausführung des zweiten Berichterstatters, immer deutlicher geworden, daß man die aufgezeigten Praktiken nicht auf einen isolierten Bereich beschränken kann. War zu Anfang vor allem vom sogenannten [Bereich] KoKo die Rede und fast noch eine Interpretation möglich, zu sagen, hier wurde ein Bereich isoliert herausgelöst, der dann weder vom Außenhandel noch von anderen Seiten der Regierung kontrolliert werden konnte, so wurden in weiteren Teilen des Berichtes aber immer andere Zusammenhänge deutlich, die eigentlich zwingend nahelegen, es gab hier eine ganz enge **Verfilzung.**

Es gab hier eine ganz enge Verfilzung und Verbindung vor allem **zu politischen Führungskräften,** und ich würde vor allem sagen, zu zentralen Stellen der Partei, also der führenden Partei, der SED. Meine Frage: Wie weit ist in Ihre bisherige Arbeit beziehungsweise in Ihre ja sicher noch fortzuführende Arbeit die **Finanzpraxis der SED** – für mich ist sie nach dem Bericht überzeugend hier einzuschließen – bereits Gegenstand geworden?

Meine Frage hat auch einen ganz praktischen Grund. Es ist zum Beispiel so, daß in einer Reihe von Übernahmefällen, jetzigen Übernahmefällen auch von Gebäuden und Einrichtungen, die **SED** nach wie vor als Rechtsträger auftritt beziehungsweise **Vermieter** – – zum Beispiel beim Haus der Demokratie in Berlin. Und ich halte es nach den bisher vorliegenden Erkenntnissen, nicht nur den heutigen, aber das hat sich ja heute noch einmal verdichtet, für absolut unmöglich, daß man sich hier im Verfahren einer normalen Rechtsträger- oder Mieterschaft etwa darauf einigt, dieses Mietverhältnis zu akzeptieren beziehungsweise sogar fortzuführen.

Ich meine, die Klarstellung dieser finanziellen Voraussetzung – – also wie ist es zur **Rechtsträgerschaft der SED** an bestimmten Gebäuden gekommen? Wie konnte das gesamte Verhältnis von Einnahmen beziehungsweise Ausgaben, wo ja auch eine ganze Reihe von Devisenausgaben dazugehören, wie konnte das in Zusammenarbeit mit diesen Bereichen, die Devisen beschaffen mußten, gestaltet werden? Wo waren da die genauen Verantwortungen?

Ich würde zum Beispiel nicht davon ausgehen, daß man eine Interpretation akzeptieren kann, das MfS oder KoKo direkt habe die DKP finanziert. Das ist dann ja durch partnerschaftliche Zusammenarbeit beider Parteien gelaufen. Hier mußte also KoKo die Mittel bereitstellen für Ausgaben der Partei.

Meine Frage wäre: Wenn das insgesamt aufzuklären ist, dann halte ich es für schlechterdings unmöglich, daß man auf einer anderen, viel tieferen Ebene plötzlich versucht, zivilrechtlich eine Normalität zu suggerieren, die es so gar nicht gibt.

Ich würde also die Frage der **Rechtsträgerschaft** auch an solchen konkreten Fällen, und das wäre hier auch der mit der Frage verbundene **Antrag**, gern in den Zuständigkeitsbereich einer solchen Kommission verweisen und die Akzeptanz solcher anderer oder ähnlich gelagerter Mietsverhältnisse von den Untersuchungsergebnissen einer solchen Kommission abhängig machen. Eine politisch viel saubere Lösung, aber die kann ich bisher noch nicht sehen, wäre, daß die **SED** selber auf ihre **Rechtsträgerschaft** an solchen zweifelhaften Objekten verzichtet.

Das, denke ich, wäre eine Chance, nicht einen solch quälenden mühsamen Weg über eine solche **Untersuchungskommission** zu finden. Aber das stelle ich hier nur in den Raum als weitere politische Möglichkeit.

Ducke (Moderator): Gut. Es steht im Raum, wie weit es zu beantworten ist.
Herr Dr. Lindemann, bitte.

Lindemann (Leiter der Sonderkommission des Ministerrates): Wenn Sie gestatten, zu der ersten Frage der Erfüllung von **Straftatbeständen**. Es ist selbstredend nicht Aufgabe einer Sonderkommission der Regierung darüber zu befinden, ob Straftatbestände hier erfüllt waren. Gleichwohl steht es uns natürlich auch an, einen Standpunkt zu haben zu der Frage, ob hinreichender Tatverdacht gegeben ist. Ich bin auch insofern für die Frage dankbar, als es ja Aufgabe war der Sonderkommission, die Staatsanwaltschaft und die Untersuchungsorgane bei den Ermittlungen in den Fällen Schalck und Seidel zu unterstützen.

Ich darf Ihnen als Vertreter des Runden Tisches erklären, daß es eine sehr enge **Zusammenarbeit mit der Staatsanwaltschaft** bis hin zum Generalstaatsanwalt ständig gegeben hat. Wir haben die Staatsanwälte über alle uns vorliegenden Erkenntnisse, **Beweismaterialien**, Untersuchungsergebnisse regelmäßig informiert. Wir haben die Beweismaterialien, die vorhanden waren, vollständig zur Verfügung gestellt. Natürlich, auch das war unsere Aufgabe, mußte gesichert werden, daß Dokumente, die für die nationale Sicherheit von Bedeutung sind, und von denen gibt es eine Reihe hier, zu sichern waren, daß sie nicht beliebig weitergegeben werden konnten. Ich will auch hier offen aussprechen, das war nicht immer gewährleistet. Beispielsweise sind eine Reihe von **Beweismitteln** über Umwege, die uns nicht im einzelnen bekannt sind, in die internationale Presse gelangt. Das betrifft auch internste Dokumente. Aber wir haben es insgesamt geschafft, daß die Staatsanwaltschaft hier die Beweismittel sichern konnte.

Wir haben auch angeboten, hier der Staatsanwaltschaft insoweit entgegenzukommen, daß wir bereit sind, als sachverständige **Zeugen** im Rahmen der Prozeßvorbereitung zu fungieren, weil naturgemäß jetzt bei uns die meiste Sachkenntnis angereichert ist. Und wir haben auch angeboten, im weiteren dann, wenn uns Beweismittel weiterhin zur Verfügung stehen oder wir sie aufspüren, dann natürlich [diese Beweismittel] sofort an die Staatsanwaltschaft zu übergeben. Alle diese Dinge sind ständig abgelaufen.

Wir sind auch nicht sehr zufrieden mit dem Stand der Untersuchungen. Ich muß dazu aber auch folgendes sagen: Uns ist bekannt, daß es bestimmte Schwierigkeiten gegeben hat, die die Verzögerung im Ablauf der **Ermittlungen** vielleicht erklären, die darin liegen, daß ständig die Untersucher gewechselt haben. Es war auch für uns als Regierungskommission außerordentlich schwierig, ständig, das war teilweise vierzehntägig, mit neuen Untersuchern zu arbeiten. Und wir mußten sie ständig aufs neue einweisen. Ich will es einmal, ich bitte, das nicht als überheblich hier anzusehen, sagen: Ihnen das Einmaleins beizubringen, das Grundverständnis für die Zusammenhänge in diesem Bereich, das ist doch wichtig.

Ich bin auch der Meinung, es geht nicht darum, ob hier einmal eine Summe herübergereicht wurde. Ich habe ja einiges gar nicht genannt. Es gibt noch eine Unzahl von Fakten. Ich habe hier gar nicht erwähnt, daß als Bestandteil des Systems der Abhängigmachung von Mitarbeitern beispielsweise **zinslose Kredite** ausgereicht wurden, die sich in Einzelfällen bis über 100 000 Mark bezifferten, zinslos, ohne Nachweis, ohne Quittung bekommen sie auf die Hand 100 000 Mark und brauchen das nicht einmal zu unterschreiben.

Es gibt also genügend Beweismittel, meine ich, die zu sichern sind. Aber das, wie gesagt, setzt natürlich voraus, daß auch eine gewisse Kontinuität in der Tätigkeit der Untersuchungsorgane endlich Platz greift. Es steht mir nicht an, darüber zu befinden, welches die Ursachen waren, daß dem bisher nicht so war. Es gibt sicher auch objektive Umstände. Also, ein Umstand war ja beispielsweise auch, daß eine zeitlang Leute, die als nicht belastet galten oder zumindest nicht so weit belastet galten, aus dem ehemaligen Untersuchungsorgan des MfS mitarbeiten durften, dann wieder nicht. Also, alle diese Dinge haben hier eine Rolle gespielt.

Im Fazit darf ich sagen, daß nach meiner Auffassung tatsächlich **genügend hinreichende Beweismittel** zur Verfügung stehen, um zügig ein **Strafverfahren** vorzubereiten. Das ist mein Standpunkt als Leiter der Regierungskommission.

Soweit es die nächste Frage betrifft, Ihre Frage, möchte ich dazu sagen, daß es für uns als Regierungskommission natürlich außerordentlich schwierig ist, hier im einzelnen reproduzieren zu wollen, wie durch Abhängigkeiten [und] Weisungslinien, ich hatte die Weisungslinien genannt, nunmehr unmittelbar **Eigentum der früheren SED** begründet wurde. Das ist sicherlich sehr schwer rekonstruierbar, also daß auch die Regierungskommission sicherlich keinen größeren Beitrag leisten kann zur Klärung der Fragen, die Sie hier angesprochen haben, also ganz konkret die Fragen der **Rechtsträgerschaft an bestimmten Gebäuden**. Ich glaube, das ist aus dem dargelegten Zusammenhang heraus nicht rekonstruierbar.

Ducke (Moderator): Danke, Herr Dr. Lindemann.
Das Wort hat nun Frau Kögler, Demokratischer Aufbruch; und dann Frau Poppe, Demokratie Jetzt.
Herr Templin noch einmal? Entschuldigung, war das unmittelbar dazu?

Templin (IFM): Ja, nur noch einmal eine Nachfrage. Ich sehe die Kompliziertheit ein. Meine Frage konzentrierte sich darauf: Wird das weiterhin Gegenstand Ihrer ja sicher fortzusetzenden Arbeit sein oder ist das, wenn ja, aus welchen Gründen, prinzipiell ausgeblendet?

Ducke (Moderator): Ich dachte eigentlich, die Antwort hat ergeben, daß das nicht in den Bereich fällt. Aber Sie fragen noch einmal nach?

Templin (IFM): Nein, nein, die Frage nannte die Kompliziertheit.

Ducke (Moderator): Hier geht es um KoKo.

Templin (IFM): Also, meine Nachfrage ist, diese Arbeit wird doch sicher fortgesetzt, die ist doch noch nicht abgeschlossen?

Ducke (Moderator): Nein, Herr Templin, die Antwort war doch, daß im Bereich KoKo dies nicht mehr nachzuvollziehen ist. Dies war die Antwort, die gegeben wurde.

Templin (IFM): Moment.

Ducke (Moderator): Sie stellen ein neues Problem.

Templin (IFM): Nein, nein, der zweite Teil des gesamten Berichtes beschränkte sich ja nicht auf die Tätigkeit von KoKo, sondern hat ja wesentliche Ergebnisse der Untersuchungskommission zur **Aufklärung von Amtsmißbrauch und Korruption** beinhaltet.

Nun gehe ich ja davon aus, die Tätigkeit dieser Untersuchungskommission ist ja nicht auf den Bereich KoKo begrenzt. Und da ist meine Frage nicht auf die Untersuchung von Koko, sondern: Hat die Regierungskommission zur Untersuchung und Aufdeckung der Fälle von Amtsmißbrauch und Korruption die Kompetenz, ihre Arbeit, die ja nicht abgeschlossen ist, auf die Untersuchung der **Finanzen der SED** zu erstrecken? Das meine ich damit.

Ducke (Moderator): Danke, das war jetzt klar.
Können Sie etwas dazu sagen? – Bitte, Herr Dr. Lindemann.

Lindemann (Leiter der Sonderkommission des Ministerrates): Ja. Dazu möchte ich zwei Bemerkungen machen.

Zum einen, natürlich ist die Tätigkeit der Sonderkommission in enger Abhängigkeit mit der Tätigkeit der **Regierung Modrow** zu sehen. Das betrifft auch den zeitlichen Horizont. Wir haben keine **Legitimation,** über diesen Zeitraum hinaus zu arbeiten. Das müßte eine neue Regierung tun. Das zum ersten, so daß dieser Zeithorizont, ja, 18. März, natürlich auch für uns der geltende war und ist. Es gibt sicherlich Aufgaben, und ich werde Herrn Modrow entsprechende Vorschläge unterbreiten, bestimmte Schwerpunkte noch abschließend weiter zu vertiefen, um Ihnen gegenüber dann auch einen qualifizierten und abgeschlossenen Bericht vorlegen zu können.

Und es gibt auch Aufgaben, die die Kommission noch hat in bezug auf die Abwicklung bestimmter Problemstellungen, **Vermögenswerte** und so weiter. Das muß noch getan werden, und das sind Aufgabenstellungen, deren Realisierung noch einen Zeitraum bis möglicherweise Ende März erfordern könnte.

Was den zweiten Teil Ihrer Frage betrifft, muß ich vielleicht sie noch präziser beantworten. Ich meine, daß aufgrund der Tatsachen, die ich hier genannt habe – daß es Entscheidungen gab, größere wirtschaftspolitische Entscheidungen von gewaltigen Dimensionen von Honecker, Mittag, Dispositionen auf dem Konto 0628 und daß es auch Entscheidungen gab, daß Mittel, die aus Abführungen der NSW-Firmen für die **DKP** zu verwenden waren –, jetzt nicht einfach der Schluß gezogen werden kann, dieses oder jenes **Grundstück** oder Gebäude wurde daraus gekauft oder erworben. Dieser Nachweis – das meinte ich mit „schlecht rekonstruierbar" – dieser Nachweis läßt sich einfach nicht führen. Damit wäre die Regierungskommission absolut überfordert. Das liegt auch nicht im Rahmen der uns durch den Ministerrat übertragenen Aufgabenstellung. Ich bitte da einfach um Verständnis. Es geht nicht darum, daß wir uns vor einer Aufgabe drücken wollen. Das ist hier heraus einfach nicht realisierbar, Ihr Vorschlag.

Ducke (Moderator): Danke. Das war sicher zur Klärung und wird vielleicht auch andere Schritte notwendig machen, um nicht nur Ihre Frage zu beantworten. Aber lassen Sie hier bitte die Nachfrage jetzt. Jetzt hat Frau Poppe das Wort.

Templin (IFM): Nur noch eine konkrete Nachfrage, um die ich hier dringend gebeten wurde.

Ducke (Moderator): Ja, aber dann melden Sie sich dann, warten Sie bitte. Jetzt kommt Frau Poppe, damit das kein Dialog wird. Frau Poppe, Demokratie Jetzt, bitte.

Frau Poppe (DJ): Gibt es Verhandlungen bezüglich der Vernehmung oder **Auslieferung von Herrn Schalck?**

Ducke (Moderator): Nein, Frau Kögler war jetzt dran. Ich bitte um Entschuldigung, ich hatte Sie schon gestrichen, weil, aufgerufen durch den Zwischenruf von Herrn Templin sind Sie ums Wort gebracht worden.
Bitte, Frau Kögler. Entschuldigung, jetzt muß ich zurückschalten.

Frau Kögler (DA): Ansonsten nehme ich mir immer das Wort und lasse mich nicht so verdrängen.

Ducke (Moderator): Ja, aber Initiativen.

Frau Kögler (DA): Eine Frage, die immer wieder aus der Bevölkerung gestellt wird und auch von Mandanten von mir, von früheren Mandanten und jetzigen. Es gibt eine Reihe von Bürgern im Lande, die um ihre **Antiquitäten** im Zusammenhang mit Prozessen gebracht worden sind, die nach unserem Rechtsverständnis rechtswidrig sind.

Meine Frage an den Vertreter der Regierungskommission: Sind die Restbestände bei Antikhandel Pirna an antiken Möbeln gesichert? Ich frage das deshalb, [weil] es hat also bis in die jüngste Zeit solche ungesetzlichen Praktiken bis 1989 gegeben und es wäre ja denkbar, daß wenigstens noch Restbestände vorhanden sind.

Ducke (Moderator): Gut. Kümmern wir uns um diese. Herr Lucht, ein Geschäftsordnungsantrag? Aber wir müssen erst antworten auf diese Frage.

Lucht (GL): Ja. Vielleicht können wir in dem Zusammenhang noch die **Vorlage 16/8 [Antrag GP, GL, NF: Zur Verhinderung der Gründung der „Internationalen Beratungs- und Vertriebsgesellschaft mbH"**[25]] behandeln, die sofort dran wäre?

Ducke (Moderator): Nein, die kommt danach. Lassen Sie bitte die Befragung der Regierung.

Lucht (GL): Ja, aber diese Frage, die im Zusammenhang stand – –

---

[25] Dokument 16/16, Anlagenband.

Ducke (Moderator): Bitte, können Sie dazu etwas sagen? Das ist eine Abstimmungssache, eine Vorlage.

Lindemann (Leiter der Sonderkommission des Ministerrates): Zu dem Stand eines **Rechtshilfeersuchens** zur **Auslieferung von Herrn Schalck** an die DDR kann ich hier nichts sagen. Diese Frage müßten Sie natürlich direkt an den Generalstaatsanwalt der DDR richten, der dafür zuständig ist. Wir haben als Regierungskommission eine solche Empfehlung den zuständigen Staatsanwälten gegeben, es ständig zu versuchen.

Wir vertreten die Auffassung und haben es sogleich getan, daß die Haftentlassung durch den zuständigen Staatsanwalt in West-Berlin eindeutig nicht rechtsstaatlich begründet war. Die wörtliche Begründung ließ durch alle Poren erkennen, daß es hier sich um eine politische Begründung handelte. Jeder, der das gelesen hat, wird das sicher nachvollziehen können und kaum eine andere Meinung haben. Ich bin selbst Jurist und der festen Überzeugung, daß diese Entscheidung nicht rechtsstaatlich war durch den West-Berliner Staatsanwalt.

Ducke (Moderator): Gut. Das war die Antwort schon auf Frau Poppe.

Lindemann (Leiter der Sonderkommission des Ministerrates): Das ist die erste Frage. Die zweite Frage, die gestellt wurde zu den Restbeständen muß ich dahingehend beantworten, daß ich in bezug auf den **Antikhandel Pirna** hier nicht auskunftsfähig bin, soweit es hier die Sicherung der dortigen Bestände betrifft, weil Antikhandel Pirna zwar in Vertragsbeziehung stand im Rahmen des geschilderten flächendeckenden Aufkaufnetzes, aber selbst nicht zur Kunst und Antiquitäten GmbH gehört.

Wir haben die zuständigen Staatsanwälte informiert, daß die hier Maßnahmen prüfen sollten, aber wir selbst hatten keine Möglichkeiten, in dieser Richtung wirksam zu werden. Was aber geschehen ist, das kann ich hier erklären, ist die **Sicherung der Kunst- und Antiquitätengegenstände in Mühlenbeck.**

Das ist sehr gründlich geschehen. Die Räume wurden versiegelt, die **Volkskontrolle** ist vor Ort, alle nur denkbaren Maßnahmen wurden ergriffen, um diese Bestände zu sichern. Die Vertreter der Museen sind bei allen Schwierigkeiten, die es da in der Vergangenheit auch gab und die Sie auch der Presse entnehmen können – die Auseinandersetzungen, ist naturgemäß – [um eine Sicherung der Bestände bemüht]. Das sind Interessenwidersprüche, die hier eine Rolle spielen. Ist doch gesichert, daß diese Bestände gesichert werden können durch kompetente Vertreter der **Museen** und daß, wenn die Museen es wünschen, diese Bestände an sie zurückgeführt werden können. Die stellvertretende Kulturministerin Frau Weiß hat mir gegenüber erklärt, daß insgesamt gegenwärtig noch ein Fonds für 4 Millionen Mark für den Kauf durch die Museen zur Verfügung steht und daß dieser Fonds bisher nur sehr gering in Anspruch genommen wurde.

Ducke (Moderator): Danke schön. Frau Teschke, Demokratie Jetzt.

Gerstenberger (Kommissarischer Leiter des Bereiches Kommerzielle Koordinierung): Darf ich vielleicht eine Ergänzung noch machen? Weil das zu den Prozeßfragen dazu gehört.

Ducke (Moderator): Frau Poppe war schon beantwortet. Bitte, entschuldigen Sie, welche Prozesse jetzt?

Gerstenberger (Kommissarischer Leiter des Bereiches Kommerzielle Koordinierung): Ja, diese – –

Ducke (Moderator): Ob da noch Materialien vorhanden sind?

Gerstenberger (Kommissarischer Leiter des Bereiches Kommerzielle Koordinierung): Antiquitäten. Auf die Frage von – – ja, ja.

Ducke (Moderator): Ja, ob Materialien noch – – Was heißt das?

Gerstenberger (Kommissarischer Leiter des Bereiches Kommerzielle Koordinierung): Ja. Es geht eigentlich nur darum, Ihre Frage lief ja darauf hinaus: Sind die **Kunstgegenstände** so gesichert, daß Prozesse auf Rückgabe dieser Güter nur halt praktisch materiellen Erfolg haben oder nicht? Dazu kann ich Ihnen präzise zwei Antworten geben.

Erstens: Kunst und Antiquitäten [GmbH] als Unternehmen ist in Liquidation, das heißt, durch einen ordentlichen Liquidator erfolgt die Abwicklung der Bestände. Alle Ansprüche aus Vorzeiten, selbst auch solche, sind an den Liquidator zu stellen, um Möglichkeiten zu prüfen, ob Tatbestände vorliegen, die denen zugrunde liegen, die Sie zum Ausgangspunkt Ihrer Frage genommen haben. Und wenn: Die Übergabe der **Kunstgegenstände** an **Museen** ist abhängig von dem eindeutigen Nachweis des rechtmäßigen Erwerbs dieser Kunstgüter, so daß von dieser Seite aus keine Probleme bestehen, wenn solche Fragen auftauchen.

Ducke (Moderator): Herr Professor Gerstenberger, vielen Dank. Aber wissen Sie, wir hatten hier schon oft die Versuchung, in Rechtswissenschaften gebildet zu werden. Die Frage war ja – – wissen Sie, mit den Klienten muß das eh behandelt werden.

Aber ich muß Frau Poppe fragen: Frau Poppe, war Ihre Frage schon beantwortet, ja? – Danke, weil das vorhin ein bißchen durcheinander ging.

Jetzt Frau Teschke, dann Herr Jordan und Herr Templin.

Frau Teschke (DJ): Ich habe drei Fragen.

Die erste bezieht sich auf die **Höhe der gesicherten Bestände** des Gesamtbereiches bei der Auflösung, also Kommerzielle Koordinierung. Wie hoch sind die gesicherten Bestände?

Dann hat der Herr Professor Gerstenberger gesagt, daß es keine persönlichen Gesellschafter dieses neugebildeten Unternehmensverbandes Berliner **Handels- und Finanzierungsgesellschaft mbH gibt**. Habe ich Sie richtig verstanden, daß alle Firmen, die nicht liquidiert werden, eingehen in diesen Verband? Heißt das dann auch, daß die persönlichen Gesellschafter der anderen Firmen **Transinter, Intrac, BIEG** und so weiter und so sofort, auch gelöscht werden in dem Handelsregister oder wie verhält sich das jetzt? Das wäre meine zweite Frage. Und – – oder wurden gelöscht?

Und die dritte Frage bezieht sich auf die Arbeitsweise der Firma **Simpex [Simpex Büro für Handel und Beratung GmbH, Berlin]**. Können Sie etwas über die Aufgaben dieser Firma sagen? Und welche Erkenntnisse haben Sie über die Höhe der verwendeten Devisenzahlungen dieser Firma? Danke.

Ducke (Moderator): Das waren konkrete Anfragen. Ich warte jetzt natürlich nur ab – – wenn noch weiter vom Tisch weggegangen wird, müssen wir doch fragen, wie weit wir ins Detail gehen. Können die Vertreter etwas sagen? Bitte schön.

Gerstenberger (Kommissarischer Leiter des Bereiches Kommerzielle Koordinierung): Die erste Frage, die habe ich akustisch nicht ganz mitbekommen. Es ging um die Sicherung der Bestände. Welcher?

Frau Teschke (DJ): Die Höhe der **gesicherten Bestände** des Bereiches KoKo. Also, ganz konkret, was ist in der Wallstraße zum Beispiel gefunden worden, nachdem die Wallstraße konfisziert wurde?

Gerstenberger (Kommissarischer Leiter des Bereiches Kommerzielle Koordinierung): Ah ja. Also, die **Wallstraße** ist nicht konfisziert, sondern die ist natürlich – – nach wie vor wird dort fleißig, sehr fleißig gearbeitet. Ich sitze ja auch dort. An Beständen wurde gesichert, ich hatte das dargelegt:
Erstens, eine ganze Reihe von **Konsumgütern** vielfältigster Art. Diese Konsumgüter sind je nach ihrer Art verwendet worden, teils als Verkauf gegen Valuta durch Zurverfügungstellung an forum, teils gegen Mark über das Zentrum Warenhaus am Ost-Bahnhof, teils, soweit es Spielsachen zum Beispiel waren, vor Weihnachten noch an Kinderheimeinrichtungen und so weiter. Und soweit es sich um **medizinische Geräte** handelt, auf Verwendung des Bezirksarztes hier in Berlin.
Darüber hinausgehende Bestände zum Beispiel an **Kraftfahrzeugen**, über die wurde gesprochen – wurde der Verkauf organisiert über forum [forum Handelsgesellschaft mbH, Berlin], über Genex [Geschenkdienst GmbH, Berlin] beziehungsweise über Maschinenbauhandel. Ein Verkauf von Pkw an Privatpersonen hat nicht stattgefunden.

Frau Teschke (DJ): Dann frage ich konkret: Wieviel Tonnen Gold wurden gefunden?

Gerstenberger (Kommissarischer Leiter des Bereiches Kommerzielle Koordinierung): Das kann ich sagen, 21,2 Tonnen. So, zu den anderen Fragen vielleicht ganz kurz.

Ducke (Moderator): Sind Sie so nett, es hat sicher jemand auch noch etwas anderes gehört.

Gerstenberger (Kommissarischer Leiter des Bereiches Kommerzielle Koordinierung): Ja. Das gehört auch zu meinen ersten großen Überraschungen.
Nun zu den **Kapitalbeteiligungen** Ihrer Frage. Ich muß sie in der Zukunft beantworten. Mit der Bildung des neuen Unternehmensverbandes erfolgt eine völlige Reorganisation der gegenseitigen **Kapitalbeteiligungen**, auch zu den unterstellten Betrieben. Das hängt mit dem Umstand zusammen, daß wir jeden einzelnen Betrieb, der künftig in dem Unternehmensverband eingegliedert sein wird, in seiner Konzeption völlig überarbeitet haben, auch in seiner Gesellschaftsstruktur. Und wir werden dort in jedem Falle sichern, daß persönliche Gesellschafter, sagen wir einmal, nicht einbezogen werden, es sei denn in der Form, wie ich es vorhin dargestellt habe bei der Intrac.
Was die Simpex betrifft: Die Simpex ist eine Vertreterfirma gewesen, die in einer engen Beziehung zu Unternehmen stand, die sich im Ausland befanden. Herr Lindemann hat dazu sehr ausführlich gesprochen. Das war der Grund, die **Firma Simpex in Liquidation** zu bringen. Sie wird ihre Tätigkeit am 31. März als Firma einstellen. Ihre Geschäftstätigkeit, dazu hatte ich hier etwas gesagt, wurde sofort eingestellt, als ich dort begonnen habe.

Frau Teschke (DJ): Ja. Ich habe nach den Aufgaben dieser Firma gefragt.

Ducke (Moderator): Aber Frau Teschke, darf ich bitten, darf ich darum bitten, es wurde darauf hingewiesen, im Bericht war das erwähnt, was sie zu tun hatte. Was ist jetzt das Problem?

Frau Teschke (DJ): Vom Minister Beil ist uns am 4. Dezember [1989] – also wir, das heißt die Unabhängige Untersuchungskommission – im Ministerrat gesagt worden, daß es eine **SED-Firma** ist und nicht zum Bereich Kommerzielle Koordinierung gehört. Wenn ich jetzt höre, daß sie zum Bereich Kommerzielle Koordinierung gehört, dann gehört sie gleichzeitig zur SED, oder wie verstehe ich das jetzt? Und gleichzeitig wären da ja jetzt die Fragen zu klären, die Herr Templin angesprochen hat, mit den **Zuführungen** nicht nur **zur DKP**, sondern auch zu anderen kommunistischen Parteien in Europa.

Gerstenberger (Kommissarischer Leiter des Bereiches Kommerzielle Koordinierung): Ich darf Ihnen sagen, Herr Beil hat eine völlig korrekte Antwort gegeben. Herr Lindemann hat ja zum Ausdruck gebracht, daß es eine Reihe von Auslandsfirmen gab, [eine] große Anzahl. Diese Firmen standen in einer engen **Beziehung** zur früheren **SED**, aber das Kapital ist eindeutig **Staatseigentum**, und unter diesen Gesichtspunkten haben wir uns auch mit der Firma Simpex befaßt.
Das war der Grund, um auch dort vorhandenes Kapital im Interesse des **Volkseigentums** dann dort herauszuziehen, um von vornherein diesen Dingen ein Ende zu bereiten. Die Gesellschafter dieser Firma waren tatsächliche Angehörige der Sozialistischen Einheitspartei, aber nicht nur im Sinne der Mitgliedschaft, sondern des Apparates.

Ducke (Moderator): Danke schön, Herr Gerstenberger. Herr Jordan, Grüne Partei, bitte, dann Herr Templin.

Jordan (GP): Sie hatten in Ihrem Bericht nur **Müllkippen** in der Umgebung von **Berlin** erwähnt. Es gibt aber noch eine weitere, vielleicht die größte Europas. Sie liegt in Mecklenburg, [**Mülldeponie**] **Schönberg,** und Sie hatten angegeben, daß die Müllgeschäfte 100 Millionen Mark für KoKo gebracht haben.
Nach Erkenntnissen der Grünen Partei lagen die Gesamterlöse aus den Müllgeschäften in den letzten Jahren bei rund 170 Milliarden Mark. Wie ist das – Millionen Mark, pardon – wie ist das jetzt in bezug auf Schönberg? Sind dort auch die Verträge gestoppt?
Und zugleich möchte ich anfragen, ob von den jetzt übrig gebliebenen Mitteln auch Mittel einfach jetzt in Reservefonds gelegt werden, um diese **Deponien** zu sichern? Denn das wird ja auch noch einmal also in den nächsten Jahren Milliarden von Mark kosten, und die müßten doch jetzt den zukünftigen Ländern Mecklenburg und Brandenburg erst einmal mit übergeben werden, nicht bloß also die Zeitbombendeponien, sondern auch einfach jetzt einen **Devisenfonds für die zukünftige Sanierung,** das wäre zumindestens ein **Antrag** und eine Ansicht der **Grünen Partei** zu diesem Problem.

Ducke (Moderator): Danke, Herr Jordan. Können Sie gleich darauf antworten? – Herr Lindemann, bitte schön.

Lindemann (Leiter der Sonderkommission des Ministerrates): Ja. Was die Summen betrifft, darf ich Ihnen einmal aus einer Zusammenstellung vielleicht die Gesamterlössumme nennen. Also, in den Jahren von 1975 bis 1989 wurden **Netto-Erlöse** erzielt in Höhe von 873 Millionen Verrechnungseinheiten. Das ist die Größenordnung jetzt exakt. Was die Problematik betrifft also der Separierung von Mitteln, um Maßnahmen aus dem **Umweltschutz** hier zu finanzieren, das sind Entscheidungen, die dann späterhin zu treffen sein werden.

Wenn Sie spezielle Fragen haben zur Sicherung von Deponien, ich habe, wie soll ich es nennen, vorsorglich oder als Dienstleistung, wie auch immer, hier einen Vertreter aus dem Ministerium gebeten, notfalls bereit zu stehen, um dazu Erklärungen abzugeben. Das kann er tun mit Einverständnis des Präsidiums. Zur Deponie Schöneiche könnte ich jetzt im Moment keine näheren Angaben machen. – Schönberg, Entschuldigung, Schönberg, ja.

Ducke (Moderator): Ich glaube, das genügt. Danke schön.
Herr Templin noch, bitte.

Templin (IFM): Gibt es Erkenntnisse über **Zahlungen der Kirchen in der BRD an KoKo** direkt oder indirekt? Wenn ja, in welchem Zusammenhang und welcher Höhe?

Ducke (Moderator): Herr Dr. Lindemann.

Lindemann (Leiter der Sonderkommission des Ministerrates): Die Zahlungen der Kirchen waren sehr umfangreich. Ich hatte gesagt, daß die Abwicklung von Geschäften – – es gab hier einen bestimmten Begriff, das waren die sogenannten **ABC-Geschäfte**, waren hierunter gefaßt. Es ging ganz konkret darum: Die Kirchen der BRD wollten ihren Bruderkirchen in der DDR Hilfe leisten in verschiedener Art. Es ging zum einen um **Unterstützung von Baumaßnahmen**, es ging zum anderen um Bereitstellung von Mitteln für **karitative Zwecke**, Bereitstellung von Pkw für diese Zwecke und anderes.

Also, es war ein breites Sortiment an materieller und anderer **Hilfe**, die die Kirchen der BRD ihren **Bruderkirchen** in der DDR erweisen wollten. Das Problem bestand nun in folgendem, daß nach den geltenden alliierten Bestimmungen, insbesondere nach dem **Militärregierungsgesetz 53**, es untersagt war, daß direkt Geschäfte abgewickelt wurden, die praktisch auf Devisenbasis verliefen. Mit anderen Worten, es waren keine direkten D-Mark-Überweisungen möglich oder Bezahlungen von Leistungen, die die DDR erbracht hatte in D-Mark oder anderen konvertierbaren Devisen, so daß hier der Weg von **Vermittlungsgeschäften** gewählt wurde.

Konkret lief das so ab, daß die Kirchen der BRD, es waren sowohl die evangelische als auch die katholische, daraus das A- und das C-Geschäft – das B-Geschäft waren die Zahlungen für Häftlinge beziehungsweise Ausreisen – daß diese Zahlungen so abgewickelt wurden, daß die Kirche in der BRD Firmen beauftragte mit **Rohstofflieferungen**.

Rohstoffe wurden von der **Intrac** übernommen und verwertet, und so bekam dann schließlich die DDR für die von ihr erbrachten Leistungen die Devisen-Zahlungen, indem nämlich die Rohstoffe wieder verkauft wurden, Erdöl, Kupfer etc., so daß es nur naturgemäß war und ein völlig normaler Vorgang, oder ein normaler ökonomischer Vorgang, daß diese Zahlungen durch die Kirchen der BRD geleistet wurden. Daran ist nichts Anrüchiges.

Gerstenberger (Kommissarischer Leiter des Bereiches Kommerzielle Koordinierung): Ja, ich muß noch ergänzen, der Gegenwert in Mark inländischer Währung wurde dann den **Kirchen** zur Verfügung gestellt. Es war also auch keine kommerzielle Abwicklung in dem Sinne, daß jetzt irgend jemand daran verdient hat. Sondern das war exakt abgestimmt nach Waren. Die DDR konnte ihre Wünsche äußern, manchmal auch auf der anderen Seite. Das heißt, es war ein ganz korrekter Transfer der [bis] weit Anfang der sechziger Jahre schon zurückgeht, keine moderne Erfindung.

Ducke (Moderator): Danke schön.

Lindemann (Leiter der Sonderkommission des Ministerrates): Ich darf vielleicht noch eines hinzusetzen, was vielleicht die Problematik etwas aufhellt. Ich hatte in den vergangenen Tagen mehrere Informationen, unter anderem auch seitens des Anwalts von Herrn Seidel, daß die **Kirchen in der BRD** keinerlei Verständnis hätten, daß es überhaupt ein **Ermittlungsverfahren gegen Herrn Seidel** gibt.

Der Hintergrund besteht darin, daß die Kirchen diese Art von Geschäften durchaus anerkannt hatten, daß die Kirchen sie anerkannt haben, daß sie sie akzeptiert haben, daß sie sie als einen normalen langjährigen Vorgang angenommen haben und deshalb Herrn Seidel gewissermaßen noch in bestimmter Weise dankbar sind und nicht verstehen, daß deshalb ein Ermittlungsverfahren gegen ihn läuft. Ich will mich zu dieser Position nicht äußern, ich will nur einmal erhellen, wie die Kirchen der BRD selbst diese Art von Geschäften eingeschätzt haben und auch heute noch bewerten.

Fraglos sind sie nicht informiert über die anderen Dinge, die ich vorhin dargelegt habe. Das erklärt natürlich ihren Standpunkt. Aber wie gesagt, aus der Sicht dieser „Geschäfte" hat die Kirche nach wie vor dazu auch in der BRD eine positive Meinung.

Ducke (Moderator): Danke, Herr Lindemann.
Frau Poppe, nun denke ich aber doch, die letzte Rückfrage, ja. Frau Poppe.

Frau Poppe (DJ): Dann möchte ich noch einmal nach den sogenannten **B-Geschäften** fragen, und zwar nach den **Häftlingsfreikäufen** und den **Bezahlungen von Übersiedlern**, und zwar: In welchem Umfang sind die erfolgt? Wieviel Gelder sind da geflossen und wonach ist das berechnet worden?

Lindemann (Leiter der Sonderkommission des Ministerrates): Ich habe dazu umfangreiche Akten studieren müssen, und seitdem ist mir klar, was geheimdienstliche Arbeit ist. Die Akten bestanden im wesentlichen aus Vermerken, daß ein Gesprächspartner mit einem anderen Gesprächspartner gesprochen hätte und daß verabredet wurde, wo wann Personen die Grenze überqueren könnten beziehungsweise wo wann jemand freigelassen würde. Ansonsten war das schwer reproduzierbar. Ich will damit sagen, das sind Dinge, die auch durch unsere Kommission nicht mehr bis ins Einzelne aufzuklären waren. Ganz offenbar **fehlen noch Akten** hierzu. Vermutlich hat sie auch Herr Schalck mitgenommen. Die Größenordnung hatte ich vorhin schon einmal gesagt. Es waren durchschnittlich **jährlich** etwa Zahlungen in Höhe von **200 Millionen Mark**.

Ducke (Moderator): Das war erwähnt. Danke schön. Gut. Vielen Dank.
Ich bedanke mich bei Professor Gerstenberger und Herrn Dr. Lindemann für die Berichte und die Beantwortung der

Rückfragen. Sie haben gesehen, welches Problem damit ja auch noch angestoßen ist. Aber wir sind noch nicht fertig, denn wir haben noch eine Vorlage. Die **Vorlage 16/8,** da geht es um ein Geschäft. Wer bringt die Vorlage ein? Es ist **Grüne Partei, Grüne Liga, Neues Forum.**

Herr Lucht, bitte, Grüne Liga.

Lucht (GL): Ja. Vielleicht können die Herren noch so lange hierbleiben, um eventuell Auskunft geben zu können in der Diskussion?

Ducke (Moderator): Das ist nun schon. Bitte schön.

Lucht (GL):

> [Antrag GP, GL, NF: Zur Verhinderung der Gründung der „Internationalen Beratungs- und Vertriebsgesellschaft mbH"[26]]
> Der Runde Tisch möge beschließen: Die Regierung der DDR wird aufgefordert, die für den 13. 3. 1990 vorgesehene Gründung der Internationalen Beratungs- und Vertriebsgesellschaft mbH zu verhindern.
>
> Begründung: Mit der Gründung der Internationalen Beratungs- und Vertriebsgesellschaft mbH – –

Ducke (Moderator): Ach, Herr Lucht, dies hat ja jeder vor sich.

Lucht (GL): Gut.

Ducke (Moderator): Danke. Gibt es dazu Wortmeldungen? Ich meine, das Anliegen ist ja jedem klar. Sie bringen das ein. Frage: Wer kann dazu noch [etwas sagen]? Die Frage – – ja, gut, also, Herr Dr. Lindemann. Es wird hiernach konkret – – aber wenn die Einbringer das wissen, dann genügt das ja auch.

Aber können Sie etwas dazu sagen? – Bitte.

Gerstenberger (Kommissarischer Leiter des Bereiches Kommerzielle Koordinierung): Die **Liquidation der Kunst und Antiquitäten GmbH** und die Neubildung des Betriebes, des Unternehmens, **Internationale Beratungs- und Vertriebsgesellschaft mbH.** Zwischen diesen beiden gibt es nur einen **indirekten Zusammenhang,** und zwar aus einem ganz praktischen Grund. Im Dezember war zwischen dem Minister für Außenhandel und dem Minister für Kultur vereinbart worden, den Betrieb Kunst und Antiquitäten in den Zuständigkeitsbereich des **Ministers für Kultur** zu übertragen.

Aufgrund der dann festgestellten Dinge hat man sich gemeinsam dazu vereinbart, Kunst und Antiquitäten in Liquidation gehen zu lassen, das heißt, bis auf Null aufzulösen, wissend, daß eine Reihe auch möglicherweise zivilrechtlicher Fragen damit verbunden sind, und auf diese Weise jegliche Rechtsnachfolge durch einen Anderen zu verhindern.

Der Minister für Kultur hat in seiner Zuständigkeit diesen neuen Betrieb, Internationale Beratungs- und Vertriebsgesellschaft mbH, gegründet, die eigentlich dem Wesen nach nichts mit Kunst und Antiquitäten und ähnlichem zu tun mehr hat, denn der Export ist ja untersagt und verboten.

Diese neue Firma hat ein völlig anders geartetes Profil als bisher [die] **Kunst und Antiquitäten [GmbH].** Das sagt im Grunde schon die Überschrift: Beratungs- und Vertriebsgesellschaft. Es liegt natürlich im Interesse des Ministers für Kultur, seine Möglichkeiten zum Beispiel – nun spreche ich aber nicht als Sachkundiger, sondern nur als Beteiligter der Beratungen – des Know-hows bei Vertrieb von Inszenierungen, von Kulturbauten und ähnlichem auf diese Weise zu vermarkten und damit Valuta-Mittel auch für diesen Bereich zu organisieren.

Darüber hinaus gibt es natürlich auch Fragen eines möglichen Handels von Dienstleistungen im Raum von Berlin oder in anderen, denn soweit ich informiert bin, ist zum Beispiel ein Gesellschafter in dieser Internationalen Beratungs- und Vertriebsgesellschaft Revatex [???] und der Dienstleistungsbetrieb Berlin.

Allein schon diese beiden Namen besagen, daß es sich zwischen diesen neuen Unternehmen und der alten Kunst und Antiquitäten um keinerlei Beziehungen mehr handelt.

Eine ganz andere Frage ist, daß der Minister für Kultur die Möglichkeiten in Mühlenbeck nutzt, auch von den Grundmitteln her gesehen, um diese neue Firma mit unterzubringen. Nach den gegebenen Vereinbarungen obliegt es dem Minister für Kultur alleine, zu entscheiden, was mit den **Grundmitteln in Mühlenbeck,** auch denen, die heute noch von der Kunst und Antiquitäten GmbH in Liquidation genutzt werden, was mit diesen passiert.

Es gibt ja Anträge von Museen, die dort vohandenen Lagerflächen zu nutzen, insbesondere von Herrn Professor Schade. Aber es gibt auch andere Interessenten. Aber das ist jetzt nicht die Zuständigkeit von mir wie auch der Regierungskommission, das ist eine Frage, die der Minister für Kultur, sprich Herr Keller, treffen muß, um dann am Ende Mühlenbeck einer vernünftigen und rationellen Nutzung zuzuführen.

Aus diesem Grunde, aber das ist jetzt meine unmaßgebliche persönliche Auffassung, ist dieser Antrag nach meiner Auffassung unter etwas falschen Voraussetzungen formuliert.

Ducke (Moderator): Danke, Herr Professor Gerstenberger. Was sagt der Antragsteller?

Lucht (GL): Ja. Vielleicht noch eine Frage zur Klärung dazu. Wenn es so ist, daß das – –

Ducke (Moderator): Könnte man das nicht vor der Antragstellung immer klären? Wir hatten einmal so etwas gemacht, daß man das in Arbeitsgruppen gibt. Aber klären Sie noch einmal.

Lucht (GL): Wenn es so ist, daß das **Vermögen** dieser Kunst und Antiquitäten GmbH in die neue GmbH eingeht und es keinen Rechtsnachfolger gibt für die Kunst und Antiquitäten GmbH – –

Gerstenberger (Kommissarischer Leiter des Bereiches Kommerzielle Koordinierung): Nein, es geht nicht ein, denn das würde ja praktisch meine Antwort ad absurdum führen. Das **Vermögen** wird gegen null geführt und was Plus ist, wird dann abgeführt an den Inhaber, sprich den Staat, oder wenn es dann zu fortgeschrittener Stunde ein bißchen lax ist, zu formulieren, und wenn Nässe entstehen, wird die Gesellschaft hier einzustehen haben. Die Gesellschaft meine ich, sind wir alle.

Ducke (Moderator): Herr Lucht, was machen wir mit dem Antrag?

---
[26] Dokument 16/16, Anlagenband.

Lucht (GL): Wer würde Rechtsansprüche von Gläubigern an die **Kunst und Antiquitäten GmbH** praktisch übernehmen nach der Liquidation?

Gerstenberger (Kommissarischer Leiter des Bereiches Kommerzielle Koordinierung): Die Liquidation kann erst dann, der Liquidator kann seine Tätigkeit erst einstellen, wenn alles gegen null gefahren ist, also wenn keine zivilrechtlichen Fragen mehr übrig bleiben. Da gibt es zivilrechtliche Fristen. Das ist eben das Problem jeder **Liquidation**. Wer sich darauf einläßt, noch dazu unter solchen Bedingungen, der hat eine Beschäftigung auf Jahre.

Ducke (Moderator): Haben wir genug Rückfragen? Herr Lucht, was machen Sie mit dem Antrag? Ja, bitte, ich bitte jetzt, es ist 20.33 Uhr.

Lucht (GL): Ja. Wir werden das über einen anderen Weg versuchen zu klären. Wir ziehen jetzt hier zurück.

Ducke (Moderator): Danke schön. Meine Damen und Herren, wir sind nun am Ende der Beratungen, eineinhalb Stunden außerhalb vom Fernsehen. Ich verabschiede mich. Ich wünsche Ihnen allen noch eine gute Zeit bis zur Wahl und daß es auch danach eine gute Zeit wird.

[Ende der Sitzung: ca. 20.30 Uhr]